廣雅疏義校注

上卷

劉永華　校注

全國高等院校古籍整理研究工作委員會規劃項目
河南大學文學院重點學科經費資助出版
河南大學語言科學與語言規劃研究所資助出版

社會科學文獻出版社
SOCIAL SCIENCES ACADEMIC PRESS (CHINA)

圖書在版編目(CIP)數據

《廣雅疏義》校注：全2冊 / 劉永華校注. — 北京 ：社會科學文獻出版社，2015.6

ISBN 978 -7 -5097 -7471 -7

Ⅰ. ①廣… Ⅱ. ①劉… Ⅲ. ①《廣雅》- 研究②《廣雅疏義》- 注釋 Ⅳ. ①H131.4

中國版本圖書館 CIP 數據核字(2015)第 094767 號

《廣雅疏義》校注(全2冊)

校　　注 / 劉永華

出 版 人 / 謝壽光
項目統籌 / 宋月華
責任編輯 / 周志寬　侯培嶺

出　　版 / 社會科學文獻出版社・人文分社(010)59367215
地址:北京市北三環中路甲29號院華龍大廈　郵編:100029
網址:www.ssap.com.cn

發　　行 / 市場營銷中心(010)59367081　59367090
讀者服務中心(010)59367028

印　　裝 / 洛陽和衆印刷有限公司

規　　格 / 開　本:787mm×1092mm　1/16
印　張:91.5　字　數:1184千字

版　　次 / 2015年6月第1版　2015年6月第1次印刷

書　　號 / ISBN 978 -7 -5097 -7471 -7

定　　價 / 368.00 圓(全2冊)

出版說明

《廣雅疏義》是清代小學家錢大昭對《廣雅》進行文字疏解的著作，約完成于乾隆五十七年（公元 1792 年）前後。桂馥爲之作序，以爲與盧文弨《廣雅釋天以下注》和王念孫《廣雅疏證》並爲三家。盧書太簡，大部附于錢氏書内。故治《廣雅》大家，有清一代僅錢、王二人而已。

錢大昭，字晦之，清代江蘇嘉定人。生于乾隆九年（公元 1744 年），卒于嘉慶十八年（公元 1813 年），以小學與乃兄錢大昕並稱。“大昭少於大昕者二十年，事兄如嚴師，得其指授，時有‘兩蘇’之比。”（《清史稿·儒林傳》）錢大昭壯歲遊歷京師，校録《四庫全書》，嘗謂“六經皆以明道，未有不通訓詁而能知道者。欲窮六經之旨，必自《爾雅》始”。（《清史稿·儒林傳》）著《爾雅釋文補》、《廣雅疏義》、《説文統釋》、《邇言》等訓詁專書；又因訓詁通經史，著《兩漢書辨疑》、《三國志辨疑》、《後漢書補表》、《詩古訓》、《經説》、《補續漢書藝文志》、《後漢郡國令長考》等攷據專書。

《廣雅疏義》于錢氏著作之中分量最足，對于研究錢氏學術是較好素材。該書引用了錢大昕、錢繹、錢塘、段玉裁、王念孫、桂馥、盧文弨、阮元、王鳴盛、邵晉涵、日人山井鼎等名家觀點，故有助於反映錢學和乾嘉學派的治學特點。

與王念孫《廣雅疏證》相比，《廣雅疏義》亦有獨到之處：

一、錢書注釋全部詞條，包括解釋詞和被釋詞，很少有遺漏。王氏則進行選擇性解釋。

一、錢氏以按語形式表達獨到的學術見解，多達數千條。

一、錢氏與王氏所選義項並不全同。

一、王書由于因聲求義法的廣泛運用而位居有清樸學之巔，而錢氏亦有因聲求義法的簡單運用，這一點不可忽視。如錢氏謂："'安'、'幹'聲相轉，以聲爲義也。""'廌'、'幕'聲相轉，故同義。""'輴'與'轚'仝。《說文》：'轚，車堅也，口莖切。'聲義相近，即此矣。"錢氏引阮元："臺之爲待，是解臺、榭之名，以音見義也。""陽之訓嚮，猶陰之訓闇，以聲寄義也。""贈之爲稱，以音取義。"引郭注："江東呼'極'爲'瘃倦'，聲之轉也。"引惠棟："古訓音與義並舉。故云：'伏，服也。戲，化也。'"等等。蓋此時因聲求義已成爲學界普遍運用的方法，錢氏亦明此理。

《廣雅疏義》各傳世本仍爲手抄影印本，各版本情況如下：

一、日本静嘉堂抄本。本爲浙江歸安陸存齋（心源）所藏，由其子陸樹藩售與日人。1940 年日本《静嘉堂叢書》之二爲其影印本。李學勤主編《中華漢語工具書書庫》第 45、46 冊所收爲其國内影印本。徐復主編《廣雅詁林》爲其手抄點校影印本。

一、愛古堂抄本。《續修四庫全書》經部小學類第 190 冊，爲其影印本。愛古堂本正文、異文、錯訛與静嘉堂本一般相同，當來自同一底本，但愛古堂本可以用來糾正静嘉堂本某些錯誤。因以上各書均爲手抄影印，閱讀不便，客觀上影響到該書的傳播。故本次整理，以計算機全文排印，加以精校，力求使之成爲方便閱讀之書。

本次整理形式：

一、以静嘉堂本爲底本，覆以愛古堂本，校以徐復本。所有引文均核對原書。

一、繁体横排。詞條以單條形式出現，詞頭字號加粗，以便翻檢。

一、加注現代標點。多重引文之中，一二層分別加雙引號與單引號。

一、異文、訛誤等，均出校語。

一、錢氏未釋詞以他書補之。他書亦無者暫告闕如。

一、增加拼音檢字表和筆畫檢字表。

一、避諱字如“玄”作“元”、“原”、“懸”、“縣”、“𤣥”，“鉉”作“鉉”，“鮌”作“鮌”，“眩”作“眩”，“衒”作“衒”，“弦”作“弦”，“泫”作“泫”，“絃”作“絃”，“胘”作“胘”，“胤”作“嗣”，“弘”作“恒”，“堅”作“堅”，“丘”作“丠”等，直接改爲正體字，不再出注。

一、錢氏交代《廣雅》引用來源之處，如“《說文·人部》義”、“《序卦傳》義”、“《方言》文”、“《小爾雅》文”、“《雜卦傳》文”、“《邶風·北門》‘室人交徧讁我’傳義也”等，均表示《廣雅》該條目出處，不再出注。

一、錢氏爲了節約篇幅把某些條目合在了一起，整理後分開處理，並補上缺失的字頭，不再出注。

一、錢氏有字條與《廣雅》原文順序不一致者，由于數量較少，尊重原著起見，未加調整。

一、錢氏書內存在繁簡字、異體字并用問題，多爲解義需要，如“劍，籀文‘劒’”等，無需改動；其他如“篇—萹”、“爲—為”等無區别意義的字，以及稿件中的專有名詞，全部進行了統一，詳見書後凡例。

最後，本書的整理得到了張生漢、魏清源、楊永龍、楊亮、夏筱軒、張新俊、劉新春、魯一帆、段亞廣、崔曉飛、喬石豪、閆克等師友的熱情指導，研究生趙苗苗編制了拼音索引，羅黎核對了標點，李華、張輕洋、陳鳳娟、陳柯言、劉揚等同學參與了部分工作，天一公司的董現倉先生、李延俠女士和十幾位編輯負責了統稿、筆畫索引和凡例編制工作，向他們表示衷心的感謝！

本書有幸獲得全國高等院校古籍整理研究工作委員會規劃項目立項與河南大學文學院、語言所出版資助，以及河南省高校科技創新人才計劃支持，向有關專家和領導表示感謝！

本書内容艱澀，頗難整理，不當之處，敬請批評指正。

《廣雅疏義》序

今海内治《廣雅》者三家：一爲盧先生文弨，一爲王先生念孫，一爲錢先生大昭。馥幸得同遊，素聞風旨者也。錢先生之《疏義》先成，請而讀之，歎其精審，當與邵先生《爾雅正義》並傳。

然治《廣雅》難于《爾雅》：《爾雅》主釋經，多正訓，《廣雅》博及羣書，多異義，一；《爾雅》有孫、郭諸舊説，《廣雅》惟曹音，二；《爾雅》爲訓詁家徵引，兼有陸氏《釋文》，《廣雅》散見者少，無善本可據，三也。

此非專且久不易可了。昔郭氏注《爾雅》，十八年而成。邵先生且二十年。今先生遲之三十年，始有稿本。其爲專且久，不已至乎？馥從事《説文》，蓋亦有年，魯鈍，未底于成。於乎！古人小學，童而習之；余乃白首紛如，讀先生之書，益加勸矣。

乾隆五十八年癸丑七月曲阜桂馥書于濟南潭西精舍

上《廣雅》表

博士臣揖言：

臣聞，昔在周公，纘述唐虞，宗翼文武。克定四海，勤相成王。踐阼理政，日昃不食。坐而待旦，德化宣流。越裳倈貢周成王時，周公輔政。越裳氏重譯，獻白雉。顔師古《漢書》注云：“越裳，南方遠國也。譯，謂傳言也。道路絶遠，風俗殊隔，故累九譯而後迺通”，嘉禾貫桑《書·序》：“唐叔得禾，異畝同穎。獻諸天子，周公作《嘉禾》。”《韓詩外傳》云：“成王之時，有三苗。貫桑而生，同爲一秀”。六年制禮，以導天下《樂記》疏引鄭康成《發墨守》云：“六年制禮樂，封殷之後，稱公子宋”。著《爾雅》一篇，以釋其義劉熙《釋名》云：“爾雅，爾，昵也。昵，近也。雅，義也。義，正也。五方之言不同，皆以近正爲主也。”案，周公作《爾雅》一篇者，篇猶卷也，謂周公止有一卷。後儒增益，乃爲三卷。自《釋詁》至《釋畜》，皆有周公原本。鄭康成《駁五經異義》云：“玄之聞也，《爾雅》者，孔子門人所作，以釋六藝之言。是七十子之徒，身通六藝，發明章句，增成其義，經訓以彰也”。傳于後孠，歷載五百，墳典散零，唯《爾雅》獨存。《禮·三朝紀》哀公曰：“寡人欲學小辯，以觀于政，其可乎？”孔子曰：“《爾雅》以觀于古，足以辯言矣《大戴禮記·小辯篇》云：“公曰不辯，則何以爲政？”子曰：“《爾雅》以觀于古，足以辯言矣。”此所云《三朝記》，即《小辯篇》也。”《春秋元命苞》《元命苞》，春秋緯書名言：“子夏問夫子作《春秋》，不以初、哉、首、基爲始何？”是以知周公所造也。率斯以降，超絶六國，越秦踰楚。爰暨帝劉，魯人叔孫通，撰置《禮記》，文不違古《漢書》：“叔孫通，薛人也。孝惠即位，徙通爲奉常，定宗廟儀法。及稍定漢諸儀法，皆通所論著也。”案，通，薛人。而此以爲魯人者，薛縣屬魯國故也。今俗所傳三篇《爾雅》，或言仲尼所增孔子作《十翼》，以贊《周易》。如《彖傳》“師、眾也；比、輔也”，《序卦傳》“晉者，進也；遘，遇也”之類，皆與雅訓相符。是孔子有所增也，或言子夏所益子夏所作《儀禮·喪服傳》，其親屬稱謂，皆與《爾雅·釋親》相合，是子夏有所益也，或言叔孫通所補，或言沛郡梁文所攷《爾雅》之文，間有漢儒增加。如《釋地》：“八陵，雁門是也。”《釋山》：“泰山爲東岳，華山爲西岳，霍山爲南岳，恒山爲北岳，嵩山爲中岳。”《釋獸》“鼷鼠”下云：“秦人謂之小驢。”此即叔孫通、梁文輩之附益者也，皆解家所說，先師口傳。既無正驗，聖人所言，是故疑不能明也。

夫《爾雅》之爲書也，文約而義固。其陳道也，精研而無誤。真七經之檢度，學問之階路，儒林之楷素也郭璞《爾雅・序》云：“夫《爾雅》者，所以通詁訓之指歸，叙詩人之興詠，總絶代之離詞，辨同寔而殊號者也。誠九流之津涉，六藝之鈐鍵，學覽者之潭奧，摛翰者之華苑也”。若其包羅天地，綱紀人事，權揆制度，發百家之訓詁，未能悉備也。臣揖體質蒙蔽，學淺詞頑，言無足取，竊以所識，擇撢羣藝，文同義異，音轉失讀，八方殊語齊音、楚語，風氣攸殊。横口、開脣，短長各别，故必總而集之，得其會通。劉歆《與揚雄書》云：“採集先代絶言，異國殊語。”郭璞《方言・序》云：“考九服之逸言，摽六代之絶語，類離詞之指韻，明乖途而同致。”是也，庶物易名，不在《爾雅》者，詳録品覈，以著于篇。凡萬八千一百五十文古謂之文，今謂之字。《説文・序》云：“倉頡之初作書，蓋依類象形，故謂之文；其後形聲相益，即謂之字”，分爲上、中、下，以頴方來俊哲洪秀偉彦之倫，扣其兩端，摘其過謬，令得用諝，亦所企想也。

臣揖誠惶誠恐，頓首頓首，死罪死罪。

目　録

《廣雅疏義》卷第一

嘉定錢大昭晦之甫撰[1]

《廣雅》卷一

《隋經籍志》："《廣雅》三卷，魏博士張揖撰[2]。梁有三卷。"又云："《廣雅音》四卷，秘書學士曹憲撰。"《唐藝文志》："張揖《廣雅》四卷，曹憲《博雅》十卷。"案，張博士所分卷帙，止有上、中、下三篇。析爲四者，梁人也。又析爲十者，曹憲也。避煬帝名，改爲《博爾》。

張揖纂集

《漢書·序例》云："揖字稚讓，清河人，一云河間人。魏太和中爲博士。嘗解《漢書·司馬相如傳》一卷，又《埤蒼》及《古今字詁》。"是張博士精於小學，博極羣書，而後作爲此書，以繼先聖賢之軌躅，誠五經之鍵轄，而六藝之筌蹄也。

曹憲《音釋》

《唐書·儒學傳》："曹憲，揚州江都人。仕隋爲秘書學士。於小學家尤邃。自漢杜林、衛宏以來，古文亡絶，至憲復興。煬帝令與諸儒撰《桂苑珠叢》，規正文字，又注《廣雅》。學者推其該洽，藏於秘書。貞觀中，以宏文館學士召，不至，即家拜朝散大夫。太宗嘗讀書，有疑難字，輒遣使問憲。憲具爲音註，援驗詳複，帝咨尚之。卒年百餘歲。"案，憲於《廣雅》，止有《音釋》。《傳》以爲嘗注此書，誤也。

[注] [1]晦，愛本作“誨”。撰，静本作“譔”，愛本作“譔”。[2]愛本作“撰”。

釋詁第一

《廣雅》是此書總名。《釋詁》爲第一篇别目，自此以後十八篇，各分爲科段矣。《周禮·大行人》：“諭書名，聽聲音，則屬瞽史；諭言語，協辭命，則屬象胥。”[1]“樂正授數，司成論說。”[2]非是則不能通也。

是即詁訓之學。詁者，古也。先王之世，在官有學古之吏，在朝有道古之儒，百官得其敘、萬事得其宜。及周之衰，淫文破典，賴有孔子雅言正之，而其道復著。《爾雅》小書，所以通詁訓之指歸，凡十有九篇。張氏廣而成之，篇目依悉其舊。釋者，解也。許慎《說文解字》云：“詁，訓故言也。”“古，故也。從十口。識前言者也。”《大雅·烝民》云：“古訓是式。”鄭箋云：“古訓，先王之遺典也。”《爾雅》、《釋文》引張博士《雜字》云：“詁者，古今之異語也。”“詁”通作“故”。《漢書·藝文志》：“《書》有大、小《夏侯解故》。《詩》有《魯故》、《韓故》、《齊后氏故》、《齊孫氏故》、《毛詩故訓傳》。”陸德明《釋文》云：“詁、故，皆是古義，所以兩行。然前儒多作詁解，而章句有故言。”郭注《爾雅》則作“釋詁”，樊光、孫炎等皆爲“釋故”。今張博士亦作“釋詁”，與郭本《爾雅》同也。第者，審諦也。一者，數之始也。既諦定篇次，以《釋詁》居首，故曰“《釋詁》第一”也。博士《釋詁》本是一篇，後人分爲四卷。今作《疏義》，又析爲八卷，以其卷帙太繁重故也。

[注] [1]《周禮》作"七歲屬象胥，諭言語，協辭命；九歲屬瞽史，諭書名，聽聲音"。錢氏此種與原文不全合之引用甚多。[2]《禮記》作"皆大樂正授數，大司成論說在東序"。

古、昔、先、創、方、作、造、朔、萌、芽、本、根、櫱、鼃户瓜反**、𦸼**律音**、昌、孟、鼻、業，始也。**

劉熙《釋名》云："始，息也，言滋息也。"凡釋古今異言、通方俗殊語，必有所託始。文雖纍纍，其義寔同，故先釋"始"之義也。

古者，《漢書·藝文志》云："世歷三古。"孟康曰："《易·繫辭》云：'易之興，其於中古乎？'然則伏羲爲上古，文王爲中古，孔子爲下古。"顧野王《玉篇》云："古，古久之言也。古，始也。"本此。

昔者，《小雅·采薇》云："昔我往矣。"陸德明《釋文》引《韓詩薛君章句》："昔，始也。"

先者，《說文》："先，前進也。"《孝經·感應章》："必有先也。"《老子》："象帝之先。""古曰在昔，昔曰先民。"[1]皆言始事之人也。

創者，《論語》："裨諶草創之。"《漢書·叙傳》："稅介免冑，禮義是創。"顏師古曰："創，始造之也。"通作"刱"。《說文》："刱，造法刱業也。讀若創。"

方者，《小雅·大田》："既方既皁。"箋："方，房也，謂孚甲始生，而未合時也。"《文選·陸厥〈奉答内兄希叔詩〉》："屏居南山下，臨此歲方秋。"

作者，《詩·魯頌》："思無斁，思馬斯作。"傳："作，始也。"《樂記篇》："作者之謂聖，述者之謂明。"《白虎通義·禮樂篇》："樂言作、禮言制何？樂者，陽也。陽倡始，故言作。禮者，陰也。陰制度于陽，故言制。"

造者，《商書·伊訓》："造攻自鳴條。"《吕氏春秋·仲夏紀》："萬物所出，造於太一，化於陰陽。"高誘注："造，始也。"

朔者，《說文》："朔，月一日始蘇也。"《儀禮·大射禮》"朔鼙"注："朔，始也。"《尚書大傳》："朔，始也。北方，物之終始，故言始也。"《周禮·天官·太宰》："正月之吉。"鄭注："吉，謂朔日也。"《地官·黨正》："四時之孟月吉日。"注："四孟之月朔日。"《旅師》"月吉"注："每月朔日也。"案：正月之吉、孟月吉日、月吉，皆謂一月之朔。是朔爲一月之始也。《漢書·成帝紀》："陽朔元年。"顔師古曰："朔，始也。以火生石中，言陽氣之始。"

萌、芽者，草木之始也。《說文》："萌，草芽也。芽，萌芽也。"古亦作"牙"。《月令》："萌者盡達。"鄭注："芒而直者曰萌。"《漢書·律志》："天統之正，始施於子半，日萌色赤。地統受之於丑初，日肇化而黄，至丑半，日牙化而白。人統受之於寅初，日孽成而黑，至寅半，日生成而青。"《書傳略說》云："周以至動，殷以萌，夏以芽。"揚雄《徐州箴》："禍如邱山，本在萌芽。"左思《魏都賦》："萌柢疇昔。"《參同契》云："陰陽之始，元合黄芽。"《太玄·攡[2]》云："陽不極，則陰不萌。陰不極，則陽不牙。"

本者，萬物莫不始於本。《說文》："木下曰本，從木，一在其下。"《禮器篇》："反本復古，不忘其初。"《玉篇》："本，始也。"本此。

根者，木之始也。《韓非子》云："樹木有蔓根、有直根。根者，書之所謂柢也。柢也者，木之所以建生也。"

櫱者，《商書·盤庚》："若顛木之有由櫱。"《說文·木部》引作"㽕櫱"。《马[3]部》引作"㽕枿"。陸氏《釋文》："櫱，五達反，本又作枿。"馬融曰："顛木而肄生曰枿。"《詩·商頌·長發》："苞有三櫱。"傳："櫱，餘也。"《漢書·敘傳》作"苞有三枿"。枚乘《上書諫吴王》云：

“夫十圍之木，始生而櫱。”李善注引《尸子》云：“千丈之木，始若櫱，足易去也。”

鼀、嶂者，揚雄《方言》文也。彼文“嶂”作“律”[4]，字異音義同。《集韻》：“嶂，始也。一曰艸孚甲出也。劣戌切。”

昌者，與“倡”同。《春官·樂師》：“凡軍大獻，教愷歌，遂倡之。”注：“故書‘倡’爲‘昌’。”鄭司農云：“樂師主[5]倡也。‘昌’當作‘倡’。”《吴語》云：“越大夫種乃倡謀。”韋昭注：“發始爲倡。”《楚辭·九章》：“聲有隱而先倡。”王逸注：“倡，始也。”

孟者，嫡長爲伯，庶長爲孟，孟、仲、叔、季，以“孟”爲始。《離騷》云：“攝提貞於孟陬兮。”王逸注：“孟，始也。”

鼻者，《方言》云：“鼻，始也。嘼之初生謂之鼻。人之初生謂之首。梁、益之間謂鼻爲初，或謂之祖。”《説文》云：“今俗以始生子爲鼻子。”《漢書·揚雄傳》：“或鼻祖於汾隅。”注引劉德云：“鼻，始也。”

業者，《齊語》云：“擇其善者而業用之。”韋昭注：“業猶刱也。創、業，仝訓始。”

[注] [1]此句暗引《國語》。[2]愛本誤作“攤”。[3]静本、愛本誤作“弓”。[4]《方言》郭注：“律，亦作‘嶂’。”[5]愛本誤作“王”。

乾、宫、元首、主、上、伯、子、男、卿、大夫、令、長、龍、嫡、郎、將[1]、日、正，君也。

《説文》：“君，尊也。從尹；發號，故從口。”《大雅·皇矣》：“克長克君。”《左傳》解之曰：“賞慶刑威曰君。”

乾者，卦之君也。《説卦傳》：“乾爲君。”又曰：“乾以君之。”《乾象傳》："時乘六龍以御天。"《荀九家》云："乾者，君卦也。六爻皆當爲君。是乾六爻有君象，皆當進居天位，故曰'乘六龍以御天'。"

宫者，音之君也。《漢書・律曆志》："宫，中也。居中央，暢四方。唱始施生，爲四聲綱也。"又云："宫爲君。"《樂記》疏引《樂緯・動聲儀》云："宫爲君。君者，當寬大容衆，故聲宏以舒，其情和以柔，動脾也。"《玉海》載《徐景安樂書》引劉歆云："宫者，中也，君也。爲四聲之綱，其聲重厚，如君之德而爲重。"

元首者，《虞書》："股肱喜哉！元首起哉！"孔傳："元首，君也。股肱之臣，喜樂盡忠，君之治成乃起。"

主、上者，《漢書・司馬遷傳》："務壹心營[2]職，以求親媚於主上。"又"主上"二字，析言之亦爲君。《左氏襄公十九年傳》："晉荀偃卒而視，不可含。范宣子盥而撫之，曰：'事吴，敢不如事主[3]？'"《吕氏春秋・不苟論》："民無道知天，人臣亦無道知主。"高誘注："主，君也。"《孝經》云："安上治民，莫善於禮。"《墨子・親士篇》："上必有詻詻之下。"是也。

伯、子、男者，五等所封小國之君也。《白虎通義》："伯者，百也。子者，孳也。孳孳無已也。男者，任也。人皆五十里。"

卿、大夫者，卿也，大夫也，各有采地，以治其民。《白虎通義》："卿之爲言章善明理也，大夫之爲言大扶進人者也，故傳曰：'進賢達能，謂之大夫也。'"

令者，《説文》："令，發號也。"《吕氏春秋・孟春紀》："南陽無令，其誰可而爲之？"高誘注："令，君也。"

長者，丁丈切。《周語》云："晉聞古之長民者。"韋昭注："長，猶君也。”《太宰》“九兩”：“一曰牧，以地得民。二曰長，以貴得民。三曰師，以賢得民。”“長”與“師”、“牧”同稱。教人以道，可爲民長，故爲君也。

龍者，《易·文言》云：“龍德而隱。”“龍德而正中。”皆以龍爲君德。賈誼《新書》：“龍也者，人主之辟也。”又爲鱗蟲之君。《大戴禮·易本命》云：“有鱗之虫三百六十，而蛇龍爲之長。”

嫡者，嗣君之稱。《左氏閔元年傳》：“内寵並后，嬖子配嫡，亂之本也。”[4]通作“適”。《王風·伯兮》：“誰適爲容。”傳：“適，主也。”《吕氏春秋》：“帝也者，天下之適也。”高誘注：“適，主也。”

郎者，《漢書·百官表》：“郎掌守門户，出充車騎。”此宿衛之郎，亦主卒旅，爲卒旅之君長也。

將者，即諒切。《説文》：“將，帥也。”將所以統軍旅，亦人君之象也。

日者，《邶風·柏舟》：“日居月諸。”箋：“日，君也。”《太平御覽》引《易緯》云：“日者，至陽之精，象君德，玄黄照耀，五色無主。”舊本“日”訛“曰”，今訂正。

正者，《曹風·鳲鳩篇》：“正是四國。”《小雅·斯干》：“噲噲其正。”傳並云：“正，長也。”“長”、“正”，皆君也。

[注] [1]静本作“将”。[2]愛本作“管”，静本作“营”。[3]愛本作“王”。[4]《左传·閔公二年》作“内寵并后，外寵二政，嬖子配嫡，大都耦国，亂之本也”。

道、天、地、王、皇、豐豐音、**㚁**苦雷反、**博、殷、粗**在户反、**兄、㽵、沛**浦會反、**祏**託音、**矜**矜音、**衍、臨、巨、佳、方、夸**苦瓜反、**滙**乎對反、又胡磊反、又胡罪反、**凱、般、張、覺、封、粜**扶弗反、**太、賢、胡、㢋**赤以反、**廣、旁、奄、㔻**布萌反、**䣬**布蔑反、**朴**普木反、**魁、訏**吁音、**沈、岑、夤**以真反、**誧**鋪音、**奲**昌者切、**顥**考音、**頢**苦骨切、**顝**苦磊反、**麤**、𣫚[1]敦音、**芋**吁音、**㺭**彫音、**衮、頊**許堯反、**萬、䐗**竹家反、**鰲**五高反、**都，大也。**

《說文》："大，天大、地大，人亦大，故大象人形。"

道、天、地、王者，老子《道德經》："道大、天大、地大，王亦大。域中有四大，而王居其一焉。"管子《形勢[2]篇》："天之裁大，故能兼覆萬物。地之裁大，故能兼載萬物。人主之裁大，故容物多而衆人得比焉。"

皇者，《說文》："皇，大也。從自，自，始也。三皇，大君也。"《大雅》："皇矣上帝。"傳："皇，大也。"《文王有聲》云："皇王惟辟。"傳與"皇矣"同。箋云："言大王者，武王事益大。"

寷者，《說文》："寷，大屋也。"《易》曰："寷其屋。"通作"豐"。《方言》："豐，大也。凡物之大皃曰豐。"又云："趙、魏之郊，燕之北鄙，凡大人謂之豐人。燕、趙之間，言圍大謂之豐。"《序卦傳》："豐者，大也。"《攷工記·函人》："舉而眡[3]之，欲其豐也。"注："豐，大也。"《楚語》："彼若謀楚，其亦必有豐敗也哉。"韋昭注："豐，大也。"

𡘋者，《玉篇》："𡘋，苦回切。大也。"本此。

博者，《說文》："博，大通也。"

殷者，《喪大記》："主人具殷奠之禮，俟於門外。"注："殷，猶大也。"《莊子·山木篇》："翼殷不逝。"《釋文》引司馬彪云："殷，大也。"李頤曰："翼大逝難。"《楚辭·哀時命》："懷殷憂而歷茲。"王逸注："如遭大憂，常懷戚戚，經歷年歲。"

粗者，采胡切。鄭康成《禮記》注："粗，麤也。"《玉篇》："粗，驫大也。”

兄者，《釋名·釋親[4]屬篇》：“兄，荒也。荒，大也。故青、徐人謂兄爲荒也。”

㐬者，《説文》：“㐬，水廣也。”引《易》曰：“包㐬用馮河。”今本作“荒[5]”。《爾雅·釋天》：“太歲在巳，曰大荒落。”《費鳳碑》：“絡於大荒。”即用《爾雅》。是“㐬”、“荒”，古字通也。《唐風·蟋蟀》：“好樂無荒。”《大雅·公劉》：“豳居允荒。”傳並云：“大也。”《左氏昭七年傳》：“周文王之法曰：‘有亾，荒閲。’”荒，大也。有亾人當大蒐其衆。《晉語》：“在《周頌》曰：‘天作高山，太王荒之。’”荒之，大之也。

沛者，《漢書·五行志》：“上得天子，外得諸侯，沛然自大。”是“沛”爲大也。通作“旆”。《左氏僖二十八年傳》：“狐毛設二旆而退之。”《宣十二年傳》：“令尹南轅反旆。”杜預並云：“旆，軍前大旗。”

袥[6]者，擴之大也。《説文》：“袥，衣衸也。”徐鍇《繫傳》引《字書》：“袥，張衣令大也。”揚雄《玄瑩》云：“天地開闢，宇宙袥坦。”司馬光注：“袥，廣而坦明。”

鹶者，《玉篇》、《廣韻》無此字。《集韻》引《博雅》：“鹶、衍，大也。”又引《爾雅》：“滷、齡、鹹，苦也。”齡，《爾雅》作“矜”，此作“鹶”。蓋從鹵，矜省。與“矜”音義同。鄭注《禮記》云：“矜謂自尊大也。”《晉語》：“嗛嗛之德，不足就也。不可以矜，而祗取憂也。”韋昭注：“矜，大也。”

衍者，《楚辭·天問》：“南北順墮，其衍幾何？”王逸注：“衍，廣大也。”

臨者，《序卦傳》義也。《易乾鑿度》云：“臨者，大也。陽氣在內，中和之盛，應於盛位，浸大之化，行乎萬民。故言宜處王位，施大化，爲大君，臣民欲被化之詞也。”

巨者，《方言》文。“齊、宋之間語。”張衡《西京賦》：“巨靈贔屭。”薛綜注：“巨，大也。”通作“鉅”。《説文》：“鉅，大剛也。”《漢書·食貨志》：“庶人之富者，累鉅萬。”顔師古曰：“鉅，大剛也。大萬謂萬萬也。”

佳者，《戰國策》：“司馬喜曰：‘趙，佳麗之所出。’”高誘注：“佳，大也。麗，美也。”舊本“佳”訛“隹鳥”之“隹”，今訂正。

方者，鄭注《士喪禮》云：“今文旁爲方。”是“旁”爲古文。“方”、“旁”既爲“大”，“方”亦“大”也。《晉語》：“今晉國之方，偏侯也。”韋昭注：“方，大也。”

夸者，《説文》“夸”、“奢”，皆從大，故有大義。《漢書·諸侯王表》：“藩國大者，夸州兼郡，連城數十。”

匯者，水之大也。《禹貢》：“東匯澤爲彭蠡。”

凱者，古作“愷”。《左氏僖十二年傳》引《詩》：“愷悌君子。”《釋文》作“凱”。云：“本亦作‘愷’。”《吕氏春秋·不屈篇》云：“《詩》：‘愷悌君子，民之父母。’愷者，大也。悌者，長也。君子之德，長且大者，則爲父母。”

般者，《方言》文。郭璞音“盤桓”之“盤”。

張者，《大雅·韓奕》：“孔修且張。”傳：“張，大也。”《左氏桓十六年傳》：“隨張必棄小國。”杜預注：“張，自侈大也。”

覺者，《小雅·斯干》：“有覺其楹。”傳：“覺，高大也。”《大雅·抑》云：“有覺德行。”《禮記·緇衣》引作“有梏”。注：“梏，大也。”“覺”、“梏”，古字通。

封者，《小爾雅》文。《商頌·殷武》：“封建厥福。”《左氏定四年傳》：“吴爲封豕、長蛇。”《周語》：“封崇九山[7]。”《離騷》：“又好射夫封狐。”注家皆解“封”爲“大”。

臾者，《説文》："奪，大也。"此作"臾"，同。通作"佛"。《周頌·閔予小子》云："佛時仔肩。"《釋文》："毛：'符弗反'。大也。"

太者，古"大"字。本有"太"音，後人加點以别之。

賢者，穿之大也。《攷工記·輪人》："五分其轂之長，去一以爲賢。"注："賢，大穿也。"《説文》："臤，大皃。讀若賢。"是"賢"與"臤"通。《廣韻》："賢，大也。"本此。

胡者，《士冠[8]禮》："眉壽萬年，永受胡福。"注："胡，猶遐也、遠也。"案，"遐"本作"嘏"。《説文》："嘏，大、遠也。"

㢋者，《説文》："㢋，廣也。"《玉篇》："㢋，廣大也。"通作"侈"。《小雅·巷伯》："哆兮侈兮。"疏："侈者，因物而大之名。禮於衣袂半而益一謂之侈袂。"

廣者，《説文》："廣，殿之大屋也。"《小雅·六月》："四牡脩廣。"《攷工記·輪人》："弓鑿廣四枚。"《周語》："若是則必廣其身。"《吕氏春秋·恃君覽》："地日廣，子孫彌隆。"注皆訓"廣"爲"大"。《荀子·禮論篇》："大者，禮之廣也。"通作"光"。《周語》："故能光有天下，而和寧百姓。"韋昭注："光，大也。"又云："熙，廣也。"韋注："鄭後司農云：'廣當爲光。'虞亦如之。"

旁者，《説文》："旁，溥也。"《爾雅·釋詁》以"溥"爲"大"，是"旁"亦"大"也。《逸周書·世俘解》："旁生魄。"孔鼂注："旁，廣也。""廣"亦"大"也。

奄者，《説文》："奄，大有餘也。"《大雅·皇矣》："奄有四方。"傳："奄，大也。"通作"俺"。《説文》："俺，大也。"

㘞、㔟者，並"力之大"也。《玉篇》"㘞"、"㔟"，皆云"大"也。本此。《廣韻》："㔟，大力之皃。"

朴者，《楚辭·天問》："恒秉季德，焉得夫樸牛。"王逸注："朴，大也，言湯常秉持契之末德，修而宏之。天嘉其志，出田獵，得大牛之瑞也。”又《九章》：“朴材委積兮。”注：“壯大爲朴。”

魁者，《荀子·修身篇》：“倚魁之行，非不難也。”楊倞注：“倚，奇也。魁，大也。倚、魁，謂偏僻狂怪之行。”《吕氏春秋·孟夏紀》：“不疾學而能爲魁士名人者，未之嘗有也。”高誘注：“魁大之士，名德之人。”劉向《九歎》：“律魁放於山間。”案，“魁”與“傀”同。《說文》“傀”字引《周禮》：“大傀異。”

訏者，與“訏”同。《方言》：“訏，大也。中齊、西楚之間曰訏。”《鄭風·溱洧》：“洵訏且樂。”《大雅·生民》：“實覃實訏。”傳並云：“大也。”通作“盱”。《豫》：“六三：盱豫，悔。”《釋文》引王肅云：“盱，大也。”

沈者，直林切。《方言》文。

岑、賁者，高之大也。亦《方言》文。《方言》又云：“岑，高也。”郭璞注：“岑，崟峻皃。”

誧者，言之大也。《說文》：“誧，大也。讀若逋。”《玉篇》：“誧，大言。”

䩠者，丁可切。《說文》：“䩠，富䩠䩠皃。”《玉篇》：“䩠，大寬也。”

顤者，頭之大也。口倒切。《玉篇》：“顤，大頭也。”

頧者，《說文》：“頧，大頭也。讀若魁。”

魌者，《莊子·大宗師篇》：“其顙頯。”《釋文》：“頯，向秀本作‘魌’，云魌然大朴皃。”通作“傀”。《莊子·列禦寇》云：“達生之情者傀。”司馬彪云：“傀，讀曰瑰。瑰，大也。”

麤者，《月令》：“其器高以麤。”注：“麤，猶大也。”

䵍者，古“敦”字。《方言》文也。“陳、鄭之間語。”通作“淳”。

《國語》：“史伯曰：‘黎爲高辛氏火正，以淳耀敦大，光照四海[9]。’”韋昭注：“淳[10]，大也。”

芋者，《方言》文。郭璞注：“芋，猶訏也。”《小雅·斯干》：“君子攸芋。”傳：“芋，大也。”通作“于”。《方言》又云：“于，大也。”

㚝者，丁幺切。《玉篇》：“㚝，大也。亦作‘奝’。”

衮者，曹氏無音。疑當作“褎”字之譌也。《淮南·主術訓》：“一人被之而不褎，萬人蒙之而不褊[11]。”高誘注：“褎，大也。褊，小也。”

顈者，“顈”，大頭也。《玉篇》引《倉頡》云：“頭大也。”本或作“窯”。《集韻》：“窯，馨幺切。”引《廣雅》：“大也。”《文選·魏都賦》：“河汾浩㴔而皓溔。”李善注引《廣雅》：“溔，大也。”是本又作“溔”。

萬者，盈數也。盈天地之間者唯萬物。盈爲多，多有大義。《詩》曰“萬舞”，言大舞也。

觰者，《說文》：“觰拏，獸。一曰下大者也。”

𩕢者，通作“𩕢”。《玉篇》：“𩕢，高大也。”

都者，總其大數。《漢書·鄭吉傳》：“吉既破車師，降日逐，威震西域，遂并護車師以西北道，故號都護。”顏師古注：“都，猶大也，總也。”

[注] [1]愛本作“敱”。[2]静本、愛本作“勢”。[3]静本、愛本誤作“眠”。[4]静本、愛本脱“親”字。[5]静本、愛本作“荒”。[6]愛本誤作“袥”。[7]愛本誤作“川”。[8]静本、愛本誤作“官”。[9]愛本誤作“方”。[10]静本、愛本誤作“湋”。[11]静本、愛本誤作“禠”。

仜、䶲_{籠音}、或、員_{負音}、虞、方、云、撫，有也。

《周南》："采采芣苢，薄言有之。"傳："有，藏之也。"《禮記·哀公問》云："不能愛人，不能有其身。"注："有猶保也。"

仜者，乎東切。《說文》："仜，大腹也。讀若紅。""腹大"亦"有"之意。

䶲者，盧紅切。《說文》："䶲，兼有也。"左思《吴都賦》："罻䶲僗束。"

或者，《尚書·微子》："殷其弗或亂正四方。"《小雅·天保》："無不爾或承。"《論語·爲政篇》："或謂孔子曰。"《孟子·天時篇》："夫既或治之。"《吕氏春秋·孟春紀》引《書》："無或作好，遵王之道。無或作惡，遵王之路。"《淮南·說林訓》："解門以爲薪，塞井以爲臼，人之從事，或時相似。"注家並訓"或"爲"有"。《穀梁隱三年傳》："有，内辭也。或，外辭也。""或"通作"域"。《說文》："或，又从土，作'域'。"故《商頌·玄鳥》："正域彼四方。"毛傳亦訓"域"爲"有"也。詹事[1]兄曰："'或'與'有'，聲相近。"

員者，《說文》："員，物數也。"《小雅·正月》："無棄爾輔，員于爾輻。"傳："員，益也。"計數增益，"有"之義也。

虞者，《玉篇》："虞，有也。"本此。

方者，《召南·鵲巢》："維鳩方之。"傳："方，有之也。"

云者，《文選·傅咸〈贈何劭[2]王濟詩〉》："進則無云補。"李善注引此文。古與"員"通。其《周書·秦誓》："若弗云來。"山井鼎[3]攷："古本俱作'員'。"《鄭風》："出其東門，聊樂我員。"《釋文》："員，本亦作'云'。"《小雅·正月》："昏姻孔云。"《釋文》云："本又作'員'。"《商頌·玄鳥》："景員維何。"箋："員，古文作'云'。""員"既爲"有"，故"云"亦同也。詹事兄曰："員、云與有，聲相近。"

撫者，《文王世子》云："君王其終撫諸。"鄭注："撫，猶有也。"

[注] [1]阮元曾任少詹事、詹事之職。[2]静本、愛本誤作"邵"。[3]山井鼎爲日本江户時代古學派學者，所著《七經孟子考文補遺》入選《四庫全書》，堪稱校勘名作。清乾嘉學派翟灝、王鳴盛、阮元、劉寶楠、孫詒讓等均嘉許其學。

假格音、**及**、**䡓**苦禮反、**礙**五害反、又刈音、**括**、**𦤶**、**悃**、**摋**陟履反、**岠**巨音、**摵**就夙反、又子六反、又似育反、**會**、**抵**多禮反、**薄**、**䕓**、**往**、**薦**、**周**、**望**、**腆**、**繄**於兮反，**至也。**

《説文》："至，鳥飛以高下至地也。"從高而下曰"至"，自外而來亦爲"至"。

假者，《方言》文。"邠、唐、冀、兖之間語。"《堯典》："假於上下。"鄭康成注："假，至也。"《商頌·玄鳥》："四海來假。"《祭統》："假于太廟。"《莊子·大宗師篇》："是知之能登假於道也若此。"皆與"格"同。案，"假"當爲"徦"。《説文》："徦，至也。"

及者，《周語》："王不從，以及此難。"韋昭注："及，至也。"《文選·陸機〈短歌行〉》："時無重至。"李善注引《論語摘[1]輔像讖》云："時不再及。"宋均注："及亦至也。"

䡓者，《説文》："䡓，礙也。"此篇"䡓"、"礙"同訓"至"，則"䡓"亦"至"也。《五音集韻》："䡓，或作'軆'，至也。"本此。

礙者，《説文》："礙，止也。"

括者，《王風·君子于役》云："羊牛下括。"傳："括，至也。"

𦤶者，字當爲"致"。鄭注《禮器》云："致之言至也。"《文選·江淹〈上建平王書〉》注引《孟子》云："墨子兼愛，摩頂至於踵。"劉熙注：

"致，至也。"

悃者，誠之至也。《漢書·劉向傳》："發憤悃愊。"顏師古曰："悃愊，至誠也。"舊本"悃"作"悃"。攷《説文》："悃，愊也。"其字從"困"，今訂正。

撴者，《方言》："撴，到也。"揚雄《甘泉賦》："洪臺掘其獨出兮，撴北極之嶟嶟。"應劭曰："撴，至也。"案，《説文》："撴，刺之財至也。"其字从"手"，俗本譌从"木"，今据《方言》、《玉篇》訂正。"撴"通作"儆"。《方言》："儆，會也。凡會物謂之儆。"

岠者，《臯陶謨》："予決九川，岠四海，濬畎[2]澮，岠川。"《史記》："岠，皆爲致。"此篇"岠"、"致"同訓"至"。則"致"，即"至"也。《漢書·食貨志》："元龜岠冉，長尺二寸。"孟康曰："冉，龜甲緣也。岠，至也。度背兩邊緣尺二寸也。"通作"距"。曹植《七啟》："距巖而立。"李善注引孔安國《書》傳："距，至也。"

摵者，《方言》："摵，到也。"《玉篇》、《廣韻》並同。俗本譌从"木"，今訂正。摵，通作"𡾰"。《説文》："𡾰，至也。"字異音義同。

會者，《小雅·車舝》："德音來括。"傳："括，會也。""括"既訓"至"，"會"亦"至"也。

抵者，《漢書·武帝紀》："分循行，諭告所抵，無[3]令重困。"顏師古注："抵，至也。"通作"氐"。《説文》："氐，至也。"亦通作"底[4]"。《五音集韻》："底，止也。"

薄者，枚乘《七發》："冥火薄天，兵車雷運。"范雲《贈張謖詩》："田家樵採去，薄暮方來歸。"

𥛱者，子例切。《尚書大傳》："祭之爲言𥛱也。𥛱者，至也。人事至然後祭。"通作"際"。《淮南·原道訓》："高不可際，深不可測。”高誘注：“際，至也。”

往者，心之至也。《史記·孔子世家》贊：“雖不能至，然心鄉往之。”《釋名》：“往，暀也。歸暀於彼也，故其言之卬頭以指遠也。”

薦者，《坎象傳》：“水荐至。”《釋文》引干寶本作“水薦至”。京房本作“水臻至”。是“薦”、“臻”並爲“至”也。

周者，《小雅·鹿鳴》：“示我周行。”傳、孔安國《論語》注並解“周”爲“至”。《白虎通義》：“周者，至也，密也。道德周密，無所不至也。”

望者，《說文》：“出亾在外，望其還也。”幸其至，故亦爲“至”也。

腆者，《周書·大誥》：“殷小腆。”馬融注：“腆，至也。”

緊，未詳。詹事兄曰：“《左傳》：‘爾有母遺，緊我獨無。’以‘緊’有‘至’義也。”

[注] [1]愛本作“摘”。[2]静本、愛本誤作“畝”。[3]静本、愛本誤作“與”。[4]愛本誤作“疷”。

乃、暜、遂、邁、行、徃歸往反、歸、迋於放反，往也。

《說文》：“往，之也。”

乃者，字當爲“迺”[1]，《說文》：“迺，往也。讀若仍。”今俗作“迺”，以爲“乃”之異文耳。

暜者，《少牢禮》：“勿暜引之。”注：“古文‘暜’爲‘秩’。”是“暜”、“秩”同也。《小雅·斯干》云：“秩秩斯干。”傳：“秩秩，流行也。”故“暜”爲“往”也。

遂者，《楚辭·天問》云：“遂古之初。”王逸注：“遂，往也。”謝靈運《九日從宋公戲馬臺送孔令詩》：“歸客遂海隅。”

邁者，《說文》：“邁，遠行也。從蠆省。或作‘邁’，不省。”《玉篇》：

“邁，往也。”本此。

行者，《廣韻》：“行，往也。”本此。

徂者，《說文》：“徂，遠行也。”《楚辭》：“魂徂徂而南征兮。”

歸者，《公羊隱二年傳》：“婦人謂嫁曰歸。”何休注：“婦人生以父母爲家，嫁以夫爲家，故謂嫁曰歸。”《穀梁莊二年傳》：“王者，民之所歸往也。”《孟子》：“往之女家。”“歸”即“往”也。

迋者，《說文》：“迋，往也。”引《春秋傳》曰：“子無我迋。”言“傳”者，《左氏昭二十一年傳》文。又《左氏襄二十八年傳》：“君使子展迋勞於東門之外。”注：“迋，往也。”

[注] [1]靜本、愛本作“逌”。

休、詳、衷、佳、忓汗音**、禄、吉、慶、良、擓、時、竫、黨、適、賴、惢**素果反、又才纍反**、愿、憖、温、長、嫧**側革反**、㦛**如小反**、馴**旬音。《說文》：“字巛反”**、㜳**竹緑反**、睩**禄音**、戾、靈，善也。**

《說文》：“譱，吉也。從誩從羊。此與義、美同意。”篆文作“善”。《釋名》：“善，演也。演盡物理也。”

休者，《說文》：“休，息止也。”或作“庥”。《豳風·破斧》：“亦孔之休。”《大雅·民勞》：“以爲王休。”傳並云：“休，美也。”“美”與“善”同義。

詳者，舊本作“祥”。攷“祥善”已見《爾雅》。博士《上〈廣雅〉表》自言：“取其不在《爾雅》者，著於篇。”知“祥”字誤也。“祥”與“詳”通，今定爲“詳”。《易·大壯》：“不能退、不能遂，不詳也。”疏云：“詳者，善也。進退不定，非爲善也。”《釋文》王肅本作“祥”。《荀子·修身篇》：“則可謂不[1]詳少者矣。”楊倞注：“詳，當爲‘祥’。”《淮南·說林訓》："六畜生多耳目者，不詳。"高誘注："詳，善也。"

衷者，《臯陶謨》："同寅恊恭，和衷哉。"《晉語》："以君之靈，鬼神降衷。"《荀子·子道篇》："從命則親危，不從命則親安，孝子不從命乃衷。"《吕氏春秋·季秋紀》："願一與吴徼天下之衷。"注家皆訓"衷"爲"善"。

佳者，《説文·人部》義也。《楚辭·大招》云："姱脩滂浩，麗以佳隻。"王逸注："佳，善也。"

忏者，吴旦切。《玉篇》："忏，善也。"本此。《集韻》："秦、晉謂好曰忏。"

禄者，《春官·天府》云："若祭天之司民、司禄。"注："禄之言穀也。"《爾雅·釋詁》"穀"訓"善"。"禄"亦"善"也。

吉者，《説文·口部》義也。《釋名》："吉，實也。有善實也。"《虞書》："彰厥有常，吉哉。"疏引鄭注："人能明其德，所行使有常，則成善人矣。"《召南·摽有梅》："迨其吉兮。"傳："吉，善也。"

慶者，《大雅·皇矣》："則篤其慶。"《左氏昭三十年傳》："大國之惠，亦慶其嘉。"毛傳、杜注並云："慶，善也。"

良者，《説文·畗部》義也。《釋名》："良，量也。量力而動，不敢越限也。"《邶風·日月》："德音無良。"《衛風·氓》："子無良媒。"《月令·季夏》："令百工審五庫之量，金鐵、皮革筋、角齒、羽箭幹、脂膠丹漆，無或不良。"《魯語》："是良罟也！爲我得法。"注家皆訓"良"爲"善"。

懽者，疑與"謹"同。《楚辭·九章》："謹厚以爲豐。"王逸注："謹，善也。"

時者，《小雅·頍弁》："爾殽既時。"《儀禮·士冠禮》："嘉薦亶時。"《逸周書·小開解》："何敬[2]非時，何擇非德。"皆謂"時"

爲“善”。

竫者，安之善也。疾郢切。《説文》：“竫，亭安也。”《公羊文十二年》：“惟諓諓善竫言。”何休注：“竫，猶撰也。”

黨者，言之善也。《荀子·非相篇》：“文而致寔[3]，博而黨正。”楊倞注：“‘黨’與‘讜’同，謂直言也。”《隸釋·張平子碑》：“爰登侍中，則黨言允諧。”洪适云：“以黨言爲讜言。”通作“當”。孔安國《益稷》傳：“故呼禹，使亦陳當言。”《釋文》：“當，丁浪反。本亦作‘讜’。”李登《聲類》云：“讜言，直言。”《漢書·叙傳》：“吾久不見班生，今日復聞讜言。”是也。

適者，《太乙經》：“銳首銳於時，得其適也。”一説“適”與“嫡”通。《説文》：“嫡，孎也。”下文“孎”爲“善”，“嫡”亦“善”也。

賴者，《孟子·告子篇》：“富歲，子弟多賴。”趙岐注：“賴，善也。”

惢，未詳。

愿者，《論語·泰伯篇》：“侗而不愿。”鄭注：“愿，善也。”《左氏襄三十一年傳》：“子皮曰：‘愿，吾愛之。’”杜注：“愿，謹善也。”

愨者，謹之善也。《禮器》云：“七介以相見也，不然則已愨。”《荀子·不苟篇》：“有愨士者。”張衡《東京賦》：“民去末而反本，咸懷忠而抱愨。”《廣韻》：“愨，善也。”本此。舊本“愨”訛作“殻”，今訂正。

温者，和之善也。《小雅·小旻》：“温温恭人。”傳：“温温，寬柔也。”《邶風·燕燕》：“終温且惠。”箋：“温，謂顔色和也。”

長者，材能之善也。《孟子·公孫丑篇》：“敢問夫子惡乎長。”或説讀爲“長幼”之“長”。

元[4]者，善之長也。

嫧者，容之善也。《方言》：“婩、嫧、鮮，好也。”《説文》：“嫧，齊也。”

犪者，柔之善也。《尚書》：“擾而毅。”徐廣曰：“擾，一作‘柔’。”字本作“犪”。從牛，夒聲。《說文》：“犪，牛柔謹也。”《玉篇》：“犪，馴也。”《春秋傳》：“乃擾畜龍。”應劭曰：“擾音[5]柔。擾，馴也。”《管子·地員篇》：“其木[6]宜擾桑。擾桑，柔桑也。”諸“擾”字皆“犪”之譌。《說文》：“瓇，玉也。讀若柔。”蓋“犪”有“柔”音，故《史記》或作“柔”。又有“馴”音，故李軌、徐邈皆音“尋倫切”。曹音“如小反”，失之矣。

馴者，順之善也。《說文》：“馴，馬順也。”通作“訓”。《地官·土訓》：“鄭司農讀‘訓’爲‘馴’。”司馬貞云：“《史記》‘馴’字，徐廣皆讀曰‘訓’。”《殷本紀》：“百姓不親，五品不馴。”《後漢書》引作“訓”。《坤》：“初六：馴致其道。”鄭注：“馴，從也。”徐爰音“訓”，依鄭義。

孎者，謹之善也。《說文》：“孎，謹也。讀若人不孫爲[7]孎。”

睩者，亦謹之善也。《說文》：“睩，目睞謹也。”宋玉《招魂》：“蛾眉曼睩，目騰光些。”

戾者，以“戾”爲“善”，猶“亂”爲“治”、“徂”爲“存”、“故”爲“今[8]”。此皆古訓，義有反覆旁通，美惡不嫌同名。

靈者，《鄘風·定之方中》：“靈雨既零。”箋：“靈，善也。”《太玄·交》：“次六：我有靈殽，與爾殽之。”

[注] [1]静本、愛本脱“不”字。[2]静本、愛本誤作“謹”。[3]静本、愛本脱“文而致”三字。[4]《廣雅疏證》此條并無“元”。[5]静本、愛本誤作“者”。[6]愛本誤作“地”。[7]静本、愛本衍“不”字，已刪。[8]静本、愛本誤作“存”。

嘘[1]去焉反、**眷、娱、悰**在宗反、**佚、歡、醋、比**鼻[2]音，**樂也。**

《釋名》：“樂，樂也。使人好樂之也。”皇侃《論語義疏》云：“悦之與樂，俱是歡忻，在心常等，而貌迹有殊，悦則心多貌少，樂則心貌俱多。”

嘘者，《方言》文。郭璞注：“嘘嘘，歡貌。”

眷者，嵇康《琴賦》：“恬眷悦悆。”李善注引此文。

娱者，《説文·女部》義也。《鄭風·出其東門》：“聊可與娱。”傳：“娱，樂也。”舊本“娱”譌爲“娱”[3]，今訂正。

悰者，《説文·心部》義也。《漢書·廣陵王[4]傳》：“自歌曰：‘出入無悰爲樂亟。’”韋昭曰：“悰，亦樂也。”謝朓《遊東田詩》：“戚戚若無悰。”李善注引魏文帝《折楊柳[5]行》：“端坐若無悰，駕遊博望山。”

佚者，《玉篇》：“佚，豫也。”引《書》曰：“無教佚欲有邦。”《爾雅·釋詁》“豫”爲“樂”，故“佚”亦“樂”也。

歡者，《説文》：“歡，喜樂也。”《禮·檀弓》：“啜菽飲水，盡其歡。”通作“懽”。《孝經·孝[6]治章》：“故得萬國之懽心，以事其先王。”又通作“驩”。《孟子》：“霸者之民，驩虞如也。”

醋者，飲之樂也。在各切。《繫辭傳》：“可與酬酢。”京房本作“醋”。《説文》：“醻，主人進客也。”“醋，客酌主人也。”今人以“醋”爲“倉故切”，非是。

比者，《雜卦傳》云：“比樂師憂。”

[注] [1]静本、愛本作“嘘”。[2]静本作“臱”。[3]愛本作“娱”。[4]静本、愛本衍“音”字，已删。[5]静本作“栁”。[6]静本、愛本脱“孝”字。

聆禮丁反**、聽、自、言、仍，從也。**

《説文》："从，相聽也。"《繫傳》本作"相聽許也"。徐鍇云："言計相聽也。許謂從諫也。"《説文》又云："辵从，隨行也。"今通作"從"。《孔子閒居》："氣志既從。"注："從，順也。"

聆者，《説文》："聆，聽也。"《玉篇》引《倉頡篇》："耳聽曰聆。"顔延之《贈王太常詩》："聆龍睽九淵。"曹植《七啟》："聆鳴鳳於高岡。"李善注引《廣雅》："聆，聽也。"疑彼注"聽"下脱"從"字。

聽者，《説文》："聽，聆也。"《易・艮象傳》："不拯其隨，未退聽也。"《左氏昭二十六年傳》："姑慈婦聽。"

自者，《書・湯誥》："王歸自克夏至于亳。"《毛詩序》："南，言化自北而南也。"鄭注："自，從也。"又《召南》："退食自公，委蛇委蛇。"《左氏昭五年傳》："羣臣懼死，不敢自也。"杜解"自"爲"從"。

言者，《洪範》："五事，言曰從。"馬融注："發言當使可從。"

仍者，《大雅・常武》："仍執醜虜。"傳："仍，就也。"《説文》："仍，因也。""因"、"就"與"從"，皆義相成也。

巛[1]**、巽、娓**媚音**、隨、理、猷、訓、悌、婉、揗**勑倫反**、揗**循音**、摩，順也。**

《釋名》："順，循也。循其理也。"《大雅・皇矣》："克順克比。"《左氏傳》解之曰："慈和徧服曰順。"《説文》："順，理也。"

巛者，陸德明《易・釋文》云："坤本又作'巛'。巛，今字也。"《説卦傳》："坤，順也。"《續漢・輿服志》："黄帝、堯、舜垂衣裳而天下治，盖取諸乾、巛。"

巽者，《説文》："顨，巽也。此《易・顨卦》爲長女、爲風者。"《易正義》云："巽者，卑順之名。"

娓者，《說文·女部》義也。又云："娓，讀若媚。"故曹音亦然。

隨者，《說文》："隨，從也。""從"亦"順"也。《書·禹貢》："隨山刊木。"《大雅·民勞》："無縱詭隨。"《廣韻》："隨，順也。"本此。

理者，《說文[2]》解"順"爲"理"，則"理"亦"順"也。

猷者，與"猶"同。《召南·小星》："寔命不猶。"《小雅·鼓鐘》："其德不猶。"傳並云："猶，若也。"《爾雅·釋言》"若"訓"順"，故"猶"亦"順"也。

訓者，《周頌·烈文》："四方其訓之。"《左氏傳》引作"順"，是"訓"、"順"同也。《洪範》："是彝是訓，於帝其訓。"馬融注："是大中而常行之，用是教訓於天下，於天爲順也。"古與"馴"通。《五帝本紀》："能明馴德。"徐廣曰："馴，古'訓'字。"《索隱》曰："《史記》'馴'字，徐廣皆讀曰'訓'。訓，順也，言聖德能順人也。"

悌者，《釋名》："悌，弟也。"經典通用"弟"。

婉者，《說文·女部》義也。《邶風·新臺》："燕婉之求。"《左氏襄二十六年傳》："生佐，惡而婉。太子痤[3]，美而很。"《晉語》："午之少也，婉以從令。"注皆以"婉"爲"順"。

揗、循、摩者，《說文》："揗，撫也。""揗，摩也。""摩，研也。"皆"循"、"順"之意。舊本"揗"譌从"木"，今訂正。"揗"通作"循"。《說文》："循，行順也。"

[注] [1]愛本脫"巛"字。[2]静本、愛本誤作"者"。[3]静本、愛本作"座"。

閑、桲、楷、式、祖、根、肖、容、拱、捄巨菊反、又巨牛反、又俱音、**術、臬**魚列反、**井、括、廌、類、棲、略，灋**法音**也。**

《管子·禁藏篇》：“灋者，天下之儀也。所以决疑而明是非也。”《釋名》：“法，逼也。莫不欲從其志，逼正，使有所限也。”《說文》：“灋，刑也。平之如水，從水；廌所以觸不直者去之，從去。”或省作“法”。此所釋者，不止刑法。凡可爲常法者，皆是。

閑者，《論語·子張篇》：“大德不踰閑。”孔安國曰：“閑猶法也。”《廣韻》：“閑，法也。”本此。

桲者，蒲没切。本書《釋器》云：“桲，杖也。”所以行法之具也。舊本“桲”譌爲“梈”，今訂正。

楷者，苦駭切。《玉篇》：“楷，式也。”引《禮記》曰：“今世之行，後世以爲楷。”

式者，《小雅·楚茨》：“如幾如式。”《大雅·下武》：“下土之式。”《楚辭·天問》：“天式從横。”《太玄·少》：“次三：動韯其得，人主之式。”注皆解“式”爲“法”。

祖者，《鄉飲酒義》：“烹狗於東方，祖陽氣之發於東方也。”注：“祖猶法也。”沈約《宋[1]書·謝靈運傳論》：“源其飈流所始，莫不同祖《風》、《騷》。”

根者，宅根切。《方言》文。郭注：“救傾之法。”《說文》：“根，法也。”古通作“堂”。《攷工記·弓人》：“維角堂之。”鄭注：“堂，讀如‘堂歫’之‘堂’。”疏云：“堂歫，取其正也。”

肖者，亦《方言》文。“西楚、梁、益之間語也。”

容者，儀也。“儀”亦“法”也。《玉藻》：“足容重，手[2]容恭，目容端，口容止，聲容静，頭容直，氣容肅，立容德，色容莊。”

拱者，古作“共”，居勇切。《書》序《九共篇》，《商頌·長發》：“受小共大共。”馬注、毛傳並云：“共，法也。”

捄者，字當从“木”。《說文》：“梂，鑿首。”《集韻》作“銶”。云：“鑿属。”“鑿”亦“法”也。

術者，《文王世子》云：“公族之罪，雖親，不以犯有司，正術也。”註訓“術”爲“法”。古通作“述”。《邶風・日月》：“報我不述。”《文選》注引《韓詩》作：“報我不術。”《薛君章句》：“術，法也。”

臬者，《小爾雅》文。《說文》：“臬，射準的也。”《攷工記・匠人》：“置槷[3]以縣，眡以景。”後鄭謂：“槷，古文‘臬’。假借字。於所平之地中央，樹八尺之臬，以縣正之，眡之以其景，將[4]以正四方也。”

井者，《繫辭傳》：“井居其所而遷。”鄭注：“井，法也。”

括者，《法言・修身篇》：“其爲中也宏深，其爲外也肅括，則可以禔身矣。”李軌注：“括，法也。”本或作“祮”。《集韻》引此文。“祮，法也。乎刮切。”

廌者，《太玄經》：“次八：唯用解廌之貞。”解廌，好直之獸，可爲法也。

類者，《方言》文也。“齊曰類。”《荀子・勸學篇》：“羣類之紀綱也。”楊倞注：“類，法也。”《楚辭・九章》：“吾將[5]以爲類兮。”王逸注：“宜以我爲法度。”《太玄・毅》：“次七：觥羊之毅，鳴不類。測曰：‘觥羊之毅，言不法也。’”

楥者，履之法也。吁券切。《說文》：“楥，履法也。”

略者，《文選・王命論》：“此高祖之大略。”李善注引此文。

［注］［1]静本、愛本誤作“末”。[2]静本、愛本誤作“子”。[3]静本、愛本作“槷”。[4] 愛本作“將”。[5]静本、愛本作“将”。

商、甬勇音**、經、長，常也。**

此釋常行之道也。

商者，《說苑·修文篇》："商[1]者，常也。常者質，質主天。夏者，大也。大者文，文主地，故王者一商一夏，再而復者也。"《廣韻》："商，常也。"本此。舊本"商"譌"商"，今訂正。

甬者，《說文》："甬，艸木華甬甬然也。"案，甬之言涌也。如泉之涌出，有常度也。

經者，《白虎通義》："經所以有五何？經，常也。有五常之道，故曰五經。《樂》仁，《書》義，《禮》禮，《易》智，《詩》信也。"《釋名》："經，徑也。如徑路無所不通。可常用也。"《小旻》："匪大猷是經。"《莊子·養生主》："緣督以爲經。"毛萇、李頤並云："經，常也。"

長者，左思《魏都賦》："嚚周用而長務。"李善注引此文。《廣韻》："長，常也。"本此。

[注] [1]静本、愛本誤作"商"。

䚋、梨[1]離音**、俊**蘇苟反**、艾、耆、長、㪺[2]**大到反**、耇**點音**、期頤，老也。**

《說文》："老，考也。七十曰老。從人、毛、匕，言鬚髮變白也。"《釋名》："老，朽也。"蔡邕《獨斷》："王者父事三老。""老"謂久也、舊也、壽也。

䚋者，《方言》文也。"東齊曰眉。"郭注："眉，言秀眉也。"《豳風·七月》："以介眉壽。"傳："眉壽，豪眉也。"《小雅·南山有臺》："遐不眉壽。"傳："眉壽，秀眉也。"

梨者，亦《方言》文也。"燕、代之北鄙语。"郭注："梨，言面色如凍梨。”通作“黎”。《吴語》：“播棄黎老。”韋昭注：“鮐背之耇稱黎老。”《說文》：“耇，老人面凍黎若垢。”是也。

傻、艾者，《小爾雅》文。《方言》：“傻，父老也。東齊、魯、衛之間，凡尊老謂之傻，或謂之艾。”《孟子·梁惠王篇》：“王曰：‘叜。’”趙岐注：“叜，長老之稱也，猶父也。”《說文》：“叜，老也。”或作“傻”。《左氏宣十二年傳》：“趙傻在後。”《曲禮》：“五十曰艾，服官政。”《釋名》：“五十曰艾。艾，治也。治事能斷割芟刈，無所疑也。”《爾雅·釋詁》：“艾，歷也。”郭注：“長者多更歷。”

耆者，《說文》：“耆，老也。”《曲禮》：“六十曰耆，指使。”《釋名》：“六十曰耆。耆，指也。不從力役，指事使人也。”

長者，《方言》文。《說[3]文》：“長，久遠也。久則變化。”

𦒿者，《廣韻》：“𦒿，年九十也。”

𦒷者，丁念切。《說文》：“𦒷，老人面如點也。讀若‘耿介’之‘耿’。”

期頤者，《曲禮》：“百年曰期頤。”注：“期，猶要也。頤，養也。不知衣服食味，孝子要盡其道而已。”《釋名》：“百年曰期頤。頤，養也。老昏，不復知服味、善惡，孝子期於盡養道而已。”與鄭注合。

[注] [1]愛本作“黎”。[2]静本、愛本作“𦒿”。[3]静本、愛本誤作“釋”。

荀、款欵音、寔、信，誠也。

《賈誼書·道術篇》：“志操精果謂之誠。”《說文》：“誠，信也。”

荀者，《唐風·采苓》“荀亦無信”傳義也。《楚辭·九章》：“荀余心其端直兮。”注與傳同。郭璞《三倉解詁》：“苟，誠也。”

款者，《説文》：“歀，意有所欲也。”或作“款”。劉峻《廣絶交論》：“銜恩遇，進款誠。”李善注引吕忱《字林》：“款，誠也。”

寔者，《離騷》：“羌無寔而容長。”《廣韻》：“寔，誠也。”本此。

信者，《説文·言部》義也。《白虎通義》：“信者，誠也。專一不移也。”

軫畛音、**夐**火逼反、**榘**俱雨反、**隒**苦檢反，又居歛反，又語險反、**厓**、**厲**，**方也。**

此就“方”而釋之。蓋有二義。“軫”、“夐”、“榘”爲中正之方，“隒”、“厓”、“厲”爲棱角之方也。

軫者，《攷工記·輈人》：“軫之方也，以象地也。”《楚辭·九章》：“軫石葳嵬。”王逸注：“軫，方也。”

夐者，麾域切。《玉篇》：“夐，方也。”本此。

榘者，《説文》：“巨，規巨也。或作‘榘’。從木、矢。矢者，其中正也。”《荀子·不苟篇》：“五寸之矩，盡天下之方也。”《漢書·律曆志》：“矩者，所以爲方器械，令不失其形也。”

隒者，《説文》：“隒，厓也。”此條“隒”、“厓”皆訓“方”。

厓者，《説文》：“厓，山邊也。”《古詩十九首》：“相去萬餘里，各在天一涯。”李善注引《廣雅》：“涯，方也。”是本又作“涯”。

厲者，《衛風·有狐》：“在彼淇厲。”與“厓”同意。亦作“礪”。《禮·儒行》云：“砥礪廉隅。”

端、直、鑈乃頰反、**危、質、敵、公、方、閑、諫、刑、政、貞、幹、集、叚、矢，正也。**

《説文》：“正，是也。”《士冠禮》：“以歲之正，以月之令。”注：“正，猶善也。”

端者，《月令》："孟秋審斷決，必端平。"《吕氏春秋·季夏紀》："口必甘味，和精端容。"鄭康成、高誘並云："端，正也。"

直者，《魏風·碩鼠》："爰得我直。"《郊特牲》："直祭祀于主。"鄭氏並訓"直"爲"正"。《說文》："直，正見也。"郭注《爾雅》云："《公羊傳》曰：'直出。'直猶正也。"《荀子·修身篇》："是謂是、非謂非曰直。"《蜀志》："法正，字孝直。"

鑈者，《方言》文。郭注："謂堅正也。"《玉篇》："鑈，堅正也。"本郭注爲義。

危者，《管子》："少者之事先生，危正向師，顔色無怍。"顔延之《陶徵士誄》："獨正者危。"《廣韻》："危，不正也。"疑彼衍"不"字。

質者，《春官·詛祝職》："以質邦國之劑信。"《月令》："黑黄蒼赤，莫不質良。"《莊子·在宥篇》："而所欲問者，物之質也。"《漢書·梅福傳》："質之先聖而不繆，施之當世合時務。"注皆云："質，正也。"

敵者，詹事兄曰："夫婦敵體。"《左傳》："不當王，非敵也。"或說"敵"，古通"適"。《禮·檀弓》云："哭之適室。"適室，正室也。

公者，《韓非子·五蠹篇》："倉頡之作書也，自環者謂之厶，背厶者謂之公。"《吕氏春秋·孟春紀》："昔先聖王之治天下也，必先公。公則天下平矣。"高誘注："公，正也。"

方者，《吕氏春秋·季春紀》："先王之立高官也，必使之方。"高誘注："方，正也。"顔延之《夏夜呈從兄散騎[1]車長沙詩》："炎天方埃鬱。"李善注引此文。《廣韻》："方，正也。"本此。

閑者，陸機《日出東南隅行》："淑貌耀皎日，惠心清且閑。"李善注引此文。

諫者，《地官·司諫》注："諫猶正也。以道正人行。"《荀子·臣道篇》："有能進言於君，用則可，不用則去，謂之諫。"

刑者，《大雅·思齊》："刑于寡妻。"《韓詩章句》："刑，正也。"《孟子·梁惠王篇》引此詩。趙岐亦云："刑，正也。"古通作"形"。《淮南·原道訓》："音者，宮立而五音形矣。"高誘注："形，正也。"

政者，《論語·顏淵篇》義也。鄭注《周禮·司馬》云："政，正也。政所以正不正也。"《釋名》："政，正也。下所取正也。"

貞者，《師·彖傳》文。《易·彖辭》："乾，元亨利貞。"子夏傳："貞，正也。"《離騷》："攝提貞于孟陬兮。"

幹者，鄭注《說卦》"離爲幹卦"云："陽在外，能幹正。"是"幹"有"正"義。張衡《西京賦》："婁敬委輅，幹非其議。"李善注引《薛君韓詩章句》："幹，正也。"謂以其議非而正之。

集，未聞[2]。

殷者，《堯典》："以殷仲春。"《法言·問道篇》："或問：'八荒之禮也，樂也，孰是？'曰：'殷之以中國。'"孔安國、李軌並云："殷，正也。"

矢者，《法言·五百篇》："聖人矢口而成言。"李軌注："矢，正也。"

[注] [1]静本、愛本作"騎"。[2]《廣雅疏義》："諸書無訓'集'爲'正'者，'集'當爲'凖'字之誤也。"

弸冰音、**㤥**苦賴反、**憑**、**慂**勇音、**充**、**牣**刃音、**臣**、**愊**皮逼反、**窒**丁一反、**塞**、**盈**、**屯**大邨反[1]、**飽**、**饐**於敬反、**餩**乙丈反、**臆**憶音、**溢**、**穌**蘇音、**豐**，**滿也**。

《說文》："滿，盈溢也。"

弸者，弓之滿也。《說文》："弸，弓強皃。"《法言·君子篇》："'君子言則成文，動則成德，何以也？'曰：'以其弸中而彪外也。'"李軌注：

“弸，滿也。”揚雄《甘泉賦》：“惟弸彋其拂汨兮。”蘇林音：“石墮井弸爾之弸。”

㥲者，《方言》：“䭢，飽也。”“飽”與“滿”同意。此作“㥲”，字異義同。

憑者，《離騷》：“憑不厭[2]乎求索。”王逸注：“憑，滿也。”楚人名“滿”曰“憑”。

㣚者，《方言》：“涌，滿也。”凡以器盛而滿謂之“涌”。郭注：“涌言涌出也。”此作“㣚”，字異義同。

充者，《劉向·九歎》：“伊、皋之倫以充廬。”王逸注：“充，滿也。”

牣者，《說文·牛部》義也。《大雅·靈臺》：“於牣魚躍。”司馬相如《子虛賦》：“充牣其中，不可勝紀。”

匩者，器之滿也。《說文》：“匩，飯器。筥也。”或作“筐”。

愊者，《方言》：“偪，滿也。腹滿曰偪。”郭注：“偪，言勑偪也。”今作“愊”，字異音義同。

窒者，《說文》：“窒，塞也。”此條“窒”、“塞”皆訓“滿”。

塞者，《說文》作：“寋，窒也。”引《虞書》曰：“剛而寋。”《史記》“寋”作“寔”。《大雅·常武》：“王猷允塞。”箋：“守信自寔滿。”《孔子閒居》：“志氣塞乎天地。”《淮南·原道訓》：“故植之而塞於天地。”鄭氏、高誘皆訓爲“滿”。本“塞”，譌“寒”。今訂正。

盈者，《說文》：“盈，滿器也。”《召南·鵲巢》：“維鳩盈之。”傳：“盈，滿也。”

屯者，物之滿也。《序卦傳》：“盈天地之間者唯萬物，故受之以屯。屯者，盈也。”舊本“屯”訛“乇”，今訂正。

飽者，腹之滿也。《說文》：“飽，厭也。”

饇、**餗**者，《方言》：“饇，飽也。”《玉篇》：“饇，飽滿也。餗，同上。”《廣韻》：“饇，亦作‘餗’。”是“饇”、“餗”字異音義同。曹分兩音，非是。

臆者，《方言》文。郭注：“愊臆，氣滿之也。”《釋名》：“臆猶抑也，抑氣所塞也。”通作“億”。《說文》作：“意，滿也。十萬曰意。”

溢者，《說文》：“溢，氣滿也。”《孝經》：“滿而不溢，所以長守富也。”班固《西都賦》：“闐城溢郭。”

穌，未詳。

豐者，《說文》：“豐，豆之豐滿者也。”

[注] [1]《博雅音》：“當音‘張倫反’。”[2]愛本誤作“壓”。

邈、**遏**、**迻**勿音、**離**、**釗**昭音。世人以“釧[1]”、“釗”，失爲一字、**曠**、**云**、**極**、**遼**、**遥**、**迃**紆音、**敻**吁性反、**超**、**踰**、**逴**丑[2]卓反、**越**、**祖**、**踆**、**征**、**遾**逝音、**高**、**荒**、**裔**，**遠也**。

《說文》：“遠，遼也。古文作‘遠’。”《爾雅·釋詁》：“遐，遠也。”

邈者，《漢書·武帝紀》：“覩于周室，邈而無祀。”顔師古曰：“邈，遠絶之意。”通作“藐”。《楚辭·九章》：“藐曼曼之不可量兮。”《漢書·韋賢傳》：“既藐下臣，追欲從逸。”應劭曰：“藐，遠也。”

遏者，古通作“逖”。《周書·牧誓》：“逖矣，西土之人。”《大雅·抑》云：“用遏蠻方。”《潛夫論》引作“逖”。《左氏襄十四年傳》：“豈敢離遏。”《說文》：“逖，遠也。”古文作“遏”。案，“遏遠”已見《爾雅·釋詁》，此當作“逖”。

迻、**離**者，《方言》：“迻，邈離也。楚謂之遠，吴、越曰迻。”郭注：“離謂乖離也。”“伆”音“刎”。此作“迻”，字異音義同。

釗者，《方言》文。“燕之北郊語也。”

曠者，陸機《五等論》："先王知帝業至重，天下至曠。"盧諶《贈劉琨詩》："苟非異德，曠世同流。"李善注並引此文。通作"廣"。《方言》："廣，遠也。"《越語》："廣運百里。"韋昭注："東西爲廣，南北爲運。"盖"廣"即"遠"也。

云者，詹事兄曰："云、遠，聲相近。"通作"雲"。《爾雅·釋親》："仍孫之子爲雲孫。"郭注："言輕遠如浮雲。"案，陸機《演連珠》："明其要者，噐淺而應夰。"李善注引《廣雅》："夰，遠也。"疑即此字，形相近而譌爲"云"耳。

極者，《爾雅·釋地》："東至於泰遠，西至於邠國，南至於濮鉛，北至於祝栗，謂之四極[3]。"郭注："皆四方極遠之國。"

遼者，《說文·辵部》義也。《楚辭·九歎》："山修遠其遼遼兮。"潘岳《河陽縣作詩》："誰謂晉京遠，室邇身寔遼。"

遥者，《方言》文。"梁、楚語也。"舊本"遥"譌"遥"，今訂正。

迃者，《論語·子路篇》："子之迂也。"包咸注："迂，猶遠也。"《史記·孟軻傳》："迃遠而濶於事情。"《後漢書·王龔傳》："其言甚迂，其效甚近。"

敻者，《邶風·擊鼓》："于嗟洵兮。"《釋文·韓詩》："洵，作'敻'。敻，亦遠也。"《吕氏春秋·季夏紀》："精氣之集也。集於聖人，與爲敻明。"高誘注："敻，遠也。讀如《詩》云：'吁嗟敻兮。'"

超者，《方言》文。"東齊語。"《楚辭·九歌》："平原忽兮路超遠。"謝靈運《從遊京口北固應詔詩》："道以神理超。"

踰者，《投壺篇》："毋踰言。"鄭注："踰言，遠談語也。""踰"或爲"遥"。《漢書·陳湯傳》："横厲烏孫，踰集都頼。"如淳曰："踰，遠也。"顔師古注："踰，讀曰'遥'"。

逴者，《說文·辵部》義也。通作"趠"。"趠"亦"遠"也。

越者，《魯語》："越哉！臧孫之爲政也。"韋昭注："越，迃也。""迂"、"越"同訓"遠"。

祖者，親莫親於父，自祖而曾祖、高祖，則漸遠矣，故祖爲遠也。

𢘍，未詳。

征者，《説文》：“延，正行也。”或作“征”。《小雅·六月》：“王于出征。”是“征”爲“行之遠”也。

遾者，古通“逝”，亦作“噬”。《唐風·有杕之杜》云：“噬肯適我。”

高者，上之遠也。《古詩十九首》：“願爲雙黄鵠，奮翅起高飛。”李善注引此文。

荒[4]者，地之遠也。《離騷》：“將[5]往觀乎四荒。”王逸注：“荒，遠也。”《爾雅·釋地》：“觚竹、北户、西王母、日下，謂之四荒。”四荒，猶上文言四極，皆遠之意也。郭景純以爲“昏荒”，未必然矣。

裔者，《左氏昭二年傳》：“昔金天氏有裔子曰昧。”杜注：“裔，遠也。”柳宗元《賀冊尊號表》云：“滲[6]漉普周乎八裔。”是“裔”爲“邊之遠”也。

［注］［1］静本、愛本作“釓”，據《博雅音》改。［2］静本、愛本作“尹”，據《博雅音》改。［3］静本、愛本作“螽”。［4］静本、愛本作“荒”。［5］静本、愛本作“将”。［6］静本、愛本作“滲”。

虞、宴、鎮、撫、慰、𢡀牒音，又齒牒反**、㥷**一占反**、𡫸**細則反**、宓**眉筆反。世人以山如堂者“密”，作“祕”、“宓”字，失之矣**、毒**毒音**、嗼**莫音，又亾白反**、湛**丈減反**、抑、倓**達濫反**、便**房連反**、㝱**亾彼反**、眯、㒾**亾是反**、幹、焉、媞**狄計[1]反，又之移反，又上支反**、尼**女一反**、靖、澹**大闞反**、隱、集、息，安也。**

《説文》：“安，静也。從女在宀下。”《釋名》：“安，宴也。晏晏然和喜，無動懼也。”

虞者，《周語》：“虞於湛樂。”韋昭注：“虞，安也。”《莊子·讓王篇》："故許由虞於潁陽。"《釋文》："虞，一本作'娱'。"

宴者，依字作"晏"。《說文》："晏，安也。"《邶風·谷風》："宴爾新昏。"傳："宴，安也。"古"宴"與"安"通。《堯典》："欽明文思安安。"《後漢書·馮衍傳》："思唐虞之宴宴。"李賢注引《尚書考靈曜》："欽明文思宴宴。"又《第五倫傳》、《陳寵傳》注俱引《考靈曜》："寬容覆載謂之宴。"通作"燕"。《小雅·鹿鳴》："以燕樂嘉賓之心。"傳："燕，安也。"

鎮者，《晉語》："鎮定大事。"韋昭注："鎮，安也。"

撫者，《說文·手部》義也。《淮南·原道訓》："神與化游，以撫四方。"高誘注："撫，安也。"古有以"鎮"、"撫"二字連文者。《左氏傳》："鎮撫其社稷。"《漢書·高帝紀》："鎮撫關外父老。"是也。

慰者，《邶風·凱風》："莫慰母心。"《小雅·車舝》："以慰我心。"傳並云："慰，安也。"古亦省作"尉"。應劭注《百官表》云："自上安下曰尉。"《漢書·車千秋傳》："尉安衆庶。"韓安國傳："猶頗可得以尉士大夫心。"顏師古注："古'尉安'之字正如此，其後流俗乃加'心'耳。"

怗者，與"怗"同。《玉篇》："怗，服也，静也。"《公羊僖四年傳》："卒怗荊也。"

懕者，《說文》："懕，安也。"引《詩》曰："懕懕夜飲。"《爾雅·釋訓》："懕懕，安也。"《方言》作："猒，安也。"陸機《辨亡論》："洪規遠略，固不猒夫區區者也。"李善注引《方言》作"猒"。是"猒"、"猒"、"懕"，古字通用。

𡫀者，《方言》文。彼作"塞"，字異音義同。

宓者，《說文·宀部》義也。通作"密"。《大雅·公劉》："止旅乃密。”傳：“密，安也。”

毒者，《師彖傳》：“以此毒天下，而民從之。”

嘆者，《說文》：“嘆，啾嘆也。”《楚辭·哀時命》：“聊竄端而匿迹兮，嘆寂嘿而無聲。”

湛者，《方言》文。郭注：“湛然，安皃。”

抑者，亦《方言》文。《墨子·親士篇》：“三子之能達成功於天下也，皆于其國抑而大醜也。”案，“抑而大醜”即“安其大衆”也。

倓者，《說文·人部》義也。讀若“談”。或作“剡”[2]。《荀子·仲尼篇》：“倓然見管仲之能足以託國也。”楊倞注：“倓，安也。安然不疑也。”

便者，亦《說文·人部》義也。《墨子·天志中篇》：“百姓皆得煖衣飽食，便寧無憂。”《楚辭·大招》：“恣所便只。”王逸注：“便，安也。”

寱者，寢之安也。《說文》：“寱，孰寐也。讀若悸。”

眯者，與“彌烖兵”之“彌”同，故亦爲“安”。《史記·晉世家》“示眯明”，《左氏》作“提彌明”。《秦本紀》“鄭高渠眯”，《左氏傳》作“高渠彌”。是也。舊本“眯”譌[3]從“貝”，字書所無，今訂正。

侎者，《春官·小祝》：“彌烖兵。”注：“彌讀曰敉。敉，安也。”《玉篇》引《周禮》“彌”，作“侎”。“侎”又通作“弭”。《楚辭》：“夕弭節于北渚。”王逸注：“弭，安也。”

幹者，《周書·多士》：“爾厥有幹、有年於茲洛。”王肅注：“汝其有安事，有長久年於此洛。”蓋“安”、“幹”聲相轉，以聲爲義也。

焉者，《王風·伯兮》：“焉得諼草。”《說文》引作“安得藼艸。”是“焉”、“安”音義同。薛綜《西京賦》注：“安，焉也。”

媞者，《爾雅·釋訓》：“媞媞，安也。”孫炎曰：“媞媞，行步之安也。”郭璞曰：“好人安詳之容。”通作“提”。《魏風·葛屨》：

“好人提提。”傳：“提提，安諦也。”《楚辭章句》引作“好人媞媞”。又通作“折”。《檀弓》：“吉事欲其折折爾。”注：“折折，安舒皃。”引《詩》：“好人提提。”《釋文》：“折，大兮反。”

尼者，《爾雅·釋詁》：“尼，定也。”“定”亦“安”也。

靖者，《商書·盤庚》：“則惟汝衆，自作弗靖。”馬融注：“靖，安也。”《周頌·昊天有成命》：“肆其靖之。”箋以“靖”爲“和安”。

澹者，《賈誼·鵩鳥賦》：“澹乎若深淵之靚。”顏師古注：“澹，安也。”通作“憺”。《說文》：“憺，安也。”《楚辭·九歌》：“蹇將憺兮壽宫。”王逸注：“憺，安也。”揚雄《長楊賦》：“海内憺然。”

隱者，《左氏成二年傳》：“韓厥俛定其右。”杜注：“右被射，仆車中，故俯安隱之。”《莊子·應帝王篇》：“其臥徐徐。”司馬彪云：“徐徐，安隱貌。”案，今俗别作“穩”，非也。

集者，《唐風[4]·鴇羽》：“集于苞栩。”傳：“集，止也。”“止”與“安”同義。《廣韻》：“集，安也。”本此。

息者，《召南·殷其靁》：“莫或遑息。”《唐風·葛生》：“誰與獨息。”傳並云：“息，止也。”“止”與“安”，義相成[5]也。

《集韻》引《廣雅》：“併，安也。”今無此文，疑涉下而誤耳。

[注] [1]《博雅音》作“叶”，徐復本《疏義》作“叶”。[2]静本、愛本誤作“倓”。[3]静本、愛本作“譪”。[4]愛本誤作“小雅”。[5]愛本誤作“稍”。

賓、陳、佾逸音、布、并步憐反、羅，列也。

《說文》：“列，分解也。”是言分之有行列也。

賓者，《楚辭·天問》：“啟棘賓商。”王逸注：“賓，列也。”陸倕[1]《石闕銘》：“前賓四會。”

陳者，《釋名》：“陳，堂塗也，言[2]賔主相迎、陳列之處也。”《楚辭·九歌》：“陳竽瑟兮浩倡。”王逸注：“陳，列也。”又與“敶”通。《説文》：“敶，列也。”

佾者，舞之列也。古用“溢”。《漢書·禮樂志[3]》：“千童羅舞成八溢。”顔師古注：“溢，與‘佾’同。”

布者，《書·康王之誥》：“諸侯入應門右，皆布乘黄朱。”傳：“皆陳四黄馬朱鬣以爲庭寔[4]。”《聘禮》云：“管人布幕於寢門外。”《左氏昭十六年傳》：“僑若獻玉，不知所成，敢私布之。”杜注：“布，陳也。”此條“布”、“陳”皆訓“列”。

併者，事之列也。《説文》：“併，竝也。”

羅者，《方言》：“羅謂之離，離謂之羅。”郭注：“皆行列物也。”

[注] [1]愛本作“僱”。[2]静本、愛本誤作“主”。[3]静本、愛本誤作“郊祀志”。[4]《康王之誥》正義：“諸侯朝見天子，必獻國之所有，以表忠敬之心，故‘諸侯皆陳四黄馬朱鬣以爲庭實’，言實之於王庭也。四馬曰‘乘’，言‘乘黄’正是馬色黄矣。‘黄’下言‘朱’，‘朱’非馬色。定十年《左傳》云：‘宋公子地有白馬四，公嬖向魋，魋欲之。公取而朱其尾、鬣以與之。’是古人貴朱鬣。知‘朱’者，朱其尾、鬣也。”

袓丑文反、**達、聖、明、泰、菅、疏、亯**呼行反、**徹，通也。**

《説文》：“通，達也。”《釋名》：“通，洞也。無所不貫洞也。”

袓者，陸機《五等論》：“譬猶衆目營方[1]，則天綱自袓。”嵇康《琴賦》：“固以和袓而足耽矣。”李善注並引此文。《玉篇》：“袓，通也。”本此。

達者，《釋名》：“達，徹也。”《周書·顧命》：“克達殷，集大命。”

《熹平石經[2]》“達”作“通”。《周頌・載芟》：“驛驛其達。”箋：“達，出地也。”案，“出地”亦“通徹”之意。

聖者，《說文・耳部》義也。《洪範》：“睿[3]作聖。”傳：“于事無不通之謂聖。”應劭《風俗通義》：“聖者，聲也。聞聲知情，故曰聖也。”是“聖”爲耳之通也。

明者，目之通也。《說文》：“明，照也。”明無不照，故無不通也。《廣韻》：“明，通也。”本此。

泰者，《序卦傳》義也。《乾鑿度》：“孔子曰：‘泰者，天地交通，陰陽用事，長養萬物也。’”

萺者，桂進士馥曰：“通作‘毒’。”《說文》：“毒，害人之艸，往往而生。從屮，毒聲。古文從刀、萺。”案，“屮”，讀若“徹”。徐鉉曰：“丨，上下通也。象艸木萌芽、通徹地上也。”徐鍇本古文本從“竹”，故《繫傳》云：“南方竹亦有毒者。”馥謂：“刀、萺，當爲刀、管，从亯部。”“管”字、“萺”、“毒”並訓“厚”，音義皆同。

疏者，《說文・㐬部》義也。張協《七命》：“内無疏蹊，外無漏迹。”

亯者，經典相承作“亨”。《乾彖辭》：“元亨利貞。”子夏傳：“亨，通也。”《大有》：“九三：公用亨於天子。”王弼釋“亨”爲“通”。《左氏昭四年傳》：“是以先王務脩德音，以亨神人。”杜注：“亨，通也。”

徹者，《說文・攴部》義也。《莊子・外物篇》：“目徹爲明，耳徹爲聰，鼻徹爲羶，口徹爲甘，心徹爲知，知徹爲德。”

［注］ [1]静本、愛本脫“瞀方”二字。[2]静本作“経”。[3]愛本原文漫漶不清，從静本。

虔、畏、賓、齋、亟、憼景音、**懔**力甚反、**浚**三閏反、**悛**此緣反、**誠、信、高、尊，敬也。**

《賈誼書·道術篇》："接遇肅正謂之敬，反敬爲嫚。"《說文》："敬，肅也。"《釋名》："敬，警也。恒自警肅也。"《大雅·常武》："既敬既戒。"箋："敬之言警也。"《晉語》："臼季曰：'夫敬，德之恪也。恪於德以臨事，其何不濟！'"

虔者，《左氏成十六年傳》："虔卜於先君。"注："虔，敬也。"《魯語》："少采夕月，與太史、司載糾虔天刑。"

畏者，服之敬也。《鄭注·曲禮》云："心服曰畏。曾西曰：'吾先子之所畏。'"

賓者，《說文》："賓，所敬也。"《地官·鄉大夫》："以禮禮賓之。"先鄭注："賓，敬也。"《左氏僖三十三年傳》："相敬如賓。"

齋者，《中庸》："齋莊中正，足以有敬也。"

亟者，"亟"、"敬"聲之轉。字當爲"苟"。《說文》："苟，自急敕也。己力切。"《方言》："自關而西，秦、晉之間，凡相敬愛謂之亟。"

憼者，《說文·心部》義也。

懔、浚者，"懔"，亦作"稟"。《方言》："稟、浚，敬也。秦、晉之間曰稟，齊曰浚，吴、楚之間，自敬曰稟。"稟，又通作"廩"。《漢書·循吏傳》："此廩廩庶幾德讓君子之遺風矣。"顏師古注："廩廩，言風采也。"

悛者，且泉切。《玉篇》："悛，敬皃。"本此。

誠者，《商書·太甲》："鬼神無常享，享於克誠。"

信者，《左氏僖七年傳》："守命共時之謂信。"

高者，《繫辭傳》："崇高莫大乎富貴。"言人所敬也。

尊者，《曲禮》："夫禮者，自卑而尊人，雖負販者必有尊也。"《孟子》："天下有達尊三，爵一，齒一，德一。"是也。

拌普干反、又伴音、**墽**苦孝反、又苦交反、**捐**沿音、**振**、**㔾**甫奉反、又方犯反、**投**、**委**、**撱**緣藥反，**棄也。**

《說文》："棄[1]，捐也。從廾，推𠦒棄之。從𠫓。𠫓，逆子也。"《孝經》曰："五刑之屬三千，罪莫大於不孝。"如淳曰："焚如、死如、棄如者，謂不孝子也。不畜於父母，不容於朋友，故燒殺棄之。"《周禮・秋官・掌戮》："凡殺其親者，焚之。"故鄭氏謂："'焚如'，殺其親之刑。刑人之喪，不居兆域，不序昭穆，故燒殺棄之，不入於兆也。此倉頡制字之義也。"

拌、墽者，《方言》："拌，棄也。凡揮棄物，楚謂之拌，或謂之敲。"郭注："今汝、潁間語亦然。"《說文》："敲，横擿也。""擿"亦"棄"也。"墽"、"敲"，字異音義同。

捐者，《說文・手部》義也。曹植《三良詩》："誰言捐軀易，殺身[2]誠獨難。"

振者，《曲禮》："振書、端書於君前，有誅。"孔疏："振，拂去塵也。臣不豫慎，將文書簿領於君前，臨時乃拂整也。"

㔾者，《漢書・食貨志》："大命將泛。"顏師古注："泛，本作'㔾'。"

投者，《方言》："凡揮棄物，淮、汝之間謂之投。"《左氏文十八年傳》："投諸四裔。"杜注："投，棄也。"《曲禮》："無投與狗骨。"孔疏："投，致也，棄其骨與犬也。"《楚辭・天問》："投之於冰[3]上，鳥何燠之。"王逸注："投，棄也。"

委者，《孟子・天時篇》："委而去之。"《離騷》："委厥美以從俗兮。"王逸注："委，棄也。"

撱者，他果切。《玉篇》："撱，俗云'落'。"

[注] [1]静本、愛本作"弃"。[2]静本、愛本作"賊"。[3]愛本誤作"水"。

杭口壑反、**㢮**[1]於娛反，又口孤反、**憮**呼音、**磔**竹戹反、**彀**古候反、**彍**廓音，又郭音、**拔**、**攄**丑於反、**遬**丑力反、**瞋**嗔音，**張也**。

上文“張，大也”。《說文》：“張，施弓弦也。”此所釋者，凡爲張大之義，不止弓弦也。

杭者，《說文》：“抗，或從木。”是“杭”即“抗”也。《攷工記・梓人》：“毋或若如不寧侯，不屬於王所，故抗而射女。”注：“抗，張也。”

㢮者，弓之張也。《說文》：“㢮，滿弓有所鄉也。”《玉篇》：“㢮，張也。”本此。

憮者，張大之義也。《漢書・張敞傳》：“爲婦畫眉。長安中傳‘張京兆眉憮’。”應劭曰：“憮，大也。”孟康曰：“音詡。北方人謂媚好爲詡畜。”

磔者，《莊子・盜跖篇》：“無異於磔犬、流豕。”《釋文》引此文。《漢書・景帝紀》：“改磔曰棄市。”顏師古注：“磔，謂張其尸也。”揚雄《長楊賦》：“磔裂屬國。”李善注亦引此文。詹事兄曰：“磔、張，聲相近。”

彀者，弩之張也。《說文》：“彀，張弓也。”《大[2]雅・行葦》注[3]引《說文》：“張弓曰彀。”

彍者，《說文》：“彍，弩滿也。讀若郭。”《淮南・兵略訓》：“疾若彍弩。”字或作“彉”。《漢書・吾丘壽王傳》：“十賊彉弩，百吏不敢前。”張晏曰：“彉音‘郭’。”顏師古注：“引滿曰彉。”

拔者，《說文》：“以旁持曰拔。”詹事兄曰：“拔，亦有分張之意。”按，“拔”疑“振”之譌。《漢書・王莽傳》：“莽休沐出，振車騎。”顏師古注：“振，張起也。”

攎、**遬**者，《方言》文。《玉篇》：“攎，張也。”本此。舊本“攎”譌[4]爲“攄”，今訂正。

瞋者，目之張也。《說文》：“瞋，張目也。”《史記・張耳傳》：“將[5]

軍瞋目張膽。”《淮南·人間訓》：“使狐瞋目植覩，見必殺之勢[6]。雉亦知驚憚遠飛，以避其怒矣。”

[注] [1]静本、愛本誤作“弜”。[2]静本、愛本誤作“小”。[3]静本、愛本脱“注”字。[4]静本、愛本作“謪”。[5]静本、愛本作“将”。[6]静本、愛本作“勢”。

躔直然反、**歷**、**逝**、**去**、**趨**七於反、**徥**直駭反、又仕紙反[1]、**流**、**步**、**遵**、**違**魚聳反、**蹠**只石反、**遂**、**般**、**從**、**逯**鹿音、**轉**、**隨**、**廵**、**充**、**畧**、**將**、**進**、**由**、**駕**、**帶**、**貫**、**躾**示亦反、**逭**乎館反。《尚書》曰：“逭，逃也”、**逌**育音、**躪**倫音。《方言》爲“踚”，音藥[2]、**遡**、**吉**，**行也**。

《説文》：“行，人之步趨[3]也。”《釋名》：“兩脚[4]進曰行。行，抗也。抗足而前也。”

躔、**歷**者，《方言》：“躔、歷，行也。日運爲躔，月運爲逡。”郭注：“運，猶行也。”《説文》：“躔，踐也。”“歷，過也。”《漢書·律曆志》：“舉終以定朔望分至，躔離弦望。”左思《吴都賦》：“未知英雄之所躔。”

逝者，《説文》：“逝，往也。”《玉篇》：“逝，去也。”“往”、“去”皆“行”也。

去者，《説文》：“去，人相違也。”《玉篇》：“去，行也。”本此。

趨者，《釋名》：“疾行曰趨。趨，赴也，赴所至也。”《爾雅·釋宫》：“堂上謂之行，堂下謂之步，門外謂之趨。”《曲禮》：“帷薄之外不趨，堂上不趨。”注：“行而張足曰趨。”《玉藻》：“趨以《采齊》。”注：“路門之樂節，至應門，謂之趨。”[5]

徥者，《方言》：“徥、用，行也。朝鮮、洌水之間，或曰徥。”《説文》：

“徥徥，行貌。”通作“偍”。《荀子·脩身篇》：“難進曰偍。”又通作“媞”。《爾雅·釋訓》：“媞媞，安也。”孫炎曰：“媞媞，行步[6]之安也。”

流者，《說文》：“流，水行也。”《今文尚書·泰誓》：“有火自上復于下，至于王屋，流之爲鵰。”王肅注：“流，行也。”鄒陽《上書吴王》：“轉粟流輸，千里不絶。”李善注引鄭注《禮記》云：“流，猶行也。”

步者，《淮南·人間訓》：“走者，人之所以爲疾也。步者，人之所以爲遲也。”《釋名》：“徐行曰步。步，捕也。如有所伺捕，務安詳也。”《周書·召誥》：“王朝步自周，則至於豐。”《詩》疏引鄭注：“步，行也。堂下謂之步。豐、鎬異邑，而言步者，告武王之廟，即行出廟入廟，不以遠，爲父[7]恭也。”《少儀》：“未步，爵不嘗羞。”《吴語》：“以安步王志。”鄭氏、韋昭並解“步”爲“行”。皇侃《論語義疏》：“凡人一舉足爲跬。跬，三尺也。兩舉足爲步。步，六尺也。”

遵、邍者，《方言》文。郭注：“遵、邍，行皃。”《說文》：“遵，循也。”

蹠者，《淮南·說林訓》：“蹠越者，或以舟，或以車。雖異路，所極一也。”

遂者，《晉語》：“夫二國士之所圖，無不遂也。”韋昭注：“遂，行也。”

般者，司馬相如《子虚賦》：“般乎裔裔。”郭璞曰：“羣行皃。”或說“般”當爲“服”。《左氏昭八年傳》：“康叔所以服[8]宏大也。”注訓“服”爲“行”。

從者，《說文》：“從，隨行也。”阮瑀《爲曹公作書與孫權》云：“更無從事。”又引《廣雅》：“從，行也。”

逯者，《方言》文。《說文》：“逯，行謹逯逯也。”

轉者，《說文》：“轉，運也。”《離騷》：“路不周以左轉兮。”王逸

注："轉，行也。"

隨者，《説文》："隨，從也。"此條"從"、"隨"同訓"行"，義相成也。

巡者，《説文》："巡，視行也。"《左氏襄三十一年傳》："憂樂同之，事則巡之。"杜注："巡，行也。"《晉語》："臣從君還軫，巡於天下。"《太玄・攡[9]》云："天日錯行，陰陽更巡。"潘岳《射雉賦》："巡邱陵以經畧兮。"韋昭、徐爰等皆訓"巡"爲"行"。"巡"通作"徇"。《爾雅》、《釋文》引張博士《字詁》云："徇，今'巡'字。"案，"徇"，《説文》作"㣙"。云："行示也"。《周語[10]》："乃命其旅曰徇。"韋昭注："徇，行也。"《漢書・高祖紀》："二世使使斬之以徇。"顔師古注："徇，行示也。《司馬法》曰'斬以徇'，言使人將行徧示衆士以爲戒。"

充者，《玉篇》："充，行也。"本此。

略者，《左氏隱五年傳》："吾將畧地焉。"注謂："總攝巡行之事。"又《宣十一年傳》："畧基址。"注："畧，行也。"小顔《漢書》注："凡言畧地者，皆謂行而取之，用功力少。"

將者，《鄭風・丰》云："悔予不將兮。"《周語》："未將事。"毛傳、韋注並解"將"爲"行"。《孟子》："以君命將之。"趙岐注："將者，行也。始以君命行禮。"《墨子・節用篇》："古者聖王爲大川廣谷之不可濟，于是利爲舟楫，足以將之。"

進者，《釋名》："進，引也。引而前也。"

由者，曹植《雜詩》："將騁萬里塗，東路安足由。"《説文》作："遙，行遙徑也。"《玉篇》："遙，疾行也。"

駕者，《説文》："駕，馬在軛中。"行之象也。

帶者，《方言》文。郭注："帶，隨人行也。"

貫者，古亂切。《玉篇》："貫，行也。"本此。

射者，《楚辭·天問》："皆歸射鞫，而無害厥躬。"王逸注："躬，行也。"

違、道者，《方言》："違、道，步也。"《緇衣篇》："不可以違。"注："違，迯也。"

躪者，《方言》文。郭注："音'跳躪'之'躪'。"《廣韻》："躪，出走也。"與"躍"同。舊本"躪"譌"踚"。曹音亦誤"倫"，今據《方言》訂正。

遡者，亦《方言》文。《說文》："逆流而上曰㴑洄。㴑，向也。水慾下，違之而上也。或作'遡'。"

吉者，字當爲"趌"。《說文》："趌趨，怒走也。"

[注] [1]静本、愛本作"仕、昏二音"，據《博雅音》改。[2]静本、愛本無"踚音"二字，據《博雅音》補。[3]静本、愛本脫"趨"字。[4]静本作"脚"。[5]《玉藻》孔疏："路寢門外至應門謂之趨。於此趨時，歌《采齊》詩爲節。"[6]愛本作"步"。[7]静本、愛本誤作"文"。[8]愛本誤作"股"。[9]静本、愛本誤作"攤"。[10]静本、愛本誤作"詩"。

齡、齒、稔、祺基[1]音，年也。

《爾雅·釋天》："夏曰歲，商曰祀，周曰年，唐虞曰載。"《說文》："年，穀熟也。"《春秋傳》："大有年。"鄭注《禮·文王世子》云："年，天氣也。"張守節引孫炎說："年，取年穀一熟。"

齡者，《文王世子》云："夢帝與我九齡。"陸德明作"聆"。云："本亦作'齡'。"《後漢書·田邑[2]報馮衍書》："百齡之期，未有能至。"王粲《從軍詩》："昔人從公旦，一征輒三齡。"

齒者，《釋名》："齒，始也。少長別，始乎此也。以齒食多者長也，食少者幼也。”《文王世子》云：“古者謂年齡。齒亦齡也。”《左氏昭元年傳》：“使后子與子干齒。”杜注：“以年齒高下而坐。”

稔者，《説文》：“稔，穀熟也。”《左氏昭元年傳》：“鮮不五稔。”王充曰：“王者有過，異見于國。不改，災見艸木。不改，災至身。若年穀和熟不至，及身而亡，故曰‘鮮不五稔’。[3]”

稘者，《説文》：“稘，復其時也。”引《虞書》：“稘，三百有六旬。”今《堯典》作“朞”，通作“基”。《士虞禮》：“朞而小祥。”注：“古文‘朞’皆‘基’。”《堯母碑》“朞”亦作“基”。

案，左太冲《雜詩》注引“歲，年也。”今無此文。孫侍御説。

[注] [1]静本、愛本作“其”，據《博雅音》改。[2]静本、愛本誤作“巴”。[3]《晉語》韋昭注：“鮮，少也。稔，年也。少不至五年而亡。”《論衡·異虛篇》：“災見於五穀，五穀安得熟？不熟，將亡之征。”《左傳·昭公元年》：“國無道而年穀和熟，天贊之也。鮮不五稔。”正義曰：“國無道而歲又饑，則君或早夭。年穀和熟，是天佐之，故少猶五年，多或不啻也。”

欭死二反，又資利反、**𤺗**羅外反，又力臥反、**殨**財賜反、**㼖**例音、**㾉**昬音、**瘟**温音、**殜**葉音、**殗**於業反、**疞**吁音、**疥**介音、**疫**役音、**梗**、**卬**巨恭反、**㿍**女乙反、**殇**、**痿**委媚反，又於爲反、**病**符命反，又補命反、**㽷**九劣反，又苦悦反、**瘁**揆季反、**痼**猶音，又夷狩反、**癭**於整反、**疷**[1]胃[2]音、**疝**所間反、**齲**區禹反、**痄**仄已反、**瘖**[3]古[4]内反、**瘍**亦音、**癇**閑音、**痳**林音、**㿃**斯音、**痿**於危反、**瘚**巨月反、又厥音、**痔**峙音、**瘀**於去反、**爍**始藥反，又以灼反、**疓**女駭反，又而亥反、**痾**阿音、**疤**尼八反、**痟**消音、**㿌**於發反，又渴音、**疟**居滿切、**皰**白教反、**㕞**丸音、**瘤**留音、**痒**羊音、**㽱**求音、**疢**勑鎮反，今“疹”字、**疰**注音、**㾖**，**病也。**

《釋名》：“疾，病者。客氣中人急疾也。病，並也。並與正氣在膚體中也。”《説文》：“疾，病也。”“病，疾加也。”鄭注《論語》云：“疾甚曰病。”又曰：“病，疾益困也。”

㱟者，《説文》：“戰見血曰傷，或爲惛。死而復生爲㱟。”

𤺺者，《説文》：“𤺺，畜産疫病也。”《左氏桓六年傳》：“謂其不疾瘯蠡也。”“𤺺”、“蠡”，字異音義同。

殰者，《玉篇》：“殰，病也。”本此。通作“漬”。《吕氏春秋·孟春紀》：“仲父之病矣。漬甚。”高誘注：“病，困也。漬，亦病也。”引《公羊傳》：“大眚者何？大漬也。”

殈者，《玉篇》：“殈，病也。”本此。通作“痢”。《春秋莊二十年》：“夏，齊大災。”《公羊傳》：“大災者何？大瘠也。大瘠者何？痢也。”何休注：“痢者，民疾疫也。”“殈”、“痢”同。

殙者，亂之病也。《説文》：“殙，瞀也。”

殟者，《傷寒論》所云：“温，病也。”“殟”、“温”，古字通。

殜、殗者，《方言》：“殗、殜，微也。宋、衛之間曰殗。自關而西、秦、晉之間，凡病而不甚曰殗殜。”郭注：“病半卧半起也。”“殗[5]”，或作“殟”。“殜”，或作“殜”。《廣韻》：“殗殜，不動皃。”

㽺者，《玉篇》：“㽺，病也。”本此。

疥者，《説文》：“疥，搔也。”《禮記·釋文》引曰：“疥，搔瘍也。”《釋名》：“疥，齘也。癢搔之、齒類齘也。”《天官·疾醫》：“夏時有痒疥疾。”

疫者，《説文》：“疫，民皆病也。”

梗者，《大雅·桑柔》：“誰生厲階，至今爲梗。”

邛者，《小雅·巧言》：“匪其止共，維王之邛。”箋：“邛，病也。”

㬻、殇，竝未詳[6]。

殑者，《説文·歺部》義也。通作“痿”。

㾐者，《説文》：“㾐，卧驚病也。”

𤸫者，《玉篇》：“𤸫，病也。”本此。

痵者，《說文》：“痵，氣不定也。”《玉篇》：“痵，心動也。亦作‘悸’。”

痥者，《玉篇》：“痥，病也。”本此。

癭者，頸之病也。《說文》：“癭，頸瘤也。”《玉篇》：“癭，頸腫也。”《釋名》：“癭，嬰也。在頸嬰喉也。”

㾣者，字書無此字。攷《玉篇》：“疾，直高切。疾，疾也。”疑即此字。

疝者，《說文》：“疝，腹痛也。”《釋名[7]》：“陰腫曰隤，氣下隤也。又曰疝，亦言詵也。詵詵然引小腹急痛也。”又曰：“心痛曰疝。疝，詵也。氣詵詵然上而痛也。”《史記・倉公傳》：“臣意胗之曰：‘涌疝也。’”又云：“脈來難者，疝氣之客于膀胱也。”

齲者，《說文》：“䄏[8]，齒蠹也。”或作“齲”。《史記・倉公傳》：“齊中大夫病齲齒。”《釋名》：“齲，朽也。蟲齧之，齒缺[9]朽也。”

痱者，北里切。《說文》：“痱，瘕也。”

瘖者，《玉篇》：“瘖，腰痛也。”《集韻》：“瘖，病也。居代切。”本此。

瘍者，《說文》：“瘍，脉瘍也。”《玉篇》：“瘍，脉病。人病相染也。”舊本曹音亦誤“忽”，今訂正。

癎者，《說文・疒部》義也。《玉篇》：“癎，小兒瘨病。”《後漢書・王符傳・貴忠篇》：“嬰兒常病，傷于飽也。哺乳多則生癎病。”今本《潛夫論》：“哺乳太多則必掣縱而生癎。”

痳者，《說文》：“痳[10]，疝病也。”《釋名》：“痳，懍也。小便難，懍懍然也。”

㾷者，思移切。《玉篇》：“㾷[11]，瘦㾷也。”

痿者，《素問[12]·痿論》："大經空虛，發爲肌[13]痹，傳爲脉痿。"《史記·韓王信傳》："僕之思歸，如痿人不忘[14]起。"《說文》："痿，痹也。"《玉篇》："痿，不能行也。痹，溼病也。"

瘚者，《素問·瘚論》："黄帝問：'瘚之寒熱者，何也？'岐伯對曰：'陽氣衰於下，則爲寒瘚；陰氣衰於下，則爲熱瘚。'"王砯注："瘚謂氣逆上也。"《釋名》："瘚，逆氣從下瘚起，上行入心脇也。"

痔者，《說文》："痔，後病也。"《釋名》："痔，食也。蟲食之也。"《素問·生氣通天論》："因而飽食，筋脉横解，腸澼爲痔。"《南山經》："禱過之山，泿水出焉，其中有虎蛟，食者可以已痔。"[15]

瘀者，《說文》："瘀，積血也。"《楚辭·九辯》："形銷鑠而瘀傷。"王逸注："身體焦枯，被病久也。"

藥者，《說文》："藥，治也。"或作"療"。《陳風·衡門》："泌之洋洋，可以樂飢。"鄭本作"藥"。箋云："泌水之流洋洋然。飢者見之，可飲以藥飢。"《天官·瘍醫》"凡療瘍"注："止病曰療。"《左氏襄二十六年傳》："不可救療。"杜注："療，治也。"《方言》："療，治也。"《衆經音義》引《倉頡篇》："療，治病也。"

疓者，《玉篇》："疓，病也。"本此。

痾者，《說文·疒部》義也。《玉篇》："痾同疴[16]。"《漢書·五行志》："及人謂之痾。痾，病皃，言寖深也。"又云："言之不從，時則有口舌之痾。"《文選》注引高彪《與馬融書》："公今養痾傲士。"

疮者，《玉篇》："疮，瘡病也。"

痟者，《說文》："痟，酸痟，頭痛。"《天官·疾醫》："春時有痟首疾。"注："痟，酸削也。首疾，頭痛也。"《玉篇》："痟，渴病也。"《釋名》："消瀲：瀲，渴也。腎氣不周于胸胃中，津液消渴，故欲得水也。"

瘍者，《玉篇》："瘍，中熱也。"亦作"暍"。《說文》："暍，傷暑也。"《漢書·武帝紀》："元封四年。夏，大旱，民多暍死。"顔師古注："中熱而死也。"《淮南·俶真訓》："暍者，望冷風于秋。"

皯者，古旱切。《說文》："皯，面黑氣。"《列子·黄帝篇》："燋然肌[17]色皯黣。"

皰者，《說文》："皰，面生氣也。"《淮南·說林訓》："潰小皰而發痤疽。"高誘注："皰，面氣也。"

疫者，《玉篇》："疫，病也。"本此。

瘤者，《釋名》："瘤，流也。血流聚所生瘤腫也。"《說文》："瘤，腫也。"《玉篇》："瘤，瘜肉也。"《衆經音義》引《倉頡篇》："瘤，小腫也。"

痒者，《說文》："痒，瘍也。"《玉篇》："癢，與'痒'同。"

鼽者，《說文》："鼽，病寒鼻窒也。"《月令》："季秋行夏令，民多鼽嚏。"《吕覽》："民多鼽窒。"高誘注："鼽，讀爲'仇怨'之'仇'。"《釋名》："鼻塞曰鼽。鼽，久也。涕久不通，遂至窒塞也。"

疢者，《說[18]文》："疢，熱病也。"《小雅·小弁》："疢如疾首。"箋："疢猶病也。"《釋文》："本又作'疹'，同。"《左氏襄二十三年傳》："季孫之愛我，美疢也。"

疰者，《釋名》："注病，一人死，一人得復，氣相灌注也。""疰"、"注"，字異義同。

痮者，知釀切。《說文》："瘨，腹脹。"與"痮"同。顔師古注《急就篇》注："痮，四體強急，難用屈申也。"古通用"張"。《左氏成十年傳》："晉侯將食，張，如厠。"《吕氏春秋·季春紀》："鬱，處腹則爲張、爲府。"

《集韻》引《廣雅》："瘈、瘲，病也。"今無此文。

[注] [1]静本、愛本注文中又作"痳"。《廣雅疏證》作"疛"。[2]静本、愛本誤作"曹"，據《博雅音》改。[3]静本作"瞖"。[4]《博雅音》作"占"。[5]愛本誤作"硽"。[6]《廣雅疏證》："《小雅·菀柳篇》：'上帝甚蹈，無自暱焉。'暱，病也，言幽王暴虐，慎毋往朝以自取病也。"[7]静本、愛本誤作"文"。[8]静本、愛本誤作"稱"。[9]静本作"鈌"。[10]静本、愛本誤作"麻"。[11]愛本作"瘧"。[12]愛本誤作"間"。[13]静本、愛本誤作"飢"。[14]静本、愛本作"忩"。[15]《山海經》原作："曰禱過之山，其上多金玉，其下多犀、兕，多象。有鳥焉，其狀如鵁，而白首、三足、人面，其名曰瞿如，其鳴自號也。泿水出焉，而南流注于海。其中有虎蛟，其狀魚身而蛇尾，其音如鴛鴦，食者不腫，可以已痔。"[16]静本、愛本誤作"痾"。[17]静本、愛本誤作"飢"。[18]静本、愛本誤作"釋"。

痂加音、**瘃**陟録反、**疥**、**瘙**素刀反、**癉**丁世反、**瘍**陽音、**癬**四淺反、**瘙**三到反、**瘤**揾音、**傷**、**瘥**苦夾反，又工浹反、**胗**軫音、**痞**普廻反、**瘍**馬嫁反，**創**初良反**也**。

《釋名》："創，戕也。戕毀體使傷也。"《説文》："刅，傷也。"或作"創"。《玉篇》："瘡，痍也。古作'創'。"

痂者，古瑕切。《説文》："痂，疥也。"《繫傳》作："乾瘍也"。《玉篇》："痂，瘡疥也。"

瘃者，《説文》："瘃[1]，中寒腫覈。"《漢書·趙充國傳》："將[2]军士寒，手足皸瘃。"文穎曰："皸，坼裂也。瘃，寒創也。"

疥者，上文以"疥"爲"病"。此又析言之，以爲"創之病"也。

瘙者，先到切。《玉篇》："瘙，疥瘙也。"

㾭者，《玉篇》："㾭，牛頭瘡也。"

瘍者，《說文》："瘍，頭創也。"《曲禮》："頭有創則沐，身有瘍則浴。"鄭注《醫師職》云："身傷曰瘍。"

癬者，《說文》："癬，乾瘍也。"《釋名》："癬，徙也。浸淫移徙處日廣也，故青、徐謂癬爲徙也。"《史記・越世家》："吴有越，腹心之疾。齊與吴，疥癬也。"《索隱》云："疥癬，音'介𨑯'。"是"癬"與"癬"同。

𤺊者，《玉篇》："𤺊，與'瘙'同。"

癧者，弋廉切。《玉篇》："癧，瘡也。"本此。

傷者，《說文・人部》義也。

𤸷者，《玉篇》："𤸷，羊蹄間𤸷疾也。"

胗者，章忍切。《玉篇》："胗，脣瘍也。"《釋名》："胗，展也。癢搔之捷展起也。"

痦者，《玉篇》："痦，瘡也。"本此。

瘬者，《說文》："瘬，蝕創。"《玉篇》："瘬，牛馬病。又目病，一曰惡氣著身[3]。"

［注］［1］静本作"瘃"。［2］静本、愛本作"将"。［3］静本、愛本脱"身"字。該句引用《說文》。

乘乘音、**蜀**、**壹**，**弌**也。

《說文》："一，古文作'弌'。"

乘者，《玉篇》："乘，一也。"本此。今通作"乘"。

蜀者，《方言》："一，蜀也。南楚謂之蜀。"郭注："蜀猶獨耳。"《爾雅·釋山》："獨者蜀。"郭注："蜀亦孤獨。"

壹者，《説文》："壹，專壹也。"《詩·都人士》："民德歸壹。"鄭注："壹者，專也。"《表記》："節以壹惠。"注："壹、獨爲一。"《士冠禮》："壹揖，壹讓。"注："古文'壹'，皆作'一'。"是"壹"、"一"，字異音義同。

高、亯_{嚮音}**、庠、將**[1]**、牧、穀、頤**_{夷音}**、陶、畜、旅、充，養也。**

《説文》："養，供養也。"古文作"羧"。

高者，《爾雅·釋詁》："崇，高也。充也。"《説文》："充，高也。"下文"充"爲"養"，則"高"亦"養"也。

亯者，《説文》："亯，獻也。从高省，曰象進孰物形。"今經典相承作"享"。《小雅·天保》："吉蠲爲饎，是用孝享。"《左氏成十二年傳》："享以訓恭儉，宴以示慈惠。"

庠者，《説文》："庠，禮官養老，夏曰校，殷曰庠，周曰序。"《孟子·滕文公篇》："庠者，養也。"舊本"庠"譌"痒"，今訂正。

將者，《小雅·四牡》："不遑將父。"《吕氏春秋·季春[2]紀》："將之以神氣，百節虞歡。"毛傳、高注並云："將，養也。"《墨子·尚賢中篇》："内有以食飢息勞，將養其萬民。"

牧者，《方言》："牧，飤也。"郭注："謂牧飤牛馬也。"《説文》："牧養牛人也。"《小雅·無羊》云："牧人乃夢。"

穀者，《小雅·小弁》："民莫不穀。"箋："穀，養也。"《戰國策》："求百姓之飢寒者，收[3]穀之。"

頤、陶者，《方言》："台、陶，養也。晉、衛、燕、魏曰台，秦或曰陶。"郭注："台猶頤也，音怡。台、頤，古通用。"案，"頤養"已見《爾雅·釋詁》。此當從《方言》作“台”。

畜者，《釋名》引《孝經說》：“孝，畜也。畜，養也。”《邶風·日月》：“畜我不卒。”《楚辭·大招》：“孔雀盈園，畜鸞皇只。”鄭箋、王注並訓“畜”爲“養”。通作“蓄”。《晉語》：“蓄力一紀，可以遠矣。”韋昭注：“蓄，養也。”

旅，未聞。

充者，《方言》文。《地官·充人》注：“充猶肥也。養繫牲而肥之。”

[注] [1]愛本作“将”。[2]静本、愛本誤作“夏”。[3]静本、愛本作“收”。

蘊、崇、委一僞反、**冣**在遇反、**嗇**色音、**茨**材咨反、**壘**力水反、**穦**在茲反，又子私反、**寖**子鴆反、**殖、揲**臣熱[1]反、**秭**咨履反，又補[2]父反、**稙**垂毀[3]反，又丁禾反、**貯，積**子賜反，又子亦反**也。**

《說文》：“積，聚也。”《月令·仲秋》：“命有司，趣民收[4]斂，多積聚。”

薀[5]者，《方言》文也。《說文》：“薀，積也。”引《春秋傳》曰：“薀利生孽。”

崇者，《大雅·鳧鷖》：“福祿來崇。”傳：“崇，重也。”《廣韻》：“崇，聚也。”皆“積”之意也。“薀”、“崇”二字，經典亦連言之。《左氏隱六年傳》：“芟夷蘊崇之。”杜注：“崇，聚也。”《方言》：“蘊，崇也。”“薀”、“蘊”義同。

委者，《地官》：“遺人掌邦之委積。”注：“委積者，廩人、倉人計九穀之數，足國用，以其餘共之。少曰委，多曰積。”《公羊傳》：“君子之爲國也，必有三年之委。”束晳《補亡詩》：“稸我王委，充我民食。”《廣韻》：

“委，積也。”本此。

冣者，《説文·冖部》義也。

嗇者，《方言》文。郭注：“嗇者貪，故有積。”案，“嗇”，通作“穡”。《周書·洪範》：“土爰稼穡。”王肅曰：“種之曰稼，斂之曰穡。”《小雅·信南山》：“曾孫之穡。”箋：“斂稅曰穡。”《書》正義：“穡，惜也，言聚蓄之可惜也。”古亦省作“嗇”。石經《魯詩》殘碑：“不稼不嗇。”《特牲饋食禮》：“主人出[6]，寫嗇于房。”注：“嗇者，農力[7]之成功。”《少牢饋食禮》：“宰夫以籩受嗇黍。”注：“收[8]斂曰嗇。”字皆省“禾”。

茨者，《説文》：“茨，以茅葦盖屋。”[9]《小雅·甫田》：“如茨如梁。”傳：“茨，積也。”

壘者，土之積也。《説文》：“壘，軍壁也。”張載《七哀詩》：“北邙何壘壘。”

積者，禾之積也。《説文》：“積，積禾也。”引《詩》曰：“積之秩秩兮。”今《周頌·良耜》作：“積之栗栗。”是“積”、“積”同也。

寖者，水之積也。與“浸”通。《夏官·職方》：“揚州，其浸五湖。”注：“浸，可以爲陂灌溉者。”《莊子·逍遥游》：“大浸稽天。”

殖者，貨之積也。《列子·楊朱篇》：“原憲窶于魯，子貢殖于衛，原憲之窶損生[10]，子貢之殖累身。”

揲者，蓍之積也。《説文》：“揲，閲持也。”《易·繫辭傳》：“揲之以四，以象四時。”

秭者，數之積也。《周頌·豐年》：“萬億及秭。”傳：“數萬至萬曰億，數億至億曰秭。”孔疏云：“定本、集注皆云：‘數億至萬曰秭。’今按《説文》‘數億至萬曰秭’，則定本是也。”

𥝠[11]者，《玉篇》：“𥝠，小積也。”

貯者，宜吕切。《説文·貝部》義也。《公羊僖三年傳》：“無貯粟。”《漢書·食貨志》：“積貯者，天下之大命。”通作“著”。《史記·貨殖傳》：“積著之理。”

[注] [1]静本、愛本作“目熟反”，據《博雅音》改。[2]《博雅音》“補”爲字頭，“父”音。[3]静本、愛本此處空白。[4][8][9]静本、愛本作“收”。[5]下文“藴”、“蘊”義同。[6]愛本誤作“主”。[7]静本、愛本脱“力”字。[10]静本、愛本誤作“身”。[11]愛本誤作“𥟖”。

㦽、憯、翳、㥛欺革反，又九力反、憮武音、俺於檢反，又於劍反、款、牟、震，愛也。

《大雅·烝民》：“愛莫助之。”傳：“愛，隱也。”箋：“愛，惜也。”《説文》：“㤅，惠也。”古文作“㤫”。今經典相承作“愛”。

㦽者，《説文》云：“痛也。”以“痛”爲“愛”，猶今人以“疼我”爲“愛我”也。

憯者，孫侍御志祖曰：“徐北溟云：曹子建《贈丁儀詩》注引‘憯，愛也’。”此“憯”字即“惜”字之誤[1]。徐名鯤，蕭山人。

翳者，《方言》：“翳，薆也。”“薆”、“愛”，古字通用。

㥛者，《方言》：“亟，愛也。東齊、海、岱之間曰亟。自關而西、秦、晉之間，凡相敬愛謂之亟。”“㥛”、“亟”，字異義同。

憮、俺者，《方言》：“憮、俺，愛也。宋、衛、邠、陶之間，或曰憮，或曰俺。”又云：“憮、俺，愛也。韓、鄭曰憮，晉、衛曰俺。”《爾雅·釋訓》：“矜憐，憮俺之也。”鄭注：“憮俺猶憮拍，謂慰恤也。”“憮俺”、“撫掩”，字異義同。

款者，《說文》：“款，意有所欲也。”謝靈運《還舊園作見顔范二中書》詩：“曾是反昔園，語往寔款然。”

牟者，《方言》文。“宋、魯之間語。”通作“恈”。《玉篇》：“恈，貪愛也。”《荀子·榮辱篇》：“恈恈然惟利飲食之見。”楊倞注：“恈恈，愛欲之皃。”

震者，古與“振”通。《周南·螽斯》：“宜爾子孫振振兮。”傳：“振振，仁厚也。”是“震”有“仁愛”之意，故“震”亦爲“愛”。

[注] [1]静本、愛本誤作“悮”。

悽[1]陵音、憮、齡、悼、憐、㥯隱音，哀也。

《釋名》：“哀，愛也。愛乃思念也。”《說文》：“哀，閔也。”

悽、憮、矜、悼、憐者，《方言》：“悽、憮、矜、悼、憐，哀也。齊、魯之間曰矜，陳、楚之間曰悼，趙、魏、燕、代之間曰悽，自楚之北郊曰憮，秦、晉之間或曰矜、或曰悼。”郭注：“悽，亦憐耳。”按，“悽”、“憐”聲相轉，“齡”、“矜”古通用。《小雅·鴻鴈》：“爰及矜人。”傳：“矜，憐也。”《曲禮》：“七年曰悼。”注：“悼，憐愛也。”嵇康《養生論》：“世皆知笑悼。”李善注：“悼，哀也。笑其不善養生，而又哀其促齡也。”憐者，又《說文·心部》義也。

㥯者，古“隱”字。趙岐《孟子》注：“隱，痛也。”“痛”即“哀”耳。

[注] [1]静本、愛本作“悽”。

龕、岑、資、敓徒活反、**采、掇**知劣[1]反，又[2]丁活反、**搴**九件反、**摭**[3]之亦反、**芼**亡報反、**集、摡**許既反、**扱**初洽反、**有、撖、捤**烏革反、**擿**陟革反、**府、擥**力甘[4]反，又力敢反、**索**所白反、**捞**牢音，又力幺反、**撟**几小反，又几消反、**穌、賴、摣**仄加反、**摷**力刀反、**撩**力幺反、**探**天含反、**担**莊加反，又子冶反、**收**[5]、**歛、捕**步音、**擳**[6]、**汲**九及反、**有、撤**徹音、**挻**式延反，又丑延反、**摻**所減反、**銛**他典反、**拼**之丞反、**收**[7]、**攟**舉蘊反、**掩、竊、罯、剥、勦**勅交反，又初孝反、**撏**才含反、**捊**皮候反，**取也。**

《說文》：“取，捕取也。”《史記·魯仲連傳》：“爲人排難解紛而無取也。”

龕者，《法言·重黎篇》：“或問：‘義帝初矯，劉龕南陽。’”李軌曰：“劉高祖龕取也。”司馬光注：“龕，與‘戡’同。”沈約《安陸王碑》：“龕世拯亂之情。”王儉《褚淵碑》：“龕亂寧民之德。”案，“龕亂”猶《商書》言“取亂侮亡也”。李善注並引此文。

岑者，疑當爲“涔”。《集韻》：“涔，與‘罧’同。積柴水中以聚魚。”又作“槮”。注云：“積柴水中以取魚。”

資者，《小爾雅》文。《易》曰：“萬物資始。”《釋文》鄭注：“資，取也。”《孝經》：“資于事父。”《孟子》：“居之安，則資之深。”《越語》：“大夫種曰：‘賈人夏則資皮，冬則資絺，旱則資舟，水則資車，以待乏也。’”孔、趙、韋並釋“資”爲“取”。

敓者，《說[8]文》：“敓，彊取也。”引《周書》曰：“敓攘矯虔。”今《吕刑》作“奪攘”。古字通。

采者，《說文》：“采，捋取也。”《周南·芣苢》：“薄言采之。”傳：“采，取也。”

掇者，《説文》：“掇，拾取也。”《芣苢》：“薄言掇之。”傳：“掇，拾也。”《淮南·説林[9]》：“兕虎在于後[10]，隨侯之珠在于前，弗及掇者，先避患而後就利。”桓寬《鹽鐵論》：“蹙洪水，身親其勞，簪墮不掇，挂冠不顧。”

搴者，《楚辭·九歌》：“搴芙蓉兮木末。”王逸注：“搴，手取也。”《史記·叔孫通傳》：“故先言斬將搴旗之士。”《索隱》引《方言》：“南方取物爲搴，亦作‘攓’。”《方言》：“攓，取也。南楚曰攓。”又作“攑”。《説文》：“攑，拔取也。”引《楚辭》：“朝攑阰[11]之木蘭。”今本《離騷》作“搴”。《爾雅·釋言》：“芼，攑也。”孫炎曰：“皆擇菜。”郭璞曰：“拔取菜也。”

摭者，《方言》：“摭，取也。陳、宋之間曰摭。”《説文》：“拓，拾也。”或作“摭”。《禮器》云：“有順而摭也。”孔疏：“摭猶拾取也。”《法言·問明篇》：“摭我華而不食我寔。”張衡《思玄賦》：“摭若華而躊躇。”

芼者，《周南·關雎》：“左右芼之。”傳：“芼，擇也。”《廣韻》：“芼，謂拔取菜也。芼以蘋蘩爲羹。”

集者，《廣韻》：“積，聚也。”“聚”與“取”，義相成也。

摡者，字當作“塈”。《召南·摽有梅》：“頃筐塈之。”傳：“塈，取也。”箋：“謂夏已晚。頃筐取之于地。”《玉篇》引《詩》作“摡”，蓋俗寫以“土”著左，遂譌“手”旁耳。

扱者，《説文》：“扱，收也。”又云：“趿，進足有所擷取也。”是“扱”、“趿”同。《曲禮》：“以箕自向而扱之。”注：“扱，讀曰吸。”《廣韻》：“扱，取也。”本此。

有者，《芣苢》：“薄言有之。”傳：“有，藏之也。”是“有”爲取而藏之。

撤者，通作“徹”。《豳風・鴟鴞》：“徹彼桑土。”傳：“徹，剥也。”是“撤”为剥而取之也。

搙者，《說文》：“搹，把也。”或作“搙”。《喪服》傳：“苴絰大搹，左本在下。”注：“盈手曰搹。搹，扼也，中人之扼，圍九寸。”《士喪禮》：“絰苴大鬲。”注：“鬲，搤也。中人之搤，圍九寸。”是“搹”或省作“鬲”。

摘[12]者，《說文》：“摘，拓果樹實也。一曰指近之也。”

府者，取而聚之也。《淮南・說林訓》：“過府而負手者，希不有盜心。”《玉篇》：“府，取也。”本此。

擥者，與“擥”同。《說文》：“擥，撮持也。”《玉篇》：“擥，手擥取也。”亦作“攬”。《離騷》：“夕攬洲之宿莽。”王逸注：“攬，采也。”洪興祖《補注》：“攬，取也。”

索者，《方言》文。“自關而西語。”《說文》：“索，入家搜也。”通作“索”。《離騷》：“索[13]瓊茅以筳篿兮。”

撈者，《方言》文。郭注：“謂鉤撈也。”

撟者，《說文》：“撟，舉手也。”“自關以西，凡取物之上者爲撟稍。[14]”舊本曹音二“几”字，俱譌“凡[15]”，今訂正。

穌者，素孤切。《說文》：“穌，把取禾若也。”通作“蘇”。《離騷》：“蘇糞壤以充幃兮。”王逸注：“蘇，取也。”

賴者，《方言》文。《太玄・達》：“次七：達于砭割，前亾後賴。”

摣者，《方言》：“摣，取也。南楚之間，凡取物溝泥中，或謂之摣。”

《釋名》：“攎，叉也。五指俱往也。”

摷者，張衡《西京賦》：“摷鯤鮞，殄水族。”薛綜注：“摷、殄，言盡取之。”

撩者，《玉篇》：“撩，手取物。”

探者，《說文》：“探，遠取之也。”《繫辭傳》：“探[16]頤索隱。”《穀梁隱元年傳》：“已探先君之邪志。”《列子·天瑞篇》：“手目所及，無不探也。”案，“探取”已見《爾雅·釋詁》，此疑有誤也。

抯者，《方言》文。“南楚之間，凡取物溝泥中謂之抯。”《說文》：“抯，挹也。讀若‘樝棃’之‘樝’。”

收者，《小爾雅》：“收，歛也。”《說文》：“收，捕也。”《左氏襄二十七年傳》：“何以恤我，我其收之。”

歛者，《說文》：“歛，收也。”

捕者，《說文·手部》義也。《漢書·灌夫傳》：“遣吏分曹逐捕。”

揥者，《說文》：“揥，撮取也。”張衡《西京賦》：“揥飛鼯。”薛綜注：“揥，捎取之也。”李善音：“大結切。”

汲者，《說文》：“汲，引水于井也。”《廣韻》：“汲，取也。”本此。

有、撤，二字重出。案，此“撤”字有音而上文無音，疑此處是而上文衍也。

挻者，《方言》文。“楚部或謂之挻。”《老子》：“挻埴以爲器。”

摻者，《鄭風·遵大路》：“摻執子之袪兮。”傳：“摻，擥也。”

銛者，《方言》文。郭注：“謂挑取物。”趙岐注《孟子》“以言銛之”云：“銛，取也。”孫奭音義、丁云、字書及諸書並無此“銛”字，其字从“金”。

抍者，《玉篇》：“抍，音蒸，又上聲。撜、拯同。”《聲類》云：“氶，古‘抍’字。”《明夷》“六二”爻詞：“抍馬壯，吉。”子夏傳：“抍，取也。”王肅云：“抍，拔也。”

收，重出。

攗者，《説文》：“攗，拾也。”《方言》：“攗，取也。”郭注：“攗，古‘捃’字。”《魯語》：“收攗而烝。”韋昭注：“攗，拾也。”《史記・十二諸侯年表》：“各往往捃摭。”謂拾取之。馮衍《顯志賦》：“捃桓、文之譎功。”

掩者，《方言》文。“自關而東曰掩。”《漢書・貨殖傳》：“又況掘冢博掩，犯奸成富。”顔師古注：“掩謂掩襲取人物也。”通作“揜”。《説文》：“揜，自關以東，謂取曰揜。”司馬相如《子虚賦》：“揜翡翠。”《上林賦》：“揜焦朋。”

竊者，《説文》：“盜自中出曰竊。”《尚書・微子》：“攘取神祇之犧牷牲。”

畧者，《方言》文。“于道曰略。略，強取也。”《左氏成十二年傳》：“略其武夫，以爲己腹心、股肱、爪牙。”杜注：“畧，取也[17]。”《襄四年傳》：“匠慶請木，季孫曰：‘略。’”注：“不以道取曰略。”《齊語》：“犧牲不略，則牛羊遂。”韋昭注：“略，奪也。”

剥者，《夏小正》：“八月剥棗。”剥也者，取也。

勦者，《曲禮》：“毋勦説。”注：“勦猶擥也，謂取人之説，以爲勦説。”舊本“勦”譌“剿”，今訂正。

𢬵者，《方言》文。“魯、衛、揚、徐、荆、衡之間曰𢬵。”《玉篇》：“𢬵，取也。”

捊者，《說文》：“捊，引取也。”《謙象傳》：“君子以裒多益寡。”鄭、荀、虞、董、蜀才並作：“捊多益寡，云取也。”“裒”字，《說文》所無。石經作“褎”，“褎”从衣从采，“采”與“孚”同，故或作“捊”、或作“褎”也。

[注] [1]静本、愛本作“力”，據《博雅音》改。[2]愛本衍“反”字，已删。[3]静本、愛本作“摭”。[4] 静本、愛本作“其”，據《博雅音》改。[5]静本、愛本作“収”。[6]静本、愛本脱“揣”字。[7]該條“有、撤、收”三字重出。[8]静本、愛本誤作“釋”。[9]静本、愛本衍“説”字，已删。[10]静本、愛本誤作“侯”。[11]静本、愛本誤作“批”。[12]愛本作“摘”。[13]静本、愛本脱“素”字。[14]此引《方言》。原文作“自關而西、秦晉之閒，凡取物之上謂之撟捎”。[15]愛本誤作“几”，據王念孫《博雅音》改。[16]静本、愛本脱“探”字。[17]静本、愛本脱“取也”二字。

殢[1]**、殔**凶穢反**、困、㦗**苦計反**、殃**桂音**、殀**他計反**、殲**犍音**、殔**晢音，又三歷反**、殙**昏音**、殟**温音**、歺**五達反**、亢**乎郎反**、疲、羸**力追反**、券**巨眷反[2]**、御**巨署反，又去逆反**、欬**烏嫁反**、窮、乎、終、備**皮帷反**，極也。**

《爾雅·釋詁》：“極[3]，至也。”《齊風·南山》：“曷又極止。”傳用《釋詁》。

殢者，困之極也。“大計”、“天計”二切。《玉篇》：“殢，極困也。”《說文》作：“懘，極也。”

殔者，倦之極也。《方言》：“𤸃，倦也。”郭注：“今江東呼極爲殔。《外傳》曰：‘余病殔矣。’”又云：“𤸃，極也。”郭注：“江東呼極爲瘃，倦聲之轉也。”案，《外傳》者、《晉[4]語》彼“㱿”作“喙”，通用字也。韋注：“喙，短氣皃。”《玉篇》：“㱿，困極也。或作‘瘃’。”

困者，境之極也。其字从木在囗中，困極之象也。

𢤱者，《說文》：“𢤱，憊也。”通作“𡔆”。郭注《爾雅》云：“今江東呼厭極爲𡔆。”今監本《爾雅》作爲“罄”，誤。唯《永樂大典》載陸佃《爾雅新義》所引郭注不誤。

殃、𣧛者，《玉篇》：“殃、𣧛殃也。”“𣧛，喘也。𣧛殃，困極也。”舊本“𣧛[5]”譌“砍”，“殃”譌“炔”，今並訂正。

殰、殐者，《玉篇》：“殰、殐，欲死皃。”

殙者，《說文》：“殙，瞀也。”

殟者，上文訓爲“病”。此又爲“病之極”。廣其義以曉人也。

𣦸者，《玉篇》：“𣦸，殰也。”

亢者，高之極也。《乾》：“上九：亢龍有悔。”《子夏傳》：“亢，極也。”《文言傳》：“亢龍有悔，與時偕極。”惠棟曰：“蔡邕《月令章句》：‘極者，至而還之詞。陽道窮，剛反爲弱，即與時偕極之義也。”“亢”當音“苦浪反”。曹音“呼郎反”，非也。通作“抗”。馬融《長笛賦》：“蓋滯抗絶。”李善注引子夏《喪服傳》：“抗，極也。”

疲者，倦之極也。《說文》：“疲，勞也。”通作“罷”。《玉篇》：“罷，極也。”

羸者，瘠之極也。《說文》：“羸，瘦也。”

券者，勞之極也。《說文》：“券，勞也。”又云：“倦，罷也。”《攷工記》：“輈人終日馳騁，而不𨊥。”注：“故書‘𨊥’或作‘券’。”後鄭云：“券，今‘倦’字也。”《論語》：“居之無倦。”《釋文》：“倦，亦券。”《後漢涼州刺史魏君碑》：“施舍不券。”是“券”與“倦”同。通作“惓”。《淮南·人間訓》：“是由病者已惓而索良醫也。雖有扁鵲、俞跗之巧，猶不能生也。”

㣚，疲之極也。《史記·子虛賦》：“徼谻受屈。”《集解》：“谻音劇。駰按，郭璞曰：‘谻，疲極也，言獸有倦[6]遊者，則徼而取之。’”《索隱》引司馬彪云：“谻，倦也，謂遮其倦者。”大昭案，《說文》：“㣚，徼㣚，受屈也。”即用相如賦文。是“㣚”、“谻”字異義同。通作“㤿”。《說文》：“㤿，勞也。其虐切。”

欭者，《廣韻》：“啞，不言也。”“瘂”同“啞”。

窮者，《說文·穴部》義也。《楚辭·九歌》：“橫四海以焉窮。”王逸注：“窮，極也。橫行四海，安有窮極也。”

乎者，言之極也。《說文》：“乎，語之餘也。”

終者，《釋名》：“終，盡也。”

憊者，困之極也。《說文》：“憊，㦢也。或作‘痡’。”《莊子·讓王篇》：“孔子窮于陳、蔡之間，七日不火食。藜藿不糝，顔色甚憊。”《列子》：“周之尹氏，有老役夫，晝則呻吟即事，夜則昏憊熟寐。”通作“備”。《遯·象傳》：“有疾備也。”鄭注：“備，困也。”是“備”與“憊”通。

［注］［1］靜本、愛本作“㾪”。［2］《博雅音》以爲“去願”爲“券”之反切，“巨眷”方爲“券”之反切。［3］靜本、愛本作“㚔”。［4］靜本、愛本衍“文”字，已刪。［5］靜本、愛本誤作“殃”。［6］靜本、愛本作“倦”。

慇、師、㦗、噬上世反**、醮**在焦反**、悴**才遂反**、愁、㦄、桓、慎、怛**丁達反**、惴**拙瑞反**、㤹**於聊反，又於流反**、悺**去宫反**、悹**貫音**、忦**公拜反**、㥏**婢典反**、辨、傷**傷音**、㤞**坎音**、慁**呼困反**、憗**牛覲反**、瞥**才念反**、濟**祭音**、惄**泥歷反**、溼**濕音**、憂也。**

《說文》：“㥑，愁也。”經典相承作“憂”。

愍者，痛之憂也。《說文》：“愍，痛也。”通作“閔”。《邶風·柏舟》：“覯閔既多。”傳：“閔也。憂也。”又作“憫”。《玉篇》：“憫，憂也。”

師者，《易·雜卦傳》：“比樂師憂。”

慛者，悲之憂也。本書《釋訓》：“慛慛，悲也。”

嗞者，《方言》文也。

醮者，《說文》：“醮，面焦枯小也。”或作“顦”。

悴者，《說文·心部》義也。《方言》：“悴，傷也。宋謂之瘁。”通作“瘁”。《文選》注引《倉頡篇》：“瘁，憂也。”“醮”、“悴”二字，古人亦連用之。《左氏傳》引逸《詩》：“雖有姬姜，無棄蕉萃。”《楚辭·漁父[1]》：“顏色憔悴。”王逸注：“皯黴黑也。”《說文》：“顇，顦顇也。”班固《答賓戲》：“朝爲榮華，夕爲顦顇。”《玉篇》：“顦顇，憂也。”“醮”、“顦”、“蕉”、“憔”，“悴”、“瘁”、“萃”、“顇”，並字異音義同。

愁者，《說文·心部》義也。

慼者，亦作“慽”。《說文》：“慽，憂也。”通作“戚”。《周書·金縢》：“未可以戚我先王。”鄭注：“戚，憂也。未可以憂怖我先王。”

桓者，《方言》文。舊本“桓”爲“柏”。

盧學士云：“柏者，迫也。訓‘憂’亦可通。”

慎者，亦《方言》文。“宋、衛或謂之慎。”

怛者，傷之憂也。《檜風·匪風》：“中心怛兮。”傳：“怛，傷也。”《方言》：“怛，痛也。”宋玉《風賦》：“中心慘怛。”通作“旦”。《衛風·氓》云：“信誓旦旦。”孔疏、定本：“旦旦猶怛怛。”《說文》：“怛，憯也。”或作“悬”，引《詩》：“信誓悬悬。”《爾雅·釋訓》：“晏晏、旦旦，悔爽忒也。”《釋文》：“本或作‘悬’，同。”

惴者，懼之憂也。《說文》：“惴，憂懼也。”《秦風·黃鳥》：“惴惴其慄。”

恸者，《說文·心部》義也。《玉篇》：“恸，憂懣也。”

悺者，《玉篇》：“悺，憂皃。或作‘悹’。”

悺者，《說文·心部》義也。彼作“悹”，同。《玉篇[2]》：“悹悹，憂無告也。悺，同上。”通作“痯”。《爾雅·釋訓》：“痯痯，病也。”《小雅·杕杜》：“四牡痯痯。”傳：“痯痯，罷皃。罷病則可憂也。”

忦者，亦《說文·心部》義也。

憖者，亦《說文·心部》義也。

辨者，疑是曹音，轉寫者譌爲正文耳。

慯者，亦《說文·心部》義也。

惂者，《說文》：“惂，憂困也。口感切。”

慁者，亂之憂也。《說文》：“慁，憂也。”《左氏昭六年傳》：“主不慁賓。”杜注：“慁，患也。”“患”與“憂”同義。

憖者，傷之憂也。《方言》：“憖，傷也。楚、潁之間謂之憖。”郭注引《詩》曰：“不憖遺一老。亦恨傷之言也。”

瞖者，《方言》文。“宋、衛或曰濟瞖[3]。”郭注：“瞖者，憂而不動也。”

濟者，亦《方言》文。“陳、楚或曰濟。”

惄者，《方言》：“惄，傷也。汝謂之惄。”《說文》：“惄，憂也。”通作“愵”。《說文》：“愵，憂貌。”讀與“惄”同。《周[4]南·汝墳》：“惄如調飢。”《韓詩》作“愵”。

溼者，《方言》文。“陳、楚或曰溼。自關而西，秦、晉之間，凡志而不得、欲而不獲、高而有墜、得而中亡，謂之溼。”郭注：“溼者，失意潛沮之名。”

[注] [1]愛本誤作“文”。[2]静本、愛本脱“玉篇”二字。[3]《方言》原作：“宋、衛或謂之慎，或曰瞽。陳、楚或曰涇，或曰濟。”[4]静本、愛本誤作“召”。

剖、判、嚳口沃反**、劈**普狄反，又普[1]革反**、裂、参、離、墳、析**三亦反**、斯、折、筡**塗音**、㓷**彼列反**、異、㓰**徒各反**、别**布仁反，又布真反**、刻、班，分也。**

《説文》：“分，别也。从八从刀，刀以分别物也。”

剖者，《説文》：“剖，判也。”《左氏襄十四年傳》：“與汝剖分而食之。”杜注：“中分爲剖。”《漢書·高帝紀》：“始剖符分封功臣，曹參等爲通侯。”顔師古注：“剖，破也。與其合符而分授之也。”

判者，《説文·刀部》義也。《玉篇》：“判，分散也。”《周頌·閔予小子》：“繼猶判渙。”傳：“判，分也。”

嚳者，疑與“觷”通。骨之分也。《説文》：“觷，治角也。”《爾雅·釋器》：“象謂之鵠，角謂之觷。”“觷”、“嚳”與“鵠”，並聲相近。

劈者，《釋文》：“劈，破也。”《集韻》：“劈，分也。”本此。

裂者，繒之分也。《説文》：“裂，繒餘也。”《淮南·道應訓》：“譬之猶廓革者也。廓之，大則大矣，裂之道也。”

参者，《方言》文。“齊曰参。”王粲《登楼賦》：“夜参半而不寐兮[2]。”李善[3]注引《方言》。

離者，《方言》：“蠡，分也。楚曰蠡，秦、晉曰離。”

墳者，土之分也。《楚辭·天問》：“地方九則，何以墳之。”王逸注：“墳，分也，謂九州之地，凡有九品，禹何以能分别之乎？”《白虎通義》：“三墳。墳，分也。論三才之分，天、地、人之始也。”

析者，木之分也。《説文》：“析，破木也。一曰折也。”《楚辭·九章》:“令五帝以析中兮。”王逸注:“析猶分也。”

斯者,《方言》:“斯,離也。齊、陳曰斯。”《陳風·墓門》:“斧以斯之。”傳:“斯,析也。”《大雅·板》云:“無獨斯畏。”箋:“斯,離也。”按,“離”、“析”,皆分也。

折者,《說文》:“斨,斷也。从斤斷艸。”篆文从“手”作“折”。案,“斷”即“分”也。

𥬠者,《方言》:“𥬠、箄,析也。析竹謂之𥬠。”《說文》:“𥬠,折竹筤也。讀若絮。”按,“折”當爲“析”,分之象也。

𠛬者,《說文》:“𠛬,分解也。”經典相承作“别”。通作“北”。《說文》:“八,分也,从重八。”《孝經說》曰:“故上下有别[4]。”《虞書》:“分北三苗。”鄭注:“北,猶别也。”蓋古文“北”,从二人,作“𠈌”。“别”字,重二“八”,作“𠔁”。二字相似,因誤作“北”。虞翻《奏鄭解〈尚書〉違失事目》乃云:“分北三苗。北,古‘别’字。鄭又訓‘北’爲‘别’,誠可怪也。”按,《說文·𠔁部》云:“𠔁,古文‘别’。”許慎學于賈逵,逵傳古文《尚書》。鄭亦從逵,故釋古今字同。有何可怪?

異者,《說文》:“異,分也。从廾从畀。畀,予也。徐鍇曰:‘將欲予物,先分異之也。《禮》曰:賜君子小人不同日。’”

剫者,木之分也。《說文》:“剫,判也。”《爾雅·釋器》:“木謂之剫。”郭注引《左傳》:“山有木,工則剫之。”《玉篇》:“剫,分也。”本此。通作“度”。《魯頌·閟宫》:“是斷是度。”

㓹者,《玉篇》、《廣韻》俱無此字。疑“攽”之誤。《說文》:“攽,分也。”引《周書》曰:“乃惟孺子攽。”亦讀與“彬”同。今本《誥洛》“攽”作“頒”,布還切。

刻者,《玉篇》:“刻,割也。”

班者,《說文》:“班,分瑞玉也。”《屯》:“上六:乘馬班如。”惠楝曰："馬將行，其羣分，乃長鳴。"故《襄十八年春秋傳》曰："有班馬之聲。""班"猶分別也。舊本"班"訛"斑"，今訂正。

[注] [1]《博雅音》作"補"，"補革反"爲"擘"字音。静本、愛本脱"擘"字。[2]静本、愛本誤作"分"。[3]静本、愛本誤作"菩"。[4]静本、愛本作"尒"。

陊許[1]規反、**敗、屠、徹、破、碎、崩、隤**頹音、**阤**大何反，又大可反、**陁**直紙反、**陊**達可反、**殆、糜**莫知反、**黴**散音，**壞也。**

《説文》："壞，敗也。古文作'𡊅'。籒文作'𣀔'。"《爾雅·釋詁》："壞，毀也。"

陊者，城之壞也。《説文》："敗城𨸏曰陊。篆文作'𡐦'。"《春秋定十二年》："叔孫州仇帥師，墮郈。季孫斯、仲孫何忌帥師，墮費。"杜注："墮，毀也。"《方言》："陊，壞也。"俗作"隳"。潘岳《西征賦》："豈斯宇之獨隳。"

敗者，《説文》："敗，毀也。籒文作'𢿱'。"又云："退，𣀔也。"引《商書》曰："我興受其退。"是"敗"、"退"同也。

屠者，《説文》："屠，刳也。"《漢書·高祖紀》："今屠沛。"

徹者，《小雅·十月之交》："徹我墻屋。"《楚辭·天問》："何令徹此岐社。"王逸注："徹、壞也。"

破者，石之壞也。壞人之軍亦爲"破"。《説文》："破，石碎也。"

碎者，散之壞也。《説文》："碎，䃺也。"又云："瓻，破也。"二字通用。《淮南·泰族訓》："事碎難治也，法煩難行也。"陳琳《檄吴文》："大兵一放，玉石俱碎。"

崩者，山之壞也。《説文》："𡺚，山壞也。"古文作"𨸔"。《春秋僖十四年》："沙鹿崩。"《穀梁傳》："高曰崩。"京房《剥》傳："小人剥廬，厥妖山崩。"《復》傳："'崩來无咎。'自上下者爲崩，厥應大山之石顛而下。"

隤者，《説文》："隤，下隊也。"宋玉《高唐賦》："傾崎崖隤。"通作"頹"。《禮記》："泰山其頹乎。"《玉篇》："隤，壞隊下也。"

阤者，《方言》文。《説文》："阤，小崩也。"《漢書・東方朔傳》："宗廟崩阤。"顔師古注："阤，頹也。"

陁者，即"阤"之異文。《太玄・鋭》："上九：陵峥岍峭，陁。測曰：'陵峥岍峭，鋭極必崩也。'"

陊者，《説文》："陊，落也。"張衡《西京賦》："程功致巧，期不阤陊。"《玉篇》："陊，壞也。"本此。

殆者，《方言》："怠，壞也。"郭注："謂壞落也。""殆"、"怠"，字異義同。

爢者，爛之壞也。《説文》："爢，爛也。"《楚辭・招魂》："爢散而不可止些。"王逸注："爢，碎也。"通作"糜"。《孟子》："糜爛其民而戰之。"《漢書・賈山傳》："萬鈞之所壓，無不糜滅者。"

散者，《説文》："㪚，飛㪚也。"

[注] [1]静本、愛本作"計"，據《博雅音》改。

揨直耕反、**撞**[1]直江反、**鈌**决音、**撴**丁几[2]反、**揰**衝音、**丑**女六反、**独**大鴻反、**擣**禱音、**钊**居祁反，又公内反、**抌**丁感反、**築**、**剷**牒音、**抵**底音、**拯**郯音，又普必反，又白[3]必反、**掙**楚耕反、**鍼**針音，**刺**七亦反**也。**

《説文》："刺，直傷也。"

揨者，《玉篇》："揨，刺也。"本此。

撞者，《說文》："撞，卂擣也。"《戰國策》："迫則杖戟相撞。"張衡《西京賦》："徒搏之所撞挐。"《玉篇》："撞，擊也。""捍"、"撞"皆从"手"，舊本並訛从"木"，今訂正。

鈌者，《說文·金部》義也。

擿者，陟利切。《說文》："擿，刺也。一曰刺之財至也。"舊本譌爲"桎梏"之"桎"。曹音"知佚反"亦誤，今訂正。

䡴者，尺容切。《玉篇》："䡴，刺也。"本此。

矠者，《說文·矛部》義也。又音"女久切"。

矧者，《玉篇》："矧，刺矛也。"

擣者，都浩切。《說文》："搗，手推也。一曰築也。"此篇"擣"、"築"並訓"刺"。《小雅·小弁》："我心憂傷，惄焉如擣。"《淮南·修務訓》："夫怯夫操利劍，擊則不能斷，刺則不能入。及至勇武，攘捲一擣，則摺脅傷幹。"舊本"擣"訛从"木"，今訂正。

刉者，《說文》："刉，劃傷也。"《玉篇》："刉，切刺也。"

扰者，食荏切。《方言》："扰，推也。"《說文》："扰，深擊也。"

築者，《說文》："築，擣也。""擣"爲"刺"，"築"亦"刺"也。

劚者，《集韻》："劚，刺也。"本此。

抵、挐者，《方言》文。郭注："皆矛戟之矡，所以刺物者也。"又云："挐，推也。南楚凡相推搏爲挐。"

掙者，《集韻》："掙，刺也。"本此。

鍼者，所以刺也。職深切。

[注] [1]静本、愛本誤作"搥"。[2]静本、愛本誤作"尼"，并誤入"劚"字下，據《博雅音》改。[3]静本、愛本作"自"，據《博雅音》改。

刵耳志反、**劊**古外反、**刓**五丸反、**剸**尊本反、**割**、**剩**楚律反、**刌**村本反、**切**、**殊**、**絶**、**刜**拂音、**斮**仄畧反、**截**慈頡反、**剸**拙兖反，又大丸反、**刖**、**祝**、**斬**、**剿**楚芮反，又楚刮[1]反、**刐**彫音、**刎**亾粉反、**𠟱**在侯反、**𠛼**栗音、**剬**拙兖反、**銛**他点反，又息廉反[2]、**𠜶**[3]才彫反、**㓾**苦拜反、**𣃔**拙兖反、**刈**乂音、**劖**士咸反、**劙**力涉反、**劓**牛二反，**斷也。**

《説文》：“断，截也。”經典相承作“斷”。《釋名》：“斷，段也。分爲異段也。”

刵者，耳之斷也。《説文》：“刵，斷耳也。”鄭注《吕刑》與《説文》同。

劊者，《説文·刀部》義也。《困》：“九五：劓、刖。”京房作“劓”、“劊”。

刓者，《説文》：“刓，剸也。”《漢書·韓信傳》：“刻印刓，忍不能予。”蘇林曰：“刓者，‘刓角’之‘刓’，與‘摶’同。手美角訛，不忍授也。”

剸者，《玉篇》：“剸，斷也。”本此。

割者，《説文》：“割，剥也。”《玉篇》：“割，截也。”《左氏襄三十一年傳》：“猶未能操刀而使割也。”

剩者，《玉篇》：“剩，割斷也。”本此。

刌者，《説文》：“刌，切也。”《玉篇》：“刌，切斷也。”《特牲饋食禮》：“刌肺三。”

切者，骨之斷也。《説文》：“切，刌也。”《玉篇》：“切，斷也。”本此。《爾雅·釋器》：“骨謂之切。”鄭司農《周禮》注云：“珠曰切。”

殊者，離之斷也。《左氏昭二十三年傳》：“斷其後之木而弗殊，邾[4]師過之，乃推而蹷之。”《漢書》：“骨肉之親，析[5]而不殊。”

絶者，絲之斷也。《説文》：“絶，斷絲也。𢇍，古文‘絶’。”《釋名》：

“絶，截也。如割截也。”《漢書·路温舒傳》：“𢇍者不可復屬。”顔師古注：“𢇍，古‘絶’字。”

刜者，“扶弗”、“孚弗”二切。《左氏昭二十六年傳》：“苑子刜林雍，斷其足。”劉向《九歎》：“執棠谿以刜蓬兮。”王逸注：“刜，砍也。”

斮者，《說文》：“斮，斬也。”《周書》：“斮朝涉之脛。”《爾雅·釋器》：“魚曰斮之。”樊光云：“斮，斫也。”《漢書·張釋之傳》：“用紵絮斮陳漆其間。”

𢧵者，《說文·戈部》義也。

剸者，《說文》以爲“𣃔”之或體[6]字。《文王世子篇》：“其刑罪，則纖剸，亦告于甸人。”鄭注：“剸，割也。”《淮南·修務訓》：“水断龍舟，陸剸犀甲。”《文選》注引《字林》：“剸，截也。”

刖者，足之斷也。《說文》：“刖，絶也。”《玉篇》：“刖，斷足也。”

祝者，《周書·泰誓》：“祝降時喪。”《公羊哀十四年傳》：“子路死。子曰：‘天祝予。’”《穀梁哀十三年傳》：“祝髮文身。”《列子·湯問篇》：“南國之人祝髮而倮。”注家皆云：“祝，斷也。”

斬者，《說文》：“斬，截也。斬法車裂也。”

剸者，《玉篇》：“剸，斷也。”本此。

刞者，《玉篇》：“刞，斷取也。”

刎者，《檀弓篇》：“不至者，刎其人。”《史記·張耳陳餘傳》：“兩人相與，爲刎頸交。”《荀子·彊國篇》：“剥脱之，砥厲之[7]，則劙盤盂，刎牛馬忽然耳。”《玉篇》作“㧒”，引《廣雅》：“㧒，斷也。”是本又作“㧒”。

剶者，《玉篇》：“剶，斷也。”本此。《集韻》：“剶，徂侯切。”引《字林》云：“細斷也。”

剠者，《玉篇》：“剠，斷也。”本此。

剬者，《説文》：“剬，斷齊也。”《法言》：“魯仲連傷而不剬，藺相如剬而不傷。”

銽者，字當爲“銽”。《説文·金部》義也。其字从“昏”。古活切。“銛”是鍤屬。从舌，息廉切。隸書“舌”、“昏”不分，故譌爲“銛”。曹氏不能是正，輒音“他點”、“息廉”二反，失之矣。

槧者，木之斷也。《玉篇》：“槧，刈穫也。”

剬者，《玉篇》：“剬，斷也。”本此。

𣂺者，《説文》：“𣂺，截也。”

刈者，草之断也。《説文》：“刈，芟草也。”《玉篇》：“刈，穫也。”《離騷》：“願竢時乎吾將刈。”

劓者，《説文·刀部》義也。

劙者，《玉篇》：“劙，減削也。”

劓者，鼻之断也。《説文》：“劓，刑鼻也。”或作“劓”。《睽》：“六三：天且劓。”虞翻云[8]：“割鼻爲劓也。”

[注] [1]静本、愛本誤作“亂”，據《博雅音》改。[2]《博雅音》：“當音‘古活反’。”[3]静本、愛本誤作“顉”。[4]静本、愛本誤作“制”。[5]静本、愛本誤作“槩”。[6]静本、愛本衍“體”字，已删。[7]静本、愛本脱“之”字。[8]愛本誤作“去”。

敏、逞、侚、儳士鹹反**、趨、穨**雷對反**、儵**叔音**、篴**叔音**、倢**慈葉反**、朓**天吊反**、蹂**爾帚反**、躁**子到反**、駛**山史反**、儇**絹音**、挑**大了反**、摇、扇、拊**方于反**、舞、勮**其御反[1]**、汩**于筆反**、倏**叔音[2]**、颮**忽音**、趉**公穴反**、鬵**仕林反，又潛音，《説文》：“讀若[3]岑”**、跋**火月反**、越**于月反**、齊，疾也。**

《釋名》：“疾，截也。有所越截也。”《爾雅·釋言》：“疾，壯也。”

郭注："壯，壯事，謂速也。"

敏者，《說文·攴部》義也。《釋名》："敏，閔也。進叙無否滯之言也，故汝、穎言敏曰閔也。"《大雅·生民》："履帝武敏，歆。"傳："敏，疾也。"孔安國注《論語》云："敏者，識之疾也。"

逞者，行之疾也。《方言》："逞，疾也。楚曰逞。"《說文》："楚謂疾行爲逞。丑郢切。"

徇者，《說文·人部》義也。《史記·五帝本紀》："黃帝幼而徇齊。"《集解》："徇，疾。齊，速也，言聖德幼而齊速也。"

儳者，《左氏僖二十二年傳》："聲盛致志，鼓儳可也。"注："乘其陣未成列，急攻之。"《後漢書·何進傳》："進驚馳，從儳道歸營。"

趨者，行之疾也。《釋名》："疾行曰趨。"

稹者，《玉篇》引此文作"粨"，从"米"。

儵者，《莊子·大宗師篇》："翛然而往，翛然而來而已矣。"《釋文》："翛，本又作'儵'。"徐邈音"叔"。向司馬彪云："儵，疾貌。"通作"倏"。《楚辭·九歌》："倏而來兮忽而逝。"

跾者，《說文·足部》義也。通作"倐"。《說文》："倐，走也。讀若叔。"

倢者，與"倢"同。《說文》："倢，佽也。""佽，便利也。"《方言》："儇，宋、楚之間謂之倢。"郭注："言便倢也。""便倢"與"疾"，義相成也。通作"捷"。《離騷》："夫惟捷徑以窘步。"王逸注："捷，疾也。"又通作"疌"。《說文》："疌，疾也。"

朓者，月之疾也。土了切。《漢書·五行志》："晦而月見西方謂之朓。"劉向以爲"朓者，疾也。君舒緩則臣驕慢，故日行遲而月行疾也"。李善《文選》注引《尚書五行傳》："晦日而月見西方謂之朓，朔而月見東方謂之側匿。"鄭注："朓猶條達也。條達，行疾貌。側匿猶縮縮[4]，行遲貌。”舊本“朓”，訛从“目”，今訂正。曹音“天弔反”，亦誤。

踩者，走之疾也。《史記·項羽本紀》：“餘騎相蹂踐。”

躁者，《説文》作：“趮，疾也。”“趮”、“躁”古今字。《釋名》：“躁，燥也。物燥乃動而飛揚也。”《月令》：“仲夏，處必掩身，毋躁。”注：“躁猶動也。”是“躁”爲動之疾。

駛者，《玉篇》：“駛，疾也。”本此。古通作“㑊”。《説文》：“㑊，列也。讀若迅。”“迅”亦“疾”也。

儇者，《説文》：“趯，疾也。”“儇”、“趯”字異義同。《齊風·還》云：“揖我謂我儇兮。”傳：“儇，利也。”“利”與“疾”同義。張衡《南都賦》：“儇才齊敏，授爵傳觴。”

挑者，與“佻”同。土彫切。《方言》：“佻，疾也。”郭注：“謂輕疾也。”《爾雅·釋訓》：“佻佻、契契，愈遐急也。”左思《吴都賦》：“儇佻坌並。”

摇、扇者，《方言》文。“燕之外鄙，朝鮮、洌水之間曰摇扇。”

拊、舞者，《方言》文。郭注：“謂急疾也。”彼文“舞”作“撫”，字異義同。

勮者，《廣韻》：“勮，疾也。”本此。

汩者，去之疾也。《方言》：“汩，疾行也。南楚之外曰汩。”郭注：“汩汩，急流也。”屈原《離騷》：“汩予若將不及兮。”王逸注：“汩，去皃，疾若水流也。”枚乘《七發》：“汩乘流而下降兮，或不知其所止。”司馬相如《上林賦》：“汩乎混流。”揚雄《甘泉賦》：“涌醴汩以生川。”

憗者，《玉篇》：“憗，疾也。”本此。

颮者，風之疾也。《説文》：“颮，疾風也。”通作“忽”。《離騷》：“忽反顧以遊目兮。”王逸注：“忽，疾也。”

趀者，《玉篇》：“趀，走也。”通作“决”。《莊子·逍遥游篇》：“吾决起而飛，搶榆枋。”《釋文》引李頤云：“决，疾皃。”

鬗者，未聞。曹音、《説文》讀“蒙[5]岑”。案，“蒙”當作“若”。

䟃者，《説文》：“䟃，輕也。”“輕”則疾，義相因也。《玉篇》：“䟃，走貌。”

越者，《廣韻》：“越，走也。”

齊者，案，“齊疾”已見《爾雅·釋詁》。此當作“齌”字之譌也。《説文》：“齌，炊餔疾也。在詣切。”《離騷》：“反信讒而齌怒。”王逸注：“齌，疾也。”

《集韻》引《廣雅》：“偈，疾也。部傑切。”今無此文。

[注] [1]静本、愛本有“去力反”三字，《博雅音》以爲脱去字頭“鞕”的讀音。[2]静本、愛本衍“一作傯”三字，據《博雅音》删。[3]静本、愛本誤作“蒙”。[4]或作“懦”。[5]静本、愛本作“蒙”。

腆土典反、**嬒**烏䜌反，又烏檢反、**醇**純音、**𡠄**列音、**臓**子冉反、**胋**大念反、**䏁**子在反、**䐶**代紺反、**醰**、**皇**、**翼**、**滑**、**黨**、**賁**布魂反，彼寄反，失之矣、**膚**、**熹**希音、**琇**秀音、**甘**、**珍**、**旨**、**甜**大嫌反、**蒸**旨升反、**將**、**英**、**凱**凱音、**娥**、**媛**、**豔**艶音、**珇**祖音，**美也。**

《説文》：“美，甘也。从羊从大。羊在六畜，主給膳也。‘美’與‘善’同意。”此通釋“美”之名也。

腆者，膳之美也。《説文》：“腆，設膳腆腆多也。”《郊特牲篇》：“幣必誠，詞無不腆。”

嬒者，《陳風·澤陂》：“碩大且儼。”《釋文》：“本又作‘曮’。矜莊貌。”《韓詩》作“嬒”。《釋文》引《詩》與《韓詩》同。

酏者，酒之美也。《玉篇》：“酏，美也。”本此。通作“純”。《離騷》：“昔三后之純粹兮。”王逸注：“至美曰純。”曹音“純”。舊本譌作“紀”，今訂正。

㛓者，女之美也。《玉篇》：“㛓，美也。”本此。

䐶、䑐、䐣、䐹者，皆味之美也。《玉篇》：“䐶，初減切。䐶，膁䐶，羹也。”“䑐，徒兼切，大羹也。”“䐣，子含切。䐨、䐣，煮魚肉。”[1]“䐹，食味美也。”《集韻》：“膁䐶，以豬腸胃、椒芥、醯醢爲之。”

醑者，甜之美也。七稔切。《廣韻》：“醑，小甜。”《集韻》：“䤋，子朕切。”引《廣雅》：“䤋，美也。”是本又作“䤋”。

皇者，大之美也。《爾雅·釋詁》：“皇皇，美也。”《少儀》：“祭祀之美，齊齊皇皇。”鄭注：“皇，讀如‘歸往’之‘往’。”單言之亦爲“美”。《離騷》：“朕皇考曰伯庸。”王逸注：“皇，美也。”

翼者，《廣韻》：“翼，美也。”本此。

滑者，利之美也。《内則》：“調以滑甘。”《說文》：“滑，利也。”

黨者，言之美也。上文釋“黨”爲“善”是也。

賁者，飾之美也。《說文》：“賁，飾也。”王肅《周易》注：“賁，有文飾，黄白色。”謝莊《宣貴妃誄》：“脩詩賁道。”李善注引此文。

膚者，《小爾雅》文。《豳風·狼跋》云：“公孫碩膚。”《大雅·文王》：“殷士膚敏。”傳並云：“膚，美也。”馬融注《易》“噬膚”云：“柔脆肥美曰膚。”《法言·淵騫篇》：“張騫、蘇武之奉使也，執節没身而不屈王命，雖古之膚使，其猶劣諸？”

熹者，鄭注《樂記》云：“訢讀爲熹，猶蒸也。”下文“蒸”爲“美”，故“熹”亦“美”也。

琇者，石之美也。《衛風・淇奥》："充耳琇瑩。"傳："琇瑩，美石也。"《説文》作"璓"。云："石之次玉者。"通作"秀"。《漢書・賈誼傳》："河南守吴公聞其秀才，召置門下。""秀才"，"美才"也。《文選・江淹〈雜體詩〉》："青松挺秀萼。"謝瞻《答靈運詩》："華宗誕吾秀。"李善注竝引《廣雅》："秀，美也。"是本或作"秀"。

甘者，味之美也。《説文・甘部》義也。《釋文》："甘，含也。人所含也。"《周書・洪範》："稼穡作甘。"董子曰："甘者，中央之味也。"宋玉《招魂》："此皆甘人。"王逸注："甘，美也，言此物食人以爲甘美。"

珍者，"珍美"已見《爾雅・釋詁》。此當作"殄厚"之美也。古"殄"與"腆"通。《燕禮》："寡君有不腆之酒。"鄭注："古文'腆'作'殄'。"《邶風・新臺》："蘧篨不殄。"箋："當作'腆'。腆，善也。"上文"腆"爲"美"，"殄"亦"美"也。

旨者，甘之美。《説文・旨部》義也。孔安國注《論語》云："旨，美也。"通作"指"。《周書・大誥》："率寧人有指疆土。"王莽假作"旨"。顔師古訓爲"美"也。

甜者，《説文・甘部》義也。从甘从舌。舌，知甘者。今俗作"甛"，非是。

烝，通作"烝"。《大雅・文王有聲》云："文王烝哉。"《釋文》引《韓詩》："烝，美也。"

將者，貌之美也。《管子・形勢解》："將將鴻鵠，貌之美者也。貌美，故民歌之，故曰：'鴻鵠將將，維民歌之。'"

英者，才之美也。《魏風・汾沮洳》云："美如英。"注："萬人爲英。"嵇康《琴賦》："英聲發越，采采粲粲。"李善注引此文。

暟者，德之美也。《方言》文。郭注："暟暟，美德也。"

娥者，女之美也。《方言》："秦、晉之間，凡好而輕者謂之娥。"

又云："秦、晉之間，美貌謂之娥。秦有檨娥之臺。"《說文》："秦、晉謂好曰娙娥。"《列子·楊朱篇》："鄉有處子之娥姣者。"

媛者，王眷切。《鄘風·君子偕老》云："邦之媛也。"傳："美女爲媛。"箋："媛者，人所依倚，以爲援助也。"《說文》："媛，美女也。人所援也。""美女爲媛。"《爾雅·釋訓》文。

艷者，色之美。《方言》文。"宋、衛、晉、鄭之間語。"又云："美色爲艷。"《說文》："艷，好而長也。"《左氏桓元年傳》："目逆而送之曰：'美而艷。'"宋玉《招魂》："長髮曼鬋，艷陸離些。"王逸注："艷，好也。"

珇者，玉之美也。《方言》文。

陸士衡《招隱詩》注引："秀，美也。"《集韻》引："脸，美也。徒念切。"今無此文。

［注］［1］《玉篇》："腤，於含切。煮魚肉。朁，子含切。腤朁。又子荏切。朁，脣病也。"

周、儕、等、比、倫、匹、臺、敵、讎，輩也。

《說文》："輩，若軍發車，百兩爲輩。補妹切。"《太玄·攡》云："位各殊輩，回行九區。"孔融《薦禰衡表》："若衡等輩，不可多得。"

周者，《說文》"周、比"各訓"密"。"比"既爲"輩"，"周"亦同之也。

儕者，《說文》："儕，等輩也。仕皆切。"《左氏襄三十年傳》："吾儕小人。"《列子·黄帝篇》："今吾心無順逆者也，則鳥獸之視吾，猶其儕也。"

等者，《說文》："等，齊簡也。从寺，寺官曹之等平也。"

比者，《論語》：“竊比于我老彭。”揚雄《解嘲》：“五尺童子，羞比晏嬰與夷吾。”

倫者，《說文·人部》義也。王逸《九思》：“哀我兮寡獨[1]，靡有兮齊倫。”

匹者，《大雅·文王有聲》云：“作豐伊匹。”傳：“匹，配也。”《文選》注引《白虎通義》：“庶人稱匹夫何？言其夫妻爲偶也。”“配”、“偶”與“輩”，皆義相成也。

臺、敵者，《方言》：“臺、敵，匹也。東齊、海岱之間曰臺。自關而東、秦、晉之間，物力同者，謂之臺、敵。”《爾雅·釋詁》：“敵，匹也，當也。”《說文》：“敵，仇也。”

讎者，《爾雅·釋詁》：“讎，匹也。”郭注：“讎猶儔也。”

[注] [1]静本、愛本誤作“猶”。

挴每磊反、**赧**女板反、**怍**昨音、**倎**土典反、**㐱**之忍反、**䀣**祕音、**懵**莫贈反、**慝**天德反、**恧**女六反**怩**尼音、**慼**子六反**咨**[1]、**恧**女六反，**慙也。**

《小爾雅》：“不直、失節謂之慙。”《說文》：“慙，媿也。”

挴者，《方言》文。“晉曰挴。”“莫改”、“武罪”二切。

赧者，面之慙也。《方言》：“赧，愧也。秦、晉之間，凡愧而見上謂之赧。”郭注引《小爾雅》曰：“面赤愧曰赧。”《說文》：“赧，面慙赤也。”趙注《孟子》云：“赧赧然，面赤，心不正之貌也。”

怍者，心之慙。《說文·心部》義也。《論語》：“其言之不怍。”馬融注：“怍，慙也。”亦作“㤰”。《太玄·上》：“次五：鳴鶴升自深澤，階天不㤰。測曰：‘鳴鶴不㤰，有諸中也。’” 通作“作”。《莊子·讓王篇》：“行脩于内者，無位而不作。”

愥者，《方言》："荆、揚、青、徐之間曰愥。若梁、益、秦、晉之間，言心内慙矣。"《説文》："青、徐謂慙曰愥。"左思《魏都賦》："愥墨而謝。"劉逵注："愥，慙也。"

貣者，《説文》："顔色貣𩕾。"是"羞媿"之貌。"𩕾"，來軫切。

䀣者，《方言》："趙、魏之間，自愧謂之䀣。"郭注："音密，亦音祕。"

瞢者，《晉語》："臣得其志，而使君瞢，是犯也。"韋昭注："瞢，慙也。莫鳳切。"

惬者，《方言》："惬，愧也。晉或曰惬，梁、宋曰惬。"郭注："惬，亦慙貌也。"

忸怩者，亦作"忸怩"。《晉[2]語》："君忸怩顔。"韋注："忸怩，慙貌。"趙岐《孟子》注："忸怩而慙。"

愍咨者，亦作"㬆[3]咨"。《方言》："忸怩，慙䟆也。楚、郢、江、湘之間，謂之忸怩，或謂之㬆咨。"

恧者，心之慙。亦《方言》文也。"山之東西，自愧曰恧。"《小爾雅》："心慙曰恧。"《漢書·王莽傳》："敢爲激發之行，處之不慙恧。"陸厥《奉内兄希叔詩》："相如恧温[4]麗。"李善注："恧，慙也。"亦作"聏"。奴陸切。《玉篇》引《埤蒼》："聏，慙也。"《説文》作"恧"。是"恧"、"聏"同。

[注] [1]静本、愛本誤作"恣"。[2]静本、愛本誤作"者"。[3]静本、愛本誤作"感"。[4]静本、愛本衍"而"字，已删。

《廣雅疏義》卷第二

嘉定錢大昭晦之甫撰

誕、肆、杲、睦、愻苦恨反，如上聲道之**、惇，信也。**

《吕氏春秋·離俗覽》："凡人主必信，信而又信，誰人不親？天行不信，不能成歲。地行不信，草木不大。"賈誼《書·道術篇》："期果言當謂之信。"《釋名》："信，申也，言以相申束，使不相違也。"

誕、肆者，《史記·扁鵲傳》："中庶子曰：'先生得無誕之乎？'"鄭注《表記》云："肆猶放恣也。"是"誕"、"肆"，皆非誠信之謂。而此俱以爲"信"者，古人言語，反覆相通，非特"徂"爲"存"、"亂"爲"治"也，即如"允者，信也"。而《爾雅·釋詁》又訓爲"佞"。此以"誕"、"肆"爲"信"，亦其例也。

杲者，《說文》："杲，明也。"《玉篇》："杲，日出也。"明"信"如"杲日"。猶《詩》言"謂予不信，有如皦日"也。

睦者，通作"穆"。《方言》："穆，信也。"顔延之《元后哀策文》："壼政穆宣。"李善訓"穆"爲"信"。

愻者，通作"豤"。《漢書·劉向傳》："故豤豤數奸[1]死亾之誅。"顔師古注曰："豤豤，款誠之意也。音懇。"

惇者，《方言》文。"燕曰惇。"

[注] [1]静本、愛本誤作"千"。

爲、已、知、瘥楚嫁反**、斶、除、慧、間、瘳，癒**移主反**也。**

《說文》："瘉，病瘳也。"《漢書·高祖本紀》："漢王病瘉。"《藝文志》以"瘉"爲"劇"。顏師古並云："瘉，讀與'愈'仝。愈，差也。"通作"愈"。《孟子》云："昔者疾，今日愈。""癒[1]"、"愈"，音義同。

爲者，《左氏成十年傳》："疾不可爲也。"

已者，《列子·仲尼篇》："龍叔謂文摯曰：'此奚疾哉，奚方能已之乎？'"枚乘《七發》："太子曰：'諾。病已，請事此言。'"又云："霍然病已。"

知、瘥、斶、除、慧、間、瘳者，並見《方言》。其文曰："差、間、知，愈也。南楚病愈者謂之差，或謂之間，或謂之知。知，通語也。或謂之慧，或謂之憭，或謂之瘳，或謂之斶，或謂之除。"郭注："間言有間隙。慧、憭，皆意精明。斶，亦除也。"《素問》云："二刺則知。"《說文》："瘥，瘉也。瘳，疾瘉也。""差"、"瘥"同。孔安國《論語》注："少差曰間。"《文王世子》云："旬有二日乃間。"注："間猶瘳也。"枚乘《七發》："伏問太子玉體不安，亦少間乎？"

［注］［1］静本、愛本衍"癒"字，已删。

食閻、慫悚音**慂**勇音**、勵**厲音**，勸也。**

《說文》："勸，勉也。"《虞書》："勸之以九歌，俾勿壞。"《論語》："舉善而教不能，則勸。"

食閻、慫慂者，《方言》云："南楚，凡己不欲喜而旁人說之，不欲怒而旁人怒之，謂之食閻，亦謂之慫慂。"慫，息勇切。慂，與恐切。

勵者，勉之勸也。力制切。《後漢書·祭遵傳》："璽書勉勵。"古作"勱"。《說文》："勱，勉力也。"引《周書》曰："用勱相我國家。讀若厲。”通作“厲”。《漢書·宣帝本紀》：“厲精更始。”

有司、股肱、陪、儓臺音、皁、隸、牧、圉，臣也。

《白虎通義》：“臣者，繵堅也。屬志自堅固。”《說文》：“臣，牽也。事君也。象屈服之形。”

有司者，《說文》：“司，臣司事於外者。”《大禹謨》：“茲用不犯於有司。”

股肱者，《尚書大傳》：“元首明哉，股肱良哉。元首，君也。股肱，臣也。”《太玄·割》：“次五。測云：‘割其股肱，亾大臣也。’”

陪者[1]，《曲禮》云：“列國之大夫，入天子之國曰某士，自稱曰陪臣某。”

儓者，《方言》：“儓，農夫之醜稱也。南楚凡罵庸賤謂之田儓。”郭注：“㑊儓，駑鈍貌。或曰僕臣。儓，亦至賤之稱也。”《玉篇》：“儓，輿儓也。”通作“臺”。《左氏昭七年傳》：“人有十等。輿臣隸，隸臣僚，僚臣僕，僕臣臺。”《孟子》：“蓋自是臺無餽也。”

皁者，《方言》：“櫪，梁、宋、齊、楚、北燕之間，或謂之皁。”郭注：“養馬器。”是養馬之臣，謂之皁也。

隸者，《左氏隱五年傳》：“皁隸之事。”注：“士臣皁、皁臣輿、輿臣隸。”《玉篇》：“隸，僕隸。”

牧者，《方言》：“牧，司也。”《小雅·無羊》云：“牧人乃夢。”《孟子》：“今有受人之牛羊而爲之牧之者。”

圉者，《說文》：“圉，圉人。掌馬者。”鄭注：“《夏官·圉師》云：‘養馬曰圉。’”

［注］［1］静本、爱本誤作“有”。

媘拳音、**嬴**盈音、**娃**烏佳反、**嫷**大果反、**孌**力元反、**嬞**權音、**姚**遥音、**娧**通外反、**純**、**珇**祖音、**毦**莫對反、**娟**一丸反，又一刮反、**窔**、**窈窕**、**妦**丰音、**忓**[1]汗音、**妧**玩音、**媌**莫交反，又莫絞反、**媏**魚件[2]反、**嫧**楚革反、**鮮**思延反、**頔**狄音、**嫡**休六反、**麗**、**佳**、**嫮**乎故反、**鈔**七小反、**嫽**了音、**姣**古卯反、**袾**充朱反，又竹瑜反、**齋**側皆反、**媉**握音、**孍**於支反、**瞴**亾宇反、**壓**烏鹽反，又烏頰反、**姝**充朱反，又竹瑜反、**嬔**牛委反，又牛果反[3]、**嫿**獲音、**嬪**贊音，又才旦反、**婍**綺音、**妍**、**嘏**古雅反、**嬥**徒聊反，又徒了反、**嫙**旋音、**娙**五村[4]反，又乎丁反、**蘚**託陋反、**䄜**才牢反、**祖**才呂反、**䄧**且六反、**妙**、**嫥**而兖反、**媨**子六反，又才久反、**姂**赴乏反，又乞乏反，又芳乏反、**嫪**仄救反、**嫈**螢音，又瑩音、**嫛**撰音、**魏**於皮反、**婥**綽音**約**、**娬**武音**媚**、**嬛**淵音、**姍**素丹反，好也。

《說文》："好，美也。"《釋名》："好，巧也。如巧者之造物，無不皆善，人好之也。"《鄭風》："緇衣之好兮。"傳："好猶宜也。"《小雅·巷伯[5]》："驕人好好。"傳："好好，喜也。"《方言》："自關而西，秦、晉之間，凡美色謂之好。"

媘者，便利之好也。具員切。《齊風·還》云："揖我謂我儇兮。"《韓詩》"儇"作"媘"。《薛君章句》："媘，好貌。"《陳風·澤陂》："碩大且卷。"《釋文》："本亦作'媘'。"《檀弓》："執女手之卷然。"髮之好亦爲"卷"。《說文》："鬈，髮好貌。"引《詩》曰："其人美且[6]鬈。"案，《齊風·盧令》傳："鬈，好貌。""媘"、"卷"、"鬈"，古字通。

嬴者，《方言》文。"宋、魏之間語。"郭注："言嬴嬴也。"《說文》："嬴[7]，從女，羸省聲。"此作"嬴"，不省。以成切。

娃者，《方言》："娃，美也。吴、楚、衡[8]、淮之間曰娃，故吴有館娃之宫。"《說文》："娃，圜深目貌。或曰吴、楚之間，謂好曰娃。"揚雄《反離騷》："資娵娃之美髢。"左思《吴都賦》："幸乎館娃之宫。"劉注："吴俗謂好女爲娃。”

嫷者，《方言》：“嫷，美也。南楚之外曰嫷。”郭注：“言婑嫷也。”《說文》：“南楚之外謂好曰嫷。”《列子・楊朱篇》：“公孫穆好色，皆擇稚齒婑嫷者。”曹植《七啟》：“形婧服兮揚幽若。”“婧”、“嫷”同。

孌者，壯之好也。《齊風》：“猗嗟孌兮。”傳：“孌，壯好貌。”《邶風・泉水》：“孌彼諸姬。”傳：“孌，好貌。”《小雅・車舝》：“思孌季女逝兮。”傳：“孌，美貌。”“美”與“好”同義。

嬳者，具員切。《玉篇》“嬳”，即“婘”之別體字。

姚者，《說文》：“姚，嬈也。”《荀子・非相篇》：“莫不美麗姚冶，奇衣婦飾，血氣態[9]度，擬於女子。”

娧者，《說文・女部》義也。宋玉《神女賦》：“倪薄裝。”李善注：“倪，好也。與‘娧’[10]同。”按，“姚”、“娧”二字，古人亦連言之。《方言》：“姚娧[11]，好也。”郭注：“謂姘娧[12]也。”“姘”疑是“媠”。此作“姚娧”，字異義同，故《春秋傳》宋公子“說”，字“好父”。

純者，《方言》文。《離騷》云：“昔三后之純[13]粹兮。”王逸注：“至美曰純。”

珇者，玉之好。亦《方[14]言》文。上文釋“珇”爲“美”，此又爲“好”也，義相成也。

旄者，通作“毣”。《方言》：“毣，好也。”郭注：“毣毣，小好也。”

婠者，《說文》：“婠，體德好也。讀若楚郤宛。”

窔者，深之好。鳥叫切。《玉篇》：“窔，與‘窔’同。”

窈窕者，《周南・關雎》：“窈窕淑女。”傳：“窈窕，幽間也。”《方言》：“美心爲窕。”郭注：“言幽靜也。”又云：“美狀爲窕。”郭注：“言閑都也。”又云：“窕，美也。陳、楚、周南之間曰窕。”《楚辭・九歌》：“子慕予兮善窈窕。”王逸注：“窈窕，好貌。”

妦者，孚庸切。《方言》："趙、魏、燕、代之間，謂好曰妦。"郭注："言妦容也。"《玉篇》："妦，容好[15]貌。"通作"丰"。《鄭風》："子之丰兮。"傳："丰，豐滿也。"《方言》、《釋文》作"妦"。舊本"妦"訛從"半"。曹音亦訛"半"，今訂正。

忏者，乎旦切。上文釋"忏"爲"善"，"善"與"好"，義相近也。

妧者，五舘切。《玉篇》："妧，好也。"本此。

媌者，《方言》："自關而東，河、濟之間，謂好曰媌。"郭注："今關西人呼好爲媌。"《說文》："媌，目裡好也。"《列子·周穆王篇》："簡鄭、衛之處子娥媌靡曼者。"張湛注："娥媌，妖好也。"

婩、嫧者，齊之好也。《方言》："婩嫧，好也。南楚之外通語也。"《說文》："嫧，齊也。"《玉篇》："婩嫧，鮮好貌。"《集韻》："婩，好也，謂婦人齊正貌。"《列子·力命篇》："巧佞、愚直、婩斫、便辟，四人相與游於世。"殷敬順《釋文》："斫音酌，婩斫，容止峭獻也。"《字林》云："婩，齊也。斫，齒略反。"案，"婩斫"即"婩嫧"也。"嫧"、"斫"，聲相轉。

鮮者，《方言》文。《小雅·北山》："鮮我方將。"傳："鮮，美也。""美"亦"好"。

嫍者，徒激切。《玉篇》："嫍，好也。"本此。

嫱者，《說文》："嫱，媚也。"通作[16]"畜"。《吕氏春秋·離俗覽》云："《周書》曰：'民，善之則畜也，不善則讐也。'"高誘注："畜，好也。"案，古音"畜"與"好"同。《孟子》："畜君者，好君也。"正借同音之古訓以曉人。如"巡狩者，巡所守也。洚水者，洪水也。征之爲言正也。仁也者，人也"皆是，故"嫱"亦爲"好"。

麗者，《吕氏春秋·恃君覽》云："列精子高謂其侍者曰：'我何若？'侍者曰：'公姣且麗。'"高誘注："姣、麗皆好貌也。"嵇康《贈秀才入軍詩》:“麗服有暉。”

佳者,《楚辭・九章》:“好姱佳麗兮。”又《大招》云:“姱修滂浩,麗以佳只。”《淮南・修務訓》:“曼頰皓齒,形[17]夸骨佳,不待脂粉芳澤而性可說者,西施、陽文也。”《古詩》:“燕趙多佳人,美者顏如玉。”曹植詩:“南國有佳人,容華若桃李。”

嫮者,《楚辭・大招》:“朱唇皓齒,嫭以姱只。”王逸注:“嫭、姱,好貌。嫭,一作‘嫮’。”張衡《思玄賦》:“增嫮眼而蛾眉。”《玉篇》“嫭[18]”下引《楚辭》:“嫭目宜笑。或作‘嫮’。”是“嫭”、“嫮”同也。

釥、嫽者,《方言》文。“青、徐、海、岱之間曰釥,或謂之嫽。好,凡通語也。”郭注:“今通呼小晈潔喜好者爲嫽釥。”《玉篇》:“釥,美金也。”宋玉《舞賦》:“貌嫽妙以妖冶。”“嫽”通作“僚”。《說文》:“僚,好貌。”

姣者,《方言》:“自關、河、濟之間,謂好曰姣。”郭注:“言姣潔也。”《說文》:“姣,好也。”《玉篇》:“姣,妖媚也。”《陳風・月出》:“佼人僚兮。”《釋文》:“佼,字又作‘姣’。”《楚辭・九歌》:“靈偃蹇兮姣服。”《列子・楊朱篇》:“鄉有處子之娥姣者。”又云:“豐屋、美服、厚味、姣色。”《史記・蘇秦傳》:“後有長姣美人。”

袾者,《說文》:“袾,好佳也。”引《詩》曰:“静女其袾。”

嬺者,《說文》:“嬺,材也。”《玉篇》“嬺”下引《詩》云:“有嬺季女。”

媉者,“烏谷”、“乙角”二切。《玉篇》:“媉,好也。”本此。

灡者,《玉篇》:“灡,美容貌。”

瞴者,《說文》:“瞴婁,微視也。”是“瞴”爲目之好也。

孆者,《說文・女部》義也。通作“靨”。《淮南・說林訓》:“靨輔在頰前則好。”《楚辭・大招》:“靨輔奇牙[19],宜笑嗎只。”

姝者，《方言》："趙、魏、燕、代之間，謂好曰姝。"《說文》："姝，好也。"《邶風》："静女其姝。"宋玉《神女賦》："貌豐盈以莊姝兮。"是"姝"爲女之好也。士之好者亦爲"姝"。《鄘風·干旄》："彼姝者子。"是也。通作"袾"。《說文》："袾，好也。"亦引《詩》："静女其袾。"

姽者，曹音"牛委"、"五果"二切。《說文》："姽，閑體行姽姽也。過委切。"又云："婐，婐姬也。一曰弱也，五果切。"此分明二字[20]，曹氏不宜混而爲一，疑古本《廣雅》兩字俱有。曹氏分音，後人因形相似而一之，且取曹音而併之歟？《集韻》："姽，《博雅》：'好也。'"又云"姬，婐姬。好貌。"是丁度所見《廣雅》已無"姬"字矣。

嫶者，静之好也。朝麥切。《說文》："嫶，静好也。"宋玉《神女賦》："既姽嫶於幽静兮。"

嬻者，白好也。《說文》："嬻，白好也。"《玉篇》："襸，好也。亦作'嬻'。"

婍者，去倚切。《玉篇》"婍"下引此文。

妍者，五堅切。《方言》："自關而西，秦、晉之故都，謂好曰妍。"《玉篇》："妍，好也。"

婽者，《玉篇》："婽，好也。"本此。

嬥者，《說文》："嬥，直好也。"

嫙者，似宣切。《說文·女部》義也。《齊風》："子之還兮。"《韓詩》"還"作"嫙"。《薛君章句》："嫙，好貌。"

娙者，長之好也。《說文》："娙，長好也。"《史記·外戚世家》："邢夫人號娙娥。"

蘳者，花之好也。《說文》："蘳，黄華也。"《玉篇[21]》："蘳，好貌。"本此。

襸，未詳[22]。

袓者，事之好也。《說文》：“袓，事好也。”

褫者，衣之好也。《玉篇》：“襹，好也。”《類篇》：“襹，美好貌。”“褫”、“襹”，音義同。

妙者，《玉篇》：“妙，神妙也。”《莊子·寓言篇》：“九年而大妙。”郭象注：“妙，善也。”《漢書·李夫人傳》：“妙麗善舞。”通作“眇”。《楚辭·九歌》：“美要眇兮宜修。”王逸注：“要眇，好貌。眇，一作‘妙’。”《說卦傳》：“妙萬物而爲言。”王肅作：“眇，音妙。”

嫇者，柔之好也。《說文》：“嫇，好貌。”

媨者，字當作“遒”。《文選·答賓戲》云：“《說難》既遒，其身乃囚。”李善注引應劭曰：“遒，好也。”《文心雕龍》云：“及仲宣靡密，發端必遒。”按，“遒”音“字秋切”，曹音“媨”爲“子六”、“才六”二反，非也。讀若“蹴”者，是醜女之稱。《說文》：“媨，醜也。一曰老嫗也。”以“媨”爲“好”，失其義矣。

妀者，《說文》：“妀，婦人貌。”

嫋者，《集韻》：“嫋，好貌。”本此。

嫈者，《說文》：“嫈，小心態也。”《廣韻》：“嫈娯，新婦貌。”又云：“娯，好貌。”

嫢者，細之好也。《方言》：“嫢，細也。自關而西，秦、晉之間，凡細而有容謂之嫢，或曰徥。”《說文》：“嫢，媞也。秦、晉謂細腰爲嫢。”

魏者[23]，亦細之好也。《方言》：“魏，細也。秦、晉謂細而有容曰魏。”

婥約者，《玉篇》：“婥約，好貌。”“妁”通作“汋”。《莊子·逍遥篇》：“藐姑射之山，有神人居焉。淖約若處子。”《釋文》引李頤云：“淖約，柔弱貌。”司馬彪云：“好貌。”《楚辭·九章》：“外承歡之淖約兮。”王逸注：“淖約，好貌。”

娬媚者，通作“嫵”。《說文》：“嫵，媚也。”“媚，說也。”《史記·上林賦》：“娬媚姌嫋。”《索隱》引《埤蒼》：“娬媚，悅也。”《通俗文》：“頬輔謂之嫵媚。”又《佞幸傳》：“非獨女以色媚，士宦亦有之。”

嬽者，《說文·女部》義也。本書《釋訓》：“嬽嬽，容也。”是“嬽”爲容之好。

姍者，行之好也。《上林賦》：“便姍嫳屑。”郭璞曰：“衣服婆娑貌。”顔師古注：“言其行步安詳也。”又《漢書·外戚傳》：“立而望之，何姍姍其來遲。”

[注] [1]静本、愛本誤作“忨”。[2]静本、愛本誤作“伴”，據《博雅音》改。[3]《博雅音》以爲“牛果反”爲脱去字頭“婐”的讀音。[4]静本、愛本誤作“丁”，據《博雅音》改。[5] 静本、愛本誤作“何人斯”。[6]静本、愛本誤作“耳”。[7]静本、愛本誤作“羸”。[8]愛本誤作“衛”。[9]愛本誤作“熊”。[10]静本、愛本誤作“侻”。[11]静本、愛本作“眺說”。[12]静本、愛本作“佯悅”。[13]静本、愛本誤作“絶”。[14]静本、愛本倒爲“方亦”。[15]静本、愛本脱“好”字。[16]静本、愛本誤作“此”。[17]静本、愛本誤作“刑”。[18]静本、愛本誤作“娉”。[19]静本、愛本作“才”。[20]静本、愛本衍“字”字，已刪。[21]“也玉篇”三字，静本、愛本脱“也”、“篇”二字。[22]《廣雅疏證》：“襘者，即《通俗文》所云‘服飾鮮盛謂之嬒嬇也’。嬒，與‘襘’通。《集韻》、《類篇》引《廣雅》竝作‘嬒’。”[23]静本、愛本誤作“赤”。

桻峯音、**耑**端音、**標**必沼反、**顛**、**杓**的音，又片幺反[1]、**緒**、**杪**、**流**、**苗**、**裔**、**㦝**蔑音，**末也。**

《逸周書》：“元首曰末。”《易》：“卦爻，初爲本，上爲末。”《說文》：“木上曰末。”

桻者，《玉篇》："桻者，木上也。芳容切。"

耑者，《說文》："耑，物初生之題也。上象生形，下象其根也。多官切。"通作"端"。

標者，《說文》："標，木杪末也。"《管子·伯言篇》："大本而小標。"盧諶《贈劉琨詩》："緜緜女蘿，施於松標。"通作"蔈"。《說文》："蔈，末也。"

顛者，《說文》作"槙"。《上林賦》："夭蟜枝格，偃蹇杪顛。"陸機《答張悛詩》："芳樹發華顛。"

杓者，《莊子·庚桑篇》："我其杓之人耶。"郭象注："不欲爲物標杓。"《漢書·律曆志》："玉衡杓建，天之綱也。"如淳曰："杓音猋，斗端星也。"是"杓"爲斗之末也。

緒者，《方言》："末，緒也。南楚或曰端。"《說文》："緒，絲耑也。"

杪者，《說文》："杪，木標末也。"《王制》："冢宰[2]制國用，必於歲之杪。"注："杪，末也。"《方言》："杪，小也。木細枝謂之杪。"郭注："言杪梢也。"

流者，原爲水之本，爲流水之末也。

苗者，禾之末也。

裔者，《小爾雅》文。《離騷》："帝高陽之苗裔兮。"《晉語》："延及寡君之紹續昆裔。"王逸、韋昭並云："裔，末也。"

櫗者，通作"穠"。《說文》："穠，麩也。""蔑"、"末"古通用，故《說文》："穠，或作'粖'。"

[注] [1]静本、愛本作"斥久反"，據《博雅音》改。[2]"冢宰"二字，静本、愛本誤作"家國"。

䎃己禹反、**懁**乎郭反、**寱**詣音、**愕**吾各反、**逴**勑畧反、**獡**式若反、**忄勺**灼音、**怛**、**透**叔音。世人以此爲"跳透"字，他候反，未是矣、**趯**他的反、**駭**、**憚**大犴反，**驚也**。

《爾雅·釋詁》："驚，懼也。"《説文》："驚，馬駭也。"

䎃者，《玉篇》"䎃"下引《倉頡篇》："䎃，驚也。"其字從"耳"，舊本訛從"目"，今訂正。

懁者，聲之驚也。《玉篇》："懁，驚也。"本此。"懁"通作"嚄"。《史記·外戚世家》："韓嫣白上，言太后有女在長陵，武帝乃自往迎取之，使武騎圍其宅。家人驚恐，女亾匿内中牀下。扶持出門，令拜謁。武帝下車泣曰：'嚄！大姊，何藏之深也！'詔副車載之。"《索隱》曰："嚄，烏百反。蓋驚怪之詞耳。"《正義》曰："嚄，尖聲驚愕貌。"

寱者，寢之驚也。魚際切。《莊子·天運篇》："不得寐，必且寱焉。"

愕者，通作"咢"。《春官·占夢》："二曰噩夢。"杜子春云："噩，當爲'驚愕'之'愕'，謂驚愕而夢。"《説文》作"㖾寎"。《爾雅·釋樂》："徒擊鼓曰咢。"孫炎曰："聲驚咢也。"班固《西都賦》："猶愕眙而不能階。"李善注引《字[1]書》："愕，驚也。"

逴者，《方言》文。

獡者，亦《方言》文。"宋、衛、南楚，凡相驚曰獡，或曰透。"郭注："皆驚貌也。"《説文》："南楚謂相驚曰獡。"本《方言》也。

忄勺者，《方言》文。郭注："猶云恐灼也。""灼"、"忄勺"[2]音義同。或説"灼"當爲"悼"。《説文》："悼，懼也。陳、楚謂懼曰悼。"《書》傳"卓"、"勺"互通。《説文》"焯"字引《書》："焯見三有俊心。"今《書》作"灼"，此其證也。

怛者，《列子·周穆王篇》："知其所由然，則無所怛。"《莊子·大宗師篇》："子來將死，妻子環泣。子犁往問之，曰：'叱！避，無怛化！'"

言“死”猶“化”，勿驚怛之。《攷工記》鄭注：“不能驚怛。”

透者，《方言》文。左思《吴都賦》：“驚透沸亂。”《集韻》：“透，式竹切。”

趯者，跳之驚也。《釋訓》：“趯趯，跳也。”

駭者，《說文》：“駭，馬驚也。”《公羊哀六年傳》：“諸大夫見之，皆[3]色然而駭。”《國語》：“晉師大駭。”《莊子·在宥篇》：“夫施及三王而天下大駭矣。”

憚者，《莊子·外物篇》：“憚赫千里。”《釋文》云：“言千里皆懼。”宋玉《招魂》：“君王親發兮憚青兕。”王逸注：“發，射也。憚，驚也。”

[注] [1]愛本誤作“李”。[2]愛本誤作“灼”。[3]静本、愛本誤作“背”。

紓、摰貞二反，又至音[1]**、蒧**粆輦反**、呈、俙**許皆反**、屬**時欲反**、蜕**土會反**、毻**孚音**、毻**門悼反，冒字也，必無“宥”字邊，從毛，吐外反，形聲，不然或末[3]**、廓**口白反，又口郭反**、劙**力支反**、袒，解也。**

《說文》：“解，判也。”

紓、摰者，《方言》：“抒，瘛，解也。”郭注：“抒音‘抒井’之‘抒’。瘛，胡計反。”“紓”、“抒”，古通用。“摰”、“瘛”，字異義同。《左氏襄二十九年傳》：“禍未歇也，必三年而後能紓。”杜注：“紓，解也。”

蒧、呈者，“呈”當作“逞”。《方言》：“蒧、逞，解也。”《左氏隱九年》[4]、《成元年傳》俱云：“乃可以逞。”《楚辭·哀時命》：“志憾恨而不逞兮。”杜預、王逸並云：“逞，解也。”又與“裎”通。《說文》：“裎，袒也。袒，衣縫解。”

俙者，《玉篇》：“俙，解也。”本此。

屬者，《說文》：“屬，連也。”此以“屬”爲“解”，反覆相訓，美惡不嫌同詞也。

蛻者，皮之解也。《說文》：“蛻，蛇、蟬所解皮也。”《淮南·說林訓》：“蟬飲而不食，三十日而蛻。”

毰者，芳俱切。《玉篇》：“毰，耗也。”虚耗則空，空則解，義相因也。

毻者，《玉篇》但云：“陽果切。”《廣韻》不收此字。《集韻》：“毻，鳥易毛也。或作‘毲’。”按，鳥易毛如蟬、蛇之蛻，與“解”義合。《集韻》又引《廣雅》：“毤，解也。”蓋因曹憲疑“毻”爲“毤”[5]，故《集韻》引之。

劆者，《玉篇》：“劆，解也。”《廣韻》：“劆，解[6]木。解也[7]。”本此。

劙者，《荀子·彊國篇》：“莫邪劙盤盂，刎牛馬。”楊倞曰：“劙，割也。音戾。”《玉篇》：“劙，解也。”本此。

袒者，衣之解也。丈莧切。《淮南·人間訓》：“晉公子重耳過曹，曹君欲見其駢脇，使之袒而捕魚。”《說文》：“袒，衣縫解也。”舊本“袒”譌[8]“袓”，今訂正。

[注] [1]《博雅音》：“當音‘充世反’。”[2]静本、愛本誤作“七”，據《博雅音》改。[3]《博雅音》：“此注譌脱誤過多，不可校正。毻，音他臥反。”《龍龕手鑑》：“他臥、他外二反。”[4]“隱九年”，愛本誤作“六年”，静本誤作“六六年”。[5]静本、愛本誤作“能”。[6]静本、愛本誤作“皆”。[7]静本、愛本脱“也”字。[8]静本、愛本誤作“僞”。

躡汝涉反、**蹬**丁鄧反、**跂**去跂反、**蹫**藥音、**跈**才殄反，又乃展反，今之"踐"字、**蹀**牒音、**蹍**女展反、**蹈**道音、**踐**、**蹂**如酉反、**蹋**徒臘反、**跐**側買反、**蹠**之石反，**履也。**

《說文》："履，足所依也。"《釋名》："履[1]，以足履之，因以名之也。"此專釋"踐履"之名也。

躡者，《釋名》："躡，懾也。登其上使懾服也。"《史記·秦始皇本紀》："躡足行伍之間。"班固《答賓[2]戲》："彼皆躡風塵之會。"揚雄《甘泉賦》："躡不周[3]之委蛇。"

蹬者，疑通作"登"。此條"躡"、"跂"、"蹫"，字書皆訓"登"。則"蹬"即"登"也。曹音失之。

跂者，《方言》："跂，登也。"

蹫者，餘灼切。《玉篇》："蹫，登也。"

跈者，《玉篇》："跈，蹈也。"

蹀者，徒篋切。《淮南·俶真訓》："足蹀陽阿之舞。"

蹍者，《莊子·天下篇·釋文》："蹍，本亦作'跈'。"又《外物篇·釋文》："跈，本或作'蹍'。"是"蹍"即"跈"之異文也。《淮南·本經[4]訓》："虎豹可尾，虺蛇可蹍，而不知其所由然。"王融《曲水詩序》："跨蹍昌姬，蹈軼炎漢。"

蹈者，《說文》："蹈，踐也。"《釋名》："蹈，道也。以足踐之，如道路也。"

踐者，《說文·足部》義也。《釋名》："踐，殘也。使殘壞也。"曹植《七啟》："當軌見藉，值足遇踐。"

蹂者，《說文》："禸，獸足蹂地也。篆文作'蹂'。"《玉篇》："蹂，踐也。"《小雅·四月》箋："山有美善之草，生于梅栗之下，取其寔，蹂踐而害之，令不得蕃茂。"《漢書·揚雄傳》："蹂蕙圃，踐蘭塘。"

蹋者，《說文》：“蹋，踐也。”《釋名》：“蹋，榻也。榻著地也。”趙至《與嵇茂齊書》：“蹴崑崙使西倒，蹋泰山令東覆。”通作“躢”。《漢書·霍[5]光傳》：“霍氏奴入御史府，欲躢大夫門。”

跐者，《釋名》：“跐，弭也。足踐之使弭服也。”《玉篇》：“跐，蹋也。”《列子·天瑞篇》：“若躇[6]步跐蹈也。”張湛注：“皆踐踏之貌。”《莊子·秋水篇》：“且彼方跐黄泉而登大皇。”左思《吴都賦》：“雖有雄虺之九首，將抗足而跐之。”

蹠者，《楚辭·九章》：“眇不知其所蹠。”劉歆《遂初賦》：“蹠三台而上征兮。”曹植《七啟》：“蹈虚遠蹠。”

[注] [1]静本、愛本誤作“腹”。[2]静本、愛本脱“賓”字。[3]静本、愛本誤作“同”。[4]静本、愛本誤作“精神”。[5]静本、愛本誤作“漢”。[6]静本、愛本誤作“踷”。

䟴支音，又巨支反、**勁**古鼎反、**堅**、**剛**、**耆**、**韥**巨媿反、**鬒**之忍反、**勥**巨月反、**竻**牟音、**莫**、**憚憸**七漸反，又四廉反、**擄**魯音、**鈔**、**倞**、**悖**、**怏**於亮反，**强**巨兩反**也。**

《說文》：“彊，弓有力[1]也。”

䟴者，《說文》：“䟴，馬彊也。”《玉篇》：“䟴，勁也。”

勁者，《說文·力部》義也。《左氏宣十二年傳》：“中權，後勁。”舊本“勁”訛“剄”，今訂正。

堅者，剛之强也。《說文》：“堅，剛也。”《攷工記·凾人》：“不摯則不堅。”

剛者，德之强也。《說文》：“剛，斷也。”

耆者，《左氏昭二十三年傳》：“不懦不耆。”杜注：“耆，彊也。”

韇者，《淮南·本經》："剛而不韇。"

鬢，未詳。

劈者，勉之强也。《説文》："劈，勥也。"

舠、莫者，《方言》："侔莫，强也。北燕之外郊，凡勞而相勉，若言努力者，謂之侔莫。"《玉篇》："舠，勸勉也。""舠"、"侔"，字異音義同。詹事兄曰："《論語》：'文莫猶人也。'欒肇注：'燕、趙之間，謂勉强爲文莫。'今語猶然。'文莫'即'侔莫'，聲之轉也。"

憚憸者，《方言》："皮傅、彈憸，强也。秦、晉言非其事謂之皮傅。東齊、陳、宋、江、淮之間，謂之彈憸。"郭注："謂强語也。""憚"、"彈"，字異義同。

摢、鈔者，《方言》："虜、鈔，强也。"郭注："皆强取物也。"《方言》又云："虜，奪也。""摢"、"虜"，字異音義同。

倞者，《説文·人部》義也。通作"勍"。《左氏僖二十二年傳》："勍敵之人。"

悖、怏者，《方言》："鞅悖，强也。"郭注："謂强戾也。""悖怏"與"倖鞅"，字異音義同。

［注］［1］静本、愛本誤作"弓"。

幾、矜、隉[1]**五結反、厲、阽**鹽音**、刖**一刮反，又月音，又五刮反**、殆**宜及反**、傒**兮音**醯、冉鐮**力霑反**，危也。**

《説文》："危，在高而懼也。"《釋名》："危，阢也。阢阢不固之言也。"

幾者，《説文》："幾，微也。殆也。從𢆶、戍。戍，兵守也。𢆶而兵守者，危也。"《左氏宣十二年傳》："利人之幾而安人之亂。"杜注："幾，危也。”

矜者，《小雅·菀柳》：“居以凶矜。”傳：“矜，危也。”

陧者，《說文》：“陧，危也。班固說：‘不安也。’”《困》：“九五：劓、刖。”荀爽、陸績、王肅本皆“臲卼”。云：“不安也。”鄭康成注：“劓刖，當爲倪仉。”《周書·秦誓》：“邦之杌陧。”孔傳：“杌陧，不安，言危也。”

厲者，《大雅·民勞》：“以謹醜厲。”傳：“厲，危也。”包咸《論語》注：“危，厲也。”是“厲”、“危”同義。

阽者，余廉切。《小爾雅》：“疾甚謂之阽。”《說文》：“阽，壁危也。”《離騷》：“阽余身而危死兮。”王逸訓“阽”爲“危”。《漢書·文帝紀》：“或阽於死亾。”如淳曰：“阽，近邊欲墮之意。”皆危象也。

刖者，馬融《長笛賦》：“巔根跱之槷刖兮。”李善注：“槷刖，危貌。”或說隸書“舟”、“月”不分，字當爲“舠”。《說文》：“舠，船行不安也。讀若兀。”張協《七命》：“摇舠峻挺。”李善注：“摇舠，危貌。”舠，通作“扤”。《方言》：“僞謂之扤。扤，不安也。”郭注：“船動摇之貌。”《攷工記》：“是以大扤。”注：“扤，動摇貌。”

殆者，《玉篇》：“殆，危也。”本此。

傒醯、冉鐮者，《方言》文。“東齊掎物而危謂之傒醯，僞物謂之冉鐮。”“傒”、“徯”同。

[注] [1]静本、愛本誤作“隍”。

漻力彫反，又兮巧反、**淑**孰音、**湜**寔音、**洌**列音、**澂**直陵反、**濘**那定反、**潎**匹妙反、**潣**力感反、**潚**肅音、**廉**、**潪**乙劂[1]反，**清也**。

《說文》：“清，朖也。澂水之貌。”《釋名》：“清，青也。去濁遠穢，色如青也。”

漻者，《說文》："漻，清深也。"《莊子·天地篇》："漻乎其清也。"

淑者，《說文》："淑，清湛也。"

湜者，常職切。《說文》："湜，水清底見也。"《邶風·谷風》云："涇以渭濁，湜湜其沚。"

洌者，《說文》："洌，水清也。"引《易》曰："井洌寒泉食。"良薛切。

澂者，《方言》文。《後漢書·儒林傳贊》："千載不作，淵源誰澂。"通作"澄"。《淮南·泰族訓》："澄列金、木、水、火、土之性。"高誘注："澄，清也。"左思《咏史詩》："左眄澄江湘。"

濘者，未詳。

潎者，《方言》文。郭注："妨計反。"司馬相如《上林賦》："轉騰潎洌。"

澰者，《玉篇》："澰，與'瀲'同。力驗切。清也。"本此。

潚者，《說文》："潚，深清也。"

廉者，吏之清也。《釋文》："廉，斂也。自檢斂也。"《天官·小宰》："以聽官府之六計，弊群吏之治：一曰廉善，二曰廉能，三曰廉敬，四曰廉正，五曰廉法，六曰廉辨。"《玉篇》："廉，清也。"本此。

濶者，古達切。木華《海賦》："瀖濶浩汗。"《玉篇》："濶，清也。"本此。

[注] [1]《博雅音》作"厲"。

穌蘇音、**稰**乎括反、**字**、**乳**、**腹**、**㝅**奴候反。《春秋》之"㝅烏"、**孺**、**興**、**育**、**孚**[1]**，生也。**

《說文》："生，進也。象屮木生出土上。"《坤·彖傳》："至哉坤元，萬物资生。”《文選》注引劉瓛《周易義》云：“自無出有曰生。”

穌者，素孤切。《玉篇》：“穌，死而更生也。”通作“蘇”。《左氏宣八年傳》：“殺之絳市，六日而蘇。”

秳者，禾之生也。《集韻》：“秳，生也。”本此。或説“秳”疑“活”之訛。《楚辭·天問》：“化爲黄熊，巫何活焉。”王逸注：“活，生也。”

字者，《漢書·嚴安傳》：“五穀蕃熟，六畜遂字。”顔師古解“字”爲“生”。《説文》：“字，乳也。”《史記·五帝本紀》：“鳥獸字微。”《虞書》作“孳尾”。是“字”與“孳”通，故《説文·序》云：“字者，言孳乳而浸多也。”

乳者，《史記·倉公列傳》：“菑州王美人懷子而不乳。”《索隱》曰：“乳音‘人喻反’。乳，生也。”《吕氏春秋·季夏紀》：“夏后氏孔甲田於東陽萯山，天大風晦盲[2]，孔甲迷惑，入於民室，主人方乳。”《説文》云：“人及鳥生子曰乳，獸曰産。”

腹者，詹事兄曰：“腹，與‘孚’聲相近。”《易·説卦》：“坤爲腹。”坤道資生，故取腹象。桂進士馥曰：“疑當作‘瘦’。”《廣韻》：“瘦，病重發也。”“發”即“生”。

𣪩者，《左氏宣四年傳》：“楚人謂乳‘𣪩[3]’。”《説文》：“𣪩，乳也。”

孺者，而遇切。《説文》：“孺，乳子也。”

興者，《離騷》：“各興心而嫉妬。”王逸注：“興，生也。”舊本“興”訛“與”，今訂正。

育者，《説文》：“育，或作‘毓’。”《地官·大司徒》：“以毓艸木。”注：“毓，生也。”

乳字，重出。疑“孚”之訛。

孚者，鳥之生也。《説文》：“孚，卵孚也。從爪從子。”徐鍇曰：“鳥之孚卵，皆如其期。鳥袌恒以爪反覆其卵也。”

[注] [1]静本、愛本誤作“乳”。[2]静本、愛本誤作“育”。[3]愛本作“轂”。《廣雅疏證》：“‘㲉’、‘轂’並通。”

貸[1]、福、簉楚驟反、倅寸對反、憒，盈也。

《説文》：“盈，滿器也。”《墨子·經篇》：“盈，莫不有也。”

貸者，他代切。盈而假以與人也。

福、簉者，皆副也。盈而後有副也。《匡謬正俗》云：“‘副貳’之字，本爲‘福’，從衣，畐聲。《西京賦》云：‘仰福帝居。’傳寫舛訛，轉衣爲示。讀者便呼爲‘福禄’之‘福’。失之遠矣。”愚案，此“福”字，與“簉”、“倅”爲一科，亦當爲“福”。《左氏昭十一年傳》：“僖子使助薳氏之簉。”注：“簉，副倅也。”張衡《西京賦》：“屬車之簉，載獫猲獢。”薛綜注：“簉，副也。”江淹《雜體詩》：“中坐溢朱組，步櫚簉瓊弁。”嵇康《琴賦》：“猶有一切，承間簉乏[2]。”初救切。

倅者，《逸周書·糴匡解》：“餘子倅運。”孔鼂注：“倅，副也。”《廣韻》：“簉，倅也。”舊本“倅”下無“也”字[3]。今據盧學士校本增。

憒者，《方言》：“憒，自盈也。”《周語》：“陽癉憒盈。”韋昭注：“憒，積也。”蔡琰詩：“心吐思兮胸憒盈。”石崇《王明君辭》：“苟生亦何聊，積思常憒盈。”“憒”通作“墳”。《樂記》：“粗厲、猛起、奮末、廣賁之音作，而民剛毅。”鄭注：“賁，讀爲墳。墳，怒氣充塞也。”

[注] [1]《廣雅疏證》作“貳”。[2]愛本誤作“之”。[3]愛本誤作“無”。

《廣雅疏義》卷第二

營、量、商、揣[1]初毀反，又丁果反，又尺兖反、**硂**七全反、**擬、泚**[2]且礼反、**測、圖、謜**元音、**稱、挍、揆、䕶**于縛反，又于虢反，又居縛反、**隱，度也。**

《大雅·皇矣》：“帝度其心。”傳：“心能制義曰度。”

營者，《衆經音義》引《倉頡篇》：“營，部也。”謂量度而部署之也。

量者，稱之度也。《説文》：“量，稱輕重也。”《離騷》：“羌内恕己以量人。”王逸注：“量，度也。”

商者，《説文》：“商，從内知外也。”《漢書·律曆志》：“商之爲言章也。物成孰可章度也。”荀悦《漢紀》：“商者，量也。物盛而可量度也。”《白虎通義·商賈篇》：“商之爲言商，商[3]其遠近，度其有無，通四方之物，故謂之商也。”陸機《吴趨行》：“淑美難窮紀，商榷爲此歌。”李善引許慎《淮南子》注：“商榷，麄略也，言商度其麄略也。”

揣者，高之度也。《方言》：“度高爲揣。”《左昭三十二年傳》：“計丈數，揣厚薄。”老子《道德經》：“揣而鋭[4]之，不可長保。”傳：“奕本作‘敱’。音揣。量也。”《史記·英布列傳》：“果如薛公揣之。陳平曰：‘生揣我何念。’”《淮南·人間訓》：“凡人之舉事，莫不先以其知，規慮[5]揣度，而後敢以定謀。”《文選》引《鬼谷子》：“測深揣情。”

硂者，衡之度也。《玉篇》：“硂，度也。”本此。通作“銓”。《淮南子》：“縣子於銓衡。”《文選》注引《倉頡篇》：“銓，稱也。”注：“銓，所以稱物也。”《説文》：“銓，衡也。”

擬者，《説文·手部》義也。“魚已切。”《鼎象傳》：“君子以正位凝命。”翟本“凝”作“擬”。云：“度也。”通作“儗”。《曲禮》：“儗人必於其倫。”注：“儗猶比也。”按，“比”、“儗”，亦商度。

泚者，本書《釋言》：“泚，測也。”“泚”、“測”，皆爲度也。

測者，深之度也。《説文》：“測深所至也。”《玉篇》：“測，度[6]也。廣深曰測。”《淮南·説林訓》：“以篙測江，篙終而以水爲測，惑矣。”班固《答賓戲》云：“欲從埜敦而度高乎泰山，懷氿濫而測深乎重淵。”舊本“測”譌“側”，今訂正。

圖者，計之度也。《説文》：“圖，畫計[7]難也。”《釋名》：“圖，度也。畫其品度也。”《非有先生論》：“圖畫安危，揆度得失。”顔延之《元后哀策文》：“圖光玉繩。”李善注引此文。

謜者，語之度也。魚怨切。《説文》：“謜，徐語也。”徐語，亦商度之意。

稱者，《説文》：“稱，銓也。春分而禾生。日夏至，晷景[8]可度。禾有秒，秋分而秒定。律數：十二秒而當一分，十分而寸。其以爲重：十二粟爲一分，十二分爲一銖，故諸程品皆從禾。”《樂記》云：“律大小之稱，比終始之序。”

挍者，考之度也。《齊語》：“昔我先君，和羣穸，比挍民之有道者。”韋昭注：“挍，考合也。”

揆者，《離騷》：“皇覽揆余初度兮。”按，“揆度”已見《爾雅·釋言》，必不重見。此當爲“葵”。《小雅·采菽》：“天子葵之。”傳：“葵，揆也。”《説文》：“揆，葵[9]也。”戴侗《六書故》引唐本《説文》：“揆，度也。”

蘉者，《説文》：“蒦，規蒦，商也。一曰蒦，度也。或作‘蘉’，從尋。尋，亦度也。”引《楚辭》曰：“求矩蘉之所同。”今本《離騷》作“矱”。王逸注：“矱，亦度也。”“蘉”、“矱”，字異音義同。

隱者，心之度也。《商書·盤庚》：“尚皆隱哉。”崔瑗《座右銘》：“隱心而後動。”李善注引劉熙《孟子》注：“隱，度也。”

[注] [1]静本、愛本作“如”，據《博雅音》改。[2]静本、愛本誤作“此”。[3]静本、愛本脱“商”字。[4]静本、愛本作“税”。[5]静本、愛本誤作“厲”。[6]静本、愛本誤作“深”。[7]“畫計”，静本、愛本倒爲“計畫”。[8]静本、愛本誤作“量”。[9]静本、愛本誤作“蔡”。

叢七候反、**萌**莫郎反、**趣**趨娶反，又無住反[1]、**矜**，**遽也**。

《説文》：“遽，窘也。”謂窘迫也。

叢者，《廣韻》無此字，不知所從，未詳其義。

萌者，《方言》：“茫，遽也。吴、揚曰茫。”郭注：“謂遽矜也。今北方通然也。”“萌”、“茫”古通用。

趣者，七句切。《説文》：“趣，疾也。”

矜者，《方言》：“矜、奄，遽也。陳、潁之間曰奄，秦、晉或曰矜，或曰遽。”

[注] [1]静本、愛本“趨娶”誤作“趍”，據《博雅音》改。《博雅音》以爲“無住反”爲脱去字頭“務”的讀音。

仄、**陋**、**褊**必善反、**僻**械音、**迫**、**隘**烏賣反、**窄**側白反，**陿**匣音**也**。

《説文》：“陜，隘也。矦夾切。”《詩》、《釋文》：“陿。本作‘狹’。依字應作‘陜’。”

仄者，《説文》：“仄，側傾也。從人在厂下。”《玉篇》：“仄，陋也。阻力切。”

陋者，《説文》：“陋，阸陜也。”《荀子·修身篇》：“少見曰陋。”

褊者,《魏風・葛屨》:“維是褊心。”《楚辭・七諫》:“淺智褊能兮。”王逸注:“褊,狹也。”張衡《西京賦》:“勢則褊於惠。”

㣼者,下介切。《玉篇》[1]:“㣼,俠也。”“俠”當爲“狹”。通作“齘”。揚雄《反離騷》:“何文肆而質齘。”應劭曰:“齘,狹也。”

迫者,《說文》:“迫,近也。”《史記索隱》引《說文》:“敀,窄也。”《玉篇》:“迫,逼迫也。”

隘者,《說文》:“䪗,陋也。從𨸏,𦣻聲。𦣻,籀文‘嗌[2]’字。或作‘隘’。”宋玉《高唐賦》:“勢[3]薄岸而相擊兮,隘交引而却會。”李善注:“至迫隘之處,其流交引而却相會。”張衡《西京賦》:“右有龍坻之隘。”

窄者,《玉篇》:“窄,迫也。陿也。或作‘迮’。”《小雅・雨無正》箋:“急迮且危。”《後漢書・竇融傳》:“囂勢排迮,不得進退。”注:“排迮,猶迫蹙也。”通作“笮”。《說文》:“笮,迫也。”《漢書・文三王傳》:“李太后與爭門,措指。”晉灼曰:“措置字,借以爲‘笮’耳。”顔師古音“壯客切”。“爲門扇所笮。”嵇康《聲無論》云:“聲,無主於哀樂,猶簁酒之囊漉,雖笮具不同,而酒味不變也。”

[注] [1]愛本、静本脱“玉篇”二字。[2]愛本、静本作“益”。[3]愛本、静本作“勢”。

教、導[1]、指、揥帝音**、敕**勑音**、告、復、白、諛**烏報反**、眂**示音**,語也。**

《說文》:“語,論也。”《釋名》:“語,叙也。叙己所欲說也。”《詩》傳:“直言曰言,論難曰語。”鄭注《周禮》云:“發端曰言,答述曰語。”《文王世子篇》:“登歌《清廟》,既歌而語。”注:“語,談說也。”

教者，《說文》："教，上所施、下所效也。"《釋名》："教，傚也。下所法傚也。"蔡邕《獨斷》："諸矦言曰教。"

導者，《說文》："導，導引也。"《釋名》："導，陶也。陶演己意也。"

指者，《玉藻篇》："凡有指畫於君前，用笏。"漢書《蕭何傳》："發蹤指示，獸處者人也。"《離騷》："指九天以爲正兮。"王逸注："指，語也。"

揥者，審之語也。都計切。揥之言審諦也。

敕者，誡之語也。《說文》："敕，誡也。"《釋名》："敕，飭也。使自驚飭，不敢廢慢也。"《小雅・楚茨》："既匡既敕。"箋："祝釋嘏詞，以敕孝孫。"蓋古者教戒之詞曰"敕"。

告者，覺之語也。《釋名》："上敕下曰告。告，覺也。使覺悟、知己意也。"《楚辭・九章》："明告君子。"王逸注："告，語也。"

復者，《曲禮》："少間願有復也。"注："復，白也。"

白者，《說文》："謁，白也。"《玉篇》："白，告語也。"《漢書・高帝紀》："上令周昌選趙壯士可令將者，白見四人。"《後漢書・鍾皓傳》："鍾瑾常以李膺言白皓。"

譔者，《玉篇》："譔，語也。"本此。

眎者，與"示"同。《說文》："示，所以示人也。"《釋名》："示，示也。過所至關津，以示之也。"《楚辭・九章》："窮不知所示。"王逸注："示，語也。"

［注］［1］静本、愛本作"導"。

蔚慰音、**薈**烏外反、**㡅**於幾反、**隱**，**翳也。**

《方言》：“翳，掩也。”郭注：“謂掩覆也。”陸機《文賦》：“理翳翳而愈伏。”

蔚、薈者，草之翳也。《說文》：“薈，草多皃。”引《詩》曰：“薈兮蔚兮。”

㡅者，身之翳也。《廣韻》：“㡅，藏也。”

隱者，牆之翳也。《說文》：“隱，蔽也。”

頑、**嚚**彦陳反、**怐**苦候反、**愗**茂音、**儒**、**輸**、**娍**越音、**戇**竹降反、**惷**式[1]中反，**愚也。**

《荀子·修身篇》：“非是、是非謂之愚。”楊倞注：“以非爲是、以是爲非，則謂之愚。”賈誼《新書》：“深知禍福謂之知[2]，反知爲愚。”《說文》：“愚，戇也。”

頑者，《左氏文十八年傳》：“頑嚚，比周。”劉楨《贈五官中郎將詩》：“小臣信頑鹵。”李善注引李尤《東觀賦》：“臣雖頑鹵，慕《小雅·斯干》歎咏之美。”

嚚者，魚巾切。《左氏僖二十四年傳》：“口不道忠信之言爲嚚。”

怐、愗者，《荀子·非十二子篇》：“世俗之溝猶瞀儒，嚾嚾然不知其所非也。”楊倞注：“溝，讀爲怐。怐，愚也。猶，猶豫也。瞀，闇也。”又《儒效》：“其愚陋溝瞀，而冀人之己爲知也。”注：“溝音寇，愚也。溝瞀，無知也。”《漢書·五行志》作“區瞀”，與此同義。《楚辭·九辯》：“直怐瞀而自苦。”《玉篇》：“怐瞀，愚也。”本此。“怐”、“溝”、“區”，“愗”、“瞀”，字異音義同。

儒、輸者，《方言》文。《荀子·修身篇》：“勞苦之事，則偷儒轉脫。”楊倞注：“偷，當爲‘輸’。”

娀者，于厥切。未詳。

戇者，《説文·心部》義也。《漢書·汲黯傳》："甚矣！汲黯之戇也。"

惷者，亦《説文·心部》義也。《表記》云："惷而愚。"《淮南·道應訓》："惷乎若新生之犢，而無求其故。"

[注] [1]静本、愛本脱"式"字，據《博雅音》補。[2]静本、愛本衍"之知"二字，已删。

罷、券去卷反**、煩、倻**巨腳反**、賢、犒**苦告反**、勦**子小反，又楚交反，疑誤也。《禮記》曰："無勦説。"鄭注云："勦，猶[1]擥也，謂取人之説。"不訓爲"勞"。《春秋傳》："無及於鄭而勦民，焉用之。"杜訓爲"勞"。然則"勦"從刀，"勦"以力明矣**、屑、祕、往，勞也。**

《説文》："勞，劇也。用力者勞，古文作'𢥒'。"

罷者，符羈切。《説文》"癖"字云："罷病也。"通作"疲"。《説文》："疲，勞也。"

券者，《説文·力部》義也。上文釋"券"爲"極"，又訓爲"勞"，義相成也。

煩者，嵇康《與山巨源絶交書》："心不耐煩。"《廣韻》："煩，勞也。"本此。

倻者，與"㣯"同。詳見"極"下。

賢者，《小雅·北山》："大夫不均，我從事獨賢。"《孟子》釋之曰："此莫非王事，我獨賢勞也。"

犒者，因其勞而慰藉之也。《左氏僖三十二年傳》："以乘韋先，牛十二犒師。"《玉篇》："犒，餉軍。與'𩞄'同。"古通用"槀"。《周官・稾人》注："鄭司農云：'稾，讀"犒師"之"犒"。主冗食者，故謂之犒。'"《書・序》孔傳："稾，勞也。"

勦者，《說文・力部》義也。《左氏宣十二年傳》："無及於鄭而勦民。"《昭九年傳》："焉用速成其以勦民也。"杜注並云："勦，勞也。"

屑者，動之勞也。《方言》文。《說文》："屑，動作切切也。"

祕者，《廣韻》："祕，勞也。"本此。通作"毖"。《周書・大誥》："天閟毖我成功所。"孔傳："言天慎勞我周家成功所在。"

往者，《方言》："屑、往，勞也。"郭注："屑屑、往來，皆劬勞也。"舊本"往"訛"隹"，今訂正。

［注］［1］愛本誤作"由"。

潛、丞、沈、溺、涅乃結反、**湮**因音、**淈**烏回反、**淪，没也。**

《說文》："㲾，沈也。"《玉篇》："没，溺也。"經典通作"没"。

潛者，《方言》："潛、涵，沈也。楚郢以南曰涵，或曰潛。"

丞者，因其没而出之也。辰陵切。揚雄《羽獵賦》："丞民於農桑。"《集韻》引《廣雅》："涿，没也。"是本又作"涿"。通作"承"。《列子・黄帝篇》："使弟子並流而承之。"張湛注："承音拯。"引《方言》："出溺爲拯。"

沈者，直深切。《戰國策》："智伯攻趙，圍晉陽而水之，城之不沈者三板。"《玉篇》："沈，没也。"本此。

溺者，《檀弓篇》："死而不吊者三。畏、厭、溺。"《說文》作"休"。云："没也。"《玉篇》："休，奴的反。"引孔子曰："君子休於口[1]，小人休於水。"經典通用"溺"。

涅[2]者，《方言》："涅，休也。""涅"、"休"，聲相轉，故並爲“没”。

湮者，《說文·水部》義也。於真切。

溾[3]者，亦《說文·水部》義也。

淪者。《商書·微子篇》：“今殷其淪喪。”《玉篇》：“淪，没也。”本此。

[注] [1]静本、愛本誤作“日”。[2]静本、愛本作“湼”。[3]静本、愛本誤作“濃”。

數、諑卓音、謫徒革反、怒、詰[1]、讓、爽、譴、誅、過、訟，責也。

《說文》：“責，求也。”

數者，所縷切。《左氏傳》：“乃執子南而數之。”《戰國策》“范雎之數須賈”、《漢書》“高祖之數項羽”、司馬《喻巴蜀檄》“因數之以不忠死亾之罪”，皆計其罪而責之也。

諑者，《離騷》：“謠諑謂余以善淫。”王逸注：“諑猶譖也。”《方言》：“諑，愬也。楚以南謂之諑。”《玉篇》：“諑，責也。”本此。

謫者，《邶風·北門[2]》“室人交徧謫我”傳義也。《左氏成十七年》：“國子謫我。”《列子·力命篇》：“窮年不相謫發。”張湛注：“謫，謂責其過也。”《史記·申屠嘉列傳》：“議以謫罰，侵削諸侯。”《方言》：“謫，過也。南楚以南，凡相非議人，謂之讁，或謂之衇。”“謫”、“讁”，古通用。

怒者，《方言》：“謫，怒也。”故“怒”亦謂“責”，義相成也。

詰者，問之責也。《說文》：“詰，問也。”鄭注《禮記》云：“詰，謂問其罪也。”

讓者，詞之責也。《說文》：“讓，相責讓。”《左氏昭二十五年傳》：“且讓之。”杜解“讓”爲“責”。《周語》：“讓不貢。”韋昭注：“讓，譴責也。”《史記·張耳陳餘列傳》：“張耳責讓陳餘以不肯救趙。”

爽者，《方言》：“爽，過[3]也。”“過”與“責”，義相近。

譴者，《說文》：“譴，謫問也。”《小雅·小明》：“畏此譴怒。”傳：“罪責也。”

誅者，孔安國《論語》注義也。《周官·太宰職》：“誅以馭其過。”注：“誅，責讓也。”

過者，《漢書·高祖紀》：“聞將軍有意督過之。”

訟者，包咸《論語》注：“訟猶責也，言人有過，莫能自責者也。”《史記·呂后本紀》：“太[4]尉尚恐不勝諸呂，未敢訟言誅之。”

[注] [1]愛本誤作“結”。[2]静本、愛本脱“門”字。[3]静本、愛本誤作“故”。[4] 愛本誤作“大”。

䚷大兮反、**睎**、**望**、**目**、**略**、**㦸**子[1]才反、**䁮**七祭反，又楚札反、**窺**苦垂反、**覘**耻淹反、**覩**[2]睹音、**覒**耄音、**闞**苦暫反、**盻**乎際反、**觀**、**覴**耻敬反、**覼**古莧反、**䀢**麥音、**晛**乎典反、**晩**亾[3]限反、**䁯**居恚反、**覗**司音、**看**、**覓**[4]麦音，又覓音、**䁖**力惟反、**覿**狄音、**睥**普計反、**睨**五計反、**眄**亾見反、**睞**來代反、**瞰**苦蹔反、**睇**弟音、**䁕**堪音、**眂**支音、**䀌**彤音、**矕**馬板反、**䁓**走公反、**䁆**烏見反、**矍**虎[5]縛反、**瞦**呼懸反、**䀿**口計反、**䁅**祕音、**占**、**省**、**覰**且居反，又七絮反、**睙**以戰反、**診**真敏反，又陣音、**䚁**五買反，**視也**。

《洪範》：“視曰明。”《說文》：“視，瞻也。”《釋名》：“視，是也。察是非也。”

題者，《說文》："題，顯也。"《玉篇》："題，視也。達麗切。"本此。

睎者，香衣切。《方言》："睎，眄也。東齊、青、徐之間曰睎。"班固《西都賦》："睎秦嶺。"郭璞《江賦》："飛廉無以睎其蹤。"

望者，《說文》："望，出亾在外，望其還也。"《釋名》："望，茫也。遠視茫茫也。"

目者，《周語》："國人莫敢言，道路以目。"《史記・陳丞相世家》："陳平去楚渡河，船人疑其有金，目之。"《漢書・高祖紀》："范增數目羽擊沛公。"顏師古注："動目以諭之。"張衡《東京賦》："目翫阿房。"薛綜注："目，視也。"

略者，盧各切。《方言》："略，眄也。吴、揚、江、淮之間，或曰略。"又云："略，視也。吴、揚曰[6]略。"郭注："今中國亦云目略也。"

𧡫者，《玉篇》："䁁，睞也。子來切。""𧡫，同上。"

睩者，《說文》："睩，察也。"左思《魏都賦》："有睩吕梁。"《玉篇》："睩，視也。"本此。

窺者，《說文》："窺，小視也。"班固《西都賦》："魚窺淵。"

覘者，《說文》："覘，窺也。"《左氏成十七年傳》："公使覘之，曰信。"《檀弓》："我喪也斯沾。"注："沾讀曰覘。覘，視也。"又："晉人之覘宋者。"注："覘，闚視也。"《學記》："呻其佔畢。"注："佔，視也。"《晉語》："公使覘之。"韋昭注："覘，微視也。"《淮南・俶真訓》："昔公牛哀轉病也，七日化爲虎，其兄掩户而入，覘之則虎，搏而殺之。"高誘注："覘，視也。"《方言》："貼、占，視也。凡相竊視，南楚或謂之貼，或謂之占。"是"覘"、"沾"、"貼"、"占"，古字通用。

睹者，《說文》："睹，見也。"古文作"覩"。《文言傳》："聖人作而萬物覩。”《禮運》云：“以陰陽爲端，故情可睹也。”

𥈕者，擇之視也。莫袍切。《說文》：“𥈕，擇也。”《玉篇》引《詩》曰：“左右𥈕之。”《廣韻》：“𥈕，邪視也。亦作‘眊’。莫報切。”

䦟者，《玉篇》：“䦟，視也。”本此。

盻者，恨之視也。《說文》：“盻，恨視也。”《魏志·許褚傳》：“馬超問：‘虎侯安在？’太祖顧視褚，褚瞋目盻之。超不敢動。”

覰者，《說文》：“覰，諦視也。”《釋名》：“覰，翰也。望之延頸翰翰也。”《穀梁隱五年傳》：“常事曰視，非常曰覰。”

𥨪者，《說文》：“𥨪，正視也。”

䚂者，《廣韻》：“䚂，視也。”本此。

眽者，莫獲切。《說文》：“眽，目財[7]視也。”《玉篇》：“眽，相視也。”揚雄《河東賦》：“眽隆周之大寧。”

睍者，《說文》：“睍，出目也。”《唐書·韓愈傳》：“低首下心，伈伈睍睍。”

晚者，《說文》：“晚，晚睯，目視貌。”本書《釋訓》：“晚晚，視也。”本此。《廣韻》：“睯，鬼睯，無畏視也。”

䁯者，《玉篇》：“䁯，視也。”本此。

䚋者，息咨切。《方言》：“自江而北，相窃視謂之䚋。”《玉篇》：“䚋，視也。”本此。

看者，《說文》：“看，睎也。或作‘𦚾’。”《吳志·周魴傳》：“看伺空隙。”

覓者，《說文》：“覛，衺視也。”顏師古注《揚雄傳》云：“眽，古‘覓’字。”《周語》：“古者太史順時覛土。”韋昭注：“覛，視也。”張衡《西京賦》：“覛往昔之遺館。”趙至《與嵇茂齊書》：“涉澤求蹊，披榛覔路。”大昭案，隸書“𠂢”似“爪”，誤作“爪”。“𠂢”

又誤爲“爪”，加於“見”上，遂成“覓”字。古本作“覛[8]”也，俗又造作“覔”字。云：“不見爲覔。”失之遠矣。

瞟者，《方言》：“䁞，視也。南楚謂竊視曰䁞。”郭注：“亦言瞟也。”《玉篇》：“瞟，視也。亦作‘皫’。”本此。

覰者，七亦切。《玉篇》：“覰，覷也。”

睥、睨者，《玉篇》：“睥，左睥右睨。”《説文》：“睨，衺視也。”《左氏哀十三年傳》：“余與褐之父睨之。”《莊子·山木篇》：“雖羿、逢蒙，不能眄睨也。”《史記·信陵君列傳》：“俾睨故久立。”《離騷》：“忽臨睨夫舊鄉。”《漢書·灌夫傳》：“辟睨兩宫間。”顔師古注：“辟睨，傍視也。”案，“俾”即“睥”也。《説文》：“陴，城上女墻俾倪也。”“睥睨”、“俾睨”、“辟睨”、“俾倪”，字異音義同。

眄者，《説文》：“眄，目偏合也。一曰衺視也。”《方言》：“睎，眄也。自關而西、秦、晉之間，曰眄。”左思《咏史詩》：“左眄澄江湘。”

睞者，《説文》：“睞，目童子不正也。”《玉篇》：“睞，旁視。”曹植《洛神賦》：“明眸善睞。”李善注：“睞，旁視也。”鮑照《舞鶴賦》：“奔機逗節，角睞分形。”

瞰者，揚雄《解嘲》：“鬼瞰其室。”張衡《西京賦》：“瞰宛虹之長鬐[9]。”《玉篇》：“瞰，視也。”本此。

睇者，《小爾雅》文。特計切。《方言》：“睇，眄[10]也。陳、楚之間，南楚之外曰睇。”《説文》：“睇，目小視也。”《夏小正》：“來降燕，乃睇。睇者，眄也。眄者，視可爲室者也。”《内則篇》：“在父母舅姑之所，不敢睇視。”《楚辭·九歌》：“既含睇兮又宜笑。”王逸注：“睇，微眄貌。”

瞡者，《廣韻》平聲内不收此字。未聞。

眂者，常利切。《説文》：“眂，古文‘視’字。”

瞗者，都僚切。《說文》："瞗，目孰視也。讀若雕。"

矕者，《說文》："矕，目矕矕也。"班固《答賓戲》云："矕龍虎之文，舊矣。"晉灼曰："矕，視也。"馬融《廣成頌》："右矕三塗，左概嵩嶽。"

睃者，子弄切。《方言》："睃，視也。南楚謂竊視曰睃，或謂之貑。貑，中夏語也。闚，通語也。自江而北謂之貼。"《玉篇》："睃，視也。"本此。

睚者，《說文》："睚，目相戲也。"《方言》："睚，視也。東齊曰睚[11]。凡以目相戲曰睚。"郭璞音："烏扳反。"

矆者，《說文》："矆，大視也。"《玉篇》："矆，與矎[12]同。"木華《海賦》："矆睒無度。"

瞍者，《玉篇》："瞍，直視也。"

眘者，《說文》："眘，省視也。"《玉篇》："眘，窺也。"

眂者，兵媚切。《說文》："眂，直視也。"通作"覕"。《莊子・徐無鬼篇》："譬之猶一覕也。"司馬彪云："覕，暫見貌。"

占者，《方言》："凡相候謂之占。占，猶瞻也。"與"覘"同。詳見"覘"下。

省者，察之視也。《說文》："省，視也。"《漢書・文帝紀》："且吾農民甚苦，而吏莫之省。"顏師古注："省，視也。"

覰者，《說文》："覰，拘覰，未致密也。"或借用"狙"。《漢書・張良傳》："良與客狙擊秦皇帝。"顏師古注："狙，謂密伺之字。"本作"覰"。

睋者，《說文》："逭，相顧視而行也。"《玉篇》："睋，與'逭'同。"

診者，《說文・言部》義也。《史記・扁鵲列傳》："特以診脉爲名耳。"司馬彪云："診，占也。"《後漢書・王喬傳》："詔[13]上方診視。"注："診，亦視也。"

䙺[14]者，《玉篇》："䙺，視也。"本此。

《集韻》引《廣雅》："瞎，視也。見，視也。市之切。"今俱無此文。

[注] [1]静本、愛本誤作"七"，據《博雅音》改。[2]愛本誤作"覑"。[3]静本、愛本誤作"必"，據《博雅音》改。[4]《博雅音》作"覔"。王念孫按："覓，即'覔'之省文，非異文也。"[5]静本、愛本誤作"需"，據《博雅音》改。[6]愛本脱"曰"字。[7]《説文》段注："財，當依《廣韻》作'邪'。"[8]愛本作"颸"。[9]静本、愛本作"訾"。[10]静本、愛本衍"眄"字，已刪。[11]静本、愛本誤作"腰"。[12]静本、愛本誤作"矆"。[13]愛本誤作"詒"。[14]愛本誤作"覰"。

枉於往反、**橈**女教反、**折**、**盭**戾音、**蟠**步干反、**宛**烏圜[1]反、**羞**古免反、**骩**委音、**傴**依矩反、**僂**力雨反、**拳**古萬反、**詰**、**詘**、**迟**隙音，**曲也。**

《説文》："𠙹，象[2]器受物之形也。古文作'𠃊'。"《釋名》："曲，局也。相近局也。"經典相承作"曲"。

枉、橈者，《説文》："枉，衺曲也。""橈，曲木。"《吕氏春秋·仲秋紀》："斬殺必當，無或枉橈。枉橈不當，反受其殃。"高誘注："淩弱爲枉，違彊爲橈。"《楚辭·九章》："施黄棘之枉策。"王逸解"枉"爲"曲"。《漢書·昭帝紀》："數以邪枉干輔政"。顔師古注："枉，曲也。以邪曲之事而干求也。"

折者，旨熱切。《玉藻》："折還中矩。"《史記·灌夫傳》："吾益知吴[3]壁中曲折，請復往。"

盭者，《説文》："盭，弼戾也。讀若戾。"案，"盭"與"戾"通。《説文》："戾，曲也。從犬出户下。戾者，身曲戾也。"

蟠者，鄒陽《獄中上書》："蟠木根柢，輪囷離奇。"班固《答賓戲》云："故夫泥蟠而天飛者，應龍之神也。"項[4]岱曰："如應龍蟠屈而升天。"

寃者，《說文》："寃，屈也。兔在冂下不得走，益屈折也。"桂進士馥云："益，當作'善'。"

觠者，角之曲也。巨員切。《說文[5]》："觠，曲角也。"

骩者，骨之曲也。於詭切。《說文》："骩，骨耑骩奊也。"《玉篇》："骩，骨曲也。"《漢書·枚皋傳》："其文骩骳，曲隨其事。"顏師古注："骩骳，猶言屈曲也。"《淮南厲王傳》："皇帝骩天下正法而許大王。"

傴、僂者，《左氏昭七年傳》："一命而傴，再命而僂。"枚乘《七發》："雖有淹病滯疾，猶將伸傴起躄。"《說文》："傴，僂也。""僂，尫也。或言背僂。"《孔叢子》："子思曰：'禹、湯、文、武及周公，勤思勞體，或折臂望視，或禿骭背僂。'"

羞者，《玉篇》："羞，曲也。"本此。

詰、詘者，《說文》："詘，詰詘也。"《玉篇》："詘，枉曲也。"揚雄《長楊賦》："迺展人之所詘。"李善注："詘，古'屈'字。"王逸《九思》："思哽饐兮詰詘。"舊本"詰"訛"結"，今訂正。

迟者，行之屈也。綺戟切。《說文》："迟，曲行也。"《莊子·人間世》："郤曲。"《釋文》云："《字書》作'迟'。"引《廣韻》："迟，曲也。"今《說文》、《廣雅》俱作"迟"。

[注] [1]静本、愛本誤作"困"，據《博雅音》改。[2]静本、愛本誤作"象囟"。[3]静本、愛本誤作"吾"。[4]静本、愛本誤作"頂"。[5]静本、愛本誤作"夫"。

剶勑傳反**、剳**落音**、剃**他帝反**，剔**他覓反**也。**

《說文·新補》“剔”字云：“解骨也。”《士喪禮》：“四鬄，去蹄。”注：“鬄，解也。”今文“鬄”作“剔”。通作“鬄”。《說文》：“鬄，鬀髮也。”

剶者，《玉篇》：“剶，丑全切。削也，去枝也。”

剳者，《玉篇》：“剳，力各切。剔也。”本此。

剃者，《玉篇》：“剃，鬄也。除髮也。”古作“鬀”。《說文》：“鬀，鬄髮也。大人曰髡，小儿曰鬀。盡及身毛曰鬄。”

緶婢延反**、緝**七立反**、襀**資音**，緁**且立反**也。**

《說文》：“緁，緶衣也。”《廣韻》：“褄，襟緣。”亦作“緁”。《漢書·賈誼傳》：“白縠[1]之表，薄紈之裏，緁以偏諸[2]。”晉灼曰：“以偏諸緁著衣也。”顏師古注：“緁，音妾，謂以偏諸緶著之也。”

緶者，《說文》：“緶，緁衣也。”《廣韻》：“緶，縫也。”

緝者，古“緁”字。《說文》：“緁，或作‘緝’。”《楚辭·九懷[3]》：“襲英衣兮緹緝。”

襀者，即夷切。《說文》：“襀，緶也。”

[注] [1]愛本誤作“轂”。[2]愛本誤作“緒”。[3]靜本、愛本衍“懷”字，已刪。

高、厲、竦、踊勇音**、騰、躍、陞**升音**、跳、摇、祖、潛、貢、顛、頂、弼**備筆反**、尚、訾，上也。**

《說文》：“上，高也。此古文。篆文作‘上’。”[1]

高者，《周頌·敬之》：“毋曰高高在上。”郭璞注《爾雅·釋親》云：

“高者，言最在上。”《古詩十九首》：“何不策高足。”

厲者，嵇康《贈秀才入軍詩》：“凌厲中原。”《玉篇》：“厲，高也。”本此。

竦者，息拱切。張衡《南都賦》：“結根竦本。”張協《七命》：“舉戈林竦。”通作“聳”。《廣韵》：“聳，高也。”李善注《長楊賦》云：“竦與聳，古字通。”

踊者，余隴切。《說文》：“踊，跳也。”

騰、躍者，《莊子·逍遥游》云：“斥鴳笑之曰：‘我騰躍而上，不過數仞而下。’”《淮南·原道訓》：“蹈騰崑崙。”高誘注：“騰，上也。”《乾》：“九四：或躍在淵。”荀爽注：“躍，上也。”

陞者，《玉篇》：“陞，與‘升’同，上也。”《易·序卦傳》：“聚而上者謂之升。”《商書》：“若升高，自必下。”

跳者，《說文》：“跳，躍也。徒遼切。”《釋名》：“跳，條也。如草木枝條、務上行也。”

摇、祖者，《方言》文。又云：“祖，摇也。”

濳者，詹事兄曰：“‘濳’之訓‘上’，亦‘亂’訓‘治’、‘徂’訓‘存’之類，以相反爲訓。”

貢者，奉之上也。《禹貢·序》：“禹别九州，隨山濬川，任土作貢。”《玉篇》：“贡，上也。”本此。

顛、頂者，《方言》文。“頭之上也。”《齊語》：“班序顛毛。”《墨子·修身篇》：“華髮墮顛。”

弻者，亦《方言》文。彼作“弼”，同。

尚者，《覲[2]禮》云：“上介皆奉其君之旂，置於宫，尚左。”鄭注：“古文‘尚’作‘上’。”《孟子》：“舜尚見帝。”趙岐注：“尚，上也。”劉知幾《史通》引《尚書旋機鈐》云：“尚者，上也。上垂天文，以布節度，如天行也。”

訾，未聞。

[注] [1]《說文》原作：“丄，高也。此古文‘上’，指事也。凡丄之屬皆從丄。丄，篆文‘丄’。”[2]靜本、愛本誤作“觀”。

壅、障、䃔逕音、否、拘，隔也。

《說文》：“隔，障也。”古亦作“鬲”。《漢書·韋元成傳》：“起敦煌、酒泉、張掖，以鬲婼羌。”

壅者，古作“邕”。《說文》：“邕，邑四方有水，自邕成池者。”《漢書·王莽傳》：“長平舘西岸崩，邕涇水不流。”顏師古注：“邕，讀曰壅。”

障者，《說文·𨸏部》義也。又云：“墇，擁也。”二字通用。

䃔者，《玉篇》：“䃔，工定切。隔也。”本此。

否者，《廣韻》：“否，塞也。”《易·否卦》“閉塞”之象。曹植《求通親親表》：“今之否鬲，友於同憂。”

拘者，拘罪人於囹圄，亦“障鬲”。《漢書·司馬遷傳》：“陰陽之術太詳而衆忌諱，使人拘而多畏。”顏師古注：“拘，曲礙也。”“曲礙”亦“隔”意。

誂大鳥反、誀如志反、訹戌音、謏[1]素了反，又三六反，三酉反，又所六反[2]，誘也。

《說文》：“㕗，相訹呼也。”或作“誘”。《玉篇》：“誘，引也。相勸動也。”舊本以“素了”、“三六”二反，併作“誘”者，非是，今訂正。

誂者，《說文》：“誂，相呼誘也。”《史記·吴王濞傳》：“使中大夫應高誂膠西王。”

誀者,《玉篇》:“誀,誘也。”本此。

訹者,《說文》:“訹,誘也。”通作“怵”。《漢書·食貨志》:“善人怵而爲奸邪。”李奇曰:“怵,誘也。動心於奸邪也。”《武帝紀》元狩元年詔曰:“怵於邪說。”如淳曰:“見誘怵於邪說也。”顔師古注:“怵,或體‘訹’耳。訹者,誘也。音‘戌亥’之‘戌’。”

謏者,辭之誘也。蘇后切。《廣韻》:“謏,訹,誘詞。”

[注] [1]静本、愛本作“誜”。[2]“三酉反,又所六反”二反誤入“誘”下,據《博雅音》改。

嫛虛䌰反、**悅**、**愖**敷音、**愉**、**忔**許乞反、**欯**虛一反、**謳**、**娎**丈例反、**歡**、**欣**、**休**、**禔**、**紛怡**,**喜也**。

《說文》:“喜,樂也。”古文作“歖”。通作“憙”。《史記·周本紀》:“無不欣喜。”《漢書·郊祀志》:“天子心獨憙。”顔師古注:“憙,讀曰喜。”《劉寬碑陰》:“河東郡聞憙。”《漢書·地理志》、《續漢書·郡國志》皆作“聞喜”。

嫛者,《說文》:“嫛,說也。”漢大長公主名“嫛”,俗本誤作“嫖”。

悅者,《說文》:“說,說釋也。”《益彖傳》:“民說無疆。”經典通作“說”。《孟子》本作“悅”。

愖、**愉**者,《方言》文。郭注:“愖愉,猶呴喻也。”漢《瑟調曲·隴西行》:“好婦出迎客,顔色正敷愉。”“敷”、“愉”叠韻,形容之詞。《玉篇》:“愖,喜也。悅也。樂也。”《聘禮記》:“私覿愉愉焉。”《荀子·王霸篇》:“安重閒静莫愉焉。”楊倞注:“愉,樂也。”“愉”通作“悆”。《說文》“悆”下引《書》：“有疾，不悆。悆，喜也。”

忔者，《玉篇》：“忔，喜也。”本此。通作“扢”。《莊子·讓王篇》：“子路扢然，執干而舞。”司馬彪云：“扢，喜貌。”

欯者，《說文·欠部》義也。本書《釋訓》：“欯欯，喜也。”

謳者，《荀子·議兵篇》：“近者謌謳而樂之。”《玉篇》：“謳，喜也。”本此。

娎者，許列切。《說文》：“娎，娺也。”“娺，得志娺娺。”《玉篇》：“娺，喜也。”本此。

歡者，《說文》：“歡，喜樂也。”《檀弓篇》：“啜菽飲水盡其歡。”《樂記篇》：“欣喜歡愛，樂之官也。”亦作“懽”。《說文》：“懽，喜款也。”《孝經》：“故得万國之懽心，以事其先王。”

欣者，《說文》：“欣，笑[1]喜也。”《月令篇》：“慶賜行，遂無不欣悅。”《周語》：“事神保民，莫不欣喜。”亦作“忻”。《史記·管晏傳贊》：“余雖爲之執鞭，所忻[2]慕焉。”

休者，逸之喜也。《周官》：“作德，心逸日休。”

禔者，《方言》文。郭注：“有福即喜。”

紛怡者，亦《方言》文。“湘潭之間，曰紛怡[3]，或曰巸已。”

［注］［1］静本、愛本誤作“孝”。［2］静本、愛本誤作“欣”。［3］静本、愛本誤作“已”。

譁呼瓜反、**吁**虚于反，又于音、**欸**哀音、**譻**於今反、**唯**、**諾**、**然**、**諮**於麗反，**譍也**。

《說文·新補》“譍”字云：“以言對人也。”經典通用“應”。

譸、吁者，《方言》："譸、吁，然也。"郭注："皆應聲也。"《虞書》："帝曰：'吁'。"

欸、譽者，《方言》："欸、譽，然也。南楚凡言然者曰欸，或曰譽。"《楚辭·九章》："欸秋冬之緒風。"洪興祖《補注》："欸，然也。"通作"唉"。《說文》："唉，譍也。"《五音集韵》："唉，慢譍也。"《莊子·知北游》云："狂屈曰：'唉'。"《釋文》引李頤注："音熙，應聲。"徐邈音："烏來反。"《玉篇》："譍，是也。發聲也。"《廣韻》："譍，相言應詞。"

唯者，以水切。《說文》："唯，諾也。"《曲禮》："父[1]召無諾，先王召無諾，唯而起。"鄭注："應詞，唯恭於諾。"孔安國《論語》注："直曉不問，故答曰唯也。"皇侃疏："唯，猶今言應爾也。"

諾者，《說文·言部》義也。《管子·形勢解》："聖人之諾已也，先論其理義，計其可否。義則諾，不義則已，故其諾，未嘗不信也。小人不義亦諾，不可亦諾，言而必諾，故其諾未必信也，故曰：'必諾之言，不足信也。'"《老[2]子》："輕諾者，必寡信。"袁淑倣樂府《白馬篇》："一朝許人諾。"

然者，《說文》作"嘫"。云："語聲也。"宋玉《神女賦》："含然諾其不分兮。"

詥者，《玉篇》："詥，譍聲。"本此。

[注] [1]静本、愛本誤作"文"。[2]静本、愛本誤作"孝"。

睎希音、**矔**鸛音、**㷂**峯[1]，今之"峯火"字，宜作此"㷂"、**虞、闚、候，望也。**

《釋名》："望，惘也。視遠惘惘也。"《孟子》云："守望相助。"

睎者，《説文·目部》義也。《法言》："睎驥之馬，亦驥之乘；睎顔之人，亦顔之徒也。顔常睎夫子矣。"李軌注："睎，望也，言顔回常望孔子也。"

瞧者，曷各切。《集韻》引《廣雅》："瞧，望也。"舊本訛從"鳥雀"之"雀"。今訂正。

㷭、虞者，《方言》文。郭注："今云'烽火'是也。"《説文》："㷭燧，候表也。邊有驚則舉火。"

闞者，《説文·門部》義也。通作"瞰"。班固《東都賦》："瞰四夷而抗陵。"李善注引《字書》："瞰，望也。"

俟者，《説文》："俟，伺望也。"《夏官·俟人》注："俟，俟迎賓客之來者。其職曰：'各掌其方之道治，與其禁令，以設俟人。'"

[注] [1]愛本衍"孑字"二字，已刪；"火"下脱"字"字，據《博雅音》改。

粈女又反、**穰**女亮反、**糲**力的反、**殽**，**雜也。**

《方言》："雜，集也。"《説文》："雜，五采相合也。"《鄭語》："先生以土與金、木、水、火雜，以成百物。"韋昭注："雜，合也。"

粈者，《説文》："粈，雜飯也。"《玉篇》："粈，與'粈'仝。"《離騷》："芳與澤其雜糅兮。"《淮南·原道訓》："所謂天者，純粹樸素，質直皓白，未始有與雜糅者也。"

穰者，《玉篇》："穰，雜也。"本此。

糲者，《玉篇》："糲，雜糅食也。"

殽者，《説文》："殽，相雜錯也。"《漢書·食貨志》："鑄作錢布，皆用銅，殽以連、錫。"顔師古注："連，錫之別名，謂以連與錫，雜銅而爲錢也。”

婾他侯反、**約**、**㓗**良音[1]。世人作“㓗薄”之“㓗”，“水”傍著“京”，失之矣、**緜**、**險**、**磷**吝音、**禪**丹音、**褔**口革反、**菲**佛非反。世人以此爲“芳菲”之“菲”，失之矣、**移**、**沾**他緣反。世人“水”傍著“忝”，失之。又以此“沾”字爲“霑”，亦失之也，“霑”字宜然，**薄**步各反。世人作“禪薄”之“薄”，艸下著“溥”，亦失之矣**也**。

《釋名》：“薄，迫也。單薄相逼迫也。”《玉篇》：“薄，禪衣也。”婾也，約也，儉也，磷也，菲也，沾也，義皆本此。經典相承作“薄”。

婾者，《左氏襄三十年傳》：“晉未可婾也。”注：“婾，薄也。”通作“愉”。《說文》：“愉，薄也。”《小雅·鹿鳴》：“視民不恌。”傳：“恌，愉也。”又通作“偷”。包咸《論語》注云：“不偷薄也。”

約者，《方言》：“葯，薄也。”郭注：“謂薄裡物也。”“葯”、“約”，字異義同。《玉篇》：“約，薄也。”本此。

㓗者，《說文·无部》義也。《水部》又云：“涼，薄也。”是二字通。此曹以“水旁京”爲失誤矣。

緜者，《說文》：“緜，聯微也。”

險者，古與“儉”通。《左氏襄二十九年傳》：“大而婉，險而易行。”《史記》“險”作“儉”。《荀子》：“俗儉而百姓不一[2]。”楊倞注：“儉，通爲‘險’。”漢《劉修碑》：“動乎儉中。”今易作“險”，是二字通也。《說文》：“儉，約也。”

磷者，石之薄也。力鎮切。《論語》：“磨而不磷。”《玉篇》：“磷，薄也。”本此。

禪者，衣之薄也。《喪大記》：“袍必有表，不禪。”《說文》：“禪，衣不重。都寒切。”

褔者，裘之薄也。《玉篇》：“褔，裘裏。”

菲者，《方言》文。郭注：“謂微薄也。”馬融《論語》注：“菲，薄也。”諸葛亮《出師表》：“不宜妄自菲薄。”

移者，疑是“袳”字，形相[3]近而譌也。《集韻》：“袳，典可切。衣弱也。”“弱”與“薄”同義。

沾者，《說文》：“沾，益也。”通作“姑”。《史記·竇嬰傳》：“魏其者，沾沾自喜耳。”顏師古曰：“沾沾，輕薄也。”予謂“沾沾”與“姑姑”同。《說文》：“姑，小弱也。一曰女輕薄善走也。或讀若占。”

[注] [1]静本、愛本誤作“者”。[2]“不一”，静本、愛本誤作“丕”。[3]愛本衍“相”字，已刪。

絅古熒反、**獧**俱面[1]反，又俱眄反、**慓**匹昭反、**疾**、**陖**先訊反、**陗**且肖反、**怦**普衡反，又普耕反、**窘**逵殞反、**趗**祖迴反。《字書》、《聲類》音爲局促促長[2]、**迫**、**遒**徐留反、**蹙**子六反、**矜**、**笘**苦音、**揯**公鄧反、**亟**幾憶反、**緊**居忍反、**清**、**躡**，**急也。**

《說文》：“急，褊也。”《釋名》：“急，及也。操切之使相逮及也。”

絅者，《說文》：“絅，急引也。”

獧者，古縣切。《說文·犬部》義也。又云：“獧，急也。”音義並同。

慓者，《說文》：“慓，疾也。”通作“剽”。《漢書·地理志》：“自全晉時，已患其剽悍。”顏師古曰：“剽，急也。輕也。”《玉篇》：“剽，急也。”本此。

疾者，《繫辭傳》：“惟神也，故不疾而速。”《詩·大雅》：“旻天疾威。”傳：“疾，猶急也。”《左氏襄五年傳》：“必改行而疾討陳。”注：“疾，急也。”《月令》：“季冬，征鳥厲疾。”

陖者，通作“駿”。《周頌·噫嘻》：“駿發爾私。”《弟子職》：“若有賔客，弟子[3]駿作。”皆言急也。

陗者，王褒《四子講德論》：“宰相刻峭，大理峻法。”李善注引《廣雅》：“峭，急也。”是本又作“峭”。

怦者，《楚辭·九辯》：“心怦怦兮諒直。”《玉篇》：“怦，心急也。”

窘者，《說文》：“窘，迫也。”《離騷》：“夫惟捷徑以窘步。”王逸注：“窘，急也。”

趗者，《玉篇》：“趗，迫也。速也。或作‘促’。”《廣韻》：“趗，趗速。”

迫者，盧諶《贈劉琨詩并書》云：“致感之途，或迫乎茲。”

迺者，《說文》：“迺，迫也。”或作“遒”。《楚辭·招魂》：“分曹並進，遒相迫些。”潘岳《秋興賦》：“悟時歲之遒盡兮。”鮑照《還都道中作詩》：“獵獵晚[4]風遒。”

蹙者，《禮器篇》：“不然則已蹙。”《廣韻》：“蹙，急也。”本此。古通用“蹴”。

矜者，《方言》：“矜，遽也。”“急”、“遽”同義。

笘者，《玉篇》、《廣韻》俱無此字。《集韻》：“箬，竹名。或省作‘笘’。”又云：“笘，籤也。”又云：“苦，急也。”“苦”即“笘”之譌。然則正文當爲“箬”，音釋當爲“笘”也。

揯者，古恒切。《說文》：“揯，引急也。”《淮南·繆稱訓》：“治國譬如張瑟，大弦絚則小弦絶矣。”高誘注：“絚，急也。”“揯”、“絚”字異義仝。

亟者，《說文》：“亟，敏疾也。”《邶風·北風》：“既亟只且。”傳：“亟，急也。”通作“茍”。《說文》：“茍，自急救也。”

緊者，《說文》：“緊，纏絲急也。”江淹《雜體詩》：“霜露一何緊，桂枝生自直。”

清、躡者，《方言》文。曹植《七啟》："忽躡景[5]而輕騖。"李善注："景，日景也。躡之言疾也。"

[注] [1]静本、愛本誤作"回"，據《博雅音》改。[2]《博雅音》："若膺云：'當作:《字書》、《聲類》音局促促爲長。趗、促，古通用，故以音促爲長。'"[3]愛本脱"子"字。[4]静本、愛本脱"晚"字。[5]静本、愛本誤作"急"。

捏呈音、**掄**崙音、**撟**矯音、**捎**所交反、**擲**雀音、**虞**、**撨**、**揀**柬音、**選**，**擇也。**

《説文》："擇，柬選也。"《書·吕刑》："罔有擇言在躬。"《孝經》："口無擇言，身無擇行。"

捏者，直庚切。未詳。

掄者，《説文·手部》義也。《地官·山虞》："凡邦工入山林而掄材，不禁。"注："掄，猶擇也。"《晉語》："君掄賢人之後有常位於國者而立之，亦掄逞志虧君以亂國者之後而去之。"韋昭注："亦爲擇。"通作"論"。《吕氏春秋·仲春紀》："古之善爲君者，勞於論人，而佚於官事。"高誘注："論，猶擇也。"

撟、捎者，《方言》："撟[1]捎，選也。自關而西，秦、晉之間，凡取物之上謂之撟捎。"郭注："此妙擇積聚者也。"

擲者，側角切。《廣韻》："擲，捎也。"通作"穱"。宋玉《招魂》："稻粱穱麥。"王逸注："穱，擇也。擇麥中先熟者也。"

虞，未聞。

撨者[2]，先吊、先凋二切。《玉篇》："撨，擇也。"本此。

揀者，《文選》注引侯英《箏賦》："察其風采[3]，揀其聲音。"《玉篇》："揀，擇也。"本此。古作"柬"。《說文》："柬，分別簡之也。"《荀子・修身篇》："柬，理也。"楊倞注："柬，與'簡'同。"《邶風》："簡兮簡兮。"箋："簡，擇也。"《夏官》："趣馬簡其六閑。"[4]鄭注："簡，差也。"《王制》："簡不肖以絀惡。"《玉篇》："簡，選也。"又通作"練"。枚乘《七發》："練色娱目。"李善注引《埤蒼》云："練，擇也。"舊本音釋"柬"亦譌"揀"，今訂正。

選者，《說文・辵部》義也。《齊風・猗嗟》："舞則選兮。"箋："選者，謂於等倫最上。"《魯語》："君不命吾子，吾子請之，其爲選事乎？"韋昭注："選事，自選擇其職事也。"《荀子・儒效篇》："遂選馬而進。"楊倞注："選，簡擇也。"通作"撰"。《淮南・說山訓》："撰良馬者，非以逐狐狸，將以射麋鹿也。"

[注] [1]愛本衍"撟"字，已刪。[2]静本、愛本誤作"煮"。[3]愛本誤作"米"。[4]《周禮》："趣馬掌贊正良馬，而齊其飲食，簡其六節。"

摳苦侯反、**掀**虚言反。出《春秋》[1]，亦訓爲"舉"、**抗**、**揚**、**擎**渠迎反、**拲**拱音、**䎖**子恒反、**翥**之預反，亦言爲署音、**翹**、**仰**、**卬**[2]、**發**、**扛**江音、**偁**齒升[3]反、**搴**騫音、**暴**俱録反、**紏**、**拼**"蒸"之上聲。四聲，蒸、拼、證、職、**勝**、**擔**、**輿**、**揭**、**尚**、**興**、**轝**、**舁**，**舉也**。

《說文》："舉，對舉也。"

摳者，衣之舉也。《說文》："摳，摳衣升堂。"《玉篇》："摳，挈衣也。"《曲禮》云："兩手摳衣。"

掀者，《說文》："掀，舉出也。"《左氏成十六年傳》："乃掀公以出於淖。"杜注："亦爲舉。"

抗者，《小雅・賓之初筵》云："大侯既抗。"《攷工記・梓人》："故抗而射女。”《文王世子篇》：“抗世子法於伯禽。”毛、鄭皆云：“舉也。”《淮南·說山訓》：“百人抗浮，不若一人挈而趨。”孔融《薦禰衡表》：“任座抗行。”曹植《七啟》：“抗皓手而清歌。”通作“炕”。揚雄《甘泉賦》：“炕浮柱之飛榱兮。”顏師古注：“炕，與‘抗’仝。舉也。”

揚者，《說文》：“揚，飛舉也。”《檀弓篇》：“杜蕢揚觶謂之杜舉。”《鄉飲酒義篇》：“盥洗揚觶。”鄭注亦以“揚”爲“舉”。

擎者，《玉篇》：“擎，持也。”《廣韻》：“擎，舉也。”本此。

挐者，居竦切。《說文》：“挐，攤也。”《廣韻》：“挐，抱持。”是“挐”爲抱之舉也。

翻者，鳥之舉也。《廣韻》：“翻，舉也。”本此。通作“曾”。《楚辭·九歌》：“翾飛兮翠曾。”王逸注：“曾，舉也。”

翥者，《方言》文。“楚謂之翥。”郭注：“謂軒翥也。”《楚辭·遠游》：“鸞鳥軒翥而翔飛。”曹植《七啟》：“翔爾鴻翥。”

翹者，張衡《南都賦》：“翹遥遷延。”李善注：“翹遥，輕貌。”何晏《景福殿賦》：“彼吴蜀之湮滅，固可翹足而待之。”李善注引此文。《玉篇》：“翹，舉也。”本此。

仰者，《說文·人部》義也。《繫辭傳》：“仰則觀象於天。”是“仰”爲首之舉也。

卬者，古“仰”字。

發者，《廣韻》：“發，舉也。”本此。

扛者，古雙切。《說文》：“扛，横關對舉也。”《史記·項羽本紀》：“籍長八尺餘，力能扛鼎。”《法言》：“或問：‘力能扛鴻鼎、揭華[4]旗，知德亦有之乎？’曰：‘百人也。’”舊本“扛”譌從“本”，今訂正。

偁者，“偁舉”已見《爾雅·釋言》。以音釋證之，則字當爲“再”。

《說文》："爯，並舉也。"

搴者，衣之舉也。與"攐"同。《說文》："攐，摳衣也。"《淮南·人間訓》："江之始出岷山也，可攐裳而越也。"

㬥者，食之舉也。《說文》："㬥，舉食者。"

糾者，過之舉也。《地官·大司徒》："五黨爲州，使之相賙[5]。"杜子春云："賙，當爲'糾'，謂糾其惡。"《左氏昭六年傳》："糾之以政。"杜注："糾，舉也。"

抍者，溺之舉也。《說文》："抍，上舉也。或作'撜'。"經典相承作"拯"。《明夷》："六二：拯馬壯，吉。"馬融曰："拯，舉也"。《左氏宣十二年傳》："目於眢井而拯之。"亦作"撜"。《淮南·齊俗訓》："子路撜溺。"高誘注："撜，舉也。升出溺人。"

勝者，手之舉也。《孟子》："力不能勝一匹雛。"張衡《西京賦》："衆形殊聲，不可勝論。"李善注引此文。

擔者，《釋名》："擔，任也。任力所勝也。"《左氏莊二十二年傳》："弛於負擔。"舊本"擔"譌從"木"，今訂正。

輿者，衆之舉也。《戰國策》："百人輿瓢而趨。"

揭者，高之舉也。《說文》："揭，高舉也。"《漢書·陳涉傳贊》："揭竿爲旗。"木華《海賦》："倏勁風，揭百尺。"

尚者，《楚辭·天問》："不任汩鴻，師何以尚之？"王逸注："尚，舉也，言鯀才不任治水，衆人何以舉之乎？"

興者，《地官·遂大夫》："三歲大比，則帥其吏而興甿。"《文王世子》云："乃命有司行事，興秩節。"鄭注並云："興猶舉也。"《廣韻》："興，舉也。"本此。

舁者，與"擧"仝。以諸切。《說文》："擧，對舉也。"

舁者，衆之舉也。《說文》："舁，共舉也。以諸切。"舊本"舁"譌

“𡚩”，今訂正。

[注] [1]《說文》：“掀，舉出也。從手，欣聲。《春秋傳》曰：‘掀公也於淖。’虛言切。”[2]静本、愛本誤作“仰”。[3]静本、愛本誤作“外”，據《博雅音》改。[4]静本、愛本誤作“筆”。[5]静本、愛本誤作“晭”。

句、降、窪、窆碑豔反、**窊**烏爪反、**埕**[1]、**埝**乃頰反、**㲹**都念反、**墊**[2]除立反、**隤**頹音、**折、按，下也。**

《說文》：“下，底也。”“底，下也。”

句者，曲之下也。古侯切。《周南·樛木》傳：“木下句曰樛。”

降者，下江、古巷二切。《說文·𨸏部》義也。《召[3]南·草蟲》：“我心則降。”傳：“降，下也。”《周頌·閔予小子》云：“陟降庭止。”鄭解“降”爲“下”。《穀梁莊三十一年傳》：“降猶下也。”《堯典》：“釐降二女於潙汭。”《離騷》：“維庚寅我以降。”注皆釋爲“下”。案，“降”訓“下”已見《爾雅·釋言》。此“降”字有誤。

窪者，地之下也。《說文》：“窪，窊也。”

窆者，棺之下也。《說文》：“窆，葬下棺也。”《春官·冢[4]人職》：“及窆[5]，執斧以涖。”

窊者，汙之下也。《說文》：“窊，污衺下也。”馬融《長笛賦》：“窊隆詭戾。”李善注：“窊隆，高下貌。”是“窊”爲“下”也。

埕者，柱之下也。乃結切。《方言》云：“凡柱而下曰埕。”

埝者，陷之下也。都念切，亦《方言》文。郭注：“謂陷下也。”

㲹者，屋之下也。《說文》：“㲹，屋傾下也。”通作“墊”。《方言》：“墊，下也。屋而下也墊。”《說文》：“墊，下也。”《左氏成六年傳》：

"墊隘。"《莊子·外物篇》:"然則厠足而墊之致黄泉。"司馬彪云:"墊,下也。"

塎者,陷之下也。《説文》:"墺[6],下入也。""塎"、"墺"古字通。

隤者,壞之下也。徒回切。《説文》:"隮,下隊也。"《漢書·食貨志》:"因隤其土,以附苗根。"顔師古注:"隤,謂下也。"

折者,上文"折曲"也。"曲"亦向下之象。

按者,《説文·手部》義也。《漢書·藝文志》:"《黄帝岐伯按摩》十卷。"梁簡文帝《箏賦》:"陸離抑按,磊落縱横。"

[注] [1]静本、愛本作"埋"。[2]愛本作"塋"。[3]愛本誤作"名"。[4]静本、愛本誤作"家"。[5]静本、愛本誤作"窪"。[6]静本、愛本作"堤"。

賆步田[1]反、**貤**弋豉反、**附**、**助**、**坿**拊音,又附音、**埤**符彌反、**陪**、**賥**方寄反、**贀**以瑞反、**賭**思俊反、**饒**、**贏**、**隅**厲音、**貳**、**斟**[2]、**酌**、**俞**、**潤**、**沾**、**潼**童音,**益也。**

《説文》:"益,饒也。從水、皿。皿益之意也。"

賆者,《玉篇》:"賆,益也。"本此。

貤者,《説文》:"貤,重次第物也。"《玉篇》:"貤,益也。"本此。《漢書·武帝紀》:"無所流貤。"

附者,《論語》:"爲之聚斂而附益之。"《孟子》:"附之以韓魏之家。"趙岐曰:"附,益也。"

助者,孔安國《論語》注:"助,猶益也。"《大雅·烝民》:"愛莫助之。"

坿者,《説文·土部》義也。《吕氏春秋·孟秋紀》:"坿墻垣,補城郭。”高誘注：“坿，讀如符。坿猶培也。”

埤者，《說文》：“埤，增也。”《邶風·北門》：“政事一埤益我。”

陪者，土之益也。《說文》：“陪，重土也。”《左氏昭五年傳》：“飱有陪鼎。”《玉篇》：“陪，益也。”本此。

貱者，予之益也。《說文》：“貱，迻予也。”《玉篇》解“貤”爲“貱”，是“移予”之意，皆爲“益”也。

賢者，《玉篇》：“賢，以睡、羊閉二切。婃挐也。”

贉者，《玉篇》：“贉，益也。”本此。

饒者，食之益也。《說文》：“饒，飽也。”又訓“益”爲“饒”。知“饒”亦“益”也。

贏者，利之益也。《說文》：“贏，有餘，賈利也。”《左氏昭元年傳》：“賈而欲贏，而惡囂乎？”

僞者，亾化切。《方言》文。郭注：“謂增益也。”

貳[3]者，副之益也。《說文》：“貳，副益也。”《曲禮》云：“雖貳不辭。”

斟者，《方言》文。“南楚凡相益而又少謂之不斟。”

酌者，酒之益也。《說文》：“酌，盛酒行觴也。”《玉篇》：“酌，益也。”本此。

俞者，通作“愈”。愈，亦益也。古字通用。

潤者，文之益也。曹操《與楊修書》：“昔丁敬禮常作小文，使僕潤飾之。”

沾者，少之益。《說文·水部》義也。他兼切。通作“酟”。《文選》注引劉梁《七舉》云：“酟以醯醢，和以密飴。”“酟”與“沾”同。

潼，未詳。

《集韻》引《廣雅》：“垤，益也。直立切。”今無此文。蓋涉上而誤耳。

[注] [1]静本、愛本誤作“曲”，據《博雅音》改。[2]静本、愛本誤作“勘”。

沮子愈反、**潤**、**湆**泣音、**浥**、**漸**、**洳**如音、**溽**、**淖**女孝反。《莊子》亦以此字爲“婥”，**溼也。**

《説文》：“溼，幽溼也。從水。一，所以覆也。覆上而有水，故溼也。㬎省聲。”《釋名》：“溼，浥也。”

沮者，澤之㬎也。《魏風·汾沮洳》傳：“沮洳，其漸洳者。”

潤者，水之溼也。《洪範》：“水曰潤下。”

湆者，去急切。《説文》：“湆，幽溼也。”

浥者，露之溼。《説文·水部》義也。《召南》：“厭浥行露。”傳：“厭浥，溼意也。”《釋文》：“浥，本又作‘挹’，同。”

漸者，染之溼也。子艷切。《衛風·氓》云：“漸車帷裳。”

洳者，澤之溼也。如庶切。《説文》：“澤，漸溼也。”《玉篇》：“澤，或作‘洳’，同。”

溽者，暑之溼也。《説文》：“溽，溼暑也。”《月令》：“土潤溽暑，大雨時行。”郭璞《江賦》：“林無不溽。”

淖者，泥之溼也。《説文》：“淖，泥也。”《左氏成十六年傳》：“有淖於前，乃皆左右相違於淖。”《漢書·韋元成傳》：“當晨入廟[1]，天雨，淖，不駕駟馬車，而騎至廟門。”按，《音釋》云：“《莊子》亦以此爲淖。淖，當爲‘溼’。”

[注] [1]静本、愛本誤作“廣”。

鋊五感反、**傪**、**振**、**訊**、**搖**、**抏**、**盪**、**㴦**勇音、**奮**、**勨**蕩音、**撼**乎感反、**㧡**謂音、**擡**臺音、**揌**素來反、**掉**、**捎**、**扮**扶粉反、**揮**暉音、**揣**初委反、**摷**力刀反、**抗**弋選[1]反，又弋芮反、**搈**容音、**衝**、**俅**、**賦**、**蝡**如兖反、**東**、**風**，**動也**。

《說文》："動，作也。連，古文。"《樂記》："動之以四時。"

鋊者，頭之動也。去金切。曹音"五感反"，非也。《左氏襄二十六年傳》："迎於門者，頷之而已。"杜注："頷，搖其頭。"《說文》、《玉篇》並引作"鋊"。《列子·湯問篇》："巧夫鋊其頤，則歌合律。"張湛注："鋊，猶搖頭也。""鋊"訓"搖"，故爲動也。今本《左傳》作"頷"，誤。

傪者，《集韻》："鋊傪，動也。"又云："鋊顡，首動也。"是"傪"、"顡"仝。《玉篇》作："顡，動頭也。桑感切。"

振者，《月令》："蟄蟲始振。"曹植《七啟》："鐘鼓俱振。"潘岳《寡婦賦》："長松萋兮[2]振柯。"

訊者，通作"迅"。《論語》："迅雷。"《樂記》："訊疾以雅。"注："訊，奮訊也。"《釋文》："本又作'迅'。"是"訊"爲雷之動也。

搖者，《說文·手部》義也。《左氏昭二十三年傳》："乃搖心矣。"《月令》："以搖養氣。"宋玉《招魂》："鏗鐘搖簴。"

抏者，《說文·手部》義也。《小雅·正月》："天之抏我，如不我克。"《攷工記·輪人》："輻廣而鑿淺，則是以大抏。"通作"扤"。《晉語》："其置本也固矣，故不可扤也。"五忽切。

盪者，徒朗切。《繫辭傳》："八卦相盪。"《釋文》引桓敬道云："盪，動也。"《左氏昭二十六年傳》："震盪播越。"《史記·樂書》："音樂者，所以動盪血脉也。"通作"蕩"。《月令》："仲冬，諸生蕩。"注："蕩謂物動萌芽也。"《吕氏春秋·季春紀》："無或作爲淫巧，以蕩上心。"

高注："亦爲動。"舊本"盪"誤"盪"，今訂正。

溯者，與"涌"同。《史記·上林賦》："洶湧滂潰。"

奮者，《豫象傳》："雷出地奮。"張衡《思玄賦》："奮余榮而莫見兮。"《玉篇》："奮，動也。"本此。

勨者，余兩切。疑與"漾"同，水之動也。《集韻》："勨，動也。"本此。

撼者，《說文》作"摵"。云："搖也。"韓愈詩："蚍蜉撼大樹，可笑不自量。"通作"感"。《召南》："無感我帨[3]兮。"傳："感，動也。"《說文》："感，如字[4]。又胡坎反。"

孩者，乎改切。曹音"謂"，疑誤。《玉篇》："孩，撼動也。"

擡、揌者，《玉篇》："擡，動振也。""揌，振也。擡揌也。"

掉者，徒弔切。《說文》："掉，搖也。"《左氏昭十一年傳》："末大必折，尾大不掉。"《漢書·蒯通傳》："酈生一士，伏軾掉三寸舌。"

捎者，所交切。未聞[5]。

扮者，《玉篇》："扮，動也。"本此。

揮者，《繫辭傳》："發揮於剛柔而生爻。"嵇康《琴賦》："伯牙揮手，鐘期聽聲。"張協《七命》："撫促柱則酸鼻，揮危弦則流涕。"注皆訓爲"動"。

揣、搡，並未聞[6]。

抗者，《玉篇》："抗，動也。與'㧓'同。"本此。

搈者，余隴切。《說文》："搈，動搈也。"

衝、俅者，《方言》文。彼作"衝俶"，字異音義仝。

賦者，亦《方言》文。郭注："賦斂，所以擾動民也。"

蠉者，《說文·虫部》義也。《漢書·匈奴傳》："跂行、喙息、蠉動之類。"

東者，《釋文·東部》義也。《尚書大傳》："東方者，何也？動方也，物之動也。"《漢書·律曆志》："少陽者，東方。東，動也。陽氣動物，於時爲春。"《白虎通義》："東方者，動方也。萬物始動生也。"

風者，《易·繫辭》："風以動之。"《詩·序》："風，風也。"沈重云："上風是《國風》，下風即是風伯鼓動之風。"崔靈恩集注本下作"諷"。劉巘云："動物曰風，託音曰諷。"

[注] [1]静本、愛本誤作"巽"，據《博雅音》改。[2]静本、愛本誤作"分"。[3]静本、愛本誤作"蜕"。[4]《說文》原作："感，動人心也。"[5]《廣雅疏證》："《文選·長楊賦》注引賈逵注云：'掉，摇也。'《文選·舞賦》李善注引《埤蒼》云：'踃，跳也。'吕向注云：'跳踃，動足貌。'掉捎、跳踃、摇捎，竝聲近而義同。"[6]《廣雅疏證》："《釋訓》云：'揣抁，摇捎也。'揣抁之轉爲喘耎。《莊子·胠篋篇》：'喘耎之蟲。'崔譔注云：'動蟲也，一云無足蟲。'《荀子·勸學篇》：'端而言，蝡而動。'《臣道篇》作'喘而言，臑而動'。喘耎、端蝡、喘臑，古字通用，皆謂動貌也。"

摧、挫、摺力合反**、踒**於皮反**、擖**公八反**、抈**月音**、詘、曲、罰、擠**吕圍反**、制、夭，折也。**

《說文》："折，斷也。"《廣韻》："折，斷而猶連也。常列切。"《離騷》："恐嫉妬而折之。"王逸注："恐妬我正直，欲必折挫而敗也。"

摧者，《說文·手部》義也。昨回切。王逸《九思》："魁壘擠摧兮常困辱。"注云："擠摧，折屈也。"

挫者，則臥切。《攷工記·輪人》："凡揉牙，外不廉而內不挫。"注：

“挫，折也。”《史記・酷吏列傳》：“蜀守馮當暴挫。”班固《西都賦》：“脱角挫脰。”

摺者，《說文》：“摺，敗也。”揚雄《解嘲》：“范睢以折摺而危穰矦。”晉灼曰：“摺，古‘拉’字。”《公羊莊元年傳》：“拉榦而殺之。”《史記》：“公子彭生抱魯桓公上車，摺其脇。”

踒者，烏過切。《說文》：“踒，足趺也。”案，《荀子・正論篇》：“蹎趺碎折，不待[1]頃矣。”是“趺”亦“折”也。

擸者，字當爲“邋”。《說文》：“邋，擸也。”“擸”當爲“拹”。《廣雅》“摺”、“拹”、“擸”並訓“折”，則當爲“折”明矣。王褒《洞簫賦》：“或渾沌而潺湲兮，獵若枚折。”李善注：“枚折，似枚之折也。獵聲也。”又引《廣雅》：“獵，折也。”“獵”皆“邋”之譌。

抈者，《說文・手部》義也。魚厥切。《太玄・羨[2]》：“上九：車軸折，其衡抈。”

詘者，《說文》：“詘，屈襞。”

曲者，《廣韻》：“曲，委曲。”

罰者，凡獄，訟直者得伸，不直者受罰。罰，所以折之也。

擸者，《說文》作“拹[3]”。云：“折也。”《玉篇》：“擸，與‘拹’仝。虚業切。”

制者，“制”、“折”，古字通。《莊子・庚桑楚篇》：“夫尋常之溝，巨魚無所還其體，而鯢鰌爲之制。”《釋文》：“制，折也，言小魚得曲折也。”

夭者，《說文》：“夭，屈也。”《洪範》：“凶短折。”“夭”之謂也。《魯語》：“其夭札也。” 唐固云：“未名曰夭。”韋昭曰：“不終曰夭。”《莊子・逍遥游篇》：“背負青天而莫之夭閼。”《釋文》引司馬彪注：“夭，折也。”潘岳《西征賦》：“夭赤子於新安。”

[注] [1]静本、愛本誤作“得”。[2]静本、愛本誤作“羹”。[3]静本、愛本誤作“恊”。

虔[1]、辯、謾、黠[2]、儇許綿反、憭了音、譎他和反、譔莫佳反，又莫諧反、謳革音、詖彼寄反、曉、㨗、鬼，慧也。

《説文》：“慧，儇也。”《左氏成十八年傳》：“周子有兄而無慧。”《大戴禮》：“慧種生聖，癡種生狂。”《漢書》：“昌邑王清狂不惠。”“慧”、“惠”，古字通。《論語》：“好行小慧。”《釋文》：“魯讀‘慧’爲‘惠’。”今從古。皇侃本作“惠”。《文選·陳琳〈檄吴將校部曲文〉》注引《論語》亦作“惠[3]”。《列子》：“逢氏有子，少而惠。”“惠”即“慧”也。此所釋者，皆欺謾巧詐之慧也。

虔者，《方言》文。郭注：“謂慧了。”又云：“虔，謾也。”郭注：“謂黠慧也。”

辯者，賈誼《書·道術篇》：“論物明辯謂之辯，反辯[4]爲訥。”或説“辯”與“諞”通。《説文》：“諞，便巧言也。”引《周書》：“戩戩善諞言。”《論語》：“友諞佞。”

謾者，《方言》：“秦謂慧曰謾。”郭注：“言謾訑。”《説文》：“謾，欺也。”《楚辭·惜往日》：“或訑謾而不疑。”

黠者，《方言》：“自關而東，趙、魏之間，謂慧曰黠。”又云：“㾖，慧也。”郭注：“今名黠爲鬼㾖。”

儇者，《方言》文。《荀子·非相篇》：“鄉曲之儇子。”楊倞曰：“《方言》：‘儇，疾也。’又曰：‘慧也。’與‘喜而翾’[5]義同。輕薄巧慧之子也。”《楚辭・惜誦》：“忘儇媚以背衆兮。”王逸曰：“儇，佞也。”洪興祖《補注》：“儇，慧也。”

憭者，《說文・心部》義也。力小切。《陳風・月出》：“佼人憭兮。”

譱者，《方言》：“楚謂慧曰譱。”郭注：“他和反。亦今通語。”《說文》：“沇州謂欺曰詑。”“譱”、“詑”，字異音義同。《玉篇》：“譱，慧也。”本此。

㥾者，《方言》：“晉謂慧曰㥾。”

諽者，公核切。《玉篇》：“諽，智慧也。”

詖者，《玉篇》：“詖，慧也。”本此。

曉者，《玉篇》：“曉，慧也。”本此。

捷者，《方言》：“宋、楚之間，謂慧曰倢。”郭注：“言便捷也。”“捷”、“倢”，音義仝。

鬼者，《方言》：“自關而東，趙、魏之間，或謂慧曰鬼。”郭注：“言鬼脈也。”

［注］［1］静本、愛本作“叓”。［2］静本、愛本作“黠”。［3］静本、愛本脱“惠”字。［4］静本、愛本誤作“辨”。［5］《荀子》原作：“喜則輕而翾。”

欱呵荅反、**咍**仝上、**唏**許几反，又許冀反、**㰻**、**谷**[1]巨署反、**听**魚隱反、**嗞**子慈反、**哂**、**莌**、**唹**乙餘反、**嗔**引音、**嗢**乙滑反、**嘾**火雅反、**咦**火尸反、**弞**與“哂”反、**訨**、**啞**烏格反，**笑也**。

《釋名》：“笑，鈔也。頰皮上鈔者也。”《莊子・盜跖篇》：“人，上壽百歲，中壽八十，下壽六十，除病、瘐、死、喪、憂患，其中開口而笑者，一月之中不過四五日而已矣。”《隸釋·王政碑》：“時言樂笑。”《干禄字書》：“咲，通‘笑’。”予案，《説文·竹部》本無“笑”字。今有之者，徐鉉所補也。古用“芺”字。何以知之？《女部》“媄[2]”爲“女子笑貌”。然則不從“女”者，即“笑”字矣。隸書“艸”、“竹”不分，變爲“笑”耳。李陽冰乃謂“竹得風，其體夭屈，如人之笑”，真臆説也。

吹者，《玉篇》：“吹，笑不壞顔也。”桂進士馥曰：“《玉篇》‘吹’字與《説文》‘弞’字，次第正同。《廣韻》有‘弞’無‘吹’，可見《廣雅》‘吹’字後人所加，當存‘弞’而去‘吹’也。”

咍者，呼來切。《楚辭·九章》：“又衆兆之所咍。”王逸注：“咍，笑也。楚人謂相啁笑曰咍。”左思《吴都賦》：“東吴王孫囅然而咍。”

唏者，《説文·口部》義也。

㗁、合者，並其虐切。“㗁”當作“噱”。《説文》：“合，口上阿也。從口，上象其理。或作‘噱’，或作‘臄’。”《大[3]雅·行葦》：“嘉殽脾臄。”傳：“臄，函也。”疏引服虔《通俗文》：“口上曰臄，口下曰函。”揚雄《羽獵賦》：“遥臄乎紘中。”晉灼曰：“口之上、下名爲噱。”然則“臄”與“噱”通。《説文》：“噱，大笑也。”《漢書》云：“趙、李諸侍中，皆談笑大噱。”是“臄[4]”、“噱”、“噱”、“合”，音義同，故“噱”、“合”皆爲笑也。

听者，《説文·口部》義[5]也。相如《上林賦》：“無是公听然而笑。”《史記集解》引郭璞注：“听，笑貌。”《集韻》引《廣雅》：“齗，笑也。”“齗[6]”即“听”字之異文。

嗞者，《集韻》：“听，笑也。”本此。

哂者，式忍切。《論語》：“夫子哂之。”馬融曰：“哂，笑也。”孫綽

《游天台賦》："哂夏虫之疑冰。"

莧者，疑"莧"之譌。《論語》："夫子莞爾而笑。"《釋文》"莞"作"莧"。云："華版反。本今作'莞'。"《夬》："九五：莧陸夬夬。"虞翻注："莧，悅也。讀若'夫子莧爾而笑'之'莧'。""莧"亦训"笑"，故何晏曰："莧爾，小笑貌。"是漢以來，《論語》皆作"莧"[7]。張博士時，尚未譌"莞"也。《楚辭·漁父篇》："莞爾而笑。"王逸注："笑離齗也。莞，一作'莧'。"然則《楚辭》亦是"莧"字，傳寫者改爲"莞"也。

唹者，《玉篇》："唹，笑貌。"本此。

嗔者，余輂切。《玉篇》："嗔，大笑也。"

嗢者，《玉篇》："嗢[8]噱，笑不止也。"嵇康《琴賦》："留連爛熳，嗢噱終日。"李善注引服虔《通俗文》："樂不勝謂之嗢噱。嗢，烏没切。噱，巨略切。"

噣[9]者，《玉篇》："噣，笑也。"本此。

咦者，《玉篇》："咦，笑貌。"《集韻》："南陽謂失笑爲咦。"

弞者，古"哂"字。式忍切。《說文》："笑不壞顔曰弞。"通作"矤"。《曲礼》："笑不至矤。"注："齒曰矤，大笑則見。""弞[10]"、"矤"、"哂"音義同。舊本"弞"訛"吲[11]"，今訂正。

訽者，若后切。《說文》："訽，扣也。如求婦先訽叕之。"《廣韻》："訽，先相訽可。"本書《釋訓》："訽訽，笑也。"

啞者，《說文·口部》義也。《法言·學行篇》："或人啞爾笑曰：'須以發策决科。'"

《集韻》引《廣雅》："䵒，笑也。"今無此文。

[注] [1]《廣韻》："谷，笑貌。""谷"爲"谷"之異體。[2]静本、

愛本誤作“娛”。[3]静本、愛本誤作“小”。[4]静本、愛本誤作“噱”。[5]静本、愛本誤作“譏”。[6]静本、愛本誤作“欸”字。[7]静本、愛本脱“莧”字。[8]愛本衍“嗢”字，已删。[9]静本、愛本誤作“嘫”。[10]静本、愛本誤作“欲”。[11]静本、愛本誤作“叺”。

誅、罰、戮、虔[1]、伐、肆、刈，殺也。

《説文》：“殺，戮也。”《釋名》：“罪人曰殺。殺，竄也。埋竄之，使不復見也。”

誅者，《説文》：“誅，討也。”《玉篇》：“誅，殺也。”《集韻》引《廣雅》：“𢧐，殺也。”疑即“誅”之異文。

罰者，《廣韻》引《春秋元命苞》云：“网言爲詈，刀詈爲罰。罰之言网陷於害。”

戮者，《説文·戈部》義也。

虔者，《方言》文。“青、齊、淮、楚之間語。”《左氏成十三年傳》：“虔劉我邊陲。”

伐者，《夏官·大司馬》：“以九伐之法正邦國。”注：“諸矦有違王命，則出兵以征伐之。諸侯之於國，如樹木之有本根，是以言伐云。”又曰：“賊賢害民，則伐之。”注：“《春秋傳》曰：‘粗者曰侵，精者曰伐。’又曰：‘有鐘鼓曰伐。’則伐者，兵入其境，鳴鐘鼓以往，所以聲其罪而誅討之。”

肆者，《夏小正》：“肆，遂也。或曰：‘肆，殺也。’”

刈者，《説文》：“乂，芟艸也。或作‘刈’。”

［注］［1］静本、愛本作“虔”。

廝斯音、**徒、牧、閨、侍、御、僕、從、扈、養、任**平聲、**甬、辯、令、保、庸、童、役、謂、命，使也。**

《說文》："使，令也。"

廝者，息移切。《公羊宣十二年傳》："廝役扈養。"注："艾艸爲防者曰廝，汲水漿者曰役，養馬者曰扈，炊烹者曰養。"《漢書·張耳傳》："有廝養卒謝其舍。"蘇林曰："廝，取薪者也。養，養人者也。"韋昭曰："析薪爲廝，炊烹爲養。"案，《詩》云："斧以斯之。""斯"之義爲斬伐，故取薪者爲廝。《玉篇》："㒋，役也。賤也。"蓋"斯"或從"人"，隸變爲"廝"。《說文》無"廝"字，古只用"斯"。

徒者，《天官·冢宰》："胥十有二人，徒百有二十人。"注："此民給徭役者。"疏："胥有才智，爲什長。徒給使役，故一胥十役也。"《漢書·食[1]貨志》："賦共車馬、甲兵、士徒之役。"

牧者，《說文》："牧，養牛人。"《左氏昭七年傳》："皁隸牧圉。"

閨者，字當作"賃"，聲之誤也。《說文》："賃，庸也。"《荀子·議兵篇》："是其去賃市傭而戰之幾矣。"《淮南·說山訓》："被羊裘而賃，固其事也。"

侍者，《說文》："侍，承也。"《釋名》："侍，時也。尊者不言，常於時供所當進者也。"

御者，《說文》："御，使馬也。古文作'馭'。"《釋名》："御，語也。尊者將有所欲，先語[2]之也。亦言職卑，尊者所勒御，如御牛馬然也。"《射義》："御於君所。"注："御猶侍也。"

僕者，《說文》："僕，給事者，古文作'蹼'。"

從者，《說文》："從，隨行也。"

扈者，侯古切。扈之言護也。所以擁護也。相如《上林賦》："扈從橫行。”又養馬者爲“廄”，已見上文。

養者，斯養也。解見“斯”下。《史記·儒林傳》：“倪寬貧無資用，常爲弟子都養。”《索隱》曰：“家貧，爲弟子造食也。”

任者，《說文》：“任，保也。”《邶風·燕燕》：“仲氏任只。”箋：“任者，以恩相親信也。”是“任”爲信之使也。

甬者，《方言》：“甬，賤稱也。自關而東，趙、魏、宋、楚之間，保庸謂之甬。”

辯者，《周書·酒誥》：“勿辯乃司民湎於酒。”孔傳：“辯，使也。勿使汝主民之吏湎於酒。”

令者，使令也。《說文》作“伶”。《秦風·車鄰》：“寺人之令。”《韓詩》作“伶”。云：“使令也。”

保者，《鶡冠子》：“伊尹酒保，太公屠牛。”《漢書·欒布傳》：“窮困，賣庸於齊，爲酒家保。”孟康曰：“酒家作保。保，庸也。可保信，故謂之保。”顔師古注：“謂庸作受顧也。爲保，言保可任使。”《後漢書·杜根傳》：“因得逃竄，爲宜城山中酒家保。”注：“言爲人傭力保任而使之也。”

庸者，與“傭”同。“傭”，賃也。《史記·司馬相如傳》：“與傭保雜作。”

童者，《說文》：“男有罪曰奴，奴曰童，女曰妾。”通作“僮”。《漢書·衛青傳》：“季與主家僮衛媪通。”僮者，婢妾之總稱。是婢妾亦得稱僮也。

役者，《說文》：“役，戍邊也。古文作‘伇’。”《春官》：“瞽矇掌九德六詩之歌，以役太師。”注：“役，爲之使也。”《莊子·庚桑楚篇》：“老聃之役，有庚桑者。”

謂者，《釋名》："謂，猶愲也。猶得敕、不自安，愲愲然也。"《廣韻》："愲，怫愲，不安也。"

命者，《說文·口部》義也。《堯典》："乃命羲和。"

[注] [1]静本、愛本誤作"入"。[2]愛本誤作"御"。

嫆休六反、**嫉**、**嫪**力高反，又力報反、**嫭**乎故反、**妎**械音、**娼**亾篤反，**妒也**。

《說文》："妒，婦妒夫也。"《召南·小星》序："夫人無妒忌之行。"注："以色曰妒，以行曰忌。"《離騷》："各興心而嫉妒。"王逸注："害色爲妒。"

嫆者，《說文》："嫆，媚也。"《廣韻》同[1]。疑"娼"之訛。

嫉者，《說文》："㑵，妎也。或作'嫉'，同。秦悉切。"《周南·樛木》序："言能逮下而無嫉妬之心焉。"《亢倉子·用道篇》："同道者相愛，同藝者相嫉。"《離騷》："衆女嫉余之蛾眉兮。"舊本"嫉"訛"嫉"，今訂正。

嫪、嫭者，《說文》："嫪，婟也。""婟，嫪也。"《爾雅》、《釋[2]文》云："《廣雅》：'婟，妒也。'"《聲類》："婟嫪，戀[3]惜也。"《字書》作"嫭"，同。據此，則"嫭"與"婟"同。古本《廣雅》作"婟"字也。張衡《思玄賦》："咨妒嫭之難並兮，想依韓以流亡。"

妎者，《說文·女部》義也。胡蓋切。

娼者，莫到切。《說文》："娼，夫妒婦也。"《顔氏家訓》云："太史公論季布云：'禍之興自愛姬，生於妬媚，以至滅國。'"又《漢書·外戚傳》亦云："成結寵妾妒媚之誅。"此二"媚"並當作"娼"。娼，亦"妒"

也。義見《禮記》、《三倉》。且《五宗世家》亦云："常山憲王后妒媢。"王充《論衡》云："妒夫媢婦生，則忿怒鬭訟。"益知"媢"是"妒"之別名，不得言"媢"。

[注] [1]謂《廣韻》亦作"嬀，媢也"。[2]静本、愛本誤作"說"。[3]静本、愛本誤作"類"。

幸、烝、通、媱、窕、㑀逸音婸大朗切、報，婬也。

《說文》："婬，私逸也。"通作"淫"。《小爾雅》："男女不以禮交謂之淫。上淫曰烝，下淫曰報，旁淫曰通。"

幸者，《方言》："幸、烝，淫也。"《漢書·外戚傳》："謳者進，帝獨說子夫。帝起更衣，子夫侍尚衣軒中，得幸。"舊本"幸"訛"夅"。《方言》"幸，誇、夸"[1]，皆非也，今訂正。

烝者，《左氏桓十六年傳》："衛懿公烝於夷姜。"服虔注："上淫曰烝。烝，進也。自進上而與之淫也。"舊本"烝"字訛"蒸"，今訂正。

通者，《詩》正義云："《左氏傳》：'文姜如齊，齊侯通焉。'服虔云：'傍淫曰通。'言傍者，非其妻妾，傍與之淫，上下通名也。《墻有茨》序云：'公子頑通於君母。'《左氏傳》：'孔悝之母，與其豎渾良夫通。'皆上淫也。齊莊公通於崔杼之妻，蔡景侯爲太般娶於楚，通焉，皆下淫也。以此之通者摠名，故服虔又云：'凡淫曰通。'是也。"

媱、窕者，《方言》："遥、窕，淫也。九疑、荆、楚之鄙，謂淫曰遥。江、湘之間，謂之窕。"又云："江、沅之間，謂戲爲媱。"郭注："遥，言心遥蕩也。""窈窕"、"冶容"、"媱遥"，音義同。舊本"媱"訛"婬"，今訂正。

勅𡡎者，《方言》："佚𡡎，婬也。"郭注："跌、唐兩音。"《玉篇》："𡡎，戲𡡎也。""勅"、"佚"，字異音義同。

報者，《左氏宣三年傳》："文公報鄭子之妃。"《詩》正義引服虔注："鄭子，文公叔父子儀也。報，服也。淫親屬之妻曰報。《漢律》：'淫季父之妻曰報。'"

［注］［1］《方言》作"夸、烝，婬也"。

襲、馺素迊[1]反、逮、纍，及也。

《說文》："及，逮也。"《公羊傳》："及者何？與也。及[2]猶汲汲也。"

襲者，《楚辭·九歌》："芳菲菲其襲予。"王逸注："襲，及也。"

馺者，《說文》[3]："馺，馬行相及也。"揚雄《甘泉賦》："輕先疾雷而馺遺風。"

逮者，與"逯"同。《方言》文。"關之東西曰逮。"《說文》："逮，及也。"又云："隶，及也。"又云："隸，及也。"引《詩》曰："隸天之未陰雨。"按，"逮及"已見《爾雅·釋言》，故作此"逯"。

纍者，古"累"字。力追切。《公羊傳》："及者何？累也。"舊本"纍"訛"縈"，今訂正。

［注］［1］愛本誤作"迊"，爲"迊"之壞字。静本作"匝"。［2］愛本誤作"反"。［3］愛本脱"說文"二字。

䡫苦耕反、**䝯**乎[1]間反、**侄**質音、**固**、**攻**、**碻**口卓反、**臤**、**艮**、**磑**牛衣反，又牛哀反、**鍇**揩音，又公諧[2]反、**鐕**敵音、**鞕**、**臣**、**牢**，**𦣝**也。

《玉篇》：“𦣝，口間切。堅也。”通作“堅”。《大雅·生民》：“實堅實好。”《月令》：“季冬，水澤腹堅。”

䡫者，《玉篇》、《廣韻》俱無此字。案，“䡫”與“轚”仝。《說文》：“轚，車堅也，口莖切。”聲義相近，即此矣。

䝯者，《玉篇》：“䝯，堅也。”本此。

侄者，之日切。《廣韻》：“侄，堅也。”本此。

固者，《小雅·天保》：“亦孔之固。”《夏官》：“掌固，掌[3]修城郭、溝池、樹渠之固。”

攻者，《小雅·車攻》：“我車既攻。”

碻者，《文言傳》：“確乎其不可拔。”《釋文》引鄭注：“確，堅高之貌。”《莊子·應帝王篇》：“確乎能其事。”舊本“碻”訛“礭”，今訂正。

臤者，《說文》：“臤，堅也。古文以爲‘賢’字。”故“賢”亦爲“堅”。《大雅·卷阿》正義引《說文》：“賢，堅也。以其人能堅正，然後可爲人臣，故字從‘臣’。”按，此疑《釋名》之文，誤以爲《說文》也[4]。

艮、**磑**者，《方言》文。郭注：“名石物也。”《說卦傳》：“艮爲小石。”《說文》：“磑，𥗊也。”宋玉《高唐賦》：“振陳磑磑。”張衡《思玄賦》：“行積冰之磑磑。”舊本“艮”訛“良”，今訂正。

鍇、**鐕**者，《方言》文。“自關而西，秦、晉之間曰鍇。吴、揚、江、淮之間曰鐕。”《五音集韻》：“鐕，堅也。”本此。

鞕者，牛更切。《玉篇》：“鞕，堅也。”本此。俗作“硬”。杜甫詩：“書貴瘦硬方通神。”蘇軾詩：“硬黄小字臨黄庭。”

臣者，《白虎通義》：“臣者，纏堅也。厲志自堅固也。”

牢者，《史記・外戚世家》：“欲連固本根牢甚。”《玉篇》：“牢，堅也，”本此。

[注] [1]静本、愛本誤作“吁”，據《博雅音》改。[2]静本、愛本誤作“湝”，據《博雅音》改。[3]静本、愛本脱“掌”字。[4]《釋名》無此文。

挺、秀、䅗、拔、揠、擢、涌、溢、㦰出允反、蓽、茁側劣反、裔、生，出也。

《説文》：“出，進也。象草木益滋，上出達也。”《釋名》：“出，推也。推而前也。”

挺者，《説文》：“挺，拔也。徒鼎切。”《月令》：“荔挺出。”鄭注：“‘荔’、‘挺’連文，誤也。‘挺’字屬下，舊説皆然。”《史記・陳涉世家》：“果笞廣，尉劍挺，廣起，奪而殺尉。”孫綽《游天台山賦》：“嗟台嶽之所奇挺。”《褚淵碑文》：“含珪璋而挺曜。”李善注並引此文。

秀者，陸機《演連珠》：“懸景東秀，則夜光與碔砆匿曜。”李善注：“懸景，日也。秀，出也。”李康《運命論》：“木秀於林，風必摧[1]之；堆出於岸，流必湍之。”

䅗者，女角切。《廣韻》：“䅗，屋角。與‘舺’仝。”屋角，亦上出也。

拔、揠、擢者，《方言》：“揠、擢，拔也。”《説文》：“拔，擢也。”“揠，拔也。”“擢，引也。”木華《海賦》：“掎拔五嶽。”李善注引此文。《孟子》：“宋人有閔其苗之不長而揠之者。”張衡《西京賦》：“徑百常而莖擢。”薛綜注：“莖，特也。擢，獨出貌。”《廣韻》：“擢，出也。”本此。

涌者，余隴切。《爾雅·釋水》：“濫泉正出。正出，湧出也。”《詩》疏引李巡注：“水泉從下上出曰涌泉。”

溢者，器滿而滕出也。

截者，古文“蠢”。《攷工記》：“則春以功。”注：“春，讀爲蠢。蠢，作也。出也。”通作“春”。《尚書大傳》：“春，出也。物之出也。”

䢕者，《方言》：“蠢、律，始也。”本書《釋詁》作“蠢、䢕”，是“䢕”爲始出也。

茁者，《召南》“彼茁者葭”傳義也。趙岐《孟子》注：“茁，生長貌。”《説文》：“茁，艸初生出地貌。”

裔者，《方言》：“裔，末也。”是“裔”爲初出之耑也。

生者，《説文》：“生，象草木生出土上。”《吕氏春秋·孟夏[2]紀》：“不知義理，生於不學。”高誘注：“生，猶出也。”《文選》注引劉巘《易》注云：“自無出有曰生。生，得性之始也。”

[注] [1]静本、愛本誤作“推”。[2]静本、愛本誤作“春”。

殫丹音、**索**、**既**、**渴**、**所**、**蔭**[1]、**渗**、**盪**[2]、**涸**鶴音、**罊**、**汔**許乞反、**焪**去鳳反、**湫**、**澌**斯音、**涖**力二反、**釂**子曜反、**殑**、**罄**方問反、**寫**、**蹐**都果反，又徒果反、**稍**、**煎**子延反、**鋌**達鼎反、**央**，**盡也。**

《説文》：“盡，器中空也。”《易·繫辭》：“書不盡言，言不盡意。”《左氏哀元年傳》：“去惡莫如盡。”《曲禮》：“君子不盡人之歡。”

殫者，《説文》：“殫，極盡也。”司馬相如《子虛賦》：“殫覩人物之變態。”張衡《西京賦》：“殫所未見。”通作“單”。《周頌》：“單厥心。”《祭義》云：“歲既單矣。”《史記·春申君列傳》：“王之威亦單矣。”徐廣云：“本亦作‘殫’。”司馬貞曰：“單，盡也。”《小雅·天保》：“俾爾單厚。”箋：“單，盡也。”

索者，《說文》：“澌，水索也。”《牧誓》：“維家之索。”孔傳：“索，盡也。”《左氏襄八年傳》：“悉索敝賦。”

既者，《春秋桓三年》：“秋七月壬辰朔，日有食之，既。”《公羊傳》：“既者何？盡也。”《穀梁傳》：“既者，盡也。”《文選》注引《易辨終備》云：“日之既，陽德消。”鄭康成注：“日既，日蝕，明盡也。”

渴者，水之盡。《說文·水部》義也。渠列切。《周禮·地官》：“草人，凡糞種……渴澤用鹿。”疏云：“渴，故時停水，今乃渴也。”通作“竭”。《月令·仲春》：“無竭川澤。”又通作“歇”。《方言》：“歇，涸也。”《左氏宣十二年傳》：“得臣猶在，憂未歇也。”杜注：“歇，盡也。”

所者，力之盡也。《說文》：“所，伐木聲也。”引《詩[3]》曰：“伐木所所。”今本作“許許”。古字通用。《淮南·道應訓》：“今夫舉大木者，前呼邪許，後亦應之，此舉重勸力之歌也。”

蔭，未詳[4]。

滲、漉者，滲，色蔭切。《玉篇》：“滲，滲漉也。”徐鍇本《說文》：“漉，水下貌。或作‘淥’。”《繫傳》云：“水下所謂滲漉。”《攷工記》：“㡆氏，清其灰而盝之。”《說文》無“盝”字，即“淥”也。《月令》：“無漉陂池。”《方言》：“漉，涸也。”郭注：“謂渴也。”又云：“淥，極也。”郭注：“滲漉，極盡也。”“漉”、“盝”、“淥”、“漉”，字異音義同。

涸者，乎各切。《說文》：“涸，渴也。”《周語》：“水涸而成梁。”《月令》：“仲秋，水始涸。”《淮南·主術訓》：“不涸澤而漁。”高誘注：

“涸澤，漉也。”《史記·封禪書》：“秋涸涷。”《索隱》引《字林》：“涸，竭也。”《玉篇》：“涸，盡也。”本此。

悬者，疑是“急”字。蓄之盡也。《王制》：“國無六年之蓄曰急。”

汔者，《說文》：“汔，水涸也。”引《詩》曰：“汔可小康。”

焇者，湿之盡也。《玉篇》：“焇，盡也。”本此。

湫者，子小切。疑通作“潐”。《說文》：“潐，盡也。子肖切。”

澌者，《方言》：“澌[5]，水之盡也。”息移切。

溰者，下之盡也。司馬相如《上林賦》：“溰溰下瀨。”

釂者，飲之盡也。《曲禮》：“長者舉未釂，少者不敢飲。”注：“盡爵曰釂。”《淮南·道應訓》：“魏文侯受觴而飲釂不獻。”高誘曰：“釂，盡也。”《說苑·善說篇》：“魏文侯與大夫飲酒，使公乘不仁爲觴政。曰：‘飲不釂者，浮以大白。’文侯飲而不盡釂，公乘不仁舉白浮之。”張協《七命》：“千鍾電釂，萬燧星繁。”通作“檄”。《說文》：“檄，盡酒也。”

殈者，許劣切。《玉篇》：“殈，盡也。”本此。

糞者，除之盡也。《說文》：“糞，棄除也。”《左氏昭三年傳》：“糞除先人之敝廬。”《曲禮》：“凡爲長者糞之禮，必加帚於箕上。”通作“坌”。《說文》：“坌，埽除也。讀若糞。”舊本“糞”訛“糞”，今訂正。

寫者，傾之盡也。司夜切。俗作“瀉”。《玉篇》：“寫，盡也。”本此。《小雅·蓼蕭》：“我心寫兮。”箋：“輸寫其情意，無留恨也。”枚乘《七發》：“輸寫淟濁。”束皙《補亡詩》：“寘寫其誠，主竭其心。”

鬐，未聞[6]。

稍者，《方言》文。所教切。

煎者，亦《方言》文。汁之盡也。《内則》：“煎醢。”《天官》：“内饔掌王及后、世子膳羞之割、烹、煎、和之事。”《儀禮·既夕》：“凡糗不煎。”通作“剪”。《左氏襄八年傳》：“剪焉傾覆。”杜注：“剪，盡也。”張衡《西京賦》：“錫用此土，而剪諸鶉首。”薛綜注：“剪，亦爲盡。”

鋌者，空之盡也。《方言》：“鋌，空也。南楚凡物空盡者曰鋌。”《集韻》：“娗，大梗切。”引《廣雅》：“盡也。”是本又作“娗”。

央者，《離騷》：“時亦猶其未央。”王逸注：“央，盡也。”

[注] [1]《博雅音》以爲“所蔭”二字，爲“滲”之反切。[2]静本、愛本作“溼”。[3]静本、愛本脱“詩”字。[4]《廣雅疏證》：“滲，曹憲音‘所蔭反’。各本‘所’、‘蔭’二字誤入正文，在‘滲’字上。”[5]静本、愛本誤作“方”。[6]《廣雅疏證》：“毨者，落之盡。稍者，尾之盡也。《方言》：‘毨、尾、梢，盡也。尾、梢也。’注云：‘毨，毛漸落去之名。’”

軥衢音、**輗**兒音、**牽**、**輓**晚音、**攀**、**援**、**摯**至音[1]、**扽**頓音、**拕**達可反、**掍**乎根反、**攎**盧音、**扔**仍音、**扱**楚洽反、**摢**、**摍**縮[2]音、**揯**、**捈**悇、途二音、**揄**、**擢**、**控**苦貢反、**抓**烏麻反、**彎**關音，又烏還反，**引也**。

《説文》：“引，開弓也。”《漢書·律曆志》：“十丈爲引。引者，信也。”此所釋者，“牽挽”之“引”也。

軥者，所以引車前進也。《説文》：“軥，軶下曲者。其俱切。”《左氏襄十四年傳》：“射兩軥而還。”服虔曰：“車軶兩邊叉馬頸者。”

輗者，孫侍御云：“輗，亾狡切。引也。”《集韻》：“輗，眉教切。引車也。”

牽者，《説文》：“牽，引前也。”《少宰職》云：“飧牽。”鄭司農云：

“牽，牲牢可牽而行者。”引《春秋傳》曰：“犧牽竭矣。”宋玉《招魂》：“牽於俗而蕪穢。”通作“掔”。揚雄《羽獵賦》：“掔象犀。”李善注：“掔，古‘牽’字。”

輓者，《說文》：“輓，引之也。”《史記·劉敬列傳》：“婁敬脱輓輅。”《索隱》曰：“輓者，牽也。”《漢書·景帝紀》：“國得發民輓喪。”顏師古注：“輓，與‘挽’同。”

攀者，《說文》：“𠬝，引也。從反廾，或作‘攀’。”《晉語》：“以藩爲軍，攀輦即利而舍。”韋昭注：“攀，引也。”《莊子·馬蹄篇》：“烏鵲之巢，可攀援而窺。”揚雄《反離騷》：“纍既𠬝夫傅說兮，奚不信而遂行。”顏師古注：“𠬝，古‘攀’字。”通作“扳”。《公羊隱元年傳》：“諸大夫扳隱而立之。”

援者，《說文·手部》義也。《大雅·皇矣》：“以爾鉤援。”傳：“鉤，鉤梯也。所以鉤引上城者。”《儒行》云：“舉賢援能。”鄭注：“援猶引也。”

摯者，引以相見也。《大宗伯》：“以禽作六摯，以等諸臣。孤執皮帛，卿執羔，大夫執雁，士執雉，庶人執鶩，工商執鷄。”

扽者，《玉篇》：“扽，都困切。引也。”本此。

拕者，《說文》：“拕，曳也。託何切。”《漢書·嚴助傳》：“拕舟而入水。”又與“拖”同。《禮·少儀》：“僕者負良綏，申之面，拖諸幦。”疏云：“綏申於面前而引之，可置車幦上也。”案，《爾雅》、《釋文》引《廣雅》：“扡，引也。”李善注《羽獵賦》亦引作“扡”。是本又作“扡”。

拫者，《玉篇》：“拫，胡根[3]切。輓也。”

攎者，《說文》：“攎，挐持也。洛胡切。”

扔者，《廣韻》：“扔，引也。如乘切。”本此。

扱者，《集韻》：“扱，訖立切。引也。”本此。

據者，鄒陽《上吴王書》：“張耳、陳餘連[4]從兵之據，以叩函谷。”李善注：“據，引也，言相引以爲援也。”

摍者，《説文》：“摍，蹴引也。”通作“縮”。《周語》：“縮取備物，以鎮撫百姓。”韋昭注：“縮，引也。”

揯者，古恒切。《説文》：“揯，引急也。”上文釋“揯”爲“急”，此又爲“引”，皆本《説文》也。

捈者，同都切。《説文》：“捈，臥引也。”《法言》云：“捈中心之所欲，通諸人之嚍嚍[5]者，莫如言。”《廣韻》：“捈，捈引也。”舊本脱“捈”字。案，曹氏《音釋》“揯”下有“悇，途音”三字，明是漏落“捈”字，今補正。

揄者，《説文·手部》義也。羊朱切。《史記·貨殖列傳》：“揄長袂，躡利屣。”枚乘《七發》：“揄流波。”李善注：“言引流波以自潔。”

擢者，校之引。《説文·手部》義也。

控者，弓之引。亦《説文·手部》義也。匈奴名“引弓”曰“控弦”。班固《西都賦》：“弦不再控。”

抓者，《玉篇》、《廣韻》：“抓，引也。”俱本此。

彎者，《説文》：“彎，持弓關矢[6]也。”《淮南·原道訓》：“彎綦衛之箭。”高誘注：“彎，引也。”

［注］［1］《博雅音》：“當音‘充世反’。”［2］静本、愛本誤作“宿”，據《博雅音》改。［3］愛本誤作“拫”。［4］静本、愛本脱“連”字。［5］静本、愛本作“嚍嚍”。［6］静本、愛本誤作“天”。

柔、耎、佯、㽸而兗反，吕静音“碾”、**䦌**乃第反、**劣、懦**奴玩反，又奴卧反、**恁**而審反，疑之、**羨**女寸反，又而兗反[1]、**嬈**女孝反、**脆**七歲反、**栠**又荏、如甚反，又如深反[2]、**愞**乃卧反、**軜**納音，**弱也。**

《説文》：“弱，橈也。上象橈曲。彡，象毛氂橈弱也。弱物并，故從二‘㢲’。”《左氏宣十二年傳》：“衆散爲弱。”《漢書·息夫躬傳》：“賈延墮弱不任職。”

柔者，質之弱也。《老子》：“人生也柔弱，其死也堅强。”通作“鞣”。《説文》：“鞣，耎也。”

耎者，而兗切。《戰國策》：“鄭魏者，楚之耎國。”《莊子·胠篋篇》：“惴耎之蟲。”《司馬遷傳》：“以耎脆之體。”《説文》：“耎，讀若畏偄。”《玉篇》：“耎，柔也。”

佯者，余章、似羊二切。《玉篇》“佯”下引《博雅》：“弱也。”

㽸者，皮之弱也。《説文》：“㽸，柔皮也。”《玉篇》：“㽸，弱也。或爲‘耎’。”本此。舊本“㽸”訛“㞋”[3]，今訂正。

䦌者，力之弱也。《説文》：“䦌，智少力劣也。”詹事兄曰：“䦌，即《爾雅》‘威夷，長脊而泥’之‘泥’。”郭注：“泥，少才力。”古音“爾”、“尼”相近。《易》：“繫於金柅。”《説文》作“檷”。《詩》：“飲餞于禰。”《韓詩》作“怩”。

劣者，《説文·力部》義也。力輟切。《法言》云：“彼以其回，顔以其貞，顔其劣乎？”

懦者，《説文》：“懦，駑弱者也。嬬，弱也。”《左氏昭元年傳》：“晉少懦矣，諸侯將往。”杜注：“懦，弱也。”或作“愞”，同。《荀子·修身篇》：“偷懦憚事。”《漢書·倪寬傳》：“善属文，然懦於武。”舊本“懦”訛從“巾”，今訂正。

恁者，曹音："而審反。"又云："疑之。"蓋疑其與下文"栠"字同也。

羡者，古無"弱"訓，涉下而誤耳。以音釋"女寸"、"而兖"二反攷之，當是"媆"字之譌。《說文》："媆，好貌。而兖切。"徐鉉曰："《切韻》又音'奴困切'，今俗作'嫩'，非是。"《廣韻》："嫩，弱也。媆，同上。"

嬈者，疑當"橈"。《易》曰："棟橈，本末弱也。"《漢書・高祖紀》："謀橈楚權。"服虔曰："橈，弱也。"顏師古音"女教反"，其字從"木"。案，《說文》訓"弱"爲"橈"，知"橈"亦"弱"也。

脆者，《說文》："脆，小耎易斷也。"《小雅・采薇[4]》："薇亦柔止。"箋："謂脆脕之時。"《考工記・弓人》："夫角之末遠於剒而不休於氣，是故脃，脃故欲其柔也。"《晉語》："臣脃弱，弗能忍俟也。"《老子》："萬物草木，其生也柔脆，其死也枯槁，故堅强者死之徒，柔弱者生之徒也。"《淮南・本經訓》："柔而不脆。"通作"膬"。《說文》："膬，耎易破也。"《老子》："其膬易判。"傳："奕本'膬'作'脆'。"枚乘《七發》："飲食則温醇甘膬。"

栠者，《說文》："栠，弱貌。"通作"荏"。《論語》："色厲而内荏。"孔安國曰："荏，柔也。"《小雅・巧言》、《大雅・抑》並云："荏染柔木。"《楚辭・九章》："諶荏弱而難持。"《音釋》云："又荏者，猶言亦作荏也。"

愞者，《漢書・武帝紀》："天漢三年，太守以畏愞棄市。"《玉篇》："愞，弱也。"本此。

軜者，奴答切。《玉篇》："軜，耎也。"《廣韻》："軜，腝貌。"舊本"弱也"二字在"懦"、"恁"之下，以"羡"、"嬈"、"脆"、"栠"、

“惬”、“鞆”六字，竄入下文“欲”訓内，今訂正。

［注］［1］《博雅音》“女寸、而兖”二反，爲“媆”的讀音。［2］《博雅音》以爲“如深反”爲脱去字頭“鉅”之讀音。［3］“㞋”，爲“㞋”之異體。［4］愛本作“蘝”。

偄乃翫反、**歁**[1]口感反、**羨**、**顯**、**貪**、**歁**呼濫反，又呼甘反、**欲**呼縑反、**將**、**闓**，**欲也。**

《説文》：“欲，貪欲也。”《曲禮》：“欲不可縱。”疏云：“心所貪愛爲欲。”

偄者，通作“蠕”。《史記·律書》：“選蠕觀望。”《集韻》：“蠕，音‘而兖切’。”《索隱》曰：“蠕音軟。選蠕，謂動身欲有所進取之狀也。”舊本訛在上文“弱”訓“惬”下，今訂正。

歁者，他舍切。《説文》：“歁，欲得也。讀若貪。”

羨者，似面切。《説文》：“羨，貪欲也。”《大雅·皇矣》：“無然歆羨。”曹植《七啟》：“耽虚好静，羨此永生。”孫綽《游天台山賦》：“亦何羨乎層城。”李善注引《韓詩薛君章句》：“羨，願也。”

顯者，魚怨切。《方言》：“顯[2]，欲思也。”“顯”與“願”，古字通。

貪者，《大雅·桑柔》：“貪人敗類。”《離騷》：“衆皆競進以貪婪兮。”王逸注：“愛財曰貪，愛食曰婪。”

歛者，《廣韻[3]》：“歛，欲也。”本此。又云：“賆，乞戲物。呼濫切。或作‘歛’。”

欲者，《説文》：“覬，欲幸也。”《玉篇》：“欲，呼南切。貪欲也。”又云：“欲，義與‘歁’同。”

將者，張衡《東京賦》："及將祀天郊，報地功。"薛綜注："將，欲也。"郭璞《游仙詩》："蹇修時不存，要之將誰使。"

闓者，古通"豈"。《説文》："豈，欲也。"與"覬覦"字義同。《齊風·載驅》箋："豈，讀當爲闓。"是"豈"與"闓"，字異義同。

[注] [1]静本、愛本作"谺"。[2]静本、愛本誤作"閿"。[3]静本、愛本誤作"玉篇"。

《廣雅疏義》卷第三

嘉定錢大昭晦之甫撰

《廣雅》卷二

槾亾旦反，又亾丸反、**攋**亘音、**挴**母磊反、**忨**翫音、**懆**操音、**饕**他高反、**飻**鐵音、**𠁁**阿帙反，又於既反、**嗇**、**歁**苦感反、**欿**[1]口感反、**欲**、**婪**來南反、**利**、**遴**力晉反、**茹**如輿反、**嗜**、**饁**、**惨**七參反、**餽**苑音，又袁音，**貪也。**

賈誼《新書》："辭利刻謀謂之廉，反廉爲貪。"《說文》："貪，欲物也。"《釋名》："貪，探也。探入他分也。"

槾、攋，未詳。《廣韻》："攋[2]，與'揎'同。"

挴者，《方言》文也。《楚辭·天問》："穆王巧挴，夫何爲周流？"王逸釋"挴"爲"貪"。《玉篇》："挴，莫改切。貪也。"本此。通作"每"。《史記·伯夷列傳》引賈生語："衆庶馮生。"鄒誕生本"馮"作"每"。孟康曰："每，貪也。"《索隱》曰："每者，冒也。"即"冒貪"之義。《後漢書·論》云："豈其負囝委屈，可[3]以每其生哉！"挴，亦作"㨶"[4]。《廣韻》："㨶，多改切。貪也。"

忨者，五換切。《說文》："忨，貪也。"引《春秋傳》曰："忨歲而潵日。"《習部》又引作："翫歲而愒日。"今本《左氏昭元年傳》作："翫歲而愒日。"杜注："翫、愒皆貪也。"通作"玩"。《繫辭傳》："所樂而玩者。"《釋文》引馬融注："玩，貪也。""忨"、"翫"、"玩"古字通。

懆者，先到切。《集韻》："懆，貪也。"本此。

饕者，《說文·食部》義也。或作"叨"。《後漢書·黨錮傳》："以貪叨誅死。”王符《潛夫論》：“滅典[5]禮而行貪叨。”

飻者，他結切。《說文》：“飻，貪也。”引《春秋傳》曰：“謂之饕飻。”今本《左氏文十八年傳》作“餮”。杜注：“貪財曰饕，貪食曰餮。”

戲、嗇者，《方言》文也。“荆、汝、江、湘之南，凡貪而不施謂之戲，或謂之嗇，或謂之恪。恪，很也。”郭注：“戲，音懿，謂慳貪也。”《說文》：“嗇，愛嗇也。”《左氏襄二十六年傳》：“釁於勇，嗇於禍。”杜注：“嗇，貪也。”

歁者，《方言》文。“楚謂之貪，南楚、江、湘之間，謂之歁。”《說文》：“歁，食不滿也。讀若坎。”

欿者，上文“貪，欲也”，此又爲“貪”，義相成也。《說文》：“欿，讀若貪。”

欲者，上文“貪，欲也”，此又轉相訓。《吕氏春秋·仲夏紀》：“天使人有欲，人弗得不求。”高誘注：“欲，貪也。”

婪者，《說文·女部》義也。“杜林說：‘卜者黨相詐驗爲婪。’”通作“惏”。《說文》：“河内之北謂貪曰惏。”《左氏昭二十八年傳》：“貪惏無饜。”賈逵云：“惏，耆食也。其人貪耆財利飲食，無知饜足。”《僖二十四年傳》：“狄固貪惏。”《釋文》引《方言》云：“殺人而取其財曰惏。”疏所引同。今《方言》無此文。

利者，《坊記》：“先財而後礼則民利。”注：“利猶貪也。”

遴者，與“吝”同。《易》：“其往吝。”《說文》引作“遴”。《漢書》多用“遴”。《魯安王》：“晚節遴。”《王莽傳》：“性實遴嗇。”

茹者，《方言》：“吴、越之間，凡貪飲食者謂之茹。”

嗜者，《方言》文。《說文》：“嗜，嗜欲喜之也。”

螌者，《方言》文也。

惨者，與“嫪”同。七感切。《說文》：“嫪，婪也。”

䊼者，《玉篇》："䊼，於元切。貪也。"本此。

[注] [1]静本、愛本作"歆"。[2]《广韵》作"㨉"。《廣雅疏證》："㨉者，污之貪也。《吕氏春秋·離俗覽》云：'不漫於利。'漫，與'㨉'通。"[3]静本、愛本誤作"足"。[4]静本、愛本作"㨉"。[5]静本、愛本誤作"無"。

倔巨勿反**、䐃、墾、劤**靳音**、威，力也。**

《周官·司勳》："治功曰力。"此專釋"勇力"也。

倔者，《方言》文。郭注："律倔，多力貌。"

䐃者，力舉切。亦《方言》文。"東齊曰倔。宋、魯曰䐃。"又云："䐃，力田也。"郭注："謂耕墾也。"

墾者，康很切。亦《方言》文。郭注："耕墾用力。"舊本"墾"訛"懇"，今訂正。

劤者，居僅切。《玉篇》引《埤蒼》云："劤，多力也。"

威者，《吕氏春秋·孟秋紀》："凡兵也者，威也。威也者，力也。民之有威力，性也。"

何、詰、譏、資、偵勑驚反[1]**、質、言、訣**[2]映音，又於兩反**、詵**史巾反**、稽、考，問也。**

《説文》："問，訊也。"《魯頌·泮水》："淑問如臯陶。"

何者，《説文》："誰，何也。"賈誼《過秦論》："陳利兵[3]而誰何。"李善注："誰何，問之也。"《漢書》："有誰何卒。"如淳曰："何謂何官也。"何休《公羊傳》注："據疑問所不知者曰何。"

詰者，《説文·言部》義也。去吉切。《月令》："詰誅暴慢，以明好惡。”注：“詰，謂[4]問其罪，窮治之也。”

譏者，譏察，亦問也。《王制》：“關執禁以譏[5]，禁異服，識異言。”通作“幾”。《地官·司關》：“國凶札，則無關門之征，猶幾。”

資者，古與“咨”通。《禮記·緇衣》：“民惟曰怨資。”《周書》作“咨”，是也。《左氏襄四年傳》：“訪問於善爲咨。”

偵者，《廣韻》：“偵，偵問也。”古通作“貞”。《春官·天府》：“季冬陳玉，以貞來歲之媺惡。”注：“問事之正曰貞。”鄭司農云：“貞，問也。”《易》曰：“師，貞，丈人吉。問於丈人。”《國語》曰：“貞於陽卜。”

質者，之日切。《太玄經》：“爰質所疑。”宋衷曰：“質，問也。”

言者，《春官·冢人》：“及葬，言鸞車象人。”注：“言問其不知法度者。”

訣者，《集韻》：“訣，問也。”上、去二聲並收。本此。

詵者，《説文》：“詵，致言也。”

稽者，《漢書·賈誼傳》：“婦姑不相説，則及脣而相稽。”通作“卟”。《説文》：“卟，卜以問疑也。讀與‘稽’同。”《書》曰：“卟疑。”今《洪範》作“稽”。

考者，古通用“攷”。《大雅·文王有聲》云：“考卜維王。”傳：“考，猶稽也。”

[注] [1]《博雅音》：“當音‘貞’。”[2]静本、愛本誤作“訣”。[3]静本、愛本誤作“民”。[4]静本、愛本衍“何”字，已刪。[5]静本、愛本作“訊”。

何、服、能，任也。

《説文》：“勝，任也。”《周官·太宰職》：“以任百官。”注：“任，猶傳也。”

何者，《說文》：“何，儋也。”《商頌·玄鳥》：“百禄是何。”傳：“何，任也。”通作“荷”。《左氏昭七年傳》：“其父析薪，其子弗克負荷。”《釋文》：“本亦作‘何’。”通作“賀”。《方言》：“賀，儋也。自關而西，隴、冀以往，謂之賀。凡以驢、馬、馲駝載物者，謂之負佗，亦謂之賀。”

服者，《周書·旅獒》：“無替[1]厥服。”舊本“服”訛“般”，今訂正。

能者，《說文》：“能獸堅中，故稱賢能；而彊壯，稱能傑也。”《釋名》：“能，該也。無物不兼該也。”《鄘風·定之方中》傳：“建國能命龜，田能施命，作器能銘，使能造命，升高能賦，師旅能誓，山川能說，喪紀能誄，祭祀能語。君子能此九者，可謂有德音，可以爲大夫。”

[注] [1]静本、愛本誤作“賛”。

超、越、踰、踶丑世反、抗、絶、騰、過、跨、涉，渡也。

《說文》：“渡，濟也。”通作“度”。漢書《賈誼傳》：“度江河，無維楫。”

超者，《釋名》：“超，卓也。舉脚有所卓越也。”《孟子》：“挾泰山以超北海。”

越者，《說文》：“越，度也。”“度”、“渡”同。

踰者，《說文》：“踰，越也。”“越”爲“渡”，“踰”亦“渡”也。

踶者，《玉篇》：“踶，渡也。”本此。通“趩”。《說文》：“趩，超特也。”

抗者，與“杭”同。《說文》：“抗，或作‘杭’。”《衛風·河廣》：

“一葦杭之。”

絶者，《爾雅·釋水》：“正絶流曰亂。”《大雅·公劉》疏引孫炎曰：“直，横渡也。”孔穎達疏：“水以流爲順，横渡則絶其流，故爲亂。”

騰者，躍之渡也。

過者，《說文·辵部》義也。

跨者，《說文·足部》義也。苦化切。《左氏昭十三年傳》：“康王跨之。”

涉者，《說文》：“涉，徒行厲水也。”《鄘[1]風·載馳》：“大夫跋涉。”傳：“水行曰涉。”《爾雅·釋水》：“由膝以上爲涉。”《方言》：“過度謂之涉濟。”郭注：“猶今云‘濟度’。”《風俗[2]通義》：“涉始於足，足率長十寸，十寸則尺。一躍三尺，法天、地、人，再躍則涉。”

[注] [1]静本、愛本誤作“衛”。[2]静本、愛本誤作“度”。

招、命、靚才性反、召，呼也。

《說文》：“呼，外息也。評，召也。”今經典借用“呼”。《禮》曰：“父命呼，唯而不諾。”

招者，《說文》：“招，手呼也。”《邶[1]風·匏有苦葉》云：“招招舟子。”傳：“招招，號召之皃。”王逸《楚辭》注：“以手曰招，以口曰召。”

命者，上文釋“命”爲“使”，此又爲“呼”，義相成也。《堯典》云：“乃命羲和。”

靚者，《說文》：“靚，召也。”本書《釋言》又云：“召，靚也。”皆相呼之名。

召者，《說文·口部》義也。《夏書·甘誓》："乃召六卿。"《齊風》："自公召之。"

[注] [1]静本、愛本誤作"衛"。

訩、鬩、讙、譊女交反、**號、咷、嗃**虎各反、**䶩**奐音、**訆**叫音、**獆**豪音、**㰬**虎苟反、**吠、雊、謼**虎都反、**嗷、嘹**力弔反、**鼓、噂，鳴也。**

《說文》："鳴，鳥聲也。"《玉篇》："鳴，聲出也。"此所釋者，上自人之聲，下及鳥獸之聲，皆具焉。

訩者，許容切。《小雅·節南[1]山》"降此鞠訩"傳、《魯頌·泮水》"不告于訩"箋並云[2]："訩，訟也。"通作"哅"。《荀子·解蔽篇》："聽漠[3]漠以爲哅哅。"《吕氏春秋·先識覽》："誠能决善，衆雖諠譁而弗爲變。功之難立也，其必由哅哅邪。國之殘亾，亦猶此也，故哅哅之中，不可不味也。中主以之哅哅也止善。賢主以之哅哅也立功。"通作"匈"。《史記·高祖本紀》："天下匈匈，勞苦數歲。"《漢書·東方朔傳》："君子不爲小人匈匈而易其行。"或作"詾"。《蜀志·趙雲傳》："天下詾詾，未知孰是。"

鬩者，許激切。《說文》："鬩，恒訟也。"引《詩》云[4]："兄弟鬩于墻，從鬥從兒。兒，善訟者也。"《周語》："人有言曰：'兄弟讒鬩，侮人百里。'"韋昭注："鬩，侮也。"王逸《九思》："競佞諛兮讒鬩。"

讙者，呼官切。《說文》："讙，譁也。"《樂記》："鼓鼙之聲讙，讙以立動。"《荀子·儒效篇》："天下應之如讙。"

譊者，《說文》："譊，恚呼也。"

號者，《魏風·碩鼠》："誰之永號。"阮籍《咏怀詩》："孤鴻號外野。”

咷者，徒刀切。《説文》：“楚謂兒泣不止曰噭咷。”《漢書·韓延壽傳》：“噭咷楚歌。”服虔音“咷”爲“滌”。

嗃者，《莊子·則陽篇》：“夫吹筦也，猶有嗃也。”《釋文》：“嗃，許交反。管聲也。”

囂者，呼官切。《説文》：“囂[5]，呼也。讀若讙。”

訆者，古弔切。《説文》：“訆，大呼也。”《左氏襄三十年傳》：“或訆於宋太庙。”通作“嘂”。《説文》：“嘂，高聲也。一曰大呼也。”

獋者，乎刀切。《説文》：“嗥，咆也。譚[6]長説作‘獋’，從犬。”《左氏襄十四年傳》：“豺狼[7]所嗥。”《戰國策》：“兕虎嗥之聲若雷霆。”《楚辭·招隱士》：“猨狖羣嘯兮虎豹嗥。”《淮南·覽冥訓》：“犬羣嗥而入淵。”鮑昭《蕪城賦》：“風嗥雨嘯。”

㸴者，《玉篇》：“㸴，牛鳴也。”亦作“呴”。《文選》注引《春秋潜潭巴》云：“里社鳴[8]，此里有聖人出。其呴，百姓歸之。”宋均注：“呴，鳴之怒者。”

吠者，扶廢切。《説文》：“吠，犬鳴。”《召南·野有死麕》云：“無使尨[9]也吠。”傳：“尨，狗也，非禮相陵則狗吠。”《莊子·徐無鬼篇》：“狗不以善吠爲良。”司馬彪曰：“不別客主而吠不止。”

雊者，古候切。《説文》：“雊，雄雉鳴也。雷始動，雉鳴而雊其頸。”《小雅·小弁》：“雉之朝雊，尚求其雌。”

評者，《説文》：“評，召也。”

噭者，古弔切。《曲禮》：“毋噭應。”注：“噭，號呼之聲也。”《公羊昭二十四年傳》：“昭公於是噭然而哭。”司馬相如《長門賦》：“白鶴噭以哀號兮。”謝靈運《登石門最高頂詩》：“噭噭夜猨啼。”

嘹者，《玉篇》：“嘹，嘹喨。”《廣韻》：“嘹亮，聞遠聲。”《集韻》：

“嘹喨，鳴也。”

鼓者，《繫辭傳》：“鼓之以雷霆。”《離騷》：“吕望之鼓刀兮。”王逸注：“鼓，鳴也。”

嘑者，荒烏切。《春官·雞人》：“夜嘑旦以𠯗百官。”《釋文》：“嘑，本又作‘呼’。”徐鍇本《説文》：“嘑，號也。”

案，“鳴”訓中疑有上文“呼”訓中字誤在此者，如“譊、號、嚻、訆、評、嗷、嘑”，明明是“呼”，故疑之也。

[注] [1] 静本、愛本衍“此”字，已删。[2]静本、愛本誤作“去”。[3]愛本誤作“漢”。[4]静本、愛本誤作“也”。[5]静本、愛本誤作“囂”。[6]静本、愛本衍“譚”字，已删。[7]静本、愛本誤作“貇”。[8]静本、愛本脱“鳴”字。[9]静本、愛本誤作“龍”。

嗟、嘆、呻，吟也。

《説文》：“吟，呻也。”《大雅·板》云：“民之方殿屎。”傳：“殿屎，呻吟也。”《列[1]子·周穆王篇》：“晝[2]則呻呼而即事，夜則昏憊而熟寐。”殷敬順《釋文》：“呻呼，音申吟。”《吕氏春秋·仲夏紀》：“夫婦失宜，民人呻吟。”

嗟者，《釋名》：“嗟，佐也，言之不足以盡意，故發此聲以相佐也。”《説文》作“𧬈”。云：“咨也。一曰痛惜也。”

嘆[3]者，《説文》：“嘆，吞歎也。一曰太息也。”通作“歎”。《説文》：“歎，吟也。”《王風·中谷有蓷》云：“嘅其嘆矣。”《釋文》：“嘆，本又作‘歎’。”

呻者，失人切。《說文·口部》義也。

[注] [1]静本、愛本衍“字”字，已删。[2]愛本誤作“晝”。[3]静本、愛本誤作“嗟”。

燅辝廉反、㶏恩音、䐑丈入反、爓曜音、煠弋涉反，又士洽[1]反，又丑涉反、湯，爚藥音也。

以火温肉曰爚。以灼切。《說文》：“爚，爇也。”“爇”當爲“熱”。“熱”，温也。

燅者，《說文》：“燅，於湯中爚肉。或作‘錴’。”《儀禮·有司》云：“乃燅尸俎。”注：“燅，温也。古文‘燅’皆作‘尋’，記或作‘燖’。《春秋傳》曰：‘若可燖也，亦可寒也。’”通作“爓”，詳廉切。《禮器篇》：“郊血，大饗腥，三獻爓，一獻肉。”注：“爓，沈肉於湯也。”《玉篇》作“䐛”。

㶏者，烏痕切。《說文》：“㶏，炮肉，以微火温肉也。”

䐑者，《玉篇》：“䐑，瀹也。生熟半也。”《集韻》“䐑”引《博雅》：“瀹也。”“爚”、“瀹”，古字通。《郊特牲篇》：“腥、肆、爓、腍祭。”注：“爓，或爲‘䐑’。”

爓者，字當爲“鬻”。《說文》：“鬻，内肉及菜湯中薄出之。”此與“燅”訓“於湯中爚肉”同。或謂之“爓”、“爚”聲相近，故借用“火”旁，亦爲“爚”也。

煠者，《玉篇》：“煠，爚也。”《集韻》：“煠，爚也。”並本此。

湯者，他浪切。《廣韻》：“湯，熱湯也。”

[注] [1]“士洽”，静本、愛本誤作“土合”，據《博雅音》改。[2]静本、愛本作“熱”。

供平聲**、奉、獻、御、奏、晉、漸、躍、前、陞、敕**耻力反。案,《説文》:“從攴，東聲。”今“勅”字，“勞勅”字，力[1]代反**、奮、揖、籑、薦、許，進也。**

《釋名》:“進，引也。引而前也。”《説文》:“進，登也。”

供者，九容切。《説文》:“供，設也。一曰供給。”《周書・無逸》:“文王不敢盤於游田，以庶邦維正之供。”《檀弓篇》:“蕢也，宰夫也，非刀匕是供。”是“供”爲物之進也。通作“龔”。《説文》:“龔，給也。”

奉者，《秋官・大司寇》:“大祭祀，奉犬牲。”注:“奉猶進也。”

獻者，《地官・鄉大夫》:“獻賢能之書於王。”注:“獻，進也。”張衡《東京賦》:“然後以獻精誠，奉禋祀。”薛綜訓“獻”爲“進”。

御者，《晉語》:“朱也當御。”韋昭注:“御，進也。”蔡邕《獨斷》云:“御，進也。凡進者皆曰御也。”張衡《西京賦》:“奉命當御。”李善注:“奉傳詔命，而逓當進也。”

奏者，《説文・夲部》義也。“從廾、從中。中，上進之義。”江處士聲曰:“夲、中皆進也。廾則奉而進之，故奏爲進。此於六書，爲會意。”

晉者，《晉・彖傳》義也。《説文》:“晉，進也。日出萬物進。”《釋名・釋州國》云:“晉，進也。其土在北，有事於中國，則進而南也。”案，“晉，進”已見《爾雅・釋詁》，此當作“搢[2]”。搢者，《説文・新附字》:“古用‘晉’。”《春官・典瑞》:“王晉大圭。”鄭司農云:“晉讀爲‘搢紳’之‘搢’，謂插於紳帶之間，若帶劍也。”“搢”、“薦”，聲相近。“搢紳”，或爲“薦紳”，故“搢”、“薦”，皆爲進也。

漸者，《楚辭》：“漸冉而不自知兮。”《法言·學行篇[3]》：“或問：‘進。’曰：‘水。’或曰：‘爲其不舍晝夜歟？’曰：‘有是哉，滿而後漸者，其水乎。’”《說文》作：“趣，進也。”

躍者，《文言傳》：“或躍在淵，進無咎也。”

前者，《說文》云：“不行而進謂之歬。從止在舟上。”經典通用“前”。

陞者，古作“升”。《吕氏春秋·孟秋紀》：“農乃升穀。”高誘注：“升，進也。”張衡《西京賦》：“升觴舉燧。”李善訓“升”爲“進”。

敕者，讀與“畟”同。“敕”、“畟”，聲相近。《說文》：“畟，治稼畟畟，進也。”引《詩》曰：“畟畟良耜。”

奮者，奮勉，亦進意。

揖者，《論語》：“揖巫馬期而進之。”《廣韻》：“揖，進也。”本此。

籑[4]者，食之進也。士戀切。《說文》：“籑，具食也。或作‘饌’。”《論語》：“有酒食，先生饌。”馬融曰：“饌，飲食也。”鄭康成作“餕”。《儀禮》注云：“古文籑者，皆作‘餕’。”是“餕”爲古文“籑”也。

薦者，《祭義》云：“卿大夫有善，薦於諸侯。”案，“薦，進”已見《爾雅·釋詁》，此當作“荐”，“荐”與“薦”通。《左氏襄四年傳》：“戎[5]狄薦居。”《漢書·終軍傳》：“北胡隨畜薦居。”是“荐”、“薦”同也。

許者，《大雅·文王有聲》云："昭茲來許。"傳："許，進也。"

［注］［1］静本、愛本脱"力"字。［2］静本、愛本作"搢"。［3］静本、愛本誤作"薦"。［4］静本、愛本誤作"纂"。［5］静本、愛本誤作"我"。

旁、濶、瞑亾狄反[1]**、衍、藐、素、慮，廣也。**

《方言》："廣，遠也。"

旁者，《逸周書·世俘解》："旁生魄。"孔晁注："旁，廣也。"

闊者，苦括切。《廣韻》："闊，廣也。"本此。

瞑，未詳[2]。

衍者，《繫辭傳》："大衍之數五十。"王廙、蜀才並云："衍，廣也。"

藐、素者，《方言》文。

慮，未詳。

［注］［1］愛本誤作"及"。［2］《廣雅疏證》："幎者，廣覆之意。《淮南子·原道訓》：'舒之幎於六合。'高誘注云：'幎，覆也，言滿天地閒也。'幎，各本譌作'瞑'，惟影宋本、皇甫録本不譌。"

羙狙雅反，又才知反**、燥、㶣**而善反，又罕音**、焟**昔音**、晞、䰄**五高反**、煎、𤍫**初絞反**、炕**抗音**、暵**漢音，又呼但反**、𥝩**貧力反**、熭**衛音**、鏁**曹音，又才刀反**、㬿**口繋反**、焇**消音**、焚、𦙶**枯音**、𣨼**苦老反**、燔、𤄶**巨音**、烼**許勿反**、㷀**"穹"之去聲**、炇**火交反**、乾、㬲**泣音**、膊**普各反**、咈**拂音**、炕、煬**恙音**、烈、晅**歌鄧反**、瞟**匹妙反**、曬**所賣反**，曝也。**

《說文》："㬥，晞也。從日、出、廾、米。"《攷工記》："㡃氏湅絲，以涚水漚其絲七日，去地尺暴之。"《孟子》："秋陽以暴之。"

“曝”與“暴”同。

羑者，《說文》：“羑，束炭。讀若蠢，楚宜切。”“羑”與“羑”同。

燥者，蘇到切。《說文》：“燥，乾也。”《文言傳》：“火就燥。”《說卦傳》：“燥萬物者，莫暵於火。”

熯者，《說文》：“熯，乾皃。”王充《論衡》：“熯一炬火，爨一鑊水。”

焟者，思亦切，《玉篇》：“焟，乾也。”通作“昔”。肉之曝也。《說文》：“昝，乾肉也。從[1]殘肉，日以晞之。與‘爼’同意。籒文作‘腊’。”《釋名》：“腊，乾肉也。”《天官·腊人》：“掌乾肉，凡田獸之脯腊。”注：“大[2]物解肆乾之，謂之乾肉。若今涼州烏翍矣。腊，小物全乾。”《噬嗑》：“六三：噬腊肉。”馬融曰：“晞於陽而煬於火曰腊。”虞翻曰：“离日暵之爲腊。”“爼”以半肉，“昝”以殘肉，故《說文》云：“與‘爼’同意也。”

晞者，許衣切，《方言》文。“暴五穀之類，東齊、北燕、海岱之郊謂之晞。”《小爾雅》云：“晞，乾也。”《秦風·蒹葭》：“白露未晞。”《小雅·湛露》：“匪陽不晞。”傳並云：“乾也。”《楚辭·九歌》：“晞女髮兮陽之阿。”

鏊、煎者，《方言》：“熬、煎，火乾也。凡以火而乾五穀之類，自山而東，齊、楚以往，謂之熬；凡有汁而乾，謂之煎。”《說文》：“熬，乾煎也。或作‘鏊’。”“煎，熬也。”《淮南·本經訓》：“煎熬焚炙、調齊和之適，以窮荆、吴甘酸之變。”

炃者，《方言》：“煼，火乾也。秦、晉之間，或謂之煼。”郭注：“煼，即‘鬻’字也。”《說文》：“鬻，熬也。”“炃”、“煼”、“鬻”、“鬻”，字異音義同。

炕者，苦浪切。《說文》：“炕，乾也。”《小雅·瓠葉》：“燔之炙之。”傳：“炕火曰炙。”孔疏：“炕，舉也，謂以物貫之而舉於火上以炙之。”

暵者，《說文》：“暵，乾也。耕暴田曰暵。”王肅注《說卦傳》云：“暵，火氣也。”《玉篇》：“暵，熱氣也。”

㷉者，《說文》：“㷉，以火乾肉。”

熭者，于歲切。《太公六韜》：“日中不熭，是謂失時；操刀不割，失利之期。”《說文》：“熭，暴乾火也。”《漢書·賈誼傳》：“日中必熭。”孟康曰：“日中盛者，必暴熭也。”舊本“熭”訛“慧”，今訂正。

鏁，未聞[3]。

燩者，苦角切。《玉篇》：“燩，火[4]乾物。”《廣韻》：“燩，乾燥也。”

焇者，思遥切。《玉篇》：“焇，乾也。”亦作“銷”。

焚者，附袁切。《說文》作“樊”。

胋、殦者，與“枯”、“槁”同。曝之乾極也。“胋”當爲“殆”。《說文》：“殆，枯也。”

燔者，附袁切。《說文》：“燔，爇[5]也。”

濾者，巨庋切。《玉篇》：“濾，乾濾也。”

烼者，《玉篇》：“烼，煴也。烼、炢，火煨。”

焪者，去仲切。《玉篇》：“焪，乾也。”《集韻》：“焪，曝也。”本此。

炍者，《玉篇》：“炍，乾也。暴也。”

乾者，居寒切。《玉篇》：“乾，燥也。”《說卦傳》：“離爲乾卦。”虞翻注：“火日暵燥物，故爲乾卦。”

㬤[6]者，去立切。《玉篇》：“㬤，欲乾也。”

膊者，《方言》文。“東齊及秦之西鄙，言相暴僇爲膊。燕之外郊，朝鮮、洌水之間，凡暴肉[7]，發人之私，披牛羊之五藏，谓之膊。”《說文》：

“膊，薄脯，膊之屋上。”

昲者，孚未切。《方言》：“昲，乾物也。”

炕，重出。

煬者，餘亮切。《方言》文。《説文》：“煬，炙燥也。”

烈者，亦《方言》文。《大雅・生民》：“載燔載烈。”傳：“貫之加於火曰烈。”

晅者，乾燥也。

膘者，《方言》：“昲、曬，乾物[8]也。揚、楚通語也。”郭注：“今皆北方通語。或云‘膘’。”《玉篇》：“膘，置風、日中令乾。”

曬者，《方言》文。“暴五穀之類，秦、晉之間，謂之曬。”又曰：“曬，乾物也。”《漢書・中山靖王傳》：“白日曬光，幽隱皆照。”

[注] [1]静本、愛本誤作“以”。[2]愛本誤作“火”。[3]《廣雅疏義》：“鏁，亦燥也。”[4]愛本误作“大”。[5]静本、愛本作“熱”。[6]静本、愛本作“𣇈”。[7]静本、愛本作“肉”。[8]静本、愛本脱“乾物”二字，衍“暴”字。

間、誣、誃與紙反，又與支反**、益、增、被、匱、尚，加也。**

《説文》：“加，語相增加也。”

間者，字當爲“讕”。《説文》：“讕，詆讕也。或從‘間’。”詆讕，亦誣加之意。

誣者，武扶切。《説文・言部》義也。《周語》：“其刑矯誣。”韋昭注：“加罪無辜曰誣。”

誃者，《玉篇》：“誃，加也。”本此。

益者，不足而加之也。

增者，《說文》：“增，益也。”“譄，加也。”古字通用。

被者，《禹貢》：“西被於流沙。”《漢書・高帝紀》：“高祖被酒。”顔師古注：“被，加也。爲酒所加。”謝混《游西池[1]詩》：“迴阡被陵闕。”李善注：“言加大阜而通城闕也。”

匱，未詳[2]。

尚者，《論語》：“好仁者，無以尚之。”《孟子》：“皜皜乎不可尚已。”《廣韻》：“尚，加也。”本此。

[注] [1]静本、愛本誤作“地”。[2]《廣雅疏證》：“諸書無訓‘匱’爲‘加’者，匱，當作‘遺’，字之誤也。”

甈去滯反、**罅**、**瑕**、**璺**問音、**斯**、**坼**、**弹**補買反、**㕖**、**𠂢**[1]必麥反、**捇**呼虢反、**睚眦**、**隟**、**斬**、**裁**、**剅**多矦反、**𢦏**呼麥反、**扫**呼没反，又乎没反、**劈**普歷反、**擙**衛音、**劐**口[2]獲反、**𤺄**戈欒反、**𠜾**呼獲反，又口獲反，**裂也。**

《說文》：“裂，繒[3]餘也。”《齊語》：“戎車、游車之裂。”韋昭注：“裂，殘也。”

甈者，魚列切。《說文》：“甈，康瓠，破罌。或作‘㽽’。”《爾雅・釋器》：“康瓠謂之甈。”《周官・牧人職》：“凡外祭，毁事。”注：“故事毁爲甈。”杜子春云：“甈，當爲‘毁’。”《法言・先知篇》：“甄陶天下者，其在和乎？剛則甈，柔則坯。”

罅者，呼迓切。《說文》：“罅，裂也。從缶。缶燒善裂也。”又云：“墉，坼也。或作‘隫’。”“罅”、“墉”、“隫”，字異音義同。

瑕者，脆[4]之裂也。《管子・制分篇》：“故凡用兵者，攻堅則軔，乘瑕則神。”房玄齡注：“瑕，猶虚脆也。”

璺、**斯**者，璺，亾奮切。《方言》：“秦、晉器破而不[5]殊其音謂之廝，器破而未離謂之璺。”《春官·太卜》注：“兆者，其象似玉、瓦、原之舋罅。”《釋文》：“舋，舊‘許靳反’。”沈重依聶氏音“問”。云：“依字作‘璺’。璺，玉之坼也。”“廝”、“斯”古字通。

坼[6]者，丑格切。《說文》：“㾖，裂也。”引《詩》曰：“不㾖不疈。”《月令·仲冬》：“地始坼。”《後漢書·安帝紀》：“日南地坼，長百餘里。”

㢶者，《集韻》作“𤗚”。引《博雅》：“裂也。”𤗚，與“擺”同聲。《集韻》：“擺，開也。”當即一字，故曹音“補買反”也。作“㢶”者，形之訛。

㐢者，五故切。未詳。

摝者，字當爲“㼌[7]”。《集韻》：“㼌，分也。或作‘劈’。匹麥切。”舊本“摝”誤從“瓜”，今訂正。

捇者，《說文·手部》義也。呼麥切。

睚眦者，目之裂也。上，五懈、五皆二切；下，士介切。《漢書·原涉傳》：“好殺，睚眦於塵中，觸[8]死者甚衆。”張衡《西京賦》：“睚眦蠆芥，屍僵路隅。”

隙者，壁之裂也。《說文》：“隙，壁際孔也。”《文選》注引《字林》云：“從阜旁，二小夾白也。”“隟”、“隙”，古今字。

斬者，《說文》：“斬，截也。斬法[9]，車裂也。”舊本“斬”訛“斫[10]”，今訂正。

裁者，帛之裂也。《說文》：“裁，制衣也。”

刡者，《玉篇》：“刡，小裂也。”本此。

掝者，《玉篇》、《廣韻》：“掝[11]，裂也。”本此。

扫者，《玉篇》：“扫，亦‘搰’字。穿也。”

劈者，《說文》：“劈，破也。”

揩者，俞炔切。《廣韻》：“揩，揩裂。”本此。

劀者，《玉篇》：“劀，解也。劀，籀文。”劀，與“劀”同。

瘸者，《說文》：“瘸，創裂也。以水切。”

剫者，《玉篇》：“剫，裂也。”本此。

[注] [1]静本、愛本作“抓”,《博雅音》作“振”。《集韻》引《博雅》：“裂也。”[2]静本、愛本誤作“呼”，據《博雅音》改。[3]静本、愛本作“繪”。[4]静本、愛本作“胞”。[5]“而不”，愛本倒爲“不而”。[6]静本、愛本誤作“圻”。[7]静本、愛本誤作“胍”。[8]静本、愛本誤作“獨”。[9]静本、愛本誤作“注”。[10]静本、愛本誤作“斬”。[11]愛本誤作“拭”。

鬜措瞎反、**鬝**口八反、**髻**瞎音、**頣**口本反，又口骨反，**秃也。**

《說文》：“秃，無髮也。王育說：‘倉頡出見秃人伏禾中，因以制字。’”《釋名》：“秃，無髮，沐秃也。沐者髮下垂，秃者無髮，皆無上皃之稱也。”

鬜者，《說文》：“鬜，鬢秃也。”通作“顅”。《說文》：“顅，頭鬢少髮也。”

鬝者，《玉篇》：“鬝，秃也。”《集韻》：“鬜、鬝，秃也。”並本此。

髻者，五緖切。《玉篇》：“髻、鬝，秃也。”本此。

頣者，《說文·頁部》義也。《廣韻》：“頣，皃秃。”

集韻：“瘌，其例切。”引《廣雅》：“秃也。”今無此字。或即“鬝”字之異文。

爰、喛呼館反，又虎元反。《方言》音"段"、**愠，愁也。**

《説文》："愁，憂也。"

爰、喛者，《方言》："爰、喛，哀也。"郭注："哀而恚也。"又云："爰、喛，恚也。楚曰爰。秦、晉曰喛，皆不膺而彊答之意也。"郭注："謂悲恚。"

愠者，《説文》："愠，怒也。"案，"爰"、"喛"之義，《方言》爲"恚"、爲"哀"。愠之義訓"怒"。《玉篇》兼訓"恚"。疑此"愁"字，"恚"之訛也。

馮、齘械音、**苛**何音、**嫳**篇悦反，又普列反、**䰩**於危反**盈、戲、憚、忿、愠、讀、怖、漢、赫、顊**巨錦反，又渠領反、**悖、恚、俟**戾音、**嫪**陟衛反、**怴**呼述反、**訮**虚妍[1]反、**訶**火哥反、**𧇾**苦暫反、**噉**虚葛反、**諸**時音、**訙**血音、**訠**魚刮反、**諻**涅音、**喤**户盲反、**譴、讀，怒也。**

《説文》："怒，恚也。"

馮、齘、苛者，《方言》文。"楚曰馮，小怒曰齘。陳謂之苛。"郭注："馮，恚盛皃。"《楚辭》曰："康回馮怒。"齘，言噤齘也。苛，相苛責也。《説文》："齘，齒相切也。乎介切。"《玉篇》："噤齘，切齒怒也。"陸機《從軍行》："涼風嚴且苛。"李善注引宋均《春秋緯》注："苛者，切也。"

嫳者，《説文》："嫳，易使怒也。"

䰩[2]盈者，《方言》："魏盈，怒也。燕之外郊，朝鮮、洌水之間，凡言呵叱者，謂之魏盈。""䰩"、"魏"不同，皆當作"䰩"。《玉篇》："䰩，盛皃。"此言怒之盛，形相涉而譌也。

戲、憚者，亦《方言》文。"齊曰戲，楚曰憚。"

忿者，《周書·君陳》："爾無忿疾於頑。"孔傳："無忿怒疾之也。"

慍者，《說文·心部》義也。《韓詩·車舝》："以慍我心。"《薛君章句》："慍，怒也。"《楚語》："夫民心之慍也，若防大川焉，潰而所犯必大矣。"韋昭注："慍，怒也。"

謓者，昌真切。《說文》："謓、怒，恚也。"

怖者，蒲昧切。《說文》："怖，恨怒也。"引《詩》曰："視我怖怖。"今本《小雅·白華》作"邁邁"。《釋文》引《韓詩》作"怖怖"。《薛君章句》："怖怖，意不說好也。"

漢、赫者，《方言》文。《大雅·皇矣》："王赫斯怒。"《文選》注引《埤蒼》："哮赫，大怒也。"案，"哮"、"漢"，聲相近。

䫶者，亦《方言》文。郭注："䫶，䫶恚皃也。"《廣韻》："䫶，䫶齘，切齒怒皃。"

悸者，其季切。《說文》："悸，心動也。"

恚者，於避切。《說文》："恚，恨也。"《玉篇》："恚，恨怒也。"

悷者，力計切。《玉篇》："悷，怒也。"本此。

㜎者，丁滑切。《說文》："㜎，疾悍也。"

㤜者，《玉篇》："㤜，怒也。"本此。

訮者，言之怒也。《說文》："訮，諍語訮訮也。"《類篇》："訮，怒也。"本此。

訶者，《說文》："訶，大言而怒也。"《後漢書·文苑傳》："禰衡言不遜順，黄祖慙，乃訶之。"

䖘者，虎之怒也。《玉篇》："䖘，虎怒皃。"

㰤者，《玉篇》："㰤，訶也。亦作'喝'。"

諸者，昌脂切。《玉篇》："諸，訶怒也。"

訹者，呼決切。《玉篇》："訹，怒訶也。"

訶者，《玉篇》："訶，怒也。訶也。"

諿[3]者，《集韻》引此文。又云："訶也。或作'諿'。"

喤者，《說文》："喤，小兒啼。"

譴者，去戰切。《小雅·小明》："畏此譴怒。"舊本"譴"訛從"遣"。今訂正。

讀者，側革切。《玉篇》："讀，怒也。"本此。通作"謫"。《方言》："謫，怒也。"

《集韻》引《廣雅》："忄勺，怒也。丁歷切。"今無此文。疑涉下而誤也。

[注] [1]静本、愛本作"娩"，據《博雅音》改。[2]《博雅音》："覣，當作'婴'。"[3]静本、愛本作"諿"。

惜、恫動公反**、灼**杓音**、怛、哀、傷、痨**老到反[1]，又力彫反**、毒、憯**七黠反**、蛆**那達反**、憏**策音**、瘌**羅達反**、藞**丑略反，又呼各反**、藞**按，此"藞"字，張揖出重[2]耳**、疼**彤音**、恩、悲、愍、殷、惄、痠**酸音**、讟、桐，痛也。**

《釋名》："痛，通也。通在膚衇中也。"《說文》："痛，病也。"《玉篇》："痛，傷也。"

惜、恫者，並《說文·心部》義也。《大雅·思齊》云："神罔時恫。"

灼、怛者，《方言》文。上，之藥切；下，當割切。《玉篇》："灼[3]，痛也。"《說文》："怛，憯也。"《檜風·匪風》："顧瞻周道，中心怛兮。"傳："怛，傷也。"孔疏："怛者，驚痛之言，故爲傷也。"宋玉《風賦》："中心慘怛。"

哀者，《周書·大誥》："允蠢鰥寡，哀。"《豳風·破斧》："哀我人斯。"

傷者，式諒切。《玉篇》："傷，痛也。"本此。

㾇、毒者，《方言》："凡飲藥、傅藥而毒，北燕、朝鮮之間，謂之㾇。自關而西謂之毒。"陸機《歎逝賦》："毒娛情而寡方。"阮籍《咏懷詩》："感慨懷辛酸，怨毒常苦多。"李善注並引此文。

憯者，《說文·心部》義也。《小雅·十月之交》云："胡憯莫懲。"《莊子·庚桑楚篇》："兵莫憯於志，鏌鋣爲下。"

蛆者，《玉篇》："蛆，痛也。蠚也。"本此。

㥽者，楚革切。《方言》："㥽、剌，痛[4]也。自關而西，秦、晉之間，或曰㥽。"郭注："憯、㥽，小痛也。"

瘌者，《方言》："凡飲藥、傅藥而毒，南楚之外謂之瘌。瘌，痛也。"

蠚、䖮者，《玉篇》："蠚，痛也。亦作'䖮'。"案，蠚，《漢書·田儋傳》作"䖮"，是二字通用。攷音釋"蠚"下有"出里"二字，疑即"重出"二字倒誤。

疼者，徒冬切。《玉篇》："疼，痛也。"本此。

𢚧者，初力切。《說文·心部》義也。彼作"惻"，同。《易·井卦》："井渫不食，爲我心惻。"

悲、愍、慇者，竝《說文·心部》義也。《豳風·七月》云："女心傷悲。"《左氏昭元年傳》："吾代二子愍矣。"

惄者，乃歷切。《方言》："齊、宋之間，謂痛曰惄。"

痠者，先丸切。《玉篇》："痠，痠疼。"

讟者，《方言》文。郭注："謗、讟、怨，痛也。"《說文》："讟，痛怨也。"

桐者，《白虎通義》云："喪服，以桐杖何？桐者，痛也。"

《集韻》："㾊，女瞎切。"引《廣雅》："痛也。"今無此文。

[注] [1]静本、愛本作“老、到二音”，據《博雅音》改。[2]静本、愛本誤作“里”。[3]《玉篇》作“灼”，但該字前後的字都從“心”。《廣雅疏證》：“灼，與‘忦’通。”[4]静本、愛本脱“痛”字。

喘、喙凶[1]穢反**、咶**虎夬反**、氣**虚氣反**、欶**虎夾反**吹**漢佳[2]反**、欲**苦訝反**、奄、䴵**姑音**，息也。**

《説文》：“息，喘也。”

喘者，《説文》：“喘，疾息也。昌沇切。”《史記·倉公列傳》：“令人喘，逆氣，不能食。”《漢書·王褒[3]傳》：“匈喘膚汗。”

喙者，《方言》文。“自關而西，秦、晉之間，或曰喙。”《晉語》：“郤獻子傷，曰：‘余病喙。’”韋昭注：“喙，短氣貌。”

咶者，《廣韻》：“咶，息聲。”古用“喟”。《説文》：“喟，太息也。”

氣者，與“呬”同。《方言》：“呬，息也。東齊曰呬。”

欶吹者，上，呼洽切；下，呼飢切。《玉篇》：“欶，欶吹，氣逆也。”“吹，欶吹。”舊本“吹”訛“歐”，今訂正。

欲者，客加切。《玉篇》：“欲，出氣也。”舊本“欲”作“欹”。案，《玉篇》：“欹，大張口笑也。”非其義，今訂正。

奄者，《方言》文也。於檢切。

䴵者，古胡切。《廣韻》：“䴵，䴵息。《禮記》作‘姑’。”舊本“䴵”訛“䴵”，今訂正。

[注] [1]静本、愛本誤作“又”，據《博雅音》改。[2]静本、愛本誤作“家”，據《博雅音》改。[3]静本、愛本誤作“莽”。

烎淫音、**灼**、**烔**同音、**焯**之[1]藥反、**㷆**火遇反、**炘**虚隱反、**煆**呼嫁反、**烸**哀音、**爆**布角反，又普角反，又步角反、**煉**、**燒**、**焫**[2]而悅反、**爇**然音、**炙**、**煬**、**烈**、**熻**[3]、**炙**、**爟**古亂反，**爇也**[4]。

《說文》：“爇，燒也。”《左氏僖二十八年傳》：“爇僖負羈氏。”《淮南·兵畧訓》：“毋爇五穀，毋焚積聚。”

烎者，直廉切。《說文》：“烎，小爇也。”

灼者，《說文》：“灼，炙也。”《魯語》：“如龜焉，灼其中，必文於外。”《漢書·霍光傳》：“灼爛者在於上行。”顏師古注：“灼，謂被燒炙者也。”

烔者，徒東切。《玉篇》：“烔，熱貌。”《廣韻》：“烔，熱氣烔烔。出《字林》。”

焯者，《廣韻》：“焯，火氣。”《集韻》：“焯，爇也。”本此。

㷆者，《玉篇》：“㷆，熱也。”

炘者，許斤切。揚雄《甘泉賦》：“乘景炎之炘炘。”顏師古曰：“光盛貌。”《玉篇》：“炘，與‘焮’同。熱也。”《左氏昭十八年傳》：“司馬、司寇列居火道，行火所焮[5]。”注：“焮，炙也。”《釋文》：“許靳反。”《集韻》：“焮，爇也。”

煆者，《方言》：“煦、煆，熱也。乾也。”郭注：“熱則乾燥。”

烸者，烏來切。《玉篇》：“烸，熱也。”

爆者，《說文》：“爆，灼也。”徐鉉曰：“今俗音豹。火烈也。”《集韻》：“爆，熱也。”本此。

煉者，郎甸切。《說文》：“煉，鑠冶金也。”王充《論衡》：“女媧氏煉五色石以補蒼天。”

燒者，《說文·火部》義也。式昭切。《月令》：“仲夏，毋燒灰。”《戰國策》：“因燒其券。”

焫者，《郊特牲篇》："既奠，然後焫蕭合羶薌。"《玉篇》："焫，與'爇'同。"

𦶜者，如延切。《說文》："然，燒也。或作'𦶜'。"《漢書·五行志》："見巢𦶜，盡墮地中。"顏師古注："𤏩，古'然'字。"是"𦶜"、"然"、"𤏩"，音義同。

炙者，之石切。《說文》："炙，炮肉也。"《小雅·瓠葉》傳："炕火曰炙。"

煬、烈、熻、炙者，《方言》："煬、烈，暴也。煬、翕，炙也。"郭注："今江東呼火猛熾爲煬。"四字，《玉篇》皆訓"熱"。煬，余尚切。熻[6]，許及切。"熻"、"翕"，古字通。舊本"烈"訛"裂"，今訂正。

爟者，《說文》："爟，取火於日。官名，舉火曰爟。"引《周禮》曰："司爟，掌行火之政令。"或作"烜"。

[注] [1]静本、愛本誤作"文"。[2]《廣雅疏證》作"焫"。[3] [6]静本、愛本誤作"熻"。[4]愛本脱"反爇也"三字。[5]静本、愛本誤作"撳"。

周、帀、辨、接、選、延，徧也。

《說文》："徧，帀也。"《虞書·舜典》："徧於羣神。"《小雅·天保》："徧爲爾德。"

周者，《地官·大司徒》："周知九州之地域。"注："周猶徧也。"《益·象傳》："莫益之，偏詞也。"孟喜曰："周，帀也。"今本作"偏"。《檀弓》："四者皆周。"注："周，帀也。"《晉語》："三周華不注之山。"韋昭注："周，帀也。"

帀者，子荅切。《說文》："帀，周也。從反之而帀也。周盛說。"《淮南·人間訓》："魯君令人閉城門而捕之，圍三匝。""帀"與"匝"同。

辨者，字當作"辯"。辯，古文"徧"。《鄉射禮》："司射乃比[1]衆耦辯。"注："衆賔、射者降，比之耦，乃徧。"《大射儀》："大夫辯受酬。"注："今文'辯'作'徧'。"《鄉飲酒禮》："衆賓辯有脯醢。"注："今文'辯'皆作'徧'。"《樂記》："其治辯者，其禮具。"注："辯，徧也。"《史記》："辯於羣神。"今《尚書》作"徧"。《春秋傳》："子言辯舍爵於季氏之廟。"杜注："辯，徧也。"《荀子·脩身[2]篇》："扁善之度。"楊倞注："扁，讀爲'辯'。"《韓詩外傳》："君子有辯善之度。"是"辯"、"徧"同也。

接者，交之徧也。

選、**延**者，《方言》文。

[注] [1]愛本誤作"此"。[2]静本、愛本誤作"子"。

里、㐬、閭、衖、扃、閈、圹、宇、慰[1]、廛、在、於、處[2]、所、北[3]、墟、宙、鄘多郎反、**聚、落，凥**古魚反。凥，案，《説文》："從尸，几聲。"今"居"字乃"箕居"字也，古慮反**也。**

《說文》："凥，處也。從尸，得几而止。"《孝经》曰："'仲尼凥。'凥，謂閑凥如此。"經典通作"居"。

里者，《小爾雅》文。《鄭風》："將仲子兮，無踰我里。"傳："里，居也。二十五家爲里。"《大戴禮記·王言篇》："三百步爲里，千步爲井。"《釋名》："五鄉鄰爲里，居[4]方一里之中也。"《雜記》："里尹主之。"鄭注引《王度記》"百户爲里"疏云："案，《别録》云：'《王度記》似齊宣王時淳於髡等所説也。'《撰考》云：'古者，七十二家爲里。'"《洛誥傳》："古者，八家爲鄰，三鄰爲朋，三朋爲里。"鄭云："蓋虞夏時制也。”張衡《西京賦》：“秦里其朔，實爲咸陽。”薛綜註：“里，居也。”

㐬者，《集韻》作“㝐”。引《廣雅》：“㝐，居也。”

閭者，《說文》：“閭，里門也。閭，侶也。二十五家相羣侶也。”《大司徒職》：“令五家爲比，使之相保；五比爲閭，使之相受。”杜子春云：“閭，二十五家也。”

衖者，《說文》：“䢽，里中道。篆文作‘巷’。”今作“巷”，同。《鄭風·叔于田》：“巷無居人。”傳：“巷，里塗也。”又《丰》云：“俟我乎巷兮。”傳：“巷，門外也。”《離騷》：“五子用失夫家巷。”巷，讀爲“衖”。

𡈼[5]者，字當爲“壼”。《說文》：“𡈼[6]，宮中道。從囗。象宮垣道上之形。”引《詩》曰：“室家之𡈼。”

閈者，矦旰切。《說文》：“閈，閭也。汝南、平輿，里門曰閈。”《左氏襄三十一年傳》：“高其閈閎。”

圹者，疑“厈”之訛。呼旱切。《說文》：“厂，山石之厓巖。人可居。籀文作‘厈’。”

宇者，《說文》：“宇，屋邊也。籀文作‘寓’。”《繫辭傳》：“上棟下宇。”《大雅·緜》云：“聿來胥宇。”《周語》：“使各有寧宇，以順及天地。”韋昭注：“宇，居也。”《離騷》：“爾何懷乎故宇。”

慰者，《方言》文。“江、淮[7]、青、齊之間語。”《文選·雜詩》：“宴慰及私辰。”

廛者，亦《方言》文。“東齊、海岱之間語。”《說文》：“廛，一畝半。一家之居。”《魏風·伐檀》傳：“一夫之居曰廛。”《周禮·遂人》：“夫一[8]廛。”注：“廛，居也。城邑之居。”古通用“壇”。《序官》“廛人”注：“故書‘廛’爲‘壇’。”杜子春讀“壇”爲“廛”。《管子·五輔篇》："辟田疇，利壇宅。"《荀子》云："定廛宅。"是"廛"、"壇"，古字同。

在者，《文言傳》："在下位而不憂。"蔡邕《獨斷》云："天子以四海爲家，謂所居爲行在所。"《漢書·武帝紀》："徵詣行在。"《玉篇》："在，居也。"本此。

於者，古文"烏"字。烏，即"鄔"也。馬融《長笛賦》序："獨卧郿平陽鄔中。"李善注："平陽鄔，聚邑之名也。"服虔《通俗文》："營居曰鄔。"案，鄔，通作"塢"。《玉篇[9]》："塢，村塢也。"《玉篇》："於，居也。"本此。

處者，《説文》："処，止也。得几而止。或作'處'。"《召南·殷其靁》："莫或遑處。"《吕氏春秋·仲春紀》："民無常處，見利之聚，無之去。"毛傳、高注並云："處，居也。"

所者，《鄭風·太叔于田》："獻于公所。"《商頌·殷武》："有截其所。"箋："所，處也。"

北者，古文"丘"字。去留切。《玉篇》引此文。鮑照《結客少年場行》："去鄉三十載，復得還舊邱。"

墟者，潘岳《西征賦》："窺秦墟於渭城。"李善注引《聲類》云："墟，故所居也。"謝靈運《從游京口北固應詔詩》："墟囿散紅桃。"

宙者，《説文》："宙，舟輿所極覆也。"《玉篇》："宙，居也。"本此。

鄬者，《玉篇》引此文。"一曰'五百家爲鄬'。今作'黨'。"

聚者，《説文》："聚，會也。邑落曰聚。"

落者，獸之居也。左思《吴都賦》："剽掠虎豹之落。"沈約《安陸王碑》："由是傾巢舉落，望德如歸。"

[注] [1]静本、愛本作"愍"。[2]愛本作"㦬"。[3]静本、愛本作"此"。[4]静本、愛本脱"居"字。[5]静本、愛本作"扃"。[6]静本、愛本作"薗"。[7]静本、愛本衍"者"字，已刪。[8]静本、愛本誤作"之"。[9]静本、愛本脱"玉篇"二字。

懈、慢、㥏退音、綎他丁反、紹、遲、繟、闡、譠託山反、謾、延、縒昌善反、弛、退、甘、韜，緩也。

《釋名》："緩，浣也。斷也。持之不急，則動摇。浣、斷，自放縱也。"《説文》："緩，綽也。或作'緩'。"

懈者，《説文》："懈，怠也。"《大雅・烝民》云："夙夜匪解。""解"，與"懈"同。

慢者，《説文》："慢，惰也。"《鄭風・大叔于田》："叔馬慢忌。"傳："慢，遲也。"《釋文》作"嫚"。云："本又作'慢'。"

㥏者，他没、待戴二切。《玉篇》："㥏，忽也。""忲，同上。""怠"、"忽"，緩不及事也。

綎者，《説文・糸部》義也。讀與"聽"同。或作"綎"。

紹者，蚩招切。《大雅・常武》："匪紹匪游。"箋："紹，緩也。"《釋文》引徐邈云："鄭康成讀'尺遥反'。"舊本"紹"訛爲"絲勞即紿"之"紿"。曹憲音"待"，亦誤，今訂正。

遲者，《説文》："遲，徐行也。"引《詩》曰："行道遲遲。"或作"迟"。籀文作"遟"。揚雄《甘泉賦》："徘徊招[1]摇，靈迟迡兮。"李善注："迟迡，即棲遲也。"

繟者，昌善切。《説文》："繟，帶緩也。"老子《德經》："繟然而善謀。”

嘽者，與“繟”音義同。通作“嘽”。《樂記》：“其樂心感者，其聲嘽以緩。”

譠者，言之緩也。《玉篇》：“譠，慢言也。”

謾者，毋官切。《漢書·兩[2]龔傳》：“婠謾亾狀。”案，“謾”與“慢”，字異義同。

挻，未聞。疑與“延”同。《左氏襄十四年傳》：“晉人謂之遷延之役。”

緂者，《說文》：“緂，偏緩也。”與“幝”同。

弛者，弓之緩也。施氏切。《說文》：“弛，弓解也。或作‘虒’。”

退者，《方言》文。郭注：“謂寬緩也。”《說文》：“徥，却也。一曰行遲也。古文作‘退’。”

甘者，味之緩也，謂和緩也。

韜者，《廣韻》：“韜，寬也。”通作“犪”。《說文》：“犪，牛徐行也。讀若滔。”

[注] [1]静本、愛本誤作“抬”字。[2]静本、愛本誤作“而”字。

儋、由、胥、輔、佐、佑、虞、護、勸、救、吹、扇、埤、役、賻，助也。

《說文》：“助，佐也。”左，今[1]“佐”字。《釋名》：“助，乍也。乍往相助，非長久也。”

儋者，《釋名》：“儋，任也。”是自任爲儋，助人任亦儋也。

由、胥、輔者，《方言》：“由、胥，輔也。吴、越曰胥。燕之北鄙曰由。”郭注：“胥，相也。由，正也，皆謂輔持。”《大戴禮記·千乘篇》：

“國有四輔。”《尚書大傳》：“古者天子有四輔臣，前曰疑，後曰丞，左曰輔，右曰弼。”

佐、佑者，上，則箇切；下，云九切。古作“左”、“右”。《說文》：“左，手相左助也。”“右，手口相助也。”《泰・象傳》：“以左右民。”《商[2]頌・長發》：“實左右商王。”《尚書大傳》：“舜爲左右。”《書》序：“周公爲師，召公爲保，相成王爲左右。”徐鉉曰：“今俗别作‘佐’、‘佑’。”《周禮》：“乃立天官冢宰，以佐王均邦國。”注：“佐，猶助也。”“佑”通作“祐”。《繫辭傳》：“《易》曰：‘自天佑之，吉。無不利。’子曰：‘祐者，助也。’”

虞者，《玉篇》：“虞，助也。”本此。

護者，救之助也。《說文》：“護，救視也。”《史記・蕭相國世家》：“數以吏[3]事護高祖。”

勸者，勉之助也。《說文》：“勸，勉也。”《廣韻》：“勸，助也。”本此。

救者，護之助也。《商書・太甲》：“尚賴匡救之德。”

吹、扇者，《方言》文。郭注：“吹、噓、扇、拂，相佐助也。”

埤者，《小雅・節南山》：“天子是毗。”箋：“毗，輔也。”王肅作“埤”。《說文》無“毗”字，作“俾”者是。

役者，役夫所以助人者也。

賻者，喪之助也。《秋官・小行人》：“若國札喪，則令賻補之。”鄭司農云：“謂賻喪家，補助其不足也。”

［注］ [1]静本、愛本誤作“右”，據《說文》段注改。[2]愛本誤作“商”。[3]静本、愛本誤作“史”。

娤莊音、**𧜟**[1]蕩音、**賁**奔音。《周易·賁卦》，今人多"彼寄反"，失之、**容、公、潤、養、文、字，餙也。**

《説文》："餙，𧜟餙。"《釋名》："餙，拭也。物穢者，拭其上使明，由他物而後明，猶加文於質上也。"

娤者，女之餙也。側羊切。《説文》："妝，餙也。從牀省[2]。"《後漢書·梁冀傳》："冀妻孫壽美而善爲疾態，作愁眉啼娤。""娤[3]"、"妝"古字通。

𧜟者，衣之飾也。徐兩切。《説文》："𧜟，餙也。"史游《急就篇》："𧜟餙刻畫無等雙。"《漢書·外戚傳》："𧜟餙將醫往問疾。"顔師古注："𧜟，盛餙也。"通作"象"。《虞書》："予欲觀古人之象。"《鄘風·君子偕老》云："象服是宜。"傳："象服，尊者所以爲餙。"

賁者，《序卦傳》："賁者，餙也。致餙然後亨則盡矣。"鄭注："《賁》卦云：'賁，變也。文餙之貌。'"王肅云："有文餙，黄白色。"孫侍御曰："《周易·賁卦》，高誘讀爲'鶉之賁賁'之'賁'，可證曹音之不誤。"

容、公[4]者，並余封切。《周官·保氏》："教國子六儀。一曰祭祀之容，二曰賓客之容，三曰朝廷之容，四曰喪紀之容，五曰軍旅之容，六曰車馬之容。"是容貌所以爲綿也。古作"頌"。《説文》："頌，皃也。"《漢書·儒林傳》："魯徐生善爲頌。"顔師古注："頌，讀與'容'同。"《楊統碑》："庶考斯之頌儀。"舊[5]"容"下重"容"字。《説文》："容，古文作'公'。"下"容"，疑即古文之"公"。猶下文"掏"即"搯"，亦並舉也，今訂正。

潤者，《大學篇》："富潤屋。"

養者，《廣韻》："養，餙也。"[6]本此。

文者，《説文》云："文，錯畫也。象交文。"《攷工記》："畫繪之事，青與赤謂之文。”是“文”爲采之餙也。《左氏僖二十四年傳》：“身將隱，焉用文之。”

字者，辭之餙也。《太平御覽》引《春秋說》云：“字者，餙也。”

[注] [1]静本、愛本誤作“褖”。[2]静本、愛本誤作“者”。[3]静本、愛本脫“婁”字。[4]静本、愛本誤作“穴”。[5]静本、愛本衍“下”字，已刪。[6]《廣韻》原作“養，飾也”。《廣雅疏證》作“養”，但未出注。《干禄字書》：“养、養，上俗下正。”

捈[1]塗音、**招**他刀反、**掏**憲案，即上“招”字、**舀**史音、**戽**虎音、**䜌**拘萬反、**挹**、**抖**呼括反、**㪺**，**抒**侍[2]與反**也**。

《說文》：“抒，挹也。”《大雅·生民》：“或舂或揄。”傳：“揄，抒臼也。”

捈者，同都、似嗟二切。《說文》：“斜，抒也。讀若茶。”“捈”、“斜”，古字通。

招、**掏**者，《說文》：“招，揞也。”《集韻》：“招，或作‘掏’。”本此[3]。

舀者，以沼切。《說文》：“舀，抒臼也。”引《詩》曰：“或簸或舀。”或作“抭”，或作“㕦”。《儀禮·有司》云：“二手執挑匕柄以挹湆。”注：“挑，謂之猷。讀如‘或舂或抭’之‘抭’。字或作‘挑’者，秦人語也。今文‘挑’作‘抭’。”《地官》“舂人”注亦引《詩》“或舂或抭”作“抭”者，《韓詩》鄭先通《韓詩故》讀從之。《詩·釋文》云：“揄，《說文》作‘舀’。”“舀”、“抭”、“揄”，音義同。《說文》“簸”字誤，當爲“舂”。

戽者，乎古、火故二切。《玉篇》：“戽，抒水器也。”通作“湖”。本書《釋器》："㳷斗謂之柦。"

䜌者，《說文》："䜌，抒滿也。"

挹者，《說文·手部》義也。《小雅·大東》："不可以挹酒漿。"傳："挹，㪺也。"

斢者，《玉篇》："斢，抒也。"本此。

㪺者，舉朱切。《說文》："㪺，挹也。"《小雅·賓之初筵》云："賓載手仇。"箋："仇，讀曰㪺挹也。"舊本"㪺"訛"斞"。今訂正。

[注] [1]愛本衍"捈"字，已刪。[2]静本、愛本誤作"待"，據《博雅音》改。[3]静本、愛本衍"音釋"二字，已刪。

黜、闕、虧、缺、拂、發、桀、除、祛、離、朅、遯、放、逸、走、往、逐、行、怯莫、謝、渡、谷，去也。

《說文》："去，人相違也。"

黜者，抑之去也。《虞書》："黜陟幽明。"《玉篇》："黜，去也。"本此。

闕者，《左氏成十三年傳》："又欲闕翦我公室。"

虧者，實之去也。《史記[1]·蔡澤列傳》："月滿則虧。"

缺者，少之去也。《周書·君牙》："咸以正罔缺。"

拂者，顏延之《應詔讌曲[2]水詩》："滯瑕難拂。"《玉篇》："拂，去也。"本此。通作"刜"。劉向《九歎》："刜讒賊於中霤兮。"王逸註："刜，去也。"又通作"弗"。《大雅·生民》："以弗無子。"傳："弗，去也。去無子，求有子。"

發者，《齊風·東方之日》云："履我發兮。"傳："發，行也。"此條"發"、"行"，皆訓"去"。或說"發"當作"廢"，字之誤也。《喪大記》云："疾病，君大夫徹懸，士去琴瑟。寢東首於北牖下，廢牀。"注："廢，去也。去牀，庶其生氣反也。"

桀者，古與"朅"通。《衛風·碩人》："庶士有朅。"《韓詩》作"桀"。"朅"爲去，故"桀"亦爲去也。

除者，《唐風·蟋蟀》："日月其除。"

祛者，去魚切。《文選·殷仲文〈南州桓公九井作詩〉》："惑祛吝亦泯。"注引《薛君韓詩章句》："祛，去也。"舊本"祛"譌"裕"，今訂正。

離者，《夏書·胤征》："畔官離次。"《玉篇》："離，去也。"本此。

朅者，去竭切。《說文·去部》義也。宋玉《九辯》："車既駕兮朅而歸。"《淮南·說山訓[3]》："以束薪爲鬼，朅[4]而走。"高誘注："夜行見束薪，以爲鬼，故去而走。"司馬相如《大人賦》："朅輕舉而遠游。"顏師古注："朅，去意也。"舊本"朅"譌"碣"，今訂正。

遯者，鄭注《易·遯卦》云："遯[5]，逃去之名。"通作"遁"。《後漢書·杜林傳》："上下相遁。"李善注："謂上下相匿，以文避法[6]也。"

放者，《曲禮》："無放飯。"注："去手餘飯於器中。"《廣韻》："放，去也。"本此。

逸者，逃之去也。《說文》："逸，失也。從兔，兔謾訑善逃也。"

走者，《士相見禮》"將走"注："走，猶去也。"《玉篇》："走，去也。"本此。

往者，《左氏昭七年傳》："取而臣以往。"注："往，去也。"《論語》："不保其往也。"鄭注："往，猶去也。何能保其去後之行。"

遜者，《說文》："遜，遁也。""遁，逃也。"《商書·微子》："吾家耄遜於荒。"《玉篇》："遜，去也。"本此。

行者，《左氏僖五年傳》："宮之奇以其族行。"杜注："行，去也。"

怯莫者，《方言》文。“齊、趙之總語也。抾摸，猶言持去也。”“怯莫”與“抾摸”，字異音義同。

謝者，《說文》：“謝，辭去也[7]。”《楚辭·九章》：“願歲并謝，與長友兮。”王逸注：“謝，去也。”

渡者，《玉篇》引此文。

谷者，疑即“厺[8]”字之訛。厺，古“去”字。或說“谷”疑爲“郤”。《說文》：“徦，郤也。”

[注] [1]愛本誤作“說”。[2]静本、愛本誤作“由”。[3]静本、愛本衍“也”字，已刪。[4]静本、愛本誤作“竭”。[5]静本、愛本衍“去”字，已刪。[6]静本、愛本誤作“去”。[7]“辭去也”，愛本倒爲“辭也去”。[8]静本、愛本誤作“谷”。“厺”爲古“去”字，據《廣雅疏證》改。

斬、割、鋠、裂、撓規音，裁也。

上文“裁，裂也”。此又析言之。

斬者，《說文》：“斬，截也。”“裁”、“截”，義同。

割者，肉之裁也。《說文》：“割，剥也。”《玉篇》：“割，截也。”

鋠者，木之裁也。《方言》文。“梁、益之間，裁木爲器曰鋠。鋠，又斲也。晉、趙之間謂之鋠。”《漢書·藝文志》：“則苟鉤鋠析亂而已。”顔師古注：“鋠，破也。音劈。”案，《玉篇》：“鋠，普的、普錫二切。裁名也。”舊本“鋠”訛“鍼”，今訂正。

裂者，繒之裁也。上文“裁”也，此又轉相訓。

撓者，《方言》文。“梁、益之間，裁帛爲衣曰撓。”左思《蜀都賦》：“鋠撓兼呈。”

揞、戢、箴、扱，插也。

《說文》：“插，刺肉也。”《玉篇》：“插，刺入也。”

揞者，即刃切。鄭注《樂記》云：“揞，插也。”

戢者，《小雅·鴛鴦》：“戢其左翼。”《韓詩章句》：“戢，捷也。捷其噣於左也。”“捷”、“插”同義。

箴者，《說文》：“箴，綴衣箴也。”又云：“鍼，所以縫也。”二字通用，皆插入也。

扱者，楚洽切。《周南·芣苢》：“薄言襭之。”傳：“扱衽曰襭。”李康《運命論》：“扱衽而登鍾山藍田之上，則夜光璠璵之珍可觀矣。”李[1]善注引此文。

[注] [1]静本、愛本脫“李”字。

脜柔音、**賹**攘音、**儸**苦交反、**泡**白交反、**僙**古迴反、**腜**孚二反，又扶[1]四反、**韡、煒、蘊、茂、昆、渾、昌、阜、溢、腯**突音、**肥、奞**火計反、**浡，盛也。**

盛者，豐厚肥大之象。《方言》作“晠”。

脜者，耳由切。《說文》：“脜，嘉善肉也。”《玉篇》：“脜，肥美也。”

賹者，《方言》文。“秦、晉語也。梁、益之間，凡人言盛及其所愛，偉其肥盛，謂之賹[2]。”郭注：“肥、賹，多肉。”通作“壤”。《漢書·鄒陽傳》：“壤子王梁、代。”“賹”、“壤”，字異義同。如兩切。

儸者，亦《方言》文。“陳、宋之間語。”郭注：“儸、胮，麤大皃。”力庖切。

泡者，亦《方言》文。“江、淮之間語。”郭注：“泡、肥，洪張皃。”

音庖。

傀者，亦《方言》文。“自關而西，秦、晉之間語也。”郭注：“言瓌瑋也。”《説文》：“傀，偉也。或作‘瓌’。”《玉篇》“傀”，《聲類》以爲“傀”字。“傀”、“傀”、“瓌”，字異音義同。

膞者，亦《方言》文。郭注：“膞、呬，充狀也。”《玉篇》：“膞，盛肥也。匹備切。”

韡者，于鬼切。《説文》：“轉，盛也。”引《詩》曰：“萼不韡韡。”“韡”、“韡”同。

煒[3]者，筠輒切。《方言》：“曅[4]，盛也。”

藴者，《方言》文。郭注：“藴、藹，盛皃。”

茂者，草之盛也。《説文》：“茂，艸豐盛。”

昆者，《方言》文。彼作“焜”。古字通用。

渾者，狐本切。亦《方言》文。郭注：“們渾，肥滿也。”

昌者，《鄭風・丰》云：“子之昌兮。”傳：“昌、盛，狀皃。”《吕氏春秋・仲夏紀》：“賢者以昌，不肖者以亾。”高誘注：“昌，盛也。”

阜者，《鄭風・大叔于田》云：“火烈具阜。”傳：“阜，盛也。”《楚辭・大招》：“人阜昌只[5]。”《法言・問道篇》：“法度彰，禮樂著，垂拱而視天民之阜也。”王逸、宋[6]咸並訓“阜”爲“盛”。

溢者，《説文》：“溢，器滿也。”滿，亦盛意。

腯者，他骨切。《方言》：“䐉，腯也。”郭注：“肥[7]腯，腯肥，充也。”《説文》：“牛羊曰肥，豕曰腯。”《周頌・我將》箋：“我奉養[8]、我享祭之牛羊，皆充盛肥腯。”《曲禮》：“豚曰腯肥。”

肥者，《説文》：“肥，多肉也。”《左氏桓六年傳》：“博碩肥腯。”

朌者，《玉篇》：“朌，盛皃。”引《埤蒼》：“朌，肥大也。”

浡者，蒲忽切。《玉篇》：“浡，渾也。”渾，訓“盛”。浡，亦盛也。

［注］［1］静本、愛本誤作“狀”，據《博雅音》改。［2］《説文》：“益州鄙言人盛，諱其肥，謂之驤也。”驤，愛本作“㬂”。［3］静本、愛本作“㷦”。［4］静本、愛本作“㬎”。［5］静本、愛本“只”處空白。［6］静本、愛本誤作“采”。［7］静本、愛本無“肥”，據郭璞注補。［8］静本、愛本誤作“義”。

嫢具癸反，又聚惟反、**笙**、**揫**、**摻**所鑑反、**精**、**糳**、**粺**、**細**、**纖**死簷反、**微**、**緜**、**紗**、**麽**莫可反、**懱**、**私**、**策**、**葼**、**𡮐**騃音、**莌**悅音、**杪**彌沼[1]反、**肖**、**尐**子列反、**區**、**眇**、**藐**、**鄙**，**小也。**

《説文》：“小，物之微也。”

嫢者，細之小也。《方言》：“嫢，細也。自關而西，秦、晉之間，凡細而有容謂之嫢。”郭注：“嫢嫢，小成皃。”《説文》：“秦、晉謂細腰爲嫢。”通作“䫏”。《説文》：“䫏，小頭䫏䫏也。讀若規。”

笙者，《方言》：“笙，細也。秦、晉之間，凡細皃謂之笙。”

揫、**摻**者，《方言》：“揫、摻，細也。斂物而細，秦、晉謂之揫，或曰摻。”《説文》：“䲡，收束也。或作‘𪓰’，或作‘揫’。”

精者，亦細小也。

糳者，《説文》：“糲米一斛，舂爲九斗曰糳。”

粺者，《説文》：“粺，毇也。”毇米一斛，舂爲八斗也。舊本“粺”訛“稗”，今訂正。

細者，《説文》：“細，微也。”《周書·旅獒》：“不矜細行。”傳：“輕忽小物。”

纖者，《方言》文。“自關而西，秦、晉之郊，梁、益之間，凡物小者曰纖。”《説文》：“纖，細也。”通作“孅”。司馬相如《上林賦》：“嫵媚孅弱。”

微者，《説文》作：“㣲，妙也。”經典通用“微”。《孟子》云：“乃孔子則欲以微罪行。”

緜者，《説文》：“緜，聯微也。”《小雅·緜蠻》傳：“緜蠻，小鳥貌。”

𡥉者，乙肖切。《玉篇》：“𡥉𡥉，侹小貌。”舊本“𡥉”訛“紗”，今訂正。

麽者，《漢書·叙傳》：“又況么䯢，尚不及數子。”鄭氏曰：“䯢，音麽。小也。”晉灼曰：“此骨偏䯢之䯢。”顔監從鄭音，謂：“么、麽，皆微小之稱。”詹事兄《攷異》云：“《説文》無‘麽’字，而有‘䯢’字。䯢，㾰病也。與‘䯢’同。么，言其小；䯢，言其病。童谣所稱‘見一蹇人，言欲上天’。隗囂少病蹇，以是刺之也。晉説得之。”大昭案，“麽”當作“靡”。張博士時，尚未必有此“麽”字也。《方言》：“繒帛之細者曰纖，秦、晉曰靡。”此作“靡”，本《方言》也。轉寫者譌爲“麽”。曹音“莫可反”，非也。

㦟者，與“蔑”同。《方言》：“木[2]細枝，江、淮、南楚之間，謂之蔑。”《周書·君奭》：“文王蔑德，降於國人。”疏引鄭注：“蔑，小也。”《周語》：“鄭未失周[3]典，王而蔑之。”韋注訓蔑爲“小”。《法言》云：“視日月而知衆星之蔑也[4]，仰聖人而知衆説之小也。”

私、策、葼者，《方言》：“私、策，小也。凡物小者，秦、晉、梁、益謂之私。木細枝，燕之北郊，朝鮮、洌水之間，謂之策。青、齊、兖、冀之間，謂之葼，故傳曰：‘父母之怒子也，雖折葼笞之，其惠存焉。’”左思《魏都賦》：“弱葼係實。”葼，子紅切。

㡀者，與“敝”同。《春秋傳》稱“敝邑”、“敝器”、“敝賦”，皆謙言“小”也。舊本“㡀”訛“㒼”[5]。今訂正。

葹、杪者，《方言》文。“凡草生而初達謂之葹。木[6]細枝謂之杪。”左思《吴都賦》：“鬱兮葹茂。”《玉篇》：“葹，戈芮切。草生狀。”

肖者，《方言》文。通作“哨”。《攷工記》：“大匈燿後，有力而不能走。”注：“燿，讀曰哨。哨，小也。”《説文》：“哨，不容也。”

尐者，亦《方言》文。《孟子》：“力不能勝一匹雛。”趙岐注：“匹，小也。”孫奭音義云：“丁公著本‘匹’作‘尐’。”

區者，《漢書・胡建傳》：“穿北軍壘，以爲賈區[7]。”顔師古注：“區者，小屋之名。若今小菴屋之類，故衛士之屋謂之區。”

眇者，《方言》文。《説文》：“眇，一目小也。”《釋名》：“目[8]匡陷急曰眇。眇，小也。”

藐者，《左氏僖九年傳》：“以是藐諸孤。”潘岳《寡婦賦》：“孤女藐焉始孩。”

鄙者，《釋名》：“鄙，否也。小邑不能遠通也。”《吕氏春秋・孟夏紀》：“子張，魯之鄙家也。學於孔子。”高誘注：“鄙，小也。”司馬相如《子虛賦》：“臣，楚國之鄙人也。”李善注引此文。

[注] [1]静本、愛本誤作“治”，據《博雅音》改。[2]静本、愛本誤作“本”。[3]静本、愛本衍“未失周”三字，已删。[4]静本、愛本衍“仰聖人而知衆星之蔑也”十字，已删。[5]静本、愛本誤作“㒼”，據《廣雅疏證》改。[6]静本、愛本誤作“本”。[7]静本、愛本作“匩”。[8]静本、愛本誤作“月”。

鬱、䀝、倰來登反**、儠**力葉反**、檄、箾、橢**大果反**、矧、吕、僓**潰音**、逌、暘**悵音**、從、挻**恥延反**、鋋**恥聲反**、抒、隑**牛哀反**、脩、蔓、繹、覃、尋、將、枚、袤，長也。**

《說文》：“長，久遠也。從兀。”“兀者，高遠意也。”

鬱、䀝者，《方言》文。郭注：“謂壯大也。”

倰者，《玉篇》：“倰，長也。”《廣韻》：“倰僜，長貌。”本此。

儠者，《說文》：“儠，長壯儠儠也。”引《春秋傳》曰：“長儠者相之。”

檄、箾，並未[1]聞。

橢者，《玉篇》：“橢，狹長也。”通作“隋”。鄭注《儀禮》云：“隋方曰篋。”《釋文》云：“隋，狹而長也。”又通作“墮”。《爾雅》：“巒，山墮。”郭注：“謂山形長狹者。”

矧、吕者，《方言》文。“東齊曰弞。宋、魯曰吕。”郭注：“弞，古‘矧’字。”

僓者，《說文·人部》義也。徒回切。

逌者，《方言》文也。乎朗切。

暘者，丑亮切。潘岳《西征賦》：“華實敷榮，桑麻條暢。”李善注引此文。通作“蕩”。《說文》：“蕩，艸茂也。”

從者，東西曰橫，南北曰從，皆言長也。將容切。

挻者，以然切。《方言》：“延，長也。”延，與“挻”同。《玉篇》：“挻，長也。”本此。通作“梴”。《說文》：“梴，木長也。”《商[2]頌·殷武》：“松桷有梴。”“挻”、“梴”古字通。

鋋者，《玉篇》：“鋋，長也。”本此。

杼者，直吕切。《方言》云：“《燕記》曰‘豐人杼首’。杼首，長首也。燕謂之杼。”舊本“杼”訛從“手”，今訂正。

隑者，司馬相如賦："臨曲江之隑州兮。"《史記集解》引《漢書音義》："隑，長也。"

倄者，《方言》文。《小雅·六月》："四牡脩廣。"傳："脩，長也。"《戰國策》："鄒忌修八尺。"《離騷》："路曼曼其脩遠兮。"古與"條"通。《禹貢》："厥木惟條。"條，亦長也。

蔓者，草之長也。無販切。《左氏隱元年傳》："無使滋蔓。蔓，難圖也。"舊本"蔓"訛"㬅"，今訂正。

繹者，絲之長也。《方言》文。《說文》："繹，抽絲也。"

覃者，《說文》："覃，長味也。"《大雅·生民》："實覃實訏。"傳："覃，長也。"

尋者，《方言》文。"自關而西，秦、晉、梁、益之間，凡物長謂之尋。周官之法，度廣爲尋。"

將者，宋玉《九辯》："恐余壽之弗將。"王逸注："懼我性命之不長也。"

杸，未詳。

袤者，地之長也。《說文》："東西曰廣，南北曰袤。"張衡《西京賦》："量徑輪，考廣袤。"

[注] [1]愛本誤作"禾"。[2]愛本作"商"。

乾、倢、蹻巨略反、**狢**口堯反、**犺、㦩**户湛反、**鱙、巢、猛、壯、獜**力仁[1]反，又力忍反、**武、狡、偈、怒、驍，健也。**

《說文》："健，伉也。"《釋名》："健，建也。能有所建爲也。"

乾者，《易·說卦傳》文也。虞翻注："精剛自勝，動行不休。"《乾·象傳》云："天行健。"

倢者，疾葉切。《説文》：“倢，佽也。”“佽，便利也。”

蹻者，《周頌・酌》云：“蹻蹻王之造。”傳：“蹻蹻，武貌。”顔延之《赭白馬賦》：“捷趫夫之敏手。”李善注引此文。是“蹻”與“趫”古字通。《説文》：“趫，善緣木走之才。讀若‘王子蹻’。”

狢者，牽幺切。《集韻》：“狢、犺，健也。”本此。疑與“獟”同。獟，五弔、馨幺二切。張衡《西京賦》：“趫悍虓豁，如虎如貙。”李善注引《史記・匈奴傳》：“誅獟悍。”獟，與“趫”同。舊本“狢”訛“狢”。以音釋證之，則“狢”字是也。

犺者，苦狼切。《説文》：“犺，健犬也。”

㦓者，胡減切。《玉篇》：“㦓，健也。”本此。

魈者，士交切。《玉篇》：“魈，剽軽爲害之鬼也。”《廣韻》：“魈，疾貌。”

巢者，字當作“轈”。《集韻》：“轈，行捷也。”通作“勦”。《廣韻》：“輕，捷也。”

猛者，《説文》：“猛，健犬也。”

壯者，鄭注《易・大壯》云：“壯者，氣力浸彊之名。”

獜者，《説文・犬部》義也。引《詩》曰：“盧獜獜。”

武者，揚雄《羽獵賦》：“徽車輕武。”李善注引此文。

狡者，揚雄《長楊賦》：“簡力狡獸。”李善注引此文。《廣韻》：“狡，健也。”本此。

偈者，近烈切。《玉篇》：“偈，武貌。”引《衛風》：“伯兮偈兮。”《太玄》云：“輔其折，廅其闕，其人暉且偈。”

怒者，馬之健也。《左氏定八年傳》：“林楚怒馬。”《後漢書・第五倫傳》：“鮮車怒馬。”高誘曰：“怒，讀如‘彊弩’之‘弩’。”《方言》：“弩，猶怒也。”《匡謬正俗》云：“怒字，古讀有二音。今山東、河北人讀書，但知‘怒’有去聲。失其真矣。”

驍者，古幺切。《說文》：“驍，良馬也。”《玉篇》：“驍，勇急捷也。”通作“梟”。《漢書・高祖紀》：“北貉、燕人來致梟騎助漢。”應劭曰：“梟，健也。”張晏曰：“梟，勇也。若六博之梟也。”

［注］［1］静本、愛本誤作“反”。

攱古委反、閣、堪、輂恭録反、加、輿，載也。

《文言傳》：“坤厚載物。”《周語》：“夫利百物之所生也，天地之所載也。”

攱者，《玉篇》：“攱，載也。”本此。

閣者，本書《釋宮》：“栽，閣也。”栽，當爲“載”，故載物亦謂之閣。

堪、輂者[1]，《方言》文。郭注：“輂、輿，亦載物者也。”

加，未詳。

輿者，古與“車”通用。《易》曰：“大車以載。”

［注］［1］愛本“輂者”二字倒作“者輂”。

緉弋冉反、剿魚刼反，又且葉反、接、撚乃典反、未、連、似、㯥翠音、屬、結，續也。

《說文》：“續，連也。”

緉、剿者，《方言》文。“秦、晉續折謂之緉，繩索謂之剿。”郭注：“緉音剡。剿音妾。”

接者，字當爲“椄”。《說文》：“椄，續木[1]也。”

撚、未者，《方言》："嫙、蟬、𦅇、撚、未，續也。楚曰嫙。蟬，出也。楚曰蟬，或曰未及也。"《玉篇》："𦅇、續也。"《廣韻》："撚，以指撚物。"

連者，《玉篇》："連，合也。"《大雅・皇矣》："執訊連連。"朱傳："連連，属續貌。"

似者，《小雅・斯干》："似續妣祖。"《周頌・良耜》："以似以續。"

㮚者，《說文》："㮚，嘉穀實也。"引孔子曰："粟之爲言續也。"案，孔子云云，《春秋說題辭文》、《太平御覽》引之。古人"續"作"賡"。《爾雅》："賡，續也。"郭注引《書》："乃賡載歌。"孔傳亦訓"賡"爲"續"。"賡"字從"庚"，庚，亦有續義。《小雅・大東》："西有長庚。"傳："庚，續也。"孔疏："日入後，有明星，言其長能續日之明。"是也。《說文》："庚，位西方，象秋時萬物庚庚有實也。"粟與穀皆於秋時庚庚有實，故《說文》並以"續"釋之。

屬者，《說文》："屬，連也。"《深衣篇》："續衽鉤邊。"注："續猶屬也。"《經解篇》："屬辭比事。"鄭注："属猶合也。"連、合，皆與續義相近。

結者，《晉語》："必屬怨焉。"注："屬，結也。""屬"爲續，"結"亦續也。

[注] [1]愛本誤作"未"。

瘽力記反，又力翅反、**癥**節音、**痤**坐戈反、**疽**，**癰也。**

《靈樞經・癰疽篇》："岐伯曰：'營衛稽留於經脉之中，則血泣而不行，不行則衛氣從之而不通，壅遏而不得行，故熱。大熱不止，熱勝則肉腐，腐則爲膿，然不能陷，骨髓不爲焦枯，五藏不爲傷，故命曰癰。'"

癰者，其皮上薄以澤。《説文》："癰，腫也。"《釋名》："癰，壅也。氣癰否結裏而潰也。"

癰者，《説文·疒部》義也。

癤者，子結切。《玉篇》："癤，癰也。瘡也。""瘤，同上。"

痤者，《説文》："痤，小腫也。"《素問·生氣通天論》："汗出見溼，乃生痤[1]疿。"王冰[2]注："陽氣發泄，寒水制之，熱怫内[3]餘，鬱於皮裏，甚爲痤癤，微作疿瘡。疿，風癮也。"

疽者，《説文》："疽，癰也。"《靈樞·癰疽篇》："黄帝曰：'何謂疽？'岐伯曰：'熱氣淳盛，下陷肌膚，筋髓枯，内連五藏，血氣竭，當其癰下，筋骨良肉皆無餘，故命曰疽。疽者，上之皮夭以堅，上如牛領之皮。'"《史記·項羽本紀》："范增疽發背而死。"張守節曰："疽，附骨癰也。"

[注] [1]静本、愛本衍"者"字，已删。[2]静本、愛本作"砯"。[3]静本、愛本誤作"肉"。

肬尤音、**胮**扶[1]江反**肛**虎江反[2]、**膮**匹聊反、**膞**呼堯反、**胅**大結反、**痕**互[3]根反、**瘇**時勇反、**尳**曜音，**腫也**。

《説文》："腫，癰也。"《釋名》："腫，鍾也。寒熱氣所鍾聚也。"

肬者，羽求切。《説文》："肬，贅也。籀文作'默'。"《釋名》："肬，邱也。出皮上，聚高如地之有邱也。"《荀子·宥坐篇》："今學曾未如[4]肬贅，則具然欲爲人師。"楊倞注："肬贅，結肉。"《莊子·天下篇》："附贅縣疣。""疣"、"肬"、"默"，字異義同。

胮肛者，《玉篇》："胮肛，張大貌。肛腫也。"《集韻》引《埤蒼》："胮肛，腹脹也。"

膁、膵者，《玉篇》："膁、膵，腫欲潰也。"《集韻》引《廣雅》："瘁，腫也。"是本又作"瘁"。

胅者，《集韻》："胅，腫也。"本此。

痕者，《釋名》："痕，根也。急相根引也。"《集韻》："痕，五斤切。"引此文。

尰者，《說文》："瘇，脛氣足腫。"引《詩》曰："既微且瘇。"籀文作"尰"。《爾雅·釋訓》："骭瘍爲微，腫足爲尰。"孫炎曰："皆水溼之疾。"《小雅·巧言》箋："此人居[5]下溼之地，故生微尰之疾。"

尯者，弋笑切。未聞[6]。

[注] [1]静本、愛本誤作"壯"，據《博雅音》改。[2]静本、愛本誤作"皮"。[3]静本、愛本誤作"五"，據《博雅音》改。[4]静本、愛本誤作"知"。[5]静本、愛本誤作"君"。[6]《集韻》："《說文》：'行不正也。'一曰腫也。"

料、亂、紕布寐反，又扶規反**、督、篤、雉、敕、伸、擽**力維反**、撩、統，理也。**

《說文》："理，治玉也。"《周書·周官》："論道經邦，燮理陰陽。"

料者，《晉書·王徽之傳》："當相料理。"《玉篇》："料，理也。"本此。

亂者，《文選·雪賦》注："亂者，理也。總理一賦之終也。"

紕者，《方言》文。"秦、晉之間語。"《鄘風·干旄》："素絲紕之。"傳："紕，所以織組也。總紕於此，成之於彼。"是"紕"爲絲之理也。

督者，亦《方言》文。“凡物曰督之，絲曰繹之。”

篤者，古與“督”通。《莊子·養生主篇》：“緣督以爲經。”謂背縫也。《方言》：“繞、緍謂之襟裺。”郭注：“衣督脊也。”故“篤”、“督”皆爲理。

雉者，《方言》文也。

敕者，《廣韻》：“敕，理也。”本此。

擽者，力戈切。《玉篇》：“擽，理也。”本此。舊本作“㩡”[1]，今訂正。

撩者，《說文·手部》義也。洛蕭切。通作“繚”。《莊子·盜跖篇》：“繚意絶牀而争此。”《釋文》：“繚，音了。又魯弔反。理也。”

統者，他綜切。《周書·周官》：“冢宰掌邦治，統百官。”孔傳：“統理百官。”

[注] [1]“㩡”爲“擽”之異體。

黯、䒗勃音**、䒶**片禺反**、嘔**於句反**、㖂**虚于[1]反**、繻**死俞反**，色也。**

《虞書》：“以五采章施於五色，謂采色也。”《禮記》：“色容顛顛，色容厲肅，謂人面顏色。”此兼采色、顏色言之。

黯者，許極切。《玉篇》：“黯，赤黑色也。”

䒗者，面之色也。許力切。《玉篇》：“䒗，大赤色。”

䒶者，普丁切。《說文》：“䒶，縹色也。”《楚辭》：“玉色䒶以脕顏兮。”宋玉《神女賦》：“䒶薄怒以自持兮。”李善注引《廣雅》：“頩，色也。”又引《方言》注：“頩，怒色青貌。”是本又作“頩”。通作

“恲[2]”。《淮南·齊俗訓》：“仁發恲以見容。”高誘注：“恲，色也。”

嘔、㖃者，喜之色也。《方言》：“嘔，色也。”郭注：“嫗、煦，好色貌。”案，上文“怤、愉，喜也”。郭注《方言》云：“‘怤’、‘愉’，猶‘呴’、‘喻’也。”“嘔”、“嫗”、“㖃”、“呴”，皆音義同。

繻者，《說文》：“繻，繒采也。”

[注] [1]静本、愛本誤作“去”，據《博雅音》改。[2]愛本誤作“烪”。

讙、譙慈曜反**、謧、讀、詰、郤、諯**釧音，又至緣反，**讓也。**

《說文》：“讓，相責讓。”

讙者，《方言》文。“北燕曰讙。”許元切。

譙者，《說文》：“譙，譊也。讀若嚼。古文作‘誚’。”引《周書》曰：“王亦未敢誚公。”《方言》：“譙，讓也。齊、楚、宋、衛、荊、陳之間曰譙。自關而西，秦、晉之間，凡言相責讓曰譙。”郭注：“譙，字又作‘誚’。”《史記·萬石君列傳》：“子孫有過失，不譙讓；爲便坐，對案不食。”《漢書·高祖紀》：“樊噲亦譙讓羽。”顏師古注：“譙讓，以詞相責也。”

謧者，《說文》：“謧，謫問也。”

讀者，案，“責”訓内有“謫”無“讀”，“怒”訓内有“讀”無“謫”。知“讀”即“謫”也。詳見“責”訓下。

詰者，《吕氏春秋·似順論》：“昭釐侯至，詰庫令。”高誘注：“詰，讓也。”

郤，未聞[1]。

譪者，《說文》：“譪，相讓也。”

[注] [1]《廣雅疏證》：“郤爲‘攘郤’之攘。古者‘讓’、‘攘’同聲，字亦通用。”

《廣雅疏義》卷第四

嘉定錢大昭晦之甫撰

揚、讀、曉、謂、道，說也。

《說文》："說，談說。"《玉篇》："說，始悅切，言也。釋也。"

揚者，《鄘風·墻有茨》："不可詳也。"《釋文》："詳，《韓詩》作'揚'。"《薛君章句》："揚，猶道也。"舊本"揚"訛从"木"，今訂正。

讀者，《詩·鄘風》傳："讀，抽也。"鄭箋："抽，猶出也。"

曉者，說之明也。《說文》："誨，曉教也。""諄，告曉之熟也。"《漢書·元后傳》："未曉大將軍。"注："曉猶白也。"

謂者，《楚辭·九章》云："人心不可謂兮。"王逸注："謂，說也。"王巾[1]《頭陀寺碑》："稱謂所絕。"

道者，《地官》："土訓掌道地圖，以詔地事。"注："道，說也。說地圖，九州形勢、山川所宜，告王以施其事也。"

[注] [1]《〈文選〉考異》"王巾"注："何校'巾'改'屮'，下同。陳云'巾'，'屮'誤。案，《〈說文〉通釋》：'王屮音徹，俗作巾，非。'何、陳所據也。各本皆作'巾'。"

澇老刀切、**汏**、**瀾**闌音、**淅**桑狄反、**滌**、**潒**蕩音、**溞**素高反、**澡**早音、**沐**、**浴**、**湔**子堅反、**濯**、**沬**呼內反，**洒也。**

《說文》："洒[1]，滌也。"《玉篇》："洒，先禮、先殄二切。濯也。"

《左氏襄二十一年傳》："洒濯其心，一以待人。"通作"洗"。《繫辭傳》："聖人以此洗心，退藏於密。"《史記·高祖本紀》："使兩女子洗足。"

㵆者，未詳。

汏者，《玉篇》："汏，洗也。"本此。

灡者，剛限切。《說文》："灡，淅也。"

淅者，米之洗也。《說文》："淅，汏米也。"《玉篇》："淅，洗也。"本此。《孟子》："接淅而行。"《淮南·兵略訓》："百姓開門而待之，淅米而儲之，惟恐其不來也。"

滌者，《豳風·七月》云："十月滌場。"《春官·大宗伯》："祀大神，則視滌濯。"

潒者，徒黨切。《玉篇》云："潒，今作'蕩'。"案，"滌蕩"雙聲，故皆爲洒。

溞者，米之洒也。《大雅·生民》："釋之溞溞。"《玉篇》："溞溞，淅米聲。"

澡者，身之洒也。子皓切。《說文》："澡，洒手也。"《儒行篇》："儒有澡身而浴德。"

沐者，頭之洒也。《說文》："沐，濯髮也。"《衛風·伯兮》："豈無膏沐。"

浴者，身之洒也。《說文》："浴，洒身也。"《天官·宮人》："共王之沐浴。"

湔者，《說文》："湔，手瀚[2]之。"《戰國策》："君獨無意湔祓？"

濯者，《說文》："濯，瀚也。"《大雅·桑柔》："逝不以濯？"孫綽《游天台山賦》："過靈谿而一濯。"

沬者，面之洒也。《說文》："沬，洒面也。古文作'湏'。"《周書·顧命》："王乃洮頮水。"《漢書·律曆志》引作"洮沬水"。馬融注："頮，頮面也。"《說文》無"頮"字，'湏'之譌也。《漢書·淮南王長傳》："高帝蒙霜露，沬風雨。"顏師古曰："沬，亦'頮'字。沬，洗面也。字从'午未'之'未'。"通作"醴"。《内則》："面垢爗潘請醴，足垢爗湯請洗。"

[注] [1]静本、愛本誤作"泗"。[2]"浣"之異體。

魝結音、**切**、**刌**寸本反、**膾**、**剹**初律反，**割也。**

《說文》："割，剥也。"上文"割，斷也。裁也。"此又分有釋之。

魝者，魚之割也。《說文》："魝，楚人謂治魚。讀若鍥。"

切、**刌**者，《說[1]文》："切，刌也。""刌，切也。"上文"切"、"刌"皆云"斷"，此又爲"割"，義相成也。

膾者，《說文》："膾，細切肉也。"《釋名》："膾，會也。細切肉令散，分其赤白，異切之，已，乃會合和之也。"《少儀篇》："牛與羊、魚之腥，聶而切之爲膾。"注："聶之言牒也。先藿葉切之，復報切之，則爲膾。"

剹者，親給切。《說文》："剹，傷也。"

[注] [1]静本、愛本誤作"釋"。

闌、**閑**、**亢**、**闄**于小切[1]、**徼**要，又音也；正音，計堯反[2]、**迣**制音，**遮也。**

《說文》："遮，遏也。"《漢書·高帝紀》："新城三老董公遮說漢王。"

闌者，《說文》："闌，門遮也。"《戰國策》："晉國之去梁也，千里有餘，有[3]山河以闌之。”《史記·楚世家》：“雖儀之所甚願爲門闌之厮者，亦無先大王。”通作“蘭”。《方言》：“苙，圂也。”郭注：“謂蘭圂也。”《孟子》：“既入其苙。”趙岐注：“苙，蘭也。”《漢書·王莽傳》：“與牛馬同蘭。”顔師古注：“蘭，謂遮蘭之，若牛、馬蘭圈也。”

閑者，《說文》：“閑，闌也。”《家人》：“初九，閑有家。”馬融注以“閑”爲“闌”。《周書·畢命》：“雖收放心，閑之惟艱。”

亢者，通作“抗”。《儀禮·既夕》云：“抗木，横三縮三。”注：“抗，禦也。所以禦止土者。”

𨵈者，《廣韻》：“𨵈，隔也。”古用“要”。《孟子》：“使數人要於[4]路。”

徼者，伊消切。司馬相如《子虚賦》：“徼𠌫受屈。”《史記集解》云：“駰案，郭璞曰：‘𠌫，疲極也，言獸有倦游者，則徼而取之。’”《索隱》引司馬彪云：“謂遮其倦者。”案，徼，通作“邀”。張衡《西京賦》：“不徼自遇。”薛綜曰：“邀，遮也。”

迣者，征例切。《說文》：“迣，迾也。晉、趙曰迣。”《漢書·兩龔傳》：“部落鳴鼓，男女遮迣。”晉灼曰：“迣，古‘列’字也。”顔師古曰：“言聞桴鼓之聲，以爲有盗賊，皆當遮列而追捕之。”案，《玉藻篇》：“列而不賦。”注：“列之言遮列也。”李善注顔延之《赭白馬賦》，引服虔《通俗文》：“天子出，虎賁伺非常，謂之遮列。”

[注] [1]静本、愛本“𨵈”下有“要口音也正音”六字，據《博雅音》删。[2]静本、愛本原作“許堯反”，依《博雅音》增“要又音也正音”六字；“計”誤作“許”，據《博雅音》改。[3]静本、愛本誤作“無”。[4]静本、愛本誤作“子”。

賃、荼塗音、差、且、假、貸，偕也。

《説文》：“偕，假也。”此與‘借’同義。孫侍御云：“偕，疑‘借’之訛。”

賃、荼者，《方言》：“倩、荼，借也。”此本“賃、荼”，傳寫之訛。或説“賃”疑當作“貰”。《説文》：“貰，貸也。”“貸”既爲“偕”，“貰”亦偕也。荼，同都切。

差者，初佳切。《春官·大宗伯》：“以軍禮同邦國。”注：“同謂威其不協偕差者。”

且，未詳[1]。

假者，《王制篇》：“大夫祭器不假。”《左氏桓六年傳》：“取於物爲假。”

貸者，《玉篇》：“貸，假也。借盈也。”《地官·泉府》：“凡民之貸者，與其有司辨而授之。”

[注] [1]《廣雅疏證》：“凡言‘且’者，皆謂姑且如此，即假借之意也。”

䋖旻音、耤似亦反、𦔮士魚反、貢、租、賦、徹、稍[1]酒胄反、稅、征、賨在宗反、𧶠方乂反，税也。

《説文》：“税，租也。”《王制篇》：“古者公田籍而不税。”《春秋宣十五年》：“初税畝。”《漢書·食貨志》：“税給郊社、宗廟、百神之祀，天子奉養、百官禄食、庶事之費。”

䋖者，《説文》：“䋖，業也。賈人䋖。”通作“緡”。《漢書·武帝紀》：“初算緡錢。”李斐曰：“緡，絲也。以貫錢也。一貫千錢，出算二十也。”顔師古注：“謂有儲積錢者，計其緡貫而税之。”又《食貨志》：

“諸賈人末作貰貸賣買，居邑貯積諸物，及商以取利者，雖無市籍，各以其物自占，率緡錢二千而算一。諸作有租及鑄，率緡錢四千算一，匿不自占，占不悉，戍邊一歲，没入緡錢。”

耤者，《説文》：“耤，帝耤千畝也。古者使民如借，故謂之耤。”通作“籍”。《天官·甸師》：“掌帥其屬而耕耨王籍。”《周語》：“不籍千畝。”韋昭注：“籍，借也。借民力以爲之。”《風俗通義》：“今民閒名曰官田，古者使民如借，故曰籍田。”

耡者，《説文》：“商人七十而耡。耡，耤稅也。”《地官·遂人》：“以興耡利甿，以時器勸甿。”注：“鄭大夫讀‘耡’爲‘耤’，杜子春讀‘耡’爲‘助’，謂起相佐助。”又《里宰》：“歲時合耦於耡。”注：“與遂人同。”後鄭謂：“耡者，里宰治處也。於此合耦，使相佐助，因放而爲名。”是“耡”、“助”，古字通。

貢者，《書》序云：“禹别九州，隨山濬川，任土作貢。”孔傳：“任其土地所有，定其貢賦之差。”《天官·太宰》：“以九貢致邦國之用。”《孟子》：“夏后氏五十而貢。”

租者，《説文》：“租，田賦也。”《史記·孝文帝本紀》：“其除田之租稅。”又《馮唐傳》：“軍布市之租。”索隱曰：“謂軍中立市，市有稅。稅，即租也。”《漢書·昭帝紀》：“罷榷酤官，令民得以律占租。”如淳曰：“律，諸當占租者，家長身各以其物占，占不以實，家長不身自書，皆罰金二斤，没入所不自占及賈錢縣官也。”

賦者，《説文》：“賦，斂也。”《禹貢》：“厥賦[2]惟上上錯。”孔傳：“賦謂土地所生，以供天子。”《太宰職》：“五曰貢賦，以馭[3]其用。”後鄭注：“口率出錢也。”今之算錢，民謂之賦，此其舊名與！《漢書·食貨志》：“賦共車馬、甲兵、士徒之役，充實府庫，賜予之用。”

徹者，《大雅·公劉》：“徹田爲糧。”《孟子》：“周人百畝而徹。”

稍者，《玉篇》："稍，直就切。稅也。"本此。舊本"稍"訛"稍"，今訂正。

秛者，普陂切。《玉篇》："秛，禾租。"

征者，《地官·小司徒》："施其職而平其政。"注："政，稅也。政，當作'征'。"又《載師》："凡任地，國宅無征。"注："征，稅也，言征者，以共國政也。"

賨者，《說文》："賨，南蠻賦也。"又云："幏，南郡蠻夷賨布。"《後漢書·南蠻傳》："武陵[4]，歲令大人輸布一疋，小口二丈，是謂賨布。巴郡蠻，歲民户出幏布八丈二尺。"左思《魏都賦》："賨幏積墆，琛幣充仞。"李善注引《風俗通義》："槃瓠之後，輸布一匹二丈，是謂賨布。廩君之巴氏，出幏布八丈。"漢《馮緄碑》："收逋賨布三十萬匹。""賨"、"賨"同。

𧶜者，《玉篇》："𧶜，市肺切。賦斂也。"舊本"𧶜"訛"𧶘"[5]，今訂正。

[注] [1]静本、愛本誤作"稍"。[2]静本、愛本誤作"則"。[3]静本、愛本誤作"取"。[4]《太平御覽》:"汉兴，改秦黔中郡为武陵。"[5]"𧶘"爲"𧶜"之異體。《廣雅疏證》用"𧶘"，亦爲"𧶜"之異體。

紬于軸反**緤**魚劫反、**組**直[1]莧反、**繬**、**彌**、**縪**畢音，**縫也。**

《說文》："縫，以鍼鉄[2]衣也。"《魏風·葛屨》："可以縫裳。"《天官》："縫人掌王宮之縫線之事。"

紬緤者，《玉篇》："紬緤，續縫也。""緤，紬緤也。"

組者，《說文》："組，補縫也。"此即"衣裳綻裂"之"綻"。"組"、"綻"，古今字。組，或作"袒"。《史記·白起王翦列傳》集解引何晏說："非但憂平原之補袒，患諸侯之捄至也。"《索隱》曰："袒，字又作'綻'。"舊本"組"訛"組"，今訂正。

繬者，所力切。《玉篇》："繬，縫也。"本此。舊本"繬"下有"色"字，此是曹憲所音，傳寫者誤入本文也，應刪去，今訂正。

彌者，《左氏傳》："彌縫其闕。"

縪者，布一、布結二切。《玉篇》："縪，冠縫也。"《儀禮·既夕》云："冠六升，外縪，纓條屬厭。"

[注] [1]静本、愛本誤作"亘"，據《博雅音》改。[2]《說文》作"紩"。"鉄"爲"紩"之異體。

纋[1]隱靳反、**絣**布耕反、**絽**吕音、**綹**略音，**絣**百猛反，又布耕反**也。**

《漢書·揚雄傳》："絣之以象類。"晉灼以"絣"爲"雜"，顏師古以"絣"爲"併"。《戰國策》："妻自組甲絣[2]。"惠士奇《禮記》云："併以連之，雜以撰之。所以箴縷綀繳之間，攕揳啒齵之郄，是古合甲之法也。"

纋者，《玉篇》："纋，纋衣也。"《廣韻[3]》："纋，縫衣相箸。"

絣者，《玉篇》無此字。《廣韻》："絣，振繩墨也。""絣，同上。"是"絣"即"絣"之異文。

絽、綹者，上，力與切；下，力若切。《玉篇》："絽、綹，紩衣也。""綹，絽綹[4]。"

[注] [1]静本、愛本作"縂"。[2]静本、愛本脫"絣"字，據《廣雅詁林》改。[3]静本、愛本誤作"雅"。[4]《玉篇》作"綹，紩衣也"。

絎下孟反、**紕**符夷反，又純之反，又泊尹反[1]，**緣也。**

《說文》："緣，衣純也。以絹切。"《玉藻篇》："緣廣半寸。"注："緣，餙邊也。"

絎者，《玉篇》："絎，縫紩也。"《廣韻》："絎，刺縫。"

紕者，《鄘風·干旄》："素絲紕之。"箋："素絲爲縷，以縫紕旌旗之旒縿。"《玉藻篇》："縞冠素紕。"注："紕，緣邊也。"

[注] [1]《博雅音》以爲"又純之反又泊尹反"數字，"純"爲字頭，誤入音釋，有"之閏"、"諸尹"二反。静本、愛本脱"閏"字，"諸"誤作"泊"。

矉顮頻音、漢漫、惛亡本反，懣滿音也。

《説文》："懣，煩也。"《禮·問喪篇》："悲哀志懣氣盛。"《史記·倉公列傳》："故煩懣食不下，則絡脉有過。"

矉顮者，《方言》文。郭注："謂憤懣也。"顮，《説文》作"顰"。云："涉水顰蹙。符真切。"

漢漫者，亦《方言》文也。"朝鮮、洌水之間，謂之漢漫。"舊本"漫"訛爲"漢"字音釋[1]，今訂正。

惛者，字當作"悶"。字書無"惛"字。《説文》："悶，懣也。"《爾雅》："懪懪、邈邈，悶也。"賈誼《旱雲賦》："羣生悶滿而愁憒。"嚴夫子《哀時命》云："遂悶歎而無名。"

[注] [1]《廣雅疏證》："各本'漫'字誤入音内。"

貶、損、削、黜、𤟯苦昆[1]反、撤、耗、退退音、肆、掊步侯反、扖所斤反、刮古滑反、攽筆貧反、屛古巷反、殺、瘦衰音、奭、爽、劣，減也。

《説文》："減，損也。"《樂記篇》："禮主其減。"

貶者，《説文》：“貶，損也。”《公羊隱二年傳》：“何以不氏貶？”何休注：“貶，猶損也。”

損者，《説文·手部》義也。《左氏文十七年傳》：“克減侯宣多。”注：“減，損也。”是“損”、“減”同義。

削者，地之減也。《大司馬職》：“野荒民散，則削之。”注：“削其地。”《王制篇》：“君削以地。”

黜[2]者，位之減也。《説文》：“黜，貶下也。”《左氏襄十年傳》：“子駟與尉止有爭，將禦諸侯之師，而黜其車。”杜注：“黜，減損也。”

狠者，《集韻》：“狠，減也。”本此。

撤者，去之減也。《廣韻》：“撤，去也。”經典通用“撤”。

秏者，字當作“秏”。《玉篇》：“秏，減也。”引《詩》：“秏斁下土。”又《耒部》云：“耗，正作‘秏’。”《漢書·董仲舒傳》：“秏矣哀哉！”顔師古注：“秏，虚也。”《大雅·雲漢詩》“耗”字、《王制》“視年之豐耗”，唐石經並作“秏”。

退者，古“退”字。色淺淡爲退，是色之減也。

肆者，罪之減也。《春秋莊二十二年》：“肆大眚。”

掊者，《謙象傳》：“君子以裒多益寡。”《釋文》：“裒，字書作‘掊’。”引《廣雅》云：“減也。”《玉篇》引《易》作“掊”。云：“掊，猶減也。”本亦作“裒”，是“掊”、“裒”，字異音義同。

抓者，減上以益下也。《説文》：“抓，从上挹也。”

刮者，質之減也。《攷工記》：“刮摩之工。”

攽者，分之減也。《説文》：“攽，分也。”

夅者，《玉篇》：“夅，差也。”今爲“降”。

殺者，所界切。《文王世子篇》：“親親之殺也。”注：“殺，差也。”《士冠禮·記》：“以官爵人，德之殺也。”注：“殺，猶差也。”

《繫辭傳》："古之聰明、睿知、神武而不殺者夫！"虞翻注："乾坤坎離，反復不衰。"

㾮者，病之減。楚追切。《說文·疒部》義也。通作"衰"。《荀子》："相地而衰政。"楊倞注："衰，差也。"《九章算術》謂"差分"爲"衰分"。

奭、爽，並未詳[3]。

劣者，力之減也。《說文》："劣，弱也。从力少。"

[注] [1]静本、愛本誤作"巷"，據《博雅音》改。[2]静本、愛本作"黜"。[3]《廣雅疏證》："爽者，差之減也。《爾雅》：'爽、差也。'"

維、紲、縼隨絹反**、縻**目羈反**、紘**直宏反**，係也。**

《說文》："係，絜束也。"趙岐《孟子》注："係累，猶縛結也。"或說"係"，當做"系"。《說文》："系，繫也。"

維者，《小雅·白駒》："縶之維之。"傳："維，繫也。"《公羊昭二十四年傳》："且夫牛馬維婁。"注："繫馬曰維，繫牛曰婁。"

紲者，《說文》曰："紲，系也。或作'緤'。"《左氏僖二十四年傳》："臣負羈紲。"《少儀篇》："犬則執緤。"孔疏："緤，繫犬繩也。"《離騷》："登閬風而緤馬。"王逸注："緤，繫也。"

縼者，辭戀切。《說文》："縼，以長繩繫牛也。"馬融《長笛賦》："植持縼纆。"

縻者，《說文》："縻，牛轡也。或作'絼'。"《漢書·匈奴傳》："羈縻不絶。"

紘者，户萌切。《廣韻》："紘，綱紘也。"《漢書·揚雄傳》："遥噱乎紭中。”

切、直、方，義也。

《說文》：“誼，人所宜也。”古“仁義”字如此，“威儀”字作“義”。今“仁誼”字，經典通用“義”。《釋名》：“義，宜也。裁制事物，使合宜也。”《白虎通義》：“義者，宜也。斷决得中也。”

切、直者，《爾雅》：“丁丁、嚶嚶，相切直也。”言朋友之義，在於切磋，相正直也。

方者，《文言傳》：“直其正也，方其義也。君子敬以直内，義以方外。”

懷、就、息、隋大果反、罷、還、返、退、免、迋，歸也。

《說文》：“歸，籀文作‘帰[1]’。”

懷者，《檜風·匪風》傳義也。《周語》：“民神怨痛，無所依懷。”韋昭注：“懷，歸也。”

就者，古與“集”通。《小雅·小旻》：“是用不集。”傳：“集，就也。”《韓詩外傳》作“就”。《周書·顧命》：“克達殷，集大命。”蔡邕《石經》“集”作“就”。古者“集”、“就”同書，“集”爲“鳥之歸”，故“就”亦爲“歸”。

息者，《方言》文也。息者，作勞而休止，故有退歸之義。

隋者，《集韻》：“隋，埋祭餘也。”“埋”有歸義。

罷者，遣之歸也。《說文》：“罷，遣有罪也。从网、能，言有賢能而入网，即貰遣之。”《禮·少儀篇》：“師役曰罷。”《左氏襄三十年傳》：“皆自朝布路而罷。”《公羊昭十三年傳》：“衆罷而去之。”《墨子·非攻[2]篇》："吴有離罷之心。"皆言罷遣師役使歸也。

還者，往之歸也。《説文》："還，復也。"

返者，去之歸也。《説文》："返，還也。"引《商書》曰："祖甲返。"《春秋傳》"返"作"彶"。

退者，與"退"同。朝之歸也。《衛風·碩人》："大夫夙[3]退。"《論語》："子退朝。"《禮·少儀篇》："朝廷曰退。"

免者，仕之歸也。《廣韻》："免，止也。"

迋者，《説文》："迋，往也。"《漢書·刑法志》："歸而往之，是爲王矣。"舊本"迋"訛"廷"，今訂正。

[注] [1]静本、愛本誤作"歸"。[2]静本、愛本誤作"攷"。[3]静本、愛本誤作"風"。

抮顯音、**盭**戾音、**乖**乖音、**違**、**舛**侈遠反、**追**採各反、**偭**面音，**偝也。**

此"向偝"之"偝"也。《禮記·投壺》："毋偝立。"注："不正鄉前。"古通用"背"。

抮者，火典切。《玉篇》："抮，引戾也。"通作"軫"。《方言》："軫，戾也。"郭注："相乖戾也。"

盭者，郎計切。《説文》："盭，弼戾也。"《漢書·膠西於王端傳》："爲人賊盭。"顔師古注："盭，古'戾'字，言其性賊害而狠戾也。"

乖者，古"乖"字。《説文》作："𠦬，戾也。"《廣韻》："乖，背也。"本此。

違者，潘岳《關中書》："盧播違命。"李善注引此文。

舛者，昌兖切。《説文》："舛，對卧也。从夊、㐄相背。揚雄説作'踳'。"

遣者，《説文》："遳，迹遣。"迹，是"迒"之訛。《玉篇》："遣，迒遣也。"

偭者，緜偏切。《離騷》："偭規矩而改錯。"《玉篇》"偭"下引《漢書》："偭凫獺以隱處。偭，面背也。"

幬逐由反、**幏**蒙音、**幎**覔音、**幔**莫汗反、**帡**福郢反、**幕**、**茨**、**葺**子立反，又且立反、**蔓**此"寢"之去聲、**幠**[1]悼音、**幠**呼音、**賵**、**弇**、**冒**，**覆也。**

《説文》："覆，蓋也。"《大雅·生民》："鳥覆翼之。"《檀弓篇》："見若覆夏屋者矣。"

幬、幏者，《方言》："幬、蒙，覆也。"郭注："字或作'燾'。音俱'波濤'之'濤'。"又云："幏，巾也。"郭注："巾主覆者，故名幏也。"案，幏，莫弘切。《説文》："幏，蓋衣也。"通作"蒙"。《左氏襄十年傳》："狄虒彌建大車之輪，而蒙之以甲以爲櫓。"杜注："蒙，覆也。""幬"、"幬"，"幏"、"蒙"，俱字異音義同。

幎者，《士喪禮》："幎目用緇。"《吕氏春秋·貴直論》："夫差將死曰：'死者如有知也，吾何面以見子胥於地下，乃爲幎以冒面死。'"《淮南·原道訓》："舒之幎於六合。"注："幎覆六合，言滿天地間也。"《説文》："幎，幔也。"《周禮》有"幎人"。案，《天官·序官》"幂人"注："以巾覆物曰幂。其職掌共巾幂。""幂"、"幎"同。

幔者，《説文》："幔，幕也。"《釋名》："幔，漫也。漫漫相連綴之言也。"

帡者，《法言·吾子篇》："震風凌雨，然後知夏屋之爲帡幪也。"

幕者，《方言》文。《天官》："幕人掌帷、幕、幄、帟、綬之事。"注："王出宫，則有是事。在旁曰帷，在上曰幕。幕或在地，展陳於上。帷、幕皆以布爲之。"

茨者，《說文》：“茨，以茅蓋屋。”《釋名》：“茨，次也。次草爲之也。”《周書・梓材》：“惟其塗塈茨。”《莊子・讓王篇》：“原憲居魯，環堵之室，茨以生草。”

茸者，《說文》：“茸，茨也。”《左氏襄三十一年傳》：“繕完茸墻。”《釋文》：“徐音集。覆也，謂以草覆墻也。”顏延之《陶徵士誄》：“汲流舊巘，茸宇家林。”

蕠者，七稔切。《說文・艸部》義也。

幬者，徒到切。《小爾雅[2]》：“燾，覆照也。”《說文》：“燾，溥覆照也。”《禮說》：“辟如天地之無不持載，無不覆幬。”“幬”、“幬”、“燾[3]”，字異音義同。

幠者，《說文・巾部》義也。荒乎切。《小雅・斯干》箋：“芋，當作‘幠’。幠，覆也。”《喪大記篇》：“幠用斂衾。”

賵[4]者，莫鳳切。《公羊隱元年傳》：“車馬曰賵。”注：“賵，猶覆也。”

弇者，《爾雅》：“弇，盖也。”郭注：“謂覆蓋。”

冒者，《邶風・日月》：“下土是冒。”《玉篇》：“冒，覆也。”本此。

[注] [1]静本、愛本作“幔”。[2]“爾雅”，静本、愛本倒作“雅爾”。[3]“燾”字之“灬”底，静本、愛本均作“火”。[4] 静本、愛本誤作“帽”。

惶、怖、𩴾魚記反、懾充涉反、猜、忦公八[1]反，又公械反、蟬咺火袁反、謾蠻音台夷音、脅鬩、怵、愓、蛩拱音、供恭音、征征音伀鍾音、怪多結反佟冬音、畏、恐、遽其去反，懼也。

《說文》：“懼，恐也。古文作‘愳’。”

惶者，乎光切。《說文》：“惶，恐也。”《漢書・朱博传》：“王卿得敕惶怖。”李尤《函谷關賦》：“矦伯過而震惶。”

怖者，普故切。《說文》：“悑，惶也。或作‘怖’。”《淮南·詮言訓》：“故福至則喜，禍至則怖。”《後漢書·第五倫傳》：“其巫祝有依託鬼神詐怖愚民，皆案論之。”

𩴾者，《玉篇》：“𩴾，懼也。”本此。

懾者，服之懼也。《說文》：“懾，心服也。”通作“懾”。《曲禮篇》：“貧賤而知好禮，則志不懾。”

猜、忦者，恨之懼也。《方言》：“猜、忦，恨也。”《玉篇》“猜”、“忦”皆云：“懼也。”本此。

蟬咺、謾台、脅閱者，《方言》：“謾台、脅閱，懼也。燕、代之閒曰謾台。齊、楚之閒曰脅閱。宋、衛之閒，凡怒而噎噫，謂之脅閱。南楚、江、湘之閒，謂之蟬咺。”郭注：“謾台，蠻怡二音。噎噫，謂憂也。噫，央媚反。脅閱，猶𤄫沭也。咺，香遠反。”脅，亦作“愶”。《玉篇》：“愶，以威力相恐愶也。”閱，亦作“𢢔”。《廣韻》：“𢢔，惶恐也。”或作“𤄫”。

怵、惕者，《周書·冏命》：“怵惕惟厲。”《說文》：“怵[2]，恐也。”《乾》：“九三：夕惕若厲。”《釋文》引鄭注：“惕，懼也。”《左氏襄二十二年傳》：“國家罷病，不虞薦至，無日不惕。”杜注“惕”爲“懼”。李尤《函谷關賦》：“蕃鎮造而惕息。”

蛩[3]、烘者，《方言》：“蛩烘，戰慄也。荆、吴曰蛩烘。蛩烘，又恐也。”郭注：“鞏、恭兩音。”《說文》：“烘，戰慄也。”《玉篇》：“烘，恐也。”

征伀者，《方言》：“征伀，遑遽也。江、湘之閒，凡窘猝怖遽，或謂之征伀。”王褒《四子講德論》：“百姓征伀，無所措其手足。”《玉篇》：“征，之成切。征伀，懼也。”“忪，職容切。怔忪，懼也。”“征”、“怔”，“伀”、“忪”同。

悾悙者，《玉篇》："悾悙，遑遽也。悙，徒冬切。"

畏者，《說文》："畏，惡也。从由[4]，虎省，鬼頭而虎爪，可畏也。"《震·象傳》："雖凶無咎，畏鄰戒也。"

恐者，"恐懼"已見《爾雅·釋詁》。必不重出，疑字之誤。

遽者，《左氏襄三十一年傳》："豈不遽止。"《楚辭·九章》："駭遽以離心兮！"

[注] [1]静本、愛本誤作"大"，據《博雅音》改。[2]静本、愛本誤作"沭"。[3]静本、愛本作"蛩"，爲"蛩"之異體。[4]静本、愛本誤作"白"。《說文》："甶，鬼頭也。象形。"

蕪、菱亾咸反、薄、荒、瑕，薉也。

《說文》："薉，蕪也。"《荀子·王伯篇》："塗薉則塞。"楊倞注："薉，與'穢[1]'同。"

蕪者，地之薉。《說文·艸部》義也。宋玉《招魂》："牽於俗而蕪穢。"王逸注："不治曰蕪，多草曰穢。"

菱者，亾泛切。《玉篇》："菱，草木蕪蔓也。"舊本"菱"訛"葼[2]"，今訂正。

薄者，《說文》："薄，林薄也。"《楚辭·九章》王逸注："草木交錯曰薄。"

荒者，草之薉也。《說文》："荒，蕪也。一曰草掩地也。"

瑕者，玉之薉也。顏延之《應詔讌曲水詩》："有悔可悛，滯瑕難拂。"李善注引此文。

[注] [1]静本、愛本脫"穢"字。[2]《廣雅疏證》："菱，字從

艸、奚聲。”“奚，音亼范反，各本作‘葠’，俗字也。”

攊苦懷反、抆吻音、挸古典反、揤子翼反、撨嘯音，拭也。

《玉篇》：“拭，清浄也。”《聘禮》：“賈人北面坐，拭圭。”《大戴禮·釁廟篇》：“雍人拭羊。”

攊者，《玉篇》：“攊，摩拭也。”

抆者，武粉切。《楚辭·九章》：“孤子唫而抆淚兮。”王逸注：“抆，拭也。”《漢書·朱博傳》：“馮翊欲洒卿耻，抆拭用禁。”顔師古注：“抆拭，摩也。”江淹《别賦》：“瀝泣共訣，抆血相視。”

挸者，公殄切。《玉篇》：“攋，拭面也。亦作‘挸’。”

揤者，《玉篇》：“揤，狙栗切。拭也。”本此。

撨，未聞。

劕鑑音，又檻音、劌、籤七廉反、剡易歛反、鋭役桂[1]反、銛纖音，利也。

《説文》：“利，銛也。”

劕者，古銜切。《玉篇》：“劕剩，細切也。”《集韻》：“劕，利刀也。”本此。

劌者，《説文》：“劌，利傷也。”《禮·聘義》：“廉而不劌，義也。”《方言》：“凡草木刺人，自關而東，或謂之劌。”

籤者，《説文》：“籤，鋭也。”

剡者，《説文》：“剡，鋭利也。”《繫辭傳》：“剡木爲矢。”《漢書·賈誼傳》：“剡手以衝仇人之胷。”《淮南·氾論》：“古者剡耜而耕。”《楚辭·橘頌》：“曾枝剡棘。”案，“剡利”已見《爾雅·釋詁》，疑有誤也。

鋭者，《説文》：“鋭，芒也。籀文作‘厠’。”《漢書·禮樂志》：“上方征討四夷，鋭志武功。”顔師古曰：“鋭，利也，言一意進求，若兵刃之鋭利。”

銛者，《説文》：“利，銛也。”此與从“昏”者有别。《墨子·親士篇》：“今有五錐，此其銛。銛者必先挫。”賈誼《吊屈原賦》：“莫邪爲鈍兮，鉛刀爲銛。”晉灼曰：“世俗謂利爲銛徹。”顔師古音：“弋占反。”

[注] [1]静本、愛本誤作“炔”，據《博雅音》改。

抓[1]**壯孝反、撅厥音、搗落合反**[2]**、搳可瞎反、擿恥革反，搔也。**

《内則》：“疾痛苛癢，而敬抑搔之。”《漢書·枚乘傳》：“夫十圍之木，始生如蘖，足可搔而絶。”顔師古注：“搔，抓也。”《説文》：“搔，括也。”括，當爲“刮”。

抓者，側交切。《玉篇》：“抓，抓癢也。”《莊子·徐無鬼篇》：“有一狙[3]焉，委蛇攫抓，見巧乎王。”

撅者，居月切。《説文》：“撅，以手有所把也。”《逸周書》：“狐有牙而不敢以噬，豲有蚤而不敢以撅。”

搗者，古滑切。《説文》：“搗，刮也。”

搳者，《説文》：“搳，搗也。”

擿者，《説文·手部》義也。《續漢書·輿服志》：“簪以瑇瑁爲擿。”

[注] [1]静本、愛本作“扒”。[2]《博雅音》：“當音‘公八、口八二反’。”[3]静本、愛本誤作“狚”。

飺非音，又匪音、飵昨音，又似故反、鮎女霑反，又如甘反、啖啗音、噬、饍[1]**烏困反，又于恨反餲五困反、飡錯寒反、餔逋音、啜時月反，又褚**[2]**芮反、甞、餉、**

籑士眷反**、茹，食也。**

《釋名》："食，殖也，所以自生殖也。"

餥、飵、鮎者，《方言》："餥、飵，食也。陳、楚之内，相謁而食麥饘謂之餥。楚曰飵。凡陳、楚之郊，相謁而餐，或曰飵，或曰鮎。秦、晉之際，河[3]陰之間，曰饐餖，此秦語也。"郭注："饘，糜也。音旃。書[4]飯爲餐。謁，請也。饐，惡恨反。餖，五恨反。今關西呼食欲飽爲饐餖。"《說文繫傳》："相謁相見，後設麥飯以爲常禮，如今人之相見飲茶也。"案，"餥食"已見《爾雅·釋言》，此因《方言》文而連及之。

啖者，徒敢切。《說文》："啖，噍啖也。一曰'噉'。"《玉篇》："噉，食也。亦作'啖'。"《漢書·叔孫通傳》："吕后與陛下共苦[5]食啖。"如淳曰："食無菜茹爲[6]啖。"

噬者，《說文》："噬，啗也。"《玉篇》："噬，齧噬也。《易》曰：'頤中有物曰噬嗑。'"《左氏哀十二年傳》："國狗之齧，無不噬也。"

饐餖者，《說文》云："秦人謂相謁而食麥曰饐餖。"

湌者，《說文》："餐，吞也。或作'湌'。"《釋名》："餐，乾也。乾入口也。"

餔者，《說文》："餔，日加申時食也。籒文作'𨙬'。"《國語》："國中童子，無不餔也。"《吕氏春秋》："下壺飧以餔之。"《楚辭·漁父[7]》："何不餔其糟。"

啜者，《說文》："啜，嘗也。"《玉篇》："啜，茹也。"《釋名》："啜，絶也。乍啜而絶於口也。"《檀弓篇》："啜菽飲水。"

嘗者，《說文》："嘗，口味之也。"《曲禮篇》："君有疾，飲藥，臣先嘗之。"注："嘗，度其所堪。"

餉者，《說文》："餉，饟也。"

饗者，《說文》："饗，具[8]食也。或作'饌'。"馬融《論語》注："饌，飲食也。"

茹者，《方言》文也。"吴、越之間，凡貪飲食者，謂之茹。"郭注："今俗呼能粗食者，謂之茹。"《禮運篇》："茹其毛。"孫綽《游天台山賦》："絶粒茹芝。"李善注引《列仙傳》讚："吞水湏茹芝莖。"

[注] [1]静本、愛本作"餶"。[2]静本、愛本誤作"豬"，據《博雅音》改。[3]静本、愛本誤作"何"。[4]静本、愛本誤作"畫"。[5]静本、愛本誤作"若"。[6]静本、愛本誤作"無"。[7]静本、愛本誤作"文"。[8]静本、愛本誤作"其"。

儽六罪反，又力紺反[1]**、疲、勞、懈、惰、怠、𦣻**女革反**，嬾**洛滿反**也。**

《說文》："嬾，懈也。怠也。一曰臥也。"通作"孏"。《後漢書·王丹傳》："每歲農時，輒載酒肴於田間。候勤者而勞之，其惰孏者，耻不致丹，皆兼功自厲。"

儽者，盧對切。《說文》："儽，嬾解也。"

疲、勞者，《說文》："疲，勞也。""勞，劇也。"勞劇，則嬾也。舊本"勞"下有"也"字。案，"勞"訓已見上文。此"也"字衍，今訂正。

懈者，古隘切。《說文》："懈，怠也。"

惰者，《說文》："憜，不敬也。"引《春秋傳》曰："執玉憜。""或作'惰'。古文作'媠'。"《左傳》："執玉惰。"《曲禮》："言不惰。"《論語》："語之而不惰。"皆作"惰"。《漢書·韋元成傳》："無媠爾儀。"《兩龔傳》："媠謾亾狀。"皆作"媠"。

怠者，《說文》："怠，慢也。"《越[2]語》："得時無怠，時不再來。"

䰈者，《說文》云："楚謂小兒嬾䰈。"

[注] [1]静本、愛本誤作"六羅"、"力羅"二反，據《博雅音》改。[2]静本、愛本衍"者"字，已刪。

晻烏感反、**薆**愛音、**翳**、**薈**烏繪反、**壅**、**蔽**，**障也**。

《說文》："障，隔也。"亦作"墇"。"擁也"。《吕氏春秋·季春紀》："開通道[1]路，無有障塞。"高誘注："障，壅也。"

晻者，《說文》："晻，不明也。"《楚辭·九思》："雲霓紛兮晻翳。"通作"掩"。《月令篇》："處必掩身。"注："掩，猶隱翳也。"

薆者，《說文》："薆，蔽不見也。"亦作"薆"。《離騷》："衆薆然而蔽之。"《漢書·律曆志》："味薆於未。"

翳者，《爾雅》："蔽者翳。"郭注："樹蔭翳覆地。"《楚語》："縱過而翳諫。"韋昭注："翳，障也。"左思《咏[2]史詩》："歸來翳負郭。"

薈者，《說文》："薈，艸多皃。"引《詩》曰："薈兮蔚兮。"艸多，亦障蔽也。

壅者，古作"邕"，詳[3]見"隔"訓下。

蔽者，郭注《論語·爲政篇》云："蔽，塞也。"

[注] [1]静本、愛本脱"道"字。[2]愛本誤作"永"。[3]愛本誤作"許"。

繕、彌、厲、設、沓、縫、瀎、際、接、稽、交，合也。

《說文》："合，合口也。"

繬、彌者，《方言》：“嗇，䌫，合也。”“繬”字，《說文》所無。“彌”疑作“𦆽”。𦆽，絡絲具也。繬彌，與“嗇䌫”同。

厲者，《玉篇》：“厲，附也。近也。”“附”、“近”，亦相合之意。或說“厲”當爲“屬”。之欲切。形相似而譌也。《地官·州長》：“各属其州之民而讀灋。”鄭注：“屬猶合也。”

設者，《玉篇》：“設，合也。”本此。

沓者，《楚辭·天問》：“天何所沓，十二焉分。”王逸注：“沓，合也，言天與地合會何所。”

縫者，衣之合也。《說文》：“縫，以鍼紩衣也。”《左氏昭二年傳》：“敢拜子之彌縫敝邑。”注：“彌縫，猶補合也。”

灋者，事之合也。今人語猶云“合法”。孫侍御說。

際者，《說文》：“際，壁會也。”《淮南·精神訓》：“與道爲際，與德爲鄰。”高誘注：“際，合也。”

接者，《表記篇》：“君子之接如水。”《廣韻》：“接，合也。”本此。

稽者，《天官·小宰》：“聽師田以簡稽。”鄭司農云：“稽，合也。”

交者，《月令》：“仲冬，虎始交。”鄭注：“交，猶合也。”《楚辭·九章》：“解篇薄與雜菜兮，備以爲交佩。”王逸釋“交”爲“合”。班昭《東征賦》：“望河洛之交流兮。”李善注引此文。

瀧龍音、**涿**陟角反、**露**、**霑**、**濡**、**滃**落感反、**溺**、**淪**、**氾**、**濅**子禁反、**潤**、**瀐**作廉反、**漸**、**濂**廉音、**漚**惡侯反、**澆**計[1]堯反、**漄**口角反、**淳**市倫反、**沃**屋音、**淙**士降反、**溢**滿[2]悶反、**淋**林音、**灌**觀音、**灓**鸞音、**濧**徒內反、**瀀**憂音、**渥**、**浞**士[3]角反，**漬也**。

《說文》：“漬，漚也。”《玉篇》：“漬，浸也。”《史記·貨殖列傳》：

"漸漬於失教。"

瀧、涿者，《方言》："瀧、涿謂之霑漬。"郭注："瀧、涿，猶瀨滯也。"《說文》："瀧，雨瀧瀧皃。""涿，流下滴也。"

露者，《說文》："露，潤澤也。"

霑者，《說文》："霑，雨䨱也。"《法言·問道篇》："不戰而屈人兵，堯、舜也。霑項漸襟，堯、舜乎？"

濡者，《邶風·匏有苦葉》傳義也。人朱切。

瀲者，木華《海賦》："爾其爲大量也，則南瀲朱崖。"李善注引此文。

溺者，沉溺。

淪者，淪没，皆霑漬也[4]。

氾者，孚梵切。《說文》："氾，濫也。""濫，濡上及下也。"

濅者，鄭注《夏官·職方》云："浸，可以陂灌溉者。""濅"、"浸"同。

潤者，《說卦傳》："雨以潤之。"《聘義篇》："温潤而澤。"

瀐者，《說文·水部》義也。《公羊莊十七年》："齊人瀐於遂。"傳："瀐者何？瀐漬也。衆殺戍者也。"《樊毅乞復華下民租田口筭碑》[5]："仍雨甘雪，瀐潤宿麥。"

漸者，子廉切。《衛風·氓[6]》云："漸車帷裳。"潘岳《懷舊賦》："水漸軔以凝冱。"李善注引此文。

濂者，黑兼切。《玉篇》："濂，與'溓'同。"

漚者，《說文》："漚，久漬也。"《陳風·東門之池》："可以漚麻。"傳："漚，柔也。"孔疏："謂漸漬之，使柔韌也。"案，《攷工記》："㡃氏，以涗水漚其絲。"注："漚，漸也。楚人曰漚，齊人曰涹。"

澆者，《說文》："澆，沃也。古堯切。"

淮[7]者，《說文》："淮，灌也。"舊本"淮"訛"濯"，今訂正。

淳者，《說文》："淳，渌也。"《内則篇》："淳熬：煎醢加於陸稻上，沃之以膏，曰淳熬。”注：“淳，沃也。”《攷工記》：“鐘氏，淳而漬之。”《周語》：“王乃淳濯饗醴。”韋昭注：“淳，沃也。”

沃者，《說文》：“渶：溉灌也。”“沃”、“渶”，古今字。

淙者，《說文》：“淙，水聲也。”郭璞《江賦》：“淙大壑與沃焦。”

溢者，《玉篇》：“溢，漬也。”本此。

淋者，《說文》：“淋，以水沃也。”揚雄《羽獵賦》：“淋離廓落。”

灌者，《莊子・逍遥游》：“時雨降矣，而猶浸灌。”《淮南・泰族訓》：“若春雨之灌萬物也，渾然而流，沛然而施，無地而不澍，無物而不生。”桓寬《鹽鐵論》：“沛若時雨之灌萬物，莫不興起也。”

灓者，洛官切。《說文》：“灓，漏流也。”

澍者，《玉篇》：“澍，濡也。”

瀀者，于求切。《說文》：“瀀，澤多也。”引《詩》曰：“既瀀既渥。”今《小雅・信南山》作“優”[8]，古字通。

渥者，《說文》：“渥，霑也。”《秦風・終南》：“顔如渥丹。”箋：“渥，厚漬也。”《攷工記》：“渥淳其帛。”《左氏哀八年傳》：“拘鄫人之漚菅[9]者，”鄭注《攷工記》引其“渥菅”。《釋文》：“渥，烏豆反。與‘漚’同。”是“渥”爲古文“漚”也。

浞者，《說文》：“浞，濡也。”

[注] [1]静本、愛本誤作“許”，據《博雅音》改。[2]《博雅音》“溢”作“溢”，“满”作“蒲”。[3]静本、愛本誤作“土”，據《博雅音》改。[4]“皆霑漬也”，解釋“溺”與“瀹”兩字。[5]静本、愛本作“樊毅乞復華下民租田算狀”，據《隸釋》改。[6]静本、愛本誤作“泯”。[7]静本、愛本作“漼”，爲“潅”之異體。[8]静本、愛本誤作“瀀”，據《廣雅詁林》改。[9]愛本誤作“營”。

踏他币反、**蹠**只易反、**踞**[1]遥音，又躍音、**跐**拂音、**踊**、**躍**、**蹳**㴱劣反、**蹶**厥音、**竦**、**踥**勑[2]例反，**跳也。**

《說文》："跳，躍也。"《釋名》："跳，條也。如草木枝條務上行也。"

踏、蹠、踞、跐者，《方言》："踏、踞、跐，跳也。陳、鄭之間曰踞。楚曰蹠。自關而西，秦、晉之間，曰跳，或曰踏。"《說文》："踏，趿也。""蹠，楚人謂跳躍曰蹠。""踞，跳也。""跐，跳也。"

踊者，《說文·足部》義也。《左氏僖二十八年傳》："曲踊三百。"《檀弓篇》："辟踊，哀之至也。有算，爲之節文也。"通作"踴"。《說文》："踴，喪辟踴。"

躍者，《大雅·旱麓》："魚躍于淵。"張衡《西京賦》："鋋不苟躍。"薛綜注："躍，跳也。"通作"趯"。《說文》："趯，踊也。"《漢書·李尋傳》："涌趯邪陰。"顔師古注："趯，與'躍'同。"

蹳者，《玉篇》："蹳，跳也。"本此。

蹶者，《說文·足部》義也。班固《西都賦》："狂兕觸蹷。"

竦者，上文釋"竦"爲"上"，此又爲"跳"，義相成也。

踥者，《方言》："楚謂跳曰踥。"《玉篇》："踥，踰也。"

[注] [1]静本、愛本作"蹈"。[2]静本、愛本誤作"丑"，據《博雅音》改。

傺恥制反、**眙**恥利反、**止、待、立，逗也。**

《說文》："逗，止也。"《史記·韓長孺列傳》："廷尉當恢逗橈，當斬。"《集解》引應劭曰："逗，曲行避敵也。"《索隱》引如淳曰："軍法，行而逗留畏橈者，要斬。”服虔曰：“逗音企。”《後漢書・光武帝紀》：“不拘以‘逗，留法’。”李賢注：“逗，古‘住’字。”舊本“逗”訛“逼”，今訂正。

傺、眙者，《方言》文也。“南楚謂之傺。西秦謂之眙。逗，其通語也。”郭注：“逗, 即今‘住’字。”“眙，謂住視也。”《離騷》：“忳欝邑余侘傺兮。”王逸注：“傺，住也。楚人名‘住’曰‘傺’。”《楚辭・九章》：“思美人兮，擥涕而竚眙。”

止者，《玉篇》：“止，住也。”本此。

待者，《說文》：“待，竢也。”

立者，《說文》：“立，住也。从大立一之上。”《釋名》：“立，林也。如林木森然，各駐其所也。”

𥗼盈音、裔、翫、肄、俗，習也。

皇侃《論語義疏》：“習，是脩故之稱也。”晏子曰：“汩常移質，習俗移性，不可不慎也。”

𥗼、裔者，《方言》文。郭注：“謂玩習也。”𥗼，以成切。《說文》作：“㥤，習也。”字異音義同。

翫者，《說文》：“翫，習厭也。”亦作“忨”。

肄者，《說文》：“隸，習也。篆文作‘肄’。”《左氏文四年傳》：“臣以爲肄業及之也。”《曲禮》云：“君命，大夫與士肄。”注：“肄，習也。君有命，大夫則與士展習其事，謂欲肄所發爲也。”

俗者，《說文・人部》義也。《釋名》：“俗，欲也。俗人所欲也。”《管子》曰：“藏於[1]官則爲法，施於國則成俗。”《鶡冠子》曰：“田不因地，不能成穀；化不因民，不能成俗。”

[注] [1]愛本誤作“子”。

崪萃音**、離、空、稗、臺，待也。**

《繫辭傳》：“君子藏器於身，待時而動。”《儒行》云：“儒有席上之珍以待聘。”

崪者，疾醉切。《玉篇》：“崪，待也。”本此。

離，未詳[1]。

空者，《方言》文。郭注：“來則實也。”

稗，未聞[2]。

臺者，詹事兄曰：“臺之爲待，是解臺、榭之名，以音見義也。古人‘登臺書雲物’[3]，亦有待義。”

[注] [1]《廣雅疏證》：“崪、離者，《方言》：‘萃、離，時也。’”[2]《廣雅疏證》：“‘稗’讀爲‘脾’。卷三云：‘脾、止也。’”[3]《古今律曆考》：“遂以其日往登觀臺，以望雲物之氣色，書其所見，是禮也。《周禮·保章氏》：‘以五雲之物辨吉凶、水旱、降豐荒之祲象。’”

鬱悠、慎、靖、曙、憛他紺[1]反**、憮、恁**稔音，又如深反**、侖**淪音**，思也。**

《釋名》：“思，司也。凡有所司捕，必静思。忖[2]，亦然也。”

鬱悠、慎、靖者，《方言》文。“晉、宋、衛、魯之間，謂之鬱悠。東齊、海、岱之間曰靖。秦、晉或曰慎。凡思之皃，亦曰慎。”郭注：“鬱悠，猶鬱陶也。”

曙者，昨盍切。憂之思也。《方言》：“曙，憂也。宋、衛或曰曙。”

憛者，憛悇，亦憂思也。詳見本書《釋訓》。

憮者，愛之思也。罔甫切。

恁者，《玉篇》："恁，念也。"

侖者，力迍切。《說文·人部》義也。通作"惀"。《玉篇》："惀，思也。"

[注] [1]静本、愛本誤作"甘"，據《博雅音》改。[2]静本、愛本誤作"惏"。

仳鼻之反**倠**許惟反、**媆**欺音、**娝**倍音、**儓**臺音、**䞗**蒲北[1]反、**顡**爽音，又差丈反、**頦**丁可反、**嗚**欽危反、**䑋**權音、**朕**逵音、**頦**該音、**顝**苦没反、**䫜**欺音，**醜也。**

《說文》："醜，可惡也。"《釋名》："醜，臭也。如臭穢也。"

仳倠者，《楚辭·九歎》："西施斥於北宫兮，仳倠倚於彌楹。"王逸注："仳倠，醜女也。"《說文》："仳倠，醜面。""倠"，通作"婎"。《說文》："婎，醜也。"

媆者，去其切。《說文·女部》義也。杜林說《漢書·枚臯傳》："其賦有詆媆東方朔，又自詆媆。"顔師古注："媆，醜也。"

娝者，蒲口切。《說文》："娝，不肖也。讀若'竹皮箁'。"

儓、䞗者，《方言》："儓、䞗，農夫之醜稱也。南楚凡罵庸賤謂之田儓，或謂之䞗。"郭注："儓音臺。俳儓，駑鈍皃。或曰僕、臣、儓，亦至賤之號也。䞗音僰，丁健皃也。《廣雅》以爲奴，字作'僰'，音同。"案，"儓"通作"嬯"。《說文》："嬯，遲鈍也。闟嬯，亦如之。"

顡者，《玉篇》："顡，醜也。"本此。

頦、嗚、䑋、朕者，《淮南·修務訓》："啳朕哆嗚，籧篨戚施，雖粉白黛黑，弗能爲美者，嫫母、仳倠也。”高誘注：“皆醜皃。”案，“臛”，渠圓切。“睽”，渠追切。“啳”與“臛”、“哆”與“㿽”，字異音義同。劉峻《辨命論》：“夫靡顏膩理，哆噅顣頞[2]，形之異也。”李善注引服虔《通俗文》：“噅，口不正也。”

㿽者，户來切。《説文·頁部》義也。

䫌者，《説文》：“䫌，大頭也。讀若魁。”

頬者，去其切。《説文》：“頬，醜也。今逐疫有頬頭[3]。”《周禮》：“方相氏，毆疫，掌蒙熊皮。”注：“冒熊皮者，以驚毆疫厲之鬼。如今魌頭也。”《太平御覽》引應劭《風俗通義》：“俗説亾人魂氣遊揚，故作魌頭以存之，言頭魌魌然盛大也。或謂魌頭爲觸壙。殊方語也。”《列子·仲尼篇》：“見南郭子，果若欺魄，而不可與接。”殷敬順《釋文》云：“字書作‘欺頼’，人面醜也。”《淮南·精神訓》：“視毛嬙、西施，猶頬醜也。”通作“倛”。《荀子·非相篇》：“仲尼之狀，面如蒙倛。”慎子曰：“毛嬙、西施，天下之至姣也。衣之以皮倛，則見之者皆走也。”“頬”、“魌”、“倛”、“欺”，字異音義同。

［注］［1］静本、愛本誤作“比”，據《博雅音》改。［2］静本、愛本誤作“額”。［3］静本、愛本脱“頭”字。

間、詠、諀匹爾反、訾子移反，又紫音、誹福尾反、詆嫡禮反、傷、譖、謗、訴、皋、訕，譭毀音，即“譭謗”之“譭”，今“毀”乃訓“壞”也。

《玉篇》：“譭，許委切。謗也。怒言也。”與“毀”同。《論語》：“誰毀誰譽。”舊本“譭”訛“諻”，字書所無，今訂正。

間者，古莧切。曹植《贈白馬王詩》：“蒼蠅間白黑，讒巧令親疎。”李善注引此文。

諑者，豬角切。《離騷》：“謡諑謂余以善淫。”王逸注：“諑，猶譖也。”

諀者，《玉篇》：“諀，訾也。”

訾者，《管子·形勢解》：“毀訾賢者之謂訾，推譽不肖之謂讆。訾讆之人得用，則人主之明蔽，而毀譽之言起。”鄭注《喪服四制》云：“毀曰訾。”《淮南·泰族訓》：“《春秋》之失訾。”高誘注：“《春秋》貶絶不避王人，書人之過，相訾也。”

誹者，《説文》：“誹，謗也。”《史記·平準書》：“張湯奏顔異當九卿，見令不便，不入言而腹誹。”

詆者，《説文》：“詆，苛也。一曰訶也。”《史記·汲黯列傳》：“刀筆吏專深文巧詆，陷人於罪。”

傷者，“傷”之爲“譭”，義之通行者耳。

譖者，《公羊莊元年傳》注：“如其事曰訴，加誣曰譖。”

謗者，《説文·言部》義也。《左氏莊二十二年傳》：“敢辱高位，以速官謗。”

訴者，《説文》：“訴，告也。”引《論語》曰：“訴子路於季孫。”或作“遡”。或作“愬”。

辠者，害之譭也。《説文》：“辠，犯法也。秦以‘罪’爲‘辠’字。”

訕者，《説文》：“訕，謗也。”《少儀篇》：“爲人臣下者，有諫而無訕。”《玉篇》：“訕，毀語也。”

鍥思列反、**鐇**甫袁反、**錜**于檢反、**敤**苦果反，又口卧反、**豥**卓音、**鍜**短館反，**椎**直追反**也。**

《玉篇》：“椎，木椎也。”《史記·信陵君列傳》：“朱亥袖四十斤鐵椎，椎殺晉鄙。”此釋“椎”，“擊”之異名也。

鏊者，脂利切。《說文》：“鏊，羊箠，耑有鐵。”

鐇者，《後漢書·杜篤傳》：“鐇钁株林。”

錏者，于刼切。《玉篇》：“錏，椎也。”本此。

敤者，《說文》：“敤，研治也。”

㧻者，知朔切。《淮南·說林訓》：“椎固有[1]柄，不能自㧻。”《玉篇》：“㧻，擊也。”

鍛者，《玉篇》：“鍛，椎也。”本此。李善注《七命》引《倉頡篇》：“鍛，椎也。”馬融《長笛賦》：“靁叩鍛之岌嶪兮。”案，《說文》：“段，椎物也。”俗加“金”旁。

[注] [1]静本、愛本誤作“百”字。

台夷音**、既、抎**云粉反**、墜、逸，失也。**

《說文》：“失，縱也。”

台、既者，《方言》文。“宋、魯之閒曰台。”

抎者，《說文》：“抎，有所失也。”引《春秋傳》曰：“抎子辱矣。”今《左氏成二年傳》作“隕”。《戰國策》：“齊宣王曰：‘寡人愚陋，守齊國，惟恐失抎之。’”《墨子·天志篇》：“國家滅亾，抎失社稷。”《吕氏春秋·季夏紀》：“昭王抎於漢中。”高誘注：“抎，墜也。音‘顛隕’之‘隕’。”是“抎”、“隕”，古今字。

墜者，《爾雅》：“墜，落也。”《說文》作：“隊，從高隊也。”通作“隊”。石經《論語殘碑》：“未隧於地。”《隸釋》云：“板，本作

‘墜’。”《漢書・王莽傳》：“不隧如髮。”《叙傳》：“厥宗亦隧。”墜，皆作“隧”。

逸者，《説文・兔部》義也。“从辵、兔。兔謾訑善逃也。”

行、隊、戻矢音、棘、設、鋪判逋反、田、神、列，陳也。

上文“陳，列也”，此又廣其義也。

行者，寒岡切。《左氏隱十一年傳》：“鄭伯使卒出豭，行出犬、雞。”杜注：“百人爲卒，二十五人爲行。”《吴語》：“陳士卒百人，以爲徹行百行。”韋昭注：“徹，通也。以百人通爲一行，百行爲萬人，謂之方陳。”

隊者，徒對切。《左氏文十五年傳》：“楚子乘驛，會師於臨品，分爲二隊。”《襄十年傳》：“右拔戟，以成一隊。”杜注：“百人爲隊。”高誘《淮南》注云：“軍二百人爲隊。”《李衛公兵法》引《司馬法》：“五人爲伍，十伍爲隊。”

戻者，施視切。《玉篇》：“戻，與‘矢’同。”《書》序：“臯陶矢厥謨。”《大雅・卷阿》：“以矢其音。”《春秋隱五年》：“公矢魚於棠。”皆言陳也。

棘者，《楚辭・天問》：“啟棘賓商，《九辯》、《九歌》。”王逸注：“棘，陳也，言啟能修明禹業，陳列宫、商之音，備其禮樂也。”

設者，《説文》：“設，施陳也。”《小雅・出車》：“設此旐矣。”《經解》云：“繩墨誠陳，不可欺以曲直；規矩誠設，不可欺以方圜。”

鋪者，《大雅・常武》：“鋪敦淮濆。”鄭解“鋪”爲“陳”。

田者，《説文》：“田，陳也。樹穀曰田。”古者“田”、“陳”同聲。齊之田氏，亦爲“陳”。猶“填”、“塵”同聲，可通用也。

神，未詳[1]。

列者，《楚辭·九懷》："願一列兮無從。"王逸注："欲陳忠、謀道，隔塞也。"

《集韻》："㮑，郎甸切。"引《廣雅》："陳也。"今無此文。

[注] [1]《廣雅疏證》："《卷一》云：'神，引也。'《爾雅》：'引，陳也。'神、陳、引，古聲亦相近。"

嫽了音、**誂**大鳥反、**透**叔音、**揥**帝音、**嬈**那鳥反，**戲也。**

《說文》："謔，戲也。"《衛風·淇奧》云："善戲謔兮。""戲"下音釋有"愸"字，未審其故。

嫽，未詳。

誂者，《說文》："誂，相呼誘也。"《戰國策》："楚人有兩妻。人誂其長者，長者詈之；誂其少者，少者許之。"

透、**揥**，並未聞[1]。

嬈者，《說文》："嬈，擾戲[2]游弄也。"

[注] [1]《廣雅疏證》："透者，《方言》：'透、驚也。宋、衛、南楚凡相驚曰透。'左思《吴都賦》云：'驚透沸亂。'是煩嬈之義也。《眾經音義》卷六、卷二十三竝引《廣雅》'嫽、誂、擿，嬈也'，卷二十又引《廣雅》'透、嬈也'，則唐初本原無'戲'字，今據以訂正。"[2]愛本作"戲"。

歊許謁反**、漏，泄也。**

此言泄漏也。《管子·君臣下篇》："古言墻有耳者，微謀外泄之謂也。"

歊者，《方言》："戲泄，歊也。楚謂之戲泄。"

漏者，《左氏僖四年傳》："齊寺人貂[1]始漏師於多魚。"《荀子·修身篇》："易忘曰漏。"

[注] [1]静本、愛本作"貂"。

讜居兔反**極、軋**于八反**、蹓，吃**龘音，又气音**也。**

《說文》："吃，言蹇難也。"又云："钦，口不便言也。"二字古通用。並居乙切。《史記·韓非列傳》："非爲人口吃，不能道說而善著。"《漢書·周昌傳》："爲人口吃。""吃"、"吃"同。

讜極、軋、蹓者，《方言》："讜極，吃也。楚語也。或謂之軋，或謂之蹓。"郭注："讜極，亦北方通語。軋，鞅軋，氣不利也。蹓，語蹓難也。今江南[1]又名'吃'爲'喋'。若葉切。"

[注] [1]"江南"二字，静本、愛本作"東"。

悲、悠、悼、惄、悴、慭魚靳反**、愍、感、痛、嘆、殤，愓也。**

愓，與"傷"同。上文"愓，憂也"，此又廣其義。

悲者，《豳風·七月》："女心傷悲。"

悠者，憂之愓也。

悼、惄、悴、憖者，《方言》文。“自關而東，汝、潁、陳、楚之間通語也。汝謂之惄，秦謂之悼，宋謂之悴，楚、潁之間謂之憖。”郭注：“《詩》云：‘不憖遺一老。’亦恨傷之言也。”《衛風·氓》云：“躬自悼矣。”傳：“悼，傷也。”

愍者，《漢書·蓋寬饒傳》：“諫大夫鄭昌愍傷寬饒。”

感者，王粲《登樓賦》：“心悽愴以感發兮。”李善注引此文。

痛者，《左氏成十三年傳》：“斯是用痛心疾首。”《史記·秦本紀》：“寡人思念先君之意，常痛於心。”

嘆者，《說文》：“嘆，吞嘆也。一曰太息也。”

殤者，《釋名》：“未二十而死曰殤。殤，傷也。可哀傷也。”舊本“殤”訛“殦”，不成字，今以訂正。

逞勑領反**、苦、曉、恔**校音**，快也。**

《說文》：“快，喜也。”《旅·象傳》：“得其資斧，心未快也。”《孟子》：“然後快於心與？”《後漢書·蓋勛傳》：“欲得快司隸校尉，誰可作者？”

逞、苦者，《方言》文。“自山而東，或曰逞，或曰苦。”郭注：“苦而爲快者，猶以臭爲香、治爲亂、徂爲存。此訓義之方，反覆用之，是也。”《左氏桓六年傳》：“今民餒而君逞欲。”《楚辭·大招》：“逞志而究欲。”注並云：“逞，快也。”

曉、恔者，《方言》：“曉、恔、苦，快也。自關而東，或曰曉，或曰逞。江、淮、陳、楚之間曰逞。宋、鄭、周、洛、韓、魏之間曰苦。東齊、海、岱之間曰恔。自關而西曰快。”郭注：“恔[1]即狡，狡戲，亦快事也。”《孟子》：“於人心獨無恔乎？”趙岐注：“恔，快也。傒教切。”

［注］ [1]静本、愛本脱“恔”字，據《方言》補。

梗、劌、棘、傷、策、刺、壯，箴也。

箴，與“鍼”同，謂“鍼刺”也。《方言》：“凡草木刺人，北燕、朝鮮之間謂之茦[1]，或謂之壯。自關而東，或謂之梗，或謂之劌。自關而西謂之刺。江、湘之間謂之棘。”

梗者，古杏切。張衡《西京賦》：“梗林爲之靡拉。”

劌者，居衛切。《聘義》云：“廉而不劌，義也。”注：“劌，傷也。”《釋文》引《字林》：“劌，利傷也。”

棘者，《楚辭·橘頌》：“曾枝剡[2]棘。”

傷者，傷割人也。

策[3]、棘者，上，楚革切；下，切賜切。《爾雅》：“茦，刺。”郭注：“艸刺針也。”“策”、“茦”同“刺”。《説文》作“莿”。“針”、“箴”，古今字。

壯者，馬融注《易·大壯》云：“壯，傷也。”

［注］ [1]静本、愛本誤作“策”。[2]静本、愛本誤作“圓”。[3]《廣雅疏證》：“茦，各本訛作‘策’。惟影宋本、皇甫本不訛。”

清、**𩐁**籍禮反、**湑**思目反、**浚**、**滰**巨仰反、**滰**筆音、**笮**側白反、**漦**士宜反，又士疑反，又㓨之反、**灑**子紹反，又子肖反、**釃**所佳反，又所飢反，**盝**禄音**也**。

《說文》：“漉，浚也。或作‘淥’。”即此“盝[1]”字。《冬官》：“㡛氏，清其灰而盝之。”“盝”、“淥”、“漉”，字異音義同。

清者，謂以水盝物，澄汰垢濁，取其清者也。

𩐁者，《玉篇》：“𩐁，手出其汁也。亦作‘擠’。”

湑者，《說文》：“湑，莤酒也。一曰浚也。”《小雅·伐木》：“有酒湑我。”箋：“謂以茅泲[2]之，而去其糟也。”

浚者，私閏切。《說文》：“浚，抒[3]也。”案，《說文》“瀝”，“漉”並訓“浚”，是“浚”亦“漉”也。

滰者，《說文》：“滰，浚乾漬米也。”引《孟子》曰：“夫子去齊，滰淅而行。”

滰者，《廣韻》：“滰，去滓[4]。”

笮者，側駕切。《廣韻》：“笮酒器也。”案，《說文》解“笮”爲“迫”，謂以糟牀壓酒，迫之而出，去其滓也。

漦者，《爾雅》：“漦，盝也。”郭注：“漉，漉出涎沫。”

灑者，《說文》：“灑，釃酒也。一曰浚也。”

釃者，《廣韻》以爲“釃[5]”之異文。《說文》：“釃，下酒也。”《小雅·伐木》：“釃酒有藇。”傳：“以筐曰釃，以藪曰湑。”《玉篇》：“釃，盝也。”本此。

[注] [1]静本、愛本作“盪”。[2]静本、愛本誤作“泲”。[3]静本、愛本誤作“抒”。[4] 静本、愛本誤作“汁”。[5]静本、愛本誤作“釃”。

侏儒、⿰矢卷苦穢反**⿰矢彖**喙音、**⿰矢卑**布兮反**⿰矢此**子兮反、**矬**坐禾反、**癠**在細反、**⿱此黑**籍禮反、**⿸疒奇**于綺反、**⿸疒府**附俱反，又付禹反、**⿰矢旋**旋音、**矲**步楷反、**黜**竹律反，又黴劣反、**⿰矢召**彫音、**孑**吉音、**孓**[1]居缺反、**升，短也。**

《說文》：“短，有所長短，以矢爲正。”《魯語》：“僬僥氏長三尺，短之至也。”《荀子·非相篇》：“帝堯長，帝舜短；文王長，周公短；仲尼長，子弓短。”

侏儒者，《王制》云：“瘖聾、跛躃、斷者、侏儒、百工，各以其器食之。”注：“侏儒，短人也。”《晉語》：“侏儒不可使援。”《淮南·主術[2]訓》：“短者以爲朱儒枅櫨。”高誘注：“朱儒，梁上載蹲跪人也。”是柱之短者，亦名“侏儒”。“侏”、“朱”同。

⿰矢卷⿰矢彖者，《玉篇》：“⿰矢卷⿰矢彖，短小皃。”

⿰矢卑⿰矢此者，《玉篇》：“⿰矢卑⿰矢此，短小皃。”《史記·日者列傳》：“卑疵而前。”案，卑疵，與“⿰矢卑⿰矢此”同。⿰矢此，又通作“訾”。《管子·形勢篇》：“訾讆之人，勿與任大。”又云：“小謹者不大立，訾食者不肥體。”是皆以“訾”爲短小也。⿰矢卑⿰矢此，舊本作“⿰矢此⿰矢卑”，今訂正。

矬者，《玉篇》：“矬，短也。”本此。

癠者，《玉篇》：“癠，物生不長也。”

⿱此黑者，《方言》：“凡物生而不長大，亦謂之⿱此黑，又曰癠。”

⿸疒奇[3]者，《玉篇》：“⿸疒奇，矬也。”

⿸疒府者，《方言》：“東陽之間謂短曰⿸疒府。”郭注：“言俯視之，因名云。”《玉篇》：“⿸疒府，俛病也。”

⿰矢旋者，似沿切。《方言》文也。郭注：“便旋痺小皃。”

矲者，亦《方言》文。“桂林之中謂短矲。矲，通語也。”

𪙝者，亦《方言》文。郭注："蹶𪙝，短小皃。音'疣贅'之'贅'。"《廣韻》："𪙝，吴人呼短。"通作"叕"。《淮南·人間訓》："聖人之思修，愚人之思叕。"高誘注："叕，短也。"

矤者，丁幺切。《玉篇》："矤，犬短尾。"通作"貂"。《釋名·釋舟篇》："舠，貂也。貂，短也。"

孓、孑者，臂之短也。《説文》："孓，無右臂也。""孑，無左臂也。"皆象形。

升，未詳。

[注] [1]静本、愛本誤作"了"。[2]静本、愛本誤作"王衍"。[3]静本、愛本誤作"疨"。

揫、拱俱隴反、鈵丙音、董，固也。

《小雅·天保詩》傳："固，堅也。"

揫者，字秋切。《鄉飲酒義》云："秋之爲言愁也。"注："愁，讀爲揫。揫，斂也。"是物斂則固也。通作"遒"。《豳風·破斧》："四國是遒。"傳："遒，固也。"

拱者，讀若《易》"鞏用黄牛之革"。

鈵者，《方言》文。郭注："謂堅固也。"

董，未詳[1]。

[注] [1]《廣雅疏證》："《方言》：'鈵、董，固也。'"

懸普的反、**朴**普卜反，又普角反、**䀄**、**雜**、**趀**七咨反，又步末反[1]、**屎**即同上音、**造**七到反、**䔩**棐音、**突**、**暴**、**暫**，**猝**錯忽反**也。**

《說文》：“猝，犬从艸暴出逐人也。”又云：“踤，蒼踤。”二字通用。通“卒”。《漢書·劉向傳》：“期日迫卒。”顔師古注：“卒，讀曰猝。”

懸、朴者，《方言》文。郭注：“懸，音‘劈歷’之‘劈’。朴，音‘打撲’之‘撲’，謂急速也。”

䀄、雜者，亦《方言》文。郭注：“䀄音古，皆倉猝也。”舊本“䀄”訛“監”，今訂正。

趀者，《說文》：“趀，蒼卒也。讀若資。”

屎者，此咨切。《玉篇》：“屎屨，盗視。與‘覗’同。”是見之猝也。

造者，《論語》：“造次必於是。”

䔩、突者，《方言》：“䔩，卒也。江、湘之間，凡卒相見謂之䔩相見，或曰突。”郭注：“謂蒼卒也。䔩音棐。”《齊風·甫田》：“突而弁兮。”

暴者，《說文》：“暴，疾有所趣也。”《玉篇》：“暴，猝也。”本此。今吴人稱猝然寒暖曰“暴寒暴熱”。

暫者，《商書·盤庚》：“暫遇姦宄。”《左氏僖三十三年傳》：“婦人暫而免諸國。”

《集韻》：“迊，普活切。”引《廣雅》：“猝也。”今無此文。

[注] [1]静本、愛本此處脱“末反”二字，據《博雅音》補。

陠布乎反、**㚖**胡結反、**頩**普敵反、**倪**、**菲**、**彼**音“化被草木”、**敧**韋音、**陂**必何反、**陀**大哥[1]反、**傾**、**畸**[2]、**戲**[3]羲音、**偏**匹緣反、**俄**、**迤**亦“陀”音[4]、**阿**、**阪**、**哨**七笑反、**回**、**哇**于家反、**差**策霞反、**剌**落末反、**險**、**阻**、**頗**、**隤**徒回反、**徑**、**夕**、**蕭**、**頝**[5]俄音，**衺也。**

《說文》徐鉉本：“衺，褱也。”徐鍇本：“衺，紕也。”《繫傳》："紕，謂帛文疏紕、衺戾也[6]。"

陠者，《玉篇》："陠，哀也。"《廣韻》："陠，衰也。"哀、衰，皆"衺"之訛。

夷者，《說文》："夷，頭衺骫夷態也。"

頩者，頭之衺也。匹米切。《說文》："頩，傾首也。"

倪，與"睨"同。視之衺也。五計切。《爾雅》："龜，左倪不類，右倪不若。"《釋文》："倪，亦有本作'睨'。"《莊子・馬蹄篇》："加之以衡軛，齊之以月題，而馬知介倪。馬之知而能至盜者，伯樂之罪也。"《釋文》李云："介倪，猶睥睨也。"

菲者，古懷切。《說文》："𠆢，戾也。""𠆢"、"菲"，古今字。惠民以爲"萃"字，亦通。說詳下文。

彼者，陂髲切。《玉篇》："彼，邪也。"本此。

韋攵者，羽非切。《說文》："韋攵，戾也。"

陂者，碑僞切。《方言》文。"陳、楚、荆、揚曰陂。"《樂記》云："商亂則陂。"注："陂，傾也。"

陀者，《玉篇》："陂陀，靡迤也。"宋玉《招魂》："侍陂陁些。""陁"、"陀"同。

傾者，《說文》："傾，仄也。"《曲禮》云："凡視，上於面則敖，下於帶則憂，傾則姦。"

畸者，田之衺也。居宜切。《說文》："畸，殘田也。"《荀子・天論篇》："道之所善，中則可從，畸則不可爲。"

戲者，驅爲切。《春官・喪祝》注："執披備傾戲。"《釋文》："戲音虧[7]。"

偏者，《說文》："偏，頗也。"《洪範》："無偏無陂，遵王之義。"

俄者，《方言》："偽，衺也。自山而西，凡物細大不純者謂之偽。"郭注："言俄偽也。"《説文》："俄，行傾也。"引《詩》曰："側弁之俄。"張華《鷦鷯賦》："鷹鸇過猶俄翼。"李善注引此文。

迤者，《説文》："迤，衺行也。"引《書》曰："東迆、北會于滙。"張衡《東京賦》："立戈迤戛。"薛綜注："矛置車上，邪拄之。"李善注："迤，邪也。"

阿者，《釋名》："偏高曰阿邱。阿，荷也。如人擔荷物，一邊偏高也。"《文選·西都賦》注引《韓詩章句》："曲景曰阿。"皆言衺也。

阪者，甫晚、步阪二切。《説文》："阪，山脅也。"《爾雅》："陂者曰阪。"郭注："陂陀，不平。"

哨者，《投壺》云："其有枉矢哨壺。"注："枉、哨，不正皃。"惠士奇《禮説》云："《夏官·形方氏》：'華[8]離之地。'鄭康成讀'華[9]'爲'佤[10]哨'之'佤'。華離者，佤邪離絶也。"《説文》、《玉篇》皆無"佤"字。而《玉篇》於"巫"[11]部加"薒[12]"，訓爲"薒斜"，苦媧切。"薒斜"者，猶"佤邪"也。上文云"菲"，此又云"哨"，即鄭注之"佤哨"矣。

回者，《小雅·小旻》："謀猶回遹。"《晉語》："君臣上下，各厭其私，以縱其回。"毛傳、韋注並云："回，邪也。"《左氏文十八年傳》："靖譖庸回。"

哇者，聲之衺也。《法言》："哇則鄭。"李軌注："哇，邪也。"謝靈運《陳琳詩》："哀哇動梁埃。"通作"欸"。《五音集韻》："欸，邪也。于佳切。"

差者，《説文》："差不相值也。"通作"槎"。賈逵《國語》注："槎，邪斫也。"

刺者，盧達切。《楚辭》："獨乖[13]剌而無當。"王逸注："剌，邪也。"

險者，《春官·典同》："險聲斂。"注："險，謂偏弇也。險則聲斂不越也。"《盤庚》云："今汝聒聒，起信險膚。"

阻者，《說文》："阻，險也。""險"爲"衺"，"阻"亦"衺"也。

頗者，頭之衺也。滂禾切。《說文》："頗，頭偏也。"

隤者，阜之衺也。《說文》："隤，下隊也。"

徑者，路之衺也。《老子》云："大道夷而民好徑。"

夕者，室之衺也。《晏子春秋》："景公新成柏寢之臺，使師開鼓琴。師開左撫宮，右彈商。曰：'室夕。'公曰：'何以知之？'師開對曰：'東方之聲薄，西方之聲揚。'公召大匠曰：'室何爲夕？'大匠曰：'立室以宮矩爲之。'於是召司空曰：'立宮何爲夕？'司空曰：'立宮以城矩[14]爲之。'明日，晏子朝公。公曰：'先君、太公以營邱之封立城，曷爲夕？'晏子對曰：'古之立國者，南望南斗，北戴樞星，彼安有朝夕哉！然而以今之夕者，周之建國，國之西方，以尊周也。'"《吕氏春秋·季夏紀》："是正坐於夕室也，其所謂正，乃不正矣。"高誘注："言其室邪不正，徒正其坐。自以爲正，乃不正之謂也。"

蕭者，《曲禮》云："左手執簫。"鄭注："簫，弭頭也。謂之簫，簫，邪也。""蕭"、"簫"，字異義同。

䫏者，五柯切。《玉篇》："䫏，或謂俄。"是"䫏"即"俄"之異文也。

[注] [1]静本、愛本"大哥"作"徒歌"，據《博雅音》改。[2]静本、愛本作"畸"。[3]静本、愛本作"戲"。[4]静本、愛本"陀音"作"陀反"，據《博雅音》改。[5]静本、愛本誤作"鵝"。[6]該例不應從"疏"字點斷。《說文繫傳》："衺，紕也。從衣、牙聲。臣鍇曰：'紕，謂帛文疏

紕、衺戾也。《周禮》：敧邪作奇衺也。辭牙反。’”《六藝之一録》引《繫傳》：“衺，徐嗟切。帛文蹠紕、衺戾，不正也。从衣牙聲。”[7]静本、愛本作“虧”。[8]静本、愛本作“㒸”。徐復本《疏義》作“𠌶”。“𠌶”是“華”之隸古定字。[9]静本、愛本誤作“埀”。“埀”爲“垂”之隸古定字。[10]静本、愛本作“㐴”。[11]静本、愛本誤作“埀”。[12]静本、愛本作“蕐”。“蕐”、“蕐”爲“華”之異體。[13]静本、愛本作“垂”。[14]静本、愛本誤作“短”。

詢鈞儐[1]反、**譴**誑音、**詒**與之反、**諼**許爰反、**謬**靡幼反、**遁**、**嘿**眉北反**屎**耻梨反、**憎**力兮反**虒**虎兮反、**謾**莫干[2]反**讀**託寒反、**猶**、**譎**、**詐**、**僞**、**譲**達各反、**膠**、**誣**、**詿**乖賣反、**訑**湯陁反、**調**、**突**、**虞**，**欺也。**

《賈誼書·道術篇》：“仁義修立謂之任，反任爲欺。”《説文》：“欺，詐欺也。”

詢者，《玉篇》：“詢，欺也。”本此。《集韻》：“詢，下珍切。”引此文。舊本“詢”訛“詢”，今訂正。

譴者，《説文·言部》義也。與“誑”同。《曲禮》云：“幼子常視無誑。”

詒者，《説文》：“詒，相欺詒也。”《穀梁定元年傳》：“夫請者，非可詒託而往也，必親之者也。”注：“代、託，猶假、寄。”《列子·黄帝篇》：“既而狎侮欺詒。”郭注《方言》云：“汝南人呼‘欺’爲‘讁[3]訵’，亦曰詒。音殆。”經典或借用“紿”。《史記·高祖本紀》：“高祖爲亭長，素易諸吏，乃紿爲謁。”《集解》引應劭曰：“紿，欺也。音殆。”《索隱》引韋詔曰：“紿，詐也。”劉氏曰：“紿，欺負也。”

諼者，《説文·言部》義也。《公羊文三年傳》：“此伐楚也，其言救江何？爲諼也。”《漢書·息夫躬傳》：“虛造、詐諼之謀。”

謬者，《說文》：“謬，狂者之妄言也。”

遁者，《孟子》：“遁辭知其所窮。”

嚜屎者，《方言》：“嚜屎，獪也。江、湘之間，凡小兒多詐而獪，或謂之嚜屎。”郭注：“嚜，音目。屎，丑夷切。嚜屎，潛狡也。”嚜，通作“墨”。《列子·力命篇》：“墨屎、單至、嘽咺、憋懯四人相與游於世，胥如志也。窮年不相知情，自以智之深也。”

愺恀、謾譠者，《方言》：“譠謾、愺恀，皆欺謾之語也。楚郢以南、東揚之郊通語也。”《楚辭·九章》：“或訑謾而不疑。”王逸注：“張儀詐欺，不能誅也。”“訑”、“恀”同。《玉篇》：“愺恀，欺謾之語。”“譠謾，欺也。”

猶者，《方言》：“猷，詐也。”郭注：“猷者，言故爲詐。”猷，與“猶”同。

譎者，《說文》：“譎，權詐也。益、梁曰謬欺，天下曰譎。”《論語》：“晉文公譎而不正。”鄭注：“譎者，詐也。”

詐者，《說文·言部》義也。《荀子·修身篇》：“匿行曰詐。”《哀公篇》：“鳥窮則啄[4]，獸窮則攫，人窮則詐。”

僞者，《說文》：“僞，詐也。”《地官·大司徒》：“以五禮防萬民之僞而教之中。”《左氏襄三十年傳》：“淑慎爾止，無載爾僞。”

謏者，《玉篇》：“謏，欺也。”本此。

膠者，《方言》：“膠、譎，詐也。涼州西南之間曰膠[5]。自關而東西，或曰譎，或曰膠。詐，通語也。”左思《魏都賦》：“牽膠言而踰侈。”

誣者，《說文》：“誣，加也。”《表記》云：“受禄不誣。”注：“不信曰誣。”

詿者，《説文》："詿，誤也。"《史記·張儀列傳》："夫不顧社稷之長利，而聽須臾之説，詿誤人主，無過此者。"《漢書·息夫躬傳》："疾詿誤之臣，思黄髮之言。"

詑者，《説文》："沇州謂欺曰詑。"《楚辭·惜往日》："或詑謾而不疑。"

調者，徒聊切。調謔，亦欺也。

宊者，《廣韻》："宊，欺也。"本此。

虞者，《魯頌·閟宫》："無貳無虞。"傳："虞，誤也。"《左氏宣十五年傳》："我無爾詐，爾無我虞。"

[注] [1]愛本作"嬇"。[2]"莫干"，静本、愛本倒作"干莫"。[3]静本、愛本作"譴"。[4]静本、愛本作"喙"。[5]静本、愛本脱"曰膠"二字。

蕆耻犨反、**飭**、**戒**、**福**、**晐**該音、**具**，**備也**。

先事而具謂之"備"，無物不有亦謂之"備"。《玉篇》："備，預也。"

蕆者，《方言》文。《左氏文十七年傳》："以蕆陳事。"杜注："蕆，敕也。""敕"與"飭"同，皆備也。

飭者，耻力切。亦《方言》文。彼作"敕"，同。《説文》："敕，誡也。"謂告誡之，使備也。

戒者，亦《方言》文。《説文》："戒，警也。從廾持戈，以戒不虞。"《曾子問篇》："君出疆，以三年之戒，以椑從。"注："戒，猶備也。"《荀子·儒效篇》："周公勝敵而愈戒。"張衡《東京賦》："雖萬乘之無戒，猶怵惕於一夫。"注皆訓爲"備"。

福者，《祭統篇》："福者，備也。備者，百順之名也。"

晐者，古才切。《説文》：“晐，兼晐也。”《吴語》：“一介嫡女執箕帚，以晐姓於王宫。”韋昭注：“晐，備也。”通作“該”。《穀梁哀元年傳》：“此該之變而道之也。”《離騷》：“甯戚之謳歌兮，齊桓聞以該輔。”注皆訓爲“備”。又通作“賅[1]”。《莊子・齊物論》：“賅而存焉。”《釋文》引司馬彪注：“賅，備也。”舊本“晐”訛“胲”，今訂正。

具者，《説[2]文》：“具，共置也。”《廣韻》：“具，備也。辦也。”

[注] [1]静本、愛本誤作“晐”。[2]静本、愛本誤作“釋”。

殘殘音、**抦**、**肄**弋至反，**枿也。**

古文“櫱”作“槰[1]”。枿，即“槰”也。

殘者，在安切。《玉篇》：“殘，獸食之餘也。與‘歺’同。”

抦，未詳[2]。

肄者，《方言》：“枿，餘也。秦、晉之間曰肄。”《周南・汝墳》：“伐其條肄。”傳：“肄，餘也。斬而復生曰肄。”

[注] [1]徐復本《疏義》作“槰”。[2]《廣雅疏證》：“柄，各本訛作‘抦’，今訂正。柄、肄、枿，皆木之再生者也。”

俜普經反、**侹**他鼎[1]反、**游**、**挑**大了反，**俠也。**

《漢書・季布傳》：“爲任俠有名。”注：“同是非爲俠。”又謂：“任，使其氣力。俠之言挾[2]也，以權力俠輔人也。”

俜者，《説文》：“俜，使也。”使，是“俠”之訛。又云：“俠，傳也。”是“傳”、“俠”同義。通作“甹”。《說文》：“甹，俠也。三輔謂輕財者爲甹。”

侹者，《方言》：“侹，代也。江、淮、陳、楚之間曰侹。”是“侹”爲輕財代人任事也。

遊者，《戰國策》：“士未有爲君盡遊者。”《楚辭·卜居》：“將[3]遊大人以成名乎。”

挑者，《史記·蘇秦列傳》：“莫若挑霸齊而尊之。”正義云：“挑，執持也。”案，代人任事，把持主謀，皆遊俠之事也。

[注] [1]静本、愛本作“甹”。[2]静本、愛本誤作“俠”。[3]静本、愛本作“将”。

攱昌樹反[1]、**倮**果音、**敢**、**武**、**仡**魚乙反，**勇也。**

《賈誼書·道術篇》：“持節不恐謂之勇，反勇爲怯。”《說文》：“勈，氣也。或作‘戚’。古文作‘恿’。”《釋名》：“勇，踴也。遇敵踴躍，欲擊之也。”皇侃《論語義疏》引李充曰：“陸行而不避虎兕者，獵夫之勇也；水行不避蛟龍者，漁父之勇也；鋒刃交於前、視死若生者，烈士之勇也；知窮之有命、知通之有時，臨大難而不懼者，仁者之勇也。故，仁者，必有勇；勇者，不必有仁。”

攱者，爲之勇也。《玉篇》：“攱，爲也。”《廣韻》：“攱，勇也。”本此。

倮者，古火切。《玉篇》：“倮，勇勝也。”通作“果”。《左氏宣二年傳》：“殺敵爲果，致果爲[2]毅。”

敢者，《說文》：“𠭥，進取也。籀文作‘𢼸’。”經典通用“敢”。

《虞書》："誰敢不讓，敢不敬應？"《廣韻》："敢，勇也。"本此。

武者，《周南·兔罝》："赳赳武夫。"《左氏宣十二年傳》："夫武，禁暴、戢兵、保大、定功、安民、和衆、豐財者也。"

仡者，《說文》："仡，勇壯也。"《公羊宣六年傳》："祁彌明，力士也。仡然從盾而入。"何休注："仡然，勇壯皃。"

[注] [1]"豉"，静本、愛本誤作"豉"。徐復本《疏義》作"豉"，"豉"爲"豉"之異體。"昌樹反"，静本、愛本誤作"胃樹反"，據《博雅音》改。[2]静本、愛本衍"爲"字，已刪。

蹵酒六反、**躓**竹利反、**躦**才他反、**跐**[1]吳買反，又子爾反、**堂**敞音、**𧿹**丁戾反、**踳**詩容反，**蹋**大臈反。今"踰"字如此，失之矣**也**。

上文"蹋"爲"履"，此又廣其訓也。

蹵者，《史記·燕世家》："蹵之以足。"《淮南·氾論訓》："黄衰微舉足，蹵楚恭王之體。恭王乃覺，恐其失禮。"高誘注："謂舉足蹵君也。"與"蹴"同。《孟子》："蹴爾而與之。"趙岐注："蹴，蹋也。"

躓者，《說文》："躓，跲也。"引《詩》曰："載躓其尾。"《左氏宣十五年傳》："杜回躓而顛。"

躦者，《玉篇》："躦，蹋也。"本此。聲與"𨆪[2]"同。

跐者，《釋名》："跐，弭也。足踐之使弭服也。"左思《吴都賦》："將[3]抗足而跐之。"注："跐，躡也。"

堂者，《集韻》："堂，蹋也。"本此。

𧿹者，《玉篇》："𧿹，蹋也。"本此。

踖者，《玉篇》、《廣韻》："踖，蹋也。"本此。舊本"踖"訛"唶"，今訂正。

[注] [1]静本、愛本誤作"鼎"、"冉"，據《博雅音》改。[2]静本、愛本作"躚"。[3]静本、愛本作"㳰"。

黭烏減[1]反、**俺**于劍反、**䊶**聿醉反、**悆**以去反、**忽**、**㤺**[2]乎晃反、**腆**、**詄**徒結反、**㥏**退音、**怢**，**忘也。**

《說文》："忘[3]，不識也。"《玉篇》："忘，不憶也。"《儀禮·士冠禮》："壽考不忘。"《莊子·達生篇》："氣下而不上，則使人善忘。"

黭者，《方言》文也。于檻切。《說文》："黭，忘而息也。"舊本"黭"訛從[4]"魚"，今訂正。

俺，未聞。

䊶者，羊季切。《玉篇》："䊶，忘也。"本此。

悆者，《說文·心部》義也。

忽者，《小雅·谷風[5]》："棄予如遺。"箋云："如遺者，如人行道遺忘物，忽然不省存也。"

㤺者，劉向《九歎》："僕夫慌[6]悴，散若流兮。"洪興祖《補注》引《廣雅》："慌，忘也。"是本又作"慌"。

腆者，《方言》文也。他典切。

詄者，《說文·言部》義也。

㥏者，他對、他没二切。《玉篇》："㥏，忘也。"本此。通作"怢"。王褒《四子講德論》："故羙玉蘊於碔砆，凡人視之怢焉，良工砥之。"李善注引《廣蒼》："怢，忽忘也。"舊本"㥏"訛"慄"，今訂正。

怽[7]者，莫達切。《玉篇》："怽，忘也。"本此。

[注] [1]静本、愛本作"咸"，據《博雅音》改。[2]静本、愛本作"慌"。[3]静本、愛本作"怺"。[4]静本、愛本誤作"以"。[5]愛本衍"遺"字，已刪。[6]静本、愛本誤作"慌"、"慌"。[7]愛本作"怽"。

誦、說、精、講，論也。

《說文》："論，議也。"《釋名》："論，倫也。有倫理也。"皇侃《論語義疏》叙："'論'字有三途：第一，捨字制音，呼之爲'倫'。倫者，次也，言事義相生，首末相次也。倫者，理也，言藴含萬理也。倫者，綸也，言經綸今古也。倫者，輪也，言義旨周備，圓轉無窮，如車之輪也。第二，捨音依字，爲'論'，言必先詳論，人人僉允，然後乃記。第三，'倫'、'論'無異，蓋南人呼'倫事'爲'論事'，北士呼'論事'爲'倫事'，音雖不同，義趣一也。"

誦者，《楚辭·九章》："惜誦以致愍兮。"王逸注："誦，論也。"王融《策秀才文》："進講誦志，以沃朕心。"

說者，《說文》："說，談說。"《虞書》："庶頑讒說。"《法言》："五經之爲衆說郛。"

精[1]、**講**者，《兑·象傳》："君子以朋友講習。"《左氏隱五年傳》："皆於農隙以講事也。"《魯語》："夫仁者講功，而智者處物。"韋昭注："講，論也。"

[注] [1]静本、愛本衍"詳"字，已刪。

註只屨反、**紀、疏、記、學、栞**刊音、**誌，識也。**

《左氏定十年傳》：“叔孫氏之甲有物。”杜注：“物，識也。”此言記識也。

註者，賈公彦云：“注者，於經之下自注己意，使經義可申，故云注也。”“註”、“注”同。

紀者，識之，使有綱紀。《太史公書》有“本紀”是也。司馬貞曰：“紀者，記也。本其事而記之。”

疏者，《説文》作：“疋，疋記。”《方言》云：“舊書疋記、故俗語，不失其方。”一説“疏，通也”。識之，使其義通達曉暢也。

記者，《説文》：“記，疏也。”《釋名》：“記，紀也。紀，識之也。”如《辨名記》、《三朝記》之屬，是也。

學者，古人説經，各有專家，“學”爲一字[1]之“學”。如，何休注《公羊傳》稱“學”是也。

栞者，古“刊”字。刻識之也。《説文》：“栞，槎識也。”

誌者，《列子·楊朱篇》：“太古之事滅矣，孰誌之哉。”與“志”同。《左氏昭四年傳》：“旦而皆召其徒，無之。且曰：‘志之’。”杜注：“志，識也。”

[注]　[1]“字”，疑爲“家”之誤。

墕徒盍反、**疊**[1]徒葉[2]反、**嚲**都果反、**零**洛音、**零、墜、遺，墮也。**

《漢書·刑法志》：“法度墒。”顏師古注：“墒，即‘墮’字。”

墕者，《玉篇》：“𡒄，墮也。墕者，古文。”

疊者，詹事兄曰：“疊、墮，聲相近。”

鬌者，髮之墮也。《既夕禮》注："兒生三月，剪髮爲鬌。"《說文》："鬌，髮隋也。"

霣者，雨之墮也。《說文》："霣，雨零也。"舊本"霣"下音釋有"廣音"二字，未知其故。

零者，艸之墮也。《說文》："凡草曰零，木曰落。"

墜者，《玉篇》："墜，落也。"本此。古通用"磙"[3]。

遺者，鄭注《鄉飲酒義》云："遺，猶脫也。忘也。"

［注］ [1]《廣雅疏證》作"疊"，"疊"爲"疊"之異體。[2]静本、愛本誤作"亦"，據《博雅音》改。[3]"用磙"二字，静本、愛本誤作"古墜"，據徐復本《疏義》改。《說文》："墜，古通用'磙'。"

《廣雅疏義》卷第五

嘉定錢大昭晦之甫撰

《廣雅》卷三

序、倢字獵反**、蹔、佴**如志反**、秩、班、毕**毗利反，又毗栗反**、笓**毗利反**、筭**初宜反**、第，次也。**

此言"秩序"之次也。《攷工記》："畫繢之事，青與白[1]相次，赤與黑相次也。"《左氏襄公二十三年傳》："敬共朝夕，恪居官次。"

序者，古用"敘"。《説文》："敘，次第。"《大雅·行葦》："序賓以賢。"箋："謂以射中多少爲次第。"《左氏宣十二年傳》："内官序當其夜。"注："序，次也。"《春官·小宗伯》："掌四時祭祀之序事。"《離騷》："春與秋其代序兮。"

倢者，疾葉切。《説文》："倢，佽也。"案，《小雅·車攻》："決拾既佽。"箋："佽，謂手指相次比也。""倢"、"佽"同義，故"倢"亦爲"次"。

蹔者，昨甘、所斬二切。未詳[2]。

佴者，《説文》："佴，佽也。"《爾雅》："佴，貳也。"郭注："佴次，即副貳。"司馬遷《報任少卿書》："僕又佴之蠶室。"李善注引如淳曰："佴，次也。若人相次也。"

秩者，《虞書》："望秩於山川。"《公羊》疏引鄭注："秩，次也。徧以尊卑次秩祭之。"古作"豑"。《説文》："豑，爵之次第也。"引《虞書》

曰："平䟽東作。"

班者，《小爾雅》文。《左氏桓六年傳》："使諸侯之大夫戍齊，齊人餽之餼，使魯爲其班。"《周語》："王耕一發，班三。"《曲禮》："班朝治軍。"注皆云"次也"。

坒者，《說文》："坒，地相次比也。"通作"比"。《漢書·諸侯王表》："諸侯比境，周匝三垂　。"顏師古注："比，謂相接次也。"

筂者，《玉篇》："筂，次也。"本比。

差者，《說文》："差，貳也。""貳，副益也[3]。"皆次也。《後漢書·荀爽傳》："故天子娶十二，天之數也。諸侯以下，各有等差，事之降也。"

第者，《左氏哀公十六年傳》："楚國，第我死，令尹、司馬，非勝而誰？"古用"弟"字。《說文》："弟，韋束之次弟也。"《釋名》："弟，第也。相次第而上也。"

[注]　[1]静本、愛本誤作"赤"。[2]《廣雅疏證》："蹔之言漸也，字亦作'撕'。"[3]静本、愛本脱"益也"二字。

惎巨記反**、恉**旨音**、志，意也。**

《說文》："意，志也。從心，察言而知意也。"

惎者，《左氏傳》"惎"凡四見，或爲"毒"，或爲"教"。字書俱無"意"訓。疑當"諅"。《廣韻》："諅[1]，志也。渠記切。"

恉者，職雉切。《說文·心部》義也。通作"旨"。《繫辭傳》："其旨遠。"

志者，在心爲志。《少儀篇》："問卜筮曰：'義與？志與？'義則可問，志則否。"注："義，正事也。志，私意也。"孔疏："若卜筮者是公義，則可爲卜筮。若所問是私心志意，則不爲之卜筮。"

[注] [1]静本、愛本作誤“甚”。

輸臾音、**㔩**先列反、**㱚**在安反、**䘋**例[1]音、**㶳**、**孑**、**𩵋**、**菆**側流反、**㡜**、**遺**，**餘也**。

《說文》：“餘，饒也。”此釋用而不盡之餘也。

輸者，與朱切。《玉篇》：“輸，餘也。櫱也。”

㔩者，《說文》：“㔩，斷也。”蓋斷而復萌也。與“櫱”同意。一說字當作“櫱”。《說文[2]》：“㰒，伐木餘也。或作‘櫱’。”

㱚者，《說文》：“㱚，禽獸所食餘也。”通作“殘”。

䘋者，《玉篇》：“䘋，力制切。帛餘也。”左思《魏都賦》：“秦餘徙䘋。”通作“烈”。《方言》：“烈，餘也。晉、衛之間曰烈。秦、晉之間或曰烈。”又通作“裂”。《說文》：“裂，繒餘也[3]。”《左傳》：“紀裂繻，字子帛。”《漢書·終軍傳》：“關吏與軍繻。”蘇林曰：“繻，帛邊也。舊關出入，皆以傳。傳煩[4]，因裂繻頭，合以爲符信也。”《易·既濟》：“繻有衣袽。”《集解》引盧氏云：“繻者，布帛端末[5]之識也。”案，端末，即邊也。今俗謂之機頭。是“裂”爲繒帛之餘也。

㶳、**孑**者，《方言》：“孑、藎，餘也。周、鄭之間曰藎，或曰孑。青、齊、楚之間曰孑。自關而西，秦、晉之間，炊薪不盡曰藎[6]。”《大雅·桑柔[7]》：“具禍以㶳。”箋：“災餘曰㶳。”《說文》：“㶳，火餘也。”“㶳”、“藎”、“㶳”，字異義同。

𩵋者，利之餘。《說文》：“𩵋，有餘賈利也。”《左氏昭元年傳》：“賈而欲𩵋，而惡囂乎？”注：“言譬如商賈求𩵋利者，不得惡諠囂之聲。”《漢書·食貨志》：“操其奇𩵋。”顔師古曰：“奇𩵋，謂有餘財而聚奇異也。”

莪者,《爾雅》:“莪,小葉。”“莪”有小義,故亦爲餘。陸氏《爾雅》、《釋文》兼存“豬葉”、“阻留[8]”二反,非也。

幓者,帛之餘也。先列、所例二切。《説文》:“幓,殘帛也。”《急就篇》:“帊幓囊橐不直錢。”

遺者,《樂記》云:“一唱三歎,有遺音者矣。”《離騷》:“依彭咸之遺則。”張衡《西京賦》:“璿弁玉纓,遺光儵爚。”薛綜注:“遺,餘也。儵爚,有餘光也。”

[注] [1]静本、愛本作“列”,據《博雅音》改。[2]静本、愛本誤作“木”。[3]静本、愛本誤作“曰”。[4]《説文》段注無“煩”字,《東坡詩集註》、《冊府元龜》作“煩”,《分類字錦》、《康熙字典》作“還”,《佩文韻府》作“還”、“須”,《唐音》、《古今韻會舉要》作“欲速”。[5]静本、愛本誤作“未”。[6]静本、愛本脱“曰蓋”二字。[7]静本、愛本衍“之間”二字,已刪。[8]静本、愛本誤作“留”。

饘遣音、**粇**去晚反、**糒**摘音,又竹厄反、**擿**竹利反,**摶**大丸反**也**。

《説文》:“摶,圜也。”此釋“糰糉”之“糰”也。“摶”、“糰”,古今字。《玉篇》:“糰,糰糉。”《集韻》:“糰,粉餌。”

饘者,去善切。《玉篇》:“饘,乾麵餅也。”

粇[1]者,去遠切。《説文》:“粇,粉也。”《玉篇》:“粇,與‘粽’同。”

糒者,《玉篇》:“糒,粘也。”

摋，未詳[2]。

[注] [1]静本、愛本作“粦”。[2]《廣雅疏證》：“摋之言梱致也。《唐風·鴇羽》箋云：‘根相迫迮梱致。’亦不離散之意也。”

粲錯汗反、**斕**落汗反、**彪**必郢反、**辬**班音、**璘**鄰音、**虨**迫姦反、**彬**福巾反、**彧**於菊反、**昈**户音、**純**，**文也**。

《説文》云：“文，錯畫也。象交文。”又云：“彣，䵰也。”古字通用。《樂記》云：“禮減而進，以進爲文。樂盈而反，以反爲文。”注：“文猶美也。善也。”

粲者，《唐風·葛生》：“角枕粲兮。”

斕者，《玉篇》：“斕，鮮明也。”通作“爛”。《楚辭·九章》：“青黄雜糅，文章爛兮。”

彪者，《説文》：“彪，虎文也。彡，象其文。”《法言》：“或問：‘言成文，動成德，何以也？’曰：‘以其弸中而彪外也。’”

辬者，布還切。《説文》：“辬，駁文也。”今俗作“斑”。

璘者，力神切。《玉篇》：“璘，瑞文貌。又玉色光彩。”張衡《西京賦》：“瑞珉璘彬。”通作“瞵”。揚雄《甘泉賦》：“壁馬犀之瞵瑞[1]。”

虨者，布還切。《説文》：“虨，虎文彪也。”

彬者，《説文》：“份，文質備也。”引《論語》曰：“文質份份。古文作‘彬’。”

彧者，《説文》：“䵰，有文章也。”“䵰”、“彧”，字異義同。東漢人已借“彧”爲“䵰”，故“荀彧”，字“文若”。

昈者，侯古切。《方言》：“效、昈，文也。”張衡《西京賦》：“赫昈眝以宏敞。”

純者，亦《方言》文。

[注] [1]静本、愛本作“瞞”。

困、胎、僆勑達反**，逃也。**

此《方言》文也。

困、胎、僆者，郭注：“皆謂逃叛也。僆，音‘鞭撻’之‘撻’。”《玉篇》“僆”下引《方言》：“逃也。”舊本[1]“僆”譌“僆”，並音釋亦譌“逵”，今據《方言》訂正。

[注] [1]静本、愛本衍“本”字，已删。

𢭈頃音**、埏、筳、桓、遂、畺、畍**介音**、畂**[1]古服[2]反**、畢、殄**終音**、猝**卒音**，竟也。**

《說文》：“樂曲盡爲竟。”此“𢭈”、“埏”、“筳”、“桓”，是綿亘之竟。“遂”、“畺”、“畍”、“畂”，是疆域之竟。“畢”、“殄”、“猝”，是終盡之竟。

𢭈、埏者，《方言》文。郭注：“𢭈，洛潁反。埏，音延。”《史記·司馬相如傳》：“下泝八埏。”《集解》引《漢書音義》：“埏，若瓮埏，地之八際也。”舊本“埏”譌“挺”，今訂正。

筳、桓者，亦《方言》文。“秦、晉或曰絙，或曰竟。楚曰筳。”班固《賓戲》：“絙以年歲。”《西都賦》：“北彌明光而亘長樂。”《說文》：“桓，竟也。古文作‘亙[3]’。”是“桓”、“絙”、“亘”，古字同。舊本“筳”譌“挺”，今據《方言》訂正。

遂者，《曲禮》：“户開亦開，户闔亦闔。有後入者，闔而勿遂。”《漢書·灌夫傳》：“有詔劾灌夫罵坐不敬，繫居室。遂其前事。”顔師古注：“遂，竟也。”盧諶《贈劉琨詩書》云：“若公肆大惠，遂其厚恩。”李善注引此文。

畺者，《説文》：“畺，介也。或作‘疆’。”《小爾雅》：“疆，竟也。”《周語》：“畺有寓望。”韋昭注：“疆，境也。”《公羊昭元年傳》：“疆運田者何？與莒爲竟也。”何休注：“疆，境也。”《漢書·外戚傳》：“精浮游而出畺。”又《王子侯表》：“以諸侯王畺土過制。”顔師古注：“畺，亦壃字。”《白石神君碑》：“萬壽無畺。”《張公神碑》：“畺界家静。”《樊敏碑》：“華南西畺。”《朱龜碑》：“綏我土畺。”《吕君碑》：“慎守畺易。”是“畺”、“疆”、“壃”並同。

畍者，古拜切。與“界”同。《説文·田部》義也。《孟子》：“域民不以封疆之界。”

甿者，亦《説文·田部》義也。舊本“甿”訛“甿”[4]，今訂正。

畢者，《周書·大誥》：“予曷敢不於前寧人攸受休畢。”《檀弓篇》：“生事畢而鬼事始。”

殍者，之戍切。《玉篇》：“殍，殁也。”今作“終”。《釋名》：“終，盡也。”《禮記》：“君子曰終，小人曰死。”

殚者，子聿切。《説文》：“大夫死曰殚。”《釋名》：“大夫曰卒，言卒竟也。”“殚”、“卒”同。“殍”、“殚”，皆人之竟也。

[注] [1]愛本誤作“甿”。[2]静本、愛本“古脹”作“沽浪”，據《博雅音》改。[3]静本、愛本誤作“亜”。[4]“甿”爲“甿”之異體。

僔敷音、**譙**子隹反、**即、因、度、集、從、圍、酉、歸、孝、稛**苦本反，**就也。**

《說文》："就，高也。"《玉篇》："就，從也。成也。即也。久也。"

僔者，疑與"傅"同。未詳。

譙者，《玉篇》："譙，就也。"本此。

即者，《方言》文。《論語》："亦可以即戎矣。"包咸注："即戎，就兵也。"《王制》："必即天倫。"《鄉飲酒禮》："衆賔序升，即席。"鄭皆訓爲"就"。

因者，《說文·囗部》義也。《繫傳》："能大者，衆圍就之也。"

度者，《孝經援神契》："度、就，皆孝也。"故此，"度"、"孝"皆爲"就"。

集者，《周書·武成》："大統未集。"《大雅·未明》、《小雅·小旻》傳並云："集，就也。"

從者，《左氏成十七年傳》："泣而爲瓊瑰，盈其懷。從而歌之。"注："從，就也。"《曲禮》："謀於長者，必操几杖以從之。"《漢書·高祖紀》："我十五日必定梁地[1]，復從將軍。"注皆解"從"爲"就"。《廣韻》："從，就也。"本此。

圍者，《方言》文。舊本"圍"訛"圀[2]"，不成字。且"圍"是習見之字，故無音釋，今訂正。《玉篇》："圍，就也。"本此。

酉者，《說文》："酉，就也。八月黍成，可爲酎[3]酒。"

歸者，上文釋"就"爲"歸"，此釋"歸"爲"就"，轉相訓也。

孝者，《舊唐書·禮儀志》引《孝經援神契》云："天子孝曰就。"故"孝"爲"就"也。

稛者，《方言》文。郭注："稛，恪本反。稛稛，成就貌。"《說文》："稛，豢束也。"《玉篇》、《廣韻[4]》並云："成熟。"皆於"就"義爲近。

舊本將“稛”字溷入下文“屠”訓内，又誤爲“門梱[5]”之“梱”，今據《方言》訂正。

[注] [1]静本、愛本誤作“他”。[2]《廣雅疏證》：“各本訛作‘囶’。”[3]静本、愛本誤作“酙”。[4]静本、愛本誤作“云”。[5]静本、愛本誤作“捆”。

㔁託[1]歷反、**刲**苦圭反、**刳**看姑反，**屠也。**

《説文》：“屠，刳也。”《周禮·地官》：“凡屠者，斂其皮、角、筋，入於王府。”《史記·信陵君列傳》：“乃市井之人，鼓刀以屠。”

㔁者，《玉篇》：“剔[2]，解骨也。”“㔁，同上。屠也。”

刲者，《説文》：“刲，刺也。”《歸妹》：“上六：士刲羊。”馬融注：“刲，刺也。”《法言·修身篇》：“如刲羊刺豕，罷賓犒師，惡在犂不犂也。”《玉篇》：“刲，屠也。”本此。

刳者，《説文》：“刳，判也。”《玉篇》：“刳，屠也。”

[注] [1]静本、愛本誤作“記”，據《博雅音》改。[2]静本、愛本誤作“易”。“㔁”爲“剔”之異體。

翬呼韋反、**鶱**、**翸**即恒反、**翥**諸悆反。《方言》音“曙”、**翾**火仙反、**翧**喧音、**翑**鄰音、**翃**宏音、**翁**呼横反、**翴**連音、**翾**呼緣反、**翋**力合反、**翜**大合反、**翭**聿音、**翽**三六反、**翗**，**飛也。**

《説文》：“飛，鳥翥也。象形。”古通作“蜚”。《史記·周本紀》：“蜚鴻滿野。”《蘇秦列傳》：“毛羽未成，不可以高蜚。”《韓勑後碑》：“蜚於蒼天。”《張公神碑》：“駕蜚魚。”《夏堪碑》：“魂蜚揚。”皆作“蜚”。

翬者，《説文》：“翬，大飛也。”《小雅·斯干》：“如翬斯飛。”《爾雅·釋鳥》：“鷹隼醜，其飛也翬。”

騫者，虚言切。《説文》：“騫，飛皃。”張衡《西京賦》：“鳳騫翥於甍標，咸遡風而欲翔。”舊本“騫”訛從“馬”，今訂正。

翻者，《玉篇》：“翻，飛皃。”

翥者，《説文》：“翥，飛舉也。”《爾雅》：“翥，醜鏬。”《楚辭·遠游》：“鸞鳥軒翥而翔飛。”

翻者，《玉篇》：“翻，飛皃。”

翧者，許元切。《玉篇》：“翧，飛也。”

翷者，力仁切。《玉篇》：“翷，飛皃。”

翃者，乎萌切。《玉篇》：“翃，虫飛也。”“翃”、“翝”同。

翁者，《玉篇》：“翁，羣鳥弄翅也。”《集韻》引《廣雅》：“翁、翝，飛也。”今本有“翁”無“翝”，疑有脱誤。

翴者，力仙切。《玉篇》：“翴，飛皃。”

翾者，《説文》：“翾，小飛也。”《繫傳》引《文子》曰：“翾飛蝡動。”張衡《思玄賦》：“翾鳥舉而魚躍兮。”

翋、翲者，《説文》：“翊，飛皃。”“翋”、“翊”同。《玉篇》：“翾翾，飛皃。”“翲”、“翾”同。左思《吴都賦》：“鷹瞵鶚視，趁趩翋翲。”

鴥[1]者，余律切。《説文》：“鴥，鸇飛皃。”《秦風·晨風》：“鴥彼晨風。”

翻者，《玉篇》：“翻，飛皃。又飛聲。”案，此與“肅肅其羽”之“肅”，古今字。

獝者，孫綽《游天台山賦》：“整輕翮而思獝。”江淹《雜體詩》：“思乘扶摇翰，卓然陵風矯。”李善注並引此文。通作“翻”。《方言》：“翻，飛也。”《玉篇》：“翻，飛貌。”《類篇》：“翻，高飛也。”

［注］［1］静本、愛本作“鴅”，爲“鴅”之異體。

鑿昨音、**矞**聿述反，又市出反、**欪**居月反、**掘**、**扫**呼没反、**斛**他聊反、**抉**於穴反、**挑**、**竁**毳音，又穿絹反，**穿也。**

《説文》：“穿，通也。”《召南·行露》：“誰謂雀無角？何以穿我屋？”

鑿者，《説文》：“鑿，穿木[1]也。”《釋名》：“鑿，有所穿鑿也。”

矞者，《説文》：“矞，以錐有所穿也。”

欪者，《玉篇》：“欪，握也。”

掘者，衢勿切。《説文》：“掘，搰也。”《繫辭傳》：“掘地爲臼。”《孟子》：“辟若掘井。”《既夕記》：“掘坎。”通作“闕”。《左氏隱元年傳》：“若掘地及泉”。

扫者，《玉篇》：“扫，穿也。”亦“搰”字。《荀子·正論篇》：“扫人之墓。”

斛者，穿之器也。《爾雅》：“斛謂之疀。”

抉者，《説文》：“抉，挑也。”通作“穾”。《説文》：“穾，穿也。”

挑者，吐彫切。《説文》訓“抉”爲“挑”，則其義同也。

竁者，《説文》：“竁，穿地也。”《小宗伯職》：“卜葬兆，甫竁，亦如之。”注：“鄭大夫讀‘竁’皆爲‘穿’，杜子春讀‘竁’爲‘毳’，皆謂葬穿壙也。今南陽名‘穿地’爲‘竁’，聲如‘腐脃’之‘脃’。”

[注] [1]静本、愛本誤作“鑿”。

搒彭音、**撅**居月反、**妭**本作“郟”，未詳，弋音[1]、**擿**雉戟反，**投也。**

《說文》：“投，擿也。”《曲禮》云：“無投與狗骨。”

搒、撅、妭，並未詳[2]。

擿者，直隻切。《說文·手部》義也。《史記·刺客列傳》：“荆軻廢，乃引匕首以擿秦王。”俗別作“擲”。《晉書·孫綽傳》：“嘗作《天台山賦》。以示范榮期曰：‘卿試擲地，當作金石声也。’”通作“蹢”。《莊子·徐無鬼篇》：“齊人蹢子於宋者”，蹢，與“擿”同。

[注] [1]静本、愛本“郟”作“划”，“弋”作“戈”，據《博雅音》改。[2]《廣雅疏證》：“搒者，下文云：‘搒、擊也。’‘擊’與‘投’同義。”

苦、**翕**盧及反、**焥**哀音、**煜**夷六反、**熺**嘻音，**熾也。**

《說文》：“熾，盛也。”

苦、翕者，《方言》文。張衡《思玄賦》：“温風翕其增熱兮”。

焥者，烏來切。《玉篇》：“焥，熱也。”

煜者，《說文》：“煜，燿也。”《玉篇》：“煜，火焰也。又，盛貌。”《漢書·叙傳》：“其餘猋飛景附，煜霅其間者，蓋不可勝數。”潘岳《笙賦》：“郇鞾煜熠。”李善注：“盛多貌。”又引此文。

熺[1]者，許其切。木華《海賦》：“熺炭重燔。”劉楨《贈五官中郎將詩》：“明鐙熺炎光。”李善注引此文，同。又，潘岳《閒居賦》：“熙春寒往。”注引又作“熙”。是本又作“熙”。

[注] [1]静本、爱本誤作“嘻”。

悲翡音，又芳尾反、**㤪、悢、惆，悵也。**

《說文》：“悵，望恨也。”《玉篇》：“悵，惆悵，失志也。”

悲、㤪者，《方言》文。郭注：“謂惋惆也。”《方言》“悲”作“菲”，字異音義同。《集韻》引《廣雅》：“悲，悵也。下介切。”所見有異本歟。

悢者，力黨、力尚二切。《玉篇》：“悢，懭悢，不得志也。又，悢悢，惆悵也。”宋玉《九辯》：“愴怳懭悢兮。”王逸注：“中情悵惘，意不得也。”

惆者，敕周切。《玉篇》：“惆悵，悲愁也。”《荀子・禮論篇》：“惆然不嗛。”揚雄《逐貧賦》：“惆悵失志，呼貧與語。”

怤孚音、**愉**以珠反、**兑**度外反、**解，說也。**

此釋“喜說”之“說”也。或作“悅”，同。皇侃《論語義疏》：“悅者，懷抱欣暢之謂也。”

怤、愉者，義本《方言》[1]。上文釋爲“喜”，此又爲“悅”，義相成也。

兑者，《說卦傳》文。《荀子・修身篇》：“饒樂之事，則佞兑而不曲。”楊倞注：“兑，悅也，言佞悅於人，以求饒樂之事。不曲，謂直取之也。”

解者，曉之說也。佳買切。《樂記》云：“及其久也，相說以解。”

[注] [1]《方言》：“怤、愉，悅也。”

僄匹妙反、**毛**、**媥**篇音、**娍**曰音、**狎**、**傷**以豉反、**蚩**、**侮**、**仈**凡音、**懱**、**忽**，**輕也。**

《玉篇》："輕，不重也。"

僄者，《方言》文。郭注："音'飄零'之'飄'。"《荀子·修身篇》："怠慢僄棄，則招之以禍災。"楊倞注："僄，輕也，謂自輕其身也。"《後漢書·班[1]固傳》："雖輕迅與僄佼。"

毛者，《大雅·烝民》："德輶如毛。"《漢書·司馬遷傳》："死有重於泰山，或輕如鴻毛。"

媥者，芳連切。《說文》："媥，輕貌。"

娍者，王伐切。《說文·女部》義也。

狎者，《論語》："狎大人。"《左氏昭二十年傳》："水懦弱，民狎而玩之。"

傷者，《說文·人部》義也。

蚩者，赤之切。《後漢書·明帝紀》："尚書皆宜抑而不省，示不爲諂子蚩也。"

侮者，《說文》："侮，傷也。""傷"爲[2]"傷"之訛。古文作"侮"。《漢書·五行志》："慢侮[3]之心生。"《陳平傳》："然大王資侮人。"《外戚傳》："侮聖人之言。"顏師古並云："侮，古'侮'字。"

仈者，扶咸切。《方言》文也。"楚凡相輕薄謂之相仈，或謂之僄。"孫侍御云："仈，又作'凡'。"《玉篇》"凡"字注引此文。"輕也。"

懱者，莫結切。《說文》："懱，輕易也。"引《商書》曰："以相陵懱。"

忽者，《後漢書·崔駰傳》："公愛班固而忽崔駰。"案，今賦稅有"釐毫絲忽"。"忽"亦輕之至也。通作"曶"。《漢書·揚雄傳》："於時人皆曶之，惟劉歆及范逡敬焉。"顏師古注："曶，與'忽'同，謂輕也。"

[注] [1]愛本誤作“斑”。[2]静本、愛本誤作“易”，據徐復本《疏義》改。[3]愛本誤作“悔”。

窴田音、**𦴬**士佳反，又七[1]咨反、**闐**、**括**、**𡋯**杜音、**充**、**實**、**敜**乃結反，又乃頰反、**閉**、**𡑞**下刮[2]反、**絮**、**竄**千外反、**晵**一活反，又女刮反、**堙**，**塞也。**

《說文》：“寋，窒也。”鄭注《中庸》云：“塞，猶窒也。”“塞”、“寋”，古字通。

窴者，《說文·穴部》義也。徒年切。《楚辭·天問》：“洪泉極深，何以窴之？”《漢書·溝洫志》：“令羣臣、從官，自將[3]軍以下，皆負薪，窴決河。”班彪《北征賦》：“罹[4]填塞之厄災。”李善注引《廣雅》：“填，塞也。”是本又作“填”。

𦴬，未聞。

闐者，《說文》：“闐，閉也。”是“閉塞”之意。

括者，《方言》：“括，閉也。”通作“昏”。《說文》：“昏，塞口也。”

𡋯者，徒古切。《玉篇》：“𡋯，填也。塞也。或作‘敷’。”《說文》：“敷，塞也。”案，敷，通作“杜”。《夏官·大司馬》：“犯令陵政則杜之。”注：“杜者，杜塞，使不得與隣國相通。”《管子·輕重篇》：“城陽大夫，嬖寵被絺綌，鵞鶩含餘秫。伯叔父母、遠近兄弟，皆寒[5]而不得衣，飢而不得食。欲盡忠於國，能乎？以令召[6]城陽大夫。滅其位，杜其門而不出。”“商鞅相秦，太子犯法，刑其傅公子虔，故趙良曰：‘公子虔，杜門不出已八年矣。’”[7]《漢書·趙充國傳》：“使虜發[8]千人，守杜四望陿中，兵豈得入哉。”顔師古注：“杜，塞也。”

充者，《邶風・旄邱》："褎如充耳。"箋："充耳，塞耳也，言衛之諸臣，顔色褎然，如見塞耳，無聞知也。"《孟子》云："仁義充塞。"

實者，鄭注《禮記》解"塞"爲"實"。實，亦"塞"也。

敜者，乃叶切。《説文・攴部》義也[9]。引[10]《周書・費誓》："敜乃阱。"

閉者，《文言傳》："天地閉。"《月令》云："天地不通，閉塞而成冬。"《玉篇》："閉，塞也。"本此。

埖[11]者，未詳。《集韻》："𡿧，陟列切。"引《廣雅》："𡿧，塞也。"未知孰是。

絮者，《漢書・張釋之傳》："用紵絮斮陳漆其間。"言槨之隙處，斬紵絮以塞之。

竄者，《説文・宀部》義也[12]。"讀若《虞書》'竄三苗'之'竄'"。今書"竄"作"竄"。"竄，匿也。從鼠在穴中。"凡自匿曰"竄"。納之穴中，閉塞之曰"竄"。許所引書，古文也。

䁆，未詳，舊本"䁆"爲"暳"[13]，今據音釋訂正。

堙者，《説文》作："垔，塞也。"引《書》曰："鯀垔洪水。"今《洪範》作"堙"。《左氏襄二十五年傳》："井堙木刊。""堙"、"垔"、"陻"，字異音義同。

[注] [1]静本誤作"士"，愛本誤作"土"，據《博雅音》改。[2]静本、愛本"下刮"誤作"丁列"，據《博雅音》改。[3]愛本作"搿"。[4]静本、愛本誤作"羅"。[5]静本、愛本誤作"塞"。[6]静本、愛本誤作"台"。[7]這句話輾转相引。全句見於惠士奇《禮説》。[8]静本、愛本誤作"法"。[9]"《説文・攴部》義也。"静本、愛本誤作"《説文》支"。徐復本《疏義》作"《説文》從攴。"

亦通。[10]愛本無“引”字，“引”字下是《說文》引《周書》的例句，據行文體例應加“引”字。[11]疑當作“昏”。《集韻》：“昏、昏、舌，《博雅》：‘塞也。’或從甘，亦作舌。”[12]“宀”，静本、愛本誤作“穴”。[13]“睧”爲“睧”之異體。《廣雅疏證》：“《集韻》、《類篇》竝云：‘睧、塞也。’”

礲落東反、**礪**、**希**、**鑠**、**甐**又[1]佳反、**甐**[2]爽音、**剴**五哀反、**扢**古礙反，又古對反、**差**、**礏**研音、**鐕**、**鑢**、**揩**看皆反、**硐**同音、**摡**口淮反、**鎣**胡冥反、**磃**斯音、**摩**七結反、**砥**止音、**磋**，**磨也**。

《說文》：“摩，研也。”《繫辭傳》：“剛柔相摩。”京房：“相磑切也。”馬融曰：“摩，切也。”《樂記》云：“陰陽相摩。”注：“摩猶迫也。”“磨”、“摩”，古今字。

礲者，《說文》：“礱，礦也。”《晉語》：“張老曰：‘天子之室，斲其椽而礱之，加密石焉。’”韋昭注：“礱，磨也。”《荀子·性惡篇》：“鈍金必將礱厲，然後利。”“礲”、“礱”同。

礪者，《玉篇》：“崦嵫礪石可磨刃。”古用“厲”。《說文》：“厲，旱石也。”《公劉詩》：“取厲。”《儒行篇》：“砥厲廉隅。”《左氏哀公十六年傳》：“勝自厲劍。”《吕氏春秋·士容論》：“四隣來虚，奪之以兵事，是謂厲禍。”高誘注：“厲，摩也。”鮑照《蕪城賦》：“飢鷹厲吻。”皆不從“石”。

希、**鑠**者，《方言》文。“燕、齊摩鋁謂之希。”

甐者，《廣韻》：“甐甐，屑瓦洗器。”

甐者，初兩切。《說文》：“甐，磋垢瓦石。”徐鍇曰：“以碎瓦石去垢。”通作“磢”。郭璞《江賦》：“奔溜之所磢錯。”

剴者，《說文》：“剴，摩也。”

扢者，《玉篇》："扢，摩也。"案，"扢"當爲"刉"。《説文》："刉，刀不利，於瓦石上刉之。"通作"槩"。曹植《贈丁儀王粲詩》："承露槩泰清。"李善注云："《西都賦》'扢仙掌與承露'引《廣雅》：'扢，摩也。'槩，與'扢'同，古字通。"

差者，疑即古"磋"字。

揅者，禦堅切。《説文·手部》義也。通作"研"。《繫辭傳》："研幾。"蜀才作"揅"。

鐕者，《廣韻》："作含切。"未詳。孫侍御云："鐕，疑'錯'字。"《江賦》注引"錯，摩也"。

鑢者，良據切。《大雅·抑》曰："白圭之玷，尚可磨也。"箋："玉之缺，尚可磨鑢而平。"《説文》："鑢，錯銅鐵也。"

揩者，張衡《西京賦》："揩枳落。"李善注引《字林》："揩，摩也。"

硐者，大公切。馬融《長笛賦》："磓硐隤墜。"李善注引此文。《玉篇》："硐，摩也。"本此。

攊者，《玉篇》："攊，摩拭也。"本此。

鎣者，烏定切。《集韻》："鎣，磨也。"本此。左思《招隱詩》："聊可瑩心神。"江淹《雜體詩》："瑩清無餘滓。"李善注並引《廣雅》："瑩，磨也"。是本又作"瑩"。

磃者，思移切。《玉篇》"磃，磨也。"本此。

攺者，《廣韻》"攺，磨也。"本此。通作"沏"。木華《海賦》："激勢相沏。"李善注："沏，摩也。"

砥[3]者，諸氏切。《説文》："厎，柔石也。或作'砥'。"《山海經》："崦嵫之山[4]，其中多砥礪。"《淮南·説山訓》："砥利劍者，非所以斬縞衣，將以斷兕犀。"又《修務訓》："劍待砥而後能利。"

磋者，《玉篇》："磋，治象也。"

《集韻》引《廣雅》“揩、揮，摩也。”今本無“揮”字。

［注］［1］愛本誤作“人”，據《博雅音》改。［2］愛本作“瓡”。［3］愛本作“砥”，爲“砥”之異體。［4］愛本脫“山”字。

訋弔音、**詉**丑家反、**賢**羊瑞反、**惹**汝奢反，又汝灼反、**譇**於劍反、**揙**，**拏**女家反**也。**

《說文》：“拏，牽引也。”《後漢書·馮衍傳》：“禍拏未解，兵連不息。”李賢注：“拏，謂相連引也。”

訋者，都叫切。《玉篇》：“訋，拏也。”本此。

詉者，《玉篇》不收此字。《廣韻》：“詉，絲設[1]，語不解也。女加切。”疑即“詉”矣。

賢者，羊閉切。《玉篇》：“賢，婘拏也。或作‘諳’。”《廣韻》：“賢，婘也。以睡[2]切。”舊本“賢”訛“覽”，今訂正。

惹者，《方言》：“拏，揚州、會稽之語也。或謂之惹。”郭注：“惹，言情惹也。”

譇者，《方言》：“拏，或謂之譇。”郭注：“譇，言誣譇也。”《說文》：“婘，誣拏也。”“譇”、“婘”，古字通。

揙者，日之切。《玉篇》：“揙，拏也。”本此。舊本“揙”訛“詽”，音釋“女家反”。予攷《玉篇》不收[3]“詽”字，“女家”之音當在下文“拏”下，此例誤也，今訂正。

［注］［1］徐復本《疏義》作“詉”，爲“設”之異體。［2］静本、愛本作“睡”。［3］愛本作“收”。

嫋遥音、**愓**陽音、**嬉**虚之反、**劮**逸音、**游**、**遨**、**契**孤八反[1]，**戲也。**

上文“嫽、誂[2]、透、㨗、嬈，戲也。”此復申明之也。

嫋、愓、嬉者，《方言》：“嫋、愓，遊也。江、沅之間，謂戲爲嫋，或謂之愓，或謂之嬉[3]。”《荀子·修身篇》：“加愓悍而不順。”楊倞注：“韓侍郎云：‘愓，與蕩同。’”王逸《九思》：“音晏衍兮要嫋。”洪興祖《補注》引《方言》：“嫋，遊也”。《說文》：“嫋，曲肩行也。”“愓，放也。”舊本“嫋”訛“娙”，今訂正。

劮者，餘質切。《玉篇》：“劮，豫也。”

遊者，《玉篇》：“遊，遨遊也。”與“游”同，古文作“逕”。

敖者，《說文》：“敖，出游也。”《玉篇》：“遨，遨遊也。”“敖”、“遨”同。

契，未詳。

[注] [1]愛本誤作“音”，已改。[2]静本、愛本誤作“訛”，已改。[3]静本、愛本誤作“戲”。

跟腸音**蹬**務音、**跪**，**拜**[1]布界反**也。**

《說文》：“拜，首至地也。拜，揚雄說：‘以兩手下。’”《春官·大[2]祝》：“辯九拜：一曰稽首，二曰頓首，三曰空首，四曰振動，五曰吉拜，六曰凶拜，七曰奇拜，八曰褒拜，九曰肅拜。以享右祭祀。”

跟蹬者，《方言》：“東齊、海、岱、北燕之郊，跪謂之跟蹬。”郭注：“今東郡人亦呼長跪爲跟蹬。”

跪者，《說文·足部》義也。李登《聲類》："跪，跽也。"

[注] [1]"捧"，《廣雅疏證》作"擗"，均爲"拜"之異體。[2]静本、愛本作"太"。

倮巨恭[1]反**傰**春音、**詾**呼遘反，乎遘反，又居候反、**剔**天歷反、**馬**、**詈**，**罵也**。

《說文》："罵，詈也。"《釋名》："詈，迫也。以惡言被迫人也。"《列子·周穆王篇》："數罵杖[2]撻，無不至也。"

倮傰者，《方言》文。"燕之北郊曰倮傰。"郭注："羸小可憎之名也。倮，音'邛竹'之'邛'。"《方言》又云："庸謂之傰，轉語也。"

詾者，《說文》："詬，謑詬，恥也。或作'詾'。"《左氏襄十七年傳》："重邱人閉門而詾之。"杜注："詾，罵也。"《昭二十年傳》："余不忍其詾。"杜注："詾，耻也。"《釋文》："本或作'詬[3]'，同。"《荀子·非十二子篇》："無廉恥而忍謑詬。"楊倞注："謂罵辱也。"本或作"謑詾"。王逸《九思》："違群小兮謑詬。"注："謑，恥辱垢陋之言也。"

剔，未詳。

馬者，"馬"、"罵"，音相近，語有輕重耳，故亦爲罵也。

詈者，《說文·网部》義也。《釋名》："詈，歷也。以惡言相彌歷也。亦言離也，以此挂離之也。"《周書·無逸》："小人怨女詈女。"《離騷》："申申其詈予。"王逸注："申，重申也，言重詈我。"《淮南·說林訓》：

"嬰兒詈老，莫之疾也。"

[注] [1]静本、愛本誤作"工"，據《博雅音》改。[2]静本、愛本誤作"枤"。[3]静本、愛本誤作"詾"。

攍盈音**、旅、何、縢**鄧音**，擔**帶甘反**也。**

此用《方言》文也。《説文》："儋，何也。"《釋名》："擔，任也。任力所勝也。"漢碑"負擔"，字多作"儋"。《方言》："攍、膂、賀、縢，儋也。齊、楚、陳、宋之間曰攍。燕之外郊、越之垂甌、吴之外鄙謂之膂。南楚或謂之攍。自關而西，隴、冀以往，謂之賀。凡以驢、馬、馲駝載物者，謂之負佗，亦謂之賀。"

攍，亦作"贏"。賈誼《過秦論》："贏糧而景從。"《後漢書·鄧禹傳》："鄧公贏糧徒步。"

旅，與"膂"同。上文"膂，力也"，此又爲"擔"，義相成也。舊本"旅"訛"核"，形相近而誤也。今據《方言》訂正。

何，與"荷"同。《説文·人部》義也。《小爾雅》："荷，擔也。"《左氏昭七年傳》："其子弗克負荷。"杜注："荷，擔也。"《釋文》："本亦作'何'。"《方言》作"賀"，音義同也。

縢者，郭注《方言》云："今江東呼儋兩頭有物爲'縢'。音鄧。"舊本"縢"訛"榺"，今據《方言》、《玉篇》訂正。

糜靡皮反**、爤、蕎**普衡反**、胹**而音**、飪**而枕反**、饎**充志反**、秸**酷音**、酋**似流反**、羞、礪、粟**研音**，𦎫**孰音。憲案，《説文解字》："從丮、臺。"即"孰"是也。與"孰誰"之"孰"無異。唯顧野王《玉篇》"孰"加"火"，未知所出**也。**

《説文》："𦎫，食飪也。"《玉篇》："熟，爤也。""𦎫"、"熟"，古今字。《祭義》云："亨孰羶薌。"

𤍑者，《説文》："𤍑，爤也。"

爤者，《説文·火部》義也。或作"燗"。《大雅·生民》疏引《説文》："爤，火孰也。"《方言》："爛，孰也。自河以北，趙、魏之閒，火孰曰爛。"《左氏定三年傳》："邾子自投於牀，廢於爐炭，爛。"案，"爤"、"爛"、"燗"，字異義同。

𦏪者，字當爲"䯧"，即"烹"字也。古作"亯"。《説文》："亯，象進孰物形。"通作"亨"。《左氏昭二十年傳》："以亨魚肉。"《禮運》："以炮以燔，以亨以炙。"鄭注："亨，煮之鑊也。"《方言》："亨，孰也。嵩嶽以南，陳、潁之間曰亨。"

胹者，如之切。《方言》文也。"自關而西，秦、晉之郊曰胹。"《説文》："胹，爤也。"《左氏宣二年傳》："宰夫胹熊蹯不熟。"《楚辭·招魂》："胹鼈炮羔，有柘漿些。"

飪者，與"飪"同。《方言》文也。"徐、揚之間曰飪。"《説文》："飪，大熟也。""肚"、"恁"並古文"飪"[1]。孔安國《論語》注："失飪，失生熟之節也。"《聘禮》："唯羹飪。筮一尸。"鄭注："古文'飪'作'腍'。""飪"、"恁"、"腍"，字異義同。

饎者，《方言》文也。"自河而北，趙、魏之間，氣熟曰饎。"《説文》："饎，酒食也。""䊠"、"糦"並或體。《地官·饎人》注，鄭司農云："主炊官也。"《特牲饋食禮》："主婦視饎，爨。"故書"饎"作"䊠"。又《特牲饋食禮》注："炊黍稷曰饎。"古文"饎"作"糦"。《周禮》作"䊠"。

秙者，禾之熟也。口篤切。《玉篇》："秙，禾大熟。"通作"酷"。《方言》："酷，熟也。穀熟曰酷。""秙"、"酷"，音義同。

酋者,《方言》文。"久熟曰酋。"《月令》:"乃命大酋。"注:"酒熟曰酋。"《鄭語》:"毒之酋腊者,其殺也滋速。"韋昭注:"精熟爲酋。腊,極也。"

羞、礪者,《方言》文。彼作"羞厲",古字通。

粟者,午堅切。舂之熟也。《玉篇》:"粟,亦作'研'。"《說文》云:"研,𥗼也。"

[注] [1]此句話來自於《說文》,但并非原文。

愋爰音、**諒**、**慘**邃音、**鞮**低音、**㦸**革音、**覺**、**叡**、**忙**竹目反,又音佇[1]、**諝**思與反,又思余反、**黨**、**聞**、**曉**、**哲**,**智也**。

《說文》:"智,識詞也。"《釋名》:"智,知也。無所不知也。"《荀子·修身篇》:"是是非非謂之知。"楊倞注:"能辨是爲是、非爲非,謂之智也。"《賈誼書·道術篇》:"深知禍福謂之智,反智爲愚。"舊本"智"訛爲"於智"二小字,今據《方言》訂正。

愋、諒者,《方言》文。愋,許袁切。

慘[2]者,雖遂切。《玉篇》:"慘,意思深也。與'憾'同。"

鞮者,《王制[3]》:"西方曰狄鞮。"注:"鞮之言知也。今冀都[4]有言狄鞮者。"

㦸者,公厄切。《玉篇》:"㦸,智也。"本此。

覺者,古岳、古孝二切。《說文》:"覺,寤也。一曰發也。"《廣韻》:"覺,知也。"本此。

叡者,《說文》:"叡,深明也。通也。"

忙者,《玉篇》:"忙,知也。"《集韻》引《廣雅》:"訏,智也。"是本又作"訏"。

諝者，《說文・言部》義也。通作“胥”。《天官・冢宰》：“胥有十二人。”注：“胥，讀如諝，謂其有才知，爲什長。”

黨者，《方言》文。“楚謂之黨。”郭注：“黨，朗也。解寤貌。”

聞者，《說文》：“聞，知聞也。䎽，古文。”

曉者，《方言》文。“楚或曰曉。”孫綽《游天台山賦》：“之者以路絶而莫曉。”李善注引此文。

哲者，《方言》文。“齊、宋之間謂之哲。”《說文》：“哲，知也。或作‘悊’。古文作‘嚞’。”《大雅・瞻卬》：“哲夫成城。”箋：“哲，多謀慮也。”《離騷》：“夫惟聖哲以茂行兮。”王逸注：“哲，智也。”《法言・問明篇》：“或問哲。曰：‘旁明厥思。’”案，“哲智”已見《爾雅・釋言》，此疑當作“悊”。

[注] [1]静本、愛本“音佇”誤作“立佇反”，據《博雅音》改。[2]愛本誤作“傢”。[3]静本、愛本誤作“者”。[4]静本、愛本誤作“異部”。

封、垤徒結反**、坻**直尸[1]反**，場**傷[2]音**也。**

此言聚土之場也。舊本音釋誤音“傷”，今訂[3]正。

封者，《方言》文。“楚郢以南，蟻土謂之封。”《檀弓篇》：“於是封之，崇四尺。”注：“聚土曰封。”

垤者，《方言》文。“中齊語也。”《說文》：“垤，螘封也。”《豳風・東山》：“雚鳴於垤。”傳：“垤，螘冢也。”趙岐《孟子》注：“垤，蟻封也。”

坻者，《方言》文。“梁、宋之間，蚍蜉、䵎[4]鼠之場謂之坻。”潘岳

《籍田賦》："坻場染屨。"舊本"坻"訛"坘"。音釋"直户反"亦誤，今訂正。

［注］［1］静本誤作"户"，據《博雅音》改。［2］静本、愛本誤作"暘"，據《博雅音》改。［3］愛本誤作"記"。［4］郭璞注："㓞，古'挈'字。"

杜、蹻虚膚反**、遴**良鎮反**，𧿺**師急反**也。**

《説文》："𧿺，不滑也。"

杜、蹻者，《方言》文。"趙曰杜。山之東南或曰蹻。"郭注："今俗語言'𧿺如杜'，杜[1]梨子𧿺，因名之。"

遴者，《説文》："遴，行難也。"《漢書·王莽傳》："性寔遴嗇。"

［注］［1］愛本、静本脱"杜"字。

絓口乖反**、挈**古八反**、儝**瓊音**、介、孤、寡**寡音**、索、唯、特，獨也。**

《説文》："獨，犬相得而鬬也，故羊爲群，犬爲獨也。"

絓、挈、儝、介者，《方言》："絓、挈、儝、介，特也。楚曰儝，晉曰絓，秦曰挈，獸無偶曰介。"郭注："儝，古'煢'字。"《小雅·正月》："哀此煢獨。"《左氏哀十四年傳》："逢澤有介麇焉。"《集韻》引此文。"亣，獨也。"是本又作"亣"。

孤者，《説文》："孤，無父也。"《釋名》："孤，顧也。顧望無所瞻見也。"《學記》云："獨學而無友，則孤陋而寡聞。"

寡者，《小爾雅》云：“凡無夫、無妻，通謂之寡。”《左氏襄二十七年傳》：“崔杼生成及彊而寡。”《墨子·辭過篇》：“內無拘女，外無寡夫。”又云：“天下之男多寡無妻，女多拘無夫。”

索者，《檀弓》云：“吾離羣而索居。”鄭注：“索，猶散也。”物散則獨，故爲獨也。

唯者，《白虎通義》：“《禮·曾子問》曰：‘唯天子稱天以誄之。’唯者，獨也。明天子獨於南郊耳。”嵇康《琴賦》：“能盡雅琴，唯至人兮。”李善注引賈逵曰：“唯，獨也。”

特者，《左氏昭十四年傳》：“收[1]介特。”杜注：“介特，單身民也。”《士昏禮》：“其實特豚。”注：“特，猶一也。”《晉語》：“子爲我具特羊之饗。”韋昭注：“特，一也。凡牲，一爲特，二爲牢。”王逸《九思》：“哀我兮介特。”注：“介特，獨也。”馬融《廣成頌》：“察淫侈之華譽，顧介特之寔功。”注：“介特，謂孤介特立也。”

[注] [1]愛本作“收”。

惃衮、昆二音、**㪍**勃音、**頓愍**、**眠**迷殿反、**眩**、**惑**、**蚩**、**愮**遥音、**攖**嬰音、**撓**乃飽反，又乃孝反、**慁**乎困反、**攪**古巧反、**猾**、**紛**、**緼**[1]於昆反，又於粉反、**惷**嗔允反、**妴**望音、**怓**女交反、**憒**古每反、**叛**、**殽**、**逆**，**亂也**。

《爾雅》：“夢夢訰訰，亂也。”

惃、㪍、頓愍、眠[2]者，《方言》：“惃、㪍、頓愍，惛也。楚、揚謂之惃，或謂之㪍。江、湘之間謂之頓愍，或謂之氐惆。南楚飲毒藥懣謂之氐惆，亦謂之頓愍，猶中齊言眠眩也。”《玉篇》：“㪍，蒲骨切。迷亂也。”《說文》：“誖，亂也。或作‘悖’。”《文選·養生論》：“喜怒悖其正氣。”李善注引《廣雅》：“悖，亂也。”“㪍”、

“慗”、“誖”、“悖”，音義同。舊本“頓”訛“損”，今據《方言》訂正。

眩者，《商書·說命篇》：“若藥不瞑眩，厥疾不瘳。”《離騷》：“世幽昧以眩曜兮。”王逸注：“眩曜，惑亂貌。”

惑者，《說文·心部》義也。通作“惐[3]”。《荀子·不苟篇》：“誰能以己之僬僬，受人之惐惐。”又通作“或”。《論語》：“子張問崇德、辨惑。”《釋文》：“本亦作‘或’。”《孟子》：“無或乎王之不智也。”

蚩者，張衡《西京賦》：“鬻良雜苦，蚩眩邊鄙。”李善注引此文。劉峻《廣絶交論》：“天下蚩蚩。”

愮者，《方言》：“蚩、愮，悖也。”郭[4]注：“謂悖惑也。”舊本“愮”訛“㤬”，今訂正。

攖者，於盈切。《莊子·庚桑楚篇》：“不以人物利害相攖。”《吕氏春秋·孟春紀》：“能養天之所生而勿攖之謂天子。”

撓者，《說文》：“撓，擾也。”《左氏成十三年傳》：“撓亂我同盟。”《莊子·駢拇篇》：“自虞招仁義以撓天下也。”《淮南·說林訓》：“使水濁者魚撓之。”王巾《頭陀寺碑》：“無爲之寂不撓。”

慁者，《說文》：“慁，擾也。”《史記·范睢列傳》：“天以寡人慁先生。”徐廣曰：“亂先生也。”《索隱》曰：“慁猶汩亂之意。”通作“圂”。《文選·風賦》注引《字林》：“圂，亂也。”

攪者，《說文·手部》義也。《小雅·何人斯》：“祇攪我心。”傳：“攪，亂也。”陸機《歎逝賦》：“豈茲情之足攪。”

猾者，《虞書》：“蠻夷猾夏。”《左氏昭二十六年傳》：“毋助狡猾。”《玉篇》：“猾，亂也。”本此。通作“滑”。《周語》：“滑夫二川之神。”韋昭注：“滑，亂也。”《荀子·成相篇》：“無鈹滑。”《史記》“滑稽”，楊倞、司馬貞並訓爲“亂”。《列子·黄帝篇》：“美惡不滑其心。”

紛者，宋玉《招魂》：“班其相紛兮。”王逸注：“紛，亂也。”《法言·吾子篇》：“童而習之，白首紛如也。”注：“言皓首猶亂也。”

緼者，《漢書·蒯通傳》：“即束緼請火於亡肉家。”顔師古注：“緼，亂麻。”《法言·孝至篇》：“齊桓公之時緼，而《春秋》美邵陵，習亂也。”李軌注：“緼，亦亂也。”

惷者，《説文·心部》義也。《左氏昭二十四年傳》：“王室日蠢蠢焉。”《説文》引作“惷”。《三體石經》作“戴”，古字通。

妴者，《説文·女部》義也。

怓者，《説文·心部》義也。《大雅·民勞》：“以謹惛怓。”傳：“惛怓，大亂也。”

憒者，亦《説文·心部》義也。《蜀志·蔣琬傳》：“事不當理則憒憒矣。”《楚辭》：“心煩憒兮意無聊。”王逸注：“憒，亂也。”

叛者，左思《蜀都賦》：“累轂疊跡，叛衍相傾。”劉逵注：“叛，亂也。”

殽者，《説文》：“殽，相雜錯也。”王逸《九思》：“殽亂兮紛挐。”

逆者，《説文》：“屰，不順也。”今通作“逆”。《孔子燕居篇》：“勇而不中禮謂之逆。”

[注] [1]愛本誤作“繼”。[2]愛本衍“眩”字，已刪。[3]愛本作“惐”。[4]愛本誤作“鄭”。

謇謇音、**妯**抽音、**獿**奴[1]絞反，又乎絞反、**騷**、**獊**柯邁反、**躁**作誥反，又竈音、**煩**，**擾也。**

《説文》：“擾，煩也。”

蹇、妯者，《方言》文。"人不静曰妯。秦、晉曰蹇。齊、宋曰妯。"郭注："謂躁擾也。妯，音迪。"

獶者，《說文》："犬獶獶[2]咳吠也。"《玉篇》："獶，犬擾駭也。"《廣韻》："獶[3]，擾亂。"

騷者，《說文·馬部》義也。《大雅·常武》："徐方繹騷。"傳："騷，動也。"《檀弓》云："騷騷爾則野。"

獪者，古外切。《說文》："獪，狡獪也。"

躁者，則到切。《繫辭傳》："躁人之詞多。"《月令》云："君子齋戒，處必掩身，毋躁。"通作"譟"。《說文》："譟，擾也。"

煩者，《說文》訓"擾"爲"煩"，煩，亦"擾"也。《玉篇》："煩，憒悶煩亂也。"

［注］ [1]静本、愛本誤作"叔"，據《博雅音》改。[2]"犬獶獶"三字，静本、愛本誤作"獶獶"。[3]静本、愛本誤作"嫪"。

逴敕角反，又一音卓[1]**、**尦巨基反、騷、踂、尳敕角反、尲布可反、踦居綺反、尶烏感反，又烏含反，又烏洽反，**蹇也。**

《說文》："蹇，跛也。"《釋名》："蹇，跛蹇也。病不能作事，今托病似此，而不宜執事役也。"

逴者，《說文·辵部》義也。《方言》："自關而西，秦、晉之間，凡蹇者或謂之逴。體而偏長短，亦謂之逴。"

尦者，鄭注《士喪禮》云："尦，讀如'馬絆尦'之'尦'。"疏云："馬有絆，名爲尦。然則蹇者之狀，亦如馬之有絆歟。"

騷者，《方言》文。"吴、楚偏蹇曰騷。"

踂者，女輒切。《穀梁昭二十年傳》："踂者何也？曰：'兩足不能過，齊謂之尦，楚謂之踂，衛謂之𦆯。'"舊本"踂"訛"聚"，今訂正。

尯者，《方言》文。"齊、楚、晉曰尯。"《玉篇》："尯，蹇也。"

尳者，《玉篇》："布左切。蹇也。今爲'跛'。"[2]

踦者，《說文》："踦，一足也。"《魯語》："踦跂畢行，無有處人。"韋昭曰："踦跂，絆蹇也。"

尵者，《玉篇》："尵，蹇也。"本此。

[注] [1]"一音卓"三字，静本、爱本作"一卓反"。[2] 静本、爱本漏此條釋文，以《玉篇》補之。

糶、酤、衒乎麵[1]反**、賣**[2]**、調、詅**力政反**、賬**居音**、賺，𧶠**麥嫁反**也。**

《說文》："𧶠，出物貨也。"《地官·司市》："掌其𧶠價之事。"

糶者，《說文》："糶，出穀也。"《史記·貨殖列傳》："販穀糶千鍾。"徐廣曰："糶，出穀也。音掉。"

酤者，古護切。《漢書·景帝紀》："禁酤酒。"顔師古注："酤，謂賣酒也。"潘岳《閒居賦》："牧羊酤酪，以俟伏臘之費。"

衒者，黄絢切。《說文》："衒，行且賣也。或作'衒'。"《法言·問道篇》："衒玉而賈石者，其狙詐乎？"王逸《九思》："欲衒鬻兮莫取。"注："行賣曰衒。"

賣者，《說文》："賣，衒也。從貝，𡸁聲。讀若育。"通作"粥"。《王制》："不粥於市。"舊本"賣"訛"賣"，今訂正。

調，未詳。

詅者，力丁切。《玉篇》："詅，衒也。"《顔氏家訓》："吾見世人，至無[3]才思，自謂清華，流布醜拙，亦以衆矣。"注："江[4]南號爲'詅癡符'。"

賬者，姜魚切。《玉篇》："賬，賣也。"本此。

賺者，徒陷切。《玉篇》："賺，重賣也。"

[注] [1]静本、愛本誤作"典"，據《博雅音》改。[2]静本、愛本作"賣"。[3]静本、愛本衍"於"字，已刪。[4]愛本脱"江"字。

薄、糴[1]、市，買也。

《說文》："買，市也。從网、貝。"引《孟子》曰："登壟斷而网市利。"《天官·小宰》："聽賣買以質劑。"

薄，未詳。

糴者，《說文》："糴，市穀也。"《左氏莊二十八年傳》："臧孫辰告糴於齊。"《孟子》："無遏糴。"

市者，《說文》："市，買賣所之也。"《風俗通》云："市，恃也。養贍老小，恃以不匱也。"《繫辭傳》："日中爲市，致天下之民，聚天下之貨，交易而退，各得其所。"

[注] [1]静本、愛本誤作"雜"。

彙謂音、種種音、方、明、肖、似、醜，類也。

《說文》云："類，種類相似，唯犬爲甚。"《荀子·禮論篇》："禮有三本。天地者，生之本也。先祖者，類之本也。"揚倞注："類，種也。"《左氏襄二十三年傳》："子展廢良而立太叔。曰：'請舍子明之類。'"《後漢書·劉平傳》："平抱弟仲女曰：'仲不可以絶類。'"

彙者，《泰》："初九：拔茅茹，以其彙。"《釋文》："彙，類也。"

《法言·君子篇》：“仙亦無益子之彙矣。”吴祕注：“彙，類也。”《太玄·周》首云：“陽氣周神而反乎始，物繼其彙。”司馬光注：“萬物各繼其類，周復其道也。”

穜[1]者，之隴切。《大雅·生民》：“誕降嘉種。”《商書·盤庚》：“無俾易種於茲新邑。”《地官·草人》：“以物地，相其宜而爲之種。”

方者，《孟子》云：“立賢無方。”

明，未聞。或説疑“朋”字之訛。朋友各從其類也。

肖者，《説文》：“肖，骨肉相似也。不似其先，故曰不肖也。”《方言》：“西南、梁、益之間，凡言相類者，亦謂之肖。”《法[2]言·學行篇》：“螟蠕之子，殪而逢蜾蠃，祝之曰：‘類我、類我。’久則肖之矣。”通作“宵”。《漢書·刑法志》：“夫人宵天地之貌。”應劭曰：“宵，類也。頭圓象天，足方象地。”顏師古注：“宵，義與‘肖’同。”

似者，《説文》徐鍇本：“似，象、肖也。”《繫辭傳》：“肖，即似也。”《爾雅·釋草》：“綸似綸，組似組，東海有之。帛似帛，布似布，華山有之。”

醜者，《楚語》：“官有十醜，爲億醜。”《孟子》：“地醜德齊。”韋昭、趙岐並云：“醜，類也。”

[注] [1]《廣雅疏證》：“穜，經傳皆作‘種’。”[2]愛本誤作“注”。

疙[1]居乙反，又魚乙反、**騃**魚駭[2]反、**僮**、**惛**昏音、**狂**、**誖**蒲没反、**胥**自升反、**眂**莫鄧反、**瘍**易音，**癡也。**

《説文》：“癡，不慧也。”又云：“懝，騃也。”《方言》：“癡，騃也。”“癡”、“懝”，字異義同。《左氏成十八年傳》：“周子有兄而無慧，不能辨菽麥。”注：“豆、麥殊形易别，故以爲癡者之候。不慧，蓋世所謂白癡。”《漢書·韋賢傳》：“今子獨壞容貌，蒙恥辱，爲狂癡，光曜晻而不宣。”

疙者，《玉篇》：“疙，癡貌。”本此。《説文》作“忥”，云：“癡貌。”“疙”、“忥”，古今字。

騃者，《漢書·息夫躬傳》：“外有直項之名，内寔騃、不曉政事。”顔師古注：“騃，愚也。”通作“獃”。《玉篇》：“獃，五才切。癡獃也。本作[3]‘獃’。”

僮者，《玉篇》：“僮，僮幼迷荒者。”《易·蒙·彖辭》：“匪我求童蒙，童蒙求我。”《釋文》引《廣雅》：“童，癡也。”《鄭風·褰裳》：“狂童之狂也且。”傳：“狂行童昏所化也。”《玉篇》引《詩》及毛傳作“僮”。《晉語》：“僮昏不可使謀。”賈誼《新書·道術篇》：“反慧爲童。”是“僮”、“童”，古字通。《五音集韻》：“僮，癡也。”本此。

惛者，《説文》：“惛，不憭也。”《漢書·劉向傳》：“臣甚惛焉。”顔師古注：“惛謂不了，言惑於此事也。”

狂者，《説文》：“狴，狾犬也，古文作‘忹’。”《莊子·逍遥游篇》：“吾以是狂而不信也。”《釋文》引李頤《集解》：“狂，癡也。”

誖者，《漢書·董仲舒傳》：“或誖繆而失其統與？”《疏廣傳》：“我豈老誖？”

脀者，《説文》：“脀，騃也。讀若丞。”《廣韻》：“脀，癡貌。”本此。

甿者，《周禮·遂人》：“以下劑致甿。”注：“變民言甿，異外内也。”盯，猶“懵”。懵，無知貌也。

瘍，未聞[4]。

[注] [1]《廣雅疏證》作“㾐”，爲“疙”之異體。静本誤作“疙”。[2]静本、愛本作“該”，據《博雅音》改。[3]静本、愛本誤作“此”。[4]《廣雅疏證》：“《說文》：‘瘍，脈瘍也。’脈瘍，猶辟易也。《吴語》：‘稱疾辟易。’韋昭注云：‘辟易，狂疾。’《韓非子·内儲說》云：‘公惑易也。’《漢書·王子侯表》云：‘樂平侯訢病狂易。’易，與‘瘍’通。”

伸、愓[1]揚音，一本作“傷”、矯居夭反、揉而手[2]反、展、侹達鼎反、繩、矢、當，直也。

《說文》：“直，正見也。”《玉篇》：“直，不曲也。凖當也。”

伸者，屈之直也。《繫辭傳》：“尺蠖之屈，以求伸也。”

愓者，平之直也，徒黨切。《玉篇》：“傷，他莽切。直也。”是顧野王所見《廣雅》本作“傷”也。《玉藻》云：“行容愓愓。”《釋文》：“音傷，又音陽。直而疾也。”

矯者，《說卦傳》：“坎爲矯輮。”疏云：“使曲者直爲矯，使直者曲爲輮。”《史記·平津侯列傳》：“矯矢累弦。”注：“正曲使直也。”《離騷》：“矯菌桂以紉蕙兮。”王逸注：“矯，直也。”

揉[3]者，人久切。《說文》：“煣，屈伸木也。”“煣”、“揉”仝。《攷工記》：“揉輻必齊。”注：“揉，謂以火槁之。”馬融《長笛賦》：“撟揉斤械。”李善引鄭注《周禮》作：“以火撟之。”

展者，《方言》：“舒勃，展也。”“展”與“伸”同意。

侹者，《玉篇》：“侹，正直貌。”通作“挺”。《左氏襄五年傳》引《詩》云：“周道挺挺。”注：“挺挺，正直也。”又通作“脡”。《曲禮》：“鮮魚曰脡祭。”注：“脡，直也。”

繩者，《説卦傳》：“巽爲繩直。”《大雅・緜》云：“其繩則直。”《禮記・深衣》：“負繩及踝以應直。”《淮南・天文訓》：“子午卯酉爲二繩。”注：“繩，直也。”《説林訓》：“出林者不得直道，行險者不得履繩。”注：“繩，亦直也。”《漢書・律曆志》：“繩者，上下端直，經緯四通也。”

矢者，《小雅・大東》：“其直如矢。”

當者，《晉語》：“朱也當御。”韋昭注：“當，直也。”上文是不曲之直，此是準當之直也。

[注] [1]静本、愛本作“惕”，據《博雅音》改。[2]静本、愛本作“毛”，據《博雅音》改。[3]静本、愛本誤作“轢”。

温、煖暖音**、煹**女涉反**、炳**奴本反**、曣**於見反**、𣊽**乃見反**、暍**於曷反**、𣌭**乃旦反，又乃達反**、燠**於菊反**、燂**潛音**，煗**奴管反**也。**

《説文》：“煗，温也。”

温者，鄭注《禮記》云：“温，讀爲‘燖温’之‘燖’。”王褒《聖主得賢臣頌》：“襲狐狢之温者，不憂至寒之凄滄。”

煖者，況袁切。《禮・王制篇》：“七十非帛不煖。”王逸《九思》：“風習習兮龢煖。”

煹者，《玉篇》：“煹，煗也。”或作“㬎[1]”，從“日”。

炳者，乃困切。《玉篇》：“炳，熱也。”

曣者，《史記・封禪書》：“至中山，曣𥁕。”《漢書・郊祀志》作：

"晏温。"是"曣"與"晏"，古通用。

曣者，《玉篇》："曣，燠也。"

暍者，《說文》："暍，傷暑也。"《淮南·人間訓》："武王蔭暍人於樾下，左擁而右扇之，而天下懷其德。"

曬者，《說文》："曬，安曬。温也。"又《巾部》："㡌，讀若'水温曬'。"

燠者，《說文》："燠，熱在中也。"《秦风·無衣》："安且燠兮。"傳："燠，煖也。"陸德明作"奥"，云："本又作'燠'。"《小雅·小明》："日月方奥。"傳："奥，煖也。""燠"、"奥"同。

燂者，似揰切。《說文》："燂，火熱也。"《内则》云："五日则燂[2]湯請浴。"

[注] [1]静本、愛本誤作"曬"。[2]静本、愛本誤作"潭"。

庸、比鼻音、侹大鼎[1]反、佽次音、更、跆劫音、遞狄遷反、迭，代也。

《說文》："代，更也。"《虞書》："天工，人其代之。"

庸、比、侹、佽、更者，《方言》："庸、恣、比、侹、更，代也。江、淮、陈、楚之間曰侹，餘四方之通語也。"郭注："今俗亦名更代作爲恣作也。"案，《說文》："侹，代也。""佽，遞也。""佽"、"恣"，字異義同。

跆，未聞[2]。

遞者，《說文》："遞，更易也。"《吕氏春秋·季春紀》："乃謀並行，詐術遞用。"高誘注："遞，代也。"宋玉《招魂》："二八侍宿，射遞代些。"王逸注："遞，更也。"

迭者，《說文》："迭，更迭也。"《方言》："佚，代也。齊曰佚。"郭注："佚，音'蹉跌'之'跌'。"《文選》注引《方言》作"迭"。《說卦傳》："迭用柔剛。"

[注] [1]静本、愛本誤作"鼻"，據《博雅音》改。[2]《廣雅疏證》："《鄉射禮》：'取弓矢拾。'《士喪禮》下篇：'及丈夫拾踊三。'《投壺》：'請拾投。'鄭注竝云：'拾，更也。'拾，與'跲'通。"

鋡含音、**堪**[1]、**龕**堪音、**受，盛**平聲**也。**

《說文》："盛，黍稷在器中以祀者也。"《廣韻》："盛，受也。"《召南·采蘋》："於以盛之，維筐及筥。"《天官·甸師》："掌帥其属，耕耨王籍，以供齍盛。"

鋡、龕、受者，《方言》："鋡、龕，受也。齊、楚曰鋡，揚、越曰龕。受，盛也。猶秦、晉言容盛也。"郭注："今云'龕囊'，依此名也。"

堪者，上文釋"堪"爲"載"，此又爲"盛"，義相成也。

受者，《說文》："受，相付也。"杜甫詩："野航恰受两三人。"

[注] [1]静本、愛本誤作"愖"。

氾敷劒反、**醃**滿音、**洼**烏蛙反，又厄家反、**染、潤**剡[1]音、**濩**乎郭反、**辱、黕，污也。**

《說文》："污，薉也。"《賈誼書·道術篇》："放理潔静謂之行，反行为污。"

氾、醃、洼、潤者，《方言》："氾、浼、潤、洼，洿也。自關而東，或曰洼，或曰氾。東齊、海、岱之間，或曰浼，或曰濶。”“醃”與“浼[2]”同。武罪切。《說文》：“浼，汙也。”引《孟子》曰：“汝焉能浼我。”濶，余廉切。《說文》：“海、岱之間，謂相汙曰濶。”

染者，漸漬而汙也。《商書·胤征》：“舊染汙俗，咸與維新。”

濩者，張協《七命》：“溟海渾濩涌其後。”

辱者，《士昏禮》：“今吾子辱。”注：“以白造緇曰辱。”《老子·德經》：“大白若辱。”

點者，《說文》：“點，小黑也。”《漢書·司馬遷傳》：“適[3]足以發笑而自點也。”通作“玷”。束皙《補亡詩》：“鮮侔晨葩，莫之玷辱。”李善注引《孝經鉤命訣》云：“名毀行廢，玷辱先人。”王逸《楚辭》注：“點，污也。”“點”、“玷[4]”，古字通。

[注] [1]静本、愛本誤作“琰”，據《博雅音》改。[2]“浼”爲“浼”之異體。[3]静本、愛本誤作“邊”。[4]愛本誤作“站”。

匋桃音、質、流、奞歡音、譁五[1]瓜反、蔿於彼反、涅、仙、卦、變，匕化音也。

《說文》：“匕，變也。”經典通用“化”。

匋者，通作“陶”。《吕氏春秋》：“昆吾作陶。”高誘注：“昆吾爲夏伯制作陶冶[2]，埏埴爲器。”張華《答何劭詩》：“洪鈞陶萬類。”李善注引《廣雅》：“陶，化也。”是本又作“陶”。

質，未詳。

流者，鄭注《中庸》云：“流猶移也。”“移”即變化之意。

奞者，呼官切。《方言》文。《廣韻》：“奞，化也。”舊本“奞”訛“雈”，今訂正。

譁、蔿、湼[3]者，《方言》：“蔿、譌、譁、湼，化也。北燕、朝鮮、洌水之間曰湼，或曰譁。雞伏卵而未孚，始化之時，謂之湼。”郭注：“蔿音花，譌、譁，皆‘化’聲之轉也。”《說文》：“湼，黑土在水中也。”《論語》：“湼而不淄。”孔安國：“湼可以染皂。”是“湼”取“染化”之義。

仙者，《說文》：“僊，長生僊去。”又云：“真，僊人變[4]形而登天也。”《釋名》：“老而不死曰仙。仙，遷也，遷入山也，故其制字，人旁作山也。”《玉篇》引《聲類》云：“仙，今‘僊’字。”《莊子》云：“千歲厭世，去而上僊。”

卦者，六十四卦，變化無窮也。

變者，《禮記》：“動則變，變則化。”

[注] [1]愛本誤作“一”，據《博雅音》改。[2]愛本誤作“治”。[3]“涅”爲“湼”之異體。[4]静本、愛本誤作“髮”。

釐力移反**孳**茲[1]音、**僆**輦音、**䫡**綿音、**匹**、**耦**，**孿**山[2]患反**也。**

《說文》：“孿，一乳兩子也。”《淮南·修務訓》：“孿子之相似者，惟其母能知之。”“孿”、“孿”同。

釐孳、僆者，《方言》：“陳、楚之間，凡人獸乳而雙產，謂釐孳。秦、晉之間謂之僆子。自關而東，趙、魏之間，謂之孿生。”《玉篇》：“孷，力辭切。孷孖，雙生也。”“孖，子辭切。”“僆，里翦、力見二切。雞鴨成僆。”又引《文字音義》云：“江東呼畜雙產，謂之僆。”“釐”、“孷”，“孳”、“孖”，俱字異音義同。

䫡者，彌仙切。《方言》：“䫡，雙也。南楚、江、淮之間曰䫡。”《玉篇》：“䫡，雙生也。”

匹者，《左氏成二年傳》：“若以匹敵。”

耦者，《說文》：“耦，耒廣五寸爲伐，二伐爲藕。”鄭注《攷工記》云：“古者，耜一金，二人併發之。”《左氏桓二年傳》：“嘉耦曰妃，怨耦曰仇。”又《桓六年傳》：“人各有耦。”

[注] [1]静本、愛本誤作“慈”，據《博雅音》改。[2]静本、愛本誤作“吕”，據《博雅音》改。

撊下板反、**梗**介猛反、**爽**，**猛也**。

此《方言》文也。

撊、梗、爽者，“晉、魏之間曰撊，韓、趙之間曰梗，齊、晉曰爽。”案，《左氏昭十八年傳》：“今執事撊然授兵登陴。”杜預注：“撊然，勁忿貌。”《說文》無“撊”字。徐鍇曰：“當作‘僩’。”大[1]昭謂當作“瞯”。《文選·馬汧督誄》：“瞯然馬生。”李善注引《左氏傳》“撊然登陴”云：“撊，與‘瞯’同。”

[注] [1]愛本誤作“太”。

媵以證反、**庇**不異反、**寓**儀注反、**羈**、**餬**、**侂**託音，**寄也**。

《說文》：“託，寄也。”東方朔《非有先生論》：“吴王曰：‘寡人獲先人之功，寄於衆賢之上。’”舊本“寄”訛“嵜”，今訂正。

媵者，《方言》文。“寄物爲媵。”

庇、寓者，《方言》文。“齊、衛、宋、魯、陳、晉、汝、潁、荆州、江、淮之間曰庇，或曰寓。”《說文》：“庇，蔭也。”“寓，寄也。或作‘庽’。”《左氏襄二十四年傳》：“子産寓書於子西，以告宣子。”《曲禮》云：“大夫寓祭器於大夫，士寓祭器於士。”鄭注：“寓，寄也，言寄，覬已後還。”

䩭者，古與“寄”通。《周禮·遺人》：“以待羈旅。”注：“故書‘羈’作‘寄’。”杜子春云：“寄，當爲‘羈’。”

餬者，户吴切。《方言》文。“寄食爲餬。”《說文》：“餬，寄食也。”《左氏隱十一年傳》：“餬其口於四方。”

侂者，他各切。《方言》文。“凡寄爲託。”《說文》“侂”、“託”並云“寄也”。是古字通。宋玉《招魂》：“東方不可以託些。”王逸注：“託，寄也。”案，侂，古文作“宅”。《士相見禮》：“宅者，在邦則曰市井之臣，在野則曰草莽之臣。”注：“今文‘宅’爲‘託’。”是“宅”即古文“託”字。

害、曷乎葛反、胡、盍，何也。

何休《公羊傳》注：“據疑，問所不知者曰何。”《皋陶謨》：“禹曰何。”

害者，何割切。《小爾雅》文。《周南·葛覃》：“害澣害否。”《周書·大誥》：“王害不違卜？”

曷者，《說文·曰部》義也。《小雅·菀柳》：“曷予靖之。”傳：“曷，害也。”

胡者，《邶風·日月》“胡能有定”傳義也。《大雅·生民》箋：“胡之言何也。”《吕氏春秋·仲秋紀》：“人主其胡可以無務行德人、愛人乎？”高誘注：“胡，何也。”

盍者，《左氏桓十一年傳》：“盍請濟師於王。”《檀弓篇》：“子盍慎諸？”

薄、怒、文、農，勉也。

《説文》：“勉，强也。”

薄、怒者，《方言》：“釗、薄，勉也。秦、晉曰釗，或曰薄，故其鄙語曰薄。努，猶勉努也。南楚之外曰薄努。自關而東，周、鄭之間曰勔釗，齊、魯曰勖兹。”郭注：“薄努，如今言‘努力’。”“怒”、“努”，字異音義同。

文，未詳[1]。

農者，《説文》：“農，耕也。從晨，囟聲。”丮、夕爲夙，臼、辰爲晨，爲農者，宜勉力也。皇侃《論語義疏》：“農者，濃也。是耕田之人也，言耕田，所以使國家倉廩濃厚也。”

[注] [1]《廣雅疏證》：“文讀爲忞。《説文》：‘忞、強也。’《玉篇》云：‘自勉強也。’”

歸、餉、饋、䙅、問，遺也。

《地官》有“遺人”。《左氏隱元年傳》：“請以遺之。”以醉切。

歸者，古文“饋”字。《論語》：“詠而歸。”鄭本“歸”作“饋”。云：“饋酒食也。魯讀‘饋’爲‘歸’。今從古。”《史記·仲尼弟子列傳》：“詠而歸。”徐廣曰：“一作‘饋’。”《聘禮》：“歸饔餼五牢。”鄭注：“今文‘歸’或爲‘饋’。”《士虞禮》注：“饋，猶歸也。”

餉者，《説文》：“餉，饟也。”《仲虺之誥》：“乃葛伯仇餉。”傳：“葛伯遊行，見農民餉於田者，殺其人，奪其餉。”裴松之《魏志》注：“以所著《典論》及詩賦餉孫權。”

饋者，《説文》：“饋，餉也。”《天官·膳夫》：“凡王之饋。”注：“進物於尊者曰饋。”《士虞禮》：“特豕饋食。”注：“饋，猶歸也。以物與神及人，皆言‘饋’。”

襚[1]者，《士喪禮》：“君使人襚。”鄭注：“襚之言遺也。衣被曰襚。”《公羊傳》：“口實曰含，衣服曰襚。”《穀梁傳》：“衣衾曰襚。”舊本“襚”訛從“木”，今訂正。

問者，《鄭風·女曰雞鳴》傳義也。《左氏僖十年傳》：“若重問以召之。”《哀二十六年傳》：“衛侯使以弓問子貢。”《曲禮》云：“凡以弓劍、苞苴、簞笥問人者。”鄭注：“問，猶遺也。”

[注] [1]愛本誤作“樣”。

刊可寒反、**剟**竹劣反、**刖**力活反、**剽**匹妙反、**剗**楚簡反、**劖**獵音，**削也。**

《玉篇》：“削，刻治也。”

刊者，《説文》：“刊，剟也。”《秋官·柞氏》：“夏至日，令刊陽木而火之。”注：“謂斫去次地之皮。”通作“栞”。《漢書·地理志》：“隨山栞木。”顔師古曰：“栞，古‘刊’字。斫其木也。”《玉篇》：“刊，削也。”本此。舊本“刊”訛“升”。今訂正。

剟者，《説文》：“剟，刊也。”《玉篇》：“剟，削也。”《漢書·賈誼傳》：“盜者剟寢户之簾。”顔師古注：“剟，謂割取之也。”又《王嘉傳》：“掇去宋宏。”注：“掇，讀曰剟。剟，削也。削去其名也。”班固《沛泗水亭碑銘》：“勒陳東征，剟擒三秦。”郭璞《爾雅》序：“剟其瑕礫。”

刖者，《玉篇》：“刖，削也。”

剽者，《玉篇》：“剽，削也。”本此。

剗者，《秋官·薙氏》注：“以耜側凍土剗之。”《漢書·敘傳》：“革剗五等，制立郡縣。”《玉篇》：“剗，削也。”本此。通作“鏟”。

鮑昭《蕪城賦》："鏟利铜山。"李善注引《倉頡篇》："鏟，削平也。"

劙者，力涉切。《玉篇》："劙，減削也。"

《集韻》："劇，懸圭切。"引《廣雅》："削也。"《五音集韻》"十齊"引《廣雅》："挑、剜、刲、劇，削也。"今本無"挑"、"剜"、"刲"、"劇"四字。

炅桂音[1]、**覭**古刀反、**僝**士眷反，又士免反、**譯**、**覩**、**形**、**覢**式冉反、**儀**、**貌**，**見也。**

《說文》："見，視也。"

炅者，古惠、古迴二切。《玉篇》："炅，見也。亦作'昋'，同。"本此。

覭者，《玉篇》："覭，見也。"本此。

僝者，《堯典》："方鳩僝功。"孔傳："僝，見也。"

譯者，《方言》："譯，傳也。譯見也。"郭注："傳宣語，即相見也。"《漢書·百官表》："典客、屬官，有譯官、令丞。"《淮南·泰族訓》："夷狄之國，重譯而至。"《說文》："譯，傳譯四夷之言者，"

覩者，《說文》："睹[2]，見也。覩，古文。"《禮運篇》："以陰陽爲端，故情可睹也。"

形者，《越語》："天地未形而先爲之征，其事是以不成。"韋昭注："形，見也。"

覢者，《說文》："覢，暫見也。"引《春秋公羊傳》曰："覢然公子陽生。"

儀者，《呂氏春秋·似順論》："今夫射者儀毫而失墻，畫者儀髮而易貌，言審本也。"高誘注："儀，望也。"望，與"見"同義。

皃者，與“貌”同。容貌所以表見也。

[注] [1]静本、愛本誤作“炔”，據《博雅音》改。[2]静本、愛本誤作“覩”。

寥聊音、**坳**乃頰反、**穵**乙八反、**谬**力凋反、**峭**士耕反**嵤**宏音、**淵**、**洿**烏音、**彌**、**邃**、**幽**、**暗**、**窈**、**篠**天了反、**藏**、**井**、**掊**步侯反，**深也。**

《玉篇》：“深，邃也。遠也。”

寥者，《說文》：“廫，空虛也。”今作“寥”。落蕭切。陸機《歎逝賦》：“或寥廓而僅半。”謝朓《贈西府同僚詩》：“廖廓已高翔。”李善注並引此文。

坳者，《廣韻》：“坳，深也。”本此。又《集韻》：“坹，呼決切。”引《廣雅》：“坹，深也。”“坳”、“坹”形近，未知孰是。

穵者，《說文》：“穵，空大也。”《玉篇》：“穵，深也。”本此。

谬者，《說文》：“谬，空谷也。”

峭嵤也者，《說文》：“峭，嶸也。”“嶸，峭嶸也。”本書《釋訓》：“崢嵤，深冥也。”宋玉《高唐賦》：“俯視峭嶸，窐寥窈冥。”司馬相如《上林賦》：“刻削崢嶸。”揚雄《河東賦》：“陟西岳之嶢峭。”顏師古注：“謂嶕嶢而峭嶸也。”又《甘泉賦》：“似紫宮之崢嶸。”顏師古曰：“崢嶸，深邃也。”《淮南·繆稱訓》：“岸峭者必陀。”高誘注：“峭，峭也。陀，落也。”峭嵤，與“崢嶸”同。

淵者，《邶風·燕燕》“其心塞淵”傳義也。《小爾雅》：“淵，深也。”

洿者，《楚辭·天問》：“川谷何洿。”王逸注：“洿，深也，言川谷於地，何以獨洿深乎？”

彌，未詳[1]。

邃者，雖遂切。《小爾雅》文。《說文》："邃，深遠也。"《離騷》："閨中既以邃遠兮。"宋玉《招魂》："高堂邃宇。"王延壽《魯靈光殿賦》："洞房叫窱而幽邃。"

幽者，"幽深"已見《爾雅·釋言》，疑此"幽"字，誤也。

暗者，《玉篇》："暗，不明也。""深"則"不明"，義相成也。

窈者，《說文》："窈，深遠也。"《莊子·在宥篇》："至道之精，窈窈冥冥。"班固《西都賦》："步甬道以縈紆，又杳窱而不見陽。"李善注引《廣雅》："杳，深也。"是《廣雅》別有"杳"字，今脫之也。

窱者，《說文》："窱，杳窱也。"張衡《西京賦》："望窅窱以徑廷，眇不知其所返。"薛綜："窅窱、徑廷，過度之意也，言入其中者，皆迷惑、不識還道也。"

藏者，蔽之深。《廣韻》："藏，隱也。匿也。"

井者，疑當作"穽"。《說文》："穽，深池也。"孫侍御云："'井'有深義，不必作'穽'。"

掊者，《方言》文。

［注］［1］《廣雅疏證》："《商頌·殷武篇》：'罙人其阻。'毛傳云：'罙、深也。'罙、與'彌'通。《邶風·匏有苦葉篇》：'有瀰濟盈。'傳云：'瀰、深水也。''瀰'與'彌'，亦聲近義同。"

叔、季、幼、稚、孩、𪏮力救反，少也。

此釋"少長"之少也。

叔、季者，《釋名》："仲父之弟曰叔父。叔，少也。叔之弟曰季父。季，癸也。甲乙之次，癸最在下，季亦然也。"《說文》："季，少稱也。"《魏風·陟岵》傳："季，少子也。"

幼者，《說文·幺部》義也。《釋名》："幼，少也，言生日少也。"《曲禮》："人生十年曰幼學。"《楚辭·九歌》："竦長劍兮擁幼艾。"王逸注："幼，少也。"

稚者，《說文》："稺，幼禾也。"《玉篇》："稚，與'稺'同。"《爾雅》："幼，稺也。"《方言》："稺，小也。稺，年小也。"《詩·魯頌》、《釋文》："後種曰稺。"《韓詩》云："幼稼也。禾之幼爲稺，而人之少亦借用稺。"《衛風·載馳》："衆稺且狂。"《史記·五帝本紀》："教稺子。"

孩者，《說文》："咳，小兒笑也。孩，古文從'子'。"《史記·扁鵲列傳》："不能若是而欲生之，曾不可以告咳嬰之兒。"

雡者，《說文》云："雉之莫子爲雡。"《爾雅·釋鳥》"莫"作"暮"，"雡"作"鷚"，同。

稀、秝歷音、濶、遠，疏也。

上文"疏，通也"，此又廣其訓。《楚辭·九歌》："疏緩節兮安歌。"王逸注："疏，希也。"

稀者，《說文》："稀，疏也。"與"希"同。《堯典》："鳥獸希革。"鄭注："夏時鳥獸毛疏皮見。"

秝者，《說文》："秝，稀疏適也。"《玉篇》："秝，稀疏秝秝然。"《吕氏春秋·辨土篇》："稼疏而不適，謂分布不均，故二禾相比，稀疏乃適。"桂進士馥曰："《周禮·遂師》：'及窆，抱磨。'鄭注：'磨者，適歷，執綍者名也。'疏云：'謂天子千人，分布於六綍之上，謂之適歷者，分布稀疏得所，名爲適歷也。'馥謂：'適歷，即適秝。'"

闊者，《說文·門部》義也。

遠者，疏遠，亦常語耳。

擐平慢反，又官[1]音、**蘢**麗音、**壓**厄匣反、**摶**團音、**飾**、**䄷**，**著**丈[2]略反**也**。

此言相倚著也。

擐者，體之著也。《左氏成二年傳》：“擐甲執兵。”又《成十三年傳》：“文公躬擐甲胄。”

蘢者，物之著也。《說文》：“蘢，艸木相附蘢土而生。”引《易》曰：“百穀草木蘢於土。”《玉篇》：“蘢，附著也。”

壓者，高之著也。《魯語》：“夫棟折而榱崩，吾懼壓焉。”韋昭注：“壓，笮也。”

摶者，手之著也。徒官切。《曲禮》云：“無摶飯。”

飾者，物之著也。

䄷，未詳[3]。

[注] [1]《博雅音》：“‘官’下脫一字。”[2]静本、愛本誤作“犬”，據《博雅音》改。[3]《廣雅疏證》：“䄷，亦附之著也。《爾雅·釋草》：‘蘮蒘䄷衣。’《齊民要術》引孫炎注云：‘似芹，實如麥，兩兩相合，有毛著人衣，故曰䄷衣。’”

䫜倶遺反、**圜**還[1]、**梋**沿音，**圌**市宣反**也**。

《玉篇》：“圌，圜也。”

䫜者，《說文》：“頍，小頭頍頍也。讀若規。”是“䫜”與“規圓矩方”之“規”通也。“䫜”、“頍”同。

圜者，《說文》：“圜，天體也。”《說卦傳》：“乾爲天，爲圜。”《攷工記·輪[2]人》：“規之以眡其圜也。”

梋者，疑與“圓”同。火懸切。《廣雅》：“圓，規也。”桂進士馥曰：“梋，當爲‘圊’。《説文》云：‘圊[3]，女牢。’女牢，即圜土也。”

[注] [1]静本、愛本有“旋反”二字，“旋”爲脱去的字頭“圓”的讀音，據《博雅音》改。[2]静本、愛本誤作“輿”。[3]静本、愛本脱“圊”字。

壤而養反、**堁**苦臥反、**埃**、**堅**於奚反、**坌**普寸反，又步頓反、**塺**磨音[1]、**坺**末音、**坺**步葛反，**塵也。**

《説文》：“䴞，鹿行揚土也。”經典通用“塵”。《小雅·無將大車》：“祇自塵[2]兮。”

壤者，潘岳《射雉賦》：“忽交距以接壤。”李善注引此文。

堁者，《淮南·齊俗訓》：“原人之性，蕪穢而不得清明者，物或堁也。”高誘注：“堁，坋塵也。”

埃者，《説文·土部》義也。《離騷》：“溘埃風余上征。”王逸注：“埃，塵也。”又《魚父篇》：“安能以皓皓之白，而蒙世俗之塵埃乎？”

堅者，《説文》：“堅，塵埃也。”

坌者，《説文》：“坋，塵也。”“坌”、“坋”同。

塺者，《説文·土部》義也。莫梧切。劉向《九歎》：“愈氛霧其如塺。”王逸注：“塺，塵也。”

坺者，摩鉢切。《玉篇》：“坺，塵壤也。”

坺者，房越切。《説文·土部》義也。

《集韻》引《廣雅》：“埻，塵也。”今無此文。

[注] [1]静本、愛本有“恐‘埋’字”三字，據《博雅音》删。[2]静本、愛本作“鹿”。

訣於敬反，又於兩反、**譈**烏到反、**號**、**嚀**乃尼反[1]、**諅**忌音、**訴**、**風**、**諭**，**告也**。

上文“告，語也”。此又申其訓。

訣者，上文訓“訣”爲“問”，“訣”又爲“告”也。

譈者，《玉篇》、《廣韻》：“譈，語也。”

號者，乎刀切。呼而告之也。

嚀者，乃經、乃定二切。《玉篇》：“嚀，告也。”本此。

諅者，渠記切。《玉篇》：“諅，告也。”本此。

訴者，《說文·言部》義也。《論語》：“訴子路於季孫。”《史記·龜筴列傳》：“王有德義，故來告訴。”

風者，風諫，亦告也。《漢書·嚴助傳》：“令助諭意[2]，風指於南楚、越。”

諭者，《說文·言部》義也。《秋官》：“訝士掌四方之獄訟，諭罪刑於邦國。”

[注] [1]《博雅音》：“‘乃’‘尼’下各脱一字。”[2]静本、愛本誤作“音”。

擿直利反。《說文》：“直二反”、**敵**、**瞷**、**蔄**亾殄反，又亾安反、**衝**、**稽**、**儓**臺音、**配**、**亢**、**對**、**貞**，**當也**。

上文“當，直也”，言相值也。此又申言其訓。

擿者，《說文·手部》義也。

敵者，《左氏桓八年傳》："不當王，非敵也。"《少儀》云："敵者曰：'某固願見。'"皆謂敵體相當。案，"敵當"已見《爾雅》。古"適"與"敵"通。此或是"適"之譌。

䁞，未詳[1]。

㒼者，《說文》："㒼，平也。讀若蠻。"又云："巿，相當也。讀若宀[2]。""巿"、"㒼[3]"，文異義同。

衜者，《廣韻》："衜[4]，當也。衟，同上。"本此。

稽者，古奚切。《玉篇》："稽，計當也。"

儓者，上文釋"臺、敵"爲"輩"，故又爲當也。

配者，《釋名》："配，輩也。一人獨處，一人往，輩耦之也。"《玉篇》："配，當也。"本此。

亢者，《左氏襄十四年傳》："晉禦其上，戎亢其下。"注："亢，猶當也。"《漢書·終軍傳》："臣年少材下，孤於外官，不足以亢一方之任。"顏師古音"抗"。通作"伉"。張衡《西京賦》："威懾兕虎，莫之敢伉。"薛綜注："伉，當也。"

對者，《大雅·皇矣》："帝作邦作對。"《周頌·清廟》："對越在天。"傳俱云："對，配也。""配"、"對"，俱相當也。

貞者，《周書·洛誥》："我二人共貞。"馬融注："貞，當也。"

[注] [1]《廣雅疏證》："䁞，各本訛作'䁞'。《玉篇》：'䁞，於獻切。物相當也。'" [2]靜本、愛本誤作"門"。[3]靜本、愛本脫"㒼"字，據徐復本《疏義》補。[4]靜本、愛本誤作"衝"。

聳竦音。《方言》：“雙講反”、**聹**宰音、**聵**[1]五八反、**聃**宏音、**聵**五恠反，**聾也。**

《說文》：“聾，無聞也。”《文選》注引《倉頡篇》：“聾，耳不聞也。”

聳、聹、聵者，《方言》：“聹，聾也。半聾，梁、益之間，謂之聹。秦、晉之間，聽[2]而不聰、聞而不達謂之聹。生而聾，陳、楚、江、淮之間，謂之聳。荆、揚之間，及山之東西，雙聾者，謂之聳。聾之甚者，秦、晉之間，謂之聵。吴、楚之外郊[3]，凡無耳者，亦謂之聵，言其聵者，若秦、晉、中土，謂墮耳者明也。”郭注：“言聉無所聞知也。《外傳》：‘聾聵司火。’”“聳”，息拱切。“聹”，作亥切。“聵”，五滑切。

聃者，矦萌切。《玉篇》作“耾”。引《博雅》：“聾也。”“聃”、“耾”同。

聵者，《說文·耳部》義也。

[注] [1]静本、愛本作“聧”。[2]静本、愛本誤作“聰”。[3]静本、愛本脱“郊”字。

約、縛篆音、**紐、緯**韋貴反，又韋鬼反、**轄、稛**苦本反、**檀**之善反、**絣**布耕反、**緷**衮音、**擷**下結反、**圂**苦本反、**摎**九流反、**輹**福音、**紳、紘、帶、笿**落音、**繶**憶音、**纏、絯**該音、**蘔**古典反、**繖，束也。**

《說文》：“束，縛也。從口、木。”《小雅·白駒》：“生芻一束。”

約者，《說文》：“約，纏束也。”《釋名》：“約，約束也。”《小雅·斯干》：“約之閣閣。”《管子·樞言篇》：“先王不約束，不結紐。約束則解，結紐則絶。”

縛者，《爾雅·釋器》：“十羽謂之縛。”縛，亦“稛束”名也。一說

“縳”，當作“縛”。《説文》：“縛，束也。”《釋名》：“縛，薄也。使相薄著[1]也。”《左氏僖六年傳》：“許男面縛、銜璧[2]。”

紐者，《説文》：“紐，系也。一曰結而[3]可解。”《楚辭・九歎》：“情素結於紐帛。”王逸注：“紐，結束也。”

緯者，《夏小正》：“農緯厥耒。緯，束也。”

韣，未聞[4]。

稛者，《説文》：“稛，絭束也。”《魯語》：“諸侯之使，稛載而歸。”韋昭注：“稛，絭也。”

穫者，《玉篇》：“穫，禾束也。”

緥者，《説文・糸部》義也。《墨子・尚同篇》：“禹葬會稽，桐棺三寸，葛以緥之。”

緷者，古本切。《説文》：“緷，緯也。”百羽當相緯也。《地官・羽人》：“凡受羽，十羽爲審，百羽爲摶，十摶爲縳。”鄭注：“審、摶、縳，羽數束名也。《爾雅》曰：‘一羽謂之箴，十羽謂之縳，百羽謂之緷。’其名音相近也。一羽有名，蓋失之矣。”案，羽束之名，《周官》、《爾雅》不同。此言“緷”，本雅訓也。

摞者，《玉篇》：“摞，束縛也。”

圞者，《玉篇》：“圞，束也。”本此。

摎者，《説文》：“摎，縛殺也。”《玉篇》：“摎，絞也。《喪服傳》曰：‘殤之絰不摎垂。’不絞其帶之垂也。”

輹者，《説文》：“輹，車軸縛也。”《子夏易傳》：“輹車不伏菟。”虞翻以爲“車之鉤心，夾軸之物”。《釋名》：“輹，伏也。伏於軸上也。鉤心，從輿心下鉤軸也。縛在車下，與輿相連縛也。”

紳者，帶之束也。《説文》：“紳，大帶也。”《玉篇》：“紳，束也。”本此。

紘者，冠之束也。《説文》："紘，冠卷也。"《詩》正義云："紘者，纓之無緌，從下而上者也。《祭義》云：'天子冕而朱紘，諸矦冕而青紘。'此諸矦當以青爲組，在冕下，仰屬之，故《士冠禮》注云：'有笄者，屈組爲紘，垂爲飾。無笄者，纓而結其絛。'"是也。

帶者，衣之束也。《釋名》："帶，蒂也。著於衣如物之繫蒂也。"

簭者，桮簭[5]，所以束物。

繶者，於力切。《玉篇》："繶，絛也。"

纏者，《説文》："纏，繞也。"

絯者，公才切。《玉篇》："絯，約也。"《莊子·天地篇》："方且爲物絯。"郭象注："將遂使後世拘牽而制物。"

稛者，《説文》："稛，小束也。"《玉篇》："稛，或作'秎'。禾十把。"

徽者，《説文》："徽，三糾繩也。"《坎·爻辭》："繫用徽纆。"

［注］［1］静本、愛本誤作"者"。［2］静本、愛本誤作"壁"。［3］愛本衍"不"字，已刪。［4］《廣雅疏證》："'韣'、'束'聲相近，故'韣'訓爲'束'。"［5］《説文》："簭，桮簭也。"《繫傳》："猶今人言籠。"

鑑、鏡、光、景、暟凱音、臨、曜，照也。

《説文》："照，明也。"《淮南·説林訓》："受光於隙，照一隅。受光於牖，照北壁。受光於户，照室中無遺。"

鑑者，與"鑒"同。左思《魏都賦》："暉鑒抰振。"顏延之《直東宫答鄭尚書詩》："皓月鑒丹宫。"

鏡者，本書《釋器》："鑑謂之鏡。"故"鑑"、"鏡"，皆爲照也。

光者，《説文》："光，明也。"《釋名》："光，晃也。晃晃然也。亦言廣也，所照廣遠也。”

景者，《說文》：“景，光遠[1]也。”王融《曲水詩序》：“說神明以景俗。”李善注引此文。

暟、臨者，《方言》文。《玉篇》：“暟，照也。口亥切。”《晉語》：“臨長晉國者，”韋昭注：“臨，監也。”即照察之義。

燿[2]者，《說文·火部》義也。《鄭語》：“黎爲高辛氏火正，以淳燿惇大。”

[注] [1]《說文》無“遠”字。段注作：“景，日光也。”[2]《玉篇》：“燿，與‘曜’同。”

帝、禘、祥、審、諟於計反、諦狄麗反、地，諟帝音也。

《玉篇》：“諟，審也。諦也。”

帝者，《說文》：“帝，諦也。王天下之號也。”《後漢書·李雲傳》：“孔子曰：‘帝者，諦也。’”李賢注引《春秋運斗樞》云：“五帝修名立功，修德成化，統調陰陽，招類使神。帝之爲言諦也。”鄭康成注：“審諦於物色也。”

諦者，《說文》：“禘，諦祭也。”《續漢志》引張純云：“禘之言諦也。”何休《公羊傳》注：“禘，猶諦也。審諦無所遺失。”《禮記》疏引賈逵云：“禘者，遞也。審諦昭穆，遷主遞位，孫居王父之處也。”《詩》疏引崔靈恩云：“禘以夏者，以審諦昭穆、序列尊卑。夏時陽在上，陰在下，尊卑有序，故大次第而祭之，故禘者，諦也，第也。”

祥者，古與“詳”通。“詳”具“善”訓下[1]。《說文》：“詳，審議也。”《書·蔡仲之命》云：“詳乃視聽。”《邶風·墻有茨》：“不可詳也。”傳：“詳，審也。”

審者，《説文》：“宷，悉也。知宷谛也。徐锴曰：‘宀，覆也。釆，别也。能包覆而深别之也。或作審。’”《書·説命》：“乃審厥象。”《禮·樂記》云：“審聲以知音，審音以知樂，審樂以知政，而治道備矣。”

謮諦者，《方言》文。“吴、越曰謮諦。”郭注：“謮音翳。諦音蒂。”《玉篇》：“謮諦，審谛也。”

地者，《白虎通義》云：“地之言施也。諦也。應施變化，審諦不設。”《釋名》：“地，諦也。五土所生，莫不審諦也。”

[注] [1]《廣雅》“善”訓下有“祥”無“詳”。

緍亾巾反、**緜**、**羲**、**麗**、**設**、**布**、**張**、**爲**、**戲**許寄反，**施也。**

施，《説文》作：“敁，敷也。讀與‘施’同。”《玉篇》“施，張也。”《虞書》：“以五采彰施於五色。”

緍、緜者，《方言》文。“秦曰緍，趙曰緜，吴、越之間，脱衣相被謂之緍緜。”郭注：“相覆及之名也。”

羲者，惠棟《周易述》云：“‘庖犧’，孟京作‘伏戲’。‘伏’讀爲‘服’，‘戲’讀爲‘化’。古訓音與義並舉，故云：‘伏，服也。戲，化也。’”大昭案，伏犧，古亦作“伏羲”。“戲”與“化”，聲義並舉。“化”與“爲”，古字相通。《堯典》：“平秩南訛。”《周禮》注作：“南譌。”《小雅》：“民之訛言。”《説文》作：“譌言。”“羲”、“戲”同字，故“羲”亦得訓爲“施”也。

麗者，《周書·多方》：“不克開於民之麗。”《吕刑》：“越兹麗刑。”孔、鄭並云：“麗，施也。”

設者，《説文》：“設，施陳也。”《繫辭傳》：“聖人設卦以觀象。”

布者，《莊子·列禦寇篇》：“施於人而不忘，非天布也。”古與“敷”

同。《說文》："敷，攽也。"《聘禮》："管人布幕於寢門外。"注："今文'布'作'敷'。"《商頌》："敷政優優。"《左氏成二年、昭二十一年傳》並引作"布政"。《禹貢》："篠簜既敷。"《夏本紀》作："竹箭既布。"《顧命》："敷重蔑席。"《說文》引作："布重莫席。"二字通用，故"布"爲"攽"也。

張者，《說文》："張，施弓弦也。"《吕氏春秋·季春紀》："琴瑟不張，鐘鼓不修。"高誘注："張，施也。"宋玉《招魂》："羅幬張兮。"王逸注："亦爲施。"

爲者，《爾雅》："造，作爲也。""造"、"作"，皆有所設施也。

戲者，古通"羲"。"羲"爲施，故"戲"亦施也。

遲、晏、後、旰、穉，晚也。

《說文》："晚，莫也。"《玉篇》："晚，後也。"《史記·李斯傳》："君何見之晚。"

遲者，《說文》："遲，徐行也。"

晏者，《離騷》："及年歲之未晏兮。"王逸注："晏，晚也。"

後者，《說文》："後，遲也。"

旰者，《說文·日部》義也。《左氏襄十四年傳》："日旰不召。"杜注："旰，晏也。"《漢書·張湯傳》："日旰，天子忘食。"

穉者，禾之晚也。《說文》："穉，幼禾也。"通作"徲"。《說文》："徲，久也。讀若遲。"又云："夂，行遲曳[1]夂夂。"

[注] [1]静本、愛本脱"曳"字，據《說文》補。

担亶音、**笞**、**捶**[1]、**扑**、**擆**竹略反、**扚**竹歷反、**打**鼎音、**伐**、**抛**片交反、**㧒**布音，又普乎反、**抰**於兩反、**抶**耻栗反、**撆**方舌反，又普結反、**撻**、**拺**者音、**撓**步結反，又普奚反、**撔**影音、**拍**普柏反、**揔**苦忽反、**抋**步必反、**摽**孚堯反，又怖交反、**擈**普角反，又步角反、**擨**、**㧘**忘革反、**簸**譬音、**搒**彭音、**挨**烏駭反、**敋**格音、**批**普迷反、**捊**布后反、**摅**墟音、**挦**他得反、**拘**吁縣反、**揊**普力反、**敤**口果[2]反、**攱**口音、**擨**五葛反、**敲**索董反、**搏**、**撨**許義[3]反、**拊**方主反，又芳主反、**擎**、**摵**所革反、**捭**布蟹反、**撻**、**擑**、**攷**考音、**擊**口弔反、**攩**幌音、**㢸**弼音、**敁**口餓反，又火可反、**擽**歷音、**擽**勞音、**擁**山育反、**擘**却閑反，又却賢反、**搉**苦學[4]反、**應**、**剥**，**擊也**。

《說文》：“擊，攴也。”《玉篇》：“擊，打也。”《史記·叔孫通列傳》：“拔劍擊柱。”

担者，丁但切。《玉篇》：“担，拂也。”“担”、“拂”同訓“擊”，通作“笪”。《說文》：“笪，笞也。當割切。”

笞者，《說文·竹部》義也。丑之切。《史記·高祖本紀》：“人乃以嫗爲不誠，欲笞之。”

捶者，之壘切。《說文》：“捶，以杖擊也。”《荀子·正論篇》：“捶笞臏[5]脚。”《淮南·道應訓》：“大司馬捶鉤者，年八十矣，而不失鉤芒。”高誘注：“捶，鍛銀擊也。”

扑者，《史記·刺客列傳》：“高漸離舉筑，扑秦皇帝。”《列子·說符篇》：“楊朱之弟曰布，衣素衣而出。天雨，解素衣，衣緇衣而反。其狗不知，迎而吠之。楊布怒，將扑之。楊朱曰：‘子無扑矣，子亦猶是也。嚮者使汝狗白而往，黑而來，豈能無恠哉[6]？’”

擆者，《玉篇》：“擆[7]，亦作‘擆’，擊也。”

扚者，都了切。《說文》：“扚，疾擊也。”

打者，《說文·新附字》云：“擊也。都挺切。”《穀梁宣十八年傳》：

“郲人戕繒子於繒。棁殺也。”范甯注：“謂捶打。”陸德明[8]音“頂”。王延壽《夢賦》：“打三顱，撲苕蕘。”案，《五音集韻》：“朾，都挺切。”引《廣雅》：“棓也。”是古用“朾[9]”，故許叔重不收“打”字也。

伐者，《説文·人部》義也。鼓之擊爲伐。《小雅·采芑》：“鉦人伐鼓。”是也。魚之擊亦爲伐。《月令》：“伐蛟。”是也。木之擊亦爲伐。宋玉《風賦》：“蹷石伐木。”李善注：“伐，擊。”是也。

拋者，擲之擊也。《玉篇》：“拋，擲也。”徐鉉曰：“《左氏傳》通用‘摽’。”

捇者，《五音集韻》：“捇，擊也。”本此。

抰者，《説文》：“抰，以車鞅擊也。”

抶者，《説文》：“抶，笞擊也。”《左氏文十八年傳》：“歜以扑抶職。”杜注：“抶，擊也。”又《襄十七年傳》：“子罕親執扑以行築者，而抶其不勉者。”《莊子·則陽篇》：“然後抶其背，折其脊。”

擊者，《説文·手部》義也。王褒《四子講德論》：“膺騰撇波而濟水，不如乘舟之逸也。”李善注：“撇，與‘擊’同。”

撻者，“《鄉飲酒》：‘罰不敬，撻其背。’遽，古文‘撻’。”[10]引《書》曰：“遽以記之。”《春官·小胥》：“撻其怠慢者。”注：“撻猶抶也。抶，以荆扑。”《列子·黄帝篇》：“斫撻無傷痛。”張湛注：“撻，打也。”

撦者，諸野、尺野二切。《玉篇》：“撦，擊也。”本此。

搥者，《説文》：“搥，反手擊也。”《玉篇》引《左氏傳》：“搥而殺之。”今《莊十二年傳》作“批”。《釋文》引《字林》：“批，擊也。”嵇康《琴賦》：“觸搥如志。”李善注：“搥，與‘批’同。”

攙者，乙慶切。《説文》：“攙，中擊也。”《玉篇》：“攙，傷擊也。”

拍者，《廣韻》：“拍，打也。”

揔者，《玉篇》：“揔，椎擊也。”

挒者，《玉篇》：“挒，椎擊也。”《列子・黄帝篇》：“既而狎侮欺詒，攩挒挨抌，亡所不爲。”

摽者，《説文・手部》義也。《左氏哀十二年傳》：“長木之斃，無不摽也。”

擽者，《玉篇》：“擽，擊也。”本此。

掵者，於旅切。《玉篇》：“掵，擊也。”本此。

拓者，《説文》：“拓，拊也。”《廣韻》：“拓，擊也。”本此。

篋者，徒魂切。《説文》：“篋，榜也。”

搒者，北孟切。字當從“木”。《廣韻》：“榜，木片。”謂以木片擊也。《漢書・張耳傳》：“吏榜笞數千。”司馬遷《報任安書》：“受榜箠。”

挨者，《説文》：“挨，擊背也。”

敋者，古伯切。《玉篇》：“敋，擊也。”本此。

批者，《史記・刺客列傳》：“奈何以見陵之怨，欲批其逆鱗哉。”《集解》：“批，音‘白結切’。”《索隱》：“批，謂觸擊之。”《莊子・養生主篇》：“批大郤。”《釋文》引《字林》：“擊也。”《淮南・道應訓》：“智伯與趙襄子飲，而批襄子之首，大夫請殺之。襄子曰：‘先君之立我也。曰能爲社稷忍羞，豈曰能刺人哉！’”曹植《七啟》：“批熊碎掌。”

揲者，《説文》：“揲，衣上擊也。”

摢者，口居切。《玉篇[11]》：“摢，擊也。”本此。

拇者，《玉篇》：“拇，拳打也。”

掏者，《玉篇》：“掏，擊也。”本此。

揊者，《玉篇》：“揊[12]，擊也。”本此。

敤[13]者，字當作“敤”。《集韻》：“敤，擊也。”本此。曹音“口杲反”，是“口果”之訛。

敂者，《說文・攴部》義也。古厚切。《地官・司關》："凡四方賓客敂關，則爲之告。"通作"扣"。《論語》："以杖[14]叩其脛。"孔安國注："扣，擊也。"

攊者，《玉篇》："攊，擊也。"本此。

敲者，《玉篇》："敲，敲擊也。"

搏者，《玉篇》："搏，手擊也。"《孟子》："今夫水，搏而躍之，可使過顙。"揚雄《羽獵賦》："搏玄猨。"李善注引此文。舊本"搏"訛"摶"，今訂正。

攲者，去寄切。《玉篇》："攲，擊也。"本此。

拊者，《皋陶謨》："予擊石拊石。"

擊，重出。

擌[15]，未詳。

捭者，《說文》："捭，兩手擊也。"左思《吴都賦》："拉捭摧藏。"李善注："捭，兩手擊絶也。"

撻，重出。疑"擹"之訛。《集韻》："擹，他達切。"引《廣雅》："擊也。"

擮者，莫結切。未詳。

攷者，《說文》："攷，敂也。"通作"考"。《唐風・山有樞》："子有鐘鼓，弗鼓弗考。"傳："考，擊也。"《莊子・天地篇》："金石有聲，不考不鳴。"

擎者，《說文》："擎，旁擊也。"《公羊宣六年傳》："公怒以斗擎而殺之。"何休注："擎，猶擎也。擎，謂旁擊頭項。"《莊子・至樂篇》："見空髑髏，髐然有形，撽以馬捶。"《釋文》："撽，與'擎'同。"

攩者，乎廣切。《玉篇》："攩，搥打也。"

弢，未詳[16]。

敁者，《玉篇》："敁，擊也。"本此。

擽者，郎的切。潘岳《射雉賦》："擽雌妬異。"徐爰注："擽，搏擊也。"

摷者，子小切。《說文》："摷，拘擊也。"張衡《東京賦》："摷昆聊。"

揱者，《玉篇》："揱，擊也。"本此。案[17]，"揱"與"捎"同。揚雄《甘泉賦》："捎夔魖，抶獝狂。""捎"與"抶"，皆擊也。

掔者，疑與"摼"同。《說文》："摼，擣頭也。口莖切。"

搉者，苦角切。《說文》："搉，敲擊也。"《漢書・五行志》："高后支斷戚夫人手足，搉其眼，以爲人[18]彘。"

應者，《吕氏春秋・似順論》："齊令章子將而與韓、魏攻荆，荆令[19]唐蔑將而應之。"高誘注："應，擊也。"通作"膺"。《魯頌・閟宫》："戎狄是膺[20]。"

剥者，《豳風・七月》詩傳義也。舊本"扑"、"擆"、"扚"、"抛"，並訛從"木"，今俱訂正。

[注] [1]静本、愛本作"摇"。[2]静本、愛本誤作"杲"，據《博雅音》改。[3]静本、愛本作"美"，據《博雅音》改。[4]静本、愛本作"享"，據《博雅音》改。[5]静本、愛本作"膹"。[6]愛本作"戕"。[7]静本、愛本誤作"擆"，據徐復本《疏義》改。[8]静本、愛本脱"明"字。[9]静本、愛本作"打"。《五音集韻》："朾，《廣韻》：'棓也。'"[10]此爲《說文》"撻"字條解釋。[11]静本、愛本脱

“玉篇”二字，據徐復本《疏義》補。[12]静本、愛本誤作“挦”。[13]静本、愛本作“㲉”，疑爲“㲋”之訛。“㲋”爲“𣪠”之異體。[14]愛本誤作“杕”。[15]愛本作“搣”。《廣雅疏證》：“《廣韻》云：‘摵、拂著也，又捎摵也。出《通俗文》。’”[16]《廣雅疏證》：“弢之言拂也。《説文》：‘拂，過擊也。’”[17]愛本衍“按”字，已删。[18]静本、愛本脱“人”字。[19]静本、愛本脱“令”字。[20] 愛本誤作“應”。

淟他典反**涊**那典反、**溾**烏回反**浽**烏禾反、**䤼**乎管反、**汙**、**洿**烏音、**淖**孃教反、**涅**古没反、**澳**於六反、**濊**穢音，又火末反、**淰**咏感反、**溷**乎困反，**濁也。**

《釋名[1]》：“濁，瀆也。汁滓演瀆也。”

淟涊者，《玉篇》：“淟涊，垢濁也。”“涊，淟涊。惡醉貌。”揚雄《反離騷》：“紛纍以其淟涊兮。”應劭曰：“淟涊，穢垢也。”劉向《九歎》：“切淟涊之流俗。”王逸注：“淟忍，垢濁也。”

溾浽者，《玉篇》：“溾浽，濁也。”本此。

䤼者，《説文》：“䤼，赤色也。讀若浣。”又云：“瀚，濯衣垢也。或作‘浣’。”是“䤼”、“瀚”，古字通。

汙者，《説文》：“汙，薉也。”賈誼《道術篇》：“放理潔静謂之行，反行爲汙。”

洿者，《説文》：“洿，濁水不流也。哀都切。”

淖者，泥之濁也。《説文》：“淖，泥也。”《左氏成十六年傳》：“有淖於前，乃皆左右相違於淖。”

涅者，漬之濁也。《説文》：“涅，厚漬也。”

澳者，《廣雅疏證》：“澳，與‘奥’同。引蔡邕注：‘奥，濁也。’”

濊者，《集韻》：“濊，濁也。”

溷者，《玉篇》："溷，濁也。"[2]

《集韻》及《五音集韻》："淰，乃感切。"並引《廣雅》："濁也。"今無此文。

[注] [1]静本、愛本誤作"說文"。[2]以上"澳"、"濊"、"溷"三字，静本、愛本無注，據《廣雅疏證》、《集韻》、《玉篇》補之。

北、攻，伏也。

《玉篇》："伏，匿也。"《說卦傳》："坎爲隱伏。"

北者，《尚書大傳》："北方者，伏方也。"《史記集解》引《尸子》曰："北方者，伏方也。陽氣伏於下，於時爲冬。"

攻，未詳。

材、賓、綸、理、魯、牖、玄[1]、裕，道也。

《釋名》："道，導也。所以通導萬物也。"《玉篇》："道，理也。"

材者，詹事兄曰："材，與'才'同。天、地、人爲三才，謂天道、地道、人道也。"

賓者，《禮記》："天不愛其道，地不愛其寶。"是"道"與"寶"同義。《廣韻》："賓，道也。"本此。

綸者，疑當作"倫"。《說文》："倫，道也。"案，《廣韻》："倫，道也。"本此。

理者，《玉篇》："理，道也。"本此。

魯，未聞。

牖者，《大雅·板》"天之牖民"傳義也。箋云："道民以禮義。"

通作“羑”。《周書・康王之誥》：“惟周文武，誕受羑若。”馬融、王肅並云：“羑，道也。”《史記・周本紀》：“西伯囚羑里。”《尚書大傳》：“文王有四隣，以免于牖里之害。”是“牖”、“羑”同字。《說文》：“𧧒，古文作‘羑’，或作‘誘’。”故《召南・野有死麕》傳：“誘，道也。”

玄者，揚子《太玄經》：“玄也者，天道也，地道也，人道也。兼三道而天名之。”注：“天、地、人三者，俱謂之玄。玄，天也，故以天名也。”《文選・曹植〈責躬詩〉》：“玄化滂流。”李善注引《廣雅》：“玄，道也，謂道德之化也。”又盧諶《贈劉琨詩》、《郭有道碑文》注並引此文。舊本“玄”訛，今訂正。

裕者，《方言》文也。“東齊曰裕。”

[注] [1]愛本作“𢆯”，爲“玄”之異體。

厭於甲反[1]、**愿**苦挾反、**𠾛**乎感反、**哿**古我反、**侻**他括反，**可也。**

《說文》：“可，肎也。”

厭者，《衆經音義》引《倉頡篇》：“伏合人心曰厭。”

愿者，《說文》：“愿，快也。”《漢書・文帝紀》：“天下人民未有愿志。”《文選・謝靈運〈石壁精舍還湖中詩〉》：“意愜理無違。”注引《廣雅》：“愜，可也。”是“愿”、“愜”同。

𠾛者，《玉篇》：“𠾛，許今切。”《集韻》：“𠾛，五感切。可也。”本此。

哿者，《小雅・正月》“哿矣富人”傳義也。《說文》：“哿，可也。”

侻者，《法言·君子篇》："荀卿非数家之書，侻也。"司馬光注："侻，可也。"宋玉《神女賦》："侻薄裝。"李善注："侻，可也，言薄裝正相堪可。"

［注］［1］《博雅音》："當音'厭足'之'厭'"。

錭桃音、**鈯**大兀反、**但**、**拙**織厥反、**頑**、**銖**，**鈍也**。

《說文》："鈍，錭也。"《史記·陳丞相世家》："士之無耻、頑鈍、嗜利者，亦多歸漢。"通作"頓"。《漢書·淮南王安上疏》："不勞一卒，不頓一戟。"頓，與"鈍"同。

錭者，徒刀切。《說文·金部》義也。

鈯者，《廣韻》："鈯，鈍[1]也。"本此。

但者，似魚、祥閭二切。《說文》："但，拙[2]也。"《玉篇》引《廣雅》："但，鈍也。"《集韻》引亦作"但"。舊本"但"訛"但"。《音釋》："度滿反。"亦誤，今訂正。

拙者，才之鈍也。《說文》："拙，不巧也。"《老子》："大巧若拙。"《離騷》："理弱而媒拙兮。"王逸注："拙，鈍也。"

頑者，《玉篇》："頑，鈍也。"本此。

銖者，市朱切。《淮南·齊俗訓》："其兵戈銖而無刃。"高誘注："楚人謂刀鈍爲銖。"

［注］［1］静本、愛本作"鉅"。［2］静本、愛本作"掘"。

戲、**欷**許記反、**喨**去[1]亮反、**喨**亮音、**惻**、**愴**、**愁**、**慼**，**悲也**。

上文"悲，痛也。愓也"。此又廣其訓。

戲者，經典中“於戲，悲歎之聲”也。《匡謬正俗》云：“嗚呼，歎詞也。”古文《尚書》悉爲“於戲”。今文《尚書》悉爲“嗚呼”。而《詩》皆“於乎”。文有古今之變，義無美惡之别。末代哀誄、祭文則爲“嗚呼”。封拜冊命則爲“於戲”。不究根本，妄分兩義，非也。

欷者，《說文》：“欷，歔也。”《離騷》：“曾歔欷余鬱邑兮。”王逸注：“歔欷，哀泣之聲也。”《漢書·中山靖王傳》：“悲者不可爲絫欷。”顔師古注：“欷，歔[2]欷也。”

咣、喨者，《方言》：“自關而西，秦、晉之間，凡大人少兒泣而不止，謂之咣。哭極音絶亦謂之咣。平原謂啼極無聲謂之咣哴。”郭注：“咣，邱尚反。哴，音亮。”是“喨”、“哴”，字異音義同。

惻者，《說文》：“惻，痛也。”《玉篇》：“惻，楚力切。悲也。”本此。

愴者，《說文》：“愴，傷也。”宋玉《九辯》：“愴怳懭悢兮。”《玉篇》：“愴，悲也。”本此。

愁、慼者，上文訓爲“憂”，此又爲“悲”，義相成也。《廣韻》：“愁，悲也。”本此。

[注] [1]静本、愛本誤作“云”，據《博雅音》改。[2]静本、愛本作“戲”。

剥、絶、鬌，落也。

此言“陊落”也。

剥者，馬融注《易·剥卦》云：“剥，落也。”

絶者，《離騷》：“雖萎絶其亦何傷兮。”王逸注：“絶，落也。”

鬌者，鄭注《儀禮·既夕》云：“兒生三月，翦髮爲鬌。”《說文》：“鬌，髮隋也。”

脕烏葛[1]反、**鮾**諾每反、**歷**、**伐**、**黲**七敢反、**黴**眉音、**露**、**漫**莫旦反、**淹**、**穤**每音、**殃**央音、**殕**敷九反、**腐**父音、**歾**朽音、**㡀**敝音、**俠斯**、**殐**來旦反、**爽**，**敗也**。

《說文》：“敗，毀也。”

脕者，《玉篇》：“脕，肉敗也。一曷切。”

鮾者，當爲“餒”。《玉篇》：“鮾，奴罪切。魚敗也。”《廣韻》：“餒，魚敗。”案，《說文》：“魚敗曰餒。”其字從“食”。

歷者，《說文》：“蹷，僵也。”左思《魏都賦》：“劍閣雖嶛，憑之者蹷。”“蹷”、“歷”同。

伐者，《說文·人部》義也。

黲者，色之敗也。《說文》：“黲，淺青黑色也。”陸機《漢功臣贊》：“上黲下黷。”

黴者，武悲切。《說文》：“黴，中久雨青黑。”《楚辭·九歎》：“顔黴黧以沮敗兮。”《淮南·修務訓》：“舜黴黑。”又《說山訓》：“文公棄荏席，從黴黑，咎犯辭歸。”

露者，《方言》文。《左氏昭元年傳》：“勿使有所壅閉湫底，以露其體。”是“露”爲形之敗也。

漫、**淹**者，亦《方言》文。“涇敝爲漫、水敗爲淹。”

穤者，亡載切。稼之敗也。《玉篇》：“穤，禾傷雨也。”

殃者，《說文》：“殃，咎也。”

殕者，腐之敗也。《玉篇》：“殕，敗也。”本此。

腐者，質之敗也。《說文》：“腐，爛也。”

歾者，《說文》：“歾，或作‘朽’。”包咸注《論語》云：“朽，腐也。”《月令·孟春》：“其臭朽。”《釋文》：“本亦作‘歾’。”

㡀者，衣之敗也。毘祭切。與“敝”同。《說文》：“㡀，敗衣也。從巾。

象衣敗之形。”舊本“㡀”譌“㡀”，今訂正。

俠斯者，《方言》：“褸裂、須捷、挾斯，敗也。南楚，凡人貧、衣被醜弊，謂之須捷，或謂之褸裂，或謂之俠斯。器物弊，亦謂之挾斯。”“俠”、“挾”，字異義同。

殐者，力翰切。《玉篇》：“殐，敗也。”亦作“爛”。

爽者，宋玉《招魂》：“露雞臛蠵，厲而不爽些。”王逸曰：“爽，敗也。楚人名羹敗曰爽。”

《集韻》：“葱。於袁切。”引《廣雅》：“殘、葱，敗也。”今無此文。

［注］［1］静本、愛本誤作“臈”，據《博雅音》改。

《廣雅疏義》卷第六

嘉定錢大昭晦之甫撰

詮、録、贅只歲反、**撰、訛**匹夷[1]反、**效**教音、**備、饌，具也。**

《説文》：“具，共置也。”

詮者，《説文·言部》義也。此緣切。

録者，文之具也。《公羊隱十年傳》：“《春秋》録内而略外。”

贅者，屬之具也。《釋名》：“贅，屬也。横生一肉，屬著體也。”

撰者，孔安國《論語》注義也。通作“譔”。《楚辭·大招》云：“聽歌譔只。”王逸注：“譔，具也。”

訛者，《玉篇》：“訛，具也。”本此。今作“庀”。

效者，古文“教”字。是誡之具也。

備者，豫之具也。《玉篇》：“備，皮祕切。預也。”

饌者，食之具也。《説文》：“籑，具食也。或作‘饌’。”通作“僎”。《説文》：“僎，具也。”鄭康成注《論語》云：“僎，讀曰‘詮’。”故“詮”、“僎”同訓具也。

［注］ [1]静本、爱本誤作“荑”，據《博雅音》改。

罣邱殄反、**犕**四音、**狠、戾、恎**實音，又多結反、**愎**符逼反、**摯、忮，很**乎懇反**也。**

《玉篇》：“佷，戾也。本作‘很’。”《説文》：“很，不聽从也。一曰盭也。”《吴語》：“今王將很天而伐齊。”韋注：“很，違也。”

犟者，牛之佷也。《說文》：“犟，牛很。不從引也。”

牭者，《玉篇》：“牭，思二切。牛很也。”

狠者，犬之佷也。《玉篇》：“狠，五閒切。犬鬬聲。”舊本“狠”訛“狼”，今訂正。徐北溟曰：“如依舊文，‘狼戾’連講，亦有‘佷’義。”

戾者，《說文》：“戾，曲也。”通作“盭”。

悹者，《玉篇》：“悹，惡性也。”

愎者，《左氏僖十五年傳》：“愎諫違卜。”杜注：“愎，戾也。”又《宣十二年傳》：“剛愎不仁。”《說文》無“愎”字。《弦部》：“盭，弼戾也。”是古通用“弼”。

摯者，“摯”與“鷙”同，故有“佷”義。

忮者，《說文》：“忮，很也。”

韜、含、裕、容、寬、窾乎化反，寬也。

《爾雅》：“寬，綽也。”孫炎曰：“性之裕者。”郭璞曰：“謂寬裕也。”《說文》：“寬，屋寬大也。”《虞書》：“寬而栗。”鄭注：“寬，謂度量寬宏。”

韜者，魯南宫韜，字子容，故“韜”、“容”，皆釋爲寬也。《廣韻》：“韜，寬也。”本此。

含者，《文言傳》：“含萬物而化光。”通作“函”。《曲禮》云：“席間函丈。”攷《月令》：“羞以含桃。”《釋文》：“本亦作‘函’。”是“含”、“函”同也。

裕[1]者，《周書·康誥》：“裕乃以民寧。”

容者，《說文》：“容，盛也。”寬則能盛，故爲寬也。

窕者，寬而深也。

窊者，《玉篇》："窊，寬也。"本此。通作"搲"。《廣韻》："搲，寬也。"

[注]［1］"裕"爲"裕"之異體。

親、慽、傍、附、切、摩、鄰、比、厲、局、阿、侍、夾古匣反、次、遒、迫、促，近也。

《說文》："近，附也。"

親者，《文言傳》："本乎天者，親上；本乎地者，親下。"《爾雅》《釋文》引《倉頡篇》："親，近也。"

慽者，與"戚"同。《一切經音義》（九）引："戚，近也。"《周書·金縢》："未可以戚我先王[1]。"孔傳："戚，近也。"《逸周書·文酌解》："取戚免梏。"孔鼂注："近也。"

傍者，《說文·人部》義也。

附者，《淮南·說林訓》："附耳之言，聞於千里。"注："附，近也。"

切者，《文選·長楊賦》："請略舉其凡，而自覽其切焉。"李善注引張晏云："切，近也。"

摩者，《左氏宣十二年傳》："御靡旌、摩壘而還。"注："摩，近也。"《學記》云："相觀而善謂之摩。"鄭注："相切磋也。"《淮南·說林訓》："若脣之與齒，堅柔相摩而不相敗。"注："摩，近也。"

鄰者，《釋名》："鄰，連也。相接連也。"《臯陶謨》："臣哉鄰哉，鄰哉臣哉。"孔傳："鄰，近也，言君臣道近，相須而成。"《小雅·正月》："洽比其鄰。"傳解"鄰"爲"近"。張衡《東京賦》："始于宮鄰，卒於金虎。"薛綜曰："鄰，近也。"

比者，《說文》："比，密也。"《左氏文十八年傳》："頑嚚不友，是與比周。”注：“比，近也。”

厲者，《文選·西都賦》注引《韓詩》云：“翰飛厲天。”《薛君章句》：“厲，附也。”案，“附”、“近”，義相埒。

局者，《文選·魏文帝〈與朝歌令吴質書〉》：“塗路雖局，官守有限。”李善注：“局，近也。”

阿[2]者，讀若“媕婀”之“婀”。《左氏昭二十年傳》：“阿下執事。”注：“阿，比也。”“阿”、“比”，皆近也。

侍者，《廣韻》：“侍，近也。”本此。

夾者，《周書·梓材》云：“懷爲[3]夾。”孔傳：“懷遠爲近。”又《多方》云：“爾曷不夾介乂我周王。”孔傳：“夾，近也。汝何不近大見治于我周王。”

次者，次、第，亦相近也。

迺者，《説文》：“迺，迫也。或作‘迺’。”

迫者，《説文·辵部》義也。《離騷》：“吾令羲和弭節兮，望崦嵫而勿迫。”王逸注：“欲令日御按節徐行，望日所入之山，且勿附近。”

促者，《説文》：“促，迫也。”

[注] [1]愛本誤作“生”。[2]愛本誤作“所”。[3]静本、愛本脱“爲”字。

排、擠子詣反、摧、攘、抵丁禮反、摵戎音、斥、羼，推也。

《説文》：“推，排也。”《大雅·雲漢》云：“則不可推。”傳：“推，去也。”

排者，《説文》：“排，擠也。”《楚辭·九歎》云：“遂見排而逢讒。”班固《西都賦》：“排飛闥而上出。”

擠者，《説文》：“擠，排也。”《莊子·人間世》云：“故其君因其脩以擠之。”《簡文》云：“擠，排也。”《荀子·仲尼篇》：“抑有功而擠有罪。”楊倞注：“擠，排也，言重傷之也。”又《解蔽篇》：“不好辯讓，不敬禮節，而好相推擠。”

摧者，《說文》：“摧，擠也。”《楚辭·九思》云：“魁壘擠摧兮常困辱。”

攘者，《說文·手部》義也。《晉語》：“文公曰：‘攘，推賢也。’”古“揖攘”字如此。今所備用者，是“質讓”之“讓”。

抵者，《說文》：“抵，擠也。”

搑者，《玉篇》：“搑，如勇切。推車也。”案，“搑”與“軵”同。《說文》：“軵，反推車，令有所付也。讀若茸。而隴切。”《淮南·氾論訓》：“相戲以刃者，太祖軵其肘。”注：“軵，擠也。”《漢書·馮奉世傳》：“再三發軵，則曠日煩費。”如淳曰：“軵，推也。”

斥者，《文選·長楊賦》：“斥芬芳而不御。”謝靈運《七里瀨詩》：“遭物悼遷斥。”劉公幹《贈五官中郎將詩》：“四節相推斥。”李注並引此文。

䑞，即“舜”字。詹事兄曰：“《風俗通·皇霸篇》：‘舜者，推也。循也。言其推行道德，循堯緒也。’”

褈直龍反、**曡**、**㙾**、**臧**、**醇**、**醲**、**渥**、**陸**、**纇**逵音，**厚也**。

《廣韻》：“厚，厚薄。又重也。”

褈[1]者，《玉篇》：“褈，複也。增益也。”舊本“褈”譌爲“穜稑”之“穜”，今訂正。

曡者，《說文》：“曡。揚雄說：‘以爲古理官決罪，三日得其宜[2]乃行之。亾新改爲三田。’”《衆經音義》引《倉頡篇》：“曡，重也。積也。”

㙾者，《方言》文也。《玉篇》：“㙾，乳屬切。厚也。”本此。

臧者，亦《方言》文。《廣韻》：“臧，厚也。”本此。

醇者，《説文》：“醇，不澆酒也。”邯鄲淳《魏受命述》云：“樹深根以厚基，播醇澤以釀味。”《東京賦》：“春醴惟醇。”薛綜注：“醇，厚也[3]。”

醲者，酒之厚也。《説文》：“醲，厚酒也。”《淮南·主術訓》：“肥醲甘[4]胞，非不美也。”

渥者，漬之厚也。《邶風·簡兮》云：“赫如渥赭。”傳：“渥，厚漬也。”

陸、頯，並未聞[5]。

[注] [1]静本、愛本誤作“種”。《廣雅疏證》作“穜”。[2]静本、愛本誤作“官”。[3]愛本衍“醇”字，已删。[4]静本、愛本衍“肥醲甘”三字，已删。[5]《廣雅疏證》：“凡‘厚’，與‘大’義相近。陸者，《爾雅》：‘高平曰陸。’李巡注云：‘謂土地豐正。’是厚之義也。頯者，《莊子·大宗師篇》：‘其顙頯。’郭象注云：‘頯，大朴之貌。’《天道篇》：‘而顙頯然。’注云：‘高露髮美之貌。’皆厚之義也。”

龍、利、芬、尼、調、庸，和也。

《賈誼書·道術篇》：“剛柔得適謂之和，反和爲乖。”《説文》：“龢，調也。讀與和同。”經典通用“和”。

龍者，《周頌·酌》：“我龍受之。”《商頌·長髮[1]》：“何天之龍。”傳並云：“龍，和也。”

利者，《説文》：“利，从和省。和，然後利。”《易·文言傳》：“利者，義之和也。”又云：“利物足以和義。”《子夏易傳》：“利，和也。”

芬者，《方言》文也。郭注：“芬香和調。”

尼[2]者，《禮記·中庸》：“仲尼祖述堯、舜。”仲尼，孔子字。漢安昌侯張禹云："仲者，中也。尼者，和也。"

調者，《說文・言部》義也。《地官・調人》注："調，猶和合也。"

庸者，《一切經音義》(二十三)、(二十五)並引："庸，和也。"庸，"庸"之訛。

《一切經音義》(二十二)引："諧，和也。"今無此文。

[注] [1]静本、愛本誤作"發"。[2]静本、愛本衍"凡"字，已刪。

輯魂音、**軏**抗音、**轎**奇廟反，又奇朝反，**軻**五浪反**也。**

《玉篇》："軻，牛向切。轎軻。"

輯者，《說文》："軦軥也。"

軏者，《玉篇》："軏，口莽切。軏軻。"

轎者，《玉篇》："轎，小車也。"

獲、戮、羞、恥、嗀苦大反，**辱也。**

《說文》："辱，恥也。从寸在辰下。失耕時，於封畺上戮之也。"

獲者，《玉篇》："獲，辱也。婢之賤稱也。"

戮者，《夏書・甘誓》："予則孥[1]戮汝。"孔傳："非但止汝身，辱及汝子，言恥累也。"《周禮・序官・掌戮》注："戮，猶辱也。"

羞者，《否》："六三：包羞。"《孟子》："無羞惡之心，非人也。"

恥者，《說文・心部》義也。

嗀者，未聞。《玉篇》："居薮切。"

[注] [1]静本、愛本作"帑"。

屑、姘静音、圭，潔也。

《説文·新附》“潔”字云：“瀞也。”古用“絜”。鄭注《鄉飲酒義》云：“絜猶清也。”

屑者，《鄘風》：“不屑髢也。”《邶風》：“不我屑以。”傳並云：“屑，絜也。”趙岐《孟子》注：“屑，潔也。”

姘者，《説文》：“姘，静也。”《周語》：“静其巾幕。”韋注：“静，潔也。”

圭者，《孟子》：“卿以下必有圭田。”趙岐注：“圭，潔也。”通作“蠲”。《詩》曰：“吉蠲爲饎。”傳：“蠲，絜也。”鄭注《秋官·蜡氏》云：“蠲，讀如‘吉圭惟饎’之‘圭’。圭，絜也。”陸氏《釋文》並云：“蠲，舊音圭。”《穆天子傳》云：“天子具蠲齊牲。”郭注：“蠲者，潔也。蠲，音圭。”《吕覽》云：“臨飲食，必蠲絜。”高誘曰：“蠲，讀爲圭。”

讒、嫉、殺、㺒山減反，賊也。

《荀子·修身篇》：“害良曰賊。”《説文》：“賊，敗也。”

讒者，《左氏昭五年傳》：“於人爲言，賊言爲讒，故曰：‘有攸往，主人有言，言必讒也。’”《莊子·漁父篇》：“好言人之惡謂之讒。”《荀子·修身篇》：“傷良曰讒。”

嫉者，《説文》：“䛴，妎也。或作‘嫉’。”《廣韻》“䛴”下引《廣雅》：“賊也。”是本又作“䛴”。

殺者，《説文》：“殺，戮也。”

㺒者，《説文》：“㺒，賊疾也。”《玉篇》：“㺒，賊也。”本[1]此。

[注] [1]愛本衍“本”字，已刪。

涂塗音、**娉**聘音、**妨**、**猛**，**害也。**

《釋名》：“害，割也。如割削物也。”《說文》：“害，傷也。”

涂、**娉**，未詳[1]。

妨者，《說文·女部》義也。

猛者，《玉篇》：“猛，害也。”本此。

[注] [1]《廣雅疏證》：“娉、妨，一聲之轉。《釋言》云：‘妨，娉也。’《說文》：‘妨，害也。’”

伸、**舒勃**，**展也。**

《楚辭·九歌》云：“展詩兮會舞。”王逸注：“展，舒也。”

伸者，《說文》：“伸，屈伸。”《玉篇》：“伸，舒也。”

舒勃者，《方言》文也。“東齊之間，凡展物謂之舒勃。”

禦、**禁**、**掕**落登反，又陵音[1]、**閣**、**坐**、**沈**、**宿**、**蹟**、**矣**、**竣**此循反、**挂**、**礙**、**鋪**、**脾**、**綝**恥林反、**処**昌汝反。憲按，《說文解字》從“夂几[2]”、**咹**遏音，又音稱[3]、**跱**直[4]李反、**棖**雉庚反、**拘**、**渟**亭音、**憤**質音、**趕**畢音、**蹭**鑒音，又所甘反、**抳**女几反，又女禮反、**騃**煩音、**駤**致音、**躅**徒加[5]反、**券**羌萬反，**止也。**

上文“止，逗也”。《鄘風·相鼠》傳：“止，所止息也。”

禦者，韋昭《國語》注：“禦，止也。”《長楊賦》：“陵夷而不禦。”顏師古亦訓爲止。

禁者，《玉篇》：“禁，記鴆切。止也。”本此。

掕者，《說文》：“掕，止馬也。里甑切。”

閣者，《說文》："閣，所以止扉也。"

坐者，《說文》："坙，止也。从土，从畱省。土[6]，所止也。古文作'坐'。"

沈者，上文云"没"也，"沈"又爲"止"也。

宿者，《說文・宀部》義也。

蹟者，足所止也。《說文》："迹，步處也。或作'蹟'。"

矣者，辭之止也。雖在句中，不以爲義。《說文》："矣，語已詞也。"《詩》曰："顔之厚矣，出自口矣。"是也。

竣者，《說文》："竣，偓竣也。"引《國語》曰："有司已事而竣。"《玉篇》："竣，止也。"本此。

挂者，本又作"絓"。《文選・劉峻〈辨命論〉》："才絓中庸，在於所習。"李善注引《廣雅》："絓，止也。"

礙者，《說文・石部》義也。《法言・問道篇》："聖人之治天下也，礙諸以禮樂。"吴祕注："礙，止也。"案，孫綽《遊天台山賦》："凝思幽巖。"江淹《别賦》："舟凝滯于水濱。"李善注並引《廣雅》："凝，止也。"是本又作"凝"。

鋪、脾者，《方言》文也。

綝者，《說文・糸部》義也。

処者，《說文》："処，止也。得几而止。或作'處'。"

咹者，疑與"按"同。《大雅・皇矣》："以按徂旅。"傳："按，止也。"《孟子》"按"作"遏"。《史記・周本紀》："王按兵毋出。"《漢書・高帝紀》："吏民皆按堵如故。"

跱者，《玉篇》："跱，除几切。"引《爾雅》曰："室中謂之跱。跱，上[7]也。""跱"，今本《爾雅》作"時"。"上"當作"止"，字之訛也。《一切經音義》(一)引此文。玄應云："《字詁》：'古文峙，今作跱，同。'謂亭亭然，獨止立也。"

棖者，通作"堂"。王廷壽《靈光殿賦》："枝堂杈牙而斜據。"張載

注："堂，或作'棖'字。"按，《説文》："堂，歫也。"又云："歫，止也。"是"棖"、"堂"，皆有止義。

抅者，《説文·句部》義也。

渟者，水之止也。張衡《南都賦》："貯水渟洿。"《一切經音義》（一）引《埤蒼》："水止曰渟。"《字書》："水滯也。"

懫者，《玉篇》："懫，之日切。止也。"本此。

趩者，《天官·宫正職》："禁凡邦之事蹕。"鄭司農云："國有事，王當出。則宫正主禁絶行者，若今時衛士填街蹕也。""蹕"、"趩[8]"，字異義同。

躋者，《玉篇》："躋，止也。"本此。

抳者，《姤》："初六：繫于金柅。"王肅作"抳"，其从"手"。

騯、駤者，上，扶元切；下，竹利切。《玉篇》："騯，騯駤，止也。或作'樊'。"

躇者，《説文》："躇，峙躇不前也。"

劵者，上文云"極"也、"㔻"也。"劵"又爲"止"也。

《一切經音義》（十三）引："懲，止也。"《華嚴經音義》（上）引："已，止也。"今俱無此文。

[注] [1]静本、愛本"陵音"誤作"義陵反"，據《博雅音》改。[2]静本、愛本"昌"誤作"曷"，"几"误作"且"，據《博雅音》改。[3]静本、愛本誤作"又稱杂反"，據《博雅音》改。《博雅音》："上不當有'稱'字，未知何字之譌。"[4]静本、愛本誤作"宜"，據《博雅音》改。[5]静本、愛本誤作"如"，據《博雅音》改。[6]静本、愛本誤作"上"。[7]静本、愛本誤作"土"。《康熙字典》引《博雅》："跱，止也。"[8]静本、愛本誤作"蹕"。

䫉烏孔反、**䵃**奴孔反、**夥**乎果切、**錗**委音、**㚊**口才反、**絓**棄音、**䣐**那音、**㝝**莘音、**䴸**浮音、**䱶**之豉反、**䏞**丁含反、**繁、盛、饒、僉、怒、輿、植，多也。**

《説文》："多，重也。"《玉篇》："多，衆也。大有。"

䫉、䵃者，《方言》文。"南楚凡大而多謂之䫉，或謂之䵃。凡人語言過度及妄施行，亦謂之䵃。"《玉篇》："䫉，大、多也。或作'勨'。""䵃、䫉䵃。盛多皃。"通作"纕"。《後漢書·崔駰傳》："若夫紛纕塞路。"注引《方言》："纕，盛多也。"

夥者，《史記·陳涉世家》："夥頤，涉之爲王沈沈者！"《説文·㒫[1]部》云："讀若楚人名多夥。"《多部》又云："齊謂'多'爲'夥'。"案，《方言》云："凡物盛多，齊、宋之郊，楚、魏之際曰夥。"是齊、楚皆以"多"爲"夥"也。《玉篇》："夥，楚人謂多也。"

錗者，《玉篇》："錗，於果切。多也。"本此。

㚊者，《玉篇》："㚊，多也。通作'姟'。"《鄭語》："計億事、材兆物、收經入、行姟極，故王者居九畡之田。"韋昭注："姟，備也。數極于姟。萬萬曰姟。九畡，九州之極數也。"

絓、䣐者，《玉篇》："絓，邱一切。多也。""䣐，奴多切。多也。"並本此。

㝝者，《玉篇》："㝝，所陳切。多也。"《周南·螽斯》、《釋文》："詵詵，所中反。《説文》作'㝝'，音同。"案，今本《説文》無"㝝"字。

䴸、䱶、䏞者，《玉篇》："䴸，扶留切。多也。""䱶，章移、之豉二切。多也。""䏞，多也。"並本此。《西京賦》："炙炰夥，清[2]酤䱶。"

繁者，《商書·仲虺之誥》："實繁有徒。"孔傳："繁多有徒衆。"《左氏昭三年傳》："於是景公繁于刑，有鬻踊者。"杜注："繁，多也。"通作"蕃"。《左氏昭二十八年傳》："《鄭書》曰：'惡直醜正，實蕃有徒。’”《逸[3]周書·芮良夫解》：“實蕃有徒。”《漢書·文帝紀》：“無乃百姓之從事於末、以害農者蕃。”顔師古曰：“蕃，亦多也。”

盛者，《方言》：“晠，多也。”晠，與“盛”同。

饒者，上文釋爲“益”，此又爲多，義相成也。

僉者，《堯典》：“僉曰：‘於’。”孔傳：“僉，皆也。”是“僉”亦衆多之意。

怒，未詳[4]。

輿者，《左氏僖二十八年傳》：“聽輿人之誦。”注：“輿，衆也。”

植，未聞[5]。

《文選·魏都賦》注引：“夠，多也。古侯切。”又《景福殿賦》注引：“趍，多也。紙移切。”《集韻》：“錤，邱其切。”引“錤，多也”。今俱無此文。

[注] [1]“旡”爲“无”之異體。[2]静本、愛本誤作“潰”。[3]静本、愛本脱“逸”字。[4]《廣雅疏證》：“《方言》：‘自關而西，秦晉之閒，凡人語而過曰僉。東齊謂之劒，或謂之弩。弩，猶怒也。’皆盛多之意也。”[5]《廣雅疏證》：“植，謂蕃植也，字通作‘殖’。”

蕁祖[1]本反、**櫱**、**蓴**大丸反、**萃**、**蘊**、**揩**、**嵏**走公反、**窩**俊音、**潀**[2]湊音、**叢**、**蓄**、**都**、**薄**、**蘊**、**崇**、**灌**、**雜**、**茨**、**贅**織芮反、**榛**、**林**、**屯**、**集**、**宗**、**族**、**洿**烏音、**總**、**翕**許及反**葉**、**輸**始朱反、**會**、**積**，**聚**慈愈反**也**。

《説文》：“聚，會也。邑落曰聚。”

蕁者，《説文》：“蕁，叢艸也。”《西京賦》：“苯蕁蓬茸[3]。”《南都賦》：“森蕁蕁而刺天。”是“蕁”爲草之聚也。

㷉者，與“䋦”同。《玉篇》：“䋦，如纍切。聚也。”通作“蘽”。潘岳《藉田賦》：“瓊鈒入蘽。”李善注引《倉頡篇》：“蘽，聚也。”

蓴者，《說文》：“蓴，蒲叢也。常倫切。”舊本“蓴”訛“蕁”，曾音“大凡反”，亦非也，今訂正。

萃者，《方言》：“萃，集也。東齊曰聚。”

蘊者，《玉篇》：“蘊，紆文切。聚也。聚草以爇大也。”《一切經音義》（二十三）引此文。玄應云：“《說文》爲‘薀’。《字林》：‘蘊，積也。’”大昭案，《左隱三[4]年傳》：“蘋蘩薀藻之菜。”杜注：“薀藻，聚藻也。”

揩，未聞[5]。

㚇者，《玉篇》：“㚇，聚也。”本此。

寯，未詳。

湊者，《說文》：“湊，水上人所會也。”《楚辭·九歎》云：“順波湊而下降。”王逸注：“湊，聚也。”《逸周書·作雒解》云：“乃作大邑成周于土中。城方千七百二十丈，郛方七百里。南繫於洛水，地因于郟山。以爲天下之大湊。”孔鼂注：“湊，會也。”《淮南·主術訓》：“湯之時，七年旱，以身禱于桑林之際。而四海之雲湊，千里之雨至。”注：“湊，會也。”會，與“聚”同義。

叢者，《說文》：“叢，聚也。”《虞書》：“元首叢脞哉。”疏引鄭注云：“叢脞，總聚小小之事，以亂大政。”《周書·無逸》云：“是叢于其身。”孔傳：“叢聚于其身。”

蓄者，《說文》：“蓄，積也。”《邶風》：“我有旨蓄。”箋：“蓄聚美菜。”

都者，《穀梁傳》云：“民所聚曰都。”《堯典》：“曰幽都。”孔傳：“謂所聚也。”

薄者，《說文》：“薄，林薄也。”

蘊者，已見上文，必不重出。此當爲“薀”。《說文》：“薀，積也。”《玉篇》：“薀，於彩切。聚也。”疑本此。

崇者，《左氏文十八年傳》：“崇飾惡言。”注：“崇，聚也。”古有“薀”、“崇”連文者。《左氏隱六年傳》：“芟夷蘊崇之。”

灌者，《夏小正》：“灌也者，聚生者也。”《爾雅》：“灌木，叢木。”又云：“木族生爲灌。”

雜者，《說文》：“雜，五彩相合。”《方言》：“雜，集也。”

茨者，上文釋爲“積”，茨，又爲“聚”，義相成也。

贅者，《漢書·武帝紀》：“元狩元年詔曰：‘毋贅聚。’”如淳曰：“贅，會也。”

榛者，《說文》：“榛，菆也。”《文選》注引《字林》：“榛木叢生也。”仕巾切。

林者，《說文》：“平土[6]有叢木曰林。”高誘注《淮南·說林訓》云：“木叢生曰林。”

屯者，《離騷》：“屯余車其千乘兮。”五臣《文選》注：“屯，聚也。”案，屯，通作“敦”。揚雄《甘泉賦》：“敦萬騎于中營兮。”顏師古注：“敦，讀曰屯。屯聚也。”曹植《七啟》：“鳥集獸屯，然後合圍。”

集者，鳥之聚也。《說文》：“雧，羣鳥在木上也。或作‘集’。”《東京賦》：“總集瑞命。”薛綜注：“集，聚也。”

宗者，宋玉《招魂》云：“室家遂宗。”

族者，同姓所聚也。《白虎通·宗族篇》：“族者，湊也。聚也，謂恩愛相流湊也。生相愛，死相哀痛，有會聚之道，故謂之族。”《尚書·堯典》：“以親九族。”《毛詩·葛藟序》：“周室道衰，棄其九族。”《士[7]昏禮》：“請期辭曰：‘惟是三族之不虞。’”《周禮·小宗伯》：“掌三族之列名。”

洿者，水所聚也。《漢書·食貨志》：“猶塞川原爲潢洿也。”

總者，《説文》：“總，聚束也。”《淮南·原道訓[8]》：“萬物之總，皆閱一孔。”注：“總，衆聚也。”舊本“總”訛“緦”，曹音“思”亦誤，今訂正。

翕葉者，《方言》：“撲、翕葉，聚也。楚謂之撲，或謂之翕葉。”

輸者，《説文》：“輸，委輸也。”

會者，《公羊傳》云：“會、及、暨，皆[9]與也。會，猶最也。”何休注：“最，聚也。”

積者，《説文·禾部》義也。《儒行》云：“不祈多積。”

《文選·顏延年〈應詔觀北湖田收詩〉》注引：“攢，聚也。”《一切經音義》（二十三）引：“府，聚也。”今並無此文。

［注］ [1]静本、愛本誤作“租”，據《博雅音》改。[2]“潊”爲“湊”之異體。[3]静本、愛本誤作“曻”。[4]静本、愛本脱“三”。[5]《廣雅疏證》：“《文選·西都賦》注引《倉頡篇》云：‘櫕、聚也。’櫕，俗作‘欑’，遂譌而爲‘揝’。”[6]静本、愛本誤作“上”。[7]静本、愛本脱“士”字。[8]“原道訓”，愛本誤作“道訓應”，静本作“道訓”。[9]“暨皆”，静本、愛本倒作“皆暨”。

主、戍、門、獸，守也。

此言“興守”也。

主者，《玉篇》：“主，守也。”

戍者，大夫稱“主戍”者。《説文》：“戍，守邊也。”《王風·揚之水》云：“不與我戍申。”傳：“戍，守也。”

門者，《左氏襄九年傳》：“門于鄟門。”

獸者，《說文》云：“獸，守備者。”

餘、凡、總、同，皆也。

《說文》：“皆，俱詞也。”

餘者，《說文》：“餘，饒也。”《玉篇》：“餘，皆也。”本此。

凡者，《說文》：“凡，最括也。”《商書·微子》云：“凡有罪辜，乃罔恒獲。”鄭注：“凡，猶皆也。”案，《史記》作：“皆有罪辜。”《春官·御史》：“掌贊書凡數。”《長楊賦》云：“請略其凡。”

總者，《玉篇》：“總，子孔切。皆也。”本此。《文選·顏延之〈車駕幸京口侍遊蒜山詩〉》：“邑社總[1]地靈。”李善注引《廣雅》：“總，皆也。”舊本“總”訛“綫”，今訂正。

同者，《說文》：“同，合會也。”《玉篇》：“同，共也。”並與“皆”義相近。

[注] [1]“社總”，愛本倒作“總社”。

修、蓺、略、道、旬、越、抑、蘵慈頡反**、撤、撥**傳葛反**、對、繕**時扇反**、傅、列、疏、竘**口音**、貌、攻、捲**權音**、莿、摇**亦咲[1]反**、療、亂、理、澡，治也。**

《玉篇》：“治，修治也。”

修者，孔安國注《論語》“修慝”云：“修，治也。治惡爲善也。”《檀弓》云：“古不修墓。”《淮南·修務訓》：“修彭蠡之防。”注皆訓“治”。

蓺者，治種植之事也。

略者，《說文》：“略，經略土[2]地也。”《禹貢》：“嵎夷既略。”馬融曰："用力少曰略。"

道者，《論語》："道千乘之國。"

旬者，《小爾雅》文也。

越者，疑當作"趜"。形相近而訛。《玉篇》："趜，渠俱切。治也。與'趯'同。"

抑者，《孟子》："昔者禹抑洪水而天下平。"趙岐曰："抑，治也。"

蕺者，字當爲"截"。《大雅·常武》："截彼淮浦，王師之所。"傳："截，治也。"

撤者，與"徹"同。《說文》無"撤"字，古用"徹"也。《大雅·公劉》："徹田爲粮。"傳："徹，治也。"

撥者，《說文·手部》義也。《商頌·長髮[3]》："玄王桓撥。"傳："撥，治也。"《公羊哀十四年傳》："撥亂世反諸正，莫近于《春秋》。"《楚辭·九章》："巧倕[4]不斲兮，孰知其撥正。"劉向[5]《九歎》："撥諂諛而匡邪。"何休、王逸並訓"治"。

對者，《說文》："對，譍無方也。漢文帝以爲責對而爲言，多非誠對，故去口从士。"案，"責對"即窮治之也。

繕者，《左氏傳》："繕完葺墻。"《莊子·繕性篇》："繕性于俗。"崔撰[6]曰："繕，治也。"

傅者，《大司樂》注云："禹治水傅土，言其德能大中國也。"

列者，字當爲"梨"。《說文》："梨，黍[7]穰也。""穰，黍梨已治者。"

疏者，《西京賦》："疏龍首以抗殿。"

竘、貌者，《方言》："竘、貌，治也。吴、越飾貌爲竘。"舊本"貌"訛"皃[8]"，今訂正。

攻者，《小爾雅》文。《周書·召誥》："太保乃以庶殷攻位于洛汭。"孔傳："以衆殷民治都邑之位于洛水北。"《攷工記》"攻金"、"攻木"等工，鄭注："攻，治也。"

捲[9]**、荊**，未詳。

摇者，與"愮"同。《方言》："愮、療，治也。江、湘交會，謂醫治之曰愮，或曰療。"舊本"摇"下有"亦唌反"三大字。案，此三字，"摇"字之音切也。"唌"當作"咲"，傳寫者譌爲正文爾。今訂正。

療者，《説文》："藥，治也。或作'療'。"《陳風·衡門》云："泌之洋洋，可以樂飢。"鄭本作"藥"。箋云："泌水之流洋洋然，飢者見之，可飲以藥飢。"《天官·瘍醫職》："凡療瘍。"注云："止病曰療。"《左氏襄二十六年傳》："不可救療。"杜注："療，治也。"

亂者，《説文》："亂，治也。"案，"亂治"已見《爾雅·釋詁》，必[10]不重出。此當作"𤔔"。《説文》："𤔔，治也。理也。"

理者，玉之治也。《説文》："理，治玉也。"

澡者，《儀禮·喪服》云："小功布衰裳、澡。"鄭注："澡者，治去莩垢，不絶其本也。"《士虞禮》："澡葛絰帶。"鄭注："澡，治也。"

《文選·海賦》："鑿陵巒而嶄鑿。"注引："鑿，治也。"《一切經音義》引："等，治也。"今俱無此文。

[注] [1]静本、愛本誤作"咲"，據《博雅音》改。[2]静本、愛本誤作"上"。[3]静本、愛本誤作"發"。[4]静本、愛本作"倕"。[5]静本、愛本衍"南"字，已删。[6]静本、愛本作"譔"。[7]静本、愛本脱"黍"字。[8]愛本誤作"貌"，據《廣雅疏證》改。[9]静本、愛本作"捲"。[10]静本、愛本作"必"。

側、匿、縬子六反、**綣**居件反、**瘷**子就反、**癄**子笑反、**綰**彎板反、**搊**抽音。憲按，即“抽”字也、**緛**而衮反，**縮也。**

《説文》：“縮，蹴也。”《玉篇》：“縮，退也。止也。”

側、匿者，與“仄慝”同。《説文》無“慝”字。匿，當讀爲“慝”。《漢書·五行志》：“朔而月見東方，謂之仄慝。”劉向以爲“仄慝者，不進之意。君肅急則臣恐懼，故日行疾而月行遲也”。劉歆以爲“肅者，王侯縮朒不任事，臣下弛縱，故月行遲也”。《説文》：“朔而月見東方，謂之縮朒。”“仄慝”，即“縮朒”也。

縬者，《玉篇》：“縬，縮也。”鄭注《鄉飲酒禮》云：“古文‘縮’爲‘蹙’。”是“蹙”、“縬”同也。舊本“縬”爲“蹴”。蹙，既以“足”，不必更用“足”旁。今據《玉篇》訂正。

綣、瘷、癄者，《玉篇》：“綣，九免切。”“瘷，莊救切。”“癄，莊校切。”皆云：“縮也。”本此。

綰，未聞。

搊者，孫侍御云：“搊，据曹音，即‘抽’字。抽，有縮義。”

緛者，《玉篇》：“縮也。”本此。《廣韻》：“緛，衣縫也。”有縮義。

贅祗袂反、**受、入、獲、德、營，得也。**

《説文》：“得，行有所得也。”

贅者，《玉篇》：“贅，之鋭切。得也。”本此。

受者，《説文》：“受，相付也。”

入者，《説文》：“入，内也。象从上俱下也。”《玉篇》：“入，納也。進也。”

獲者，《玉篇》：“獲，得也。”本此。

德者，《樂記》云：“德者，得也。”《釋名》：“德，得也。得事宜也。”皇侃《論語》疏：“德者，得也，言人君爲政，當萬物之性，故云以德也。”故郭象曰：“萬物皆得性謂之德。”古“德”與“得”通。《易·剥卦》：“君子得輿。”京房作“德輿”。《詩·碩鼠》：“莫我肎德。”高誘注《吕覽》引作“得”。《論語》：“民無得而稱焉。”《釋文》：“本亦作‘德’。”《老子》云：“從事于德者，同于德；從事於失者，同于失。”傳：“奕本作‘得’。”《史記·孟嘗君列傳》：“齊湣王不自得。”《索隱》曰：“得，一作‘德’。”《項羽本紀》：“吾爲若德。”《漢書》作：“公得”。

誉者，《楚辭·天問》云：“何往誉班禄，不但還來。”王逸注：“誉，得也。”

蠻、苗、憍嬌音、怚、倨、傲、侮、慢、傷余賜反也。

《説文》：“傷，輕也。”《玉篇》：“以豉切。”

蠻、苗者，“南蠻”、“有苗”，皆輕傷之語。

憍者，《玉篇》：“憍，居高切。逸也。”《廣韻》：“憍，恣也。”

怚者，《説文》：“怚，驕也。”

倨者，《説文》：“倨，不遜也。”

傲者，《説文》：“傲，倨也。”通作“敖”。《小雅·桑扈》：“彼交匪敖。”《漢書·五行志》引作“匪徼”、“匪傲”。《曲禮》云：“敖不可長。”《投壺》云：“無憮無敖。”

侮者，字亦作“侮”。《漢書·陳平傳》：“大王資侮人。”

慢者，《説文》：“慢，不畏也。”《釋名》：“慢，漫也。漫漫無所限也。”《玉篇》：“慢，輕侮也。”《左氏襄三十一年傳》：“大官大邑，所以庇身也，我遠而慢之。”杜注：“慢，易也。”

樹、莖、軨、宗、祖、䝨無巾反、**𦐇**侯[1]音、**吴、素、葆、科，本也。**

《説文》："木下曰本。"《吕氏春秋·季夏紀》："百仞之松，本傷于下而末槁于上。"高誘注："本，根也。"

樹者，《説文》："樹，生植之總名。"

莖者，枝葉之本也。《説文》："莖，枝柱[2]。"《玉篇》引《説文》："莖，艸木幹也。"

軨，未詳。《玉篇》無"軨"字，疑"幹"之訛。《文選·文賦》注及《一切經音義》(二)、又(十七)並引之。

宗者，《晉語》云："禮賓矜窮，禮之本宗也。"韋注："宗，本也。"《吕氏春秋·慎大覽》："以天爲法，以德爲行，以道爲宗。"高注："宗，本也。"戴侗曰："宗，祭祖禰之室也，故廟曰宗廟，祧曰宗祧[3]，祊曰宗祊，祏曰宗祏，器曰宗器。主宗廟祭祀者曰宗子，曰宗主。職宗廟祭祀者，曰宗人。其正曰宗伯。"

祖者，人之本也。物本乎天，人本乎祖。

䝨者，《玉篇》："䝨，本作'鍲'。筭稅也。"

𦐇者，《説文》："𦐇，羽本也。"《方言》："𦐇，本也。"郭注："今以鳥羽本爲𦐇。"舊本"𦐇"訛"𧸖"，今訂正。

吴者，《方言》："吴，大也。"《説文》："吴，大言也。"

素者，王褒《洞簫賦》："惟詳察其素體。"

葆、科者，《廣韻》："科，本也。"本此。

《文選·洞簫賦》注[4]引："原，本也。"《一切經音義》："樞[5]，本也。"今俱無此文。

[注] [1]静本、愛本誤作"𧸖"，據《博雅音》改。[2]静本、愛本作"住"。[3]静本、愛本脱"曰宗祧"三字。[4]愛本誤作"惟"，據徐復本《疏義》改。[5]静本、愛本脱"樞"，據徐復本《疏義》補。

廋素高反，又色鄒反、**索**、**略**、**祈**、**譈**乎縣反、**詷**乎詺反、**气**、**匃**各末反、**拊**拂舞反、**藪**、**絿**求音、**請**、**募**暮音、**柩**，**求也。**

《玉篇》："求，索也。"

廋者，《說文》作："挖，求也。"《方言》："挖，求也。秦、晉之間曰挖，就室曰挖。""廋"、"挖"，字異義同。

索者，《說文》："索，入家挖也。"《玉篇》："索，式白切。與'索'同。"宋玉《招魂》云："長人千仞，惟[1]魂是索些。"王逸曰："索，求也。"《史記·留矦世家》："大索天下，求賊[2]甚急。"

略者，《方言》："略，求也。於道曰略。"

祈者，《說文》："祈，求福也。"《春官·大祝》："掌六祈。"注云："祈，嘄也，謂爲有災變，號呼告于神以求福。"

譈者，《玉篇》："譈，有所求也。"本此。

詷者，《說文》："詷，知處告言之。"《漢書·淮南王安傳》："多予金錢，爲中詷長安。"顔師古注："詷，有所候伺也。"

气者，《玉篇》："气，去乙切。求也。"經典相承作"乞[3]"。《左[4]氏傳》："乞食于野人。"

匃者，《說文》："匃，气也。"《玉篇》："匃，古官切。行請也。"

拊，未聞。

藪者，藪之言求也。禽獸藏藪中，當烈山澤以求之也。

絿者，字本从"求"，亦得有求義。此《釋名》之例也。

請者，《玉篇》："請，求也。乞也。"《說文》："乞[5]，請子之候鳥也。"引《明堂·月令》："玄鳥至之日，祠于高禖以請子。"案，請子，即求子也。

募者，《說文》："募，廣求也。"

柩者，柩之言求也。皇皇如有求而弗得也。

[注] [1]静本、愛本誤作"淮"。[2]静本、愛本誤作"賦"。[3]静本、愛本誤作"乙"。[4]愛本誤作"佐"。[5]"乞"爲"鳦"之異體。

揣、𪉩、陶桃音、**拂、糞、埽**素考反、**寫、雪、擎**步干反、**摒**必政反、**𢓨**[1]婢綿反、**𢴈**呼高反、**耘、撥**博葛反、**拔，除也。**

上文“除，去也”，此又釋其訓也。

揣，未聞[2]。

𪉩者，《方言》云：“南楚病愈者，或謂之𪉩，或謂之除。”揚雄《劇秦美新》云：“擿秦政慘酷尤煩者，應時而𪉩。”傅亮《爲宋公修楚元王墓教》：“可𪉩復近墓。”五家注引郭注《方言》：“𪉩，除也。”

陶者，與“掏”同。“掏”、“擇”，亦除粗取精也。

拂者，上文釋爲“去”，“拂”又爲除也。《一切經音義》（五）引此文。玄應云：“謂除去塵土也。拂，拭也。”

糞者，《説文》：“糞，棄除也。以廾推華棄釆也。官溥説，似米而非米者，矢字。方問切。”《左氏昭三年傳》：“糞除先人之敝廬。”《曲禮》：“凡爲長者糞之禮，必加帚于箕上。以箕自向而扱之。其塵不及長者。”通作“坌”。《説文》：“坌，掃除也。讀若糞。”《少儀》云：“埽席前曰拚。”拚，與“坌”同。舊本“糞”訛“畚”[3]。今據《一切經音義》（十）引訂正。

埽者，《説文》：“埽，棄也。”《文選·東京賦》：“埽項軍於垓下。”薛注：“埽，除也。”張孟陽《七哀詩》：“蕪蕆不及埽。”注引引文。

寫者，《邶風·泉水》云：“以寫我憂。”傳：“寫，除也。”

雪者，《史記》：“秦穆公謂三帥曰：‘子其悉雪恥。’”《淮南·氾論訓》：“大夫種輔翼越王句踐，而爲之報怨雪恥。”馬融《長笛賦》：“澡雪詬滓[4]。”

擎者，潘岳《射雉賦》：“擎場拄翳[5]。”

摒者，《玉篇》：“摒，必政切。摒除也。”本此。通作“屏”。《論語》：“屏四惡。”孔安國曰：“屏，除也。”嵇康《琴賦》：“金石寢聲，匏竹屏氣。”舊本“摒”下有“婢綿”二小字。徐北溟曰：“此‘便’字之音也。”《一切經音義》（十三）、（十八）、（十九）並引：“摒，除也。音摒擋。”玄應云：“謂掃餙、摒除也。”此是曹憲舊音，當据改。

㥦者，《說文》：“便，安也。人有不便，更之。从人、更。房連切。”舊本“便”譌“復”。今依盧學士改正。

拺者，《玉篇》：“拺，除也。亦拔田草。”案，《說文》：“薅，拔去田艸也。籀文作‘蓐’，或作‘茠’。”引《詩》曰：“既茠荼蓼。”是“拺”與“茠”同。

耘者，《說文》：“䒞，除苗間穢也。或作‘蕓’。”《小雅・甫田》：“或耘或耔。”傳：“耘，除草也。”《漢書・食貨志》引《詩》作“芸”。是“耘”、“䒞”、“蕓”、“芸”，字異音義同。

撥者，《國語》云：“王耕一撥。”《文選・謝惠連〈祭古冢文〉》：“以物根撥之。”

拔者，《玉篇》：“《莊子》云：‘揃搣，拔除也。’”[6]

《一切經音義》（二十一）引：“辟，除也。”今無此文。

[注] [1]愛本脫“箯”字。《廣雅疏證》作“箯”。静本、愛本作“㥦”。其反切“婢綿”誤入上字。[2]《廣雅疏證》：“《說文》：‘椯、剟也。’‘剟、刊也。’刊，與‘除’同義。《說文》‘椯’字注云：‘一曰揣度也。’《集韻》、《類篇》‘揣’、‘椯’竝楚委、丁果二切，是‘揣’與‘椯’聲義同也。”[3]“糞”、“𡊄”，均爲“糞”之異體。[4]愛本誤作“澤”。[5]静本、愛本誤作“醫”。[6]静本、愛本漏該條釋文，以《玉篇》補之。

蹲存音、**跠**夷音、**㞕**夷音、**啟**、**肆**，**踞也。**

《說文》："踞，蹲也。"《漢書·高祖紀》："沛公方踞牀。"顏師古曰："踞，反企[1]也。"

蹲、**跠**者，《說文》："蹲，踞也。"《玉篇》："跠，羊脂切。跠踞。"王延壽《魯靈光殿賦》："却負載而蹲跠。"跠，古作"夷"。《論語》："原壤夷俟。"

㞕者，與"跠"同。《玉篇》："㞕，弋之切。踞也。"

啟者，《爾雅》："啟，跪也。"郭注："小跽。"《釋名》云："啟，一舉體也。"

肆者，鄭注《表記》云："肆，猶放恣也。"

[注] [1]静本、愛本誤作"食"。

歛呼濫反，又呼甘[1]反、**钦**居乙反、**匃**葛音、**貸**、**誣**、**讁**於劍反、**授**、**施**、**裨**浮夷反、**稟**、**付**、**載**、**埤**、**分**、**越**、**以**、**气**去乙反、**匄**、**遺**，**予也。**

《說文》："予，推予也。"

歛、**钦**者，冀其予也。《玉篇》："歛，欲也。"《說文》："钦，幸也。"

匃者，《玉篇》："匃，古曷切。乞也。"此篇"匃"、"乞"同訓"予"也。

貸者，借之予也。《說文》："貸，施也。"

誣、**讁**者，《方言》："誣，讁與也。吳、越曰誣，荊、齊曰讁與。"

授者，《說文·手部》義也。

施者，《玉篇》："施，予也。"[2]

裨者，益之予也。《說文》："裨，接益也。"

禀者，穀之予也。《說文》："禀，賜穀也。"《禮記·中庸》："既禀稱事。"

付者，《說文》："付，與也。从寸，持物對人。"《高宗肜[3]日》云："天既孚命，正厥德。"《漢書·孔光傳》所引及蔡邕《石經》"孚"作"付"。孔光既引此文而釋之曰："民不順德，天既付命罰之。"

載者，《說文》云："分物得增益曰戴。"古"載"與"戴"通。《春秋》"戴國"，《釋文》作"載"，石經作"戴"。《周頌·絲衣》："載弁俅俅。"箋云："載，猶戴也。"陳留"戴"國，本亦作"載"，故隋時置"載州"。

埤者，《方言》文也。

分者，析之予也。《玉篇》："分，與也。"

越，未詳[4]。

以者，《廣韻》："以，與也。"

气者，求之予也。《玉篇》："气，求也。"

匃，未詳[5]。

遺者，贈之予也。《小雅·天保》詩傳："詒，遺也。"《爾雅·釋言》："貽，遺也。"是"遺"與"詒"，皆予也。

[注] [1]静本、愛本"濫"誤作"監"，"甘"誤作"欿"，據《博雅音》改。[2]静本、愛本脫該字條釋文，以《玉篇》補之。[3]静本、愛本誤作"形"。[4]《廣雅疏證》："越，猶及也。《爾雅》：'及，與也。'《大誥》云：'大誥爾多邦，越爾御事。'"[5]《廣韻》："匃，乞也。""匃"，静本、愛本誤作"匄"、"匀"。

闕口泱反、**霛**零音、**罒**天鼎反**零**泠[1]音、**窫**呼穴反、**寮**、**䆻**寮音、**豁**火活反、**坰**乃[2]挾反、**北**邱音、**窾**款音、**廓**、**虛**、**粤**由音、**素**、**科**，**空也。**

《説文》："空，竅也。"《玉篇》："空，盡也。"

闕者，《玉篇》："闕，古穴切。闕関，無門户也。"

霛者，《玉篇》："霛，魯丁切。古文'靈'。"此訓爲"空"，未審所出。

罒零者，《玉篇》："罒，罒零，小空皃。""零，力頂切。"

窫者，《説文》："窫，穿也。"《玉篇》："窫，與'関'同。空也。"

寮[3]者，《龍龕手鏡》："寮，小空也。"

䆻者，《説文》："䆻，空谷也。"

豁者，《説文》："豁，通谷也。"司馬相如《上林賦》："谽呀豁開。"又《宜春宮賦》："通谷豁乎谽谺。"

坰者，上文釋爲"深"，"坰"又爲"空"也。

北者，古文"丘"字。《漢書·楚元王傳》："過其丘嫂食。"孟康曰："西方謂亾女壻爲丘壻。丘，空[4]也。兄亾空有嫂也。"陳琳《爲曹洪與魏文帝書》："恐猶未信丘言，必大噱也。"

窾[5]者，《集韻》："窾，空也。《莊子》：'道大窾。'向秀讀爲空。"《淮南·原道訓》："員者常轉，窾者主浮。"高誘曰："窾，空也。舟船之屬。"窾，通作"款"。《爾雅》："款足者謂之鬲。"《史記·封禪書》："其空足曰鬲。"《索隱》曰："款者，空也，言其足中空也。"《漢書》蘇林注："足中空不實者，名爲鬲也。"

廓者，鮑昭《舞鶴賦》："景物澄廓。"李善注引此文。

虛者，《玉篇》："虛，空也。"本此。

粤者，《廣韻》："粤，以周切。空也。"本此。

素者，《魏風·伐檀》："不素餐兮。"《左氏定十一年傳》："與其素厲，寧爲無勇。"毛傳、杜注皆云"空"也。

科者，"科"、"空"，一聲之轉。

[注] [1]《博雅音》作"令"，徐復本《疏義》作"冷"。[2]静本、愛本誤作"仍"，據《博雅音》改。[3]"寮"爲"寮"之異體。静本、愛本該條僅有"寮者"二字，而無釋文，以《龍龕手鏡》補之。[4]静本、愛本誤作"宫"。[5]"窾"爲"窾"之異體。

移、貿莫救[1]反**、恤、施**失異反**、夷、詨**火教反**、狄、假、變、奪，𧷢**亦豉反**也。**

此釋"移易"之"易"也。𧷢，與"易"同。

移者，《說文》作："迻，遷徙也。"經典通"移"。

貿者，《說文》："貿，易財也。"《文選·韋曜〈博[2]奕論〉》："衮龍之服，金石之樂，足以兼棊局而貿博奕矣。"任昉《爲范雲求立太宰碑表》："藏諸名山，則陵谷遷貿。"李善並云[3]："貿，易也。"

恤，未聞。

施者，《小雅·何人斯》云："我心易也。"《韓詩》"易"作"施"。"施"、"易"，聲相近，故"施"亦爲"𧷢"。

夷者，鄭注《凌人職》云："移尸曰夷于堂。"

詨者，詹事兄曰："詨，即'交'字。"《易·繫辭》："交易而退。"

狄者，《白虎通義》："狄者，易也。"《淮南子》云："俞兒、狄牙，嘗淄、澠之水而别之。""狄牙"即"易牙"也。《說文》："逖，古文作'逿'。"是"狄"與"易"通，故"狄"亦爲"𧷢"。

假者，《左氏傳》："鄭伯以璧假許田。"

變者，《說文》：“變，更也。”《齊風·猗嗟》：“四矢反兮。”《韓詩》“反”作“變”。《薛君章句》：“變，易也。”

奪者，《玉篇》：“奪，易也。”本此。

[注] [1]静本、愛本誤作“故”，據《博雅音》改。[2]愛本誤作“傳”。[3]愛本誤作“雲”。

繁、殷、員、宗、旅、掓所鄒反、卉吁尾反、林、苗、風、丘、諸[1]，衆也。

《說文》：“衆，多也。”

繁者，《玉篇》：“繁，多也。盛也。”“多”、“盛”即“衆”意。

殷者，《鄭風·溱洧》：“殷其盈矣。”傳意也。《天官·太宰職》：“陳其殷。”後鄭注：“殷，衆也，謂衆士也。”《莊子·應帝王》云：“天根遊於殷陽。”司馬彪訓“殷”爲“衆”。左思《魏都賦》：“殷殷寰内。”

員者，《說文》：“員，物數也。”《玉篇》：“員，官數也。”《夏官·庾人職》：“正校人員選。”注云：“正員選者，選擇可備員者平之。”

宗者，宋玉《招魂》：“室家遂宗。”王逸注：“宗，衆也。”

旅者，《士冠禮》云：“東面旅占。”《天官》：“旅下士。”鄭注：“旅，衆也。下士，治衆事者。”案，“旅，衆”見《爾雅·釋詁》，必不重出，疑“族”字之訛。《莊子·養生主》云：“族庖月更刀。”《釋文》引崔譔注：“族，衆也。”

掓者，《說文》：“掓，衆意也。《魯頌·泮水》：‘束矢其掓。’”

卉者，草之衆也。《說文》：“芔，艸之總名也。”

林者，木之衆也。高誘注《淮南·說林訓》云：“木叢生曰林。”

苗者，《廣韻》：“苗，衆也。”本此。

風者，疑“凡”之譌，故有“衆”訓。

丘者，《孟子》云：“得乎邱民爲天子。”《玉篇》：“丘，聚也。”聚，與“衆”義相近。

諸者，《玉篇》：“諸，非一也，皆言也。”

《魏都賦》注引：“猥，衆也。”今無此文。

[注] [1]静本、愛本誤作“謂”。

有、常、沚聖音、沚止音、性，質也。

鄭注《樂記》云：“質，猶本[1]也。”

有者，《玉篇》：“有，質也。”本此。

常者，孫侍御云：“常，有‘質’義。”

沚者，《需》：“九二：需于沚。”坎之中爻，乃水中之剛者，故曰沚。

沚，未聞。

性者，《大雅·烝民》箋：“天之生衆民，其性有物象，謂[2]五行，仁、義、禮、智、信也。”疏引《孝經援神契》云：“性者，生之質命者，人所稟受也。”

[注] [1]愛本誤作“个”。[2]静本、愛本脱“謂”字。

司、典、尚、質、魁苦週反、敵、掌、概許既反、祚，主也。

此言“職掌”之主也。

司者，《詩·鄭風·羔裘》“邦之司直”傳義也。《魯語》：“寡君不佞，不能事疆場之司。”韋注：“司，主也。主疆場吏也。”《逸周書·命訓解》：“天生民而成大命，命司德正之以禍福。”《法言·重黎篇》：“賢者司禮，小人司巘。”注皆釋爲“主”。

典者,《説文》作“敟”。云:“主也。”今經典通用“典”。《虞書》:“有能典朕三禮。”《左氏傳》:“命我先人典司宗祏。”

尚者,《淮南·覽冥訓》:“位賤尚葈[1]。”高誘注:“尚,主也。葈,枲耳。菜名也。主是[2]官者,至微賤也。”

質者,《左氏襄九年傳》:“且要盟無質,神弗臨也。”杜注:“質,主也。”

魁者,古文《尚書》:“殲厥渠魁。”魁,有“主”義。

敵者,古與“適”通。《論語》:“無適[3]也,無莫也。”鄭本“適”作“敵”。《公羊莊二十四年傳》:“戎將侵曹。曹羈諫曰:‘君請勿自敵也。’”《春秋繁露》作:“君無自適。”《大戴禮·千乘篇》:“而況有强適在前。”亦以“適”爲“敵”。是[4]“敵”、“適”同也。《吕氏春秋》云:“帝也者,天下之適也。”高誘注:“適,適主也。”

掌者,《周禮》云:“乃立天官冢宰,使帥[5]其屬而掌邦治。”注云:“掌,主也。”

摡,未詳。

阼者,《説文》:“阼,主階也。”《法言·重[6]黎篇》:“或問:‘仲尼大聖,則天曷不胙?’”李軌注:“胙,主也。”是“阼”、“胙”通。

[注] [1]静本、愛本誤作“枲”。[2]静本、愛本誤作“有”。[3]静本、愛本衍“敵”字,已删。[4]静本、愛本誤作“自”。[5]静本、愛本誤作“師”。[6]静本、愛本衍“務”字,已删。

蹙、遒、薄、愲,迫也。

上文“迫,近也”,此復廣其訓也。

蹙者，《説文·新附》“蹙”字云：“迫也。”李善《文選》注：“通‘蹴’字。”

遒者，《説文》：“廼，迫也。或作‘遒’。”張衡《思玄賦》：“遒白露之爲霜。”

薄者，《左氏僖二十三年傳》：“欲觀其裸浴，薄而觀之。”《成十六年傳》：“楚[1]師薄于險。”杜注：“薄，迫也。”

訄者，《説文》：“訄，迫也。讀若求。”

[注] [1]静本、愛本衍“薄”字，已删。

齰士[1]白反、**齺**士角反、**齮**五綺反、**齕**乎謁反、**齜**士乙反、**齦**苦限[2]反、**齻**欺音、**齖**邱牙反、**齽**丁皆反，又多來反、**齹**竹加反、**齴**士滑反、**噬**、**咥**狄頡反、**齩**五巧反、**啄**陟學反，**齧也**。

《説文》：“齧，噬也。”

齰者，《説文》：“齰，齧也。或作‘齚’。”《漢書·鄧通傳》：“太子入問疾，上使太子齰[3]癰而色難之。”顔師古曰：“齰，齧也。出其膿血。”《史記·灌夫列傳》：“魏其必内愧[4]，杜門齚舌自殺。”《索隱》引《説文》：“齚，齧也。”是“齰”、“齚”同。又作“咋”。東方朔《答[5]客難》云：“孤豚之咋虎。”顔師古曰：“咋，囓也。”

齺者，《説文》：“齺，齰也。”《荀子·王伯篇》：“齺然上下相信，而天下莫之敢當。”楊倞注：“齺，齒相逆也。齺然，上下相向之皃。”

齮、**齕**者，《説文》：“齮，齧也。”“齕，齧也。”齊“高齮”、秦“王齮”，皆字“齕”。《漢書·田儋傳》：“齮齕首用事者墳墓矣。”如淳曰：“齮，側齧也。齕，齩也。”《玉篇》云：“《禮》爲削瓜庶人齕之。”《莊子·駢拇篇》：“駢于拇者，決之則泣；枝於手者，齕之則啼。”《淮南・道應訓》："故周鼎著倕，而使齕其指。"

齜者，《説文》："齜，齰齒也。"《玉篇》："齜，齧也。"本此。王舊本"齜"訛"觜"，今訂正。

齦者，《説文・齒部》義也。

齮者，《玉篇》："齮，邱之切。齧也。"本此。

齣者，《玉篇》："齣，大齧也。"

齭[6]**、齺**者，《玉篇》："齭，嗺齧聲。""齺，齭齺，大齒也。"案，大齒，疑當作"大齧"。

齰者，《説文・齒部》義也。

噬者，王弼《周易》注："噬，齧也。"《左氏哀十二年傳》："國狗之齧，無不噬也。"

咥者，《履・象辭》云："不咥人。"馬融注："咥，齕也。"

齩者，《玉篇》："齩，齧也。"本此。

啄者，宋玉《招魂》云："虎豹九關，啄害下人些。"王逸注："啄，齧也。"

[注] [1]静本、愛本誤作"上"，據《博雅音》改。[2]静本、愛本誤作"狠"，據《博雅音》改。[3]静本、愛本作"嗽"。[4]静本、愛本誤作"塊"。[5]静本、愛本脱"答"字。[6]愛本誤作"齵"。

疆、場、限乎簡反、畔，界也。

《説文》："畍，境也。""界"、"畍"同。

疆者，《一切經音義》(十三)引作"畺"。《説文》："畺，界也。从畕；三，其界畫也。或作'疆'。"

場者，《説文・新附字》云："疆也。"《小雅・信南山》云："疆埸翼翼。”毛傳：“埸，畔也。”戴侗曰：“《漢書》單作‘易’。”舊本“埸”訛“場”。攷《爾雅》、《釋文》：“埸，羊石反。”引《廣雅》云：“界也。”《一切經音義》(十三)：“畺、埸[1]，畍也。”玄應音：“以赤反。”今據訂正。

限者，《艮》：“九三：艮其限。”馬云：“限，要也。”鄭、荀、虞同。

畔者，《說文》：“畔，田界也。”《左氏傳》：“如農之有畔。”劉向《九歎》注：“江河之畔無隱夫[2]。”王逸注：“畔，界也。”

[注] [1]“畺”、“埸”二字，静本、爱本誤作“别”、“揚”，據徐復本《疏義》改。[2]爱本誤作“大”。

搴蹇音、**夭**於表反、**抽**、**挬**蒲骨[1]反、**揠**於八反、**擢**濁[2]音、**拂**、**戎**、**踚**藥音、**拼**“烝”之上聲，**拔也。**

《說文》：“拔，擢也。”上文釋“拔”爲“出”，此又申其訓也。

搴者，《爾雅》：“芼，搴也。”某氏曰：“搴，猶拔也。”《列子·天瑞篇》：“攓蓬而指。”張湛注：“攓，拔也。”“攓”、“搴”，並與“搴”同。

夭，未詳[3]。《一切經音義》(二)引此文。

抽者，《楚辭·九章》：“與美人抽怨兮。”王逸注：“爲君陳道、拔恨意也。”《廣韻》：“抽，拔也。”

挬者，《玉篇》：“挬，拔也。”本此。

揠、擢、拂、戎者，《方言》文也。“自關而西，或曰拔，或曰擢[4]。自關而東，江、淮、南楚之間，或曰戎。東齊、海、岱之間曰揠。”郭注：“今呼拔艸心爲揠。烏拔反。”《說文》：“揠，拔也。”《孟子》云：“宋人有閔其苗之不長而揠之者[5]。”趙岐曰：“揠，挺拔之，欲亟長也。”《史記·范睢蔡[6]澤列傳》：“崔杼、淖齒管齊，射王股，擢王筋。”《莊子·駢拇篇》：“擢德塞[7]性，以收名聲。”司馬彪云：“擢，拔也。”潘岳《爲賈謐作贈陸機詩》：“擢應嘉舉，自國而遷。”

踰、抍[8]者，《方言》：“踰、抍，拔也。出休[9]爲抍，出火爲踰也。”“踰”、“躪”同。《玉篇》：“餘灼切。拔也。”抍，亦作“拯”。《左氏宣十二年傳》：“目于智井而拯之。”杜注：“出溺爲拯。”《明夷》：“六二：用拯馬壯，吉。”王肅注：“拯，拔也。”

[注] [1]静本、愛本作“滑”，據《博雅音》改。[2]静本、愛本作“蜀”，據《博雅音》改。[3]《廣雅疏證》：“《管子·禁藏》篇云：‘毋夭英，毋折芽。’夭英、即《四時》篇所云‘蹇華’也。”[4]静本、愛本誤作“濯”。[5]愛本誤作“有”。[6]静本、愛本誤作“葵”。[7]静本、愛本誤作“寒”。[8]静本、愛本誤作“折”。[9]静本、愛本誤作“水”。

鋪浦乎反、**散**[1]散音、**㪇**[2]麗音。《說文》：“李衣反”、**痡**片乎反、**敶、列、播、莫、班、賦，布也。**

《玉篇》：“布，陳列也。”

鋪者，《大雅·常武》：“鋪敦淮濆。”鄭箋解“鋪”爲“陳”。《韓詩[3]》作“敷”。是古字通也。《離騷》：“跪敷衽以陳辭兮。”王逸注：“敷，布也。”

散者，《說文》：“㪔[4]，分離也。”今通用“散”。

㪇者，《廣韻》：“㪇[5]，布也。”本此。

痡者，《漢書·中山靖王傳》：“塵埃痡覆，昧不見泰山。”顔師古曰：“痡，亦布散也。音鋪。”

𨏈者，列之布也。《說文》：“𨏈，列也。直刃切。”

列者，上文釋“布”爲“列”，“列”又爲“布”，轉相訓也。

播者，《虞書》：“播時百穀。”孔傳：“播，布也。”潘岳《爲賈謐[6]作贈陸機詩》：“況乃海隅，播名上京。”

莫，未詳。

班者，《方言》：“班、徹，列也。北燕曰班。”

賦者，《爾雅》：“班，賦也。”《小爾雅》云：“頒、賦，布也。”

[注] [1]静本作“敾”，愛本作“敹”。[2]静本、愛本作“𢿙”。[3]静本、愛本誤作“許”。[4]静本、愛本作“敹”。[5]愛本作“𢿙”。[6]愛本誤作“誼”。

抑、捘作爲反，又子寸反，又子廻反、**擪**於涉反，又乙甲反、**攤**乃旦反、**據**讖去反，**按**“安”之去聲**也。**

《說文》：“按，下也。”舊本曹音“安去”二字，蓋“安”之去聲也，今訂正。

抑者，《說文》：“抑，按也。”《史記·三王世家》：“緣恩寬忍，抑案不揚。”《離騷》：“屈心而抑志兮。”王逸曰：“抑，案也。”洪興祖曰：“案，讀若按。”

捘者，《左氏定八年傳》：“涉佗捘衛侯之手。”《說文》：“捘，推也。”

擪者，《說文》：“擪，一指[1]按也。”王褒《洞蕭賦》：“挹抐擫擶，順敘卑迏。”張衡《南都賦》：“彈琴擫籥。”“擪”、“擫”同。案，擪，又通作“壓”。《莊子·外物篇》：“壓其顪。”《釋文》：“本亦作‘擪’，同。”《淮南·泰族訓》：“所以貴扁鵲者，非貴其隨病而調藥；貴其壓息脉血，知病之所從生也。”

攤者,《玉篇》:“攤，按也。”本此。

擄者,《玉藻》云:“君賜，稽首，據掌致諸地。”疏云:“覆左手按于右手之上也。”老子《道德經[2]》:“猛獸不據。”注:“以爪按拏曰據。”《廣韻》:“據，按也。”本此。

[注] [1]静本、爱本誤作“措”。[2]静本、爱本脱“經”字。

掫壯后反、**質**、**巳**、**烾**然音、**集**、**爲**、**備**、**荆**、**立**、**平**、**構**、**名**、**紘**呼縣反。今人以爲“呼煙反”，失之矣。凡弓弩琴瑟，皆從“弓”，**成也。**

《說文》:“成，就也。”

掫，未詳。

質者,《大雅·緜》“虞芮質厥成”傳義也。《春官·詛祝職》:“以質邦國之劑信。”《曲禮》:“疑事毋質。”《少儀》:“毋身質言語。”鄭並云:“成也。”案，“質”字疑有誤，以《爾雅·釋詁》已有此文也。

巳者,《說文》:“巳，巳也。四月，陽氣已出，陰氣已藏，萬物見，成文章。”

烾者,《淮南·說林訓》:“兔絲無根而生，蛇無足而行，魚無耳而聽，蟬無口而鳴，有然之者也。”

集者,《小雅·黍苗》“我行既集”箋義也。《左氏桓五年傳》:“既而萃於王卒，可以集事。”杜注:“集，成也。”又《成十三年傳》:“用集我文公。”《晉語》:“車無退表，鼓舞聽聲，軍事集矣。”《漢書·陸賈傳》:“迺欲以新造未[1]集之越，屈强於此。”

爲者,《淮南·天文訓》:“歲大旱，禾不爲。”高誘注:“爲，成也。”

備者，《齊風·猗嗟》：“儀既成兮。”箋：“成，猶備也。”是“備”、“成”同義。《漢書·禮樂志》：“《安世房中歌》：‘熙事備成。’”顔師古曰：“福熙之事，皆備成也。”

荆者，《王制》云：“刑者，侀也。侀者，成也。一成而不可變。”

立者，《離騷》：“恐修名之不立。”王逸曰：“立，成也。”

平者，《小雅·節南山》：“誰秉國成。”傳：“成，平也。”是“平”、“成”同義。《夏官·大司馬》：“以佐[2]王平邦國。”鄭注：“平，成也。”案，“平成”已見《爾雅·釋詁》，此疑有誤也。

構者，《小雅·四月》“我日構禍”傳義也。通作“搆[3]”。《史記·黥[4]布列傳》：“事已搆。”《索隱》曰：“搆，成也。”又通作“覯”。《左氏成六年傳》：“郇、瑕氏土薄水淺，其惡易覯。”杜注：“覯，成也。”

名者，《廣韻》引《春秋説題辭》云：“名，成也。”

絃，未詳[5]。

《一切經音義》（廿二）引：“造，成也。”今無此文。

［注］［1］静本、愛本誤作“木”。［2］愛本誤作“位”。［3］愛本誤作“構”。［4］静本、愛本誤作“點”。［5］《廣雅疏證》：“絃，即‘絇’字也。《聘禮記》：‘絇組。’鄭注云：‘采成文曰絇。’《論語·八佾篇》：‘素以爲絇兮。’鄭注云：‘文成章曰絇。’《廣韻》云：‘絃，與絇同。’‘絇’之或作‘絃’，猶‘眴’之或作‘眩’矣。”

歉苦簟反、**堇**謹音、**儉**、**約**、**媘**生景反、**減**、**屆**楚立反、**戹**丈立反，又雉立反、**頗**、**劣**、**㞗**、**虧**，**少也。**

《説文》：“少，不多也。”

歉者，食之少也。《說文》：“歉，歉食不滿。”《穀梁傳》：“一穀不升謂之歉。”

堇者，《漢書・地理志》：“然堇堇物之所有。”應劭曰：“堇堇，少也。”

儉者，用之少也。《賈誼書・道術篇》：“廣較自歛謂之儉。”潘岳《藉田賦》：“防儉于逸。”李善注引此文。

約者，上文釋爲“縛[1]約”，又爲“少”， 義相成也。

媘者，《說文》：“媘，減也。”通作“省”。《荀子・仲尼篇》：“有災繆者，然後誅之，故聖王之誅也，綦省矣。”楊倞注：“省，少也。”

減者，《說文》：“減，損也。”《左氏昭十四年傳》：“三數叔魚之罪，不爲末減，曰義也夫。”

屆、层者，《說文》：“屆，從後相躡也。”“层，屆层也。”《廣韻》：“屆层，前後相次也。”

頗者，《文選・天監三年策秀才文》：“九流七略，頗嘗觀覽。”李善注引此文。

劣者，力之少也。《說文》：“劣，弱也。”

虔，未詳[2]。

虧者，氣之少也。《說文》：“虧，氣損也。或作‘虧’。”

[注] [1]愛本誤作“衶”。[2]《廣雅疏證》：“《小雅・天保篇》：‘不騫不崩。’毛傳云：‘騫、虧也。’《魯頌・閟宮篇》云：‘不虧不崩。’是‘騫’、‘虧’皆少也。‘虔’與‘騫’，聲近而義同。”

屯陟倫反、**邅**知焉反、**蹇**謇音、**展**、**訒**刃音、**赾**謹音、**憎**增音、**懹**人尚反、**畏**、**憚**、**䟏**、**遴**閭慎反、**病**，**難也**。

此言“艱難”也。

屯者，《說文·屮部》義也。《屯·彖傳》：“屯剛柔始交而難生。”

邅者，《說文》：“驙，馬載重難行也。”“邅，駗邅也。”引《易》曰：“乘馬邅如。”馬融曰：“邅如，不進之皃。震爲馬馵[1]足，故邅如也。”

蹇、展者，《方言》文也。“齊、晉曰蹇。山之東西，凡難皃曰展。荊、吳之人相難謂之展，若秦、晉之言相憚矣。齊、魯曰燀。”案，《蹇彖傳》云：“蹇，難也。”《序卦傳》同。

訒者，《論語》云：“仁者，其言也訒。”孔安國曰：“訒，難也。”

赾者，《說文》：“赾，行難也。讀若堇。邱堇切。”

憎、懹者，《方言》：“憎、懹，憚也。陳曰懹。”郭注：“相畏憚也。”《玉篇》：“懹，憚也。相畏也。”

畏者，《說文》：“畏，惡也。”《玉篇》：“畏，難。”本此。

憚者，《說文》：“憚，忌難也。一曰難也。”《魯語》：“帥[2]大讎以憚[3]小國。”韋注：“憚，難也。”《離騷》：“豈余身之憚殃兮。”王注：“憚，難也。”

䟏者，《說文》：“䟏，不滑也。”通作“譅”。《楚辭·七諫》：“言語訥譅兮。”王注：“譅，難也。”

遴者，《說文》：“遴，行難也。”引《易》曰：“以往遴。”

病者，《論語·憲問》云：“堯、舜其猶病諸！”孔安國曰：“病猶難也。”

[注] [1]静本、愛本作“鼻”，據徐復本《疏義》改。[2]静本、愛本誤作“師”。[3]静本、愛本誤作“難”。

畏、諄之閏[1]反、訧尤音、櫱御别反、蹙子六反、戮，辠也。

《説文》："辠，犯法也。秦以'辠'似'皇'字，改爲'罪'。"

畏者，徐北溟云："《禮記·檀弓》：'死而不弔者三：畏、厭、溺。'"注[2]："人或時以非罪攻己，不能有以説之死之者。"又《漢書》："多有坐畏愞棄市者。"

諄者，《方言》文。郭注："謂罪惡也。"

訧者，《説文》："訧，罪也。"引《周書》曰："報以庶訧。"《邶風·緑衣》："俾無訧兮。"

櫱者，《説文》："櫱，或作'櫱'。"疑與"讞"通。《説文》："讞，議辠也。與'法'同意。"一説"櫱"當爲"薛"字之譌也。《説文》："薛，辠也。"

蹙者，"辠人蹙鼻苦辛之憂。"[3]

戮者，《左氏傳》："童子言焉，將爲戮矣。"

[注] [1]静本、愛本作"問"，據《博雅音》改。[2]静本、愛本誤作"主"。[3]此爲暗引《説文》"辠"字條。

揖[1]而容反、拉、斂、扱初匣[2]反、抍"蒸"之上聲、叢、擓古會反，收[3]也。

《小爾雅》："收，斂也。"《周頌·維天之命》云："我其收之。"傳："收，聚也。"案，"收取"已見上文，此又廣其訓也。

揖者，字當作"搑[4]"。《集韻》："搑，如容[5]切。收也。"本此。

拉者，孫侍御云："拉，拭也。"有"收"義。

斂者，《説文》："斂，收也。"

扱者，《説文·手部》義也。《爾雅·釋器》："扱，謂之擷。"《曲禮》：

“以箕自向而扱之。”鄭注：“扱，讀曰吸。”

抍者，救助出溺，亦“收之”也。通作“振”。《禮記·中庸》：“振河海而不洩。”

叢，未詳[6]。

擓者，《玉篇》：“擓，收也。”本此。郭璞《爾雅·序》云：“會稡舊說。”《釋文》云：“會，本又作‘擓’。”

［注］［1］静本、愛本作“揖”。［2］静本、愛本作“匜”，據《博雅音》改。［3］愛本作“收”。［4］愛本誤作“揖”，據徐復《疏義》改。［5］静本、愛本衍“容”字，已刪。［6］《廣雅疏證》：“《說文》：‘叢，聚也。’”

餅必并反、餌耳音[1]、餧，飤也。

舊本“飤”誤作“食”。攷“食”訓已見上，此依《一切經音義》（二），及（十三）、（十八）、（二十），又（二十四）引改正。《說文》：“飤，糧也。”《玉篇》：“飤，夕恣切。食也。”“飼[2]，同上。”

餅者，《說文》：“餅，麪餈也。”《釋名》：“餅，并也。漫麪使合并也。胡餅，作之大漫沍也，亦言以胡麻著上也。蒸餅、湯餅、蝎餅、髓餅、金餅、索餅之屬，皆隨形而名之也。”

餌者，《文選·遊南亭詩》注引《倉頡篇》：“餌，食也。”桓寬《鹽鐵論》：“夫香餌非不美也，龜龍聞而深藏，鸞鳳見而高逝者，知其害身也。”

餧者，《玉篇》：“餧，於僞切。飼也。”本此。通作“萎”。《說文》：“萎，食牛也。”

［注］［1］《博雅音》作“耳意”。［2］静本、愛本誤作“銅”。

佐、望、䚉恥敬反、䁟眉音、候、閒孤限反，覗司音也。

“覗視”，字已見上文，此又廣其訓也。

佐，未聞。

望者，《孟子》：“守望相助。”《甘氏天文占》：“權四星在轅尾西，邊地警備，烽候相望。”《玉篇》：“望，無放切。伺也。”

䚉者，《玉篇》：“䚉，丑鄭切。覗也。”本此。亦作“偵”。舊本“䚉”訛“䚉”，今訂正。

䁟者，《說文》：“䁟，司也。無非切。”

候者，《說文》：“候，伺望也。”又云：“𤎅燧候表也。”《周禮》：“郊有候舘。”《國語》曰：“候不在疆。”

閒者，《左氏莊八年傳》：“使閒公曰：‘捷吾以女爲夫人。”

𠦃卬音、耦、和，諧也。

《說文》：“諧，詥也。”又云：“龤，樂和龤也。”二字通用。

𠦃，未詳。

耦者，陸機《文賦》：“徒悅目[2]而偶俗。”李善注引此文。又云：“耦，與偶，古字通。”

和者，與“龢”同。《說文》：“龢，調也。”

[注] [1]静本、愛本作“𠦃”。[2]静本、愛本誤作“日”。

矇蒙音、瞍蘇苟反、瞽，盲也。

《釋名》：“盲，茫也。茫茫無所見也。”《說文》：“盲，目無牟子。”《淮南·氾論訓》：“盲者行於道，人謂之左則左，謂之右則右，遇君子則易道，遇小人則陷溝壑，何則？目無以接物也。”

矇者，《說文》：“矇，不明也。”鄭衆《周禮》注：“有目眹而無見謂之矇。”韋昭《周語》注：“有眸子而無見曰矇。”《法言·修身篇》：“三年不目日，視必盲[1]；三年不目月，精不矇。”

瞍者，《說文》：“瞍，無目也。”《釋名》：“瞍，縮壞也。”鄭衆《周禮》注：“有目無眸子謂之瞍。”韋昭《周語》注：“無眸子曰瞍。”

瞽者，《說文》：“瞽，目但有眹也。”《釋名》：“瞽，鼓也。瞑瞑然目平合如鼓皮也。”鄭衆《周禮》注：“無目眹謂之瞽。”

[注] [1]愛本誤作“旨”。

蔚慰音、**縟**辱[1]音、**劬**其俱反、**驟**仕究反[2]，**數也。**

《廣韻》：“數，所角切。頻數也。”

蔚者，《一切經音義》（七）引之。玄應云：“蔚，於謂反。文章也。紋彩繁數也。”

縟者，《喪服》傳云：“喪[3]成人者，其文縟。”鄭注：“縟，猶數也。”傅毅《舞賦》：“潤細體之苛縟。”

劬者，《說文·新附》“劬”字云：“勞也。”《小雅·鴻雁》：“劬勞于野。”《薛君章句》：“劬，數也。”

驟者，《左氏哀十二年傳》：“吴公子慶忌驟諫吴子。”服虔云：“驟，數也。”《楚辭·九歌》：“時不可兮驟得。”王逸亦訓“數”。

[注] [1]愛本誤作“辰”，據《博雅音》改。[2]静本、愛本作“在九反”，并誤入“劬”字下，據《博雅音》改。[3]愛本作“丧”。

嫴姑音、**媮**偷音、**聊、苟，且也。**

《玉篇》："且，語辭。"

嫴者，《玉篇》："嫴，公奴切。苟且也。"通作"盬"。《方言》："盬，且也。"郭注："盬，猶虘也。"又通作"姑"。《孟子》："王曰：'姑舍女所學而從我。"《内則》云："姑與之[1]，而姑使之。"趙岐、鄭康成並云："姑，且也。"

媮者，宋玉《九辯[2]》："食不媮而爲飽兮，衣不苟而爲温。"案，媮，通作"偷"。《玉篇》："偷，以矦切。"《爾雅》："佻，偷也，謂苟且也。"

聊者，《檜風·素冠》："聊與子[3]同歸兮。"鄭箋："聊，猶且也。"《離騷》："聊須臾以相羊。"王注："聊，且也。"

苟者，《王風·君子于役》："苟無飢渴。"《秦風·采苓》："苟亦無信。"鄭箋並云："苟，且也。"

［注］［1］静本、愛本脱"之"字。［2］静本、愛本衍"辯"字，已删。［3］静本、愛本誤作"之"。

秉、握、攬、捉、把、撮錯括反、**搤**烏革反、**擁、操**錯高反、**捦**琴音、**搹**戹音、**拈**念甜反、**抩**而鹽反、**掫**"鄹"之上聲、**蒦**於縛反，又居博反，又於號反、**扣、擸**獵音、**接、撫、擠**子兮反、**奉，持也。**

《説文》："持，握也。"《釋名》："持，跱也。跱之于手中也。"

秉者，《説文》："秉，禾束也。"《聘禮》云："四秉曰筥。"鄭注："此秉爲'刈禾盈手'之'秉'。"

握者，《説文》："握，搤持也。𡐓，古文'握'。"《文選[1]》注引《淮南·詮言訓》："𡐓無所鑒謂之狂生。"高誘曰："𡐓，持也。"是用古文。

攬者，《説文》："擥，撮持也。"《釋名》："攬，斂也。斂置手中也。"

《離騷》："擥木根以結茝兮。"王逸注："持也。""攬"、"擥"，字異音義同。

捉者，《釋名》："捉，促也。使相促及也。握也。"《淮南·詮言訓》："善博[2]者不欲牟，不恐不勝，平心定意，捉得其齊，行由其理，雖不必勝，得籌必多。"

把者，《說文》："把，握也。"《楚辭·九歌》："盍將把兮瓊芳。"王逸曰："把，持也。"《漢書·王温舒傳》："皆把其陰重罪，而縱使督盜賊。"

撮者，《釋名》："撮，捽也。暫捽取之也。"《漢書·律曆志[3]》："量多少者不失圭撮。"應劭曰："圭[4]，自然之形、陰陽之始也。四圭曰撮，三指撮之也。"

搤者，《說文》："搤，捉也。"《史記·劉敬列傳》："不搤其肮。"班固《西都賦》："扼猛噬。"李善注云："《說文》：'捉，搤也。'搤，與'扼'，古字通。"

擁者，《說文》："攤，抱也。"《釋名》："擁，翁也。翁，撫之也。"

操者，《說文》："操，把持也。"《釋名》："操，抄也。手出其下之言也。"

捦者，《說文》："捦，急持衣裣[5]也。或作'摽'。"

搹者，《說文》："搹，把也。或作'搤'。"鄭注《喪服》傳云[6]："盈手曰搹。搹，扼也。中人之扼，圍九寸。"《一切經音義》（二十），又（二十五）並引作"扼"。玄應云："扼，又作'搹'，同。"

拈者，《說文》："拈，掫也。"《釋名》："拈，黏也。兩指翕之。黏著不放也。"

拼者，《說文》："拼[7]，并持也[8]。"

掫者，《說文》："掫，拈也。丁愜切。"案，"掫"、"拈"互[9]訓。

"拈"既爲"持"，"揤"亦"持"也。舊本"揤"訛"掫[10]"。曹音"'鄒'之上聲"亦誤，今訂正。

蒦者，《說文》："蒦，从手持萑。"《一切經音義》（十二），又（十三），又（十六）並引作"擭"。玄應云："擭，於虢反。"引《西京賦》："擭獑猢。"薛綜曰："謂握取之也。"

扣者，《說文》："扣，牽馬也。"《吕氏春秋·仲秋紀》："爲韓原之戰，晉人已環繆公之車矣，晉梁由靡已扣繆公之左驂矣。"高誘曰："扣，持也。"

攝者，《說文》："攝，理持也。"《史記·日者列傳》曰："獵纓正襟。"《後漢書·崔駰傳》："當其無事，則躐纓整襟。"案，"獵"、"躐"，皆當作"攝[11]"。

接者，《廣韻》："接，持也。"本此。

撫者，《釋名》："撫，敷也。敷手[12]以拍之也。"《楚辭·九歌》："撫長劍兮玉珥。"王逸注："撫，持也。"

齎者，《說文》："齎，持遺[13]也。"

奉者，《說文》："奉，承也。"俗作"捧"。《釋名[14]》："捧，奉也。兩手相逢以執之也。"

《集韻》："掅，千定切。"引《廣雅》："掅，持也。"今無此文。

[注] [1]静本、愛本衍"選"字，已删。[2]静本、愛本誤作"傳"。[3]静本、愛本衍"最"字，已删。[4]静本、愛本誤作"主"。[5]静本、愛本作"捡"。[6]静本、愛本誤作"去"。[7]静本、愛本誤作"揪"。[8]静本、愛本衍"撮"字，已删。[9]静本、愛本誤作"恆"。[10]静本、愛本誤作"揤"。[11]静本、愛本衍"按"字，已删。[12]愛本誤作"于"。[13]"持遺"，静本、愛本倒作"遺持"。[14]静本、愛本衍"持"字，已删。

啜時月反、**嚌**在細反、**啐**倉快反、**試，嘗也。**

上文"嘗，食也"，此又申其訓也。

啜者，《說文》："啜，嘗也。"《爾雅》："啜，茹也。"《釋名》："啜，絶也。乍啜而絶于口也。"《檀弓》云："啜菽[1]飲水。"

嚌者，《說文·口部》義也。《玉篇》："嚌，至齒也。"《周書·顧命》云："太保受同，祭，嚌。"宋玉《小言賦》："烹虱脛，切蟣肝，會九族而同嚌，猶委餘而不殫。"

啐者，倉憒切。《玉篇》："啐，嘗也。"《鄉飲酒禮》云："坐啐酒。"鄭注："啐，亦嘗也。"《雜記》曰："小祥之祭，主人嚌之，衆賓兄弟啐之。"鄭注："嚌、啐，皆嘗。嚌，至齒。啐，入口。"

試者，《玉篇》："試，始志切。嘗也。"本此。

《集韻》引《廣雅》："啈[2]，山芮切。嘗也。嚵，士冉切，嘗也。䣛，嘗也。"今無此文。

[注] [1]愛本誤作"藝"。[2]静本、愛本誤作"啐"。

批子爾反，子米反、**捳**岳音、**撓**堯音、**搣**滅音、**掅**且定反，**捽**旬律反**也。**

《說文》："捽，持頭髮也。昨没切。"《荀子·正論篇》："詈侮捽搏。"《淮南·氾論訓》："孝子之事親，和顏卑體，奉帶運履。至其溺也，則捽其髮而拯，非敢驕侮，以救其死也。"《漢書·賈誼傳》："上不使捽抑而刑之也。"又《西域傳》："張翁捽主頭罵詈。"

批[1]者，《說文·手部》義也。

捳者，《玉篇》："捳，吴角切。抨[2]也。"抨，即"捽"之訛。

撓者，午交切。《集韻》引《廣雅》："㧡，崒也。"㧡，與"撓"同。崒，即"捽"之訛。

搣者，《説文》："搣，批也。亾列切。"

掮者，《玉篇》："掮，捽也。"本此。

[注] [1]静本、愛本誤作"批"。[2]静本、愛本誤作"捽"。

某、命、鳴，名也。

《説文》："名，自命也。"

某者，《玉篇》："某音母。不知名者云某。"《周書·金縢》云："惟爾元孫某。"疏引鄭注："諱之者，由成王讀之也。"

命者，《文選·陳太邱碑文》："赫矣陳君，命世是生。"李善注引《廣雅》："命，名也。"《史記索隱》云："張耳亾命。"晉灼曰："命者，名也，謂脱名籍而逃。"崔浩曰："逃[1]匿則削除名籍，故爲亾也。"《李陵書》云："信命世之材。"《四子講德論》："況乎聖德，蕩蕩巍巍，民氓所不能命者哉。"是用《論語》文也。蓋"命"與"名"通。舊本"命"訛"令"，今訂正。

鳴者，《夏小正》："五月，鴂則鳴。鴂者，百鷯也；鳴者，相命也。"

[注] [1]静本、愛本脱"崔浩曰逃"四字。

揬都果反、斞臾[1]甫反、斛的音、程、斠角音，量也。

《説文》："量，稱輕重也。"

揬者，《玉篇》："揬，量度也。"《説文》作"娞"。云："量也。"舊本"揬"訛从"本"，今訂正。

斞者，《説文》："斞，量也。"引《周禮》曰："桼[2]三斞。"《玉篇》："斞，量也。今作'庾'。"唐固注《周語》云："十六斗曰庾。"唐蓋以

“庾”爲“斞”。

斢者，《玉篇》：“斢，丁狄切。量也。”本此。

程者，《荀子·致士篇》：“程者，物之準也。程以立數。”楊倞注：“程，度量之總名。”《月令》：“孟冬，按度程。”鄭注：“度，謂制大小；程，謂器所容也。”《楚辭·九章》：“伯樂既没，驥焉程兮。”王注：“程，量也，言騏驥不遇伯樂，則無所程量其才也。”

斠者，《説文》：“斠，平斗斛也。”《玉篇》：“斠，量也。古琢切。今作‘角’。”《月令》：“仲春，角斗甬。”鄭注：“角，平之也。”《吕氏春秋·仲秋紀》：“選練角材，欲其精也。”高誘注：“角，猶量也。”《漢書·蕭何傳》：“講若畫一。”講，與“斠”同義。《一切經音義》(二)及(十四)、(二十二)，又(二十四)並引作“角”。玄應云：“古文‘斠’，同。”

《一切經音義》(九)引：“槩，量也。”今無此文。

[注] [1]静本、愛本作“央”，據《博雅音》改。[2]静本、愛本作“求”，據《説文》段注改。

爻、象、放、視、教、學，效也。

《説文》：“效，象也。”

爻、象者，《説文》：“爻，交也。象《易》六爻頭交也。”《玉篇》：“象，似養切。亦與‘像’同。”《繫辭傳》：“爻也者，效此者也；象也者，象此者也。”

放者，《玉篇》：“放，甫往切。效也。”《墨子·法[1]儀篇》：“巧者能中之，不巧者雖[2]不能中，放依[3]以從事。”

視者，《孟子》：“大夫受地視伯，元士受地視子、男。”

教者,《釋名》:“教,傚也。下所法傚也。”《說文》:“教,上所施、下所效也。”

學者,《說文》:“斆,覺悟也。篆文作‘學’。”又云:“孝,效也。”

[注] [1]静本、爱本誤作“注”。[2]静本、爱本誤作“維”。[3]静本、爱本誤作“衣”。

蠱、緈子代反、職、幹、故、士,事也。

《說文》:“事,職也。”

蠱者,《序卦》文也。《玉篇》:“蠱,公户切。事也。”

緈者,《五音集韻》云:“緈,事也。出《字林》。”揚雄《甘泉賦》:“上天之緈,杳旭升兮。”李善注云:“《毛詩》:‘上天之載,無聲無臭。’緈,與‘載[1]’同。”案,《禹貢》:“冀州既載。”鄭注:“載之言事,事謂作徒役也。”《載師·序官》注云:“載之言事也。”

職者,《周禮》:“設官分職。”

幹者,《文言傳》:“貞者,事之幹也。”又云:“貞固足以幹事。”《周書·多士》:“爾厥有幹、有年于茲洛。”孔傳:“汝其有安事、有豐年於此洛邑。”

故者,《周語》云:“且無故而料民。”韋昭注:“故,事也。”《漢書·禮樂志》:“大臣特以簿書不報、期會爲故。”顏師古曰:“故,謂大事也。”

士者,《毛詩·鄭風·褰裳》、《豳風·東山》、《小雅·祈父》、《周頌·敬之》傳,並以“士”爲“事”也。《孝經》疏引《白虎通》云:“士者,事也。任事之稱也,故《禮辨名記》曰:‘士者,任事之稱也。’”傳曰:“通古今，辨然不然，謂之士。”

［注］［1］静本、愛本誤作“者”。

棲、𢧢、棚步宏反，又負萌反、**閣、㯤**苟八反、**磯**子田反，**跂**古彼反**也。**

《玉篇》：“跂[1]，居委切。𢧢也。”

棲者，《玉篇》：“棲，鳥棲也。亦作‘栖’。”舊本“棲”訛從[2]“手”，字書無此文，今訂正。

𢧢、棚、閣、磯，又見《釋宫》，解詳于後。彼“𢧢”作“栽”，“磯”作“棧”。

㯤者，《玉篇》：“㯤，鼓也。鼓，即‘跂’之訛。”

磯者，字當爲“棧”。

［注］［1］静本、愛本誤作“跛”。［2］静本、愛本誤作“双”。

濘寧定切、**涅、塗，泥也。**

《左氏傳》：“辱在塗泥久矣。”

濘者，《玉篇》：“濘，泥也。”《左氏傳》：“戎馬旋濘而止。”《管子·地員篇》：“不濘車輪，不汚手足。”《文選·張協〈七命〉》云：“何異促鱗之游汀濘。”注引張升《與任彦堅書》：“今將老弱，處于窮澤。漸漬汀濘，當何聊賴。”

涅者，《説文》：“涅，黑土在水中也。”

塗者，《説文·新附》“塗”字云：“泥也。”古用“涂”。

選、納、妠奴闇反**，入也。**

《説文》：“入，内也。象从上俱下也。”

選者，詹事兄曰：“巽，入也。見《易》傳。選，疑是‘巽’字。”

納者，《玉篇》：“納，奴荅切。内也。”

妠者，《玉篇》：“妠，奴紺切。取也。又奴荅切。姶妠，聚物也。”

取、厲、役、靡、僞、印於信反**、方，爲也。**

《爾雅》：“作、造，爲也。”《禹貢》：“大陸既作。”《史記》作：“大陸既爲。”

取，未詳。

厲者，《方言》文也。“吴曰厲。”《爾雅》：“厲，作也。”爲，與“作”同義。

役者，《周書·牧誓》：“以役西土。”馬融注：“役，爲也。”《少儀》云：“謂之社稷之役。”鄭解“役”爲“爲”。又《表記》注云：“役之言爲也。”

靡，未聞。

僞者，古與“爲”通。《左氏昭二十五傳》：“臧昭伯之從弟會爲讒于臧氏。”《史記》“爲”作“僞”。《王風·兔爰》：“我生之初，尚無造。”傳：“造，僞也。”義與“爲”同。

印者，《方言》文也。“甌、越曰印。”

方，未詳。

朋、黨、岀祕音**、右、頻，比**音“比方[1]”之“比”，一音“鄰比”之“比”**也。**

《爾雅》：“比，輔也。”《説文》：“比，密也。”

朋者，《説文》：“朋，古文‘鳳’。象形。鳳飛，羣鳥從，以萬數，故以爲‘朋黨’字。”《唐風·椒聊》：“碩大無朋。”傳：“朋，比也。”

黨者，《漢書·劉向傳》：“分曹爲黨，往往羣朋。”《說文》：“攩，朋羣也。”“黨”、“攩”，字異義同。

㤰，未詳。

右者，《說文》：“右，助也。”又云：“手口相助也。”相助，亦“比”意。

頻者，《復》：“六三：頻復，厲无[2]咎。”惠棟[3]曰：“頻，比也。三與初二相比，故厲。之正，故无咎。”《漢書·哀帝紀》：“郡國比比地動。”《王嘉傳》：“共皇寢廟，比比當作。”顔師古皆云：“比比，猶頻頻也。”

[注] [1]静本、愛本誤作“木”，據《博雅音》改。[2]静本、愛本誤作“元”。[3]愛本誤作“煉”。

賴、仰、忋古亥反，又改音、依，恃也。

《說文》：“恃，賴也。”《小雅·蓼莪》：“無母何恃。”

賴者，《漢書·高祖紀》：“始大人常以臣亾賴。”應劭曰：“賴，恃也。”

仰者，通作“卬”。《說文》：“卬，望也[1]。欲有所庶及也。”

忋者，《玉篇》：“忋，恃也。仰也。”

依者，《說文》：“依，倚也。”《玉篇》：“依，怙也。”

[注] [1]静本、愛本無“也”字，據《說文》段注補。

嬖、婞幸音、因、友、愛，親也。

《說文》：“親，至也。”《爾雅》、《釋文》引《倉頡篇》：“親，愛也。

近也。”

嬖者，《説文》：“嬖，便嬖，愛也。”

婞者，與“幸”同。《説文》徐鍇本云：“婞，見親也。”《漢書·佞幸傳》：“非有材能，但以婉媚貴幸，與上臥起。”

因者，《大雅·皇矣》“因心則友”傳義也。《喪[1]服》傳：“繼母之配父，與因母同。”鄭注：“因，猶親也。”

友者，《周南·關雎》：“琴瑟友之。”箋：“同志爲友。”

愛者，《管子·版法》云：“凡衆者，愛之則親，利之則至。是故明君設利以致之，明愛以親之。徒利而不愛，則衆至而不親；徒愛而不利，則衆親而不至。”舊本“愛”訛“受”，今訂正。

[注] [1]愛本作“喪”。

爽、曉、眸、騰、軼、佚、渡、贏、還、徑、歷、更，過也。

《説文》：“過，度也。”

爽者，《方言》文也。郭注：“謂過差也。”張衡《東京賦》：“今捨純懿而論爽德。”薛綜曰：“舍純大懿美之德，而專論爽差之過失。”

曉者，亦《方言》文也。

眸者，字當作“牟”。《玉篇》、《廣韻》並云：“牟，過也。”

騰者，《離騷》：“騰衆車使徑待。”王逸注：“騰，過也。”

軼者，《玉篇》：“軼，車相過也。”《上林賦》：“軼赤電。”張博士彼注：“軼，過也。”

佚者，《商書·盤庚》云：“惟予一人有佚罰。”舊本“佚”作“逸”。案，“逸過”已見《爾雅·釋言》，必不重出，故定爲“佚”。

“佚”，“逸”，古字通。《孟子》：“遺佚而不怨。”孫奭音義：“佚，與‘逸’同。”《論語》：“夷逸。”熹平《石經》作“夷佚”。

渡者，《方言》云：“過、度，謂之涉、濟。”

贏者，《淮南子》：“孟春始贏，孟秋始縮。”是“贏，過也；縮，不及也。”[1]

邇者，《說文》：“邇，行邇邇也。”

徑者，孫侍御云：“疑‘徑’之譌，或‘經’字。”

歷者，《說文·止部》義也。

更者，《玉篇》：“更，古衡切。歷也。”

［注］［1］此爲暗引《文選·班固〈幽通賦〉》李善注引項岱之解說。靜本、愛本“過也”之“也”脫。

悛七緣反、**懌**亦音、**諽**革音、**䁵**失氈反，又以戰反、**改、庚、輸，更也。**

《論語》：“更也，人皆仰之。”孔安國曰：“更，改也。”

悛、懌者，《方言》：“悛、懌，改也。自關而東，或曰悛，或曰懌。”郭注引《論語》曰：“悅而不懌。”案，《左氏襄四年傳》：“羿猶不悛。”杜注：“悛，改也。”

諽者，《說文·言部》義也。又云：“革，獸皮治去其毛革更之。”[1]是“諽”、“革”，音義同。《左氏襄十四年傳》：“患則救之，失則革之。”杜注：“革，更也。”《吕氏春秋·季春紀》：“言無遺者，集肌膚，不可革也。”高注：“革，更也。”

䁵者，《廣韻》：“䁵，更視見皃。”《說文》作“𨕖”。舊本“䁵”譌从“日”，今訂正。

改者，《説文·攴部》義也。《晉語》："乃改館晉侯。"韋注："改，更也。"《離騷》："何不改此度。"王注："改，更也。"

庚者，《釋名·釋天》云："庚，猶更也。"鄭注《月令》云："庚之言更也。"《列子·黄帝篇》："五年之後，心庚念是非，口庚言利害。夫子始一解顔而笑。七年之後，從心之所念，庚無是非；從口之所言，庚無利害。夫子始一引吾並席而坐。"《漢書·律曆志》："改更于庚。"《白虎通義·五行篇》："庚者，物更也。"《魏志·文帝紀》注引《詩推度災》云："庚者，更也。"

輸者，《玉篇》："輸，式朱切。更也。"本此。

[注] [1]《説文》段注："革，獸皮治去其毛曰革，革，更也。"

遁、兆、腓、眺、跂企音、亾、令、移、徙、諱，避也。

《説文》："避，回也。"

遁者，逃之避也。《説文》："遁，逃也。"《文選·四子講德論》："是伯牙去鍾期，而舜禹遁帝堯。"李善注引此文。

兆者，疑"北[1]"之訛。"奔北"亦"避"意。

腓者，《小雅·采薇》："小人所腓。"傳："腓，辟也。"舊本"腓"訛从"目"，今訂正。通作"肥"。《易》曰："肥遁。"又通作"葩"。《後漢書·幽通賦》："安慆慆而不葩兮。"鄧展曰："葩，避也。"

眺者，疑當爲"跳"字之譌也。《漢書·高祖紀》云："漢王跳[2]。"如淳曰："音逃，謂走也。"

跂者，《玉篇》："跂，邱致切。避也。"本此。

亾者，《説文》："亾，逃也。"

令，未聞。

移者，《玉篇》："移，遷也。徙也。"《説文》作"迻"。

徙者，居之避也。《説文》："徙，迻也。"《碩鼠·詩序》箋云："古者三年大比，民或于是徙。"《地官·比長職》："徙于國中及郊，則從而授之。"注云："徙，謂不便其居也。或國中之民出徙郊，或郊民入徙國中，皆從而付所處之吏[3]。"

諱者，《公羊閔元年傳》："《春秋》爲尊者諱，爲親者諱，爲賢者諱。"《戰國策》："罰不諱强大。"《史記·商君列傳》："華陽、涇陽等擊斷無諱。"案，名之避亦爲"諱"。《左氏桓六年傳》："周人以諱事神。名，終將諱之。晉以僖矦廢司徒，宋以武公廢司空，先君獻、武廢二山。"《檀弓》云："卒哭而諱。"

[注] [1]静本、愛本誤作"比"，據徐復本《疏義》改。[2]静本、愛本衍"姚"，已删。[3]愛本誤作"史"。

剥、脱、膳、皽之善反**、皫**晚音**、微、膚、朴、皮、菲、違、畔、涣**喚音**、㒼**乎圭反**、陏**火甫反**、遺，離也。**

《玉篇》："離，散也。去也。"

剥者，革之離也。鄭司農注《太宰職》云："革曰剥。"

脱者，肉之離也。《説文》："脱，消肉也。"《爾雅》："肉曰脱之。"《禮記》疏引李巡曰："肉去其骨曰脱。"

膳，未聞。

皽、皫者，皮之離也。《玉篇》："皽，皮也。""皫，無阮、無願二切。皮脱也。"《廣韻》："皽，皮寛。"《集韻》："皫，離也，謂皮脱[1]離。"

微，未詳。

膚者，《說文》："臚，皮也。或作'膚'。"《玉篇》："膚，皮也。"以"膚"爲"離"，所未聞。

朴者，《說文》："朴，木皮也。"本書《釋器》："鐵朴謂之礦。"是"木"、"鐵"之與質離者，皆爲"朴"也。

皮者，《說文》："剥取獸革者謂之皮。"《方言》云："秦、晉言非其事謂之皮傅。"《後漢書·張衡傳》："後人皮傅。"注云："謂不深得其情核，皮膚淺近，强相傅會。"是離而强合之意也。

𦭝者，《說文》："𦭝，戾也。从艹而𠔁[2]。𠔁，古文'别'。"

違者，《邶風·谷風》"中心有違"傳義也。

畔者，古與"叛"通。劉向《九歎》："始結[3]言于廟堂兮，信中塗而叛之。"

涣者，《說文》："涣，流散也。"

𢡺者，《說文》："𢡺，有二心也。"通作"攜"。謝靈運《登石門最高頂詩》："守道自不攜。"李善注引賈逵《國語》注："攜，離也。"

㽞，未詳。

遺者，《楚辭·九歌》："遺余佩兮醴浦。"王逸注："遺，離也。"《文選·七啟》云："亦將有才人妙伎，遺風越俗。"注引此文。

《集韻》引《廣雅》："𪉅，離也。龍都切。"今無此文。

[注] [1]静本、愛本衍"也"字，已删。[2]静本、愛本誤作"北"，據徐復本《疏義》改。《說文》大徐本、段注皆作"兆"。[3]静本、愛本誤作"法"。

守、恒、彌弥音**、就、迟**遲音**、餘、腒、腆**土[1]典反**、長、**

𦳣、曠，久也。

《玉篇》："久，遠也。長也。《易》曰：'有親則可久。'"

守者，守而不去，是久也。

恒者，《雜卦傳》文。

彌者，《説文》作："镾，久長也。"宋玉《招魂》："容態好比，順彌代些。"王逸注："彌，久也。"

就者，《玉篇》："就，久也。"本此。

迟者，《説文》："遲，或作'迟[2]'。"《廣韻》："遲，久也。"

餘，未詳[3]。

腒者，《説文》："北方謂鳥腊曰腒。"鄭司農注《庖人》云："腒，乾雉。"

腆，未詳。

長者，《説文》："長，久遠也。"

𦳣者，《説文》："𦳣，久也。"今作"壽"。《春秋繁露》云："壽之爲言猶讐也。自行可久之道者，其壽讐于久；自行不可久之道者，其壽亦讐于不久。"

曠者，陸機《爲顧彦先[4]贈婦詩》："音息曠不達。"李善注引此文。

[注] [1]静本、愛本誤作"中"，據《博雅音》改。[2]《説文》大徐本作"追"。[3]《廣雅疏證》："《老子》云：'脩之於家，其德乃餘，脩之於鄉，其德乃長。'長、餘，皆久也。"[4]愛本誤作"光"。

畏、仇、憝度會反**、患、慝**土勒反**、凶、虐**虐音**、訢、謗、訧**尤音**、辱、咎、憋**俾[1]列反，又芳列反**、讟**讀音**、慒**才周反**、鉗**奇炎反**、憚**大汗反**、㾮**拂飯反**、疰**叱至反**、羸**力追反**、嫉、毒、貉**麥音**、僋**三盍反，又索合反**、倈**爽音**、憎、憒**烏外反**、孱**士虔反，又士簡反**，惡也。**

《玉篇》："惡，不善也。"《釋名》："惡，扼也。扼困物也。"

畏者，形之惡也。《說文》："畏，惡也。从门，虎省。鬼頭而虎爪，可畏也。"《史記·仲尼弟子列傳》："且王必惡越。"《索隱》曰："惡，猶畏也。"

仇者，《一切經音義[2]》（八）上引此文。又引《三蒼》："怨偶曰仇。"蓋據《左桓二年傳》也。

憝者，《法言·修身篇》："君子微慎厥德，悔吝不至，何元憞之有。"李軌注："元憞，大惡也。"《玉篇》："憝，惡也。""憞，同上。"

患者，《廣韻》："患，惡也。"

慝者，《釋名》："慝，態也。有姦態也。"《左氏昭二十五年傳》杜注："慝，姦惡也。"通作"忒"。《洪範》："民用僭忒。"《釋文》引馬融注："忒，惡也。"

凶者，《洪範》："凶短折。"鄭注："皆是夭枉之名。未龀曰凶，未冠曰短，未婚曰折。"《說文》："凶，惡也。象地穿，交陷其中也。"《玉篇》："凶，短折也。"

虐者，與"虐"同。殘之惡也。與"殺"同義。《論語》："不教而殺謂之虐。"《左氏宣十八年傳》："凡自內虐其君曰殺。"《吕刑》："惟作五虐之刑。"《墨子》引作："五殺之刑。"

訢者，字書無此文。當爲"訴"之訛。是譖之惡也。《玉篇》："訴，訟也。告訴冤枉也。"

謗者，毀之惡也。《說文》："謗，毀也。"《玉篇》、《一切經音義》

（六）引此文，又引：“《國語》：‘左氏史謗之。’賈逵曰：‘對人道其惡曰謗也。’”謗，對他人道其惡也。

訧者，過之惡也。《說文》：“訧，罪也。”引《周書》曰：“報以庶訧。”《邶風·緑衣》：“俾無訧兮。”傳：“訧，過也。”

辱者，《玉篇》：“辱，惡也。”本此。

咎者，《說文》：“咎，災也。从人、从各。各者，相違也。”《書》序：“殷始咎周。”鄭注：“咎，惡也。始畏而惡之，拘于羑里。”

慦者，《方言》文也。徐爰《射雉賦》注云：“雉性悍慦。”

讟者，怨之惡也。《左氏昭元年傳》：“民無謗讟。”

憯者，《方言》文也。郭注：“慘瘁，惡事也。”

鉗者，亦《方言》文也。“南楚，凡人殘罵謂之鉗。”

憚者，《方言》：“憚、怛，惡也。”郭注：“心怛懷，亦惡難也。”

疲者，《方言》：“疲，惡也。殘罵又謂之疲。”《玉篇》：“疲，惡也。”“恆，芳萬反[3]。惡心也。”

痓者，《玉篇》：“痓[4]，惡也。”通作“恎”。郭注《方言》云：“疲、痓、恎，惡腹也。”《玉篇》：“恎，徒結切。惡性也。”

羸者，體之惡也。《說文》：“羸，瘦也。”

嫉者，妬之惡也。王逸《楚辭章句》：“害賢爲嫉。”

毒者，害之惡也。《說文》：“毒，害人之艸。”

貉者，《說文》引孔子曰：“貉之爲言惡也。”莫白切。

傜者，《玉篇》：“傜，傝傜也。”“傝，他盍切。傝傜，惡也。一曰不謹皃。”舊本“傜”訛“傜”，今訂正。

倈者，《玉篇》：“倈，又丈切。惡也。”本此。

憎者，《說文·心部》義也。

憎者，《廣韻》：“憎，惡也。”本此。

孱者，弱之惡也。《漢書·張耳陳餘傳》："吾王，孱王也。"孟康曰："冀州人謂懦弱爲孱。"通作"僝"。《玉篇》："僝，僝僽。惡罵也。"

［注］［1］静本、愛本誤作"埤"，據《博雅音》改。［2］愛本衍"及"，據徐復本《疏義》刪。［3］静本、愛本衍"萬"字，已刪。［4］静本、愛本誤作"痓"。

訬平孝反、**譣**曜音、**詄**逸音、**奪**、**過**、**謬**、**誺**賚音、**詿**[1]布兮反、**詿**卦音、**迷**，**誤也**。

《説文》："誤，謬也。"

訬者，《説文》："訬，闕。臣鉉等按：今《篇韻》音皓，又音效[2]。注云：'誤也。'"

譣者，言之誤也。《玉篇》："譣，羊照切。誤言也。"

詄，未聞[3]。

奪者，《説文》作："奪，手持隹[4]失之也。"是"奪"爲字之誤也。

過者，左思《魏都賦》："過以仭剽[5]之單慧。"李善注引鄭氏《周禮》注："過，猶誤也。"

謬者，《説文》："謬，狂者之妄言也。"

誺者，《玉篇》："誺，力代切。誤也。"本此。

詿者，《玉篇》："詿，誤也。"本此。通作"悂"。揚雄《解嘲》云："故有造蕭何之律于唐虞之世，則悂矣。"班固《車騎將軍竇憲北[6]征頌》："悂蒙識而愎戾順。"李善注云："悂，誤也。"又《魏都賦》注引《廣蒼》云："悂，用心并誤也。"

詿者，《説文·言部》義也。《漢書·息夫躬傳》："疾詿誤之臣。"

迷者，《離騷》云："及行迷之未遠。"王逸："迷，誤也。"

《文選·運命論》注引："脫，誤也。"今無此文。

[注] [1]静本、愛本誤作"諧"。[2]静本、愛本作"郊"。[3]《廣雅疏證》："《說文》：'訣、忘也。'徐鍇傳云：'言失忘也。'《玉篇》、《廣韻》竝音跌。《莊二十五年公羊傳》注云：'跌，過度也。'《漢書·朱博傳》云：'常戰栗，不敢蹉跌。'皆謂失誤也。"[4]静本、愛本誤作"奞"。[5]静本、愛本作"漂"，據徐復本《疏義》改。[6]静本、愛本誤作"比"。

評、訂田鼎反**、準**准音**、廷、枰**平命反**，平也。**

《玉篇》："平，齊等也。均也。"

評者，《玉篇》："評，皮柄切。平言也。又音平。"

訂者，議之平也。《說文》："訂，平議也。"《周頌·天保》箋："以此訂太王、文王之道，卓爾與天地合其德。"《釋文》："訂，待頂反[1]。沈重：'直丁反。'《譜》云：'参訂時驗，謂平比之也。'《字詁》云：'訂，平也。'"孔疏云："訂者，比並之言。"

準者，水之平也。《說文》："準，平也。"《繫辭傳》："《易》與天地準。"《釋文》："京房云：'準，等也。'鄭康成云：'中也。平也。'"《漢書·律曆志》："準者，所以揆平取正也。"《管子·水地篇》："準者，五量之宗也。"

廷[2]者，《玉篇》引《風俗通》云："廷者，平也。又正也。國家朝廷也。"舊本"廷"訛"延"。曹音"於放反"，亦誤。今訂正。

枰者，《集韶》引云："枰，平也。皮命切。"舊本"枰"訛從"手"，今訂正。

[注] [1]静本、愛本衍“反”字，已刪。[2]静本、愛本誤作“延”。

捭布買反、**發**、**張**、**闡**、**裕**、**撦**充野反、**坼**疑即“㘓格”字也、**敁**、**闢**辟音、**闖**爲靡反、**闓**苦[1]每反、**磔**、**閣**、**苦**[2]、**間**，**開也。**

《說文》：“開，張也。”

捭者，《鬼谷子》云：“捭之者，開也，言也，陽也。闔之者，閉也，默也，陰也。”《後漢書·馬融傳》：“擺牲班禽。”李善注引《廣雅》：“擺，開也。”《字書》：“擺，亦‘捭’字也。音布買反。”《文選·張協〈七命〉》：“鋸牙捭。”李善注引《廣雅》：“捭，開也。”《晉書》作“擺”。是“捭”、“擺”，古今字。

發者，《師》：“上九：開國承家。”故《春秋傳》鄭公子“發”，字“子國”。《爾雅》：“愷、悌，發也。”愷，或作“闓”，與“開”同，故“發”亦“開”也。

張者，孔子弟子琴牢，字“子開”，亦字“子張”。張，與“開”同義。潘岳《西征賦》：“張舅氏之姦漸。”李善注引此文。

闡者，《說文》：“闡，開也。”引《易》曰：“闡幽。”《文選·赭白馬賦》注引《聲類》云：“闡，大開也。”

裕，未詳[3]。

撦者，《玉篇》：“撦，開也。”本此。通作“奓”。《莊子·知北遊》云：“何甘日中奓户而入。”《釋文》：“奓。郭象：‘處野反，又音奢。’司馬彪云：‘開也。’”

坼者，土之開也。《說文》作：“㘓，裂也。”

敁者，張衡《西京賦》：“豈敁度于往舊。”薛綜曰：“敁，開也。”

案，啟，《說文》作："启，開也。"

闢者，《說文》："闢，開也。或作'闢'。"引《虞書》曰："闢四門。"江布衣聲曰："闢，從𡯁在門中，象推門之形，故其義爲開。此于六書，爲指事也。"

闖者，《說文》："闖，闢門也。"《魯語》："闖門與之言。"韋昭曰："闖，闢也。"《一切經音義》（七）引此文。玄應云："《字詁》：'今作"闅"，同。于彼反。'"引《三蒼》："闖，小開門也。"

闓者，《方言》："楚謂之闓。"郭注："亦'開'字也。"《說文》："闓，開也。"

磔者，《玉篇》："磔，竹格切。張也。"

閻、苫者，《方言》："閻、苫，開也。東齊開户謂之閻苫。"又曰："閻，開也。"郭注："謂開門也。"

閜者，《說文》："閜，大開也。火下切。"司馬相如賦："谽呀豁閜。"

[注] [1]静本、愛本作"古"，據《博雅音》改。[2]静本、愛本作"苦"，據《博雅音》改。[3]《廣雅疏證》："祛、各本訛作'裕'。《卷二》内'祛、去也'，'祛'字訛作'裕'，正與此同。《漢書·兒寬傳》：'合祛於天地神祇。'李奇注云：'祛，開散也。'"

殑谷音**殐**速音、**殲**[1]**甓**音**㱱**析音、**殙**昏音、**殯**方問反，**歺**五葛反**也。**

《玉篇》："歺，殲也。"

殑殐者，《玉篇》："殑，古鹿切。殑殐，死皃。""殐，思禄切。"與"觳觫"同。《集韻》："觳觫，懼死皃。"《孟子》："若無罪而就死地。"

殲㱱者，《玉篇》："殲，蒲狄切。磷㱱，欲死皃。""㱱，先狄切。"

殙者，上文"病"也。"極"也。"殙"又爲"歹"也。《說文》：

“殙，瞀也。”

殰者，《玉篇》：“殰，殰也。”

《集韻》：“殎，眉教切。”引《廣雅》：“殎，歺也。”今無此文。

[注] [1]静本、愛本作“壁”，據《博雅音》改。

儐賓音、贊、唱、引，道也。

道，與“導”同。《説文》：“導，導引也。”

儐者，《説文》：“儐，導也。或作‘擯’。”案，古亦作“賓”。《史記》録《尚書》輒以故訓代經文。于《虞書》“寅賓出日”云“敬道出日”，是“賓”訓“道”也。又“賓于四門”疏引鄭注：“賓，讀爲儐，謂舜爲上儐，以迎諸矦。”《漢書・律曆志》：“蕤賓。”“賓，導也。”

贊者，《説文》：“贊，見也。徐鉉曰：‘執贄而進，有司贊相之。’”

唱者，《説文》：“唱，導也。”

引者，《説文》訓“導”爲“引”，故“引”亦“導”也。《史記・韓長孺列傳》：“奉引墮車，蹇。”注云：“爲天子導引而墮車，跛。”舊本“引”譌“弘[1]”，今訂正。

[注] [1]“弘”爲“引”之異體字。

貌、訽口音、妖倚嬌反、佞、工、媮偷音，巧也。

《説文》：“巧，技也。”《小雅・雨無正》：“巧言如流。”箋：“巧猶善也。”

貌、訽者，《方言》：“訽、貌，治也。吴、越飾貌爲訽，或謂之巧。”

妖者，《説文[1]》作：“媄，巧也。”司馬相如《上林賦》：“妖冶嫺。”

李善注引《字書》："妖，巧也。"《吕氏春秋》云："列精子高謂侍者曰：'我奚若？'侍者曰：'公妖且麗。'"

佞者，《說文》："佞，巧讇高材也。"

工者，《說文》："工[2]，巧飾也。象人有規榘也。"宋玉《招魂》："工祝招君。"王逸注："工，巧也。"

媮者，《說文》："媮，巧黠也。"

[注] [1]静本、愛本脱"文"字。[2]静本、愛本誤作"二"。

躔馳犨反、**踈**匹迹反、**解**[1]、**迒**平郎反、**堹**之隴反、**蹤**子龍反、**軌**、**武**、**行**、**徑**、**轍**，**迹也。**

《說文》："迹，步處也。或作'蹟'。"《釋名》："跡，積也，積累而前也。"

躔者，麋[2]之跡也。

踈者，鹿之跡也。桑谷切。《說文》作"鹿"。云："鹿跡也。"古亦作"速"，同。

解者，麢之跡也[3]。

迒者，兔之跡也。《說文》："迒，獸跡也。或作'踁'。"《釋名》云："迒者，行不由正亢陌，山谷草野行而過也[4]。"舊本"迒"譌"亢"，今據正德本改正。

堹者，字當爲"種"。《說文》："種，相迹也。"

蹤者，車之迹也。《說文》作"蹤[5]"。云："車迹也。"《釋名》："蹤，從也。人形從之也。"古亦作"從"。《召南·羔羊》傳："委蛇，行可從迹也。"《釋文》："從，字又作'蹤'。"

軌者，潘岳《閒居賦》、孫綽《天台山賦》、傅亮《爲宋公修張良廟教》，李善注竝引《廣雅》："軌，迹也。"《廣韻》："軌，車迹也。"舊本"軌"訛"軛"，今訂正。

武者，《大雅》[6]："履帝武敏，歆。"武，迹也。《大雅》："繩其祖武。"《周頌》："嗣武受之。"傳並云："武，迹也。"《士相見禮》："執玉者則唯舒武。"鄭訓爲"迹"。《離騷》云："及前王之踵武。"本又作"䟼"。《集韶》引《廣雅》："䟼，跡也。"

行者，《玉篇》："行，乎孟切。行迹也。"

徑者，《說文》："徑，步道也。"

轍者，《玉篇》："轍，車行迹。"

[注] [1]愛本誤作"斛"。[2]静本、愛本衍"麋"字，已刪。《字彙》："䴥，麋之脚跡。"[3]《爾雅翼》："《詩》稱'麟之角、之趾、之定'，蓋麟，麕類。麕之跡解，則麟趾不妄集矣；角端有肉，則角不妄觸矣；其鬬有時，則定不妄鬬矣。"[4]"山谷草野行而過也"，静本、愛本倒在"改正"之后。[5]愛本誤作"轍"。[6]静本、愛本未注明出處。

追、駟、末、隨，逐也。

《說文》："逐，追也。"

追者，《說文・辵部》義也。《離騷》："背繩墨以追曲。"

駟者，《論語》："駟不及舌。"

末，未聞[1]。

隨者，《儀禮・鄉射禮》："其門容弓，距隨長武。"注："始前足至東頭爲距，後足來合而南面爲隨。”

［注］［1］《廣雅疏證》：“《方言》：‘追、末，隨也。’”

權、錘直危反、㞕鼎音、鍈䁑音、鎮、珍、瑋，重也。

《説文》：“重，厚也。”

權者，《玉篇》：“權，稱錘也。”《漢書·律曆志》：“權者，銖、兩、斤、鈞、石也。所以稱物平施、知輕重也。”

錘者，《方言》文也。“宋、魯曰錘。”本書《釋器》：“權謂之錘。”

㞕者，《玉篇》：“㞕，丁挺、大練二切。重也。”本此。

鍈者，《方言》文也。“東齊之間曰鍈。”

鎮者，《周語》：“爲摯幣、瑞節以鎮之。”韋昭曰：“鎮，重也。”

珍者，《文選·沈約〈新安江水至清淺深見底貽京邑游好詩〉》：“眷[1]言訪舟客，茲川信可珍。”李善注引此文。

瑋者，《玉篇》：“瑋，禹鬼、以貴二切。”引《埤蒼》曰：“瑰瑋珍琦。”或作“偉”。

［注］［1］静本、愛本誤作“春”。

紉女珍反、紆、緲切音、繩，索也。

《説文》：“索，艸有莖葉，可作繩索。从㣎、糸。”《玉篇》：“糾繩曰索。”《小爾雅》云：“大者謂之索，小者謂之繩。”顔師古注《急就篇》云：“索，總謂切撚之令緊者也。”《夏書·五子之歌》：“凜乎若朽索之馭六馬。”《豳風·七月》：“宵爾索綯。”

紉者，《説文》：“紉，繟繩也。”《離騷》：“紉秋蘭以爲佩[1]。”王逸曰：“紉，索也。”

紆者，《説文》“綒”字注：“紆未縈繩。”或説疑“絥”之訛，形相近也。《玉篇》："紩，索也。持栗切。"

紨者，《玉篇》："紨，七忽切。索也。"本此。

繩者，《說文》："繩，索也。"《漢書·律曆志》："繩者，上下端直，經緯四通也。"

[注] [1]靜本、愛本誤作"佩"。

離、解、𤻲、披、碎、布，散也。

上文釋"散"爲"布"，此又申其義也。

離者，分之散也。《方言》："參、蠡，分也。秦、晉曰離。"《玉篇》："離，散也。"本此。

解者，孔安國《尚書》序："逃難解散。"《漢書·張耳陳餘傳》："今獨王陳，恐天下解也。"注："謂離散其心也[1]。"《東京賦[2]》："解罘[3]放麟。"薛綜注："解，散[4]也。"

𤻲、披者，《方言》文也。"東齊聲散曰𤻲，器破曰披。秦、晉聲變曰𤻲，器破而不殊其音，亦謂之𤻲。"《說文》："𤻲，散聲。"舊本"𤻲"訛从"厂"，今訂正。

披者，《左氏成十八年傳》："今將崇諸侯之姦，而披其地。"杜注："披，猶分也。"《昭五年傳》："又披其邑。"注："披，析也。""分"、"析"，皆與"散"義相近。案，"披"當从"木"。《說文》："柀，析也。"毛本誤作"折"。

碎者，《說文》："碎，䃺也。"上文釋"碎"爲"壞"，"碎"又爲"散"也。案，碎，當作"瓶"。《說文》："瓶，破也。"

布者，散布。《釋詁》中互相訓也。

[注] [1]"謂離散其心也"，靜本、愛本倒至"散也"之后。[2]靜本、愛本衍"注"字，已刪。[3]靜本、愛本誤作"四不"。[4]靜本、愛本誤作"放"。

《廣雅疏義》卷第七

嘉定錢大昭晦之甫撰

《廣雅》卷四

廢[1]**、措**錯故反**、弛、縱、寘**摯音**、奠、肆、捨、蕩、逸、放、恣、罬**即古文"置"也**、鉒**霍音**、署**辰豫反**，置也。**

《說文》："置，赦也。"《玉篇》："置，竹利切。安置。"

廢者，《小爾雅》文。《公羊宣八年傳》："去其有聲者，廢其無聲者。"《鄭志·答張逸》云："廢，置也。於去者爲廢，故曰廢。"以"廢"爲"置"，猶"亂"爲"治"、"徂"爲"存"、"故"爲"今"、"曩"爲"曏"、"苦"爲"快"、"臭"爲"香"、"臧"爲"去"。《左氏文二年傳》："廢六關。"《家語》作："置六關。"

措者，《小爾雅》、《倉頡篇》及《說文》並云："措，置也。"《淮南·說山訓》："物莫措其所脩，而用其短也。"高誘亦訓"置"。措，通作"錯"。《書》序："殷既錯天命。"《釋文》引馬融注："錯，廢也。"《論語》："錯枉。"包咸曰："廢置邪枉。"

弛者，《說文》："弛，弓解也。或作'㢮'。"《魯語》："文公欲弛孟文子之宅。"韋注："弛，毁也。"

縱者，《說文》："縱[2]，舍也。"《玉篇》："縱，置也。放也。恣也。"

寘者，《玉篇》："寘，置也。"本此。《左氏昭四年傳》："'夫子疾病，不欲見人’，使寘饋于个而退。”杜注：“寘，置也。”

奠者，《說文》：“奠，置祭也。”[3]

肆者，《春秋莊二十二年》：“肆大眚。”《穀梁傳》：“肆，失也。”失，古“佚”字。與“逸”同，謂“逸囚”也。鄭注《表記》云：“肆，猶放恣也。”案，此篇“逸”、“放”、“恣”，皆謂置也。

捨者，《說文》：“捨，釋也。”

蕩者，通作“愓”。《說文》：“愓[4]，放也。徒朗切。”

逸者，上文釋爲“去”，與“置”義相成也。《集韻》引作：“篴，同。”

放者，《論語》：“隱居放言。”包咸注：“放，置也。不復言世務。”

恣者，《說文》：“恣，縱也。”此篇“恣”、“縱”，皆置也。

叕者，《玉篇·収部》作：“叕[5]，豬吏切。古文‘置’。”

鉒者，《玉篇》：“鉒，送死人具也。竹句切。”《廣韻》：“鉒，置也。”《淮南·說林訓》：“以瓦鉒者全，以金鉒者跋，以玉鉒者發。”

署者，《玉篇》：“署，置也。”《漢書·項籍傳》：“部署豪桀。”顔師古注：“分部而署置之。”

[注] [1]静本、愛本作“㢊”。[2]静本、愛本誤作“從”。[3]静本、愛本無此條，據《說文》補。[4]静本、愛本誤作“逸”。[5]静本、愛本作“叕”。

斡意括反、**攙**短音、**運**、**邅**、**逭**、**逭**育音、**譴喘**、**移**、**敭**尹豉反、**捥**毗音，**轉也**。

《說文》：“轉，運也。”《玉篇》：“轉，知篆切。廻也。”

斡者，《楚辭·天問》云：“斡維焉繫。”王逸注：“斡，轉也。”《漢書·賈誼傳》：“萬物變化，固亾休息。斡流而遷，或推而還。”如淳訓“斡”爲“轉”。張茂先《勵志詩》：“大儀斡運。”

攤者，《玉篇》："攤，都管切。轉籆也。"

運者，《莊子·逍遥游》："是鳥也，海運則將徙于南冥。"《釋文》引司馬彪注："運，轉也。"《楚辭·九歎》："腸一夕而九運。"王逸曰："一夕九轉，欲還歸也。"

邅者，《玉篇》："邅，張連、除連二切。轉也。"《離騷》："邅吾道夫崑崙兮。"王逸注："邅，轉也。楚人名轉曰邅。"

逭、逌者，上文釋爲"行"，此又爲"轉"也。《玉篇》："逭，乎舘切。逌，余六切。"並云："轉也。"

讉喘者，《方言》："讉喘，轉也。"郭注："讉喘，猶宛轉也。"舊本"讉"訛"讀"，今訂正。

移者，《玉篇》："移，遷也。徙也。易也。"

敡者，即"移易"之異文。

捬[1]，未聞。

［注］［1］静本、愛本衍"文"字，已删。

甾吳儀反、**扲**鉗音、**專**、**職**、**端**、**緒**、**紬**直留反，**業也**。

《釋名》："業，捷也。事捷乃有功業也。"

甾，未聞[1]。

扲者，《方言》文也。郭注："謂基業也。"

專者，《説文》："專，紡專。"案，"端"、"緒"、"紬"，皆訓"業"，則"紡專"亦"業"也。

職者，《玉篇》："職，業也。"《天官·太宰》："九曰閒民，無常職。"注："謂無事業者。"

端者，《玉篇》："端，緒也。"緒，與"業"同義。

緒者，《史記・張蒼傳》："緒正律曆。"文穎曰："緒，業也。"

紬，未聞。

[注] [1]《廣雅疏證》："是凡言甾者，皆始立基業之意。"

交、贅旨歲反、凝、戾、撰、質、撫、嗼亾各反、保、隱、摅、刊，定也。

《說文》："定，安也。"

交者，合之定也。

贅者，會之定也。《漢書・武帝紀》："毋贅聚。"如淳曰："贅，會也。"

凝者，成之定也。《虞書・皋陶謨》："庶績其凝。"《釋文》引馬融注："凝，定也。"顏延之《五君咏》："吐論知凝神。"

戾者，止之定也。《小雅・雨無正》："靡所止戾。"傳："戾，定也。"

撰者，述之定也。與"譔"同。《法言・學行篇》："譔學行。"吴祕注："譔，撰述也。"古或通用。

質者，平之定也。《周禮・序官・質人》注："質，定也。"

撫者，安之定也。《說文》："撫，安也。"

嗼者，静之定也。與"莫"同。《大雅・皇矣》："求民之莫。"箋："求民之定，謂[1]所歸就也。"《皇矣》又云："貊其德音。"《釋文》引《韓詩》作："莫其德[2]音。"云："莫，定也。"《爾雅・釋詁》："嗼，定也。"彼《釋文》云："嗼，本亦作'莫'。"是張博士所見《爾雅》本作"莫"，故此作"嗼"，必不與《爾雅》同也。

保者，居之定也。《唐風・山有樞》："他人是保。"《大雅・思齊》："無射亦保。"箋竝云："保居也。"

隱者，安之定也。《方言》："隱，定也。"

據者，依之定。亦《方言》文。《邶風・柏舟》：“不可以據。”傳：“據，依也。”

刊者，識之定也。通作“衎”。《方言》：“衎，定也。”郭注：“衎然，安定也。”

[注] [1]静本、愛本誤作“位”。[2]静本、愛本衍“者”字，已删。

餲烏革反**、餓、餧**奴罪反**，飢也。**

《説文》：“飢，餓也。”《虞書・舜典》：“黎民阻飢。”

餲者，《説文》：“餲，飢也[1]。讀若楚人言恚人。”

餓者，《説文・食部》義也。《檀弓》云：“昔者衛國凶飢，夫子爲粥，與國之餓者。”

餧者，《楚語》：“民之羸[2]餧，日日已甚。”《荀子・臣道篇》：“若食餧人。”《漢書・谷永傳》云：“餧死於道，以百萬數。”

[注] [1]静本、愛本脱“也”字。[2]愛本誤作“嬴”。

戔殘音**、瘌**力達反**、劌**寄衛反。《字林》音“邱訐反”**、凋**多聊反。憲按，《説文》：“凋落”，“凋”字從“仌”；“彫刻”，“彫”字從“彡”；“雕鷲”，“雕”字從“隹”**、爽、痍**夷音**、壯、創、庠，傷也。**

《説文》：“傷，創也。”舊本“傷”訛“陽”，今訂正。

戔者，言之傷也。《説文》：“戔，賊也。”引《周書》曰：“戔戔巧言。”

瘌者，毒之傷也。《説文》："楚人謂藥毒曰痛瘌。"

㓹者，刺之傷也。《説文》："鋭，芒也。籀文作'㓹'。"

凋者，木之傷也。《説文》："凋，半傷也。"

爽者，《逸周書·謚法解》義也。《老子》云："五味令人口爽。"張衡《南都賦》："其甘不爽。"

痍者，金之傷也。《説文·疒部》義也。《倉頡篇》同。通作"夷"。《易·序卦傳》："夷者，傷也。"《左氏成十六年傳》："察夷傷。"服虔注："金創爲夷。"舊本"痍"訛从"广"，今訂正。

壯者，《易·大壯卦》馬融、虞翻並解"壯"爲"傷"。《方言》云："凡草木刺人，北燕、朝鮮之間，或謂之壯。"郭注："今淮南呼壯爲傷。"

創者，肉之傷也。《説文》："刅[1]，傷也。或作'創'。"

庠者，疑當爲"戕"，聲之譌也。詹事兄曰："當是'痒'之譌。"

[注]　[1]愛本誤作"辦"。

投、㪕卓音**、石、搥、揬**大結反**，擿**池戟反。今人以爲"摘"，竹革反[1]，字如此[2]**也。**

上文"擿，投也"，此又[3]申其義也。

投者，《左氏昭五年傳》："受其書而投之。"注："投，擲也。"宋玉《招魂》："懸人以娭，投之深淵。"王注亦訓"擿"。

㪕者，《廣韻》："㪕，打也。"

石者，《補正》："石，擿也。"[4]

搥者，《法言·問道篇》："及搥提仁義，絶滅禮學。"《玉篇》："搥，丁回切。摘也。"摘，是"擿[5]"之訛。

揑者，《玉篇》："揑，摘也。"本此。

[注] [1]静本、愛本無"反"字，"竹革"誤作"㦐"。[2]《博雅音》下有"失之"二字。[3]愛本誤作"人"。[4]静本、愛本脱該詞條，據徐復本《補正》補。[5]静本、愛本誤作"摘"。

黔首、氓，民也。

《大雅·靈臺》疏引《孝經援神契》云："民者，冥也。"賈誼《新書·大政篇》："民之爲言瞑也。"《春秋繁露·深察名號篇》："民者，瞑也。米出禾中，而禾未全美；善出性中，而性未全善。民之號取之瞑也。"

黔[1]首者，《説文》："黔，黎也。秦謂民爲黔首，謂黑色也。周謂之黎民。"

氓者，《方言》文也。

[注] [1]静本、愛本作"黚"。

詼苦廻反、啁竹交反、譀呼濫反、話、諴咸音、譺魚記反、謨、周，調達弔反也。

上文"調，欺也。和也。啁也。譀也"，此又申明其義，及互相訓也。

詼者，《玉篇》："詼，調戲也。"案，《説文》作："悝，啁也[1]。"張衡《東京賦》："由余以西戎孤臣，而悝繆公於宫室。"李善注："悝，猶嘲也。"

啁者，《文選·任昉〈出郡傳舍哭范僕射詩〉》：“兼復相嘲謔。”李善曰：“《倉頡篇》：‘啁，調也。’《字書》：‘嘲，亦調也。’”

譀者，《說文》：“譀，誕也。”

誳者，《玉篇》：“誳，乎卦切。調也。”本此。

諴者，《說文》：“諴，和也。”

譺者，《玉篇》：“譺，啁調也。”

奠、周者，詹事兄曰：“奠、調，聲相近。調，本从周，故周有調義。”

《集韻》引《廣雅》：“詉，調也。桑移切。”今無此文。

[注] [1]静本、愛本誤作“妃”。

縊、經、鬮流音，絞也。

《說文》：“絞，縊也。”《吕氏春秋·慎行論》：“崔杼歸，無歸，因而自絞也。”高注：“絞，經也。”

縊者，《說文》：“縊，經也。”《左氏桓二十六年傳》：“夷姜縊。”

經者，《楚辭·天問》：“伯林雉經，維其何故？”王逸曰：“伯，長也。林，君也，謂晉太子申生爲後母驪姬所譖，遂雉經而自殺。”

鬮者，《說文》：“鬮[1]，經繆殺[2]也。”

[注] [1]愛本作“鬮”，爲“鬮”之異體。[2]静本、愛本誤作“經”。

黏謐音、黐朱音，又無誅反、黍如汝音、黐竹革反、黐恥知反、黏日音，黏女霑反也。

《說文》：“黏，相著也。”《衆經音義》引《倉頡篇》：“粘，合也。”《攷工記·輪人》：“雖有深泥，亦弗之溓也。”鄭司農云：“溓，讀爲黏，謂泥不黏著輻也。”

䊨者，《玉篇》：“䊨，居近切。黏也。”

䊬者，《玉篇》：“䊬，張俱切。粘也。”

㲃者，《方言》：“㲃，黏也。齊、魯、青、徐，自關而東，或曰㲃。”《玉篇》：“㲃，而与切。黏也。”

䊤者，《玉篇》：“䊤，黏飯也。”

䵑者，《玉篇》：“䵑，黏也。”《廣韻》：“䵑，膠所以黏鳥。”

䵖者，《說文》：“䵖，黏也。或作‘䵒’。”《爾雅》：“䵒，膠也。”郭注：“膠，黏。”《方言》：“䵖，黏也。關東或曰䵖。”

《集韻》引《廣雅》：“糔，黏也。是義切。”今無此文。

貲訾[1]音、産、資、財、龜、貝，貨也。

《說文》：“貨，財也。”

貲者，《說文》：“貲，小罰以財自贖也。”《漢律》：“民不繇，貲錢二十二。”通作“訾”。揚雄《羽獵賦》：“富既與[2]地虖侔訾。”顏師古曰：“訾，與‘貲’同。”

産者，《說文》：“産，生也。”《孟子》：“有恒産者有恒心。”

資者，《說文·貝部》義也。《玉篇》：“資，用也。”

財者，《周禮·太宰》：“以九賦歛財賄。”鄭注：“財，泉穀也。”左思《魏都賦》：“財以工化。”李善注引此文。云：“財，與‘材’，古字通。”

龜者，《漢書·食貨志》：“天用莫如龍，地用莫如馬，人用莫如龜。”王莽制龜寶四品：“元龜，岠冉，長尺二寸，直二千一百六十，爲大朋貝十朋；公龜九寸以上，直五百，爲壯貝十朋；矦龜七寸以上，直三百，爲幺貝十朋；子龜五寸以上，直百，爲小貝十朋。”是也。

貝者，《說文》：“貝，海介蟲也。古者貨貝而寶龜，周而有泉，至秦廢貝行錢。”案，王莽制貝貨五品：“大貝四寸八分以上，二枚爲一朋，直二百一十六；壯貝三寸六分以上，二枚爲一朋，直五十；幺貝二寸四分以上，二枚爲一朋，直三十；小貝寸二分以上，二枚爲一朋，直十。不盈寸二分，漏度不得爲朋，率枚直錢三也。”

[注] [1]靜本、愛本誤作“資”，據《博雅音》改。[2]愛本誤作“興”。

令、琴、敔[1]魚舉反、㪺多感反、制，禁也。

上文釋“禁”爲“止”，此又申其義也。

令者，上之禁也。《說文》：“令，發號也。”《管子·君臣篇》：“天子出令于天下，諸侯受令于天子，大夫受令于君，子受令于父母。”

琴者，心之禁也。《說文》：“琴，禁也。”《風俗通義》：“琴者，禁也。禁之于邪，以正人心也。”

敔者，樂之禁也。《說文》：“敔，禁也。”《釋名》：“敔，衙也。衙，止也。所以止樂也。”

㪺者，《集韻》、《五音集韻》並引《博雅》：“㪺，禁也。”舊本“㪺”訛“㪺[2]”，今訂正。

制者，法之禁也。《說文》：“制，止也。”

[注] [1]靜本、愛本誤作“教”字。[2]靜本、愛本誤作“㪺”。

偞葉音、疊、㪤必益反、䙝之涉反、冤於袁反、枉[1]、𢍁俱萬反、結，詘也。

上文釋“詘”爲“曲”，此又廣其義也。

僷者，《玉篇》："僷，與攝切。"《楚辭·哀時命》云："衣攝僷以儲與兮。"王注："攝僷，不舒展也。"案，"不舒展"于"詘"義爲近。《集韻》："僷，詘也。"本此。

曡[2]者，《集韻》："曡，屈也。""屈"與"詘"同。

襞、襵者，衣之詘也。《説文》："襞，韏衣也。"《玉篇》："襵，詘也。"揚雄《反離騷》："固不如襞而幽之離房。"司馬相如《子虛賦》："襞積褰縐。"顏師古注："襞積，即今帬襵。"

寃者，兔之詘也。人有屈，抑亦爲寃。

枉者，木之詘也。《月令》："仲秋，命有司申嚴百刑，毋或枉橈。"

韏者，革之詘也。通作"綣"。《淮南·人間訓》："兵横行天下而無所綣。"高注："綣，屈也。"

結者，糸之詘也。"結詘"雙聲，故"結"亦爲"詘"。

[注]　[1]静本、愛本脱"枉"字。[2]"曡"爲"疊"之異體。

複、袷古狹反、增、絼以豉反、積、壘、襲、成、仍、鄭、復，重直用反也。

《玉篇》："重，直容切。疊也。"曹音"直用反"，誤也。

複者，衣之重。《説文》："複，重衣也。"《喪大記》："小斂，君、大夫、士，皆用複衣複衾。"通作"復"。《漢書·張良傳》："從復道望見諸將[1]。"如淳曰："復音複。上下有道，故謂[2]之復道。"顏師古曰："復，讀曰複。"案，《集韻》引《廣雅》："復，重也。"是本或作"復"。

袷者，《廣韻》："袷，複衣。或作'裌'。"

增者，《説文》："增，益也。"《文選·西京賦》："井幹疊而百增。”注引《廣雅》：“增，重也。”

迻，未詳[3]。

積者，《説文》：“積，聚也。”

壘者，魏文帝《善哉行》：“還望故鄉，鬱何壘壘。”潘岳《懷舊賦》：“墳壘壘而積接壟。”李善注並引此文。

襲者，《左氏哀十五年傳》：“卜不襲吉。”杜注：“襲，重也。”《表記》云：“卜筮不相襲。”通作“習”。鄭注《大司徒》云：“故書‘襲’爲‘習’。”是“習”爲古文“襲”。《周書·金縢》：“乃卜三龜，一習吉。”《左氏襄十三年傳》：“先王卜征五年，而歲習其[4]祥，祥習则行。”

成者，《爾雅》：“一成爲敦邱，再成爲陶邱，三成爲昆侖邱。”郭注：“成，猶重也。”《楚辭·天問》：“璜臺十成，誰所極焉？”《吕氏春秋·季夏紀》：“有娀氏有二佚女，爲之九成之臺。”高注：“成，猶重也。”

仍者，因之重也。《説文》：“仍，因也。”

鄭者，《漢書·王莽傳》：“非皇天所以鄭重降符命之意。”詹事兄曰：“鄭重，双声字。”

復者，《説文》：“復，往来也。”《管子·形勢[5]篇》：“言而不可復者，君不言也；行而不可再者，君不行也。”

［注］［1］静本、愛本作“将”。［2］静本、愛本誤作“諸”。［3］《廣雅疏證》：“《说文》：‘貤，重次弟物也。’《漢書·武帝紀》注云：‘今俗謂凡物一重爲一貤。’左思《魏都賦》：‘兼重惿以貤繆。’李善注云：‘言既重其惿而又累其繆也。’惿，與‘繆’通。貤、貤，竝與‘迻’通。”［4］静本、愛本誤作“集”。［5］愛本作“勢”。

蝴斐音，又普骨反、**曙**、**昕**許斤反、**昞**丙音、**較**角音、**𤼽**、**卓**、**離**、**㚁**滛音、**晫**、**炤**昭音、**燿**耀音、**冏**古丙反、**烜**暅音、**晝**、**光**、**顯**、**耿**、**晃**晃音、**僤**達汗反、**皎**、**彰**落汗反、**朏**匆夷反、**曉**、**曎**亦音、**㑊**曳音、**視**、**晣**制音、**昱**夷六反、**曠**、**昭**、**晤**悞音、**旳**的音、**旭**朂音，又忽老反、**微**、**焞**他魂反、**闠**看每反、**陽**、**杲**、**粲**錯汗反、**烓**烏攜反，又烏缺反，又圭惠反，又口井反、**堂**、**彰**、**著**，**明也**。

《說文》："明，照[1]也。"《大雅·皇矣》傳："照臨四方曰明。"

蝴者，月之明也。《說文》："朏，月未盛之明也。"《周書·召誥》："丙午朏。"傳："朏，明也。月三日明生之名。"孔疏引《周書·月令》云："三日粵朏。"粵，與"曰"通。《漢書·律曆志》引古文《月采篇》云："三日曰朏。"王應麟谓"月采"當作"月令"，本孔疏也。"蝴"、"朏"同。

曙者，晓之明也。《小爾雅》云："曙，明也。"《史記·平原君列傳》贊："平原君，翩翩濁世之佳公子也，然未曙大體。"《楚辭·九章》："思不眠以至曙。"司馬相如《長門賦》："澹偃蹇而待曙。"王延壽《夢賦》："于是雞知天曙而奮羽，忽嘈然而自鳴。"

昕者，旦之明。亦《小爾雅》義也。《說文》："昕，旦明日將出也。"《士昏禮》云："凡行事，必用昏昕。"《文王世子》云："天子視學，大昕鼓徵。"

昞者，《玉篇》："昺，碑景切。明也。亦作'昞'。"案，昞，通作"炳"。班固《兩都賦》序云："大漢之文章，炳焉與三代同風。"李善[2]注引《倉頡篇》："炳，著明也。"

較者，《文選·西征賦》："較面朝之炳煥。"《廣絶交論》："較言其客。"李善注並引此文。

𤼽者，早之明也。《齊風·載驅[3]》："齊子發夕。"《小雅·小宛》："明發不寐。"《韓詩薛君章句》竝云："發，旦也。"

卓者，《覲禮》云："奉束帛，匹馬卓上，九馬隨之。"鄭注："卓，讀如‘卓王孫’之‘卓’。卓，猶的也。”案，《玉篇》：“的，明見也。”故“卓”亦爲“明”。

離者，《離·象辭》云：“明兩作，離。大人以繼明照于四方。”虞翻逸象云：“離爲明。”

炗者，燎之明。《方言》：“炗，眼明也。”《說文》：“炗，小爇也。”《玉篇》：“炗，徒甘切。燎也。”

晫者，盛之明也。《玉篇》：“晫，都角切。明盛皃。”

炤者，《玉篇》：“照，明也。炤，同上。”班固《西都賦》：“登降炤爛。”

燿者，與“耀”同。《左氏哀二十三年傳》：“君命瑶，非敢耀武也。”石經作“燿”。《周語》：“先王耀德不觀兵。”韋昭曰：“耀，明也。”蔡琰詩：“卓衆來東下，金甲耀日光。”

囧者，牖之明也。《說文》：“囧，窻牖麗廔闓明。賈侍中說：‘讀與“明”同。’”江淹《雜體詩》：“囧囧秋月明。”李善注引《倉頡篇》：“囧，大明也。”

烜者，火之明也。《玉篇》：“烜，況遠切。火盛皃。”《秋官·司烜氏》“下士六人”注：“烜，火也。”

晝者，日之明也。《說文》：“晝，日之出入，與夜爲界。”

光者，照之明也。《說文》：“光，明也。从火在人上，光明意也。”《釋名[4]》：“光，晃也。晃晃然也。亦言廣也，所照廣遠也。”《小雅·南山有臺》云：“樂只君子，邦家之光。”箋：“光，明也。”

顯者，《說文》：“顯，頭明飾也。”《大雅·文王》：“有周不顯。”傳：“顯，光也。”

耿者，《晉語》：“若入，必伯諸侯以見天子，其光耿于民矣。”韋注：“耿，犹昭也。”《離騷》：“耿吾既得此中正。”王逸注：“耿，明也。”案，耿，通作“景”。《說文》：“耿，光也。”“景，光也。”《小雅·車舝》：“景行行止。”箋：“景，明也。”《士昏禮》：“婦乘以几，姆加景。”注：“景之制，蓋如明衣，加之以爲行道禦塵，令衣鮮明也。景，亦明也。今文‘景’作‘憬’。”案，今文作“憬”，當“俱梀切”。與《詩》之“褧衣”、“褧裳”，《中庸》之“尚絅”同。《禮記》、《釋文》：“絅，本又作‘潁’。”《士昏禮》：“被潁黼。”注：“潁，禪也。”《玉藻》：“禪爲絅。”潁，即“景”，禦塵所用。《說文》無“潁”字，古用“褧”也。《說文》：“耿，从炯省聲。”故“褧”同“絅”、“耿”、“景”，聲相近，故《邶風·柏舟》傳：“耿耿，猶儆儆也。”

晃者，《玉篇》：“晃，乎廣切。”《說文》作：“晄，明也。”

僤，未聞，疑“闡”之訛[5]。《玉篇》：“闡，昌善切。明也。”

晈[6]者，《玉篇》：“晈，公鳥切。明也。”

彰者，色之明也。《玉篇》：“彰，鮮明也。”

朏者，《方言》文也。

曉者，《小爾雅》、《方言》、《說文》並云：“明也。”

暳者，《方言》：“晛、暳，明也。”郭璞：“音亦。”通作“圛”。《洪範》：“曰圛。”鄭注：“圛者，色澤而光明也。”舊本“暳”訛“睪”，今訂正。

怈者，《玉篇》：“怈，余世切。明也。”

視者，目之明也。《論語》：“視思明。”《管子·宙合篇》：“目司視，視必順見，見察謂之明。”

晣者，《說文》：“晢，昭晣，明也。”引《禮》曰：“晣明行事。”張衡《思玄賦》：“死生錯而不齊，雖司命其不晣。”李善注引此文。

昱者，《說文》：“昱，明日也。”《玉篇》：“昱，日明也。”《廣韻》：“昱，日光也。”揚雄《太玄[7]·告》云：“日以昱乎晝，月以昱乎夜。”司馬光云：“昱，明也。”

曠者，《說文·日部》義也。《後漢書·竇融傳》：“義士則曠若發矇。”

昭者，《說文》：“昭，日明也。”《堯典》：“百姓昭明。”《小雅·鹿鳴》："德音孔昭。"孔傳與鄭箋並解爲"明"。《魯語》："夫祀，昭孝也。"韋昭注："昭，明也。明孝道也。"通作"炤"。《小雅·正月》："亦孔之炤。"《中庸》作"昭"。漢《譙敏碑》："盛德炤明。"亦以"炤"爲"昭"。

晤者，《說文》："晤，明也。"引《詩》曰："晤辟有摽。"

的者，《說文·日部》義也。《淮南·說林訓》："的的者獲，提提者射。"高注："的的，明也。爲衆所見，故獲。"

旭者，《說文》："旭，日旦出皃。一曰明也。"《邶風·匏有苦葉》云："旭日始旦。"傳："旭，日始出，謂大昕之時。"揚雄《太玄·從》"次二"云："方出旭旭。"司馬光曰："旭旭，日始出未明之間。"曹憲音"勗"，又音"忽老反"者。《詩》、《釋文》云："旭，《說文》：'讀若好。'"《字林》："呼老反。"《爾雅》、《釋文》云："旭旭，謝嶠'詩玉反'，郭璞'呼老反'。"案，今本《說文》作"讀若勗"者，疑徐鉉改也。唐以後人不復知"旭"有"好"音，故《廣韻》"三十二皓"亦不收"旭"字矣。

微者，《法言·問明篇》："或問：'明。'曰：'微。'或曰：'微，何如其明也？'曰：'微而見之，明其誖乎？'"

焞者，《說文》："燂，明也。"《鄭語》："以淳燿惇大，天明地德。"

囧者，《說文》以"囧"爲"囧明"，則"囧"亦明也。

陽者，《說文》："陽，高明也。"《豳風·七月》云："我朱孔陽。"傳："陽，明也。"《白虎通義》："高陽者，陽猶明也，道德高明也。"

杲者，《說文》："杲，明也。从日在木上。"《玉篇》："杲，古老切。日出也。"《衛風·伯兮》云："杲杲出日[8]。"

粲者，色之明也。《玉篇》："粲，鮮好皃。"

烓者，竈之明。《方言》："烓，明也。"《說文》："烓，行竈也。"

《玉篇》："烓，煁也。"

堂者，室之明也，《釋名》："堂猶堂堂，高顯皃也。"

彰者，文之明也。《說文》："彰，文彰也。"《皋陶謨》："彰厥有常。"鄭、王並釋爲"明"。通作"章"。《堯典》："平章百姓。"鄭注："章，明也。"《士冠禮》記"章甫"注云："章，明也。殷質言以表明丈夫。"

著者，《小爾雅》義也。《列子·仲尼篇》："在己無居，形物其箸。"張湛注："形物，猶事理也。事理[9]自明，非我之功也。"案，箸，古"著"字。

［注］［1］静本、愛本誤作"昭"。［2］静本、愛本誤作"吾"。［3］静本、愛本誤作"敝笱"。［4］静本、愛本誤作"明"。［5］《廣雅疏證》："闡，明也。闡，與'僤'通。"［6］"晈"爲"皎"之異體。［7］静本、愛本衍"元"字，已刪。［8］静本、愛本衍"也"字，已刪。［9］静本、愛本誤作"明"。

滄、瀩錯定反、冷、洞乎茗反、清、涇、湅、淬七碎反，寒也。

《說文》："寒，凍也，从人在宀下，以茻、薦覆之；下有仌。"

滄者，《說文·仌部》義也。《逸周書·周祝解[1]》："天地之間有滄熱。"孔晁注："滄，寒也。"《列子·湯問篇》："日初出，滄滄涼涼；及其日中，如探湯。"《荀子·正名篇》："疾養滄熱。"《漢書·枚乘傳》："欲湯之滄，一人炊之，百人揚之，無益也；不如絶薪止火而已。"鄭氏注："音'悽愴'之'愴'，寒也。"

瀩者，《說文》："瀩，冷寒也。"《集韻》："七刀切。"引此文云："瀩，寒也。"

冷者，《說文·仌部》義也。《玉篇》："力頂、力丁二切。"

泂者，《玉篇》：“泂，古迴切。冷也。”

凊者，《説文》：“凊，寒也。”《吕氏春秋·仲春紀》：“大寒既至，民煖是利；大熱在上，民凊是走。”

涇者，《玉篇》：“涇，巨并切。寒也。”本此。

涷者，《説文》：“涷，冰也。”《月令》：“孟冬，地始涷。”

淬者，《説文》：“淬，滅火器也。”《方言》：“淬，寒也。”舊本“瀩”、“冷”、“泂”譌從“水”，“淬”譌從“仌”，今俱訂正。

[注] [1]静本、愛本衍“之”字，已删。

惟、國、誧、議、慮、惲於汶反、計、聽、媒，謀也。

《説文》：“慮難曰謀。”《左氏襄四年傳》：“咨難爲謀。”

惟者，《方言》：“惟，凡思也。”《詩》、《釋文》引《韓詩》云：“惟，念也。”

國，未詳。疑“圖”之譌。

誧者，《玉篇》：“誧，匹布切。謀也。”

議者，《玉篇》：“議，魚寄切。謀也。”

慮[1]者，《方言》：“慮，謀思也。”《夏官·大司馬》云：“大役，與慮事。”《韓非·喻[2]老》云：“白公勝慮亂。”又云：“越王慮伐吴。”《漢書·賈誼傳》：“慮亾不帝制而天子自爲者。”顔師古曰：“慮，大計也。”

惲者，《方言》文。郭注：“謂議也。”《玉篇》：“惲，謀也。議也。”

計者，《説文》：“計，算也。”《史記·項羽本紀》：“項梁召諸别將會薛計事。”

聽者，《洪範》：“聽曰聰，聰作謀。”

媒者，《說文》：“媒，謀也。謀合二姓。”《周禮・序官》“媒氏”注：“媒之言謀也。謀合異類，使和成者。”

[注] [1]愛本作“慮”。[2]静本、愛本誤作“解”。

尃宣音、**緣、遵、躔、逡**七循反、**揗**無巾[1]反，**循也。**

《說文》：“循，行順也。”《左氏昭七年傳》：“循牆而走。”束晳《補亡[2]詩》：“循彼南陔。”

尃，未聞[3]。

緣者，《玉篇》：“余泉切。因也。”

遵者，《說文・辵部》義也。《謚法解》云：“遵，循也。”《周南》：“遵彼汝墳。”

躔、逡者，《方言》：“躔、逡，循也。日運爲躔，月運爲逡。”

揗者，上文釋爲“順”，與“循”義相成也。舊本“循”下無“也”字。今案，此七字與下“表”訓不類，故加“也”字以别之。

[注] [1]静本、愛本作“中”，據《博雅音》改。[2]愛本误作“補”字，已改。[3]《廣雅疏證》：“《玉篇》：‘尃，循也。’”

襮博音、**裔、方、外、旌，表也。**

《玉篇》：“表，衣外也。”《說文》作“褾”。

襮者，《玉篇》：“襮，布各切。衣表也。”

裔者，《玉篇》：“裔，表也。”

方者，詹事兄曰：“古讀‘方’、‘表’，聲相近。”《書・堯典》：“光被四表。”四表，猶“四方”。

外者，《玉篇》：“外，表也。”

旌者，《太公六韜》云：“旌别淑慝，表其門閭。”《周語》云：“爲車服旗章以旌之。”韋昭曰：“旌，表也。”

疆、繹、困、苦、終、竟、死、殛邱知反，窮也。

《説文》：“窮，極也。”

疆者，界之窮也。《豳風·七月》：“稱彼兕觥，萬壽無疆。”

繹者，絲之窮也。《玉篇》：“繹，以石切。終也。”

困者，食之窮也。《尚書大傳》：“行而無資，居而無食，謂之困。”

苦者，勢[1]之窮也。《莊子·庚桑楚》云：“吞舟之魚，碭而失水，則蟻能苦之。”

終者[2]，《玉篇》：“終，窮也。”

竟者，樂之窮也。《説文》：“竟，樂曲盡爲竟。”

死者，生之窮也。《説文》：“死，澌也。人所離也。”《白虎通義》：“庶人曰死，死之言澌，精氣窮也。”

殛者，《説文》：“殛，棄也。俗語謂死曰大殛。”舊本“殛”字誤入下文“非”訓内，今訂正。

[注] [1]静本、愛本作“勢”。[2]静本、愛本誤作“日”。

餘、盈、匪、勿，非也。

《説文》：“非，違也。从飛下翄，取其相背。”《釋名》：“非，排也。人所惡排去也。”

餘者，《玉篇》：“餘，非也。”本此。

盈，未詳。盧校作：“殛、餘，盈也。”增“也”字。孫侍御云：“疑

‘殑[1]’與‘奇’通。”

匪者，《玉篇》：“匪，甫尾切，非也。”《易》曰：“匪寇，婚媾。”《小雅·杕杜》：“匪載匪來。”箋：“匪，非也。”

勿者，《玉篇》：“勿，非也。”

［注］［1］愛本作“殑”。

羸力果反、裎呈音、徒、裼，袒也。

《説文》：“袒，衣縫解也。”《左氏昭二十年傳》：“使華寅肉袒，執蓋。”

羸者，《説文》：“羸，袒也。或作‘裸’。”《淮南·原道訓》：“故禹之裸國，解衣而入，衣帶而出，因之也。”舊本“羸”訛从“女”，今訂正。

裎者，《説文》：“裎，袒也。”

徒者，但也，《説文》解“但”爲“裼”，故“徒”亦“袒”也。

裼者，《説文》：“裼，袒也。”《爾雅》：“襢裼，肉袒也。”李巡曰：“襢裼，脱衣見體曰肉袒。”《孟子》云：“雖袒裼裸裎於我側。”

堲[1]、薶、窖、窌溜音，又普孝反、都、埝多念反、伏、竄、房、屛必整反、宲保音、匿、揞阿感反、揜弇音、錯、摩、寑、奥、寥歷音，藏也。

《玉篇》：“藏，隱也。”

葬者，形之藏也。《禮記》曰：“葬也者，藏也。欲人之不得見也。”《説文》及《釋名》並云：“葬，藏也。”

薶者，死之藏也。與“埋”同。《説文》：“薶，瘞也。”《釋名》：“葬不如禮曰埋。埋，痗也。趨使葵腐而已。”

窖、窌者，粟之藏也。《月令》：“仲秋，穿竇窖。”鄭注：“方曰窖。”《倉頡篇》：“窖，地藏也。”《漢書·蘇武傳》：“迺幽武置大窖中。”顏師古曰：“舊米粟之窖而空者也。”《攷工記·匠人》：“囷、窌、倉、城，逆牆，六分。”鄭注：“穿地曰窌。”《荀子·議兵篇》云：“則必發夫掌窌之粟以食之。”楊倞注：“地藏曰窌。掌窌，主倉廩之官。”又《榮辱篇》：“餘刀[2]布，有囷[3]窌。”註云：“窌，窖也。地藏曰窖。”

都者，詹事兄曰：“《春秋傳》：‘人所聚曰都。’都，又與‘豬’通，水所聚也。則‘都’亦有藏義。”

墊者，水之藏也。《虞書》云：“下民昏墊。”

伏者，犬之藏也。《說文》徐鍇本云：“伏，犬伺人。”《玉篇》：“伏，匿也。”《易》曰：“坎爲隱伏。”

竄者，鼠之藏也。《說文》：“竄，匿也。从鼠在穴中。”《周語》曰：“自竄于戎狄之間。”韋昭注：“竄，匿也。”

扆者，與“依”通。《顧命》云：“狄設黼扆綴衣，牖閒南嚮。”《春官·司几筵》云：“凡大朝覲、大饗射，凡封國、命諸侯，王位設黼依，依前南嚮。”鄭注：“依，其制如屏風然。”《覲禮》云：“天子設斧依於户牖之間。”鄭注：“依，如今綈素屏風也。”《曲禮》云：“天子當依而立，諸侯北面而見天子曰覲。”《釋文》：“依，本又作‘扆’。”《明堂位》云：“天子負斧依南鄉而立。”鄭注：“斧依，爲斧文屏風於户牖之間。”《爾雅》：“牖户之間謂之扆。”《漢書·徐樂傳》：“南面背依，攝袂而揖王公。”顏師古曰：“依，讀曰扆。”案，斧依，即“黼扆”也。衣之言隱也，故“依”亦爲藏。鄭以“屏風”況“依”者。據[4]漢制而言，“扆”當天子所立處之後，若爲天子屏翳其風，故取名焉。《釋名》：“扆，倚也。在後所依倚也。屏風，言可以屏障其風也。”

庰者，《説文》：“庰，蔽也。”通作“屏”。《周書·金縢》：“我乃屏璧[5]與珪。”孔傳：“屏，藏也。”《白虎通義》云：“所以設屏何？以自障也。示不極臣下之敬也。天子德大，故外屏；諸侯德小，故内屏。”

宲者，《説文》：“宲，藏也。”引《周書》曰：“陳宲赤刀。”今《書·顧命》作“寶”。《周禮·天府》注引《書》亦作“寶”。

匿者，《説文》：“匿，亾也[6]。”《玉篇》：“匿，亾隱也。”

揞、揜、錯、摩者，《方言》文也。“荆、楚曰揞。吴、揚曰揜。周、秦曰錯。陳之東鄙曰摩。”《玉篇》：“揞，藏也。”《廣韻》：“揞，手覆也。”《説文》：“揜，覆也。”

寑者，《説文》：“寑，卧也。”《釋名》：“寑，寢也。所寢息也。”《小雅·斯干》云：“乃安斯寢。”

奥者，陸機《君子有所思行》云：“善哉膏粱士，營生奥且博。”李善注引此文，同。鮑照《蕪城賦》：“重江複關之隩。”李善引云：“隩，藏也。”是本又作“隩”。

寥者，《廣韻》：“寂寥無人。郎擊切，又音聊。”《集韻》引作“窲”，从“穴”。

［注］［1］静本、愛本作“壂”。［2］静本、愛本誤作“力”。［3］静本、愛本誤作“因”。［4］静本、愛本作“攗”。［5］静本、愛本誤作“屏”。［6］静本、愛本脱“也”字。

𪍠[1]麗音**、絓**大河反**、拙**夷細反**、閲，數也。**

《説文》：“數，計也。”

𪍠者，《方言》文也。通作“麗”。《大雅·文王》：“其麗不億。”傳：

“䍣，數也。”

紽者，《召南·羔羊》“素絲五紽”傳義也。《玉篇》：“紽，絲數也。”

抴者，《廣韻》：“抴，數也。”舊本“抴”訛從“木”，今訂正。

閲者，《説文》：“閲，具數于門中也。”《左氏襄九年傳》：“商人閲其禍敗之釁。”杜注：“閲，猶數也。”

［注］［1］静本、愛本作“䍤”，爲“䍣”之異體。

占、讖楚譖[1]反、**揄、證，諭**魚殮反，又魚劍反。今人以“馬”旁“驗”字爲“證諭”，失之矣**也。**

《説文》：“諭，問也。”

占者，《説文》：“占，視兆問也。”《春官·占人》云：“君占體，大夫占色，史占墨，卜人占圻。”《吕氏春秋》云：“羲和作占日，尚儀作占月，后益作占歲。”

讖者，《説文》：“讖，諭也。”《史記·賈生列傳》：“發書占之，策言其度。”《索隱》曰：“策，《漢書》作‘讖’。”引《説文》：“讖，諭言也。”《漢書·哀帝紀》：“待詔夏賀良等言赤精子之讖。”

揄，未聞[2]。

證者，《説文》：“證，告也。”《楚辭·九章》：“故相臣莫若君兮，所以證之不遠。”王逸注：“證，驗也。”

［注］［1］静本、愛本誤作“諧”，據《博雅音》改。［2］《廣雅疏證》：“揄，亦‘諭’也。”

締第音、縎骨音、總、括，結也。

《說文》："結，締也。"

締者，《說文》："締，結不解也。"《魏都賦》："締構之初，萬邑[1]譬焉。"

縎者，《說文·糸部》義也。王逸《九思》："心結縎[2]兮折摧。"

總[3]者，《說文》："總，聚束也。"《離騷》："總余轡乎扶桑。"王注："總，結也。"

括者，《說文》："括，絜也。"案，絜，與"結"通，故鄭注《大學》云："絜，猶結也。"《漢書·公孫田劉傳》贊云："括囊不言，容身而去。"顏師古曰："括，結也。"《易·坤》"六四"爻辭曰："括囊，无[4]咎无譽。"言閉慎如囊之括結也。

[注] [1]静本、愛本誤作"色"。[2]静本、愛本誤作"緒"。[3]愛本作"緫"。[4]愛本誤作"元"。

孅摘音、糾、彖，材也。

材，與"才"通。

孅者，《玉篇》："孅，居天、居黝二切。竦身皃。"

糾者，《說文》："孅，讀若《詩》'糾糾葛屨'。"是"糾"、"孅"，聲義相同也。

彖者，《繫辭傳》："彖者，材也。"《玉篇》："彖，他亂切。才也。"

雙、耦、娌里音**、匹、孿、息、曰、貳、乘、勝、再、兩，二也。**

《説文》：“二，地之數也。從偶一。”

雙者，鳥之二也。《説文》：“雙，隹二枚也。”王逸《九思》：“嗟英俊兮未爲雙。”注：“雙，匹也。”

耦者，《攷工記·匠[1]人》云：“耜廣五寸，二耜爲耦。一耦之伐，廣尺、深尺。”鄭注：“古者耜一金，二人併發之。”

娌者，妯娌，亦稱“築娌”。《方言》：“娌，偶也。”舊本“娌”訛“娌”，今訂正。

匹者，人之二也。《大雅·文王有聲》傳：“匹，配也。”《左氏成二年傳》：“若以匹敵。”《方言》：“臺敵，匹也。”

孿者，生之二也。《淮南·修務訓》：“孿子之相似者，唯其母能知之。”《方言》云：“凡人兽乳而雙産，自關而東，趙、魏之間，謂之孿生。”《説文》：“孿，一乳兩子也。”“孿”、“孿[2]”同。

息、曰，未詳。

貳者，《説文》：“貳，副益也。”《坊記》云：“惟卜之日稱二君。”鄭注：“二[3]當爲貳。惟卜之時，辭得云‘君之貳某’爾。”《楚辭·九章》：“事君而不貳兮。”王逸注：“貳，二也。”

乘者，鴈之二也。揚雄《解嘲[4]》云：“乘鴈集不爲之多，雙[5]鳧飛不爲之少。”《方言》云：“飛鳥曰雙，鴈曰乘。”

勝，未詳[6]。

再者，事之二也。《左氏傳》：“一之爲甚，其可再乎？”《説文》：

“再，一舉而二也。”

兩者，分之二也。《繫辭傳》：“分而爲二以象兩。”

[注] [1]静本、愛本誤作“匹”。[2]静本、愛本誤作“孿”，據徐復本《疏義》改。[3]静本、愛本誤作“三”。[4]静本、愛本誤作“朝”。[5]愛本誤作“變”。[6]《廣雅疏證》：“《方言》：‘賸，雙也。南楚、江、淮之閒曰賸。’《說文》：‘賸，物相增加也。一曰送也，副也。’徐鍇傳云：‘古者一國嫁女，二國往媵之。媵之言送也，副貳也。義出於此。’賸、賸、媵，聲義亦同。賸，與‘乘’聲又相近也。賸，各本訛作‘勝’，今訂正。”

贈、襚、賻、賵、遺“遺與”之“遺”、齎，送也。

《爾雅》：“媵，將送也。”

贈者，玩好之送也。《秦風·渭陽》：“何以贈之。”傳：“贈，送也。”《說文》：“贈，玩好相送也。”

襚者，衣衾之送也。《說文》：“襚，衣死人也。”《春秋·文九年》：“秦[1]人來歸僖公成風之襚。”《公羊傳》：“衣服曰襚。”《穀梁傳》：“衣衾曰襚。”《士喪禮》云：“君使人襚。”注云：“襚之言遺也。衣被曰襚。”《說苑·修文篇》：“天子文繡衣各一襲到地，諸侯覆跗，大夫到髁，士到髀。”

賻者，貨財之送也。《玉篇》：“賻，以財助喪也。”《公羊隱元年傳》：“車馬曰賵，貨財曰賻。”

賵者[2]，《春秋·隱[3]元年》：“天[4]王使宰咺來歸惠公仲子之賵。”《公羊傳》：“車馬曰賵。”《說苑·修文篇》：“喪[5]事有賵者，蓋以乘馬束帛。天子乘馬六匹，諸侯四匹，大夫三匹，元士二匹，下士一匹。天子束帛五匹，玄三纁二，各五十尺；諸侯玄三纁二，各三十尺；大夫玄一纁二，各三十尺；元士玄一纁一，各二丈；下士綵縵各一匹；庶人布帛各一匹。天子之賵，乘馬六匹乘車，諸侯四匹乘輿，大夫曰參輿，元士不用輿。”

遺者，《地官·遺人》注：“以物有所餽遺也。”《左氏隱元年傳》：“未嘗君之羹，請以遺之。”

齎者，《說文》：“齎，持[6]遺也。”《周禮·掌皮職》：“歲終，則會其財齎。”注云：“齎，所給予人以物曰齎。今時詔書或曰齎計吏。”《春官·小祝》：“設道齎之奠。”後鄭謂：“齎，猶送也。”

[注] [1]静本、愛本誤作“春”。[2]静本、愛本無“賵者”二字及上例中《玉篇》和《公羊》例。[3]静本、愛本誤作“急”。[4]静本、愛本誤作“大”。《穀梁傳》：“仲子者何？惠公之母，孝公之妾也。”[5]愛本作“喪”。[6]静本、愛本誤作“待”。

攄敕魚反、**展**、**奮**、**摛**敕離反、**初**、**禹**、**霊**芋音、**綏**，**舒也。**

《說文》：“舒，伸也。”

攄者，班固《兩[1]都賦》：“願賓攄懷舊之蓄念。”李善注引此文。

展者，上文云“舒勃，展也”，此又轉相訓也。

奮者，《玉篇》：“奮，舒也。”本此。

摛者，《說文·手部》義也。潘岳《射雉賦》：“摛朱冠之赩赫。”何晏《景福殿賦》：“若摛朱霞而耀天文。”李善注並引此文。

初者，“初”、“舒”，聲相近，故義同。

禹者，《玉篇》：“禹，舒也。”本此。

鸆者，《說文》：“鸆，讀若禹。”是“禹”、“鸆”音義同，故皆云“舒”也。

緩者，《玉篇》：“緩，安也。”案，安而不迫，舒之義也。

[注] [1]静本、愛本誤作“而”。

僭、掜五禮反，擬也。

《說文》：“擬，度也。”“儗，僭也。”二字通用。

僭者，《說文》：“僭，假也。徐鍇[1]曰：‘《春秋傳》唯名與器，不可以假人’，是僭也。”

掜者，《漢書·揚雄傳》：“作《太玄》五千文，有首、衝、錯、測、攡、瑩、數、文、掜、圖、告十一篇。”

[注] [1]静本、愛本誤作“錯”。

獪瓜邁反、猾滑音、獿奴牢反、獶奴絞反，又乎絞反，擾也。

“擾”訓已見卷五中。“獪”、“獶”亦重出。

猾者，《玉篇》：“亂也。黠[1]也。小兒多詐也。”

獿者，《說文》：“獿，獶也。”《玉篇》：“獿，與‘猱’同。”

[注] [1]静本、愛本作“黠”。

婠初洽反、**㥢**脅音、**恇**匡音、**㤁**看狐反，**怯**去劫反**也。**

《説文》："�，多畏也。杜林説作'怯'。"《荀子·不苟篇》："與時屈伸，柔從若蒲葦，非懾怯也。"賈誼《新書·道術篇》："持節不恐謂之勇，反勇爲怯。"

婠[1]者，《説文》："婠，疾言失次也。讀若懾。"

㥢者，《玉篇》："㥢，許劫切。以威力相恐㥢。"

恇者，《説文·心部》義也。

㤁者，《玉篇》："㤁，恐也。怯也。憂也。"

[注] [1]静本、愛本作"婠"。

嬗十扇反、**娙**五丁反、**娭**熙音、**侮**、**獲**，**婢也。**

《説文》："婢，女之卑者。"鄭注《曲禮》云："婢之言卑也。"

嬗、**娙**，未詳。

娭者，《説文》："娭，卑賤名也。"《玉篇》："娭，虚基切。婦人賤稱。"

侮、**獲**者，《方言》云："臧、甬、侮、獲、奴、婢，賤稱也。荆、淮、海、岱，雜齊之間，罵奴曰臧，罵婢曰獲。齊之北鄙，燕之北郊，凡民男而壻婢謂之臧，女而婦奴謂之獲。亾奴謂之臧，亾婢謂之獲，皆異方罵奴婢之醜稱也。自關而東，陳、魏、宋、楚之間，保庸謂之甬。秦、晉之間，罵奴婢曰侮。"

緜、**聯**、**纍**己足反、**綴**陟月反、**及**、**瑣**[1]、**系**、**牽**，**連也。**

《玉篇》："連，合也。及也。"

緜者，《説文》："緜，聯微也。"

聯者，《周禮・太宰職》："三曰官聯。"鄭司農云："聯，讀爲連。古書'連'作'聯'。聯，謂連事通職，相佐助也。"《說文》："聯，連也。從耳，耳連于頰也。從絲，絲連不絕也。"張衡《西京賦》："西有玉臺，聯以昆德。"

絭者，《說文》："絭，約也。"《玉篇》："絭，連也。"舊本"絭"訛"絭"[2]，今訂正。

綴者，賈逵《國語》注："綴，連也。"張衡《西京賦》："綴以二華。"

及者，《公羊傳》："及者何？與也。"

瑣者，徐鍇《說文繫傳》引左思詩："嬌語若連瑣。"

系者，《說文》："系，繫也。"

牽者，上文"牽，引也"，"引"亦"連"也。

[注] [1]静本、愛本誤作"鎖"。[2]"絭"爲"絭"之異體。

掍混音、綷[1]、兼、并、集、合、稽、醜、共，同也。

《說文》："同，合會也。"

掍者，《說文・手部》義也。《方言》："掍，同也。宋、衛之間或曰掍。"郭璞音"衮衣"之"衮"。王褒《洞簫賦》："掍其會合。"

綷者，《方言》："綷，同也。宋、衛之間曰綷。"《說文》："綷，會五采繒色。"舊本"綷"訛"粹"，今訂正。

兼者，《說文》："兼，并也。"

并者，《說文》："并[2]，相從也。"《玉篇》："竝，同也。并，同上。"

集者，《爾雅》："集，會也。"

合者，《玉篇》："合，同也。"

稽者，《堯典》："曰若稽古，帝堯。"鄭注："稽，同也。古，天也，言堯能順天而行之，與之同功。"《史記·樗里子甘茂列傳》："滑稽多智。"《索隱》曰："鄒誕生音滑稽。或解云：'滑，亂也。稽，同也，言便捷之人，言非若是，言是若非，謂能亂同異也。'"[3]

醜者，《方言》文也。"東齊曰醜。"趙岐注《孟子》云："醜，類也。類，亦同也。"

共者，《說文》："共，同也。"

[注]　[1]愛本誤作"綷"。[2]靜本、愛本作"弅"，前脫"文"字。其上脫"文"字。[3]《索隱》原作："滑音骨。稽音雞。鄒誕解云：'滑，亂也。稽，同也，謂辨捷之人，言非若是，言是若非，謂能亂同異也。'"

了、闋、已，訖也。

《說文》："訖，止也。"

了者，《玉篇》："了，訖也。"本此。

闋者，《說文》："闋，事已閉門也。"《文王世子》云："有司告以樂闋。"

已者，《玉篇》："已，止也。畢也。訖也。"

黮勑感反，又都甚反、䵪尨音、竊、姦，私也。

《說文》："厶，姦衺也。韓非曰：'倉頡作字，自營爲厶。'"今經典通用"私"。賈誼《新書·道術篇》："兼覆無私謂之公，反公爲私。"

黮、䵪者，《方言》文也。郭注："皆冥闇，故爲陰私也。"

竊者，《說文》云："盜自中出曰竊。"

姦者，《説文·女部》義也。《玉篇》："姦，古顔切。姦邪也。"

聰錯公反、聆郎丁反、聽匹照反、聺七祭反、聑馬年反、許，聽也。

《説文》："聽，聆也。"《釋名》："聽，静也。静，然後所聞審也。"《玉篇》："聽，他丁、他定二切。"《尚書》："五事，四曰聽。"孔傳："察是非。"

聰者，《説文》："聰，察也。"《書》曰："聰作謀。"《管子·宙合篇》："耳司聽，聽必順聞，聞審謂之聰。"古亦作"悤"。《漢書·郊祀志》："悤明上通。"顔師古曰："悤，與'聰'同。"

聆[1]者，《説文》："聆，聽也。"《玉篇》："聆，郎丁切。"引《倉頡篇》："耳聽曰聆。"《法言·五百篇》："聆聽[2]前世，清視在下，鑑莫近于斯矣。"

聽者，《玉篇》："聽，匹妙切。聽裁聞也。又行聽也。"

聺者，《玉篇》："聺，聽也。"本此[3]。

聑者，《玉篇》："聑，莫田切。"引《埤蒼》云："注意聽也。"

許者，《説文·言部》義也。《左氏隱元年傳》："公弗許。"

[注] [1]静本、愛本误作"怜"。[2]静本、愛本誤作"德"。[3]静本、愛本脱此條，以《玉篇》補之。

抐而袂反、搵於粉反、搙奴遘反、揷，拄也。

《玉篇》："拄，張庾切。指拄也。"

抐者，《玉篇》："抐，乃兀切。搵抐也。"

搵者，《廣韻》："搵，拄[1]也。"

搙者，《玉篇》："搙，女角切。搵也。"

揷者，《玉篇》："揷，日之切。拏也。"

[注] [1]静本、愛本誤作"没"。

謑乎啟反**、詬、羞、媿、𩕄、鄙，恥也。**

上文釋"恥"爲"辱"，此又申其義也。

謑、詬者，《説文》："謑，恥也。或作'謨'。""詬，謑詬。恥也。或作'詢'。"《荀子·非十二子篇》："無廉恥而忍謑詬。"楊倞注："謂罵辱也。本或作'謨詢'。"《左氏昭二十年傳》："子死亾有命，余不忍其詢。"杜："詢，恥也。"《釋文》："詢，許倏反。本或作'詬'。"《離騷》："忍尤而攘[1]詬。"王注："詬，恥也。"舊本"詬"作"話"，形相涉而誤也。曹音"乎介反"，失之矣，今訂正。

羞者，上文釋爲"辱"，又爲"恥"也。

媿者，《爾雅》："媿，慙也。"《説文》："媿，或作'愧'。从恥省。"

𩕄者，《説文》："𩕄，䩄䟽也。"案，上文以"䩄"爲"慙"，則"䟽"亦同，故爲"恥"也。"𩕄""䟽"同。

鄙者，《楚辭·九章》："易初本迪兮，君子所鄙。"王注："鄙，恥也。"

[注] [1]静本、愛本作"攘"。

諺、譯、膚、禪，傳也。

《廣韻》："傳，轉也。"

諺者，語之傳也。《説文》："諺，傳言也。"

譯者，音之傳。《方言》文也。《説文》："譯，傳譯四夷之言者。"《淮南·泰族訓》："夷狄之國，重譯而至。"桓寬《鹽鐵論》："越人夷吾，戎人由余，待譯而後通，而並顯齊、秦。"《漢書·百官公卿表》："典客、屬官，有譯官、令丞。"

膚者，籀文"臚"字。《晉語》："風聽臚言于市。"韋注："臚，傳言也。"《周禮》"象胥"干寶注云："今鴻臚。"《漢書》蘇林注云："上傳語告下曰臚。"《莊子》、《釋文》引向秀注："從上語下曰臚傳。"是也。

禪者，國之傳也。《孟子》引孔子曰："唐、虞禪，夏后、殷、周繼。"

誦、諍乎孟反、語、議、話、詁、吪吾禾反、曰，言也。

《法言·問神篇》："捈中心之所欲，通諸人之嚍嚍者，莫如言，故言，心聲也。"《吕氏春秋·離謂篇》云："言者，以諭[1]意也。"《說苑·談叢篇》："言猶射也。括既離弦，雖有所悔焉，不可從而追已。"《釋名》："言，宣也。宣彼此之意也。"

誦者，古之言也。《大雅·桑柔》："誦言如醉。"箋："見誦《詩》、《書》之言，則冥卧如醉。"《國語》云："聞一二之言，必誦志而納之，以訓道我。"

諍者，瞋之言也。《玉篇》："諍，瞋語也。"《集韻》："諍，言很也。"

語者，敘之言也。《說文》："直言曰言，論難曰語。"《釋名》："語，敘也。敘己所欲說也。"

議者，謀之言也。《玉篇》："議，謀也。"《吕氏春秋·孟秋紀》："士之議也，非苟語也。必當理然後議。"高誘注："議，言也。"蔡邕《獨斷》云："其有疑事，公卿百官會議。若臺閣有所正處而獨執異意者曰駮議。駮議曰某官某甲議以爲如是，下言臣愚戇議異，其非駮議，不言議異。其合於于上意者，文報曰某官某甲議可。"

話者，善之言也。《說文》："諙，合會善言也。"《大雅·抑》："告之話言。”傳：“話言，古之善言也。”《商書・盤庚》：“乃話民之弗率。”馬融曰：“話，言也。”案，“話言”已見《爾雅》，此當作“譮”。譮，籀文“話”。

詁者，典之言也。《說文》：“詁，訓故言也。”《大雅・烝民》：“古訓是式。”箋：“古訓，先王之遺典也。”張傳士《雜字》云：“詁者，古今之異語也。”

吪者，僞之言也。與“訛”同。《小雅・正月》：“民之訛言。”箋：“訛，僞也。”

曰者，《說文》：“曰，詞也。”

［注］［1］静本、愛本誤作“前”。

誧普乎反、証征音、譏、諍、諭論音、誶，諫也。

《說文》：“諫，証也。”《玉篇》：“諫，正也。更也。”

誧者，謀之諫也。《說文》：“誧，人相助也。”《玉篇》：“誧，匹布切。謀也。”

証者，《說文・言部》義也。

譏者，與“幾”同。微之諫也。《論語》：“事父母幾諫。”

諍[1]者，止之諫也。《說文》：“諍，止也。”《玉篇》：“諍，諫諍也。”通作“争”。《荀子・臣道篇》：“有能進言於君，用則可，不用則死，謂之争。”

諭者，理之諫也。《說文》：“諭，告也。”

誶者，《離騷》：“謇朝誶而夕[2]替。”王逸注：“誶，諫也。”引《詩》曰：“誶予不顧。”

[注] [1]静本、愛本作“諍”。[2]静本、愛本誤作“多”。

訓、誨、諷、誥、譔助轉反、校、勸、學，教也。

《荀子·修身篇》：“以善先人者，謂之教。”楊倞曰：“先，謂首唱也。”《說文》：“教，上所施、下所傚也。”《釋名》：“教，傚也。下所法傚也。”

訓者，順之教也。《說文》：“訓，説教也。”張衡《東京賦》：“不窮樂以訓儉。”薛綜曰：“訓，教也。”《思玄賦》：“仰先哲之玄訓兮。”

誨者，曉之教也。《說文》：“誨，曉教也。”引《詩》曰：“誨爾諄諄。”《小雅·鶴鳴》序：“誨宣王也。”箋：“誨，教也。”疏：“上言規、此言誨者，規謂正其已失，誨謂教所未知。”孔安國《書》傳：“誨，教也。”《左氏襄十四年傳》：“使師曹誨之琴。”杜訓爲“教”。

諷者，誦之教也。《說文》：“諷，誦也。”凡諷諫者，誦成言以納箴諫，故解“諷”爲“誦”。

誥者，上之教也。與“告”同。《釋名》：“上敕下曰告。告，覺也。使覺悟知己意也。”

譔者，專之教也。《說文》：“譔，專教也。”

校者，《孟子》：“夏曰校。校者，教也。”

勸者，勉之教也。《說文》：“勸，勉也。”

學者，覺之教也。《說文》：“斅，覺悟也。篆文作‘學’。”《文王世子》云：“故學之爲父子焉，學之爲君臣焉，學之爲長幼焉。父子、君臣、長幼之道得而國治。”鄭注：“學，教也。”皇侃《論語義疏》引《白虎通》云：“學，覺也。悟也，言用先王之道，導人情性，而使自覺悟，而去非取是，積成君子之德也。”

崩、頓、偃、仆、趌户格反𧺆山格反、臥，僵薑音也。

《說文》："僵，僨也。"《釋名》："僵，正直畺然也。"《玉篇》："僵，舉良切。"引《莊子》："推而僵之。""說僵也。"《荀子·仲尼篇》："可炊而傹也。"楊倞曰："炊，與'吹'同。傹，當爲'僵'，言可以氣吹之而僵仆。"

崩者，《說文》作"崩"。云："山壞也。"

頓者，《說文》解"仆"爲"頓"，故"頓"亦"僵"也。

偃者，《說文·人部》義也。《玉篇》："偃，乙蹇切。"引《論語》："草上之風必偃。""偃，仆也。"

仆者，《釋文》："仆，踣也。頓踣而前也。"《玉篇》："仆，芳遇切。傾倒皃。"

趌𧺆者，《玉篇》："趌，趌𧺆，僵仆。"

臥者，《說文》："臥，休也。從人、臣，取其伏也。"《玉篇》："臥，眠也。息也。"

悅吁講[1]反、痳恥律反、瘨丁田反、姰旬、縣二音、瘹弔音、僪巨出反、狾古制反、獟五校反、倀長音，狂也。

上文"狂，癡也"，此又廣其訓也。《說文》："狂，狾犬也。"

悅者，皃之狂也。《說文》："悅，狂之皃。"《玉篇》："悅，懒悅。"

痳者，走之狂也。《說文》："痳，狂走也。讀若欻。"通作"怴"。《春秋·桓五年》："甲戌、己丑，陳侯鮑卒。"《公羊傳》云："曷爲二日卒之？怴也。"何休云："怴者，狂也。"

瘨者，《說文》："瘨，病也。"《玉篇》："瘨，狂也。"

姰者，《玉篇》："姰，狂也。"

瘹者，《玉篇》："瘹，都叫切。狂也。"

僪者，《玉篇》“僪”下引《甘泉宮賦》：“捎夔魖而抶[2]僪狂。本亦作‘獝’。”

狾者，犬之狂也。與“瘈”同。《左氏襄十七年傳》：“國人逐瘈狗，入于華臣氏。”《漢書·五行志》引作“狾犬”。通作“猘”。《淮南·氾論訓》：“鄭子陽剛毅而好罰，其於罰也，執而無赦。舍人有折弓者，畏罪而恐誅，則因猘狗之驚，以殺子陽。”

獟者，《玉篇》：“獟，狾狗也。狂狗也。”

佷者，《說文·人部》義也。

[注] [1]《博雅音》作“請”。[2]静本、愛本作“佚”。

訂田鼎反、評、圖、謀、慮，議也。

上文“議，言也”，此又廣其義也。

訂者，《說文》：“訂，平議也。”

評者，《玉篇》：“評，皮柄切。平言也。又音平。”

圖者，《說文》：“圖，畫計難也。”

謀者，《說文》：“慮難曰謀。”《玉篇》：“謀，謀計也。”

慮者，《方言》：“慮，謀思也。”

否、弗、倗朋音，又普等反、粃音“彼此相得”之“彼”，不也。

《玉篇》：“不，弗也。”

否者，《說文》：“否，不也。徐鍇曰：‘不可之意見於言，故從口。’”

弗者，《夏官》：“諸子職，司馬弗正。”鄭注：“弗，不也。”

倗者，《玉篇》：“倗，不也。”本此。

粃者，《方言》：“粃，不知也。”郭注：“今淮、楚間語，呼聲如非也。”舊本曹音:“彼此相得。”案,當爲“音‘彼此相得’之‘彼’”,今訂正。

姦、宄、竊,盗也。

《說文》:“盗,私利物也。”《左氏文十八年傳》:“竊賄爲盗。”

姦者,《說文》:“姦,私也。”

宄者,《說文》:“宄,姦也。外爲盗,内爲宄。讀若軌。”案,宄,與“軌”通。《左氏成十七年傳》:“長魚矯對晉厲公曰:‘亂在[1]外爲姦,在内爲軌。’”《虞書》:“寇賊姦宄。”《史記》作“軌”。《漢書·元帝紀》:“殷周法行而姦軌服。”顏師古曰:“軌,與‘宄’同。”

竊者,《說文》云:“盗自中出曰竊。”《地官·山虞》云:“凡竊木者,有刑罰。”注云:“竊,盗也。”

[注] [1]静本、愛本誤作“右”。

𩲡牛志反**、慎、忌、畏,恐也。**

《說文》:“恐,懼也。古文作‘忎’。”

𩲡者,上文云“懼也”,“𩲡”又爲“恐”也。

慎者,《方言》:“慎,憂也。”“憂”與“恐”,義相成也。

忌者,鄭注《表記》云:“忌之言戒也。”《玉篇》:“忌,畏也。”

畏者,上文云“懼也”,與“恐”義同。

纍俱緑反**、綄**緩音**、繚**了音**、繞、綢、繆、紿**待音**、絡、縶**酌音**,纏也。**

《說文》:“纏,繞也。”

纍者,《說文》:“纍,約也。”

綄者，《玉篇》："綄，乎官、胡管二切。"桂進士馥曰："案，綄，當爲'筦'。"《說文》："筦，筟也。""筟，筳也。""筳，維絲筦也。"

繚、繞者，《說文》："繚，纏也。""繞，纏也。"《楚辭·九歌》："繚之兮杜衡。"王逸注："繚，纏束也。"洪興祖《補注》："繚，纏也。"何晏《景福殿賦》："繚以藻井。"

綢、繆者，《唐風·綢繆》傳："綢繆，纏緜也。"《說文》："綢，繆也[1]。"

紿者，《說文》："紿，絲勞即紿。"

絡者，宋玉《招魂》："鄭緜絡些。"王注："緜，纏也。絡，縛也。"

繫者，《漢書·司馬相如傳》："孅繳施。"《說文》："繫，生絲縷也。"

［注］［1］静本、愛本衍"綢繆"二字，已删。

駕、陵、載，乘也。

《釋名》："乘，升也。登，亦如之也。"《豳風·七月》："亟其乘屋。"傳："乘，升也。"

駕者，《左氏昭元年傳》："子木之信，稱於諸侯，猶詐晉而駕焉。"杜注："駕，猶陵也。"《玉篇》："駕，乘也。"本此。《詩》疏引許慎《五經異義》云："天子駕數。"《易》孟、京，《春秋公羊說》："天子駕六。"《毛詩說》："天子至大夫同駕四，士駕三。"《詩》云："四騵彭彭，武王所乘。龍旂承祀，六轡耳耳，魯僖所乘。四牡騑騑，周道倭遲，大夫所乘。"謹案，《禮·王度記》曰："天子駕六，諸侯與卿同駕四，大夫駕三，士駕二，庶人駕一。"說與《易》、《春秋》同。鄭《駁[1]》云："玄之聞也。《周禮·校人》：'掌王馬之政。凡頒良馬而養乘之：乘馬一師，四圉。'四馬爲乘，此一圉者，養一馬而一師監之也。”《尚書·顧命》：‘諸侯入應門，皆布乘黄朱。’言獻四黄馬朱鬣也。既實周天子駕六，《校人》則何不以馬與圉以六爲數？《顧命》諸侯何以不獻六馬？《王度記》曰：‘大夫駕三。’經傳無所言。是自古無駕三之制也。”

陵者，陸機《日出東南隅行》：“妍迹陵七盤。”李善注引此文。

軙者，《說文·車部》義也。《釋名》：“軙，載也。在其上也。”《五音集韻》：“軙，乘也。”本此。

[注] [1]静本、愛本作“駮”。鄭玄著有《駮五經異義》。

惠、愛、恕、利、人，仁也。

《說文》：“仁，親也。古文作‘忎’。”《周禮》：“六德：仁。”鄭注：“愛人以及物。”

惠者，《說文》：“惠，仁也。徐鍇曰：‘爲惠者，心專也。’”

愛者，《說文》：“炁，惠也。古文作‘㤅’。”今經典通用“愛”。《鹽鐵論》：“仁者，愛之効也。”

恕者，《說文·心部》義也。《左氏傳》：“恕思以明德。”《逸周書·程典》云：“慎德必躬恕，恕以明德。”《管子·版法篇》：“取人以己者，度恕而行也。度恕者，度之於己也。己之所不安，勿施[1]於人。”《離騷》：“羌内恕己以量人兮。”王逸注：“以心揆心爲恕。”《文選》注引李登《聲類》云：“恕，人心度物也。”

利者，養之仁也。唯仁者能養人。《士虞禮》云：“告利成。”鄭注：“利，猶養也。”

人者，《釋名》：“人，仁也。仁生物也，故《易》曰：‘立人之道，曰仁與義。’”《法言·問道篇》：“仁以人之，義以宜之。”《禮記·中庸》：

"仁者，人也。"鄭注："人也，讀如相人偶之人，以人意相存問之言。"又《表記》云："仁者，人也。"鄭注："人也，謂施以人恩也。"《春秋傳》曰："執未有言舍之者，此其言舍之，何也？人也。"疏云："引之者，證人是人偶相存愛之義也。"

[注] [1]静本、愛本誤作"私"。

邌禮兮反**、徐、舒、逋、訥、疏、鈍，遲也。**

《説文》："遲，徐行也。《詩》曰：'行道遲遲。'籀文作'遟'。"

邌者，《説文》："邌，徐也。"《玉篇》："邌，遲也。"《漢書・高帝紀》："遲明圍宛城三帀。"《史記》作"邌明"。

徐者，《説文》："徐，安行也。"《孟子》："子謂之姑徐徐云爾。"

舒者，《説文》："舒，緩也。"《召南・野有死麕》云："舒而脱脱兮。"傳："舒，徐也。"

逋，未聞。

訥者，《論語》："君子欲訥於言。"包咸曰："訥，遲鈍也[1]。"

疏者，陸機《連珠》云："鼙鼓疏擊[2]，以節繁弦之契。"李善注引此文。

鈍者，與"頓[3]"通。《説文》以"篤"爲"頓遲"，即此。

[注] [1]"鈍也"，静本、愛本誤作"伅之"。[2]静本、愛本誤作"繫"。[3]静本、愛本作"頔"，爲"頓"之異體。

宵古僚反**、昔、闇、暮，夜也。**

《説文》："夜，舍也。天下休舍也。"《玉篇》引傳曰："夜，暮也。

君子有四時，朝以聽政，晝以訪問，夕以修令，夜以安身，然則夕之夜猶盡[1]也。”

𡪢者，《玉篇》：“𡪢，夜也。”引《詩》曰：“中𡪢之言。”“中夜之言也。亦作‘冓’。”案，《詩》、《釋文》引《韓詩》云：“中冓，中夜，謂淫僻之言也。”

昔者，《周禮·敘官》“腊人”注：“昔之爲言夕也。”《穀梁莊七年傳》：“日入至于星出，謂之昔。”王逸《楚辭章句》：“昔，夜也。”引《詩》云：“樂酒今昔。”今《詩》作“夕”。崔譔《莊子》注：“昔，夕也。”《管子·小匡》云：“旦昔從事。”旦昔，即“旦夕”也。《列子·周穆王篇》：“有老役夫，昔昔夢爲國君。”張湛注：“昔昔，夜夜也。”《樂府·飲馬長城窟行》云：“夙昔夢見之。”李善注引此文。

闇者，《祭義》云：“夏后氏祭其闇。”

暮者，古用“莫”。《說文》：“莫，日且冥也。从日在茻中。”《齊風·東方未明》云：“不夙則莫。”傳：“莫，晚也。”

[注] [1]静本、愛本作“書”，據徐復本《疏義》改。

昒勿音、昧、晻烏感反、䵑，冥也。

《說文》：“冥，幽也。”《小雅·斯干》：“歲[1]歲其冥。”《荀子·勸學篇》：“無冥冥之志者，無昭昭之明。”

昒者，《說文》：“昒，尚冥也。”《漢書·郊祀志》：“冬至，昒爽。”顔師古曰：“謂日尚冥，蓋未明之時也。”

昧者，《說文》：“昧，闇也。”《堯典》：“宅西，曰昧谷。”孔傳：“昧，冥也。日入于谷而天下冥，故曰昧谷。”《仲虺之誥》云：“兼弱攻昧。”孔傳：“闇則攻之。”《倉頡篇》：“昧，冥也。”言抵[2]冒暗冥也。

晻者，《說文》：“晻，不明也。”《漢書·劉向傳》云：“不務自修，深惟其故，而反晻昧說天[3]。”顏師古曰：“晻，不明也。讀與‘暗’同。”《荀子·不苟篇》：“是姦人將以盜名于晻世者也。”

冥者，《說文·冥部》義也。

[注] [1]静本、愛本作“歳”。[2]静本、愛本作“扺”，據徐復本《疏義》改。[3]静本、愛本誤作“大”。

學、憃忽音、寣忽音、寤即“寤”字、梗梗音，覺也。

《說文》：“覺，寤也。”

學者，教之覺也。《說文》：“斆，覺悟也。篆文作‘學’。”《白虎通·辟雍篇》：“學之爲言覺也，悟所不知也，故學以治性，慮以變情。”

憃者，卧之覺也。《玉篇》：“憃，呼骨切。寢熟也。”

寣者，驚之覺也。《說文》：“寣，卧驚也。火滑切。”

寤者，寐之覺也。《說文》：“寤，寤也。”通作“寤”。《周南·關雎》：“寤寐求之。”傳：“寤，覺也。”《楚辭·九歌》：“惟極浦兮寤懷。”王注亦訓“覺”。

梗者，性之覺也。《方言》：“梗，覺也。”郭注：“謂直也。”

倚於綺反、豎、建、封、殖、蒔時志反、置、隑巨代反、岔棄音，即古文“企”字、起，立也。

《說文》：“立，住也。從大立一之上。”《釋名》：“立，林也。如林木森然，各駐其所也。”

倚者，《易·說卦傳》：“參天兩地而倚數。”《禮記·中庸》：“中立而不倚。”

豎者，《說文》："豎，豎立也。"

建者，《周禮》："惟王建國。"鄭注："建，立也。"《說文》："建，立朝律也。"《玉篇》："建，豎立也。"

封者，國之立也。《說文》："封，爵諸侯之土也。"

殖者，與"植"同。木之立也。《方言》："樹、植，立也。燕之外郊，朝鮮、洌水之間，凡言置立者，謂之樹、植。"

蒔者，《方言》："蒔、殖，立也。"《書》云："播時百穀。"鄭康成："時，讀若蒔。"《玉篇》："蒔，植立也。"

置者，《荀子·非十二子篇》："無置錐之地，而王公不能與之争名。"古與"植"通。《金縢》："植璧秉珪。"疏引鄭注："植，古'置'字。"《論語》："植其杖而耘。"《商頌·那》："置我鞉鼓。"箋："置，讀曰植。"

隑、宜[1]者，病之立也。宜，古文"企"。《方言》："隑企，立也。東齊、海、岱、北燕之郊，委痿謂之隑企。"郭注："脚躄不能行也。"

起者，《說文》："起，能立也。"《禮》曰："請業則起，請益則起。"又曰："君子問更端，則起而對。"

[注]　[1]静本、愛本作"企"。

侼、怨、愇瑋音、**惾**乎佳反、**怽**采音、**忦**介音，又公八反、**悔、吝、懟**直耒反、**憾**乎淡反、**很**[1]很音，**恨也。**

《說文》："恨，怨也。"

侼者，《玉篇》："侼，蒲没切。佷也。""佷"是"恨"之譌。

怨者，《說文》："怨，恚也。"

愇者，《玉篇》："愇，韋鬼切。怨恨也。"

傢者，《説文》："傢，怨恨也。讀若膎。"

倸者，《玉篇》："倸，七海切。恨也。"

忦者，《玉篇》："忦，古黠切，恨也。"

悔者，《説文·心部》義也。《離騷》："雖九死其猶未悔。"王逸注："悔，恨也。"

吝者，《説文》："吝，恨惜也。"

懟者，《説文》："懟，怨也。"《孟子》："則廢人之大倫，以懟父母。"

憾者，《玉篇》："憾，恨也。"《左氏傳》："叔父有憾于寡人。"

很者[2]，《玉篇》："很，胡懇切。很戾也。諍[3]訟也。"

［注］［1］静本、愛本作"很"。［2］愛本衍"玉篇很者"四字，已刪。［3］静本、愛本作"諍"。

品、限限音、**耕、侔、竱**都奐反，又端音、**等、珚**巨殞反、**砡**牛六反、**婩**魚淺反、**嫧**楚革反、**斷、琂**楚角反、**洒**思禮反，**齊也。**

《説文》："齊，禾麥吐穗[1]上平也。"《淮南·修務訓》："故立天子以齊。"高注："齊，等也。"

品者，《漢書·李尋傳》："百里爲品。"孟康曰："品，同也。"《玉篇》："品，齊也。"本此。

限者，《玉篇》："限，諧眼切。齊也。"《列子·楊朱篇》："百年壽之大齊。"殷敬順《釋文》："齊，限也。"

耕者，田之齊也。《説文》："耕，古者井田。"

侔者，《説文》："侔，齊等也。"

竱者，《説文》："竱，等也。"《齊語》："竱本肇末。"韋昭注："竱，等也。肇，正也，謂先等其本以正其末也。"

等者，簡之齊也。《説文》："等，齊簡也。从竹、从寺。寺，官曹之等平也。"

珚者，《玉篇》："珚，齊玉也。"

砳者，《玉篇》："砳，齊也。"《廣韻》："砳，齊頭皃。"

媄、嫧者，好之齊也。上文以"媄嫧"爲"好"，又爲"齊"也。

斷者，截之齊也。《説文》："斷，齊也。"

珵者，《玉篇》："珵，齊也。"

洒，未詳[2]。

[注] [1]静本、愛本誤作"采"。[2]《廣雅疏證》："洒，音蘇典反。《玉藻》：'受一爵而色洒如也。'鄭注云：'洒如，肅敬貌。'《周語》云：'姑洗所以脩絜百物。'《堯典》：'鳥獸毛毨。'《傳》云：'毨，理也，毛更生整理。'洒、洗、毨，義竝相近。"

《廣雅疏義》卷第八

嘉定錢大昭晦之甫撰

稟、奉、粟，禄也。

《春官·天府》注云："禄之言穀也。"《詩》疏引《孝經援神契》云："禄者，録也。取上所以敬録接[1]下，下所以謹録事上。"《楚語》云："成王每出子文之禄，必逃，王止而後復。"韋注："録，奉也。"

稟者，《説文》："稟，賜穀也。"《中庸》云："既稟稱事。"

奉者，《天官·太宰》注云："禄，若今月奉也。"案，奉，與"俸"同。《玉篇》："俸，禄也。"

粟者，《論語》："原思爲之宰，與之粟九百。"

［注］［1］愛本誤作"按"。

諄之閏反**憎、誒、毒、病**[1]**、恀**下代反**、患、勩**曳音**、癉**多賀切**，苦也。**

《廣韻》："苦，勤也。患也。"

諄憎者，厭之苦也。《方言》云："宋、魯凡相惡謂之諄憎。若秦、晉言可惡矣。"

誒者，忌之苦也。《玉篇》："誒，毒苦也。亦作'恀'。"

毒者，害之苦也。《玉篇》："毒，苦也。害人艸也。"

病者，疾之苦也。《説文》："病，疾加也。"

恀者，恨之苦也。《説文》："恀，苦也。"《玉篇》："恀，恨苦也。"

患者，禍之苦也。《說文》：“患，憂也。”《衆經音義》引《倉頡篇》：“患，禍也。”

勩者，勞之苦也。《小雅・雨無正》：“莫知我勩[2]。”傳：“勩，勞也。”舊本“勩”訛“勩”，今訂正。

癉者，病之苦也。《說文》：“癉，勞病也。”

[注] [1]静本、愛本誤作“疾”。[2]静本、愛本誤作“勸”。

礦孤猛反、梗、韇巨位反、丁、亢、姜、羌，强也。

此釋“剛強”之異名也。

礦者，璞之强也。《玉篇》：“磺，强也。銅鐵璞也。礦，同上。”

梗者，《方言》：“梗，猛也。”故“梗”亦“强”也。

韇者，韋之强也。《淮南・本經訓》：“剛而不韇。”高注：“韇，折也。”

丁者，實之强也。《說文》徐鍇本云：“丁，夏時萬物皆丁壯成實。”《玉篇》：“丁，强也。太歲在丁曰强圉。”《白虎通義・五行篇》：“丁者，强也。”《釋名》：“丁，壯也。物體皆丁壯也。”

亢者，力之强也。上文“丁，當也”，力强能當之也。

姜者，争之强也。《表記》引《詩》：“鶉之姜姜。”鄭注：“姜姜，争鬭惡皃。”

羌者，《玉篇》：“羌，去央切。强也。”本此。

眷、顧、對、陽、面、首、卬，鄉也。

鄉，與“向”同，不背也。

眷者，《說文》：“眷，顧也。”引《詩》云：“乃眷西顧。”《玉篇》：“睠[1]，與‘眷’同。”《小雅・大東》：“睠言顧之。”傳：“睠，反顧也。”

顧者，《説文》："顧，還視也。"《玉篇》："顧，瞻也。"

對者，對，即"嚮"，亦常語也。

陽者，詹事兄曰："陽之訓嚮，猶陰之訓闇，以聲寄義也。"

面者，《周書·召誥》："面稽天[2]若。"疏引鄭注："面猶回向也。"《夏官·撢人》："使萬民和説而正王面。"注云："面，猶向也。使民之心曉而正鄉王。"通作"偭"。《説文》："偭，鄉也。"引《少儀》云："尊壺者偭[3]其鼻。"

首者，劉向《九歎》云："登昆侖而北[4]首兮。"王逸曰："首，嚮也。"《太玄·戾》："測曰：'東南射兕，不得其首也。'"司馬光曰："乖戾之家，失其所向。"

卬者，《玉篇》："卬，魚兩切。向也。"本此。

［注］［1]静本、愛本作"睹"。［2]愛本誤作"夫"。［3]静本、愛本誤作"偏"。［4]静本、愛本誤作"比"。

悛且全反，又子眷反、**悈**居力反[1]、**愨**、**質**，**慬**謹音**也**。

慬，與"謹"同。《玉篇》："慬，渠斤、居近二切，愨也。"

悛者，《説文》："悛，謹也。"

悈者，飭之慬也。《説文》："悈，飭也。"

愨者，《説文》："愨，謹也。"《荀子·正名篇》："故其民[2]莫敢託爲奇辭以亂正名，故其民愨[3]，愨[4]則易使，易使則公，故壹於道法，而謹於循令矣。"

質者，樸之慬也。《玉篇》："質，樸也。"《廣韻》："質，謹也。"

［注］［1]静本、愛本有"五介反"三字，據《博雅音》，當爲"忦，五

介反”。愛本脱“忦”字。[2]愛本誤作“名”。[3][4]静本、愛本誤作“殻”。

㩲眷音、**劼**公八反、**勃**、**勖**苦沒反、**仂**力音，又勤音，**勤也。**

《説文》：“勤，勞也。”

㩲者，《玉篇》：“㩲，九員、九媛二切。勤也。”

劼者，慎之勤也。《説文》：“劼，慎也。”《周書·酒誥》：“汝劼毖殷獻臣。”

勃者，排之勤也。《説文》：“勃，排也。”

勖者，《玉篇》：“勖，勤也。”

仂者，《玉篇》：“仂，六翼切。勤也。”案，仂，與“力”同。《大雅·烝民》：“威儀是力。”箋：“力，猶勤也。勤威儀者，恪居官次，不懈於位也。”舊本“仂”在“勤”下。案，《玉篇》“㩲”、“勖”皆訓“勤”，不訓“仂”。《集韻》“㩲”、“劼”並引《廣雅》：“勤”。則“勤”、“仂”二字，傳寫倒誤也，今訂正。

禜禳音、**禳**而羊反、**祰**公老反，又公篤反、**禱**檮音、**賕**求音，**謝也。**

《玉篇》：“謝，辭也。”《廣韻》：“謝，辭謝也。”

禜者，數祭之謝也。

禳者，除殃之謝也。

祰者，告祭之謝也。

禱者，求福之謝也。

賕者，求福之謝也。《説文》：“賕，以財物枉法相謝也。”《漢律》：“諸爲人請求於吏以枉法，而事已行者，皆爲司寇。”《急就篇》：“受賕枉法忿怒仇。”顔注：“以財求事曰賕，言受人財者，枉曲正法，忿怒良直，反言爲仇讐也。”

砰普耕反、**磅**普行反、**砿**宏音、**磕**[1]苦大反、**硡**彤音、**硠**力當反，又力蕩反、**砏**普斤反、**磤**隱音、**鞃**苦萌反、**鎗**測[2]庚反、**鍠**横音、**錚**楚耕反、**玲**吕丁反、**瓏**、**嘈**曹音、**哢**昨末[3]反，**聲也。**

《説文》："聲，音也。"

砰者，大之聲也。《列子·湯問篇》："徐以氣聽，砰然聞之，若雷霆之聲。"《文選》注引《字書》："砰，大聲也。"

磅者，落之聲也。《玉篇》："磅，石聲也。"《廣韻》："磅，小石落聲。"

砿者，《廣韻》"砿"下引《玉篇》云："石聲也。"今本《玉篇》："硡，石也。"無"砿"字。《文選》注云："硡，與'訇'，音義同。"宋玉《風賦》："耾耾雷聲。"李善注引[4]《埤蒼》："耾耾，風聲。"又引《廣雅》："耾，聲也。"是本又作"耾"。

磕者，《楚辭·九章》："憚涌湍之磕磕。"潘岳《籍田賦》："鼓鞞砿隱以砰磕。"李善注引《字書[5]》云："磕，大聲。"案，磕，當作"磕"。《説文》："磕，石聲。"

硡者，《説文》："硡，擊空聲也。徒冬切。"

硠者，《説文》："硠，石聲。"《史記·司馬相如〈子虚賦〉》："礧石相擊，硠硠磕磕[6]。"

砏者，《楚辭·九懷》："鉅寶遷兮砏磤。"王注："太歲轉移，聲磕磑也。"《廣韻》："砏，砏汎水石。"

磤者，何晏《景福殿賦》："聲訇磤其若震。"李善注引毛萇《詩傳》："磤，雷聲也。"案，《詩·殷其靁》即此字，俗加"石"也。

鞃者，《玉篇》："鞃，與'鏗'同。口耕切。鏗鏘，金石聲也。"

鎗者，《説文》："鎗，鐘聲也。"

鍠者，《說文》："鍠，鐘聲也。"引《詩》曰："鐘鼓鍠鍠。"

錚[7]者，《說文》："錚，金聲也。"《玉篇》："錚，與'鎗'同。"

玲、瓏者，《說文》："玲，玉聲。"《法言・五百篇》："瓏瓕其聲者，其質玉乎？""玲"、"瓕"同。《太玄經》云："亾彼[8]瓏玲。"注："謂瓏玲，金玉之聲。"瓏，力恭切。《集韻》引《埤蒼》云："玲瓏，玉聲。"

嘈、哳者，鼓之聲也。《玉篇》："嘈，才刀切。聲也。""哳，五葛、才曷二切。嘈嘈哳哳。囐，同上。"劉歆《遂初賦》："鴈邕邕以遲遲兮，野鸛[9]鳴而嘈嘈。"張衡《東京賦》："奏嚴鼓之嘈囐。"薛綜曰："嘈囐，鼓聲。"《集韻》引此文。云："嘈囋，聲也。囋，才達切。或作'哳'。"

[注] [1]静本、愛本作"磕"。[2]静本、愛本作"側"，據《博雅音》改。[3]愛本作"未"，據《博雅音》改。[4]静本、愛本誤作"云"。[5]静本、愛本誤作"指"。[6]静本、愛本脱"磕"字。衍"雷聲"二字，已刪。[7]静本、愛本作"錚"。[8]静本、愛本誤作"被"。[9]静本、愛本誤作"觀"。

䬁、颹謂音、**飂**流音、**飆**必昭反、**䬍**忽音、**䬂**呼律反、**䬀**呼越反、**䬓**思六反、**飉**遼音、**颸**楚飢反、**䬞**逐留反、**䬛**步力反，**風也。**[1]

《繫辭傳》："風以動之。"王逸《楚辭章句》："風爲號令，故風動而萬物摇。"《釋名》："風，兖、豫、司冀，横口合脣言之；風，氾也，其氣博氾而動物也。青、徐言風，踧口開脣推氣言之；風，放也，氣放散也。"

䬁者，與"涼"同。《爾雅》："北風謂之涼風。"《詩・邶風》云："北風其涼。"《月令》："孟秋之月，涼風至。"《說文》"䬁"作"𩗬"。

颹者，《說文》："颹，大風。"《玉篇》："于貴切。"

飂者，《說文》："飂，高風也。"潘岳《西征賦》："吐清風之飂戾。"《玉篇》作："䬕，力周切。"

颷[2]者，《説文》："飆，扶摇風也。或作'颮'。"《爾雅》："扶摇謂之猋。"《詩》疏引李巡云："扶摇，暴風從下升上，故曰猋。猋，上也。"孫炎云："廻風從下上曰猋。"《月令》云："則猋風暴雨總至。""猋"、"颷"、"飆"同。《莊子·逍遥游》云："搏扶摇而上者九萬里。"司馬彪注："上行風謂之扶摇。"《淮南·原道訓》："扶摇抮羊角而上。"高誘注："扶摇如羊角，曲縈而上也。"

颬者，《玉篇》："颬，與'颮'同。呼没切。"《説文》："颮，疾風也。"

颰者，《玉篇》："颰，風也。"《廣韻》："颰，許聿切。小風皃。"

颰[3]者，《廣韻》："颰，許月切。小風。"

飅者，《廣韻》："飅，風聲。"

飃者，《玉篇》："飃，力幺切。風皃。"

颶者，左思《吴都賦》："翼颶風之瀏瀏兮。"劉逵曰："颶，疾風。"江淹《雜體詩》："戾戾颶風舉。"

飅者，《廣韻》："飅，風颶。"

颴者，《玉篇》："颴，怖結切。小風也。"

[注] [1]愛本脱"颰"、"飃"二字，静本"颰"字在"飃"字之後。[2]"颷"、"颮"均爲"飆"之異體。[3]静本、愛本作"颰"。

繕膳音、**緻**致音、**衲**納音、**鞔**亾干反、**靬**斑音、**絧**辭音、**茵**文例反、**鞨**五革反、**鞔**兑音、**鬉**卓音，**補也。**

《説文》："補，完衣也。"《玉篇》："補，治故也。"

繕者，《説文·糸部》義也。《夏官·繕人》注："繕之爲言勁也，善也。"《漢書·高祖紀》："繕治河上塞。"顔師古曰："繕，補也。"

緻者，密之補也。《玉篇》："緻，馳[1]二切。密也。縫補敝衣也。"

衲者，《玉篇》："衲，奴荅切。補也。"

鞔者，革之補也。《說文》："鞔，履空也。"

靪者，履下之補也。《說文》："靪，補履下也。"

絧者，《玉篇》："絧，才咨切。補也。"

箇者，竹之補也。《玉篇》："箇，以竹補缺也。"

鞨者，《玉篇》："鞨，履頭也。"

鞔者，《玉篇》："鞔，徒外切。補具飾也。"

褻者，衣之補也。《玉篇》："褻，多木切。補也。"

[注] [1]静本、愛本作"他"。

攜攜音、**溘**苦合反、**倚、放、寄、任**託音、**附，依也。**

《說文》："依，倚也。"《玉篇》："依，恃也。助也。"

攜者，《方言》文也。郭注："謂可依倚之也。"

溘者，《廣韻》："溘，依也。"《集韻》引作"濭"。

倚者，任之依也。宋玉《招魂》："彷徉無所倚。"王注："倚，依也。"

放者，慕之依也。《天官·食醫職》："凡君子之食恒放焉。"鄭注："放，猶依也。"《晉語》："君[1]定王室而殘其姻族，民將焉放？"韋亦訓"依"。

寄者，物之依也。《說文》："寄，託也。"

任者，與"侂"同。《說文》："侂，寄也。"

附者，近之依也。《玉篇》："附，依也。"

[注] [1]静本、愛本作"若"。

幾、尾、緫忽音**、紗**少音**、糸**覓音**、絤**蔑音**、細、麼，微也。**

《廣韻》:“微，妙也。細也。少也。”

幾者，動之微也。《説文》:“幾，微也。”《繫辭傳》:“知幾，其神乎！幾者，動之微也。”

尾者，《説文》:“尾，微也。”《釋名》:“尾，微也。承脊之末，稍微殺也。”尾，與“微”，古通用。《尚書》:“鳥獸孳尾。”《史記·五帝本紀》作:“字[1]微。”《戰國策》云:“信如尾生高。”高誘以爲魯人，即《論語》之“微生高”也。《莊子》或作“尾”，或作“微”。《古今人表》有“尾生高”、“尾生晦”。顔師古曰:“即微生高，微生畝也。”

緫者，《玉篇》:“緫，呼骨切。微緫也。”《廣韻》:“緫，微也。”

紗者，《太玄·堅》“次六”云:“蠛蠓紗紗，縣於九州。”司馬光注:“蠛德之輕者，故言紗紗。”

糸者，絲[2]之微也。《説文》:“糸，細絲也。象束絲之形。”司馬彪《輿服志》云:“凡先合單紡爲一糸，四糸爲一扶，五扶爲一首，五首爲一文。”

絤者，《玉篇》:“絤，與‘緢’同。”《説文》:“緢，微絲也。”

細者，《説文·糸部》義也。

麼者，《玉篇》:“麼，亾可切。小麼[3]。”

[注] [1]静本、愛本衍“尾”字，已删。[2]愛本作“絲”，静本作“絲”。[3]“小麼”，今本《玉篇》作“小也”，徐復本《疏義》作“小麼也”。

髣付音**、鬒**邱位反**、髼**且代反**、鬔**側瓜反**、鶏斯、㚖**按，《説文》即籀文“髻”字也，**髻也。**

髻，與“㚖”同字。或作“結”，又作“紒”。徐鍇本《説文》:“㚖，簪結也。”徐鉉本亦有“髺”字。又《新附》“髻”字云:“古通作‘結’。此字後人所加。”桂進士馥曰:“王侍御念孫云:案,曹憲云:‘《說文》髺,即籀文髻。’《太平御覽》引《說文》:‘髻,結髮也。’則見《說文》原有‘髻’字,而‘髺’即[1]‘髻’之重文。《士冠禮》:‘將冠者,采衣,紒。’鄭注:‘紒,結髮也。古文紒爲結。’‘紒’之或作‘髻結’,猶‘結’之或作‘髺’。今《說文》‘髺’字訓爲‘簪結’,乃後人所改。徐鉉不察,反以‘髻’字爲後人所加。誤矣。《玉篇》‘髻’字注云:‘結髮也。’‘髺’字注云:‘同上。’此皆本於《說文》。其下文云:‘《說文》:“古拜切。簪結也。”’則宋人以誤本《說文》竄入者耳。”[2]

髺者,《說文》:“髺,結也。”

鬠、髽者,《說文》:“鬠,屈髮也。”《方言》云:“鬠帶、髽帶,幧頭也。自河以北,趙、魏之間,其偏者謂之鬠帶,或謂之髽帶。”郭注:“今之偏疊幧頭也。髽,亦結也。”

髽者,《說文》:“髽,喪結。”《士喪禮》云:“婦人髽於室。”鄭注云:“始死,婦人將斬衰者,去笄[3]而纚;將齊衰者,骨笄而纚。今言髽者,亦去笄纚而紒也。齊衰以上至笄,猶髽。髽之異於髻髮者,既去纚而以髮爲大紒,如今婦人露紒,其象也。”鄭注《儀禮·喪服篇》云:“髽,露紒也。猶男子之括髮。斬衰括髮以麻,則髽亦用麻。以麻者,自項而前交於額上却繞,紒如著幧頭焉。”《左傳》疏云:“髽之形制,禮無明文。”鄭衆云:“枲麻與髮相半結之。”馬融云:“屈布爲巾,高四尺,著於顙上。”

雞斯者,《禮記·問喪篇》云:“親始死,鷄斯徒跣。”鄭注:“鷄斯,當爲笄纚,聲之誤也。笄纚,括髮也。今時始喪者,邪巾貊頭,笄纚之存象也。”孔疏:“笄謂骨笄,纚謂縚髮之繒,言親始死,孝子先去冠,惟留笄纚也。”

《集韻》："髫，癡廉切。"引《廣雅》："鬠也。"今無此文。

[注] [1]愛本脫"髳即"二字，據徐復本《疏義》補。[2]此段話《廣雅疏證》中有，文字稍異。[3]靜本、愛本脫"將斬衰者去笄"六字，據徐復本《疏義》補。

敦韋音、**軭**匡音、**弧**乎音、**紉**、**咈**佛音、**抮**顯音、**狠**、**佷**狠音，**盭**麗音**也**。

《說文》："盭，弼戾也。讀若戾。"《漢書·張耳陳餘傳》贊云："何鄉者慕用之誠，後相背之盭也。"顏師古曰："盭，古'戾'字。"

敦者，《說文》："敦，戾也。"

軭者，車之盭也。《說文》："軭，車戾也。"通作"匡"。《攷工記·輪人》云："審其菑蚤不齵，則輪雖敝不匡。"注云："菑與爪不相佹，乃後輪敝盡不匡剌也。"鄭司農云："匡，枉也。"

弧者，《楚辭·七諫》："正法弧而不公。"王逸注："弧，戾也。君之正法[1]膠戾不用，衆皆背公而向私也。"

紉，未聞。

咈者，《說文》："咈，違[2]也。"引《周書》曰："咈其耇長。"

抮者，《玉篇》："抮，火典切。引戾也。"

狠者，《說文》："狠，吠鬭聲。五還切。"舊本"狠"譌"狼"，今訂正。

佷者，《說文》："佷，盭也。胡懇切。"舊本音訛"狼"，今訂正。

[注] [1]靜本、愛本誤作"泛"。[2]靜本、愛本誤作"達"。

肖、似、類、鼎[1]，象也。

《玉篇》：“象，亦作‘像’。”《説文》：“像，象也。”《荀子·議兵篇》：“曉然皆知脩上之法、像上之志，而安樂之。”

肖者，上文云“類也”，“肖”又爲“象”也。

似、類者，《説文》：“佀，象也。”又云：“類，穜類相似，唯犬爲甚。”《管[2]子·七法篇》：“義也、名也、時也，似也、類也、比也、狀也，謂之象。”《吕氏春秋·季冬紀》：“進視梁下，類有人。”注：“類，象也。”

鼎者，《鼎·彖》曰：“鼎，象也。”李鼎祚引九家《易》云：“卦是鼎鑊烹飪之象，亦象三公之位。上則調和陰陽，下則撫育百姓，鼎能熟物養人，故云象也。”

[注] [1]静本、愛本作“鼑”。[2]静本、愛本誤作“篇”。

獿奴絞反、獶邊音、狡絞音、訬士交反、㲋讒音，獪也。

《説文》：“獪，狡獪也。”

獿者，智之獪也。《方言》：“婚[1]，獪也。江、湘之間，或謂之無賴，或謂之獿。”郭注：“佲憮多智也。恪交反。”《玉篇》：“獿，獪也。”

獶者，猴之獪也。《玉篇》：“獶，與‘猱’同。”上文釋“獶”爲“擾”，與此義相成也。

狡者，犬之獪也。《玉篇》：“狡，古卯切。猾也。獪也。”

訬者，輕之獪也。《説文》：“訬，擾也。一曰訬獪。讀若㲋。”《淮南·修務訓》：“越人有重遲也，而人謂之訬。”高誘注：“訬，輕利急。音抄。”《漢書·叙傳》之“江都訬輕”，顔師古曰：“謂輕狡也。”左思《吴都賦》則有“任俠之靡、輕訬之客”。

㲋者，兔之獪也。《小雅·小弁》："躍躍㲋兔。"傳："狡兔也。"

[注] [1]愛本誤作"婚"。

剖、辟浦壁反、片、胖判音，半也。

《說文》："半，物中分也。從八從牛。牛爲物大可以分也。"

剖者，分之半也。《左氏襄十四年傳》："與女剖分而食之。"杜注："中分爲剖。"

辟者，與"劈"同。破之半也。《說文》："劈，破也。"

片者，木之半也。《說文》："片，判木也。從半木。"

胖者，體之半也。《天官·腊人》云："祭祀，共膴胖。"注云："鄭大夫云：'胖，讀爲判。'杜子春云：'禮家以'胖'爲'半體'。'玄謂胖之言片也，析肉意也。"《說文》："胖，半體肉也。"

斞俱音、妁酌音、斟，酌也。

《說文》："酌，盛酒行觴也。"

斞者，《說文》："斞，挹也。"《玉篇》："斞，九娛切。酌也。"《小雅·賓之初筵》："賓載手仇。"箋："仇，讀曰斞。挹也。"

妁者，《說文》："妁，酌也。斟酌二姓也。"

斟者，《說文》："斟，勺也。"《玉篇》："斟，酌也。"

曰、欥、惟、飢、每、雖、兮、者、其、各、而[1]、烏、豈、也、乎、些先計反、只，詞也。

《說文》："詞，意內而言外也。"舊本"詞"下無"也"字，今就文義補正。

曰者，《說文》："曰，詞也。象口氣出也。"《堯典》："曰若稽古，帝堯。"《孟子》："王曰：'叟。'"趙岐注曰："詞也。"皇侃《論語義疏》："曰者，發端之語也。"又引《說文》云："開口吐舌，謂之爲曰。"張衡《東京賦》："曰止曰時。"薛綜注："曰，詞也。"案，曰，通作"聿"。《小雅·角弓》："見晛曰消。"《大雅·抑》："曰喪厥國。"《釋文》引《韓詩》作："見晛聿消。""聿喪厥國。"《大雅·緜》："予曰有先後，予曰有奔走。"《楚辭》王逸章句引《詩》："於聿有奔走，予聿有先後。"是"曰"與"聿"通。舊本"曰"訛"日"，今訂正。

欥者，《說文》："欥，詮詞也。"引《詩》曰："欥求厥寧。"《漢書·叙傳·幽通賦》："欥中龢爲庶幾兮。"顔師古曰："欥，古'聿'字。"《文選》"欥"作"聿"。是"欥"亦與[2]"聿"通也。

惟者，凡之詞也。《方言》："惟，凡思也。"《容齋三筆》云："六經用字有不同者，'維'、'唯'，一也。而在《詩》[3]爲'維'，在《易》爲'唯'，在《書》爲'惟'。"

飢，未詳。

每者，《爾雅》："每有，雖也。"《莊子·庚桑楚》云："每發而不當。"《釋文》："每，雖也。"《衆經音義》引《倉頡篇》："每，非一定之詞也。"

雖者，《玉篇》："雖，詞兩設[4]也。"《論語》云："雖曰未學。"

兮者，《說文》："兮，語所稽也。"《詩》曰："其實七兮。""緇衣之宜兮。"是也。

者者，《說文》："者，别事詞也。"

其者，《商書·微子》云："若之何其？"鄭注："其，語助也。齊、魯之間，聲如姬。"

各者，《說文》："各，異辭也。"

而者，《玉篇》："而，語助也。乃也。"皇侃《論語義疏》云："而，猶因、仍也。”《公羊宣八年傳》：“而者何？難也。”

烏者，《説文》：“烏，取其助氣，故以爲烏呼。”《玉篇》：“烏，語詞。”《釋名》：“烏，舒也。氣憤滿[5]，故發此聲以舒寫之也。”今經典多作“嗚”。《文選》注引《薛君韓詩章句》：“嗚，歎詞也。”

豈者，《玉篇》：“豈，安也。焉也。”引《書》曰：“怨豈在[6]明。”

也者，《玉篇》：“也，斯也。所以窮上成文也。”《詩》曰：“何其處也，必有與也。”是也。

乎者，《説文》：“乎，語之餘也。”孔安國《論語》注云：“焉、耳、乎、哉，皆詞也。”《詩》曰：“亶其然乎。”

些者，語之詞也。宋玉《招魂》：“何爲四方些。”是也。沈括曰：“今夔、峽、湖、湘，及南、北江獠，人凡禁呪，句尾皆稱些，乃楚人舊俗。”大昭案，《爾雅》：“呰，此也。”《釋文》：“呰，郭音些。”案，《廣雅》：“些，辭也。息計反。又，息賀反，謂語餘聲也。”是“些”本當作“呰”，故《説文》不收“些”字。

只者，《説文》：“只，語已詞也。”《鄘風·柏舟》：“母也[7]天只，不諒人只。”《左氏襄二十七年傳》：“諸侯歸晉之德只。”

[注] [1]愛本誤作“有”。[2]“亦與”，愛本倒作“與亦”，據徐復本《疏義》改。[3]“在詩”，静本、愛本倒作“詩在”。[4]静本、愛本作“説”。[5]愛本作“滿”。[6]愛本誤作“也”。[7]愛本衍“也”字，已删。

沬、既、央、極，已也。

《玉篇》：“已，止也。畢也。訖也。”

沬者，《離騷》：“芬至今其猶未沬。”王逸注：“沬，已也。”

既者，《周南·汝墳》："既見君子。"傳："既，已也。"《地官·鄉師》云："既役，則受州里之役要。"注云："既，已也。"張衡《東京賦》："文德既昭。"

央者，《楚辭·九歌》："爛昭昭兮未央。"王逸注："央，已也。"謝朓《蹔使下都夜發新林至京邑詩》："大江流日夜，客心悲未央。"李善注引此文。

極者，《小雅·青蠅》："讒人罔極。"箋[1]："極，已也。"

[注] [1]静本、愛本誤作"淺"，據徐復本《疏義》改。

夷、吞、泯、絶、止、消、烕翻悦反，滅也。

《爾雅》："滅，盡也。絶也。"

夷者，王粲《贈士孫萌詩》："天降喪亂，靡國不夷。"陸機《挽[1]歌》："妍姿永夷泯。"

吞者，《漢書·項籍傳》贊："并吞八荒之心。"

泯者，《玉篇》："泯，彌忍、彌賓二切。滅也。"《左氏成十六年傳》："是大泯曹也。"《周語》："今將[2]大泯其宗祊。"注皆訓"滅"。

絶者，班彪《北征賦》："超絶迹而遠游。"李善注引此文。

止，未詳。

消者，《説文》："消，盡也。"《廣韻》："消，烕也。"

烕者，《説文》："烕，滅也。火死於戌，陽氣至戌而盡。"引《詩》曰："赫赫宗周，褒姒烕之。"

[注] [1]愛本誤作"娩"。[2]愛本誤作"語"。

恬大嫌反、**倓**大濫反，又達甘反、**憺**徒敢反，又徒濫反、**怕**普白反、**怗**他頰反，又都簞反、**嘆**莫音、**宋**、**呐**乃頰反、**安**、**情**，**静也。**

《説文》："静，審也。"《玉篇》："静，息也。"《廣韻》："静，安也。"

恬者，《方言》文也。《淮南·原道訓》："大丈夫恬然無思，澹然無慮。"又《人間訓》："清静恬愉。"王褒《洞蕭賦》："時恬淡以綏肆。"李善注引此文。

倓者，《玉篇》："倓，静也。"本此。

憺、怕者，《説文》："憺，安也。""怕，無爲也。"司馬相如《子虚賦》："怕乎無爲，憺乎自持。"老子《道經》："我獨怕兮其未兆。"

怗者，陸機《文賦》："或妥怗而易施。"李善注引此文。《玉篇》："怗，静也。"本此。

嘆者，《説文》："嘆，宋也。"通作"嗼"。

宋者，《説文》："宋，無人聲。或作'誌'。"《方言》："宋，安静也。江、湘、九疑之郊，謂之宋。"《楚辭·遠遊》云："野宋漠其無人。"通作"啾"。

呐者，《玉篇》："呐，莫也[1]。"案，莫然，清静之皃。

安者，《方言》文也。《説文》："安，静也。"《釋名》："安，宴也。晏晏然和喜無動懼也。"

情者，古"情"與"静"通，故爲"静"也。《表記》云："義而順，文而静。"鄭注："静，或爲'情'。"《逸周書·官人》云："情忠而寬，貌莊而安。"《大戴禮·官人》"情"作"静"。《周書》又云："飾貌者不静。”《大戴禮》作“不情”，是也。或說“情”當作“青”。潘岳《射雉賦》：“涉青林以游覽兮。”李善注引《薛君韓詩章句》：“青，静也。”

[注] [1]愛本衍“也”字，已刪。

靈子、醫、龗力恭反、**覡**呼的反，**巫也。**

《說文》：“巫，祝也。女能事無形，以舞降神者也。”

靈子者，王逸注《楚辭》云：“楚人名巫爲靈子。”《春秋傳》：“申公巫臣，字子靈。”

醫者，《說文》云：“古者巫彭初作醫。”故“醫”亦爲“巫”。

龗者，《玉篇》：“龗，巫也。”本此。

覡者，《說文》：“覡，能齋肅事神明也。在男曰覡，在女曰巫。”

欃士衔反、**捈**塗音、**剡**琰音。今會稽有剡縣，音“舌染[1]翻”，未知此音出何文字、**鑯**子廉[2]反，**銳也。**

上文“銳，利也”，此又廣其義也。

欃者，字當爲“鑱”。《說文》：“鑱，銳也。”

捈，未詳[3]。

剡者，鋒之銳也。《說文》：“剡，銳利也。”《晉語》：“大喪大亂之剡也，不可犯也，”韋注：“剡，鋒也。”《漢書·賈誼傳》：“剡手以衝仇人之匈。”

鑯者，《說文》：“鑯，鐫也。徐鉉曰：今俗作‘尖’。”非是。

《集韻》：“鋟，將廉切。”引《廣雅》：“鋭也。”今無此文。

[注] [1]静本、愛本作“琰”，據《博雅音》改。[2]静本、愛本作“靡”，據《博雅音》改。[3]《廣雅疏證》：“捈者，《廣韻》作‘梌’，音他胡切。鋭也。《玉篇》：‘梌，音丈加切。刺木也。’《淮南子·兵略訓》云：‘剡摲筡，奮擔钁，以當脩戟強弩。’筡，與‘梌’通。”

拔博末反**、拂、榜**彭音**、挾、押、翼，輔也。**

《玉篇》：“輔，相也。”《廣韻》：“輔，助也，弼也。”

拔者，出之輔也。

拂者，古與“弼”同。諫之輔也。《孟子》云：“入則無法家拂士。”《荀子·臣道篇》：“有能抗君之命，竊君之重，反君之事，以安國之危，除君之辱，功伐足以成國之大利，謂之拂。”

榜者，弓之輔也。《説文》：“榜，所以輔弓弩。”

挾者，《説文》：“挾，俾持也。”《釋名》：“挾，夾也。在旁也。”

押者，《玉篇》：“押，古狎切。輔也。”本此。

翼者，《周書·大誥》：“予翼，以於。”《玉篇》：“翼，輔也。”

臿初洽反**、䃥**祚何反**、𥗾**敷穢反**、碭**蕩音**、糳**子洛反**、搗**之桑反**、𦦨**丁老反**、𣀔**[1]**、𥽁**楚芮反**、碏**沓音**，舂**失鍾反**也。**

《説文》：“舂，擣粟也。古者雝父初作舂。”

臿者，《説文》：“臿，舂去麥皮也。”

䃥者，《玉篇》：“䃥，舂擣也。”

𥗾、碭者，《玉篇》：“𥗾，舂也。”“碭，徒黨切。舂也。”並本此。舊本“䃥”、“𥗾”、“碭”，皆訛從“日”，今訂正。

糳者，《説文[2]》：“糲米一斛，舂爲九斗曰糳。”

搥者，杖之舂也。《説文》："搥，以杖擊也。"

𪎭者，《玉篇》："𪎭，舂也。亦作擣。""𪎭"、"𪎭"同。

𪎱者，《説文》："𪎱，小舂也。初𧃼切。"

䉛者，《説文》："舂麥爲䉛。"舊本"䉛"訛以"木"，今訂正。

𥕬者，《説文》云："舂已，復擣之曰𥕬。"

[注] [1]静本、愛本作"𪎱"。[2]静本、愛本脱"者説文"三字。

巉士衫反**巖**五銜反、**岑崟**吟音、**巑**在丸反**岏**、**嶕**辭焦反**嶢**堯音、**阢**兀音、**嵬**牛廻反，又牛尾反、**嵯峩**、**𩑔**堯音**𩕄**五高反、**𨗥**遼音、**巢**巢音、**陗**且笑反、**挑**七消反、**卲**、**亢**苦浪反、**喬**橋音、**厲**、**尊**、**極**、**競**、**𢐀**、**尚**、**崒**子恤反，**高也。**

《説文》："高，崇也。象臺觀高之形。"《釋名》："高，皋也。最在上皋，韜諸下也。"

巉巖者，《玉篇》："巉，巉巖高危。"宋玉《高唐賦》："登巉巖而下望兮。"謝朓《郡内登望詩》："巉嵒帶遠天。"李善注引《廣雅》作："巉嵒。"

岑崟者，《説文》："崟，山之岑崟也。魚音切。""岑，山小而高。鉏箴切。"司馬相如賦："岑崟參差，日月蔽虧。"江淹《雜體詩》："岑崟還相蔽。"李善注引郭注《方言》云："岑崟，峻皃。"

巑岏者，宋玉《高唐赋》："盤岸巑岏。"刘向《九歎》："登巑岏以長企兮。"王逸曰："巑岏，鋭山也。"謝朓《和王著作八公山詩》："茲嶺復巑岏。"李善注引《字林》云："巑岏，鋭山也。"《玉篇》："巑岏，鋭山也。"

嶕嶢者，《説文》："嶢，焦[1]嶢，山高皃。""焦"、"嶕"同。《方言》云："嶢，高也。"班固《西都賦》："内則別風之嶕嶢。"黄香《九宫賦》："登嶣嶤之鳌臺，闢天門而閃帝宫。"陶潛《挽歌》："四面無人居，高墳正嶕嶢。"李善注引《字林》："嶕嶢，高皃。"

阢、嵬者，《玉篇》："阢，午曰切。崔也。亦作'峞'。"《說文》："嵬，高不平也。"班固《西都賦》："爾乃正殿崔嵬，層構厥高，臨乎未央。"李善注引《長門賦》："正殿嵬以造天。"

嵯峩者，《說文》："嵯，山皃。""峨，嵯峩也。"《楚辭·招隱士》云："山氣巃嵸兮石嵯峨。"王逸注："嵯峨，巀嶭峻蔽日也。"

顤顥者，《說文》："顤，高長頭。五弔切。""贅，贅顤，高也。五到切。"《玉篇》："顥，高大也。"

嶚、巢者，《玉篇》："嶚，力幺切。嶚巢，山高。""巢，士交切。""嶚"、"嶚"同。張衡《南都賦》："嵣岾嶚刺。"李善注："嶚，山高而相戾也。"《集韻》引此作"嶚巢。"

陗者，《說文》："陗，陵也。"與"峭"同。《史記·李斯列傳》："峭壍之勢異也。"《索隱》云："峭，峻[2]也。高也。"謝靈運《過始寧墅詩》："岩峭嶺稠疊。"李善注引云："峭，高也。"是本又作"峭"。

挑者，詹事兄曰："疑祧之譌，祧之言超也，超有高義。"

卲者，《說文》："卲，高也。"《法言·修身篇》："公儀子董仲之才之卲也。"李軌訓"卲"爲"高"。案，"卲"，從"卩[3]"。舊本訛從"邑"，今訂正。

亢者，《易·乾》："上九：亢龍。"《釋文》引《子夏傳》："亢，極也。"通作"抗"。《樂記》云："上如抗，下[4]如隊。"《淮南·說山訓》："申徒狄負石自沈於淵，而溺者不可以爲抗。"注云："抗，高也。"繁欽《與魏文帝牋》云："大不抗越，細不幽散。"李善注引云："抗，高也。"是本又作"抗"。又通作"阬"。《說文》："阬，閬也。""閬，門高也。"

喬者，《説文》："喬，高而曲也。"《禹貢》："厥木維喬。"《周頌·般》："墮山喬嶽。"案，"喬，高也。"見《爾雅·釋詁》，必不重出。攷《爾雅·釋山》："鋭而高，嶠。"《釋文》引《字林》作"嶠"。云："山鋭而長也。巨照反。"此"喬"疑"嶠"之訛。

厲者，孔融《薦禰衡表》："史魚厲節。"曹植《七啟》："懼聲教之未厲。"李善注引此文。

尊者，《攷工記·輪人》云："部尊一枚。"注云："尊，高也。"

極者，《玉篇》："極，高也。"本此。

競者，《廣韻》："競，高也。"本此。

弸者，《方言》文也。

尚者，左思《招隱詩》："相與觀所尚。"李善曰："尚，高也，謂中心之所高尚也。"

崒者，《説文》："崒，危高也。"《爾雅·釋山》："崒者厜[5]㕒。"郭注："謂峯頭巉巖。"班固《西都賦》："巖峻崷崒。"

[注] [1]静本、愛本誤作"嶕"。[2]静本、愛本作"峻"。[3]静本、愛本誤作"弓"。[4]静本、愛本誤作"上"。[5]静本、愛本作"有利益厜"。

𠢝下邁反、侑又音、儷、諧，耦也。

《釋名》："耦，遇也。二人相對遇也。"《左氏桓二年傳》："嘉耦曰妃，怨耦曰仇。"

𠢝者，《玉篇》："𠢝，居載切。偶也。"

侑者，《説文》："姷[1]，耦也。讀若祐。或作'侑'。"

儷者，《士冠禮》云："主人酬賓束帛、儷皮。"兩鹿皮也。《士昏禮》注云："麗，兩也。"《春秋傳》曰："鳥獸猶不失儷。"《法言·君子篇》：

“必進易儷也，必退易儷也，進以禮，退以義，難儷也。”是“儷”爲“耦”也。

諧者，上文釋“耦”爲“諧”，此又轉相訓也。

[注] [1]愛本誤作“侑”。

州、郡、縣、道、都、鄙、邨、域、邑，國也。

《說文》：“國，邦也。”《玉篇》：“小曰邦，大曰國。”

州者，牧之國也。《釋名》：“州，注也。郡國所注仰也。”《禹貢》、《釋文》引《春秋說題辭》云：“州之言殊也。”

郡者，守之國也。古郡小於縣。《周書・作雒解》云：“國方千里，分爲百縣，縣有四郡，郡有四鄙。”《左氏哀二年傳》：“上[1]大夫受縣，下大夫受郡。”是也。“至秦初，置三十六郡，以監其縣。”[2]則郡大於縣矣。《水經注》引黃義仲《十三州記》云：“郡之言君也，改公侯之封而言君者，至尊也。郡守專權，君臣之禮彌崇。今‘郡’字，‘君’在其左，‘邑’在其右，君爲元首，邑以載民，取名於君謂之郡。”

縣者，令長之國也。古之名縣有三，總王畿之内曰縣，天子之寰内是也。六遂之内有縣，凡二千五百家。則五家爲鄰，五鄰爲里，四里爲酇，五酇爲鄙，五鄙爲縣是也。三百里至四百里爲縣，則稍甸、縣鄙是也。《釋名》：“縣，懸也。懸係於郡也。”《水經注》引《風俗通義》：“百里曰同，總名爲縣。縣，玄也。首也，言當玄静，平徭役也。”黃義仲《十三州記》云：“縣，弦以貞直，言下體之居，鄰民[3]之位，不輕其誓，施繩用法，不曲如弦。弦聲縣，故以取名。”

道者，邊之國也。《漢書・百官表》云：“有蠻夷曰道。”

都者，治之國也。漢時郡所治稱“都”。《後漢書・安帝紀》：“徙[4]金城郡都襄武。”《臧洪傳》：“徙爲東郡太守，都東武陽。”是也。《釋名》云：“國城曰都者，國君所居，人所都會也。”

鄙者，《釋名》：“鄙，否也。小邑不能遠通也。”《玉篇》云：“《周禮》：‘五酇爲鄙。鄙，小國去都遠。’”

邨，未聞。

域者，《商頌》：“奄有九有。”《韓詩》作：“奄有九域。”《說文》：“或，邦也。或作‘域’。”

邑者，《漢書·百官表》：“皇太后、皇后、公主所食曰邑。”案，夏、商天子所居名“邑”。《商頌·殷武》：“商邑翼翼，四方之極。”傳：“商邑，京師也。”《書·多士》言“天邑商”、《逸書》言“西邑夏”、“大邑周”是也。是以《白虎通義》：“夏曰夏邑，殷曰商邑，周曰京師。”《尚書》曰：“率割夏邑。”謂桀也。在商邑，謂紂也。文王演《易》，據夏、商之禮，故於《无妄》“六三”云：“邑人之災。”亦以天子所居爲邑也。諸侯亦稱邑。《春秋傳》云：“敝邑。”是也。《說文》：“邑，國也。從囗。先王之制，尊卑有大小，從卩。”

［注］［1］静本、愛本誤作“止”。［2］此爲暗引《說文》的解釋。［3］静本、愛本誤作“名”。［4］静本、愛本誤作“徒”。

攜、挈、撣[1]檀音，提也。

《說文》：“提，挈也。”《釋名》：“提，地也。臂垂所持近地也[2]。”

擕者，《說文·手部》義也。又云：“彽不能行、爲人所引曰攜欚。”是亦“提攜”之異文。

挈者，《說文》：“挈，縣持也。”《釋名》：“挈，結也。結束也。又持之也。”《淮南·說山訓》：“百人抗浮，不若一人挈而趨。”

撣者，《說文》：“撣，提持也。徒旱切。”

[注] [1]静本、愛本作“擅”，據《博雅音》改。[2]静本、愛本衍“說文”二字，已删。

刭乙牙反、**荆**、**刻**，**刭**古鼎反**也。**

《說文》：“刭，刑也。”《玉篇》：“刭，以刀割頸也。”

刭者，《玉篇》：“刭，刎也。”《集韻》引《廣雅》：“刭，刎也。”

荆者，《玉篇》：“荆，與‘刑’同。”《說文》：“刑，刭也。”舊本“荆”訛“荆”，字書無此字。

刻者，《玉篇》：“刻，下千[1]切。刭也。”舊本“刻”訛“刻”，今訂正。

[注] [1]静本、愛本誤作“于”。

剾烏侯反、**剾**頭音、**剈**淵音，**剜**於桓反**也。**

《玉篇》：“剜，削也。”

剾、剾、剈者，《玉篇》：“剾，剜也。”“剾，徒溝切。剾也。”“剈，於懸切。剜也。”並本此。

《集韻》：“刭，衣駕切。”引《廣雅》：“剜也。”今無此文，疑涉上而誤。

孕、**重**、**妊**任音、**娠**振、身二音、**身**、**㛮**壯救[1]反，**傳**身音**也。**

《玉篇》：“傳，式神切。妊身也。”

孕者，《說文》：“孕，裹子也。”《漸》：“九三：婦孕不育。”《淮南・原道訓》："毛者孕育。"注："孕者懷胎。"

重者，《詩》毛傳："身，重也。"鄭箋："重，謂褢孕也。"《廣韻》作"𤰶"。云："婦人娠也。柱用切。"

妊者，《說文》："妊，孕也。"《玉篇》："妊，汝鴆切。妊身，懷孕也。"

娠者，《說文》："娠，女娠身動也。"《左氏哀元年傳》："后緡方娠。"《漢書・高祖紀》："已而有娠。"應劭曰："娠，動。懷任之意。"孟康曰："娠音身。"《漢書[2]》"身"多作"娠"，古今字也。《玉篇》："娠，失人、之刃二切。妊娠也。"

身者，《大雅・大明》云："太任有身，生此文王。"

㜸者，《說文》："㜸，婦人妊身也。"引《周書》曰："至於㜸婦。"《玉篇》："㜸，仕于、仄鳩二切。"

[注] [1]静本、愛本作"板"，據《博雅音》改。[2]静本、愛本誤作"史"。

偁"稱"之平聲、奬蔣音、譝繩音、與輿音[1]、孝，譽也。

《說文》："譽，稱也。"《玉篇》："譽，余怒切。聲美也。又音余。"

偁者，《說文》："偁，揚也。"《玉篇》引《左氏傳》："禹偁善人。與'稱'同。"今本《左傳》作"稱"。

奬者，《說文》："奬，嗾犬厲之也。"《玉篇》："奬，子養切。譽。"本此。

譝者，《玉篇》："譝，視陵切。譽也。"通作"繩"。《左氏莊十四年傳》："繩息媯。"杜注："繩，譽也。"

與者，鄭注《射義》云："譽，或爲'與'。"是"與"、"譽"，古字通。曹憲“輿”音之下有“疑”字，亦疑其與“譽”同。

孝者，《孝經援神契》云：“卿[2]大夫行孝曰譽，謂言行布滿天下，能無怨惡、遐邇稱譽，是榮親也。”

[注] [1]愛本衍“疑”字，已刪。《博雅音》：“乃校書者所記。”[2]愛本作“鄉”。

皃陌豹反、弈、裕、心、形，容也。

上文“容，飾也”，此又廣其訓。古作“頌”。《說文》：“頌，皃也。”

皃者，《說文》：“皃，頌儀也。或作‘貇’。籀文作‘貌’。”《說苑·修文篇》：“書曰五事，一曰貌。貌者，男子之所以恭敬，婦人之所以姣好也。行步中矩，折旋中規，立則磬折，拱則抱鼓。其以入君朝，尊以嚴。其以入宗廟，敬以忠。其以入鄉曲，和以順。其以入州里鄉黨之中，和以親。”

奕者，《方言》：“奕，容也。自關而西，凡美容謂之奕。”《玉篇》：“奕，弋名切。美容也。”

裕者，陸機《皇太子宴玄圃宣猷堂有令賦詩》云：“茂德淵沖，天姿玉裕。”李善注引此文。

心者，《漢書·五行志》云：“傳曰：‘思心之不容，是謂不聖。’思心者，心思慮也。容，寬也。孔子曰：‘居上不寬，吾何以觀之哉？’言上不寬大包容臣下，則不能居聖位。”是“心”爲“寬之容”也。

形者，《詩》序云：“頌者，美盛德之形容。”

废[1]所留反、蔽、潛、匿[2]、恩、遁，隱也。

《說文》：“隱，蔽也。”《玉篇》：“隱，匿也。”

废者，《方言》文也。郭注：“废，音‘搜[3]索’之‘搜’，謂隱匿也。”

《晉語》："有秦客廋辭於朝。"韋注："拸，隱也，謂之隱伏譎詭之言問於朝。"東方朔曰："非敢詆[4]之，乃與爲隱耳。"是也。通作"蒐"。《左氏文十八年傳》："服讒蒐慝。"注："蒐，隱也。"

蔽者，《玉篇》："蔽，隱也。"本此。

潛者，《說文》："潛，藏也。"《廣韻》："潛，水伏流。"

匿者，《玉篇》："匿，亾隱也。"

恩者，《廣韻》："恩，隱也。"

遁者，《說文》："遁，逃也。"《玉篇》："遁，隱也。"《離騷》："後悔遁而有他。"王注："遁，隱也。"

[注] [1]静本、愛本作"廖"。[2]愛本誤作"慝"。[3]愛本作"拸"。[4]静本、愛本誤作"試"。

僭、忒、菲、牶古巷反，差楚儀反也。

《說文》："巹，貳也。巹不相值也。"《玉篇》："差，參差不齊也。"

僭者，《湯誥》云："天命弗僭。"孔傳："僭，差也。"通作"朁"。《漢書·王子矦表》："或朁差失軌。"顔師古曰："朁，古'僭'字。"

忒者，《易·豫彖》曰："四時不忒。"通作"貣"。《管子》云："如四時之不貣。"

菲者，《玉篇》："菲，古懷切。差也。今作'乖[1]'。"

牶者，《玉篇》："牶，差也。今爲'降'。"

[注] [1]静本、愛本作"乖"。

頍規音**、圖、彫、刻，畫也。**

《說文》："畫，界也。象田四界。聿，所以畫之。"《釋名》："畫，掛也。以五色掛物上也。"

頍者，《說文》："頍，讀若規。"是"規畫"也。

圖者，《說文》："圖，畫計難也。"《玉篇》："圖，畫形也。"《呂氏春秋》云："史皇作圖。"《釋名》："圖，度也。盡其品度也。"

彫者，《說文》："彫，琢文也。"《書・五子之歌》云："峻宇彫墻。"《法言・問道篇》："或問：'彫刻衆形者，匪天歟？'曰：'以其不彫刻也，如物刻而彫之，焉得力而給諸？'"又《寡見篇》："玉不彫，璵璠不作器。"

刻者，《說文》："刻，鏤也。"《爾雅》："木謂之刻。"

歾没音**、繹、結、冬，終也。**

《釋名》："終，盡也。"

歾者，人之終也。《說文》："歾，終也。或作'歿'。"

繹者，絲之終也。《玉篇》："繹，終也。"

結者，事之終也。

冬者，時之終也。《說文》："冬，四時盡也。"《漢書・律曆志》："冬，終也。物終藏，乃可稱。"《白虎通義》："冬之爲言終也。"

揄以珠反**、墮、剥、免，脱也。**

上文"脱，離也"，此又廣其訓。

揄、墮者，《方言》云："揄、𡐦，脱也。"

剥者，《爾雅》："肉曰脱之。"郭注："剥其皮也。"是"剥"爲脱也。

免者，《左氏成十六年傳》："免使者而復鼓。"注："免，脱也。"《晉語》："郤至甲冑而見客，免冑而聽命。"韋注訓爲"脱"也。

酺薄乎反，又薄故反、**醵**巨略反[1]、**吸**許急反、**渳**弭音，**飲也。**

《說文》："歙，歠也。"《釋名》："飲，奄也。以口奄而引咽之也。"

酺者，《說文》："酺[2]，王德布大歙酒也。"《史記·文帝紀》："酺五日。"《集解》云："文穎曰：'漢律，三人以上，無故羣飲，罰金四兩。'今詔橫賜得令會聚飲酒五日。"《索隱》曰："趙武靈王滅中山，酺五日，是其所起遠也。"

醵者，《說文》："醵，會飲酒也。或作'酤'。"《禮器》云："周禮其猶醵與？"郭注："合錢飲酒爲醵。"

吸者，郭璞《江賦》："吸翠霞而夭矯。"李善注引此文。

渳者，《說文·水部》義也。緜婢切。

[注] [1]静本、愛本脱"巨略反"三字，據徐復本《疏義》改。[2]静本、愛本誤作"輔"。

師、尹、工，官也。

《說文》："官，吏事君也。"

師者，《地官·師氏》注："師，教人以道者之稱也。"《大戴禮》云："昔者，周成王幼，在繈[1]褓之中，太公爲太師。"

尹者，《春秋繁露》云："湯受命，變夏作殷，作官於下落之陽，名官曰尹。"

工者，《周頌》："嗟嗟臣工。"傳："工，官也。"鄭箋："上是諸矦之卿大夫[2]矣。"是也。

[注] [1]静本、愛本作"緥"。[2]静本、愛本脱"夫"字。

日、室、經，實也。

《說文》："實，富也。"《玉篇》："實，不空也。"

日者，《說文》："日，實也。太陽之精不虧。"《爾雅》疏引《春秋元命苞》云："日，實也。光明盛實。"《白虎通義》："日之爲言實也。常滿有節。"

室者，《說文·宀[1]部》義也。《釋名》："室，實也。人物實滿其中也。"

絰[2]者，《檀弓》云："絰也者，實也。"鄭注："所以表哀戚。"又鄭注《喪服》云："絰之言實也。明孝子有忠實之心。"

[注] [1]静本誤作"門"。[2]静本、愛本作"經"。

貫、增、誄，累也。

《說文》："絫，增也。"

貫者，財之累也。《說文》："貫，錢貝之貫。"《離騷》："貫薜荔之落蘂。"王注："貫，累也。"

增者，物之累也。《說文》："增，益也。"

誄者，行之累也。曾子問云："賤不誄貴，幼不誄長，禮也。"郭註："誄，累也。累列生時行迹，誄之以作謚。"《釋名》："誄，累也。累列其事而稱之也。"

承、受、詔，繼也。

《說文》："繼，續也。"

承者，《說文》："承，受也。"《玉篇》："承，次也。"《左氏宣十二年傳》："子擊之，鄭師爲承，楚師必敗。"杜注："承，繼也。”

受者，古與“更”通。《左氏昭二十九年傳》：“以更豕韋之後。”《史記》“更”作“受”《儀禮·燕禮[1]》“更爵”注云：“古文‘更’爲‘受’。”

韶者，《樂記篇》文也。鄭注：“韶之言紹也。”《玉篇》：“韶，繼也。紹也。舜樂也。”

［注］［1］静本、愛本衍“云”字，已刪。

趠卓音、**殊**、**撥**通末反、**殌**卒音，**絶也。**

《釋名》：“絶，截也。如割截也。”《說文》：“截，斷絲也。”

趠者，左思《魏都賦》：“至於山川之倬詭。”李善注引《廣雅》：“倬，絶也。”是本又作“倬”。

殊者，木之絶也。《玉篇》：“殊，絶也。”本此。《左氏昭二十三年傳》：“斷其後之木而弗殊，邾師過之，乃推而蹷之。”

撥者，本之絶也。《大雅·蕩》：“枝葉未有害，本實先撥。”鄭箋：“撥，猶絶也。”

殌者，生之絶也。《說文》云：“大夫死曰殌。”《公羊隱三年傳》：“大夫曰卒。”與“殌”同。

頀護音、**户**、**挾**，**護也。**

《說文》：“護，救視也。”《史記·蕭相國世家》：“何數以吏事護高祖。”

頀者，《玉篇》：“頀，胡[1]故切。湯樂名。”《白虎通義》：“湯曰大護者，言湯承衰，能護民之急也。”“頀”、“護”同。

户者，《説文》：“户，護也。半門曰户。”《釋名》：“户，護也。所以謹護閉塞也。”

挾者，《方言[2]》文也。郭注：“扶挾將護。”《方言》本或作“扶”，字之訛耳。《廣韻》：“挾，護也。”

[注] [1]愛本此處空白。静本誤作“者”。[2]愛本誤作“也”。

巛、儒、㦬謹音、犪、茹，柔也。

上文“柔，弱也”，此又申釋之。《虞書》：“柔而立。”鄭注：“柔，謂性行和柔。”

巛者，陸氏《周易》、《釋文》云：“坤，本又作‘巛’。巛，今字也，同。困魂反。”《雜卦傳》：“乾剛坤柔。”

儒者，《説文》：“儒，柔也。術士之稱。”《禮記·鄭氏〈目録〉》云：“儒之言優也。柔也。能安人，能服人。”《左氏傳》：“齊人歌曰：‘唯其儒書，以爲二國憂。’”

㦬者，《玉篇》：“㦬，几隱切。柔也。”

犪者，《尚書》云：“犪而毅。”徐廣曰：“犪，一作‘柔’。”《説文》：“犪，牛柔謹也。從[1]牛，夒聲。”《玉篇》：“犪，而小、而照二切。從也。馴也[2]。《尚書》：‘犪而毅。’字如此。擾，同上。”

茹者，草之柔也。《離騷》：“攬茹蕙以掩涕兮。”王注：“茹，柔耎也。”

[注] [1]静本、愛本誤作“以”。[2]静本、愛本脱“也”字。

襱聾音、**稨**輔音、**稔**浮問反、**秝**頰音，**穧**在細反**也。**

《説文》："穧，穫刈也。"《小雅·大田》云："此有不斂穧。"

襱者，《玉篇》："襱，力公切。襱穧。"

稨者，《玉篇》："稨，扶甫切。禾積也。"《廣韻》："稨，禾穳積也。"

稔者，《玉篇》："稔，稔穧也。"《廣韻》："稔，穧稔，穫也。"《管子·立政篇》："雖有凶旱，有所稔穫。"

秝者，《玉篇》："秝，居協切。秝穧也。"

礴遘音、**礄**的音、**罸**，**伐也。**

《説文》："伐，擊也。"

礴者，《玉篇》："礴，古侯[1]切。罸也。"《廣韻》同。

礄者，《玉篇》："礄，丁狄切。磓也。"《廣韻》同。

罸者，《廣韻》引《元命苞》云："网、言爲詈。刀、詈爲罰。罰之言网陷於害。"

[注] [1]静本、愛本脱"侯"字。

�魂音、**般**班音、**旋**，**還[1]也。**

《説文》："還，復也。"

輥者，《廣韻》："輥，還也。車相避也。户昆切。"

般者，《説文》："般，辟也。象舟之旋。"《明夷》："六二：夷於左股。"馬融、王肅作"般"。云："旋也。日隨天，左旋也。"通作"班"。還軍曰"班師"。《左氏襄十年傳》："請班師。"杜注："班，還也。"

旋者，古與“還”同。《魏風》：“行與子還兮。”《釋文》：“本亦作‘旋’。”《齊風》：“子之還兮。”《韓詩》作“嫙”。

[注] [1]愛本作“還”。

明、覺、赫，發也。

《玉篇》：“發，明也。”

明者，上文釋“發”爲“明”，“明”又爲“發”，轉相訓也。《玉篇》：“明，發也。”本此。

覺者，《說文·見部》義也。

赫者，《廣韻》：“赫，發也。”本此。

觪才兀反、**長、勑**步器反，**挾也**[1]**。**

挾，未詳。

觪、長、勑，字書俱無“挾”訓。《玉篇》：“觪，角初生。”“勑，符沸切。勇壯也。”

[注] [1]該條《廣雅疏證》：“皆未詳。”徐復本《補疏》：“此條當作：‘觪，長也；勑，挾也。’誤合爲一。《廣韻》：‘觪，角初生也。’是‘觪’爲生長之誼。《漢書·季布傳》：‘任俠有名。’師古注云：‘俠之言挾，以權力俠輔人也。’‘俠’與‘挾’，古字同。《玉篇》：‘勑，勇壯也。’‘勇’即任俠之誼。”

謌莖音、**摹**莫乎反、**劚**烏角反，**刑也。**

“刑”與“形”，古通用。《詩》：“儀刑文王。”《潛夫論》引作

“形”。《孫叔敖碑》：“因埋掩其刑。”又：“辟患害於無刑。”《馮緄碑》：“遺令臧刑而已。”皆義作“形”。

䣆者，《玉篇》：“䣆，駭耕切。䣆刑也。顓頊樂名。”

摹者，《説文》：“摹，規也。”《玉篇》：“摹，規摹也。”

剄者，《玉篇》：“剄，形也。”《集韻》：“剄，形也。”

𦔳、緼、瀀憂音，饒也。

上文“饒，益也。多也”，此又廣其義。

𦔳者，詹事兄曰：“《月令》：‘可以糞田[1]疇。’是‘𦔳’有饒益之義也。”

緼者，與“藴”同。《方言》云[2]：“藴者，饒也。”

瀀者，《説文》：“瀀，澤多也。”引《詩》曰：“既瀀既渥。”今《信南山詩》作“優”。

[注] [1]静本、愛本脱“糞田”二字，據徐復本《疏義》補。[2]静本、愛本衍“糞田”二字，當爲上注脱字誤入此處，已刪。

縫、際、期，會也。

《説文》：“會，合也。”

縫者，衣之會也。舊本“縫”訛“絳[1]”，今訂正。

際者，壁之會也。《説文》：“際，壁會也。”

期者，時之會也。《離騷》：“指西海以爲期。”王注：“期，會也。”

[注] [1]“夆”爲“逢”之異體。“絳”，愛本誤作“絳”。

宿、次、低都犂反、弛失以反，舍也。

《玉篇》："舍，舒夜切。處也。"

宿者，客之舍也。《説文》："宿，止也。"《周頌》："有客[1]宿宿。"

次者，師之舍也。《左氏莊三年傳》："凡師，一宿爲舍，再宿爲信，過信爲次。"《師》："六四：師左次。"荀爽曰："次，舍也。"

低者，字當爲"邸"。《説文》："邸，屬國舍。"《漢書·文帝紀》："至邸而議之。"顔師古曰："郡國朝宿之舍，在京師者宿名邸。邸[2]，至也，言所歸至也。"

弛者，詹事兄曰："宿次爲'傳舍'之'舍'，弛則'舍釋'之'舍'也。"似亦可通。

[注] [1]"有客"，静本、愛本誤作"客之"。[2]静本、愛本衍"之"字，已删。

程、見、經，示也。

《釋名》："示，示也。過所至關津[1]，以示之也。"

程者，張衡《南都賦》："致餙程蠱。"李善注引此文。

見者，《説文》："見，視也。"視，與"示"同。《曲禮》："幼子常視毋誑。"鄭注："視，今之'示'字。"

經者，常也。常道以示人也。

[注] [1]静本、愛本誤作"滓"。

肆、申、倈來音，伸申音也。

上文"伸，理也。直也。展也"，此又廣其義。

肆者，《秋官·掌戮》云："凡殺人者，踣諸市，肆之三日。"注云："肆，猶申也。陳也。"申，與"伸"同。

申者，《玉篇》："申，伸也。"本此。

倈，未聞[1]。

[注] [1]《廣雅疏證》："來，與'倈'通。"

佻鳥音、**抗**、**絓**乎卦反，**縣也。**

《說文》："縣，繫也。"《春官·小胥職》云："正樂縣之位。王宮縣[1]，諸侯軒縣，卿大夫判縣，士特縣。辨其聲。"

佻、抗者，《方言》："佻、抗，縣也。趙、魏之間曰佻。自山之東西曰抗。燕、趙之郊，縣物於臺之上，謂之佻。"郭注："了佻，縣物皃。"

絓者，《楚辭·九章》："心絓結而不解兮。"王注："絓，懸也。"《淮南·人間訓》："小人不知禍福之門户，妄動而絓羅網[2]。"潘岳《悼亡詩》："遺掛猶在壁。"李善注引曰："掛，懸。"是本又作"掛"。

[注] [1]静本、愛本脱"縣"字。[2]愛本作"綱"。

韞蘊音、**圍**、**裝**莊音、**包**、**幓**於問反，**裹也。**

《說文》："裹，纏也。"《大雅·公劉》云："乃裹餱糧。"

韞者，《玉篇》："韞，於昆切。裹也。"本此。

圍者，《廣韻》："圍，圜[1]也。遶也。"通作"韋[2]"。《漢書·成帝紀》："建始元年，拔甘泉畤[3]中大木[4]十韋以上。"顔師古注："韋，與'圍'同。"

裝者，《說文·衣部》義也。

包者，《説文》："包，象人褱[5]妊。巳在中，象子未成形也。"《召南》："野有死麕，白茅包之。"傳："褁也。"

幧者，《玉篇》："幧，褁也。"本此。

[注] [1]愛本作"圝"。[2]静本、愛本作"帍"。[3]静本、愛本誤作"時"。[4]静本、愛本誤作"水"。[5]静本、愛本誤作"褁"。

扜、搷田音**、對，揚也。**

《説文》："揚，飛舉也。"

扜、搷者，《方言》："扜[1]、搷，揚也。"郭注："謂播揚也。"《玉篇》："搷，達年切。揚也。"

對者，《廣韻》："對，揚也。"本此。

[注] [1]《方言》郭注："扝，各本訛作'扜'。《廣韻》：'扝，揚也。'"《字彙》："扜，衣虚切。音於。指麾也。又持也。扝，同上。"

奏、箋牋音**、表**表音**、詔、箣、條、記、勑、勅、標**必饒反**、諫**七賜反**、檄**乎歷反**，書**書音**也。**

《釋名》："書，庶也。紀庶物也。亦言著也。著之簡[1]紙，永不澆滅也。"《説文·叙》云："著於竹帛謂之書。書者，如也。"《吕氏春秋·君守篇》："倉頡作書。"高誘注："倉頡生而知書寫，倣鳥迹以造文章。"《法言·問神篇》："彌論天下之事，記久明遠，著古昔[2]之嗗嗗，傳千里之忞忞者，莫如書。書，心畫也。"

奏者，《釋名》："奏，鄒也。鄒，狹小之言也。"蔡邕《獨斷》云："奏者，亦需頭。其京師官但言'稽首'，下言'稽首以聞'。其中者所請，若罪法劾案，公府送[3]御史臺，公卿校尉送謁者臺也。”

箋者，《說文》：“箋，表識書也。”《詩》、《釋文》：“箋，本亦作‘牋’，同。”《字林》云：“箋，表也。諸也。”案，鄭注《六藝論》云：“注詩宗毛爲主，毛義若隱略，則更表明。如有不同，即下己意，使可識别也。”

表者，下言上曰表，思之於内，表施於外也。《獨斷》云：“表者，不需頭。上言‘臣某言’，下言‘臣某誠惶誠恐，稽首頓首，死罪死罪[4]’。左方下附曰‘某官臣某甲上’。文多用編兩行，文少以五行。詣尚書通者也。公卿校尉諸將不言姓，大夫以下有同姓官别者，言姓。章口報聞公卿，使謁者將大夫以下至吏民，尚書左丞奏聞，報[5]‘可’，表文[6]報‘已奏如書’。凡章表皆啟封，其言密事，得帛囊盛。”

詔者，《釋名》云：“詔書。詔，昭也。人暗不見事宜，則有所犯，以此示之，使昭然知所由也。”《獨斷》云：“詔書者，詔，誥也。有三品。其文曰‘告某官，官如故事’，是爲詔書。羣臣有所奏請，尚書令奏之，下有‘制曰：天子荅之曰可，若下某官’云云，亦曰詔書。羣臣有所奏請，無尚書令‘制’之字，則荅曰‘已奏如書，本官下所當至’，亦曰詔。”

笧者，《說文》：“冊，符命也。諸侯進受於王也。象其札[7]：一長一短，中有二編之形。古文作‘笧’。”《釋名》云：“漢制，約勑封侯曰冊。冊，賾也。勑使整[8]賾，不犯之也。”《獨斷》云：“策書。策者，簡也。禮曰：‘不滿百文，不書於策。’其制長二尺，短者半之。其次一長一短，兩編，下附篆書，起年月日，稱皇帝曰，以命諸侯王、三公。其諸侯王、三公之薨於位者，亦以策書誄謚其行而賜之，如諸侯王之策。三公以罪免，亦賜策文。體如上策而隸書，以一尺木，兩行。唯此爲異者也。”

條者，一一疏舉，若木之有枝條也。《漢書》：“元帝詔曰：‘條奏無有所諱。’”《廣韻》：“條，教也。”

記者，《説文》："記，疏也。"《釋名》："記，紀也。紀識之也。"《漢書・蕭望之傳》："待詔鄭朋奏記於蕭望之。"注："記，書也。奏記自朋始。"《文心雕龍》："後漢始有公府奏記。記之言志，進己志也。"

勅者，《釋名》："勅，飭也。使自警飭，不敢廢慢也。"《獨斷》云："戒勅刺史、太守及三邊營官，被勅文曰'有詔勅某官'，是爲戒勅也。世皆名此爲策書，失之遠矣。"

勑者，與"勅"同。《玉篇》："勅，誡也。今作'勑'。"

標者，字當爲"幖"。《説文》："幖，幟也。"幟，與"識"通。

誎者，與"刺"同。《釋名》云："書稱刺書，以筆刺紙簡之上也。書姓名於奏上[9]曰書刺。作再拜起居，字皆達其體，使書盡[10]邊，徐引筆書之，如畫者也。下官刺曰長刺[11]，長書中央一行而下之也。又曰爵里刺，書其官爵及郡縣鄉里也。"

檄者，《説文》："檄，二尺書[12]。"《史記・張儀列[13]傳》云："爲文檄告楚相。"《漢書・高祖紀》："吾以羽檄徵天下兵。"顔師古曰："檄者，以木簡爲書，長尺二寸，用徵召也。其有急事，則加鳥羽插之，示速疾也。"《魏武奏事》云："今邊有警，輒露檄插羽。"《釋名》："檄，激也。下官所以激迎其上之書文也。"

[注] [1]静本、愛本作"蔄"。[2]静本、愛本誤作"吉"。[3]静本、愛本誤作"遂"。[4]静本、愛本脱"罪"字。[5]"聞報"，愛本倒作"報聞"。[6]愛本誤作"衣"。[7]愛本誤作"禮"。[8]静本、愛本作"整"。[9]静本、愛本誤作"白"。[10]"書盡"，静本、愛本倒作"盡書"。[11]愛本誤作"制"。[12]静本、愛本誤作"當"。[13]静本、愛本誤作"别"。

元、良、餑勃音**、餽**息音**、䠷**道音**、䠀**烏老反**、堅，長也。**

《卷三》之“長”，爲“長短”之“長”，此是“長幼”之“長”也。

元、良者，《爾雅》：“元，良，首也。”首，亦“長”也。《易·文言》曰：“元者，善之長也。”《玉篇》引《韓詩》云：“元[1]，長也。”《廣韻》：“良，長也。”

餑、餽，未詳[2]。

䠷、䠀者，《玉篇》：“䠷，乃倒、徒到二切。長也。”“䠀，於倒、於到二切。䠀䠷，長也。”《吴都賦》：“卉木䠀蔓。”

堅者，《廣韻》：“堅，長也。”本此。

《集韻》引《廣雅》：“蹽，驕，長也。”今無此文，疑即“䠷”、“䠀”之或體字。

[注] [1]静本、愛本誤作“云”。[2]《廣雅書證》：“《孟子·告子篇》：‘浡然而生。’是‘浡’爲生長之貌也。‘浡’與‘餑’通。《孟子·告子篇》：‘是其日夜之所息。’趙岐注云：‘息，長也。’‘息’與‘餽’通。”

劓魚既反**、刵**耳志反**、割、剶，截也。**

《説文》：“截，斷也。”

劓者，《説文》：“劓，刑鼻也。”引《易》曰：“天且劓。”“或作‘劓’。”

刵者，《説文》：“刵，斷耳也。”

割者，《玉篇》：“割，截也。”

剶者，《玉篇》：“剶，叉亂、叉芮二切。斷也。”舊本“剶”訛“剘”，字書無此字，今訂正。

札、鱗、檢簡音，甲也。

《釋名》：“鎧，或謂之甲。似物孚甲，以自禦也。”

札者，《左氏成十六年傳》：“蹲甲而射之，徹七札焉。”《淮南·說山訓》：“今被甲者，以備矢之至，若使人必知所集，則懸一札而已矣。”揚雄《太玄》云：“比札爲甲。”賈公彦《周禮》疏云：“一葉爲一札。”舊本右路石奮投而擊繆公之甲，中之者已六札矣。六札者，惟一札未陷耳，知甲以七札爲數也。舊本“札”訛“禮”，今訂正。

鱗者，魚之甲也。《說文》：“鱗，魚甲也。”

檢者，《說文》：“梜[1]，檢柙也。”“柙，從甲。有甲義。”詹事兄説。

[注] [1]静本、愛本脱“梜”字。

孝、備、九，究也。

《說文》：“究，窮也。”《玉篇》：“究，深也，盡也。”

孝者，《孝經援神契》云：“士行孝曰究。當湏明審資親事君之道，是能榮親也。”

備，未聞[1]。

九者，《說文》：“九，陽之變也。象其屈曲究盡之形。”《乾鑿度》云：“易變而爲一，一變而爲七，七變而爲九。九者，氣變之究也。乃復變而爲一。”《漢書·律曆志》：“黄鐘爲天統，律長九寸者，所以究極中和，爲萬物元也。”《白虎通義》云：“《尚書》：‘以親九族。’族之所以九何？九之爲言究也。親疏恩愛究竟也。”

[注] [1]《廣雅疏證》：“《書大傳》云：‘備者，成也。’成，與‘究’同義。”

補、仝、棺、丸，完也。

《說文》："完，全也。"

補者，衣之完也。《說文》："補，完衣也。"《玉篇》："補，治故也。"

仝者，《說文》："仝，完也。篆文作'全'。純玉曰全。"舊本"仝"訛"令"，今訂正。孫侍御云："盧校'令'作'合'，想亦以意改。"

棺者，《白虎通義》："棺之爲言完。所以藏尸，令完全也。"

丸者，詹事兄曰："丸、完，以音同取義。《釋名》皆用此例。"

襲、倚，因也。

《說文》："因，就也。"《淮南·原道訓》："禹之決瀆也，因水以爲師。神農之播穀也，因苗以爲教。"

襲者，鄭注《中庸》云："襲，因也。"潘岳《西征賦》："街衢如一，庭宇相襲。"李善注引此文。

倚者，上文釋"倚[1]"爲"依"，"依"亦"因"也。

[注] [1]愛本衍"爲倚"二字，已刪。

盈、滿、繹，充也。

上文"充，滿也。塞也"，此又申其義也。

盈、**滿**者，《說文》："盈，滿器也。""滿，盈溢也。"

繹者，上文"繹，終也。"案，鄭注《士冠禮》云："終，充也。"故

“繹”亦爲“充”。

奸、夌陵音、敢、犯，衄女六反也。

《説文》：“衄，鼻出血也。”《廣韻》：“衄，俗作‘衂’。”案，今俗以惡名加人曰“衂”，是犯之也。

奸者，淫之衂也。《説文》：“奸，犯婬也。古寒切。”

夌者，越之衂也。《説文》：“夌，越[1]也。”通作“陵”。《玉篇》：“陵，犯也。”

敢者，勇之衂也。《説文》作：“叙，進取也。”《廣韻》：“敢，勇也。”

犯者，侵之衂也。《説文》：“犯，侵也。”《玉篇》：“犯，抵觸也。”

［注］［1］“夌越”二字，愛本倒作“越夌”。

祟辭燊反、屧、鉦壬音、幰於問反，羞卷音也。

《爾雅》：“革中辨謂之羞。”此篇上文“羞，曲也，詘也”。玆所釋者，未知其指[1]。

祟、屧，未聞[2]。

鉦、幰者[3]，《玉篇》：“幰，羞也。”本此。《集韻》引此文云：“鉦，羞也。”舊本“鉦”訛“飪”，今訂正。

［注］［1］《廣雅疏證》“衂”字歸本條，與“羞”皆解釋爲“詘折之意”。［2］《廣雅疏證》：“《説文》：‘展，轉也。’展轉，亦詘曲之意。”［3］静本、愛本脱“鉦幰者”三字。

慎、必、蔵，敕也。

《説文》："敕，誡也。"《小雅·楚茨》："既匡既敕。"箋："祝釋嘏詞以敕之[1]。"蓋古者教戒之辭曰"敕"。

慎者，《説文》："慎，謹也。古文作'昚'。"《史記·虞卿列傳》云："此餙詞也，王昚勿予！"

必者，《玉篇》："必，敕也。"本此。《太玄·度》"次八"云："赤石不奪，節氏之必。測曰：'石赤不奪，可與要也。'"

蔵[2]者，《方言》："蔵、敕、戒，備也。"《左氏傳》："以蔵陳事。"杜注："蔵，敕也。"案，"蔵"、"敕"，一聲之轉。

［注］［1］静本、愛本誤作"者"。并衍"孫"字，已删。［2］愛本誤作"藏"。

粈女又反、雜、錯，厠也。

《玉篇》："厠，測吏切。雜也。"

粈者，飯之厠也。《説文》："粈，雜飯也。"

雜者，色之厠也。《説文》："雜，五彩相合。"《急就篇》："分別部居不雜厠。"

錯者，《楚[1]辭·天問》："九州安錯？"王逸注："錯，厠也，言九州錯厠，禹何所分別之。"張協《七命》："錯以瑶英，鏤以金華。"李善注引此文。

［注］［1］静本、愛本脱"楚"字。

廣、氾、撰、素，博也。

《玉篇》："博，廣也。"

廣者，居之博也。《説文》："廣，殿之大屋也。"

氾者，水之博也。《楚辭·九歎》："臨深水而長嘯兮，且倘佯而氾觀。"王注："氾，博也。"

撰，未詳。

素者，《方言》："藐、素，廣也。"故"素"亦爲"博"。

踦[1]居綺反、際、邊、厓、旁、隒檢音、偏、脅，方也。

"方"訓已見《卷一》。彼爲"方正"之"方"，此是"方隅"之"方"也。《史記·扁鵲列傳》："以其言飲藥三十日，視見垣一方人。"《索隱》曰："方，猶邊也，言能隔墻見彼邊之人。"

踦者，《玉[2]篇》："踦，恐人踦乃身，迂乃心，踦曲迂避也。"

際者，《玉篇》："際，方也。"本此。

邊者，《玉篇》："邊，畔也[3]。"《廣韻》："邊，方也。"

厓者，已見前篇"方"訓中。

旁者，《士喪禮》鄭注云："今文'旁'爲'方'，是'旁'爲古文'方'也。"

隒者，已見前卷"方"訓中。

偏者，《廣韻》："偏，不正也。鄙也。"

脅者，字當爲"脅"。《説文》："阪，山脅。"

[注] [1]静本、愛本作"踦"。[2]愛本脱"玉"字。[3]愛本誤作"者"。

觸、冒墨音**、搪**唐音**、敞**長庚反**、衝，揬**突音**也。**

《玉篇》：“揬，達骨切。衝揬也。”

觸者，《說文》：“觸，抵也。”

冒者，《說文》：“冒，家而前也。”

搪者，《玉篇》：“搪，達郎切。搪揬也。”《廣韻》作“傏”，云：“傏㣿不遜。”劉劭《人物志》：“彊毅之人，狠剛不和，不戒其彊之搪突。”馬融《圍棋[1]賦》：“守規不固兮，爲相唐突。”“唐突”，與“搪揬”同。《集韻》：“搪揬，觸也。”

敞者，《玉篇》、《廣韻》俱不收，未詳[2]。

衝者，《孔叢·諫格虎賦》：“耳目喪精，值網而衝。”鮑昭《蕪城賦》：“製磁石以禦衝。”李善注引曰：“衝，突也。”“揬”，“突”同。

[注] [1]愛本誤作“綦”。[2]《廣雅疏證》：“敞者，《衆經音義》（卷三）引《三倉》云：‘敞、撞也。’《卷十四》引《字苑》云：‘棖、觸也。’謝惠連《祭古冢文》：‘以物棖撥之。’李善注云：‘南人謂以物觸物爲棖。’‘敞’、‘棖’，竝與‘敞’通。”

刻、窮、歉口陷反**、宊**救音**，貧也。**

《說文》：“貧，財分少也。古文作‘穷’。”

刻，未聞。

窮者，《說文》：“窮，極也。”

歉者，《玉篇》：“歉，貧也。”本此。

穵者，《説文》：“穵，貧病[1]也。”

[注] [1]“貧病”，愛本倒作“病貧”。

災、炭、𤑔子栗反、𤏘、燤，灺囚者反也。

《説文》：“灺，燭𤏘也。徐野切。”

災者，籀文“烖”字。《釋名》：“災，裁也。火所燒滅之餘。”

炭者，《説文》：“炭，燒木餘也[1]。”

𤑔者，《玉篇》：“𤑔，灺也。”

𤏘者，《説文》：“𤏘，火餘也。”《玉篇》：“𤏘，才進切。灺也。燼，同上。”通作“藎”。《方言》：“藎，餘也。自關而西，秦、晉之間，炊薪不盡曰藎。”

燤者，《説文》：“燤，焦也。”《玉篇》：“燤，子刀切。燤，燒也。”《廣韻》：“燤[2]，火餘木也。”

[注] [1]静本、愛本衍“玉篇𤏘灺也”五字，已删。[2]愛本作“燒”。

爊烏高反、熅恩音、煨烏回反、㷁呼勿反，煴於云反也。

《玉篇》：“煴，煗也。”《漢書·蘇武傳》：“置煴火。”顔師古曰：“煴，謂聚火無焱者也。”

爊者，《玉篇》：“爊，於刀切。煴也。”“爊”，當作“爊”。《廣韻》：“爊[1]，埋物灰中令熟。”通作“鏖[2]”。《説文》：“鏖，煴器也。”

熅者，《説文》：“㶽，炮肉，以微火温肉[3]也。烏痕切。”《玉篇》：“熅，與‘㶽’同。”

煨者，《玉篇》：“煨，盆中火。熝也。”

㷂者，《玉篇》作：“㷂，熅也。㷂炑，火煨。”《廣韻》：“㷂，火煨起皃。”

[注] [1]静本、愛本作“爊”。[2]静本、愛本作“鏕”。[3]愛本誤作“微”。

歕普頓反、**嗧**孚萬反、**𡁠**巨殞反、**哯**乎典反、**吩**鈞峻反、**唷**有六反、**欿**其表反、**歐**於苟反、**㱿**許角反，**吐也。**

《説文》：“吐，寫[1]也。”《玉篇》：“吐，他古、他故二切。口吐也。”

歕者，《玉篇》：“歕，普門、普悶二切。口含物，歕散也。”

嗧者，《玉篇》作：“噼，吐也。”

𡁠者，《玉篇》：“𡁠，欲吐皃。”

哯者，《説文》：“哯，不歐而吐也。”《玉篇》：“哯，不顧而吐也。”《廣韻》：“哯，小兒歐乳也。”

吩者，《玉篇》：“吩，吐也。”

唷者，《玉篇》：“唷，吐也。”

欿者，《玉篇》：“欿，歐吐也。”

歐者，《説文·欠部》義也。

㱿者，《説文》：“㱿，歐皃。”《左氏哀二十五年傳》：“褚師聲子韈而登席，公怒。辭曰：‘臣有足疾，若見之，君將㱿之。’”杜注：“㱿，嘔吐也。”舊本“㱿”訛“㲉”，今訂正。

《集韻》引《廣雅》：“哼，吐也。羽粉、王分二切。”今無此文。

[注] [1]静本、愛本作“窞”。

埳苦敢反、**㣌**仕陷反、**䀐**口減反，**陷也。**

《説文》：“陷，高下也。一曰陊也。”

埳者，《玉篇》：“埳，陷也。”

㣌者，《玉篇》：“㣌，陷也。”

䀐者，《説文》：“䀐，目陷也。苦夾切。”舊本“䀐”訛從“耳”。今訂正。

庸、資、由、以，用也。

《説文》：“用，可施行也。”

庸者，《説文·用部》義也。《齊風·南山》：“齊子庸止。”《王風·兔爰》：“尚無庸。”毛傳並云：“庸，用也。”

資者，行之用也。《聘禮》云：“問幾月之資。”鄭注：“資，行用也。”

由者，《商書·盤庚》：“若顛木之有由櫱。”孔傳釋“由”爲“用”。《左氏襄三十年傳》：“以晉之多虞，不能由吾子，使吾子辱在泥塗久矣。”杜注：“由，用也。”

以者，《説文》：“㠯，用也。”“以”、“㠯”同。

愭在細反、**慅**草音、**秋，愁也。**

《説文》："愁，憂也。"

愭者，詹事兄曰："《詩》云：'天之方愭。' '愭'、'愁'，聲相近。"

慅者，《玉篇》："慅，蘇勞切。愁也。"通作"騷"。《楚語》："伍舉曰：'德義不行，則邇者騷離，而遠者距違。'"注："騷，愁也。離畔也。"王應麟曰："伍舉所謂'騷離'、屈平所謂'離騷'，皆楚言也。"

秋者，《鄉飲酒義》云："西方曰秋。秋之爲言愁也。"《春秋繁露》云："陰始於秋，秋之爲言猶湫湫也。湫湫者，憂悲之狀也。"

朦、厖亾江反、又亾項反、**穰，豐也。**

《玉篇》："豐，大也。"

朦、厖者，《方言》："朦、厖，豐也。自關而西，秦、晉之間，凡大皃謂之朦，或謂之厖。豐，其通語也。"

穰者，年之豐也。《商頌》："自天降康，豐年穰穰。"《莊子·庚桑楚》云："居三年，畏壘大穰。"《玉篇》："穰，如羊切。豐也。"

楷、由、品，式也。

《説文》："式，法也。"《大雅·下武》云："下土之式。"毛傳："式，法也。"

楷者，《禮記》云："今世之行，後世以爲楷。"《玉篇》："楷，口駭切。式也。"

由者，《方言》文也。

品者，《廣韻》："品，式也。二口則生訟，三口乃能品量。"

晚、殿、背、尾、負，後也。

《玉篇》："後，前後也。"

晚者，日之後也。上文釋"後"爲"晚"，此又轉相訓也。《吕氏春秋·季冬紀》："意者秦王不肖主也，君從以難之未晚也。"注："晚，後也。"

殿者，軍之後也。《史記·周勃世家》："擊章邯車騎，殿。"《集解》云："如淳曰：'殿，不進也。'臣瓚曰：'在軍後曰殿。'"

背者，身之後也。《説文》："背，膂也。"

尾者，《玉篇》："尾，末後稍也。"

負者，義與"背"同。《明堂位》云："負斧依。"鄭注："負之言背也。"

蔫於然反、菸於去反、殘於危反，葱於元反也。

《玉篇》："葱，敗也。萎葱也。"

蔫者，《説文》："蔫，菸也。"

菸者，《説文》："菸，殘也。"宋玉《九辯》："葉菸邑而無色兮。"《文選》五臣註："言草木殘瘁也。"

殘者，《説文》："殘，病也。"

沃、錞是閏反、堪、輖周音、摯竹利反、䭫啟音，低也。

《玉篇》："低，垂也。"

沃者，柔之低也。《小雅·隰桑》："其葉有沃。"傳："沃，柔也。"柔則低而下垂。義亦通也。

錞者，平之低也，與"鐓"同。《曲禮》云："進矛戟者，前其鐓。"鄭注："平底曰鐓。"

堪，未聞[1]。

輖者，重之低也。《既夕記》云："志矢一乘，軒輖中。"鄭注："輖，摯也。"《廬人》注云："反覆，猶軒輖也。"軒輖，猶"軒摯"。

摯者，頓之低也。《說文》："摯，抵[2]也。"通作"輊"。《小雅·六月》："如輊如軒。"傳："輊，摯也。"亦作"摯"。見《義禮》注。《淮南·人間訓》："道者，置之前而不摯，錯之後而不軒。"

䭫者，首之低也。《說文》："䭫，下首也。康禮切。"《周禮·太祝》："辨九拜，一䭫首。"注云："䭫首，頭至地也。"蔡邕《獨斷》云："漢承秦法，羣臣上書皆言'昧死[3]言'。王莽盜位，慕古法，去'昧死'，曰'稽首'。光武因而不改。朝臣曰'稽首頓[4]首'，非朝臣曰'稽首再拜'。公卿、侍中、尚書衣帛而朝曰'朝臣'，諸營校尉、將、大夫以下亦爲'朝臣'。"

[注] [1]徐復本《釋詁拾遺》："'堪'訓'地突'，'堀'亦訓'突'。然則'地突'猶言'地堀'耳。地本卑下，堀則更甚，故曰：'堪，低也。'"[2]静本、愛本誤作"摯低"。[3]静本、愛本誤作"元"。[4]静本、愛本誤作"稽"。

𡨚橋音、**旅、𡎚**必耳反，**客也。**

《說文》："客，寄也。"

𡨚者，《玉篇》："𡨚，其驕切。寄也。客也。與'僑'同。"

旅者，《楚辭》："寥廓兮羈旅而無友。"張衡《思玄賦》："顝羈旅而無友兮。"舊注："旅，客也。"

𡎚者，《玉篇》："𡎚，羈客也。"

象、狄鞮、間、䛭恥敬反、**諜、郵**尤音、**置、行李、闟，驛也。**

《說文》："驛，置騎也。"《玉篇》："驛，譯也。道也。"

象、狄鞮者，《王制》云："南方曰象，西方曰狄鞮。"鄭注："鞮之言知也。今冀部有言狄鞮者。"《淮南·齊俗訓》："羌、氐、僰、翟，嬰兒生皆同聲，及其長也，雖重象狄騠，不能通其言，教、俗殊也。"高誘注："象、狄騠，驛也。象傳狄騠之語也。"

間者，覸也。

䛭者，《玉篇》："䛭，醜鄭切。譯也。亦作'偵'。"

諜者，《說文》："諜，軍中反間也。"

郵[1]者，《說文》："郵，境上行書舍。"

置者，《風俗通義》："漢改郵爲置。置者，度其遠近之間，置之也。"《史記·孝文帝本紀》："太僕見馬遺財足，餘皆以給置傳。"《索隱》曰："《續漢書》云：'驛馬三十里一[2]置。'故樂彦亦云：'傳、置一也，言乘傳者，以傳次受名。乘置者，以馬取匹。'如淳曰：'律，四馬高足爲傳置，四馬中足爲馳置，四馬下足爲乘置。一馬、二馬爲軺置，急乘一馬曰乘也。’”

行李者，《左氏僖三十年傳》：“行李之往來。”杜注：“使人。”《襄八年傳》：“一介行李。”杜注：“行人。”亦作[3]“行理”。《昭十三年傳》：“行理之命。”注：“使人。”《周語》：“行理以節逆之。”韋注：“理，吏也。”

關者，漢都關中，置關都尉，以察僞遊，用傳出入。

盧校“驛”下增“譯”字。

[注] [1]愛本作“郵”。[2]静本、愛本誤作“二”。[3]静本誤作“足”。

《廣雅疏義》卷第九

嘉定錢大昭晦之甫撰

《廣雅》卷五

釋言第二

《說文》云："直言曰言。"《釋名》："言，宣也。宣彼此之意也。"《詩》之成句聯字以爲"言"。一字則言蹇而難會。有二言者，"祈父"、"肇禋[1]"之類也。三言者，"綏萬邦"、"屢豐年"之類也。四言者，"關關雎鳩"、"葛之覃兮"之類也。五言者，"誰謂雀無角"、"何以穿我屋"之類也。六言者，"昔者先王受命"、"有如召公之臣"之類也。七言者，"如彼築室于道謀"、"尚之以瓊華乎而"之類也。八言者，"十月蟋蟀入我牀下"、"我不敢効我友自逸"之類也。古亦有以一句爲一言者。《左傳》："臣之業，在《揚之水》卒章之四言。"謂"第四句"，不敢[2]以告人也。又，趙簡子稱子太叔"遺我以九言"。《論語》："一言以蔽之，曰思無邪。"《管子・君臣篇》："古者有二言：'墻有耳'、'伏寇在側'。"《吕氏春秋・似順論》云："齊桓公即位三年，三言而天下稱賢，羣臣皆說。去肉食之獸，去食粟之鳥，去絲罝之網。"高誘曰："是三言也。"此皆指一句爲一言然。《論語》子貢問"一言"。子曰："其恕乎？"以"恕"爲一言。《淮南・人間訓》："靖郭君客曰：'臣請道三言。'曰：'海大魚。'"《漢書・東方朔傳》云："臣朔固已誦四十四萬言。"皆以一字爲一言也。

上篇《釋詁》，每一義訓，少則二字，多則數十字。此篇所釋，或二字，或一字，皆以通古今之語，抉舊書雅記之奥也。

[注] [1]静本、愛本誤作“裡”。[2]静本、愛本誤作“告”。

央、極，中也。

上篇首言“始”，此篇首言“中”，皆放《爾雅》之式而廣之。

央者，《説文》：“央，中央也。”《秦風·蒹葭》云：“宛在水中央。”《荀子·正論篇》：“今人或入其央瀆，竊其豬彘。”揚倞注：“央瀆，中瀆也。”

極者，《説文》：“極[1]，棟也。”《釋名》：“棟，中也。居屋之中也。”《周禮》：“設官分職，以爲民極。”鄭注：“極，中也。”《周書·度訓解》：“爵以明等極。”孔晁曰：“極，中也。”《漢書·律曆志》：“太極元氣，函三爲一。極，中也。元，始也。”《楚辭·九歎》：“引日月以指極兮。”王逸釋“極”爲“中”。

[注] [1]静本、愛本誤作“稱”。

駭、驚，起也。

《説文》：“起，能立也。”

駭者，《説文》：“駭，驚也。”《文選·甘泉賦》注引《倉頡篇》：“駭，驚也。”案，本華《海賦》：“翔陽逸駭於扶桑之洋。”陸機《猛虎行》：“崇雲臨岸駭。”李善注皆引此文。通作“竤”。《五音集韻》：

“琖，胡槩切。起也。”

驚者，《説文》：“驚，馬駭也。”通作“警”。《文王世子》云：“天子視學，大昕鼓徵[1]，所以警衆也。”鄭注：“警，猶起也。”

[注] [1]愛本誤作“微”，静本誤作“徵”。

息、歸，返也。

《説文》：“返，還也。”

息、**歸**者，本書《釋詁》：“息，歸也。”“返，歸也。”“息”、“歸”，又[1]爲“返”，義相成也。

[注] [1]静本、愛本誤作“文”。

奉、貢，獻也。

《説文》：“獻，宗廟犬名，羹獻。”《玉篇》：“獻，奉也。”

奉者，《春官·司服》云：“共其衣服而奉之。”注云：“奉，猶送也。”

貢者，《説文》：“貢，獻功也。”《玉篇》：“貢，獻也。”本此。

鼏覓音、幔莫汗反，闇淹音也。

闇，通作“揜”。覆也。

鼏者，《玉篇》：“鼏，亾狄切。覆樽巾也。又鼎蓋也。”《禮器》云：“疏布鼏。”注云：“鼏，或作‘幕’。”是“鼏”即“幕”也。《公食大夫禮》云：“鼏者，若束若編。”注云：“凡鼎鼏，蓋以茅爲之，長則束本，短則編其中央。此蓋令其緻密不洩氣也。”

幔者，《說文》：“幔，幕也。”《釋名》：“幔，漫也。漫漫相連綴之言也。”

令、召，靚恥敬反。亦爲“靚莊[1]”之“靚”，似政反。“恥敬[2]”則“召[3]靚”之“靚”也。今多云“靚師僧”，則其字矣**也。**

《說文》：“靚，召也。疾正切。”今多用“請”。

令者，《說文》：“令，發號也。”《玉篇》：“令，命也。”

召者，《說文》：“召，評也。”《吕氏春秋・似順論》：“今召客者，酒酣，歌舞，鼓瑟吹竽。”高誘注：“召，請也。”

[注]　[1]愛本作“妵”，静本作“粧”，據《博雅音》改。[2]“恥敬”，静本、愛本作“敬疑”，據《博雅音》改。[3]静本、愛本作“屈”，據《博雅音》改。

乾、玄，天也。

《易・繫辭傳》：“乾，天也，故稱乎父。”

玄者，《易・文言傳》：“天玄而地黄。”宋玉《招魂》云：“懸火延起兮玄顔烝。”王逸注：“玄，天也，言懸鐙林木之中，其火延及，燒於野澤。煙上烝天，使黑色也。”《淮南・說山訓》：“求美則不得美，不求美則美矣；求醜則不得醜，求不醜則有醜矣。不求美又不求醜，則無美無醜矣，是謂玄同。”高誘曰：“玄，天也。天無所求也。人能無所求，故以之同也。”《漢書・郊祀歌》：“玄氣之精，回復此都。”顔師古曰：“玄，天也，言天氣之精，回旋反復於此。”

儀、招，來也。

來，古亦作“徠”。

儀者，《方言》云：“儀、洛，來也。陳、潁之間曰儀。”

招者，《説文》：“招，手呼也。”王逸《楚辭章句》：“以手曰招，以口曰召。”

羑誘音、薄，致也。

本書《釋詁》：“致，至也。”此又廣其義也。

羑者，導之致也。與“誘”同。《説文》：“羑，相訹呼也。”

薄者，始之致也。本書《釋詁》：“薄，至也。”與此義相成也。

循、率，述也。

《説文》：“述，循也。”《邶風·日月》：“報我不述。”傳：“述，循也。”《士喪禮》云：“筮人許諾，不述命。”鄭注：“述，循也。既受命，而申言之曰述。”

循者，《爾雅》：“遹，循也。”孫炎云：“遹，古‘述’字。”是“循”、“述”同義。

率者，《夏小正》云：“率者，循也。”“循”、“率”，皆爲“述”也。《左氏宣十二年傳》：“今鄭不率。”通作“帥”。《覲禮》云：“帥乃初事。”鄭注：“今文‘帥’作‘率[1]’。”《文王世子》云：“武王帥而行之。”

[注] [1]静本、愛本脱“率”字。

搵烏没反，又烏困反、**抐**奴没反，**擩**而專反。《周禮》："六日擩祭"**也。**

《説文》："擩，染也。"《春官·太祝》："九祭，六曰擩祭。"鄭[1]司農云："以肝肺菹擩鹽[2]醢中，以祭也。"《公食大夫禮》云："賔升席坐，取韮菹以辯[3]擩於醢，上豆之間祭。"鄭注："擩，猶染也。"

搵者，《説文》："搵，没也。"

抐者，《玉篇》："抐，搵抐也。"

[注] [1]"祭鄭"，愛本倒作"鄭祭"。[2]愛本誤作"監"。[3]静本、愛本作"辨"。

班、秩，序也。

本書《釋詁》："序，次也。"此又廣其義也。

班者，分之序也。《左氏昭二年傳》："送從逆班。"杜注："班，列也。"

秩者，《虞書》："汝作秩宗。"孔傳："秩，序也。"《説文》作"豑"。云："爵之次弟也。"

娋索教反、**犯，侵也。**

本書《釋詁》："侵，淩也。"此又廣其義也。

娋者，《説文》："娋，小小[1]侵也。息約切。"《集韻》："娋，所教切。侵也，言爲人所侵侮。"

犯者，《説文》："犯，侵也。"《玉篇》："犯，抵觸也。"

[注] [1]愛本脱"小"字。

詍於禮反、**諴**咸音，**謷**五牢反，又五交反**也。**

未詳[1]。《集韻》："諴，火斬反。"引《廣雅》："謷也。"

[注] [1]《廣雅疏證》："皆謂調戲也。說見《卷四》'諴，調也'下。"

僮[1]、莫，稚也。

本書《釋詁》："稚，少也。"此又廣其義也。

僮者，《說文》："僮，未冠也。"今通用"童"。

莫者，《爾雅》："雉[2]之暮子爲鷚。"郭注："晚生者。"《說文》引作"莫子"。是"莫"爲"稚"也。

[注] [1]愛本誤作"穜"。[2]静本、愛本誤作"稚"。

皸軍音、**皵**昔音，**皻**錯古反**也。**

《玉篇》："皻，千胡切。皸皻也。"

皸者，《玉篇》："皸，居云切。足坼裂也。"

皵者，《玉篇》："皵，思亦、七亦二切。皴皵也。木皮甲錯也。"案，古與"錯"通。《易·繫辭傳》："錯綜其數。"虞翻注："逆上曰錯。"

撼乎感反、**播，摇也。**

本書《釋詁》："摇，動也。"此又廣其義也。

撼者，《說文》："撼，摇也。徐鉉曰：'今别作'撼'，非是。'"

播者，《論語》："播鼗武。"孔安國曰："播，猶摇也。"《三禮圖》云："眡瞭掌凡樂事，播鼗，擊頌磬、笙磬。磬言擊，鼗言播。播，即摇之可知也。”

仍、重，再也。

《說文》：“再，一舉而二也。”《廣韻》：“再，重也。”

仍者，《說文》：“仍，因也。”《廣韻》：“仍，重也。”

重者，《廣韻》：“重，複也，疊也。直容切。”

鎮、綏，撫也。

《說文》：“撫，安也。一曰循也。”

鎮者，静之撫也。《左氏傳》：“鎮撫其社稷。”

綏者，安之撫也。《爾雅》：“綏，安[1]也。”

［注］ [1]静本、愛本脱“安”字。

羸、膄，瘠也。

瘠，《説文》作：“膌，瘦也。古文作‘㾊’。”《周禮·大司徒》云：“其民晳而瘠。”《左氏襄二十一年傳》：“瘠則甚矣。”杜注：“瘠，瘦也。”

羸者，《說文》：“羸，瘦也。”

膄者，《說文》作：“瘦[1]，臞也。”

［注］ [1]静本、愛本脱“羸瘦也膄者説文作瘦”九字，據徐復本《疏義》補。静本、愛本衍“瘠”字，已删。

課、揣測委反，又丁果反，**試也。**

《說文》："試，用也。"引《虞書》曰："明試以功。"

課者，《說文·言部》義也。《楚辭·天問》："僉曰何憂，何不課而行之？"王逸注："課，試也。"

揣者，《方言》文也。郭注："揣度，試之。"

捷、敏，亟也。

《說文》："亟，敏疾也。"

捷者，《廣韻》："捷，疾也。"

敏者，《說文》："敏，疾也。"《大雅·生民》："履帝武敏，歆。"傳："敏，疾也。"

曼、莫，無也。

曼者，《小爾雅》："曼，無也。"《法言·重黎篇》："神恠茫茫，若存若亾。聖人曼云。"吴祕注："神恠無實，聖人無云。"

莫者，《小雅·角弓》："莫肎下遺。"箋："莫，無也。"

刜拂音、**斲**卓音，**斫也。**

《說文》："斫，擊也。之若切。"《列子·黄帝篇》："斫撻無傷痛。"

刜者，《玉篇》："刜，扶弗、孚弗二切。斫也。"本此。

斲者，《說文·斤部》義也。《楚辭·九歌》："斲冰兮積雪。"王注："斲，斫也。"舊本"斲"訛"劉"。《玉篇》、《廣韻》俱無此字，今訂正。

䰞普衡反、**䰜**傷音，**飪**荏音**也。**

《方言》："飪，熟也。徐、揚之間曰飪。"

鬺者，《說文》："鬺，煑也。從鬲，羊聲。"《玉篇》："鬺，式羊切。煑也。亦作'䰜'。與'鬺'同。"《廣韻》："䰜，亦作'鬺'。"

鬺者，《漢書·郊祀志》："禹收九牧之金，鑄九鼎，象九州，皆嘗鬺享上帝鬼神。"顏師古注："鬺，亨也。"《韓詩·采蘋》云："于以鬺之，唯錡及釜。"

土、吐，瀉悉也反也。

《玉篇》："瀉，傾也。"《廣韻》："瀉，吐瀉。"

土者，鄭注《禹貢》云："地當陰陽之中，能吐生萬物者曰土。"又《大司徒》注云："以萬物自生焉，則言土。土，吐也。"《釋名》："土，吐也。能吐生萬物也。"《白虎通義》："土在中央，吐含萬物。土之爲言吐也。"《說文》："土，地之吐生萬物者也。"

吐者，《說文》："吐，寫也。"寫，與"瀉"同。

糗去久反、麨叱[1]少反，食也。

《釋名》："食，殖也。所以自生殖也。"

糗者，《說文》："糗，熬米麥也。"《釋名》："糗，齲也。飯而磨之，使齲碎也。"《天官·籩人職》："糗餌、粉餈。"鄭司農云："糗，熬大麥與米也。"後鄭謂："糗者，擣粉熬大豆。"

麨者，本書《釋器》云："麮麳，謂之麨。"《玉篇》："麨，糗也。"

[注] [1]静本、愛本作"吐"，據《博雅音》改。

殈宛音専轉音，篿也。

《說文》："専，六寸篿也。"今刊本誤"篿"爲"簿"。又云："篿，局戲也。六箸十二棊也。古者，烏曹作簙。”

宛專者，《方言》云：“簙，謂之蔽，或謂之箘。秦、晉之間謂之簙。吴、楚之間或謂之蔽，或謂之箭裹，或謂之宛專，或謂之匱璇，或謂之棊。”郭注：“專音轉。匱璇，或曰竹器，所以整頓簙者。銓、旋兩音。”《荀子·大略篇》云：“六六之簙。”楊倞注：“六六，即六博也。余之博局，亦二六相對也。”《楚辭·招魂》：“菎蔽象棊，有六簙些。”王逸注：“菎，玉也。蔽簙箸以玉飾之也。投六箸，行六棊，故謂之六簙也。”《史記·范睢蔡澤列傳》：“君獨不見夫博者乎？或欲大投，或欲分功。”舊本“簙”訓[1]爲“轉”。蓋“轉”字，是曹憲所音，誤作正文。又以“簙”字雜入下[2]條。今並訂正。

[注] [1]静本、愛本誤作“訉”。[2]静本、愛本此處空白，據徐復本《疏義》補。

圍棊，弈也。

《方言》云：“圍棊謂之弈。自關而東，齊、魯之間謂之弈。”

圍棊者，桓譚《新論》云：“俗有圍棊，或言是兵法之類也。其上者張置疏遠，多得道而爲勝。中者務相絶遮，要以争便利。下者守邊，趍作罫，自生於小地。”邯鄲淳《藝[1]經》云：“棊局，從、横各十七道；白、黑棋子各一百五十枚。”舊本“圍棊”下衍“簙”字，今訂正。

[注] [1]静本、愛本誤作“埶”。

泚千禮反、**濈**才代反，又賊音，**測也。**

測者，解見本書《釋詁》“度”下。

泚者，本書《釋詁》“泚”、“測”皆訓“度”。“泚”又爲“測”也。

濈者，《玉篇》：“濈，測也。”本此。

皮、膚，剥也。

本書《釋詁》：“剥，離也。脱也。”

皮、膚者，《説文》云：“剥取獸革者，謂之皮。”《易·剥卦》爻辭：“剥牀[1]以膚。”是“皮”、“膚”皆言“剥”也。《戰國策》：“聶政自皮面抉眼。”

［注］［1］静本、愛本誤作“昧”。

山、龍，彰也。

《説文》云：“彰，文彰也。”通作“章”。

山、龍者，《攷工記》：“山以章，水以龍。”鄭注：“彰，讀爲樟。樟，山物。龍，水物。”《皋陶謨》云：“予欲觀古人之象，日、月、星辰、山、龍、華蟲，作會；宗彝、藻、火、粉米、黼、黻、絺繡。”鄭注：“自日、月至黼、黻，凡十二章。天子以餙祭服，日也，月也，星[1]也，山也，龍也，華蟲也。六者畫以作繪，施於衣也。宗彝也，藻也，火也，粉米也，黼也，黻也，六者紩以爲繡，施於裳也。”

［注］［1］“也星”，愛本倒作“星也”。

調，譀乎[1]闇反**也。**

調、譀者，本書《釋詁》："譀，調也。"此又轉相訓也。

［注］［1］静本、愛本作"于"，據《博雅音》改。

戊、秀，茂也。

本書《釋詁》："茂，盛也。"

戊者，《釋名》："戊，茂也。物皆茂盛也。"鄭注《月令》云："戊之言茂也。"

秀者，《玉篇》："秀，思救切。出也，榮也。"

鄉許養反，**救也。**

鄉、救，未聞[1]。

［注］［1］徐復本《釋言補疏》："《周禮·大司徒》：'五族爲黨，使之相救；五州爲鄉，使之相賓。'鄭注：'救，救凶災也。'《孟子》'守望'數語，皆相救之事，故'鄉'可訓'救'，皆引伸之義也。"

愇瑋音、**虦，淺也。**

愇，未詳[1]。

虦者，《説文·虎部》云："虦，淺也。"《爾雅》："夏扈[2]虦玄，秋扈虦藍，冬扈虦黄，桑扈虦脂，棘扈虦丹。"郭注："皆因其毛色以爲名也。"又云："虎虦毛謂之虦貓。"《大雅·韓奕》："有貓有虎。"

傳："貓似虎而淺毛者也。"

[注] [1]徐復本《拾遺》："愇，即籀文之'韙'。'韙之'謂'是之'也。薛綜注《東京賦》云：'韙，善也。''善'亦'是'也。'淺'與'諓'通。《説文》：'諓，善言也。''愇'之爲'淺'，猶'諓'之爲'善'也，字有通借耳。"[2]徐復本《疏義》作"鳫"。

鬨乎鋒反，又乎貢反、**戰，鬬也。**

鬬，與"鬥"同。《玉篇》："鬬，當條切。争也。"《史記·孔子世家》云："季平子與郈昭伯以鬬鷄故，得罪魯昭公。"

鬨者，《説文》："鬨，鬬也。"引《孟子》曰："鄒與魯鬨。"

戰者，《説文·戈部》義也。

隅、陬側侯反，**角也。**

物之有四隅者，謂之四角。《後漢書·蠻夷傳》"四角"胡王，是也。

隅者，《説文》："隅，陬也。"《玉篇》："隅，牛俱切。角也。"皇侃《論語義疏》云："隅，角也。牀有四角，屋有四角，皆曰隅也。譬如屋有四角，已示之一角，餘三角從類可知。"通作"嵎"。《孟子》："虎負嵎。"趙岐訓"陬"。

陬者，《説文》："陬，阪隅也。"《戰國策[1]·宋策》："有雀生鱴於城之陬。"高誘注："陬，隅也。"宋玉《高唐賦》："陬互横啎。"李善注引此文。

[注] [1]静本、愛本脱"策"字。

廉、柧孤音，棱力曾反也。

此言"邊側"也。

廉者，《說文》："廉，仄也。"《鄉飲酒禮》云："設席於堂廉。"鄭注："側邊曰廉。"

柧[1]**、棱**者，《說文》："柧，棱也。""棱，柧也。"《文選·西都賦》："設壁門之鳳闕，上柧棱而棲金雀。"

[注] [1]愛本作"抓"。

備、晐古來[1]反，咸也。

此用《方言》文也。晐，彼作"該"。郭注："咸猶皆也。"

備者，《廣韻》："備，咸也，皆也。"

晐者，《玉篇》："晐，古才切。咸也。"本此。

[注] [1]静本、愛本作"采"，據《博雅音》改。

奇、尤，異也。

《釋名》："異者，異於常也。"

奇者，《晉語》："衣之偏裻之衣，佩之金玦。僕人贊聞之，曰：'君賜之奇，奇生怪，怪生無常。'"韋昭注："奇，異也。"《漢書·高祖紀》："公始常欲奇此女，與貴人。"顔師古曰："奇，異也，謂顯而異之，而嫁於貴人。"張衡《東京賦》："奇樹珍果。"薛綜訓爲"異"。

尤者，《說文》："尤，異也。"

敖、放，妛也。

“敖”、“慢”、“放”、“肆”，皆妛爲也。賈誼《新書》云：“以人自觀謂之度，反度爲妛。”

敖、放者，《莊子・庚桑楚》云：“蹍市人之足，則辭以放驁。”《釋[1]文》引《廣雅》：“驁，妛也。”是本又作“驁”。[2]

［注］［1］愛本誤作“説”。［2］該段静本、愛本衍，已删。

貶、費，損也。

本書《釋詁》：“損，減也。”此又廣其義也。

貶者，《説文》：“貶，損也。”

費者，《説文》：“費，散財用也。”《玉篇》：“費，孚味切。損也。”本此。

焚、燎，燒也。

本書《釋詁》：“燒，爇也。”此又廣其義也。

焚者，《説文》作：“樊，燒田也。”“焚”、“樊”同。《秋官・掌戮》云：“凡殺其親者，焚之。”注：“焚，燒也。”

燎者，《説文》：“燎，放火也。”《左氏傳》：“若[1]火之燎於原。”

［注］［1］愛本誤作“放”。

燀闡音、**爨**如字，**炊也。**

《說文》："炊，爨也。"

燀者，《說文·火部》義也。《左氏昭二十年傳》："和如羹焉，水火醯醢鹽[1]梅，以亨魚肉，燀之以薪。"杜注："燀，炊之也。"《周語》云："火無災燀。"韋昭注："燀，焱起皃。"

爨者，《說文》："爨，齊謂之炊爨。"

［注］［1］静本、愛本誤作"監"。

譸寧定反、**諛**，**諂也。**

《說文》："讇，諛也。或作'諂'。"《大戴禮》云："君子不讇富貴以爲己說。"

譸者，《法言·問明篇》："譸言敗俗，譸好敗則。"《玉篇》無"譸"字，疑與"佞"同。《說文》："佞，巧讇高材也。"

諛者，《說文》："諛，諂也。"《莊子·漁父篇》云："不擇是非而言謂之諛，希意道言謂之諂。"《荀子·修身篇》云："以不善先人者謂之諂，以不善和人者謂之諛。"楊倞注："先謂首唱也。和[1]，胡臥反。"

［注］［1］愛本脱"也和"二字，據徐復本《疏義》改。

拂、拓溥麥反，**搏也。**

《玉篇》："搏，補洛切。手擊[1]也。"

拂、拓者，《廣韻[2]》"拂"、"拓"，皆言"擊"也。《書曰》："搏拊琴瑟。”

［注］［1］静本、愛本誤作“繫”。［2］静本、愛本脱“拂拓者廣韻”五字。静本、愛本衍“又”字，已删。

懲、悷徒落反，**忞**乂音**也。**

《説文》：“忞，懲也。”

懲者，《説文》：“懲，忞也。”《左氏昭二十八年傳》：“吾懲舅氏矣。”《列子》云：“北山愚公，懲山北之塞、出入之迂。”《離騷》：“豈余心之可懲。”王注：“懲，艾也。”“忞”、“艾”，字異義同。

悷者，《玉篇》：“悷，懲也。”本此。

枚、箇，凡也。

《説文》：“凡，最括也。”

枚者，《方言》文也。《玉篇》：“枚，莫回切。箇也。”《左氏襄十八年傳》：“以枚數闔。”《二十一年傳》：“識其枚數。”皆謂箇也。

箇者，與“个”同。《方言》：“箇，枚也。”《説文》：“箇，竹枚也。”《大射儀》云：“搢三挾一介。”鄭注：“介，猶枚也。”《士虞禮》云：“俎釋三个。”鄭注：“个，猶枚也。”今俗或名“枚”、曰“個”，音相近。是“枚”、“箇”皆總括之數，故謂之凡也。

毅、距，困也。

毅、距、困，未詳[1]。

［注］［1］徐復本《補釋》：“王肅注《論語》‘毅，果敢也。’果敢者，困閉之義也。《漢書》注：‘距，閉也。’‘閉’亦困義。”

遷、徙，移也。

移，《說文》作："迻[1]，遷徙也。"

遷者，《衛風·氓》："以我賄遷。"傳："遷，徙也。"

徙者，《說文》作："辿，迻也。"

[注] [1]愛本誤作"趍"。

忕、慎，憤工音也。

《廣韻》："憤，憒也。古紅切。"案，"憒"疑"慎"之譌。

忕者，《說文》："忕，愓也。"引《春秋國語》曰："於其心忕然。"[1]

[注] [1]《廣雅疏證》解此條義爲"恐懼"，引《廣雅》："慎，恐也"。

廩稟音，治也。

廩、治，未詳[1]。

[注] [1]《廣雅疏證》以爲"治"爲"給"之訛，曹憲"廩"音"稟"，顔師古注《漢書》："稟，給也。"

磓的音、矺託音，磓對回反也。

《玉篇》："磓，亦作'塠'、'譴'。"

磓者，《玉篇》："磓，丁狄切。磓也。"

矺者，《玉篇》："矺，他各切。磓也。"並本此。

移、脱，遺也。

本書《釋詁》：“遺，墮也。”此申其義也。

移者，孫侍御云：“自此移彼，多有遺脱也。”

脱者，鄭注《鄉飲酒義》云：“遺，猶脱也。”是“脱”、“遺”同義。

專，齊也。

專，疑當作“剬”。初誤作“耑”，再誤作“專”。《説文》：“剬，斷齊也。”

溩歌音**、溏**唐音**，淖**女孝反**也。**

《説文》：“淖，泥也。”《左氏成十六年傳》：“有淖於前。”杜注：“淖，泥也。”

溩者，《説文》：“溩，多汁也。”《淮南·原道訓》：“甚淖而溩。”高誘注：“溩，亦淖也。饘粥多瀋者曰溩。”

溏者，《玉篇》、《廣韻》並云：“池也。”

真、是，此也。

《爾雅》：“茲、斯，此也。”

真，未詳[1]。

是者，是之爲此，語所通行者耳。

[注] [1]《廣雅疏證》：“真，當是‘直’之譌。《説文》：‘是，直也。’”

將、皞渠音，帥也。

“帥”、“率”，古字通。《玉篇》：“率，山律切。將領也。”又云：“帥，與‘帨’同。今爲‘將帥’字。”

將者，《説文》：“將，帥也。”

皞者，《玉篇》“自”、“皐”二部俱無。以音釋攷之，疑即“渠魁”字。

死，澌也。

《方言》：“澌，盡也。”

死者，《説文》：“死，澌也。人所離也。”《釋名》云：“人始氣絶曰死。死，澌也，就消澌也。”鄭注《檀弓》云：“死之言澌也，消盡爲澌。”《白虎通義》云：“庶人曰死，魂魄去心[1]。死之言澌，精氣窮也。”

[注] [1]静本、愛本誤作“亾”。

龍、光，寵也。

《説文》：“寵，尊居也。”

龍、光者，《小雅·蓼蕭》：“爲龍爲光。”傳：“龍，寵也。”《周頌·酌》：“我龍受之。”箋：“龍，寵也。”

蔿花音、譌五戈反，譁五瓜反也。

《方言》：“**蔿**、譌、**譁**，化也。北燕、朝鮮、洌水之間，或曰譁。”

譌[1]者，《玉篇》：“譌，化也。妖言曰譌。”

譁者，《說文》："譁，讙也。"

[注] [1]静本、愛本作"譌"。

涕、泣，淚也。

《玉篇》："淚，力季切。涕淚也。"

涕者，《說文》："涕，泣也。"《陳風·澤陂》傳云："自目曰涕，自鼻曰泗。"《玉篇》："目汁出曰涕。"

泣者，《說文》："無聲出涕曰泣。"

跧、莊，匍匐也。

《說文》："匍，手行也。""匐，伏地也。"《邶風·谷風》："匍匐救之。"鄭箋："匍匐，言盡力也。"《禮記·檀弓》及《漢書·谷永傳》並引作"扶服"。鄭注"問"傳云："匍匐，或作'扶服'。"[1]是古字通也。

跧者，《說文》："跧，卑也，絭也。莊緣切。"

莊者，《玉篇》："莊，敬皃。"是"跧"、"莊"與"匍匐"，皆恭敬卑下之意。

[注] [1]《禮記·問喪》："或問曰：'死三日而后斂者，何也？'曰：'孝子親死，悲哀志懣，故匍匐而哭之。'"《禮記纂言》云："鄭氏曰：'問者，怪其遲也。匍匐猶顛蹷，或作扶服。'"

眳**茗音**睛**七挺反**，䚩**齒真反。今人作"嗔[1]"字如此，失之**也。

《說文》："䚩，恚也。"《玉篇》："䚩，昌仁切。今作'嗔'。"

眳睛者，《玉篇》："眳，彌頂、莫并二切。眳睛，不悅皃。""睛，子盈切。"

[注] [1]静本、爱本作"息"，據《博雅音》改。

猜、阻，疑也。

《說文》："疑，惑也。"

猜者，《左氏昭三年傳》："君若不有寡君，雖朝夕辱於敝邑，寡君猜焉。"杜注："猜，疑也。"《玉篇》："猜，千才切。疑也。"本此。

阻者，《玉篇》："阻，疑也。壯舉切。"

《文選·長楊賦》："意者以爲事罔隆而不殺。"李善注引《廣雅》："意，疑也。"今無此文。

霠含音、霫士林反，霖也。

《左氏隱九年傳》："凡雨三日以往爲霖。"

霠者，《說文》："霠，久雨也。"《玉篇》："霠，胡耽切。多雨也。"

霫者，《玉篇》："霫，雨聲。"

賀、皆，嘉也。

《爾雅》："嘉，美也。善也。"

賀者，《說文》："賀，以禮相奉慶也。"《玉篇》："賀，以禮物相慶。加也。"

皆者，詹事兄曰："皆，嘉，聲相近。"

易、與，如也。

《虞書·堯典》："如五器。"《公羊隱八年》疏引鄭注："如者，以物相授與之。"

易者，《玉篇》："易，余赤切。象也。"按，"象"有相若之義，故爲如也。

與者，《漢書·高祖紀》："問陳豨將，皆故賈人。上曰：'吾知與之矣。'乃多以金購豨將。"顏師古注："與，如也，言能如之何也。"張衡《西京賦》："此何與於殷人屢遷。"李善注引此文。"言欲遷都洛陽，何如殷之屢遷乎？"

恑古彼反、覆，反也。

《說文》："反，覆也。"

恑者，《說文》："恑，變也。"《玉篇》："恑，居毁切。異也。"

覆者，《玉篇》："覆，反覆。"

審、覆，索也。

索，與"索"同。《繫辭傳》："探賾索隱。"

審者，《說文》："宷，悉也。知宷諦也。篆文作'審'。"

覆者，《爾雅》："覆，審也。""審"、"覆"，又皆爲"索"也。

輸、攋賴音，墮也。

《說文》云："敗城𨸏曰陊。篆文作'墒'。"

輸者，《公羊隱六年傳[1]》："鄭人來輸平。"傳云："輸平猶隳[2]成也。何言隳成？敗其成。"《左氏昭四年傳》："寡君將隳幣焉。"服虔曰："隳，輸也。""隳"與"墮"同。

攋者，《方言》：“攋、隓，壞也。”郭注：“攋，洛旱反。”《玉篇》、《廣韻》並作“禶”，從“示”。

[注] [1]静本、愛本脱“傳”字。[2]静本、愛本作“㜕”。

償、報，復也。

《説文》：“復，往來也。”《荀子·臣道篇》：“以德復君而化之，大忠也。”楊倞注：“復，報也。”

償者，《説文》：“償，還也。”鄭注《曾子問》云：“復猶償也。”《莊子·庚桑楚》云：“因以死償節。”《釋文》引《廣雅》：“償，報也，復也。”

報者，鄭注《小宰職》云：“復之言報也，反也。”

詩、意，志也。

詩者，《虞書》：“詩言志。”鄭注：“詩，所以言人之志意也。”《詩》序云：“詩者，志之所以之也。在心爲志，發言爲詩。”《樂記[1]》云：“詩言其志，歌咏其聲，舞動其容。”鄭注：“三者本志，無此本於内，不能爲樂也。”《孔子閒居》云：“志之所至，詩亦志[2]焉。”鄭注：“志，謂恩意也，言君恩意至於民，則其詩亦至也。”《吕氏春秋·慎大覽》云：“湯謂伊尹曰：‘若告我曠夏，盡如詩。’”高誘曰：“詩，志也。”賈誼《新書·道德篇》：“詩者，志德之理而明其旨，令人緣之以自成也，故曰：‘詩者，此之志者也。’”《楚辭·九章》云：“竊賦詩之所明。”王逸曰：“詩，志也。言鋪陳其志，以自證明也。”《法言·寡見篇》：“説志者，莫辨乎《詩》。”《詩譜·序》疏引《春秋説題辭》云：“在事爲詩，思慮爲志，詩之爲言志也。”《説[3]文》：“詩，志也。"

意者，《越語》："君行制，臣行意[4]。"韋昭注："意，志也。"《莊子·刻意篇》："刻意尚行。"《釋文》引《廣雅》："意，志也。"《玉篇》："意，志也。"本此。此條舊本譌作："詩、志，意也。"案，"志"、"意"已見本書《釋詁》，今訂正。

[注] [1]愛本誤作"詩"。[2]静本誤作"至"。[3]愛本誤作"誌"。[4]静本誤作"慮"。

眷、奊遠音**，顧也。**

《說文》："顧，還視也。"《檜風·匪風》："顧瞻周道。"傳："迴首曰顧。"

眷者，《說文》："眷，顧也。"《小雅·大東》："睠言顧之。"傳："睠，反顧也。""眷"、"睠"同。

奊者，《說文》："奊，頭衺骫奊態也。胡結切。"

⿸疒雋才[1]尹反**、⿸疒戔**辝翦[2]反**，蛘**養音**也。**

《說文》："蛘，搔蛘也。"與"痒"通。

⿸疒雋、⿸疒戔者，《玉篇》："⿸疒雋，大痒。""⿸疒戔，小痒。"

[注] [1]静本、愛本作"方"，據《博雅音》改。[2]"辝翦"，静本、愛本作"辭箭"，據《博雅音》改。

趲作滿反，正音"作但反"**、獡**式藥反**，虘**在何反**也。**

此言不親之象也。《說文》："虘，虎不柔不信也。"

趲者，《玉篇》："趲，散走也。"

猲者，《説文》："猲，犬猲猲不附人也。"

兼、緋布兮反，并也。

《説文》："并，相從也。"

兼者，禾之并也。《説文》："兼，并也。兼持二禾。"《左氏昭八年傳》："孺子長矣，而相吾室，欲兼我也。"杜注："兼，并也。"

緋者，絲之并也。《玉篇》："緋，縷并也。"通作"悂"。《五音集韻》："悂，邊迷切。意併也。或作'悂'，同。"

褻、黷，狎也。

本書《釋詁》："狎，輕也。"《玉篇》："狎，易也。近也。習也。"

褻者，《説文》："褻，私服。"

黷者，《説文》："黷，握持垢也。"

覺、穌，寤也。

《説文》："寤，寐也。"通作"寤"。

覺者，本書《釋詁》："寤，覺也。"此又轉相訓也。

穌者，通作"蘇"。《楚辭·九章》云："蘇世獨立，横而不流兮。"王注："蘇，寤也，言自知爲讒佞所害，心中覺寤，然不可變節，横立自持。"

諸、旃，之也。

此言"語詞"也。《玉篇》："之，發聲也。"

諸者，孔安國《尚書傳》："諸，之也。"

旃者，毛萇《詩》傳：“旃，之也。”《秦風·采苓》箋云：“旃之言焉也。‘舍之焉’，‘舍之焉’，謂謗訕人，欲使見黜退也[1]。”

[注] [1]愛本衍“也”字，已刪。

竝、偕，俱也。

《說文》：“俱，偕也。”《吕氏春秋·季秋紀》：“與劑貌辨俱。”高誘曰：“俱，偕也。”

竝者，《樂記》：“故事與時並，名與功偕。”鄭注：“偕，俱也。”《楚辭·九章》：“古[1]固有不竝兮。”王注：“並，俱也。”

偕者，《說文》：“偕，俱也。”《邶風·擊鼓》：“與子偕老。”《孟子》：“古之人與民偕樂。”毛萇、趙岐並云：“偕，俱也。”

[注] [1]静本、愛本作“士”。

饌、餫運音，饋也。

本書《釋詁》：“饋，遺也。”此又廣其義也。

饌者，乃管切。舊本脱此字。攷《集韻》引《廣雅》：“饌、餫，饋也。一曰女嫁後三日，餉女爲饌女。”今據《集韻》所引補正。

餫者，《說文》云：“野饋曰餫。”《左氏成五年傳》：“晉荀首如齊逆女，故宣伯餫諸穀。”杜注：“運糧饋之，敬大國也。”

紩、著張慮反，納也。

納，通作“衲”。《玉篇》：“納，奴荅切。或作‘衲’。”又云：“衲，補也。或作‘納’。”

紩者，《說文》："紩，縫也。直質切。"

著者，《廣韻》："著，補也。"

趽方音、**蹻**巨追反，**跶**他[1]達反**也。**

跶，與"蹥"同。《玉篇》："蹥，他達切。足跌也。"

趽者，《初學記》引何承天《纂文》云："趽，曲脛馬也。"

蹻者，《說文》："蹻，曲脛也。"《漢書·賈誼傳》："又苦䟭盭。"詹事兄曰："䟭，既'蹻'之訛。"

[注] [1]静本、愛本作"俱"，據《博雅音》改。

嗽、謦苦鼎反，**欬也。**

《說文》："欬，屰氣也。"《釋名》："欬，刻也。氣奔至，出入不平，調若刻物也。"

嗽者，《玉篇》："嗽，桑奏切。咳嗽也。"

謦者，《說文》："謦，欬也。"《淮南·道應訓》："惠孟見宋康王，蹀足謦欬，疾言曰：'寡人所說者，勇有功也，不說爲仁義者也。'"

剷才彫反、**穫**乎郭反，**刈也。**

《說文》："乂，芟艸也。或作'刈'。"《玉篇》："刈，穫也。"《離騷》："願竢時乎吾將刈。"王注："刈穀曰穫。"

剷者，《玉篇》："剷，刈穫也。"

穫者，《說文》："穫，刈穀也。"《小雅·大東》："無浸穫薪。"傳："穫，刈也。"

詆底音、**譙**，**呵也。**

《玉篇》："呵，許多切。責也。與'訶'同。"《說文》："訶，大言而怒也。"

詆者，《說文》："詆，訶也。"

譙者，本書《釋詁》："譙，讓也。"譙，又爲"呵"也。《管子·立政篇》："里尉以譙於游宗，游宗以譙於什伍，什伍以譙於長家。"

平均，賦也。

《說文》："賦，斂也。"

平均者，史游《急就篇》："遠取財物至平均。"顔師古注："價有貴賤，又當有轉送費用，不欲勞擾，故立平準均輸之官。"案，《方言》云："燕之北鄙，東齊北郊，凡相賦斂謂之平均。"

勃、怏，懟直[1]類反**也。**

《說文》："懟，怨也。"

勃、怏者，《說文》："怏，不服懟也。於亮切。"《方言》云："鞅，侼懟也。"郭注云："亦爲怨懟。鞅猶怏也。"《史記·伍子胥列傳》："常鞅鞅怨望。"《淮陰侯列傳》："由此日怨望，居常鞅鞅，羞與絳、灌等列。"又《高祖本紀》："此常怏怏，今乃事少主。"《絳侯世家》："此怏怏者，非少主臣也。"《漢書》皆作"鞅"。"勃怏"與"侼鞅"，字異音義同。

［注］［1］静本、愛本作"止"，據《博雅音》改。

率、計，校也。

《論語》云："犯而不校。"

率者，程之校也。

計者，數之校也。《說文》："計，會也。筭也。"

譏、諫七賜反，怨也。

《說文》："怨，恚也。"

譏者，《說文》："譏，誹也。"

諫者，《說文》："諫，數諫也。"

鍧苦莖反、摐楚江反，撞也。

《說文》："撞，卂擣也。"《玉篇》："撞，徒江切。擊也。"

鍧者，金石之撞也。《玉篇》："鍧，與'鏗'同。鏗鏘。金石聲也。"

摐者，《廣韻》："摐，打鐘鼓也。"通作"鏦"。《玉篇》："鏦，撞也。"《漢書》："南粵太后鏦吕嘉以矛。"

稙陟音、豫，早也。

早者，先也，前也。《易·文言傳》："由辨之不早辨也。"

稙者，穜之早也。《說文》："稙，早穜[1]也。"《魯頌·閟宫》云："稙稺菽麥。"

豫者，慮之早也。《晉語》："士蔿曰：'戒莫如豫，豫而後給。'"韋注："豫，備也。"《荀子·大略篇》："先患慮患謂之豫，豫則禍不生。"

[注] [1]静本、愛本誤作"植"，據《說文》段注改。

囚、纍，拘也。

《説文》：“拘，止也。”《左氏僖二十八年傳》：“乃[1]拘宛春於衛。”

囚者，《周禮·序官·掌囚》注：“囚，拘也。主[2]拘繫當刑殺之者。”《初學記》引《風俗通》云：“囚，遒也。言辭窮情得，以罪誅遒也。禮，罪人寘諸圜土。”故“囚”字，爲“囗”守“人”。案，“囚”、“拘”，已具《爾雅》，此重出也。

纍者，《玉篇》：“纍，力隹切。繫也。”

[注] [1]静本、愛本誤作“及”。[2]静本、愛本作“至”。

俚、慸，賴也。

本書《釋詁》：“賴，恃也。”

俚者，《漢書·季布欒[1]布田叔傳》贊云：“其畫無俚之至耳。”“無俚”猶“無賴”，言無可依賴也。

慸，未詳。

[注] [1]静本、愛本誤作“樂”。

敕、慎，謹也。

《説文》：“謹，慎也。”

敕者，《説文》：“敕，誡也。”

慎者，本書《釋詁》：“慎，敕也。”“敕”、“慎”，又爲“謹”也。《説文》：“慎，謹也。”

逋、薨，亡也。

《說文》：“亾，逃也。”《玉篇》：“亾，死也。”

逋者，逃之亾。《說文·辵部》義也。《晉語》：“辱收其逋遷裔胄而建立之。”韋注：“逋，亾也。”

薨者，死之亾也。《玉篇》：“薨，呼肱切。亾也。”

贅、叔，屬也。

《說文》：“屬，連也。”

贅者，《大雅·桑柔》“具贅卒荒”傳義也。《公羊襄十六年傳》：“君若贅旒然。”何休曰：“贅，繫屬之辭。”

叔者，聞詹事兄曰：“叔之爲屬，即伯、仲、叔之叔。叔爲屬，猶仲爲中也。”

州、譔士眷[1]反，又此專反，殊也。

《玉篇》引《倉頡篇》云：“殊，異也。”

州者，《禹貢》、《釋文》引《春秋說題辭》云：“州之言殊也。”

譔，未聞[2]。

[注] [1]静本、愛本誤作“養”。[2]徐復本《拾遺》：“《類篇》：‘譔，殊也。’‘譔’具詮釋，言人人殊也。”

目、纇雷對反，節也。

《玉篇》：“節，竹木不通。”

目者，《學記》云：“先其易者，後其節目。”舊本“目”訛“日”，今訂正。

纇者，《說文》："纇，絲節也。"《左氏昭十六年傳》："刑之頗纇。"服虔讀"纇"爲"類"，云："不平也。"

誎促音、督篤音，促也。

《說文》："促，迫也。"

誎者，《說文》："誎，餔旋促也。"

督者，《廣韻》："督，率也。勸也。"

稽、效，考也。

《說文》："攷，敂也。"今通用"考"。《小爾雅》云："攷，稽也。"宋玉《招魂》："上無所考此盛德兮。"王注："考，校也。"

稽者，《易·履》："上九：視履考祥。"虞翻訓"攷"爲"稽"。《堯典》："曰若稽古，帝堯。"馬融云："堯順考古道。"《地官·小司徒》云："以稽國中及四郊都鄙之夫家九比[1]之數。"注云："稽，猶考也。"

效者，《玉篇》："效，法效也。"

[注] [1]愛本誤作"此"。

㝅奴日[1]反、字，乳也。

乳者，詳見本書《釋詁》。

㝅者，本書《釋詁》："㝅，乳生也。"㝅，又爲乳也。《說文》："㝅，乳也。"《左氏宣四年傳》："楚人謂乳'㝅'。"

字者，《說文》："字，乳也。"又曰："字者，言孳乳而浸多。"《堯典》云："鳥獸孳尾。"《史記》作"字微"。裴駰云："乳化曰字。"舊本“字”字混入音釋中，今訂正。

[注] [1]静本、愛本作“口”，據《博雅音》改。

靈、禔大兮反，福也。

靈者，《玉篇》：“靈，祐也。”

禔者，《説文》：“禔，安福也。”《方言》：“禔，福也。”郭注：“謂福祚也。”

淩、駁素合反，馳也。

《説文》：“馳，大驅也。”

淩者，《楚辭·大招》：“冥淩浹行。”王逸曰：“淩猶馳也。”嵇康《贈秀才入軍詩》：“淩厲中原。”李善注引劉歆《遂初賦》：“登句注以淩厲。”又引此文。

駁者，《説文》：“駁，馬行相及也。”《方言》云：“駁，馬馳也。”郭注：“駁駁，疾皃。”揚雄《甘泉賦》：“輕先疾雷而駁遺風。”

傅、亮，相也。

《論語》：“固相師之道也。”馬融注：“相，導也。”鄭康成注：“相，扶也。”

傅者，《説文·人部》義也。

亮者，《周書·畢命》云：“弼亮四世。”孔傳釋爲“輔佐”。

南、壬，任也。

《説文》：“任，保也。”

南者，《漢書・律曆志》云："南吕。南，任也，言陰氣旅助夷則任成萬物也。"又云："太陽者，南方。南，任也。陽氣任養物，於時爲夏。"《白虎通・五行篇》："八月謂之南吕何？南者，任也，言陽氣尚有，任生薺麥也。"《說文》："南，艸木至南方，有枝任也。"

壬者，《小雅・賓之初筵》云："有壬有林。"鄭箋："壬，任也。"鄭注《月令》云："壬之言任也。"《漢書・律曆志》："懷任於壬。"《白虎通》云："壬者，陰始任。"《釋名》："壬，妊也。陰陽交，物懷任也。至子而萌也。"

裁、宰，制也。

《說文》："制，裁也。"《淮南・人間訓》："儀表規矩，事之制也。"

裁者，張衡《西京賦》："取殊裁於八都。"薛綜曰："裁，制也。"

宰者，治之制也。《白虎通・諫諍篇》："謂之宰何？宰，制也。使制法度也。"

竦、鷙，執也。

《說文》："執，捕罪人也。"

竦者，《楚辭・九歌》："竦長劍兮擁幼艾。"王逸注[1]："竦，執也。"

鷙者，《離騷》："鷙鳥之不羣兮。"王注："鷙，執也，謂能執伏衆鳥，鷹鸇之類也。"案，《說文》："鷙，擊殺鳥也。"古通用"摯"。《夏小正》云："鷹始摯。"《曲禮》云："前有鷙獸。"是也。

《集韻》引《廣雅》："擉，執也。珠玉切。"今無此文。

［注］［1］愛本誤作"者"。

正、略，要也。

大略，即大要也。

略者，江淹《雜體詩》：“領略歸一致。”李善注引此文。

正，未聞[1]。

［注］［1］《廣雅疏證》：“《淮南子·地形訓》：‘紀之以四時，要之以太歲。’‘高誘注云：要，正也。’”

角、抵嫡禮反，觸也。

《說文》：“觸，牴也。”

角者，《漢書·律曆志》：“角，觸也。物觸地而出，戴芒角也。”

抵者，《說文》：“牴，觸也。”牴，通作“抵”。《史記集解·序》：“或有抵捂。”《索隱》曰：“抵者，觸也。捂，亦斜[1]相抵觸之名。直觸、横觸皆曰抵，斜[2]觸謂之牾，下觸謂之抵。”

［注］［1］［2］静本、愛本誤作“針”。

𥧌米[1]音、䆓丁念反，又丁頰反，厭也。

“厭”有二義，一是“夢魘”之“魘”。《衆經音義》引《倉頡篇》：“厭，夜眠内不祥也。”俗作“魘”。一[2]是“覆壓”之“壓”。

𥧌者，《說文》：“𥧌，寐而厭也。徐鍇曰：‘𥧌，厭也。寐則神遊。神爲陰氣所厭，不得出也。若鬼神，其實非也，故人寐卧，手住心胃上，則多厭也。’”

䆓者，《說文》：“䆓，屋傾下也。”傾下，則“厭”。所謂“僑將厭焉”是也。俗作“壓”。

[注] [1]静本、愛本作“寐”。[2]静本、愛本誤作“上”，據徐復本《疏義》改。

馮、齎子兮反，裝也。

《説文》：“裝，裹也。”

馮，未聞[1]。

齎者，《廣韻》：“齎，裝也。”本此。

[注] [1]徐復本《拾遺》：“《莊子·盗跖篇》：‘令富人侅溺於馮氣，若負重行而上也。’‘馮’有盛滿之義，故曰‘若負重行也’，則義得與‘裝’通。”

僞魚軌反、言，端也。

僞、言、端，未詳[1]。

[注] [1]徐復本《補疏》：“《淮南·主術篇》：‘運轉而無端。’高誘注云：‘端，厓也。’‘厓’與‘邊’同誼。僞言，即《釋詁》所謂‘吪言’。《詩·沔水》：‘民之吪言。’鄭箋云：‘吪，僞也。’《正月》箋同。”

樊、裔，邊也。

《説文》：“邊，行垂崖也。”《玉篇》：“邊，畔也。”

樊者，《莊子·則陽篇》：“夏則休乎山樊。”李頤曰：“樊，傍也。”

司馬彪注引此文。

裔者，《楚辭・九歌》："蛟何爲兮水裔。"洪興祖《補注》："裔，邊也。"《淮南・原道訓》："故雖游於江潯海裔。"高誘訓"裔"爲"邊"。

遝待合反、**趙，召也。**

遝、趙，召也，未詳[1]。

［注］［1］《廣雅疏證》："及，各本譌作'召'。《爾雅》：'逮，及也。'又云：'逮，遝也。'《穆天子傳》：'天子北征趙行。'郭璞注云：'趙猶超騰也。'超騰，亦謂疾行。是'遝'、'趙'皆及也。"

緯于[1]鬼反、**衡，横也。**

《說文》："横，闌木也。"《廣韻》："横，縱横也。"

緯者，《說文》："緯，織横絲也。"

衡者，《說文》："衡，牛觸，横大木其角[2]。"《齊風・南山》："衡從其畝。"《釋[3]文》："衡音横。本亦作'横'。"《攷工記・玉人》："鼻寸，衡四寸。"注云："衡，古[4]文横。"鄭注《檀弓》云："今禮制'衡'讀爲横。"漢有"水衡官"，"衡"即"横"也。横一木如桔槔狀，今之枰是也。王莽作"大布黄千"，"黄"即"横"之省文。"衡山"一名"梁山"，謂"横梁"也。

［注］［1］愛本作"丁"，據《博雅音》改。［2］《說文》段注無"其角"二字。［3］愛本誤作"說"。［4］愛本誤作"南"。

井、絜，静也。

井者，通作"姘"。《説文》："姘，静也。"

絜者，古"潔"字。本書《釋詁》："姘，潔也。""姘"、"潔"，又皆爲"静"也。

痎古來反、痁失占反，瘧虐音也。

《釋名》："瘧，酷虐也。凡疾，或寒或熱耳。而此疾先寒後熱，兩疾似酷虐者也。"《説文》："瘧，熱寒休[1]作。"

痎者，《説文》："痎，二日一發瘧。"《内經·素問·生氣通天論》："夏傷於暑，秋爲痎瘧。"王砅注："夏熱已盛，秋陽復收。陽熱相攻，則爲痎瘧者也。"

痁者，《説文》："痁，有熱瘧。"

［注］［1］静本、愛本作"并"。

痡步音𤺊路音，痞否音也。

《説文》："痞，痛也。"《玉篇》："痞，補被、平几二切。腹内結病。"

痡𤺊者，《玉篇》："痡，薄故切。痡𤺊，痞病。""𤺊，力故切。"

糶、粟，穀也。

《説文》："穀，續[1]也。百穀之總名。"《白虎通》引伏生《大傳》云："神農揰穀疏[2]。"

糶者，《説文·米部》義也。他弔切。

粟者，《說文》作："㮚，嘉穀實也。"

[注] [1]静本、愛本誤作"熱"。[2]《尚書大傳》："神農悉地力，種穀蔬。"

痞[1]普來反、疕匹弭反，痂加音也。

《說文》："痂，疥也。"《繫傳》本云："痂，乾瘍也。"

痞者，《玉篇》："痞，匹杯切。痂也。"本此。

疕者，《天官·醫師職》："有疕瘍者造焉。"注云："疕，頭瘍。"

[注] [1]静本、愛本誤作"瘖"。

草、竈作告反，造也。

《爾雅》："造，爲也。"

草者，《論語》："裨諶草創之。"《法言·先知篇》："'載使子草律。'曰：'吾不如宏恭。''草奏。'曰：'吾不如陳湯。'"

竈者，《釋名》："竈，造也。造創食物也。"

科、僞魚美反，條也。

條者，教也[1]。本書《釋詁》："條，書也。"陸機《文賦》："或仰逼於先條。"

科者，《說文》："科，程也。"韋曜《博奕論》："設程試之科，設金爵之賞。"李善注引此文。

僞，未聞[2]。

［注］［1］静本误作“者”。［2］徐復本《補疏》：“科條之設，所以迫人爲善之具，其事近乎嬌揉造作，故‘僞’訓爲‘條’。”

審、噴浦悶反**，竝也。**

審、噴、並也，未詳[1]。

［注］［1］静本、愛本該條并入上條。《廣雅疏證》：“本文脱去‘瘛也’二字。而下文‘噴，嚏也。’‘駢，竝也。’又脱去‘嚏也駢’三字，遂致溷三條爲一條。《方言》：‘瘛，審也。’《衆經音義》（卷十）引《倉頡篇》云：‘嚏，噴鼻也。’《釋文》引《廣雅》：‘駢，竝也。’”

靡、麗，離也。

《曲禮》：“離坐離立。”鄭注：“離，兩也。”《月令》：“宿離不貸。”鄭注：“離，讀如‘儷偶’之‘儷’。”

麗者，《兑·象》云：“麗澤。”鄭本“麗”作“離”。云：“猶併也。”是“麗”與“離”通。

靡，未聞，疑當作“眲”。《集韻》引《廣雅》：“眲，離也。符非切。”

儀、愈臾[1]主反**，賢也。**

《説文》：“賢，多才也。”

儀者，《周書·大誥》：“民獻有十夫。”《大傳》作：“民儀有十夫。”《漢書·翟義傳》：“民獻儀九萬夫。”孟康曰：“民之表儀，謂賢者。”案，鄭注《論語》：“獻，猶‘賢’也。”是“儀”、

“獻”皆“賢”。

愈者，勝之賢也。《玉篇》：“愈，勝也。”《論語》：“女與回也孰愈？”

[注] [1]静本、愛本作“余”，據《博雅音》改。

統、己，紀也。

《說文》：“紀，絲別也。”

統者，《說文·糸部》義也。《淮南·泰族訓》：“繭之性絲，然非得工女煑以熱湯而抽其統紀，則不能成絲也。”

己者，《釋名·釋天篇》：“己，紀也，皆有定形，可紀識也。”《漢書·律曆志》：“理紀於己。”

奠、祭，薦也。

薦者，進也。鄭注《天官·庖人》云：“備品物曰薦。”

奠者，《說文》：“奠，置祭也。《禮》有奠祭者。”《召南·采蘋》云：“于以奠之。”

祭者，《玉篇》：“祭，薦也。”本此。

攍盈音，負也。

攍者[1]，《方言》：“攍，儋也。齊、楚、陳、宋之間曰攍。”《玉篇》：“攍，余征切。擔也。”引《莊子》云：“攍糧而趣之。”案，“攍”古通用“贏”。賈誼《過秦論》：“贏糧而影從。”《後漢書·鄧禹傳》：“鄧公羸糧徒步。”

[注] [1]静本、愛本脱此二字。

羌，乃也。羌，卿也。卿，章也[1]。

羌者，[2]《玉篇》：“羌，去央切。楚語辭也。”《離騷》：“羌内恕己以量人兮。”王逸注：“羌，楚人語詞也。猶言卿何爲也。”吕延濟曰：“羌，乃也。”王延壽《魯靈光殿賦》：“羌瓌譎而鴻紛。”張載注：“羌，亦乃也。”

卿、章者，[3]《説文》：“卿，章也。”《孝經》疏引《白虎通》云：“卿之爲言章也。章善明理也。”案，《玉篇》：“羌，卿也，乃也，章也，強也。”《廣韻》：“羌，章也，强也。”皆本《廣雅》。此脱“強”字一訓。

[注] [1]“羌，卿也”一條解釋據《廣雅疏證》補。“卿，章也”一條，愛本脱“也”字，據《廣雅疏證》補。[2]静本、愛本脱“羌者”二字。[3]静本、愛本脱“卿章者”三字。

廁，閒也。

舊本“廁、閒，非也”。廁之爲非，未見所出。

廁者，案，《廣韻》：“廁，閒也。”嵇康《琴賦》：“錽會裛廁。”李善注：“裛廁，謂裛纏。其填廁之處也。”又引《廣雅》：“廁，閒也。”今據訂正。

閒，非也。

閒者，《小爾雅》："閒，非也。"《方言》亦有此文。《孟子》："政不足閒也。"趙岐注："閒，非也。"

詭、犀西音，緦思音也。𣝗導音，戟也。

詭、犀、緦，及**𣝗、戟**，并未詳[1]。

［注］［1］《廣雅疏證》："各本脱去'誑也'二字。《衆經音義》(卷二十三)引《廣雅》：'詭、誑也。'犀，當爲'屬'；緦，當爲'總'。《説文》：'總，聚束也。'《玉篇》：'總，合也。'鄭注《周官》：'屬，猶合也。'范望注《太玄》云：'枝葉已成，蒙覆於人上，皆可𣝗載者也。'是'載'與'𣝗'同義。載，各本皆作'戟'，隸書'載'字或省作'戟'，因譌而爲'戟'。"

風，吹也。

吹、風者，人之嘘氣爲"吹"，風之動物亦爲"吹"也。

曾，何也。

曾者，《説文》："曾，詞之舒也。"《方言》："曾，何也。湘潭之原，荆之南鄙，謂何爲曾。"舊本"何"譌"阿"，今訂正。

風，放也。

風者，《釋名》："風，放也。動氣放散也。"《小雅·北山》："或出入風議。"鄭箋："風，猶放也。"

流，演也。

流、**演**者，《説文》："流，水行也。"又云："演，長流也。"

徇，迷也。

徇、**迷**者，苟[1]且以徇人，是迷惑[2]也。

[注] [1]愛本誤作"荀"。[2]静本、愛本誤作"感"。

賝恥林反，**貰**世音，又常夜反**也。**

賝、**貰**，未聞[1]。

[注] [1]《廣雅疏證》："賝，與'貰'義不相近。此因'賝'下脱去二字，而下文'貰，賒也。'又脱去'賒'字，遂誤合爲一條。《廣韻》：'賝，賣也。'義或本於《廣雅》。鄭注《周官》：'賒，貰也。'"

䞈[1]詭音，**賭**都古反**也。**

䞈、**賭**者，博簺也。韋曜《博弈論》："至或賭及衣物，徒棊易行。"李善注引《埤蒼》："賭，䞈也。"

[注] [1]静本、愛本作"賟"。

壓，鎮也。

壓、**鎮**者，《説文》："鎮，博壓也。"《衆經音義》引《倉頡篇》：

“壓，鎮也。”

經，徑也。

《釋名》：“經，徑也。如徑路無所不通，可常用也。”

經者，《白虎通義》：“經，常也。有五常之道，故曰五經。”

卦，挂卦音也。

卦、挂者，《易乾鑿度》云：“卦者，掛也。掛萬物視而見之，故三畫已下爲地，四畫已上爲天。物感以動，類相應也。”

譬，喻也。

譬、喻者，《說文》：“譬，喻也。”“諭，告[1]也。”《說苑·善說篇》：“客謂梁王曰：‘惠子之言事也善譬。王使無譬，則不能言矣。’明日王謂惠子曰：‘願先生言事則直言耳，無譬也。’惠子曰：‘夫說者，固以其所知，諭其所不知，而使人知之。’”

［注］［1］静本、愛本誤作“若”。

睽，乖也。

《說文》：“乖，戾也。”賈誼《新書》：“剛柔得道謂之和，反和爲乖。”

睽者，《說文》：“睽，目不相聽也。”《玉篇》：“睽，乖也。”本此。

天，顛也。

天、顛者，《說文》：“天，顛也。至高無上。”《春秋說題辭》云：

“天之爲言顛也。”

䛊再音，設也。

䛊、設者，《說文》：“䛊，設飪也。讀若載。”案，䛊，通作“載”。《法言·先知篇》：“或曰：‘載使子草律。’”李軌注：“載，設也。”《文選》注引《韓詩薛君章句》：“載，設也。”

竹，慼也。

竹、慼者，《白虎通義·喪服》：“所以杖竹桐何[1]？取其名也？竹者，慼也。桐者，痛也。慼，讀若‘頻蹙’之‘蹙’。”

[注] [1]静本、愛本脱“所”、“桐”二字，“杖竹”，倒爲“竹杖”。

凴，登也。

凴、登者，潘岳《西征賦》：“憑高望之陽隈。”李善注引《廣雅》：“憑，登也。”是本又作“憑”。

眩，惑也。

眩、惑者，《說文》：“惑，亂也。”《釋名》：“眩，懸也。目視動亂如懸物，遥遥然不定也。”《說文》：“眩，目無常主也。”

宥、赦也。

宥、赦者，《說文》：“宥，寬也。”“赦，置也。”

參，三也。

參、三者，《周語》云："王御不參一族。"韋注："參，三也。"

令，伶力政反**也。**

令、伶者，《秦風·車鄰》云："寺人之令。"《釋文》、《韓詩作》"伶"。云："使伶。"

紐，孿也。

紐、孿者，未聞[1]。

［注］［1］《廣雅疏義》："《說文》：'紉，繟繩也。'各本譌作'紐'。疑此條下尚有'孿𢍰也'三字。孿之言屈孿，𢍰之言卷曲也。'紉'訓爲'孿'，'孿'又訓爲'𢍰'，所以别異義也。"

夜，暮也。

夜、暮者，本書《釋詁》："暮，夜也。"此又轉相訓也。

寐，臥也。

寐、臥者，《說文》："臥，休也。從人、臣，取其伏也。"又云："寐，臥也。"《公羊僖二年傳》："寡人夜者寢而不寐，其意也何？"

嗃邱遥反**，誺**力代反**也。**

嗃、誺者，《方言》："誺，不知也。"《玉篇》："誺，丑脂、丑利二切。不知也。誺，同上。"又引《埤蒼》云："嗃，不知是誰[1]也。"

[注] [1]愛本誤作“諸”。

國，邦也。

國、邦者，《說文·口部》義也。

義，宜宜音也。

義、宜者，宜，即“宜”字。《釋名》：“義，宜也。裁制事物，使合宜也。”《白虎通義》云：“義者，宜也。斷決得中也。”案，“仁義”之“義”，《說文》作“誼”。云：“人之所宜也。”

漉，滲色譖反也。

漉、滲者，本書《釋詁》：“滲、盪，盡也。”漉，與“盪”同。漉，又爲“滲”也。

勝凌音，仌秘憑反也。

《說文》：“仌，凍也。象水凝之形。”《初學記》引《韓詩說》：“仌者，窮谷氣所聚，不洩則結，而爲伏陰。”

勝者，《說文》：“勝，仌出也。”引《詩》曰：“納于勝陰。”或作“凌[1]”。《天官·凌人》注：“凌，冰室也。”

[注] [1]静本、愛本誤作“綾”。

害，割也。

害、割者，《釋名》：“害，割也。如割削物也。”《周書·大誥》：

“天降割於我家，不少延。”疏引鄭注：“言害不少，乃延長之。”

蹪徒回反，**疐**陟利反**也。**

《邶風·終風》云：“願言則疐。”傳：“疐，跲也。”《說文》：“疐，礙不行也。”

蹪者，《玉篇》：“蹪，仆也。”

駔在古反，又在郎反，**會**古外反**也。**

駔、會者，《史記·貨殖列傳》：“節駔會。”徐廣曰：“駔，馬儈也。”《吕氏春秋》云：“段干木，晉之大駔也。”《玉篇》：“駔，子朗切。會兩家之買賣，如今之度市也。”

焠村對反，**鋻**古現反**也。**

《說文》：“鋻，剛也。古甸切。”

焠者，《說文》：“焠，堅刀刃也。”《漢書·王褒傳》：“《聖主得賢臣頌》云：‘清水焠其鋒。’”顏師古曰：“焠，謂燒而内水中以堅之也。”

悤，䆫楚師反**也。**

悤、䆫[1]者，“䆫”字《玉篇》、《廣韻》俱無，疑是“悤，聰也”。《釋名》：“窻，聰也。於内見外之聰明也。”

[注]　[1]静本、愛本作“悤，䆫”。

梓[1]**，統也。**

統者，未詳。

[注] [1]徐復本《拾遺》："字書無此字，疑'揮'字之壞，轉寫而譌。揮，《玉篇》：'改也。'與'革'同義。'革'古從三十。《論語》皇侃義疏引《書大傳》：'正朔有三，本天有三統，朔者，革也，言萬物革更於是。'故'革'有統義也。"

内，裹也。

内、裹者，《説文》："裹，衣内也。"《玉篇》："内，裹也。"本此。

課，第也。

本書《釋詁》："第，次也。"

課者，《廣韻》："課，第也。"潘岳《西征賦》："收罟課獲。"孔稚圭《北山移文》："常綢繆於結課。"

況，茲也。

況、茲者，《爾雅》："茲，此也。"《小雅·常棣》："況也永歎。"傳："況，茲也。"又《出車》："僕夫況瘁。"箋："況，茲也。"

茲，今也。

茲、今者，《文選》注引《倉頡篇》："今，時詞也。茲，今常語耳。"

疊，懷也。

疊、懷，未詳[1]。

［注］［1］“疊”爲“疊”之異體。徐復本《拾遺》：“《詩·時邁》傳：‘壘，懼也。’韋注《國語》：‘懷，歸也。疊懼則來歸。’”

收，振也。

收、振者，鄭注《中庸》云：“振猶收也，故‘收’亦爲振也。”

摎流音**，捋**落末反**也**[1]**。**

摎、捋者，詹事兄曰：“摎、捋聲相近。”

［注］［1］《廣雅疏證》：“《周南·關雎》：‘參差荇菜，左右流之。’‘流’與‘摎’通，謂捋取之也。‘捋’、‘流’一聲之轉。”

摻索減反**，操也。**

摻者，《玉篇》：“摻，反執袂也。”

毖必寄反**，流也。**

毖、流者，《邶風·泉水》云：“毖彼泉水。”傳：“泉水始出，毖然流也。”通作“泌”。《說文》：“泌，俠流也。”

宿，留也。

宿、留[1]者，《玉篇》：“宿，思宙切。宿留也。”《史記·孝武本紀》：

“遂至東莱，宿留之。”《索隱》曰：“音‘秀溜’。宿留，遲待之意。若依字讀，则言宿而留，亦是有所待。並通也。”

[注] [1]静本、愛本誤作“流”。

膏、滑，澤也。

膏、滑、澤者，《说文》：“膏，肥也。”“滑，利也。”“澤，光润也。”

叉家[1]音，括居滑反也。

叉、括者，《说文》：“叉，手指相錯也。”舊本“叉”讹“又”，今訂正。

[注] [1]《博雅音》：“‘家’上脱一字。”《集韻》：“‘初佳反’，又‘初加反’。”

社，封也。

社、封者，司馬彪《續漢志》引《白虎通》云：“將封東方諸侯，取青土，苴以白茅，各取其面以为封社，明土謹敬潔静也。”

愿，憝也。

愿、憝者，《说文》：“愿，謹也。”“憝，謹也。”《左氏襄三十一年傳》：“子皮曰：‘愿，吾愛之。’”杜注：“愿，謹善也。”《論語》：“侗而不愿。”孔安国云：“謹愿。”

風，氣也。

風、氣者，《莊子》云：“大塊噫氣，其名爲風。”宋玉《風賦》：“夫風者，天地之氣。溥畅而至，不擇贵賤[1]高下[2]而加焉。”《淮南·氾論訓》：“德有盛衰，風先萌焉。”注：“風，氣也。萌，見。”

[注] [1]愛本誤作“賦”。[2]静本、愛本誤作“不”。

姦，僞也。

姦、僞者，《重訂直音篇》：“奸，同姦。僞也。詐也。”[1]

[注] [1]該條各書無解釋，以《重訂直音篇》補。

兵，防也。

兵、防者，器械，所以防衛也。《說文》：“兵，械也。”《廣韵》引《世本》曰：“蚩尤以金作兵器也。”

乾，剛也。

乾、剛者，《易·雜卦傳》：“乾剛坤柔。”

繹，搯抽音**也。**

繹、搯者，《說文》：“繹，抽絲也。”又云：“搯，引也。或作‘抽[1]’。”

[注] [1]静本、愛本誤作“袖”。

忍，耐也。

忍、耐者，《論語》："是可忍也。"皇侃義疏云："忍，猶容耐也。"《荀子·仲尼篇》："能耐任之，则慎行此道，能而不耐任，且恐失寵。"楊倞注："耐，忍也。"《吕氏春秋·審時篇》："得時者忍饑[1]。"高誘曰："忍，能也。能，耐也。"案，耐，通作"能"。"能"又"忍能"也。《小雅·漸漸之石》箋："豕之性能水。"《釋文》："能，奴代反。又作'耐'。"《漢書·食貨志》："能風與旱。"《鼂錯傳》："其性能寒，其性能暑。"《趙充國傳》："漢馬不能冬。"《西域傳》："不能饑渴。"顔師古皆讀"能"爲"耐"。

［注］［1］静本、愛本誤作"譏"。

片，禪也。

片、禪者，《周書·吕刑》："明清於單辭。"疏云："孔子美子路，片言可以折獄。片言，即單辭也。"禪，與"單"同。

妊任音，**娠**織刃反，疑也[1]**也。**

妊、娠者，本書《釋詁》"妊"、"娠"皆爲"傳"。"妊"又爲"娠"也。

［注］［1］静本、愛本訛"刃"作"刀"，衍"即身也"三字，據《博雅音》删改。

粹，純也。

粹、純者，《説文》："粹，不雜也。"顔延年《應詔讌曲水詩》："金昭玉粹。"李善注引此文。

專，擅也。

專、擅者，《說文》：“擅，專也。”《廣韻》：“專，擅也。”本此。張衡《東京賦》：“秦政利觜長距，終得擅場[1]。”

［注］［1］静本、愛本誤作“揚”。

虞，驚也。

虞、驚，未聞也。

㞎年弔反，溲所流反也。

㞎、溲者，《說文》：“㞎，人小便也。”《玉篇》：“溲，小便也。”《晉語》云：“少溲於豕牢。”

偃，仰也。

偃、仰者，《小雅·北山》云：“或棲遲偃仰。”

浮，漂匹照反也。

浮、漂者，《說文》：“浮，氾也。”“漂，浮[1]也。”

［注］［1］静本、愛本誤作“氾”。

卲，卜也。

卲、卜者，“卜”下一字原闕。案，《集韻》引《廣雅》：“卲，卜也。時照切。”疑即此。

侵，淩也。

侵、淩者，淩，通作“陵”。《玉篇》：“陵，犯也。”上文“犯，侵也。”是“侵”、“淩”，皆“犯”也。

卻，退也。

卻、退者，《說文》：“退，却也。”劉向《九歎》：“却騏驥以轉運兮。”王逸注：“却，退也。”

蹷古越反**，踶**徒計反**也。**

蹷、踶者，班固《西都賦》：“狂兕觸蹷。”李善注引此文。

跌徒結反**，蹷**古越反**也。**

跌、蹷者，《漢書·晁錯傳》：“夫以人之死爭勝，跌而不振，則悔之無及也。”服虔曰：“蹉跌，不可復起也。”

困，悴也[1]**。**

困、悴者，本書《釋詁》：“困，極也。窮也。”困，又“悴”也。

[注] [1]此處“踶徒計反”四字，應位於“蹷，踶也”條之中，已改。

彫，鏤也。

彫、鏤者，本書《釋詁》：“彫，畫也。”彫，又爲“鏤”。

歲，遂也。

歲、遂者，《白虎通義》：“所以名爲歲何？歲者，遂也。三百六十六日一周天。萬物死，故爲一歲。”

遂，育也。

遂、育者，“遂”、“育”，常語耳[1]。

[注] [1]《廣雅疏證》：“《樂記》：‘氣衰則生物不遂。’”《史記·樂書》“遂”作“育”。

禮，體也。

禮、體者，《禮器》云：“禮也者，猶禮也。體不備，君子謂之不成人。”注云：“若人身體。”《釋名》云：“禮，體也。得事體也。”

埻纖允反**，的也。**

埻、的者，《玉篇》：“的，射質也。”《說文》：“㙛，射臬。讀若準。”“㙛”、“埻”古今字。《太玄·瞢[1]》“次三”云：“師或導射，豚其埻。”通作“槷[2]”。《後漢書·齊武王傳》：“王莽使長安中官署及天下鄉亭[3]，皆畫伯升像於槷，旦起射之。”注云：“《東觀記》、《續漢書》並作‘埻’。”

[注] [1]愛本誤作“瞢”。[2]静本、愛本誤作“塾”。[3]愛本誤作“字”。

奮，訊也。

奮、訊者，本書《釋詁》：“奮、訊，動也。”“奮”又爲“訊”也。《爾雅》：“振，訊也。”郭注：“振者奮訊。”

奮，振也。

奮、振者，《文選》注引《韓詩章句》："振，奮也。"故"奮"亦爲"振"。《說文》："振，奮也。"《玉篇》："奮，振也。"本此。

扒八音，**擘**班格反**也。**

扒、擘者，《文選·西京賦》："擘肌分理。"注引後鄭《周禮》注："擘，破裂也。"《玉篇》："扒，鄙殺切。擘也。"本此。

酲，長也。

酲、長者，詹事兄曰："酲者，醉之長。"

播，抵丁禮反**也。**

播、抵，未聞[1]。

[注] [1]徐復本《拾遺》："《方言》：'楚凡揮棄物者皆謂之拌。'拌之言播棄也。抵，擲也。"

對，畣多合反。今人以"荅"字爲"對畣"，失之矣**也。**

對、畣者，《説文》："對，譍無方也。"《大雅·皇矣》："以對于天下。"箋："對，荅也。"《玉篇》："畣，對也。"案，"畣"字，漢、魏時俗所作，古用"荅"也。音釋以"畣"爲正，以"荅"爲非，誤矣。

請，乞也。

請、乞者，本書《釋詁》："請，求也。""請"又爲"乞"，義相成也。

菸，格也。

菸、格者，未詳[1]。

［注］［1］《廣雅疏證》："字書無'菸'字，'菸'當爲'沽'，或當爲'苦'；'格'當爲'略'，皆字之誤也。沽者，粗略之意。"

鹺才荷反，**鹹也。**

鹺、鹹者，《説文》："鹺，鹹也[1]。河内謂之鹺，沛人言若虘。"舊本"鹺"訛從"酉"，今訂正。《白虎通義》："水味所以鹹何？是其性也。所以北方鹹也。萬物鹹與，所以堅之，猶五味得鹹乃堅也。"

［注］［1］愛本脱"也"字。

沾天聒反。今人以"沾"爲"霑[1]"（知鹽反）字，失之矣，**益也。**

沾、益，孫侍御云："此當作'溢'。"見《文選·七命》注引。已見本書《釋詁》。

［注］［1］静本、愛本"沾"、"霑"互譌，據《博雅音》改。

抍"蒸"之上聲，**陞**升音**也。**

抍、陞者，《説文》："抍，上舉也。"《方言》："抍，拔也。出休爲抍。"皆上陞之意。

馴，犪也。

馴、犪者，《說文》：“馴，馬順也。”《坤・初六》象傳：“馴致其道。”鄭注：“馴，從也。”《說文》：“犪，牛柔謹也。”枚乘《七發》：“將爲太子馴騏驥之馬。”李善注引此文。

族，湊湊音也。

族、湊者，《白虎通義》：“正[1]月律謂之太蔟[2]何？蔟者，湊也，言萬物始大，湊地而出也。”

[注] [1]愛本誤作“五”。[2]“太蔟”，静本、愛本誤作“大族”。

威，德也。

威、德者，《荀子・彊國篇》：“威有三，有道德之威。”故“威”亦德也。

眇，莫也[1]。

眇、莫者，《魯靈光殿賦》：“忽瞟眇以響像。”李善注引此文。

[注] [1]愛本脱“也”字。

任，保也。

任、保者，《說文・人部》義也。《邶風・燕燕》：“仲氏任只。”箋：“任者，以恩相親信也。”《淮南・說山訓》：“不孝弟者，或詈父母。生子者，所不能任其必孝也，然猶養而長之。”注：“任，保也。”

刑，㑌也。

刑、㑌者，《王制》云：“刑者，㑌也。㑌者，成也。一成而不可變，故君子盡心焉。”孔疏：“此說刑之不可變改。上刑是刑罰之刑，下㑌是㑌體之㑌。”《序官·司寇》：“佐王刑邦國。”注云：“刑，正人之法。”《孝經說》曰[1]：“刑者，㑌也。過出罪施。”賈疏：“此《援神契·五刑章》文。㑌爲著也。行刑者，所以著人身體。過誤者出之，實罪者施刑。”

[注] [1]静本誤作“田”。

䙴遷音**，**遷**也。**

䙴、遷者，《說文》：“䙴，升高也。或作‘䙴’。七然切。”《漢書·地理志》引《春秋經》曰：“衛䙴於帝邱。”又《郊祀志》云：“湯伐桀，欲䙴夏社。”顔師古注：“䙴，古‘遷’字。”

穀，培片回反**也。**

穀、培者，本書[1]《釋詁》：“穀，養也。”“培”、“養”同義。

[注] [1]“本書”，愛本倒作“書本”。

慘錯感反**，愒**苦大反**也。**

慘、愒者，本書《釋詁》：“慘，貪也。”《玉篇》：“愒，去例切。貪羨也。”

戰，憚大汙反**也。**

戰、憚者，《爾雅》：“戰，懼也。”“戰栗”、“戰兢”，皆畏憚也。

祭，際也。

祭、際者，《春秋繁露》云：“祭之爲言際也。”案，“際”者，人神相接，故曰際也。

漂匹照反，潎也。

漂、潎者，《說文》：“潎，於水中擊[1]絮也。”《漢書·韓信傳》：“有一漂母哀之。”韋昭曰：“以水擊絮曰漂。”孫侍御云：“《演運珠》注引：‘漂，澂也。’疑此‘潎’字誤。”

[注] [1]静本、愛本誤作“繫”。

孝，畜也。

孝、畜者，《祭統[1]》：“孝者，畜也。順於道，不逆於倫，是之謂畜。”鄭注：“畜，謂順於德。”《教坊記》引《詩》云：“先君之思，以畜寡人。”鄭注：“畜，孝也。”《孝經援神契》云：“庶人行孝曰畜，言能躬耕力農，以畜其德，而養其親也。”

[注] [1]静本、愛本誤作“祀”。

㪅更音，償也。

㪅、償者，《夏官·馬質》云：“馬死，則旬之内更。”鄭司農云：“更，償也。”《淮南·詮言訓》：“功之成也，不足以更責。”高誘釋“更”爲“償”。古“更”與“庚”通。《檀弓》云：“季子皋葬其妻，犯人之禾，申詳以告，曰：‘請庚之。’”鄭注：“庚，償也。”又與“賡”

通。《管子·國蓄篇》："智者有什倍人之功，愚者有不賡本之事。"房玄齡注："賡，猶償也。"是"更"、"庚"、"賡"，字異音義同。

譎、恑，美也。

譎、恑、美者，未詳[1]。

［注］［1］《廣雅疏證》："恑，與'詭'通。'恑'下脫去'也'字。下文'傀，美也'，又脫去'傀'字。遂誤合爲一條。《衆經音義》（卷十）引《廣雅》：'傀，美也。'"

亯饗音**，祀也。**

亯、祀者，《說文》："亯，獻也。從高省。曰象進孰物形。"引《孝經》曰："祭則鬼亯之。"經典通用"享"。《大有》："九三：公用享於天子。"姚信云："享，祀也。"

堯，嶢堯音**也。**

堯、嶢者，《白虎通義》："帝堯謂之堯者何？堯猶嶢嶢也，至高之皃。"

畏，威也。

畏、威者，《吕刑》云："德威惟畏。"孔傳："行威則民畏服。"《周語》："夫兵，戢而時動，動則威。"韋昭曰："威，畏也。"《賈誼書·道術篇》："誠動可畏謂之威，反威爲圂。"《釋名》："威，畏也。可畏懼也。"古"畏"、"威"通用，故"畏"亦"威"也。

如，若也。

如、若者，《玉篇》："如，若也。" 本此。

應，受也。

應、受者，應，古通"膺"。賈逵《國語》注云："膺，猶受也。" 班固《東都賦》："膺萬國之貢珍。"

裕，足也。

裕、足者，《法言·孝至篇》："天地裕於萬物，萬物非裕於天地。" 李軌注："裕，足也，言萬物取足於天地，天地不取足於萬物也。"《說文》："裕，衣物饒也。"

摸，撫也。

摸、撫者，《說文》："揞，撫也。一曰摹也。" 是"摸"、"撫"，義相近。《玉篇》："摸，手摸也。"

毒，憎也。

毒、憎者，《史記》贊云："怨毒之於人甚矣哉。"《廣韻》："毒，憎也。" 本此。

趉渠出反**，衝也。**

趉、衝，未聞[1]。

[注] [1]《廣雅疏證》："衝，或作'衝'。《說文》：'趉，走也。'《玉篇》云：'卒起走也。'是'趉'爲'衝'也。"

睿，聖也。

睿、聖者，《洪範》云："睿作聖。"

䞋親刃反**，仞也。**

䞋、仞，未聞[1]。

[注] [1]徐復本《拾遺》："《釋名》：'親，䞋也，言相隱䞋也。'《列子·天瑞篇》：'天地萬物不相離，仞而有之，皆惑也。'張湛注曰：'仞，即"認"字。'人與人相親近、相隱䞋，皆相識認。親，《集韻》：'字或作儭。'"

乃，汝也。

乃、汝者，《虞書》云："乃言底可績。"孔傳："乃，汝也。汝言致可以立功。"

造，詣也。

造、詣者，《説文》："詣，候至也。"《玉篇》："造，七到切。至也。"

姣古卯反**，侮也。**

姣、侮者，《左氏襄九年傳》："棄位而姣。"服虔讀"姣"爲"放效"之"效"。"言效小人爲淫。"

將，且也。

將、且者，《邶風·簡兮》："方將萬舞。"《小雅·谷風》："將恐將懼。”鄭箋並云：“將，且也。”

將七將反，**請也。**

將、請者，《鄭風·將仲子兮》傳義也。

將，帥也。

將、帥者，已見上文。此重出也。

止[1]**，禮也。**

止、禮者，《鄘風·相鼠》云：“人而無止。”《釋文》引《韓詩》云：“止，節。無禮節也。”《小雅·小旻》：“國雖靡止。”箋：“止，禮也。”張衡《思玄賦》：“竦余身而順止兮。”

[注] [1]静本、愛本誤作“正”。

棄，捐懸音**也。捐，𡡉**付奉反**也。**

棄、捐、𡡉者，案，“捐、𡡉，棄也。”已見本書《釋詁》。“棄”又爲“捐”，“捐”又爲“𡡉”，轉相訓也。

唅，唵乙感反**也。**

唅、唵者，《玉篇》：“唵，含也。”唅，通作“含”。《莊子》云：“含哺而熙，鼓腹而遊。”

啐倉來反，又倉快反，**歃**所夾反**也。**

啐、歃者，“啐，嘗也。”已見本書《釋詁》。啐，又爲“歃”

也。《說文》："畝，歡也。"

弘，賈也。

弘、賈者，《玉篇》："弘，羊忍切。挽弓也。"與"引"義同。《說文》："僞，引爲賈也。"舊本"弘"譌"弢"，今訂正。

陷，潰也。

陷、潰者，《說文》："陷，陊也。""潰，漏也。"

傎顛音**，倒也。**

傎、倒者，《玉篇》："傎，都田[1]切。倒也。"本此。

[注] [1]静本、愛本誤作"曰"。

莫、漠也。

莫、漠者，《左氏昭二十八年傳》："德政應和曰莫。"杜注："莫然清静。"莫然，即"漠然"也。

漠，怕片麥反**也。**

漠、怕者，本書《釋詁》："怕，静也。"張華《勵志詩》："大猷玄漠，將抽厥緒。"李善注引《廣雅》："漠，泊也。"是本又作"泊"。舊本脱"漠"字，今訂正。孫侍御曰："疑是'漠，莫也。怕也'。"怕，通"泊"。此一字而兼二訓。下文"橐、陶、濘"，皆然。

袧口豆反**，襞也。**

袧、襞者，《玉篇》：“袧，喪服也。”《説文》：“襞，韏衣也。”

穽辭政反，坑也。

穽者，《説文》：“阱，陷也。或作‘穽’。”《魯語》云：“鳥獸成，設穽鄂。”《周禮·雝氏》云：“春令爲穽擭溝瀆之利於民者，秋令塞穽[1]杜擭。”鄭注：“阱，穿地爲塹，所以禦禽獸。其或超踰，則陷焉[2]，世謂[3]之陷阱。”

坑，《説文》作“阬”。云：“塹，阬也。”秦謂“阬”爲“埂”。《楚辭·七諫》：“與麋鹿同坑。”潘岳《西征賦》：“儒林填於坑穽。”

[注] [1]静本、愛本作“所”。[2]静本、愛本誤作“爲”。[3]静本、愛本誤作“爲”。

寇，鈔策教反也。

寇、鈔者，《説文》：“寇，暴也。”《玉篇》：“寇，賊寇也。”又云：“鈔，強取也。掠也。”

殃，咎也。

殃、咎者，《説文·歺部》義也。《易·文言傳》：“積不善之家，必有餘殃。”《吕氏春秋·孟春紀》：“稱兵必有天殃。”高誘注：“殃，咎也。”《説文》：“咎，災也。”殃，通作“央”。《無極山碑》：“來福除央。”《隸釋》云：“以央爲殃。”《吴[1]仲山碑》：“而遭禍央。”《嚴訢碑》：“君獲其央。”皆作“央”。

[注] [1]愛本衍“吴”字，已删。

需，頞也。

需、頞者，《説文》：“需，頞也。遇雨不進。止[1]頞也。”又云：“頞，待也。”《需彖傳》：“需，須也。”京房《易傳》：“需者，待也。”“頞”、“須”，字異義同。

[注] [1]静本、愛本作“立”。

禮曹音，祜也。

禮、祜，未詳。

覽，觀也。

覽、觀者，《説文·見部》義也。又云：“觀，諦視也。”《離騷》：“皇覽揆余初度兮。”王逸注：“覽，觀也。”

咸，感也。

咸、感者，《易·彖傳》文。《左氏昭二十一年傳》：“窕則不咸。”《釋文》：“本或作‘感’”。惠棟曰：“咸，本古文‘感’，故下云：‘心是以感，作‘咸’者是。’”

劮逸音，豫也。

劮、豫者，《玉篇》：“劮，餘質切。豫也。”本此。

淫，游也。

淫、游，未聞[1]。

[注] [1]《廣雅疏證》："《曲禮》：'毋淫視。'正義云：'淫，謂流移也。'目當直視，不得流動邪眄也。是'淫'爲'游'也。"

瑞，符也。

瑞、符者，取信之物，古以瑞，漢以符也。《序官·典瑞》注："瑞，節信也。"典瑞若今符璽郎。太史公《本紀》："漢文帝二年九月初，與郡國守相爲銅虎符、竹使符。"應劭曰："銅虎符第一至第五，國家當發兵，遣使者至郡國合符，符合乃聽受之。竹使符者，皆以竹箭五枚，長五寸，鐫刻篆書第一至第五。"張晏曰："符以代古之圭璋，從簡易也。"一説，"瑞"者，德之符驗。《禮記》疏引《援神契》云："德及於天，斗極明，日月光，甘露降。德及於地，嘉禾[1]生，蓂莢起，秬鬯出。德至八極，則景星見。德至草木，則朱草生，木連理。德至鳥獸，則鳳皇來，鸞鳥舞，麒麟臻，白虎動，狐九尾，雉白首。德至山陵，則景雲出。德至深泉，則黄龍見，醴泉湧，河出龍圖[2]。"

[注] [1]静本、愛本誤作"不"。[2]静本、愛本脱"出龍圖"三字。

剥，爤也。

剥、爤者，《雜卦傳》文。"爛[1]"、"爤"同。舊本"剥"譌"剝"，字書無此字，今訂正。

[注] [1]静本、愛本誤作"爤"。

傴，僂也。

傴、僂者，“傴、僂，曲也。”已見本書《釋詁》。傴，又爲“僂”也。

諸，於也。於，于也。

諸、於、于者，皆語助詞。“諸”、“於”，未審所出。《爾雅》：“于，於也。”故“於”亦爲“于”。

占，瞻也。

占、瞻者，《説文》：“占，視兆問也。”

周，旋也。

周、旋者，《説文》：“旋，周旋。旌旗之指麾也。”周，與“舟”通，故爲旋也。

肆，噬也。

肆、噬者，肆，當作“逮”字之譌也。《方言》云：“噬，逮也。北燕曰噬。”

㪆丁禮反、隱也。

㪆[1]、隱者，《玉篇》：“㪆，隱也。”《集韻》引此文，同。

[注] [1]静本、愛本作“㪆”，《漢語大字典》作“䟡”。

簡、閲也。

簡、閲者，《左氏桓六年傳》：“大閲，簡車馬也。”

質、軀也。

質、軀者，《説文》："軀，體也。"左思《魏都賦》："稟質遳脃。"《玉篇》："質，軀也。"本此。

質、地也。

質、地者，何晏《景福殿賦》："騶[1]虞承獻，素質仁形。"李善注引此文。

［注］［1］静本、爱本誤作"騻"。

《廣雅疏義》卷第十

嘉定錢大昭晦之甫撰

慶，賀也。

慶、賀者，《説文》："慶，行賀人也。""賀，以禮相奉慶也。"《淮南·本經訓》："當此之時，無慶賀之利。"

祇，適也。

祇、適者，《玉篇》："祇，之移切。適也。"本此。

蓋，黨也。

蓋、黨者，"蓋"、"黨"，皆語辭也。《漢書·伍被傳》："黨可以徼幸。"《孝經》云："蓋天子之孝也。"孔傳："蓋者，辜較之詞。"鄭注："蓋者，謙辭。"劉瓛云："蓋者，不終盡之辭。"

脰豆音，饌也。

脰、饌者，未聞[1]。

[注] [1]徐復本《錢注》："'脰'字當爲'俎豆'之'豆'。或漢隸'俎豆'字有從'肉'旁者。"

喑於含反，又於今反，**喈**子夜反**也。**

喑、喈者，《說文》云："宋、齊謂兒泣不止曰喑。"《廣韻》："喈，歎聲。"

噭古弔反，**嘹**了音**也。**

噭、嘹者，本書《釋詁》："噭，鳴也。"《玉篇》："嘹，落蕭切。嘹亮。"

軫啟音，**礙**五代反**也。**

軫、礙者，《說文》："軫，礙也。康禮切。""礙，止也。"《法言·君子篇》："子未覩禹之行水歟？一東一北，行之無礙也。"

腒巨居反，**央也。**

腒、央者，未詳[1]。

[注] [1]《廣雅疏義》："腒，字或作'渠'，又作'巨'，又作'遽'。諸書或言'未央'，或言'未遽'，或言'未遽央'，其義一也。"

非，違也。

非、違者，《說文》："非，違也。從[1]飛下狘，取其相背。"

[注] [1]静本、愛本誤作"雙"。

貫，穿也。

貫、穿者，《說文》："穿，通也。""貫，錢貝之貫。"《衆經音義》

引《倉頡篇》："貫，穿也。"通作"毌"。《說文》："毌，穿物持之。從一橫貫，象寶貨之形。"

偲七來反，**佞也。**

偲、佞，皆言才也。《齊風·盧令》："其人美且偲。"傳："偲，才也。"箋："偲[1]，多才也。"

佞者，《說文》："佞，巧讇高材也。"

[注] [1]静本、愛本誤作"才"。

譀，誕也。

譀、誕者，《說文》："譀，誕也。"《荀子·修身篇》："易言曰誕。"

霝，令也。

霝、令者，"霝"通作"靈"。"靈"、"令"，皆善也。石鼓文："霝雨奔流。"又鐘鼎文皆以"霝"爲"令"。舊本"令"訛"今"，今訂正。

免，隤也。

免、隤者，本書《釋詁》："免，脱也。""隤，下也。"皆墮落之意，故"免"又爲"隤"也。

科，蘩也。

科、蘩者，科，一名蘩。宋玉《招魂》云："蘩菅是食。"王逸注："柴棘爲蘩。"

毁，虧也。

《説文》："虧，氣損也。或作'虧'。"《魯頌·閟宫》云："不虧不崩。"《儒行》云："見利不虧其義。"

毁者，《説文》："毁，缺也。"《爾雅》："虧，毁也。"

制，誓也。

制、誓者，《曲禮》云："約信曰誓。"《説文》："誓，約束也。"《釋名》："誓，制也。以拘制之也。"蔡邕《獨斷》云："制書。帝者制度之命也。其文曰'制詔'，三公赦令、贖令之屬是也。刺史、太守相劾[1]奏申，下土遷書，文亦如之。其徵爲九卿，若遷京師近官則言官，具言姓名。其免若得罪，無姓。凡制書有印，使符下，遠近皆璽封；尚書令印重封；唯赦令、贖令，召[2]三公詣朝堂受制書，司徒印封，露布天下州郡。"

[注] [1]静本作"刻"。[2]静本、愛本誤作"名"。

謂，指也。

謂、指者，謂者，指其人而言之。皇侃《論語義疏》："謂者，評論之辭也。夫相評論，有對面而言，有遥相稱評。若'子謂冉有曰：汝不能救與？'則是對面也；'孔子謂季氏'，是遥相評也。"

節，已也。

節、已者，《廣韻》："節，止也。""已"與"止"同義。

居，據也。

居、據者，《晉語》："今不據其安，不可謂能謀。"韋昭注："據，居也。""據"爲"居"，故"居"亦"據"也。

據，杖也。

據、杖者，《説文》："據，杖持也。"《論語》："據於德。"何晏曰："據，杖也。德有成形，故可據也。"《晉語》："民各有心，無所據依。"韋注訓"據"爲"杖"。

如，均也。

如、均者，"如"與"班"，皆是賦與"均平"之義。趙注《孟子》云："班，齊等之皃。"故鄭公子"班"，字"子如"。

子、巳，似也。

子、似者，"子"謂"肖似"也。《説文》："肖，骨肉相似也。不似其先，故曰'不肖'。"

巳者，《小雅·斯干》："似續妣祖。"箋："似，讀如'巳午'之'巳[1]'。巳，續妣祖者，謂已成其宫廟也。"

［注］ [1]徐復本《錢注》："'巳'當即十二支'巳午'之'巳'，以音相近取義。"徐復本《拾遺》："'已訖'之'已'，與'辰巳'之'巳'，篆本同字。"

注、理，媒也。

注、理、媒者，未詳[1]。

［注］［1］《廣雅疏證》："注，此與下文義不相屬，當有脱文，不可考矣。《楚辭·離騷》云：'吾今蹇脩以爲理。'又云：'理弱而媒拙兮。'"

滔、漫也。

滔、漫者，《說文》："滔，水漫漫大皃。"《堯典》："浩浩滔天。"孔傳："浩浩，盛大若漫天。"《大雅·蕩》："天降滔德。"傳："滔，漫也。"

昃，昳也。

昃、昳者，昃，《說文》作"厢"。云："日在西方時，側也。"引《易》曰："日厢之離。"通作"側"。《既夕禮》云："曰日側。"鄭注："側，昳也，謂將過中之時。"又通作"稷"。《豐·彖傳》："日中則昃。"孟喜本作"稷"。《穀梁春秋經》："戊午，日下稷。"《公羊[1]》、《左氏》皆作"昃"。范甯注："稷，昃也。下昃謂晡時。"《尚書中候握河紀》云："昒明理備，至於日稷。"鄭注："稷，讀曰側。"是"昃"、"稷"同也。舊本"昳"訛"跌"，今訂正。

［注］［1］"公羊"，愛本倒作"羊公"。

姡[1]，嫭子庶反也。

姡、嫭者，《說文》："嫭，嬌也。"通作"姐"。嵇康《幽憤詩》："恃愛肆姐，不訓不師。”李善注：“姐，與‘嫭’同。”

[注] [1]静本、愛本“妬”作“妒”。

嫭互音，**嫪**力高反，又力到[1]反**也。**

嫭、嫪者，“嫪、嫭，妒也”。已見本書《釋詁》。嫭，又爲“嫪”也。

[注] [1]静本、愛本作“列”，據《博雅音》改。

秩，程也。

秩、程者，《玉篇》：“秩，除室切，程也。”本此。舊本“秩”訛從“衣”，今訂正。

脴，脂也。

脴、脂者，《玉篇》：“脴，先結切，臆中脂。”

輸，寫也。

輸、寫者，《小雅·蓼蕭》：“我心寫兮。”傳：“我心寫者，輸寫其心。”箋：“我心寫者，輸寫其情意，無留恨也。”《漢書·趙廣漢傳》：“行之發於至誠，吏見者皆輸寫心腹，無所隱匿，咸願爲用。”張衡《南都賦》：“長輸遠逝。”李善注引此文。

縣，抗也。

縣、抗者，《方言》：“佻、抗，縣也。趙、魏之閒曰佻。自山之東西曰抗。燕、趙之郊，縣物於臺之上，謂之㑿。”[1]

［注］［1］静本、愛本此條無注，以《方言》補之。

朔，穌蘇乎反**也。**

朔、穌者，《説文》：“朔[1]，月一日始蘇也。”《釋名》：“朔，蘇也。月死復蘇生也。”《白虎通義》：“朔之言蘇也。明消更生，故言朔。”《漢書》：“元朔元年。”應劭曰：“朔，蘇也。”“穌”、“蘇”同。

［注］［1］静本、愛本衍“本”字，已删；脱“説文朔”三字。

逪錯音[1]**，这**交音**也。**

逪、这者，《玉篇》：“逪，且各切。亂也。这逪也。今爲‘錯’。”“这，古爻切。會也。今作‘交’。”

［注］［1］静本、愛本作“錯二反”，據《博雅音》改。

氾，普潘户反**也。**

氾、普者[1]，《漢書·伍被傳》：“氾愛蒸庶，布德施惠。”顔師古曰：“氾，普也。”

［注］［1］愛本衍“潘”字，已删。

資，操七[1]高反**也。**

資、操者，《攷工記》云：“或通四方之珍異以資之。”鄭注：“資，操也。”

［注］［1］静本、愛本作“士”，據《博雅音》改。

緊，糾也。

緊、糾者，王逸《九思》：“心緊絭兮傷懷。”王逸注：“緊絭，糾繚也。”

款，叩也。

款、叩者，《玉篇》：“欵，口緩切。叩也。款，同上。”俗作“欵”。《漢書·宣帝紀》：“百蠻鄉風，欵塞來亨。”應劭曰：“欵，叩也，皆叩塞門來服從也。”

俰迴過反**，和也。**

俰、和者，《玉篇》：“俰，和也。”本此。

徇，營也。

徇、營者，《大雅·江漢》：“來旬來宣。”箋：“旬，當作‘營’。”是“旬”、“營”，古字通，故“徇”亦爲“營”。

民，氓也。

民、氓者，“氓，民也。”已見本書《釋詁》，此又轉相訓也。

供，養也。

供、養者，《說文》：“養，供養也[1]。”“供”亦“養”也。

[注] [1]静本、愛本脱“也”字；衍“政”字，已删。

序，射也。

序、射者，“序者，射也。”《孟子》文也。

矦，候也。

矦、候者，《白虎通義·爵篇》：“矦者，候也。逆順也。”

位，莅也。

位、莅者，《廣韻》：“位，莅也。”本此。《孝經》疏引《廣雅》：“位，涖也。”“莅”、“涖”同。舊本“莅”下有“禄”字，疑有脱文，今訂正。

禄也。

禄也，“禄”上一字原闕[1]。

[注] [1]《廣雅疏證》：“‘禄’下蓋脱‘録’字。《周南·樛木》正義引《孝經援神契》：‘禄者，録也。’”

要，約也。

要、約者，《左氏襄十年傳》：“使王叔氏與伯輿合要，王叔氏不能舉其契。”杜注：“合要辭，要契之辭。”《廣韻》：“要，約也。”本此。

逋，竄也。

逋、竄者，“逋，亾也。”已見上文，“逋”又爲“竄”也。

劁在堯反，**刟**彫音**也。**

劁、刟者，《玉篇》：“劁，刈穫也。”“刐，丁幺切。斷取也。刟，同上。”《廣韻》：“劁，刈[1]草。”“刐，斷穗。”

[注] [1]“劁刈”，愛本倒爲“刈劁”。

御，侍也。

御、侍者，《小雅·六月》：“飲御諸友。”箋、《序官·御史》注並云：“御，侍也。”《楚辭·九章》：“俾山川以備御兮。”亦訓“侍”。

樘文盲反，又達郎反，**距也。**

樘、距者，《說文》：“樘，衺柱也。徐鉉曰：‘今俗作橕。’”案，樘距，與“堂[1]岠”同。《說文》：“堂，岠也。”“岠，止也。”通作“撐”。《漢書·匈奴傳》：“遵與相撐距。”顏師古注：“撐謂支柱也。”

[注] [1] “與堂”，愛本誤作“堂與”，靜本誤作“堂岠”。

礙，閡五代反**也。**

礙、閡者，《說文》：“礙，止也。”《玉篇》：“礙，亦作‘閡’。”“閡，止也。與‘礙’同。”

闌，閑也。

闌、閑者，《說文》："闌，門遮也。""閑，闌也。"《家人》："初九：閑有家。"馬融注："閑，闌也。"

鐫醉全反，又醉兖[1]反，**鑿也。**

鐫、鑿者，《釋名》："鐫，鐏也。有所鐏入也。"《說文》："鐫，穿木鐫也。""鑿，穿木也。"《漢書·薛宣傳》："欲遣吏考案，恐負舉者，耻辱儒生，故使掾平鐫令。"晉灼曰："王常爲光武鐫說其將帥，此爲徐以微[2]言鐫鑿遣[3]之也。"

[注] [1]静本、愛本作"完"，據《博雅音》改。[2]静本、愛本誤作"徵"。[3]静本、愛本誤作"遺"。

水，準也。

水、準者，《說文》："水，準也。北方之行。"《月令》疏引《白虎通》云："水之爲言準也。陰化沾濡任生木。"《攷工記》云："水之以眂其平沈之均也。"《漢書·李尋傳》："五行以水爲本。其星玄武婺女，天地所紀，終始所生。水爲準平，王道公正修明，則百川理、落脉通。"

睠吴權反，**瞸**虚葉反**也。**

睠、瞸者，《玉篇》："睠，目瞬。""瞸，瞼也。"《廣韻》："睠，目眇視皃。"

剿子紹反，**夭也。**

剿、夭者，未聞[1]。

[注] [1]《廣雅疏證》:“《説文》:‘剿,絶也。’引《甘誓》:‘天用剿絶其命。’今本作‘勦’。”

級,等也。

級、等者,《説文》:“級,絲次第也。”《玉篇》:“級,階級也。”《吕氏春秋·孟秋紀》:“皆益其禄,加其級。”高誘曰:“級,等也。”

冤,枉也。

冤、枉者,“枉、冤,曲也。”已見本書《釋詁》。冤,又爲“枉”也。

書,著也。

書、著者,賈誼《新書·道德篇》:“是故著此竹帛謂之書。書者,著德之理於竹帛而陳之,令人觀焉。以著所從事,故曰書者,此之著者也。”《説文》:“書,著也。”著之簡紙,求不滅也。

刌,切也。

刌、切者,《説文》:“刌,切也。”“切,刌也。”

切,膾也。

切、膾者[1]。切,又爲“膾”者,《説文》:“膾,細切肉也。”《少儀》云:“牛與羊魚之腥,聶而切之爲膾。”鄭注:“聶之言牒也。先藿葉切之,復報切之,則爲膾。”

［注］［1］愛本誤作“也”，“切膾也”在“刌切也”之下。

委，闋也。

委、闋者，未聞[1]。

［注］［1］《廣雅疏證》：“‘委’下脱去‘累也’二字。而下文‘闋’下又有脱字，遂誤合爲一條。《文選·赭白馬賦》注云：‘《廣雅》曰：委，累也。’《小雅·節南山》傳云：‘闋，息也。’《大射儀》注云：‘闋，止也。’《文王世子》注云：‘闋，終也。’”

牽，挽也。

牽、挽者，本書《釋詁》：“牽，引也。”“牽”又爲“挽”，義相成也。

劆，利也。

劆、利者，“劆”、“利”，已見本書《釋詁》，此重出。

剾烏鉤反，**劊**頭音**也。**

剾、劊者，“剾、劊，剜也。”見本書《釋詁》。剾，又爲“劊”。

諟庶子反，**是**疑上字即是“是”也。《書》曰：“先王顧諟”**也。**

諟、是者，《太甲》云：“先王顧諟天之明命。”孔傳：“諟，是也。”

君，羣也。

君、羣者，《荀子·君道篇》：“君者，何也？能羣也。能羣也者，何也？曰：‘善生養人者也，善班治人者也，善顯設人者也，善藩飾人者也。善生養人者，人親之；善班治人者，人安之；善顯設人者，人樂之；善藩飾人者，人榮之。四统者俱而天下歸之，夫是之謂能羣。’”又《王制篇》：“君者，善羣也。羣道當，則萬物皆得其宜，六畜皆得其長，羣生皆得其命。”《春秋繁露·滅國篇》：“君者，羣也。”《白虎通義》：“君之爲言羣也。”又云：“君，羣也。羣下之所歸心也。”《漢書·刑法志》：“從之成羣，斯爲君矣。”

臣，繵也。

臣、繵者，《白虎通義》：“臣者，繵堅也。屬志自堅固。”

愛，僾愛音**也。**

愛、僾者，詹事兄曰：“《詩》：‘愛而不見。’亦作‘僾’，或作‘薆’。”

指，斥也。

指、斥者，《廣韻》本此。

諑，譖也。

諑、譖者，王逸注《楚辭》云：“諑，譖也。”

書，如也。

書、如者，《說文·叙》云：“著於竹帛謂之書。書者，如也。”《書·序》疏引《尚書旋機鈐》云：“書者，如也。”

淩，暴也。

淩、暴者，淩虐，即“暴戾”也。

轔力鎮反，**轢**歷音**也。**

轔、轢者，《説文》：“蹸，轢也。”“轢，車所踐也。”班固《西都賦》：“蹂躪其十二三。”李善注：“躪，與‘蹸’同。”案，“轔”、“蹸”、“躪”，字異音義同。

謶之若反，**謫也。**

謶、謫者，《玉篇》：“謶，謫也。”本此。《集韻》引此文，同。

末，衰也。

末、衰者，《廣韻》：“末，弱也。”“衰”、“弱”同義。

擘，剖也。

擘、剖者，張衡《西京賦》：“擘肌分理。”

憤符粉反，**盈也。**

憤、盈者，已見本書《釋詁》，此重出也。

剫，判也。

剫、判者，本書《釋詁》：“剫、判，分也。”剫，又爲“判”也。

鐮古點反，**祈也。**

鐮、祈者[1]，《集韻》：“鐮，兼忝切。”引《廣雅》：“所也。”“祈”

與“所”，未知孰是。

[注] [1]“鐮”，静本、愛本作“鐮”。《廣雅疏證》：“各本脱去‘嘰’字。嘰，祈音。‘祈’字又誤入正文。鐮,《説文》、《玉篇》、《廣韻》並作‘鎌’。《説文》：‘鎌，嘰也。’‘嘰，小食也。’”

傃素音，**經也。**

傃、經者，《玉篇》：“傃，桑故切。向也。孔子曰：‘傃隱行怪。’”此以爲經，未聞也。

貢，功也。

貢、功者，《説文》：“貢，獻功也。”《天官·太宰職》：“賦貢，以馭其用。”注云：“貢，功也。九職之功所税也。”

踻浦迷反，又[1]音；普計反，正音，**踦**[2]車美反**也。**

踻者，《玉篇》：“踻，偶也。”《廣韻》：“媲，配也。踻，上同。見《管子》。”《五音集韻》引此文。匹迷切。

踦者，《公羊傳》：“‘相與踦閭而語。’閭，當道門。閉一扇，開[3]一扇，一人在内，一人在外。”

[注] [1]静本、愛本誤作“口”字，據《博雅音》改。[2]静本、愛本作“踦”。[3]愛本脱“當道門閉一扇開”七字。

翹，尾也。

翿、尾者，《說文》："翿，尾長毛也。"

懲，恐也。

懲、恐者，班固《西都賦》："既懲懼於登望。"李善注引此文。

書，記也。

書、記者，《漢書・項籍傳》："書足記姓名而已。"

捆乎本反，**拑**巨炎反**也。**

捆、拑者[1]，《說文》、《玉篇》竝云："捆，手推也。"

[注] [1]徐復本《拾遺》："《玉篇》：'拑，脅持也。'手推即是脅持之義。"

隑恐代反，**陭**於廊反**也。**

隑、陭者，此《方言》文也。郭注："江南人呼'梯'爲'隑'，所以隑物而登者也。"

媵，託也。

媵、託者，此亦《方言》文也。本書《釋詁》："媵、侂，寄也。"侂，與"託[1]"同。"媵"，又爲"託"也。

[注] [1]静本、愛本作"托"。

適，牾誤音**也。**

適、牾者，此亦《方言》文也。郭注："相觸迕也。"案，適，讀爲

“適見天”之“適”也。鄭注：“適之言責也。”舊本“牾”作“悟”，古字通也。

梗，略也。

梗、略者，此《方言》文也。郭注：“梗槩，大畧也。”

鐰七嬌反，**燥**素皓反**也。**

鐰、燥者，《玉篇》：“鐰，鐵剛折。”

姬，基也。

姬、基者，《論衡·奇怪篇》：“姜原履大人跡。跡者，基也。”

優，渥也。

優、渥者，優，通作“瀀”。《說文》：“瀀，澤多也。”引《詩》曰：“既瀀既渥。”

讞魚別反，**疑也。**

讞、疑者，《說文》：“讞，議辠也。”是“讞”爲“議疑獄”也。

掄，貫也。

掄、貫者，《說文》徐鍇本云：“掄，貫也。”

囮譌[1]音，**圝**由音**也。**

囮、圝者，《說文》：“囮，譯也。率鳥者擊生鳥以來之名曰囮。讀若諣。或作‘圞’。”是二字同也。

[注] [1]静本、愛本作“由”，據《博雅音》改。

齎，持也。

齎、持者，見本書《釋詁》，此重出。

彈，拼布莖反也。

彈、拼者，彈，與“撣”同。《說文》：“撣，提持也。”“抨，撣也。”《玉篇》：“撣，徒安切。觸也。”《太玄經》云：“遭逢竝合，撣繫其名。”《玉篇[1]》：“抨，撣也。拼，同上。”《廣韻》：“抨，彈也。”本此。

[注] [1]静本、愛本脱“玉篇”二字。

遺，亡也[1]。

遺、亡者，《說文·辵部》義也。《小雅·谷風》：“棄予如遺。”傳：“遺，亡也。”

[注] [1] “亡”，愛本作“巳”，據《廣雅疏證》改。

購古候反，償也。

購、償者，《玉篇》：“購，以財有所求償。”

捔，恭也。

捔、恭者，未詳[1]。

[注] [1]徐復本《拾遺》："下條'捔，掎也'原注：'角，捔，古通用。'《大射儀》疏：'角觶，以兕角爲之。'鄭氏曰：'灌猶飲也，言賜灌者服而爲尊，敬禮也。'是以'捔'爲恭也。"

貴，尊也。賤，卑也。

貴、尊、賤、卑者，《説文》："貴，物不賤也。""卑，賤也。執事者。"《玉篇》："貴，尊也。""賤，卑下也。不貴也。"

栔苦結反，缺也[1]。

栔、缺者，栔，通作"契"。《爾雅》："契，絶也。"郭注："今江東呼刻斷物爲契斷。"

[注] [1]"缺"，静本、愛本作"鈌"。

傅，敷也。

傅、敷者，古字通。《禹貢》："禹敷土。"《史記·夏本紀》作"傅土"。裴駰曰："《尚書》'傅'作'敷'。"司馬貞曰："《大戴禮》作'傅土'。"故此，《紀》依之。鄭《大司樂》注云："禹傅土。"《漢書·文帝紀》："傅納以言。"顔師古注："'傅'，讀曰敷。"

掬，掎也。

掬、掎者，《左氏襄十四年傳》："譬如捕鹿，晉人角之，諸戎掎[1]之。"掬，與"角"同。

[注] [1]静本、愛本誤作"持"。

孝，度也。

孝、度者，《孝經援神契》云："'諸侯[1]行孝[2]曰度。'言奉天子之法度，得不危溢，是榮其祖先也。"

[注] [1]静本、愛本誤作"戻"。[2]静本、愛本誤作"荅"。

州，浮也。

州、浮者，詹事兄曰："州、浮，音相似。水中可居曰州。亦有浮義。"

臎翠音**，肥也。**

臎、肥者，《玉篇》："臎，倉淚切。鳥尾上肉也。"

椁，廓也。

椁、廓者，《白虎通義》："椁之爲言廓也。所以開廓闢土[1]，無令迫棺也。"

[注] [1]静本、愛本衍"辟"，已删；"土"誤作"上"。

陰，闇也。

陰、闇者，《説文》："陰，闇也。水之南、山之北。"《集韻》引《廣雅》："懞，闇也。"未知即此條否。

廸，蹈也。

廸、蹈者，《法言·先知篇》："爲國不迪其法，而望其效，譬諸算乎！"李軌注："廸，蹈也。"

儷力計反，又即儷[1]反，**扶**蒲滿反**也。**

儷、扶者，《玉篇》："儷，吕詣切，偶也。儷，上同。"《説文》："扶，竝行也。讀若'伴侣'之'伴'。"

[注] [1]静本、愛本作"麗"，據《博雅音》改。

并，兼也。

并、兼者，"兼，并也。"已見上文，此又轉相訓也。

穰，豐也。

穰、豐者，《商頌·烈祖》云："豐年穰穰。"

則，即也。

則、即者，皆語詞也。"則"、"即"，聲相近。《説文》："鯽，或作'鯽'。"

庳，𢈔婢音**也。**

庳、𢈔者，《玉篇》："𢈔，庳下屋也。"舊本"庳"訛"畀"，今訂正。

綢他高反**，縚**[1]**也。**

綢、縚者，《爾雅》："素錦綢杠。"郭注："以白地錦韜旗之竿。"是"綢"爲"韜"也。

[注]　[1]静本、愛本作"韜"。

跑步卓反**，趵也。**

跑、趵者，《玉篇》："跑，蒲篤切。蹴也。""趵，方卓切。足擊聲。"《廣韻》："跑，秦人言蹴。"《集韻》："跑，蒲沃切。"

妨訪音**，娉**聘音**也。**

妨、娉者，本書《釋詁》："娉、妨，害也。"妨，又爲"娉"也。《集韻》引此文。音"妨"，爲"敷亮切"。

県古堯反**，磔**丁格反**也。**

県、磔者，《說文》："県，到首也。賈侍中說：'此斷首到縣県字。'"《玉篇》："県，縣首於木上竿[1]頭，以肆[2]大辠。秦刑也。"案，県，通作"梟"。《說文》："梟，不孝鳥也。日至，捕梟磔之。從鳥頭[3]在木上。"《史記・高祖本紀》："梟故塞王欣頭櫟陽市。"司馬貞曰："梟，縣首於木[4]也。"

[注] [1]愛本此處空白，静本僅有"笇"。[2]静本、愛本作"隸"。[3]静本、愛本脱"鳥頭"二字。[4]"於木"，静本、愛本誤作"子本"。

辟符[1]役反，**法也。**

辟、法者，《説文》："辟，法也。從卩[2]、從辛，節制其辠也；從口[3]，用法者也。"《小雅·雨無正》："辟言不信。"傳訓爲"法"。案，"辟，法"已見《爾雅》，此重出。

[注] [1]愛本此處空白，静本僅有"笇"。[2]静本、愛本誤作"節"。[3]愛本衍"角"字，已删。

乍，暫也。

乍、暫者，《玉篇》："乍，士嫁切。暫也。"《孟子》："今人乍見孺子。"張衡《西京賦》："將乍往而未半。"

墾苦很反，**均也。**

墾、均者，均，通作"畇"。《小雅·信南山》："畇畇原隰。"傳："畇畇，墾辟貌[1]。"

[注] [1]静本、愛本此處空白。

僉，過禍音**也。**

僉、過者，《方言》云："自關而西，秦、晉之間，人語而過謂之過，或曰僉。”《玉篇》：“過，乎果切。過也。”

俚吏、里二音**，聊也。**

俚、聊者，《方言》：“俚，聊也。”郭注：“謂苟且也。”

䯄寄音**，企也。**

䯄、企者，《玉篇》：“驥，千里馬。䯄，同上。”案，䯄，謂與“覬覦”之“覬”同，故釋爲“企”。

扳，援也。

扳、援者，《玉篇》：“攀，普姦切。援引也。扳，同上。”

烺限音**，火也。**

焜、火者，《方言》：“焜，火也。楚轉語也。”《玉篇》：“焜，呼隗切。楚人呼火爲焜也。”舊本“焜”訛爲“烺”，曹音“限”亦誤，今訂正。孫侍御云：“《魏都賦》引：‘烺，燼也。’疑此‘火’字誤。”

遺，離也。

遺、離者，詹事兄曰：“遺失與離去，義亦相通。”

浮，游也。

浮、游者，《玉篇》：“游，以周切。浮也。”故[1]“浮”亦“游”也。

[注] [1]静本、愛本誤作“攺”。

涑素矦反，**漱也。**

涑、漱者，《說文》："涑，漱也。速矦切。"

栔苦計反，**刻也。**

栔、刻者，《說文》："栔，刻也。"通作"鍥"。《左氏定九年傳》："盡借邑人之車，鍥其軸。"《荀子·勸學篇》："鍥而舍之，朽木不折；鍥而不舍，金石[1]可鏤。"

[注] [1]"金石"，愛本誤作"之石金"。

劀乎圭反，**削**烏涓[1]反**也。**

劀、削者，削，疑當做"削"。《玉篇》："劀，減也，削也。"《廣韻》引此文。云："劀，削也。"

[注] [1]静本、愛本作"悁"，據《廣雅疏證》改。

牟，倍也。

牟、倍者，宋玉《招魂》："成梟而牟，呼五白些。"王逸注："倍勝爲牟。"舊本"倍"訛"陪"，今訂正。

刲苦攜反，**刳也。**

刲、刳者，本書《釋詁》："刲、刳，屠也。"刲，又爲"刳"也。

剅多矦反，**㧕**鉤[1]音，又圭音**也。**

剅、㧕者，《玉篇》："剅，小裂也。"《廣韻》："㧕，古攜切。㧕竘，裂也[2]。”“剅”、“䠷”，字異音義同。

[注] [1]静本、愛本誤作“釣”，據《廣雅疏證》改。[2]静本、愛本脱“也”字。

譃嗟音，**諑**[1]禄音**也。**

譃、諑者，《説文》：“譃，娽也。”《廣韻》：“諑，謯也。”“譃，詠也。”“謯”、“詠”是“譃”、“諑”之訛。

[注] [1]静本、愛本作“諑”。

期，卒也。

期、卒者，《莊子·庚桑楚》云：“券外者，志乎期費。”陸德明云：“言若存分外而不止者，卒有所費耗也。”

許，與也。

許、與者，本書《釋詁》：“許，聽也。”許，又爲“與”也。

末，埀[1]也。

末、垂者，未聞。

[注] [1]愛本作“埀”、静本作“垂”。

踐，䠥藉音**也。**

踐、䠥者，《大雅·行葦》：“牛羊[1]勿踐履。”䠥，通作“籍”。《漢書·灌夫傳》："太后怒。曰：'我在[2]也，而人皆籍吾弟，令我百歲後，皆魚肉之乎。'"晉灼曰："籍，蹈也。"如晉說，是"踐踏"之義。

[注] [1]愛本作"芊"，爲"羊"之異體。[2]"我在"，愛本倒作"在我"。

酌，漱所救反也。

酌、漱者，《說文》："酌，少飲也。"《玉篇》："酌，余振切。酳，同上。"《廣韻》："酳，酒漱口也。"案，《特牲饋食禮》注云："今文'酳'爲'酌'。"《少牢·士虞禮》注並云："古文'酳'爲'酌'。"酌，皆當爲"酌[1]"。顔師古注《漢書·賈山傳》："酳者，少少飲酒，謂食已而蕩口也。"舊本"酌"訛"酌"，今訂正。

[注] [1]静本、愛本誤作"酌"。

歕，潠遜音也。

上一字原闕。

潠者，《玉篇》："潠，蘇困切。噴水也。"

調，啁也。

調、啁者，本書《釋詁》："啁，調也。"此又轉相訓也。

譜曾音，牒也。

譜、牒者，《玉篇》："譜，布魯切。牒也。"《釋名》："譜，布也。布列見其事。"《史記·十二諸侯年表》云："讀《春秋曆譜諜》。"《索隱》

曰："案，劉杳云：'《三[1]代世表》旁行耶上[2]，並效《周譜》。譜起周代。《藝文志》有《古帝王譜》。又自古爲《春秋》學者，有年曆、世系、譜諜之說，故杜元凱作《春秋長曆》及《公子譜》。蓋因[3]於舊說，故太史公得讀焉也。'"案，張協《七命》云："生必耀華名於玉牒。"李善注引《東觀漢記》云："封禪其玉牒文秘。"古"牒"與"諜"通用。《史記·三代世表》云："余讀諜[4]記。"《索隱》曰："音牒。牒者，紀世謚之書也。下云'稽諸曆牒'，謂歷代之譜。"

［注］［1]靜本、愛本誤作"王"。[2]靜本、愛本此處空白。[3]靜本、愛本誤作"困"。[4]愛本誤作"牒"。

齊，慄栗音**也。**

齊、慄者，《大禹謨》："夔夔齊慄。"

狄，辟匹亦反**也。**

狄、辟者，《說文》云："狄之爲言淫辟也。"《白虎通義》："狄者，易也。辟易無別也。"

災，甾也。

災、甾者，"災害"字，古或通用"甾"。

恭，肅也。

恭、肅者，《說文》："恭，肅也。"《洪範》云："恭作肅。"疏引鄭注："君貌恭則臣禮肅也。"《賈誼書·道術篇》："接遇慎容謂之恭，反恭爲媟[1]。”

［注］［1]愛本作“殜”。

泄，泆也。

泄、泆者，未聞[1]。

［注］［1]“泆”，静本、愛本作“沬”。《廣雅疏證》：“泆，與‘溢’通。各本譌作‘洙’。《衆經音義》(卷八)、(卷十八)、(二十五)並引《廣雅》：‘泄，溢也。泄，漏也。’”

泄，漏也。

泄、漏者，“漏，泄也。”已見本書《釋詁》，此又轉相訓也。

固，陋也。

固、陋者，《孟子》：“固矣夫，高叟之爲詩也！”趙岐注：“固，陋也。”《學記》云：“獨學而無友，則固陋而寡聞。”

臺，支也。

臺、支者，《方言》文也。

表，特也。

表、特者，《楚辭·九歌》：“表獨立兮山之上。”王逸注：“表，特也。”

誇苦瓜反，**譀也。**

誇、譀者，“誇，譀。”《說文·言部》義也。舊本“譀”訛“諏”，今訂正。

氐，柢多禮反**也**[1]**。**

氐、柢者，《說文》：“柢，木根也。”《爾雅》：“天根，氐也。”《史記索隱》引孫炎云：“角亢下繫於氐，若木之有根。”舊本“柢”訛從“牛”，今訂正。

［注］［1］静本、愛本脱“氐柢”二字。

廟，皃也。

廟、皃者，《周頌·清廟》箋：“廟之言貌也。死者精神不可見，但以生時之居立宮室，象貌爲之耳。”疏引鄭注《孝經》云：“宗，尊也。廟，貌也。親雖亡没，事之若生，爲立宮室，四時祭之，若見鬼神之容貌。”“容[1]”、“貌”，字異音義同。

［注］［1］疑爲“皃”。

貳女史反，**汙也。**

貳、污者，貳，當作“膩”。《玉篇》：“膩，垢膩也。”《大戴禮·曾子疾病篇》云：“與小人游，膩乎如入鮑魚之次。”

貳，錟然音**也。**

貳、焱者，未詳。

齊，整也。

齊、整者，《玉篇》：“齊，在兮切。齊整也。”

慄，戰也。

慄、戰者，《秦風·黄鳥》：“惴惴其慄。”《莊子·人間世》云：“吾甚慄之。”《大宗師》云：“登高不慄。”《天運》云：“操之則慄。”皆恐懼之貌也。《論語》：“使民戰栗。”《史記·悼惠世家》：“股品戰而栗。”《方言》云：“烘、戰，慄也。”是“慄”、“戰”同義。

條，枝也。

條、枝者，《説文》：“條，小枝也。”

扣，掘渠勿切**也。**

扣、掘者，《説文》：“搰，掘也。”“掘，搰也。”《玉篇》：“搰，胡没切。掘也。”《左氏傳》：“搰褚師定子之墓，焚之。”本亦作“掘”。“扣”，亦[1]“搰”字。“穿也。”《繫辭傳》：“掘地爲臼。”

［注］［1］静本、愛本誤作“赤”。

殃，禍也。

殃、禍者，上文“殃，咎也。”殃，又爲“禍”。《廣韻》：“殃，禍也。”本此。

數，術也。

數、術者，《漢書·晁錯傳》：“人主所以尊顯，功名揚於萬世之後者，以知術數也。”《公孫丞相傳》：“擅殺生之柄，通壅塞之塗，權輕重之數，論得失之道，使遠近情僞[1]必見於上，謂之術。”

［注］［1］愛本誤作“譌”。

劣，鄙也。

劣、鄙者，《法言·問明篇》：“仲尼，聖人也。或劣諸子貢，子貢辟而精之，然后廓如也。”《廣韻》：“劣，鄙也。”本此。

鈔，掠也。

鈔、掠者，《玉篇》：“鈔，楚交、楚教二切。强取也。掠也。”

葸，慎也。

葸、慎者，葸，通作“諰”。《荀子·議兵篇》：“秦[1]四世有勝，諰諰然常恐天下之一合而軋己也。”楊倞曰：“《漢書》‘諰’作‘鰓’。”蘇林曰：“讀如‘慎而無禮則葸’之‘葸’。鰓，懼貌。”

［注］［1］静本、愛本誤作“豢”。

姤，遇也。

姤、遇者，《彖傳》及《序卦》、《雜卦》文。《釋文》：“薛云：‘古文作遘。’鄭同。”

律，率也。

律、率者，《白虎通義》："律中大族。律之言率也，所以率氣令生也。"《初學記》引蔡邕《月令章句》："律，率也。截竹爲管，謂之律。律者，清濁之率法也，聲之清濁以律，長短爲度。"《太平御覽》引《春秋元命苞》云："律之爲言率也。所以率氣令達也。"宋均注："率，猶導也。"

憤，情也。

憤、情者，《玉篇》："憤，楚革切。情也。"本此。

箊，析也。

箊、析者，按，《說文》："箊，析竹筤也。同都切。"《方言》云："箊，析也。析竹謂之箊。"

菽，葆也。

菽、葆者，菽，莫候切。《說文》："菽，細艸叢生也。""葆，艸盛之貌。"本書《釋訓》："菽菽、葆葆，茂也。"是"務"、"葆"，皆茂盛之意。

誔，訑也。

誔、訑者，《集韻》引此文。音"誔"，爲"待鼎切。"或說"誔"當爲"誕"。《說文》："沇州謂欺曰詑[1]。""誇誕"則欺詐。

[注] [1]《廣雅疏證》："訑，與'詑'同。"

慘，毒也。

慘、毒者，《說文·心部》義也。

韙，是也。

韙、是者，《說文》："韙，是也。"《左氏隱十一年傳》："犯五不韙。"《莊子·天下篇》："所言之韙，不免於非。"郭象注："韙，是也。"通作"愇"。《漢書·叙傳》："愇世業之可懷。"顔師古曰："愇，與'韙'同。"是也。

捼乃罪反，**摘也。**

捼、摘者，《玉篇》："捼，乃果切。捼摘。趙、魏云也。"

蔿，譌也。

蔿、譌者，上文"蔿、譌，譁也。""蔿"又爲"譌"也。《集韻》引此文。音"蔿"，爲"胡瓜切"。

孌，㜻也。

孌、㜻者，未詳[1]。

[注] [1]《廣雅疏證》："㜻，各本譌作'孌'。《說文》：'㜻，㜻也。'"

善膳音，又音"夸嫿"之"嫿"，**佳也。**

善、佳者，本書《釋詁》："佳，善也。"此又轉相訓也。

纔，暫也。

纔、暫者，未見所出。

粲，鮮也。

粲、鮮者，《玉篇》："粲，且旦切。鮮好貌。"本此。

絽，緊也。

絽、緊者，"絽、緊，絣也。"已見本書《釋詁》。絽，又爲"緊"也。

期，時也。

期、時者，《玉篇》："期，巨基切。時也。"

晐，包也。

晐、包者，本書《釋詁》："晐，備也。"又《釋言》："晐，咸也。"晐，又爲"包"也。

箋，云也。

箋、云者，《詩·釋文》云："箋，本亦作'牋'，同。薦年反。《字林》：'箋，表也。識也。'"《詩》正義云："鄭以毛學審備、遵暢厥旨，所以表明毛意，記識其事，故特稱爲箋。"此以爲"云"，未詳。

葉，世也。

葉、世者，《商頌》“昔在中葉”傳義也。《淮南・修務訓》：“稱譽葉語，至今不休。”注：“葉，世也。”張衡《南都賦》：“固靈根於夏葉。”

曾，是也。

曾、是者，未聞[1]。

[注] [1]徐復本《補釋》：“《方言》：‘湘潭之原，荆之南鄙，謂何爲曾。’則‘何’與‘是’同爲語助之辭也。”

視，比也。

視、比者，《左氏襄二十七年傳》：“季武子使謂叔孫以公命，曰：‘視邾、滕。’”注：“欲比小國。”《檀弓篇》：“公室視豐碑。”《孟子》：“天子之卿受地視矦，大夫受地視伯，元士受地視子男。”

執，脅也。

執、脅者[1]。

[注] [1]《廣雅疏證》：“‘執’與‘慴’通，‘脅’與‘愶’通。《説文》：‘慴，服也。’《釋名》云：‘怯，脅也。見敵恐脅也。’”

譏，譴也。

譏、譴者，何休《公羊》注：“譏，猶譴也。”

諭，曉也。

諭、曉者，《秋官·掌交》云："以諭九税之利。"注："諭，告曉也。"通作"喻"《論語》："君子喻於義。"孔安國曰："喻猶曉也。"

彖，捝也。

彖、捝者，《說文》："捝，解梲也。""彖，豕走也。"

跠，蹲也。

跠、蹲者，本書《釋詁》："跠，踞也。"跠[1]，又爲"蹲"也。

[注] [1]静本、愛本誤作"夷"。

諳，諷也。

諳、諷者，未詳[1]。

[注] [1]《廣雅疏證》："鄭注'瞽矇'云：'諷誦詩，謂闇讀之，不依詠也。'闇，與'諳'同。"

贈，稱也。

贈、稱者，詹事兄曰："贈之爲稱，以音取義。"

甲，押也。乙，軋也。丙，炳也。癸，揆也。子，孳也。丑，紐也。寅，演也。辰，振也。巳，目也。午，仵也。未，味也。亥，荄也。

甲至**亥**者，《漢書・律曆志》："出甲於甲，奮軋於乙，明炳於丙，陳揆於癸，孳萌於子，紐牙於丑，引達於寅，振美於辰，已盛於巳，咢布於午，昧薆於未，該閡於亥。"《白虎通義》："其日丙丁。丙[1]者，其物炳明。癸者，揆度也。子者，孳也。丑者，紐也。未，味也。"鄭注《月令》云："乙之言軋也。丙之言炳也。癸之言揆也。"《淮南・天文訓》："子者，茲也。丑者，紐也。指寅則萬物螾。辰則振之也。午者，忤也。"《魏志・文帝紀》注引《詩推度災》云："子者，滋也。"《廣韻》引《環濟要略》云："子猶孳也。孳，恤下之稱也。""孳"、"玆"、"滋"，字異音義同。《說文・刀部》云："未，物成有滋味也。"其餘詳見《釋天篇》。

[注] [1]静本、愛本脱"丙"字。

息，休也。

息、休者，《爾雅》："休，息也。"《荀子・大略篇》："君子息焉，小人休焉。"是"息"即"休"也。舊本"息，休"在"亥，荄"上，今訂正。

仔，克也。

仔、克者，本《説文》。《詩》曰："佛時仔肩。"

僞，引[1]也。

僞、引者，"僞"下一字未全[2]。

[注] [1]静本、愛本作"弘"，據《廣雅疏證》改。《廣雅疏證》："僞，當作'儝'字之誤也。《説文》：'儝，引爲賈也。'"[2]"引

者”，静本、愛本僅作“也”一字，“引”字處空白。

僐，態也。

僐、態者，《説文》：“僐，作姿也。”《繫傳》本：“作姿態也。”《集韻》：“僐，時戰切。”引此文，同。

侍，承也。

侍、承者，《説文·人部》義也。

儆，戒也。

儆、戒者，《説文》：“儆，戒也。”引《春秋傳》曰：“儆宫。”

佼，交也。

佼、交者，《説文》：“佼，交也。古巧切。”《法言·修身篇》：“天地交，萬物生；人道交，功勳成。”《集韻》：“佼，居效切。”引此文，同。

傲，倨也。

傲、倨者，《説文·人部》義也。

側，旁也。

側、旁者，《説文》：“側，旁也。”舊本“旁”訛“房”，今訂正。

㝱莫洞反。今人以“夢”爲“㝱”，失之矣，**想也。**

㝱、想者，《春官·占夢》：“三曰思[1]夢。”注云：“覺時所思念之而夢。”《說文》：“想，冀思也。”

［注］［1］静本、愛本作“覺”。

逆，逪也。

逆、逪者，逆，忤也。本書《釋詁》：“逪，偝[1]也。”與“逆”同意。

［注］［1］静本、愛本誤作“借”。

瘸，疣也。

瘸、疣者，《玉篇》：“瘸，牛具切。疣病也。”

註，疏也。

註、疏者，《玉篇》：“註，之諭、竹喻二切。疏也。”

詅，衙也。

詅、衙者，孫侍御云：“詅，力政反。衙也。衙，即‘衒’字，行且賣也。”

皋，高也。

皋、高者，高，舊本作“局”，形相近而譌。《明堂位》云：“庫門，天子皋門。”鄭注：“皋之言高也。”《列子·天瑞[1]篇》、《荀子·大略篇》竝云：“望其壙，皋如也。”《家語·困誓篇》王肅注：“皋，高貌。”張衡《西京賦》：“實惟地之奥區神皋。”李善注引《廣雅》：“皋，局也，謂神明之界局也。局，亦當爲‘高’字之譌也。”

[注] [1]“天瑞”，静本、愛本誤作“天子瑞天”。

歷，逢也。

歷、逢者，《離騷》：“委厥美而歷兹。”王逸注：“歷，逢也。”

匌，帀也。

匌、帀者，《説文》：“匌，帀也。矦閤切。”

廋，匿也。

廋、匿者，本書《釋詁》：“廋[1]、匿，隱也。”廋，又爲“匿”也。

[注] [1]静本、愛本此處空白。

懲，寱也。

懲、寱者，《説文》：“懲，寱言不慧也。”《玉篇》：“懲，於列切。寐言也。”《左氏哀二十四年傳》：“是懲言也。”服虔云：“懲，僞不信也。”杜注：“懲，過也。”

慌，寱也。

慌、寱者，《玉篇》：“慌，呼愰切。懭慌，無思貌。亦慌忽。”

鹹，銜也。

鹹、銜者，《説文》：“鹹，銜也。北方味也。”

礙，距也。

礙、距者，本書《釋詁》：“礙，止也。”《釋言》：“礙，閡也。”礙，又爲“距”也。

科，品也。

科、品者，《說文》：“科，程也。”“程，品也。”是“科”爲“程”、“品”也。

搪，揬也。

搪、揬者，“搪，揬。”已見本書《釋詁》，此重出。

嬈，苛也。

嬈、苛者，《說文》：“嬈，苛也。”《淮南·原道訓》：“其神不嬈。”高誘注：“嬈，煩嬈也。”《漢書·晁錯傳》：“除苛解嬈。”文穎曰：“嬈，煩也。繞也。”是“嬈”與“苛”同義。

媟，嬻也。

媟、嬻者，《說文》：“媟，嬻也。”“嬻，媟嬻也。”

痔，痤也。

痔、痤者，本書《釋詁》：“痔，短也。”《玉篇》：“痔，於綺、於解二切。矬也。”

鋷竹涉反**，鉆也。**

鋷、鉆者，《說文》：“鋷[1]，鉆也。”“鉆，鐵鋷也。一曰膏車鐵鉆。”

［注］［1］《説文》作“鉟”。“鉌”爲“鉟”之異體。

嫜，榷也。

嫜、榷者，榷，如“榷酒”之“榷”。《説文》：“嫜，保任也。”傭賃爲酒保。“傭，均直也。”今買物倩人計其直謂之“嫜計”。

軍，圍也。

軍、圍者，《説文》：“軍，圜圍也。四千人爲軍。”

賈，固也。

賈、固者，《白虎通義》：“商賈何謂也？賈之爲言固也。固有其用物，以待民來，以求其利者也。”

柰，那也。

柰、那者，《玉篇》：“柰，那賴切。奈何也。”“那，奴多切。何也。”是“那”爲“柰何”二字之合聲也。

甚，劇也。

甚、劇者，《玉篇》：“甚，劇也。”本此。

猥，頓也。

猥、頓者，李密《陳情表》：“猥以微賤，當侍東宮。”李善注引此文。

晵，窺也。

眘、窺者，《玉篇》："眘，口戾切。窺也。"

時，伺也。

時、伺者，《廣韻》引此文。

謊，忽也。

謊、忽者，《集韻》："謊，虎晃切。"引此文，同。

僦，賃也。

僦、賃者，《玉篇》："僦，子袥切。賃也。"《說文》："賃，傭也。"《史記·平準書》："天下賦輸，或不償其僦費。"《索隱》曰："服虔謂雇載曰僦，言所輸物不足償其雇載之費也。僦，音子就反。"

捕，搏也。

捕、搏者，《廣韻》："捕，捉也。"

牃，宂也。

牃、宂者，未詳[1]。

[注] [1] "宂"，静本、愛本作"宂"。

圿，垢也。

圿、垢者，《玉篇》："圿，古八切。垢圿也。"

山，宣也。

山、宣者，《說文》："山，宣也。宣氣散生萬物。"韋昭《國語》注云："山川所以宣地氣而出財用。"《太平御覽》引《春秋說題辭[1]》："山之爲言宣也。含澤布氣、調五神也。"

[注] [1]愛本衍"也"字，已删；以下引文部分衍，已删。

麥，梍也。

麥、梍者，未詳[1]。

[注] [1]《廣雅疏證》："麰，各本譌作'梍'。《說文》：'麥，芒穀秋穜厚薶，故謂之麥。'今據以訂正。"

嗟，咄也。

嗟、咄者，《玉篇》："嗟，知栗切。"引此文。《管子·形勢解》："烏集之交，初雖相驩，後必相咄。"舊本"鈔，掠"之下、"咄也"之上，脫落一葉，今據別本補正。

春，蠢[1]蠢音也。

春、蠢者，《鄉飲[2]酒義》："東方者春，春之爲言蠢也。産萬物者聖也。"《楚辭·大招》："春氣奮發。"王逸注："春，蠢也。"《漢書·律曆志》："春，蠢也。物蠢生，乃動運。"

[注] [1]愛本作"蠚"。[2]"鄉飲"，愛本倒作"飲鄉"。

夏，嘏也。

夏、䝟者，“䝟”與“假”，古通用。《鄉飲酒義》：“南方者夏，夏之爲言假也。養之、長之、假之，仁也。”《尚書大傳》：“夏之爲言假也。”《漢書·律曆志》：“夏，假也。物假大，乃宣平。”

胯枯音，**奎也。**

胯、奎者，《說文》：“胯，股也。”“奎，兩髀之閒。”《集[1]韻》：“胯，空胡[2]切。”引此文。《莊子·徐無鬼篇》：“奎蹄曲隈。”

[注] [1]静本、愛本衍“廣”，已刪。[2]愛本此處空白。

䤤五戈反，**刓**五丸反**也。**

䤤、刓者，《說文》：“䤤，吪圜也。”《玉篇》：“䤤，削也。”

薄，附也。

薄、附者，《楚辭·九章》：“腥臊並御，芳不[1]得薄兮。”王逸注：“薄，附也。”

[注] [1]静本、愛本誤作“下”字。

櫱宜別反。“天作櫱也[1]”，**菑**阻師反。疑爲“灾”音。**也。**

櫱、菑者，櫱，通作“孽”。妖孽作，災害將至。

[注] [1]静本、愛本“天作櫱也”四字誤入下字音釋，據《博雅音》改。

楊，揚也。

楊、揚者，舊本“陽”訛“楊”，今訂正。

月，闕也。

月、闕者，《白虎通義》：“月之爲言闕也，有滿有闕也。”《説文》：“月，闕也。太陰之精。象形。”《釋名》：“月，闕也。滿則闕也。”

尯去僞反，**劵也。**

尯、劵者，劵，古“倦”字。《玉篇》：“尯，尳也。”

將子良反，**扶也。**

將、扶者，《周南·樛木》：“福履將之。”箋：“將，猶扶助也。”《小雅·無將大車》箋：“將，猶扶進也。”今山東濮州人呼“扶”爲“將”。

掜魚禮反，**擬也。**

掜、擬者，《玉篇》：“掜，吾禮切。”《莊子》曰：“兒子終日握而手不掜。”

昌，光也。

昌、光者，《説文》：“昌，日光也。”

諀匹爾反，**訾**紫音，又子弟反**也。**

諀、訾者，本書《釋詁》：“諀，譭也。”諀，又爲“訾”也。《玉篇》：“諀，訾也。”本此。

剹力咨反，又音犂，**勑**力咨反**也。**

剹、㔌者，《説文》："㔌，劃也。"《玉篇》："剹，直破也。"

瘛乎計反，**瘲**足用反**也。**

瘛、瘲者，《説文》："瘛，小兒瘛瘲病也。"《漢書·藝文志》："《金創瘛瘲方[1]》三十卷。"服虔曰："音'瘳引'之'瘳[2]'。"顔師古曰："小兒病也。"

[注] [1]"金"，愛本誤作"倉"；"方"，静本、愛本誤作"言"。[2]静本、愛本誤作"瘳"。

品，式也。

品、式者，已見本書《釋詁》，此重出。

似，若也。

似、若者，本書《釋詁》："似，類也。象也。"似，又爲"若"也。

嗺慈燥反，**茹也。**

嗺、茹者，《玉篇》："嚼，疾略切。噍嚼也。嗺，同上。"

諑，訴也。

諑、訴者，《玉篇》："諑，猪角切。訴也。"本此。

慴之葉反，**服也。**

慴、服者，《説文》："慴，服也。"又云："懾，心服也。"二字通用。《淮南·詮言訓》："通而不華，窮而不慴。"舊本"服"訛"般"，今訂正。

嬾力但反，又音魯滿反，**嬔**懈音**也。**

嬾、嬔者，本書《釋詁》："懈，嬾也。"此又轉相訓。

欨乎虞反，**歑**許戾反**也。**

欨[1]**、歑**者，《玉篇》："歑，呼世切。欨歑，笑意也。""欨，況娛、吁禹二切。"

[注] [1]静本、愛本誤作"敂"。

朾，棓婆講反**也。**

朾、棓者，本書《釋詁》："打，擊也。"《玉篇》："棓，與'棒'同[1]。步項切。杖也。"《集韻》："朾，棓[2]也。"引此文。或作"楟[3]"，都挺切。舊本"朾"譌從"手"，今訂正。

[注] [1]静本、愛本誤作"司"。[2]"朾棓"，静本、愛本誤作"攝格"。[3]静本、愛本誤作"杆"。

犁力達反，**犂**研音**也。**

犁、犂者，《廣韻》："犁，研治。"

辢力達反，**辛也。**

辢、辛者，《玉篇》："辢，辛辢也[1]。"本此。

[注] [1]"辢辛辢也"，静本、愛本誤作"釋手也"。

怜，綴也。

怜、綴者，未詳[1]。

[注] [1]徐復本《拾遺》："'怜'從'令'，'令'古音讀爲'連'。怜綴，依音即'連綴'也。"

𤸎靡宜反，又音無悲反，**共也。**

𤸎、共者，未聞[1]。

[注] [1]《廣雅疏證》："𤸎，通作'靡'。《中孚》：'九二：我有好爵，與爾靡之。'《釋文》：'靡，《韓詩》云：共也。'"

竅，孔也。

竅、孔者，《說文》："竅，空也。"《淮南·精神訓》："孔竅者，精神之户牖也。"左思《魏都賦》："峻危之竅也。"

瘷力代反，**癘**例音**也。**

瘷、癘者，《玉篇》："瘷，惡病也。"

費，耗也。

費、耗者，本書《釋言》："費，損也。"費，又爲"耗"也。

新，初也。

新、初者，《玉篇》："新，初也。"本此。

抾去劫反，**挹**於立反**也。**

抾、挹者，《玉篇》："抾，邱之、邱居二切。兩手挹也。"

窖古皃反，**窇**步角反**也。**

窖、窇者，本書《釋詁》："窖，藏也。"《玉篇》："窇，窖也。"《集韻》引此文，作："窇，窖也。"

躄璧[1]音，**癃**隆音**也。**

躄、癃者，《説文》："躄，人不能行也。必亦切。"又云："癃，罷病也。籀文作'瘙[2]'。"《史記·平原君列傳》："平原君樓臨民家，有躄者，槃散行汲，平原君美人笑之。明日，躄者至門，請曰：'臣不幸又罷瘙病，而君之後宮笑臣。'"徐廣曰："瘙，音隆。病也。"司馬貞曰："罷瘙，背疾，言腰曲而背隆高也。"案，躄，與"躃"同。癃，與"瘙"同。躄者自稱"罷瘙"，是"躄"爲"癃"也。

[注] [1]静本、愛本作"壁"，據《博雅音》改。[2]愛本作"癃"。

惠，賜也。

惠、賜者，《玉篇》："惠，恩也。賙之衣食曰惠。"

瘦伏富反，**瘎**諶音**也。**

瘦、瘎者，《方言》："瘦，病也。東齊、海、岱之間，或曰瘦，秦曰瘎。"郭注："謂勞復也。"《玉篇》："瘦，扶又切。勞也。再病也。亦作'復'。""瘎，是箴切。腹病也。"腹，當作"瘦"。

訳支音，**謂也**有本作“只詞也”。

訳、謂者，未詳。《音釋》云：“有本作‘只詞’也。”案，“只詞”已見本書《釋詁》。

匪，彼也。

匪、彼者，《小雅·小旻》：“如匪行邁謀，是用不得于道。”《左氏襄八年傳》子駟引此詩。杜注：“匪，彼也。”案，“匪”與“彼”，古字通。《襄二十七年左傳》引《詩》“彼交匪敖”作：“匪[1]交匪敖。”《漢書》引《桑扈詩》亦作“匪”。又《荀子·勸學篇》引《詩》“匪交匪紓，天子所予”，今《小雅·采菽詩》上“匪”字作“彼”。是“匪”、“彼”同也。

[注] [1]静本、愛本誤作“彼”，據徐復本《疏義》改。

柅勑吏反，又音絺，**柄也。**

柅、柄者，《說文》：“柅，籆柄也。女履切。”

駑，駘也。

駑、駘者，《文選·班彪〈王命論〉》：“駑蹇之乘，不騁千里之塗。”注云：“今馬之下者爲駑。”又諸葛亮《出師表》：“庶竭駑鈍。”注云：“謂馬遲鈍者。”皆引此文。

餩於北反，又音烏克反，**䭇**於結反**也。**

餩、䭇者，《玉篇》：“餩，噎也。”“䭇，或‘噎’字。食不下也。”

寑，偃也。

寑、偃者，寑兵，即“偃武”也。

射，繹也。

射、繹者，《射義》云：“射之爲言者，繹也。繹者，各繹己之志也。”

脰，錯也。

脰、錯者，未詳[1]。

[注] [1]徐復本《拾遺》：“脰，當爲‘逗’，偏旁之譌。《說文》：‘逗，止也。’措，《說文》：‘置也。’‘措’與‘錯’同。凡物所住及有所止，皆得爲措置也。”

辯，變也。

辯、變者，《楚辭·九辯》王逸章句：“辯，變也，謂陳道德，以變說君也。”

柎，柢紙音[1]**也。**

柎、柢者，《說文》：“柎，闌足也。”“柢者，根也。”根，亦“足”也。舊本“柢”譌從“手”，今訂正。

[注] [1]静本、愛本衍“只音”，據《博雅音》删。

約，儉也。

約、儉者，陸機《文賦》：“豐約之裁。”李善注引此文。《玉篇》：

"約，儉也。"本此也。

咀慈與反，**嗺**慈藥反**也。**

咀、嗺者，嗺，與"嚼"同。司馬相如《上林賦》："咀嚼菱藕。"

抒，渫思熱反。《說文》："相列反"**也。**

抒、渫者，《楚辭·九章》："發憤以抒情。"王逸注："抒，渫也。"班固《兩都賦》序："或以抒下情而通諷諭。"傅亮《爲宋公修張良廟教》："抒懷古之情。"

効，駖也。

効、駖者[1]，《玉篇》："効，俗'效'字。"《荀子·議兵篇》："臣請遂道王者諸矦彊弱存亾之效。"楊倞注："效，驗也。"陸機《演連珠》："明主程才以効業。"李善注引《廣雅》："効，駖也。"舊本訛爲"驗，驗也"，今據訂正。

[注] [1]"駖"爲"驗"之異體。

角，觡格音**也。**

角、觡者，《說文》："觡[1]，骨角之名也。"《玉篇》："觡，居額切。麋角有枝[2]曰觡，無枝曰角。"《淮南·主術訓》："桀之力，别觡伸鉤。"

[注] [1]静本、愛本誤作"骼"。[2]"角有枝"，静本、愛本誤作"鹿有格"。

剸止善反，又音鋤限反，**攻也。**

剸、攻者，《玉篇》："剸，攻也。"本此。

敖，傸蕩音**也。**

敖、傸者，敖，慢耶。放，傸也。

維，隅也。

維、隅者，《廣韻》："維，隅也。"《淮南·天文訓》："東北爲報德之維，西南爲背陽之維，東南爲常羊之維，西北爲蹏[1]通之維。"高誘注："四角爲尾。"案，尾，當爲"維"。

[注] [1]静本、愛本誤作"號"。

衄女六反，**縮也。**

衄、縮者，"衄"、"縮"雙聲。月爲"縮朒"，水爲"蹜沑"，字異義同。

噞儼音，又音魚淹反，**喁**五恭反**也。**

噞、喁者，《玉篇》："噞，噞喁。魚口上出貌。"《說文》："喁，魚口上見。"

攐去焉反，**摳也。**

攐、摳者，《說文》："攐，摳衣也。""摳，摳衣升堂。口矦切。"

崽所佳反，又音夙，**子也。**

崽、子者，《方言》云："崽者，子也。湘、沅之會，凡言是子者謂之崽，若東齊言子矣。"案，崽，讀若"宰"。《水經注·溛水篇》："至若婉孌丱[1]童，及弱年崽子，或單舟採菱，或疊舸[2]折芰。"

［注］［1］静本、愛本誤作"川"。［2］静本、愛本誤作"阿"。

祅於嬌反，**殀**於表反**也。**

祅、殀者，《左氏宣十五年傳》："地反物爲祅。"《説文》作"祦"。《玉篇》："殀，短折曰殀。"舊本"祅"訛從"衣"，今訂正。

鐕旻音，**算也。**

鐕、算者，本書《釋詁》："鐕，税也。"鐕，又爲"算"也。

彼，俾俾[1]音**也。**

彼、俾者，未詳[2]。《玉篇》："俾，方示切。使也。與'俾'同。"

［注］［1］静本、愛本作"卑"，據《博雅音》改。［2］《廣雅疏證》："彼、俾，皆衺也。"

邐，□也。

邐、□者，原闕一字[1]。

［注］［1］《廣雅疏證》："'邐'下所缺或是'迆'字，皆衺之義也。"

離，刐也。

離、刐者，“刐”，古“别”字。本書《釋詁》：“離，去也。散也。”離，又爲“别”也。《楚辭》：“悲莫悲兮生别離。”

贅，肬尤音也。

贅、肬者，《釋名》：“贅，屬也。横生一肉[1]，屬著體也。”“肬，邱也。出皮上聚高，如地之有邱也。”《説文》：“肬，贅也。”《荀子·宥坐篇》：“今學者曾未如肬贅，則具然欲爲人師。”楊倞注云：“肬贅，結肉。”《莊子·天下篇》：“附贅縣肬。”《太玄·割》“次二”云：“割其肬贅，利以无穢。”

[注] [1]静本、愛本脱“肉”字。

晃，暉也。

晃、暉者，《説文》：“晄，明也。”《玉篇》：“晃，乎廣切。光也。與‘晄’同。”《説文》：“暉，光也。”《未濟》“六五”象傳：“君子之光，其暉吉也。”

裝，襐蕩音也。

裝、襐者，本書《釋詁》：“裝、襐，飾也。”裝，又爲“襐”也。

蹽了音，蹻巨小反也。

蹽、蹻者，《玉篇》：“蹽，力小切。蹽蹻，長貌。”蹻，舊本訛爲“鬖”。《玉篇》無此字，今訂正。《集韻》引此文也，上有“長”字。案，前後皆以三字爲一條，疑彼誤也。

𥨬，痺必異反也。

𥨬、痺者，未詳[1]。

［注］［1］《廣雅疏證》："𤸷，各本訛作'𥨬'。《玉篇》、《廣韻》、《集韻》、《類篇》竝云：'𤸷，痺也。'今據以訂正。"

瘵直慮反，尰時勇反也。

瘵、尰者，未詳[1]。

［注］［1］《廣雅疏證》："《集韻》引《字林》，同。"

吞，咽也。

吞、咽者，《說文·口部》義也。《集韻》引此作："咽，吞也。伊甸切。"

䳠而絹反，又音而緣反，䳠溜音也。

䳠、䳠者，《玉篇》："䳠，䳠雞。"案，郭注《爾雅》云："今呼少雞爲䳠。力救切。"

烗哀音，炫可拜反也。

烗、炫者，《玉篇》："炫，口[1]戒切。熾也。""烗，烏來切。炫也。"案，炫，當做"炫"。

［注］［1］静本、愛本脱"口"字。

毓，長也。稚也。

毓、長者，《説文》："育，養子使作善也。或作'毓'。"《周官·太宰職》："園圃毓艸。"《釋文》："毓，古'育'字。"《邶風·谷風》："昔育恐育鞫。"傳："育，長也。"又："既生既育。"箋："育謂長也。""育，長"已見《爾雅》，故此作"毓"。

毓、稚者，毓，又訓"稚"，與"鬻"通。《夏小正》云："鬻也者，養也。"《豳風·鴟鴞》："鬻子之閔斯。"傳："鬻，稚也。"

曩，久也。鄉也。

曩、久者，"曩，久"已見《爾雅·釋詁》，此重出。

曩、鄉者，曩，又訓"曏"，已見《爾雅·釋言》。鄉，與"曏"，古字通。

陶，喜也。憂也。

陶、喜者，《爾雅》："鬱陶，喜也。"彼以二字連文，此又單以"陶"爲"喜"也。《檀弓》云："人喜則斯陶，陶斯詠，詠斯猶。"《禮記》疏引何胤[1]云："陶，懷喜未暢意也。"

陶、憂者，"陶"又訓"憂"。孫侍御曰："一字而兼二訓。《孟子》：'鬱陶思君爾。'本有憂喜交集之意，故其下以'象爲憂亦憂，象喜亦喜'承之。"

［注］［1］静本、愛本誤作"允"。

濘，清也。泥也。

濘、清者，已見本書《釋詁》，此重出。

濘、泥者，濘，又訓“泥”。《左氏傳》：“晉戎馬旋濘而止。”

鐮廉音，**柧**孤音**也。**

鐮、柧者，“鐮”與“廉”同，“廉、柧”已見上文，此重出。

《廣雅疏義》卷第十一

嘉定錢大昭晦之甫撰

《廣雅》卷六

釋訓第三

《爾雅·釋詁》："訓，道也。"《法言·問神篇》："事得其序之謂訓。"本書《釋詁》："訓，順也。教也。"《說文》："訓，說教也。"《繫傳》云："訓者，順其意以訓之也。"《爾雅》、《釋文》引張博士《雜字》云："訓者，謂字有意義也。"《詩》疏云："訓者，道也。道物之貌以告人也。"

《釋訓》一篇，重語居多，皆是形容之辭。有單舉其文與重語同義者。如："欣欣，喜也。""遥遥，遠也。"單言"欣"亦爲"喜"，單言"遥"亦爲"遠"也。有單舉其文即與重語異義者。如："斤斤，仁也。""蒸蒸，孝也。"單言"斤"、單言"蒸"，不可謂之"仁"與"孝"矣。

自"紛纏"以下，或是雙聲，或是疊韻，或解古義，或通俗文，要皆道物之形貌以告人，故統謂之"釋訓"焉。

顯顯、察察，著也。

《廣韻》："著，明也。陟慮切。"

顯顯者，《玉篇》、《廣韻》並云："顯，著也。"重言之亦爲著也。《大雅·假樂》云："顯顯令德。"

察察者，鄭注《中庸》云："察，著也。"《楚辭·漁父》："安能以身之察察。"《賈誼書·道術篇》："纖微皆審謂之察，反察爲旄。"《淮南·道應訓》引《老子》曰："其政察察，其民缺缺。"

洞洞同、童二音、**屬屬**、**切切**、**恂恂**、**誾誾**魚斤反、**翼翼**、**濟濟**、**畏畏**、**祇祇**，**敬也**。

洞洞、**屬屬**者，孝之敬也。《祭義》云："夫婦齊戒，沐浴，奉承而進之，洞洞乎，屬屬乎，如弗勝，如將失之，其孝敬之心至也與。"《淮南·氾論訓》："周公事文王也，有奉持於文王，洞洞屬屬，如將不能，恐失之，可謂能子矣。"

切切者，《論語》："朋友切切。"《小雅·伐木》疏引王肅注："鳥聞伐木，驚而相命嚶嚶然，以興[1]朋友切切節節。"

恂恂者，誠之敬也。《論語》："恂恂如也，似不能言者。"《漢書·李廣傳》："恂恂如鄙人。"

誾誾者，和之敬也。通作"言"。《玉藻》云："二爵而言言斯已矣。"鄭注："言言，和敬皃。"《釋文》："言，魚斤切。"疏引皇侃云："謂言爲誾，義亦通。"

翼翼者，恭之敬也。《少儀》云："祭祀之美，匪匪翼翼。"宋玉《九辯》："邅翼翼而無終兮。"王逸注："竭身恭敬，何有極也。"《漢書·禮樂志》："王矦秉德，其鄰翼翼。"顔師古曰："翼翼，恭敬也。"王粲《太廟頌》："於穆清廟，翼翼休徵。"

濟濟者，祭之敬也。《禮記》云："子之言祭，濟濟漆漆然。"《楚語》云："道其順辭，以昭祀其先祖，肅肅濟濟，如或臨之。"

畏畏者，未聞[2]。詹事兄曰："《書·微子》：'迺罔畏畏。'"

祇[3]**祇**者，《康誥》云："庸庸、祇祇、威威，顯民。"孔傳："用可用，敬可敬，刑可刑。”案，依孔傳所解，則“祇祇”似非重語。然徐幹《中論·法象篇》云：“文王祇畏，造彼區夏。”則單言與重言同也。

[注] [1]静本、愛本作“與”。[2]《廣雅疏證》：“《爾雅》：‘祇，敬也。’重言之則曰畏畏。”[3]静本、愛本誤作“祇”。

鰈鰈魚列反、**甈甈**兀音、**嶢嶢**堯音，**危也。**

鰈鰈、甈甈者，《玉篇》：“鰈，鰈甈。不安也。”《困》：“上六：困於葛藟，於鰈甈。”薛、虞作：“劓杌。”《秦誓》：“邦之杌隉。”孔傳：“杌隉，不安，言危也。”《説文》引《易》作“槷魁”。鄭康成注《易》作“倪伉”。《説文》：“隉，危也。”班固説：“不安也。”皆字異音義同。

嶢嶢者，《廣韻》：“嶢，嶕嶢。危也。”是單舉其文皆爲危也。

戰戰、慄慄、虩虩所革反，**懼也。**

戰戰者，《小雅·小旻》：“戰戰兢兢。”傳：“戰戰，恐也。”

慄慄者，《商書·湯誥》：“慄慄危懼，若將隕於深淵。”《淮南·繆稱訓》：“故聖人栗栗乎其内，而至乎至極矣。”“慄”、“栗”，古通用。

虩虩[1]者，《易》曰：“震來虩虩。”馬融云：“虩虩，恐懼皃。”鄭康成同。荀爽作“愬愬”。《履》：“九四：履虎尾，虩虩。”子夏傳：“愬愬，恐懼皃。”馬融作“愬愬”。是“虩”、“愬”同也。《公羊宣六年傳》：“靈公望見趙盾，愬而再拜。”何休注：“知盾欲諫，以敬拒之。”是“愬愬”者，恐懼行禮，兼有敬義。

《集韻》：“伈，斯荏切。”引《廣雅》：“伈伈，懼也。”今無此文。

[注] [1]“虩”爲“虩”之異體。

桓桓、猣猣剪音**、獢獢、赳赳、勍勍**巨京反**、競競、仡仡、暨暨，武也。**

《釋名》：“武，舞也。征伐動行，如物鼓舞也。”故《樂記》云：“發揚蹈厲，太公之志也。”

桓桓者，《牧誓》云：“尚桓桓。”《史記集解[1]》引鄭注：“桓桓，威武皃。”《周頌·桓》云：“桓桓武王。”箋：“桓桓有威武之武王。”《魯頌·泮水》：“桓桓于征。”傳：“桓桓，威武皃。”

猣猣者，莊喜切。《玉篇》：“猣，鳥鷙擊勢也。”《廣韻》：“猣，武也。”本此。《法言·孝至篇》：“鷹隼猣猣。”

獢獢者，《周頌·酌》云：“蹻蹻王之造。”傳：“蹻蹻，武皃。”《魯頌·泮水》：“其馬蹻蹻。”傳：“言彊盛也。”又云：“蟜蟜虎臣。”傳：“蟜蟜，武皃。”《釋文》：“蟜，本又作‘獢’，亦作‘蹻’。居表切。”是三字音義同也。

赳赳者，《說文》：“赳，輕勁有才力也。”《周南·兔罝》：“赳赳武夫。”傳：“武皃。”案，“赳赳”訓“武”，已見《爾雅》，此重出。

勍勍者，《說文》：“勍，彊也。”《左氏僖二十二年傳》：“勍敵之人。”是單舉其文亦爲武也。

競競者，《說文》：“競，彊語也。”

仡仡者，《秦誓》：“仡仡勇夫。”傳：“仡仡，勇壯之夫。”《漢書·李尋傳》：“秦穆公任仡仡之勇。”揚雄《甘泉賦》：“金人仡仡，其承鐘虡[2]兮。”顏師古注：“仡仡，勇健狀。”

暨暨者，其器切。《玉篇》：“暨，武也。”《玉藻》云：“戎容暨暨。”

[注] [1]愛本誤作“韻”。[2]静本、愛本作“虞”。

矍矍許縛反、**昒昒**亾内反，又亾八反、**敻敻**、**眈眈**多含反、**矕矕**“蠻”之上聲、**晚晚**莫限反、**瞥瞥**柈音、**𥇒𥇒**亾革反、**眓眓**呼活反、**眳眳**公縣反，**視也。**

矍矍者，《說文》：“矍，视遽也。”《玉篇》：“矍[1]，視而無所依之也。”《易》曰：“震索索，視矍矍。”通作“瞿”。《玉藻》：“視容瞿瞿。”疏云：“驚遽之皃。”

昒昒者，《說文》：“昒，目冥遠視也。”

敻敻者，字當作“瞏”。呼懸切。《玉篇》：“瞏，直視也。”本書《釋詁》：“瞏，視也。”王延壽《魯靈光殿賦》曰：“目瞏瞏而喪精。”張載注：“目不正也。”

眈眈者，《說文》：“眈，視近而志遠。”《頤》：“六四：虎視眈眈。”通作“䚞”。《說文》：“䚞，内視也。”《漢竹邑侯相張壽碑》：“䚞䚞虎視，不折其節。”

矕矕、晚晚者，本書《釋詁》：“矕、晚，視也。”重言之亦然。

瞥瞥者，薄官切。《說文》：“瞥，轉目視也。”

𥇒𥇒者，《玉篇》：“𥇒𥇒，姦人視也。”《漢書·東方朔傳》：“跂跂脉脉兮善緣壁。”顔師古注：“脉脉，視皃。”王逸《九思》：“目𥇒𥇒兮寤終朝。”注云：“𥇒𥇒，視皃。”《古詩十九首》：“盈盈一水間，脉脉不得语。”李善注：“脉脉，相視皃。”王延壽《魯靈光殿賦》：“徒𥇒𥇒而狋狋。”作“脉”[2]者，皆“𥇒”之訛。

眓眓者，《說文》：“眓，視高皃。”《集韻》：“眓，呼括切。”引此文，同。

眳眳者，《說文》：“眳，視皃。”《孟子》：“眳眳胥讒。”趙岐注：“眳眳，側目相視。”

[注] [1]静本、爱本衍“矍”字，已删。[2]徐復本作“脈”。

繾繾四淺反，又治善[1]反、**繟繟**闡音、**执执**求音，**緩也。**

繾繾者，《小雅・杕杜》：“檀車幝幝。”《韓詩》作“繾繾”，音義同。

繟繟者，本書《釋詁》：“繟，緩也。”重言之，亦緩也。

执执者，渠鳩切。《玉篇》：“执，緩也。”本此。

[注] [1]静本、爱本作“羨”，據《博雅音》改。

嘔嘔烏侯反、**喻喻**、**嗎嗎**許連反、**欣欣**、**忥忥**許氣反、**欯欯**許一反、**言言**、**語語**、**勢勢**至音，**喜也。**

嘔嘔、**喻喻**者，《史記・淮陰侯列傳》：“項王見人，恭敬慈愛，言語嘔嘔。”《漢書》作“姁姁”。鄧展曰：“姁姁，和好皃。”《非有先生論》：“說色微詞，愉愉呴呴。”顔師古曰：“愉愉，顔色和也。呴呴，言語順也。”《文選》作“煦煦”。李善注：“愉愉、煦煦，和悦之皃。”《孝經鉤命決》云：“驩忻慎懼，嘔嘔喻喻。”“煦”與“嘔”，同音“吁”。嘔，通作“區”。《吕氏春秋・士容論》：“燕雀争善處於一屋之下，母子相哺也，區區然相樂也。”高誘注：“區區，得志皃也。”喻，通作“俞”。《莊子・天道篇》：“無爲則俞俞。”郭象注：“俞俞然，從容自得之皃。”《釋文》引此云：“喜也。”是本又作“俞俞”。《聘禮》記云：“私覿愉愉焉。”

嗎嗎者，《玉篇》：“嗎嗎，喜也。”本此。《離騷》云：“靨輔奇牙宜笑嗎。”《登徒子好色賦》：“嗎然一笑。”是單言“嗎”亦爲喜也。

欣欣者，本書《釋詁》：“欣，喜也。”《大雅・鳧鷖》：“旨酒欣欣。”傳：“欣欣然，樂也。”《孟子》云：“舉欣欣然有喜色。”《楚辭・九歌》：

“君欣欣兮樂康。”王逸注：“喜皃。”通作“訢”。《漢書·萬石君傳》：“僮僕訢訢如也。”晉灼曰：“許慎云：‘訢，古欣字。’”《賈山傳》：“天下訢訢，將興堯舜之道。”

忥忥、故故者，忥，与“忔”同。本書《釋詁》：“忔、故，喜也。”重言之亦喜也。

言言、語語者，《大雅·公劉》：“京師之野，于時處處，于時廬旅，于時言言，于時語語。”言民各安於京師而喜也。

婁婁，未詳[1]。

[注] [1]徐復本《補疏》：“婁，當爲‘婁’字之誤。《釋詁》：‘婁，喜也。’重言之則爲婁婁。《說文》：‘婁婁，姎也。’姎，得志姎姎也。”

唏唏虛几反，又虛冀反、**欱欱**乎可[1]反、**嘾嘾**火下反、**呵呵**虛多反、**訠訠**口音、**啞啞**於百反，**笑也。**

唏唏者，本書《釋詁》：“唏，笑也。”

欱欱者，《玉篇》：“欱，大張口笑也。”

嘾嘾者，本書《釋詁》：“嘾，笑也。”

呵呵者，未聞。

訠訠、啞啞者，本書《釋詁》：“訠、啞，笑也。”重言之亦爲笑也。《震·象辭》：“笑言啞啞。”馬融云：“笑聲。”

[注] [1]靜本、愛本誤作“下”，據《博雅音》改。

翼翼、衎衎、愉愉，和也。

翼翼者，敬之和也。《離騷》：“鳳皇翼其承旂兮，高翱翔之翼翼。”

王逸注："翼翼，和皃。"

衎衎者，樂之和也。《漸·爻辭》："鴻漸於磐，飲食衎衎。"

愉愉者，忠之和也。《論語》："私覿愉愉如也。"鄭注："愉愉，顔色和也。"《祭義》云："愉愉乎其忠也。"《漢書·禮樂志》："高賢愉愉民所懷。"顔注："愉愉，和樂也。"

蹙蹙、慅慅草音、**怮怮**於柳反，又於流反、**愁愁、懮懮**形音、**栔栔**挈音、**㖞㖞**古兀反，又呼兀反、**烈烈、悊悊、怛怛**多達反，**憂也。**

蹙蹙者，本書《釋詁》："蹙，憂也。"《楚辭》："心愁鬱鬱之無快，居蹙蹙而不解。"

慅慅者，《陳風·月出》云："勞心慅兮。"傳："慅，憂也。"

怮怮者，本書《釋詁》："怮，憂也。"重言之亦憂也。

愁愁者，本書《釋詁》："愁，憂也。"劉向《九歎》："心愁愁而思舊[1]邦。"

懮懮者，《楚辭·九歌》："極勞心兮懮懮[2]。"王逸注："懮懮，憂心皃。"又《哀時命》云："心煩寃之懮懮。"

栔栔者，《文選·曹植〈上責躬應詔詩表〉》注引《孝經鉤命決》云："刻骨，挈挈勤思。"案，挈挈，與"栔栔"同。通作"契"。司馬相如《封禪[3]文》："挈三神之歡[4]。"應劭曰："挈，絶也。"顔師古音："口計反。""契，絶"用《爾雅》文。是"契"、"挈"同矣。《小雅·大東》："契契寤歎。"傳："契契，憂苦也。"

㖞㖞者，《玉篇》："㖞，憂也。"

烈烈者，《小雅·采薇》："憂心烈烈。"箋云："憂皃。"《集韻》引此作"㤠㤠[5]"，從"心"。

悊悊者，古“折”與“制”通，“悊”即“㣥”也。《漢書·王吉傳》吉上疏諫昌邑王引《詩》：“顧瞻周道，中心㣥兮。”顔師古注：“㣥，古‘怛’字。傷也。”是“悊悊”與下“怛怛”，字異音義同。

怛怛者，本書《釋詁》：“怛，憂也。”《齊風·甫田》云：“勞心怛怛。”

[注] [1]愛本誤作“萬”。[2]静本、愛本誤作“憐”。[3]“封禪”，愛本倒作“禪封”。[4]静本、愛本誤作“勸”。[5]静本、愛本誤作“烈”。

巖巖、巘巘五葛反、**峩峩、嶃嶃**讒音、**阢阢**兀音、**嵬嵬**牛回反，又牛尾反、**岌岌**魚及反、**圪圪**五乙反，**高也。**

巖巖者，山之高也。《魯頌·閟宫》云：“泰山巖巖。”揚雄《蜀都賦》：“湔山巖巖。”漢《西嶽華山廟碑》：“巖巖西嶽。”

巘巘者，載之高也。《説文》：“巘，載高皃。”《衛風·碩人》云：“庶姜孽孽。”《釋文·韓詩》作：“巘巘，長皃。”《吕氏春秋·過理篇》：“宋王築爲櫱臺。”高誘注：“櫱，當作‘巘’。”引《詩》曰：“庶姜巘巘。”“高長皃也。”

峩峩者，石之高也。本書《釋詁》：“峨，高也。”宋玉《招魂》：“增冰峩峩。”王逸注：“北方常寒，其冰重累，峩峩如山。”

嶃嶃者，仕咸切。《玉篇》：“嶃，山石高峻皃。”《小雅》：“漸漸之石。”《釋文》：“七銜反。亦作‘嶃嶃’。”

阢阢、嵬嵬者，本書《釋詁》：“阢、嵬，高也。”重言之亦高也。

岌岌者，冠之高也。《離騷》：“高余[1]冠之岌岌兮。”王逸注：“岌岌，高皃。”嵇康《琴賦》：“馳岌岌以相屬。”

圪圪者，墻之高也。《說文》："圪，墻高皃。"《大雅·皇矣》："崇墉言言，崇墉仡仡。"傳："言言，高大也。仡仡，猶言言也。""仡"、"圪[2]"，字異音義同。

[注] [1]静本、愛本誤作"兮"。[2]愛本誤作"仡"。

霶霶普光反、**霏霏**、**雰雰**、**瀌瀌**彼苗反，**雪也。**

《說文》："雪，凝雨，說物者。"《釋名》："雪，綏也。水下遇寒而凝，綏綏然也。"曾子曰："陰氣凝而爲雪。"《文選》注引《五經通训》云："春洩氣爲雨，寒凝爲雪。"舊本"也"字亦譌爲"雪"，今訂正。

霶霶者，《玉篇》："雱，雪盛皃。霶，同上。"《邶風》："雨雪其雱。"傳："雱，盛皃。"

霏霏者，芳微切。《小雅·采薇》："雨雪霏霏。"傳："霏霏，甚也。"潘岳《寡婦賦》："雪霏霏而驟落兮。"

雰雰者，《小雅·信南山》："雨雪雰雰。"傳："雰雰，雪皃。"《楚辭·九歎》："雪雰雰而薄木兮。"通作"紛"。張衡《四愁詩》："欲往從之雪紛紛。"

瀌瀌者，《小雅·角弓》云："雨雪瀌瀌。"傳："瀌瀌，雪盛皃。"《漢書·劉向傳》引作"麃"，古字通。

霅霅素合反，又徒甲反、**霠霠**士林反、**渢渢**小篤反、**湒湒**子立反、**㵉㵉**林音、**零零**落音、**霊霊**丑入反、**霫霫**先入反、**霿霿**蒙音、**霾霾**狄音，**雪雨也。**

霅霅者，《說文》："霅霅，震電皃。"

霠霠者，《玉篇》："霠霠，雨聲。"

渢渢者，《集韻》："大風雨皃。""《博雅》：'渢渢，雨也。'"[1]

湒湒者，《說文》："湒，雨下也。"

𩅦𩅦者，《說文》作"濈"。孫侍御曰："《一切經音義》亦引作'濈濈'，與《說文》合。"

䨣䨣者，盧各切。《說文》："䨣雨，雨零也。"

霕霕者，《廣韻》："霕霕，大雨也。"

霫霫者，《廣韻》："《字林》：'雨皃。'"[2]

霥霥者，莫公切。《玉篇》："霥霥，雨皃。"亦作"濛"。案，"霥"，《說文》作："濛，微雨也。"《豳風·東山》云："零雨其濛。"

霤霤者，徒的切。《玉篇》："霤霤，雨也。"

[注] [1]静本、愛本脱此條解釋，以《集韻》補之。[2]静本、愛本脱此條解釋，以《廣韻》補之。

颯颯、颼颼所留反、**䬈䬈、飂飂**留音、**颲颲**遼音、**瀏瀏**留音，**風也。**

颯颯者，《楚辭·九歌》："風颯颯兮木蕭蕭。""颯"、"颯"同。

颼颼者，《玉篇》："颼颼，風聲。"

䬈䬈者，所乙切。《玉篇》："䬈，秋風。"通作"瑟"。魏文帝詩："秋風蕭瑟天氣涼。"

飂飂者，《說文》："飂，高風也。"通作"翏"。《莊子·齊物論》云："而獨不聞之翏翏乎？"郭象注："翏翏，長風之聲。"李頤本作"飂飂"。

颲颲者，力系切。《玉篇》："颲，風皃。"

瀏瀏者，潘岳《寡婦賦》："風瀏瀏而夙興。"謝靈運詩："瀏瀏出谷飈。"

瀼瀼而羊反、**醲醲**奴容反，又奴冬反、**湛湛**直減反，又牒琰反、**泥泥**那禮反。今人以此爲“埿”，那低反，失之，**露也。**

《說文》：“露，潤澤也。”《釋名》：“露，慮也。覆露物也。”

瀼瀼者，與“瀼瀼”同。《鄭風》：“野有蔓草，零露瀼瀼。”傳：“盛皃。”《小雅·蓼蕭》傳：“瀼瀼，露蕃皃。”

醲醲者，與“濃濃”同。《詩》傳：“濃濃，厚皃。”

湛湛者，《小雅·湛露》傳云：“湛湛，露茂盛皃。”

泥泥者，《蓼蕭》傳：“泥泥，霑濡也。”

坦坦、漫漫、蕩蕩，平也。

坦坦者，《易》曰：“履道坦坦。”《管子·樞言篇》：“坦坦之利不以功，坦坦之備[1]不爲用，故存國家、定社稷，在卒謀之閒耳。”《淮南·原道訓》：“大道坦坦，去人不遠。”

漫漫者，《離騷》：“路曼曼其修遠兮。”《釋文》：“曼，一作‘漫[2]’。”

蕩蕩者，《吕氏春秋》引《書》：“王道蕩蕩。”高誘注：“蕩蕩，平易也。”《楚辭·九歎》：“路蕩蕩其無人兮。”王逸注：“平易皃。”

[注] [1]静本、愛本作“蔽”。[2]静本、愛本誤作“蔓”。

渾渾魂音、**汪汪**、**灝灝**暠音、**詡詡**、**曠曠，大也。**

渾渾者，流之大也。《法言·問神篇》：“聖人之辭，渾渾若川。”李軌注：“洪流也。”

汪汪者，深之大也。《後漢書·黄憲傳》：“汪汪若千頃之陂，澄之不清，撓之不濁。”

灝灝者，水之大也。《法言·問神篇》：“《商書》灝灝爾。”宋咸注：

"灦灦，猶漫漫也。"

詡詡者，言之大也。

曠曠者，明之大也。《淮南·繆稱訓》："故言之用者，昭昭乎小哉；不言之用者，曠曠乎大哉。"

栠栠而審反、嫋嫋那鳥反、娴娴如琰反，又乃點反，弱也。

栠栠者，本書《釋詁》："栠，弱也。"重言之亦爲弱也。

嫋嫋、娴娴者，《說文》："嫋，娴也。""娴[1]，弱長皃。"

[注] [1]静本、愛本誤作"嫋"。

區區、稍稍，小也。

區區者，《左氏傳》："宋國區區。"又云："是區區者。"《史記·管晏列傳》："以區區之齊在海濵。"《漢書·禮樂志》："河澗區區，小[1]國蕃臣。"《楚元王傳》："豈爲區區之禮哉。"《後漢書·章帝紀》："區區管窺，豈能照一隅哉。"《隗囂傳》："區區兩郡，以禦堂堂之鋒。"陸機[2]《辯[3]亡論》："洪規遠略，固不厭夫區區者也。"

稍稍者，疑當作"稍"。《漢書·禮樂志》："王者必因前王之禮[4]，順時施宜，有所[5]損益，即民之心，稍稍制作，至太平而大備。"通作"哨"。《法言·問道篇》："匪伏匪堯，禮義哨哨。"案，鄭注《攷工記》云："哨，小也。"是"哨哨"即"稍稍"也。

[注] [1]静本、愛本誤作"下"。[2]静本、愛本作"璣"。[3]静本、愛本誤作"釋"。[4]静本、愛本脱"禮"字。[5]静本、愛本脱"所"字。

炤炤、晰晰、晈晈、皓皓、炳炳、灼灼、炫炫、赫赫、曠曠、翼翼、顯顯，明也。

炤炤者，《荀子·儒效篇》："炤炤兮其用知之明也。"楊倞注："炤炤，明見之皃。"炤，與"照"同。《淮南·道應訓》："扶桑受謝，日照宇宙，炤炤之光，輝燭[1]四海。"賈誼《旱雲賦》："日炤炤而無穢。"

晰晰者，《小雅》："庭燎晰晰。"傳："晰晰，明也。"

晈晈者，《楚辭·九歌》："夜晈晈兮既明。"

皓皓者，《唐風·揚之水》："白石皓皓。"傳："潔白也。"

炳炳者，通作"邴"。《莊子·大宗師》云："邴邴乎其似喜乎。"簡文云："邴邴，明皃。"

灼灼者，陸機《吴趨行》："灼灼光諸華。"

炫炫者，《說文》："炫，爓燿也。"

赫赫者，《小爾雅》："赫，明也。"《楚辭·大招》："雄雄赫赫，天德明只。"《淮南·覽冥訓》："故至陰飂飂，至陽赫赫。"

曠曠者，本書《釋詁》："曠，明也。"重言之亦明也。

翼翼者，束皙《補亡詩》："玉燭陽明，顯猷翼翼。"

顯顯者，上文"顯顯"訓"著"，此又訓"明"，義相成也。

[注] [1]静本、愛本脱"燭"字。

誏誏古狠反、**訔訔**魚斤反、**詻詻**額音、**誒誒**乎氣反，又呼几反、**謣謣**、**譊譊**女交反，**語也。**

誏誏者，《玉篇》："誏，難語皃。"

訔訔者，辨之語也。《法言·問神篇》："或問：'聖人之作事，不能昭若日月，何後世之訔訔也。'"司馬光注："訔訔，争辨之皃，謂學者争論是非。”

詻詻者，五陌切。《玉藻》云：“言容詻詻。”鄭注：“教令嚴也。”《墨子·親士篇》：“君必有弗弗之臣，上必有詻詻之下。”《說文》：“詻，論訟也。《傳》曰：‘詻詻孔子容。’”

謕謕者，《玉篇》：“謕，語聲。”

諤諤者，諍之語也。《玉篇》：“諤，五各切。正直之言也。”《楚辭·惜誓》云：“或直言之諤諤。”《說苑·正諫篇》：“孔子曰：‘良藥苦口利於病，忠言逆耳利於行。君無諤諤之臣，父無諤諤之子，兄無諤諤之弟，夫無諤諤之婦，士無諤諤之友，其亡可立而待。’”《新序·雜言篇》：“周舍有言曰：‘百羊之皮，不如一狐之腋。’衆人之唯唯，不如周舍之諤諤。”《史記》趙良謂商君曰：“千人之諾諾，不如一士之諤諤。”

譊譊者，争之語也。《說文》：“譊，恚呼也。”《玉篇》：“譊，争也。”《法言·寡見篇》：“譊譊者，天下皆訟也。”又云：“譊譊之學，各習其師。”《蜀志》云：“孟光好《公羊春秋》，而譏呵《左氏》，每與來敏争此二義，常譊譊讙咋。”裴松之注：“譊，音奴交切。”

《集韻》引此文有：“誧誧，語也。”今無此文。

愴愴、慛慛才回反**、悢悢、悽悽、哀哀，悲也。**

愴愴者，《楚辭·九懷》：“心愴愴兮自憐。”王逸注：“意中切傷，憂悲楚也。”

慛慛者，《玉篇》：“慛，悲傷也。”

悢悢者，《玉篇》：“悢，力尚切。悢悢，惆悵也。”李陵《與蘇武詩》：“徘徊蹊路側，悢悢不得辭。”嵇康《與山巨源絶交書》：“顧此悢悢，如何可言。”

悽悽者，《說文》：“悽，痛也。”

哀哀者，《小雅·蓼莪》：“哀哀父母，生我劬勞。”

皥皥昊音、**杲杲**、**皠皠**鵠[1]音、**皭皭**字爵反、**景景**，**白也**。

皥皥者，《孟子》：“王者之民，皥皥如也。”《說文》：“皥，皓旰也。”

杲杲者，《説文》：“杲，明也。”《衛風·伯兮》：“杲杲出日。”

皠皠[2]者，《說文》：“皠，鳥之白也。”《玉篇》：“皠，乎𣪊切。皠皠，白也。”何晏《景福殿賦》：“皠皠白馬。”李善注引《詩》：“白鳥翯翯。”《孟子》引《詩》：“白鳥鶴鶴。”趙岐注：“鳥肥飽則鶴鶴而澤好。”是“皠”與“翯”、“鶴”，並音義同。舊本“皠”訛“皬”，今訂正。

皭皭者，《玉篇》：“皭，在爵、子笑二切。色皭皭白也。”

景景者，疑“顥顥”之訛。《說文》：“顥，白皃。”引《楚辭》曰：“天白顥顥。”“南山四顥，白首人也。”

[注] [1]静本、愛本作“鶴”，據《博雅音》改。[2]静本、愛本作“皬”。

泓泓、**淵淵**、**寥寥**眺音、**窈窈**，**深也**。

泓泓者，《說文》：“泓，下深皃。”

淵淵者，《禮記·中庸》云：“淵淵其淵。”《楚辭·九思》：“川谷兮淵淵。”注云：“深皃。”

寥寥、**窈窈**者，本書《釋詁》：“寥、窈，深也。”此又重言之。《莊子·在宥篇》：“至道之精，窈窈冥冥。”《吕氏春秋·仲秋紀》：“故善諭威者，於其未發也，於其未通也。窅窅乎冥冥，莫[1]知其情。”《漢書·安世房中歌》：“情思眑眑，經緯冥冥。”“窈”、“窅”、“眑”，字异音義同。

[注] [1]静本、愛本誤作“乎”。

緜緜、曼曼、延延、遲遲，長也。

緜緜者，《王風》：“緜緜葛藟。”傳：“緜緜，長不絶之皃。”《楚辭·九章》：“縹緜緜之不可紆。”《古詩》：“青青河畔草，緜緜思遠道。”

曼曼者，《楚辭·九章》：“終長夜之曼曼兮。”王逸注：“長皃。”案，《魯頌·閟宫》：“孔曼且碩。”傳：“曼，長也。”是單言之亦爲長也。通作“漫”。《漢書·郊祀歌》：“蔓蔓日茂。”顔注：“言其長久日以茂盛也。”

延延者，《爾雅》：“延，長也。”此重言之，亦[1]爲長。

遲遲者，《小雅·采薇》：“行道遲遲。”傳：“遲遲，長遠也。”《孟子》云：“孔子去魯，遲遲吾行。”

[注] [1]愛本誤作“言”。

痑痑吐安反，又吐案反，又吐佐[1]反、騑騑妃音、儽儽力罪反，又力追反，疲也。

《説文》：“疲，勞也。”本書《釋詁》：“疲，極也。”

痑痑者，《説文》：“痑，馬病也。”引《詩》：“痑痑駱馬。”

騑騑者，孚微切。《小雅》：“四牡騑騑。”傳：“行不止之皃。”《玉篇》：“騑，病也。”

儽儽者，《玉藻》云：“喪容纍纍。”鄭注：“羸，憊皃也。”老子《道經》云：“儽儽兮若無所歸。”王充《論衡·骨相篇》：“東門有人，其頭似堯，其項若皋陶，肩類子産，自腰以下，不及禹三寸，儽若喪家之狗。”案，儽，《説文》作“儽”。“儽”、“纍”、“儽”，字異音義同。

[注] [1]静本、愛本作“阻”，據《博雅音》改。

屑屑、迹迹、塞塞、省省、耿耿、警警，不安也。

自“**屑屑**”至“**省省**”，本《方言》也。其文曰：“迹迹、屑屑，不安也。江、沅之間，謂之迹迹。秦、晉謂之屑屑，或謂之塞塞，或謂之省省。不安之語也。郭注：“皆往來皃也。”《後漢書・王良傳》：“何其往來屑屑不憚煩也。”潘岳《閒居賦》：“尚何能違膝下色[1]養，而屑屑從斗筲之役乎？

耿耿、警警者，《邶風・柏舟》：“耿耿不寐。”傳：“耿耿，儆儆也。”“耿”、“警”聲相近，“警”、“儆”音義同。

[注] [1]静本、愛本誤作“也”。

孜孜、汲汲急音、惶惶、徨徨其往反，劇也。

劇也，孫侍御曰：“《一切經音義》引作‘遽也’。”

孜孜者，《說文》：“孜[1]，汲汲也。”《書・皋陶謨》：“予思日孜孜。”《泰誓》云：“孜孜無怠。”通作“孳”。《漢書・蕭何傳》：“尚復孳孳，得民和。”顏師古注：“孳，與‘孜’同。孜孜，言不怠也。”《淮南・繆稱訓》：“故君子日孳[2]孳以成煇，小人日怏怏以至辱。”桓寬《鹽鐵論》：“古者君子夙夜孳孳思其德，小人晨夕孜孜思其力。”

汲汲者，《禮記・問喪篇》：“其往送也，望望然，汲汲然，如有追而弗及也。”《莊子・天地篇》：“汲汲然惟恐其似己也。”《法言・學行篇》：“堯、舜、禹、湯、文、武汲汲，仲尼惶惶。”通作“伋”。賈誼《新書・匈奴篇》：“人人伋伋，惟恐其後來至也。”

惶惶者，與“皇皇”同。恐懼之劇也。《孟子》云：“孔子三月無君，則皇皇如也。”

伛伛者，逭遽之劇也。《楚辭·招魂》："伛伛而南征兮。"注："伛伛，逭遽皃。"舊本"伛"訛"僱"，今訂正。

[注] [1]静本、愛本衍"孜"字，已刪。[2]静本、愛本脱"孳"字。

亹亹尾音、牟牟、冉冉，進也。

亹亹者，宋玉《九辯》："時亹亹而過中。"王逸注："進皃。"張衡《思玄賦》："時亹亹而代序兮。"

牟牟者，亾侯切。《玉篇》："牟，進也。"

冉冉者，司馬彪《贈山巨源詩》："冉冉三光馳，游者一何速。"

拳拳卷權反、區區、款款，愛也。

拳拳者，司馬遷《報任安書》："拳拳之忠，終不能自列。"顏師古注："忠謹之皃。"《文選》注引繁欽《定情詩》："何以致拳拳，綰臂雙金環。"案，拳，通作"惓"。《漢書·劉向傳》："惓惓之義。"顏師古注："惓惓，忠謹之意。讀與'拳'同。"

區區者，李陵《答蘇武書》："孤負陵心區區之意。"《古詩十九首》："一心抱區區，懼君不察識。"嵇康《與山巨源絶交書》："野人有快炙背而美芹子者，欲獻之至尊，雖有區區之意，亦已疏矣。"

欵欵者，《大雅·板》："老夫灌灌。"傳："灌灌，猶欵欵也。"箋："老夫諫女款款然。"《楚辭·卜居》："吾寧悃悃款款，朴以忠乎？"司馬遷《報任安書》："誠欲效其欵欵之愚。"劉峻《廣絶交論》："范[1]張款款於下泉。"

[注] [1]静本、愛本作"苑"。

悾悾控音、**愨愨**苦角反、**懇懇**苦很[1]反、**叨叨**、**斷斷**都玩反，**誠也。**

悾悾者，《玉篇》：“悾，空弄切。誠心也。”《太玄·勤》：“次二：勞有恩，勤悾悾，君子有中。”庾亮《讓中書令表》：“是以悾悾，屢陳其款。”通作“空”。《吕氏春秋·孝行覽》：“空空乎，其不爲巧故也。”高誘注：“空空，愨也。巧故詐僞也。”

愨愨者，《説文》：“愨，謹也。”《玉篇》：“愨，誠也。”包咸《論語》注：“悾悾猶愨愨也。”舊本“愨”訛“慤”，今訂正。

懇懇者，《玉篇》：“誠也。”揚雄《劇秦美新》云：“明旦不昧，勤勤懇懇。”古通用“豤”。《漢書·劉向傳》：“故豤豤數奸死亡之誅。”顔師古注：“豤豤，款誠之意也。音懇。”

叨叨者，疑“切切”之訛。《論語》：“切切偲偲。”《小雅·伐木詩》王肅注：“鳥聞伐木，驚而相命嚶嚶然，以興朋友切切節節。”

斷斷者，鄭注《大學》云：“斷斷，誠一之皃。”《説文》云：“㫁，古文‘斷’。”引《周書》曰：“㫁㫁猗無他技。”

[注] [1]静本、愛本作“艮”，據《博雅音》改。

翸翸匹人反、**狘狘**宏音、**翩翩**匹延反、**翃翃**火宏反、**翽翽**火外反、**翁翁**火宏反、**翾翾**乎鞭反、**翻翻**、**騫騫**、**翲翲**匹饒反、**翀翀**曳音、**翿翿**肅音、**翼翼**、**翁翁**紛音、**獋獋**暉音、**翧翧**火元反，**飛也。**

翸翸[1]者，《玉篇》：“翸，飛皃。”

狘狘者，本書《釋詁》：“翃，飛也。”重言之亦爲飛也。“狘”、“翃”同。

翩翩者，《説文》：“翩，疾飛也。”《小雅·四牡》：“翩翩者鵻。”《楚辭·九歌》：“飛龍兮翩翩。”宋玉《九辯》：“燕翩翩其辭歸兮。”

蒻蒻者，與“蒚蒚”同。《周南》：“螽斯羽薨薨兮。”

翃翃者，《說文》：“翃，飛聲也。”《大雅·卷阿》：“鳳皇于飛，翃翃其羽。”鄭箋：“翃翃，羽聲也。”

翁翁[2]**、翾翾**者，本書《釋詁》：“翁、翾，飛也。”此又重言之。《集韻》：“翁，飛也。”本此。《法言·問明篇》：“朱鳥翾翾，歸其肆矣。”

翻翻者，陸機《擬古詩》：“翻翻歸雁集。”案，翻，通作“拚”。《周頌·小毖》：“拚飛惟鳥。”《韓詩》作“翻飛”。《文選》注引《薛君章句》：“翻，飛皃。”

騫騫者，虛言切。《說文》：“騫，飛皃。”本書《釋詁》：“騫，飛也。”舊本訛從“馬”，今訂正。

翲翲者，《玉篇》：“翲，飛皃。”通作“飄”。潘岳《秋興賦》：“鴈飄飄而南飛。”

翢翢者，余勢切。《玉篇》：“翢，飛也。”“翢翢[3]”同。案，翢，通作“泄”。《邶風》：“雄雉于飛，泄泄其羽。”

翿翿者，《小雅·鴻鴈》：“肅肅其羽。”《釋文》：“本或作‘翿’，同。羽聲也。”劉楨《雜詩》：“方塘含白水，中有鳧與鴈，安得肅肅羽，從爾浮波瀾。”

翼翼者，《玉篇》：“翼，余力切。翅也。”

翁翁者，孚云切。《玉篇》：“翁翁，飛皃。”案，《莊子·山木篇》：“東海有鳥焉，名曰意怠。其爲鳥也，翂翂翐翐。”《釋文》引司馬彪云：“翂翂翐翐，舒遲皃。一云飛不高皃。”

翬翬者，《說文》：“翬，大飛也。”郭注《釋鳥》云：“鼓翅翬翬然[4]。”“翬”、“翬”同。

翧翧者，本書《釋詁》：“翧，飛也。”此又重言之。

[注] [1]静本、愛本作“翩”。[2]愛本衍“者”字，已删。[3]愛本此處空白。[4]静本、愛本衍“飛”字，已删。

煌煌皇音、**焆焆**、**倏倏**叔音、**烔烔**公廻反、**晃晃**、**熒熒**乎扃反，**光也。**

本書《釋詁》：“光，明也，照[1]也。”

煌煌者，《莊子·駢拇篇》：“駢於明者，亂五色，淫文章，青黄黼黻之煌煌非乎？”潘岳《閒居賦》：“煌煌乎，隱隱乎。”李善注引《倉頡篇》：“煌煌，光明也。”《上林賦》：“煌煌扈扈。”

焆焆[2]者，于貴切。《小雅·斯干》：“噲噲其正，噦噦其冥。”箋：“噲噲，猶快快也。噦噦，猶焆焆也，言居之晝，日則快快然，夜則焆焆然也，皆寬明之皃。”《詩》、《釋文》引吕忱曰：“火光皃。”

倏倏者，式竹切。《集韻》：“焂，火動皃。”

烔烔者，《説文》：“烔，光也。”潘岳《秋興賦》：“珥金貂之烔烔。”李善注引《廣雅》：“烔烔，光也。”舊本“烔”訛“烟”，今訂正。

晃晃者，《釋名[3]》：“光，晃也。晃晃然也。”

熒熒者，宋玉《高唐賦》：“煌煌熒熒，奪人目[4]精。”

[注] [1]“也照”，愛本倒作“照也”。[2]静本、愛本脱“焆”字。[3]愛本誤作“文”。[4]静本、愛本作“光”。

蒙蒙、冥冥、昧昧、晻晻烏感反，**暗也。**

蒙蒙者，宋玉《小言賦》：“蒙蒙滅景，昧昧遺形。”

冥冥者，《荀子·勸學篇》：“無冥冥之志者，無昭昭之明。”《淮南·俶真訓》：“能游冥冥者，與日月同光。”《太玄·晦》“上九”云：

"晦冥冥，利於不明之貞。"

昧昧者，《秦誓》云："昧昧我思之。"《淮南·俶真訓》："至伏羲時，其道芒芒昧昧。"案，《左氏襄二十四年傳》："何没没也。"没没，即"昧昧"。"昧"、"没"，聲相近。

晻晻者，《楚辭·九歎》："意晻晻而日頹。"

堂堂、娗娗大丁反，又唐鼎反、**彧彧**於鞠反、**嬴嬴、嫖嫖**淵音、**媉媉**渥音、**妖妖**於苗反、**申申、奕奕、儀儀、偞偞**丑葉反、**娥娥，容也。**

堂堂者，《論語》："堂堂乎張也。"鄭司農注《地官·保氏》云："車馬之容，顛顛堂堂。"通作"棠"。漢《忠惠父魯峻碑》："棠[1]棠忠惠。"《嚴訢碑》："棠棠容皃。"皆與"堂"同。

娗娗者，《廣韻》："娗，好也。"一說"娗"，當作"娫"，與"娗"同。《漢書·五行志》引成王時童謠"燕燕尾涎涎"而釋之曰："尾涎涎，美好皃也。"是亦言其容也。

彧彧者，文之容也。

嬴嬴者，《方言》："嬴，好也。"郭注："言嬴嬴也。"本書《釋詁》："嬴，好也。""嬴"、"嬴"同。《説文》："嬴，從[2]女、嬴省。"作"嬴"者，特不省耳。《古詩十九首》："盈盈樓上女。"李善注："'盈'與'嬴'，古字通。"

嫖嫖者，《漢書·司馬相如〈上林賦〉》："柔撓嫖嫖。"顏師古注："嫖嫖，柔屈皃。"案，《史記》作"嬛嬛"。《索隱》曰："皆骨體耎弱長艷皃。"引張博士説："嬛嬛，猶婉婉也。"又引《廣雅》："嬛嬛，容也。"是"嫖"本又作"嬛"。

媉媉者，本書《釋詁》："媉，好也。"重言之又爲"容"也。

妖妖、申申者，《論語》："申申如也，夭夭如也。"馬融注："申申、夭夭，和舒之皃。”皇侃《義疏》：“申申者，心和也。夭夭者，皃舒也。申申，心申暢，故和也。皃舒緩，故夭夭也。”《詩》云：“桃之夭夭，灼灼其華。”即“美舒”義。“妖”、“夭”，字異音義同。

奕奕者，本書《釋詁》：“奕，容也。”此又重言之。

儀儀者，揚子《法言》：“麟之儀儀。”宋咸注：“麟儀儀而馴[3]。”

偞偞者，《方言》：“奕、偞，容也。自關而西，凡美容謂之奕，或謂之偞。宋、衛曰偞。陳、楚、汝、潁之閒，謂之奕。”《說文》：“偞，宋、衛之閒，謂華偞偞。”《廣韻》：“偞偞，輕僕美好皃。”

娥娥者，《古詩十九首》：“娥娥紅紛粧。”左思《咏史詩》：“峩峩高門內。”李善注引此云：“峩，與‘娥’同。”

[注] [1]静本、愛本誤作“堂”。[2]静本、愛本誤作“以”。[3]静本、愛本作“訓”。

駓駓步悲反、**颿颿**扶嚴反，又扶泛反、**驫驫**香幽反，又必幽反、**䢒䢒**古永反、**趙趙**方孟反、**倱倱**先拱反、**蹡蹡**七羊反，**走也。**

駓駓者，《小雅·吉日》：“儦儦俟俟。”《後漢書·馬融傳》注引《韓詩》作“駓駓俟俟”。《文選·西京賦》注引《薛君章句》：“趨曰駓，行曰俟。”宋玉《招魂》：“逐人駓駓些。”王逸注：“駓駓，走皃。”

颿颿者，《玉篇》：“颿，馬疾步也。”《集韻》：“颿颿，走也。”本此。

驫驫者，《玉篇》：“驫，走皃。”左思《吴都賦》：“驫駥飍[1]矞。”李善注：“衆馬走皃。”

䢒䢒者，《說文》：“䢒，驚走也。”舊本“䢒”訛“褜”，今訂正。

趙趙者，《玉篇》：“趙，走也。”

倱倱者，《玉篇》：“倱倱，走皃。”

蹡蹡者，《說文》：“蹩，行皃。”《玉篇》：“蹡，與‘蹩’同。”左思《吴都賦》：“被練鏘鏘。”劉淵林注：“行步皃。”

[注] [1]静本、愛本作“鸁”。

馥馥伏音**、芬芬、馞馞**步没反**、馦馦**呼廉反[1]**、馣馣**烏含反**、馛馛**步葛反**、馝馝**匹結反**、菲菲**拂非[2]反**、蔎蔎**設音**，香也。**

馥馥、芬芬者，《小雅·楚茨》：“苾芬孝祀。”《文選·蘇武〈古詩〉》注引《韓詩》作：“馥芬孝祀。”《薛君章句》：“馥，香皃。”《小雅·信南山》：“苾苾芬芬。”疑《韓詩》“苾”亦作“馥”。此所釋者，用《韓詩》也。何晏《景福殿賦》：“馥馥芬芬。”李善注《宋書·傳論》引陸機[3]《大暑賦》：“播芳塵之馥馥。”

馞馞者，司馬相如《上林賦》：“晻曖苾勃。”張守節曰：“皆芳香之盛也。”案，《文選》作“苾茀”。郭璞曰：“香氣盛，秘馞也。”李善曰：“茀，音勃，音義同。”

馦馦者，《集韻》：“馦馦，香也。”本此。《玉篇》作：“馠，香也。”

馣馣者，《玉篇》：“馣，香氣。”《集韻》：“馣馣，香也。”本此。

馛馛者，《玉篇》：“馛，大香。”

馝馝者，《玉篇》：“馝，小香。”

菲菲者，《集韻》引作“馡馡”。《離騷》：“芳菲菲其彌章。”王逸注：“菲菲，猶勃勃，芬香皃也。”通作“斐”。《上林賦》：“郁郁斐斐，衆香發越。”張守節云：“皆芳香之盛也。”《漢書》作“菲菲”。郭璞云：“香氣射散也。”

蔎蔎者，識列切。《說文》：“蔎，香艸也。”《楚辭·九歎》：“懷椒聊之蔎蔎兮。”王逸注：“蔎蔎，香皃。”

[注] [1]《博雅音》以爲“呼廉反”爲脱去字頭“䕲”的反切。[2]静本、愛本作“作”，據《博雅音》改。[3]静本誤作“璣”。

眐眐征音、**靡靡**、**踽踽**、**𧺆𧺆**企音，又巨支反、**䞶䞶**遥音、**施施**余[1]音、**奕奕**亦音、**浮浮**、**趫趫**去遥反、**冉冉**、**𢓜𢓜**夷音、**儦儦**必嬌反、**趞趞**錯音、**裔裔**、**趿趿**且及反、**踥踥**七葉反、**夏夏**、**蹈蹈**、**衍衍**、**章章**、**衝衝**，**行也。**

眐眐者，諸盈切。《楚辭·哀時命》云：“冤眐眐以寄獨兮。”王逸注：“眐眐，獨行皃。”

靡靡者，《王風·黍離》：“行邁靡靡。”傳：“靡靡，猶遲遲也。”

踽踽者，區主切。《説文》：“踽，疏行皃。”《唐風·杕杜》：“獨行踽踽。”傳：“與所親也。”通作“偊”。《列子·力命篇》：“汝奚往而反，偊偊而步，有深愧之色邪？”

𧺆𧺆者，《説文》：“𧺆，行皃。”《玉篇》：“𧺆𧺆，鹿走也。”通作“伎”。《小雅·小弁》：“鹿斯之奔，維足伎伎。”又通作“跂”。《漢書·東方朔傳》：“跂跂脈脈[2]善緣壁。”顔師古曰：“跂跂，行皃。”

䞶䞶[3]者，弋笑切。《玉篇》：“䞶，走皃。”

施施者，弋支切。《王風·邱中有麻》云：“將其來施施。”傳：“難進之意。”箋：“舒行伺間，獨來見己之皃。”通作“暆”。《説文》：“暆，日行暆暆也。”

奕奕者，弋石切。《玉篇》：“奕，行也。”

浮浮者，《大雅》云：“江漢浮浮。”《楚辭·九章》：“何回極之浮浮。”王逸注：“行皃。”案，《書·盤庚》：“鮮以不浮于天時。”是單言“浮”，亦“行”也。

趫趫者，《説文》：“趫，善緣木走之才。”《玉篇》：“趫，善走也。”

冄冄者，而琰切。《離騷》："老冄冄其將至矣。"王逸注："行皃。"《玉篇》："冄冄，行也。"本此。

徚徚者，以脂切。《說文[4]》："徚，行平易也。"

儦儦者，《說文》："儦，行皃。"《齊風·載驅》："行人儦儦。"《小雅·吉日》："儦儦俟俟。"傳："趨則儦儦，行則俟俟。"

趞趞者，七雀切。《說文》："趞，行皃。"

裔裔者，宋玉《高唐賦》："步裔裔兮曜殿堂。"司馬相如《子虛賦》："纚乎淫淫，般乎裔裔。"郭璞曰："皆羣行皃也。"

趿趿者，《說文》："趿，進足有所擷取也。"《集韻》："趿，七入切。"引《廣雅》："趿，行也。"脫重文字耳。

踥踥者，《玉篇》："踥踥，往來皃。"

夏夏者，《說文》："夏，從[5]夊。""夊，行遲曳夊夊。""夏，古文作'䟗'。"從"足"，有"行"義也。

蹈蹈者，疑是"滔滔"。《楚辭·七諫》："年滔滔而自遠兮。"王逸注："行皃。"

衍衍者，疑與"沇"同。《漢書·郊祀歌》："沇沇四塞。"孟康曰："沇音兗。"顏師古曰："沇沇，流行皃。"

章章者，疑與"獐"同。《集韻》："獐徨，行不正。"

衝衝者，當作"蹱蹱"。《集韻》引《埤蒼》："蹱蹱，行不進皃。一曰小兒行。"

[注] [1]《博雅音》以爲"余"下脫一字。[2]愛本作"脈"。[3]静本、愛本作"趯"。[4]愛本、静本脫"文"字。[5]愛本、静本誤作"以"。

憧憧處鐘反、**媻媻**柈[1]音、**徲徲**丈尸反、**營營，往來也。**

憧憧者，《易·咸》："九四：憧憧往來。"《釋文》引王肅云："憧憧，往來不絶皃。"惠棟云："之内曰來，故四之初爲來；之外曰往，故初之四爲往。"

媻媻者，蒲安切。《玉篇》："媻媻，往來也。"

徲徲者，通作"遲"。揚雄《反離騷》："昔仲尼之去魯兮，斐斐遲遲而周邁。"顔師古注："斐斐、遲遲，往來皃。"

營營者，《小雅·青蠅》傳："營營，往來皃。"《莊子·庚桑楚》云："全汝形，抱汝生，無使汝思慮營營。"《楚辭·九章》："魂識路之營營。"王逸注："精靈主行，往來數也。"《太玄·堅》"次四"云："小螽營營。"

[注] [1]愛本、静本作"拌"，入正文，據《博雅音》改。下衍"拌拌未聞"四字，已删。

脢脢梅音、**膿膿**如掌反、**𦝫𦝫**、**𦚾𦚾**呼計反、**濯濯**、**䐜䐜**呼典反，**肥也。**

脢脢者，莫來切。《大雅·緜》："周原膴膴。"《文選·魏都賦》注引《韓詩》作："周原腜腜。""脢"、"腜"，古字通。

膿膿者，《方言》："膿，肥也。"

𦝫𦝫者，《集韻》："𦝫，迄力切。肥也。"舊本"𦝫"訛"𦝫"，今訂正。

𦚾𦚾者，《玉篇》引《埤蒼》："𦚾，肥大也。"《集韻》："𦚾，大肥也。顯結切。"舊本"𦚾"訛"𦚾"，今訂正。

濯濯者，《大雅·靈臺》："麀鹿濯濯。"趙岐《孟子》注："獸肥飽則濯濯。"司馬相如《封禪文》："濯濯之麟，游彼靈畤。"文穎曰："肥也。"

䐔䐔者，《玉篇》：“䐔，肥也。”

泡泡白交切，又普交切、**洶洶**陶音、**沸沸**、**陽陽**、**洹洹**丸音、**湯湯**傷音、**泱泱**於薑反、**湝湝**諧音、**浩浩**、**潒潒**蕩音、**混混**、**淢淢**于密反、**滂滂**、**沛沛**、**涓涓**、**決決**、**浪浪**郎音、**油油**由音、**泧泧**許活反、**滮滮**蒲彪反，**流也。**

泡泡者，《玉篇》：“泡，流皃。”《西山經》：“不周之山，東望泑澤，河[1]水所潛也。其源渾渾泡泡。”郭注：“水濆涌之聲也。”

洶洶，未聞。疑“洶洶”之訛。《楚辭·九章》：“聽波聲之洶洶。”

沸沸，方味切。《玉篇》：“沸，泉涌出皃。”《西山經》：“峚山，丹水出焉。其中多白玉，是有玉膏。其源沸沸湯湯。”郭注：“玉膏涌出之皃。”沸，音“拂”。

陽陽，未詳[2]。

洹洹者，《鄭風·溱洧》：“方渙渙兮。”《韓詩》作“洹洹”，羽元切。

湯湯者，始陽切。《玉篇》：“湯湯，水盛。”《尚書》：“湯湯洪水方割。”《小雅·沔水》：“其流湯湯。”傳：“波流盛皃。”班固《西都賦》：“覽滄海之湯湯。”

泱泱者，《小雅》：“瞻彼洛矣，維水泱泱。”

湝湝者，《小雅·鼓鐘》：“淮水湝湝。”傳：“湝湝，猶湯湯也。”

浩浩者，乎道切。《玉篇》：“浩浩，水盛也。”《尚書》：“浩浩滔天。”《管子·小問篇》云：“《詩》有之：‘浩浩者水，育育者魚。未有室家，而安召我居。’”《淮南·俶真訓》：“浩浩瀚瀚。”《楚辭·九章》：“浩浩沅湘，分流汩兮。”

潒潒者，徒郎切。《說文》：“潒，水潒瀁也。讀若蕩。”

混混者，《說文》：“混，豐流也。”《孟子》：“原泉混混。”《淮南·原道訓》："源流泉浡，沖而徐盈，混混汩汩，濁而徐清。"枚乘《七發》："混混庉庉。"司馬相如《上林賦》："汩乎混流。"

㲻㲻者，《說文》："㲻，水流也。"《方言》："汩，疾行也。南楚之外曰汩。"揚雄《甘泉賦》："涌醴汩以生川。"

滂滂、沛沛者，《說文》："滂，沛也。"《楚辭·九歎》："波逢洶涌，濆滂沛兮。"左思《吴都賦》："包湯谷之滂沛。"是單言"滂沛"，亦爲流也。《荀子·富國篇》："汸汸若河海。"楊倞注："汸，讀爲滂。水多皃也。"《楚辭·九懷》云："望淮兮沛沛。"《新序·刺奢篇》："歌曰：'江水沛沛兮，舟楫敗兮。'"

涓涓者，《荀子·法行篇》："《詩》云：'涓涓源水，不壅不塞。'"潘岳《射雉賦》："泉涓涓而吐溜。"陶潛《歸去來辭》："泉涓涓而始流。"

決決者，《說文》："決，行流也。"《孟子》云："告子曰：'性猶湍水也。決諸東方則東流，決諸西方則西流。'"是"決"爲"行流"，重言之亦爲流也。

浪浪者，《離騷》："攬茹蕙以掩涕兮，霑余襟之浪浪。"王逸注："浪浪，流皃。"

油油者，《楚辭·九歎》："江湘油油，長流汩[3]兮。"王注："油油，流皃。"

泧泧者，呼括切。與"濊濊"同。《衛風·碩人》："施罛濊濊。"《釋文》引《韓詩章句》："濊濊，流皃。"《說文》："濊，礙流也。"

滮滮者，《說文》："淲，水流皃。從水，彪聲省。"引《詩》："淲池北流。"《玉篇》："滮，與'淲'同。"《小雅·白華篇》作"滮"。傳："流皃。"

[注] [1]静本、愛本作"何"。[2]《廣雅疏證》："各本脱去'洋

洋’二字，其音内‘陽’字誤入正文，又衍作‘陽陽’二字。”[3]静本、愛本誤作“泊”。

汎汎扶弓反、**氾氾**孚[1]劒反，**浮也。**

汎汎者，《説文》：“汎，浮皃。”木華《海賦》：“或汎汎悠悠於黑齒之邦。”舊本“汎汎”下有“䒦䒦”二字。案，字書俱無“䒦”字，此必是音“汎”，爲“扶弓反”，傳寫者誤併“扶弓”爲一字，且重複之耳，今訂正。

氾氾[2]者，司馬相如《上林賦》：“羣浮乎[3]其上，汎淫泛濫。”司馬貞引郭璞曰：“皆鳥任風波自縱漂皃。”“汎，音馮。泛，音芳劍反。”又引《廣雅》：“汎汎，氾氾，浮也。”《楚辭·卜居》：“將氾氾若水中之鳧乎？”五臣注：“氾氾，鳥浮皃。”舊本無“氾氾”二字，今據《史記索隱》補正。舊本小注有“扶劍”二字，即“氾”之音切也。

[注] [1]静本、愛本作“扶”，據《廣雅疏證》改。[2]静本、愛本誤作“氿”，據《廣雅疏證》改。[3]静本、愛本誤作“文”。

轒轒苦莖反、**硠硠**郎音，又力蕩反，**堅也。**

轒轒者，《説文》：“轒，車轒引[1]也。”舊本“轒”訛“轒”[2]，今訂正。

硠硠者，潘岳《馬汧督誄》：“硠硠高致。”李善注引此文。

[注] [1]《説文》段注：“轒，車轒宏聲也。大徐作‘釼’，非；小徐作‘鈜’，《集韻》作‘軦’，亦誤。”[2]“轒”爲“轒”之異體。

葟葟皇音、**苨苨**那禮反、**莫莫**、**蔞蔞**、**菶菶**布孔反、**芊芊**千音、

芾芾不味反、**蓁蓁**、**薿薿**擬音、**淠淠**匹制反、**茀茀**弗音、**蒼蒼**、**媄媄**於苗反、**藏藏**、**幪幪**、**漠漠**、**薱薱**徒内反、**蔚蔚**、**䔙䔙**亾豆反，又亾老反、**葆葆**保音、**茻茻**莽音，**茂也。**

葟葟者，與“皇皇”同。《小雅》：“皇皇者華。”傳：“皇皇，猶煌煌也。”《説文》：“䅶，華榮也。或作‘葟’。”

苨苨者，《大雅·行葦》：“維葉泥泥。”《釋文》云“泥泥”。張揖作“苨苨”。云：“草盛也。”案，陸氏所引，疑是張博士《字詁》文。

莫莫者，《周南·葛覃》：“維葉莫莫。”傳：“成就皃。”

萋萋者，《周南·葛覃》：“維葉萋萋。”傳：“茂盛皃。”《楚辭·招隱士》云：“春草生兮萋萋。”王逸注：“垂條吐葉，紛華榮也。”

菶菶者，《説文》：“菶，草盛。”《大雅·卷阿》：“菶菶萋萋。”

芊芊者，《列子·力命篇》：“美哉國乎，鬱鬱芊芊。”潘岳《在懷縣作詩》：“稻栽肅芊芊。”《集韻》：“芊芊，茂也。”本此。通作“仟”。謝朓《游東田詩》：“遠樹曖仟仟。”李善注：“仟，與‘芊’同。”

芾芾者，《召南·甘棠》傳：“蔽芾，小皃。”

蓁蓁者，《周南·桃夭》傳：“至盛皃。”《説文》：“蓁，草盛皃。”通作“榛”。“榛”，盛皃。

薿薿者，《小雅·甫田》：“黍稷薿薿。”傳：“茂盛皃。”

淠淠者，《小雅·小弁》：“萑葦淠淠。”傳：“衆也。”

茀茀者，《説文》：“茀，道多屮，不可行。”《周語》：“火朝覿矣，道茀不可行也。”《大雅·皇矣》：“臨衝茀茀。”傳：“彊盛也。”

蒼蒼者，《釋名》：“春曰蒼天，陽氣始發也，蒼蒼也。”《詩》疏引李巡《爾雅》注云：“萬物始生，其色蒼蒼。”《説苑·建本篇》：“管子曰：‘所謂天者，非謂蒼蒼莽莽之天也，君人者以百姓爲天。’”

媄媄者，《説文·木部》：“枖，木少盛皃。”引《詩》：“桃之枖枖。”

《女部》又引作："桃之娱娱。"是"娱"、"枖"同也。今《周南·桃夭》作"夭夭"。傳："少壯皃。"

藏藏，未詳。疑與"牂牂"同。《陳風·東門之楊》傳："牂牂，盛皃。"

幪幪者，《大雅·生民》："麻麥幪幪。"傳："茂盛也。"舊本"幪"訛從"心"旁，今訂正。

漠漠者，枚乘《忘憂館柳賦》："階草漠漠，白日遲遲。"舊本作"莫莫"，重出，今訂正。

葑葑者，《玉篇》："葑，草木茂也。"

蔚蔚者，《倉頡篇》："蔚，草木盛也。"《革·象傳》："君子豹變，其文蔚也。"虞翻注："蔚，蔇也。"案，《說文》："蔇，草多皃。"是"蔚"、"蔇"，皆取茂盛之義。

務務、葆葆者，本書《釋言[1]》："務，葆也。"解見前篇。

茻茻者，《說文》："茻，衆艸也。"今經典通用"莽"。《吕氏春秋》云："孰之壤壤也，可以爲之莽莽也。"高誘注："莽莽，均長皃。"《楚辭·九章》："滔滔孟夏兮艸木莽莽。"王逸注："草木之類，莫不莽莽盛茂。"

[注] [1]静本、愛本誤作"文"。

戡戡大含反，又大感反、**藹藹**曖音、**鑣鑣**不袄反、**截截**、**渠渠**、**閉閉**、**勃勃**、**藐藐**亾角反、**煒煒**韋鬼反、**童童**、**鐬鐬**呼會反、**闐闐**、**彭彭**、**岌岌**、**旁旁**、**鏘鏘**、**騤騤**逵音、**驛驛**、**業業**、**翼翼**、**奕奕**、**常常**、**几几**，**盛也。**

戡戡者，空之盛也。《廣韻》："戡戡，室深皃。"案，"戡"與"沈"，音義同。《漢書·陳勝傳》："夥頤，涉之爲王沈沈者。"應劭曰："沈沈，宫室深邃之皃。音長含反。"戡，又通作"耽"。張衡《西京賦》："大厦耽眈[1]。”薛綜注：“深邃之皃。”

藹藹者，士之盛也。《大雅·卷阿》：“藹藹王多吉士。”傳：“藹藹，猶濟濟也。”劉向《九歎》：“讒夫藹藹而漫著兮。”王逸注：“盛多皃。”

鑣鑣者，餙之盛也。《衛風·碩人》：“朱幩鑣鑣。”

截截者，佞之盛也。《周書·秦誓》：“惟截截善諞[2]言。”

渠渠者，禮之盛也。《秦風·權輿》：“於，我乎？夏屋渠渠。”傳：“渠渠，猶勤勤也。”

閉閉，未詳。孫侍御云：“疑閑閑。”

勃勃者，《法言·淵[3]騫篇》：“攀龍鱗，附鳳翼，巽以揚之，勃勃乎其不可及乎。”

藐藐者，美之盛也。《大雅·瞻印》：“藐藐昊天。”箋：“藐藐，美也。”

煒煒，赤之盛也。《說文》：“煒，盛赤也。”《邶風·静女》：“彤管有煒。”

童童者，高誘《淮南子·序》：“一尺繒，好童童。”《文選·詩》：“西北[4]有浮雲，童童[5]如車蓋。”

鐬鐬者，聲之盛也。《說文》：“鉞，車鑾聲也。”引《詩》：“鑾聲鉞鉞。”“徐鉉曰：‘今俗作鐬。’以鐬爲‘斧戉’之‘戉’，非是。”案，今《詩·庭燎》之次章、《泮水》首章，並作“噦”，是“鐬”、“噦”音義同。

闐闐者，《說文·門部》：“闐，盛皃。”又《口部》：“嗔，盛氣也。”引《詩》：“振旅嗔嗔。”案，今《小雅·采芑》作“闐闐”，古字通。《爾雅》：“振旅闐闐。”郭注：“羣行聲。”通作“滇”。《漢書·郊祀歌》：“泛泛滇滇從高游。”應劭曰：“滇滇，盛皃。”顔師古音：“徒千反。”

彭彭者，滿之盛也。《齊風·載驅》：“行人彭彭。”傳：“多皃。”《易·大有》：“匪其彭。”干寶注：“彭，亨盛滿皃。”是單言“彭”，亦爲盛也。

岌岌者，高之盛也。上文“岌岌，高也”，此又爲盛也。

旁旁者，軍之盛也。《鄭風·清人》：“駟介旁旁。”

鏘鏘者，壯之盛也。《大雅·烝民》：“八鸞鏘鏘。”宋玉《九辯》：“前輕輬之鏘鏘兮。”王逸注：“軒車先導，聲轉轔也。”《說苑·建本篇》：“有昭辟雍，有賢泮宫，田里周行，濟濟鏘鏘。”

騤騤者，彊之盛也。《小雅·采薇》：“四牡騤騤。”傳：“彊也。”

驛驛者，生之盛也。《周頌·載芟》：“驛驛其達。”傳：“生也。”

業業者，《大雅·烝民》：“四牡業業。”

翼翼者，健之盛也。《小雅·采芑》：“四牡翼翼。”箋：“壯健皃。”《楚辭·九懷》：“紛翼翼兮上躋。”王逸注：“盛氣振迅，陞天衢也。”

奕奕者，《魯頌·閟宫》：“新廟奕奕。”《文選》注引《薛君韓詩章句》：“言其新廟奕奕盛。”張衡《西京賦》：“六玄虬之奕奕，齊騰驤其而沛艾。”嵇康《琴賦》：“粲奕奕而高逝。”

常常者，華之盛也。《説文》：“常，或作‘裳[6]’。”是“常”、“裳”同字，故《小雅》云：“裳裳者華。”

几几者，屨之盛也。《豳風·狼跋》云：“赤舄几几。”

[注] [1]《廣雅疏證》作“眈”，《康熙字典》作“耽”。[2]静本、愛本誤作“論”。[3]静本、愛本誤作“訓”。[4]愛本誤作“兆”。[5]静本、愛本誤作“重”。[6]静本、愛本誤作“棠”。

仍仍、登登、翄翄、馮馮、總總、僔僔尊本反**、甫甫、伾伾**芬悲反**、集集、師師、逯逯**鹿、禄二音**、嘽嘽**他安反**、淠淠、滻滻**産音**、繽繽、紛紛、噳噳[1]**虞羽反**，衆也。**

仍仍者，疑與“陾陾”同。《大雅·緜》：“捄之陾陾。”傳：“衆也。”

《釋文》："陾，耳升反。"

登登者，用力之衆也。《大雅·緜》："築之登登。"傳："用力也。"《廣韻》："登，衆也。"

翹翹者，薪之衆也。《周南·漢廣》："翹翹錯薪。"

馮馮者，聲之衆也。《大雅·緜》："削屢馮馮。"傳："削[2]墻鍜屢之聲馮馮然。"孔疏："上言削，下言屢，馮馮是聲，故知削墻下土打鍜，是屢之聲馮馮然也。"

總總、僔僔者，《莊子·則陽篇》："是稯稯者何爲者邪？"《釋文》："稯，字亦作'總'。"李頤曰："聚皃。"《離騷》："紛總總其離合兮。"王逸曰："總總，猶僔僔，聚皃。"揚雄《甘泉賦》："齊總總撙撙，其相膠葛兮。"顏師古注："總總、撙撙，聚皃也。""僔"、"撙"，古字通。

甫甫者，魚之衆也。《大雅·韓奕》："魴鱮甫甫。"

伾伾者，力之衆也。《魯頌·駉》："以車伾伾。"

集集者，聚之衆也。《玉篇》："集，聚也。"

師師者，《法言·孝至篇》："麟之儀儀，鳳之師師，其至矣乎。"宋咸曰："麟儀儀而馴，鳳師師而多。"

逯逯者，疑當作"娽娽。"《說文》："娽，隨者衆也。"

嘽嘽者，《小雅·采芑》："戎車嘽嘽。"傳："衆也。"

湑湑者，《小雅·小弁》："萑葦湑湑。"傳："湑湑，衆也。"舊本譌爲"卓卓"，今據《集韻》所引訂正。

漼漼，未聞[3]。

繽繽、紛紛者，《淮南·俶真訓》："繽紛蘢蓯。"高誘注："繽紛，雜糅也。"《離騷》："佩繽紛其繁飾兮。"王逸注："繽紛，盛皃。"王褒《九懷》："撫余佩兮繽紛。"注："舞皃。"揚雄《反離騷》："暗纍以其繽紛。"顏師古注："交雜也。"《淮南·俶真訓》："萬物紛紛，孰非其有？”枚乘《七發》：“紛紛翼翼，波涌雲流。”

嘆嘆者，鹿之衆也。《說文》：“嘆，麇鹿羣口相聚皃。”《小雅·吉日》：“麀鹿麌麌。”傳：“衆多也[4]。”“嘆”、“麌”同。

[注] [1]静本、愛本作“㶉”。[2]愛本脱“傳削”二字。[3]《廣雅疏證》：“‘漇漇’，與‘汕汕’同。《廣韻》‘汕’、‘漇’並‘所簡切’。‘汕汕’，群游之貌，故又訓爲衆。”[4]愛本衍“也”字，已删。

遼遼、遥遥、邈邈[1]、眇眇，遠也。

遼遼者，劉向《九歎》：“山修遠其遼遼兮。”王逸注：“遠皃。”

遥遥者，《左氏傳》：“鸜鵒來巢，遠哉遥遥。”

邈邈者，《離騷》：“神高馳之邈邈。”王注：“遠皃。”通作“藐”。《方言》：“藐，廣也。”郭璞音“邈”。云：“藐藐，曠遠皃。”是“邈”、“藐”字異義同。

眇眇者，《楚辭·九章》：“穆眇眇之無垠兮。”王逸《九思》：“世既卓兮遠眇眇。”通作“渺”。《管子·内業篇》：“渺渺乎如窮無極。”

[注] [1]愛本脱“邈”字。

呦呦於糾反、喓喓烏梟反、嚶嚶烏耕反、唶唶側格反、嘖嘖責音、嘒嘒呼惠反，鳴也。

呦呦者，鹿之鳴也。《說文》：“呦，鹿鳴聲也。”《小雅》：“呦呦鹿鳴。”

喓喓者，蟲之鳴也。《召南》：“喓喓草蟲。”傳：“聲也。”

嚶嚶者，鳥之鳴也。與“嚶嚶”同。《說文》：“嚶，聲也。”“嚶，鳥鳴也。”《小雅·伐木》：“鳥鳴嚶嚶。”箋：“兩鳥聲。”

喈喈者，鶬之鳴，亦鴈之鳴也。《淮南·原道訓》："故夫烏之啞啞，鵲之喈喈，豈嘗爲寒暑燥濕變其聲哉！"

嘖嘖者，鴈之鳴也。《爾雅》："行鴈，喈喈。宵鴈，嘖嘖。"《春秋》疏引賈逵《左傳》注："行鴈喈喈，晝爲民驅鳥者。宵鴈嘖嘖，夜爲農驅獸者也。"

嘒嘒者，蜩之鳴也。與"嘒嘒"同。《說文》："嘒，小聲也。"《小雅·小弁》："鳴[1]蜩嘒嘒。"

[注] [1]静本、愛本脱"鳴"字。

虺虺、喤喤、輷輷呼紘反、**轞轞**艦音、**欿欿、欽欽、丁丁**竹耕反、**闐闐、䡩䡩**淵音、**轀轀**隱音、**䡵䡵**蓬音、**橐橐**託音、**轔轔**鄰音、**鈴鈴，聲也。**

虺虺者，雷之聲也。《邶風·終風》："虺虺其雷。"

喤喤者，鐘之聲也。亦鼓[1]之聲也，《周頌·執競》："鐘鼓喤喤。"通作"鍠"。《說文》："鍠，音呼彭反。聲也。"

輷輷者，車之聲也。《玉篇》："輷，車聲。"

轞轞者，亦車之聲也。《玉篇》："轞，音檻。車行聲也[2]。"左思《吴都賦》："出車䡴䡴。"通作"檻"。《王風》："大車檻檻。"傳："行聲。"

欿欿者，伐木之聲也。與"坎坎"同。《易·坎卦》京房、劉向作"欿"。《魏風·伐檀》："坎坎伐輪兮。"石經《魯詩》殘碑作"欿欿"。

欽欽者，鐘之聲也。《小雅·鼓鐘》云："鼓鐘欽欽。"

丁丁者，伐木之聲也。《小雅·伐木》云："伐木丁丁。"

闐闐者，宋玉《九辯》云："屬雷師之闐闐兮。"闐，通作"田"。《禮記·問喪篇》："婦人不宜袒，故發胸、擊心、爵踊、殷殷田田，如壞[3]墻然。"

𪔛𪔛者，鼓之聲也。《小雅·采芑》："伐鼓淵淵，振旅闐闐。"箋："伐鼓淵淵，謂戰時進士[4]衆也。至戰止將歸，又振旅伐鼓闐闐然。"《商頌·那》云："鼗鼓𪔛𪔛。""淵"、"𪔛"同。

轒轒者，車之聲也。於靳切。《玉篇》："轒，車聲。"通作"隱"。《法言·問道篇》："或問：'大聲。'曰：'非雷非霆，隱隱耾耾，久而愈盈，尸諸聖。'"

韸韸者，鼓之聲也。薄公切。《大雅·靈臺》："鼉鼓逢逢。"高誘注《吕氏春秋·季夏紀》引《詩》作"韸韸"。

橐橐者，與"槖槖"同。《小雅·斯干》："椓之槖槖。"

轔轔者，車之聲也。《楚辭·九歌》："乘龍兮轔轔。"王逸注："車聲。"通作"鄰"。《秦風》："有車轔轔。"傳："衆車聲。"

鈴鈴者，策之聲也。孫綽《游天台山賦》："振金策之鈴鈴。"李善注："金策，錫杖也。鈴鈴，策聲。"

[注] [1]愛本此處空白。[2]"行聲也"三字，愛本誤作"同"，静本脱"聲也"二字。[3]静本、愛本誤作"壞"。[4]静本、愛本誤作"云"。

混混乎悃反、**沌沌**大悃反，**轉也。**

此言元氣之流轉也。

混混、沌沌者，《莊子·在宥篇》："渾渾沌沌，終身不離。"郭象注："渾沌，無知而任其自復，乃能終身不離其本也。"《吕氏春秋·仲夏紀》："太一出兩儀，兩儀出陰陽，陰陽變化，一上一下，合而成章，渾渾沌沌，離則復合，合則復離，是謂天常。"高誘注："渾，讀如'衮冕'之'衮'。沌，讀近'屯'。"《文選》注引《春秋命歷序》云："冥莖無形，濛鴻萌兆，渾渾泥泥。"宋均注："渾渾，混混。鷄卵未分也。"

案，“濛”、“渾”，音義同。

馮馮、翼翼、烟烟因音**、煴煴**於分反**、睢睢**許隹反**、盱盱**吁音**，元氣也。**

馮馮、翼翼者，《淮南·天文訓》：“天地未形，馮馮翼翼，洞洞灟灟，故曰大昭。”高誘注：“馮翼洞灟，無形之皃。”《漢書·禮樂志》：“馮馮翼翼，承天之則。”

烟烟、煴煴者，班固《典引》云：“太極之元，兩儀始分，烟烟煴煴。”李善注：“烟烟、煴煴，陰陽和一相扶皃也。”案，烟煴，通作“絪緼”。《易·繫辭傳》：“天地絪緼，萬物化醇。”惠棟曰：“天地絪緼，吉。《復》之凶藏於内，故未形。魏伯陽以天地絪緼爲《復》之一爻，交《坤》。”故《參同契》云：“《易》有三百八十四爻，據爻摘符。符謂六十四卦。晦至[1]朔旦，震來受符。當斯之際，天地覯其精，日月相撣持，雄陽播玄施，雌陰化黄包[2]，混沌相交接，權輿樹根基，經營養鄞鄂，凝神以成軀，衆夫蹈以出，蠉動莫不由。”是言天地合德，萬物化醇化生之義。然則單言“烟煴”，亦爲元氣也。

睢睢、盱盱者，《莊子·寓言篇》云：“而睢睢，而盱盱，而誰與居？”揚雄《劇秦美新》云：“權輿天地未祛，睢睢盱盱。”李善注：“言混沌之始，天地未聞，萬物睢盱而不定也。”《五音集韻》：“睢睢，元氣皃。”本此。盱，休俱切。

[注] [1]静本、愛本作“主”。[2]“統黄化”，静本、愛本作“化黄包”。

衯衯紛音、**條條**、**擾擾**、**憒憒**憒音、**怴怴**乎述反、**惽惽**乎昆反、**忞忞**武粉反，**亂也。**

衯衯者，與“棼棼”同。《吕刑》云：“民興胥漸，泯泯棼棼。”孔傳：“泯泯爲亂，棼棼同惡。”《逸周書·祭公解》：“泯泯棼棼。”孔鼂注[1]：“泯芬，亂也。”《魏志·夏侯太初傳》：“緬緬紛紛，未聞整齊。”“衯”、“棼”、“芬”、“紛”，字異音義同。

條條，未詳。

擾擾者，《晉語》：“范文子曰：‘諸侯皆畔，則晉可爲也。惟有諸侯，故擾擾焉。’”《莊子·天道篇》：“膠膠乎，擾擾乎。”宋玉《神女賦》：“紛紛擾擾，未知何意。”劉伶《酒德頌》：“俯觀萬物擾擾。”

憒憒者，本書《釋詁》：“憒，亂也。”此重言之亦爲亂也。

怴怴者，未詳[2]。

惽惽者，病之亂也。

忞忞者，《法言·問神篇》：“傳千里之忞忞者，莫如書。”

[注] [1]静本、愛本誤作“主”。[2]《廣雅疏證》：“何休注《公羊傳》：‘怴者，狂也。’‘狂’與‘亂’同義。”

僛僛欺音、**僊僊**仙音、**傞傞**素何反，**舞也。**

僛僛、僊僊、傞傞者，《小雅·賓之初筵》云：“屢舞僊僊。”“屢舞僛僛。”“屢舞傞傞。”此釋之[1]也。毛傳：“僛僛，舞不能自正也。傞傞，舞不止也。”《説文》於“僛”、“傞”，皆“醉舞皃”。

[注] [1]“釋之”愛本倒作“之釋”。

蜿蜿宛音，又烏丸反、**蝹蝹**温音，**動也。**

蜿蜿、蝹蝹者，此釋龍蛇之動也。“蝹”，“於筠”、“於[1]云”二切。宋玉《高唐賦》：“振鱗奮翼，蜲蜲蜿蜿。”李善注：“龍蛇之皃。”張衡《西京賦》：“海鱗變而成龍，狀蜿蜿以蝹蝹。”薛綜注：“龍形皃也。”舊本脱“動”字，今據《集韻》所引補正。

[注] [1]“筠於”二字，静本、愛本誤作“君”，據徐復本《疏義》改。

誇誇苦瓜反，**切切也。**

誇誇者，桓寬《鹽鐵論》：“夫辨國家之政事，論執政之得失，何不徐徐道理相喻，何至切切如此乎？”

行行，更更也。

行行者，《論語》：“子路，行行如也。”《漢書·公孫田劉傳》贊云：“勇者見其斷，辨者騁其詞，齗齗[1]焉、行行焉。”顔師古注：“齗齗，辨争之皃。行行，剛彊之皃。”劉劭《人物志》云：“道容之動，矯矯行行。”

[注] [1]静本、愛本誤作“斷”。

《廣雅疏義》卷第十二

嘉定錢大昭晦之甫撰

乾乾，健也。

乾乾者，本書《釋詁》："乾，健也。"重言之亦爲健。《乾》："九三：君子終日乾乾。"《吕氏春秋·士容論》："乾乾乎取舍不悦，而心甚素樸。"《太玄經》："陽氣純[1]剛乾乾，萬物莫不彊梁。"《隸釋·費鳳别碑》："乾乾日稷。"

[注] [1]愛本誤作"統"。

蹇蹇，難也。

蹇蹇者，難也。"蹇，難"，已見本書《釋詁》，此復重言之。《蹇》："六二：王臣蹇蹇。"通作"謇"。《離騷》："余固知謇謇之爲患[1]兮。"王逸注引《周易》作"謇謇"。

[注] [1]愛本誤作"忠"。

趯趯他狄反，跳也。

趯趯者，《召南·草蟲》云："趯趯阜螽。"毛傳："躍也。"《小雅·巧言》："趯趯毚兔。"

嬥嬥湯的反，**好也。**

嬥嬥者，好也。“嬥，好”，已見本書《釋詁》。《小雅·大東》：“佻佻公子。”《韓詩》作“嬥嬥”。

呱呱孤音，**號也。**

呱呱者，號也。《虞夏書》云：“啟呱呱而泣。”《法言·寡見篇》：“呱呱之子，各識其親。”《太玄·勤》“次三”云：“羈角之吾，其泣呱呱。”

跮跮徒鼎反，**盡也。**

跮跮[1]者，《玉篇》、《廣韻》俱無“跮”字，疑與“鋌”同。本書《釋詁》：“鋌，盡也。”故“跮跮”亦爲“盡”。

［注］ ［1］静本、愛本作“跮”。

頻頻符賓反，**比也。**

頻頻者，比也。頻頻，猶“比比”也。《漢書·梁平王傳》：“比比蒙恩，不伏重誅。”顏師古注：“比，猶頻也。”

嚻嚻呼嬌反，**虚也。**

嚻嚻者，虚也。《法言·君子篇》：“信死生齊、貧富同、貴賤等，則吾以聖人爲嚻嚻。”吴祕注《莊子》：“託以道家，稱其齊一，是虚華之大省，若是言，則吾以聖人六經之旨，爲嚻嚻之虚語耳。”

章章，采也。

章章者，《説文》：“彧，采彰也。”《荀子·法行篇》：“故雖有珉之雕雕，不若玉之章章。”楊倞注：“章章，素質明著也。”

斤斤靳音**，仁也。**

斤斤者，仁也。未聞。

蒸蒸旨升反**，孝也。**

蒸蒸者，孝也。《堯典》云：“克諧以孝，蒸蒸乂。”張衡《東京賦》：“蒸蒸之心，感物曾[1]思。”

[注] [1]静本、愛本誤作“會”。

駸駸楚吟反**，疾也。**

駸駸者，疾也。《說[1]文》：“駸，馬行疾也。”《小雅·四牡》：“載驟駸駸。”阮籍《咏懷詩》：“青驪逝駸駸。”陸機《挽歌》：“駸駸策素騏。”

[注] [1]愛本脱“說”字。

版版，反也。

版版者，《大雅·板》云：“上帝板板，下民卒癉。”又云：“靡聖管管，不實于亶。”毛傳：“板板，反也。管管，無所依繫。”王符《潛夫論》引作“上帝版版”，古字通。

管管，浴也。

管管者，此以“管管”爲“浴”，所未聞也。

眊眊仏到反，又仏角反，**思也。**

眊眊者，思也。疑即《秦誓》："昧昧我思之。"下解《秦誓》之"諓諓"，與此類聚，可推而知。

諓諓翦音，**善也。**

諓諓者，善也。《說文》："諓諓，善言也。"

庸庸，用也。

庸庸者，"庸，用"，已見本書《釋詁》。《荀子·大略篇》："庸庸、勞勞。"

僆僆都計反，**憭**了音**也。**

僆僆者，憭也。"僆"字，《玉篇》、《廣韻》俱不收，未聞。

紛纕女交反，又奴孔反，**不善也。**

紛纕者，《後漢書·崔駰傳·達旨篇》："若夫紛纕塞路，凶虐播流。"李賢注引《方言》："纕，盛多也。"

崎嶇，傾側也。

崎嶇者，傾側也。張衡《南都賦》："下蒙籠而崎嶇。"左思《魏都賦》："山阜猥積而踦區。"陶潛《歸去來辭》："亦崎嶇而經邱。"李善注引《埤蒼》云："崎嶇，不安之皃。"案，踦區，與"崎嶇[1]"同。亦作"敧傴"也。《說文》："敧，傴也。"

［注］ ［1］"崎嶇"，愛本倒作"嶇崎"。

輆亥音**軩**待音，**不平也。**

輆軩者，不平也。輆，口亥切。《玉篇》：“輆軩，不平。”“軩，徒改切。軩、軩，音義同。”

蹇產，詰詘也。

蹇產者，《楚辭·九章》：“思蹇產而不釋。”王逸注：“蹇產，詰詘也。”相如《上林賦》：“蹇產溝瀆。”《史記集解》引《漢書音義》：“蹇產，屈折也。”

詭隨，小惡也。

詭隨者，小惡也。《大雅·民勞》云：“無縱詭隨。”

偃蹇，夭撟居夭反**也。**

偃蹇者，夭撟也。相如《大人賦》：“綢繆偃蹇，怵臭以梁倚。”王延壽《魯靈光殿賦》：“傍夭蟜以横出。”李善注：“特出之皃。”《史記索隱》引此文作“夭矯”。古“撟”、“矯”、“蟜”通用，故字不同。

墆帝音**翳，障蔽也。**

墆翳者，本書《釋詁》：“翳，障也。”墆翳，又爲“障蔽”也。《楚辭·九歎》：“舉霓旌之墆翳兮。”王逸注：“墆翳，蔽隱皃。”

崢士耕反**嵤**宏音，**深冥也。**

崢嵤者，深冥也。本書《釋詁》：“崝嵤，深也。”崝，與“崢”同。詳見前。《楚辭·遠游》：“下崢嶸而無地兮。”張協《七命》：“其居也，崢嶸幽藹。”李善注引此文，作“崢嶸”。

跳勑錦反**踔**勑角反，**無常也。**

跳踔者，《莊子·秋水篇》：“夔謂蚿曰：‘吾以一足，踸踔而行，爾無如矣。’”《楚辭·七諫》：“蓬艾親入御於牀第兮，馬蘭踸踔而日加。”王逸注：“踸踔，暴長皃。”陸機《文賦》：“踸踔於短韻。”李善注引此文。又云：“今人以不定爲踸踔。”不定，亦無常也。《方言》：“踸，蹇也。”郭注：“跛者行。”“跳”、“踔”，字異義同。

屏營，征征音**伀**鐘音**也。**

屏營者，征伀也。《吴語》：“申胥曰：‘昔楚靈王獨行屏營。’”《法言·重黎篇》：“六國蚩蚩，爲嬴弱姬，卒之屏營，嬴擅其政。”司馬光注：“屏營，猶旁皇失據之皃。”《孔叢·諫格虎賦》：“怖駭内懷，迷冒怔忪。”《方言》云：“征伀，遑遽也。”“征伀”、“征彸”、“怔忪”同。

悇愈音，又他乎反**覃**與占反，又他紺反，**懷憂也。**

悇覃者，《說文》：“悆，嘾也。”《楚辭·七諫》：“心悇憛而煩冤兮。”王逸注：“憂愁皃。”馮衍《顯志賦》：“終悇憛而洞疑。”李賢注引《廣蒼》云：“悇憛，禍福未定也。”“悇”、“悆”，“覃”、“嘾”、“憛”，字異音義同。

逍遥，儴襄音**佯也。**

逍遥者，儴佯也。逍遥，古用“消搖”。《鄭風·清人》云：“河上乎逍遥。”《離騷》：“聊逍遥以相羊。”王逸注：“逍遥、相羊，皆游也。”相如《上林賦》：“逍遥乎襄羊。”司馬貞引郭璞云：“襄羊，猶仿佯。”《淮南·原道訓》："逍遥乎廣澤之中，而仿佯乎山峽之旁。""儴"、"襄"、"相"，"佯"、"羊"、"洋"，俱字異義同。

仿佯，徙倚也。

仿佯者，《楚辭·遠游》云："步徙倚而遥思兮。"王逸注："彷徨東西，意愁憒也。"《淮南·俶真訓》："芒然仿佯於塵埃之外，而逍遥於無事之業。"又云："甘瞑於溷澖之域，而徙倚於汗漫之宇。"

俇其往反儴而羊反，惶劇也。

俇[1]**儴**者，惶劇也。宋玉《九辯》："悼余生之不時兮，逢此世之俇攘。"王逸注："卒遇潛讒而遽惶也。"嚴夫子《哀時命》云："摡塵垢之枉攘兮。"王注："枉攘，亂也。"馬融《圍棋賦》："狂攘相救兮先後並沒。""俇儴"與"枉攘"、"狂攘"同。

[注] [1]静本作"徃"。

徘徊，便旋也。

徘徊者，便旋也。《玉篇》："徘徊，猶彷徨也。"《漢書》作"裴回"。張衡《西京賦》："便旋閭閻。"王逸《楚辭》注："便旋中野，立踟蹰也。"蘇軾詩："出門便旋風吹面[1]。"

[注] [1]静本、愛本作"笛"。

曖愛音曃逮音，翳薈也。

曖曃者，《楚辭·遠游》云："時曖曃其曭莽兮。"王逸注："日月晻黮而無光也。”《玉篇》：“曖昧，不明皃。”《五音集韻》：“曃，曖曃。”其字從“日”，舊本譌從“目”，且又倒爲“曃曖”，今並訂正。《抱朴子·外篇》：“繁林翳薈，則羽族雲萃；玄淵浩汗，則鱗羣競赴；德盛[1]業廣，則宅心者衆；舍瑕録用，即遠懷近集。”

[注] [1]静本、愛本脱“盛”字。

撣蟬音**援，牽引也。**

撣援者，牽引也。《離騷》云：“女嬃之嬋媛兮。”王逸注：“嬋媛，猶牽引也。一作撣援。”張衡《南都賦》：“垂條嬋媛。”李善注：“嬋媛，枝相牽引也。”撣援，與“嬋媛”，字異音義同。

躅逐由反**躇**直魚反**，猶豫也。**

躅躇者，亦作“簄箸”。《說文》：“簄，箸也。”宋玉《九辯》：“蹇淹留而躊躇。”老子云：“豫兮若冬涉川，猶兮若畏四鄰。”《離騷》：“心猶豫而狐疑兮。”《史記·吕后本紀》：“猶豫未決。”《索隱》引崔浩云：“猶，猿類也。卬鼻長尾，性多疑。”顔師古注《漢書》云：“猶，獸也。”《爾雅》：“猶，如麐，善登木。”此獸性多疑慮，常居山中。忽聞有聲，即恐有人且來害之。每豫上樹，久之無人，然後敢下，須臾又上，如此非一，故不決者，稱猶豫焉。一曰隴西俗謂犬子爲猶。犬隨人行，每豫在前，待人不得，又來迎候，故云猶豫也。

蹢馳戟[1]反**躅**逐緑反[2]**，踟**池音**跦**厨音**也。**

蹢躅者，**踟跦**也。蹢躅，《說文》作“蹢躅”。《姤》：“初六：羸豕孚蹢躅。”《釋文》云：“本亦作‘蹢躅’，不静也。”踟跦，與“踟躕”

同。《邶風·静女》："搔首踟躕。"《文選》注引《韓詩》作"躊躇"。《薛君章句》："躊躇，躑躅也。"《荀子·禮論篇》："則必[3]徘徊焉，鳴號焉，躑躅焉，踟躕焉，然後能去之也。"楊倞注："躑躅，以足擊地也。踟躕，不能去之皃。"

[注] [1]静本、愛本作"緑"，據《博雅音》改。[2]愛本脱"躅逐緑反"四字，據《博雅音》補。[3]愛本誤作"心"。

翶翔，浮游也。

翶翔者，《釋名》："翶，傲也，言傲游也。""翔，佯也，言仿佯也。"《齊風》："齊子翶翔。"傳："猶彷徉也。"《檜風》："羔裘翶翔。"傳："猶逍遥也。"《淮南·覽冥訓》高誘注云："翼一上一下曰翶，不摇曰翔。"又《俶真訓》："以鴻濛爲景柱，而浮揚於無畛崖之際。"注云："浮揚，猶遨翔也。"又《覽冥訓》："前白螭，後奔蛇，浮游消摇。"案，浮揚，即"浮游"。"游"、"揚"，聲之轉耳。舊本"游"訛"於"，今據《文選·思玄賦》注所引訂正。

從容，舉動也。

從容者，舉動也。《學記》云："待其從容。"宋玉《登徒子好色賦》："從容鄭、衛[1]、溱、洧之間。"李善注引此文。

[注] [1]愛本誤作"風"。

踧子六反踖迹音，畏敬也。

踧踖者，畏敬也。《論語》："踧踖如也。""踧"、"踧"同。

般桓，不進也。

般桓者，《屯》：“初九：般[1]桓，利居貞。”馬融注：“般桓，旋也。”《漢仲秋下旬碑》作“般桓”。張衡《西京賦》：“袒裼戟手，奎踽盤桓。”曹植《洛神賦》：“悵般桓而不能去。”“般”、“盤”，字異義同。

[注] [1]徐復本《疏義》作“磐”。

結縎骨音，不解也。

結縎者，不解也。《說文》：“結，締也。”“縎，結也。”《漢書·息夫躬〈絶命辭〉》云：“結愲兮傷肝。”“愲”、“縎”，字異義同。是“結縎”爲亂之不解也。

裮昌音被，不帶也。

裮被者，不帶也。《離騷》：“何桀紂之猖披兮。”王逸注：“猖被，衣不帶之皃。”《玉篇》：“裮，尺羊切。披衣不帶。”

軫輗牛力反[1]，轉戾也。

軫者，《方言》：“軫，戾也。”郭注：“相乖戾也。”《文選》注引許慎《淮南子》注：“軫，轉也。”

輗，未聞。

[注] [1]“輗”，《廣雅疏證》作“軳”。云：“《玉篇》：‘軳，步毛切。戾也。’”静本、愛本“牛力”作“牛刀”，據《博雅音》改。

陸離，参差也。

陸離者[1]，参差也。《玉篇》："陸[2]離，猶参差也。"《離騷》："長余佩之陸離。"王逸注："陸離，猶嵾嵯。衆皃。"司馬相如《大人賦》："衍蔓流爛㾪以陸離。"顏師古引張博士說，與此同。又《上林賦》："牢落陸離。"

[注] [1]愛本脱"者"字。"陸離"倒作"離陸"。[2]愛本衍"陸"字，已删。

韙揮音憒呼獲反，乖剌也。

韙憒者，乖剌也。《離騷》："紛總總其離合兮，忽緯繣其難遷。"王逸注："緯繣，乖戾也。""韙"、"緯"，"憒"、"繣"，並同。《說文》："韙，戾也。羽非切。"

渀涊，垢濁也。

渀涊者，濁也。已見本書《釋詁》，解具於前。

俶汀歷反黨他朗反，卓異也。

俶黨者，卓異也。司馬遷《報任安書》："古者富貴而名摩滅，不可勝記，惟倜儻非常之人稱焉。"《漢書·禮樂志》云："俶儻，精權奇。"枚乘《七發》："忽兮慌兮，俶兮[1]儻兮。"相如《子虛賦》："俶儻。""黨"、"儻"並同。

[注] [1]静本、愛本脱"俶兮"二字。

魁岸，雄傑也。

魁岸者，雄傑也。《漢書·江充[1]傳》："充爲人魁岸，容貌甚壯。"顏師古曰：“魁，大也。岸者，有廉稜如崖岸之形。”案，左思《吴都賦》：“其居則高門鼎貴，魁岸豪傑。”劉逵曰：“魁岸，大度也。”

[注] [1]静本、愛本誤作“元”。

溾涹，汙濊也。

溾涹者，本書《釋詁》：“溾涹，濁也。”解見前。案，溾，與“溾”同。《楚辭·九歎》：“盪溾涹之姦咎兮。”王逸注：“溾涹，汙薉也。”

鍡鑸，不平也。

鍡鑸者，《説文》：“鍡，鍡鑸。不平也。”《莊子·庚桑楚》云：“以北居畏壘之山。”畏壘，與“鍡鑸”同。

漼摧音**溰**五哀反，又五非反，**霜雪也。**

漼溰者，霜雪也。《玉篇》：“漼，昨回切。霜雪皃。”

趑七咨反**雎**七魚反，**難行也。**

趑雎者，《夬》“九四”云：“其行次且。”《釋文》：“次，本亦作‘趑’。”《説文》及鄭作“趀”，同。七私反。馬融云：“却行不前也。”《説文》：“倉卒也。”王肅云：“趑趄，行止之礙也。”張載《劍閣銘》：“一人荷戟，萬夫趑趄[1]。”李善注引此文，作“趑趄”。

[注] [1]静本、愛本誤作“趑趄”。

瑰瑋，琦奇音**玩也。**

瑰瑋者，琦玩也。《玉篇》："瑋，禹鬼、以貴二切。"引《埤蒼》云："瑰瑋，珍琦也。"

揣抗尹音**，摇捎**悉焦反**也。掉**大弔反**撨**嘯音**，振訊也。**

揣抗、摇捎、掉撨、振訊者，本書《釋詁》："揣、抗、摇、捎、掉、振、訊，動也。"此疊舉之，"揣抗"又爲"摇捎"，"掉撨[1]"又爲"振訊"。

[注] [1]静本、愛本誤作"攜"，據《廣雅疏證》改。

匔邱六反**匑**邱弓反**，謹敬也。**

匔匑者，《玉篇》："匔，邱六、邱弓二切。匔匑，謹敬皃。""匑，巨弓切。匔匑。"《論語》："執圭，鞠躬如也，如不勝。"《聘禮》記："執圭，入門，鞠躬焉，如恐失之。"《釋文》："窮，劉音弓，本亦作'躬'。"《群經音辨》云："鞠窮，容謹也。"案，"匔"，"匑"之異文。舊本"匑"訛"匔"。攷《集韻》引此文。"匔匑，謹敬也。"今據訂正。

委蛇，逶於悲反**衺也。**

委蛇者，逶衺也。《召南·羔羊》："退食自公，委蛇委蛇。"傳："委蛇，行可從迹也。"箋："委蛇，委曲自得之皃。"《釋文·韓詩》作"逶迤"。《楚辭·遠游》："載雲旗之逶蛇。""委"、"逶"同。亦作"崣䆧"。枚乘《梁王菟園賦》："崣路崣䆧。"

怵惕，恐懼也。

怵惕者，本書《釋詁》："怵、惕、恐，皆云懼也。"此疊舉之，"怵惕"又爲"恐懼"也。

潢乎光反，又晃音**潒**蕩音，**浩盪也。**

潢潒者，浩盪也。此言水之潒瀁也。

搌展音**搼**膳音。吕静音"己善反"，**展極也。**

搌搼者，《玉篇》："搌，丑善切。搌搼，醜長皃。"《集韻》："搌搼，展極也。"本此。

愲謂音**恲**普耕反，**忼慨也。**

愲恲者，忼慨也。《玉篇》："愲，羽魏切。怫愲，不安皃。""恲，忼慨也。"班固《車騎將軍北征頌》："師横騖而庶御，士怫愲以争先。"

徜常音**徉，戲蕩也。**

徜徉者，《玉篇》："徜，食羊[1]切。徜徉，猶徘徊也。"

[注] [1]"食羊"，愛本倒作"羊食"。

規戚音**䁘**失之反、**籧篨、侏儒、僬**《說文》無"立人"旁"焦"，唯有"僥"字。止云"焦僥，短人也"**僥**堯音、**痖**烏下反**瘖**"音"音、**僮昏、聾聵**五怪反、**矇瞍，八疾也。**

《晉語》："文公問於胥臣曰：'吾欲使陽處父傅讙也，而教誨之，其能善之乎？'對曰：'是在讙也。籧篨不可使俛，戚施不可使仰，僬僥不可使舉，侏儒不可使援，矇瞍不可使視，嚚瘖不可使言，聾聵不可使聽，僮昏不可使謀。’公曰：‘柰夫八疾何！’對曰：‘官師之所材也，戚施直鎛，籧篨蒙璆，侏儒扶盧，矇瞍修聲，聾聵司火。僮昏、嚚瘖、焦僥，官師所不材也，以實裔土。’”韋昭注：“籧篨，偃人；戚施，僂人；焦僥，長三尺；侏儒，短者；有眸子而無見曰矇，無眸子曰瞍；口不道忠信之言爲嚚；瘖，不能言者；耳不別五聲之和[1]爲聾，生而聾曰聵；僮，無知；昏，闇亂也。”

規覞者，《說文》作：“竜䵷，詹諸也。《詩》曰：‘得此䵷䵷。’言其行䵷䵷。”今詩作“戚施”，字雖各殊，音義同也。

籧篨者，本粗竹席，用爲困者之名，不可使俛之，疾有似之也。

侏儒者，本書《釋詁》：“侏儒，短也。”是八疾之一也。

焦僥者，《山海經》云：“大荒之中，有小人，名曰焦僥之國。”郭璞注：“皆長三尺。”《列子·湯問篇》：“從中州以東，四十萬里，得焦僥國。人長一尺五寸。”張湛曰：“事見《詩含神霧》。”

瘂瘖者，《玉篇》：“瘂，於假切。瘖瘂也。”《說文》：“瘖，不能言也。”《釋名》：“瘖，唵然無聲也。”

僮昏者，物生必蒙。《左氏傳》：“童子何知。”

聾聵者，《文選》注引《倉頡篇》：“聾耳不聞也。”《說文》：“聵，生聾也。徐鍇曰：‘謂從生即聾也。’”

矇瞍者，本書《釋詁》皆云“盲也”。解見前篇。

[注] [1]静本、愛本作“音”。

展轉，反側也。

展轉者，反側。《周南·關雎篇》文。此又以“反側”釋“展轉”也。

𤄷呼的反**沭，怖𢥞也。**

𤄷沭者，怖㩜也。《方言》："脅閱，懼也。"郭注："脅閱，猶𤄷沭也。"《玉篇》："𤄷，𤄷沭。遑遽也。"

忸怩，慼咨也。

忸怩者，本書《釋詁》："䖸怩"、"慼恣"，皆云"慙"也。此又以"慼恣"釋"忸怩"也。"忸"、"䖸"，"慼"、"慼"，"咨"、"恣"，字異義同。

讕讕音**哰**牢音，**謰**連音**謱**力主反**也。**

讕哰者，謰謱也。《方言》云："讕哰，謰謱也。東齊[1]、周、晉之鄙曰[2]讕哰。南楚曰謰謱。"又云："謰謱，拏也。南楚曰謰謱，或謂之支註，或謂之詁謕[3]，轉語也。"王逸《九思》："媒女詘兮謰謱。"注云："謰謱，不止皃。"

[注] [1]静本、愛本誤作"南"。[2]愛本誤作"也"。[3]静本、愛本作"虢"。

㦬力兮反**恗**許兮反**，欺慢也。**

㦬恗者，本書《釋詁》："㦬恗，欺也。"此又爲欺慢也。

讀瀆音**譟**乎報反**，啁欺也。**

讀譟[1]者，啁欺也。未詳。

[注] [1]静本、愛本誤作“評”，據《廣雅疏證》改。《玉篇》：“諿，相欺也。”

𦍧權音**局，𠦩跧**壯拳反**也。**

𦍧局者，《離騷》：“僕夫悲余馬懷兮，蜷局顧而不行。”王逸注：“蜷局，詰曲不行皃。”《淮南·精神訓》：“病疵瘕者，捧心抑腹，膝上叩頭，踡跼而諦，通夕不寐。當此之時，噲然得卧，則親戚兄弟歡然而喜。”“𦍧”、“踡”，“跼”、“局”，皆字異音義同。本書《釋言》：“跧、莊，𠦩匐也。”與此意同。

鞅烏郎反**罔**罔音**，無賴也。**

鞅罔者，無賴也。《方言》云：“央亡，獪也。江、湘之間，謂之無賴。凡小兒多詐而獪，謂之央亡。”央亡，与“鞅罔”同。《漢書·高祖紀》：“始大人嘗以臣無賴。”晉灼曰：“江、淮之間，謂小兒多詐狡獪爲無賴。”

亭父、更褚，卒也。

亭父、更褚者，《說文》：“卒，隸人給事者。”《方言》云：“楚、東海之間，亭父謂之亭公，卒謂之弩父，或謂之褚。”《說文》：“褚，卒也。”應劭《漢書》注云：“舊時亭有兩卒。一爲亭父，掌開[1]閉掃除；一爲求盜，掌逐捕盜賊。”

更者，《漢書·昭帝紀》：“三年以前逋更賦未入者，皆勿收。”如淳曰：“更，有三品。有卒更，有踐更，有過更。古者正卒無常人，皆當迭爲之，一月一更，是爲卒更也。貧者欲得雇更錢者，次直者出錢雇之，月二千，是爲踐更也。天下人皆直戍邊三日，亦名爲更，律所謂繇[2]戍也。雖丞相子，亦在戍邊之調。不可人人自行三日戍，又行者當自戍三日，不可往便還，因便住一歲一更。諸不行者，皆出錢三百入官，官以給戍者，是爲過更也。律説，卒踐更者，居也，居更縣中，五月乃更也。後從尉律，卒踐更一月，休十一月也。”又《食貨志》云：“又加月爲更卒，已復爲正。”顏師古曰：“更卒，謂給郡縣一月而更者也。正卒，謂給中都官者也。”

[注] [1]静本、愛本作“門”。[2]静本、愛本誤作“縣”。

綢繆，纏緜也。

綢繆者，纏緜也。《唐風・綢繆》毛傳義也。

䁞眱夷音，直視也。

䁞眱者，直視也。《淮南・道應訓》：“言未卒，齤缺繼以讐夷，被衣行歌而去。”高誘注：“讐夷，熟視不言皃。”案，夷，與“眱”同。《玉篇》：“眱，與脂、大奚二切。”《廣韻》：“眱，熟視不言。”

揚搉角音、婷辜音擢口[1]角反、提時音封、無慮、都，凡也。

本書《釋言》：“枚、箇，凡也。”此又“総計”之“凡”也。《春官・御史》：“掌贊書，凡數[2]。”注云：“自公卿以下胥徒凡數，及其見在空缺者。”揚雄《長楊賦》：“請畧舉其凡。”

揚搉者，《莊子・徐無鬼篇》：“則可不謂有大揚搉乎！”郭象曰：“搉而揚之，有大限也。”《淮南子》云：“物豈可謂無大揚搉乎。”高誘：“揚搉、無慮，大數名也。”左思《蜀都賦》：“請爲左右揚搉而陳之。”劉逵注：“《韓非》有《揚搉篇》。”班固曰：“揚搉古今，其義一也。”李善曰：“許慎《淮南子》注云：‘揚搉，粗略也。’”

婷擢，未聞[3]。

提封者，《漢書・刑法志》云：“一同百里，提封万井。”臣瓚案，舊說“提，最凡，言大數也”。李奇曰：“提，舉也。舉四封之内也。”顔師古曰：“李説是也。”說者或以爲“積土而封，謂之隄封”。既改文字，又失義也。

無慮者，《史記·平凖書》：“天下大抵無慮皆鑄金錢矣。”司馬貞曰：“大抵、無慮者，謂言大略歸制，而天子自爲者。”顔師古曰：“慮，大計也。”是單言“慮”，亦爲“凡”也。

都者，都目也。漢有《司徒都目》。司徒總領綱紀，故有“都目”。魏文帝《與吴質書》：“頃撰其遺文，都爲一集。”李善注引此文。

[注] [1]静本、愛本作“士”，據《博雅音》改。[2]静本、愛本誤作“教”。[3]“擢”，爲“推”之異體。《廣雅疏證》：“㛪推，猶揚推也。《檀弓》：‘以爲沽也。’鄭玄云：‘沽猶略也。’《釋文》：‘沽音古。’聲與‘㛪’相近。‘推’之言大較也。”

釋親第四

《禮記大傳》云：“親者，屬也。”《淮南·說林訓》：“親莫親於骨肉，節族之屬連也。”《說文》：“親，至也。”《釋名》：“親，襯也，言相隱襯也。”《爾雅》、《釋文》引《倉頡篇》：“親，愛也，近也。”老子云：“六親不和有孝慈。”王弼注：“六親：父母、兄弟、妻子也。”《史記·管晏列傳》：“上服度[1]則六親固。”張守節曰：“謂外祖父母一，父母二，姊妹三，妻兄弟之子四，從母之子五，女之子六也。”《吕氏春秋·季夏紀》：“何謂六戚？父母、兄弟、妻子。”高誘注：“六戚，六親也。”《漢書·賈誼傳》：“以承祖廟，以奉六親。”應劭注：“與《吕覽》同。”《後漢書·馮衍傳》：“念人生之不再兮，悲六親之日遠。”又《秦彭傳》：“乃爲人設四誡，以定六親長幼之禮。”李賢注並云：

"夫婦、父子、兄弟也。諸說不同。以《吕覽》爲正。"

此篇所釋，自宗族以至妻黨婚姻皆及焉。案，人爲萬物之靈。身有三部，部有三條。上部胸至頭，中部膈至臍，下部臍至足。三部各有天、地、人。三三而九，神藏五，形藏四，合爲九藏，故曰"平八索，建九紀"。"八索"者，八體：首也，腹也，足也，股也，目也，口也，耳也，手也。"九紀"者，九藏：頭角也，耳目也，口齒也，肺也，心也，胃也，肝也，脾胃也，腎也。今自人之胚胎，以至五官，百體無不咸備，以附於《釋親》之末，於以見天地之性，人爲貴焉。

[注] [1]愛本誤作"虔"。

翁公音、**叜**、**爸**步可反、**爹**大可反、**奢**止奢反，**父也。**

《釋名》云："父，甫也。始生己也。"

翁、叜者，《方言》云："東齊、魯、衛之間，凡尊老謂之傻，或謂之艾。周晉[1]、秦隴謂之公，或謂之翁。南楚謂之父，或謂之父老。"《漢書》高祖答項羽曰："吾翁即若翁。"亦以"翁"爲"父"也。趙岐《孟子》注云："叜，長老之稱。猶父也。"孫奭疏引劉熙注云："叜，長老之稱。依皓首之言。"

爸者，《廣韻》："爸，父也。"《集韻》："爸、爹，父也。"本此。案，今浙江衢州人謂"父"爲"爸"，讀若"巴"。

爹者，《南史・梁始興王憺傳》："爲都督荆州刺史，徵還，朝人歌曰：'始興王，人[2]之爹，赴人急，如水火，何時復來哺乳我。'"荆土方言謂"父"爲"爹"，徒我反，故云。《廣韻》："爹，北人呼父。"

奢者，《廣韻》："奢，吴人呼父。"

[注] [1]静本、愛本誤作“東齊”。[2]静本、愛本衍“人”字，已删。

媓皇音、**妣**、**毑**、**婢**畢音、**嬭**乃弟反，又奴解反、**媪**烏道反、**姐**案，字書即前“毑”字，**母也。**

《釋名》：“母，冒也。含生己也。”

媓者，《方言》云：“南楚、瀑、洭之間，母謂之媓。”《玉篇》：“媓，胡光切。母也。”本此。

妣者，鄭注《曲禮》云：“妣之言媲也，媲於父也。”古者通以“考妣”爲生存之稱。《爾雅》：“父爲考，母爲妣。”郭注引《倉頡篇》：“考妣延年。”《冀州從事郭君碑》：“哀哀考妣，追惟賈靈，卜商號咷，喪子失名。”是也。自《曲禮》有“生曰父曰母，死曰考曰妣”之文，後儒遂宗其説。《説文》：“妣，歿母也。”《釋名》：“父死曰考。考，槁也。”“母死曰妣。妣，比也。比之於父亦然也。”

毑者，曹音“子我”、“子倚”二反。又於下文“姐”字云。案，“字書即前‘毑’字”，舊本“毑”訛“毠”。予攷《玉篇》：“姐，古文亦作‘毑’。”今據訂正。

婢者，《玉篇》：“婢，畢溢切。”引《廣雅》云：“母也。”

嬭者，《玉篇》：“嬭，母也。”又云：“㜷，莫奚、莫移[1]二切。齊人呼母。”案，“嬭”、“㜷”，疑古通用。

媪者，《史記集解》：“孟康曰：‘媪，長老尊稱也。’左師謂太后曰：‘媪愛燕后賢長安君。’《禮樂志》：‘地神曰媪。’媪，母别名也。”案，文穎《漢書》注云：“幽州及漢中，皆謂老嫗爲媪。”

姐者，《説文》云：“蜀謂母曰姐，淮南謂之社。”

[注] [1]静本、愛本誤作“衫”。

娋所交反**、孟，姊也。**

娋、孟者，此《方言》文也。郭注云："《外傳》曰：'主孟啖我。'是也。"案，《玉篇》："嫛，姊也。"《廣韻》："嫛，齊人呼姊。"

娟謂音**，妹也。**

娟[1]者，《説文》云："楚人謂女弟曰娟。"《公羊桓二年傳》："若楚王之妻娟，無時可也。"何休注："娟，妹也。"《爾雅》、《釋文》引《纂文》云："河南人云妹娟也。"

[注] [1]静本、愛本誤作"謂"。

娣徒麗反**、社、妯**逐音**娌**里音**、娣似，先後也。**

娣、社，未詳[1]。孫侍御曰："'娣'字疑涉下文，'社'字當在上文'母也'下。"

娣似，《釋名》云："少婦謂長婦曰姒，言其先來，已所當法似也。長婦謂少婦曰娣。娣，弟也。以後來也。或曰先後，以來先後言之也。"

妯娌，亦作"築娌"。匹也。郭注："今關西兄弟婦相呼爲築娌。"《漢書·郊祀志》："見神於先後宛若。"顔師古注："古謂之娣姒，今關中俗呼爲先後，吴、楚俗呼之爲妯娌。"

[注] [1]愛本誤作"説"。《廣雅疏證》："《淮南子·説山訓》：'西家子謂其母曰社。'高誘注云：'江、淮間母爲社。'"

父，椝矩音**也。母，牧也。**

父、母者，《白虎通義·三綱六紀篇》："父者，矩也。以法度教子也。”《説文》：“父，矩也。家長率教者，從又、舉杖。”“母，牧也。從女，象褱子形。一曰象乳子也。”《玉篇》引《倉頡篇》：“其中有兩點，象人乳形。”案，榘，古“矩”字。

兄，況也。弟，悌也。

兄、弟者，《白虎通義》：“謂之兄弟何？兄者，況也。況父法也。弟者，悌也。心順行篤也。”《釋名》：“兄，荒也。荒，大也，故青、徐人謂兄爲荒也。”“弟，第也。相次第而上也。”《説文》：“兄，長也。”“弟，韋束之次第也。”古“兄”與“況”通。《大雅·桑柔》：“倉兄填兮。”《召旻》：“職兄斯引。”《釋文》皆音“況”。《小雅·常棣》：“況也永歎。”《釋文》：“況，或作‘兄’。”《漢書》“尹翁歸[1]”，字“子兄”。注：“兄，讀曰況。”樊毅《華嶽碑》：“兄乃盛德。”洪适云：“以兄爲況。”是“兄”、“況”同也。

[注] [1]静本、愛本誤作“婦”。

子，孜滋[1]音也。孫，順也。

子、孫者，《釋名》：“子，孳也。相生蕃[2]孳也。”“孫，遜也。遁在後生也。”《白虎通義》：“子者，孳孳無已也。”案，孳，猶“孜孜”也。

[注] [1]静本、愛本誤作“溢”，據《博雅音》改。[2]静本、愛本誤作“蓄”。

㝅乃口反、娩吴難反、兒、姓，子也。

㝅者，本書《釋詁》：“生也。”又《釋言》：“乳也。”

娓者，《說文》："娓，嫛娓也。"《釋名》云："人始生曰嬰兒，或曰嫛娓。嫛，是也，言是人也。娓，其啼聲也。"

兒者，《說文》："兒，孺子也。"

姓者，《左氏昭四年傳》："問[1]其姓，曰：'余子長矣。'"《漢書·田蚡傳》："跪起如子姓。"

[注] [1]静本、愛本誤作"聞"。

男，任也。女，如也。

男、女者，《白虎通義》："男者，任也。任功業也。女者，如也。從如人也。"《釋名》："男，任也。典任事也。女，如也。婦人外成如人也，故三從之義：少如父教，嫁如夫命，老如子言。青、徐州曰娪。娪，忤也。始生時人意不喜，忤忤然也。"

姑謂之威。

姑者，《說文》："姑，夫母也。"又云："威，姑也。"《漢律》："婦告威姑。"案，威姑，猶言"君姑"也。《說文》："莙，牛藻也。從艸君聲。讀若威。"是"君"有"威"音。《逸周書》云："合閭立教，以威爲長。"亦以閭胥爲君也。夫之母謂之威姑，若夫之父謂之君公。君公，見《淮南·氾論訓》。

嫗謂之妻。

嫗者，謂之妻。嫗，衣遇切。《漢書》注："文穎曰：'幽州及漢中皆謂老嫗爲媪。'"又："嚴延年兄弟五人皆大官。母號萬石嫗。"今以"妻"訓"嫗"，所未聞也。

姑，故也。

姑者，《邶風·泉水》：“問我諸姑，遂及伯姊。”《爾雅》：“父之姊妹爲姑。”《詩》疏引孫炎云：“姑之言古，尊老之名也。”《釋名》：“父之姊妹曰姑。姑，故也，言於己爲久故之人也。”《白虎通義》：“父之昆弟不俱謂之世叔，父之女昆兄俱謂之姑。何也？以爲諸父曰内親也，故别稱之也。姑當外適[1]人，疏，故総言之也。”

[注] [1]愛本誤作“邊”。

姊，咨也。

姊者，咨也。《白虎通義》：“姊者，咨也。”《釋名》：“姊，積也。猶日始出積時多而明也。”《說文》：“姊，女兄也。”案，此言“咨”者，以其先生，可咨問也。

嫂，叜也。

嫂者，叜也。《說文》：“嫂，兄妻也。”《釋名》：“嫂，叜也。叜，老者稱也。叜，縮也。人及物老，皆縮小於舊也。”《喪服》傳云：“謂弟之妻婦者，是嫂亦可謂之母乎？”鄭注：“謂弟之妻爲婦者，卑遠之，故謂之婦。嫂者，尊嚴之稱。嫂，猶叜也。叜，老人稱也。”

妹，末也。

妹者，末也。《說文》：“妹，女弟也。”《白虎通義》：“妹者，末也。”《釋名》：“妹，昧也。猶日始入，歷時少，尚昧也。”

夫，扶也。

夫者，《白虎通義》："夫者，扶也。以道扶接也。"《郊特牲》云："夫也者，以知帥人者也。"注云："夫之言丈夫也。"

妻，齊也。

妻者，齊也。《說文》："妻，與夫齊者也。從女、從屮，從又。又，持事，妻職也。"《白虎通義》："妻者，齊也。與夫齊體也。"《釋名》："妻，齊也。士庶人曰妻。夫賤不足以尊稱，故齊等言也。"

婦，服也。

婦者，服也。《說文》："婦，服也。從女持帚，灑掃也。"《白虎通義》："婦者，服也。以禮屈服也。"《釋名》："婦，服也。服家事也。"

妾，接也。

妾者，接也。《白虎通義》："妾者，接也。以時接見也。"《釋名》："妾，接也。以賤見接幸也。"

同門謂之壻。

壻者，上疑有脫字。《釋名》云："兩壻相謂曰亞，言一人取姊，一人取妹，相亞次也。又並來至女氏門，姊夫在前，妹夫在後，亦相亞而相倚，共成其禮也。又曰友壻，言相親友也。"《爾雅》："兩壻相謂爲亞。"郭注："今江東人呼同門爲僚壻。"

妻之父謂之父㚣多可反，亦多音，**妻之母謂之母㚣。**

父㚣、母㚣者，《方言》："南楚、瀑、洭之間，謂婦妣曰母㚣，稱婦考曰父㚣。"舊本"母㚣"上脱"之"字，今訂正。《集韻》引此文。"妻"下皆無"之"字。

君妻謂之小君。

小君者，邦君之妻，與君敵體，但國無二尊，故謂之"小君"，言差小於君也。稱諸異邦，則稱"寡小君"矣。

男子謂之丈夫，女子謂之婦人。

丈夫者，《説文》："男，丈夫也。從田、從力。男用力於田也。"又云："夫，丈夫也。周制以八寸爲尺，十尺爲丈。人長八尺，故曰丈夫。"《大戴禮·本命篇》："男者，任也。子者，孳也。男子者，言任天地之道，如長萬物之義也，故謂之丈夫。丈者，長也。夫者，扶也，言長萬物也。"

婦人者，女子謂之婦人。《説文》："女，婦人也。象形。"《大戴禮·本命篇》："女者，如也。子者，孳也。女子者，言如男子之教而長其義理者也，故謂之婦人。婦人，伏於人者。是故無專制之義。"

下妻謂之嬬須、儒二音。

嬬者，《説文》："嬬，弱也。一曰下妻也。"《歸妹》："六三[1]：歸妹以須。"荀爽、陸績"須"作"嬬"。陸云："妾也。"舊本"妻"上脱"下"字，今訂正。

[注] [1]静本、愛本誤作"二"。

壻謂之倩取令反。

倩者，《方言》云："東齊之間，壻謂之倩。"郭注："言可借倩也。今俗呼女婿爲卒，便是也。"《史記·倉公列傳》："黄氏諸[1]倩。"徐廣曰："倩者，女婿也。"

[注] [1]静本、愛本誤作"得"。

人一月而膏，二月而脂，三月而胎，四月而胞，五月而筋，六月而骨，七月而成，八月而動，九月而躁，十月而生。

膏、脂、胞、筋、骨、成、動、躁、生者，《淮南·精神訓》："夫精神者，所受於天也；而形體者，所稟於地也。萬物背陰而抱陽，冲氣以爲和，故曰：'一月而膏，二月而肤，三月而胎，四月而肌，五月而筋，六月而骨，七月而成，八月而動，九月而躁，十月而生。形體以成，五藏乃形。'"

胚、胎者，《文子·九守篇》："三月而胚，四月而胎。"《說文》："胚，婦孕一月也。"

殪古來反、**腜**媒音，**胎也。**

殪、腜者，《說文》："殪，殺羊出其胎也。""腜，婦始孕腜兆也。""胎，婦孕三月也。"

躬、體，身也。

《釋名》："身，伸也。可屈伸也。"

躬者，《禮记·士昏》云："已躬命之。"又《鄉射禮》云："倍中以爲躬。"鄭注："躬，身也，謂中之上下幅也。"案，"躬，身"已見《爾雅》，此重出也。

體者，《說文》："體，總十二屬也。"《釋名》："體，第也。骨肉、毛血、表裹、大小相次第也。"《玉篇》："體，形体也。"

首謂之頭。

頭者，《說文》："頭，首也。"《釋名》："首，始也。"又云："頭，獨也。於體高而獨也。"

𩔼之然反、顔、題、頟，頟也。

𩔼、顔、題、頟、頟者，《釋名》："頟，鄂也。有垠鄂也，故幽州人則謂之鄂也。"《說文》："頟，頟也。""頟，頟也。""顔，眉目之間也。""題，頟也。"《方言》云："𩔼、頟、顔，頟也。湘、江之間，謂之𩔼。中夏謂之頟。東齊謂之頟。汝、潁、淮、泗之間，謂之顔。"郭注："𩔼，音'旃裘'之'旃'。今建平人呼'頟'爲'𩔼'。"沈彤《釋骨》云："横在髮際前者曰頟顱，亦曰頟。頟之中曰顔，曰庭。其旁曰頟角。眉間曰闕。其下曰下極。下極者，目間也。眉目間亦通曰顔。"

頊顱力乎反謂之髑髏。

頊顱者，謂之髑髏。《說文》："頊顱，首骨也。"又云："髑髏，頂也。"

目謂之眼。

目者，《釋名》："目，默也。默而内識也。眼，限也，童子限限而出也。"《說文》："目，人眼。象形。重童子也。"

珠子謂之眸。

珠子者，謂之眸。趙岐《孟子》注云："眸子，目瞳子也。"《釋名》："瞳子，瞳，重也。膚幕相裹重也。子，小稱也，主謂其精明者也。或曰眸子，眸，冒也，相裹冒也。"《漢書・項籍傳》贊："舜蓋重童子，項羽又重童子。"顔師古曰："童子，目之眸子。"案，《洞蕭賦》李善注引此文。"珠子"上有"眼"字，非也。

頏乎郎反**、領、顩**翁音**、頳**成音**、頸、脰，項也。**

《說文》："項，頭後也。"《釋名》："項，确也。堅确受枕之処也。"

頏者，《說文》："亢，人頸也，或作'頏'。"

領者，《說文》："領，項也。"《衛風・碩人》："領如蝤蠐。"傳："領，頸也。"

顩者，《玉篇》："顩，於洪切。頸毛也。亦作'翁'。"

頳者，《玉篇》："頳，視盈切。頸也。"

頸者，《說文》："頸，頭莖也。"《釋名[1]》："頸，俓也。俓挺而長也。"

脰者，《說文》："脰，項也。"《釋名》："嚶，在頤纓理之中也。青、徐謂之脰，物投其中，受而下之也。"《攷工記》："以脰鳴者。"又云："大體短脰，數目顧脰。"《公羊傳》："宋萬搏閔公，絶其脰。"鄭康成、何休皆以"脰"爲"頸"。

[注] [1]静本、愛本誤作“文”。

輔謂之頰。

輔者，《說文》：“酺[1]，頰也。”《玉篇》引《左氏傳》：“酺車相依。”是“輔”、“ 酺”同也。《釋名》云：“輔車，其骨強，所以輔持口也。或曰牙車，牙所載也。或曰頰車，亦所以載物也。或曰䶌車，䶌鼠之食積於頰，人食似之，故取名也。凡繫於車，皆取在下載上物也。”沈彤《釋骨》云：“耳下曲骨載頰在頷後者，曰頰車，曰曲頰，曰巨屈。”

[注] [1]静本、愛本誤作“靦”。

顑乎感反、**頣**以時反，**頜**閤音**也。**

顑、頣、頜者，《方言》云：“頜、頤，頜也。南楚謂之頜。秦、晉謂之頜。頤，其通語也。”戴吉士震曰：“《說文》‘頜’與‘頤’同訓‘顑’。蓋從口内言[1]之。若從口外言，則兩旁爲頜，頜前爲頤，不容相假，故《内經》無通稱者。”

[注] [1]静本、愛本誤作“ロ”。

顴權音，**頄**求音**也。**

顴者，古通用“權”。耳目之間爲權，權在輔上。《洛神賦》：“靨輔承權。”是也。

頄[1]者，《說文》作“頯”。云：“權也。”《夬》：“九三[2]：壯於頄。”《釋文》：“翟云：‘面顴，頰骨也。’鄭作‘頯’。頯，夾面也。”舊本“顴頄”下無“也”字。今案，“顴頄”與下“頞頔”非一類，故補“也”字。

[注] [1]愛本誤作“鳩”。[2]愛本誤作“二”。

頞烏葛反，**頔**拙音**也。**

《玉篇》:“頔，之劣切。漢高祖隆頔龍顔。”案,《漢書·高帝紀》作“隆準”。李斐曰:“準，鼻也。”文穎曰:“音‘準的’之‘準’。”

頞者,《説文》:“頞，鼻莖也。或作‘齃’。”《釋名》:“頞，鞍也。偃折如鞍也。”《史記·蔡澤列傳》:“先生蹙齃。”司馬貞曰:“謂鼻蹙眉。”

觜子槃反、**噣**竹救反、**喙，口也。**

《釋名》:“口，空也。”

觜者,《玉篇》:“觜，口也。鳥喙也。”

噣者,《説文》:“噣，喙也。”《玉篇》:“噣，與‘咮’同。”引《詩》曰:“不濡其噣。”

喙者,《説文》:“喙，口也。”《左氏傳》:“深目而豭喙。”

咡耳志反**謂之吻。**

《釋名》:“吻，免也。入之則碎，出則免也。又取抆也，漱唾所出，恒加抆拭，因以爲名也。”《説文》:“吻，口邊也，或作‘脗’。”《漢書·王褒傳》:“傷吻敝策。”顔師古注:“吻，口角也。”

咡者,《玉篇》:“咡,《禮記》曰:‘負劍辟咡詔之。’口旁曰咡。”

毀齒謂之齔又謹反。

齔者，《說文》："齔，毀齒也。男八月生齒，八歲而齔；女七月生齒，七歲而齔。"《秋官·司厲》云："凡有爵者與七十者與未齔者，皆不爲奴。"注云："齔，毀齒也。男八歲、女[1]七歲而毀齒。"

[注] [1]愛本誤作"男"。

噱、劇、凾含音**，舌也。**

《釋名》："舌，泄也。舒泄所當言也。"

噱者，《說文》："谷，口上阿也。或從肉作'臄'。"《大雅·行葦》："嘉殽脾臄。"傳："臄，凾也。"疏引服虔《通俗文》云："口上曰臄，下曰凾。""噱"、"臄"，古字通。揚雄《羽獵賦》："遥噱乎紘中。"晉灼曰："口之上下名曰噱。"

劇，未聞。疑是"噱"字之音，而溷入正文耳。

凾者，《說文》："凾，舌也。象形，舌體马马[1]。"

[注] [1]静本、愛本誤作"弓"。

喉、嗌益音**，咽也。**

喉、嗌者，《說文》："喉，咽也。""咽，嗌也。""嗌，咽也。籀文'嗌'，上象口，下象頸，脉理也。"案，喉，與"胡"通。《釋名》："胡，互也。在咽下垂[1]，能斂互物也。""嚶，又謂之嗌。氣所流通，阸要之処也。""咽，咽物也。"

[注] [1]静本、愛本誤作"象"。

髃火代反**骬**于音、**缺盆，肻**弋音**也。**

髃骬、缺盆者，《玉篇》：“肻，餘職切。缺盆骨。”“髃，胡葛切。髃骬，肩骨。”“骬，羽俱切。髃骬，缺盆骨。”

肊於乙反、**臆**憶音、**膺，匈也。**

匈者，《說文[1]》：“匈，膺也。或作‘胷’。”《釋名》：“胷，猶啌也。啌氣所衝也。”《漢書·賈誼傳》：“剡手[2]以衝仇人之匈。”又《循吏傳》：“匈臆結約。”《校官碑》：“野無叩匈之結。”

肊、臆者，《說文》：“肊，胷肉也。或作‘臆’。”《釋名》：“臆，猶抑也。抑氣所塞也。”《文選·鵩鳥賦》：“口不能名，請對以臆。”

膺者，《說文》：“膺，匈也。”《釋名》：“膺，壅也。氣所壅塞也。”

[注] [1]愛本衍“說文”二字，已刪。[2]静本、愛本誤作“子”。

肱謂之臂。

臂者，《釋名》：“臂，裨也。在旁曰裨也。”《說文》：“臂，手上也。”“厷，臂上也。或作‘肱’。”《小雅·無羊》：“麾之以肱。”傳：“肱，臂也。”

胳各音**謂之掖。**

掖者，《說文》作“亦”。云：“人之臂亦也。從大，象兩亦之形。”又云：“胳，亦下也。”《釋名》：“掖，繹也，言可張翕尋繹也。”《玉篇》：“掖，羊益切。肘掖也。”

膀步光反、**胠**袪音，又可慮反、**胉**布各反，**脅也。**

膀、胠者，《說文》：“脅，兩膀也。”“膀，脅也。或曰髈[1]。”“胠，亦下也。”《釋名》：“脅，挾也。在兩旁臂所挾也。”

胉者，《玉篇》：“胉，脅也。”本此。

[注] [1]静本、愛本誤作“膀”。

幹謂之肋勒音。

《釋名》：“肋，勒也。撿勒五臟也。”《説文》：“肋，脅骨也。”

幹[1]者，《公羊莊元年傳》：“使公子彭生送之，於其乘焉，搚幹而殺之。”案，《春秋》疏及《釋文》引《廣雅》並作：“脅幹謂之肋。”

[注] [1]徐復本《疏義》、《廣雅疏證》並作“榦”。

肺忿廢反，**費也。心，任也。肝，幹也。脾，裨也。腎**時忍反，**堅也。**

肺、心、肝、脾、腎者，《白虎通義》：“五藏者，何也？謂肝、心、肺、腎、脾也。肝之爲言干也；肺之爲言費也，情動得序；心之爲言任也，任於思也；腎之爲言寫也，以竅寫也；脾之爲言辨也，所以積精稟氣也。”《釋名》云：“心，纖也。所識纖微，無物不貫心也。肝，幹也。五行屬[1]木，故其體狀有枝幹也。凡物以大爲幹也。肺，勃也，言其氣勃鬱也。脾，裨也，在胃下，裨助胃氣，主化穀也。腎，引也。腎屬水，主引水氣，灌注諸脉也。”

[注] [1]静本作“屌”。

胃謂之肚。

《説文》:“胃，穀府也。”《釋名》:“胃，圍也。圍受食物也。”**肚**者，《玉篇》:“肚，徒古、都古二切。腹肚。”

膀旁音胱光音謂之脬片交反。

膀胱者，《説文》:“脬，膀光也。”《釋名》:“胞，鞄也。鞄，空虚之言也。主以虚承水汋也。或曰膀胱，言其體短而擴廣也。”《史記·倉公列傳》:“風癉客脬。”張守節曰:“脬，亦作‘胞’。膀胱也。”《淮南·説林訓》:“旁光不升俎。”注:“旁光，胞也。”“膀胱”、“旁光”、“脬胞”，並字異音義同。

腸，詳也。腹，屬也。

腸、腹者，《説文》:“腸，大小腸也。”“腹，厚也。”《釋名[1]》:“腸，暢也。通暢胃氣，去滓穢也。”“腹，複也，富也。腸胃之屬，以自裹盛，復於外複之，其中多品，似富者也。”

[注] [1]愛本誤作“文”。

肑百卓反謂之胂。

肑者謂之胂[1]，未詳。

[注] [1]“胂”,《廣雅疏證》作“腴”。引《説文》:“腴，腹下肥者。”引《玉篇》:“腹下肉也。”

背謂之骶帝音。

《說文》："背，膂也。"《釋名》："背，倍也。在後稱也。"

骶[1]者，《玉篇》："骶，丁計切。背謂之骶。"本此。

[注] [1]静本、愛本作"骶"。

背也。

背也，"背"字上疑有脱文。孫侍御曰："《一切經音義》（廿九）引作：'背，北也。'"多"北"字。

胂申音**謂之脢**梅音。

胂者，《易·咸》："九五：咸其脢。"鄭康成云："脢，背膂肉也。"王肅云："脢在背而夾脊。讀爲灰[1]。"《說文》："胂，夾膂肉也。""脢，背肉也。"《五音集韻》："脢，莫代切。背側肉也。又莫回切。"

[注] [1]愛本作"灰"。

臎翠音**髁**口外反，又口卧反，**臀也。**

《說文》："臀，臀骨也。渠月切。"

臎者，《玉篇》："臎，倉淚切。鳥尾上肉也。"

髁者，《說文》："髁，髀骨也。"《集韻》引"髍"作"骨"，誤。

臀屯音**謂之脽**誰[1]音。

《說文》："𡱂[2]，髀也。或作'脾'。從肉、隼。或作'臀'。徒魂切。"

《釋名》：“臀，殿[3]也。高厚有殿遌也。”

脽者，《説文》：“脽，尻也。”《漢書·東方朔傳》：“連脽尻。”顔師古曰：“脽，臀也。音誰。”

[注] [1]静本、愛本誤作“隹”，據《博雅音》改。[2]静本、愛本誤作“屑”。[3]“臀殿”，愛本倒作“殿臀”。

腓肥音、**膂**啟音，**腨**時兖反**也。**

腓、膂者，《説文》：“腓，脛腨也。”“腨，腓[1]腸也。”《玉篇》：“膂，若禮切。肥腸也。”《易》曰：“咸其腓。”鄭注：“腓[2]，腸也。”王廙云：“腓，腓腸也。”荀爽作“肥”。

[注] [1]愛本誤作“肥”。[2]静本、愛本誤作“脾”。

股、腳、踦居綺反、**胻**乎當反，**脛也。**

股、腳、胻者，《説文》：“股，髀也。”“脚，脛也。”“胻，脛耑也。”“脛，胻也。”《釋名》：“股，固也。爲強固也。”“脚，却也。以其坐時却在後也。”“脛，莖也。直而長，似物莖也。”《莊子·徐無鬼》云：“乳間股脚。”《漢書·東方朔傳》：“結股脚。”《史記·龜策列傳》：“聖人剖其心，壯士斬其胻。”

踦者，蠨蛸、長股謂之跂。亦作“長踦”。

膕古獲反，**曲脚也。**

膕者，《玉篇》：“膕，曲脚也。”本此。舊本“膕”下有“朏”字。案，

“朏”當在下條，傳寫者誤也，今訂正。

朏篤骨反、**䐊**苦丸反，又苦魂反、**尻**、**州**、**豚**卓音，又多鹿反，**臀也**。

朏者，《玉篇》：“朏，臀也。”《廣韻》：“朏，朏臀。俗又作‘脽[1]’。”舊本“朏”誤雜在上條，今訂正。

䐊者，《說文》作“髖”。云：“髀上也。”《玉篇》：“䐊，尻也。”

尻者，《說文》：“尻，脽也。”《釋名》：“尻，廖也。尻所在廖牢深也。”《漢書·東方朔傳》：“尻益高。”舊本“尻”下衍“也”字，今訂正。

州者，馬之臀也。《爾雅》：“白州驠。”郭注：“州，竅。”邢疏：“馬之白尻者，名驠。”

豚者，《玉篇》：“豚，睹朔切。尻也。”《集韻》：“豚，臀也。或作𡲰。俗作启，非。”案，豚，通作“涿”。《蜀志·周群傳》：“初，先主與劉璋會涪時，蜀郡張裕爲璋從事，侍坐。其人饒鬚，先主嘲之曰：‘昔吾居涿縣，特多毛姓。东西南北皆謂毛也。涿令稱曰：諸毛繞涿居乎！’裕[2]即荅曰：‘昔有作上黨潞長，遷为涿令者，去官還家，時人與書，欲署潞則失涿，欲署涿則失潞。乃署曰：潞涿君。’先主無鬚，故裕以此及之。”

《集韻》：“㞕，結計切。”引《廣雅[3]》：“㞕，臀也。”今無此文。

[注] [1]静本、愛本誤作“朏”。[2]静本、愛本誤作“俗”。[3]静本、愛本誤作“韻”。

䯗五丸反、**骯**苦黄反**䯁**力岡反、**髺**括音、**髇**甫音、**髖**寬音，**骬**苦亞反**也**。

䯗者，《玉篇》：“䯗，骼䯗也。”

骯䯁者，《玉篇》：“骯，骯䯁。股骨也。”

䯏者，《說文》：“䯏[1]，骨耑也。古活切。”

䯣者，疑“䯣”之訛。《廣韻》：“骼，骨骨。䯣，上同。”

髖者，《說文》：“髖，髀上也。苦官切。”

骬者，《玉篇》：“骬，骨骨。骼，與‘骬’同。”

[注] [1]静本、愛本誤作“骶”。

廣雅疏義校注

下卷

劉永華　校注

全國高等院校古籍整理研究工作委員會規劃項目

河南大學文學院重點學科經費資助出版

河南大學語言科學與語言規劃研究所資助出版

社會科學文獻出版社
SOCIAL SCIENCES ACADEMIC PRESS (CHINA)

《廣雅疏義》卷第十三

嘉定錢大昭晦之甫撰

《廣雅》卷七

釋宫第五

《繫辭傳·上》："上古穴居而野處，後世聖人易之以宫室。上棟下宇，以待風雨。蓋取諸《大壯》。"《墨子·辭過篇》："古之民未知爲宫室時，就陵阜之地而居，穴而處，下潤濕傷民，故聖王作，爲宫室。"《淮南·齊俗訓》："廣厦闊屋，連闥通房，人之所安也。"《世本》："禹作宫室。"《吕氏春秋》："高元作宫室。"《尚書》："王徂桐宫。"《左傳》："虢公[1]爲王宫於玤。"又云："作王宫於踐土。"又云："季平子立煬宫。"《詩》云："作于楚宫。"又云："作于楚室。"傳云："室，猶宫也。"《爾雅》："宫謂之室，室謂之宫。"《孟子》："爲巨室。"趙岐注："巨室，大宫也。"是"宫"、"室"同物。

此篇所釋，上則爲"梠"、"椽"、"棟"、"析"，中則爲"門"、"扉"、"屏"、"闥"，下則爲"階"、"除"、"砌"、"甃"，旁則爲"落"，遠則"橋"、"梁"，并"犴"、"獄"、"圂"、"厠"之屬，無不備焉。别古今殊名，通遠近異語，各從其類而分釋之。

[注] [1]静本、愛本誤作"官"。

庌雅音、**廡**、**房**、**櫳**籠音、**廬**、**庉**徒困反、**庲**來音、**庩**七賜[1]反、**廊**、**館**、**傳**、**庵**烏含反、**𢊁**先見反、**屋**、**庫**、**府**、**廏**，**舍也。**

《釋名》云："舍，於中舍息也。"《說文》："市居曰舍。從亼、中，象屋也；口，象築也。"案，市，當爲"帀"。

庌者，五下切。《說文》："庌，廡也。"《夏官·圉師職》："夏庌馬。"注云："故字'庌'爲'訝'。"鄭司農云："當爲'庌'。庌，廡也。廡，所以庇馬涼也。"《釋名》："庌，正也。屋之正大者也。"《廣韻》："庌，廳也。"

廡者，文甫切。《說文》："廡，堂下周屋。籀文作'廯'。"《釋名》："大屋曰廡。廡，幠也。幠，覆也。并、冀人謂之庌。"《漢書·召[2]信臣傳》："覆以廡屋。"顔師古注："廡，周室也。"左思《蜀都賦》："千廡萬室。"謝惠連《雪賦》："初便娟於墀廡。"

房者，《說文》："房，室在旁也。"《釋名》："房，旁也。在堂兩旁也。"

櫳者，字當作"龐"。溥江切。《說文》："龐，高屋也。"即此矣。《說文》有"櫳"字。"檻也。"又有"龔"字。"房室之疏也。"《繫傳》："疏即窓。"俱非此義。

廬者，《大雅·公劉》傳及《小爾雅》並云："廬，寄也。"《地官·遺人職》："十里有廬。"注："廬若今野候，徒有庌也。"《說文》："廬，寄也。秋冬去，春夏居。"《釋名》："寄上曰廬。廬，慮也。取自覆慮也。"

庉者，《說文》："庉，樓墻也。"《玉篇》："庉，屯聚之處。"

庲者，力才切。《玉篇》："庲，舍也。"本此。

庩者，千漬切。《玉篇》："庩，下屋也。"《廣韻》："庩，偏庩舍也。"

廊者，《廣韻》："廊，廡也。"又引文穎說："廊，殿下外屋也。"古作"郎"。《漢書·董仲舒傳》："游於巖郎之上。"晉灼曰："郎，堂邊廡巖。郎，謂巖峻之郎也。”通作“琅”。《周禮·大司馬》注：“《司馬法》：‘鼓聲不過閶，鼙聲不過闒，鐸聲不過琅。’”

館者，《鄭風·緇衣》“適子之館兮”傳義也。《地官·遺人》：“掌郊里之委積，以待賓客。五十里有市，市有候館，候館有積。”《說文》：“館，客舍也。”館，與“官”通。《隨》：“初九：官有渝。蜀才作館。”又與“管”通。《穆天子傳》：“官人陳牲。”《聘禮》：“管人布幕於寢門外。”鄭注[3]：“管，猶館也。”古文“管”作“官”。

傳者，直戀切。《釋名》：“傳，傳也。人所止息而[4]去，後人復來，轉轉相傳，無常主[5]也。”

庵者，《釋名》：“草圓屋曰蒲，又謂之庵。庵，奄也。所以自覆奄也。”《玉篇》：“庵，舍也。”本此。古通用“闇”。《尚書大傳》：“高宗梁闇三年。”鄭康成注：“闇，讀如鶕。鶕，謂廬也。”梁闇，或作“亮陰”。陰，讀爲“闇”，猶“任”讀爲“南”也。

廠者，《玉篇》：“廠，舍也。或作‘敞’，同。”本此。

屋者，《說文》：“屋，居也。從尸，尸所主也。一曰尸象屋形。從至，至所至止。室、屋皆從[6]至。”《釋名》：“屋，亦奧也。其中溫奧也。”

庫者，《說文》：“庫，兵車藏也。從車在[7]广下。”《釋名》：“庫，舍也。物所在之舍也，故齊、魯謂庫曰舍也。”鄭注《曲禮》云：“庫謂車馬兵甲之處也。”

府者，鄭注《曲禮》云：“府謂寶藏貨賄之處也。”高誘注《戰國策》云：“府，聚也。”《淮南·說林訓》：“過府而負手者，希不有盜心。”《說文》：“府，文書藏也。”

廄者，馬之舍也。《說文》：“廄，馬舍也。古文作‘㲃’。”《釋名》：“廄，勼也。勼，聚也。牛馬之所聚也。”《夏官·校人》：“六繫爲廄，廄一僕夫。”注云：“自乘至廄，二百一十六匹。《易》：‘乾爲馬。’此應乾之策也。”

[注] [1]静本、愛本作“粟”，據《博雅音》改。[2]静本、愛本誤作“名”。[3]静本誤作“猶”。[4]静本、愛本脱“而”字。[5]愛本誤作“人”。[6]静本、愛本作“以”。[7]静本、愛本誤作“壯”。

堂、堭皇音，壂殿音也。

經文“殿屋”之文，但曰“四阿”而已。秦、漢始有“殿”名。《釋名》：“殿，有殿鄂也。陛，卑也。有高卑也。天子殿謂之納陛，言所以納人言之階陛也。”《漢書·黄霸傳》：“先上殿。”顔師古注：“丞相所坐屋也。古者屋之高嚴通謂之殿，不必宫中也。”案，漢《西嶽華山廟碑》凡“殿”、“宇”字，皆作“壂”。則“壂”即“殿”也。

堂者，《説文》：“堂，殿也。坣，古文。臺，籀文，從高省。”《釋名》：“堂，猶堂堂，高顯皃也。”《禮器》：“有以高爲貴者，天子之堂九尺，諸侯七尺，大夫五尺，士三尺。”《白虎通義》：“天子之堂高九尺。天子尊，故極陽之數，九尺也。堂之爲言明也，所以明禮義也。”

堭者，古亦作“皇”。《漢書·胡廣傳》：“監御史與護軍諸校，列坐堂皇上。”顔師古注：“室無四壁曰堭。”

反坫多念反謂之㙤序音。

《論語》：“邦君爲兩君之好，有反坫。”《明堂位》云：“崇坫、康[1]圭。”“皆在廟中，其行禮之所，則謂之㙤也。”焦氏循云。

坫者，《説文》云：“屏也。”鄭氏云：“堂角，蓋堂上每角爲小屏，高於堂戺[2]，如城隅、宫隅之設浮思也。”《大射》：“取决、拾於坫上。”則“坫”又卑於人，以“崇坫”、“土坫”例之，其狀可见。

[注] [1]静本、愛本作“反”。[2]愛本作“所”。

䣝徒音**䣝**蘇音、**虜**魯音、**廌**罵音、**粗**才祖反、**幕**、**易**、**㡅**來達反，**庵也。**

庵，義已見上文。

䣝䣝者，大胡、息胡二切。《玉篇》：“䣝䣝，庵也。”本此。《風俗通義》云：“平室曰屠蘇。”䣝䣝，與“屠蘇”，字異音義同。

虜者，力古切。《說文》：“虜，廡也。”《玉篇》：“虜，府也。庵也。”本此。

廌者，莫嫁切。《玉篇》：“廌，庵也。”本此。

粗者，疑當作“直”。子余切。《說文》：“直，人所依直也。”

幕者，“廌”、“幕”聲相轉，故同義。

易者，疑與“帟”同。古“易”亦通用。《周禮·幕人》注：“鄭司農云：‘帟，平帳也。’”“幕”爲“庵”，“帟”亦爲“庵”矣。

㡅者，《玉篇》：“㡅，庵也。”本此。舊本“㡅”訛“瘌”，今訂正。

橧似陵反，又曾音、**窠**，**巢也。**

此釋鳥、獸所居之名也。《小爾雅》云：“巢，高也。”又云：“鳥之所乳謂之巢，雞雉所乳謂之窠。”《說文》云：“巢，鳥在木上曰巢，在穴曰窠。從木，象形。”

橧者，《禮運》云：“夏則居橧巢。”鄭注：“夏則聚薪柴，居其上。蓋上古穴居野處，故人亦居橧。後世既有宫室，則橧爲豕所寢矣。”《爾雅·釋獸》：“豕所寢橧。”郭璞注：“橧，其所寢。”《詩》疏引舍人注：“豕所寢草名爲橧。”李巡注：“豬卧處名橧。”某氏注：“臨淮之間，謂野豬所寢爲橧。”《方言》云：“其檻及蓐曰橧。”

窠者，《説文》：“窠，空也。穴中曰窠，樹上曰巢。”

棚步萌反，又負宏反、**棼**墳音、**栽**才[1]音、**踐，閣也。**

此釋“複屋棟”也。本書《釋詁》：“載、棚、閣、磯，攱[2]也。”與此義同。玆復申明之。惠士奇《禮記》云：“古之閣，即今之樓。”《説文》：“樓，重屋也。”

棚者，《説文》：“棚，棧也。”《玉篇》：“棚，閣也。”本此。

棼者，《説文》：“棼，複屋棟也。”班固《西都賦》：“列棼橑以布翼。”張衡《西京賦》：“結棼橑以相接。”《太史慈討賊賦》：“緣樓行詈，手持樓棼。慈射之，貫手著棼。”謂著樓簷下棟。

栽者，字當作“載”。本書《釋詁》訓“閣”爲“載”，故“載”亦爲“閣”。

踐者，字當爲“棧”。《説文》：“棧，棚也。”《淮南·本經訓》：“延樓棧道。”高誘注：“棧道、飛閣、複道相近。”

[注] [1]《博雅音》：“下脱一字。”[2]静本、愛本誤作“豉”。

竈悟音**謂之竈，其脣謂之陘，其窻**忽音**謂之埃**突音**，埃下謂之甄**只賔反，**匋**桃音，**窯**遥音**也。**

此釋“竈”而别其名也。《説文》：“竈，炊竈也。從穴，鼀省聲。或作‘竃’，不省。”《釋名》：“竈，造也。造創食物也。”《史記索隱》云：“《淮南子》云：‘炎帝作火官，死，爲今之竈神。’”司馬彪注《莊子》云：“浩，竈神也。如美女，衣赤。”

竈謂之竈者，《玉篇》引《倉頡篇》云：“楚人謂竈曰竈。”是也。“竈”、“竈”，字異音義同。古“竈”、“雅”同聲，故齊公孫竈，字“子雅”。

其**脣**謂之陘者，未審所出[1]。

其**窓**謂之垼者，《説文》："垼，陶竈窓也。從土，役省聲。"《喪大記》云："甸人爲垼於西墻下。"正義曰："甸人爲垼竈，以煮沐汁。"《釋文》引鄭注《儀禮》云："垼，塊竈也。"舊本"垼"訛"塓"，今據《説文》訂正。曹憲音"突"，亦誤。

垼下謂之甑，未詳。

匋、窯者。《説文》："窯，燒瓦竈也。餘招切。"匋者。《説文》："匋，瓦器竈也。古者昆吾作匋。《史篇》：'讀與'缶'同。'"《集韻》引此文，連上"甑"字，誤也。

[注] [1]《廣雅疏證》："《月令》疏：'竈陘，謂竈邊承器之物，以土爲之。'"

楣[1]、櫓簷音[2]、櫺零音，梠也。

《説文》："梠，楣也。力舉切。"《釋名》："梠，旅也。連旅旅也。或謂之櫋。櫋，緜也。緜連榱題頭，使齊平也。上入曰爵頭，形似爵頭也。"

楣者，《説文》："楣，秦名屋櫋聯也。齊謂之檐，楚謂之梠。"《釋名》："楣，眉也。近前各兩，若面之有眉也。"

櫓者，余廉切。《説文》："櫓，櫋也。"又云："櫋，梠也。"徐鍇《繫傳》："櫋，即連檐木也。在椽之耑。"《釋名》："簷，檐也。接檐屋前後也。"

櫺者，亦作"欞"。《方言》云："屋梠謂之櫺。"郭注："即屋檐也。"亦呼爲"連緜"。

[注] [1]静本、愛本作"楣"。[2]愛本誤作"韻"，據《博雅音》改。

榱楚悲反、**橑**魯好反、**桷**角音、**楝**耻緑反，又且足反，**椽**直緣反**也。**

《說文》："椽，榱也。"《釋名》："桷，或謂之椽。椽，傳也。相傳次而布列也。"

榱者，《說文》："榱，秦名爲屋椽，周謂之榱，齊謂之桷。"《釋名》："桷，或謂之榱。在檼[1]旁下列，衰衰然垂也。"

橑者，《說文》："橑，椽也。"《淮南·說林訓》云："蓋非橑不能蔽目。"

桷者，古岳切。《說文》："桷，榱也。椽方曰桷。"《釋名》："桷，确也。其形細而踈确也。"《漸》："六四：或得其桷。"翟子元云："方曰桷。桷，椽也。"《字林》云："齊、魯謂榱爲桷。"徐鍇云："《春秋》'刻桓宫桷'；《左傳》'齊子尾抽桷擊扉三'；慶封將死，'猶援廟桷，動於甍'；至宋伐鄭，則云'取桓宫之椽歸，爲盧門之椽'。桓宫，鄭廟也。以此知齊、魯謂之桷也。"

楝者，《說文》："楝，短椽。"

[注] [1]静本、愛本作"㯳"。

檼於勒反，**棟也。**

《說文》："棟，極也。"張協《七命》："望玉繩而結極。"極，謂"棟"也。

檼者，《說文》："檼，棼也。"又云："棼，複屋棟也。"《釋名》："檼，隱也。所以隱桷也。或謂之望，言高可望也。或謂之棟。棟，中也。居屋之中也。"鄭注[1]《鄉射記》云："是制五架之屋也。正中曰棟，次曰楣，前曰庪[2]。"賈疏云："中脊爲棟。棟前一架爲楣，楣前接檐爲庪。"又云："凡屋皆五架。"李如圭曰："堂之屋南北五架，中脊之架曰棟，次棟之架曰楣，五架之制通於上下，而其廣狹則異爾。”

[注] [1]静本、愛本誤作“云”。[2]愛本誤作“展”。

甍謂之甑溜音。

《說文》：“甍，屋棟也。”《釋名》：“屋脊曰甍。甍，蒙也。在上覆蒙屋也。”《左氏襄二十八年傳》：“猶援廟桷，動於甍。”杜注：“甍，屋棟也。”張衡《西京賦》：“甍宇齊平，言諸屋棟。”簷高下等也。

甑者，力救切。《玉篇》：“甑，屋穩也。”是亦以“甑”爲“棟”與“甍”字矣。《方言》：“甋，謂之甑。”郭注：“即屋穩。”故《玉篇》以“甋”爲“甍”字重文。焦氏循云：“甍從瓦，宜非木類。蓋雨流處瓦之名，與桷相近，故桷援而桷上之甍動。若屋脊與棟，居屋之正中，慶氏即多力，何能援桷而動乎？”

欂步各反，又步革[1]反**謂之枅**雞音。亦有本作“椆”，此一本耳。

枅者，《說文》：“欂，壁柱也[2]。”“櫨，柱上柎也。”“枅，屋櫨也。”《玉篇》：“欂，櫨枅也。”《字林》音“枅”爲“肩”。云：“柱上方木。”《淮南·本經訓》：“欂栱欂櫨。”高誘注：“欂，枅也。”《衆經音義》引《三蒼》云：“柱上方木曰枅。一名楮。山東、河南皆曰枅。自關以西皆曰楮。”舊本音釋“雞”音下有“占斫”二字，衍文也。說詳下文“礩”訓下。

[注] [1]静本、愛本作“谷”，據《博雅音》改。[2]《說文》段注：“欂，壁柱也。壁柱謂附壁之柱，柱之小者。此與‘欂櫨’之‘欂’，各字篇韻，皆兩存不混。”

曲枅謂之欒鸞音。

欒者，《釋名》："欒，孿也。其體上曲孿卷然也。"張衡《西京賦》："結重欒以相承。"薛綜注："欒，柱上曲木兩頭受櫨者。"左思《魏都賦》："欒櫨疊施。"張載注："欒、櫨一也，有曲直之殊耳。"王延壽《魯靈光殿賦》："層櫨以岌峩，曲枅要紹而環句。"李善注："枅、櫨爲一。此重言之，蓋有曲直之殊耳。"孫侍御曰："欂下疑有櫨字。"

格節[1]音**謂之笮**俎格反。

此"格"是附於瓦而在椽上者，與《爾雅》"柄謂之格"名同而實異也。

笮者，《說文》："笮，迫也。在瓦之下棼上。"《釋名》："笮，迫也。編竹相連迫笮也。"《爾雅》："屋上薄謂之筄。"郭注："屋笮。"蓋"笮"在"棼"上。"棼者，複屋棟。"是爲"複笮"。鄭注《攷工記》："重屋，複笮也。"《逸[2]周書·作雒解》云："常累、復格。"復格，與"複笮"聲相近，即"複笮"矣。

[注] [1]爱本作"節"。[2]爱本作"逸"。

楹謂之柱。

楹者，《說文》："柱，楹也。""楹，柱也。"《春秋傳》："丹桓宮楹。"徐鍇《繫傳》："楹之言盈。盈盈對立之狀。"《釋名》："楹，亭也。亭亭然孤立，旁無所依也。齊、魯讀曰輕輕勝也，孤立獨處能勝任上重也。"又云："柱，住也。"《左氏昭元年傳》："叔孫指楹曰：'雖惡是，其可去乎？'"杜注："楹，柱也。"李如圭曰："堂之正東西有楹。楹之設，蓋於前楣之下。"

礎楚音、**碣**古研反、**磌**真音，又徒年反，**礩**質音**也。**

礩者，之逸切。古通用“質”。《穀梁昭九年傳》：“以葛覆質以爲槷。”范甯注：“椹也。”《漢書·王訢傳》：“訢以解衣伏質。”顔師古曰：“質，鍖也。欲斬人，皆伏於鍖上也。”《御覽·百八十八》引《説文》：“礩，柱下石也。”古從[1]“木”，今從“石”。

礎者，楚吕切。《淮南·説林訓》：“山雲蒸，柱礎潤。”

碣者，思積切。舊本無此字。案，張衡《西京賦》：“雕梁玉碣。”李善注引《廣雅》：“碣，磌也。”《集[2]韻》引此文。云：“礎、碏、磌，礩也。”“碏”與“碣”同。是古本《廣雅》有“碣”字，今遺脱也，故據此補正。《玉篇》：“碣，柱礩也。”《廣韻》：“碣，柱下石。”皆本此。舊本上文“枅”下音釋衍“古研”二字，疑即“碣”字之音，誤厠於前，今亦訂正。

磌者，側鄰切。《玉篇》：“磌，礩也。”本此。通作“瑱”。班固《西都賦》：“雕玉瑱以居楹。”李賢注：“瑱，與‘磌’同。楹，柱也。雕玉爲礩，以承柱也。”

[注] [1]静本、愛本誤作“以”。[2]“集”字，静本、愛本誤作“之某”。

窻、牖，𨷲虚亮反**也。**

𨷲，讀若“嚮明而治”之“嚮”。《士虞禮》云：“祝啟牖嚮。”注云：“嚮、牖，一名也。”通作“向”。《豳風·七月》：“塞向墐户。”傳：“向北出牖也。”《釋文》引《韓詩薛君章句》：“向，北向窻也。”《衆經音義》引《倉頡篇》：“向北出户也。”又通作“鄉”。《明堂位》云：“達鄉。”鄭注：“鄉，牖屬，謂夾户窻也。每室八窻，爲四達。”

窻者，《説文》：“窻，通孔也。”又曰：“在墻曰牖，在屋曰囱。象形。

囱，或作‘窗’。從穴。”《衆經音義》引《倉頡篇》：“窓，正牖也。”《釋名》：“窗，聰也。爲内窺外，爲聰明也。”

牖者，《說文》：“牖，穿壁以木，爲交窻也。從片、户、甫[1]。譚長以爲‘甫上日也，非户也’。牖，所以見日。”《倉頡篇》：“牖，旁窗也。所以助明者也。”《淮南·氾論訓》：“夫户牖者，風氣之所從往來，而風氣者，陰陽相[2]捔者也。離者必病。”

[注] [1]静本、愛本誤作“牗”。[2]静本、愛本誤作“粗”。

丰蜂音、梯，階也。坻除離反，除也。

《釋名》：“階，梯也。如梯之有等差也。”《說文》：“階，陛也。”“陛，升高階也。”

丰者，《說文》：“丯[1]，艸盛丯丯也。從生。上下達也。”歷階而升，亦取上下通達義歟。《玉篇》：“丯，階梯也。”本此。

梯者，《說文》：“梯，木階也。”《史記》云：“無爲禍梯。”禍梯，即《詩》所云“厲階”也。

坻、除，未聞[2]。

[注] [1]静本、愛本作“丵”。[2]《廣雅疏證》：“《說文》：‘除，殿陛也。’《說文》：‘墀，涂地也。’墀，與‘坻’通。”

盜猛音、雹步角反、竂丈革反、窔、寝扶福反，窟也。

《玉篇》：“窟，室也。穴也。”《說文》作“堀”。云：“兔堀也。”《左氏襄三十年傳》：“鄭伯有嗜酒，爲[1]窟室，而夜飲酒，擊鐘。朝至，未已。朝者曰：‘公焉在？’其人曰：‘吾公在壑谷。’”。《漢書·鄒陽傳》：

“則士有伏死堀穴巖藪之中耳。”顔師古注：“堀，與‘窟[2]’同。”

盜者，莫永切。《說文》：“盜，北方謂地空，因以爲土穴，爲盜户。讀若猛。”

窨者，《玉篇》：“窨，土室也。又窖也。”《廣韻》“窨”字下引《廣雅》：“窖也。”與今本不同，疑彼誤也。

窬者，《玉篇》：“窬，兔窟也。”

窀者，五丸切。《玉篇》：“窀，窟也。”本此。舊本“窀”譌“究”，今訂正。

寝者，《說文》：“寝，地室也。《詩》曰：‘陶寝陶穴。’”案，今《大雅·緜》作“復”。毛傳：“陶其土而復之。”孔疏：“復者，地上爲之，取土於地。復堅而築之也。”

[注] [1]“鄭伯有嗜酒爲”六字，静本、愛本誤作“伯有爲”三字。[2]静本、愛本脱“窟”字。

京、庾、廩、廘鹿音**、廥**古外反**、匱**貢音**、廯**鮮、踐二音**、囷，倉也。**

《說文》：“倉，穀藏也。倉皇取而藏之，故謂之倉。從食省，口象倉形。”《釋名》：“倉，藏也。藏穀物也。”《地官》：“倉人掌粟入之藏。”注云：“九穀盡藏焉，以粟爲主。”

京者，《說文·囗部》云：“圜謂之囷，方謂之京。”是“京”爲倉之方者也。《集韻》引此文作[1]“琼”。

庾者，俞主切。《說文》：“庾，水槽倉也。一曰倉無屋者。”《釋名》：“庾，裕也，言盈裕也，露積之言也。盈裕不可稱受，所以露積之也。”《周語》：“野有庾積。”韋昭注：“庾，露積穀也。”引《詩》：“曾孫之庾，如坻如京。”《史記》：“發倉庾。”應劭曰：“水漕倉曰庾。”胡公曰：“在邑曰倉，在野曰庾。”

廩者，《説文》云：“亩，穀所振入。宗廟粢盛，倉黄亩而取之，故謂之亩。從入，回象屋形，中有户牖。或作‘廩’。從广、從禾。”《地官·廩人》：“九穀之數，以待國之匪頒，賙賜稍食。”注云：“藏米曰廩。”《周頌·豐年》：“亦有高廩。”傳[2]：“所以藏齍盛之穗也。”孔疏：“對文則藏米曰廩，藏粟曰倉，其散即通也。”《明堂位》：“米廩，有虞氏之庠。”注云：“魯謂之米廩，虞帝令藏齍盛之委焉。”《記》言“米”，鄭言“委”則以廩之所容，兼米、兼粟也。

鹿者，力木切。《玉篇》：“鹿，庾也。倉也。”通作“鹿”。《吴語》云：“市無赤米，而囷鹿空。”韋昭注：“圜曰囷，方曰鹿。”

廥者，《説文》：“廥，芻藁之藏。”《史記·天官書》：“胃爲天倉。其南衆星曰廥積。”《集解》云：“如淳曰：‘芻藁積爲廥。’”又《平準書》：“於是天子遣使者虚郡國倉廥以振貧民。”徐廣曰：“廥音膾。”又《趙世家》：“邯鄲廥燒。”徐廣曰：“庫廄之名。”《索隱》云：“積芻藁之藏。”

匶，未聞[3]。

廯者，思淺切。《玉篇》：“廯，倉也。”本此。

囷者，去倫切。《説文》：“囷，廩之圜者。從禾在囗中。”《釋名》：“囷，綣也。藏物繾綣，束縛之也。”《魏風·伐檀》：“胡取禾三百囷兮。”傳：“圜者爲囷。”《攷工記·匠人》注：“囷，圓倉。”

[注] [1]静本、愛本誤作“此”。[2]静本、愛本脱“傳”字。[3]徐復本《拾遺》：“《廣韻》引《方言》：‘匶，箱類。’《釋名》：‘倉，藏也。’則凡可以藏穀者，皆得謂之倉。”

州、郡、府、縣、廷、寺、學、校、庠、序、辟廱、頖宫、瞽宗、東膠，官也。

《説文》：“官，吏事君也。從宀、從𠂤。𠂤猶衆也，此與‘師’同意。”《曲禮》：“在官言官。”注：“官謂版圖、文書之處。”

州者，《説文》云：“水中可居曰州。周遶其旁，從二川。”《釋名》：“州，注也。郡國所注仰也。”

郡者，《釋名》：“郡，羣也。人所羣聚也。”《周書·作雒解》：“國方千里，分以百縣。縣有四郡，郡有四鄙。”故《左氏哀二年傳》云：“上大夫受縣，下大夫受郡。”《水經注》引黄義仲《十三州記》：“郡之言君也。改公侯之封而言君者，至尊也。郡守專權，君臣之禮彌崇。今‘郡’字君在其左、邑在其右。君爲元首，邑以載民，故取名於君，謂之郡。”《漢官》曰：“秦用李斯議，分天下爲三十六郡。凡郡，或以列國，陳、魯、齊、吴是也；或以舊邑，長沙、丹陽是也；或以山陵，泰山、山陽是也；或以川原，西河、河東是也；或以所出，金城城下得金，酒泉泉味如酒，豫章樟樹生庭，雁門雁之所育是也；或以號令，禹合諸侯，大計東冶[1]之山會計，國名會稽是也。”按春秋縣大於郡，秦漢以後則郡大於縣矣。

府者，《説文》：“府，文書藏也。”《周官·太宰職》：“以八灋治官府。”注云：“百官所居曰府。”案，漢時太尉、司徒、司空所居，皆謂之府，大將軍亦云府。

縣者，古之名縣有三。總王畿之内曰縣，天子之寰内是也，故漢時猶稱天子曰縣官。六遂之内有縣凡二千五百家，則四鄙爲縣，四遂爲縣是也。三百里[2]至四百里爲縣，則稍甸縣都是也。《水經注》引《風俗通義》：“百里爲同，総名爲縣。縣，玄也，言當玄静平徭役也。”黄義仲《十三州記》：“縣，弦也。弦以貞直，言下體之居，鄰民之位，不輕其誓，施繩用法，不曲如絃。絃聲近縣，故以取名[3]。”《釋名》：“縣。懸也，懸係於郡也。”

廷者，《説文》：“廷，朝中也。”《釋名》：“廷，停也。人所停[4]集之處也。”

寺者，《説文》：“寺，廷也。有法度者也。”《釋名》：“寺，嗣也。治事者嗣續於其内也。”《左傳》疏云：“自漢以來，九卿所居謂之寺。”

學、校、庠、序者，《孟子》：“夏曰校，殷曰序，周曰庠，學則三代共之。”是也。而《漢書》公孫丞相所奏，及《説文解字》並云：“殷曰庠，周曰序[5]。”師説有不同也。《左氏襄三十一年傳》：“鄭人游於鄉校，然明謂子産毁鄉校。”鄭注《詩》序云：“鄭國謂學爲校，言可以校正道義。”焦氏循曰：“《王制》云：‘耆老皆朝於庠。’注：‘此庠謂鄉學也。’此即西郊之虞庠，鄉大夫行鄉飲酒禮在此。《記》言：‘主人迎於庠門之外。’即此庠也。”序，通作“豫”。《鄉射禮》云：“豫則鉤楹内，堂則由楹外。”注云：“今言豫者，謂州學也。讀如‘成周宣榭’之‘榭’。凡屋[6]無室曰榭，宜從榭。州立榭者，下鄉也。今文‘豫’爲‘序’。”

辟廱者，《大雅·靈臺》傳：“水旋邱如璧曰辟廱，以節觀者。”《魯頌》箋：“辟廱者，築土雝水之外，圓如璧，四方來觀者均也。”《韓詩[7]》：“天子之學，圓如璧，壅之以水，示圓，言辟，取辟有德。不言辟水，言辟雍者，取其雍和也，所以教天下春射秋饗，尊事三老五更。在南方七里之内。”《後漢書》：“明帝臨辟廱，冠帶縉紳之人，圜橋門而聽者，蓋億萬計。”

頖宫者，《王制》：“天子曰辟雍，諸侯曰泮宫。”《詩》鄭箋云：“泮之言半也。半水者，蓋東西門以南通水，北無也。天子諸宫異制，因形然。”《説文》：“泮，諸侯鄉射之宫。西南爲水，東北爲墻。”《水經注》：“魯靈光殿之東南，即泮宫也。在高門直北道西。宫中有臺，高八十尺。臺南水東西一百步，南北六十步。臺西水南北四百步，東西六十步。臺池咸結石爲之。《詩》所謂‘思樂泮水’也。”

瞽宗者，《文王世子》云：“春夏學干戈，秋冬學羽籥，皆於東序。春誦夏弦，大師詔之。瞽宗秋學禮，執禮者詔之。冬讀書，典書者詔之。禮在瞽宗，書在上庠。”《明堂位》：“米廩，有虞氏之庠也。序，夏后氏之序也。瞽宗，殷學也。頖宫，周學也。”鄭注：“瞽宗，樂師瞽矇之所宗也。古者有道德者使教焉，死則以爲樂祖，於此祭之。”

東膠者，周人養國老於此。自古帝王必立大、小之學，以教天下。有虞氏謂之上庠、下庠。夏后氏謂之東序、西序。殷人謂之右學、左學。周謂之東膠。“虞”、“庠”皆以“養老乞言”也。

[注] [1]愛本誤作“治”。[2]愛本誤作“家”。[3]愛本誤作“民”。[4]静本、愛本脱“停”字。[5]愛本“庠序”倒作“序庠”。[6]静本、愛本誤作“室”。[7]静本、愛本衍“詩”字，已删。

甂潘音**瓳**胡音、**瓨**亭音、**治**、**甄**真音、**甐**力隹反、**瓵**夷耳反、**瓴**零音**甋**的音、**甓**壁[1]音，**甂**鹿音**甎**專音**也**。

此釋“甂甎”之名也。《玉篇》：“甂，甓也。力木切。”“甎，甂甎。之緣切。”案，郭璞注《爾雅》亦以“甓”爲“甂甎”也。

甂瓳者，《玉篇》：“甂，普安切。甂瓳，大甂甎也。”“瓳，户徒切。甂瓳。”

瓨者，徒丁切。《玉篇》、《廣韻》並云：“瓨，甎也。”

治、**甄**，未詳。孫侍御曰：“治，疑‘冶’。甄，即‘甄陶’之‘甄’。”

甐、**瓵**者，《集韻》引曰：“甐瓵，甎也。瓵，盈之切。”舊本“瓵”譌“瓯”，今訂正。

瓴甋者，上，力丁切；下，丁歷切。《爾雅》：“瓴甋謂之甓。”郭注：“今江東呼瓴甓。”亦作“令辟”。《漢書・尹賞傳》：“致令辟爲郭。”顔師古注："令辟，甒甎也。"亦作"令甓"。鄭注《攷工記》云："堂涂，謂階前。若今令甓裓矣。"賈疏："漢時名，堂涂爲令甓裓也。令甓，則今之塼也，裓則塼道也。"案，瓴甋，又名"甓"。《說文》："甓，瓴適也。""甋"、"適"，古通用。

甓者，並的切。《說文》："甓，瓴甓也。"《陳風》："中唐有甓。"《詩》疏引李巡《爾雅》注："瓴甋，一名甓。"

[注] [1]《博雅音》以爲"壁"爲反切下字，上缺一字。

甋同音**瓸**百音，**甃**側留反**也。**

《說[1]文》："甃，井壁也。側救[2]切。"《井》："六四：井甃。"馬融云："爲瓦裹下達上也。"干寳云："以甎纍井曰甃。"

甋瓸者，上，徒紅切；下，補格切。《玉篇》："甋瓸，井甃也。"本此。

[注] [1]愛本"說"前衍"甋瓸甃者"四字。[2]静本、愛本誤作"胃"，疑爲"冐"。

欄蘭音、**檻**乎減反、**櫳**籠音、**梐**布犂反，**牢也。**

《說文》："牢，閑也[1]。養牛馬圈也。從牛，冬省。取其四周帀也。"

欄者，畜之牢也。通作"闌"。《說文》："闌，門遮也。"古通用"蘭"。《孟子》："既入其苙[2]。"趙岐注："苙，蘭也。"《方言》："苙，圂也。"郭璞注："谓蘭圂也。"《漢書·王莽傳》："與牛馬同蘭。"顔師古注："蘭，謂遮蘭之若牛馬蘭圈也。"

檻者，《說文》："檻，櫳也。一曰圈。"《廣韻》："檻，闌也。"案，《漢書》有"檻車"，載罪人之車，一如牢也。

櫳者，《說文》："櫳，檻也。"《廣韻》："櫳，養獸所也。"舊本"櫳"訛"櫱"。案，"櫱"是"房室之疏"，不可借用，今訂正。

梐者，字當作"狴"，即"犴狴"也。

[注] [1]"閑也"，静本、愛本作"闌"。[2]静本、愛本誤作"笠"。

闔謂之門，閍乎計反，又乎介反、扇，扉也。

《說文》："門，聞也。從二户，象形。"《釋名》："門，捫也。在外爲人所捫摸也。"

闔者，《齊風》："在我闔兮。"傳："闔，門内也。"《韓詩章句》："門扇之間曰闔。"《說文》無"闔"字。疑古用"闢"。

閍者，《說文》："閍，門扇也。"

扇者，《說文》："扇，扉也。"《月令》："仲春之月，乃修闔扇。"郭注："用木曰闔，用竹葦曰扇。"

扉者，《說文》："扉，户扇也。"《爾雅》："闔謂之扉。"

象魏，闕也。

《說文》："闕，門觀也。"《釋名》："闕，在門兩旁，中央闕然爲道也。"《爾雅》："觀謂之闕。"孫炎注："宫門雙闕，舊章懸焉，使民觀之，因謂之觀。"《禮記》疏引《白虎通義》："闕者何？闕疑也。闕，所以飾門，别尊卑也。"《易》曰："艮爲門闕。"虞翻注："乾爲門，艮陽在外，故爲門闕。兩小山，闕之象也。"

象魏者，《天官·太宰》："懸治象之灋於象魏。"先鄭云："象魏，闕也。”《左氏哀三年傳》：“魯災，季桓子御公立於象魏之外，命藏象魏，曰：“舊章不可忘也。”亦謂之象魏。《淮南·俶真訓》：“身處江湖之上，而神游魏闕之下。”高誘注：“魏闕，王者門外闕也。所以懸教象之書於象魏。巍也，巍巍高大，故曰魏闕。”惠士奇《禮說》云：“宮之中門曰雉門，東西有堂謂之辟。”《左氏莊二十一年傳》：“鄭伯享王於闕西辟。”言西則有東，可知門之外左右有樓，謂之“觀”，總名爲“闕”。闕外有“桴思”。今之樓，古之觀也。“觀”謂之“闕”，“罦罳”謂之“屏”。正歲，五官懸象魏於其上。象魏者，治象、教象、政象、刑象、事象也。秦漢兩觀不設，五象不懸，徒立闕，號以應天宿。失其義矣。《禮運》云：“仲尼與於蜡賓，出游於觀之上，喟然而嘆。”“蜡賓”者，臘祭先祖，祭必有賓，群臣助祭亦曰賓。廟在中門外之左。祭畢，出廟門，至中門，即懸象魏之處。周禮在魯，大道不行，舊章雖存，人亡政息，故孔子得之而歎耳。

限謂之丞。柣軼音、**𢅯**仕巳反，又[1]士音、**橉**力忍反，**砌也。**

此釋“門限”之名也。砌，古作“切”。《漢書·孝成趙皇后傳》：“切皆銅沓冒黄金塗。”顔師古注：“切，門限也。音千結反。沓，冒其頭也。塗，以金塗銅上也。”張衡《西京賦》：“設切厓隒。”李善注：“‘切’與‘砌’，古字通。”五臣本《文選》作“砌”。

限謂之丞，未聞。

柣者，《說文》作“榍”。云：“限也。”“閾，門榍也。”《繫傳》：“榍，所以爲限閡。”《左氏僖二十二年傳》：“不踰閾。”孔疏：“謂門下橫木，爲外内之限也。”《匡謬正俗》云：“問曰：‘俗謂門限爲門蒨，何也？’答曰：‘案，《爾雅》：柣謂之閾。郭景纯注：門限也。音切。今言門蒨，是柣聲之轉耳。字宜爲柣，而作切音。’”

𢅯者，《周書·顧命》：“夾兩階𢅯。”孔傳：“堂廉曰𢅯。”《汉簡》：

"戺，音俟。"張衡《西京賦》："金戺玉階。"

橉者，《玉篇》云："楚人呼門限曰橉。"《廣韻》："橉，門限也。"《淮南·氾論訓》："枕户橉而卧者，鬼神蹠其首。"又《説林訓》："雖欲謹亡馬，不發户轔。"高誘注："户限也。楚人謂之轔。""橉"、"轔"，字異音義同。

[注] [1]《博雅音》作"手"。

橜巨月反、**機**、**闑**，**朱**苦本反**也**。

此釋"梱"之名也。朱，古文"困"。困，即"梱"也。《説文》："梱，門橜也。"《繫傳》："謂門兩旁挾門短限。今人亦謂門限，可以施其兩旁，謂之檐限。古者多乘車，故門限必去之也。梱，猶欵也。欵，叩也，謂人物出入多觸扣之也。"

橜、**機**者，《説文》："橜，門梱也。"《吕氏春秋·孟春紀》："出則以車，入則以輦。務以自逸，命曰招蹷之機。"高誘注："招，至也。橜機，門内之位也。乘輦於宫中，游翔至於橜機，故曰務以自逸也。"《詩》曰："不遠伊邇，薄送我畿。"此"不過橜"之謂。案，"橜"、"蹷"，"機"、"畿"，皆字異音義同。

闑者，《漢書·馮唐傳》："闑以内寡人制之，闑以外將軍制之。"韋昭曰："門中蹷爲闑。"荀悦《漢紀》"闑"作"閫"。《説文》："闑，門梱也。"《曲禮》："士大夫入君門，由闑右，不踐閾。"鄭注："闑，門橛閾，門限也。"

罦浮音**罳**思音**謂之屏**。

罦罳者，鄭注《玉藻》云："屏謂之樹，今桴思也。"案，"罦罳"

在闕外。《釋名》："屏，自障屏也。""罘罳在門外。罘，復也；罳，思也。臣將入請事，於此復重思之也。"崔豹《古今注》云："罘罳，復思也，謂臣來謁君，行至内屏外，復思，惟故曰罘罳也。"鄭注《論語》云："人君有别内外之門，樹屏以蔽之。"皇侃《義疏》云："今黄閣用板爲障，古者未必用板，或用土。"今太廟中門内作屏，障之也。

投謂之䦧藥音。**鍵**奇辨反、**笠**、**扆**及音，**户牡也。**

投、䦧者，《説文》："䦧，關下牡也。"《玉篇》："䦧，固關令不可開。"古或借用"書僮竹笘"之"籥"。《金縢》："啟籥見書。"《月令》："孟冬之月，修鍵閉，慎管籥。"《戰國策》："齊君之魯，魯人投其籥，不果内。"

鍵者，《方言》："户鑰，自關而東，陳、楚之間，謂之鍵。自關而西，謂之鑰。"《周禮》："司門掌授管鍵，以啟閉國門。"鄭司農云："管謂牝，鍵謂牡。""鍵"亦作"楗"。《淮南・謬稱訓》："匠人斲户，無一尺之楗，不可以閉藏。"

笠，未詳。

扆者，《玉篇》："扆，渠立功。户牡也。"本此。

閣、庖，厨也。

《説文》："厨，屋也。""庖，厨也。"《天官・庖人》注："庖之言苞也，裹肉曰苞苴。"通作"胞"。《祭統》云："胞者，肉吏之賤者也。"《漢書・百官表》"少府"有"胞人"。《莊子・庚桑楚篇》："湯以胞人籠伊尹。"《釋文》："胞，本又作'庖'。"

閣者，《内則》云："羹、食，自諸侯以下至於庶人，無等。大夫無秩膳[1]，大夫七十而有閣。天子之閣，左達五，右達五。公、侯、伯於房中五，大夫於閣三，士於坫一[2]。”鄭注：“閣以板爲之，庋食物也。”

[注] [1]静本、愛本脱“膳”字。[2]静本、愛本脱“士一”二字。

閻謂之衖。闠大臈反、閭、閈，里也。

此釋“里中門”也。《鄭風》：“無踰我里。”傳：“里，居也。二十五家爲里。”此即《周禮》所謂“五家爲鄰，五鄰爲里”也。

閻者，《説文》：“閻，里中門也。或作‘壛’。”

衖者，《爾雅》：“衖門謂之閎。”李巡曰：“閎，衖頭門也。”《釋文》：“衖，户絳反。”《聲類》以爲“巷”字。

闠者，與“闟”同。亦謂“里門”也。《司馬法》曰：“鼙聲不過闠。”

閭者，《説文》：“閭，里門也。”《周禮》：“五家爲比，五比爲閭。閭，侣也。二十五家相羣侣也。”劉向《九歎》云：“違[1]郢都之舊閭。”王逸注：“閭，里也。”

閈者，矦旰切。《説文》：“閈，門也。汝南、平輿，里門曰閈。”左思《蜀都賦》：“里閈對出。”劉逵注：“閈，里門也。”盧綰與高祖同里。班固曰：“綰自同閈。”

[注] [1]静本、愛本作“達”。

墩力彫反、隊篆音、墉、院、廦壁音。案，即“壁”、墻，垣桓音也。

《説文》：“垣，墻也。籒文作‘䪥’。”《釋名》：“垣，援也。人所依阻，以爲援衛也。”《周書·梓材》：“既勤垣墉。”馬融曰：“卑曰垣，高曰墉。”《大雅·板》：“大師維垣。”傳：“垣，墻也。”

墩者，《説文》：“墩，周垣也。”

隊者，徒玩切。《說文》："隊，道邊卑垣也。"

墉者，《說文》："墉，城垣也。籀文作'𩫖'。"《釋名》："墉，容也。所以蔽隱形容也。"《爾雅》："墻謂之墉。"《郊特牲》云："君南嚮於北墉[1]下。"《士冠禮》："陳設於房中西墉下。"《士昏禮》："尊於室中北墉下。"鄭注："墻也。"通作"庸"。《尚書大傳》："天子賁庸。"鄭注："賁，大也。墻謂之庸。大庸，正直之墻。"

院者，《說文》："寏，周垣也。或作'院'。"舊本"院"下有"也"字，疑衍文，今删正。

廦者，通作"壁"。《說文》："廦，墻也。"又云："壁，垣也。"《釋名》："壁，辟也。辟禦風寒也。"

墻者，《說文》作"牆"。云："垣蔽也。"《釋名》："墻，障也。所以自障蔽也。"舊本"垣音"二字在"院"下。孫侍御曰："院，疑無桓音，似當在'垣'字下。"今據訂正。

[注] [1]静本、愛本誤作"牖"。

埤普計反**堄**五計反**、堞，女墻也。**

此釋城上短墻也。

埤堄，或作"睥睨"。《釋名》："城上垣曰'睥睨'，言於其孔中睥睨非常也。亦曰'陴'。陴，裨也，言裨助城之高也。亦曰'女墻'，言其卑小，比之於城，若女子之於丈夫也。埤，一作'陴'。"《說文》："陴，城上女墻俾倪也。籀文作'𩫮'。"《左氏宣十二年傳》注："陴，城上僻倪。"孔疏："陴，城上小墻。俾倪者，看視之名。""埤堄"、"睥睨"、"俾倪"、"僻倪"，俱字異音同。

堞者，《說文》作"㙶"。云："城上女垣也。"《左氏襄六年傳》："環城傳於堞。”杜注：“堞，女墻也。”又《襄二十七年傳》注：“堞[1]，短墻也。”《淮南·兵略訓》：“莫不設渠塹。”傳：“堞而守。”高誘注：“堞，城上女墻。”

[注] [1]愛本誤作“蝶”。

㯫巨於反、**栫**在見反、**藩**、**篳**必音、**欏**羅音、**箈**洛音，**地籬**[1]**也。**

地籬，一名“籬”。《釋名》：“籬，離也。以柴竹作之。”疏：“離，離也。青、徐曰椐。椐，居也。居於中也。”

㯫者，與“椐”同。青、徐之間語。

栫者，徂悶切。《說文》：“栫，以柴木壅也。”《左氏哀八年傳》：“栫之以棘。”

藩者，與“籓”同。《說文》：“藩，屏也。”“籓，蔽也。”

篳者，《說文》：“篳，藩落也。”《左氏襄十年傳》：“蓽[2]門圭竇。”杜注：“篳，柴門也。”《儒行》云：“蓽門圭窬。”鄭注：“蓽門，荆竹織門也。”

欏者，未詳。案，《廣韻》：“欐，柴欐也。”此“欏”字，疑“欐”之譌。

箈者，與“落”同。《漢書·晁錯傳》：“調立城邑，爲中周虎落。”鄭氏云：“虎落者，外蕃也。若今時竹虎。”顔師古云：“以竹篾相連遮落之。”此所云“箈”者甚[3]是。

[注] [1]《廣雅疏證》：“杝，今‘籬’字。《說文》：‘杝，落也。’王逸注《招魂》云：‘柴落爲籬。’各本‘杝’字譌作‘地’，‘地’下又衍一‘籬’字，乃是‘杝’字之音。”[2]“蓽”爲“篳”之異體。[3]静本、愛本誤作“其”。

柵策音**謂之椾**朔音。

《説文》："柵，編樹木也。楚革切。"《釋名》："柵，蹟也。以木作之，上平蹟然也。又謂之撤。撤，緊也，詵詵然緊也。"

椾者，"柵"、"椾"，聲相轉。案，《集韻》："椾，色角切。"引《廣雅》："椾，塗也。"是涉下而譌耳。

黝於糾反，又於久反、**堊**惡音，又烏故反、**垷**峴音，又乎典反、**墐**、**墀**遲音、**塈**虚既反、**幔**奴回反、**墋**力奉反、**㮡**古湛反、**搷**莫典反、**培**裴音、**封**，**塗也**。

塗，泥也。古用"涂"。《釋名》："泥，邇也。邇，近也。以水沃土，使相黏近也。""塗，杜也。杜塞孔穴也。"

黝、堊者，《爾雅》："黑謂之黝。"又云："地謂之黝，墻謂之堊。"郭注："黑飾地，白飾墻。"《春官·守祧》："掌廟祧黝堊。"鄭司農云："黝[1]，黑也。堊，白也。"《穀梁莊二十三年傳》："天子、諸侯黝堊，大夫蒼，士黈。"徐邈曰："黝，黑柱也。堊，白壁。"蓋地與柱宜黑，墻宜白。范甯《穀梁傳》注爲"黝"、"堊"皆"黑"，非也。《説文》："黝，微青黑色。"鄭司農注《守祧》云："黝，讀爲幽。"賈疏："幽是北方。北方其色黑，欲見地，謂之幽，取黑義也。"《小雅·隰[2]桑有阿》："其葉有幽。"傳："幽，黑色也。"《地官·牧人》："陰祀，用黝牲。"鄭司農讀爲"幽"。"幽，黑也。"是"黝"、"幽"古字通矣。《説文》："堊，白涂也。"《衆經音義》引《倉頡篇》："堊，白土也。"《釋名》："堊，亞也。次也。先泥之，次以白灰[3]飾之也。"《中山經》："陸郈山，其下多堊。"郭注："堊，似土，白色也。"《地官·掌蜃》："共白盛之蜃。"郭注："盛猶成也，謂飾墻使白。今東萊謂之叉灰。"賈疏："白盛，主於宗廟堊墻也。蜃蛤在泥水，叉取爲灰。"《攷工記·匠人》："爲世室，用白盛。"注云："盛之言成，以蜃灰堊墻，所以飾成宗室。"是宗廟之墻以白盛之蜃爲堊，其以白土塗墻者，総名堊也。

垷者，《說文》：“垷[4]，涂也。”

墐者，渠吝切。《說文》：“墐，涂也。”《豳風・七月》：“塞向墐户。”傳：“墐，塗也。”

墀者，直尼切。《說文》：“墀，涂地也。《禮》：‘天子赤墀。’”《玉篇》引《漢書》注：“丹墀，赤地也，謂以丹漆地。”《漢書》曰：“王根作赤墀。”

塈者，《說文》：“墍，仰涂也。”《釋名》：“塈，猶煟煟細澤皃也。”《書》曰：“維其塗塈茨。”

㮰者，乃回、乃昆二切。《說文》：“㮰，墀地，以巾撋之。讀若水温䰐。”《漢書・揚雄傳》：“獿人亡則匠石輟斤，而不敢妄斲。”服虔曰：“獿，古之善塗墍者也。施廣領大袖以仰塗，而領袖不污。”案，獿，當作“㮰”。《漢書》誤也。《玉篇》：“㮰，塗也。”本此。

壟者，《說文》：“壟，涂也。讀若隴。”

糂者，《玉篇》：“糂，塗也。”本此。

摸者，《玉篇》：“摸，塗也。”本此。通作“塓”。《左傳》：“圬人以時塓館宫室。”即此“摸”字。

培者，詹事兄曰：“培，益也。從土，與‘塗’義亦近。”

封者，《玉篇》引《白虎通義》：“王者易姓而起，天下太平。功成封禪，以告太平。封者，金泥銀繩，或曰石泥金繩，封之以印璽。”故以“封”爲“塗”也。

[注] [1]静本、愛本作“黕”。[2]静本作“隉”。[3]静本、愛本作“灰”。[4]静本、愛本誤作“峴”。

椵都館反、**橜**居月反，又巨月反、**楬**竭[1]音**櫫**豬音、**𦨴**臧音、**舸**洞音、**𦪈**歌音、**柵**策音，**杙**弋音**也。**

杙，《説文》作"弋"。云："橜也。象折木衺鋭著形。從厂，象物挂之也。"

椵者，《方言》云："橛，燕之東北，朝鮮、洌水之閒，謂之椵。"郭注："楬，杙也。江東呼'都'音'椵'。"

橜者，《説文》："橜，弋也。"《爾雅》："樴謂之杙。"郭注："橜也。"

楬櫫者，《説文》："楬，桀也。"《秋官·蜡氏》："若有死於道路者，則令埋而置楬，書其日月焉。"鄭司農云："楬，欲令其識取之，今時楬櫫是也。"

𦨴者，子郎切。《玉篇》："𦨴，繫船大弋也。"

舸者，徒棟切。《玉篇》："舸，船左右大木。"

𦪈者，《廣韻》無此文字。當爲"𦨶"，各何切。《玉篇》："𦨴𦨶，即牂牁。"

柵者，楚革切。《説文》："柵，編樹木也。"《釋名》："柵，賾也。以木作之，而上平賾然也。"

[注] [1]静本、愛本誤作"碣"，據《博雅音》改。

墿亦音、**軌**、**垣**古鄧反、**衖**、**街**、**術**、**蹊**、**徑**、**闤**、**闠**、**羨**、**隊**、**邪**、**除**、**甿**古䐘反、**陌**、**迒**乎朗反、**阡**千音，**道也。**

《説文》："道，所行道也。古文作'衟[1]'。"

墿者，餘石切。《玉篇》："墿，道也。"本此。

軌者，《説文》："軌，車轍也。"《文選·王僧達〈和琅琊王依古詩〉》："顯軌莫異轍。"又《懷舊賦》注引顏延年《纂要解》云："車跡曰軌。"

垣者，《禮記・曾子問篇》："葬引至於垣。"鄭注："垣，道也。"

衖者，《說文》："䢽，里中道。篆文作[2]'巷'。"今經典通用"巷"。《文選》注引《法言》云："一巷之市，不勝異價；一巷之書，不勝異意。一巷之市[3]，必立之平；一巷之書，必立之師。"今本《法言・學行篇》誤作"一鬨"。《睽》："九二：遇主於[4]巷。象曰：遇主於巷，未失道也。"巷，即是故"道"，經言"巷"，傳言"道"也。

街者，《說文》："街，四通道也。"《莊子》有"渠公之街"。《漢書・典職》："洛陽有二十四街，街一亭。"

術者，《說文》："術，邑中道也。"《吕氏春秋》："子産相鄭，桃李垂於街。"左思《咏[5]史詩》："冠蓋蔭四術。"

蹊者，胡計切。《說文》："徯，或作'蹊'。"《釋名》云："步所用道曰蹊。蹊，傒也。行疾則用之，故還傒於正道也。"《大雅・緜》："行道兑矣。"傳："兑，成蹊也。"《詩》疏引《釋文》："蹊，徑也。"《太玄經》："孔道夷如，蹊路微如，大輿之憂。"

徑者，《說文》："徑，步道也。"《釋名》："徑，經也。人所經由也。"《月令》："孟春，審端徑術。"鄭注："術，《周禮》作'遂'。'夫間有遂，遂上有徑。遂，小溝也。步道曰徑。'"《離騷》："夫惟捷徑以窘步兮。"王逸注："徑，邪道也。"

闤、闠者，市之道也。張衡《西京賦》："廓開九市，通闤帶闠。"劉逵《蜀都賦》注云："闤，市巷也；闠，市外内門也。"

羨者，才線切。《集韻》："羨，車道。"案，"羨"、"道"與"衍"通用。鄭衆注《周禮》云："下平曰衍。"李奇注《漢書》云："《三輔》謂'山陵間曰衍'。"然則"羨"者，山陵間之道歟。

隊者，古"隧"字。《說文》作"䢔"。《左氏襄二十五年傳》："當陳隧者。"杜注："隧，徑也。"又《隱元年傳》："隧而相見。"注："隧，若今延道。”薛綜《西京賦》注：“隧，列肆道也。”高誘曰：“隧，道也。司空治軍隧道。”

邪，未詳。或說“邪”當爲“衺”。《說文・匸部》云：“衺徯，有所俠藏也。”謂俠藏於衺徯之道。

除者，疑“涂”之譌，古“塗”字也。《釋名》：“涂，度也。人所由得通度也。”《吕氏春秋・季春紀》：“游意乎無窮之次，事心乎自然之塗。”高誘注：“塗，道也。”

畂者，《說文》：“畂，陌也。趙、魏謂陌爲畂。”

陌者，即“阡陌”。《史記索隱》引《風俗通》：“南北曰阡，東西曰陌。河東以東西爲阡，南北爲陌。”沈約《學省[6]愁卧詩》：“秋風吹廣陌。”通作“阡陌”。《漢書・食貨志》：“秦孝公用商君，壞井田，開阡陌。”顔師古注：“阡陌，田間之道也。”

迒者，張衡《西京賦》：“結置千里，迒杜蹊塞。”薛綜注：“迒，道也。”通作“亢”。《釋名》云：“鹿兔之道曰亢。行不由正，亢陌山谷草野而行也。”

衦者，《玉篇》：“衦，與‘阡’同。”解見“陌”下。

[注] [1]静本、愛本作“尌”。[2]“文作”二字，静本、愛本誤作“中道”，據徐復本《疏義》改。[3]静本、愛本誤作“中”。[4]静本、愛本衍“象”字，已删。[5]愛本誤作“永”。[6]静本、愛本誤作“有”。

駃決音、**駕**例[1]音、**驅**、**騍**、**馳**、**騖**、**騁**、**騰**、**趭**子肖反、**趍**千繡反、**趸**勑畧反，**犇也**。

犇，即“奔”字。《說文》：“奔，走也。從夭，賁省聲。與‘走’同意。”《玉篇》：“犇牛驚。出《文字集略》。”

駚者，班固《西都賦》："要趹追蹤。"李善注引《廣韻》："趹，奔也。"是本又作"趹"。

駕者，力制切。《說文》："駕，次第馳也。"

驅者，《說文》："驅，馬馳也。古文作'敺'。"《文選》注引《倉頡篇》："隨後曰驅。"《易》："王用三驅。"鄭康成作"敺"。《漢書》皆以"敺"爲"驅"，用古文也。

驟者，《說文》："驟，馬疾步也。"《小雅·四牡》云："載驟駸駸。"

馳者，《說文》："馳，大驅也。直离切。"

騖者，亡遇切。《說文》："騖，亂馳也。"《穆天子傳》："天子西征，騖行至於陽紆之山。"郭璞云："騖，猶馳也。"相如《子虛賦》："騖於鹽浦。"張協《七命》："車協騎競騖。"

騁者，丑郢切。《說文》："騁，直馳也。"《左傳》："苟過華臣之門，必騁。"

騰、趭者，趭，子笑、才笑二切。相如《大人賦》："騰而狂趭。"揚雄《河東賦》："神騰鬼趭。"顏師古注："趭，走也。"左思《吴都賦》："狂趭獷猤。"劉逵注："趭，走也。"舊本"趭"譌從"隹"，今訂正。

趚者，據音釋，則字當爲"趚"。《集韻》："趚，與'透'同。"引《說文》："跳也。過也。""跳"，當爲"越"。

辵者，《公羊傳》："辵階而走。"《公食大夫禮》："賔栗階升。"注云："栗，實栗也。不拾級而下曰辵。"疏云："凡升降有四種。云辵者，君臣急諫諍，則越三等爲辵階，越一等爲歷階，越又有連步，又有栗階，爲四等也。"

[注] [1]静本、爱本作"冽"，據《博雅音》改。

塍視陵反、**埒**力闕反、**堢**保音、**壔**多老反、**隚**唐音、**垗**音“照曜”之“照”、**防**、**芓**，**隄**低音**也**。

《說文》：“隄，塘也。”

塍者，《說文》：“塍，稻田畦也。”《爾雅》、《釋文》引作：“稻田畦隄。埒，畔。”班固《西都賦》：“溝塍刻鏤。”《玉篇》：“塍，隄也。”本此。

埒者，《說文》：“埒，卑垣也。”《天官·掌舍》注：“王行止宿，平地築壇，又委壝[1]土起堳埒以爲宮。”是“埒”爲築土增高，故亦爲隄也。

堢、壔者，《說文》：“壔，保也。高土也。”是“堢”字古作“保[2]”，與“壔”義同。《玉篇》：“堢，隄也。”本此。

隚者，徒郎切，或作“塘”。《玉篇》：“塘，隄隚也。”案，古用“唐”字。《周語》：“陂唐汚庳，以鍾其美。”韋昭注：“唐，隄也。”《吕氏春秋·尊師篇》：“治唐圃，疾灌浸。”高誘注：“唐隄以壅水。”《晏子·問下篇》：“治唐園，考菲履。”《淮南·說山訓》：“壞唐以取龜，發屋而求狸。”《漢書·地理志》會稽有“錢塘”縣。李賢注《後漢書》引《錢塘記》云：“昔郡議曹華信義立此塘，以防海水。始開募[3]，有能致土石一斛者，與錢一千。旬日之間，來者雲集。塘未集而譎不復取，皆遂棄土石而去，塘以之成也。”

垗者，之笑切。《說文》：“垗，耕以臿浚出下盧土也。”此蓋謂浚出之土似隄耳。《廣韻》：“垗，隄也。”本此。舊本“垗”下有“音垗之曜”四小字，當是“音‘照曜’之‘照’”，傳寫者脱落顛倒爾，今訂正。

埅者，符方切。《說文》：“防，隄也。或作‘埅’。”《爾雅》：“墳，大防。”孫炎曰：“謂隄。”《周禮[4]·稻人》：“以防止水。”鄭注：“防豬，防隄也。”《吕氏春秋·似順論》：“巨防容螻而漂邑殺人。”高誘注：“巨大防隄也。”《淮南·修務訓》言：“禹脩彭蠡之防。”高誘注：“防，隄也。”

芋者，芋[5]，字當爲“秄”。《說文》：“秄，壅禾本也。”案，謂壅土似隄也。

[注] [1]静本、愛本作“蠙”。[2]静本、愛本誤作“塜”。[3]静本、愛本作“幕”。[4]静本、愛本誤作“人”。[5]静本、愛本誤作“於”。

柤士家反、**濌**倉故反，**匽**於建反**也。**

匽，於幰切。或作“堰”，亦作“隁”。《後漢書·董卓傳》：“乃於所度水中僞立隁，以爲捕魚，而潛從隁下過軍[1]。”李賢注《續漢書》云[2]：“隁，字作‘堰’。”其字義則同，但異體耳。《玉篇》：“匽，以蓄水也。”

柤者，《說文》：“柤，木閑。”蓋蓄水之具，以木爲之耳。

濌者，所責切。《說文》：“濌，所以攤水也。”

[注] [1]静本、愛本誤作“鄆”。[2]“云”字，静本、愛本誤倒至“續”之前。

榷角音、**彴**灼音，**獨梁也。徛**居義反，又寄音，**步橋也。**

《說文》：“梁，水橋也。”《月令》：“孟冬，謹關梁。”鄭注：“梁，横橋也。”

獨梁者，《淮南·繆稱訓》：“若行獨梁。”高誘注：“獨梁，一木橋。”

榷[1]、**彴**者，上，江岳切；下，之約切。《說文》：“榷，水上横木，所以渡者也。”《初學記》引《廣志》云：“獨木之橋曰榷，亦曰彴。”《漢書》注引韋昭曰：“以木渡水曰榷。”顏師古注：“榷者，步渡橋。”《爾雅》：“謂之石杠。今之畧彴也。”案，《說文》“榷”字即《孟子》“徒杠成”之“杠”。

徛[2]者，《說文》：“徛，舉足以[3]渡也。”《爾雅》：“石杠謂之徛。”郭注：“聚石水中，以爲步渡彴也。”引《孟子》曰：“歲十一月，徒杠成。”或曰今之石橋。《淮南·本經訓》：“積牒旋石，以純脩碕。”高誘注：“脩碕，曲中水所當處也。”“碕”、“徛”，古字通用。

步橋者，《說文》：“橋，水梁也。”“東楚謂橋爲圯。”橋可以通徒行，故謂之步橋。

[注] [1]静本、愛本作“榷”。[2]静本作“徛”。[3]静本、愛本誤作“有”。

廟，天子五、諸侯四、卿大夫三、士二。天子、諸侯廟黝堊，卿、大夫蒼，士黈土[1]斗反。

此釋宗廟之制及其飾也。

廟制云云者，《禮緯稽命徵》及《孝經緯鉤[2]命決》云：“唐虞五廟，親廟四，與始祖五。禹四廟，至子孫五。殷五廟，至子孫六。周六廟，至子孫七。蓋禹之時，祇有高祖以下四親廟，至子孫並禹則为五矣。湯之時，祇有契及四親，至子孫并湯則六矣。周文武之廟不毁，以爲二祧，始祖之廟亦不毁，則爲七矣。”《吕氏春秋·諭大[3]》引《商書》曰：“五世之廟，可以觀恠；萬夫之長，可以生謀。”天子之廟五，則諸侯、卿、大夫由此而遞減之矣。

廟飾云云者，《穀梁莊二十三年傳》文。黊，《說文》作“黊[4]”。云：“鮮明黄也。户圭切。”

[注] [1]静本、愛本“黈”作“黊”，“土”作“士”，據《博雅音》改。[2]静本脱“鉤”字。[3]愛本衍“寬”字，已删。[4]《廣雅疏證》作

“黈”。《玉篇》：“鼾，他口切。黄色。或作‘糾’。黈，同上。”

五帝廟，蒼曰靈府，赤曰文祖，黄曰神斗，白曰顯紀，黑曰玄矩[1]。

此釋五帝廟名也。《史記·五帝本紀》：“舜受終[2]於文祖。文祖者，堯大祖也。”鄭康成《尚書》注：“文祖者，五廟[3]之大名，猶周之明堂。”張守節引《帝命驗》云：“帝者，承天立五[4]府，以尊天重象也。五府者，黄曰神斗。”注云：“唐虞謂之天府，夏謂之世室，殷謂之重室，周謂之明堂，皆祀五帝之所也。”

文祖者，“赤[5]帝熛怒之府，名曰文祖。火精光明，文章之祖，故謂之文祖。周曰明堂。”

神斗者，“黄帝含樞紐之府，名曰神斗。斗，主也。土精澄静，四行之主，故謂之神斗。周曰太室。”

顯紀者，“白帝招拒之府，名曰顯紀。紀，法也。金精斷割，萬物成[6]，故謂之顯紀。周曰総章。”

玄矩者，“黑帝汁光紀之府，名曰玄矩。矩，法也。水精玄昧，能權輕重，故謂之玄秬。周曰玄堂。”

靈府者，“蒼帝威靈仰之府，名曰靈府。周曰青陽。”

[注] [1]静本、愛本作“秬”。[2]静本、愛本作“宗”。[3]静本作“府”。[4]静本、愛本脱“五”字。[5]静本、愛本誤作“亦”。[6]静本、愛本無“成”字，據徐復本《疏義》補。

獄，犴也。夏曰夏臺，殷曰羑里，周曰囹圄。

此釋獄之名也。

獄、犴者，《說文》："獄，确也。從㹜[1]、從言。二犬，所以守也。"《釋名》："獄，确也。實确人之情僞也。又謂之牢，言所在堅牢也。又謂之圜土。築其表墻。其形圜也。又謂之囹圄。囹，領也；圄，御也。領録囚徒，禁御之也。"鄭《駮異義》云："獄者，确也。囚證於角核之處。"盧植曰："獄，相質㱿争訟者也。"《說文》："豻，野狗。或作'犴'。"《荀子·宥坐篇》："獄犴不治。"楊倞注："犴，亦獄也。《詩》：'宜犴宜獄。'獄，從二犬，象所以守。犴，野犬。亦善守，故獄謂之犴也。"

夏臺者，《韓詩薛君章句》："鄉亭之繫曰犴，朝廷曰獄，夏曰夏臺[2]云云者。"《夏本紀》："迺召湯而囚之夏臺。"《索隱》曰："獄名。夏曰均臺。皇甫謐曰'地在陽翟'是也。"

羑里者，《殷本紀》："帝紂乃囚西伯於羑[3]里。"《淮南·氾論訓》："故桀囚於焦門，而不敢自非其所行，而悔不殺湯於夏臺。紂拘於宣室，而不反其過，而悔不誅文王於羑里。"又云："今人所以犯囹圄之罪，而陷於刑戮之患者，由嗜慾無厭，不循度量之故也。"

囹圉者，《說文》："囹，獄也。""圄，守之也。"又云："圉，囹圄。所以拘罪人。"《月令》："省囹圄。"蔡邕章句："囹，牢也；圄，止也。所以止出入，皆罪人所舍也。"疏云："崇精問曰：'獄，周曰圜土，殷曰羑里，夏曰均臺。囹圄何代之獄？'焦氏答曰：'《月令》，秦書，則秦獄名也。漢曰若盧，魏曰司空。'"按，其說與《廣雅》不同，然焦氏所答，衹是想當然耳。《左氏宣四年傳》："圉伯嬴於轑陽。"是周時已有"囹圄"矣。以此知《廣雅》之說爲可信也。崇精所云"周曰圜土"者，見於《周官·大司寇》及《司圜職》。圜土，非獄也。蓋罪人未定厥罪之時，縛於外朝，以待公卿之議。議定乃從其罪，故此篇言周獄不數"圜土"。《坎》："上六：係用徽纆[4]，置於叢棘，三歲不得，凶。"鄭注："上乘陽，有邪惡之罪，故縛以徽纆，置於叢棘，而使公卿以下議之。"是也。

[注] [1]静本、愛本誤作“炦”。[2]静本、愛本作“亭”。[3]愛本誤作“羨”。[4]静本、愛本作“纚”。

杅謂之梏，械謂之桎。

杅、梏、械、桎者，《説文》：“械，桎梏也。”“杅，械也。”“桎，足械也。”“梏，手械也。”“拲，兩手同械也。或作‘桊’。”《周禮·掌囚》：“凡囚者，上罪梏拲而桎，中罪桎梏，下罪梏。王之同族拲，以爵者桎，以待弊罪。”注：“先鄭謂：‘拲者，兩手共一木也。桎梏，兩手各一木也。’後鄭謂：‘在手曰梏，在足曰桎。中罪不拲，手足各一木耳。’”《漢書音義》韋昭曰：“兩手共一木曰拲，兩手各一木曰梏。”是施於手者“梏”，之外又有“拲”也。但言“桎梏”，統舉之耳。《鄭志》：“泠[1]剛問：‘《大畜》六四：童牛之牿。元吉注：巽爲木，互體震。震爲牛之足，足在艮，體之中，艮爲手持木，以就足，是施梏。又《蒙》初六注云：木在足曰桎，在手曰梏。今《大畜》六四：施梏於足。不審梏桎手足，定有别否？’答曰：‘牛無手，以前足當之。’”案，械者，《易》謂之“屨校”。《噬嗑》：“初九：屨校滅趾。”干寶注：“屨校，貫趾械也。以械爲履，故曰屨校。漢謂之貫械。”《後漢書·李固傳》：“渤海王調貫械上書。”是也。“桎梏”非“宫室”而亦入於此，因“獄犴”而類舉之耳。

[注] [1]静本、愛本作“泠”。

圊、圂、庰[1]，廁也。

史游《急就篇》：“屏廁清溷糞土壤。”顔師古注：“屏，僻宴之名也。廁之言側也，亦謂僻側也。清，言其處特異餘所，當常加絜清也。溷者，目其穢濁也。”“屏”、“廁”、“清”、“溷”，其實一耳。“圊”、“清”，“圂”、“溷”，“屏”、“屛”，並字異音義同。案，《説文》：“廁，清也。”《周禮》謂之“匽”。《天官・宫人》：“掌六寢之修，爲其井匽。”先鄭注：“匽，路廁。”《莊子・庚[2]桑楚》云：“觀室者，周於寢廟。又值其偃焉。”郭象注：“偃謂屏廁。”《戰國策》：“宋王[3]鑄諸侯之象，使侍平匽，展其臂，彈其鼻。”注云：“屏，當作‘井匽’，路廁是也。”

圊者，《説文》作“清”，古字通。《玉篇》：“圊，圂也。”《廣韻》：“圊，廁也。”本此也。

圂者，乎困切。《説文》：“圂，廁也。從囗。象豕在囗中也。”《漢書・五行志》：“燕王宫永巷中豕出圂。”顔師古注：“圂者，養豕之牢也。”

屏者，必郢切。《説文》：“屏，蔽也。”《釋名》：“廁，言人雜廁[4]在上非一也。或曰溷，言溷濁也。或曰圊，至穢之處，宜常修治，使潔清也。或曰軒，前有伏，似殿軒也。”

[注] [1]静本、愛本作“屛”。[2]静本誤作“耕”。[3]静本、愛本誤作“玉”。[4]静本、愛本脱“廁”字。

釋器第六

古者庖犧氏之王天下也，仰則觀象於天，俯則觀法於地，旁觀鳥獸之文與地之宜。近取諸身，遠取諸物。畫八卦，造書契。於是結网罟以教佃[1]漁，養犧牲以充庖廚，故天下稱爲庖犧。自是而後，聖帝哲王代有製作而器用大備。《説文》：“器，皿也。象器之口。犬，所以守之。”《易・繫辭傳》：“以制器者，尚其象。”又云：“備物致用，立成器，以爲天下利，莫大乎聖人。

有虞氏上陶，夏后氏上匠，殷人上梓，周人尚輿，皆器用之大者也。”《攷工記》：“審曲面埶，以飭[2]五材，以辨民器，謂之百工。”又云：“知者創物，巧者述之、守之，世謂之工。百工之事，皆聖人之作也。爍金以爲刃，凝土以爲器，作車以行陸，作舟以行水，此皆聖人之所作也，故其職，有攻木、攻金、攻皮。之工，又有刮摩、摶埴、設色之工焉。”

此篇所釋，先之以陶冶，次之以漁獵，次之以布帛，次之以衣服，次之以車輿，次之以飲食，次之以金鐵，次之以蠶桑，次之以弓矢，次之以戈矛，次之以度量，次之以采飾，皆所以裕衣食之原、制防衛之術。禮法之所以行，而日用之而不可以闕者也。若夫旗幟之器，附於《釋天》；鐘鼓之器，見於《釋器樂》，皆《爾雅》之例也。至於耕種之器，見於《釋地》；舟楫之器，入於《釋水》。則以其物衆多，故別見焉。

[注] [1]愛本誤作“細”。[2]静本、愛本作“飾”。

盎烏浪反**謂之盆。**

盎、盆者，《説文》：“盎，盆也。或作‘瓮’。”“盆，盎也。”《爾雅》：“謂之缶。”郭注：“盆也。”《方言》：“罃甀，謂之盎。自關而西，或謂之盆，或謂之盎。其小者，謂之升甌。”郭注云：“案，《爾雅》：‘甀，康壺。’”而《方言》以爲“盆”，未詳也。《攷工記・陶人》：“盆實二鬴，厚半寸，脣寸。”蓋“盆”是“鬷”屬。《爾雅》：“鼎[1]款足謂之鬲。”郭注：“鼎，曲脚也。”《説文》：“鬲，鼎屬。實五鬷。斗二升曰鬷，象腹，交文，三足。”古者或以金、或以瓦爲之。欵而三足，無足則“釜”也，與十斗之“斛”，聲相近而量不同。《荀子・富國篇》：“今是土之生五穀也，人善[2]治之，則畝數盆，一歲再而獲之。”楊倞注：“蓋當時以盆爲量。”《墨子》云：“子墨子弟子仕於衛而反。子曰：‘何故反？’曰：‘與我言而不當。’曰：‘待汝以千盆。’授我五百盆，故去之。”《士喪禮》云：“新盆盤瓶。”鄭注：“盆以盛水，瓶以汲水也。”《禮器》云：“夫奧者，老婦之祭也。盛於盆，尊於瓶。”鄭注：“盆、瓶，炊器也。”

[注] [1]静本、愛本作“閧”。[2]“人善”，静本、愛本倒作“善人”。

瓿部音**甌**偶音、**罏**[1]盧音，**缶也。**

《説文》：“缶，瓦器。所以盛酒漿。秦人鼓之以節謌。象形。”《坎》：“六四：樽酒，簋貳，用缶。”鄭注：“爻辰在丑。丑上值斗，可以斟之象。斗上有建星，建星之形似簋。貳，副也。建星上有弁星，弁星之形又如缶。天子大臣以王命出會諸侯，主國尊於簋副，設玄酒以缶。”《禮器》云：“五獻之尊，門外缶、門内壺，君尊瓦甒。”鄭注：“缶，大小未聞。壺大一石，瓦甒五斗。”孔疏：“缶，尊名。列尊之法，缶盛酒在門外。”《禮》：“有小爲貴者，近者小，則遠者大，缶在門外，則大於壺矣。”是“缶”爲盛酒漿之器也。《史記·藺相如列傳》：“使秦王鼓缶。”又《李斯列傳》：“擊甕叩缻[2]，真秦之聲也。”《淮南·説林訓》：“君子有酒，鄙人鼓缶。雖不見好，亦不見醜。”是“缶”爲樂器，秦人用以節謌也。又爲汲器。《比》：“初六：有孚，盈缶。”鄭注：“爻辰在未，上值東井。井之水，人所汲用缶。缶，汲器。”《春秋襄九年》“宋災”，《左氏傳》：“具[3]綆缶，備水器。”杜注：“綆，汲索。缶，汲器。”

瓿甌者，上，蒲後切；下，牛口切。《方言》：“缶謂之瓿甌，其小者謂之瓶。”郭注：“瓿甌，即盆也。”

罏者，力胡切。《説文》：“盧，罍也。從甾、虍聲。讀若盧，同。篆文作‘罏’。”通作“盧”。《漢書·食貨志》：“官作酒以二千五百石一均，率開一盧以賣。”如淳曰：“酒家開肆待客，設酒盧，故以盧名肆。”臣瓚曰："盧，酒瓮也，言開[4]一瓮酒也。趙廣漢入丞相府破盧瓮。"

[注] [1]静本、愛本作"罏"。[2]静本、愛本作"瓺"。[3]愛本誤作"其"。[4]静本、愛本作"門"。

題弟音、**甌**一侯反，**甂**邊音**也。**

題、甌、甂者，《説文》："甌，小盆也。""甂，似小[1]瓿，大口而卑，用食。"《方言》："甂，陳、魏、宋、楚之間，謂之題。自關而西，謂之甂。其大者謂之甌[2]。"鄭注："今河北人呼小盆爲題子。"《淮南·説林訓》："狗彘不擇甂甌而食。"《楚辭·九諫》："甂甌登於明堂兮。"《玉篇》："題，小盆也。徒啓切。""甂，補懸切。"《五音集韻》："題，或作'瓺'。"

[注] [1]愛本作"大"。[2]静本、愛本誤作"毆"。

甎棟音、**甈**去滯反，**甗**初鑑反**也。**

此釋破罌之石也。《説文》："甈，康瓠。破罌。或作'㽁'。"《爾雅》："康瓠謂之甈。"《方言》："甇甈謂之盎。"《法言》云："甄陶天下者，其在和乎？剛則甈，柔則坯。"《玉篇》："甈，區滯切。瓠壺也。破罌也。"

甎甗者，"甎，方美切。甎甗。甗器也。"《廣韻》："甗，罌屬。""甎，甎甗[1]。"案，《玉篇》、《廣韻》皆"甎甗"二字連文，據此，"甎"當在"甗"下，疑轉寫倒誤也。

[注] [1]静本、愛本脱"甗"字。

甇多朖[1]反、㼫杜音，𤮊乎暫反也。

《玉篇》："𤮊，大盆也。"案，𤮊，即"鑑"字。《說文》："鑑，大盆也。"《天官·凌人》："春始治鑑。"注："鑑如甀，大口，以盛冰[2]。置食物於中，以禦温[3]氣。"

甇者，《說文》："甇，大盆也。"《漢書·游俠傳》："一旦叀[4]礙，爲甇所轠。"

㼫者，徒古切。《玉篇》："㼫，瓶也。"《類篇》引此文。"甇"上有"鑑"字，非也。

[注] [1]静本、愛本作"浪"，據《博雅音》改。[2]愛本誤作"水"。[3]愛本誤作"溼"。[4]静本、愛本作"叀"。

甇士江反、甖牛志反、甗鄭音、㼛容音、瓬剛音、㼕多感反、瓿部音甊來後反、㽃由音、甀直類反、甂廡音、瓮一洞反、罌一正反、甔多甘反、㼪殊音、甑臾音、瓺暢音[1]、𤭛𤮏所猛反、瓬方往反、㼽[2]他臈反、甕於龍反、甐斯音、甈步美反、罃[3]烏行反、㼚下江反、𤮜[4]雷音、甈苦計反，瓶也。

《說文》："缾[5]，罋也。或作'瓶'。"

甇、甖、甗、㼛、瓬、㼕、㽃、甈、㼽、罃者，《方言》："瓬、㼕、甂、㽃[6]、甗、甇[7]、甀、瓮、瓿甊、甖，罌也。靈桂之郊謂之瓬，其小者謂之㼕。周、魏之間謂之甂。秦之舊都謂之甗。淮、汝之間謂之㽃。江、湘之間謂之甇。自關而西，晉之舊都，河、汾之間，其大者謂之甀，其中者謂之瓿甊。自關而東，趙、魏之郊，謂之瓮，或謂之罌。東齊、海、岱之間，謂之甖[8]。罌，其通語也。"郭注："今江東通呼大瓮爲瓬，亦呼罌爲甂子。"《方言》又云："罃，陳、魏、宋、楚之間曰甑，或作'㼪'。燕之東北，朝鮮、洌水之間，謂之瓺。燕之東北，海、岱之間謂之甔。周洛、韓、鄭之間謂之甀，或謂之罃。”“罃謂甎。”“甖謂瓶。”郭注：“甔，所謂家無甔石之儲也。”《說文》：“䂡，器也。”“䍃，瓦器也。”“甀[9]，小口甖也。”“瓮，甖也。”“罌，缶也。”“瓬，周家搏埴之工也。”“㼽，下平缶也。讀若㻂。”“甕，汲瓶也。”“甎，甖謂之甎。”“鐳。瓦器也。”《玉篇[10]》：“甏，大甖也。”“甎，除正切，甖也。”“䂡，甖也。”“瓶，古郎切，甖也。”又云：“瓬，大瓮也。”“㼜，瓦屬。”

瓿甊者，“瓿，蒲厚切。瓿甊，小甖也。”《爾雅》：“甌瓿謂之瓵。”郭注：“瓿甊，小甖。長沙謂之瓵。”

甀者，《玉篇》：“甀，池爲切。甖也。”《周禮·淩人》疏云：“漢時名爲甀，即今之甕是也。”《淮南·氾論訓》：“抱甀而汲。”高誘注：“甀，武也。今兖州小武爲甀，幽州曰瓦。”

甒者，《玉篇》：“甒[11]，盛五升小甖。”其說非也。《儀禮·既夕篇》：“甒二，醴酒。”鄭注：“甒，瓦器也。古文‘甒’，皆作‘廡’。”《禮器》云：“君尊瓦甒。”注：“瓦甒五斗。”疏云：“此瓦甒即《燕禮》‘公尊，瓦大也’。”《三禮圖》云：“案，《郊特牲》疏云：‘祭天用瓦。大瓦甒盛五齊。’《舊圖》云：‘醴甒，以瓦爲之。受五斗，口徑一尺，脰高二寸，大中[12]，身鋭，下平底。今以黍尺計之，脰中横徑宜八寸，腹横徑一尺二寸，底徑六寸。自脰下至腹，横徑四寸；自腹徑至底，徑深八寸。乃容五斗之數，與瓦大，並有蓋。’”潘岳《馬汧督誄[13]》：“寘壺鐳瓶甒以偵之。”

瓮、甖、甔者，《玉篇》：“瓮，於貢切。大甖也。”“甖，於庚切。瓦器也。”“甔，小甖也。”《列子·湯問篇》：“山名壺領，狀若甔甀。”張湛注：“甔甀，謂瓦瓶也。”《史記·貨殖列傳》：“醬千甔。”《集解》：“徐廣曰：‘大甖缶也。’”《索隱》引孟康曰：‘甖受一石，故名甔石。’”《淮陰侯列傳》：“守儋石之禄者。”《集解》：“應劭曰：‘齊人名小甖爲儋，受二斛。’”“儋”、“甔”，古通用。

瓶、甂者，《玉篇》："瓶，是朱切。小罌也。""甂，與朱切。瓶也。"《荀子·大略篇》："流丸止於甌臾。"臾，即"甂"也，古字通。

瓺者，《玉篇》："瓺，除向、除香二切。瓶也。"《集韻》："瓺，瓶也。朝鮮謂罃曰瓺。"

甈甑者，《玉篇》："甈[14]，胡梗切。甈甑，瓶有耳。""甑，山梗切，甈甑也。"

瓬者[15]，《周禮》有"瓬人爲簋"。

甕者，《玉篇[16]》："甕，於貢切。大罌也。"《井》："九二：甕敝漏。"《釋文》引鄭注："停水器也。"《儀禮·既夕篇》："甕三。"鄭注："甕，瓦器。其容蓋一觳。"《三禮圖》云："《舊圖》：'甕以盛醯醢，高一尺，受二斗。'案，《醢人》、《醯人》：'王舉則供醢六十甕，供醯六十甕。'是盛醯醢也。今以黍尺計之，口徑六寸五分，腹徑九寸五分[17]，底徑六寸五分，高一尺，腹下漸殺六寸。"

㼱者，《玉篇》："㼱，思移切。瓶也。"

瓨者，《說文》："瓨，古雙切。似罌，長頸。受十升。讀若洪。"《史記·貨殖列傳》："醯醬千瓨。"徐廣曰："長頸罌。"《索隱》音"閑江切"。舊本"瓨"訛"瓬"，今據《集韻》所引訂正。

甯者，力丁切。《玉篇》："甯，瓦器。似瓶有耳。"

𤮾者，若結切。《玉篇》："𤮾，受一斗。"

[注] [1]《博雅音》作"腸音，又音悵"。[2]靜本、愛本作"鋞"。[3]靜本、愛本作"罃"。[4]靜本、愛本作"鐳"。[5]靜本、愛本誤作"瓴"。[6]靜本、愛本作"畓"。[7]靜本、愛本誤作"聳"。[8]靜本、愛本誤作"疑"。[9]靜本、愛本作"甍"。[10]靜本、愛本脫"玉篇"二字。[11]靜本、愛本衍"誘"字，已刪。[12]靜本、愛本誤作"守"。[13] 靜本、愛本

誤作“諫”。[14] 愛本誤作“𧪝”。[15]愛本脱“者”字。[16]愛本脱“玉篇”二字。[17]愛本誤作“寸”。

鍍土典反、**鉼**必整反、**鬲支**蟻音、**鏤**盧后[1]切、**鬲**歷音、**鍑**富音、**鏕**烏高反、**鏀**、**鍪**茂音、**鬵**矩皮反、**鐪**昊音、**錡**奇、綺二音，**鬴**扶宇反**也**。

鬴、鉼者，《說文》：“鬴，鍑屬。或作‘釜’。”《左氏隱二年傳》：“筐筥錡釜之器。”杜注：“有足曰錡，無足曰釜。”《方言》：“鍑，北燕、朝鮮、洌水之間，或謂之鍍，或謂之鉼。江、淮、陳、楚之間，謂之錡，或謂之鏤。吴、揚之間，謂之鬲。”又云：“釜，自關而西，或謂之釜，或謂之鍑。”

鍍、鬲支、鏤、鬲者，《說文》云：“朝鮮謂釜曰鍍。”“鬲支，三足鍑也。魚錡切。”“鏤，釜也。盧侯切。”“鬲，鼎屬。實五轂。斗二升曰轂。象腹交文，三足。或作‘䥫’。《漢令》作‘歷’，古文作‘䰛’。象孰飪五味氣上出也。郎[2]激切。”

鍑、鏕、鏀、鍪者，《說文》云：“鍑，釜大口者。方副切。”“鏕，温器也。”“鏀，㲋[3]膠器也。郎古切。”“鍪，鍑屬。莫浮切。”

鬵、鐪、錡者，《說文》云：“鬵，三足釜也。有柄、喙。讀若嫣。”“鐪，土鍪也。從虘、号聲。讀若鎬、胡到切。”“江、淮之間，謂釜曰錡。”顏師古《急就篇》注云：“釜，所以炊煮也。大者曰釜，小者曰鍑。”“鍪，似釜而反脣。一曰鍪者，小釜類，即金所謂鬴也，亦曰鏃鑹。”案，“鬲支[4]”、“錡”，皆三足釜，音義並同，字古通用。《爾雅》：“鼎欵足者謂之鬲。”郭云：“鼎，曲脚也。”《史記·蔡澤列傳》：“入韓、魏，遇奪釜鬲於塗。”司馬貞曰：“郭注‘鼎，曲脚者’，以‘欵’訓‘曲’，故云‘曲腳’也。”鐪，與“鎬”通。《說文》“鎬”是“温器”，故“鐪”讀同之，此是“鐪”俗字。

《集韻》引《廣雅》："鬲，釜也。力弋切。"今文无[5]此。

[注] [1]愛本作"古"，據《博雅音》改。[2]静本、愛本誤作"即"。[3]静本、愛本誤作"剪"。[4]"毃"爲"敲"之異體。静本、愛本衍"皆"字，已刪。[5]静本、愛本誤作"无"。

鐈橋音、**鬲，鬷**子工反**也。鋗**呼玄反**謂之銚**遥音。今人多作"大弔切"。**鴼**烏音**錥**育音**謂之銼**坐戈反**鏀**力戈反。

此亦鬴屬也。

鐈、鬲、鬷[1]者，《說文》："鬷，釜屬。""鐈，似鼎而長足。巨嬌切。"鬲，解見上文。舊本"鬷"下無"也"字，今補正。

鋗謂之**銚**者，《說文》："銚，温器也。以招切。""鋗，小盆也。火懸切。"《漢書·李廣傳》："不擊刀斗自衛。"孟康曰："刀斗，以銅作鐎，受一斗。晝炊飲食，夜擊持行。名曰刁斗。今在熒陽庫中也。"蘇林曰："形如鋗，無緣。"顔師古曰："鋗，即銚也。今或呼'銅銚'。"

鴼錥謂之**銼鏀**[2]者，《說文》："銼，鍑也。""鏀，銼鏀也。"《玉篇》："銼鏀，鍑也。""鴼錥，小釜也。""錥，温器也。"

[注] [1]静本、愛本誤作"鬷"。[2]愛本"銼"誤作"錥"，"鏀"作"鑹"。

案謂之檓。

《方言》："案，陳、楚、宋、衛之間謂之檓。自關東西，謂之案。"《說文》："案，几屬。烏旰切。""檈，圜案也。似沿切。"是"案"之圜者名爲"檈"。《玉篇》："檓，思野切。案之别名。"

案者，江永曰："古人席地而坐，實食於地，有几無案。案之名始見《攷工記·玉人》：'案，十有二寸，棗栗十有二列。諸侯純九，大夫純五，夫人以勞諸侯。'此案以木爲之，飾之以玉。"此"案"至漢用之。《楚漢春秋》："淮陰侯曰：'臣去項歸漢，漢王賜臣玉案之食。'""案"不止盛果實，亦可盛肉食也。案有大小。《漢舊儀》："旋[1]案丈二，以陳肉食。"此爲大案。《漢書》："許后奉案上食，孟光舉案齊眉[2]。"此小案，一人舉之以上食，其時猶是席地而坐也。《士昏禮》："婦見舅姑，以笲盛棗、栗，加於橋。"注："謂橋以庪笲，如今之案。"又："庪尊之器，大夫棜禁，士斯禁。"鄭注："棜，斯禁也。無足，有似於棜。大夫用斯禁，士用棜[3]禁，如今方案。隋長局足，高三寸。"此當爲坐前陳食之大案。若許后所奉，孟光所舉之案，未必有足也。今時鄉俗，有刻木板以盛食物餽人者。其制，板厚二三寸許，長方二丈許。其上刻爲圓椀之形而淺，兩列八椀。婚禮既娶後，用此板盛果實肉物以餽親鄰婦人，此正似古人之玉案。孟光舉而齊眉，亦正是此器也。鄭注："言方案者，隋長，局足，高三寸。"考之史，可見"孫權援劍斫案，有言迎曹公者"，如此案是也。

[注] [1]静本、愛本作"族"。[2]静本、愛本誤作"衡"。[3]静本、愛本脱"棜"字。

盂謂之槃。

《說文》："槃，承槃也。古文作'鎜'。籒文作'盤'。薄官切。"

盤者，"案"之類。有足曰"禁"，無足曰"棜"，皆以承尊。《天官·淩人》："大喪，共夷盤冰。"注云："漢禮器制度，大盤廣八尺，長丈二尺，深三尺，漆赤中。"古亦以金爲槃。《左傳》："季孫宿伐齊，取其鍾，以爲公盤。"故古文"鎜"從"金"也。

盂者，公安切。《玉篇》、《廣韻》俱云："盤也。"本此。

匾布典反**謂之匠。**

匾者，舊本止有"匾"字。《玉篇》不收"匾"。惟《廣韻·二十七銑》云："匾，方典切。匾匠薄也。"《十二齊》云："匠，匾匠薄也[1]。湯奚切。"案，"匠"字，《玉篇》亦不收，未知何物。今酌補"謂之匠"三字，以俟知者。《說文》："榹，槃也。"或"榹"與"匠"同"匾"，其"槃"之類歟？

[注] [1]愛本誤作"切"。《廣雅疏證》："'匾'與'椑'，一聲之轉，故盆之大口而卑者謂之甂。"王念孫認爲此處不是"匠"，而是"椑"字。

榼苦臈反**謂之椑**布兮反**。**

榼者，《說文》："榼，酒器也。""椑，圜榼也。"《玉篇》引《漢書》："美酒一椑。"顔師古《急就篇》注："榼，盛酒之器。其形榼榼然也。""椑，圜榼也。一曰厚榼也。"《五音集韻》云："椑榼，飲器。"

盭敦音、**樿**賤典[1]反、**盌**安音**盨**殘音、**銚**遥音**鋭**、**柯**、**櫂**直皃反、**梋**、**栓**七緣反、**柍**决音、**盉**橋音、**盎**拳音，又眷音、**椀，盂也。**

《說文》："盂，飯器也。"《漢書·東方朔傳》："置守宫盂下。"顔師古注："盂，食器也。若盋[2]而大。今所謂盋盂也。"案，盂，亦作"杅"。《後漢書·明帝紀》："杅水脯糒而已。"

盭者，與"敦"同。《士昏禮》："黍稷四敦。"《明堂位》："有虞氏之兩敦。"

樰、盌𥂿、銚鋭、櫂者，《方言》云："盂，宋、衛、楚、魏之間，或謂之盎。盎謂之盂，或謂之銚鋭。盌謂之櫂，盂謂之柯。海、岱、東齊、北燕之間，或謂之盎。"又云："盂謂之樰。河、濟之間，謂之盌𥂿。椀謂之盉，盂謂之銚鋭。木謂之梋杸。"郭注："椀，亦盂屬。江東名盂爲凱，亦曰甌也。"《玉篇》："樰，子忍切。盂也。""盌，于干切。""𥂿，才丹切。盌𥂿，大盂也。"

柯者，《荀子·正論篇》："故魯人以榶，衛人用柯。"楊倞注云："未詳。或曰《方言》'盌謂[3]之榶，盂謂之柯。'"今《方言》無"榶"字。

梋者，《玉篇》："椀謂之梋。盂屬也。"

栓，未詳。

杸、盉者，《玉篇》："杸，古穴切。""盉，渠嬌切。"並云："椀也。"案，"杸梋"雙聲，與"盌𥂿"同。此乃折而爲二，非也。

盎者，區拳切。《玉篇》云："盎，盂也。"本此。

椀者，於管切。《說文》作"盌"。云："小盂也。"又云："㼝，小盂也。"二字通用。《玉篇》："盌，亦作'椀'。"

[注] [1]愛本誤作"曲"。[2]静本、愛本作"盉"。[3]静本、愛本脱"謂"字。

㯓又章反、**匲**、**㿿**摩音、**械**古[1]咸反、**盄**雅音、**閜**呼雅反、**盞**側限反、**溫**凡音，**杯也。**

《說文》："桮，匲也。"《漢書·朱博傳》："食不重味，案上不過三桮。"

㯓、匲、盞者，《方言》："盄、械、盞、溫、閜、㯓、㿿，桮也。秦、晉之郊，謂之盄。自關而東，趙、魏之間曰械，或曰盞，或曰溫。其大者謂之閜。吴、越之間曰盪。齊右平原以東，或謂之䤪。桮，其通語也。”郭注：“盃，所謂伯[2]盃者也。盞，最小桮也。”《説文》：“𧮐，小桮也。或作‘𣕯’。古送切。”

椷者，古咸、胡緘二切。《玉篇》：“椷，杯也。”

盃者，魚下切。《典論》云：“劉表諸子好酒，造三爵。大曰伯雅，中曰仲雅，小曰季雅。”疋，古“雅”字。盃，即“雅”也。郭注所云“伯盃”，本《典論》也。

閜者，《説文》云：“大桮爲閜。”

䤪、𥁞者，《玉篇》：“䤪，莫加、莫多二切。”“𥁞，扶掩、孚梵二切。”並云：“桮也。”

[注] [1]静本、愛本作“苦”，據《博雅音》改。[2]静本、愛本脱“伯”字。

斝古馬[1]反、**醆**側眼反，**爵也。**

《説文》：“𣪘，禮器也。象爵之形，中有鬯酒。又，持之也。所以飲。器象爵者，取其名鳴節節足足也。”案，本書《釋鳥》：“鳳皇雄鳴節節，雌鳴足足。”《宋書·符瑞志》亦云：“鳳皇其鳴，雄曰節節，雌曰足足。然則爵其鳳皇欤。”《三禮圖》云：“《太宰職》：‘享先王，贊玉爵。’後鄭云：‘宗廟獻用玉爵。’受一升。今以黍寸之尺校之，口徑四寸，底徑二寸[2]，上下徑二寸二分，圓足。案，梁正、阮氏《圖》[3]云：‘爵，尾長六寸，博二寸。傅翼，方[4]足，漆赤，中畫赤雲氣。此非宗廟獻尸之爵。’”

斚者，《説文》：“斚，玉爵也。夏曰琖，殷曰斚，周曰爵。从吅、从斗、冂。象形。與爵同義，或説斚受六升。”

醆者，《明堂位》云：“爵，夏后氏以琖，殷以斚，周以爵。”鄭注：

“斝，畫禾稼也。”《詩》曰：“洗爵奠斝。”孔疏：“琖，以玉飾之，故前云爵用玉琖，仍雕飾[5]也。斝亦爵形，而斝爲禾稼，故名斝。斝，稼也。《周禮·太宰》：‘贊玉几、玉爵。’然則周爵或以玉爲之，或飾之以玉。”

[注] [1]静本、愛本作“篤”，據《博雅音》改。[2]静本、愛本誤作“尺”。[3]阮諶與梁正均有《三禮圖》，對《禮記》進行圖注。《三禮圖集注》：“梁正因阮氏之本而圖。”[4]静本脱“方”字。[5]静本、愛本誤作“是”。

䚗抽兖反、**觛**多但反，**卮**支音**也**。

《説文》：“卮，圜器也。一名觛。所以節飲食，象人，卩[1]在其下也。”《易》曰：“君子節飲食。”《韓非子》曰：“堂谿公謂韓昭侯曰：‘今有白玉之卮無當，有瓦卮有當，君寧何取？’曰：‘取瓦卮。’”《淮南·人間訓[2]》：“宫人得戟，則以刈葵[3]；盲者得鏡，則以蓋卮。不知所施之也。”《漢書·高帝紀》：“上奉玉卮。”應劭曰：“卮，飲酒禮器也。古以角作，受四升。古‘卮’字作‘觗[4]’。”晉灼曰：“音支。”顔師古曰：“卮，飲酒圓器也。今尚有之。”

䚗者，《説文》：“䚗，小卮也。讀若‘捶擊’之‘捶’。”通作“椯”。顔注《急就篇》云：“椯，小卮也。上有蓋。”

觛者，《説文》：“觛，小觶也。”顔注《急就篇》云：“觛，謂卮之小者。行禮飲酒器也。”

[注] [1]静本、愛本作“巴”。[2]静本、愛本脱“訓”字。[3]愛本作“蔡”。[4]静本、愛本誤作“觚”，據徐復本《疏義》改。

瓠回故反、**蠡**、**蒼**居陽反、**瓤**魚偃反，**瓢也**。

《説文》："瓢，蠡也。"《衆經音義》引《倉頡篇》："瓢，勺也。"《春官·鬯人》："禜門用瓢齎。"注云："故書'瓢'作'剽'。鄭司農讀'剽'爲'瓢'。杜子春云：'瓢，謂瓠蠡也。'齎，讀爲齊，取甘瓠割去柢，以齊爲尊。"《三禮圖》云："《梓人》：'爲飲器，爵受一升。'此匏爵既非人功所爲，臨時取[1]可受一升、柄長五六寸者爲之。祭天地則用匏爵，故《郊特牲》曰：'大報天而主日。兆於南郊，就陽位也；掃地而祭，於其質也；用陶匏，以象天地之性也。'"

瓠、蠡者，《方言》云："𧓷，陳、楚、宋、魏之間，或謂之簞，或謂之㰐，或謂之瓢。"郭注："𧓷，瓠勺也。今江東通呼'勺'爲'㰐'。"瓠蠡，或作"瓟𧓷"。《楚辭·九歎》："瓟𧓷蠹於筐簏。"王逸注："瓟，瓠也。𧓷，瓢也。"《玉篇》："蠡，㰐也。"《廣韻》："蠡，瓠瓢也。"《漢書·東方朔傳》："以蠡測海。"注引張晏曰："蠡，瓠瓢也。"舊本"蠡"作"蠧"。"蠧"字，《玉篇》不收。《廣韻》雖有之，俗字也，今訂正。

蒼者，《説文》："蒼，蠡也。"

瓤者，瓢也。《玉篇》："瓤，瓢也。"本此。

[注] [1]静本、愛本衍"天"字，已删。

筌乎江反、**豆**、**篆**舉音，**杯落也**。

筌、豆、篆者，《説文》："筌，桮笿也。古送切。""笿，桮笿也。盧各[1]切。"《方言》："桮落，陳、楚、宋、衛之間，謂之桮落，又謂之豆筥。自關東西，謂之桮落。"郭注："桮落，盛桮器籠也。""篆"、"筥"，"杯"、"桮"，"落"、"笿"、"答"，並字異音義同。

[注] [1]愛本誤作“谷”。

籯盈音、**筲**所交反、**桶**天孔反**檧**思[1]音、**籫**作管反，**箸**馳慮反**筩也。**

此釋“箸筩”之名也。

籯、筲、桶檧、籫者，《說文》：“籯，笭也。以成切。”宋、魏謂“箸筩”爲“籍籫”，竹器也。《方言》：“箸筩，陳、楚、宋、衛之間，謂之筲，或謂之籯。自關而西，或謂之桶檧。”郭注：“箸筩，盛朼箸籫也。今俗亦通呼小籠爲桶檧。”《漢書·韋賢傳》：“遺子黄金滿籯。”謂筐籠之類耳。如淳曰：“籯，竹器。容三四斗。今陳留俗有此器。”

[注] [1]《博雅音》：“‘思’下脱一字。《廣韻》：‘檧，音先孔、蘇公二切。’”

柶四音、**匙**是支反，**匕也。**

《說文》：“匕，相與比叙也。從反人。匕，亦所以用比取飯。一名柶。”亦作“朼”。鄭注《士喪禮》云：“古文‘朼’爲‘匕’。亦作‘枇’。”見《雜記》。《小雅·大東》：“有捄棘匕。”傳：“匕，所以載鼎實。”疏云：“鼎實，煮肉也。亨肉皆必實之於鼎。必載之者，以古之祭祀享食，必體解其肉之胖，既大，故須以匕載之。載，謂出之於鼎，升之於俎也。”《士昏禮》：“匕俎從設。”鄭注：“匕，所以别出牲體也。”《特牲饋食禮》：“棘[1]心匕，刻。”鄭注：“刻，若今龍頭。”《少牢饋食禮》：“雍人摡鼎、匕、俎於雍爨。”“廩人摡甑甗、匕、敦於廩爨。”鄭注：“匕，所以匕黍稷者也。”疏云：“上[2]《雍人》云：‘匕者所以匕肉。’此《廩人》：‘所掌米。’故云匕黍稷也。”《有司徹》：“覆二疏匕於其上。”鄭注：“疏匕，匕柄有刻識者。”《雜記》云：“枇以桑，長三尺[3]，或曰五尺。刊其柄與末[4]。”鄭注：“所以載牲體者，此謂喪祭也。吉祭，枇用棘。”

柶者，《説文》："禮有柶。柶，匕也。"《士冠禮》："實勺、觶、角柶。"《天官・玉府》"角柶"注："角柶，角匕也。以楔齒。"《士喪禮》："楔齒，用角柶。"《三禮圖》云："醴有柶，用角爲之；鉶有柶，用木爲之。《舊圖》云：'柶長尺，櫟博三寸，曲柄長六寸，漆赤中及柄端。'臣崇義案，《聘禮》云：'以柶祭醴，尚櫟。'《少牢禮》云：'以柶，祭羊鉶，遂以祭豕鉶。'又，《士冠禮》注云：'柶狀如匕，以角爲之者，欲滑也。今祭鉶之柶，既用木，亦宜疏匕、淺升爲之，方得挹鉶芼之湆以祭之也。'今案，梁、阮二氏，不辨醴、鉶二柶，唯云'柶圖'爲勺形、無淺深之語，恐失之矣。"

匙者，《説文》："匙，匕也。亦作'鍉'。"《後漢書・隗囂傳》："奉盤錯鍉。"注云："《前漢書・匈奴傳》：'漢遣韓昌等，與單于及大臣，俱登諾水東山，刑白馬，單于以徑路刀、金留犂撓酒。'應劭曰：'留犂，飯匕也。撓，攪也。以匕攪血而歃之。'今亦奉盤措匙而歃也。"

[注] [1]静本、愛本作"剌"。[2]静本、愛本誤作"此"。[3]愛本誤作"反"。[4]静本誤作"柄"。

筴夾音謂之箸。

《説文》："箸，飯攲也。陟慮、遲據二切。"

筴，與"梜"同。《曲禮》："羹之有菜者，用梜；其無菜者，不用梜。"鄭注："梜，猶箸也。今人或謂'箸'爲'梜提'。"《玉篇》："箸，筴也。飯具也。"本此。顔師古《急就篇》注云："箸，一名筴。所以梜食也。"案，箸，或作"櫡"。《史記・絳侯周勃世家》："帝召條侯，賜食。獨置大胾，無切肉，又不置櫡[1]。條侯心不平，顧謂尚席取櫡。景帝視而笑曰：'此不足君所乎？'"《索隱》曰："櫡，音節。《漢書》作'箸'。箸者，食所用也。留侯云：'借前筯以籌之。'"

[注] [1]静本、愛本作“𣖾”。

龍、疏、蒲、料主[1]音**，杓也。**

《大雅·行葦》疏引《漢禮器制度[2]》注云：“勺五升，徑六寸，長三尺。”杓，與“勺”同。《說文》：“勺，挹取也。象形。中有實。與‘包’同意。”

龍、疏、蒲者，《明堂位》云：“其勺，夏后氏以龍勺，殷以疏勺，周以蒲勺。”鄭注：“龍，龍頭也。疏，疏刻其頭。蒲，合蒲如鳧頭也。”孔疏：“龍勺者，勺爲龍頭。疏謂刻鏤，通刻勺頭。皇氏云：‘蒲謂合蒲，當刻勺爲鳧頭，其口微開如蒲草，本合[3]而末微者也。’”《三禮圖》云：“《舊圖》：‘龍勺，柄長二尺四寸，受五升。士大夫，漆赤中。諸侯以白金飾，天子以黄金飾。’臣崇義謹案，《周禮·梓人》云：‘勺一升，爵一升。’注云：‘勺，酌尊升也。今以黍寸之尺計之，柄長尺二寸，口縱徑四寸半，中央横徑四寸，兩頭横徑各二寸。師儒相傳，皆以刻勺頭爲龍頭狀。’又云：‘《舊圖》：疏勺，長三尺四寸，受一升，漆赤中，丹柄端。’臣崇義詳此疏勺，亦宜如疏杝，通疏刻畫雲氣。又云：‘蒲勺，柄長二尺四寸，口縱徑四寸半，中央横徑四寸，兩頭横徑各二寸，深一寸，受一升。’”

料者，《說文》：“料，勺也。”《少牢饋食禮》：“司宫設罍水於洗東，有料。”鄭注：“料，剩水器也。”《喪大記》：“沃水用料。”《正義云》：“用酌料酌盆水沃尸。”案，“龍”、“疏”、“蒲”是剩酒之勺，“料”是剩水之勺，亦名“洗勺”。《三禮圖》云：“口徑六寸，曲中，博三寸，長三寸，柄長二尺四寸，漆赤中，柄末亦丹。”

[注] [1]静本、愛本作“斗”，據《博雅音》改。[2]静本、愛本誤作“漢制器度”。[3]“本合”，愛本誤作“木”，静本脱“合”字。

湑斗謂之柢頤音。

湑、柢者，《玉篇》：“柢，船㡿斗。”“㡿[1]，抒水器。”《廣韻》：“柢，船欹水斗。”“㡿。㡿斗，欹水器也。”是“湑”與“㡿”同。柢，《集韻》引作“桕”，同。

[注] [1]愛本脱“㡿”字。

焅苦篤反**謂之煝**媚音。

焅、煝者，《說文》：“焅，旱氣也。”《玉篇》：“煝，焃也。密二切。”《廣韻》：“焅，熱氣也。”“煝，焅[1]熱。”

[注] [1]“煝焅”，愛本倒作“焅煝”。

䈢溪音**䉛**桂[1]音、**筲**所交反，**簇**吕音**也**。

“旅”、“盧”，古通用“簇”，即“筶盧”也。《說文》：“𠙴，凵盧，飯器，以柳爲之。或作‘筶’。”鄭注《士昏禮》云：“笲形如今筥筶簏。簇，又謂之筥。”《說文》：“筥，籍也。”

䈢䉛者，上，口奚切；下古惠切。《玉篇》：“䈢䉛，大簇也。”

筲者，《說文》作：“籍，飯筥也。受五升。秦謂筥曰籍。”鄭注《論語》云：“筲，竹器。容斗[2]二升。”《方言》：“簇，南楚謂之筲。趙、魏之郊，謂之筶簇。”郭注：“簇，盛飯器也。今建平人呼筲。”

[注] [1]静本、愛本誤作“炔”，據《博雅音》改。[2]静本、愛本誤作“升”。

籓甫袁反、**籮**，**箕也。**

《說文》："箕，簸也。"顏注《急就篇》云："箕，可以簸揚及糞。"

籓者，《說文》云："籓，大箕也。"

籮者，"陳、魏、宋、楚之間語。"出《方言》。

鈇扶音、**䶑**諸[1]庶反、**㽽**徒弔反、**䶒**步丁反，**畚**本音**也。**

《說文》："畚，䶒屬。蒲器也。所以盛穜。"《周禮》："挈壺氏挈畚以令軍糧。"鄭衆注："縣畚於廩假之處。畚，所以盛糧之器，故以畚表廩。"《左氏宣十一年傳》："陳畚築。"杜注："畚，盛土器。"

鈇者，附娛切。《玉篇》："鈇，小畚也。"

䶑[2]者，《玉篇》："䶑，畚也。"

㽽者，徒聊切。《說文》："㽽，田器也。"通作"莜"。

䶒者，《說文》："䶒，㽽也。揚雄說'蒲器'。"

[注] [1]静本、爱本誤作"柏"，據《博雅音》改。[2]静本、爱本作"䶐"。

箭斫音、**籑**攘音、**篓**蘇苟反、**㔯**泉音，正音旋，**䉂**於鞠反**也。**

《說文》："䉂，漉米籔也。"《史記索隱》引《纂要》云："䉂，淅箕也。"又引《字林》云："䉂，漉米籔也。音一六反。"

箭者，《玉篇》："箭，盪米具。"

籑者，《玉篇》："籑，籑䉂。漉米竹器也。"

篓者，《說文》作："籔，炊䉂也。"

㔯[1]者，《玉篇》："㔯，盪米䉂也。"《方言》："炊䉂謂之縮，或謂之篗，或謂之㔯。"郭注："炊䉂，漉米䉂也。江東呼淅籤。""篓"、"篗"同。《玉篇》"箱"、"篓"，與"籔"同。"縮"、"篓"，聲相轉也。㔯音“旋”。淅籤爲旋，猶蒺藜爲茨耳。

[注] [1]静本、愛本衍“𧗠”字，已删。

籍謂之𥰭[1]**素典反，又蘇管反。**

籍、𥰭者，《說文》：“𥰭，竹器也。”《玉篇》：“𥰭，似箱而巃。”是“籍”爲飯器，亦衣器矣。

[注] [1]《廣雅疏證》作“笐”，音“素典反”；“𥰭”字歸下條，音“素管反”。

匥弁音、匰丹音，笥也。

《說文》：“笥，飯及衣之器也。”亦有以革爲之者。《漢書·鼂錯傳》：“材官騶發，矢道同的，則匈奴之革笥木薦弗能支也。”孟康曰：“革笥，以皮作如鎧者被之。木薦，以木板作如楯。”

匥者，《玉篇》：“匥，又作‘笲’。”《士昏禮》：“質明，贊見婦於舅姑。婦執笲棗、栗，自門入，升自西階，進拜，奠於舅席。又階降，受笲腶修，升，進，北面拜，奠於姑席。”鄭注：“笲，竹器而衣者，其形蓋如今之筥𥫗籚矣。”

匰者，《說文[1]》：“匰，宗廟盛主器也。《周禮》曰：‘祭祀共匰主。’”此“匰”字與“匥”、“笥”爲類，疑與“簞”同。鄭注《曲禮》云：“圓曰簞，方曰笥。”是也。

[注] [1]愛本衍“宗”字，已删。

匱巨位反**謂之匱。**

匱、匱者，《説文》：“匱，匣也。”又云：“櫝，匱也。”二字通用。劉向《九歎》云：“藏瑉石[1]於金匱兮。”王逸注：“匱，匣也。”

[注] [1]静本、愛本脱“石”字。

㔶謂之椷咸、緘二音**。**

㔶、椷者，《説文》：“椷，篋也。”“㔶，藏也。或作‘篋’。”顔注《急就篇》云：“篋，長笥也，言其狹長篋篋然也。”《士冠禮》注云：“隋方曰篋。”謂方而殺角也。

定帶定反**謂之耨**乃后反**。**

耨，《説文》作：“槈，薅器也。或作‘鎒’。”《詩·臣工》疏引《世本》：“垂作耨。”張博士《古今字詁》云：“耨，頭長六寸，柄長一尺。”《釋名》：“耨，似[1]鉏，嫗薅禾也。”《天官·甸師》：“掌帥其屬，而耕耨王藉。”注云：“耨，芸芓也。”《周頌·工臣》：“庤乃錢鎛。”《良耜》：“其鎛斯趙。”毛傳並以“鎛”爲“耨”。《齊語》：“挾其槍刈耨鎛。”韋注：“耨，茲基也。鎛，鉏也。”《吕氏春秋·任地篇》：“耨柄尺，此其度也。其耨六寸，以間稼也。”高誘注：“耨，所以芸苗也。刃廣六寸，所以入苗間也。”《莊子·外物篇》：“春雨日時，草木怒生，銚耨於是乎始脩。”是“耨”所以入地去草，故謂之“薅器”也。

定者，《爾雅》：“斪斸謂之定。”郭注：“鋤屬。”《齊民要術》引犍[2]爲舍人云：“斪斸，鉏也。一名定。”《説文》：“欘，斫也。齊謂之鎡錤。一曰斤，柄性自曲者。”《攷工記·車人》：“一宣有半謂之欘。”注云：“欘，斲斤。柄長二尺。”引《爾雅》：“句欘謂之定。”是“斪斸”，古作“句欘”也。

[注] [1]静本、愛本作“以”。[2]静本、愛本誤作“鍵”。

櫡張略反**謂之钁**九縛反。

櫡、钁者，《說文》：“斫謂之櫡。”“钁，大鋤也。”又云：“櫡，斫也。”《爾雅》：“斫謂之鐯。”郭注：“钁也。”《釋文》“鐯”字又作“櫡”。

錍方支反**謂之銛**他點反。

錍、銛者，《說文》：“銛，臿屬。讀若棪。桑欽讀若鐮。”“錍，鈚錍也。”“鍫錍，斧也。”一云“臿”，一云“釜”，未知其審。

篝溝音**筌**七緣反**謂之笓**婢之反，又布兮反。

笓，與“箄[1]”同。《說文》：“箄，蔽也。”蓋有所蔽以藏魚謂之箄。《詩》、《釋文》引《韓詩》：“九罭，取鰕笓也。”《玉篇》：“笓，筣也。”“筣，織竹爲筣笓，障也。”

篝筌者，《玉篇》：“篝，籠答也。”“筌，捕魚笱。”本諸此也。《莊子·外物篇》：“筌者所以在魚，得魚而忘筌；蹄者所以在兔，得兔而忘蹄。”崔譔曰：“荃者，蓀[2]。香草也。可以餌魚。”其說與此不同。

[注] [1]愛本作“箄”。[2]成玄英疏：“蓀，荃也。”

曲梁謂之罶柳音。

罶、曲梁，《詩》毛傳義也。《爾雅》：“凡曲者爲罶。”郭注：“凡以薄爲魚笱者，名爲罶。”《釋文》：“罶，本作‘罶’。”又云：“嫠[1]婦之笱謂之罶。”孫炎曰：“罶，曲梁。其功易，故謂之‘寡婦之笱’。”《釋文》：“罶，字書作‘罶’。”《說文》：“罶，曲梁。寡婦之笱，魚所留也。或作‘䍜’。《春秋國語》曰：‘溝罛䍜。’”《玉篇》：“罶、䍜、昴，並同。”舊本“曲”訛“典”，今訂正。

[注] [1]静本、愛本誤作“罿”。

篧捉音、**籗**苦郭反、**橥**堂[1]音，**箪**珍教反**也。**

箪，與“罩”同。《小雅·南有嘉魚》：“烝然罩罩。”《説文》引作“䈇䈇”。是“罩”、“䈇”通也。《説文》：“罩，捕魚器也。”《爾雅》、《釋文》：“罩，字又作‘箪’。”《淮南·說林訓》：“罩者抑之也，罣者舉之。”

篧者，未詳[2]。

籗者，《爾雅》：“籗謂之罩。”李巡曰：“籗，編竹以爲罩，捕魚也。”孫炎曰：“今楚籗也。”郭璞曰：“捕魚籠也。”孔疏云：“罩，以竹爲之，無竹則以荆，故謂之楚籗。”《説文》：“籱，罩魚者也。或作‘籗’。”

橥者，《廣韻》：“橥，罩也。”本此。

[注] [1]静本、愛本誤作“棠”，據《博雅音》改。[2]《四聲篇海》：“篧，魚罩也。”

澻、**涔**字[1]廉反，**栫**才見反**也。**

《説文》：“栫，以柴木壅也。”《廣韻》：“栫，圍也。”《左氏哀八年傳》：“栫之以棘。”

澻，未詳[2]。

涔者，《爾雅》：“槮謂之涔。”孫炎曰：“積柴養魚曰涔。”郭璞曰：“今之作槮者，聚積柴木於水中，魚得寒，入其裏藏隱，因以薄圍捕取之。”

[注] [1]静本、愛本作“存”，據《博雅音》改。[2]《廣雅疏證》：

"漫、涔，皆壅積之意。"

罔謂之罟。罽、罟、罾，網也。

《說文》："网，庖羲所結繩以漁。從冂，下象网交文。或作'罔'。古文作'冈'，籀文作'网'。"

罔謂之**罟**者，《說文》："罟，罔也。"《小雅》："畏此罪[1]罟。"傳："罟，罔也。"《爾雅》："緵罟謂之九罭。九罭，魚罔也。"郭注："今之百囊罟是。"《淮南·說山訓》："好魚者，先具罟與罛。"

罽[2]者，《說文》："罽，魚罔也。從网，𠬛聲。𠬛，籀文'銳'。"

罾者，《楚辭·九歌》云："罾何爲兮木上。"王注："罾，魚之罔也。"《史記·陳涉世家》云[3]："置人所罾魚腹中。"《集解》："文穎曰：'罾，魚網也。'"

[注] [1]静本、愛本誤作"畏"。[2]静本、愛本衍"罟罽罾"字，已删。此條末有"案，'𠬛罟'下'罽'字疑衍"八字，已删。[3]静本、愛本"云"字誤入"記"之下。

罼畢音、罕、罠女洽反、罨於劫反，又於檢反，率也。

《說文》："率，捕鳥畢也。象絲网，上下其竿柄也。"

罼者，《說文》："畢，田罔也。從華，象畢形。微也。或曰'由'聲。"《爾雅》："濁謂之畢。"孫炎曰："掩兔之畢，或謂之噣，因名星云。"鄭注《月令》云："罔小而柄長謂之畢。"

罕者，《史記·天官書》："畢曰罕車，主弋獵。"馬融《廣成頌》："罕罔合部。"李賢注："罕，亦網也。"張衡《西京賦》："飛罕潚箾。"薛綜注："潚箾，罕形也。"

罠者，《說文》："罠，下取物縮藏之。"

旍，未詳[1]。

[注] [1]《廣雅疏證》："旍，亦罔也。"《集韻》："旍，覆車。"

罗牙音、**罳**肥無反，**兔罟也。其罥**泫[1]音**謂之欙**禮音。

罗者，《玉篇》："罗，兔罟。"本此。予謂"罗"是"罝"之譌，形相似耳。《說文》："罝，罔也。"

罳者，《說文》："罳，兔罟[2]也。""罦，覆車也。或作'罘'。""罬，捕鳥覆車也。或作'輟'。""罳"、"罦"、"罘"，三者同物同音，即"罬"也。《爾雅》："繴謂之罿。罿，罬也。罬謂之罦。罦，覆車也。"孫炎曰："覆車，罔可以掩兔者也。一物五名。方言異也。"郭璞曰："今之翻車也。有兩轅，中施罥以掩鳥。"《王風・兔爰》："雉離於罿。"傳："罿，罬也。"《說文》引《韓詩》："施羅於車上曰罿。"又："雉離於罦。"傳："罦，覆車也。"《史記・司馬相如列傳》："罘罔彌山。"《集解》郭璞曰："罘，罝也。"顏注《漢書》云："罘，覆車也，即今幡車罔。"《爾雅》、《釋文》："罦，有浮、孚二音。"

罥者，與"羂"同。《倉頡篇》："罥，古文作'羂'。"《說文》："羂，罔也。"《周官・罿氏》注云："置其所食之物於絹中，鳥下來則掎其脚。"《廣成頌》："絹猥蹏。"李賢注："絹，繫也。"與"羂[3]"字通。《太玄》云："揮其罦，絕其羂。"《西京賦》："置羅羂結。"皆即"羂"字也。

欙者，一名"蹄"。《莊子・外物篇》、《釋文》云："蹄，兔罝也。又云：'兔弶也。'係其脚，故曰蹄也。"

[注] [1]"罥"，静本、愛本作"胃"。"欙"，《廣雅疏證》引《初學記》："欙者，以綸爲之。《廣雅》曰：'罥謂之欙。'"[2]愛本脫"罟"字。[3]静本、愛本誤作"罥"。

軥衡音**謂之輗**兒音。

《説文》："輗，大車轅耑持衡者。或作'輨'，又作'棿'。"包咸注《論語》云："輗者，轅端横木，以縛軶。"

軥者，《説文》："軥，軶下曲者。"《左氏襄十四年傳》："射兩軥而還。"服虔曰："車軶兩邊叉馬頸者。"

朓兆音、**棓**裴音、**牒**、**牘**、**牑**鞭音、**牏**之句反，又徒侯反，**版也**。

《説文》："版，判也。"《釋名》："版，般也。般般平廣也。"《倉頡篇》："版，築墻上下版。"

朓者，未詳。案，《方言》："牀其杠，南楚之間謂之[1]趙。"郭注："杠，牀前横木也。趙，當作'桃'，聲之轉也。中國亦呼'杠'爲'桃牀'。"此所云"朓"，未知是否。

棓者，《玉篇》："棓，版也。"本此。

牒者，《方言》以爲"牀版"。《説文》："牒，札也。"《漢書·路温舒傳》："取澤中蒲，截以爲牒，編用寫書。"顔師古曰："小簡曰牒，編聯次之。"

牘者，《説文》："牘，書版也。"《釋名》："牘，睦也。手執之以進見，所以爲恭睦也。"《漢書·昌邑王傳》："簪筆，持牘趨謁。"師古曰："牘，木簡也。"

牑者，《説文》："牑，牀版也。"《方言》："牀其上版，衛之北郊，趙、魏之間，謂之牒，或曰牑。"

牏者，《説文》："牏，築墻短版也。讀若俞。一曰若紐。"《史記·萬石君列傳》："取親中裙厠牏，身自浣滌。"徐廣曰："牏，築垣短版也。"

[注] [1]静本、愛本脱"謂之"二字。

《廣雅疏義》卷第十四

嘉定錢大昭晦之甫撰

泰、罍、著直櫐反**，罇也。**

《說文》："䔿，酒器。從酋，廾以奉之。《周禮》：'六尊：犧尊、象尊、箸尊、壺尊、太尊、山尊，以待祭祀賔客之禮。'或作'尊'。"案，"罇"，俗"尊"字，或又作"樽"。曹憲《文字指歸》云："檢字無此從缶、從木者。《說文》云：'字從酋、寸，酒官法度也。'今之尊卑，以此得名，故亦爲君父之稱。"據曹憲所引《說文》，則今本《說文》非全書也。《詩》疏引阮諶《禮圖》云："犧尊飾以牛，象尊飾以象，於尊腹之上，畫爲牛、象之形。"王肅云："太和中，魯郡於地中得齊大夫子尾送女器，有犧尊，以犧牛爲尊。"

泰、罍、著者，《明堂位》云："泰，有虞氏之尊也。山罍，夏后氏之尊也。著，殷尊也。犧象，周尊也。"鄭注："泰，用瓦。著，著地無足。"案，《司尊彞[1]》"六尊"有"壺[2]"無"罍"，《明堂位》有"罍"無"壺"。郭璞注《爾雅》云："罍形似壺。"蓋"罍"即"壺"也。聶崇義《三禮圖》云："太尊受五斗。罍，一名山尊。受五斗。著尊受五斗，漆赤中。《舊圖》有朱帶者，與概尊相涉。恐非其制。《周禮·司尊彝》云：'追享、朝享，其朝踐用兩太尊。一盛玄酒，一盛醴，齊王用玉爵酌醴，齊獻尸[3]。其再獻用兩山尊，一盛玄酒，一盛盎，齊王以玉爵酌盎，齊以獻尸。秋嘗、冬烝，其朝獻用兩著尊，一盛玄酒，一盛醴，齊王以玉爵酌獻尸。'注云：'太尊，太古之瓦尊也。山尊，山罍也。亦刻而畫之，爲山雲之形。

今以黍寸之尺計之，太尊，口圓徑一尺，脰高三寸，中横徑九寸，脰下大横徑一尺二寸，底徑八寸，腹上下空徑一尺五分，厚半寸，脣寸，底平厚寸，與瓦甒形制容受皆同。山尊，口圓徑九寸，腹高三寸，中横徑八寸，脰下大，横徑尺二寸，底徑八寸，腹上下空徑一尺五分，足高二寸，下徑九寸，知受五斗者。罍形似壺，壺受一斛，山罍是中尊，則受五斗也。著尊，口圓徑一尺二寸，底徑八寸，上下空徑一尺五分，與獻尊、象尊形制容受並同。但無足及飾耳。'"《説文》："櫑，龜目酒尊[4]。刻木作雲雷象，象施不窮也。從木、畾聲。或作'罍'。"《周官·鬯人》："社壝用大罍。"鄭注："大罍，瓦罍。"《周南·卷耳》傳："人君黄金罍[5]。疏引《五經異義》'罍制'。《韓詩説》：'金罍，大夫器。天子以玉，諸侯、大夫皆以金，士以梓。'《毛詩説》：'金罍，酒器也。諸臣之所酢。人君以黄金飾，尊大一碩，金飾、龜目，蓋刻爲雲雷之象。'"謹案，《韓詩説》"天子以玉"，經無明文謂之罍者，取象雲雷，博施如人君，下及诸臣也。

[注] [1]静本、愛本作"㚇"。[2]静本、愛本作"壸"。[3]愛本误作"户"。[4]静本、愛本作"象"。[5]静本、愛本作"儡"。

縏苦侯反，又苦茂反、**繱**葱音，又摠音、**鮮支、縠，絹也。**

《説文》："絹，繒如麥稍。"《釋名》："絹，絚也。其絲絚厚而踈也。"古通用"縳"。《説文》："縳，白鮮色也。"《聘禮·釋文》云："《聲類》以'縳'爲今正'絹'字。"

縏者，《玉篇》："縏，縛也。"本此。今本作"縛"，誤。《廣韻》引此文作"繁"，亦誤。

繱者，字當作"緫"。左思《魏都賦》："緜纊房子，縑緫清河[1]。"

張載注："清河出縑總。清河，一名甘陵。"李善注引此文作"總"。

鮮支者，顏師古注《急就篇》云："絹，生白繒。似縑而疏者也。一名鮮支。"

縠者，《說文》："縠，細縛也。"《釋名》："縠，粟也。其形足足而踧視之如粟也。又謂沙縠，亦取踧踧如沙也。"宋玉《諷賦》："更被白縠之單衫。"《漢書·江充傳》："衣紗縠襌衣。"顏師古曰："紗縠，紡紗而織之也。輕者爲紗，縐者爲縠。"

[注] [1]"清河"，愛本倒作"河清"。

繰早音**謂之縑。**

《說[1]文》："縑，并絲繒也。"《釋名》："縑，兼也。其絲細緻，数兼於布絹也。細緻染縑爲五色，細且緻，不漏水也。"《淮南·齊俗訓》："縑之性黄，染之以丹則赤。"桓寬《鹽鐵論》："吏之所入，非獨齊陶之縑、蜀漢之布也。"顏師古注《急就篇》云："縑之言兼也。并絲而織，甚緻密也。"

繰者，親小切。《說文》："繰，深繒也。"

[注] [1]静本、愛本誤作"釋"。

紈、䋘力出反**，素也。**

《說文》："縈，白緻繒也。從糸、𠂹。取其澤也。"《小爾雅》云："繒之精者曰縞，縞之粗者曰素。"《釋名》："素，朴素也。已織則供用，不復加巧飾也。又，物不加飾，皆自謂之素，此色然也。"《淮南·齊俗訓》："素之質白，染之以涅則黑。"顏師古注《急就篇》云："素謂絹之精白者，即所用寫書之素也。”崔瑗《與葛元甫書》：“送《許子》十卷，貧不及素，但以紙耳。”

紈者，《説文》：“紈，素也。”《釋名》：“紈，渙也。細澤有光，渙渙然也。”《列子·周穆王篇》：“曳齊紈。”顔注《急就篇》云：“紈，即素之輕細者。”

䋸者，《説文》：“䋸，素屬。”

純、續辭足反**，絲也。**

《説文》：“絲，蠶所吐也。從二糸。”

純者，《説文》：“純，絲也。《論語》曰：‘今也純儉。’”

續者，連之絲也。《説文》：“續，連也。”

紨敷音**、綐**徒外反**、纚**式支反，又赤移反**、絓**乖音，又空淮反**、緜**刮旨[1]反**，紬也。**

《説文》：“紬，大絲繒也。”《釋名》：“紬，抽也。抽引絲端，出細緒也。”顔注《急就篇》云：“抽引粗繭緒紡而織之曰紬。紬之尤粗者曰絓，繭滓所抽也。抽引精繭出緒曰絲。漬繭擘之，精者爲緜，粗者爲絮。今則謂新者爲緜，故者爲絮。古亦謂緜爲纊。”

紨者，防無切。《説文》：“紨，粗紬也。”

綐者，《玉篇》：“綐，紬細也。”

纚者，《説文》：“纚，粗緒也。”舊本訛爲“纚[2]”，今訂正。

絓者，《説文》：“絓，繭滓絓頭也。”《釋名》：“紬又謂之絓。絓，挂也。挂於帳端振舉之也。”

緜者，《説文》：“緜，聯微也。”《釋名》：“緜，猶湎。湎柔而無文也。”

[注] [1]《博雅音》字頭作“䯓”，音“刮”。《玉篇》：“䯓，下刮切。”[2]“纆”爲“纆”之異體。

縠苦木反、絡，綃悉遥反也。

縠、絡、綃者，《說文》：“綃，生絲也。”“縠，未練治纑也。”“絡，麻未漚也。”此皆言絲麻之未治者。

綱阿音、縞、緻直異反、𦅾藥音，練也。

《說文》：“練，湅繒也。”《釋名》：“練，爛也。煮使委爛也。”

綱者，《玉篇》：“綱，細繒也。”《廣韻》：“綱，繒之細者。”《史記·李斯列傳》：“阿縞之衣。”徐廣曰：“齊之東阿縣，繒帛所出。”綱，與“阿”同。

縞者，《說文》：“縞，鮮色也。”鄭注《禮記》云：“白經赤緯曰縞。”

緻者，《說文·新補》“緻”字云：“密也。”古作“致”。《詩·都人士》箋：“性情密致。”《釋文》：“本亦作‘致’。”《鴇羽》傳：“不攻緻也。”疏云：“定本皆作‘致’。”《釋文》：“本或作‘致’。”

𦅾者，以灼切。《說文》：“𦅾，白𦅾，縞也。”顏注《急就篇》：“白𦅾，謂白素之精者，其光𦅾𦅾然也。”

襺古典反、緭，絩朓音也。

《說文》：“絛，扁緒也。”又云：“紩[1]，扁緒也。”是“紩”與“絛”同物。《玉篇》：“絛，纓飾也。”《廣韻》：“絛，編絲繩。”

襺者，《說文》：“襺，袍衣也。以絮曰襺，以緼曰袍。”《玉藻》：“纊爲繭，緼爲袍。”鄭注：“衣有著之異名也。緼謂今緜纊，乃舊絮也。”《詩·無衣》疏謂：“純著新緜名爲襺，雜用舊絮名爲袍。”

緭者，乎貴切。《說文》："緭，繒也。"繒，當作"緒"字之訛也。《玉篇》："緭，緒也。"

絖者，《說文》："纊，絮也。《春秋傳》曰：'皆如挾纊。'或作'絖'。"《小爾雅》云："絮細者謂之絖。"案，"繝"、"緭"、"絖"，非"絛"屬。"絖"下應加"也"字以別之。

[注] [1]静本、愛本作"縩"。

緶必延反、**緒**、**繶**憶音、**紃**循音，**絛**滔音**也。**

緶者，與"扁"同。《說文》所謂"扁緒"也。

緒者，《說文》："緒，絲端也。"《晉書・樂志・俳歌》云："皎皎白緒，節節爲雙。"

繶者，《玉篇》："繶，絛也。"本此。《天官・屨人》說屨舄之飾，有"絇繶純"。是屨用"絛"以爲飾。

紃者，詳遵切。《說文》："紃，圜采也。"《内則》："織紝紃組。"鄭注："紃，絛也。組，亦絛之類，大同小異耳。"《荀子・富國篇》："布衣紃屨之士。"楊倞注："紃，絛也，謂編麻爲也。"《淮南・說林訓》："絛可以爲繶，不必以[1]紃。"高誘注："紃，亦繶也。婉轉数也。"顔師古注《急就篇》云："紃，緣履之圓絛者也。"賈誼諫曰："美者黼繡，庶人之妾，以緣其履。"是則古之履飾，通用紃之屬也。

[注] [1]愛本衍"訓"字，已删。

春草、雞翹、蒸綶栗音**、鬱金、槐**鬼音**幃**韋音**、麯**去菊反**塵、緑綟**麗音**、紫綟、無縹**渠音**、綦、綺、留黄，綵也。**

此釋"綵"之名也。

春草、雞翹、蒸緤、鬱金[1]，並見《急就篇》。其文曰："春草雞翹鳧翁濯。鬱金半見湘白勬。縹綟緑紈皁紫硟。烝栗絹紺縉紅繎，青綺綾縠靡麗鮮。"顔師古注："春草，象其初生纖麗之狀也。雞翹，雞尾之曲垂也。染采，色似之。若今之染家言鴨頭緑、翠毛碧云。鬱金，染黄也。烝栗，黄色若蒸熟之栗也。"案，《釋名》："蒸栗，染紺使黄色如蒸栗然也。"《玉篇》："蒸緤，綵色。"

幭幃、麴塵者，《周禮·内司服》："掌王后之六服，有褘衣、鞠衣。"注云："褘衣，從王祭服也。鞠衣，黄桑服也。如鞠塵，象桑葉始生。"《月令》："三月，薦鞠衣於上帝，告桑事也。"然則褘衣之色，幭幃；鞠衣之色，麴塵矣。

緑綟、紫綟者，《説文》："綟，帛戾草染色。"亦作"盭"。《漢書·百官公卿表[2]》："諸侯王盭綬。"如淳曰："盭，音戾。盭，緑也。以緑爲質。"晉灼曰："盭，草名也。出琅琊平昌縣。似艾，可染緑色。"

無縹、綦者，下文云"履，其緑謂之無縹，其紟谓之綦。"《説文》："綥，帛蒼艾色。《詩》曰：'縞衣綥巾。'未嫁女所服。一曰不借綥。"是"綥"即"綦"也。《詩》毛傳："綦，帛[3]蒼艾色。"不借，履名。然則履之"無縹"與"紟"，皆蒼艾色矣。

綺者，《説文》："綺，文繒也。"《釋名》："綺，欹也。其文欹邪不順，經緯之縱横也。有杯文，形似杯也。有長命，其綵色相間，皆横終幅，此之謂也。有棋文者，方[4]文如[5]棋也。"

留黄者，《説文》："莀，艸也。可以染留黄。"莀，即"綟"也。

[注] [1]静本、愛本衍"綟綺"二字，已删。[2]静本、愛本衍"公卿表"三字，已删。[3]静本、愛本作"巾"。[4]愛本衍"言"字，已删。[5]静本、愛本誤作"加"。

衣，隱也。

《説文》："衣，依也。上曰衣，下曰裳。象覆[1]二人之形。"《釋名》："凡服，上曰衣。衣，依也。人所依以芘寒暑也。"《吕氏春秋》云："胡曹作衣。"《淮南·氾論訓》："伯余之初作衣也。緂麻索縷，手經指挂，其成猶網羅。後世爲衣機杼勝複，以便其用，而民得其掩形、禦寒暑。"高誘註："伯余，黄帝臣。《世本》曰：'伯余制衣裳。'一曰：'伯余，黄帝。'"

衣謂之**隱**者，"衣"、"隱"，聲相近，取義於蔽隱其形體也。《中庸》："壹戎衣而有天下。"鄭注："戎，兵也。衣讀如殷，聲之誤也。齊人言殷聲如衣，虞夏、商、周氏者多矣。今姓有衣者，殷之冑歟。"案，衣爲"隱"，猶衣爲"殷"也。《玉篇》："衣，隱也。"本此。

[注] [1]静本、愛本誤作"復"。

無追多回反**、章甫、委皃、收、冔**況羽反**、通天、遠游、進賢、高山、方山、惠文、建華、却非、解豸、皮弁，冠也。**

《説文》："冠，絭也。所以絭髮。弁冕之總名也。"《釋名》："冠，貫也。所以貫韜髮也。"

無追、章甫、委皃、收、冔者，《郊特牲》云："委皃，周道也；章甫，殷道也；毋追，夏后氏之道也。周弁、殷冔、夏收，三王共皮弁、素積。"《釋名》："牟追，牟冒也，言其形冒髮追追然。章甫，殷冠名也。甫，丈夫也。服之所以表章丈夫也。委皃，冠名。又委皃之皃，上小下大也。收，夏后氏冠名也，言收斂髮也。"《獨斷》云："收，純黑，前小而後大，以三十六升漆布爲之。冔，殷黑而微白，前大而後小，以三十六升漆布爲之。"《詩》云："常服黼冔。"《續漢書·輿服志》："委皃，長七寸，高寸，制似覆杯，前高，後卑鋭。所謂夏之毋追、殷之章甫也。以皂絹爲之，行大射禮於辟雍，公卿、大夫行禮者冠之。”《禮舊圖》云：“夏曰毋追，殷曰章甫，周曰委皃。後代轉以巧意，改新而易其名耳。其制相比，皆以漆布爲殼，以緇縫其上。前廣四寸，高五寸，後廣四寸，高三寸。章甫委大章其身。毋追，制與周‘委皃’同。殷冠委大臨前，夏冠委前小損。委皃，進賢冠，其遺象也。周曰弁，殷曰冔，夏曰收。三冠之制，相似而微異。俱以三十升漆布爲之，皆廣八寸，長六寸。前圓後方，無旒，色赤而微黑，如爵頭然，前大後小。殷冔黑而微白，前小後大。收，純黑，亦前小後大。三冠下皆有收，如東道笠下收矣。”

通天者，《續漢書》云：“高九寸，正豎，頂小邪却，乃直下，爲鐵卷梁，前有山，展筩爲述，乘輿所常服。”徐廣《輿服雜注》云：“天子朝，冠通天冠，高九寸，黑介幘，金薄山，所常服也。”

遠游者，《續漢書》云：“制如通天。有展筩横之於前，無山述，諸王所服也。”聶崇義云：“案，《唐典》云：‘遠游，三梁冠，黑介幘，青緌。諸王服之，若太子及親王，即加金附蟬九首，施珠翠，纓翠緌，犀簪導。’”

進賢者，《續漢書》云：“古緇布冠也。文儒者之服也。前高七寸，後高三寸，長八寸。公侯三梁，中二千石以下至博士兩梁，自博士以下至小史私學弟子皆一梁。宗室劉氏亦兩梁冠，示加服也。”《晉公卿禮秩》云：“太傅、司空、司徒，著進賢三梁冠，黑介幘。”

高山者，《續漢書》云：“高山，一名側注。制以通天，頂不邪却，直豎，無山述、展筩，中外官、謁者、僕射所服。太傅胡廣説：‘高山冠，即齊王冠也。秦滅齊，以其君冠賜近臣謁者服之。’”《獨斷》云：“高山冠，高七寸，鐵爲卷梁，不展筩，無山。”《漢書音義》云：“其體側立而曲注。”

方山者，祭服也。《續漢書》：“方山冠，前高七寸，後高三寸，纓長八寸，似進賢，以五采縠爲之。祠宗廟，大予[1]、八佾、四時、五行樂人服之。冠衣各[2]如其行方之色而舞焉。”

惠文者，《續漢書》："武冠，一曰武弁大冠。諸武官冠之。侍中、中常侍加黃金璫，附蟬爲文，貂尾爲飾，謂之'趙惠文冠'。胡廣說：'趙武靈王效胡服，以金璫飾首，插貂尾，爲貴職。秦滅趙，以其君冠賜近臣。'"

建華者，祭服也。《續漢書》："建華冠，以鐵爲柱卷，貫大銅珠九枚，制似縷鹿。天地、五郊、明堂，育命舞樂人服之。"薛綜注《西京賦》注："冠華，以鐵作之，上濶下狹，飾以翟雉尾，舞人頭戴。"疑即此矣。

却非者，《續漢書》："却非冠，制以長冠，下促。宮殿門吏、僕射冠之。負赤幡，青翅燕尾。諸僕射幡皆如之。所謂長冠者，一曰齊冠，高七寸，廣三寸，促漆纚爲之，制如板，以竹爲裏。初，高祖微時，以竹皮爲之，謂之'劉氏冠'。"

解豸者，《續漢書》："法冠，一曰柱後。高五寸，以纚爲展筩，鐵柱卷，執法者服之。侍御史、廷尉正監平也。或謂之解豸冠。獬豸，神羊。能別曲直。楚王嘗獲之，故以爲冠。胡廣說：'《春秋左氏傳》有南冠而縶者，則楚冠也。秦滅楚，以其君服賜執法近臣御史服之。'"

皮弁者，《司服》云："視朝皮弁。"《玉藻》云："皮弁以日視朝。"是皮弁爲天子視朝常服。《士冠禮》注云："皮弁，以白鹿皮爲之，象太古。"《禮舊圖》云："以鹿皮淺毛黃白者爲之，高尺二寸。"《周禮》："王及諸侯、孤卿、大夫之皮弁，會上有五采、三采、二采。玉璂、象邸，唯不言士之皮弁有此等之飾。"《續漢書》："皮弁，制同委皃。以鹿皮爲之。"《釋名》："弁，如兩手相合抃時也。以爵韋爲之，謂之爵弁；以鹿皮爲之，謂之皮弁；以靺韋爲之，謂之韋弁也。"

[注] [1]"大予"，静本、愛本誤作"天子"。[2]愛本誤作"谷"。

䊷邱[1]拳反、帉，幘也。

《説文》："幘，髮有巾曰幘。側革切。"《玉篇》："幘，覆髻也。"《釋名》："幘，蹟也。下齊眉蹟然也。兑，上下大小兑兑然也。或曰聧，聧折其後也。或曰幘，形似[2]幘也。賤者所著曰兑髮，作之裁裹髮也。或曰牛心，形似之也。"《獨斷》云："漢元帝額有壯髮，不欲使人見，故加幘[3]，以布包之也。至王莽，内加巾，故時人云：'王莽禿，幘施屋。'"《續漢書》云："古者有冠無幘，其戴也，加首有頍，所以安物，故《詩》曰：'有頍者弁。'秦雄諸侯，乃加其武將首飾爲絳帕，以表貴賤。其後稍稍作顏題。漢興，續其顏，却摞之，施巾連題，却覆之，名之曰幘。幘者，賾也。頭首嚴賾也。至孝文乃高顏題，續之爲耳，崇其巾爲屋，合後施收，上下羣臣貴賤皆服之。文者長耳，武者短耳，稱其冠也。尚書幘收，方三寸，名曰納言，示以忠正，顯近職也。迎氣五郊，各如其色，從章服也。皂衣羣吏春服青幘，立夏乃止，助微順氣，尊其方也。武吏常赤幘，成其威也。未冠童子幘無屋者，示未成人也。入學小童幘句卷屋者，示尚幼少，未遠冒也。喪幘却摞，反本禮也。升數如冠，與冠偕也。期喪起耳有收，素幘亦如之。禮輕重有制，變除從漸，文也。"

䊷者，與"綣"同。區員切。《玉篇》："綣，幘也。"本此。

帉者，《方言》："大巾謂之常。"

[注] [1]静本、愛本誤作"兵"，據《博雅音》改。[2]"形似"，愛本倒作"似形"。[3]愛本衍"於"字，已刪。

假結謂之䰉副音。

䰉，即"副"也。《鄘風·君子偕老》："副笄六珈。"傳："副者，后夫人之首飾，編髮爲之。"《釋名》："皇后首飾曰副。副，覆也，以覆首。

亦言副貳[1]也。兼用衆物成其飾也。”《周禮》：“追師掌王后之首服，爲副編次。”注云：“副之言覆。所以覆首[2]爲之飾，其遺象若今之步摇矣。服之以從王祭祀。編[3]列髮爲之，其遺象若今假紒矣。服之以告桑也。”

假結者，《詩》孔疏云：“編列他髮爲之，假作紒形，加於首上。”《後漢書》注云：“副，婦人首服。《三輔》謂之假紒。”古“髻”字作“結”，亦作“紒”。《續漢書》：“皇后服有假紒。”敓肅宗《賜東平琅琊兩王書》：“而送光烈皇后假紒帛巾[4]各一。”是“假結”爲皇后所服也。《晉書》：“太元中，公主婦女必緩鬢傾髻，以爲盛飾，用髲既多，不可恒戴，乃先於木及籠上裝之，名曰假髻。”其制與漢異。

[注] [1]静本作“貮”。[2]静本、愛本脱“首”字。[3]静本、愛本衍“編”字，已删。[4]静本、愛本誤作“内”。

簂公誨反**謂之帨**皃音。

簂、帨者，《續漢書》：“太皇、太后、皇太后服蔮耄蔮。簪，以瑇瑁爲擿，長一尺，端爲華勝，上爲鳳皇爵，以翡翠爲毛羽。下有白珠，垂黄金鑷。左右一横簪之，以安蔮結。公卿、列侯、中二千石、二千石夫人紺繒蔮。”《士冠禮》注：“滕、薛名‘蔮’爲‘頍’。”《釋名》：“蔮，恢也，恢郭覆髮上也。魯人曰頍。頍，傾也。著之傾近前也。齊人曰帨，飾形貌也。”《晉書·宣帝紀》：“諸葛亮遺帝巾幗婦人之飾。”《玉篇》：“幗，古誨切。帨也。覆髮上，或作‘簂’。”“帨，亡[1]教切。帨幗也。”“簂”、“蔮”、“幗”並同。

[注] [1]静本、愛本誤作“女”。

晨辰音**、辨、逗、㡧，㛊**乃可反**也。**

《玉篇》："㛊，㡧也。"

晨、辨、逗、㡧，並未詳。

帉紛音**、㠯**刃音**、帥**山律反**、帨、幋**盤音**、㡀**之利反**、幪**蒙音**、幨**辭廉反**，巾也。**

《説文》："巾，佩巾也。"《釋名》："巾，謹也。二十成人，士冠，庶人巾。當自脩謹於四教也。"

帉者，撫文切。《方言》："大巾謂之帉。"郭注："江東通呼巾帉耳。"

㠯者，而振切。《説文》："㠯，枕巾也。"

帥、帨者，《説文》："帥，佩巾也。或作'帨'。"是"帥"、"帨"，本一字也，後人以"帥"爲"將帥"字，故歧而二之。《召南》："無感我帨兮。"傳："帨，佩巾也。"鄭注《内則》云："帨，拭物之佩巾也。"《五音集韻》引曹憲《文字指歸》云："帨，佩巾也。"與《詩》傳同。

幋者，步丸切。《説文》："幋，覆衣大巾。"

㡀[1]者，《説文》："㡀，禮巾也。"

幪者，莫紅切。《方言》："幪，巾也。嵩嶽之南，陳、穎之間，謂之帤，亦謂之幪。"郭注："巾主覆者，故名幪也。"案，《尚書大傳》："下刑墨幪。"鄭注："幪，巾也[2]。使不得冠飾，以恥之也。"

幨者，《玉篇》："幨，巾也。"本此。

[注] [1]静本、愛本作"㡀"。[2]静本、愛本脱"也"字。

帍户音**裱**筆廟反**，被巾也。**

帍裱者，《方言》："帍裱謂之被巾。"郭注："婦人領巾也。"帍，乎古切。

承露、幘賁音**巾，覆结也。**

承露、幘巾者，《方言》："覆結謂之幘巾，或謂之承露，或謂之覆髮，皆趙、魏之間通語也。"郭注："覆髮，今結籠是也。"案，《後漢書·光武紀》："皆冠幘。"注云："《漢官儀》：'幘者，古之卑賤不冠者之所服也。'"《劉盆子傳》："半頭赤幘。"注云："幘巾，所以覆髻也。半頭幘即空頂幘也。其上無屋，故以爲名。《東宮故事》云：'太子有空頂幘一枚。'即半頭幘之製也。""結"、"髻"通用。

屣失[1]豉反**幂**失俞反**謂之幓。**

屣幂、幓者，《玉篇》："屣幂，面衣也。"又云："幓，面衣也。"本此。幂，豎句切。幓，所甲切。

[注] [1]静本、愛本誤作"夫"，據《博雅音》改。

帞陌音**頭、帑**七見反，又七年反**、䯰**去位反**帶、㰐**采音**帶、絡頭，幧**七消反**頭也。**

帑、䯰帶、㰐帶、絡頭者，《方言》："絡頭，帞頭也。紗繢、䯰帶、㰐帶、帑、幓，幧頭也。自關以西，秦、晋之郊曰絡頭。南楚，江、湘之間曰帞頭。自河以北，趙、魏之間曰幧頭，或謂之帑，或謂之幓。其偏者謂之䯰帶，或謂之㰐帶。"郭注："䯰帶，今之偏疊幧頭也。㰐，亦結也。"

帞頭者，《釋名》："綃頭，綃鈔也。鈔髮使上從也。或曰陌頭，言其從後横陌而前也。齊人謂之幓，言幓斂髮使上從也。""綃"與"繰"同，"陌"與"帞"亦同。《史記·絳侯周勃世家》："太后以冒絮提文帝。"《集解》：“應劭曰：‘陌，額絮也。’晉灼曰：‘《巴蜀異物志》謂頭上巾爲冐絮。’”《索隱》曰：“服虔云：‘綸，絮也，謂太后嗔，乃逢冐絮以提帝。’”《索隱》又引《方言》“陌額”爲證。是“陌頭”，一作“陌額”也。

覆䘹作潰反、**縱**子冢反、**褋**牒音，**襌衣也。**

《方言》：“襌衣，江、淮、南楚之間，謂之褋。關之東西，謂之襌衣。”《釋名》：“襌衣，言無裏也。”又云：“有裏曰複，無裏曰襌。”《說文》：“襌，衣不重也。”劉逵《蜀都賦》注引司馬相如《凡將》云：“黃潤纖美宜制襌。”《漢書・江充傳》：“充衣紗縠襌衣，曲裾後垂交輸。”顏師古注：“襌衣，制若今之朝服中襌也。”如淳曰：“交輸，割正幅，使一頭狹若燕尾，垂之兩旁，見於後。是《禮・深衣》‘續衽鉤邊’。”《後漢書・馬援傳》：“更爲援制都布單衣。”“單”與“襌”同。

覆䘹[1]者，《方言》：“覆䘹，謂之襌衣。”《玉篇》：“䘹，襌衣也。”

縱者，《玉篇》：“縱，襌衣也。”竝本此。

褋者，徒頰切。《說文》作“襍”。云：“南楚謂襌衣曰襍。”《楚辭・九歌》：“遺余褋兮澧浦。”王逸注：“褋，襜襦也。”

[注] [1]静本作“綷”。

襣[1]常凶反**褣**容音、**袛**低音**裯**刀音，**襜**昌占[2]反**褕**臾音**也。**

《說文》云：“直裾謂之襜褕。”《急就篇》：“襜褕袷複褶袴褌。”顏師古注：“襜褕，直裾襌衣也。”

襣褣者，《小爾雅》云：“襜褕謂之童容。”童容，即“襣褣”。《方言》：“襜褕，江、淮、南楚之間，謂之襣褣。自關而西，謂之襜褕。其短者謂之裋褕。以布而無緣，敝而紩之，謂之襤褸。”

祇裯者，《說文》：“祇，祇裯。”又云：“裯，衣袂祇裯。”又云：“襤，裯謂之襤褸。襤，無緣也。”是“祇裯”亦“襜褕”之類，特以布爲之耳。宋玉《九辯》：“被荷裯之晏晏兮。”王逸注：“裯，祇裯也。”

[注] [1]静本、愛本誤作“掌”，據《博雅音》改。[2]静本、愛本誤作“古”，據《博雅音》改。

𧝓棘音、**衱**劫音**謂之𧝝**於憲反。

𧝓者，《說文》：“𧝓，衣領也。”《魏風·葛屨》：“要之𧝓之。”傳：“𧝓，領也。”

衱者，《說文》：“𧝝褔，領也。”又云：“裺𧝝謂之裺。”《方言》云：“衱謂之𧝝。”郭注：“即衣領也。”《說文》無“衱”字。攷《玉藻》：“袷二寸。”鄭注：“曲領也。深衣曲袷，如矩以應方。”鄭注：“袷，交領也。古者方領，如今小兒衣領。”是“袷”、“衱”音義同，“袷”即“衱”也。《釋名》：“曲領在内，以中襟領上横壅頸，其狀曲也。”

直衿領音**謂之幯**於例反。**袓飾也。**

衿，猶“領”也，力井切。《玉篇》：“衿，衣領也。”《釋名》云：“直領，邪直而交下。亦如丈夫服袍方也。”

袓飾者，《方言》云：“袓飾，謂之直衿。”郭注：“婦人初嫁所著上衣，直衿也。”

幯者，《玉篇》、《廣韻》俱不收此字。《五音集韻》：“幯，直衿幯。”本此。

褒明、襗亦音、袍、襡蜀音，長襦也。

《說文》：“襦，短衣也。”此云長襦，則非短者矣。《釋名》：“襦，耎也，言温耎也。”

褒明者，《方言》：“褒明謂之袍。”

襗者，余石、除革二切。《秦風·無衣》：“與子同澤。”傳：“澤，潤澤也。”毛以“同澤”與“同袍”同，故但以“潤澤”解之。“澤”、“襗”，音義同。

袍者，《釋名》：“袍，丈夫著下至跗者也。袍，苞也。苞，内衣也。婦人以絳作衣裳，上下連，四起施緣，亦曰袍，義亦然也。”

襡者，字當作“襹[1]”。市欲切。《玉篇》：“襹，長襦也。連署衣也。”《釋名》：“襹，屬也。衣裳上下相連屬也。”《說文》作：“褻，衣至地。”

《五音集韻》引《廣雅》：“袿，長襦也。”今無此文。

[注] [1]静本、愛本誤作“襡”。

襌襦謂之襜尺占[1]反裿居綺[2]反。

襌襦、襜裿者，《方言》：“偏襌謂之襌襦。”郭注：“即衫也。”又云：“汗襦，江、淮、南楚之間，謂之襘。自關而西，或謂之祗裯。自關而東，謂之甲襦。陳、魏、宋、楚之間，謂之襜襦，或謂之襌襦。”郭注：“今或呼衫爲襌襦。”《釋名》：“單襦，如襦而無絮也。”“單”、“襌”同。又云：“荆州謂襌衣曰布襹。亦是襜襦，言其襜襜宏裕也。”

[注] [1]静本、愛本誤作“古”，據《博雅音》改。[2]静本、愛本作“衡”，據《博雅音》改。愛本“綺”作“裿”。徐復本《補疏》：“裿，當爲‘褕’字之誤。《急就篇》：‘襜褕，直裾，襌衣也。’”

作襦謂之裨脾、卑二音**襦。**

未詳，孫侍御曰："作，疑'汗'，汗襦。見《方言》。"[1]

[注] [1]徐復本《補疏》："作，當爲'裈'。《類篇》：'裈，副衣也。'與'裨'義近。"

複襦謂之襜[1]暨音。

複襦者，《方言》："複襦，江、湘之間，謂之襜，或謂之筩褹。"郭注："今筩袖之襦也。褹，即'袂'字耳。"

襜者，案，《禮》："襜，與'裋'同。"《列子·力命篇》："朕衣則裋褐。"張湛注引《方言》："裋，複襦也。"亦作"豎"。《荀子·大略篇》："衣則豎褐不完。"楊倞注："豎褐，僮豎之褐。亦裋褐也。"《漢書·禹貢傳》："裋褐不完。"顔師古注："裋者，謂僮豎所著布長襦也。"

[注] [1]静本、愛本作"襜"。

複襂衫音**謂之裍**[1]**。**

襂，即俗間"衫"字。《釋名》："衫，芟也。衫末無袖端也。"

裍，未聞[2]。

[注] [1]静本、愛本誤作"調"。[2]《廣雅疏證》："《方言》注以'衫'爲'禪襦'，其有裹者則謂之裍。裍猶重也。"

裲兩音**襠**當音**謂之袙**陌音**腹。**

裲襠、袙腹者，《釋名》："裲襠，其一當胸，其一當背也。""袙腹，横帕其腹也。”“袙”、“帕”，字異義同。《南史·柳元景傳》：“薛安都著絳衲裲襠衫，馳入賊陣。”

繞領、帔匹媚反**，帬也。**

《説文》：“帬，下裳也。或作‘裠’。”《釋名》：“裠，下羣也。連接裾幅也。”

繞領者，《方言》作“衿”。云：“繞衿謂之帬。”郭注：“俗人呼接下。江東通言下裳。”

帔者，匹媚切。《説文》：“帔，弘農謂帬帔也。”《方言》：“帬，陳、魏之間謂之帔。自關而東，或謂之襬。”

大巾、褘韋、暉二音**、袡**爾占反**、襜**昌占反**、袚**不勿反**，蔽厀**悉音**也。**

大巾、蔽厀者，《方言》：“蔽厀，江、淮之間謂之褘，或謂之袚。魏、宋、南楚之間，謂之大巾。自關東西，謂之蔽厀。齊、魯之郊，謂之袡。”又云：“絜襦謂之蔽厀。”《釋名》：“韠，蔽也。所以蔽厀前也。婦人蔽厀亦如之。齊人謂之巨巾。田家婦女出自田野，以覆其頭，故因以爲名也。又曰跪襜，跪時襜襜然張也。”

褘者，許歸切。《説文》：“褘，蔽厀也。”

袡者，《小爾雅》云：“蔽厀謂之袡。”王后六服，緣衣有纁袡。王肅以“纁袡”爲婦人蔽厀。

襜者，《説文》：“襜，衣蔽前。”《爾雅》：“衣蔽前謂之襜。”郭注：“今蔽厀也。”《釋文》：“幨，本或作‘襜’。”

袚者，出《方言》。

韍弗音**謂之韠**必音。

韠，即蔽厀也。《說文》作“韠”。云：“韍也。所以蔽前。”《玉藻》說“韠”之制云：“下廣二尺，上廣一尺，長三尺，其頸五寸。肩、革帶博二寸。”又云：“韠，君朱、大夫素、士爵，韋。”鄭注：“此玄端服之韠也。韠之言蔽也。”

韍者，《易乾鑿度》云：“孔子曰：‘韍者，所以别尊卑、彰有德也，故朱赤者盛色也。是以聖人法以爲紱服，欲百世不易也。’”《說文》：“市，韠也。上古衣蔽前而已，市以象之。天子朱市，諸侯赤市，大夫蔥衡。從巾，象連帶之形。篆文作‘韍’。”《玉藻》：“一命緼韍幽衡，再命赤韍幽衡，三命赤韍蔥衡。”鄭注：“此玄冕爵弁服之韠，尊祭服，異其名耳。韍之言亦蔽也。”孔疏：“他服稱韠，祭服稱韍，是異其名。韠、韍皆言爲蔽，取蔽障之義也。知祭服稱韍者，以《易·困》‘九二：朱韍方來，利用祭祀’。是祭服稱韍也。按，《詩》毛傳：‘天子純朱，諸侯黄朱。黄朱色淺，則亦名赤韍也。大夫赤韍，色又淺耳。有虞氏以前，直用皮爲之，後王漸加飾焉。’故《明堂位》云：‘有虞氏服韍，夏后氏山，殷火，周龍章。’彼注云：‘天子備焉。諸侯火而下，卿大夫山，士韎韋而已。’《雜記》云：‘韠長三尺，下廣二尺，上廣一尺，會[1]去上五寸。紕以爵韋六寸，不至下五尺。純以素，紃以五采。是其制也。’”

[注] [1]静本、愛本衍“上”字，已删。

纗允[1]恚反，又乎卦反**、紳、鞶、袞、厲、鞓**誕音**，帶也。**

《說文》：“帶，紳也。男子鞶革，婦人鞶絲。象繫佩之形。佩必有巾，從巾。”《釋名》：“帶，蒂也。著於衣，如物之繫蒂也。”《玉藻》云：“天子素帶，朱裏終辟；諸侯素帶，不朱裏而終辟；大夫素帶，辟垂；士練帶，率下辟；居士錦帶；弟子縞帶。”

纗者，《太玄·樂》：“次曰：拂其繄，絶其纗。”

紳者，《說文》：“紳，大帶也。”孔安國《論語》注與《說文》同。

鞶者，《說文》：“鞶，大帶也。《易》曰：‘或錫之鞶帶。’男子帶鞶，婦人帶絲。”

衮者，疑當作“緄”，聲之誤也。《說文》：“緄，織帶也。”

厲者，《小爾雅》云：“帶之垂者爲厲。”《方言》云：“厲謂之帶。”《小雅》：“垂帶而厲。”傳：“厲，帶之垂者。”《左氏桓二年傳》：“鞶厲游纓。”賈逵、服虔、杜預注並與毛傳同。

鞓者，《玉篇》、《廣韻》並云：“鞓，皮帶鞓也。或作‘鞓[2]’，同。”舊本“鞓”訛從“延”，曹音“誕”亦誤，今訂正。

[注] [1]静本、愛本作“九”，據《博雅音》改。[2]愛本誤作“鞕”。

佩、紟騎禁反謂之裎。

此《方言》文也。郭注：“所以系玉佩帶也。”

佩、紟、裎者，《玉篇》：“衿，結帶也。亦作‘紟’。”《廣韻》：“裎，佩帶。”《釋名》：“佩，倍也，言其非一物，有倍貳也。有珠、有玉、有容刀、有帨巾、有觿之屬也。”《漢書·揚雄傳》：“衿芰[1]茄之緑衣。”注引應劭曰：“衿，音‘衿系’之‘衿’。衿，帶也。”是“紟”與“衿”通。

[注] [1]静本、愛本誤作“茭”。

裪桃音襘決音、袿圭音、襡大口反、裺含音、襎妬禾反、袔賀音、裓亦音、

袘夷音、**袼**各音、**䙕**胡音、**褑**乎佳反、**袂**、**衽**，**袖也。**

《說文》："褎，袂也。或作'袖'，俗。"《唐風》："羔裘豹褎。"傳："褎，猶袪也。"《釋名》："袖。由也。手所由出入也。亦言受也。以受手也。"

裪襰者，上，徒刀切；下，古穴切。《方言》："裪襰謂之袖。"郭注："衣褾，江東呼椀。"《廣韻》："裪襰，衣袖。"

袿者，古攜切。《玉篇》："袿，祛也。"

襡者，上局切。《玉篇》："襡，衣袖也。"本此。

褔、**褖**者，《玉篇》、《廣韻》不收此二字，未詳[1]。

袔者，何箇切。《玉篇》："袔，袥袖。亦作'襩'。"

袥者，之赤切。《玉篇》："袥，袖也。"

袘者，與支切。《玉篇》："袘，衣袖也。"《集韻》引作"褷"，同。

袼者，力各切。《廣韻》："袼，袼袥也。又袂也。"《深衣》："袼之高下，可以運肘。"

䙕者，户孤切。《玉篇》："䙕，衣袖也。"

褑者，《玉篇》："褑，袖也。"本此。《集韻》引《埤蒼》："褑，衣袖也。"

袂者，《說文·衣部》義也。《玉藻》說"深衣"之制云："袂，可以回肘。"注云："二尺二寸之節。"又云："袂，尺二寸。"注云："袂口也。"《楚辭·九歌》："捐余袂兮江中。"王逸注："袂，衣袖也。"

衽，未聞[2]。

[注] [1]徐復本《拾遺》："《集韻》引《博雅》：'褔、褖，袖也。'"[2]《廣雅疏證》："《留侯世家》云：'陛下南鄉稱霸，楚必斂衽而朝。'衽，亦袂也。"

衽、裀因音**、袾**姝、株二音**、衫**弓音**，䄂**身音**也。**

竝未詳。《玉篇》：“裀，於人切。衣身也。䄄，同上。”案，《集韻·一東》及《五音集韻》引此，俱無“衽”字，疑涉上文而訛[1]。

[注] [1]《廣雅疏證》：“䄂，謂衣中也。字通作‘身’。衫，通作‘躬’。《漢書·五行志》云：‘獻帝建安中，男子之衣，好爲長躬而下甚短。’”徐復本《拾遺》：“《玉篇》：‘裀，衣身。’《集韻》、《韻會》：‘衣身曰袾。’”

褾必照反**、裍**布蔑反**、袜**布末[1]反**、衽、褉**乎佳反**，袂也。**

此又釋袂之名也。

褾者，比了切。《玉篇》：“褾，衣袂也。或作‘衫’。”《類篇》：“褾，袖端也。”

裍者，《玉篇》：“裍，袂也。”

袜者，《玉篇》：“袜，衣袂也。”

衽、褉者，上文釋爲“袖”，“袖”亦“袂”也。

[注] [1]静本、愛本誤作“未”，據《博雅音》改。

䘾七宵反**謂之袩**多頰反**。**

此《方言》文也。舊本脱“謂之”二字，今據補正。

䘾者，案，《方言》前云“褸謂之衽”，後云“䘾[1]謂之袩”。郭注皆云“衣衽”。是“䘾”亦衣襟，而郭氏獨於此句云“未詳其義”，殆疑其有異解歟？《廣韻》：“䘾，衣衽也。”是用《方言》。

[注] [1]静本、愛本誤作“褸”。

衽謂之褸褸音。

衽、褸者[1]，《說文》：“衽，衣裣也。”“褸，衽也。”“裣，交衽也。”《方言》：“褸謂之衽。”郭注：“衣襟也。或曰裳際也。”《釋名》：“衽，襜也。在旁襜襜也。”《玉藻》：“衽當旁。”鄭注：“衽，謂裳幅所交裂也。凡衽者，或殺而下，或殺而上。衽屬衣則垂而放之，屬裳則縫之，以合前後，上下相變。”《深衣》：“續衽。”鄭注：“續，猶屬也。衽，在旁者也。屬，連之，不殊裳前後也。”

[注] [1]“褸”，静本、愛本誤作“縷”。

衩楚械反、**袎**械音、**袥**他各反、**裓**[1]七益反，**膝也。**

此釋裓膝之名也。《玉篇》：“裓，裓膝幇袎也。”

衩者，《玉篇》：“衩。衣衩也。”

袎者，户界、古拜二切。《說文》：“袎，袥也。”《玉篇》：“袎，裓膝也。”

袥者，《說文》：“袥，衣袎。”《玉篇》：“袥，袎也。”

[注] [1]《廣雅疏證》、《廣韻》、《集韻》均作“裓”。

寢衣、衾、䘳許[1]嚴反，**被也。**

《說文》：“被，寢衣也。”《釋名》：“被，被也。被覆人也。”

寢衣者，《論語》：“必有寢衣，長一身有半。”

衾者，《說文》作“衾”。云[2]：“大被。”《釋名》：“衾，广也。其下廣大，如广受人也。”《召南·小星》：“抱衾與裯。”傳：“衾，被也。”

䘗者，呼歛切。《玉篇》：“䘗，胡被也。”《集韻》：“䘗，虚嚴切。”引此文，同。又云：“胡被謂之䘗。”

[注] [1]静本、愛本誤作“被”，據《博雅音》改。[2]此處有誤。徐復本無“云”和前面的“作”字。

襚去[1]乾反謂之絝袴音。其棺管音谓之袑時沼反。

《說文》：“絝，脛衣也。”《釋名》：“袴，跨也。兩股各跨别也。”《方言》：“袴，齊、魯之間謂之襚，或謂之襱。關西謂之袴。”郭注：“今俗呼袴踦[2]爲襱。”顔注《急就篇》云：“袴，謂脛衣也。大者謂之倒頓，小者謂之校衻。”

襚者，起焉切。《說文》作“褰”。云：“絝也。從衣，寒省聲。《春秋傳》曰：‘徵褰與襦。’”

棺者，公緩切。《玉篇》：“棺，袴襱也。”《說文》：“襱，絝踦[3]也。或作‘襩’。”

袑者，市兆切。《說文》：“袑，絝上也。”《玉篇》：“袑，絝也。襠也。絝上也。”《漢書·朱博傳》：“又敕功曹、官屬，多褒衣大袑，不中節度，自今掾史衣皆令去地三寸。”

[注] [1]静本、愛本作“啟”，據《博雅音》改。[2]静本、愛本誤作“跨”。[3]静本、愛本作“踦”。

褣七勇反、**襣**步寐反，**幝也。幝無襠者謂之裻**度没反。

《說文》："幝，幒也。或作'褌'。古魂切。"《釋名》："褌，貫也。貫兩腳，上繫腰中也。"《方言》："褌，陳、楚、江、淮之閒謂之褣。"《史記·司馬相如列傳》："相如自著犢鼻褌。"《集解》："韋昭曰：'今三尺布作，形如犢鼻矣。'"顏注《急就篇》云："袴合襠謂之褌，最親身者也。"

褣者，《說文》："幒，幝也。或作'褣'。"《玉篇》："衳，音鍾。小褌。褣，同上。又，息拱切，小袴也。"又云："㡓，且勇切。幝也。或作'幒'。"

襣者，《方言》："無裥之袴謂之襣。"郭注："袴無踦者，即今犢鼻褌也。裥，亦'襱'，字異耳。"

裻，未聞[1]。

[注] [1]《廣雅疏證》："今之開襠袴也。裻之言㝕。㝕者，穴也。"

褅天帝反**謂之褓**保音。

褅者，《說文》："褅，緥也。"引《詩》曰："載衣之褅。"案，今《詩》作"裼"。毛傳："裼，褓也。"鄭箋："褓，夜衣也。"《釋文》："裼，《韓詩》作'禘'。"禘，即"褅"之訛。

褓者，布老切。《說文》："緥，小兒衣也。"《漢書·宣帝紀》："曾孫雖在襁緥。"李奇曰："襁，絡也。以繒布爲之，絡負小兒。褓，小兒大藉也。"孟康曰："褓，小兒被也。"顏師古注曰："繈，即今小兒繃也。"案，褓，又作"葆"。《史記·魯世家》："成王少，在強葆之中。"司馬貞曰："強葆，即襁褓。"張守節曰："强闊八寸，長八尺，用約小兒於背而負行。葆，小兒被也。"褓，又作"保"。《漢書·司馬相如傳》："是以業隆於繈保。""繈"、"強[1]"，"葆"、"保"，字異音義同。

[注] [1]静本、愛本脱“強”字。

緊烏雞反**袼**落音、**褔**烏苟反，**次衣也。**

此釋次衣之名也。次，序連切。《說文》：“次，慕欲口液也。或作‘保’。籀文作‘㳄’。”即今俗間“涎”字。小兒多涎，故有衣。

緊袼者，《方言》：“緊袼謂之褔。”郭注：“即小兒次衣也。”

褔者，於侯切。《說文》：“褔，次裏衣。”

褿七刀反、**祓**不[1]勿反、**褄**子肩反，**褯**慈夜反**也。**

《玉篇》：“褯，小兒衣也。”

褿者，《說文》：“褿，帴也。”

祓者，《玉篇》：“祓，蠻衣也。亦作‘襏’。”

褄者，所八切。《說文》：“帴，帗也。”又云：“帗，一幅巾也。”《集韻》引此文。“褄，褯也。”從“巾”。

[注] [1]静本、愛本誤作“方”，據《博雅音》改。

袺古頡反**謂之䙁**胡音。**襭**頡音**謂之褱。**

《周南·芣苢》：“薄言袺之”，“薄言擷之”。此釋之也。

袺者，《說文》：“袺，執衽謂之袺。”

襭者，下結切。《說文》：“襭，以衣衽扱物謂之襭。或作‘擷’。”

褱者，户乖切。《說文》：“褱，俠也。”周伯琦曰：“褱，藏俠於衣中也。”袺，一名䙁[1]。襭，一名褱。

[注] [1]《廣雅疏證》：“《管子·輕重篇》：‘丁壯者胡丸操彈。’

胡，與‘䊀’通。”

幭無髮反、**帊**、**襎**樊音**裷**於翻反、**帍**，**幞**扶欲反**也**。**帷**、**幔**、**幬**池流反、**幕**、**帟**，**帳也**。

幭、**帳**者，《說文》：“帳，張也。”《釋名》：“帳，張也。張施於牀上也。小帳曰斗，形如覆斗也。”《玉篇》：“帳，帷也，幬也，”“幭，帊幞也。蓋幭也。”

帊者，《玉篇》：“帊，匹嫁切。幞帊也。”

襎裷者，《方言》：“襎裷謂之幭。”郭注：“即帊幞也。煩、寃兩音。”《韓非子·外儲說左篇》：“衛人有佐弋者，鳥至，因先以其裷麾之焉。”《說文》：“帣，幡也。”無“幡帣”二字。是《方言》之“襎裷”，即《說文》之“幡帣”矣。郭音是矣。

帍者，疑與“帿”同。《玉篇》：“帿，户廣切。帷幔也。”

幞者，《玉篇》：“幞，巾幞也。”

帷者，《說文》云：“在旁曰帷。古文作‘匯’。”《釋名》：“帷，圍也。所以自障圍也。”《玉篇》：“帷，幕也。帳也。”

幔者，《說文》：“幔，幕也。”

幬者，《說文》：“㡎，禪帳也。”《爾雅》：“幬謂之帳。”郭注：“今江東亦謂帳爲幬。”《釋文》：“幬，本或作‘㡌’。”《召南·小星》：“抱衾與裯。”傳：“裯，禪被也。”箋：“裯，牀帳也。”孔疏引《鄭志》：“張逸問：‘此箋不知何以易傳？又諸妾抱帳進御於君，有常寢，何其碎？’荅曰：‘今人名帳爲裯，雖古無名被爲裯，諸妾何必人抱一帳？施者因之，如今漢抱帳也。’”宋玉《招魂》：“羅幬張些。”

幕者，《說文》云：“帷在上曰幕。”《釋名》：“幕，幕絡也。在表之稱也。”江淹《别賦》：“撫錦幕而虚凉。”李善注引《纂要》云：“帳曰幕。”

帟者，余石切。《玉篇》：“帟，平帳也。”《釋名》：“小幕曰帟，張在人上帟帟然也。”《天官·幕人》注：“幄、帟，以繒爲之。”舊本“帟”作“奕[1]”，疑古字通。

[注] [1]静本、愛本誤作“帟”。

幒布迷反、啖叱占反，嗛簾[1]音也。

《説文》：“嗛，帷也。”《釋名》：“嗛，廉也。自障蔽爲廉恥也。”《玉篇》：“嗛，力沾切。張也。施之户外也。”

幒者，《玉篇》：“幒，車幒也。又車帷也。”

啖者，《玉篇》：“啖，車幒也。或作‘裧’。”

[注] [1]“嗛”、“簾”，静本、愛本作“嗛”、“簾”。“簾音”，《博雅音》作“廉音”。

髮謂之鬊舜音。髢謂之髲。

《説文》：“髮，根也。或作‘䯬’。古文作‘頿’。”《釋名》：“髮，拔也。拔擢而出也[1]。”

鬊者，鬊，舒閏切。《説文》：“鬊，鬌髮也。”又云：“𡿺，古文‘百’也。巛，象髮，謂之鬊。鬊，即巛也。”

髢、髲者，大計切。舊本脱“髢”字，今以意補之。《説文》：“鬄，髲也。或作‘髢’。”又云：“髲，鬄也。平義切。”《釋名》：“鬄，剔也。剔刑人之髮爲之也。”“髲，髮被也。髮少者得以被，助其髮也。”《少牢禮》云：“主婦被裼。”鄭注：“被裼，讀爲髲鬄。古者或剔賤者、刑者之髮，以被婦人之紒爲飾，因名髲鬄焉。”此《周禮》所謂“次”也。《左氏哀十七年傳》："衛莊公見己氏之妻髮美，使髡之，以爲吕氏髢。"髮，亦作"被"。《召南·采蘩》："被之僮僮。"傳："被，首飾也。"

[注] [1]静本、愛本衍"謂之"二字，已删。

屝、屨、麄、舄昔音**、屐**他梅反**、鞨**乎末反**、不借、鞠角、𩋾**士角反**、屣**所爾反**、薄革、鞮**低音**，履也。**

此釋履之名及其飾與帶也。《説文》："履，足所依也。從尸、從彳、從夂，舟象履形。古文作'䪗'。"《釋名》："履，禮也。飾足所以爲禮也。"崔豹《古今注》："履者，屨之不帶者也。"《方言》："屝、屨、麤，履也。徐、兖之郊謂之屝。自關而西謂之屨。中有木者謂之複舄。自關而東，複履其庳者謂之鞔，下禪者謂之鞮，絲作之者謂之履，麻作之者謂之不借，麤者謂之屨。東北、朝鮮、洌水之間，謂之鞠角。南楚、江、沔之間，總謂之麤。西南、梁、益之間，或謂之屐，或謂之屩。履，其通語也。徐土、邳圻之間，大麤謂之鞠角。"

屝者，拂沸切。《説文》："屝，履也。"《釋名》："齊人謂韋屨曰屝。屝，皮也[1]。以皮作之。"《左氏僖四年傳》："供其資糧屝屨。"杜注："屝，草屨。"

屨者，九遇切。《説文》："屨，履也。"《釋名[2]》："屨，拘也。所以拘足也。"《天官·屨人》注："複下曰舄，禪下曰屨。古人言屨以通於複，今世言屨以通於禪。俗易語反與。"

麄者，《方言》作"麤"。《釋名》："麤，措也，言所以安措足也。"案，麤，當作"蘪[3]"。《説文》："蘪，草履也。"

舄者，《釋名》："複其下曰舄。舄，腊也。行禮久立，地或泥溼，故複其末下，使乾腊也。"《天官·屨人》注："舄有三等：金舄爲上，冕服之舄；下有白舄、黑舄。”崔豹《古今注》：“舄，以木置履下，乾腊，不畏泥溼也。天子赤舄，凡舄色皆象於裳。”《三禮圖》云：“屨舄，各象裳色。王舄有三，冕服則赤舄，韋弁、皮弁則白舄，冠弁之服則黑舄。王后亦三舄，配韋衣青舄，配揄翟赤舄，配闕翟鞠衣，已下皆屨。”

屦者，《玉篇》：“屦，履也。西南，梁、益謂履曰屦。屐，同上。”

鞨者，《急就篇》云：“靸鞮卬角鞨韤巾。”

不借者，《釋名》云：“不借言賤，易有，宜各自蓄之，不假借人也。齊人云搏腊，搏腊猶把鲊[4]，麤皃也。荆州人曰麤麻、韋車，皆同名也。”《喪服》傳注：“繩屝，今之不借。”趙岐《孟子》注：“蹝，草履也。敝喻不借。”《齊民要術》云：“草履之賤者曰不借。”是“不”與“搏”，“借”與“腊”、“惜”，皆字異義同。

靰角者，《說文》：“靰角，鞮屬。”《釋名》云：“仰角，屐上施履之名也。行不得蹶，當仰履角，舉足乃行也。”郭注《方言》云：“靰角，今漆[5]履有齒者。”

鞴者，似足切。《玉篇》：“鞴，鞮也。”

屣者，《說文》作“蹝”。云：“鞮屬。”

薄革者，顏注《急就篇》云：“鞮，薄革。小履也。”是“薄革”爲鞮之别名。舊本訛爲“薄平”，今訂正。

鞮者，都兮切。《說文》：“鞮，革履也。”《曲禮》曰：“鞮屨。”鄭注：“無絇之屝[6]也。”《周禮·序官·鞮鞻氏》注：“鞻，讀如屨。鞮屨，四夷舞者所屝也。今時倡蹋鼓沓行者自有屝。”

[注] [1]静本、愛本誤作“切”。[2]静本、愛本誤作“文”。[3]静本、愛本誤作“麤”。[4]静本、愛本作“鲜”。[5]愛本誤作“膝”。[6]静本、愛本誤作“扉”。

其緣謂之無繰其於反。**其紟**渠禁反**謂之綦。**

上文以“無繰”、“綦”爲“綵”，則是履之飾也。《漢書・賈誼傳》：“今人賣童僕者，爲之繡衣絲履偏諸緣。”桓寬《鹽鐵論》：“古者庶人鹿菲草芰，縮絲尚韋而已。及其後，則綦下不借，鞔鞮革舄。今富者革中名工，輕靡使容，紈裏紃下，越端縱緣。”

無繰者，案，無繰，疑即“絇”也，亦作“句”。《天官・屨人》“青句”注：“句當爲絇。舄履[1]有絇者，飾也。”《士冠禮》：“玄端，黑屨，青絇。”鄭注：“絇之言拘也。以爲行戒，狀如刀衣，鼻在屨頭也。”案，“絇”在屨頭，有孔穿繫於中，而結於足。

紟者，履帶也。《說文》作“衿”。云：“衣系也。籀文作‘絵’。”揚雄《反離騷》云：“衿芰茄之緑衣兮。”應劭曰：“衿，音‘衿系’之‘衿’。衿，帶也。”是“衿”與“紟”同。

綦者，《說文》：“緀，不借緀。或作‘綦’。”徐鉉《新補字》内則注云：“綦，履繫。”《夏官・弁師》注：“璂，讀如‘薄借綦’之‘綦’。綦，結也。”《穀梁傳》：“齊謂之綦，楚謂之踂，衞謂之輒。”是“綦”與“系帶”，所以絆縶其履者歟。

[注] [1]静本、愛本誤作“屢”。

鞈古匣反**鞇**沙音、**鞡**素落反**鞢**大洛反、**鞁**[1]**，屐**靴音**也。**

孫侍御曰：《廣韻》：“屐，鞮屬。本作‘鞾’。”

鞈鞇者，《說文》：“鞅，鞮，鞅沙也。”鞅沙，即“鞈鞇”，古今字。《玉篇》：“鞈，鞈鞇履。”《廣韻》：“鞈鞇，胡履。”

鞡鞢者，《釋名》：“鞡鞢，鞾之缺前壅者。胡中所名也。鞡鞢猶速獨，足直前之言也。”《急就篇》云：“旃裘鞡鞢蠻夷民。”《玉篇》：“鞡鞢，履也。”

鞁者，《說文》：“小兒履也。讀如沓。”《釋名》：“鞁，韋履深頭者之名也。鞁，襲也。以其深襲覆足也。”顔注《急就篇》云：“鞁謂韋履，頭深而兌，平底者也。今俗呼謂之跣子。”

[注] [1]静本、愛本脱“鞁”字。

扉平馬反、**屐**渠戟反、**屣**，**屩**脚音**也。**

《說文》：“屩，屐也。居勺切。”《釋名》：“屩，蹻也。出行著之蹻蹻輕便，因以爲名也。”字或作“蹻”。《漢書・卜式傳》：“布衣中蹻而牧羊。”顔師古曰：“蹻，即今之鞋也。南方謂之蹻。”

扉者，亾百切。《說文》：“扉，履也。一曰青絲頭履也。讀若‘阡陌’之‘陌’。”《方言》：“履，西南，梁、益之間，或謂之扉。”《玉篇》：“扉，扉屣也。”桂進士馥曰：“扉，當從尸。諸書皆誤從户。”《玉篇》“乎雅切”與《說文》切音不近。《集韻》：“扉，或作‘屡’。”《玉篇》：“屡，履同。”

屐者，《說文》：“屐，屩也。”《釋名》：“屐，搘也。爲兩足搘以踐泥也。帛屐，以帛作之如屩者。不曰帛屩者，屩不可踐泥也。屐，踐泥者也。此亦可以步泥而浣之，故謂之屐也。”

屣，義見上文。

緻直利反**謂之緶**部典反**。**

緻、緶者，《玉篇》：“緻，緶緻也。緶，履底緶也。”又云：“緻，履底也。”

緉兩音、**緛**爽音，**絞**古爪反**也。**

緉、緛者，此《方言》文也。又云："關之東西，或謂之緉，或謂之緛。絞，通語也。"郭注："謂履中絞也。"案，《說文》："緉，絞也。"《玉篇》："緛，履中絞也。"《廣韻》："緛，屩中絞繩。"

縝敕真反、**縷**力主反，**纑**來乎反**也。**

縝、縷、纑者，《說文》："纑，布縷也。""縷，綫也。"《方言》："纑謂之縝。"郭注："謂纑縷也。"《孟子》："妻辟纑。"趙岐注："緝績其麻曰辟，練其麻曰纑，故曰辟纑。"《玉篇》："縝，絲纑縷也。"

萆婢亦反**謂之衰**散禾反**。**

萆、衰者，《說文》："衰，艸雨衣。秦謂之萆[1]。"《公羊定元年傳》："仲幾之罪，何不蓑城也？"何休注[2]："若今以草衣城也。"魏揚州刺史劉馥高爲城壘，多積木石，編作草苫數千萬枚爲備。及吴圍合肥，天連雨，城欲崩，於是以苫蓑覆之，即何休"草衣城"之法也。《淮南·齊俗訓》："今之裘與蓑孰急？見雨則裘不用，升堂則蓑不禦，此代爲常者也。"

[注] [1]静本、愛本誤作"卑"。[2]静本誤作"住"。

簦登音**謂之笠。**

簦、笠者，《說文》："簦，蓋也。""笠，簦無柄也。"《小雅·都人士》傳："笠，所以禦雨。"《吴語》云："簦笠相望於艾陵。"唐固曰："簦，夫須也。"韋昭曰："簦、笠，備雨器也。"《史記·平原君列傳》："躡蹻擔簦。"徐廣曰："簦，長柄笠。音登。笠有柄者謂之簦。"顏注《急就篇》云："簦、笠，皆所以禦雨也。大而有把，手執以行謂之簦。小而無把，首戴以行，謂之笠。”

幢直江反**謂之翿**大告反。

幢、翿者，《方言》：“翿、幢，翳也。楚曰翿。關西、關東皆曰幢。”郭注：“舞者所以自蔽翳也。”翿，《説文》作“翢”。云：“翳也。所以舞也。”引《詩》：“左執翢。”

幨侈占反**謂之幰**火偃反。

幨者，《衆經音義》引《倉頡篇》：“布帛張車上爲幰。”《玉篇》：“幨，亦作‘裧’。”《士[1]昏禮》：“婦車有裧。”鄭注：“裧，車裳帷。”《周禮》謂之“容”。

[注] [1]静本、愛本脱“士”字。

篽、籞語音、**罧**力枕反，**翳也**。

《方言》：“翳，薆也。”《説文》：“薆，蔽不見也。”是“翳”爲隱蔽之義。

篽、籞者，《説文》：“篽，惟射所蔽者也。”“御，禁苑也。或作‘魰’。”案，篽籞，或作“嚴篽”。《漢書·元帝紀》：“詔罷嚴篽池田。”晋灼曰：“嚴篽，射苑也。”又《宣帝紀》：“詔池篽未御幸者，假與貧民。”蘇林曰：“折竹以繩，緜連禁禦，使人不得往來。律名爲篽。”服虔曰：“篽，在池中作室，可用棲鳥，鳥入中則捕之。”臣瓚曰：“篽者，所以養鳥。設爲藩落，周覆其上，令鳥不得出。猶苑之設獸、池之畜魚也。”

罧者，罧，與“罧”同。《説文》：“罧，積柴水中以聚魚也。”《爾雅》作“槮”。云：“槮謂之涔。”李巡曰：“今以木投水中養魚曰涔。”孫炎曰：“積柴養魚曰槮。”舍人曰：“以米投水中養魚曰涔也。”郭璞曰：“今之作槮者，聚柴木於水中，魚得寒入其裹藏隱，因以薄圍捕取之。”《淮南・說林訓》：“罧者扣舟。”高誘注：“罧者，以柴積[1]水中以取魚，魚聞擊舟聲，藏柴下，壅而取之也。”罧，讀“沙槮”之“槮”。今沇州人積柴水中捕魚爲“罧”，幽州名之爲“槮”也。

[注] [1]静本、愛本誤作“即”。

幖必昭反、**徽**吁飛反、**帾**帶古反、**㡘**子堅[1]反、**帣**憶音、**幟**，**幡**翻音**也。**

崔豹《古今注》云：“信幡，古之徽號也。所以題表官號，以爲符信，故謂之信幡也。乘輿則畫爲白虎，取其義而有威信之德也。用鳥書，取其飛騰輕疾也。”

幖者，《說文》：“幖，幟也。”《玉篇》：“幖，幡也。”本此。

徽者，《說文》：“徽，幟也。以絳徽帛，箸於背。”《禮・大傳》云：“聖人南面而治天下，必改正朔、殊徽號。”鄭注：“徽號，旌旗之名也。”《周禮・大司馬》：“中夏，教茇舍，辨號名之用。帥以門名，縣鄙各以其名，家以號名，鄉以州名，野以邑名。百官各象其事，以辯軍之夜事。”鄭注：“號名者，徽幟。所以相別也。”《左氏昭二十一年傳》：“揚徽者，公徒。”杜注：“徽，識也。”孔疏：“徽識，制如旌旗。書其所任之官與姓名於其上，被之於背，以備其死，知是誰之尸也。”亦通作“揮”。張衡《東京賦》：“戎士介而揚揮。”薛綜曰：“揮，爲肩上絳幟，如燕尾。”陳琳《爲袁紹檄豫州》云：“揚素揮以啟降路。”李善曰：“揮，與‘徽’，古通用。”是“徽”垂肩而著於背也。

帾者，《玉篇》：“帾，幡也。”本此。

㡘者，《說文》：“㡘，幟幡也。”

帊者，《集韻》："帊，幡也。"本此。舊本"帊"訛從"卬"，今訂正。

幟者，《史記》："旗幟皆赤。"司馬貞曰："幟，或作'識'，或用'志'。"案，幟，《漢書》通用"織"。

[注] [1]静本、愛本作"娶"。

袠於劫反**謂之袠。**

袠、帙者，《説文》："袠，書囊也。""帙，書衣也。或作'袠'。"蕭統《文選·序》："詞人才子，則名溢於縹囊；飛文染翰，則卷盈乎緗帙。"

幃謂之幐。

幃、幐者，《説文》："幃，囊也。""幐，囊也。徒登切。"《離騷》："椴又欲充夫佩幃。"王逸注："幃，盛香之囊。"又云："蘇糞壤以充幃兮。"王逸注："幃謂之幐。幐者，香囊也。"幃，通作"褘"。《爾雅》："婦人之褘謂之縭。"郭注："即今之香纓也。褘邪交落帶繫於體，因名爲褘。"

帣卷音、**橐、䩣**大河反，**囊也。**

《説文》："橐[1]，橐也。"今作"囊"。《大雅·公劉詩》傳："大曰囊，小曰橐。"疏云："《宣二年左傳》稱趙盾見靈輒餓，食之。又遺之簞食與肉，置諸橐以與之，是其小也。《哀六年公羊傳》稱陳乞欲立公子陽生，盛之巨橐，而内可以容人，是其大也。"

帣者，居倦切。《説文》："帣，囊也。今鹽官三斛爲一帣。"

橐者，《説文》："橐，囊也。"《詩》、《釋文》引《説文》："無底曰囊，有底曰橐。"

鞄者，《玉篇》："鞄，馬上連囊也。"

[注] [1]静本此處空白。

絭苦員反**謂之纕。**

絭、纕者，《說文》："絭，攘臂繩也。居願切。""纕，援臂也。汝羊切。"

鑑謂之鏡。

鏡者，《說文》："鏡，景也。"《釋名》："鏡，景[1]也，言有光景也。"《淮南子》："鏡不設[2]形，故能形也。"高誘注："鏡不預設人形皃，清明以待人形，形見則見之。"陸機《演連珠》："鑑之積也無厚，而照有重淵之深。"

[注] [1]静本、愛本誤作"竟"。[2]静本、愛本誤作"說"。

梳、枇、笸姬音**，櫛也。**

《說文》："櫛，梳、比之總名也。"鄭注《士冠禮》云："古文'櫛'爲'節'。"

梳、枇者，《說文》："梳，理髮也。"《釋名》："梳，言其齒疏也。數言比，比於踈，其齒差數也。比言細相比也。"《史記·匈奴列傳》："漢文帝遺單于比余。"《漢書》作"比疎"。顏注《急就篇》云："櫛之大而麤，所以理鬢者，謂之疏，言其齒稀疏也。小而細，所以去蟣蝨者，謂之比，言其齒密也，皆因其體以立名。""枇"、"比"，古字通。

笸者，居之切。《說文》："笸，取蟣比也。"

艓丑列反**謂之舣。**

艓、舣者，《玉篇》："艓，角[1]也。""舣，艓也。楚加切。"本此。

[注] [1]静本、愛本誤作"負"。

笄、鞮低音、**笳，簪**作甘反**也。**

簪，舊本譌爲"鬵"。攷下文"筬謂之簪"，《玉篇》作"鬵"，别是一物，今訂正。《說文》："兂，首笄也。從匕。象簪形。俗作'簪'。"周時未有簪名。經傳皆作"笄"。《隋書·禮儀志》引《釋名》："簪，建也。所以建冠於髮也。一曰笄。笄，係也。所以拘冠使不墜也。"《史記》："平原君誇楚，爲玳瑁簪。"班固《與弟書》云："今遺仲升以黑犀簪。"

笄者，《說文》："笄，簪也。"《五音集韻》："笄，或作'筓'，同。"《士冠禮》云："皮弁笄，爵弁笄。"注云："笄，今之簪也。"梁正、阮氏《圖》云："士以骨，大夫以象。"《晉語》："范文子退朝。武子擊之杖，折委笄。"笄貫於委，故曰"委笄"，古之笄，漢之簪也。韋昭以"委"爲"委皃"，非也。《夏官·弁師》："五冕之紐。"注云："紐，小鼻在武上，笄所貫也。今時冠卷當簪者，廣袤似冠縱，其遺象歟。"攷武者"冠卷"，一名"委"。所謂"冠卷當簪者"，冕之紐也。

鞮者，徒兮、丁兮二切。《玉篇》："鞮，簪也。"本此。

笳者，曹憲無音，疑與"帤"同，即"副笄六珈"之"珈"也。《太玄·瞢》"上九"云："男子折笄，婦人易帤。"司馬光注云："帤，笄飾。男子有笄，妇人帤之以飾。"

帼帨啼音**謂之怍**在故反**。**

帼帨、怍者，《玉篇》："帼，許格切。""帨，大兮切。""帼帨，赤紙也。”“帣，音昨。帣㡆。”舊本“㡆”訛“絃”，今訂正。惠士奇《禮說》云：“幱㡆，幡簿也。《埤蒼》云：‘幱㡆，赤紙。’所謂赫蹏書。”孔穎達云：“近世《魏律》緣坐配没爲工樂、雜户者，皆用赤紙爲籍，其卷以鉛爲軸。蓋古之幡簿也，丹書之遺法。”

縢大能反、**縐**朔音，**緘**古咸反**也。**

《説文》：“緘，束篋也。”鄭注《喪大記》云：“齊人謂棺束爲緘。”

縢者，《説文·糸部》義也。《周書·金縢》：“乃納冊於金縢之匱中。”鄭注：“縢，束也。”《秦風·小戎》：“竹閉緄縢。”傳：“縢，約也。”《莊子·胠篋篇》：“則必攝緘縢。”《釋文》：“縢，向、崔本作幐[1]。崔云：‘約也。’”又引《廣雅》云：“緘、縢，皆繩也。”

縐者，山卓切。《玉篇》：“縐，緘也。”本此。

[注] [1]静本、愛本作“縢”，據《廣雅疏證》改。

紲思列反、**㡆**宏薨反、**纆**覓音、**緝**而勇反、**紩**直乙反、**緪**、**絃**呼眪反。今人以此爲“弓弦[1]”，失之也、**縻**無悲反、**紖**直忍反、**縋**直僞反、**縿**力冉反、**纆**思絹反、**徽**、**纆**墨音、**綯**陶音、**筊**肴音、**纍**力追反、**繩**，**索也。**

《説文》：“索，草有莖葉，可作繩索。”《書·五子之歌》：“凜乎若朽索之馭六馬。”

紲者，《説文》：“紲，系也。或作‘緤’。”《玉篇》：“紲，馬韁也。凡繫纍牛馬皆曰紲。”《左氏僖二十四年傳》：“臣負羈紲。”

㡆，未詳。疑與“縭”通。《説文》：“縭，繫縭也。郎[2]兮切。”舊本“㡆”字下有小注“宏薨”二字，此必非“㡆”字之音。或古本《廣雅》有“紘”字音爲“薨”，疑不能定矣[3]。

繉[4]者，亾狄切。《玉篇》：“繉，索也。”《集韻》：“荆州謂帆索曰繉。”

緝者，皮之索也。《玉篇》：“緝，亦作‘鞋’。”又云：“鞋，革也。”

紩者，《玉篇》：“紩，索也。”本此。

縆者，《說文》：“縆，大索也。”

紘，未聞。

縻者，牛之索也。《說文》：“縻，牛轡也。或作‘絼’。”

紖者，《說文》：“紖，牛系也。讀若矤。”《玉篇》：“紖，索也。”本此。

縋者，懸之索也。《說文》：“縋，以繩有所縣也。”《左氏昭十九年傳》：“夜縋納師。”《玉篇》：“縋，懸索也。”本此。

縿、繏者，《方言》云：“所以縣欂[5]，關西謂之縿。東齊、海、岱之間謂之繏。”《玉篇》：“縿，懸薄横也。”“繏，懸槌索。”

徽、纆者，上，許非切；下，亾北切。《說文》：“徽，三糾繩也。”“纆，索也。”《易·釋文》：“劉云：‘三股曰徽，兩股曰纆。’《字林》云：‘糾，兩合繩。纆，三合繩。’”《莊子·駢拇篇》：“約束不以纆索。”《淮南·說林訓》：“予拯溺者金玉，不若尋常之纆索。”

綯者，大刀切。郭璞《方言》注云：“綯，亦繩名。今江東通呼‘索’。”《玉篇》：“綯，糾絞繩索也。”

筊者，與“絞”同。

纍者，《說文》：“纍，大索也。”《玉篇》：“纍，黑索也。”

繩者，《說文·糸部》義也。《大雅·緜》：“其繩則直。”

[注] [1]静本、愛本誤作“絃”，據《博雅音》改。[2]静本、愛本誤作“都”。[3]《廣雅疏證》作“紘”。“紭”爲“紘”之異體。[4]静本、

愛本作"繶"。[5]静本、愛本作"綿"。

繘橘音、**絡**洛音，**綆**古猛反**也。**

《説文》："綆，汲井綆也。"《左氏襄九年傳》："具綆缶。"杜注："綆汲索。"通作"絙"。《漢書·枚乘傳》："單極之絙斷。"晉灼云："絙，古'綆'字。"

繘者，《方言》："繘，自關而東，周洛、韓、魏之間，謂之綆，或謂之絡。關西謂之繘。"郭注："汲水索也。余聿切。"《説文》："繘，綆也。"

絡者，《玉篇》："繞也，縛也。"

絫力追反、**繯**泫音，又乎串反，**絡也。**

"絡"與"綆"，義相近，故又别而言之。

絫，與"纍"同。

繯者，乎畎切。《方言》："所以縣榺，宋、魏、陳、楚、江、淮之間，謂之繯，或謂之環。"

輅、**軲**枯、姑二音，**車也。軒**、**轉**片各反、**輼**温音、**輬**涼音、**轒**墳音、**輑**於云反、**軿**蒲眠反、**輀**而音、**軺**彫音、**輂**己足反、**輜**、**輦**、**輰**陽音**轞**、**輵**烏音**頭**、**轣轆**衢[1]音、**柳，車也。**

《淮南·説山訓》："見飛蓬轉而知爲車。"《説文》："車，輿輪之總名。夏后時奚仲所造，象形。"《吕氏春秋》："奚仲作車。"高誘注："奚仲，黄帝之後。任姓也。"傳曰："爲夏車正，封於薛。"《釋名》："車，古者曰車聲如居，言行所以居人也。今曰車聲近舍[2]。車，舍也。行者所處若車舍也。"《玉篇》引《古史考》："黄帝作車，引重致遠。少昊時加牛。禹時，奚仲加馬。周公作指南車。"

輅者，古通“路”。《論語》：“乘殷之輅。”《釋文》：“本亦作路。”《釋名》：“天子所乘曰玉輅，以玉飾車也。輅，亦車也，謂之輅者，言行於道路也。象輅、金輅、木輅，各隨所以爲飾名之也。”《周禮·巾車》：“掌王之五路：一曰玉路，二曰金路，三曰象路，四曰革路，五曰木路。”《續漢志》云：“天子五路，以玉爲飾，錫樊纓十有再就，建太常，十有二旒，九仞曳地。秦閲三代之禮。漢承秦制，御爲乘輿，所謂孔子乘殷之輅者也。”

軲者，《廣韻》：“軲，車也。”本此。“車也”者，案，此二字或有誤，疑衍文。自來字書家引此以“軒”、“輧”等，皆爲“柳車”，沿誤本也。

軒者，《説文》：“軒，曲輈藩車。”《玉篇》：“軒，大夫車。”《左氏定十三年傳》：“齊侯斂諸大夫之軒。”《哀十五年傳》稱衛太子謂渾良夫曰：“苟使我入國，服冕乘軒。”是“軒”爲大夫車也。又諸侯之夫人亦乘軒。《閔二年傳》稱齊桓公遺衛夫人“魚軒”。夫人乘軒，疑諸侯亦乘軒，故《檜風·侯人》傳云：“大夫以上，赤芾乘軒也。”

轉，未詳。

轀、輬者，《説文》“轀”、“輬”皆云“卧車”也。《史記·李斯列傳》：“宦者輒從轀輬車中，可諸奏事。”又《漢書》注：“文穎曰：‘轀輬車，如今喪輀車。’”孟康曰：“如衣車，有窻牖，閉之則温，開之則涼，故名。”如淳曰：“其車廣大，有羽飾。”臣瓚曰：“杜延年奏，載霍光柩以輬車，駕大廄白虎駟，以轀車駕大廄白鹿[3]駟爲倅。”顏師古曰：“轀輬，本安車也。可以卧息。後因載喪，飾以柳翣，故遂爲喪車。後人[4]合二名呼之耳。”

轒、輓者，《玉篇》：“轒輓，兵車。”案，轒輓，亦作“轒轀”。《太平御覽》引《太公六韜》云：“凡三軍有大器。攻圍邑，有轒轀、臨衝。視[5]城中，則有雲梯、飛樓。”又周遷《輿服雜事》云：“轒轀，今之橦車也。其下四輪，從中椎之，至敵城下。”《長楊賦》：“碎轒轀，破穹廬。”

應劭曰："轒輼，匈奴車也。"服虔曰："轒輼，百二十步兵車，或可寢處。"杜佑《通典》云："攻城戰具，作四輪車。上以繩爲脊，生牛皮蒙之。下可藏十人。填隍推之，直抵城下，可以攻掘，金、火、木、石所不能敗，謂之轒輼車。"

軿者，《說文》："軿，輜車也。"《釋名》："軿車。軿，屏也。四面屏蔽，婦人所乘，駕牛馬也。輜、軿之形同，有邸曰輜，無邸曰軿。"

輀者，《說文》："輀，喪車也。"《釋名》："輿棺之車曰輭。輭，耳也。懸於左右前後，銅魚、摇絞之屬，耳耳然也。"潘岳《寡婦賦》："龍輭儼其星駕兮。"李善注引丁儀妻《寡婦賦》："駕龍輭於門側。"案，"輀"、"輭"，字異義同。

軺者，《說文》："軺，小車也。"《釋名》："軺車，軺，遥也。遠也。四向遠望之車也。"《史記·貨殖列傳》："其軺車百乘。"徐廣曰："馬車也。"

輂者，《說文》："輂，大車駕馬也。"《史記·淮南厲王列傳》："謀以輂車四十乘反谷口。"徐廣曰："大車駕馬曰輂。"

輜者，《說文》："輜，軿車前、衣車後也。"《釋名》："輜車，載輜重、卧息其中之車也。輜，厠也。所載衣物雜厠其中也。"《春秋》疏云："輜車，蔽前後以載物，載物必重，謂之重車。人挽以行，謂之輦。輜重、輦，一物也。"《襄十年傳》稱："秦堇父輦重如役。"挽此車也。《漢書·張良傳》："上雖疾，强載輜車，卧而護之。"顔師古曰："輜車，衣車也。"

輦者，《說文》："輦，輓車也。從扶，在車前引之。"《釋名》："輦車，人輓也。"《春秋》疏義云："《司馬法》云：'夏后氏謂輦車曰余車，殷曰胡奴車，周曰輜輦。輦，一斧、一斤、一鑿、一梩、一鋤。周輦加二版、二築。'"又云："夏后氏二十人而輦，殷十八人而輦，周十五人而輦。

說者以爲夏出師不踰時，殷踰時，周歷時，故前世輦少，而後世輦多也。”輦，通作“連”。《地官・鄉師》“輂輦”注云：“故書‘輦’爲‘連’。”《易・蹇》：“六四：往蹇來連。”虞翻曰：“連輦。”《管子・立政篇》：“畜連乘車。”《海王篇》：“服連軺輦。”皆以“連”爲“輦”。

輰轋者，上，餘章切；下，似醉切。《玉篇》：“輰，輰轋車。”

鶤頭者，上，烏古切。未詳[6]。

鸞軥者，軥，與“鉤”通。《明堂位》：“鸞車，有虞氏之路也。鉤車，夏后氏之路也。”鄭注：“鸞，有鸞和也。鉤，有曲輿者也。”孔疏：“路則車也。鉤，曲也。輿則車牀[7]。曲輿，謂曲前闌也。虞質，未有鉤矣。”《釋名》：“鉤車，以行爲陣，鉤股曲直有正。夏所制也。”《詩》毛傳：“夏后氏曰鉤車，先正也。殷曰寅車，先疾也。周曰元戎，先良也。”

柳者，力久切。舊本作“枊”，誤。今從《集韻》所引訂正。《玉篇》：“轞，載柩車也。或作‘栁’，同。”案，柳車，一名廣柳車。《漢書・季布傳》：“廼髡鉗布，衣褐，置廣柳車中。”服虔曰：“東郡謂‘廣轍車’爲‘廣柳車’。”晉灼曰：“《周禮》說‘衣翣柳’。柳，聚也。衆飾之所聚也。此爲載以喪車，欲人不知也。”《三禮圖》云：“柳車，名有四：‘殯謂之輴車，葬謂之柳車，以其迫地而行則曰蜃車，以其無輴則曰軫車。’阮氏《圖》云：‘柳車，四輪一轅，車長丈二尺，廣四尺，高五尺。’《周禮》謂之‘蜃車’。”

[注] [1]《博雅音》：“當讀爲‘鉤’。”[2]静本、愛本脱“聲近舍”三字。[3]静本、愛本誤作“虎”。[4]愛本衍“人”字，已删。[5]静本、愛本脱“視”字。[6]《廣韻》：“鶤，車頭中骨也。”[7]静本、愛本誤作“林”。

罌嬰音**謂之鈁**方音。

鈁者，《玉篇》以爲“鐘”，《廣韻》以爲“鑊”。案，上下文俱言車制，然則此“鈁”是“鈁銃”。《説文》作“防銃”。《獨斷》及他書俱作“鈁銃”。

維素對反**車謂之麻鹿。道軌謂之鹿車。**

此釋維車之名也。

維車、麻鹿、道軌、鹿車者，《説文》：“維，著絲於筟車也。”“筟，筳也。”“筳，維絲筦也。”《方言》：“維車，趙、魏之間謂之轣轆。東齊、海、岱之間，謂之道軌。”轣轆，與“麻鹿”同。鹿車，即“麻鹿”也。《玉篇》：“維車，亦名軌車。”

靬于音**謂之鞶。鞙**子入反**謂之𩏧**解音。

靬、鞶者，《玉篇》：“靬，宇夫切。鞧内環靼也。”《廣韻》：“靬，鞶革。”

鞙、𩏧，未詳[1]。

[注] [1]《廣雅疏證》：“‘𩏧’爲‘鞧’之異文，而‘鞙’爲‘鞙’之譌字也。《説文》：‘鞙，大車縛軛靼。’《集韻》：‘鞙，馬勒也。’皆束縛之意也。”

轅謂之輈。

轅、輈者，《説文》：“轅，輈也。”《釋名》：“轅，援也。車之大援也。”“輈，句也。轅上句也。”《方言》：“轅，楚、衛之間謂之輈。”《秦風·小戎》：“五楘梁輈。”傳：“楘，歷録也。梁輈上句衡也。一輈[1]五束，束有歷録。”《攷工記》：“輈人爲輈。”《左傳》：“挾輈以走，伯棼射王，汏輈。”鄭注並云：“輈，車轅也。”《小爾雅》：“轅謂之輈。”

[注] [1]静本、愛本誤作“舟”。

弸冰音**轅謂之靳。**

靳者，《説文》：“靳，當膺也。”古亦謂之“纓”。《春官·巾車》注：“纓，今馬鞅。”先鄭以“纓”爲“當胷”。《左氏僖二十八年傳》：“子玉爲瓊弁玉纓。”張衡賦以爲“馬飾”。薛綜曰：“纓，馬鞅。”案，《釋名》：“鞍，嬰也。喉下稱嬰，言纓絡之也。其下飾曰樊纓，其形樊樊而上屬纓也。”是“馬纓”即“馬鞅”。又名“靳”也。《左氏定九年傳》：“吾從子，如驂之靳。”《小戎》：“游環脅驅。”傳：“游環，靳環也。”沈重曰：“靳者，言無常處，游在驂馬背，以驂馬外轡貫之，以止驂之出。”《釋名》：“游環，在服馬背上、驂之外轡貫之，游移前却無定處也。”

輫徘音、**轓**甫袁反**，箱也。**

《説文》：“箱，大車牝服也。”《小雅·大東》：“不以服箱。”傳：“箱，大車之箱也。”戴吉士震曰：“大車之較謂之牝服，其内謂之箱輿，有式較高卑之分，箱則其上齊平。”

輫者，《方言》：“箱謂之輫。”

轓者，《玉篇》：“轓，車箱。”本此。

軓扶福反**謂之軾。**

《説文》：“軾，車前也。”

軓，《説文》作：“絥，車絥也。或作‘茯’，又作‘鞴’。”《釋名》：“軓，伏也。在前，人所伏也。軾，式也。所伏以式敬者也。”“軓”、

"絥"、"鞦"、"茯"、"鞴"，音義同。

轓謂之皈反音。

《說文》："皈，車耳反出也。"是言車之兩反旁出如耳也。

轓者，《漢書·景帝紀》："令長吏二千石車朱兩轓，千石至六百石朱左轓。"應劭曰："車耳反出，所以爲之藩屏、翳塵泥也。二千石雙朱，其次乃偏其左，皈以簟爲之，或用革。"如淳曰："轓，音反。小車兩屏也。"《太玄·積》"次四"曰："君子積善，至於車耳。測曰：'君子積善，至於藩也。'"注云："藩，車耳。"惠士奇《禮說[1]》云："司戈盾掌建乘車而設藩盾。舍則設之，行則斂之。康成謂'藩盾'如今'扶蘇'，與'胥'古文通，故'扶蘇'，一作'扶胥'。蓋秦、漢間語。周之藩盾也，建之乘車，以蔽左右，軍旅會同，前後拒守。大者八尺輪，三十六乘。輓者，每乘二十四人，以大扶胥爲武衛焉。中者五尺輪，大櫓扶胥七十二具。小者鹿車輪，小櫓扶胥一百四十六具，皆以矛戟爲翼，扶胥爲衛，在車兩轓，故曰藩盾。止則設焉，嚴其守也。行則斂焉，利其行也。王之乘車則然，若凡兵車，雖行亦設之，所以陷堅陣、敗強敵。說者遂以扶胥爲車名，失之甚矣。大扶胥者，《左傳》偪陽之役，'狄虒彌建大車之輪，而蒙之以甲，以爲櫓者'是也。古者材士持強弩矛戟，夾車而趨。左八人，右八人，車止則持輪，以爲羽翼，狄虒彌以一人當之，非所謂有力如虎者乎？扶胥之大小，眂其輪之高卑，高則建大，卑則建小。建櫓於輪，非以輪爲櫓也，即古之輂，軍行載器，止則爲營，一名'車耳'。車耳曰'藩'，因以建盾，一名'龍盾'。《詩》曰：'龍盾之合。'畫龍於盾，爲龍盾。合者，合而載之以蔽車。"

[注] [1]靜本、愛本誤作"記"。

幢直江反**謂之幏**蒙音。

《說文》："幏，蓋衣也。"男子立乘其車，有蓋無帷裳。婦人坐乘，有蓋有帷裳。

幢者，《春官·巾車》："王后五路，皆有容蓋。"先鄭云："容謂幨車，山東謂之裳幃，或曰幢容。"後鄭謂："蓋如今小車蓋也。"《詩》："漸車帷裳。"箋："幃裳，童容。"幃裳係於蓋下，垂蔽兩輢如裳然。《既夕記》注："裧[1]者，車裳幃，於蓋弓垂之。""裧"，即"幨"也。

[注] [1]静本作"惔"。

鞋杜音**韉**步各反**謂之鞇**因音。

鞋韉、鞇者，《說文》："茵，車重席。"司馬相如說作"鞇"。《釋名》："文鞇[1]，車中所坐者也。用虎皮，有文采，因與下輦相連著也。""鞋韉，車中重薦也。輕鞋韉，小貂也。"鞇，亦作"絪"。《漢書·霍光傳》："加畫繡絪。"如淳曰："絪，即茵。"

[注] [1]静本、愛本作"茵"。

覆笭謂之幦覓音。

覆笭、幦者，《公羊昭二十五年傳》："以幦爲席。"何注："幦，車覆笭。"《玉藻》："羔幦虎犆。"鄭注："幦，覆笭也。"《說文》"幦"作"幭"。"蓋幭也。"《韓奕》："鞹鞃淺幭。"傳："幭，覆式也。"又作"禖"。《春官·巾車》："木車犬禖。"注："以犬皮爲覆笭。"《既夕記》："白狗幦。"注："古文'幦'爲'冪'。""幦"、"幭"、"禖"、"冪"，字異音義同。

轗彌忍反、**轐**扶欲反、**陰**、**靷**允[1]音，**伏兔**太故反**也。**

陰、靷、伏兔者，《釋名》：“屐，似人屐也。又曰伏兔，在軸上，似之也。又曰輹，輹，伏也。伏於軸上也。”又云：“陰，蔭也。横側車前，所以陰笭也。靷，所以引車也。”

轗、轐者，《説文》：“轗，車伏兔下革也。讀若閔。”“轐，車伏兔也。”“輹，車軸縛也。”“靷，引軸也。”“軸，持輪也。”《春秋》疏引子夏《易》傳：“輹，車下伏兔也。今人謂之車屐，形如伏兔，以繩縛於軸，因名縛也。”《釋名》：“縛，在車下，與輿相連縛也。”戴吉士震曰：“《易·小畜》：‘九三：輿脱輻。’《大畜》：‘九二：輿脱輹。’《大壯》：‘九四：壯於大輿之輹。’‘輹’、‘轐’，實一字。其下有革，以縛於軸。今《易》惟《小畜》作‘輻’。蓋‘輹’字少見，傳寫者誤耳。輻於轂與牙之間，非可脱者，又當連輪言，不當連輿言。後人不知‘輹’何物，於《大壯》、《大畜》皆作‘輻’解矣。”

[注] [1]静本、愛本誤作“涓”，據《博雅音》改。

軑達計反，又達蓋反、**輚**摠音、**軨**舟音，**輪也。**

軑[1]、輚、軨者，《釋名》：“輪，綸也，言彌綸也。周匝之言也。”《説文》：“輪，有輻[2]曰輪，無輻曰軨。”“軨，無輻也。讀若饌。”《方言》：“輪，韓、楚之間謂之軑，或謂之軝。關西謂之輚。”輚，《釋名》作：“轗，言輻轗入轂中也。”

[注] [1]“軑”，静本、愛本作“軚”。[2]静本、愛本作“幅”。

軝渠夷反**謂之轂。**

軝、轂者，《釋名》："轂，埆也。體堅埆也。"《説文》："轂，輻所湊也。""軝，長轂之軝，以朱約之。或作'軧'。"戴吉士震曰："《攷工記》：'幬必負榦。'鄭注：'幬，負榦者，革轂相應，無羸不足。'軧，即《記》之'幬革'。朱其革以幬其榦，故曰朱而約之，惟長轂盡飾，若大車短轂則無飾，故曰長轂之軝。"

輚士山反**轞**九縛反、**轅**渠音、**輮**如酉反、**輋**俱勇反，**輞也。**

《釋名》："輞，罔也。罔羅周倫之外也。關西曰輮，言曲輮也。或曰輾，輾，緜也。緜連其外也。"輾，《急就篇》作"轉"，讀若民。

輚轞者，《淮南·説林訓》作"蟬匷"。曰："古之所爲不可更，則推車至今無蟬匷。"《鹽鐵論》作"蟬攫"。曰："推車之蟬攫，負子之教也。"《韓非子》曰："古者樸，即有珧銚而推車。"是"珧銚"亦"蟬轞"也。

轅者，《玉篇》："轅，輞也。"本此。

輮者，《攷工記》："輪人爲輪。牙也者，以爲固抱也。"鄭司農以"牙"爲"輮"。書亦或爲"輮"。世間謂之"輞"。

輋者，《玉篇》："輋，輞也。"本此。

輑牛殞反**謂之軸。**

輑、軸者，此《方言》文也。《玉篇》："輑，車軸也。"《儀禮》云："遷於祖，用軸。"鄭注："軸，輁也。"

鍋古臥反、**錕**古本反，**釭也。**

《説文》："釭，車轂中鐵也。"《釋名》："釭，空也。其中空也。"

鍋者，《説文》作："楇，盛膏器。讀若過。"《方言》："車釭，齊、燕、海、岱之間，謂之鍋，或謂之錕。自關而西謂之釭。盛膏者，乃謂之鍋。”《史記·孟子荀卿列傳》：“炙轂過髡。”《集解》云：“劉向《别録》‘過’字作‘輠’。輠者，車之盛膏器也。《索隱》云：‘今按，文稱炙轂過。過，則是盛脂之器名。過，與鍋字相近。’”

錕者，《玉篇》：“錕，車釭也。”本此。

轊衛音、**轆**籠音，**轎**五弔反**也。**

轊、轆者，《說文》：“軎，車軸耑也。或作‘轊’。”《方言》：“車轊，齊謂之轆。”郭注：“轊，車軸頭也。又名轎。”轆，通作“籠”。《史記·田單列傳》：“令其宗人盡斷其車軸末而傅鐵籠。”《索隱》云：“斷其軸，恐長相撥也。以鐵裹軸頭，堅而易進也。傅者，截其軸與轂齊，以鐵鍱附軸末，施轄於鐵中以制轂也。”

錬諫音**鏅**大[1]罪反、**釱**太音，**錧**館音**也。**

錧，《說文》作“輨”。云：“轂端沓也。”案，沓，當作“錔”。“錔從[2]金，有所冒也。”輨以鐵，爲管約轂外兩端，以金冒之，故《說文》以爲“錔”也。顏注《急就篇》云：“輨，轂端之鐵也。”

錬鏅、釱者，《方言》：“輨、軑，錬鏅也。關之東西曰輨，南楚曰軑，趙、魏之間曰錬鏅。”《離騷》云：“齊玉軑而並馳。”

[注] [1]静本、愛本誤作“天”，據《博雅音》改。[2]静本、愛本誤作“以”。該句暗引《說文》。

枸俱音**簍**縷音、**隆屈、筷**公悔反、**篷、簦**穹音**籠**龍音，**傘**步本反**也。**
筤良、郎二音**謂之笑**替音。**篛**步角反，又叉角反、**篔**覔音、**傘，帶也。**

此釋傘之名及其帶也。

枸簍、隆屈、筷、篷、篕籠、笏、簑、傘者,《釋名》:"傘,藩也。蔽水雨。"《方言》:"車枸[1]簍,宋、魏、陳、楚之間,謂之筷,或謂之篕籠。其上約謂之笏,或謂之簑。秦、晉之間,自關而西,謂之枸簍。西隴謂之椿。南楚之外,謂之篷,或謂之隆屈。"郭注:"枸簍,即車弓也。"《釋名》:"隆强,言體隆而強也。或曰弓車,似弓曲也,其上竹曰郎疏,相遠晶晶然也。"《說文》云:"淮、陽名車穹窿轒。"穹窿,即"篕籠"也。

篒者,《釋名》所謂"郎疏"也。

笑[2]者,《玉篇》:"笑,他計切。車篒。"本此。

[注] [1]静本、愛本作"拘",據徐復本《疏義》改。[2]静本、愛本作"笑"。

緰桃音**、紂,緧**秋音**也。**

《説文》:"緧,馬紂也。""紂,馬緧也。"《釋名》:"鞧,遒也。在後遒迫不得使却縮也。"《攷工記》:"必緧其牛後。"潘岳疾王濟、裴[1]楷,乃題閣道爲謡曰:"閣道東,有大牛,王濟鞅,裴楷鞧。"言濟在前,楷在後也。

緰、紂者,《方言》:"車紂,自關而東,周洛、韓、鄭、汝、潁而東,謂之緻,或謂之曲緰,或謂之曲綸。自關而西,謂之紂。"郭注:"緰,亦繩名。今江東通呼索。"

[注] [1]愛本誤作"斐"。

陽門、箳瓶音**篂**星音**、雀目、蔽,簹**當音**也。**

陽門者,《釋名》:"立人,象人立也。或曰陽門。在前曰陽,兩旁似門也。”

箳篂者，《玉篇》：“箳篂，車轓[1]。”“篂，車篂管。”《廣韻》：“箳篂，别駕。車轓。”

雀目者，未詳。

蔽者，《爾雅》：“輿竹前謂之禦，後謂之蔽。”

[注] [1]静本、愛本誤作“轎”。

羈、鞿古核反，勒也。靮謂之繮薑音。靶巴化反謂之綏。馬鞅謂之脅。鞫巨駒反、靾曳音、䩚汗音，䩞也。防汗謂之韐公洽[1]反。韉所番反謂之鞘所交反。

此俱釋馬上所用之物也。

羈、鞿、勒者，《鹽鐵論》：“今富[2]者，黄金琅勒。”《説文》：“勒，馬[3]頭絡銜也。”《釋名》：“勒，絡也。絡其頭而引之也。”《玉篇》：“勒，馬鑣銜也。”《説文》：“羈，馬絡頭也。”《釋名》：“羈，檢也。所以檢持制之也。”《莊子·馬蹄篇》：“連之以羈馽。”《離騷》：“余雖好脩姱以鞿羈兮。”王注：“革絡頭曰羈。”《玉篇》：“鞿，勒也。”本此。

靮謂之**繮**者，《説文》：“繮，馬紲也。”《釋名》：“韁，彊也。繫之使不得出疆限也。”《玉篇》：“靮，韁也。所以繫制馬。”“繮”、“韁”同。

靶謂之**綏**者，《説文》：“綏，車中把也。”司馬相如《子虛賦》：“繆繞玉綏。”張博士彼注云：“楚王車之綏，以玉飾之。”郭璞曰：“綏，登車所執也。”《説文》：“靶，轡革也。”《繫傳》云：“御人所把處也。”《漢書·王褒傳》：“王良執靶。”晉灼曰：“靶，謂轡也。”

馬鞅謂之**脅**者，《説文》：“鞅，頸靼也。”案，鞅，即“靳”也，解見上文。

鞫、鞑、騁，鞌者，《說文》："鞌，馬鞁具也。"《管子·山國軌篇》："被鞍之馬千乘。"鞑，《玉篇》作"韈[4]"。云："以鞌[5]贈亾人也。"鞫[6]、騁，未聞。

防汗謂之**鞈**者，《說文》："鞈，防汗也。"

韉謂之**鞘**者，《說文》："韉，緌[7]也。"《玉篇》："韉，鞌邊帶。"

[注] [1]静本、愛本誤作"合"，據《博雅音》改。[2]愛本誤作"當"。[3]静本、愛本誤作"爲"。[4]静本、愛本作"韈"。[5]静本、愛本誤作"案"。[6]愛本誤作"鞫"。[7]静本、愛本作"綏"。

縶、緅須宇反，**絆也。**

《說文》："絆，馬縶也。"《釋名》："靽，半也。拘使半行，不得自縱也。"

縶者，《說文》："馽，絆也。從馬，口其足。《春秋傳》：'韓厥執馽前。'讀若輒。或作'縶'。"《穀梁傳》："踙者何也？曰兩足不能過，齊謂之綦，楚謂之踙，衛謂之縶。"

緅者，《莊子·馬蹄篇》："連之以羈馽。"《釋名》："馽，司馬、向、崔本並作'緅'。向云：'馬氏音竦。'崔云：'絆前兩足也。'"案，《說文》："緅，絆前兩足也。漢令蠻夷卒有緅。"此"緅"即"胥靡"之"胥"。《吕氏春秋》："傅說，殷之胥靡。"《漢書·楚元王傳》："二人諫，不聽。胥靡之，衣之赭。"顏師古曰："聯繫使相隨而服役之，故謂之胥靡之。"

㯈又溝反、**桊**眷音，**枸也。**

㯈、桊者，《玉篇》："㯈，牛桊。""棬，拘牛鼻也。亦作'桊'。"本此。

樎縮音、**皂，歷也。**

歷，亦作"櫪[1]"。《方言》："櫪，梁、宋、齊、楚、北燕之間，或謂之樎，或謂之皂。"郭注："養馬器也。皂隸之名，於此乎出。"

樎者，《玉篇》："樎，櫪也。養馬器也。"

皂者，《莊子·馬蹄篇》："編之以阜棧。"《釋文》："阜，櫪也。一云槽也。崔譔云：馬閑也。"《吕氏春秋·慎大覽》云："猶取之内阜而著之外阜也。"高注："阜，櫪也。"《漢書·鄒陽傳》："使不羈之士與牛驥[2]同阜。"案，阜，古作"槽"。《説文》："槽，畜獸之食器。"

[注] [1]静本、愛本作"櫪"。[2]静本、愛本作"驥"。

幨烏含反**篼**[1]多鉤反、**𢄼篼、帪**真音，**囊也。**

此釋飤馬之囊也。

幨篼、𢄼篼、帪者，《方言》："飤馬橐，自關而西謂之幨囊，或謂之幨篼，或謂之𢄼篼。燕、齊之間謂之帪。"郭注："帪，《廣雅》作'振'，字音同耳。"然則古本《廣雅》"帪"作"振"也。《説文》："篼，飲馬器也。"

[注] [1]静本、愛本誤作"笷"，據《廣雅疏證》改。

《廣雅疏義》卷第十五

嘉定錢大昭晦之甫撰

《廣雅》卷八

骸乎皆反、**骼**格音、**骹**苦交[1]反、**覈**苦弔反[2]，**骨也。**

《說文》：“骨，肉之覈也。從冎，有肉。”《釋名》：“骨，滑也。骨堅而滑也。”

骸者，《說文》：“骸，脛骨也。”《左氏宣十五年傳》：“折骸而爨。”

骼者，《說文》：“禽獸之骨曰骼。”《月令》：“仲春，掩骼埋胔。”鄭注：“骨枯曰骼。”《樂記》云：“角骼生。”鄭注：“無䚡曰觡。”

骹者，口交切。《說文》：“骹，脛也。”《爾雅》：“馬四骹皆白[3]，驓。”《攷工記·輪人》注：“人脛近足者細於股，謂之骹。羊脛細者亦爲骹。”又《弓人》注：“齊人名手足掔爲骹。”

覈者，《說文》以“骨”爲“肉之覈”。則“覈”亦“骨”也。

[注] [1]静本、愛本誤作“弔”，據《博雅音》改。[2]《博雅音》以爲該字爲“核”，不當音“苦弔反”。[3]静本、愛本誤作“曰”。

衁荒[1]音、**衊**蔑音，又陌[2]咼反，**血也。**

《說文》：“血，祭所薦牲也。從皿。一，象血形。”《釋名》：“血濊也。出於肉，流而濊濊也。”

衁者，《說文》：“衁，血也。”《左氏僖十五年傳》：“士刲羊，亦無衁也。”

衊者，鼻之血也。《素問》云：“膽移熱於腦，則辛頞鼻淵。鼻淵者，濁流下不止也。”傳：“爲衄衊瞑目。”案，血之污亦爲“衊”。《說文》：“衊，污血也。”《漢書·文三王傳》：“污衊宗室。”

[注] [1]“衁”、“荒”，静本、愛本作“盳”、“巟”。[2]静本、愛本誤作“百”，據《博雅音》改。“反”下有“言暗也”三字，《博雅音》以爲爲“苦暗反”之誤，爲脫去字頭“峪”之反切。

膝乎結反、**膈**弱音，**膜**莫音**也。**

《說文》：“膜，肉間胲膜也。”《釋名》：“膜，幕也。幕絡一體也。”

膝者，《玉篇》：“膝，下結、下計二切。喉膜也。”

膈者，如灼切。《說文》：“膈，肉表革裹也。”

肌、膚、肴、腅達濫反、**膎**乎佳反。今世人作“鮭”字如此，失之、**腩**兩音、**膈**若音、**膳、膂**旅音、**腱**居言反、**脤、膰**上，時忍反；下，煩音，**肉也。**

《說文》：“肉，胾肉。象形。”《釋名》：“肉，柔也。”

肌、膚者，體之肉也。《說文》：“肌，肉也。”“臚[1]，皮也。籀文作‘膚’。”《釋名》：“肌，懻也。膚幕堅懻也。”“膚，布也，布在表也。”《淮南·精神訓》：“三月而胎，四月而肌。”《續漢書·律曆志》注：“小暑，病膚腫也。”《易》曰：“噬膚。”馬融注：“柔脆肥美曰膚。”

肴者，食之肉也。《說文》：“肴，啖也。徐鍇曰：‘已脩庖之可食也。’”舊本“肴”訛“者”，今訂正。

脥者，《玉篇》："脥，肴也。"《廣韻》："脥，或作'啖'。"《說文》"肴"爲"啖"，知"脥"即"啖"也。

膎、膷者，脯之肉也。《說文》："膎，脯也。""膷，膎肉也。"《玉篇》："膷，膎膷也。"

膬者，如灼切。膬爲"膜"，故亦爲肉也。

膳者，牲之肉也。《玉篇》："膳，牲肉也。"《天官·膳夫》："掌王之食飲膳羞。"注云："膳之言善也。今時美物曰珍膳。"

膂、腱者，筋骨之肉也。《說文》："吕，晉骨也。象形。昔太嶽爲禹心膂之臣，故封吕侯。篆文作'膂'。"又云："笏，筋之本也。或作'腱'。"

脤者，宜社之肉也。《說文》："祳[2]，社肉，盛以蜃，故謂之祳。天子所以親遺同姓。《春秋傳》曰：'石尚來歸祳。'""祳"、"脤"，古今字。《左氏成十三年傳》："成子受脤於社，不敬。"注云："脤，宜社之肉也。"

膰者，祭廟之肉也。《說文》："膰，宗廟火孰肉。《春秋傳》曰：'天子有事膰焉。'"今《左氏僖二十四年傳》作"膰"，又云《周禮》又作"膰"。《大宗伯》："以脤膰，親兄弟之國。"注云："脤，膰社稷宗廟之肉，以賜同姓之國，同福禄也。"

[注] [1]静本、爱本作"膅"。[2]静本、爱本作"脤"。

脭之丞反、**臉**七潛反、**𦟀**[1]，**熟也。**

舊本"𦟀"下"熟"字譌爲曹憲音。案，"𦟀"無"熟"音，明是《廣雅》正文傳寫者不識古字而旁寫耳，今補正。

熟，《說文》作："䐜，食飪也。"

脛[2]者，《玉篇》："脛，俎實也。"《廣韻》："脛，熟也。"本此。

臉者，力減切。《玉篇》："臉，臘羹也。"

孰者，舊本作"䎞"，不知所從。案，《說文》："肰，古作'孰'。"肰，與古"然"通。《說文》訓"然"爲"燒"，物燒則熟，故"孰"亦熟也。

[注] [1]《廣雅疏證》此字作"𩰲"，"古'熟'字也"。徐復本《拾遺》："'孰'與'𩰲'，字形相近。"下文"䎞"爲"熟"之異體。《集韻》："熟，古作'䎞'。"[2]静本、愛本作"脛"。

葅之丞反**謂之䔾**阻居反**。**

葅、䔾者，《說文》："菹，酢菜也。或作'䔾'。""䔾"、"𧖴"，竝從"皿"。《血部》："䔾，醢也。或作'𧖴'。"並從"血"。《周禮·醢人》："掌供七菹。"《玉篇·血部》："葅，葅也。"本此。今此二字俱從"皿"。《釋名》："葅，阻也。生釀之，遂使阻於寒温之間，不得爛也。"

胾側事[1]反**、䏿**拙兖反**，臠也。**

《說文》："臠，切肉臠也。"《淮南·說林訓》："嘗一臠肉而知一鑊之味。"司馬相如《子虚賦》："脟割輪淬。"郭璞注："脟，䏿也。音臠。"顔師古曰："'脟'與'臠'，同。"

胾者，《說文》："胾，大臠也。"《鄉射禮》："職長尺二寸。"鄭注："職，猶脡也。古文'職'爲'胾'。"

䏿者，《說文》："䏿，切肉也。"《淮南·說林訓》："一䏿炭熯，掇之則爛指。"高注："一䏿，一挺也。"

[注] [1]静本、愛本作“字”，據《博雅音》改。

臇謂之湆泣音。

臇，即羹也。《左氏昭二十年傳》：“晏子曰：‘和如羹焉，水火醯醢鹽梅以烹魚肉，燀之以薪。宰夫和之，齊之以味，濟其不及，以泄其過。君子食之，以平其心。’”“臇”字《玉篇》不收。《廣韻》：“臇，熟肉也。”

湆，舊本作“肞”。“肞”字，《玉篇》、《廣韻》俱不收。《集韻》：“肞，或作‘湇[1]’。”案，字當爲“湆”。《説文》：“湆，幽溼也。去急切。”《士昏禮》：“太羹湆在爨。”鄭注：“太羹湆，煮肉汁也。今文‘湆’，皆作‘汁’。”《公食大夫禮》注同。《説文》：“汁，液也。”古文借“湆”爲“汁”，故“湆”亦訓“汁”。或説“湆”訓“幽溼”，當從日、泣聲，俗或别作“湇”字爲以肉汁。郭忠恕《佩觿》兼收“湆”、“湇”，以“湆”爲幽溼，“湇”爲肉汁，失之矣。《集韻》引《博雅》亦作“肞”，知所見本已誤。

[注] [1]静本、愛本誤作“湆”。

鮗岑音，又才感反、**鮆**、**鮨**耆音，**鮺**昃下反**也**。

此釋藏魚之名也。《説文》：“鰲，藏魚也。南方謂之魿，北方謂之鰲。”《玉篇》：“鮺，與‘鮓’同。”《釋文》：“鮓，菹也。以鹽米釀魚而爲菹也。”

鮗者，才枕，才箴二切。《説文》作：“鮗，鰲也。大魚爲鮺，小魚爲鮗。”《玉篇》：“鮗，與‘魿’同。”

鮆者，徂禮切。刀魚之可鰲者，九江有之。

鮨者，巨梨切。《説文》：“鮨，魚賠醬也。出蜀中。”《玉篇》：“鮨，鮓屬。”《爾雅[1]》：“魚謂之鮨。”郭注：“鮨，鮓屬也。”《公食大夫禮》

有“牛鮨”[2]，有“魚膾”。鄭注云：“《内則》謂‘鮨’爲‘膾’，然則‘膾’用‘鮨’，今文‘鮨’作‘鰭’。”

[注] [1]愛本脱“雅”字。[2]静本、愛本作“脂”。

鱅繡留反、**脘**丸、管二音、**膊**普各反、**腊**昔音[1]、**膴**呼音，又凶字[2]反、**胏**壯里反、**脩**、**腒**巨於反、**腩**南、感二音，**脯也**。

此釋乾肉之名也。《説文》：“脯，乾肉也。”《釋名》：“脯，搏也。乾燥相搏著也。”《易》“噬乾胏”，子夏作“乾脯”。《曲禮》：“脯曰尹祭。”《士虞禮》云：“折俎二尹，縮祭半尹。”是“脯”不徒爲豆實，兼折以爲俎實也。《鄉射記》云：“脯五膱。膱長尺二寸。”《風俗通義》：“祀岱宗。作脯廣一尺，長五寸。”是漢之脯，短於古矣。

鱐者，所鳩切。《説文》：“鱐，乾魚脯尾鱐鱐也。”《天官·庖人》：“夏行腒鱐膳膏臊。”鄭司農曰：“鱐，乾魚也。”

脘者，古卵切。《説文繫傳》本：“脘，胃脯也。徐鍇曰：‘謂以胃作脯也。’”《史記·貨殖傳》：“濁氏以胃脯致富。”

膊者，《説文》：“膊，薄脯，膊之屋上。”《釋名》：“膊，迫也。薄椓[3]肉迫著物，使燥也。”

腊者，《説文》：“昔，乾肉也。從殘肉，日以晞之，與‘俎’同意。籀文作‘腊’。”《釋名》：“腊，乾昔也。”“昔”本乾肉，爲借義所奪。乃以籀文“腊”爲“昔肉”字。《天官·腊人》：“掌乾肉，凡田獸之脯腊。”鄭注：“大物解肆乾之，謂之乾肉。若今凉州烏[4]翅矣。腊，小物全乾。”《噬嗑》：“六三：噬腊肉。”馬融注：“晞於陽而煬於火曰腊。”虞翻注：“離日熯之爲昔肉。”蓋“昔”之爲物，竟夕乃乾，故《周禮·序官》“腊人”注：“腊之爲言夕也。”顔師古注《急就篇》云：“合骨全乾謂之腊。”

膴者，荒烏切。《説文》："膴，無骨腊也。揚雄説鳥腊也。"《有司徹》注："膴，讀如'殷哻'之'哻'。刳魚時割其肉以爲大臠。可用祭也。"

胏者，《説文》："𩚬，食所遺也。揚雄説作'胏'。《噬嗑》：'九四：噬乾胏。'"馬融注："有骨謂之胏。"

脩者，《説文》："脩，脯也。"《釋名》："脩，縮也。乾燥而縮也。"《天官・膳夫》："凡肉脩[5]之頒賜，皆掌之。"鄭司農云："脩，脯也。"賈疏："加薑、桂鍛冶者，謂之脩；不加薑、桂，以盬乾之者，謂之脯。"散文言之，則"脩"、"脯"通也。

腒者，《説文》："北方謂鳥腊曰腒。傳曰：'堯如腊，舜如腒。'"鄭司農[6]注《天官・庖人》云："腒，乾雉。"

腩者，奴坎切。《玉篇》："腩，煮肉物也。"《廣韻》同。

[注] [1]静本、愛本作"腤"。[2]静本、愛本作"武"，據《博雅音》改。[3]静本、愛本作"涿"。[4]《四庫》有作"鳥"字者。[5]静本、愛本誤作"月"。[6]愛本衍"云"字，已刪。

膞子兖反、**膹**扶粉[1]反、**䐣**損音，**臛**呼各反**也。**

此釋肉羹之名也。臛，《説文》作："脽[2]，肉羹也。"宋玉《招魂》："露雞臛蠵。"王逸注："有菜曰羹，無菜曰臛。"洪興祖《補注》："臛，字書作'脽'。"曹植《七啟》："臛江東之潛鼉。"

膞者，《説文》："膞，脽也。或作'𤎩[3]'。"《楚辭・招魂》："鵠酸膞鳧。"王逸曰："膞，小臛也。"曹植《七啟》："膞漢南之鳴鶉。"李善注引《倉頡解詁》云："膞，少汁臛也。"

膹者，《説文[4]》："膹，臛也。"桓寬《鹽鐵論》云："今熟食徧列[5]，有㱿膹鴈羹。"

䐣者，穌本切。《說文》："䐣，切孰肉内於血中和也。"

[注] [1]静本、愛本作"分"，據《博雅音》改。[2]静本、愛本作"膗"。[3]静本、愛本作"焛"。[4]愛本誤作"之"。[5]静本、愛本作"烈"。

百葉謂之膍毗音**胵**齒之反。**胃謂之胘**弦音。

此釋鳥獸胃名也。

百葉、膍胵、胘者，《說文》："膍，牛百葉也。一曰鳥膍胵。或作'肶'。"又云："胵，鳥胃也。一曰胵。五藏揔名也。"又云："胘，牛百葉也。"《既夕》云："東方之饌：脾析。"鄭注："脾，讀爲'雞脾肶'之'脾析'。脾析[1]，百葉也。"《天官・醢人》注："脾析，牛百葉。"《莊子・庚桑楚》云："臘者之有脾胲,可散而不可散也。"司馬彪云："牛百葉也。"是"膍"與"脾"同。

[注] [1]"脾析脾析"，静本、愛本倒作"脾脾析析"。

脟平音、**膌**折音、**膎**思節反、**膋**聊音，**脂也。**

《說文》云："戴角者脂，無角者膏。"《内則》："脂用蔥，膏用韰。"鄭注："脂，肥凝者，釋者曰膏。"

脟、膌者，上，力輟切；下，士列切。《說文》："脟，腸間肥也。一曰膫也。"《玉篇》："胓膌，牛羊脂。胓，蒲京切。"舊本"脟"訛"胓"，今訂正。蓋《廣雅》本是"脟"，字形相似而譌爲"胓"。顧野王不能是正軌，爲"蒲京"之音。曹憲遂音爲"平"，非也。《廣韻》亦沿其誤。

膎[1]者，《玉篇》："膎，臆中脂。䘏，同上。"

膋者，洛蕭切。《說文》："膫，牛腸脂也。"引《詩》曰："取其血膫。”“或作‘膋’。”《祭義》云：“君牽牲，既入廟門，麗於[2]碑。卿大夫執鸞刀以刲之，取膟膋。”鄭注：“制祭，謂朝事進血膋。”《禮[3]器》云：“君親制祭。”鄭注：“制祭，謂朝事[4]進血膋時。”《詩·信南山》箋：“膋，脂膏也。血以告殺[5]，膋以升臭。”

[注] [1]愛本作“膌”。[2]静本、愛本誤作“宇”。[3]静本、愛本此處空白。[4]静本、愛本作“市”。[5]静本、愛本作“天”。

龍須謂之黔的音。

黔者，《玉篇》、《廣韻》俱不收“黔[1]”字，未審何物。

[注] [1]静本、愛本作“黥”。

餾溜音、飵才故反，䭌衞音也。

餾、飵、䭌者[1]，《説文》：“餾，飯氣烝也。”“飵，楚人相謁食麥曰飵。”“餾，力救切。”桂進士馥曰：“《方言》：‘甑，或謂之飵餾。’《説文》：‘䭌，暴乾火也。’馥謂‘甑’，烝器，故謂之飵餾。烝而暴乾，故謂之䭌。《六韜》云：‘日中必䭌。’”

[注] [1]“餾”，愛本誤作“鎦”。

饙謂之餎。

饙、餎者，《説文》：“饆，滫飯也。或作‘饙’，又作‘餴’。”餎，即“滫”也。《釋名》：“饙，分也。衆粒各自分也。”郭注《爾雅》云：“今呼餎飰爲饙。”《釋文》引《字書》：“饙[1]，一烝米。”《倉頡篇》：“餎，饋也。”《詩》疏云：“蒸米[2]謂之饋。饋必餾而熟之，故言饋餾也。”

[注] [1]静本、愛本誤作“饋”。[2]愛本誤作“來”。

熚婢亦反，又毗支反[1]**謂之烎**不音。

熚、烎者[2]，《玉篇》：“熚，烎也。”本此。《玉篇》又云：“烎，火熟也。”《大雅·韓弈》疏云：“案，《字書》：‘炰，毛燒肉也。’‘烎，烝也’。服虔《通俗文》：‘燺煑曰炰。’是‘炰’與‘烎’别。而此及《六月》云‘炰鼈’者，音皆爲‘烎’。然則‘炰’與‘烎’，以火熟之，謂烝煮之也。”桂進士馥曰：“烎，即《説文》‘烰’字也。炰鼈，當做‘烰鼈’。鼈可烰、不可炰者也。《詩》作‘炰’者，‘包’、‘桴’字聲近，相互假借。桴鼓，或作‘枹鼓’。鳥孚，亦謂之抱。”

[注] [1]静本、愛本“支反”誤作“音”，據《博雅音》改。[2]“烎”，愛本作“烎”。

麲毗音**黎**梨音**謂之麨**齒沼反。

麲黎、麨者，此言以麥爲乾糧也。《玉篇》：“麨，充小切。糗也。麫，同上。”“麲，婢之切[1]。黎，力尸切。麲黎也。”並本此。

[注] [1]静本、愛本衍“麲”字，已刪。

糗去久反、**糇**侯音，**糒也**。

此釋乾食之名也。《方言》：“𩝐，火乾也。凡以火而乾五穀之類，關西、隴、冀以往，謂之𩝐。”《説文》：“糒，乾也。”《釋名》：“乾飯，飯而乾暴之也。”《漢書·匈奴傳》：“又轉送邊穀米糒。”顔師古曰：“糒，乾飯也。”

糗者，《説文》：“糗，熬米麥也。”《釋名》：“糗，齲也。飯而磨之，使齲碎也。”《玉篇》：“糗，糒也。”《天官·籩人》：“糗餌粉餈。”鄭司農云：“糗，熬大麥與米也。”後鄭謂：“糗者，擣粉熬大豆。”

糇者，《説文》作“餱”。云：“乾食也。”引《周書》曰：“峙乃餱粻。”《釋名》：“餱，候也。候人饑者以食之也。”

粰浮音、**粇**流音、**糈**所居反，又師舉反，**饊也。**

《説文》：“饊，熬稻粻餭也。穌早切。”顔師古注《急就篇》云：“饊之言散也。熬稻米飯使發散也。”

粰、粇、糈者，《玉篇》：“粰，扶牛切。糵也。”“粇，力鳩切。粇，粰粇，糈饊也。”

䴬素果反、**麳**蒙音、**粿**乎寡反、**䵑**狄、謫二音、**糜**無悲反，**糏**[1]思節反**也。**

此釋米麥之屑也。《玉篇》：“糏，碎米也。”又云：“䴬，麥屑也。”今經典通用“屑”。

䴬者，《説文》：“䴬，小麥屑之覈也。”《玉篇》：“䴬，麤麥屑也。”

麳者，莫公切。《玉篇》：“麳，有衣麴也。女麴也。”案，《説文》作“䉬”。云：“籟生衣也。”麴，亦麥屑所爲，故爲糏也。

粿者，以净米爲糏也。《玉篇》：“粿，古火切。净米。”

䵑者，陟厄切。《説文》：“䵑，麥覈屑也。十斤爲三斗。”

糜者，《玉篇》作：“糠，屑也。”《離騷》：“精瓊靡以爲粻。”王逸注：“靡，屑也。”“糜[2]”、“靡”、“糠”，字異義同。

[注] [1]静本、愛本作“糏”。[2]静本作“靡”。

糨亡達反**谓之麪**匹眄反，又面音。

《説文》：“麪，麥末也。”《玉篇》：“麪，麥麩。屬[1]以桄榔木屑爲麵[2]。麵，同上。”

糨者，《説文》：“糨，麩也。”案，“糨”、“麪”，聲相近。

[注] [1]静本誤作“屬”。[2]静本、愛本作“麵”。

孰食謂之餕饔於恭反。

孰，古“熟”字。餕謂之饌。《説文》：“籑，具食也。或作‘饌’。”《儀禮》注：“古文‘籑’，皆作‘餕’。”《玉篇》：“餕，子殉切。熟食也。”本此。

饔者，《説文》：“饔，孰食也。”《天官·内饔》注云：“饔，割烹煎和之稱。”

餻音高、**餚**才辭反、**飵**零音、**餣**於劫反、**餢**五丸反，**餌也。**

餌，如至切。《説文》：“鬻，粉餅也。或作‘餌’。”《釋名》：“餌，而也。相粘而也。”《天官·籩人》：“糗餌、粉餈。”注：“此二物皆粉稻米、黍米所爲也。合烝曰餌，餅之曰餈。”

餻、餚、飵、餣、餢者，《方言》：“餌，謂之餻，或謂之餈，或謂之飵，或謂之餣，或謂之餢。”《説文》：“餈，稻餅也。或作‘餚’。”《釋名》：“餈，漬也。蒸燥屑使相潤漬餅之也。”《玉篇》：“餻，古刀切。餻糜。”“飵，力丁切。飵，餌也。”“餣，餈也。”“餢，餌也。”

粻張音、**餭**皇音、**飴**弋之反、**餩**該音、**餹**堂音，**餳**辭精反**也。饋**髓音**謂之䬴**於勿反，又於月[1]反。

《説文》："餳，飴和饊者。"《玉篇》："徒當切。"《釋名》："餳[2]，洋也。煑米消爛洋洋然也。"顔注《急就篇》云："厚强者爲餳。餳之爲言洋也，取其洋洋然也。"

粻、餭者，上，豬良切；下，户光切。《説文》："饊，熬稻粻程也。"《方言》："餳謂之餦餭。"郭注："餦餭，即乾飴也。"顔注《急就篇》云："饊，古謂之張皇。亦目其開張而大也。以糵消米取汁而煎之。"宋玉《招魂》："粔籹蜜[3]餌，有餦餭些。"王逸注："言以蜜和米麪，熬煎作粔籹，擣黍作餌，又有美餳，衆味甘美也。"

飴者，《説文》："飴，米糵煎也。"《方言》："凡飴謂之餳，自關而東，陳、楚、宋、衛之間通語也。"顔注《急就篇》云："溺濡渜[4]弱者爲飴，言其形怡怡然也。"《内則》云："棗栗飴蜜以甘之。"《淮南·説林訓》："柳下惠見飴曰'可以養老'，盗跖見飴曰'可以粘牡[5]'，見物同而用之異。"《後漢書·馬皇后[6]紀》："吾但當含飴弄孫。"

餩者，古來切。《方言》："飴謂之餩。"《玉篇》："餩，飴曰餩䬴。"

餹者，徒當切。《方言》："餳謂之餹。"《玉篇》："飴曰餹餅。"

饋者，思累、弋累二切。《方言》："䬴謂之饋。"郭注："饋，以豆屑雜餳也。"

䬴者，《玉篇》："䬴，饋也。飴和豆也。亦作'豋'。"

[注] [1]静本、愛本"勿"、"月"誤作"物"、"日"，據《博雅音》改。[2]静本、愛本誤作"鍚"。[3]静本、愛本誤作"密"。[4]濡"渜"，愛本誤作"儒"，静本脱"渜"字。[5]静本、愛本作"牝"。[6]"馬皇后"，静本、愛本作"皇帝"。

飦居言反、**餰**居六反、**粘**乎音、**粻**媚音，又未音、**粖**亾達反，又亡結反、**粥**、**粰**浮音、**糜**、**毇**毀音、**糮**艦音，**饘也**。

《說文》："饘，糜也。周謂之饘，宋謂之餬。"

飦者，《說文》："鬻，鬻也。或作'餰'、'飦'、'鍵'三字。"趙岐《孟子》注："飦，糜粥也。"《荀子·禮論篇》："餰鬻、魚肉、菽藿、酒漿。"楊倞注："餰粥、菽藿，喪者所食。"

餰者，《玉篇》："餰，饘也。"本此。

粘者，古吳切。《說文》作"鬻"。云："鍵也。"

粻者，《玉篇》："粻，粥粖也。"

粖者，《說文》："鬻，涼州謂'鬻'爲'鬻'。或作'粖'。"《玉篇》："粖，糜也。"

粥者，武悲、之六二反。《說文》作"鬻"。云："鍵也。"《爾雅》："鬻，糜也。"孫炎曰："淖糜。"《釋名》："粥，濯於糜粥粥然也。"《左氏昭七年傳》："饘於是，粥於是，以餬余口。"《月令》："行糜粥飲食。"《吕氏春秋》高誘注云："今八月，比户賜高年鳩杖粉粢。"

粰者，《玉篇》："粰，扶牛切。糙[1]也。"

糜者，武悲切。《說文》："糜，糝也。"《釋名》："糜，煮米使糜爛也。"通作"靡"。盧諶《贈劉琨詩序》："意氣之間，靡軀不悔。"李善注："靡，爛也。""靡"與"糜"，古字通。案，"靡爛"字，《說文》作"㸏爤"。

毇，許委切。未詳。

糮者，胡黤切。《玉篇》"糮"云："饘也。"本此。

[注] [1]静本、愛本作"鍵"。

湩竹用反[1]，又楝音**謂之乳。**

湩者，《説文》："湩，乳汁也。多貢切。"《穆天子傳》："因具牛羊之湩，以洗天子[2]之足。"郭璞注："湩，乳也。今江南人亦呼乳爲湩。"通作"重"。《漢書·匈奴傳》："得漢食物皆去之，以視不如重酪之便美也。"顔師古曰："重，乳汁。字本作'湩'。其音則同。"

[注] [1]"竹用"二字，静本、愛本誤合爲一作"箽"，據《博雅音》改。[2]"天子"，静本、愛本作"先天"。

清酌、清英[1]**醴、醪**牢音、**醍**體[2]音、**瀝**歷音、**浰**乃口反、**醝**才何反、**酎**治九反、**酏**移音、**酴**塗音，**酒也。**

《説文》："酒，就也。所以就人性之善惡。一曰造也。吉凶所造也。古者儀狄作酒醪，禹嘗之美，遂疏儀狄。杜康造秫酒。"《釋名》："酒，酉也。釀之米麴酉澤，久而味美也。亦言踧也。能否皆彊相踧，待飲之也。又入口咽之皆踧其面也。"《文選·七啟》注引《春秋説題辭》云："黍爲酒，陽援陰乃能動，故以麥黍爲酒。宋衷曰：'麥陰，先漬麯，黍後入，故曰陽援陰，相得而沸，是其動也。'"《漢書·食貨志》："酒者，天之美禄。帝王所以頤養天下，享祀祈福，扶衰養疾，百禮之會，非酒不行。"故《周禮·天官》於祭祀特詳造之者有"酒人"。《酒人》："掌爲五齊三酒，祭祀則供奉之。"是也。辨之者，有"酒正"。《酒正》："凡祭祀，以法供五齊三酒，以實八尊。"是也。

清酌者，《曲禮》："凡祭祀宗廟之禮，酒曰清酌。"孔疏："酌，斟酌也，言此酒甚清澈，可斟酌。"一説"斟酌"，即清酒也。《大雅·韓奕》云："顯父餞之，清酒百壺。"後鄭《周禮》注云："清酒，今之中山冬釀接夏而成也。"《漢書音義》："晉灼曰：'百日[3]之末酒也。'"張衡《南都賦》："十旬兼清。"

清醴者，《說文》："醴，酒一宿孰也。"《釋名》："醴，禮也。釀者一宿而成。醴[4]，有酒味而已也。"《天官·酒正》"醴齊"注："醴，猶體也。成而汁滓相將，如今恬酒矣。"高誘曰："醴，以蘖，不以麴，濁而恬。"《中山經》："其祠，蘖釀。"郭注："以蘖作醴。"《漢書·楚元王傳》："元王每置酒，常爲穆生設醴。"小顏以"醴"爲"少麴多米"，非也。《文選·南都賦》注引《韓詩》云："醴，甜而不泲也。"舊本"清"下旁注"英"字，未詳。

醪者，力刀切。《說文》："醪，汁滓酒也。"《天官·酒正》"汎齊"注："成而滓浮，如今宜城醪矣。"《釋名》："汎齊，浮蟻在上，汎汎然也。"又云："宜城醪，蒼梧清，言一清一濁也。"《豳風·七月》："爲此春酒。"傳："春酒，凍醪也。"

醍者，他禮切。古作"緹"。《酒正》"緹齊"注："緹[5]者，成而紅赤，如今下酒矣。"《釋名》："緹，酒色赤如緹也。"

溼者，《楚辭·大招》："和楚瀝只。"王逸注："瀝，清酒也。"

淣，未聞[6]。

醝者，《玉篇》："醝，白酒也。"案，《酒正》"盎[7]齊"注："盎，猶翁也。成而翁翁然蔥白色，如今酇白矣。"古音"酇"爲"嵯"，"嵯"即"酇白"也。宋孝武《四時詩》："白醝解冬寒。"是也。

酎者，除又切。《說文》："酎，三重醇酒也。"《左氏襄二十二年傳》："公孫夏從寡君以朝於君，見於嘗酎。"杜注："酒之新孰，重者爲酎。"《月令》："孟夏，天子飲酎，用禮樂。"鄭注："酎之言厚也，謂重釀之酒也。春酒至此始成，與羣臣以禮樂飲之於朝。"

酏者，余支切。《說文》："酏，黍酒也。一曰甜也。賈侍中說：'酏爲粥清。'"《酒正》："四飲，四曰酏。"注云："酏，今之粥。"《内則》云："飲或以酏爲醴。"鄭注："釀粥爲醴。"又云："黍酏。"鄭注："酏粥。"

酴者，大乎切。《說文》："酴，酒母也。"《玉篇》："酴，麥酒，不去滓飲也。"

[注] [1]"英"非"清"音。《廣雅疏證》："《太平御覽》引《淮南子》'清醠'作'清英'。各本'英'字誤入曹憲音内。"[2]静本、愛本誤作"醴"，據《博雅音》改。[3]静本、愛本誤作"山"。[4]静本、愛本誤作"禮"。[5]静本、愛本誤作"諟"。[6]《廣雅疏證》："㲻，酒也。猶乳也。乳與酒，古聲相近而義同。"[7]静本、愛本誤作"鶱"。

酪洛音、**䤄**昨再反，又祖[1]戴反、**醇**良音，**漿也。**

《說文》："漿，酢漿也。"《釋名》："漿，將也。飲之寒温，多少與體相將順也。"古者以飲澆飯謂之飧。禮，食未飧，必先啜飲以利喉，不令澀噎，故未嘗羞，先飯飲卒食。又三飯三飲。三飲者，三嗽漿也。《周禮・漿人》："掌共王之六飲。"

酪者，力各切。《釋名》："酪，澤也。乳所作，所以使人肥澤也。"《玉篇》："酪，漿也。"本此。《楚辭・大招》："和楚酪只[2]。"王逸注："酪，酢䤄也。"《漢書・食貨志》："莽分遣大夫謁者，教民煑木爲酪。"如淳曰："作杏酪之屬也。"

䤄者，《說文》："䤄，酢漿也。"《漢書・食貨志》："除米麴本賈，計其利而什分之，以其七入官，其三及醩䤄灰炭給[3]工器薪樵之費。"顏師古曰："䤄，酢漿也。"

醇者，力醬切。《說文》："醇，雜味也。""《天官・漿人》'六飲'有'涼'，即《内則》之'濫'。鄭康成謂：'濫，以諸和水。紀、莒之間名諸爲濫。’惠士奇《禮說》云。按，《管子·禁藏篇》：‘冬日不濫，非愛冰[4]也。夏日不煬，非愛火也。爲不適於身、便於體也。’然則‘濫’一名‘涼’，蓋宜於夏矣。《楚辭》：‘挫糟凍飲，酎清涼些[5]。’注：‘謂盛夏之時，覆甕乾釀，提去[6]其糟，但取清醇，居之冰上而飲之，則酒寒涼也。’其說近之。《釋名》：‘桃濫，水漬而藏之，其味濫濫然酢也。’”[7]

[注] [1]静本、愛本誤作“且”，據《博雅音》改。[2]静本、愛本作“則”。[3]愛本、静本誤作“絡”。[4]愛本、静本作“水”。[5]愛本、静本脱“些”字。[6]愛本、静本誤作“云”。[7]從“天官漿人”至此，均引自惠士奇《禮説》。

醦所鑑反、**醶**且冉反、**醶**初鑑反、**醓**、**酸**、**酮**動[1]、同二音，**酢也。**

《說文》：“酢，醶也。”《玉篇》：“酢，酸也。今音昨。爲‘酬酢’字。”案，古文“酬醋”，或借“酢”字用之。六朝以後，“酬醋[2]”作“酢”，“醶酢”作“醋”，顛倒其字矣。

醦者，《玉篇》：“醦，酢也。”本此。《集韻》：“醦，楚錦切。”引《廣雅》：“醋也。”

醶者，《說文·酉部》義也。《玉篇》：“醲醶，醋味也。”

醶者，《說文》：“醶，酢漿也。”

醓者，呼啼切。《玉篇》：“醯，酸味也。醓，同上。”《論語》：“或乞醯焉。”皇侃云：“醯，酢酒也。”

酸者，先丸切。《說文》：“酸，酢也。關東謂酢曰酸。籀文作‘䤬’。”

酮者，徒董切。《玉篇》：“酮，酢[3]欲壞也。”

《集韻》引《廣雅》：“醳，酢也。黑角切。”今無此文。

[注] [1]静本、愛本作“洞”，據《博雅音》改。[2][3]愛本、静本衍“也”字，已刪。

醞蘊音、**酮**汝吏反、**釀**尼尚反，**酘**豆音**也。**

酘，徒鬭切。《玉篇》：“酘，酘酒也。”

醞者，於連切。《説文》：“醞，釀也。”張衡《南都賦》：“酒則九醞、甘醴。”李善注云：“《魏武集[1]·上九醞酒奏》曰：‘三日一釀。’”

酮者，《玉篇》、《廣韻》並云：“酮，重釀也。”舊本“酮”訛“醋”，今訂正。

釀者，《説文》：“釀，醞也。作酒曰釀。”

[注] [1]静本、愛本作“棊”。

豉且林反**謂之䜴**“音”音。

豉、䜴者，《玉篇》：“豉，野生豆也。”又云：“䜴，豉也。於林切。”本此。

寑寢音、**醢**才心反、**鬱**、**廦**匹亦反，**幽也。**

幽者，幽昧之音。凡麴糵菽[1]豉之類，皆於幽昧處覆蓋成之，故《説文》解“豉”云：“配鹽[2]幽尗也。”

寑者，牀寑之所，幽深處也。

醢者，《説文》：“醢，熟麴也。”《玉篇》：“醢，幽也。”本此。

鬱者，《廣韻》：“鬱，幽也。”本此。

廦者，幽僻地也。

[注] [1]静本、愛本誤作“穀”。[2]静本、愛本誤作“簏”。

麩疾災反**、䴸**滑音**、麫**卑音**、䴷**牟音**、䴹**苦木反**、䵃**蒙音**，麴也。**

麴，區六切。《説文》作“籟”。云：“酒母也。或作‘鞠’。”《釋名》：“麴，朽也。鬱之使生衣朽敗也。”

麩、䴸、麫、䴷、䴹、䵃者，《方言》：“䴹、麩、䴸、䴷、麫、䵃、麳，麴也。自關而西，秦、幽之間曰䴹。晉之舊都曰麩。齊右河濟曰䴸，或曰䴷。北鄙曰麫。麴，其通語也。”郭璞注：“今江東人呼麴爲麩。麫，細餅麴。”《説文》：“麩，餅籟也。”“䴸，餅籟也。”“䴷，或作‘䴷’。”“䴹，餅籟也。讀若庫。”《玉篇》：“䴸，麴麥也。”“䵃，有衣麴也。女麴也。”案，麩，徂來切。䴸，禹八切。麫，鼻支切。䴷，莫矦切。䴹，古鹿切。䵃，莫公切。

䱆消音**、鹺**且豆反**、䴧**楚快反**、䵈**於昆反**、鹼**步典反**，鹽也。**

《禹貢》：“盬絺貢自海、岱。”《爾雅》：“九府、岱岳有魚盬。”《管子》有《海王》一篇，齊桓專其利矣。《説文》：“盬，鹹也。古者宿沙初作煮海盬。”《魯連子》曰：“宿沙瞿子善煮盬，使煮漬沙，雖十宿沙不能[1]得也。”《水經注》云：“《地理志》：‘盬池，在安邑西南，許慎[2]謂之鹽池[3]，長五十一里，廣六里，周一百一十四里。上承盬水，水出東南薄山，西北流，逕巫咸山北。又逕安邑故城南，又西流注於盬池。水出石盬，自然即成，朝取夕復，終無減損。唯山暴雨，澍甘澤，潢潦奔逸，則盬池用耗，故公私共堨水逕，防其淫濫，故謂之盬水，亦爲堨水也。池西又有一池，謂之女盬澤。東西二十五里，南北二十里。在猗氏故城南。土人鄉俗，引水裂沃麻，分灌川野，畦水耗竭，土自成鹽，即所謂鹹鹺而味苦。’”

䱆者，思遥切。《玉篇》：“䱆，煎鹽也。”案，《郊特牲》云：“煎鹽之尚，貴天[4]產也。”熊氏云：“郊天所用，疑即石鹽。”

䴏者，《玉篇》：“䴏，夷狄鹽。”

𪉨者，《玉篇》：“𪉨，南方呼醬。”

䶦者，《玉篇》：“䶦，蠰戎狄之鹽。”《集韻》：“䶦，蠰戎鹽也。”案，《天官·鹽人》：“共飴鹽。”後鄭謂：“鹽之恬[5]者，今戎鹽有焉。”《涼州記》云：“青鹽池出鹽，正方，其形如石，甚甜美。”《涼州異物志》云：“鹽山二岳，三色爲質。赤者如丹，黑者如漆。作獸辟惡，佩之爲吉。名曰戎鹽，可以[6]療疾。”

𪉩者，《玉篇》：“𪉩，鹽也。”本此。

[注] [1]静本、愛本誤作“得”。[2]愛本作“沓”。[3]静本、愛本脱“池”字。[4]静本、愛本作“大”。[5]静本、愛本誤作“田”。[6]静本、愛本衍“於”字，已删。

醯蜜音、**䤄**在細反、**醔**莫候反**䣿**頭音、**醓**他感反、**醢**、**𨣊**巨出反、**䣼**涼音，**醬也。**

惠士奇《禮説》云：“醬屬，《醯人》名曰醯醬。則‘醯’即‘醬’也。不應分爲二。《士昏禮》：‘醯醬二豆。’二豆者，壻與婦醬爲對醬，則醯、醬非二物矣。五齊七菹，皆醯物也，謂皆以醯調之，醯物猶醬物，一物二[1]名。《膳夫職》所謂‘醬用百有二十甕’，《内饔職》所謂‘百羞醬物’者，即此。古有鹽梅而無豉醋。漢始有豉。《説文》所謂‘配鹽幽尗’，五味調和，須之而成，食乃甘，於是始有酢漿爲醶。《急就篇》所謂‘鹽豉醯酢漿’，《尚書》孔注亦云‘鹽醎梅醋’，蓋今之醋，古之梅也。則古無醋明甚。《左傳》：‘醯醢鹽梅，以烹魚肉。’《聘禮》：‘歸饔餼。醯醢百甕[2]。’皆不言醬，則醯非即醬歟？”案，《説文》：“醬，醢鹽也。”醢，當爲“醯”，形相近而譌。《廣韻》引《説文》："醬，醢也。"《玉篇》："醬，醢也。"《釋名》："醢，多汁者曰醢。醢，瀋也。宋、魯人皆謂汁爲瀋。"

醯者，亡一切。《玉篇》："醯，醬醶也。或作'醒'。"

醑者，《玉篇》："醑，醬也。"本此。

醬醶者，《説文》："醬，醬醶。榆醬也。""醶，醬醶也。"《釋名》："醶，投也。味相投成也。"

醓者，《説文》作"監"。云："血醢也。《禮記》有'監醢'，以牛乾脯、粱、䴹、鹽、酒也。"《天官·醢人》注云："監，肉汁也。"

醢者，訶改切。《説文》："醢，肉醬也。"《釋名》："醢，晦也。封塗使密冥乃成也。"《爾雅》："肉謂之醢。"李巡曰："以肉作醬曰醢。"《天官·醢人》："掌朝事之豆，其實醓醢。"注云："作醢者，必先膊乾其肉，乃後莝之，雜以粱䴹及鹽，漬以美酒，塗置瓶中，百日則成矣。"

醨者，《説文》："醨，醬也。"《玉篇》："醨，醢醬也。"

醇者，力讓切。《説文》："醇，雜味也。"

[注] [1]静本、爱本誤作"一"。[2]静本、爱本誤作"饔"。

韲子兮反、**齏**達内反、**醲**攘音、**醋**庫音、**蓋**肯升反、**醃**於炎反、**藍**，**葅**緇疏反**也。**

葅，與"菹"通，解見上文。《内則》云："麋、鹿、魚爲菹，麕爲辟雞，野豕爲軒，兔爲宛脾。切葱若薤，實諸醯以柔之。"鄭注："以醯與葷菜淹之，殺肉及腥氣也。"是爲菹亦用葱、薤以柔和之。

韲者，《説文》："韲，齏也。或作'齏'。"《釋名》："齏，濟也。與諸味相濟成也。"《玉篇》："韲，薑蒜爲之。"《天官·醢人》"五齊"注："齊，當爲'齏'。昌本、脾析、蜃、豚[1]拍、深蒲也。凡醯醬所和，細切爲齏。”《楚辭·九章》：“懲於羹者而吹韲兮，何不變此志也？”

韲者，《說文》：“韲，齏也。”《玉篇》：“韲，齏葅。”

蘸者，而丈切。《說文》：“蘸，菜也。”蓋此菜[2]可以爲葅也。《玉篇》：“蘸，葅也。”本此。

蔀者，苦步切。《說文》：“蔀，韭鬱也。”《玉篇》：“蔀，醋葅也。”

蓋者，蓋謂之蘊，已見上文。此復類記之也。

醃者，《玉篇》：“醃，葅也。”本此。案，今江南人亦以葅爲醃菜。

濫者，魯甘切。瓜菹也。舊本“濫”訛“藍”。《說文》徐鉉本《艸部》有兩“藍”字，一云“染青艸”，一云“瓜葅”。蓋亦脫“水”旁矣。《集韻》引《廣雅》：“醃藍，菹[3]也。”亦誤。惟《玉篇》：“濫，瓜葅。”爲不誤耳，今據此訂正。

[注] [1]静本、愛本作“膎”。[2]静本、愛本誤作“采”。[3]静本、愛本誤作“阻”。

甜大嫌反、甙代音、醰大紺反，又大含反，甘也。

《說文》：“甘，美也。從口含一。一，道也。”《釋名》：“甘，含也。人所含也。”童子口[1]甘者，中和之味也。

甜者，《說文》：“甜，美也。從甘、從舌。舌，知味者。”

甙者，徒戴切。《玉篇》：“甙，甘也。”本此。案，甙，從代省聲。舊本訛從“戈”，今訂正。

醰者，《玉篇》：“醰，長味也。或作‘醰’。”

[注] [1]静本、愛本誤作“田”，據《廣雅疏證》改。

糠康音**謂之稭**居列反，又居曷反。

糠，一名稭。《說文》："糠，穀皮也。"

泔甘音、**潘**浮袁反，**瀾也。**

瀾，《說文》作"灡"。云："潘也。洛干切。"

泔者，古三切。《說文》云："周謂潘曰泔。"

潘者，《說文》："潘，淅米汁也。"《内則》云："面垢，燂潘請靧。"鄭注："潘，米瀾也。"

溞稍音、**濯**直皃反，**滫**息朽反**也。**

《說文》："滫，久泔也。"《玉篇》："滫，米泔也。"《内則》："滫瀡以滑之。"鄭注："秦人溲曰滫。"《荀子·勸學篇》："蘭槐之根是爲芷，其漸之滫，君子不近。"楊倞注："滫，溺也。"《淮南·人間訓》："申茮、杜茝，美人之所以懷服也。及漸之於滫，則不能保其芳矣。"高誘注："滫，臭汁也。"

溞者，山教切。《玉篇》："溞[1]，臭汁也。"

濯者，浣衣汁也。

[注] [1]静本、愛本誤作"滫"。

澱殿音**謂之滓**俎使反。

《說文》："澱，滓[1]垽也。徒見切。""滓，澱也。"又云："顆謂之垽。垽，滓也[2]。"

澱者，《爾雅》："澱謂之垽。"郭注："滓，澱也。今江東呼垽。"《釋名》："泥之黑者曰滓。"顔注《急就篇》云："滓，澱也。"

[注] [1]“溵滓”，愛本倒作“滓溵”。[2]静本、愛本脱“也”字。

䱯、鱢、䖇、菸依𧖋[1]反、**腐、殠、䛗**之舌反，又之世反、**餒**乃每反、**羶**書延反、**鰑**許戒反、**䬳**於劫反、**䭕**穢音、**焦**蕉音、**煙、膱**織音，**臭也。**

《説文》：“臭，禽走，臭而知其迹者，犬也。”《廣韻》：“臭，凡氣之総名。通作‘殠’。”《説文》：“殠，腐氣也。”《漢書·楊惲傳》：“冒頓單于得漢美食好物，謂之殠惡。”《楊王孫傳》：“下不亂泉，上不泄殠。”案，此篇“臭”字，《釋文》引作“臰”。《玉篇》：“臭，惡氣息。臰，同[2]上。”是凡氣之臭，當爲“臭”；惡氣之臭，當爲“殠”。别作“臰”，俗。**䱯**者，桑經切。《説文》作“鮏”。云：“魚臭也。”通作“胜”。《説文》：“胜，犬膏臭也。”蓋魚臭作“鮏”，犬臭作“胜”也。

鱢者，穌遭切。《説文》：“鱢[3]，鮏臭也。”引《周禮》曰：“膳膏鱢。”今本《天官·庖人》作“臊”。鄭司農注：“膏臊，豕膏也。”杜子春云：“犬膏也。”《内則》：“狗赤股而躁，臊。”《説文》：“臊，豕膏臭也。”《晏子春秋》云：“食魚不反，惡其鱢也。”“鱢”、“臊”，古字通。

䖇者，結而不達之臭也。迂弗切。《内則》：“鳥皫色而沙鳴，䖇。”

菸者，枯瘁之臭也。《説文》：“菸，䖇也。一曰矮也。”宋玉《九辯》：“葉菸邑而無色兮。”《文選》五臣注：“言草木殘瘁也。”《王風·中谷有蓷》：“暵其乾矣。”傳：“暵，菸皃。陸草生於谷中，傷於水。”是蓷草田菸死而乾，仍有臭氣也。

腐者，《説文》：“腐，爛也。”《内經》云：“冬臭腐。”

殠者，許久切。《説文》：“殠，腐也。或作‘朽’。”《月令》：“孟冬，其臭朽。”《天官·内饔》云：“牛夜鳴則庮。”鄭司農云：“庮，朽木臭。”

䛗者，之例切。《玉篇》：“䛗，臭敗之味。”

鯘者，《說文》云："魚敗曰鯘。"《論語》："魚餒。"孔安國曰："魚敗曰餒。"皇侃云："肉臭壞也。"臭，俗"殠"字。

羶者，《說文》："羴，羊臭也。從三羊。或作'羶'。"《天官・庖人》："冬行鱻羽，膳膏羶。"杜子春云："膏羶，羊脂也。"《莊子・徐無鬼篇》："羊肉不慕蟻，蟻慕羊肉，羶也。"《吕氏春秋》云："三羣之蟲，水居者腥，肉玃者臊，草食者羶。"案，《内經》"五臭"無"羶"，故"春臊"。《月令》"五臭"無"臊"，故"春臭"。"膻"是"羶"，類於臊也。

鰑者，《玉篇》、《廣韻》俱無"鰑"字，疑"餲"之訛。《玉篇》："餲，飯臭[4]也。"《廣韻》："餲，食傷之臭。"孔安國注《論語》："饐、餲，臭味變也。"皇侃云："餲，謂經久而味惡也。如[5]乾魚、乾肉，久而味惡也。"《集韻》引《廣雅》作"鶡"。從"臭"。

餲者，掎及切。《玉篇》："餲，餲湿也。"

餓者，魚廢切。《廣韻》："餓[6]，飯臭。"

焦者，昨消切。《說文》："爨，火所傷也。或作'焦'。"

煙者，《說文》："煙，火氣也。或作'烟'。"《春官・大宗伯》："以禋[7]祀，祀昊天上帝。"鄭注："禋之言煙。周人尚臭。"

膱者，之力切。《玉篇》："膱，油敗也。"

[注] [1]静本、愛本誤作"舆"，據《博雅音》改。[2]静本、愛本誤作"用"。[3]静本、愛本作"臊"。[4]静本、愛本作"器"。[5]静本、愛本衍"甘"字，已刪。[6]静本、愛本誤作"饑"。[7]愛本作"煙"。

芳、馣[1]烏含反、**苾**匕節反，又邲音、**膮**許堯反、**馦**虚鎌反、**馠**呼含反、**膷**香音、**臐**謌[2]云反、**馨**、**䭱**必昭反、**馛**步曷反，**香也。**

《說文》："香，芳也。從黍、從甘。《春秋傳》曰：'黍稷馨香。'"

芳者，草之香也。《説文》：“芳，香艸也。”《離騷》：“雜杜蘅與芳芷。”

馣者，本書《釋訓》：“馣馣，香也。”此單言之亦香也。

苾者，《説文》：“苾，馨香也。”《小雅·楚茨》云：“苾苾芬芬。”《大戴禮》云：“與君子游，苾乎入芝蘭之室。”

膮者，羹之香也。《説文》：“膮，豕肉羹也。”

馦者，《玉篇》：“馦，香味。”

馠者，《玉篇》：“馠，香也。”

膷、臐者，腥之香也。上，虚羊[3]切；下，吁雲切。《公食大夫禮》注：“膷、臐、膮，今時腥也。牛曰膷，羊曰臐，豕曰膮，皆香美之名也。”古文“膷”作“香”，“臐”作“薰”。

馨者，虚廷切。《説文》：“馨，香之遠聞者。”《大雅·鳧鷖》：“爾殽即馨[4]。”傳與《説文》同。

⿱艹猋者，艸之香也。《玉篇》、《廣韻》俱云：“草名。”舊本訛從三“太”，今訂正。

馛者，評見《釋訓》。舊本“馛”訛從“犬”，今訂正。

《集韻》引《廣雅》：“馝、馞，香也。”又云：“馩、馧，香也。”今俱無此文。

[注] [1]静本、愛本誤作“呼”，據《博雅音》改。[2]静本、愛本誤作“君”，據《博雅音》改。[3]静本、愛本作“芉”。[4]静本、愛本作“薰”。

鼐乃代反、**鼒**資音、**鑴**擕音，又呼規反、**鏏**[1]衛音、**鬵**尋音，**鼎**[2]**也。**

《説文》：“鼎，三足兩耳，和五味之寶器也。昔禹收九牧之金，鑄鼎荆山之下，入山林川澤，魑魅蝄蜽，莫能逢之，以協承天休。《易》卦巽木於下者爲鼎，象析木以炊也。”《鼎·彖傳》：“鼎，象也。”李鼎祚《集解》引《九家易》云：“卦是鼎鑊亨飪之象，亦象三公之位。上則調和陰陽，下則撫育百姓。鼎能熟物、養人，故云象也。”《三禮圖》云：“牛鼎，受一斛。天子飾以黄金，諸侯飾以白金。口徑、底徑及深，俱一尺三寸。三足如牛，每足上以牛首飾之。羊、豕二鼎亦如之。羊鼎，受五斗，大夫亦以銅爲之，無飾。大夫祭用少牢，故無牛鼎。其口徑、底徑俱一尺[3]，深一尺一寸。豕鼎受三斗，口徑、底徑俱八寸，深九寸强。士以鐵爲之，無飾。士祭用特牲，故無羊鼎。或説三牲之鼎，俱受一斛。案，下有牛、羊、豕鼎，爲長短不同，鼎宜各異。或説非也。”

鼐、鼒者，《説文》：“鼐，鼎之絶大者。《魯詩》説：‘鼐，小鼎。’”“鼒，鼎之圜掩上者。”《周頌·絲衣》：“鼐鼎及鼒。”傳：“小鼎謂之鼒。”

鑴者，《集韻》：“鑴，鼎屬。”本此。

鏏者，祥歲切。《説文》：“鏏，鼎也。讀若彗。”《廣韻》：“鏏，大鼎。”又云：“⿰鼎彗，小鼎。”《淮南·説林訓》：“水火相憎，鏏在其間，五味以和。”高誘注：“鏏，小鼎。一曰鼎無耳爲鏏。”

鬻者，而屬切。《玉篇》：“鬻，大鼎也。”

[注] [1]静本誤作“錯”。[2]静本、愛本作“鼎”。愛本從“鼎”的字，“鼎”旁均如此。[3]静本、愛本脱“一尺”二字。

鬵潛音**謂之䰝**咨應反。

鬵、䰝者，《説文》：“鬵，大釜。一曰鼎大上小下若甑曰鬵。”“䰝，鬵屬。”《爾雅》：“䰝謂之鬵。”孫炎曰：“關東謂‘䰝’爲‘鬵’，凉州謂‘䰝’爲‘鉹’。”《方言》：“甑，自關而東謂之甗，或謂之鬵，或謂之酢餾。”《攷工記》：“陶人爲甑，實二鬴，厚半寸，脣寸，七穿。”《少牢饋食禮》云：“廩人概甑。”

氂狸音、犛毛音、鬣、毳、髦，毛也。

《說文》：“毛，眉髮之屬及獸毛也。象形。”《釋名》：“毛，皃也。冐也。在表，所以别形皃，且以自覆冐也。”

氂者，洛哀切。《說文》：“氂，彊曲毛，可以箸起衣。古文作‘㾊’。”

犛者，莫交切。犛，《說文》：“犛，犛牛尾也。”又云：“犛，西南夷長髦牛也。”其尾可以爲旌旗之飾。經傳通用“旄”。《詩》：“建旐設旄。”《書》：“右秉白旄。”《周禮·春官》：“旄人。”《晉語》：“羽旄齒革。”《樂記》：“干戚羽旄。”注家皆以爲“旄牛尾”，即此“犛”也。

鬣者，《說文》：“鬣，髮鬣鬣也。或作‘毼’，或作‘獵’。”《曲禮》曰：“豕曰剛鬣。”

毳者，此芮切。《說文》：“毳，獸細毛也。”《天官·掌皮》：“共其毳毛爲氈[1]，以待邦事。”注云：“毳毛，毛細縟者。”《淮南·齊俗訓》：“越人見毳，不知其所以爲旃也。”《漢書·晁錯傳》：“其人密理，鳥獸毳毛。”顔師古云：“毳，細毛也。”

髦者，《既夕記》：“馬不齊髦。”注云：“今文‘髦’爲‘毛’。”

[注] [1]静本、愛本誤作“鸇”。

䩄犴音謂之毫。

《說文》：“豪，豕鬣如筆管者，出南郡。籒文作‘豪’。徐鉉曰：‘今俗别作毫。’”

䩄，胡旦切。《玉篇》：“䩄，長毛也。獸毫也。”

𦑝、䎃奴感反**、翈**狎音**、翭**矦音**、𦒎**惠音**、風、狄，羽也。**

《說文》：“羽，鳥長毛也。象形。”《地官·羽人》：“掌以時徵羽翮之政於山澤之農，以當邦賦之政令。”

𦑝、䎃、翈者，《玉篇》：“𦑝，音孚。細毛。”“䎃，翮下弱羽也。”“翈，乎甲切。羽翈也。”

翭者，乎溝切。《說文》：“翭，羽本也。一曰羽初生皃。”

𦒎者，乎炔切。《玉篇》：“𦒎，六翮之末。或作‘𦒏’。”

風，未詳。

狄者，即“翟”字。經典“狄”、“翟”通用，謂雉之羽也。《詩》曰：“右手秉翟。”

𩊚革音**、𩋐**翅音**，翼也。**

《說文》：“翼，翄也。篆文作‘翼’。”

𩊚者，古貢切。《說文》：“𩊚，翅也。”通作“革”。《小雅·斯干》：“如鳥斯革。”傳：“革，翼也。”

𩋐者，疑即“翅”之別體字。[1]

[注] [1]《廣雅疏證》作“𦐛，各本譌作‘𩋐’。《說文》：‘翄，翼也。或作‘𦐛’。’”

𣯶唐音**毦**二[1]音**、𣭐**布莽反**、毼**曷音**、𣰆**方文反**毭**豆音**、𣯽**足凶反**氍**衢音**、𣯹**粟音**𣯊**而恭反**、羴**鮮音**毤**支音**、𣰋**[2]力于反**，罽也。**

《說文》：“𦇐，西胡毳布也。”《玉篇》：“𣰆[3]，方文者。亦作‘罽’、‘𦇐’。”經典通用“罽”。《爾雅》：“氂，罽也。”孫炎曰：“毛氂爲罽。”

犍爲舍人曰："氀謂毛也。罽，胡人績羊毛而作。"《漢書·高帝紀》："令賈人毋得衣罽。"顔師古曰："罽，織毛，若今毼及氍毹之類。"

毾毲者，上，大當切；下，仁志切。《玉篇》："毾毲，罽[4]曲文者。""毲，以毛羽爲飾。"曹氏音"毲"爲"毛"，非也。

毤者，《玉篇》："毤，罽方文者。"

毼者，乎割切。《玉篇》："毼，罽也。"本此。

毹氎者，《玉篇》："毹，毹氎。罽。"

毪氍者，《玉篇》："毪，毪氍。罽。"又云："毺，毺毹。毛席也。氍，同[5]上。"

毸毴者，上，思録切；下，人鍾切。《玉篇》："毸，毸毴。罽也。"

毢毤者，上，思連切；下，之移切。《玉篇》："毢，毢毤。罽。"

氀者，《玉篇》："氀，毛布也。"《後漢書·烏桓傳》："婦人能織氀毼。"

[注] [1]静本、愛本誤作"毛"，據《博雅音》改。[2]静本、愛本作"毤"。[3]静本、愛本誤作"罽"。[4]愛本衍"者"字，已刪。[5]静本、愛本衍"毛"字，已刪。

金、鍇，鐵也。

《説文》："鐵，黑金也。古文作'銕'。"

金者，《周禮·攷工記》："攻金之工，築氏爲削，冶氏爲殺矢，鳧氏爲鍾，栗氏爲量，段氏爲鎛，桃氏爲劍。其所爲者，有銅、有鐵。銀爲白金，鉛爲青金，銅爲赤金，鐵爲黑金。"故許慎云："金，五色金也。黄爲之長。"

鍇者，《説文》云："九江謂鐵曰鍇。"張衡《南都賦》："銅錫鉛鍇。"

白銅謂之鋈沃音，**赤[1]銅謂之錫。**

鋈者，《說文》："鋈，白金也。"《秦風·小戎》："陰靷鋈續。"傳："鋈，白金也。"《釋名》："鋈，金塗沃也。冶白金以沃灌。"

錫者，《說文》："錫，銀、鉛之間也。""鈏，錫也。"《夏官·職方》："其利金錫。"注云："錫，鑞也。"《爾雅》："錫謂之鈏。"郭注："白[2]鑞"。

[注] [1]静本誤作"亦"。[2]静本、愛本誤作"曰"。

水銀謂之澒乎孔反。

澒[1]，嘉祐《本艸》引作"澒"。《說文》："澒，丹沙所化，爲水銀也。徐鍇曰：'按，《淮南子》：正土之氣，御於埃天，埃天五百歲生缺，缺五百歲生黄埃，黄埃五百歲生黄澒，黄澒五百歲生黄金。偏土之氣，御於清天，清天五百歲生青曾，青曾五百歲生青澒，青澒五百歲生青金。壯土之氣，御於赤天，赤天七百歲生赤丹，赤丹七百歲生赤澒，赤澒七百歲生赤金。弱土之氣，御於白天，白天九百歲生白礜，白礜九百歲生白澒，白澒九百歲生白金。澒，水銀也。'"

[注] [1]静本、愛本誤作"永"。

鐵朴謂之礦正謂之，口音雖無，疑即"礦"也。 **鉛礦謂之鏈**連音。

礦者，《說文》："磺，銅鐵朴石也。讀若穬。"古文作"卝"。《周禮》作"卝人"。鄭注："卝之言礦也。金玉未成器曰礦。"王褒《四子講德論》："精鍊藏於鑛朴，庸人視之忽焉；巧冶鑄之，然後鑄其幹也。"李善注："鑛，與'磺'同。"

鏈者，抽延切。《説文》："鏈，銅屬。"通作"連"。《史記》："江南出金錫連。"徐廣曰："連，鉛之未錬者。"

鏅脩音、**鋇**貝音、**鉊**似音、**鉿**工納反，又口帀反，**鋌也。**

《説文》："鋌，銅、鐵樸也。"《淮南子》："苗山之鋌，羊頭之銷，雖水斷龍髯[1]，陸剸兕甲，莫之服帶。"張協《七命》云："耶谿之鋌。"

鏅、鋇、鉊、鉿者，《玉篇》："鏅，鋌也。思留切""鋇，柔鋌。博蓋切。"《廣韻》："鉊，鋌鉊。詳里切。""鉿，二尺鋌。葛合切。"俱本此。"鉊"、"鉿"，音義同。

[注] [1]静本、愛本誤作"舟"。

戉曰音、**戚，斧也。**

《説文》："斧，斫也。"《釋名》："斧，甫也。甫，始也。凡將制器，始用斧伐木，已乃制之也。"《豳風・破斧》傳："隋銎曰釜。"

戉者，《説文》："戉，斧也。《司馬法》曰：'夏執玄戉，殷執白戚，周左杖黄戉，右秉白髦。'"《釋名》："戉，豁也。所向莫敢當前，豁然破散也。"《左氏昭十五年傳》："其後襄之二路，鏚鉞、秬鬯。"杜注："鏚，斧也。鉞，金鉞也。"孔疏："鏚、鉞，俱是斧。蓋鉞大而斧小。"《太公六韜》云："大柯，重八斤，一名天鉞。"

戚者，《説文》："戚，戉也。"《釋名》："戚，慼也。斧以斬斷，見者皆慼懼也。"《大雅・公劉》："干戈戚揚。"傳："戚，斧也。"

鏦初江反**謂之斨**千羊反。

鏦、斨者，《説文》："斨，方銎釜也。"《釋名》："斨，戕也。所伐皆戕[1]毀也。”斨，一名鏦，與“鏦矛”之“鏦”，同字而義異。

[注] [1]静本、愛本誤作“斨”。

鑱讒音**謂之鈹**披音。

鈹，一名鑱。《説文》：“鈹，劍如刀裝者。”“鑱，鋭也。”

鐫醉全反，又子兖反**謂之鏨**慙音，又才[1]敢反，又漸音。

“鐫，鑿”，已見本書《釋言》。

鐫，又名鏨。《説文》：“鏨，小鑿也。”木華《海賦》：“鑿陵巒而嶄[2]鑿。”李善注引此文。云：“‘鏨’與‘嶄’，古字通。”

[注] [1]静本、愛本脱“音又才”三字，據《博雅音》改。[2]愛本誤作“斬”。

銍誅失反**謂之刉**工音。

銍、刉者，《説文》：“銍，穫禾短鎌也。”《釋名》：“銍，穫黍鐵也。銍銍，斷黍穗聲也。”《周頌》：“奄觀銍艾。”傳：“銍，穫也。”《玉篇》：“刉，銍也。”本此。

划工卧反、**鉊**昭音、**钊**鈎音、**鍥**結音、**鏺**撥音，**鎌**廉音**也**。

《説文》：“鎌，鍥也。離鹽切。”《釋名》：“鎌，廉也。體廉薄也。其所刈，稍稍取之，又似廉者也。”《方言》：“刈鉤，江、淮、陳、楚之間，謂之鉊，或謂之鐹[1]。自關而西，或謂之鉤，或謂之鎌，或謂之鍥。”《周禮·薙氏》：“夏日至而夷之。”鄭注：“以鉤鎌迫地芟之也，若今取茭[2]

矣。”《齊語》：“挾其鎗、刈、耨、鎛。”韋註：“刈，鎌也。”又：“耒耜枷芟。”注：“芟，大鎌。所以芟草也。”

划者，《方言》作“鍋”，同。《玉篇》：“划，鐮也。又刈鉤。”

鉊者，之遥切。《説文》：“鉊，大鎌也。鎌謂之鉊。張徹説。”

钊者，古侯切。《説文・刀部》義也。《方言》作“鉤”，同。

鍥者，《説文・金部》義也。

鏺者，比末切。《説文》：“鏺，兩刃，木柄，可以刈艸。讀若撥。”

[注] [1]静本、愛本作“鍋”。[2]静本、愛本作“交”。

銃充仲[1]反**謂之銎**去恭反。

銃、銎者，《説文》：“銎，斤斧穿也。”《玉篇》：“銃，銎也。充仲切。”本此。銎，又名“骹”。《方言》：“骹謂之銎。”郭注：“即矛刃下口。”

[注] [1]静本、愛本誤作“中”，據《博雅音》改。

鍱牒音、**鋂**梅音、**鏝**夢音，**鐶**貫音**也。**

鐶，胡關切。古用“環”。

鍱者，達協切。未詳。

鋂者，謨材切。《説文》：“鋂，大瑣[1]也。一環貫二者。”《齊風・盧令》傳亦云：“一環貫二。”

鏝者，莫鳳切。《玉篇》：“鏝，鐶也。”本此。

[注] [1]愛本作“埍”。

鹿䡩格音、**鐖**微音、**釣**弔音，**鉤也。**

鹿䡩、鐖、鉤者，《說文》："鉤，曲也。"《玉篇》："鉤，鐵曲也。"《方言》："鉤，宋、楚、陳、魏之間，謂之鹿䡩，或謂之鉤格。自關而西，謂之鉤，或謂之鐖。"郭注："鉤，懸物者。或呼鹿角。"《玉篇》："鐖，鉤也。無非切。"《廣韻》引《埤蒼》："鐖，懸物鉤。"

釣者，取魚之鉤也。多嘯切。《說文》："釣，鉤魚也。"

鏶集音**謂之鍱**葉音。

鏶、鍱者，《說文》："鏶，鍱也。或作'䥑'。籍入切。""鍱，鏶也。齊謂之鍱。虛涉切。"《玉篇》："鏶，鐵鍱也。"《墨子・備城門篇》："門植關必環錮，以金若鐵鍱之。門關再重，鍱之以鐵。"

鑯且廉反**謂之鏟**叉[1]展反。

鑯、鏟者，《說文》："鏟，鏶也。一曰平鐵。"《玉篇》："鏟，楚限切。平木器。"又云："鑯，鏟也。"[2]本此。

[注] [1]静本、愛本誤作"七"，據《博雅音》改。[2]元刊本、四庫本《玉篇》均作"鑯，貫也"。

栓所權反、**櫭**巨例反，**釘也。**

栓、櫭者，《玉篇》："栓，木丁也。""櫭，木釘也。"皆本此。《玉篇》、《廣韻》於"釘"字，皆有音而無義。

銛測[1]夾反、**鉥**述音、**綅**忌音，**鍼也。**

《說文》："鍼，所以縫也。"又云："箴，綴衣箴也。"《内則》："紉箴補綴。”是“鍼”與“箴”同。

銛者，《說文》：“銛，郭衣箴也。”

鉥者，食力切。《說文》：“鉥，綦鍼也。”《管子》曰：“一女必有一箴一鉥。”房玄齡注：“鉥，長鍼也。”《史記·趙世家》：“却冠秫絀。”徐廣曰：“《戰國策》作‘秫縫’。”秫，與“鉥[2]”同，假借字。

緦者，《廣韻》作“緦”。云：“連鍼也。”

[注] [1]静本、愛本誤作“側”。[2]愛本誤作“秫”。

錆大罪反，又徒果反、**鐧**澗音，**鍣**他合反**也。**

《說文》：“鍣，以金有所冒也。”《玉篇》：“鍣，器物鍣頭也。”

錆者，鍣，一名“錆”。

鐧者，《說文》：“鐧，車軸鐵也。”《釋名》：“鐧，間也。閒釭軸之間，使不相摩也。”

稱謂之銓七緣反。**鍤**直危反，又直僞反**謂之權。**

稱、銓者，《說文》：“稱，銓也。春分而禾生。日夏至，晷景可度。禾有秒，秋分而秒定。律数：十二秒而一分，十分而寸。其以爲重，十二粟爲一分，十二分爲一銖，故諸程品皆從‘禾’。”“銓，衡也。”劉向《說苑》云：“以粟生之，十粟[1]爲一分，十分爲一寸，十寸爲一尺，十尺爲一丈。十粟重一圭，十圭重一銖，二十四銖重一兩，十六兩重一斤，三十斤重一鈞，四鈞重一石。千二百粟爲一龠，十龠爲一合，十合爲一升，十升爲一斗，十斗爲一斛。”《文選》注引《倉頡篇》：“銓，稱也。”注云：“銓，所以稱物也。”

權、鍤者，權，一名“鍤”。《漢書·律曆志》：“權者，銖、兩、斤、鈞、石也。所以稱物平施，知輕重也。”案，錘，稱錘。

[注] [1]静本、愛本誤作“蕙”。

鍴端音**謂之鑽**子[1]貫反。

鍴、鑽者,《説文》:“鑽，所以穿也。祖官切。”《玉篇》:“鍴，鑽也。多官切。”案,《方言》:“鑽謂之鍴。”

[注] [1]静本、愛本誤作“了”，據《博雅音》改。

鐫況規反、**鉊**昭音、**鋟**子廉反，又子甚反，**錐也。**

《説文》:“錐，鋭也。”《釋名》:“錐，利也。”劉向《説苑》云:“猶不聞干將、莫邪？拂鐘不錚，試物不知，然以之綴履，曾不若兩錢之錐。”

鐫者,《五音集韻》:“鐫，錐也。”本此。案，鐫，當作“鑴”。《説文》:“鑴，穿木鑴也。”

鉊者，丁聊、田遥二切。《方言》:“錐謂之鉊。”郭璞注云:“《廣雅》作‘鉊’字。”是古本《廣雅》作“鉊”，唯《方言》作“鉊”也。然《玉篇》、《廣韻》俱不收“鉊”字。

鋟者,《公羊定八年傳》:“鋟其板。”《玉篇》:“鋟，以爪刻板。”

鏤謂之錯，鋁力庶反**謂之錯**釆古反。

此俱釋“錯”之名也。《説文》:“錯，金涂也。”

鏤者，即豆切。《説文》:“鏤，剛鐵，可以刻鏤。《夏書》曰:‘梁州貢鏤。’”《爾雅》:“金謂之鏤。”《大雅·韓奕》:“鉤膺鏤鍚。”箋:“刻金飾之。”《秦風·小戎》:“虎韔鏤膺。”箋:“鏤膺，有刻金飾也。”

鋁者，《玉篇》："鋁，與'鑢'同。"《説文》："鑢，錯銅鐵也。"

碧、碬都玩反、**礛**力甘反**礒**諸音、**磫**足恭反**礭**衢音、**磨**、**砥**砥細反，又於礪反、**磏**廉音，**礪也。**

《説文》："厲，旱石也。或作'蠆'。"《大雅·公劉》："取厲。"《儒行》："砥厲廉隅。"《左氏哀十六年傳》："勝自厲劍。"皆不從"石"，則"礪"非古字。

碧者，《説文》："碧，礲也。天子之桷，椓而碧之。"案，《晉語》："天子之室，斲其椽而碧之。"

碬者，《説文》："碬，厲石也。《春秋傳》：'鄭公孫碬，字子石。'"案，《左氏傳》"印段"，字"子石"，見《襄三十年》。宋褚師"叚"，字"子石"，見《襄二十年》。是"碬"或省作"叚"。《説文》篆字"碬"誤從"叚"。徐鉉"輒音[1]，乎加切"誤矣。《公劉詩》"取鍛"傳："鍛，石也。""碬"、"鍛"，古字通。

礛礒者，《玉篇》："礛，礛礒。治玉之石也。青礪也。"《説文》作"厱諸"。云："治玉石也。厱讀若藍。"《淮南·説山[2]訓》："玉待礛諸而成器。"高誘注："礛諸，攻玉之石。"又《修務訓》："玉堅無敵，鏤以爲獸，首尾成形，礛諸之功。"《文子·上德篇》："璧瑗之器，礛諸之功也。""厱礒"、"礛諸"，音義並同。

磫礭者，《玉篇》："磫，磫礭。礪石。"

磨者，《説文》："礳，石磑也。"《玉篇》："礳，所以礳麥。磨，同上。"

砥者，《説文》："厎，柔石也。或作'砥'。"

磏者，《説文》："磏，厲石也。一曰赤色。"《玉篇》："磏，赤礪石。"

《集韻》引《廣雅》："礵，礪也。息六切。"今無此文。

[注] [1]“輒音”，静本、愛本誤作“轍者”，據徐復本《疏義》改。[2]愛本誤作“林”。

鈴含音**鏅謂之鐲**形音。

鈴，《説文》作“鈐”。云：“鈐鏅，大犂也。一曰類相。”

鐲者，《説文》作“鉵”。云：“相屬。從金，蟲省聲。讀若同。”此作“鐲”，不省。

鎡錤基音、**鋸**、**鈹**、**鎛**博音，**鉏也**。

《説文》：“鉏，立薅[1]所用也。”《釋名》：“鋤，助也。去穢助苗長也。齊人謂其柄曰橿，橿然正直也。頭曰鶴[2]，似鶴頭也。”《玉篇》：“鋤，與‘鉏’同。”

鎡錤者，解見上文“定謂之槈”下。

鋸者，《釋名》：“锯，倨也。其體直，所截應倨句之平也。”

鈹者，字書無“鉏”訓，疑即“鑼”字。《説文》：“鑼，相屬。”《玉篇》音“彼皮切”，與“鈹”音義近矣。

鎛者，伯各切。《説文》：“鎛，田器。”引《詩》：“庤乃錢鎛。”《釋名》：“鎛，亦鋤類也。鎛，迫也。”

[注] [1]静本、愛本誤作“媷”。[2]愛本作“鵅”。

錠謂之鐙登音。

錠、鐙者，《説文》：“錠，鐙也。丁定切。”“鐙，錠也。都騰切。徐鉉曰：‘錠中置燭，故謂之鐙。今俗别作‘燈’，非是。’”《楚辭》：“蘭膏明燭，華鐙錯些。”顔師古《急就篇》注：“鐙，所以盛膏夜然燎者也。

其形若杆[1]而中施釭。有柎者曰鐙，無柎者曰錠。”

[注] [1]静本、愛本誤作“行”。

曲道、栻勑音**，梮也。簙**博音**箸**馳慮反**謂之箭。**

梮，古作“局”。《說文》：“局，博所以行棊。”

曲道者，《方言》：“所以行棊謂之局，或謂之曲道。”

栻者，丑力切。《玉篇》：“栻，局也。”本此。

簙箸謂之**箭**者，“夗專，簙也”，已見本書《釋言》。此言簙之箸也。《方言》：“吴、楚之間，或謂之蔽，或谓之箭裏。”

篓謂之扇。

篓、扇者，《說文》：“篓，扇也。或作‘䉤’。”《方言》：“扇，自關而東謂之篓，自關而西謂之扇[1]。”郭注：“今江東亦通名扇爲篓。”《吕氏春秋》云：“冬不用篓，非愛篓也，凊有餘也。”

[注] [1]静本、愛本作“箑”。

篋大故反**謂之籫**截甘反**。**

篋、籫者，籫，《玉篇》作“䉤”。云：“篋也。”又云：“篋，䉤也。”《廣[1]韻》：“䉤，䉤篋也。”“篋，䉤篋。”皆本此。

[注] [1]静本、愛本誤作“度”。

箆居勿反**謂之刷**所滑反。

箆、刷者，《說文》：“刷，刮也。《禮》：‘布刷巾。’”《釋名》：“刷，帥也。帥髮長短皆令上從也。亦言瑟也，刷髮令上瑟然也。”《玉篇》：“箆，刷也。”《集韻》：“茁，《字林》：‘刷也。’或作‘箆’。”本此。“箆”、“茁”同 。嵇康《養生論》：“勁刷理鬢。”李善注引《通俗文》云：“所以理髮謂之刷。”

縞謂之𦎓亦灼反。

上文“縞，𦎓練也”，解已見前。

梭素戈反**謂之幐**弁證反。

梭、幐者，《說文》：“幐，機持經者。”《玉篇》：“梭，織梭[1]也。緯也。字亦作‘梭’。”《集韻》引作：“柢[2]謂之幐。必駕切。”

[注] [1]愛本衍“也”字，已删；“梭”誤作“梭”、“梭”。[2]静本、愛本誤作“派”。

籣謂之植。

籣者，攷“籣”字，《玉篇》、《廣韻》並云：“損也。”未詳。

様衰音**謂之籆**于縛反，又榮碧反，**其柅**紛利反**謂之隸。**

此釋“籆”之名及其柄也。

様、籆、柅、隸者，《說文》：“籆，收絲者也。或作‘䈅’。”“柅，籆柄也。”《方言》：“籆，様也。兗、豫、河、濟之間，謂之様，絡謂之格。”郭注：“籆，所以絡絲也。絡，所以轉籆[1]絡車也。”籆，《集韻》引作：“籆，其柄謂之槺。”

[注] [1]静本、愛本誤作“隻”。

經梳謂之杓子[1]允反。

杓者，《玉篇》：“杓，子旮切。”《廣韻[2]》：“凡織，先經，以杓梳絲，使不亂。出《埤蒼》。”

[注] [1]静本、愛本作“乎”，據《博雅音》改。[2]“廣韻”，静本、愛本誤作“玉篇”。

斛注謂之篙乎的反。

斛注、篙者，《方言》云：“所以注斛，陳、魏、宋、楚之間，謂之篙。自關而西謂之注。”郭璞注：“盛米穀冩斛中者也。今江東亦呼爲篙。”《玉篇》：“篙，籮屬。形小而高。”

斛謂之鼓，方斛謂之桶大籠反，又勇[1]音。

鼓者，《左氏昭二十九年傳》：“遂賦晉國一鼓鐵，以鑄刑鼎。”服虔曰：“鼓，量名也。取晉国一鼓鐵，以鑄之。”《禮記・曲禮》：“獻米者，操量鼓。”《釋文》引《隱義》云：“東海樂浪人呼容十二石者爲鼓，以量米。”王肅云：“三十斤謂之鈞，鈞四謂之石，石四謂之鼓。”與《隱義》合。顧氏曰：“蓋用四百八十斤鐵。”《荀子・富国篇》：“瓜、桃、棗、李，一本數以盆鼓。”楊倞注：“鼓，量也。”

桶者，疑“甬”同。《月令》：“角斗甬。”鄭注：“甬，今斛也。”

[注] [1]“又勇音”,《博雅音》作“亦勇”。

笹大本反**謂之篅**上沿反。

笹、篅者,《說文》:“笹,篅也。”“篅,以判竹圜以盛穀也。”《釋名》:“囤,屯也。聚之也。圌,以箄竹爲之,團團然也。”《淮南·精神訓》:“與守其篅、笹。”高誘注:“篅、笹,受穀器也。篅,讀如‘顓孫’之‘顓’。”顏注《急就篇》云:“笹、篅,皆所以盛米穀也。以竹木箄席,若泥塗之,則爲笹。笹之言屯也,物所屯聚也。織草而爲之,則曰篅,取其團圓然也。”“笹”、“囤”,“篅”、“團”,並音義同。

㡒丈旬反,又豬旬反、**㲈**畏音,**䢿**陟目反**也**。

此釋貯米穀之器也。《說文》:“䢿,㡒也。所以載盛米。從宁、從甾。甾,缶也。”

㡒者,《說文》:“㡒,載米䢿也。”

㲈,未詳。

蕢苦怪反、**篣**彭音、**筎**女加反,又奴慕反、**簝**力幺反、**籯**盈音、**篝**溝音、**笭**零音,**籠**力公反**也**。

《淮南·說山訓》:“被羊裘而賃,固其事也;貂裘而負籠,甚可怪也。”《說文》:“籠,舉土器也。一曰笭也。”

蕢者,《論語》:“未成一蕢。”鄭注:“蕢,盛土籠也。”

篣、筎者,《方言》:“籠,南楚、江、沔之間,謂之篣,或謂之筎。”郭璞注:“今零陵人呼籠爲篣。”《說文》:“筎,鳥籠也。”《楚辭·九章》:“鳳皇在筎兮。”王逸注:“筎,籠落也。”

簝者,《說文》:“簝,宗廟盛肉竹器也。”《地官·牛人》:“凡祭祀,共其牛牲之互，與其盆簝，以待事。”鄭司農云：“簝，受肉籠也。”

籯者，《說文》：“籯，笭也。”《漢書·韋賢傳》：“遺子黄金滿籯。”

篝者，《史記·陳涉[1]世家》：“夜篝火。”又《淳于髡列傳》：“甌窶滿篝。”徐廣並云：“篝，籠也。”

笭者，《說文》：“笭，籯也。”

《集韻》引《廣雅》：“篸，籯籠也。”今無此文。

[注] [1]愛本誤作“陟”。

熏纁音**篝**溝音**謂之墻居。**

熏篝者，《說文》：“篝，答也。可熏衣。宋、楚謂竹篝墻以居也。”《方言》：“篝，陳、楚、宋、魏之間，謂之墻居。”郭注：“今熏籠也。”

簞丹音、**籚**[1]來乎反、**籃**來甘反，**筐也。**

《說文》：“筐，飯器。籧也。或作‘筐’。”又云：“方曰筐，圓曰籧。”《小雅·鹿鳴》：“承筐是將。”傳：“筐，篚屬。所以行幣帛也。”

簞者，《說文》：“簞，笥也。漢律令：‘簞，小筐也。’傳曰：‘簞食壺漿。’”鄭注《曲禮》云：“圓曰簞，方曰笥。”《淮南·齊俗訓》：“夫明鏡，便於照形；其於以函食，不如簞。”

籚者，與“𥫱”同。《說文》所謂“𥮉盧，飯器也”，解見上文“𥫱”下。

籃者，《說文》：“籃，大篝也。古文作‘𥳑’。”

[注] [1]静本、愛本作“壚”。

籅餘音、**箈**滔音、**箄**俾音、**簍**縷音，**篆**舉音**也。**

《説文》："篆，食[1]牛筐也。"《召南》："于以盛之，維筐及筥。"傳："方曰筐，圜曰筥。"《周頌》："載筐及筥。"注："筐、筥，所以盛黍稷也。"《玉篇》："篆，亦作'筥'。"

籅、箈、箄、簍者，《方言》："箄、簍、籅、箈，篆也。江、沔之間，謂之籅。趙、代之間，謂之箈[2]。淇、衛之間，謂之牛筐。篆，其通語也。篆小者，南楚謂之簍。自關而西，秦、晉之間，謂之箄。"郭注："今江南亦名籠爲箄。"顏注《急就篇》云："簍者，疏目之籠，亦言其孔樓樓然也。"

[注] [1]静本、愛本誤作"卧"，據《説文》段注改。[2]静本、愛本誤作"舀"。

㰅[1]帶音、**槉**朕音、**校**爻[2]音、**持**竹革反、**桷**角音、**植**直吏反、**样**羊音，**槌**逐累[3]反**也。**

此釋"懸蠶薄柱"之名也。

㰅、槉、校、持、桷、植、样、槌者，《説文》："槌，關東謂之槌，關西謂之持。""持，槌也。""栚，槌之横者也。關西謂之檏。"《方言》："槌，宋、魏、陳、楚、江、淮之間，謂之植。自關而西，謂之槌。齊謂之样。其横，關西曰槉。宋、魏、陳、楚、江、淮之間，謂之㰅。齊部謂之持。"郭注："槌，懸蠶薄柱也。其横亦校，音爻。""槉"、"栚"，古今字。校，舊本譌爲"杈"。《音釋》亦譌爲"叉"，今據郭注訂正。"桷"與"校"，聲相轉，故亦同物。《月令》："季春，具曲植籧筐。"鄭注："植，槌也。"

[注] [1]静本、愛本作“褅”。[2]“校”，静本、愛本作“校”，音“交”，據《博雅音》改。[3]静本、愛本誤作“畏”，據《博雅音》改。

笛謂之薄。

笛、薄者，《説文》：“笛，蠶薄也。”又云：“或説：‘曲，蠶薄。’”《方言》：“薄，宋、魏、陳、楚、江、淮之間，謂之苖，或謂之麴。自關而西，謂之薄。”高誘注《吕覽》云：“曲，薄也。青、徐謂之曲。”《史記·絳侯周勃世家》：“勃以織薄曲爲生。”《索隱》曰：“謂勃本以織薄曲爲生業也。”韋昭曰：“北方謂薄爲曲。”許慎注《淮南》云：“曲，葦薄也。”郭璞注《方言》云：“植，懸曲柱也。”案，“笛”、“苖”、“麴”、“曲”，字異義同。

箳奬音、**籥**藥音、**箕**勑葉反，又餘涉反、**簭**辯音、**笘**丁頬反、**籦**力第[1]反，**觚**孤音**也。**

《玉篇》：“觚，古胡切。破觚爲圜。”通作“觚”。陸機《文賦》：“或操觚以率爾。”顔師古《急就篇》注云：“觚者，學書之牘，或以記事。削木爲之，蓋簡屬也。其形或六面[2]，或八面。今俗猶呼小兒學書簡爲‘木觚章’。”

箳、籥、箕者，《説文》：“箳，剖竹未去節謂之箳。”“籥，書僮竹笘[3]也。”“箕，籥也。”

簭[4]，未詳。

笘者，《説文》云：“潁川人名小兒所書寫爲笘。”

籦者，力計切。《玉篇》：“籦，篙也。”

[注] [1]静本、愛本誤作“篃”，據《博雅音》改。[2]静本、愛本誤作“南”。[3]静本、愛本誤作“笪”。[4]徐復本《補疏》：“《周禮·朝士》：‘有判書。’注云：‘故書判爲辨。’‘辡’、‘辨’同字。”

篇、章、篤司夜反，程也。

《説文》：“程，品也。十髮爲程，十程爲分，十分爲寸。”

篇者，《説文》：“篇，書也。”《玉篇》云：“篇，篇什也。”孔穎達曰：“篇者，徧也，言出情鋪事，明而徧者也。”

章者，《説文》云：“樂竟爲一章。從音、從十。十，數之終也。”孔穎達曰：“章者，明也。總義包體，所以明情者也。”

篤者，《玉篇》：“篤，笘篤也。”“篇”、“章”、“篤”，皆所以計課程。

篅苦典反籍先典反、簧皇音、牌步佳反，籍也。

《説文》：“籍，簿書也。”《釋名》：“籍，籍也。所以籍疏人名户口也。”

篅籍者，《玉篇》：“篅籍，户籍也。”

簧，未聞。

牌者，《玉篇》：“牌，牌牓。”

笧謂之簡。

笧、簡者，《釋名》：“簡，間也。編之篇篇有閒也。”《説文》：“簡，牒也。”“册，符命也。諸侯進受於王也。象其札一長一短，中有二編之形。古文作‘笧’。”通作“策”。《金縢》：“史乃册祝。”《史記》“册”作“策”。《聘禮記》云：“百名以上書於策，不及百名書於方。”鄭注：“名，書文也。今謂之字。策，簡也。方板也。”疏云：“鄭作《論語·序》云：‘《易》、《詩》、《書》、《禮》、《樂》、《春秋》，策皆尺二寸。《孝經》謙半之。《論語》八[1]寸。策者，三分居一，又謙焉。’是其策之長短。簡者，未編之稱。策者，衆簡相連之名。鄭注《尚書》三十字一簡。服虔注《左氏》云：‘古文一簡八字。’是簡容字多少。百名以下，不假連編之策，一板書盡，故言方板也。”

[注] [1]静本、愛本誤作“四”。

屎勑利反、**矜**巨斤反、**柯**、**柌**詷音、**橿**董音、**柲**祕音、**弣**撫音，**柄也。**

《天官·太宰》注云：“柄，所秉執[1]以起事者也。”《說文》：“柄，柯[2]也。”“柄”是総名，許氏持借人所易曉之斧柄以釋之耳。

屎，“柄”。已見本書《釋言》。

矜者，《說文》：“矜，矛柄也。”《方言》：“矛，其柄謂之矜。”郭注：“今字作‘穫’。”《廣韻》：“穫，古作‘矜’。”案，鄭注《攷工記》云：“爲戈戟之矜，所圍如[3]殳。”則戈柄亦通名“矜”。

柯者，《說文》：“柯，斧[4]柄也。”《攷工記》：“一欘有半謂之柯。”注云：“伐[5]木之柯，柄長三尺。”《詩》云：“伐柯伐柯，其則不遠。”鄭司農云：“《倉頡篇》有‘柯欘’。”又《車人》云：“柯長三尺，博三寸，厚一寸有半，五分其長，以其一爲之首。”注云：“首六寸，謂闕頭斧也。柯，其柄也。”

柌[6]者，似咨切。《玉篇》：“柌，鎌柄也。”

橿者，寄良切[7]。《說文》：“橿，鎌柄名。”《釋名》：“齊人謂鋤柄曰橿。橿然正直也。”

柲者，筆媚切。《左氏昭七年傳》："君王命剥圭以爲鏚柲[8]。"杜注："柲，柄也。"《攷工記》："戈柲[9]六尺有六寸。"注："柲，猶柄也。"《方言[10]》："戟，其柄，自關而西謂之柲，或謂之殳。"

弣者，手[11]所把持處，亦似柄也。《釋名》："弓中央曰弣。弣，撫也。人所持撫也。"《曲禮》云："左手承弣。"通作[12]"柎"。《攷工記·弓人》："有柎[13]焉，故剽。"《少儀[14]》云："削授柎。"

[注] [1]静本、愛本誤作"孰"。[2]静本、愛本誤作"何"。[3]静本、愛本誤作"加"。[4]静本、愛本誤作"各"。[5]愛本誤作"代"。[6]静本、愛本誤作"柯"。[7]静本、愛本誤作"四"。[8]静本、愛本誤作"椇"。[9]"戈柲"，静本、愛本誤作"弋柀"。[10]静本、愛本誤作"官"。[11]静本、愛本誤作"子"。[12]静本、愛本誤作"仲"。[13]静本、愛本誤作"析"。[14]静本、愛本誤作"禮"。

杬五丸反、**櫍**，**椹**知今反。今人以爲"桑葚"，失之**也**。

櫍、椹者，《夏官·圉師職[1]》："射則充椹質。""杜子春讀'椹'爲齊人'鈇椹'之'椹'。圉人所習，故使充之，言圉人養馬，以鈇斬芻，乃其職也。"《廣韻》："椹，知林切。鈇椹，斫木質。"質，與"櫍"同。《爾雅》："椹謂之榩。"孫炎曰："椹，斫木質。"《魯頌·殷武[2]》："方斲是虔。"箋："取松柏斷之，正斲於椹上。""'榩'省爲'虔'，猶'櫍'省爲'質'也。[3]"《玉篇》："櫍，椹也。"本此。

杬，未詳。

[注] [1]愛本衍"王"字，已刪。"圉"，愛本誤作"闕"。此至"乃

其職也”引自《禮説》。[2]静本、愛本作“閔宫”。[3]此句與上句亦引自《禮説》。

柊終音**楑**葵音、**敤**苦果反、**櫌**憂音，**椎**逐隹反。世人以此爲“錐”字[1]，失之**也**。

《説文》：“椎，齊謂之終葵。”《漢書・周勃傳》：“其椎少文如此。”服虔曰：“謂訥鈍也。”應劭曰：“今俗名拙語爲椎儲。”顔師古曰：“謂璞鈍如椎也。”

終楑者，《玉篇》：“柊，柊楑。椎也。”《廣韻》：“柊，職戎切。齊人謂椎爲柊楑也。”並本此。古用“終葵”。《攷工記・玉人》：“杼上，終葵首。”注云：“終葵，椎也。爲椎於杼上，明無所屈也。”

敤者，“敤，椎”，已見本書《釋詁》，此重出。

櫌者，於求切。《廣韻》：“櫌，打塊槌也。”舊本訛從“手”，今訂正。

[注] [1]“錐字”，静本誤作“佳子”。

敱他禮反、**棓**步講反，步項反、**柨**步没反、**棁**吐活反，又杜活反、**柍**於兩反、**欇**攝音**殳**是珠反、**梃**、**度**，**杖也**。

《説文》：“杖，持也。”

敱者，《廣韻》：“敱，横首杖名。”

棓者，《説文》：“棓，棁也。”《淮南・詮言訓》：“羿[1]死於桃棓。”高誘注：“棓，大杖。桃木爲之，以擊殺羿。”

柨、**柍**、**欇殳**、**度**者，《方言》：“僉，宋、魏之間，謂之欇殳，或謂之度。自關而西，謂之棓，或謂之柫。齊、楚、江、淮[2]之間，謂之柍，或謂之柨。”郭注：“此皆打之别名也。僉，今連枷，所以打穀者。欇殳，亦杖名也。今江東呼打爲度。”案，殳，通作“杸”。顔注《急就篇》云：“杸，亦杖名也。古者以積竹、八觚爲殳，長一丈二尺，建於兵車。旅賁以先驅，而軍士所執殳者，名之爲杸。《司馬法》云：‘執羽從[3]杸。’是也，一曰‘杸’、‘殳’，古今字。”

棁者，《說文》：“棁，木杖也。”顔注《急就篇》云：“棁，小棓也。今俗呼爲袖棁，言可藏於懷袖之中也。”《淮南·說山訓》：“揮棁而呼狗，欲致之，顧反走。”

梃者，徙鼎切。《漢書·諸侯王表》云：“陳、吴奮其白[4]梃。”應劭曰：“白梃，大杖也。”《孟子書》曰：“可使制梃。”是也。

[注] [1]静本、愛本作“哭”。[2]愛本誤作“涖”。[3]静本、愛本作“以”。[4]愛本誤作“自”。

箠拙桑反、策、篸走[1]公反、折，築竹花反也。

《說文》：“築，箠也。”俗作“檛”，與“棩”通。《說文》：“棩，箠也。挑果切。”

箠者，之壘切。《說文》：“箠，擊馬也。”《史記·劉敬列傳》：“大王以狄伐故，去豳，杖馬箠，居岐。”

策者，《說文》：“策，馬箠。”

篸者，《說文》作“蔓”。云：“青、齊、沇、冀，謂木細枝曰蔓。”左思《魏都賦》：“弱蔓係實。”劉逵注：“蔓，木之細枝者也。”

折者，《文選》注引《傳》曰：“慈母之怒子，折蔓而笞之也。其惠存焉。”

[注] [1]静本、愛本作“子”，據《博雅音》改。

籩才六反**謂之笡**七夜反。

籩、笡者，《玉篇》：“籩，笡逆槍也。簐，同上。”“笡，籩也。”本此。惠士奇《禮說》云：“一本作‘簇謂之篾’。是爲‘篾槍’。蔡謨[1]《與何驃騎書》云：‘數百步内，布竹篾如蝟毛，賊不能飛。’《通俗文》云：‘剡葦謂之槍。’蓋取竹葦而鋭其[2]端。《淮南・兵略訓》：‘所謂剡摲筡。’是也。”

[注] [1]静本、愛本誤作“摸”。[2]静本、愛本衍“鋭”字，已删。

柤士加反、**樘**撑[1]音、**柱，距也。**

“距”，其吕切。《說文》作：“岠，止也。”揚雄《羽獵賦》：“岠連卷。”顔師古曰：“岠，即距字。”

柤者，《說文》：“柤，木閑。徐鍇曰：‘柤之言阻也。’”

樘者，丑庚切。“樘，距”，已見本書《釋言》。樘，通作“堂[2]”。《攷工記・弓人》：“維角堂之。”鄭注：“堂，讀如‘堂距’之‘堂’。”王延壽《魯靈光殿賦》：“枝堂杈枒[3]而斜據。”張載注：“堂，或作‘棖’字。”蓋“棖”與“樘”通，故《論語》“申棖”，漢碑作“申棠”也。

[注] [1]静本、愛本誤作“堂”，據《博雅音》改。[2]静本、愛本作“堂”。[3]静本、愛本作“牙”。

梏古篤反、**衡**、**楅**，**桷**乎格反**也。**

《説文》:“桷，角械[1]也。其逆切。”

梏者，解見《釋宫篇》。

衡者，《説文》：“衡，牛觸横大木[2]。古文作‘㮚’。”《地官・封人》：“凡祭，飾其牛牲，設其楅衡。”

楅者，《説文》：“楅，以木有所逼束也。”《魯頌・閟宫》：“夏而楅衡。”傳：“楅衡，設牛角以楅之。”箋云：“楅衡，其牛角不令觸觝人也。”鄭注《地官・封人》云：“楅，設於角。”

[注] [1]静本、愛本誤作“城”。[2]静本、愛本有“其角”二字，據《説文》段注删。

篇方千反，又婢[1]年反、**㯲**具緑反，**輿也。**

《説文》：“輿，車輿也。”《釋名》：“輿，舉也。”“車”、“輿”，古通用。《論語》：“在輿，則見其倚於衡也。”《漢書・律曆志》引作“車”。又：“夫執輿者爲誰？”《熹平石經》作“車”。《孟子》：“十二月，輿梁成。”本亦作“車”。《小雅・出車》云：“我出我車。”《荀子》引作“輿”。下章：“出車彭彭。”史雅引作“輿”。

篇者，《説文》：“篇，竹輿也。”《史記・張耳列傳》：“貫高以篇輿前。”《集解》：“徐廣曰：‘篇音鞭。’駰案，韋昭曰：‘輿，如今輿牀，人輿以行。’”《索隱》：“服虔云：‘音編。編竹木如今峻，可以糞除也。’”何休注《公羊》：“筍音峻。筍者，竹篇。一名編。齊、魯以北名爲筍。”郭璞《三蒼》注云：“篇轝，土器。”

㯲，未聞[2]。

[注] [1]静本、愛本誤作“傳”，據《博雅音》改。[2]《廣雅疏證》：“《史記·夏紀》：‘山行乘檋。’《漢書·溝洫志》作：‘山行則梮。’韋昭注：‘梮，木器。如今輿牀，人舉以行也。’義竝與‘㯻’同。”

鍏瑋音、**畚**本音、**㪷**插音、**梩**駭音、**喿**七遥反，**臿也。**

臿，《說文》作：“疀，斛也。古田器也。”《釋名》：“鍤，插也。插地起土也。或曰銷。銷，削也。能有所穿削也。或曰鏵。鏵，刳也。刳地爲坎也。其板曰葉，象木葉也。”

鍏、畚、梩、喿者，《方言》：“臿，燕之東北，朝鮮、洌水之間，謂之斛。宋、魏之間，謂之鏵，或謂之鍏。江、淮、南楚之間，謂之臿。沅、湘之間，謂之畚。趙、魏之間謂之喿。東齊謂之梩。”《玉篇》：“鍦，臿屬。”疑即“鍏”之異文。又云：“梠，臿也。或作‘梩’。”《玉篇》：“鍏，臿也。”“喿，臿屬。今作‘鍬’。”

㪷者，字當作“㪷”。《集韻》：“㪷，俱爲切。”引《廣雅》：“㪷，臿也。或作‘㮃’。”案，《說文》：“㮃，苿臿也。俱朱[1]切。”

[注] [1]静本、愛本誤作“米”。

鏵乎瓜反、**鏠**蒙音，**鐅**普結反**也。**

《說文》：“鐅，河内謂臿頭金也。”郭注《方言》云：“今江東人呼鐅刃爲鐅。”

鏵者，《說文》作：“苿，兩刃臿也。象形。宋、魏曰苿也。或作‘釫’。”《玉篇》：“苿，今爲‘鏵’。”

鏠，未詳。《集韻》：“謨蓬切。”

築謂之杵。

築、杵者，《説文》："築，擣也。""杵，舂杵也。"《史記·黥[1]布列傳》："項王伐齊，身負版築。"《集解》引李奇曰："築，杵也。"

[注] [1]静本、愛本作"黥"。

渠挐謂之杷蒲加反。

《説文》："杷，收麥器。"《釋名》："杷，播也。所以播除物也。"《方言》："杷，宋、魏之間，謂之渠挐，或謂之渠疏。"郭注："杷，無齒爲朳。渠挐，今江東名亦然。渠疏，語轉也。"

渠挐，《玉篇》作："渠櫡，杷也。"

柫拂音**謂之枷**加音。

柫、枷者，《説文》："柫，擊禾連枷也。""枷，柫也。"《淮南》謂之棜。《釋名》："枷，加[1]也。加杖於柄頭，以檛穗而出其穀也。或曰羅枷。三杖而用之也。或曰叉。叉杖轉於頭，故以名之也。""柫，撥也，撥使聚也。"《齊語》："耒耜枷芟。"韋昭曰："枷，柫也。所以擊艸也。"《荀子·性惡篇》："則兄弟相拂奪矣。"楊倞注："或曰'拂'字從'木'旁。弗擊也，今之農器連枷也。"

[注] [1]静本、愛本脱"加"字。

夆呼江反**雙謂之桀**姝音。

夆雙、桀者，《説文》："桻，桻雙也。讀若鴻。""桀，桻雙也。"

《玉篇》："篷[1]，船連帳也。""艭，栙艭也。"《廣韻》："艭，帆也。""栙，栙艭。帆未張。"然則此是帆名矣。"夅"、"栙"、"篷"，"艭"、"雙"，音義並同。蓋"夅"、"雙"是疊韻，故《廣韻》云："䧄躞，胡豆。""踤躞，堅立。""艂艭，船名也。"

[注] [1]静本、愛本作"篷"。

佯羊音**篖**唐音、**倚陽，筕**衡音**篖也。**

佯篖、倚陽、筕篖者，《方言》："筕篖，自關而東，周洛、楚、魏之間，謂之倚佯[1]。自關而西，謂之筕篖。南楚之外，謂之篖。"郭注："筕篖，似籧篨，直文而粗，江東爲笪。"《玉篇》："筕篖，竹笪。""笪，粗籧篨。"佯，與"陽"同。

[注] [1]静本、愛本作"徉"。

笙、篟之舌反、**簽**𪊨音、**簟**大點反、**籧篨、笛**曲音、**筵、㐁**天念反。亦有本"茵"字代"㐁"、**薦、䈙**子養反、**筱**三[1]果反，**篰也。篕**乎臈反**篍**琰音**謂之籧篨。笭篂**[2]星、汀二音。

司馬相如《上林賦》："逡巡避廗。"李善注："廗，與'席'，古字通。"後魏《高湛墓誌》："廗月抽琴。"《說文》："席，籍也。禮：'天子、諸侯席，有黼繡純飾。'從巾，庶省。古文作'㡼'。"《釋名》："席，釋也。可卷可釋也。"鄭注《文王世子》云："席之制，廣三尺三寸三分。"《鹽鐵論》云："古者皮毛草蓐，無茵席之加、旃蒻之美。及其後，大夫、士復薦草緣，蒲平單莞[3]。庶人即草蓐索經，單藺籧篨而已。今富者繡茵翟柔，蒲子露牀。中者獏皮代旃，闒坐平莞。”《方言》:“簟，宋、魏之間謂之笙，或謂之籧苗。自關而西，謂之簟，或謂之銌。”郭注：“簟，今江東通言笙。今云‘銌，篾篷[4]也。’江東呼籧篨爲籐。”

笙者，左思《吴都賦》：“桃笙象簟。”劉逵注：“桃笙，桃枝簟也。吴人謂簟爲笙。又，折象牙以爲簟也。”

銌、籐者，《玉篇》：“銌，簟也。”“籐，籧篨也。”本此。

簟者，《説文》：“簟，竹席也。”《釋名》：“簟，簟也。布之簟簟然平正也。”《小雅·斯干》：“下莞上簟。”箋：“竹葦曰簟。”《齊風·載驅篇》:“簟笰朱鞹。”傳:“簟，方文席也。”

籧篨者，《説文》：“籧篨，粗竹席也。”顔注《急就篇》云：“織葦而粗[5]文者，籧篨也。”案，籧篨，本粗竹席，用爲困者之名，不可使俯之，疾似之，故《晉語》言：“籧篨，不可使俯也。”以言辭媚説人者，常仰觀顔色，病若籧篨，故《爾雅》言：“籧篨，口柔也。”

笛者，本《方言》。

筵者，《説文》：“筵，竹席也。”《釋名》：“筵，衍也。舒而平之，衍衍然也。”《春官·司几筵·序官》注云：“筵，亦席也。鋪陳曰筵，藉之曰席。後代言之，‘筵’與‘席’通矣。”賈疏：“先設者言筵，後加者爲席，故其職[6]曰：‘設莞筵紛純，加繅，席畫純。’假令一席在地，或亦云言。”《儀禮·少牢禮》云：“‘司宫筵於奥[7]’是也。筵、席一物，止據鋪之先後爲名耳。”案，聶崇義《三禮圖》云：“《舊圖》：‘士蒲筵，長七尺，廣三尺三寸，無純。其司几筵祀先[8]王，設莞繅，次三種之席，皆有純。’又《鄉射記》：‘蒲筵常[9]，緇布純。’又《公食大夫記》云：‘蒲席常。’注云：‘丈六曰常。’”

丙者，《音釋》：“丁念反。”又云：“亦有本‘茵’字代‘丙’。”案，茵者，《說文》："茵，車重席。"司馬相如說作"鞇"，或作"㐁"，亦必是"㔶[10]"字。古文"席"也。《說文》："㐁，古文作'囟'。竹上皮也。"蓋以竹皮爲席，然則古文"席"，亦當從"囟"。

薦者，《說文》："荐，薦席也。"《釋名》："薦，所以自薦藉也。"

篘者，剖竹未去節之名。

篠者，《玉篇》："篠，竹名。"皆所以爲席者也。

籧篨者，《方言》："簟，其麄者謂之籧篨。自關而東，謂之籧篨。"《玉篇》："籧，籧篨也。"

笭篁者，按文義當云"笭謂之篁。"《玉篇》、《廣韻》並云："篁，篷也。"蓋"篁"一名"笭"。《集韻》引曰："笭篁，竹席。"

[注] [1]静本、愛本誤作"二"，據《博雅音》改。[2]静本、愛本誤作"篁"。[3]静本、愛本誤作"完"。[4]"篾篷"，愛本作"茂篷"。[5]静本、愛本誤作"織"。[6]静本、愛本誤作"席"。[7]静本、愛本誤作"異"。[8]静本、愛本誤作"光"。[9]静本、愛本誤作"用"。[10]静本作"㔶"，

石鍼謂之棠醉、檠二音。**鼓𦤼**纇音，或從壺**謂之柧**瓦音。

棠，未聞[1]。

𦤼者，《廣韻》："𦤼，鼓匡木也。𧰼[2]，同上。"本此。

[注] [1]《廣雅疏證》："《說文》：'砭，㠯石刺病也。'《東山經》：'高氏之山，其下多箴石。'郭璞注云：'可以爲砭箴治癰腫者。'箴，與'鍼'同。棠者，鋭末之名，鳥喙謂之觜，義相近也。"[2]《廣雅疏證》"𧰼者，中空之名。柧，亦中空之名。"

砮奴音、**雘**烏郭反，又于縛反，**丹也。**

《説文》："丹，巴、越之赤石也。古文作'彤'。"《山海經》："荆山之首曰景山，雎[1]水出焉，其中多丹粟。"郭璞曰："細沙如粟。"《漢書·司馬相如傳》："其土則丹青赭堊。"張博士彼[2]注云："丹，丹沙也。"顔師古曰："丹沙，今之朱砂也。"

砮者，《禹貢》："荆州貢砮丹。"《説文》："砮，石可以爲矢鏃者。"則不以爲丹也，未聞其瀋。

雘者，《説文》："雘，善丹也。《周書》曰：'惟其敷丹雘。'讀若隺。"《山海經》："景山之西曰驕山，其下多青雘。"郭注："雘，黝屬。"

[注] [1]静本、愛本作"淮"。[2]愛本誤作"後"。

《廣雅疏義》卷第十六

嘉定錢大昭晦之甫撰

䚍致音**謂之彈**大汗反。

《說文》："彈，行丸也。或作'弜'。"《太玄·唐》："上九：明珠彈於飛肉，其得不復。測曰：'明珠彈肉，費不當也。'"《說苑·善說篇》："彈曰狀如弓而以竹爲弦。"

䚍者，陟利切。《玉篇》："青州謂彈曰䚍。"《集韻》："䚍，彈[1]也。"

[注] [1]静本、愛本誤作"集"。

帥升芮反、**蕢**墳音，**弦也。**

《說文》："弦，弓弦也。從弓，象絲軫之形。"《鄉射禮》："有司左執弣、右執弦而授弓。"

帥、蕢者，《集韻》引《廣雅》："彈、弰，弦也。"今作"帥"、"蕢"，未知孰是。

彄謂之絹弋[1]宰反。

彄、絹者，《說文》："彄，弓弩耑弦所居也。""絹，彈彄也。""彄，恪矦切。"

[注] [1]静本、愛本誤作"弋"，據《博雅音》改。

拾、捍、韝溝音，韘攝音也。

《説文》："韘，射決也。所以拘弦，以象骨韋系，著右巨指。或作'弽'。"韘，一名決。《衛風·芄蘭》："童子佩韘。"傳："韘，決也。"箋："韘之言沓也。所以彄沓手指。"《小雅·車攻[1]》傳："決，鉤弦也。"《周禮·繕人》注："決，挾矢時所以持弦飾也。著右手巨指。"引《士喪禮》曰："'決用正，王棘若檡棘。'則天子用象骨爲之，著右臂大指以鉤弦闓體。"

拾者，《詩》："決拾既佽。"傳："拾，遂也。"《吴語》："夫一人善射，百夫決拾。"韋昭注："決，鉤弦也。拾，捍也。一人善射，而百夫競著決拾而效[2]之。"《曲禮》云："野外軍中無摯，以纓、拾、矢可也。"注："拾謂射韝。"《三禮圖》云："《舊圖》：'遂，臂捍。以朱韋爲之。'案，《鄉射禮》注：'遂，射韝也。以韋爲之，所以遂弦也。其非射時，則謂之拾。拾，斂也。所以蔽膚斂衣也。'又《大射》注云：'遂，著左臂裹以遂弦也。'"

捍者，《管子·戒篇》："桓公弋在廪。管仲、隰朋朝。公望二子，弛[3]弓脱釬而迎之。"釬，所以拘弦也。"捍"、"釬"同義。

韝者，《説文》："韝，射臂決也。居矦切。"徐廣《史記》注："韝，臂捍也。"鍾岏《良吏傳》："桓虞曰：'善吏如良鷹，下韝即中。'"

[注] [1]愛本誤作"玫"。[2]静本、愛本誤作"放"。[3]静本、愛本作"弦"。

彇蕭音、弳絹音，䩦臂音也。

《玉篇》："䩦，弓弭。"

𩏉者，蘇凋切。《釋名》："弓末曰簫，言簫梢也。又謂之弭。以骨爲之，滑弭弭也。"《曲禮》："右[1]手執簫，左手承弣。"注："簫，弭頭也，謂之簫。簫，邪也。"孔疏："弓頭，稍剡差邪似簫，故謂爲簫也。"《玉篇》："弭頭謂之𩏉。""𩏉"、"簫"、"𩏉"，音義同。

弲者，古縣切。《玉篇》："弲，𩨨也。"本此。

[注] [1]静本、愛本誤作"在"。

鞬居言切、韔暢音、櫜、韜、韣，弓藏也。

此釋"弓藏"之名也。

鞬者，《說文》："鞬，所以戢弓矢。"《釋名》："馬上曰鞬。鞬，建也。弓、矢並建立其中也。"《方言》："所以藏弓矢謂之鞬。"《左氏僖二十三年傳》："左執鞭弭，右屬櫜鞬。"

韔者，丑亮切。《說文》作："韔，弓衣也。"《秦風·小戎》："交韔二弓。"傳："韔，弓室也。"通作"鬯"。《鄭風·大叔于田》："抑[1]鬯弓忌。"傳："鬯弓，弢弓也。""韔"、"韔"、"鬯"，音義同。

櫜者，古勞切。《說文》："櫜，車上大櫜。"引《詩》曰："載櫜弓矢。"《小雅·彤弓》："受言櫜之。"傳："櫜，韜也。"

韜者，土刀切。《小爾雅》："矢謂之服，弓謂之弢。"《說文》："弢，弓衣也。從叏。叏，垂餙。"《左氏成十六年傳》："中項伏弢。"杜注："弢，弓衣。"此以"韜"爲弓藏，借用字也。《說文》以"韜"爲"劍衣"。

韣者，徒俗切。《說文》："韣，弓衣也。"《月令》："帶以弓韣。"《覲禮》："載龍旂弧韣。"注："弓衣曰韣。"

[注] [1]静本、愛本誤作“押”。

掤冰音、**医**於計反、**韇**讀音**丸**，**靫**叉音、**韛**備音，**矢藏也。**

此釋矢藏之名也。

掤者，與“冰”同。案，《左氏昭二十五年傳》：“公徒釋甲，執冰而踞。”服虔注：“冰櫝丸蓋也。”是“掤”即“冰”也。

医者，《説文》：“医，盛弓弩矢器也。”引《國語》曰：“矢不解医。”今齊語作“翳”。韋昭注：“翳，所以蔽兵也。”“医”、“翳”同。

韇丸者，上，徒木切；下，乎官切。《説文》：“韇，弓矢韇也。”《方言》：“所以藏箭弩謂之箙，弓謂之鞬，或謂之皾丸。”鄭注《士冠禮》云：“今時藏弓矢者，謂之櫝丸也。”“韇”、“韇”、“皾”、“櫝”，“丸”、“丸”，並音義同。《玉篇》：“韇，所以貯弓。”“韇丸，箭器也。”

靫[1]者，楚崖、楚加二切。《玉篇》：“靫，箭室也。”《釋名》：“步叉，人所帶，以箭叉其中也。”《集韻》引《埤蒼》：“韛靫，箭室。”“靫”、“叉”同。

韛者，房六切。《説文》作：“箙，弩矢箙也。”《釋名》：“受矢之器，以皮曰箙，謂柔服用之也。織竹曰笮，相迫笮之名也。”《夏官·司弓矢》：“仲秋，獻矢箙。”注：“箙，盛矢器。以獸皮爲之。”通作“服”。《小雅·采薇》：“象弭魚服。”箋：“魚服，矢服也。”陸璣疏：“魚服，魚獸之皮也。魚獸似豬，東海有之。其皮背上斑文，腹[2]下純青。今以爲[3]弓鞬步叉者也。其皮雖乾燥，以爲弓鞬矢服，經年，海水潮及天將雨，其毛皆起。水潮還，及天晴，其毛復如故。雖在數千里外，可以知海水之潮氣，自相感也。”《廣韻》：“韛，韋囊步靫。”本此。“韛”、“箙”、“服”，字異義同。曹音“韛”爲“備”，非也。

[注] [1]静本、愛本作“轂”。[2]静本、愛本誤作“服”。[3]静本、愛本衍“可”字，已删。

飛䖝莫耕反、**矰**曾音、**箻**拂，又[1]音也；弗，正音、**矢**、**拔**，**箭也**。

《説文》：“箭，矢也。”《釋名》：“矢，指也，言其有所指向，迅疾也。又謂之箭。箭，進也。”《方言》：“箭，自關而東，謂之矢。江、淮之間，謂之鍭。關西曰箭。”郭注：“箭者，竹名，因以爲號。”

飛䖝者，《方言》：“箭，其三鐮長六尺者，謂之飛宜。”郭注：“此謂射箭也。”《後漢書》注引《東觀漢記》：“光武作飛宜，以攻赤[2]眉。”“䖝”、“宜”同。

矰者，作滕切。《説文》：“矰，惟射矢也。”《周禮・夏官》：“矰矢用諸弋射。”注：“結繳於矢謂之矰。”《漢書・司馬相如傳》：“微矰出。”顔師古注：“矰，短矢也。以繳係矰，仰射高鳥，謂之弋射。”

箻者，分勿切。《集韻》：“箻，箭也。”本此。

矢者，《説文》：“矢，弓弩矢也。古者夷牟初作矢。”《射義》疏引《世本》注：“夷牟，黄帝臣。”

拔者，《秦風・駟驖[3]》：“舍拔則獲。”傳：“拔，矢末也。”孔疏云：“以鏃爲首，故以拔爲末。”

[注] [1]静本、愛本誤作“口”，據《博雅音》改。[2]静本、愛本誤作“亦”。[3]静本、愛本誤作“鐵”。

平題、**鈀**普加反、**錍**片兮反、**鉤腸**、**羊頭**、**鉡**牢音**鏂**、**鏃**七木反，又七偻反，又子谷反、**砮**，**鏑也**。

《説文》：“鏑，矢鏠也。”《釋名》：“矢本曰足。矢形似木，以下爲本，本以根爲足。又謂之鏑。鏑，敵也。可以禦敵也。”

平題、鈀、錍、鉤腸、羊頭、鉾鑪者，《方言》：“箭[1]，其小而長、中[2]穿二孔者，謂之鉀鑪。其三鐮、長六尺者，謂之飛寅。内者謂之平題。凡箭鏃胡合嬴者，四鐮或曰鉤腸，三鐮者謂之羊頭，其廣長而薄鐮謂之錍，或謂之鈀。”郭注：“鉀鑪，今箭錍鑿空兩邊者也。平題，今戲射箭頭題，猶羊頭也。胡鏑，在於喉下嬴邊也。鐮，稜也。鉾鑪，即鉀鑪也。”《玉篇》、《廣韻》俱云：“鉾鑪，錍也。”本此。

鏃者，《說文》：“鏃，利也。”又云：“族，矢鏠也。”古通用。《釋名》：“矢本，齊人謂之鏃。鏃，族也，言其所中，皆族滅也。關西曰釭[3]。釭，鉸也，言有交刃也。”《家語》孔子與子路論矢之事云：“括而羽之，鏃而礪之，其入之不益深乎？”

砮者，《說文》：“砮，石可以爲矢鏃。”引《春秋國語》曰：“肅慎氏貢楛矢石砮。”

[注] [1]愛本誤作“箕”。[2]静本、愛本誤作“者”。[3]静本、愛本誤作“缸”。

袟扶音襓饒音、袜陳律反，劍衣也。

此釋劍衣之名。

袟襓者，《少儀》：“劍則啟櫝，蓋襲之，加夫襓與劍焉。”注：“夫襓，劍衣也。加劍於衣上。夫或爲煩，皆發聲。”孔疏：“熊安生云：‘依《廣雅》：夫襓，木劍衣，謂以木爲劍衣者，若今刀榼。’”案，鄭注以“夫”爲“發聲”，則此加“衣”旁，俗字也。

袜[1]者，案，《禮記》疏引熊氏說“袜”作“木”，是用古本《廣雅》

也。今本“夫”、“木”皆從“衣”，此後人轉寫之誤。《玉篇》、《廣韻》俱無“袜”字。曹音“陳律反”，非也。

[注] [1]静本、愛本作“袜”。徐復本《箋識》：“袜，或是誤字。”

柗、室、郭，劍削也。

此釋劍削之名也。《說文》：“削，鞞也。”《釋[1]名》：“刀室曰削。削，峭也。其形峭殺，裹刀體也。”《史記・貨殖列傳》：“洒削，薄技也。”顏師[2]古注《漢書》云：“削，謂刀劍室也。主[3]爲洒刷之，去其垢穢，更飾，令新也。”

柗者，胡甲切。《說文》：“柗，劍柙也。”舊本“拾”，訛從“手”，今訂正。

室者，《史記・刺客列傳》：“拔劍，劍長，操其室。”司馬貞曰：“室，謂鞘也。”

郭者，《方言》：“劍削，自河而北，燕、趙之間，謂之室。自關而東，或謂之廓，或謂之削。自關而西，謂之鞞。”“郭”、“廓”，古字通。

[注] [1]静本、愛本脱“釋”字。[2]静本、愛本誤作“部”。[3]静本、愛本誤作“至”。

劍珥謂之鐔淫[1]音。

《說文》：“鐔，劍鼻也。徐鍇[2]曰：‘劍鼻，人握處之下也。’”徐林、徒含二切。《釋名》：“劍，其旁鼻曰鐔。鐔，尋也。帶所貫尋也。”顏師古注《急就篇》云：“鐔，劍刃之本入把者也。”《莊子・說劍篇》：“周、宋爲鐔。”

劍珥者，《釋文》引《三蒼》云：“鐔，劍口也。”司馬彪云：“劍珥也。”《楚辭[3]·九歌》：“撫長劍兮玉珥。”王逸注：“玉珥，謂劍鐔也。”《漢書·匈奴傳》：“玉具劍。”孟康曰：“標首鐔衛，盡用玉爲之。”顏師古注：“鐔，劍口旁横出者也。衛，劍鼻也。”字本作“彘”。案，《説文》：“璏，劍鼻玉。”舊本“謂”下脱“之”字，今據《類篇》所引訂正。

[注] [1]静本、愛本誤作“注”，據《博雅音》改。[2]静本、愛本誤作“鉉”。[3]静本、愛本誤作“調”。

鞞布鼎反、**鞒**之舌反，又之逝反，**刀削也。**

此釋刀削之名也。

鞞者，《説文》：“鞞，刀室也。”《小雅·瞻彼洛矣》云：“鞞琫有珌。”傳：“容刀鞞也。”《小爾雅》：“刀之削謂之室，室謂之鞞。”

鞒者，《説文》：“削，折也。”“折”、“鞒”同。《玉篇》：“鞒，刀鞞。”本此。

龍淵、太阿、干將、鏌釾以邪反、**莫門、斷虵、魚腸、醇鈞、燕支、蔡倫、屬鹿[1]、干隊、堂谿、墨陽、鉅闕、辟閭[2]，劍也。**

《説文》：“劒，人所帶兵也。籀文作‘劍’。”《釋名》：“劍，檢也。所以防檢非常也。又其在身拱時，歛在臂内也。”《越絶書》：“越王句踐有寶劍五，聞[3]於天下。客有能相劍者，名曰薛燭。王召而問之。對曰：‘當造此劍之時，赤菫之山破而出錫，若邪之谿涸而出銅。’”《淮南·氾論訓》：

“薛燭庸子，見若狐甲於劍而利鈍識矣。”崔豹《古今注》云：“吴太皇帝有寶劍六：一曰白虹，二曰紫電，三曰辟邪，四曰流星，五曰青冥，六曰百里。”《列子》云：“孔周有三劍：一曰含光，二曰承影，三曰霄練[4]。”

龍淵者，《戰國策·蘇秦說韓三》曰：“韓之利劍，龍淵、大阿，陸斷牛馬、水擊鳴雁。”《淮南·人間訓》：“越王句踐一決獄不辜，援龍淵而切其股，血流至足，以自罰也。而戰武士必其死。”《史[5]記·蘇秦列傳》云：“龍淵、太阿，皆陸斷牛馬，水截鵠雁。”《集解》：“《吴越春秋》楚王召風胡子而告之曰：‘寡人聞吴有干將[6]，越有歐冶。寡人欲因子請此二人作劍，可乎？’風胡子曰：‘可。’乃往見二人。作劍，一曰龍淵，二曰太阿。”《索隱》曰：“《太康地記》云：‘汝南西平有龍泉[7]水，可以淬刀劍，特堅利，故有龍泉之劍，楚之寶劍也。以特堅利，故有堅白[8]之論云：黄，所以爲堅也；白，所以爲利也。齊辯之曰：白所爲不堅，黄所以爲不利也。故天下之寶劍，韓爲衆。一曰棠谿，二曰墨陽，三曰合伯，四曰鄧師，五曰宛馮，六曰龍泉，七曰太阿，八曰莫邪，九曰干將。然干將、莫邪，匠名也。其劍皆出西平縣。今有鐵官令一，别領户，是古鑄劍之地也。’”

太阿者，《越絶書》：“楚王召歐冶子、干將作鐵劍二枝。晉、鄭聞而求之，不得。興師圍楚之城，三年不解。於是楚王引太阿之劍，登城而麾之。三軍破敗，士卒迷惑，流血千里。晉、鄭之君頭畢白也。”《楚辭·七諫》：“鉛刀進御兮，遥棄太阿。”王逸注：“太阿，利劍也。”

干將者，《戰國策》趙奢謂田單曰：“吴干將之劍，肉試則斷牛馬，金試則截盤盂。”《吴越春秋》云：“干將者，吴人。造劍二枚。一曰干將，二曰莫邪。莫邪者。干將之妻名也。干將曰：‘吾師之作冶也，金鐵之類不銷，夫妻俱入冶爐之中。’莫邪曰：‘先師親爍身以成物，妾何難也。’於是干將夫妻以斷髮揃爪，投入爐中，使童女三百，鼓橐裝炭，金鐵乃濡，遂以成劍。陽曰干將而作龜文，陰曰莫邪而漫理，闔閭甚重之。”

鏌釾者，亦作“莫邪”。《莊子·大宗師篇》：“今大冶铸金，金踊躍曰：‘我且必爲鏌鋣。’大冶必以爲不[9]祥之金。”《荀子[10]·彊國篇》：“形笵正，金錫美，工冶巧，火齊得，剖刑而莫邪已。然而不剥脱、不砥[11]厲，則不可以斷繩；剥脱之，砥厲之，則劙盤盂[12]、刎牛馬忽然耳。”《淮南·主術訓》：“兵莫憯於志，而莫邪爲下。”又《氾論訓》：“劍工惑[13]劍之似莫邪者，唯歐冶[14]能名其種。”

莫門者[15]，莫，古“墓”字。劉向《新序·節士篇》：“延陵季子將西聘晉，帶寶劍以過徐君。徐君不言而色欲之，季子爲有上國之事，未獻也，然心許之矣。致使於晉，顧反，則徐君死。於是以劍帶徐君墓，樹而去。徐人嘉而歌之曰：‘延陵季子兮不忘故，脱千金之劍兮帶邱墓。’”《廣韻》“莫門”，孫侍御云：“‘莫門’二字疑衍。”

斷虵者，《漢書·高帝紀》：“高祖被酒，夜徑澤中，令一人行前。行前者還報曰：‘前有大虵當徑，願還。’高祖醉曰：‘壯士行，何畏！’乃前，拔劍斬虵。虵分爲兩，道開。後人來至虵所，有一老嫗夜哭。人问嫗何哭，嫗曰：‘人殺吾子。’人曰：‘嫗子何爲見殺？’曰：‘吾子，白帝子也。化爲虵，當道。今者赤帝子斬之，故哭。’”《西京雜記》云：“高祖斩白虵劍，劍上有七采珠、九華玉以爲餙，雜厕五色琉璃爲劍匣，劍在室中，光景猶照於外，與挺劍不殊。十二年一加磨瑩。刃上常[16]若霜雪，開匣拔鞘，輒有風氣光彩射人。”

魚腸者，《淮南·修務訓》：“夫純鈞[17]、魚腸劍之始下型，擊則不能斷，刺則不能入。及加之砥厲、摩其鋒剽，則水斷龍舟，陸剸犀甲。”沈括《筆談》云：“魚腸，即今燔鋼劍也。又謂之松文。取諸魚燔熟，褫去脇，視見其腸，正如今之燔鋼劍文也。”

醇鈞者，《淮南·覽冥訓》：“區冶生爲淳鈞之劍成。”高銹注：“區，讀如‘謳歌之’也。區，越人之善冶劍工也。淳鈞，古大鋭劍也。”又《齊俗訓》："淳均之劍不可愛也，而歐冶之巧可貴也。"《越絶書》："句踐示薛燭純鈞曰：'客有買之者，有市之鄉二，駿馬千匹，千户之都二，可乎？'薛燭曰：'雖倾城量金、珠玉满河，猶不得此物，況有市之鄉二，駿馬千匹，千户之都二，何足言焉！'"《越絶》又云："王取純[18]鈞，薛燭觀其钏爛如列星之行。觀其光，如水之溢於塘。觀其文，焕焕如氷之將釋也。""醇"、"純"、"淳"，"鈞"、"均"，並字異義同。《廣韻》引作"純鋼"，誤。

燕支，未詳[19]。

蔡倫者，《後漢書・宦者傳》："蔡倫，字敬仲。桂陽人。始給事宫掖，後加位尚方令。永元九年，監作秘劍及诸器械，莫不精工堅密，爲後世法。"《廣韻》引作"蔡偷"，誤。

屬鹿者，《左氏哀十一年傳》："吴將伐齊，越子帥其屬以朝焉。王及列士皆饋賂。吴人皆喜，子胥懼。曰：'是豢吴也！'使於齊，屬其子於鮑氏，爲王孫氏。反役，王聞之，使賜之屬鏤以死。"《荀子・成相篇》："恐爲子胥身離凶，進諫不聽，到而獨鹿棄之江。"楊倞注："獨鹿，與'屬鏤'同。吴王夫差賜子胥之劍名。"《淮南・氾論訓》："大夫種輔翼越王句踐，而爲之報怨雪恥，擒夫差之身，開地[20]数千里，然而身伏屬鏤而死。"案，"鏤"、"鹿"聲相近。屬鹿，即"屬鏤"也。

干隊者，《吕氏春秋・恃君覽》："荆有次非者，得寶劍干遂。還反，涉江，至於中流，有兩蛟夾繞其船。次非謂舟人曰：'子嘗見兩蛟繞船，能兩活者乎？'船人曰：'未之也见。'次非攘臂袪衣，拔寶劍曰：'此江中之腐肉朽骨也。棄剑以全己，余奚愛焉？'於是赴[21]江刺蛟，殺[22]之而復上船。舟中之人皆得活。荆王聞之，仕之執圭。"《淮南・道應训》"次非"作"佽非"，"干遂"作"干隊"。

堂谿者，《史記・蘇秦列傳》"堂谿"，《集解》："徐廣曰：'汝南吴房有棠谿亭。’”正義曰：“故城在豫州偃城縣西八十里。”《鹽鐵論》云：“有棠谿之劍。”是王充《論衡·率性篇》：“世稱利劍有千金之價。棠谿、魚腸之屬，龍泉、太阿之輩，其本鋌，山中之恒鐵也。冶工鍛鍊，成爲銛利。豈利劍之鍛與鍊，乃異質哉？工良[23]師巧，鍊一数至也。”劉向《九歎》：“執棠谿以刜蓬兮。”王逸注：“棠谿，利劍也。”“棠”、“堂”，古字通。

墨陽者，《史记·蘇秦列傳》“墨陽”，《索隱》云：“《淮南子》云：‘服劍者，貴於剡利，而不期於墨陽、莫邪。’則墨陽，匠名也。”桓寬《鹽鐵論》：“楚、鄭之棠谿、墨陽，非不利也。”王逸《九思》：“操我以墨陽。”注云：“劍名。”

鉅闕者，《越絶書》：“越王取豪曹。薛燭曰：‘豪曹，非寶劍也。夫寶劍，五色並見，莫能相勝。曹已擅名矣，非寶劍也。’王取巨闕。曰：‘非寶劍也。夫寶劍者，金、錫和銅而不離。今巨闕已離矣，非寶劍也。’”《越絶》又云：“句踐示薛燭巨闕，曰：‘吾坐露壇之宫，有駟駕白鹿而過者，車奔馬騰，吾引劍而指之，駟駕上飛揚，不知其絶也。’”

辟閭者，《荀子·性惡篇》：“桓公之蔥，太公之闕，文王之録[24]，莊君之曶，闔閭之干將、莫邪、鉅闕、辟閭，此皆古之良劍也。然不加砥厲，則不能利；不得人力，則不能斷。”楊倞注：“蔥、闕、録、曶，齊桓公、齊太公、周文王、楚莊王之劍名，皆未詳所出。干將、莫邪、巨闕，皆吴王闔閭劍名。辟閭，未詳。”《新序》：“閭邱邛[25]謂齊宣王曰：‘辟閭、巨闕，天下之良劍也。’”“或曰辟閭，即湛盧也。‘閭’、‘盧’，聲相近。盧，黑色也。湛盧，言湛然如水而黑也。又張景陽《七命·說劍》云：‘舒辟不常。’李善云：‘辟，卷也，言神劍柔，可卷而懷之，舒則可用。’辟閭，或此義欤。”[26]

[注] [1]静本、愛本作“展”。[2]静本、愛本脱“間”字。[3]“五聞”，静本、愛本誤作“立間”。[4]静本、愛本誤作“陳”。[5]静本、愛本誤作“更”。[6]静本、愛本誤作“時”。[7]静本、愛本作“淵”。[8]静本、愛本誤作“而”。[9]愛本誤作“大”。[10]愛本誤作“之”。[11]静本、愛本作“砥”。[12]愛本誤作“於”。[13]静本、愛本誤作“感”。[14]静本、愛本脱“冶”字。[15]“門者”，愛本倒作“者門”。[16]愛本誤作“帝”。[17]静本、愛本誤作“約”。[18]静本、愛本誤作“鈍”。[19]徐復本《拾遺》：“燕支，蔡倫，劍也。”[20]愛本誤作“也”。[21]愛本誤作“越”。[22]愛本誤作“教”。[23]静本、愛本脱“良”字。[24]静本、愛本脱“文王之録”四字。[25]静本、愛本作“卬”。[26]此暗引《荀子》楊倞注。

陳寶、孟勞、馬氏、白楊、剞車奇反**劂**歸衛反**、劉，刀也。**

《説文》：“刀，兵也。象形。”《釋名》：“刀，到也。以斬伐到其所刀擊之也。其末曰鋒，言若鋒刺之毒利也。其本曰環，形似環也。其室曰削，室口之餙曰琫，下末之餙曰琕。”

陳寶者，《周書·顧命》：“陳寶、赤[1]刀。”

孟勞者，《穀梁僖元年傳[2]》：“孟勞，魯之寶刀也。”

馬氏、白楊，未詳[3]。

剞[4]劂者，上，居綺切；下，九勿切。《説文》：“剞剧，曲刀也。”《淮南·本經訓》：“公輸、王[5]爾無所錯其剞剧削鋸。”高誘注：“剞，巧刺畫盡頭黑邊箋也；剧，鋸尺。”《漢書·揚雄傳》：“般倕棄其剞劂兮。”應劭曰：“剞，曲刀也。劂，曲鑿。”嚴夫子[6]《哀時命》云：“握剞劂而不用兮，操規榘而無所施。”王逸注：“刻鏤刀也。”

劉者，《周書·顧命》：“一人冕，執劉。”鄭注：“劉，蓋今鑱斧。”

[注] [1]愛本誤作“亦”。[2]愛本誤作“溥”。[3]《廣雅疏證》：“高誘注《淮南子》：‘白羊子，刀也。’羊，與‘楊’通。”[4]愛本作“剞”。[5]静本、愛本誤作“三”。[6]“嚴夫子”本名莊忌，東漢時爲避明帝劉莊諱改姓爲“嚴”。

錟談音，又他甘反、**鏦**初江反、**𥟖**己偃反、**矟**朔音、**𥝖**虵音、**𥎊**呼霓反，**矛也。𥏰**子叚反**謂之鋋**蟬音。**稂**郎音，**𥍯也。**

《説文》：“矛，酋矛也。建於兵車，長二丈。古文作‘𢦤’。”《釋名》：“矛，冒也。刃下冒矜也。下頭曰鐏。鐏，入地也。松櫝長三尺，其矜宜輕，以松作之也。櫝，速櫝也。前刺之言也。”

錟[1]者，《説文》：“錟，長矛也。”《方言》：“錟謂之鈹。”郭注：“今江東呼大矛爲鈹。”

鏦者，七恭切。《説文》：“鏦，矛也。或作‘錄’。”《方言》：“矛，吴、揚、江、淮、南楚、五湖之間，謂之鍦，或謂之鋋，或謂之鏦。其柄謂之矜。”

𥟖者，《玉篇》：“𥟖，矛也。”本此。

矟者，所角切。《釋名》：“矛長丈八尺曰矟。馬上所持[2]，言其矟矟便殺也。又曰激。矛激截也。可以激截敵陣之矛也。”

𥝖者，《説文》作：“鉈，短矛也。”《方言》作“鍦”。《荀子·議兵篇》：“宛鉅鐵鉇，慘如蠭蠆。”注：“鉇，與‘鍦’同。矛也。”左思《吴都賦》：“藏鍦於人。”“𥝖”、“鉈”、“鍦”、“鉇”，字異音義同。

𥎊者，舊本作“矜”。《釋名》：“矜，矛長九尺者也。矜，霍也。所中霍然即破裂也。”“矜”、“矜”，《玉篇》俱不收。攷左思《吴都賦》：“長𥎊短兵。”李善注引《廣雅》：“𥎊，矛也。呼狄切。”《玉篇》：“𥎊，矛也。呼役切。”然則“矜”、“矜”，皆“𥎊”之譌也，今據《文選》

注訂正。

穳者，《玉篇》："穳，鋋也。"本此。

鋋者，《說文》："鋋，小矛也。"《釋名》："鋋，延也。達也。去此至彼之言也。"《漢書·匈奴傳》："其長兵則弓矢，短[3]兵則刀鋋。"顔師古注："鋋，鐵把小矛也。"《後漢書·馬融傳》："飛鋋電激。"

稂、䂂者，稂，魯當切；䂂，苦蓋切。《說文》竝云："矛屬。"則與"鋋"同類也。舊本"䂂"下無"也"字，今訂正。

[注] [1]愛本誤作"鈹"。[2]静本、愛本誤作"待"。[3]愛本作"其刀"。

蒲蘇、鎔，鈹也。

顔師古注《急就篇》云："鈹，大刀也。刃端可以披決，因取名云。"

蒲蘇，未詳。

鎔者，《急就篇》注云："鎔，謂刀之鋑刃爲道者也。亦取其創含容之義。"

鏔寅音、孑雞節反、鏝莫干反胡、釪子音、戛古八反、戈，戟也。其鋒謂之㦸遨音。其孑謂之㦹辱音。

此釋戟之名，及其鋒與孑也。《說文》："戟，有枝兵也。《周禮》：'戟長丈六尺。'讀若棘。"《釋名》："戟，格也。旁[1]有枝格也。車戟曰常，長丈[2]六尺，車上所持也。八尺曰尋，倍尋曰常，故稱常也。手戟，手所持擿之戟也。"《淮南·人間訓》："戟者，所以攻城也。宫人得戟，则以刈葵。"通作"棘"。《小爾雅》："棘，戟也。"《周官·掌舍》："爲壇，壝宫，棘门。"鄭司農云："棘門，以戟爲門。"《左氏隱十一年傳》："子都拔戟以逐之。”杜注：“戟，棘也。”《明堂位》云：“越棘、大弓，天子之戎器也。”鄭注“棘”爲“戟”。

鏔者，延真切。《方言》：“戟，楚謂之孑。凡戟而無刃，秦、晉之間，謂之釨，或謂之鏔。吴、揚之間，謂之戈。東齊、秦、晉之间，謂其大者曰鏝胡，其曲者謂之鉤釨。”

孑者，《左氏莊四年傳》：“楚武王荆尸，授師孑焉。”杜注：“孑者，戟也。”

鏝胡者，《方言》文。或作“曼胡”，同。鄭注《攷工記》云：“戈，句兵也。主於胡也。俗謂之曼胡。似此。”

釨者，鉤釨。《方言》文。郭注：“即今鉤釨戟也。”

戛者，《說文》：“戛，戟也。讀若棘。”張衡《東京賦》：“立戈迤戛。”薛綜注：“戛，長矛也。”

戈者，《說文》：“戈，平頭戟也。”《釋名》：“戈，句孑戟也。戈，過也。所刺擣則決過，所鉤引則制之，弗得過也。”《攷工記》：“戈，廣二寸，内倍之，胡三之，援四之。”注：“戈，今句孑戟也。内，謂胡以内接柲者也。長四寸，胡六寸，援八寸。”鄭司農云：“援，直刃也。胡[3]，其孑。”又：“戟廣寸有半寸，内三之，胡四之，援五之。”注：“戟，今三鋒戟也。内長四寸半，胡長六寸，援長七寸半[4]。”江氏永曰：“戈、戟，皆有曲胡而異用。以《春秋傳》攷之，‘獲長狄僑如。富父終甥摏其喉以戈，殺之’，此用援之直刃摏之也。‘狼瞫取戈以斬囚’，此用胡之曲刃斬之也。‘子南以戈擊子皙而傷’，‘苑何忌刜林雍，斷其足’，當亦是戈胡擊之、制之。他若‘士華免以戈殺國佐’，‘長魚矯以戈殺駒伯’，用援、用胡皆可云殺。‘子都拔戟逐潁考叔’、‘靈輒倒戟禦公徒’，皆擬用戟之刺與援者也。‘狂狡倒戟，出鄭人於井，反爲鄭人所獲’，‘欒乘槐本而覆’，或以戟句之，斷肘而死，皆下胡鉤人者也。戟胡横、直皆三寸，其間甚狭，何能鉤人出於井？蓋鉤其衣若帶，是以其人不傷，反能禽鉤者也。‘欒欒斷肘而死’，蓋本欲生禽之，故不用刺與援，而用胡以鉤之。鉤之而胡之下鋒貫肘，曳之而肘遂斷也。是戈、戟相似，而其用則異。”

戣者，五勞切。《玉篇》：“戣，戟鋒。”

㦸者，而蜀切。《廣韻》：“㦸，矛戟枝。”皆本此。

[注] [1]愛本誤作“蒡”。[2]静本、愛本脱“丈”字。[3]愛本作“謂”。[4]“七寸半”，愛本誤作“也寸年”，静本“半”誤作“年”。

匽於幰反謂之雄戟。

匽、雄戟者，《方言》：“戟，三刃枝。南楚宛、郢謂之匽戟。”郭注：“今戟中有小孑刺者，所謂雄戟也。”《史記·司馬相如列傳》：“建干將之雄戟。”《集解》引《漢書音義》云：“干將，韓王劍師。雄戟，胡中有鮔。干將所造也。”《索隱》曰：“周處《風土記[1]》：‘戟爲五兵雄也。’”案，《周禮圖》謂：“戟支曲下爲胡也。”孫侍御曰：“盧校‘匽’下增‘戟’字。《一切經音義》引‘匽戟，雄戟也’。盧説是。”

[注] [1]静本、愛本脱“記”字。

鐓敦音、釬汗音，鐏存頓反也。

《説文》：“鐏，柲下銅也。”《釋名》：“矛下頭曰鐏。鐏，入地也。”《曲禮》云：“進戈者，前其鐏，後其刃；進矛戟者，前其鐓。”注：“鋭底曰鐏，平底曰鐓。”

鐓者，徒對切。《説文》作：“錞，矛戟柲下銅。鐏也。”引《詩》曰：“厹矛沃錞。”

釬者，矦旰切。《方言》："鏄謂之釬。"郭注："或名爲鐓。"

吴魁、干、瞂伐音、**樐**虜音、**戰**干音，**盾也。**

《説文》："盾，瞂也。所以扞身蔽目。象形。"《釋名》："盾，遯也。跪其後，避以隱遯也。"亦作"楯"。《左氏昭二十五年傳》："臧氏使五人以戈楯伏諸桐汝之閭。"

吴魁者，《釋名》："盾大而平者曰吴魁。本出於吴，爲魁帥者所持也。"《楚辭·九歌》："操吴戈兮被犀甲。"王逸注："戈，戟也。或曰'操吾科'。吾科，楯之名也。"大昭案，吾科，即"吴魁"，與"吾科"聲相近。

干者，《方言》："盾，自關而東，或謂之瞂，或謂之干。關西謂之盾。"郭注："干者，扞也。"《周書·費誓》："敿乃干。"郑注："敿，擊也。"王肅注："敿盾當有紛繫持之。"《論語》疏云："今之[1]旁牌，施紛以持之，紛如綬而小，繫[2]於盾以持之，且以爲飾也。"

瞂者，《説文·盾部》義也。張衡《西京賦》："植鎩縣瞂。"左思《吴都賦》："去[3]瞂自閭。"通作"伐"。《秦風·小戎》："蒙伐有苑。"傳："蒙，討羽也。伐，中干也。"箋："蒙，厖也。討，雜也。畫雜羽之文於伐，故曰蒙伐也。"《釋文》："伐，本或作'瞂'。"疏云："櫓是大盾，故以伐爲中干。干、伐，皆盾之别名也。"或作"吷"。《史記·蘇秦列傳》："革抉吷芮。"《索隱》曰："吷，與'瞂'同。"

樐者，《説[4]文》："櫓，大盾也。或作'樐'。"《左氏襄十年傳》："狄虒彌建大车之輪[5]，而蒙之以甲，以爲櫓。"杜注："櫓，大盾。"司馬相如《上林賦》："泰山爲櫓。"蘇林曰："櫓，大盾。以爲翳也。"《漢書·劉屈氂傳》："以牛車爲櫓。"顔師古注："櫓，楯也。"

戰者，矦旰切。《説文·戈部》義也。

[注] [1]静本、愛本誤作“芝”。[2]静本、愛本誤作“擊”。[3]静本、愛本誤作“云”。[4]愛本誤作“諸”。[5]静本、愛本誤作“論”。

鍸含音、甲、介，鎧也。

《説文》：“鎧，甲也。”《釋名》：“鎧，猶塏也。塏，堅重之言也。”案，“經典[1]皆言‘甲冑’，秦以後始有‘鎧’、‘兜鍪’之[2]文。古作‘甲’，用皮。秦漢已來，用鐵。鎧、鍪，皆從金。蓋以鐵爲之，故别爲作名也。”

鍸者，《周禮》：“孟子作凾[3]。”《廣韻》：“鍸，鎧别名。”引《孟子》：“矢人，豈不仁於鍸人哉？矢人唯恐不傷人，鍸人唯恐傷人。”

甲者，《釋名》：“鎧，或謂之甲。似物孚甲[4]，以自禦也。”《世本》：“杼作甲。宋仲子曰：‘少康子，杼也。’”《夏官・司甲》注：“甲，今之鎧也。”

介[5]者，《秦風・小戎》箋：“介，甲也。”《左氏成二年傳》：“不介馬而驰之。”

[注] [1]静本、愛本誤作“與”。[2]静本、愛本衍“説”字，已删。該案語全暗引《尚書》孔疏。[3]静本誤作“甬”。[4]愛本誤作“曰”。[5]静本、愛本誤作“甲”。

兜鍪牟音謂之冑。

《説文》：“冑，兜鍪也。”是首之鎧也。《司馬法》作“䩜”。《荀子・議兵篇》：“冠軸帶劍。”楊倞注：“軸，與‘冑’同。”

兜鍪者，秦、漢人語。書傳皆言“冑”。

鋞烏牙[1]反**鍜**乎加反**謂之鏂**烏侯反**鍭**侯音。

鋞鍜、鏂鍭者，《説文》："鋞鍜，頸鎧也。"《玉篇》："鍭，鏂鍭。鋞鍜也。"

[注] [1]静本、愛本作"加"，據《博雅音》改。

機謂之牙。

機、牙者，《説文》："主發謂之機。"孔安國注《尚書》、鄭康成注《易·繫辭[1]》竝云："機謂弩牙。"《屯》："六三：君子機。"鄭注："機，弩也。"《緇衣》引《逸書·太甲》曰："若虞機張，往省括於厥度則釋。"鄭注："虞人之射禽，弩已張，從機間視括，與所射參相得，乃後釋弦發矢[2]。"

[注] [1]静本、愛本誤作"繫"。[2]静本、愛本"釋"字誤入下條，并脱"弦發矢"三字。"間"誤作"聞"，"乃"誤作"及"。

和、鑾、鐲、鐸、鉦征音、**鐃、鐘、鑮**步各反，**鈴也。**

《説文》："鈴，令丁也。"《左氏桓二年傳》："錫鸞和鈴，昭其聲也。"

和、鑾者，《韓詩》云："鸞在衡，和在軾。"《大戴禮》云："在衡爲鸞，在軾爲和。馬動而鸞鳴，鸞鳴而和應。"《説文》："鑾，人君乘車，四馬鑣、八鑾鈴，象鸞鳥聲，和則敬也。從金，從鸞省。"是"鑾"與"鸞"同。

鐲者，《說文》：“鐲，鉦也。軍法：司馬執鐲。”《地官·鼓人》：“以金鐲節鼓。”注：“鐲，鉦也。形如小鐘。軍行鳴之，以爲鼓節。”

鐸者，《說文》：“鐸，大鈴也。軍法：五人爲伍，五伍爲兩，兩司馬執鐸。”《釋名》：“鐸，度也。號令之[1]限度也。”《鼓人》：“以金鐸通鼓。”注：“鐸，大鈴[2]也。振之以通鼓。”《樂記》云：“天子夾振之。”注：“王與大將夾舞者，振鐸以爲節也。”皇侃《論语》疏云：“鐸用銅鐵爲之。若行武教，則用銅鐵爲舌；若行文教，則用木爲舌，謂之木鐸；將行號令，則執鐸振奮之，使鳴而言所教之事也，故《檀弓》云：‘宰夫執木鐸以命於宫，曰舍故而諱新。’又《月令》云：‘奮木鐸以命於兆民，曰雷將發聲。’是其事也。”

鉦者，《說文》：“鉦，鐃也。似鈴，柄中上下通。”《小雅·采芑》：“鉦人伐鼓。”傳：“鉦以静之。”

鐃者，《說文》：“鐃，小鉦也。”《大司馬職》：“卒長執鐃。”鄭司農讀如“讙嘵”之“嘵”。《鼓人職》：“以金鐃止[3]鼓。”注：“鐃如鈴，無舌，有秉，執而鳴之，以止擊鼓。”《釋名》：“鐃，聲鐃鐃也。”《樂記》云：“復亂以武。”復，謂反復也。亂，理也。武，謂金鐃也，謂舞畢之時，舞人必反復鳴之金鐃而治理之；欲退之時，亦擊此金鐃以限之。

鐘者，《說文》：“鐘，樂鐘也。秋分之音，物穜成。古者垂作鐘，或作‘銿’。”《釋名》：“鐘，空也。内空受氣多，故聲大也。”《漢書·律曆志》：“鐘者，穜也，陽氣施穜於黄泉，孳萌萬物，爲六氣元也。”

鏄者，《說[4]文》：“鏄，大鐘。淳於之屬。所以應鐘磬也。堵以二金，樂則鼓鏄應之。”《鄉射禮》云：“其南鏄。”鄭注：“鏄，如鐘而大。”通作“鎛”。《周禮·序官·鎛師》注：“鎛，如鐘而大。”《白虎通義》：“鎛者，時之氣聲也。節度之所生也。君臣有節度則萬物昌，無節度則萬物亾。亾與昌正相迫，故謂之鎛。”

[注] [1]静本、愛本作"也"。[2]静本、愛本誤作"令"，脱"注鐸"二字。[3]静本、愛本誤作"上"。[4]愛本誤作"設"。

印謂之璽。紐尼手反謂之鼻。

此釋印之名，及其紐也。《說文》："印，執政所持信也。"《釋名》："印，信也。所以封物爲信驗也。亦言因也。封物相因付也。"

璽者，《說文》："璽，王者印也。所以主土。"《釋名》："璽，徙也。封物使可轉徙而不可發也。"高誘曰："璽，讀如'移徙'之'徙'。"韋昭曰："古者，大夫之印，亦稱璽。"應劭《漢官儀》云："封泰山，以金泥、銀繩[1]，印之以璽。璽，施也。信也。古者尊卑共之。《月令》曰：'固封璽。'《春秋傳》：'璽書追而與之。'是也。秦、漢以來，尊者以爲名，乃使避。"衛宏《漢舊儀》云："秦以前，民皆以金、銀、銅、犀、象爲方寸璽，各服所好。漢以來，天子獨稱璽，又以玉。羣臣莫敢用也。唐《六典》引《周書》曰：'湯放桀，大會諸侯，取天子之璽，置天子之座。'是商以前已有璽名矣。"

紐者，《說文》作"鈕"。云："印鼻也。"《夏官·弁師》："五冕之紐。"注："紐，小鼻在武上，笄所贯也。"《說文》："紐，系也。"其形似鼻，故印紐有此名也。《淮南·說林訓》："龜紐之璽，賢者以爲佩。"

[注] [1]静本、愛本誤作"澠"。

綸古頑反、組、紱不勿反，綬也。

《說文》："綬，韍維也。"《玉藻》云："天子佩白玉而玄組綬，公侯佩山玄玉而朱組綬，大夫佩水蒼玉而純組綬，世子佩瑜玉而綦組綬，士佩瓀玟而緼組綬。孔子佩象環五寸[1]而綦組綬。"注："綬者，所以貫佩玉相承受者也。”顏師古注《急就篇》云：“綬者，受也。所以承受環印也。亦謂之縌。”

綸者，《說文》：“綸，青絲綬也。”《續漢志》云：“百石青紺綸，一采，宛轉繆織，長丈二尺。”《後漢書·仲長統傳》：“身無半通青綸之命。”鄭注《緇衣》云：“綸，今有秩，嗇夫所佩也。”

組者，《說文》：“組，綬屬。”《淮南子》言“丈二之組”，則“組”之長與“綸”同也。顏注《急就》云：“組，亦綬類。”

紱者，《續漢志》云：“五伯迭興，事戰不息，佩非兵器，韍非兵旗，於是解去韍佩，留其係璲，以爲章表，故《詩》云‘鞙[2]鞙佩璲’也。韍佩既廢，秦乃采組連結於璲也。光明章表，轉相結受，故謂之綬。”“綬”、“紱”、“韍”，古通用。

[注] [1]静本、愛本脱“寸”字。[2]静本、愛本作“鞘”。

瑹書音、**珽**他冷反，**笏也。**

《說文》：“曶，籀文作‘回’，佩也。象形。”《釋名》：“笏，忽也。君有教命及所啟白則書其上，備忽忘也。”鄭本《尚書》云：“予欲聞六律、五聲、八音，在治曶。”注：“曶者，臣見君所秉，書思對命者也。”《穆天子傳》：“帗帶、搢曶。”郭璞注：“曶，長三尺，杼上椎頭。一名珽，亦謂之大圭。”

瑹、珽者，《玉藻篇》：“天子搢珽，方正於天下也。諸侯荼，前詘後直，讓於天子也。大夫前詘、後詘，無所不讓也。”注：“此亦笏也，謂之珽，珽之言珽然無所屈也。或謂之大圭，長三尺，杼上終葵首。終葵首者，於杼又廣其首，方如椎頭，是謂無所屈，後則恒直。”“瑹”、“荼”，字異音義同。舊本“瑹”訛“蒣”，今據《玉篇》所引訂正。

箓禄音、**簶**鹿音、**籣**滿音**篓**緩音，**篰**部音**也。**

《說文》：“篰，㒼爰也。”《玉篇》：“篰，竹牘也。”

箓者，《說文》：“录，刻木录录也。”“箓”、“录”同。

簶者，《周官·職幣》：“辨其物而奠其録。”杜子春云：“定其録籍。”“簶”、“録”，古今字。

籣篓者，《廣韻》：“篱篓，簡。”《說文繫傳》云：“按字書，㒼爰，簡牘也。”“籣”、“篱”、“㒼”，“篓”、“爰”，古通用。

梡苦緩反、**棵**口卯反、**橛**劇音、**房**、**杫**賜音、**虡**巨音。今人“虍[1]”下作“兵”，失之、**桯**餘征反，又餘經反，又呈音、**肜**尸音，又賜音[2]、**俎**，**几也。**

《說文》：“几，踞几也。象形。”《釋名》：“几，屐也。所以屐物也。”《三禮圖》云：“阮氏《圖》：‘几，長五尺，高尺二寸，廣二尺。兩端赤，中央黑漆。馬融以爲長三尺。’案，《司几筵》：‘掌五几。’‘左右玉、彫、彤、漆、素’，詳五几之名，是無‘兩端赤，中央黑漆’矣。蓋取彤、漆，類而聚之也。下云‘左右五几’，此經所云‘王皆立不坐’，設左右几者，優至尊也。祝先王，唯言昨席不言几。左者王凴之，右者神所依。詳此經義，則似生人几在左，鬼神几在右，即下云‘右彫几’、‘右彤几’、‘右漆几’、‘右素几’，皆爲神設也。”

梡者，《明堂位》：“俎用梡嶡。”注：“梡，始有四足也。嶡爲之距。”孔疏：“虞俎名梡，梡形四足，如案。”《禮圖》云：“梡，長三尺四寸，高一尺。漆，兩端赤，中央黑。諸臣加雲氣，天子犧飾之。夏俎名嶡。嶡亦如梡，而横柱[3]四足，中央如距也。”賀氏云：“直有脚曰梡，加腳[4]中央横木曰嶡。”

棵者，疑“椇”之訛。《明堂位》舉四代之俎。張博士不宜釋其三而缺一，又“棵，几”未見所出，字形與“椇”相近，故知爲“椇”。當在“橛”

之下、“房”之上，傳寫倒误也。曹憲未能舉正，輒加音釋，失之矣。

橛、房者，《明堂位》云：“俎，有虞氏以梡，夏后氏以嶡，殷以椇，周以房俎。”注：“梡，斷木爲四足而已。嶡，謂中足爲横距之象。椇，謂曲橈之也。房，謂足下跗也。上下兩間，有似於堂房然。”

杫、虡、桯、㮑者，《方言》：“俎，几也。西南蜀漢之郊曰杫。榻前几，江、沔之間曰桯。趙、魏之間，謂之椸几。其高者謂之虡。”郭注：“桯，今江東呼承。”《後漢書·鐘離意傳》：“藥崧者，家貧爲郎，常獨直臺上，無被，枕杫。”李賢注：“杫，謂俎几也。斯義切。”《說文》：“虡，鐘鼓之柎也。飾爲猛獸，從虍，異象其下足。或作‘鐻’，篆文作‘虡’。”《大雅·靈臺》：“虡業維樅。”傳：“植者曰虡，横者曰栒。”《說文》：“桯，牀前几。”郭注《方言》音“椸”爲“易”。是“㮑”即“椸”也。《玉篇》：“㮑，几也。”本此。

俎者，《說文》：“俎，禮俎也。從半肉在且上。”《史記·項羽本紀》：“爲高俎，置太公其上。”《集解》：“如淳曰：‘高俎，几之上。’”《索隱》曰：“俎，亦机之類，故夏侯湛《新論》爲‘机’。机，猶俎也。比太公於牲肉，故置之俎上。”大昭案，俎，亦謂之牙。《地官·牛人》：“凡祭祀，共其牲之牙[5]。”注：“牙，若今屠家懸肉架。”

[注] [1]静本、愛本作“虛”，據《博雅音》改。[2]《博雅音》作“尸賜”。[3]愛本誤作“注”。[4] 静本、愛本作“甲”。[5]通行本爲“互”。章太炎《小斆答問》以“互”爲“牙”之異體。

棲謂之牀，謂之柖。

《說文》：“牀，安身之坐者。”《釋名》：“人所坐卧曰牀。牀，裝也。所以自裝載也。”《孟子》云：“使治朕棲。”

柖者[1]，《淮南·說山訓》："死而棄其柖簣，不怨人取之。"高誘注："柖簣，稱死者浴牀上之栭也。"《玉篇》引《淮南子》："死而弃柖責。""絡牀爲柖。"案，絡，當爲"浴"。"責"、"簣"同。《廣韻》："炤，牀别名。"亦謂浴牀也。"柖"、"炤"同。

[注] [1]静本、愛本誤作"切"。

簣責音、**笫**側里反、**樹、𤖼，杠**江音**也。**

《說文》："杠，牀前横木也。"《鹽鐵論》："古者無杠樠之寢，牀移之案。"

簣、笫、樹、𤖼者，《方言》："牀，齊、魯之間謂之簣；陳、楚之閒或謂之笫。其杠，北燕、朝鮮之閒謂之樹；自關而西，秦、晉之間謂之杠；南楚之間謂之趙。"郭注："簣，牀版也。趙，當作'桃'，聲之轉也。中國亦呼'杠'爲'桃牀'，皆通語也。"《說文》："簣，牀棧也。笫，牀簣也。"《爾雅》："簣謂之笫。"郭注："牀版。"《禮·既夕記》："設牀笫。"《左氏襄二十七年傳》："牀笫之言不踰閾。"杜注："笫，簣也。""𤖼"、"趙"、"桃"，字異音義[1]同。盧枝"簣"、"笫"下增"也"字，當從之。

[注] [1]静本、愛本誤作"異"。

廣平、榻他臈反**，枰**平音**也。**

《說文》："枰，平也。"《釋名》："枰，平也。以板作其體，平正也。"服虔《通俗文》云："牀，三尺五曰榻，板獨坐曰枰，八尺曰牀。"

廣平者，《方言》云："所以投簙謂之廣平。"

榻者，《釋名》："牀，長狹而卑曰榻，言其榻然近地也。小者曰獨坐。主人無二，獨所坐也。"《玉篇》："牀狹而長謂之榻矣。"《通俗文》證之，則"獨坐"即"枰"，皆可以坐，此投簙也。韋曜《博弈論》云："然其所志不出一枰之上，所務不過方罫之閒。"

踦逵音、**樻**壝音、**梂**巨鳩反，又巨菊反，**柎**付於反**也。**

踦、柎者，《說文》："柎，闌足也。""踦，曲脛也。"

樻、梂，《集韻》引作"膭脙"。

蓐謂之菆側求反。

蓐、菆者，《說文》："菆，蓐也。"蓐，古"褥"字。《釋名》："褥，辱也。人所坐褻辱也。"《廣韻》："蓐，薦也。"

箷移音**謂之桋**嫁音。

《曲禮》："男女不同椸枷。"鄭注："椸，可以枷衣者。"《内則》云："不敢縣於夫之楎箷。""箷"、"椸"同。

椸者，《說文·新附字》："古用'施'也。"《廣韻》："箷，衣架。"本此。

軖狂音**謂之笠**護音。

軖、笠者，《說文》："軖，紡車也。""笠，可以收繩也。從竹。象形。中象人手所推握也。或作'互'。"紡車之輪即"笠"也，亦謂之"篗"。

蒸、爟灌音、**熜**青工反，又摠音[1]**，炬也。**

《說文》：“苣，束葦燒。徐鉉曰：‘今俗别作‘炬’，非是。’”**蒸**者，《說文》：“蒸，折麻中榦也。”是麻榦可爲炬也。

爟者，《說文》：“舉火曰爟。《周禮》：‘司爟掌行火之政令。’”

熜者，《說文》：“熜，然麻蒸也。”“熜”、“熜”同。

[注] [1]静本、愛本誤作“又青反，又工摠反”，據《博雅音》改。

龠一曰合，十曰升，升四曰梪，梪四曰區，區四曰釜，釜十曰鍾，鍾十曰斞臾音**，斞十曰秉，秉十曰筥**舉音**，筥十曰稯**子公反**，稯十曰秅**妬音**。**

此釋量之名也。《漢書·律曆志》：“量者，龠、合、升、斗、斛也。所以量多少也。本起於黄鐘之龠，用度數審其容。以子穀秬黍中者千有二百實其龠，以井水準其槩。合龠爲合，十合爲升，十升爲斗，十斗爲斛，而五量嘉矣。其法用銅，方尺而圜其外，旁有庣焉。其上爲斛，其下爲斗。左耳爲升，右耳爲合龠。其狀似爵，以縻爵禄。龠者，黄鐘律之實也。躍微動氣而生物也。合者，合龠之量也。升者，登合之量也。斛者，角斗平多少之量也。夫量者，躍於龠，合於合，登於升，聚於斗，角於斛也。職在太倉，大司農掌之。”舊本作：“龠二曰合。”案，《漢志》云：“合龠爲合，十合爲升。”“合龠”即“一龠”也，故《說文》以“升”爲“十龠”。此云“龠二”，當是“龠一”也，今訂正。

升四曰**梪**，梪四曰**區**，區四曰**釜**者，杜預《左傳》注云：“四豆爲區。區[1]，斗六升。四區爲釜。釜，六斗四升。”《攷工記》云：“量之以爲鬴，深尺，内方尺而圜其外，其實一鬴。”注云：“以其容爲之名也。四升曰豆，四豆曰區，四區曰鬴。鬴，六斗四升。鬴十[2]則鐘。方[3]尺積千寸。於今粟米法，少二升八十一分升之二十二。其數必容鬴，此言內方耳，圜其外者謂之脣。”《小爾雅》云：“一手之盛謂之溢，兩手謂之掬。掬四謂之豆，豆四謂之區，區四謂之釜。”宋咸注：“溢，滿一手也。掬，半升也。舊制：四升爲豆，四豆爲區。區，斗六升也。四區爲釜。釜，六斗四升也。”又云：“釜二有半謂之藪。”注云：“一斛六斗也。”予謂如前說，似孔鮒以“二升爲豆，八升爲區，三斗二升爲釜”，與諸家說大不相同。今以“釜二有半”注文證之，知其所謂“釜”仍是六斗四升。蓋《小爾雅》本文當是“掬二謂之升，升四謂之豆”。傳寫者脱落五字耳。案，梪，與“豆”同。鬴，與“釜”同。先儒皆云“四升爲豆，四豆爲區”，而郎本獨云“十升曰梪”，“十”當爲“四”字之誤也。果是十升，當云“斗”，而不當云“梪”矣。今訂正。江永曰：“《攷工記·栗氏》之‘鬴’，舊說謂‘六斗四升’。然以圓筭、方筭皆不合。明宗室鄭世子朱載堉據《管子·輕重篇》云：‘齊西之粟，釜百泉，則鏂二十；齊東之粟，釜十泉，則鏂二泉。’‘釜’即‘鬴’也，‘鏂’即‘區’也。四升爲豆，四豆爲區，五區爲鬴，鬴乃八斗，非六斗四升也。此說是《稾人》謂一月粟米之率。以中年三鬴爲常率計之，十日食八斗，一日[4]食八升，毋乃太多乎？蓋《栗氏》所謂‘深尺’、‘方尺’者，非夏氏之尺，乃周人之尺也。周尺當夏之八寸，以八寸計之，一鬴八斗，僅得四斗零九合六勺，則一日食四升一合弱耳。又以商尺當尺一尺二寸半，以此爲鬴，八斗當夏之十五斗六升有二合有奇。後世之營造尺與商尺同。今時方尺、深尺，容四斗，周鬴四斗九合有奇，商鬴一十五斗六升二合有奇，約爲四之一而稍羸。則今量四斗，周量一斗稍羸。一日食八升，當今量一升稍羸，正爲今人日食之數，與《稾人》之鬴密[5]合。”

釜十爲**鐘**者，《小爾雅》云：“藪二有半謂之缶，缶二謂之鐘。”注以“鐘”爲八斛，蓋名同而量異也。

鍾十曰**斞**，**斞**十曰**秉**者，《聘禮》云：“車秉有五藪。”鄭注：“藪，讀若‘不數’之‘數’，今文‘籔’或[6]爲‘逾’。”下記云：“十六斗曰籔。”注云：“今江、淮之間，量名有爲籔者。今文‘籔’爲‘逾’。”《小爾雅》：“釜二有半謂之籔，籔二有半謂之缶，缶二謂之鐘，鐘二謂之秉。秉，十六斛也。”包咸注《論語》、唐固注《周語》並云：“十六斗曰庾。”“庾”與“斞”、“逾”、“籔”，字異而音義實同。與此之所謂“斞”、“秉”，亦名同而量異也。

秉十曰**筥**，**筥**十曰**稯**，**稯**十曰**秅**者，《說文》云：“《周禮》：‘二百四十斤爲秉。四秉曰筥，十筥曰稯，十稯曰秅，四百秉爲一秅。’”許氏所云本《聘禮》也。蓋彼以衡言，此以量言，故名同而實不同也。江永曰：“《攷工記・栗氏》之‘鬴’，舊說謂‘六斗四升’。然以圓筭、方筭皆不合。明宗室鄭世子朱載堉據《管子・輕重篇》云：‘齊西之粟，釜百泉，則鏂二十；齊東之粟，釜十泉，則鏂二泉。’‘釜’即‘鬴’也，‘鏂’即‘區’也。四升爲豆，四豆爲區，五區爲鬴，鬴乃八斗，非六斗四升也。此說是《稟人》謂一月粟米之率。以中年三鬴爲常率計之，十日食八斗，一日食八升，毋乃太多乎？蓋《栗氏》所謂‘深尺’、‘方尺’者，非夏后氏之尺，乃周尺也。周尺當夏尺之八寸，以八寸計之，一鬴八斗，僅得四斗零九合六勺。則日食四升一合弱耳。又以商尺當夏尺一尺二寸半，以此爲鬴，八斗當夏之十五斗六升二合有奇。後世營造尺與商尺同。今時方尺、深尺，容四斗，周鬴四斗九合有奇，商鬴一十五斗六升二合有奇，約爲四之一而稍贏。則今量四斗，周量一斗稍贏。日食八斗，當今量一升稍贏，正爲今人日食之數，與《稟人》之鬴密合。”

[注] [1]愛本脱“區區”二字。[2]静本、愛本脱“十”。[3]静本、愛本脱“方”。[4]静本、愛本脱“日”。[5]静本、愛本誤作“蜜”。此大段引自江永《周禮疑義舉要》，下文又重出。[6]静本、愛本衍“作”，已刪。

一升曰爵，二升曰觚孤音，三升曰觶之[1]豉反，四升曰角，五升曰散素但反。

此釋酒器所容之名，本《韓詩説》也。《禮器》疏引《五經異義》云："今《韓詩説》：'一升曰爵。爵，盡也。足也。二升曰孤。孤，寡也。飲當寡少。三升曰觶。觶，適也。飲當自適也。四升曰角。角，觸也。不能自適，觸罪過也。五升曰散。散，訕也。飲不能自節，爲人所謗訕也。総名曰爵。其實曰觴。觴者，餉也。亦五升，所以罰不敬。觥，廓也。所以著明之皃。君子有過，廓然明著，非所以餉，不得名觴。'古《周禮説》：'爵一升，觚二升，獻以爵而酬以孤。一獻而三酬，則一豆矣。食一豆肉，飲一豆酒，中人之食。'《毛詩説》：'觥大七升。'許慎謹案，《周禮》云：'一獻、三酬，當一豆。若觚二升，不滿一豆。又爵觥不過一，一飲而七升，爲過多。'鄭駮之云：'《周禮》：獻以爵而酬以觚。觚，寡也。觶字，'角'旁著'氏'，是與'觚'相涉，誤爲'觚'也。'南郡太守馬季長説：'一獻、三酬則一豆。豆當爲斗，與一爵、三觶相應。'"

爵者，聶崇義《三禮圖》云："刻木爲之，漆赤中。《舊圖》亦云：'畫赤云氣，餘同玉爵之制。'"

觚者，《説文[2]》："觚，鄉飲酒之爵[3]也。一曰觴受三升者謂[4]之觚。"《周禮·梓人》："爲飲器，勺一升，爵二升，觚三升。"許君後一説本《周禮》，與《韓詩説》異。《三禮圖》云："《舊圖》：'觚，鋭下，方足，漆赤中，畫青雲氣，通飾其卮。二升曰觚，口徑四寸，中深四寸五分，底徑二寸六分。今圓足。'"

觶者，《説文》："觶，鄉飲酒角也。或作'觗'。《禮經》作'觝'。"《三禮圖》云："《禮器》云：'尊者舉觶[5]。'注云：'三升曰觶。口徑五[6]寸，中深四寸强，底徑三寸。'《舊圖》云：'凡諸觴皆形[7]同，升數則異。'"

角者，《明堂位》云："加以璧散、璧角。"鄭注："散、角，皆以璧餙其口也。"《三禮圖》云："其制如散。《禮器》云：'卑者舉角。'注云：'四升曰角，口徑五寸，中深五寸四分，底徑三寸。'又《特牲饋食禮》云：'主人洗角，升，酌酳尸。'注云：'不用爵者，下大夫也。'"

散者，《三禮圖》云："《舊圖》：'散似觚。'《禮器》注云：'五升曰散，口徑六寸，中深五寸一分强，底徑四寸。'"

[注] [1]愛本作"云"。[2]静本、愛本誤作"之"。[3]静本、愛本誤作"氣"。[4]静本、愛本誤作"為"。[5]静本、愛本誤作"然"。[6]静本誤作"立"。[7]静本、愛本誤作"刑"。

綃消音**謂之絹。**

綃，一名"絹[1]"。俱解見上文。

[注] [1]愛本誤作"綃"。

縓請絹反**謂之紅。纁謂之絳。緇謂之皁。**

此釋染色之深也。

縓、紅、纁、絳、緇、皁者，《爾雅》："一染謂之縓，再染謂之赬，三染謂之纁。"郭注："縓，今之紅也。"《攷工記》："三入爲纁，五入爲緅，七入爲緇。"《説文》："縓，帛赤黄色。""紅，帛赤白色。""纁，淺絳也。""絳，大赤也。""緇，帛黑色也。""草，草斗，櫟實也。一曰象斗子。徐鉉曰：'櫟實可以染帛爲黑色，故曰草。今俗以此爲'艸木'之'艸'，别作'皁'字，爲黑色之皁，或從白、十，皆無意義。'"鄭注《士冠禮》云："一入謂之縓。"《喪[1]服》："麻衣縓緑。"鄭注："縓，淺絳也。”“縓”又謂之“緼”。鄭注《玉藻》云：“蕴，赤黄之間色。所謂韎也。”《小雅·瞻彼洛矣》傳：“一入曰韎韐。”《左傳》疏引賈逵云：“一染曰韎。蓋用舊草染之也。”《釋名》：“紅，絳也。白色似絳者也。”《禹貢》：“厥篚玄纁、璣、組。”疏引李巡曰：“三染其色，已成爲絳。絳、纁，一名也。”《染人職》：“夏纁玄。”鄭司農云：“纁謂絳也。”《攷工記·鍾氏》：“染羽，三入而成。”《釋名》：“絳，工也。染之難得色，以得色爲工也。緇，滓也。泥之黑者曰滓。此色然也。皁，早也。日未出時早起，視物皆黑。此黑色如之也。”

[注] [1]静本作“喪”。

碧、縹匹紹反**、紺、緅**早音**、䋧**緑音**、緅**側留反**、緫**采公反**、蒼，青也。**

《説文》：“青，東方色也。木生火。從生、丹。丹青之信言必然。”《釋名》：“青，生也。象物生時色也。”

碧者，《説文》：“碧，石之青美者。”《廣志》云：“碧，有縹碧，有緑碧。”張衡《南都賦》：“緑碧紫英。”

縹者，《説文》：“縹，帛青白色也。”《釋名》：“縹，猶漂。漂淺青色也。有碧縹，有天縹，有骨縹，各以其色所象言之也。”《楚辭·九懷》云：“翠縹兮爲裳。”

紺者，《説文》：“紺，帛深青、揚赤色。”《釋名》：“紺，含也。青而含赤色也。”張協《七命》云：“玄采紺發。”

緅者，《説文》：“緅，帛如紺色。讀若桌。”

䋧者，與“緑”同。《説文》：“緑，帛青黄色也。”《釋名》：“緑，瀏也。荆泉之水，於上視之，瀏然緑色。此似之也。”《邶風》：“緑兮衣兮。”傳：“緑，閒色。”

緅者，《論語》：“君子不以紺緅飾。”孔安國云：“一入曰緅。三年練，以緅飾衣，爲其似衣喪服，故不以爲飾衣。”詹事兄曰：“或問‘邢昺以緅爲淺絳色’，據《周禮》‘五入爲緅’，非淺絳，且練衣不以緅飾緅，何故？”荅曰：“孔氏經文當是‘縓’字。《爾雅》：‘一染謂之縓。’即孔所云‘一入’也。《檀弓》云：‘練，練衣，黄裏縓緣。’注云：‘小祥，練冠，練中衣，以黄爲内、縓爲飾。’即孔所云‘三年練以飾衣’者也。然則孔本經注皆當作‘縓’，不作‘緅’矣。《攷工記·鍾氏》：‘三入爲纁，五入爲緅。’注謂：‘染纁者，三入而成。又再染以黑，則爲緅。緅，今《禮》俗文作“爵”，言如爵頭色也。’先鄭司農以《論語》‘紺緅’，證‘五入爲緅’之文。則先鄭所受《論語》本作‘緅’，與孔本異也。《士冠禮·爵弁服》注：‘爵弁，色赤而微黑，如爵頭然。或謂之緅。’許氏《說文》無‘緅’字，而有‘纔’字。云：‘帛雀頭色。一曰微黑色。如紺。纔，淺也。’古人‘纔’與‘才’通，‘才’亦讀爲‘哉’，與‘爵’聲近。則‘緅’、‘纔’、‘爵’三者同物。‘瀺’、‘灂’雙聲。賦家往往用[1]之。賈公彦云：‘三人之纁，入赤汁則爲朱；若不入朱而入黑汁，則爲紺。’更以此紺入黑則爲‘緅’。‘紺’、‘緅’同類，故連文言之。今本《論語》作‘緅’，古文作‘縓’。微黑爲緅，淺絳爲縓，不能混而一之，明矣。自何晏《集解》采孔氏說，而經文仍從‘緅’字，又改注文之‘縓’亦爲‘緅’，而二文相亂。邢昺知孔讀‘緅’爲‘縓’。又云：‘一入曰緅，未知出何書。’此知二五而不知十也。”

總者，《說文》：“繱，帛青色。”通作“蔥”。《玉藻》：“三命赤韍[2]蔥衡。”鄭注：“青謂之蔥。”鄭注本諸《爾雅》郭注：“蔥，淺青。”揚雄《蜀都賦》云：“鬱乎青蔥，沃野千里。”

蒼者，《說文》：“蒼，艸色也。”《莊子·逍遥游》云：“天之蒼蒼，其正色耶？”

[注] [1]静本、愛本誤作“周”。[2]愛本作“蔽”。

丹、彤、朱、赩虚力反**、纁、絳、赬**恥京反**、烊**小營反**、赫、緹**他禮反**、焃**呼狄反**、赭**者音**，赤也。**

《說文》：“赤，南方色也。從大，從火。”《釋名》：“赤，赫也。太陽之色也。”《白虎通義》云：“赤者，盛陽之氣，故周爲天正，色尚赤也。”

丹者，解見上文。

彤者，《說文》：“彤，丹飾也。”《小爾雅》云：“彤，朱也。”《詩》曰：“彤弓弨兮。”

朱者，《說文》：“朱，赤心木也。”《豳風·七月》：“我朱孔陽。”傳：“朱，深纁也。”通作“絑”。《說文》：“絑，純赤也。”

赩者，《詩》毛傳云：“赩，赤皃也。”《楚[1]辭·大招》云：“逴龍赩只。”王逸注：“赩，赤色。”左思《蜀都賦》：“丹砂赩熾。”

纁、絳者，俱解[2]見上文。

赬者，《說文》：“赬，赤色。”引《詩》曰：“魴魚赬尾。”或作“䞓”、“䞍”、“浾”、“泟”四字。《韓詩·汝墳》作：“赬，赤也。”《爾雅》：“再染謂之竀。”《左氏哀十七年傳》：“如魚竀尾。”謂魚尾赤也。潘岳《射雉賦》：“嬰綺翼而赬撾。”“赬”、“䞓”、“竀”，字異音義同。

烊者，疑與“騂”同。《公羊文十二年傳》：“周公用白牡，魯用騂犅，羣公不毛。”是也。或說“烊”疑“煒”之訛。《邶風·静女》云：“彤管有煒。”毛傳：“煒，赤白。”鄭箋：“赤管煒煒然。”

赫者，戴侗《六書故》云：“火盛大，赤也。”

緹，帛丹黄色。《周禮》："凡糞種，赤緹用羊。"注："赤緹，縓色也。"《酒正》："四曰緹齊。"注："緹者，成而紅赤。"《史記·西門豹列傳》："張緹絳帷。"《正義》曰："顧野王云：'緹，黄赤色也。'"《西京賦》："'緹衣韎韐。'李善注：'武士之服。'"

炼者，《玉篇》："炼，光也。"

赭者，《説文》："赭，赤土也。"《山海經》："陸郈之山，其土多赭。"郭注與《説文》同。張博士《子虚賦》注："赭，赤土。出少室山。"

[注] [1]愛本誤作"焚"，静本作"燓"。[2]愛本誤作"斛"。

黈他口反、**黊**乎馬反，又乎卦反、**䵘**老音、**䵣**齒善反、**黗**他丸反、**黇**他廉反、**黅**今音、**黗**屯音、**䵥**統音，亦有本作"䵥"，口浪反、**䵱**下悔反，又於郾反，**黄也**。

《説文》："黄，地之色也。"《釋名》："黄，晃也。猶晃晃象日光色也。"《漢書·律曆志》："黄者，中之色，君之服也。"

黈者，黈，黄色。黈，同上。《穀莊二十四年傳》："士黈楹。"范甯注："黈，黄色。"東方朔《客難》云："黈纊充耳，所以塞聰。"如淳曰："音土苟反，謂以玉爲瑱，用黈纊懸之也。"顔師古曰："以黄綿爲丸，用組懸之於冕，垂兩耳旁，示不外聽，非玉瑱之懸也。"

黊者，《説文》："黊，鮮明黄色。"

䵘、䵣者，《玉篇》："䵘，黄色。""䵣，黄色。"並本此。

黗、黇者，《説文》："黗，黄黑色也。""黇，白黄色也。"

黅者，居吟切。《玉篇》："黅，黄色也。"《内經》云："辰戌之紀，其穀玄黅。丑未之紀，其穀黅玄。"

黗者，徒渾切。《廣韻》："黗，黄色。"本此。

䵥者，《玉篇》："䵥，齒隆切。黄色。"《大戴禮》："䵥纊塞耳，掩聽也。”又音統。案，《音釋》本又作“䵺”。《玉篇》：“䵺，黄色也。”本此。

䵷者，《說文》：“䵷，青黄色。”

《集韻》：“**黲**，美辨切。”引《廣雅》：“黄也。”今無此文。

皔汗音、**皛**乎了反，又乎灼[1]反、**晳**制音[2]、**皢**呼了反、**皭**在爵反、**皠**乎佶反、**皚**牛哀反、**的**、**皏**普幸反**皜**呼曷反、**皤**布阿反，又步何反、**皎**古了反、**翯**學音、**潔**，**白也。**

《說文》：“白，西方色也。陰用事，物色白。從入、合、二。二，陰數。”《釋名》：“白，啓也。如冰啓時色也。”《攷工記》：“畫繪之事，西方謂之白。”《爾雅》：“秋爲白藏。”郭注：“氣白而收藏。”

皔者，何但切。《玉篇》：“皔皔，白也。”本此。

皛者，《說文》：“皛，顯也。從三白。讀若皎。”《文選》注引《倉頡篇》：“皛，明也。”

晳者，先擊切。《說文》：“晳，人色白也。”《鄘風》：“揚且之晳也。”傳：“晳，白晳也。”《地官·大司徒》：“四曰墳衍，其民晳而瘠。”注：“晳，白也。”《左氏昭二十六年傳》：“有君子白晳。”皆謂人色之白也。

皢者，《說文》：“皢，日之白也。”

皭者，《玉篇》：“皭，色皭皭然白也。”

皠者，字當做“皠”。《說文》：“皠，鳥之白也。”《太玄·内》“次七”云：“皠頭内其稚婦。”何晏《景福殿賦》：“皠皠白鳥。”注：“毛《詩》曰：‘白鳥翯翯。’‘翯’與‘皠’，音義同。”

皚者，《說文》：“皚，霜雪之白也。”《文選》注引劉歆《遂初賦》：“漂積雪之皚皚。”劉禎《贈五官中郎將詩》：“霜氣何皚皚。”

的者，《玉篇》：“的，明見也。”通作“旳”。《說卦傳》：“震，爲的顙。”虞翻曰：“的，白顙額也。震體頭，在口上白，故的顙。”又通作“馰”。《說文》：“馰，馬白額也。”

皏皛者，《玉篇》：“皏皛，白也。”本此。

皤者，《賁》：“六[3]四：賁如皤如。”《說文》：“皤，老人白也。”通作“番”。《史記·秦本紀》：“古之人謀黃髮番番，則無所過。”

皎者，《說文》：“皎，月[4]之白也。”《陳風》：“月出皎兮。”傳：“皎，月光也。”《小雅·白駒》傳：“皎皎，絜白也。”

翯者，《說文》：“翯，鳥白肥澤皃。《詩》曰：‘白鳥翯翯。’”通作“皜”。相如《大人賦》：“吾乃今日覩西王母，皜然白首戴勝而穴處兮，亦幸有三足烏爲之使。”顔師[5]古注：“皜，字或作‘翯’。”

潔者，《詩·序》：“白華，孝子之絜白也。”絜，古“潔”字。

[注] [1]静本、愛本作“烔”，據《博雅音》改。[2]“制音”之“白”爲“皙”，見《廣雅疏證》。《說文》：“皙，昭皙，明也。”[3]静本、愛本誤作“九”。[4]静本、愛本誤作“過”。[5]静本、愛本誤作“使”。

黝於糾反，又於柳反、**黦**於物反、**黯**烏減反、**黶**烏點反、**默**墨音、**黬**工典反、**黓**弋音、**皁**祖早反、**黫**於閒反，又於真反、**涅**乃結反、**玄**、**儵**、**緇**淄音、**墨**、**黸**力胡[1]反、**黮**勑感[2]反，又都甚反、**蕉**焦音、**黎**、**黔**琴音，又巨廉反、**䵴**已證反、**黴**明飢反、**[illegible]**厶再反、**[illegible]**烏外反、**黚**古闇反、**縝**之忍反、**黳**於兮反、**黗**他孫反、**黲**七敢反、**黟**伊音，**黑也。**

《說文》：“黑，火[3]所熏之色。”《釋名》：“黑，晦也。如晦冥時色也。”韓康伯云：“黑，北方陰色。”

黝者，解見《釋宮篇》。

黦者，《說文》作：“黦，黑有文也。”《玉篇》：“黦，與‘黦’同。”

《周禮·染人職》：“夏纁玄。”注：“故書‘纁’作‘䨼’。”是古有“䵷”字也。

黯者，《說文》：“黯，深黑。”《春秋傳》：“晉蔡黯，字墨[4]。”《孔子世家》：“黯然而黑。”劉向《九歎》云：“望舊邦之黯黮。”王逸注[5]：“不明皃。”

黶者，《說文》：“黶，中黑也。”《玉篇》：“黶，黑子也。”

默，讀若“黑”。《書·說命》：“恭默思道。”古文《尚書》作“嘿”。《史記·賈生列傳》：“於嗟嚜嚜兮，生之無故！”《漢書[6]》作“默默”。蓋“默”與“嚜”通，故“默”爲“黑”也。

黴[7]者，《說文》：“黴，黑皴也。”舊本“黴”訛“黴”，今訂正。

黓者，余力切。《玉篇》：“黓，黑也。”本此。通作“弋”。《漢書·文帝紀》：“身衣弋綈。”如淳曰：“弋，皁也。”顔師古曰：“黑色也。”舊本“黓”譌“黓”，今訂正。《五音集韻》引作“黖”，亦誤。

皁者，解見上文。

羥者，《說文》：“羥，黑羊。”《玉篇》：“黫，黑也。亦作‘羥’。”《史記·天官書》：“黫然[8]黑色甚明。”

涅者，《說文》：“涅，黑土在水中也。”《論語》：“涅而不緇。”孔安國注：“涅，可以染皁。”

玄者，《說文》：“𢆯，幽遠也。黑而有赤色者爲玄。”《攷工記·鍾氏》注：“凡玄色，在緅、緇之間，其六入者與？”《豳風·七月》：“載玄載黄。”傳：“玄，黑而有赤也。”

儵者，尸竹切。《說文》：“儵，青[9]黑繒發白色也。”故黑虎之“䝪”亦從“儵”。

緇者，解見上文。

墨者，《說文》：“墨，書墨也。”《玉篇》：“墨，松煙作。”《管子·四稱篇》："墨墨若夜。"《左氏哀十三年傳》："肉食者無墨。"

黸者，《説文》："齊謂黑爲黸。"《法言》云："彤弓黸矢。"司馬光曰："黸，與'玈'同。"

黮者，《説文》："黮，桑葚之黑也。"《文選》注引《聲類》云："黮，深黑色也。"《淮南·主術訓》："問瞽師曰：'白素何如？'曰：'縞然。'曰：'黑何若？'曰：'黮然。'"

蕉者，疑"焦"同。《説文》："𤒅，火所傷也。或作'焦'。"

黎者，《玉篇》："黧，黑也。或作'黎'。"

黔者，《説文》："黔，黎也。秦謂民爲黔首，謂黑色也。周謂之黎民。《易》曰：'爲黔喙。'"《左氏襄二十七年傳》："邑中之黔，實獲我心。"《莊子·天運篇》："鵠不日浴而白，烏不日黔而黑。"《墨子·貴義篇》："今瞽曰：'鉅者，白也；黔者，黑也。'雖明目者無以易之。"《淮南·修務訓》："孔子無黔突，墨子無煖席。"

黸者，《玉篇》："黸，面黑也。"

黴者，《説文》："黴，中久雨青黑。"《淮南·修務訓》："舜黴黑。"又《説山訓》："文公棄荏席，從黴黑，咎犯辭歸。"

穲者，《玉篇》："穲，黑也。禾傷雨也。"

黯者，《説文》："黯，沃黑色。"

黚者，《説文》："黚，淺黄黑也。"《説卦傳》："爲黔喙。"鄭康成："本作'黚'，謂虎豹之屬。"

縝者，與"鬒"同。髮之黑也。謝朓《晚登三山還望京邑詩》："有情知望鄉，誰能縝不變。"《説文》："㐱，稠髮也。或作'鬒'。"《詩·君子偕老》作"鬒"。毛傳："鬒，黑髮。《左氏昭二十八年傳》：'昔有仍氏生女，黰黑而甚美，光可以鑑。名曰玄妻。'疏引服虔注：'髮美爲黰。'《詩》曰：'鬒髮如雲。'言其美長而黑，以髮美，故曰玄妻。""黰"、

“黰”、“鬒”、“㐱”，字異音義同。

黳者，《說文》：“黳，小黑子。”通作“緊”。《說文》：“緊，赤[10]黑色繒。”

黗者，《說文》：“黗，黄濁黑。他究切。”

黲者，《說文》：“黲，淺青黑也。”陸機《漢功臣贊》：“上黲下黷。”

黟者，烏雞切。《說文》：“黟，黑木也。”

[注] [1]静本、愛本作“乎”，據《博雅音》改。[2]静本、愛本作“敢”，據《博雅音》改。[3]静本、愛本脱“火”字。[4]愛本誤作“黑”。[5]静本、愛本脱“王逸注”三字，據徐復本《疏義》改。[6]静本、愛本脱“書”字。[7]静本、愛本作“黨”。[8]静本、愛本誤作“者”。[9]愛本誤作“者”。[10]静本、愛本誤作“亦”。

槥衛音、櫝讀音、櫬楚覲反、槅導音、柩，棺也。其當謂之㭆禾音。

《說文》：“棺，關也。所以掩尸。”《釋名》：“棺，關也。關閉也。”《白虎通義》云：“棺之爲言完也。所以藏尸，令完全也。”

槥者，《說文》：“槥，棺櫝也。”《漢書·韓安國傳》：“中國槥車相望。”顏師古曰：“謂小棺也。從軍死者，以槥送致其喪。”

櫝者，《漢書》：“給槥櫝葬埋。”顏師古曰：“謂小棺。”

櫬者，《說文》：“櫬，棺也。”《小爾雅》云：“空棺謂之櫬，有屍謂之柩。”《玉篇》：“櫬，親身棺也。”《左氏僖六年傳》：“士輿櫬。”《襄二年傳》：“穆姜使擇美檟，以自爲櫬與頌琴。”注：“檟，梓之屬。櫬，棺也。”疏云：“以親近其身，故以櫬爲名。《檀弓》云：‘天子棺四重，水兕革棺一，杝棺一，梓棺二。’鄭注：‘杝，椵也。所謂椵棺也。梓棺二。所謂屬與大棺也。’《記》文從内向外，水兕革棺，最近尸也。次椑，以椵爲之。次屬與大棺，乃以梓爲之。《檀弓》又云：‘君即位而爲椑。’鄭注：‘椑謂杝棺，親尸者。’《喪大記》云：‘君大棺八寸，屬六寸，椑四寸。’如彼《記》文，諸侯之棺三重，親身之棺名之爲椑。椑，即櫬也。其椑用椵爲之。屬與大棺，乃用梓耳。此以梓爲櫬者，名之曰櫬，其内必無棺也。擇櫝爲櫬，其櫬必用梓也。《記》惟言即位爲椑，不言椑所用木。據此傳文，則天子椑用杝，諸侯之椑必用梓也。”

檮者，《集韻》：“檮，棺也。或作‘牗[1]’。大到切。”本此。

柩者，《説文》：“柩，棺也，籀文作‘匶[2]’。”在牀曰尸，在棺曰柩。《釋名》：“尸已在棺曰柩。柩，究也。送終隨身之制，皆究備也。”《白虎通義》云：“柩之爲言究也、久也。不復章也。”

柇者，胡戈切。《玉篇》：“柇，棺柇。”與“和”同。《吕氏春秋·開春論》云：“惠公説魏太子曰：‘昔王季歷葬於楚[3]山之尾，欒水嚙[4]其墓，見棺之前和。文王於是出而爲之更葬。’”高誘曰：“棺題曰和。”謝惠連《祭古冢文》：“中有二棺，正方，兩頭無和。”

[注] [1]静本、愛本作“牘”。[2]静本此處空白。[3]静本、愛本作“涡”。[4]静本、愛本誤作“齒”。

釋樂第七

《樂記》：“凡音之起，由人心生也。人心之動，物使之然也。感於物而動，故形於聲。聲相應，故生變。變成方，謂之音。宫、商、角、徵、羽，聲也。”《爾雅》：“宫謂之重，商謂之敏，角謂之經，徵謂之迭，羽謂之柳。”劉歆云：“宫，中也。居中央，暢四方。唱始施生，爲四聲綱也。商，章也。物成孰可章度也。角，觸也。物觸地而出，戴芒角也。徵，祉也。物盛大[1]而繁祉也。羽，宇也。物藏聚，宇覆之也。”《樂緯·動聲儀》曰：“宫爲君。君者，當寬大容衆，故聲弘以舒，其和清以柔，動脾也。商爲臣。臣者，當以發明君之號令，其聲散以明，其和温以斷，動肺也。角爲民[2]。民者，當儉約，不奢僭差，故其聲防以約，其和清以静，動肝也。徵爲事。事者，君子之功既當急就之，其事當久流亾，故其聲貶以疾，其和平以功，動心也。羽爲物。物者，不有委聚，故其聲散以虚，其和斷以散，動腎也。金、石、絲、竹、匏、土、革、木，音也。”鄭注《周禮·太師職》云：“金，鍾鎛也；石，磬也[3]；土，塤也；革，鼓鼗也；絲，琴瑟也；木，柷敔也；匏，笙簧也[4]。竹，簫管也。”《左傳隱五年》疏引《易緯》云：“坎，主冬至，樂用管；艮，主立春，樂用塤；震，主春分，樂用鼓；巽，主立夏，樂用笙；離，主夏至，樂用絃；坤，主立[5]秋，樂用磬；兑，主秋分，樂用鍾；乾，主立冬，樂用柷敔。此八方之音。”《説文》：“樂，五聲八音總名，象鼓鞞。木，虡也。”《樂記》：“樂者，樂也。君子樂得其道，小人樂得其欲。孔子曰：‘安土治民，莫善於禮。移風易俗，莫善於樂。’又云：‘禮云禮云，玉帛云乎哉？樂云樂云，鍾鼓云乎哉？’二者相與並行。周衰俱壞，樂尤微眇。漢時制氏，世在樂官，能紀其鏗鏘鼓舞，而不能言義。至武帝時，河間獻王與毛生等共采《周官》及諸子言樂事者，以作《樂記》。劉向校書，得二十三篇。《食貨志》云：‘莽詔曰:《樂語》有五均。’鄧展以爲《樂元語》，即河間獻王所傳者。”是也。

此篇所釋，先[6]之以樂名，繼之以樂器。樂以器爲主，有器而後可以通其音，以知其義。《春官·典樂》：“掌六律、六同之和，以辨天地四方陰陽之聲，以爲樂器。”是也。故於器尤詳[7]，并及其長短、尺寸、大小、廣狹焉。

[注] [1]愛本作“太”。[2]愛本誤作“氏”。[3]静本、愛本誤作

“此”。[4]静本、愛本脱“簧也”二字。[5]静本、愛本誤作“迹”。[6]静本、愛本誤作“光”。[7]静本、愛本誤作“許”。

休流、扶持、下謀、雲門、六韺莖音，顓頊樂、**五韹**英音，帝佶音、**大章**堯樂[1]、**簫韶**舜樂、**大夏**禹樂、**大頀**湯樂、**大武**武王樂、**勺**只樂，周公樂也，斟酌文武之道、**大予**漢明帝永平三年秋八月戊辰，改“大樂”为“大予樂”。

休流，未詳所出。

扶持、下謀者，《文獻通考》云：“神農樂名扶持，亦曰下謀。”注云：“見《帝系譜》及《孝經緯》。”《樂記》疏引《孝經鉤命決》云：“伏羲之樂曰立基，神農之樂曰下謀，祝融之樂曰屬續。”

雲門者，《春官·大司樂》：“舞雲門。”後鄭注：“黄帝樂曰雲門。黄帝能成名萬物，以明民共財，言其德如雲之所出，民得以有族類。”

六韺、五韹者，《漢志》以“六莖”爲顓頊樂，“五英”爲帝嚳樂。蔡邕《獨斷》同。而《樂記》疏引《樂緯》則云：“帝嚳曰六英，顓頊曰五莖。”宋均注云：“六英者，爲六合之英華。五莖者，能爲五行之道立根莖也。”“韺”、“莖”，“韹”、“英”，古字通。予謂帝王之次序，顓頊在前，帝嚳在後，疑《漢志》是而《樂緯》非也。

大章者，堯樂也。《樂緯》云：“堯時仁義大行，法度章明，故曰大章。”

簫韶者，舜樂也。簫，亦作“箾”。《左氏襄二十九年傳》：“季札觀樂，見舞韶箾者。”杜注：“舜樂。”宋均《樂緯》注云：“簫之言肅。舜時民樂，其肅敬而繼堯道，故謂之簫韶。”《説文》：“箾，虞舜樂曰箾。”“韶”、“簫”、“箾”，字異義同。

大夏者，禹樂也。《樂記》云：“夏，大也。”注云：“禹樂名。禹能大堯、舜之德。”《大司樂》疏引《春秋元命苞》云：“禹能德並三聖。”德並三聖，即是大堯舜之德。舊本無此樂。予案，三代之樂，不應獨闕“大夏”，當是傳寫者脱之，今補正。

大頀者，湯樂也。湯承衰而起，護先王之道，故曰“護”。“護”亦作“頀[2]”，同。《吕氏春秋・仲夏紀》：“殷湯即位，夏爲無道，暴虐萬民。湯於是率六州以討桀之辠。乃命伊尹作爲大濩，歌晨露，脩九招、六列，以見其善。”高誘注：“大護、晨露、九招、六[3]列，皆樂名也。”

大武者，武王樂也。《大司樂》疏引《元命苞》云：“文王時，民[4]樂其興師征伐，故曰武。”又《詩》云：“文王受命，有此武功。”據此，似“大武”是文王樂名，而云武王者，蓋文王有此武功，不卒而崩。武王卒其武功，以誅虐紂，是武王成武功，故周公作樂，以“大武”爲武王樂也。

勺者，周公樂也。《詩・序》：“酌，告成‘大武’也，言能酌先祖之道，以養天下也。”毛傳：“周公居攝六年，制禮作樂，歸政成王。乃後祭於廟而奏之，其始成，告之而已。”

大予者，漢樂也。《後漢書・明帝紀》：“永平三年八月戊辰，改大樂爲大予樂。”注云：“《尚書旋機鈐》云：‘有帝漢出，德洽作樂，名予。’”故據《旋機鈐》改之。

[注] [1]“堯樂”二字，誤入“簫韶”下。[2]静本、愛本誤作“護”。[3]静本、愛本誤作“九”。[4]静本、愛本誤作“命”。

右樂名，題上事也。《漢志》云：“王者未作樂之時，因先王之樂以教化百姓，説樂其俗。然後改作，以章功德。”《易》曰：“先王以作樂崇德，殷薦之上帝，以配祖考。”《樂記》云：“大章，章之也。咸池，備矣。韶，繼也。夏，大也。殷、周之樂盡矣。”《禮樂志》云：“昔黄帝作咸池，顓頊作六莖，帝嚳作五英，堯作大章，舜作招，禹作夏，湯作濩，武王作武，周公作勺。勺，言能勺先祖之道也。武，言以功定天下也。濩，言救民也。

夏，大承二帝也。招，繼堯也。大章，章之也。五英，英華茂也。六莖，及根莖也。咸池，備矣。”《白虎通義》：“顓頊曰六莖者，言和律曆、調陰陽。莖者，著萬物也。帝嚳曰五英者，能言調和五聲，以養萬物，調其英華也。堯曰大章，大明天、地、人之道也。舜曰簫韶者，舜能繼堯之道也。禹曰大夏者，言禹能順二聖之道而行之。湯曰大濩者，言湯承衰，能護民之急也。周公曰酌合者，言周公輔成王，能斟酌文武之道而成之也。武王曰象者，象太平而作樂，示已太平也。”

足鼓夏后氏鼓，四足也、**植鼓**見《禮·明堂記》。《詩》：“植我鞉鼓”、**縣鼓**《禮記》曰：“周縣鼓。”鄭注云：“縣於栒虡也”、**雷鼓**《周禮》：“雷鼓，鼓神祀。”鄭注曰：“雷鼓，八面”、**靈鼓**《周禮》：“靈鼓，鼓社祭。”鄭注：“靈鼓，六面也”、**路鼓**《周禮》：“路鼓，鼓鬼享。”鄭注：“路鼓，四面”、**鼖鼓**《周禮》：“鼖鼓，鼓軍事。”鄭注：“大鼓也，長八尺”、**鼛鼓**《周禮》：“鼛鼓，鼓役事。”《攷工記》：“長尋有四尺也”、**晉鼓**《周禮》：“晉鼓，鼓金奏。”鄭注：“長六尺六寸也”、**鼜鼓**《周禮》：“凡軍旅，夜鼓曰鼜。”鄭云：“夜戒守鼓。音‘造次’之‘造[1]’。”、**鼙鼓**《周禮》：“旅帥執鼙”、**鞀鼓**《周禮》：“小師之職，掌鼓鞀。”《釋名》云：“鞀，導也”、**應棘**《詩》云：“應棘縣鼓”、**搏拊**《禮記》：“搏拊琴。”鄭注：“以韋爲之，充之以糠，形如小鼓，以節樂”。

《說文》：“鼓，郭也。春分之音，萬物郭皮甲而出，故謂之鼓。”《釋名》：“鼓，郭也。張皮以冒之，其中空也。”《學記》云：“鼓無當於五聲，不得不和，是樂之所成，在於鼓也。”

足鼓者，《明堂位》云：“夏后氏之足鼓[2]，殷楹鼓，周縣鼓。”

植鼓者，殷鼓，即楹鼓也。《商頌·那》云：“置我鞉鼓。”傳：“殷人置鼓。”箋：“置讀曰植。”植鞉鼓者。爲楹貫而樹之。孔疏《金縢》：“植璧秉圭。”注：“植，古‘置’字。”故“置”讀曰“植”。此云“植我鞉鼓”，《明堂位》作“楹鼓”，故知爲楹貫而樹之。

縣鼓者，周鼓也。《釋名》：“所以懸鼓者。横曰簨。簨，峻也。在上高峻也。縱[3]曰虡[4]。虡，舉也。在旁舉簨。上之板曰業，刻爲牙，捷業如鋸齒也。”《周頌・有鼓》云：“設業設虡，崇牙樹羽。應田[5]縣鼓。”傳：“業，大板也。所以飾栒爲縣也。捷業如鋸齒。或曰畫之。植者爲虡，衡者爲栒。崇牙上飾卷然，可以縣也。樹羽，置羽也。縣鼓，周鼓也。”鄭注《明堂位》云：“縣鼓，縣於栒簴也。”

雷鼓者，《地官・鼓人》疏云：“但是天神，皆用雷鼓。”

靈鼓者，《鼓人》疏云：“但是地祇，皆用靈鼓。”

路鼓者，享宗廟之鼓也。

鼖鼓者，《說文》：“大鼓謂之鼖。鼖八尺而兩面。或作‘鞼’。”《攷工記・韗人》：“爲皋陶，鼓長八尺，鼓四尺，中圍加三之一，謂之鼖鼓。”後鄭云：“中圍加三之一者，加於面[6]之圍以三分之一也。面四尺，其圍十二尺，加以三分之一四尺，則中圍十六尺，徑五尺三寸三分寸之一也。今亦合二十版，則版穹六寸三分寸之二耳。”先鄭云：“鼓四尺，謂革所蒙者，廣四尺。”

鼛鼓者，《鼓人》注：“鼛鼓，長丈二尺。”《攷工記》：“爲皋鼓，長尋有四尺，鼓四尺，倨句磬折爲異。”案，八尺曰尋。“尋有四尺”，是一丈二尺也。

晉鼓者，《攷工記・韗人》云：“長六尺有六寸，左右端廣六寸，中尺，厚三寸，穹者三之一，上三正。”注云：“穹隆者，居鼓面三分之一，則鼓面四尺者，版穹一尺三寸三分寸之一也。倍之爲二尺六寸六分寸之二。加鼓四尺，穹徑六尺六寸六分寸之二。加此鼓二十板。板上三正者。三，讀爲參。正，直也。參直者，穹上一直，兩端又直，各居二尺二寸，不弧曲也。此鼓兩面，以六鼓差之。賈侍[7]中曰：‘晉鼓大而短，近晉鼓也。’”《說文》：“《周禮》‘六鼓’：靁鼓八面，靈鼓六面，路鼓四面，鼖鼓、皋鼓、晉鼓皆兩面。”許與鄭同。《周禮》疏云：“鄭知雷鼓八面者，雖無正文，案《韗人》有晉鼓、鼖[8]鼓、皋鼓三者，非祭祀之鼓，皆兩面，則路鼓祭宗廟，宜四面；靈鼓祭地祇，尊於宗廟，宜六面；雷鼓祭天神，又尊於地祇，宜八面。故知義然也。"

鼜鼓者，《說文》："鼜，夜戒守鼓也。《禮》：'昏鼓四通爲大鼓，夜半三通爲戒晨，旦明五通爲發明。'讀若戚。"案，許所云《禮》者，《司馬法》文也。《春官·眡瞭》注："杜子春讀'鼜'爲憂戚，擊鼓聲疾數，故曰戚。是杜讀與許同也。"《春官·鎛師》："凡軍之夜，三鼜皆鼓之，守鼜亦如之。"注云："守鼜，備守鼓也。杜子春云：'一夜三擊，備守鼜也。'《春秋傳》所謂'賓將趨者'，音聲相似。《夏官·掌固》：'夜三鼜以[9]號戒。'杜子春讀'鼜'爲'造次'之'造'，謂擊鼓行夜戒守也。《春秋》所傳謂'賓將趨者'，'趨'與'造'音相近，故曰'終夕與燎'。玄謂鼜，擊鼜，警守鼓也。三巡之間，又三擊鼜。"沈約《宋志》云："長丈二尺者，鼜鼓。凡守備及役事則鼓。"

鼙鼓者，《說文》："鼙，騎鼓也。"《釋名》："鼙，裨也。裨助鼓節也。聲在前曰朔，始也；在後曰應。應，大鼓也。"《大射》云："一建鼓在阼階西，應鼙在其東；一建鼓在西階之西，朔鼙在其北。"《大雅·緜》箋云："凡大鼓之側有小鼓，謂之應鼙、朔鼙。"

鞀鼓者，《說文》："鞀，遼也。或作'鞉'、'鼗'。籀文作'磬'。"《白虎通義》云："鞀者，震之氣也。上應卯星，以通王道，故謂之鞉也。"《釋名》："鞀，道也。所以導樂作也。"《王制》："天子賜諸侯樂，則以柷將之；賜伯、子、男樂，則以鞉將之。"鄭注："柷、鞉，皆所以節樂。"《春官·小師》注："鼗，如鼓而小，持其柄搖之，旁耳還自擊。"《論語》："播鼗武。"《釋文》："本亦作'鞉'。"

應𪔑者，《周頌·有瞽》傳："應，小鞞也。田，大鼓也。"箋："田，當做'𪔑'。𪔑，小鼓。在大鼓旁，應鞞之屬也。聲轉字誤，變而作

'田'。"《爾雅》："大鼓謂之鼖，小者謂之應。"李巡曰："小者聲音相承，故曰應，應承也。"孫炎曰："和應大鼓也。"《春官·小師》："擊應鼓。"後鄭云："應，鞞也。"《大射禮》："應鞞在建鼓東，則爲應和。建鼓、應鞞共文，是應爲小鞞矣。"《說文》："輮，擊小鼓、引樂聲也。"《春官·太師職》："下管，播樂器，令奏鼓輮。"先鄭云："輮，小鼓也。先擊小鼓，乃擊大鼓。小鼓爲大鼓先引，故曰輮。輮，讀爲'導引'之'引'。"後鄭謂："鼓輮，猶言擊輮。"《詩》云："應輮縣鼓。"

搏拊者，《釋名》："搏，拊[10]也。以韋盛糠，形如鼓，以手拊拍之也。"《春官·小師》："令奏擊拊。"後鄭云："拊，形如鼓，以韋爲之，著之以糠。"《明堂位》謂之拊搏，又謂之相。《樂記》云："治亂以相。"鄭注："相即拊也，亦以節[11]樂。拊者，以韋爲表，裝之以糠。糠，一名相，因以名焉。"

[注] [1]《博雅音》作"次"。[2]静本、愛本脱"鼓"字。[3]静本、愛本作"從"。[4]愛本作"虛"。[5]静本、愛本"田"誤作"曰"。[6]愛本誤作"而"。[7]愛本誤作"賣待"。[8]愛本誤作"鼛"。[9]愛本誤作"四"。[10]静本、愛本誤作"附"。[11]愛本誤作"即"。

右鼓名，題上事也。《九家易》云："震爲鼓。"《白虎通義》："鼓，震音煩氣也。萬物憤懣，震動而出。"《攷工記》："凡冒鼓，必以啟蟄之日。"又云："鼓大而短，則其聲疾而短聞；鼓小而長，則其聲舒而遠聞。"八音之中，鼓聲與鍾相埒，言樂者每以鍾、鼓並稱，故《荀子·樂論》云："鼓，其樂之君邪！"

神農氏琴長三尺六寸六分，上有五弦，曰宫、商、角、徵、羽。文王增二弦，曰少宫、少[1]商。鳴廉、脩營、藍脅、號鍾、宫中、自鳴、燋尾。伏羲氏琴長七尺二寸，上有五[2]弦見《世本》。

《白虎通義》："琴者，禁也。所以禁止淫邪、正人心也。"

神農至**少宫、少商**，《禮記》疏引《世本》云："神農作琴。"《説文》："琴，禁也。神農所作。洞越練朱，五絃。"《文選》注引桓譚《新論》云："神農始斲桐爲琴，練絲爲弦。"《琴操》云："琴，長三尺六寸六分，廣六寸。文上曰池，下曰濱。前廣後狹，象尊卑也；上圓下加，法天地也。五弦象五行，大弦爲君，小弦爲臣。"《三禮圖》云："《舊圖》：'周文王又加二弦，曰少宫、少商。'"《禮》又云："琴，第一弦爲宫[3]，次爲商，次爲角，次爲徵，次爲羽，次爲少宫，次爲少商。"《玉篇》引《風俗通》云："琴七弦，法七星也。"又引《琴操》云："長三尺六寸六分，法象三百六十六日。廣六寸，象六合也。"皆與《廣雅》合者也。《樂記》："舜作五弦之琴，以歌《南風》。"《通典》引揚雄《清英》云："舜彈五弦之琴而天下化，堯加二弦，以合君臣之恩。"郭注《爾雅》謂："大琴二十七弦。"桓譚《新論》："五弦，第一弦爲宫，其次角、商、徵、羽。文王、武王各加一弦，以爲[4]少宫、少商。"《琴操》亦云："文王、武王各加一弦，以合君臣之恩。"《三禮舊圖》又云："蔡伯喈復增二弦，故有九弦者。二弦大，次三弦小，次四弦尤小。"皆異説也。古制範器之長短、加弦之出於誰氏，皆不可知。張博士去古未遠，其所言，爲可信也。

鳴廉至**燋尾**，《初學記》引梁元帝《纂要》云："古琴名，有清角、鳴廉、脩況、藍脅、號鍾、自鳴、空中、繞梁、緑綺、焦尾、鳳皇。"《文選》注引傅休奕《琴賦·序》："齊桓公有鳴琴曰號鍾，楚莊有鳴琴曰繞梁，中世司馬相如有緑綺，蔡邕有燋尾，皆名器也。"劉向《九歎》云："破伯牙之號鍾。"王[5]逸注："琴名。"《淮南·修務訓》："乘馬者期於千里而不期於騂騮、緑耳，鼓琴者期於鳴廉、脩營而不期於濫脅、號鍾。”《後漢書·蔡邕傳》：“吴人有燒桐以爨者，邕聞火烈之聲，知其良木，因請而裁爲琴，果有美音，而其尾猶焦，故時人名曰‘焦尾琴’焉。”

伏羲至**五弦**，《文選·長笛賦》注引《琴操》云：“昔伏羲氏之作琴，所以脩身理性，反天真也。”

[注] [1]静本、愛本脱“少”字，據《廣雅疏證》補。[2]《博雅音》“五”作“二十七”。[3]静本、愛本衍“次為宫”三字，已删。“弦”作“位”。[4]静本、愛本脱“爲”字。[5]静本、愛本誤作“上”。

右琴名，題上事也。《文選·琴賦》注引《尸子》曰：“舜作五弦之琴，以歌‘南風之薰兮，可以解吾民之愠[1]’。是舜歌也。”《風俗通義》：“琴者，禁也。禁止於邪，以正人心也。《詩》云：‘我有嘉賓，鼓瑟鼓琴。’雅琴者，樂之統也。與八音並行。然君之所常御者，琴最親密，不離於身，非必陳設於宗廟鄉黨，非若鍾鼓羅列於虡懸也。雖在窮閻陋巷、深山幽谷，猶不失琴。以爲琴之大小得中，而聲音和。大聲不譁人而流漫，小聲不湮滅而不聞。適足以和人意氣、感人善心，故琴之言禁，雅之言正，言君子守正以自禁也。”

故此篇紀制造之長短、及器數之異名，爲加詳[2]焉。

[注] [1]静本誤作“温”。[2]静本、愛本作“祥”。

柷，象桶動音**，方三尺五寸，深尺八寸，四角有陞**升音**鼠。敔**魚[1]**吕反，象伏虎，背上有二十七刻。**

柷、敔者，《白虎通義》：“柷、敔者，終始之聲。萬物之所生也。陰陽順而復，承順天地，序迎萬物，天下樂之，故樂用柷。柷，始也；敔，終也。”《爾雅》云：“所以鼓柷謂之止，所以鼓敔謂之籈。”李巡曰：“擊柷之椎名爲止，戛敔之木名爲籈。樂之初，擊柷以作之；樂之將末，戛敔以止之。”郭璞曰：“柷，如漆桶。方二尺四寸，深一尺八寸。中有椎，柄連底挏之，令左右擊。止者，其椎名。敔，如伏虎，背上有二十七鉏鋙。刻以木，長一尺，櫟之。籈者其名。”鄭司農注《小師》云：“柷如漆筩，中有椎。敔，木虎也。”《詩》疏引鄭康成《尚書》注：“合樂用柷。柷，狀如漆筩，中有椎。合之者，投椎於其中而撞之。敔，狀如伏虎，背上刻之。所以鼓之以止樂。”《風俗通》引《禮樂記》云：“柷，漆桶。方畫木。方三尺五寸，高尺五寸，中有椎。上用柷，止音爲節。”顔師古注《漢書》云：“柷，與‘俶’同。俶，始也。樂將作，先鼓之，故謂之柷。樂，木空也。敔，禁也。一曰樂器，椌楬也。形如木虎。”《三禮圖》云：“今唐禮用竹，長二尺四寸。破爲十莖，於敔背横櫟之。”《釋名》：“敔，衙也。衙，止也。所以止[2]樂也。”先儒言“柷敔”者，皆同。唯《釋名》：“柷，狀如伏虎。如物始[3]見柷柷然也。”其形象與“敔”互易，爲異說耳。

[注] [1]静本、愛本作“漁”，據《博雅音》改。[2]静本、愛本誤作“正”。[3]静本、愛本誤作“佑”。

倕氏鍾十六枚《世本》：“倕造鍾。”倕，舜臣。**毋句氏磬十六枚**《世本》：“毋句作磬。”毋句，堯臣也。

鍾、磬者，特縣之鍾、磬各一簴。若編鐘，則十六枚；編磬，亦十六枚。《小胥職》云：“凡縣鐘、磬，半爲堵，全爲肆。”注云：“鐘、磬，編懸之，二八十六枚而在一簨簴，謂之堵。鐘一堵、磬一堵謂之肆[1]。十六枚之數，起於八音。倍而設之，故十六也。”《說文》：“鐘，樂鐘也。古者垂作鐘。”《明堂位》：“垂之和鐘。”鄭注：“垂，堯之工也。”孔疏：“垂所調和之鐘。”《攷工記·鳧氏》：“爲鐘，大鐘十分其鼓間，以其一爲之厚；小鐘十分其鉦間，以其一爲之厚。鐘大而短，則其聲疾而短聞；小而長，則其聲舒而遠聞。”《白虎通義》：“鍾之爲言動也。陰氣用事，萬物動成，鍾爲氣，用金爲聲也。”《唐會要》云：“古制雅樂，宮縣之編鐘四架十六口。近代用二十四。正聲十二，倍聲十二，各有律吕，凡二十四。登歌一架，亦二十四鍾。”《三禮圖》：“凡鐘十六枚，同爲一簨簴爲編鐘。”《文獻通考》：“漢成帝時，犍爲郡於水濱得古鐘十六枚。帝因是陳禮樂、《雅》、《頌》之音，以風化天下。”《説文》：“磬，樂石也。從石、殸，象縣虡之形。殳，擊之也。古者毋句氏作磬。籀文作‘殸’，古文作‘硜’。”《釋名》：“磬，罄也。其聲罄罄然堅緻也。”《白虎通義》：“磬者，夷則之氣也。象萬物之成也。其氣磬，故曰磬。”《攷工記》：“磬氏爲磬，倨句一矩有半，其博爲一，股爲二，鼓[2]爲三。參分其股博，去一以爲鼓博，參分其股博，以其一爲之厚。已上則摩其旁[3]，已下則摩其耑。”《明堂位》：“叔之離磬。”鄭注引《世本》“無句作磬”，皇侃以爲叔之别名也。《商頌·那》云：“依我磬聲。”傳：“磬，聲之清者，以象萬物之成。”《三禮圖》：“股廣三寸、長尺三寸半，十六枚同一筍簴，謂之編磬。”《漢書·禮樂志》：“成帝時，犍爲郡於水濵得古磬十六枚，議者以爲善祥。”

[注] [1]愛本誤作“四”。[2]愛本誤作“股”。[3]静本、愛本作“勢”。

塤許圓反，**象稱錘[1]，以土爲之，有六孔**《古史考》曰：“有塤尚。”周幽王時，暴[2]辛公善塤。

塤者，《説文》：“壎，樂器也。以土爲之，六孔。”《釋名》：“塤，喧也。聲濁喧喧然也。”《白虎通義》：“壎在十一月，陽氣於黄泉之下，熏烝而明。”《爾雅》：“大塤謂之嚚。”郭注：“塤，燒土爲之。大如鵝子，鋭上平底，形如稱錘。六孔，小者如雞子。”後鄭《小師》注云：“塤，燒土爲之。大如鴈卵。”鄭司農云：“六孔。”《漢書·律曆志》：“土曰塤。”

應劭曰："《世本》：'暴辛公作塤。'"《通典》引宋均云："爲塤久矣，此掌其官也。"《風俗通義》云："《詩》云：'天之誘民，如塤如篪。'塤，燒土也。圍五寸半，長三寸半，有四孔，其二通，凡爲六孔。"《周禮·小師》作"塤"，《詩·何人斯》作"壎"，古今字異。

[注] [1]愛本誤作"鐘"。[2]静本、愛本脱"暴"字。

䶵池音，以竹爲之，長尺四寸。有八孔，前有一孔，上有三孔，後有四孔，頭有一孔。

䶵者，《説文》："䶵，管樂也。或作'篪'。"《釋名》："篪，啼也。聲從孔出，如嬰兒啼聲也。"《爾雅》："大篪謂之沂。"郭注："篪，以竹[1]爲之，長尺四寸，圍三寸，一孔上出寸三分，一名翹，横吹之。小者尺二寸。《廣雅》云：'八孔。'"《史記索隱》云："七孔。一孔上出。今一孔上出寸三分。"《周禮·笙師》疏與《史記索隱》同依《小司馬》所引，則今本《廣雅》有譌字矣，惜不得善本正之。《三禮圖》引《舊圖》云："雅篪也。"聶崇義疏曰："先鄭云'七孔'，賈云'九孔'，皆誤。當八孔。"

[注] [1]静本、愛本誤作"作"。

籟賴音謂之簫，大者二十四管，小者十六管，有底。

籟、簫者，《説文》："簫，參差管樂。象鳳之翼。"《釋名》："簫，肅[1]也。其聲肅肅而清也。"《白虎通義》："簫者，中吕之氣也。萬物生於無聲，見於無形。㓗也，肅也，故謂之簫。"《風俗通義》云："《尚書》：'舜作簫韶九成。'其形參差，象鳳之翼。"案，《荀子》云："鳳皇于飛，其音若簫。"是不特形似，其聲亦相似也。《爾雅[2]》："大簫謂之言，小者謂之筊。"郭注："編，二十三管，長尺四寸；十六管，長尺二寸。簫，一名籟。”《莊子·齊物論》：“南郭子綦謂顔成子游曰：‘女聞人籟而未聞地籟，女聞地籟而未聞天籟。’”郭象注：“籟，簫也。”《淮南·齊俗訓》：“若風之過簫。”高誘注：“簫，籟也。”鄭注《周禮》云：“簫，編小竹管。如今賣飴餳所吹者。”賈疏引《易通卦驗》云：“簫長尺四寸。”注云：“簫，管形，象鳥翼。鳥爲火，火成數七，生數二，二七一十四，簫之長由此。”《三禮圖》云：“雅簫，長尺四寸，二十四彄。頌簫，長尺二寸，十六彄。無底者謂之洞簫。”是大者即言雅簫也。小者即筊，頌簫也。唯郭以大者爲二十三管，與此不同。

[注] [1]静本、愛本誤作“簫”。[2]静本、愛本脱“雅”字。

笙，以瓠爲之，十三管，宫管在左方。竽，象笙，三十六管，宫管在中央。

笙、竽者，《説文》：“笙，十三簧。象鳳之身也。笙，正月之音。物生，故謂之笙。古者隨作笙。”“竽，管三十六簧也。”“簧，笙中簧也。古者女媧作簧。”《釋名》：“笙，生也。象物貫地而生也。竹之貫匏，以匏爲之，故曰匏也。竽亦是也。其中汙空，以受簧也。簧，横也。於管頭横施於中也。以竹鐵作，於口横鼓之，亦是也。”《白虎通義》：“笙者，太簇之氣，象萬物之生，故曰笙。有七正之節焉，有六合之和焉。天下樂之，故謂之笙。”《爾雅[1]》：“大笙謂之巢。”郭注：“列管瓠中，施簧管端，大者十九簧。”又云：“小者謂之和。”郭注：“十三簧者。”《鄉射記》曰：“三笙一和而成聲。”《小雅·鹿鳴》：“吹笙鼓簧。”孔疏：“瓠，匏也。以匏爲底，故八音謂笙爲匏。簧者，笙管之中，金薄鍱也。笙管必有簧，故或謂笙爲簧。”《王風·君子陽陽》云：“左執簧。”是也。《三禮圖》云：“《舊圖》：‘笙長四尺，諸管參差，亦如鳥翼。’”此云十三管，即《爾雅》之“和，小笙”也。《周禮·笙師》：“掌教龡竽、笙。”先鄭云：“竽，三十六簧。”賈疏引《通卦驗》云：“竽長四尺二寸。”注云：“竽，管類。用竹爲之，形參差，象鳥翼。鳥，火禽。火數七。冬至之時吹之，冬，水用事。水數六，六七四十二。竽之長，取數於此也。”《唐書·樂志》云：“大者曰竽，小者曰和。竽，緩也。立春之氣緩，生萬物也。竽，管三十六，宫在左。和，十三管，宫居中。”案，《唐志》言“笙竽宫管”所在，與此互易，未知其審。

[注] [1]静本、愛本脱“雅”字。

龠謂之笛，有七孔。

龠、笛者，《説文》：“龠，樂之竹管，三孔，以和衆聲也。從品、侖。侖，理也。”“笛，七孔筩也。”《釋名》：“籥，躍出也。”“篴，滌也。其聲滌滌然也。”《爾雅》：“大籥謂之産。”郭注：“籥如笛。三孔而短小。”《明堂位》：“葦籥，伊耆氏之樂也。”孔疏：“葦籥，截葦爲籥。”蓋“籥三孔，主中聲，而上下之律吕於是乎生”[1]，命之曰籥，以黍籥之法在是也。《風俗通義》：“《周禮·籥師》：‘掌教國子歈籥。’《詩》曰：‘以籥不僭。’籥樂之器，竹管，三孔，所以和衆聲也。”“笛，滌也。所以滌邪穢，納之雅正也。長尺四寸，七孔。”鄭注《周禮·笙師》及《禮記·少儀》、《明堂位》、郭[2]注《爾雅》俱云：“龠如笛，三孔。”許叔重、應仲遠亦俱以龠爲三孔、笛爲七孔。《廣雅》合龠、笛爲一，故不同也。《邶風·簡兮》傳：“籥六孔。”《春官·笙師》注：“杜子春讀‘篴’爲‘蕩滌’之‘滌’。今時[3]所吹五空竹篴。”則又與諸家殊矣。

[注] [1]該句暗引朱載堉《律吕精義》。[2]静本、愛本誤作“國”。[3]静本、愛本誤作“師”。

管，象鷈池音，長尺，圍寸，六孔，無底。

管者，《説文》："管，如篪，六孔。十二月之音。物開地牙，故謂之管。或作'琯'。""古者琯以玉。舜之時，西王母來獻其白琯。前零陵文學姓奚，於伶道舜祠下得笙玉琯。夫以玉作音，故神人以和，鳳皇來儀也。"《晉書·律曆志》："武帝太康元年，汲郡盜發六國時魏襄王冢，亦得玉律。"則古本以玉爲管，取其體含廉潤也。後乃易之以竹。《風俗通》："管，漆竹。長一尺，六孔。十二月之音，象物管地而牙，故謂之管。"又引《禮樂記》云："管，漆竹。長一尺，六孔。"《爾雅》："大管謂簥。"郭注："管，長尺，圍寸。併漆之，有底。賈氏以爲如篪，六孔[1]。"《通典》引《月令章句》亦云："有孔，無底。"皆與此同。唯郭璞以爲"有底"則異説也。後鄭注《小師》謂："管如篴而小，併兩而吹之。今大予樂官有焉。"此蓋東漢制度，故與古有殊也。

[注] [1]静本、愛本作"空"。

天子樂八佾，諸公六佾，諸矦四佾。

佾者，《公羊》、《穀梁》傳竝云："天子八佾，諸公六佾，諸矦四佾。"何休曰："佾者，列也。八八六十四人，法八風；六六三十六人，法六律；四四十六人，法四時。"《白虎通義》："天子八佾，諸公六佾，諸矦四佾。所以別尊卑。樂者，陽也，故以陰數。法八風、六律、四時也。八風、六律、四時者，天氣也。助天地成萬物者也，亦猶樂，所以順氣、變化萬民、成其性命也。佾者，列也。以八人爲行列，八八六十四人也。諸公謂三公、二王后[1]。"張衡《東京賦》："冠華秉翟，列舞八佾。"薛綜曰："冠華，以鐵作之，上濶下狹，以翟雉尾餙之，舞人頭戴。一行羅列八人，八八六十四人，謂今麥策花也。"

[注] [1]静本、愛本誤作“後”。

嗵洞音、**歈**頭音、**謳**、**詠**、**吟**，**歌也**。

此釋歌之名也。《虞書》：“帝庸作歌。”《夏書》有“五子之歌”，以前不見歌文。《說文》：“歌，詠也。或作‘謌’。”又云：“哥，古文以爲‘謌’字。”《釋名》：“人聲曰歌。歌，柯也。歌之言是其質也。以聲吟詠有上下，如艸木之有柯葉也，故兖、冀言歌聲如柯也。”《舜典》：“歌詠言。”《詩》疏引鄭注：“歌，所以長言詩之意。”《魏風·園有桃》云：“我歌且謡。”毛傳：“曲合樂曰歌，徒歌曰謡。”《釋文》引《韓詩薛君章句》云：“有章句曰歌，無章句曰謡。”

嗵者，《廣韻》：“嗵，徒弄切。大歌聲出。《埤蒼》：‘又户冬、户宋二切。’”

歈者，宋玉《招魂》：“吴歈蔡謳，奏大吕些。”王逸注：“吴、蔡，國名也。歈、謳，皆歌也。”案，歈，古作“喻”。《說文》：“嗙，謌聲。嗙喻也。司馬相如說：‘淮南、宋、蔡謌舞嗙喻也。’”許所云“相如說”即《上[1]林賦》“巴、俞、宋[2]、蔡”是矣。

謳者，《荀子·議兵篇》：“近者謌謳而樂之。”《楚辭·大招》云：“謳和揚阿。”王注：“徒歌曰謳。”《說文》：“謳，齊歌也。”

詠者，《說文》：“詠，歌也。或作‘咏’。”

吟者，《釋名》：“吟，嚴也。其聲出於憂愁，故其聲嚴肅，使人聽之悽歎也。”《楚辭》云：“行吟澤畔。”

[注] [1]静本、愛本誤作“之”。[2]静本、愛本誤作“宏”。

《廣雅疏義》卷第十七

嘉定錢大昭晦之甫撰

《廣雅》卷九

釋天第八

《説文》：“天，顛也。至高無上。”《春秋説題辭》云：“天之爲言鎮也。居高理下，爲人經緯，故其字從一、大，以鎮之也。”《詩》疏引《春秋元命苞》云：“天之言瑱。”《釋名》：“天，豫、司、兖、冀，以舌腹言之。天，顯也。在上高顯也。青、徐以舌頭言之。天，坦也。坦然高而遠也。”《後漢書》注引《漢名臣奏》云：“蔡邕曰：‘言天體者有三家：一曰周髀，二曰宣夜，三曰渾天。宣夜之學絶，無師法。周髀術、數具在。考驗天狀，多所違失，故史官不用。唯渾天者，近得其情，今史官所用候臺銅儀，則其法也。’”《乾鑿度》云：“太初者，氣之始也。”其初尚清濁未分，自天地開闢以來，積有年歲。雖遼遠難稽，其見於載籍者可考而知，故以年紀先之。《楚辭・天問》云：“九天之際，安放安屬？”是天有九名也，故九天次之。天本無度，因日所躔以起度。日循黄道，一晝夜所過謂之一周天，三百六十五度四分度之一。有度則有道里可稽矣，故天度次之。有天度，則凡列宿之度、七曜所行之道亦及焉。有天度，則凡分野之遠近、星辰之名號亦及焉。感時物之變而致其孝敬，則祭祀爲先，因祭祀之重而餙以儀文，則旌旗爲大，故亦竝舉之。

太初，氣之始也。生於酉仲，清濁未分也。太始，形之始也。生於戌仲八月酉仲爲太初，屬雄；九月戌仲爲太始，屬雌，**清者爲精，濁者爲形也。太素，質之始也。生於亥仲，已有素朴，而未散也。三氣相接，至於仲。剖判分離，輕清者上爲天，重濁者下爲地，中和爲萬物**《詩緯》曰："陽本爲雄，陰本爲雌。物本爲魂，雄雌俱[1]行三節，而雄合爲魂，號曰太素也。三未分別，號曰渾淪"。

太初、太始、太素者，《白虎通義》云："天始起，先有太初，後有太始，形兆既成，名曰太素。混沌相連，視之不見，聽之不聞。然後剖判，清濁既分。精出曜布，度物施生。精者爲三光，號者爲五行。五行生情性，情性生汁中，汁中生神明，神明生道德，道德生文章。"《乾鑿度》云："故曰有太易、有太初、有太始、有太素。太易者，未見氣也。"鄭注云："以其寂然无物，故名之爲太易。"又云："初者，氣之始也。"注云："元氣之所本始，太易既自寂然無物矣，焉能生此太初哉。"則太初者，亦忽然而自生。太始者，形之始也。注云："形也。天象形見之所本始也。"又云："太素者，質之始也。地質之所本始也。"予攷《詩推度災》及《易乾鑿度》云："雄生酉仲，號曰太初。雌生戌仲，號曰太始。雄生物魂，號曰太素。俱行三節。"宋均注云："節猶氣也。自酉、戌行至亥，雌雄俱行，故能含物魂而生物。"《推度災》云："陽本爲雄，陰生爲雌，物本爲魂。"宋均注云："本即原也。變陰陽物爲雄雌魂也。"案，雌雄謂幽明也。《三朝記》云："虞史伯夷曰：'明，孟也。幽，幼也。明幽雌雄也。'"惠氏棟曰："太極元氣，函三爲一。三謂酉、戌、亥，故云三氣相承合於一元，謂太初、太始、太素也。"

盧學士文弨云："《列子·天瑞篇》其文正同，而此獨无太易。太易者，視之不見，聽之不聞，循之不得。此猶太極之本於無極也。輕清云云者，《繫辭傳》：‘天尊地卑，乾坤定矣。天地既分之後，輕清爲天，故乾升也。重濁爲地，故坤降也。’《乾鑿度》云：‘乾坤相並俱生，天地既分，乾升坤降，故乾坤定矣。’《列子·天瑞篇》：‘輕清者上爲天，濁重者下爲地，沖和氣者爲人，故天地含精，萬物化生。’《淮南·天文訓》：‘道生於虛霩，虛霩生宇宙，宇宙生氣，氣有涯垠。清陽者薄靡而爲天，重濁者凝滯而爲地。’”

[注] [1]静本、愛本作“但”，據《博雅音》改。

天地辟、設人皇以來，至魯哀公十有四年，積二百七十六萬歲，分爲十紀，曰九頭、五龍、挺提、合雄、建通、序命、脩蜚、因提、禪通、流記 **《帝王世紀》：“自天地闢、設人皇以來，迄魏咸熙二年，凡二百七十二代，積二百七十六萬七百四十五年。分爲十紀，一曰九頭，至十流記。**

挺，當作“攝”。雄，當作“雒”。建，當作“連”。脩，或爲“循”。蜚，當作“蜚”，本或作“飛”，同。因，或作“回”。流記，或作“疏仡”，或作“流訖”。

案，九頭者。漢《孔廟碑》：“前開九頭，以什言教。”是也。司馬貞補《三皇本紀》云：“一說，三皇謂天皇、地皇、人皇。天地初立，有天皇氏，十二頭。木德王，歲起攝提。兄弟十二人立，各一萬八千歲。”自注云：“非謂一人之身有十二頭。蓋古質，比之鳥獸頭數故也。”又云：“地皇十一頭。火德王。姓十一人，亦各萬八千歲。人皇九頭，兄弟九人，分長九州。凡一百五十世，合四萬五千六百年。”自注云：“天皇已下，皆出《河圖》及《三五曆》也。”又云：“自人皇已後，有五龍氏、大庭氏、柏皇氏、中央氏、卷須氏、栗陸氏、驪連氏、赫胥氏、尊盧氏、渾沌氏、昊英氏、有巢氏、朱襄氏、葛天氏、陰康氏、無懷氏，斯蓋三皇已來，有天下者之號，但載籍不紀，莫知姓王年代、所都之處。《春秋緯》稱自開闢至於獲麟，凡三百二十七萬六千歲，分爲十紀。凡三十紀，凡三十七萬六百年。一曰九頭紀，二曰五龍紀，三曰攝提紀，四曰合雒紀，五曰連通紀，六曰序命紀，七曰脩飛紀，八曰回提紀，九曰禪通紀，十曰流訖紀。蓋流訖當黄帝時，制九紀之閒。是以補紀之也。”羅泌《路史》云：“《三皇經》：‘天皇、地皇、人皇。開治國，二萬八千歲。’而《河圖》、《帝系譜》等‘天、地二皇俱萬八千歲’。《始學篇》則云‘八千歲’。按，《真源》云：‘盤古氏後有天皇君一十三人，時遭刼火。乃有地皇君一十一人，各萬八千餘年。乃有人皇君兄弟九人，結繩刻木，四萬五千六百年。’

九頭一，是爲一姓紀，則泰皇氏紀也。

五龍二，是爲五姓紀。治在五方，司五類，布三岳。方是時也，世亟巢穴，日月貞明。蓋龍德而正中者也。

攝提三，是謂五十九姓紀。太史公言‘九皇氏没，六十四氏興，六十四氏没，而三皇興’是也，謂六十四氏，蓋併五姓而言，而所謂三皇者。乃合雒之三姓也。

合雒四，是謂三姓紀。教人穴居。乘蜚鹿以理。

連通五，是謂六姓紀。乘蜚麟以理。

敍命六，是謂四姓紀。駕六龍而治。

循蜚七，是謂二十一姓紀。自鉅靈而下紀也。

因提八，如辰放氏之衣皮，有巢氏之編堇，遂人氏之出穴，皆因其變而舉之也。

禪通九，是謂十有八姓紀。史皇氏之通封禪者。十有八姓也。

疏仡十，自黄帝而紀。”

盧學士云："案，《續漢曆志》載蔡邕議引《春秋元命苞》、《乾鑿度》皆以爲開闢至獲麟，二百七十六萬歲。此書之所據也。"

年紀，題上事也。《爾雅》："夏曰歲，殷[1]曰祀，周曰年。唐虞曰載。"此敘上古之事，未知古人所名，但就今所用之年以稱之。方叔機注《六藝論》云："九頭至序命，謂之六紀。"《禮記·禮運》疏引《廣雅》云："一紀，二十七萬六千年。"今本無文，太古荒遠，茫昧難知。此書所言《春秋》獲麟之歲，與《春秋緯》相距之數，已不相符。皇甫謐所言，更不足論。予族子教授塘云："《春秋緯》當用四分上元二百七十六萬歲，爲開闢積年。《續漢書》可考。《小司馬》所引，疑是後人傳寫之誤。與'章蔀紀元'之數俱違矣。"

[注] [1]静本、愛本作"殷"。

東方昦天，東南陽天，南方赤天，西南朱天，西方顥天，西北幽天，北方玄天，東北變天，中央鈞天。

舊本"顥"譌"成"，"變"譌"鑾"。今據《淮南子》、《吕氏春秋》、王逸《楚辭》注及《續博物志》引《廣雅》訂正。《初學記》引此文"西南"、"西北"、"東北"下皆有"方"字，"九方"下皆有"曰"字。

昦天、陽天、赤天、朱天、顥天、幽天、玄天、變天、鈞天者，案，《淮南·天文訓》云："何謂九野？中央曰鈞天，其星角、亢、氐。東方曰蒼天，其星房、心、尾。東北曰變天，其星箕、斗、牽牛。北方曰玄天，其星婺女、虚、危、營室。西北曰幽天，其星東壁、奎、婁。西方曰昊天，其星胃、昴、畢。西南方曰朱天，其星觜觽、參、東井。南方曰炎天，其星輿鬼、柳、七星。東南方曰陽天，其星張、翼、軫。"高誘注："陽氣始作，萬物萌芽，故曰變天。幽，陰也。西北方季秋，將即於陰，故曰幽天。西方金色白，故曰昊天。朱，陽也。西南，火之季也，爲少陽，故曰朱天。東南，木之季也，將即太陽，純乾用事，故曰陽天。”又，高誘注《吕氏春秋・有始覽》云：“木色青，故曰蒼天。將即太陽，純乾用事，故曰陽天。火曰炎上，故曰炎天。九爲少陽，故曰朱天。金色白，故曰顥天。西北，金之季也，將即太陰，故曰幽天。北方，水之中也，水色黑，故曰玄天。東北，水之季也，陰氣所盡，陽氣所始，萬物向生，故曰變天。鈞，平也。中央爲四方主，故曰鈞天。”

盧學士云：“亦見《吕覽》、《淮南》，皆始於中央，而東、而東北右行，以至東南。此則左旋也。昦，隸作‘昊’。《說文》：‘春爲昦天，元氣昦昦。從日、夰。夰亦聲。’《詩・黍離》疏引《異義・天號》：‘《今尚書》歐陽說：春曰昊天，夏曰蒼天，秋曰旻天，冬曰上天。’《爾雅》亦云。謹案，《尚書・堯典》：‘羲和以昊天總勑以四時。’故知昊天不獨春也。以上許慎說。玄[1]之聞也。‘《爾雅》者，孔子門人所作，以釋六藝之言，蓋不誤也。春氣博施，故以廣大言之。此釋昊。夏氣高明，故以遠大言之。此釋蒼。’以上鄭駁。案，今《爾雅》作‘春爲蒼天，夏爲昊天’。李巡、孫炎、郭璞本皆同。《吕覽》、《淮南》亦皆以昊爲蒼。《尚書》歐陽說及許、鄭所見《爾雅》，俱不與今本同。此《廣雅》之文，亦正與之符會。又《尚書考靈曜》亦云：‘東方，皞天也。’赤天，《吕覽》、《淮南》皆作‘炎天’。《初學記》引此，亦作‘炎天’。今不據改者，以赤與朱雖相似，而有深淺之不同。《易乾鑿度》云：‘《易》：天子、三公、諸侯，紱服皆同色。《困》九二：朱紱方來。九五：困於赤紱。天子、三公、九卿皆朱紱，諸侯赤紱。康成注云：謂朱、赤爲同色者。其染法同，以深淺爲差也。’如鄭言，則赤深而朱淺。南方盛陽，故言赤；西南少偏，赤與白交而成朱，非赤比矣。赤與炎，形甚相近，今故不以彼文易此文。且南方赤天，固本之《考靈曜》也。”

[注] [1]愛本誤作“元”。

九天，題上事也。蒼蒼者天，總名也。東、西、南、北、中央，各有主名，此釋之也。《離騷》云：“指九天以爲正兮[1]。”王逸注：“九天謂中央八方也。”《漢書·郊祀志》：“九天巫祀九天。”《淮南》又將列宿繫於五方者。《春官·馮相氏》：“掌二十八星之位。”《秋官·硩蔟氏》：“以方書二十八星之號。”鄭注：“星謂角至軫也。”

[注] [1]静本、愛本誤作“分”。

天圜闊南北二億三萬三千五百里七十五步，東西短減四步。周六億十萬七百里二十五步。從地至天，一億一萬六千七百八十七里。下度地之厚，與天高等。

天圜、天周者，《淮南·地形訓》云：“禹乃使大章步自東極、至於西極，二億三萬三千五百里七十五步。使豎亥步自北極、至於南極，二億三萬[1]三千五百里七十五步。”案，天之四極，當與地等。此書所釋，東西短減四步，本之《地形[2]訓》也。劉昭注《續漢書》引《淮南》前“七十五步”，作“七十一步”，則與“東西短減四步”之說合矣。以密率計之，天圜闊二億三萬三千五百里七十五步，應天周六億三十八萬八千六百六十四步八二三又一百一十三分之一。東西短減四步，得天周數六億三十八萬八千六百五十二步二五六又一百一十三分之七二。孫侍御云：“《困學紀聞》引作‘天圜’，無‘闊’字。案，‘闊’字疑衍。《周禮·大司徒》疏引無‘闊’字。”

[注] [1]静本脱“三萬”二字。[2]愛本誤作“刑”。

天度，題上事也。《禮·月令》疏云：“天如彈丸，圍圜三百六十五度四分度之一。”引《尚書考靈曜》云：“一度二千九百三十二里千四百六十一分里之三百四十八。”天之道里相距，其說不一。《海外東經》云：“帝命豎亥步，自東極、至於西極，五億十選九千八百步。豎亥右手把算，左手指青邱北。”郭璞注：“選，萬也。”《詩含神霧[1]》云：“天地東西二億三萬三千里，南北二億一千五百里。天地相去，一億五萬里。”張衡《靈憲》云：“八極之維，徑二億三萬二千三百里。南北則短減千里，東西則廣增千里。自地至天，半於八極。則地之深亦如之。”王應麟曰：“《靈憲》所言八極之廣，於歷算若有據依，然非專言地之廣狹也。”

[注] [1]愛本作“露”。

東方七宿，七十五度；南方七宿，百一十二度；西方七宿，八十度；北方七宿，九十八度四分度之一。四方凡三百六十五度四分度之一。一度二千九百三十二里。二十八宿間相距積一百七萬九百一十三里，徑三十[1]五萬六千九百七十一里。

七宿者，《漢書·律曆志》：“東七十五度，角十二，亢九，氐十五，房五，心五，尾十八，箕十一。南百一十二度，井三十三，鬼四，柳十五，星七，張十八，翼十八，軫十七。西八十度，奎十六，婁十二，胃十四，昴十一，畢十六，觜二，參九。北九十八度，斗二十六，牛八，女十二，虛十，危十七，營室十六，壁九。”《淮南子》星度大略與《漢書》同，唯箕宿作十一四分一。詹事兄《三統曆術》云：“賈逵曰：‘《太初曆》斗二十六度三百八十五分。’分志於斗二十六度之下，未[2]云餘分若干。孟堅偶脫之，何以明其然也？《志》云：‘周天五十六萬二千一百二十，以章月法乘月法，得周天。’以統法除之，得三百六十五又千五百三十九分之三百八十五，則周天之度也。古曆周天三百六十五度四分度之一，以一歲日行之數定之，故周天亦爲歲周。《續漢書·志》云：‘日之所行與運周，在天成度，在曆成日。’是也。古人未知歲差，以天周、歲周爲一。《大衍曆》有乾實，又有策實，始分爲二。第所謂四分者，古今無定率。古曆四分而有餘，後世四分而不足。《乾象曆》以五百八十九分之百四十五爲斗分，始不盈四分。《三統》以一千五百三十九分之三百八十五爲斗分，是四分有奇也。‘周天以牽牛起算，終於南斗二十六度，所有零分，歸於斗宿之終，故曰斗分。’[3]《漢志》脫此餘分，止有三百六十度矣。”

盧學士云：“此所紀宿度，乃赤道度也。《續漢志》所載黄道度，斗二十四進一，牛七，女十一，虛十，危十六，室十八，壁十，是北方九十六度四分一。奎十七，婁十二，胃十五，昴十二，畢十六，觜三，參八，是西方八十三度。井三十，鬼四，柳十四，星七，張十七，翼十九，軫十八，是南方百九十度。角十三，亢十，氐十六，房五，心五，尾十八，箕十，是東方七十七度。右黄道度三百六十五度四分一也，《周禮》疏引此度之里數亦相同。《禮記·月令》正義引《尚書考靈曜》之文，則度尚有餘分，云‘千四百六十一分里之三百四十八’。孔穎達云：‘周天百十[4]萬一千里，是天圜周之里數也。以圍[5]三徑一言之，則直徑三十五萬七千里，此二十八宿周回直徑之數也。然二十八宿之外，上下東西各有萬五千里，是爲四游之極，謂之四表。據四表之内并星宿内，總有三十八萬七千里。然則天之中央，上下正半之處，則一十九萬三千五百里。地在其中，是地去天之數也。’舊本‘六千九百七十’下脫‘一’字，《周禮·大司徒》疏引此文亦脫，劉昭注《郡國志》引《帝王世紀》與此同，唯多‘一’字，今補正。”

[注] [1]愛本誤作“千”。[2]静本、愛本誤作“木”。[3]此暗引《漢

書·律曆志》。[4]静本、愛本作“七”。[5]愛本誤作“為”。

宿度，題上事也。《三統曆術》云：“漢人言十二次宿度者，自劉歆而外，又有兩家。其一則費直《周易》，分野以‘星紀，起斗十度。玄枵，起女六度。娵訾，起危十四度。降婁，起奎二度。大梁，起婁十度。實沈，起畢九度。鶉首，起井十二度。鶉火，起柳五度。鶉尾，起張十三度。壽星，起軫七度。大火，起氐十一度。析木，起尾九度’。其一則蔡邕《月令章句》，云：‘自斗六度至須女二度，謂之星紀。自須女二度至危十度謂之玄枵。自危十度至壁八度謂之豕韋。自壁八度至胃一度謂之降婁。自胃一度至畢六度謂之大梁。自畢六度至井十度謂之實沈。自井十度至柳三度謂之鶉首。自柳三度至張十二度謂之鶉火。自張十二度至軫六度謂之鶉尾。自軫六度至亢八度謂之壽星。自亢八度至尾四度謂之大火。自尾四度至斗六度謂之析木。’”皆與《三統》不同。費氏之說，見《晉書·天文志》。其十二次度，多少不倫。蓋傳寫譌舛，無可取徵。蔡氏所分宿度，較之《三統》，率先六度。所以然者，古人未明歲差之法。《三統》據周末冬至日在牽牛，定斗十二度爲星紀之初。東漢測冬至日躔斗二十一度，遂改斗六爲星紀之初。蓋既以節氣繫於十二次，節氣既差而西，自不得不減宿度以就之矣。其實十二次者，恒星天之一周。二十四氣者，黄道之一周。當分而爲二，不當混而爲一。《左氏傳》梓慎稱“玄枵，虛中”，裨竈稱“婺女，玄枵之維首”。然則虛五度當爲玄枵之中，婺女一度當爲玄枵之初。傳文固有明徵，推之十二次，皆可定矣。《三統》所定次度，似猶未合於古。至十二次之名，多從星象取義。西陸、北陸，在天自有定位。而冬至日躔，歲歲不同。由於恒星天亦隨黄道東移，漢人未識其故，增減宿度，以就節氣，誤矣。鄭注《周禮》十二辰，始玄枵，終娵紫。自北而東、而南、而西，隨天體而左旋，赤道之定度也。《漢書》十二辰，始皇紀，終析木。自北而西、而南、而東，從七曜而右旋，黄道之行也。

東北方條風，東方明庶風，東南方清明風，南方景風，西南方涼風，西方閶闔風，西北方不周風，北方廣莫風。

條風、明庶風、清明風、景風、涼風、閶闔風、不周風、廣莫風者，《史記·律書》："條風居東北，主出萬物。條之言條治萬物而出也，故曰條風。明庶風居東方。明庶者，明衆物盡出也。清明風居東南維，主風吹萬物。景風居南方。景者，言陽氣道竟，故曰景風。涼風居西南維，主地。地者，沈奪萬物氣也。閶闔風居西方。閶者，倡也；闔者，藏也，言陽氣道萬物，闔黄泉也。不周風居西北，主殺生。廣莫風居北方。廣莫者，言陽氣在下，陰莫陽廣大也。"《易通卦驗》云："東北曰調風，東方曰明庶風，東南曰清明風，南方曰景風，西南曰涼風，西方曰閶闔風，西北曰不周風，北方曰廣莫風。調風，又名融氣。景風，一名凱風。立春調風至，春分明庶風至，立夏清明風至，夏至景風至，立秋涼風至，秋分閶闔風至，立冬不周風至，冬至廣莫風至。"《白虎通義》云："距冬至四十五日，條風至。條者，生也。四十五日，明庶風至。明庶者，迎衆也。四十五日，清明風至。清明者，芒也。四十五日，景風至。景者，大也，言陽氣長養也。四十五日，廣莫風至。廣莫者，大莫也，開陽氣也。"《周禮·保章氏》疏引《春秋考異郵》云："陽立於五、極於九，五九四十五，且變以陰合陽，故八卦主八風。距同，各四十五日。艮爲條風，震爲明庶風，巽爲清明風，離爲景風，坤爲涼風，兑爲閶闔風，乾爲不周風，坎爲廣莫風。"《左傳隱五年》疏引服虔云："八風，八卦之風。乾音石，其風不周。坎音革，其風廣莫。艮音匏，其風融。震音竹，其風明庶。巽音木，其風清明。離音絲，其風景。坤音土，其氣涼。兑音金，其風閶闔。"韋昭注："《周語》'八風'云：'正西曰兑，爲金，爲閶闔。西北爲乾，爲石，爲不周。正北曰坎，爲革，爲廣莫。東北曰艮，爲匏，爲融風。正東曰震，爲竹，爲明庶。東南曰巽，爲木，爲清明。正南曰離，爲絲，爲景風。西南曰坤，爲土，爲涼風。’”舊本“東北”、“東南”下無“方”字。盧學士以例補入，今從之。

八風，題上事也。《説文》：“風，八風也。”案，八風方位諸説皆同。服、韋以八卦、八音配之，其義精矣。條風，《通卦驗》作“調”。服、韋及《説文解字》並作“融”。《左氏昭十八年傳》：“梓慎曰：‘是謂融風。’”杜注：“東北曰融風。”作“融”字者，本諸《左氏》也。《小雅·車攻篇》以“調”、“同”爲韻，知古人讀“調”如“同”。“條”、“融”聲相近，義亦通也。《山海經》：“令邱之山，其南有谷焉，曰中谷。條風自是出。”《爾雅》：“北風謂之涼風。”是釋《詩》“北風其涼”句，與此異解。吕氏《有始覽》之“八風”：“東北曰炎風，東方曰滔風，東南曰熏風，南方曰巨風，西南曰淒風，西方曰飂風，西北曰厲風，北方曰寒風。”《淮南·地形[1]訓》之“八風”：“東南曰景風，南方曰巨風，西方曰飂風，西北曰麗風，北方曰寒風。”俱與此異。

[注] [1]静本、愛本誤作“刑”。

昌光、握譽、可錯、持勝、履予。

盧學士曰：“右五氣唯‘昌光’見晉、隋《天文志》‘瑞氣’條下，云：‘赤如龍狀。’《御覽·八百七十二》載《符瑞圖》曰：‘昌光者，瑞光也。見於天，漢高受命，昌光出軫。’握譽，疑即‘含譽’，餘皆未詳。”

祥氣，題上事也。《吕氏春秋》云：“天必先見祥。”高誘曰：“祥，徵應也。”《中庸》云：“國家將興，必有禎祥。”是吉祥也。《豐》“上六”象傳：“天際祥也。”《左昭十八年傳》：“將有大祥。”《尚書大傳》：“時則有青眚、青祥。”是凶祥也。祥，本有吉、有凶，此與下祅氣相對，則專指吉者言之。

格乎格反**擇**宅音、**旬始、倍僪、天狗、枉矢、氛、祲**子枕反、**冠珥。**

格擇者，《史記·天官書》："格擇星者，如炎火之狀。黄白，起地而上。下大，上兑。其見也，不種而穫，不有土功，必有大害。"《索隱》曰："格擇，一音鶴鐸。"《大人賦》："建格擇之脩竿兮。"張博士彼注云："格澤之氣如炎火。"

旬始者，《天官書》："旬始，出於北斗旁，狀如雄雞。其怒青黑，象伏鼈。"徐廣曰："蚩尤也。"旬，一作"營"。《大人賦》："垂旬始以爲幓。"

倍僪者，《吕氏春秋·季夏紀》："其日有鬭蝕，有倍僪，有暈珥。"高誘注："倍僪、暈珥，皆日旁之危氣也。在兩旁反出爲倍，在上反出爲僪，在上内向爲冠，兩旁内向爲珥。"倍僪，或作"背譎"。《淮南·覽冥訓》："背譎見於天。"高誘注："日旁五色氣在兩邊，外出爲背，外向爲譎。"《續漢志》注引《春秋元命苞》云："陰陽之氣，聚爲雲氣，立爲虹霓，離爲倍僪，分爲抱珥。"巫咸占曰[1]："臣不知則日月僪。"

天狗者，《天官書》："天狗，狀如大奔星，有聲，其下止地，類狗。所墮及炎火，望之如火光炎炎衝天。其下圜如數頃田處，上兑[2]者則有黄色，千里破軍殺將。"《漢書·天文志》："哀帝建平元年正月丁未，日出時，有著天白氣，廣如一匹布，長十餘丈。西南行，讙如雷，西南行一刻而止，名曰天狗。"

枉矢者，《釋名》："枉矢，齊、魯謂[3]光景爲枉矢，言其光行若射矢之所至也。亦言其氣枉暴，有所灾害也。"《天官書》："枉矢，類大流星，蛇行而倉黑，望之如有毛羽然。"

氛者，《説文》："氛，祥氛也。"《釋名》："氛，粉也。潤氣著草木，因寒涷凝，色白若粉之形[4]也。”《左氏襄公二十七年傳》：“楚氛甚惡。”《晉語》：“獻公田，見翟柤之氛。”韋昭注：“祲氛，凶象也。凶曰氛，吉曰祥。”王逸《楚辭章句》：“氛，恶氣也。”

祲者，《說文[5]》：“祲，精氣感祥。”《釋名》：“祲，侵也。赤黑之氣相侵也。”《左氏昭十五年傳》：“梓慎曰：‘吾見赤黑之祲，非祭祥也，喪氛也。”杜注：“祲，妖氛也。”鄭司農《周禮》注：“祲，陰陽氣相侵也。”王逸《楚辭章句》：“祲，恶氣皃。”

冠珥者，《釋名》：“珥，氣在日兩旁之名也。珥，耳也，言似人耳之在兩旁也。”《春官·眡祲》：“掌十暉之法。四曰監。”鄭康成注：“監，冠珥也。”賈疏謂：“有赤氣在日旁如冠耳。珥，即耳也。今人猶謂之珥。”《漢書·天文志》：“抱珥虿[6]蜺。”如淳曰：“凡氣在日上爲冠、爲戴，在旁直對爲珥，在旁如半環向日爲抱，向外爲背，有氣刺日爲鐍。鐍，抉傷也。”

[注] [1]“咸占曰”，愛本誤作“言占也”。“曰”，静本誤作“也”。[2]静本、愛本作“凭”。[3]静本、愛本誤作“爲”。[4]静本、愛本誤作“刑”。[5]静本、愛本脱“文”字。愛本“者”誤作“音”。[6]愛本誤作“蚩”。

祅氣，題上事也。《釋名》：“妖，殀也。殀，害物也。”《左氏宣十五年傳》：“伯宗曰：‘天反時爲災，地反物[1]爲妖，民反德爲亂。亂則妖災生。’”《說文》作“䄏”，同。《周禮·序官·眡祲》注：“祲，陰陽相侵，氣成祥也。其職掌十煇，以觀妖祥、辨吉凶”。《保章氏》、《馮相氏》亦云：“觀天下之妖祥。”此所釋者，皆是祅氣。唯“格澤”，《天官書》言“星”，然《天文志》不言星。《説文》云：“衣服、歌謠、艸木之恠，謂之祦。禽獸、蟲蝗之恠，謂之蠥。”蓋析言之也。若統言之，凡氣之不常者，亦謂之祦，故言妖氣也。

［注］［1］静本、愛本脱“物”字。

赤霄、濛莫孔反**澒**乎孔反**、朝霞、正陽、淪陰、沆**乎朗反**瀣**乎戒反**、列缺、倒景。**

赤霄者，《淮南・人間訓》：“鴻鵠背負青天，膺摩赤霄。”高誘注：“赤霄，飛雲。”《楚辭・九歎》云：“辟若[1]王喬之乘雲兮，載赤霄而凌太清。”

濛澒，張衡《思玄賦》：“踰庬澒於宕冥兮。”李賢注引《孝經援神契》云：“天度濛澒。”宋均注：“濛澒，未分之象也。”是“濛”與“庬”同。

盧學士曰：“《御覽》引《三五曆紀》云：‘未有天地之時，混沌狀如雞子。溟涬始牙，濛鴻始萌。歲在攝提，元氣肇始。’”《淮南・精神訓》：“古未有天地之時，惟像無形，窈窈冥冥，芒芠漠閔，澒濛鴻洞，莫知其門。”高誘注：“芒，讀‘王莽’之‘莽’。芠，讀‘抆滅’之‘抆’。澒，讀‘項羽’之‘項’。鴻，讀‘子贛’之‘贛’。洞，讀‘同游’之‘游’。以此而觀之，皆未成形之氣也。”

朝霞、正陽、淪陰、沆瀣者，陵陽子《明經》：“春食朝霞。朝霞者，日始欲出時赤黄氣也。秋食淪陰。淪陰者，日没以後赤黄氣也。冬食沆瀣。沆瀣者，北方夜半氣也。夏食正陽。正陽者，南方日中氣也。”李頤《莊子・逍遥游》注云：“平旦爲朝霞，日中爲正陽，日入爲飛泉，夜半爲沆瀣。”《楚辭》云：“飡六氣而飲沆瀣兮，漱正陽而餐朝霞。”王逸《章句》引凌陽子《明經》以釋之。淪陰，舊本譌“隃陰”。“隃”下又衍一

“隃”字。尋繹日没之義，謂日沈淪於西。則“淪”是而“隃”非也，今訂正。

列缺者，《漢書·司馬相如〈大人賦〉》：“貫列缺之倒景兮[2]。”服虔云：“列缺，天閃也。”張博士彼注引淩陽子《明經》云：“列缺，氣去地二[3]千四百里。”

倒景者，《漢書·谷永傳》上書言：“登遐倒景。”注云：“景在日月上，日月反從下照，故曰倒景。”張博士注《大人賦》云：“倒景，氣去地四千里，其景皆倒在下。”亦[4]本淩陽子《明經》。

[注] [1]静本、愛本誤作“昔”。[2]静本、愛本“倒”誤作“例”，“兮”誤作“分”。[3]静本、愛本誤作“工”。[4]静本、愛本衍“亦”字，已删。

常氣，題上事也。此言天地日月之氣，非祥、非祅，故言常氣。

一穀不升曰歉苦簟反，二穀不升曰饑，三穀不升曰饉，四穀不升曰歑康音，五穀不升曰大侵。

此本《穀梁傳》文也。《説文》：“穀，續也。百穀之總名。”《尚書》：“奏庶艱食。”艱，或爲“根”。馬融曰：“根生之食，蓋謂百穀也。”楊泉《物理論》云：“黍稷曰粱，粳曰稻，豆曰菽，三者各二十曰百穀。”

五穀者，《夏官·職方氏》：“豫州，其穀宜五種。”鄭注：“五穀，黍、稷、菽、麥、稻。”《素問·金匱真言論》：“東方青色，其穀麥；南方赤色，其穀黍；中央黄色，其穀稷；西方白色，其穀稻；北方黑色，其穀豆。”與《職方》合矣。而《月令》：“四時所食：春食麥，夏食菽，季夏食稷，秋食麻，冬食黍。”《天官·疾醫》：“以五穀養其病。”注云：“五穀，麻、黍、稷、豆、麥。”與《月令》同。蓋《疾醫》及《月令》專以形色配合五行，而《職方》辨九州土地生殖之所宜，每州不同，非五行。常穀，豫州東接青州，宜稻、黍；西接雍州，宜黍、稷。菽則人所常種，土地多生，故通菽爲五。

歉、饑、饉、歑、大侵者，《春秋襄十四年穀梁傳》云："一穀不升謂之嗛，二穀不升謂之饑，三穀不升謂之饉，四穀不升謂之荒，五穀不升謂之大饑，又謂之侵。"何休注："升，成也。嗛，不足皃。""歉"、"嗛"，古字通。"歑"或爲"荒"者。《泰》："九二：包荒。"本亦作"巟"。鄭讀爲"康"，云："虛也。"《說文》："穅，虛無食也。""歑，飢虛。"義亦通矣。

盧學士云："《穀梁》疏：'大侵者，大飢之異名。通而言之，正是一物。'徐邈云：'有死者曰大飢，無死者曰大侵。'何休云：'有死者曰大飢，無死者曰飢。並以意言之。'與《穀梁》異也。《韓詩外傳》亦有此文，彼'歉'作'鎌'，同。"

案，五穀者，民所賴，君所養，故五穀盡升則五味盡御於王，不盡升則不盡御，故《大戴禮記》、《白虎通義》並云："一穀不升撤鶉鷃，二穀不升去鳧雁，三穀不升去雉[1]兔，四穀不升去囿獸。"而大侵之禮，《穀梁傳》又云："道不除，禱而不祀，君食不兼味。"古人之重民食也如此。

[注] [1]静本、愛本脱"雉"字。

災氣，題上事也。《易》曰："迷復，凶，有灾眚。"《子夏傳》："傷害曰災。"鄭云："害物曰災"。《釋名》："災，烖也。火所燒滅之餘曰烖，言其餘物亦如是也。"《詩・節南山》疏引《鄭駁異義》與《洪範》"五行"傳皆云："非常曰異，害物曰災。"案，年饑傷害五穀亦謂之灾。《左氏傳》："天災流行。"是也。《墨子・七患篇》："一穀不收謂之饉，二穀不收謂之旱，三穀不收謂之凶，四穀不收謂之饋，五穀不收謂之饑。”與此不同。《大雅·雲漢》傳：“歲凶，年穀不登，則趣馬不秣，師氏弛其兵，馳道不除，祭事不縣，膳夫撤膳，左右布而不脩，大夫不食粱，士飲酒不樂。”

蒼曰靈威仰，赤曰赤熛怒，黃曰含樞紐，白曰白招矩，黑曰叶光紀。

靈威仰、赤熛怒、含樞紐、白招矩、叶光紀者，《春官·大宗伯》及《左傳》疏引《春秋文耀鉤》云：“太微宮有五帝座星。春起青受制，其名靈威仰；夏起赤受制，其名赤熛怒[1]；秋起白受制，其名白招拒；冬起黑受制，其名汁光紀；季夏土受制，其名含樞紐。五德之帝謂此也。其夏正郊天，祭其所感生之帝焉。周人木德，祭靈威仰也。”《史記·天官書》：“其内五星、五帝坐。”《索隱》曰：“《詩含神霧》云：‘五精星坐，其東蒼帝坐，神名靈威仰，精爲青龍之精也。’”《正義》曰：“黃帝坐一星，在太微宮中，含樞紐之神。四星夾黃帝坐：蒼帝，東方靈威仰之神；赤帝，南方赤熛怒之神；白帝，西方白招矩之神；黑帝，北方叶光紀之神。五帝並設，神靈集謀者也[2]。”《續漢志》：“建武二年，初制郊兆於雒陽城南，爲圓壇八陛，中又爲重壇，天地位其上。其外壇上爲五帝位，青帝位在甲寅之地，赤帝位在丙巳之地，黃帝位在丁未之地，白帝位在庚申之地，黑帝位在壬亥之地。”是其制也。

盧學士云：“五帝亦謂五精之帝。見《禮記·月令》注。王者五德相嬗，各以其行之所生爲感生帝，故《毛詩》箋以叶光紀爲殷感生帝，靈威仰爲周感生帝，魯亦得祭感生帝，不得祭昊天上帝也。‘拒’、‘距’，‘叶’、‘汁’，皆通用。”

[注] [1]静本、愛本作“㣫”。[2]静本、愛本誤作“之”。

五帝號，題上事也。《漢書·郊祀志》："天神貴者泰一，泰一佐[1]曰五帝。"《春秋》疏云："鄭康成注書多用讖緯言。天神有六，地衹有二。天有天皇大帝，又有五方之帝；地有昆侖之山神，又有神州之神。《大司樂》：'冬之祭於圜丘者，祭天皇大帝北辰之星也。'《月令》：'四時迎氣於四郊，所祭者，祭五德之帝，太微宮中五帝座星也。'"

[注] [1]静本、愛本誤作"五"。

立春、春分，東從青道二，出黃道東，交於房二度中。立夏、夏至，南從赤道二，出黃道南，交於七星四度中。立秋、秋分，西從白道二，出黃道西，交於胃十二度中。立冬、冬至，北從黑道二，出黃道北，交於虛二度中。四季之月，還從黃道。

立春、春分、立夏、夏至、立秋、秋分、立冬、冬至、黃道者，《禮記》疏引《尚書考靈曜》云："萬世不失九道謀。"鄭注引《河圖帝覽嬉》云："黃道一，青道二，出黃道東；赤[1]道二，出黃道南；白道二，出黃道西；黑道二，出黃道北。日春東從青道，夏南從赤道，秋西從白道，冬北從黑道。"《漢書·天文志》："日有中道，月有九行。中道者，黃道。一曰光道。光道北至東井，去北極近；南至牽牛，去北極遠；東至角，西至婁，去極中。夏至至於東井，北近極，故晷短；冬至至於牽牛，遠極，故晷長。春秋分日至婁、角，去極中，而晷中。月有九行者，黑道二，出黃道北；赤道二，出黃道南；白道二，出黃道西；青道二，出黃道東。立春、春分，月東從青道；立秋、秋分，月西從白道；立冬、冬至，月北從黑道；立夏、夏至，月南從赤道。然用之，一決房中道。青赤出陽道，白黑出陰道。若月失節度而妄行，出陽道則旱風，出陰道則陰雨。"

盧學士云：“《左昭二十一傳》正義云：‘日月異道，互相交錯。月之一周，必半在日道裏，從外而入内也；半在日道，表從内而出外也。或六入七出，或七入六出。凡十三出入而與日一會，歷家謂之交道。通而計之，一百七十一日有餘而有一交。交在望前，朔則日食，望則月食；交在望後，望則月食，後月朔則日食，此自然之常數也。”

戴吉士震《九道八行說》云：“月道出入黄内外，二十七日有奇，而交道一終。交終不復於原處，其差一度又幾半度。每年之差，自東而西十九度奇。古歷家有‘九道八行’之說，所以考其差也。借青朱白黑以别之，借八節之名以命之。春分青道爲正東，秋分白道爲正西，立秋白道爲西北，夏至則朱道爲正南，立夏朱道乃爲西南。如交在冬至，南緯二十三度半而入陰歷，半交必在春分，黄道内五度半。春分無南北緯，則月北緯五度半，是爲春分青道。凡三十交，退在立冬，南緯十六度奇而入陰歷，半交必在立春，黄道内五度半。立春南緯十六度奇，則月南緯幾十一度，是爲立春青道。又三十交，退在秋分，無南北緯而入陰歷，半交必在冬至，黄道裏五度半。冬至南緯二十三度半，則月南緯十八度，是爲冬至黑道。又三十交，退在立秋，北緯十六度奇而入陰歷，半交必在立冬，黄道裏五度半。立冬南緯十六度奇，則月南緯幾十一度，是爲立冬黑道。又三十交，退在夏至，北緯二十三度半而入陰歷，半交必在秋分，黄道裏五度半。秋分無南北緯，則月北緯五度半，是爲秋分白道。又三十交，退在立夏，北緯十六度奇而入陰歷，半交必在立秋，黄道裏五度半。立秋北緯十六度奇，則月北緯幾二十二度，是爲立秋白道。又三十交，退在春分，無南北緯而入陰歷，半交必在夏至，黄道裏五度半。夏至北緯二十三度半，則月北緯二十九度，是爲夏至朱道。又三十交，退在立春，南緯十六度奇而入陰歷，半交必在立夏，黄道裏五度半。立夏北緯十六度奇，則月北緯幾二十二度，是爲立夏朱道。又三十交，退在冬至，月復循青道，以四年過半循二青道，四年過半循二黑道，四年過半循二白道，四年過半循二朱[2]道。十八年過半，八行一周。古歷以自南而北，交於黄道爲中交，常以中交爲主。今歷謂之正交。古歷自北而南爲正交，今歷謂之中交。日食朔，當交也。月食望，當交也。九道自宋人疑之，至元而遂廢，攷諸古歷，未有明析其必分之故者。由今思之，可以知交道出入焉；可以攷當交半交，距赤道遠近焉；可以明交終所差，每月交於某宫、某度焉；可以辨交之中終，與朔望不齊，每朔望去交遠近，及當交而有食焉。古法之廢而宜舉者，此也。”戴所云“朱道”者，本作“赤道”。但此乃九行之赤道。天體中央去南北極適中處，亦名赤道，與此名同，易惑，故改之也。戴所云“南北緯”者，在赤道南爲南緯，在赤道北爲北緯[3]也。

予兄詹事曰：“月道與黄道相交，正交從黄道北出黄道南，古謂之陽歷；中交從黄道南入黄道北，古謂之陰歷。凡二十七日有奇，而月行之出入一終。”又族子學博塘云：“九道固即交道，而交道似有二種。月與日交而有交食，即《昭廿一年》正義所言是也。九道與宿道交則爲八節，即《漢志》所説是也。古節氣有常度，月行有常率，大抵十九歲而九道小終，千五百廿歲而大終。與交食無預也。《廣雅》所説宿度，究未知何據。”

[注] [1]静本、愛本誤作“亦”。[2]静本、愛本誤作“珠”。[3]静本、愛本誤作“為”。

月行九道，題上事也。九道者，青、赤、白、黑各二，合道黄而爲九也。《吕氏春秋·有始覽》云：“冬至日行遠道，周行四極，命曰元明。夏至日行近道，乃参於上，當樞之下，無晝夜。”

正月不温，七月不涼。二月不風，八月雷不藏。三月風不衰，九月無降霜。四月雷不見，十月蟄蟲行。五月陽

暑不蒸，十一月不合凍。六月浮雲不布，十二月草不喪。七月白露不降，正月有微霜。八月浮雲不歸，二月雷不行。九月物不凋彫音，三月草木傷。十月流火不定，四月蚰蟲不育。十一月寒不降，五月雨雹。十二月萌類不見，六月五穀不實。

《淮南·時則訓》："正月失政，七月涼風不至。二月失政，八月雷不藏。三月失政，九月不下霜。四月失政，十月不凍。五月失政，十一月蟄蟲冬出其鄉。六月失政，十二月草木不脱。七月失政，正月大寒不解。八月失政，二月雷不發。九月失政，三月春[1]風不濟。十月失政，四月草木不實。十一月失政，五月下雹霜。十二月失政，六月五穀疾狂。"案，政者，正也。失政，失陰陽寒燠之正。此所釋者，大略本之《淮南》。萬氏斯大曰："陰陽消長而有寒暑，天地變化而成歲功。其間日月星辰之運行，飛潛動植之生滅，遲速有經，先後不紊。聖人仰觀俯察，即爲之明示其候，以著令於民，使之奉行不失，所謂敬人時也。"

[注] [1]静本、愛本誤作"卷"。

月衝，題上事也。衝，猶對也。《淮南·天文訓》云："其對爲衝。"故寅月與申月衝，卯月與酉月衝，辰月與戌月衝，巳月與亥月衝，午月與子月衝，未月與丑月衝。

日月五星行黄道，始營室、東壁、奎、婁、胃之陽，入昴、畢間，行觜觿、參之陰，度東井、輿鬼，行柳、七星、張翼、軫之陰，入角、亢間，貫氐房，出心尾、箕之陰，入斗、牽牛間，行須女、虚、危之陽，復至營室。

日月五星行者，《漢書·天文志》："日東行，星西轉。冬至昏，奎八度中；夏至，氐十三度中；春[1]分，柳一度中；秋分，牽牛三度七分中。此其正行也。至月行，則以晦朔決之。日冬則南，夏則北；冬至於牽牛，夏至於東井。日之所行爲中道，月、五星亦隨之。”

盧學士曰：“《周禮》馮相士疏引《星備》云：‘明王在上，則日月五星皆乘黄道。’又云：‘黄道占日，天道有三。黄道者，日月五星所乘。’問曰：‘案，《鄭駁異議》云：《三光考靈耀》書云：日道出於列宿之外，萬有餘里。五星則差在其内，何得謂與日同乘黄道？又日何得在婁、角、牽牛、東井乎？’答曰：‘黄道數寬廣，雖差在内，猶不離黄道，或可以上下爲内外。’分陰陽説已見上，古者以十一月甲子朔旦冬至爲歷元。日月在建星，建星近斗，斗有二十六度。度數稀濶，故舉建星以明之。秦雖亥正，而曆用顓頊，與夏皆首寅，爲人正，故《禮記·月令》：‘孟春之月，日在營室。’此書所以亦從營室始也。《三統曆》：‘立春，日在危十六度。’又：‘歷一度而始至營室。’《元嘉曆》：‘立春，日在危三度。正月中，日始在室一度。’至唐《月令》：‘孟春之月，日在虚矣。’曆術有歲差，蓋不能執營室以爲常也。”

[注] [1]愛本誤作“秋”。

七曜行道，題上事也。《史記正義》云：“張衡云：‘文曜麗於天，其動有七，日月五星是也。日者，陽精之宗；月者，陰精之宗；五星，五行之精。衆星列布，體生於地，精成於天，列居錯峙，各有所屬。’”

山神謂之离勅支反。

离者，《説文》：“禼，山神，獸也。從禽頭，從厹從屮。歐陽喬説：‘离，猛獸也。’”

盧學士云："亦作'螭'、'魑'。"《史記・五帝本紀集解》引服虔曰："螭魅，人面獸身，四足，好惑人。山林異氣所生。"亦作"離"。《周本紀》："如豺如離。"徐廣曰："此訓與'螭'同。"

河伯謂之馮夷。

馮夷者，《穆天子傳》："至於陽紆之山，河伯無夷之所都居。"郭璞注："無夷，馮夷也。"《海内北經》云："從極之淵，深三百仞。維冰夷恒都焉。冰夷，人面，乘兩龍。"郭璞注："冰夷，馮夷也。"《楚辭・遠游》云："令海若舞馮夷。"《抱朴子・釋鬼篇》云："馮夷，華陰人。以八月上庚日渡河溺死，天帝署爲河伯。"《後漢書》注引《聖賢冢墓記》："馮夷者，弘農華陰人。潼鄉隄首里人，服八石，得水仙，爲河伯。"又《龍魚河圖》云："河伯姓吕，名公子。夫人姓馮，名夷。"《文選・思玄賦》注引《太公金匱》云："河伯姓馮，名修。《裴氏新語》謂爲'馮夷'。"

江神謂之奇相。

奇相者，郭璞《江賦》："奇相得道而宅[1]神。"《史記索隱》引[2]《江記》云："奇相，帝女也。卒爲江神。"

[注] [1]静本、愛本作"入"。[2]静本、愛本衍"相"字，已删。

物神謂之鬼。

鬼者，《説文》云："人所歸爲鬼。從人，象鬼頭。陰氣賊害。"《爾雅》："鬼之爲言歸也。"郭注引《尸子》曰："古者謂死人爲歸人。"《左氏昭七年傳》："鬼有所歸，乃不爲厲。"《禮記・祭法》："人死曰鬼。"又《祭義》："氣也者，神之盛也；魄也者，鬼之盛也。合鬼與神，教之至也。

衆生必死，死必歸土，此之謂鬼。骨肉斃於下，陰爲野土。其氣發揚於上，爲昭明。焄蒿，凄愴，此百物之精也，神之著也，因物之精，制爲之極，明命鬼神，以爲黔首則。百衆以畏，萬民以服。”鄭注《樂記》云：“《易》曰：‘是故知鬼神之情狀，與天地相似。’《五帝德》說黄帝德曰：‘死而民畏其神者百年。’《春秋傳》曰：‘若敖氏之鬼。’然則聖人之精氣謂之神，賢知之精氣謂之鬼。”《漢書·楊王孫傳》：“精神離形，各歸其真，故謂之鬼。”

土神謂之羵墳音羊。

羵羊者，《魯語》：“季桓子穿井，獲如土缶，其中有羊焉。土之恠曰羵羊。”唐固注：“羵羊，雌雄未成者也。”《淮南·氾論訓》云：“井生羵羊。”

水神謂之网象。

网象者，《魯語》：“水之恠曰龍罔象。”韋昭注：“龍，神獸也，非常見，故曰恠。或曰罔象。食人。一名沐腫。”

盧學士曰：“《左氏宣三年傳》正義引《魯語》作‘夔网兩’。”賈逵云：“网兩、罔象，言有夔龍之形，而無實体。”

今此作“网象”，同。《淮南·氾淪訓》云：“山出梟陽，水出罔象。”

木神謂之畢方。

畢方者，《韓非·十過篇》：“昔者，黄帝合鬼神於泰山之上，駕象車而六蛟龍。畢方並鎋，蚩尤居前，風伯進掃，雨師灑道。”《西山經》：“章莪之山，有鳥焉。其狀如鶴，一足，赤文、青質而白喙，名曰畢方。曰其鳴自呌也，見則其邑有譌火。”《淮南·氾論訓》：“木生畢方。”高誘注：

“畢方，木之精也。狀如鳥，青色，赤脚，一足，不食五穀。”張衡《東京賦》：“況魃蜮與畢方。”薛綜注：“畢方，老父神。如鳥，兩足、一翼者。常銜火，在人家作恠災也。”

火神謂之游光，金神謂之清明。

游光、清明者，馬融《廣成頌》：“拂游光。”李賢注：“游光，神也。兄弟三人。”

盧學士云：“《文選·張衡〈東京賦〉》：‘殪野仲而殲游光。’”李善注：“野仲、游光，悪鬼也。兄弟八人，常在人間作恠異害。”《素問》云：“金發而清明。”

盧學士曰：“金色白，故其神曰清明。”

異祥，題上事也。《釋名》云：“異者，異於常也。”所釋皆恠物，故曰異祥。

朱明、曜靈、東君，日也。

《説文》：“日，實也。太陽之精不虧。從口、一。象形。”《左傳·序》疏引《春秋感精符》云：“日，陽之精。曜曍光明，所以察下也。”《爾雅》疏引《春秋元命苞》云：“日，實也。光明盛實。”《白虎通義》：“日之爲言實也。常滿，有節。”《淮南·天文訓》：“積陽之熱氣生火，火氣之精者爲日。”

朱明者，宋玉《招魂》：“朱明承夜兮，時不可以淹。”王逸注：“朱明，日也。”

曜靈者，《楚辭·天問》：“角宿未旦，曜靈安藏？”王逸注：“曜靈，日也，言東方未明之時，日安所藏其光乎？”張衡《思玄賦》：“曜靈忽其西藏。”吴質《在元城與魏太子牋》：“曜靈匿景，繼以華灯。”

東君者，《楚辭·九歌·東君》：“暾將出兮東方，照吾檻兮扶桑。”王逸注：“謂日始出東方，其容暾暾而盛大。”《漢書·郊祀志》：“晉巫祠五帝、東君、雲中君。”顔師古注：“東君，日。”

盧學士云：“《藝文類聚》引《廣雅》：‘日名朱明，一名曜靈，一名東君，又有一名大明，亦名陽烏。’二語《初學記》亦有之，疑此脱也。《禮器》：‘大明生於東，月生於西。’鄭注：‘大明，日也。’又《月令》正義引《釋名[1]》：‘日，實也。大明盛實。’《五經通義》云：‘日中有三足烏。’見《藝文類聚》。《淮南·精神訓》：‘日中有踆烏。’高誘注：‘踆，猶蹲也，謂三足烏。’《春秋元命苞》：‘陽數[2]起於一，成於二，故日中有三足烏。’”

[注] [1]静本、愛本“夜光謂之月”誤入此處。自下“月”字至下“夜光”之前，静本、愛本誤入正文詞條。[2]静本、愛本誤作“穀”。

夜光謂之月。

《説文》：“月，闕也。太陰之精。象形。”《春秋元命苞》云：“月，闕也。滿則闕也。”《春秋感精符》云：“月者，陰之精、地之理也。”《淮南·天文訓》：“積陰之寒氣爲水，水氣之精者爲月。”

夜光者，《楚辭·天問》：“夜光何德，死則又育。”王逸注：“夜光，月也。”

天河謂之天漢。

天漢者，《夏小正》：“七月，漢案户。”傳曰：“漢也者，天河也[1]。案户也者，直户也，言正南北也。”《孝經援神契》云：“河者，水之伯，上應天漢。”《小雅·大東》：“維天有漢，監亦有光。”鄭箋：“漢，天河也。有光而無所明。”《大雅·棫樸》云：“倬彼雲漢，爲章于天。”《雲漢》云：“倬彼雲漢，昭回于天。”鄭箋：“雲漢，天河也。倬然天河水氣也，精光轉運于天。”

[注] [1]“河也”，静本、愛本誤作“天漢之”。

震、霣於愍反、䨨追音，雷也。

《説文》：“靁，陰陽薄動，靁雨生物者也。從雨。畾，象回轉形。”《釋名》：“雷，硠也。如轉物有所硠雷之聲也。”《淮南·天文訓》：“陰陽相薄，感而爲雷，激而爲霆。”《左氏隱九年》疏引《河圖》云：“陰陽相薄爲雷。”

震者，《説文》：“震，劈歷振物者。”《釋名》：“震，戰也。所擊輒破，若攻戰也。”又曰：“辟歷，劈折也。所歷皆破折也。”《春秋隱九年》：“大雨震電。”《穀梁傳》云：“震，雷也。電，霆也。”《僖十五年經》：“震夷伯之廟。”

霣者，《説文》云：“齊人謂靁爲霣。”《玉篇》：“霣，雷起出雨也。”

䨨者，豬惟切。《玉篇》：“䨨，雷也。”《廣韻》：“䨨，雷也。出《韓詩》。”

雲，運也。

雲者，《説文》：“雲，山川之氣也。從雨。云，象雲回轉形。古文作‘云’。”《釋名》：“雲，猶云。云，衆盛意也。又言運也。運，行也。”《太平御覽》引《春秋説題辭》云：“雲之言運也。觸石而起謂之雲，含陽而起以精運也。”舊本“雲”譌“霻”。字書無此字，今訂正。

雨，渠俱雨反也。

雨者，《説文》：“雨，水從雲下也。一象天，冂[1]象雲，水霝其間也。”《釋名》：“雨，羽也。如鳥羽，動則散也。”《淮南·天文訓》：“地之含氣，和者爲雨。”

[注] [1]静本、愛本誤作“門”。

晷、柱，景也。

《説文》：“景，光也。”《釋名》：“景，境也。明所照處，有境限也。”案，《周禮·大司徒》：“以土圭測景。日至之景，尺有五寸。”劉向奏云：“神明之應，應若景嚮。”《隸釋·老子銘》：“含景匿形。”《唐公房碑》：“轉景即至。”皆作“景”。《顔氏家訓》云：“《尚書》、《周禮》、《莊》、《列》‘影’字，當爲‘光景’之‘景’。葛洪《字苑》旁始加‘彡’。世輒改《尚書》、《周禮》作‘影’，以從洪，非也。”予攷高誘注《淮南》云：“景，故‘影’字。”誘漢末人，其時已有加“彡”者，則非始自葛洪加矣。

晷者，居洧切。《説文》：“晷，日景也。”《釋名》：“晷，規也。如規畫也。”《易通卦驗》云：“冬至之日，樹八尺之表。日中視其晷，以驗歲之美惡。”

柱者，表也。

盧學士云：“《周禮》疏《玉人職》：‘土圭，尺有寸五。’夏至，晝漏半，表北得尺五寸景，正與土圭等，即地中也。周公度日景之時，置五表。五[1]表者，於潁川陽城置一表爲中表，南千里又置一表，北千里又置一表，東千里又置一表，西千里又置一表。千里差一寸。”

[注] [1]静本、愛本誤作“表”。

風師謂之飛廉。

飛廉者，此本《吕氏春秋》也。《離騷》云："後飛廉使奔屬"。王逸注："飛廉，風伯也。"《漢書·武帝紀》："元封二年，作長安飛廉館。"應劭曰："飛廉，神禽。能致風氣。"晉灼曰："身似鹿，頭如爵，有角而蛇尾，文如豹文。"蔡邕《獨斷》云："風伯，神箕星也。其象在天，能興風。"

雨師謂之荓蒲形反翳。

荓翳者，《楚辭·天問》："蓱號起雨，何以興之？"王逸注："蓱，蓱翳。雨師名也。"《獨斷》云："雨師神，畢星也。其象在天，能興雨。"《淮南·原道訓》："令雨師灑道。"《史記正義》云："沙州有雨師祠。""荓"、"蓱"，音義同。

雲師謂之豐隆。

豐隆者，《春秋說題辭》云："雲師曰豐隆。"《離騷》云："吾令豐隆乘雲兮。"王逸注："豐隆，雲師。"又《九章》云："願寄言於浮雲兮，遇豐隆而不將。"

盧學士曰："《大人賦》：'涉豐隆之滂濞。'應劭曰：'雲師，《歸藏》云：豐隆筮雲氣而告之。'"

日御謂之羲和，月御謂之望舒。

羲和、望舒者，《楚辭·天問》："羲和之未揚，若華何光？"王逸注："羲和，日御也。"《初學記》引《淮南子》云："月御曰望舒。"《離騷》："前望舒使先驅兮。"王逸注："望舒，月御也。"張衡《歸田賦》："曜靈俄景，繼以望舒。"

盧學士曰："《史記·司馬相如傳》：'纖阿爲御。'《索隱》引服虔曰：'纖阿爲月御。'"是"望舒"，亦曰"纖阿"也。

青龍、天一、太陰，太歲也。

《春官·保章氏》："以十有二歲之相，觀天下之妖祥。"鄭康成以爲"歲者，太歲也"。惠士奇《禮說》云："案，太歲有兩說，一曰咸池，一曰歲陰。'斗杓爲小歲，左行十二辰；咸池爲大歲，右行四仲，終而復始。大歲，迎者辱，背者强。左者衰，右者昌。小歲亦如之。東南則生，西北則殺。大時者，咸池；小時者，月建。天元建寅始起，右徙一歲而移，十二歲而大周天。歲星爲陽，右行；太歲爲陰，左行。歲陰所居，前三後五，百事可舉。蟄蟲首穴而處，鵲巢向而爲户。咸池主五穀，平秩西成，故曰大歲，或云咸池。咸池，日也，日出暘谷，浴於咸池，日右斗左[1]。'揚子《太玄》云：'廵乘六甲，與斗相逢。歷以紀歲，百穀時雍，是爲太歲。天道十二月而一終。右行。四仲者，《堯典》命羲和獨舉四仲[2]，各統一時，故曰大時。天神之貴者青龍，其雌在地。'《太玄》云：'倉靈之雌，不同宿而失離，則歲之功乖。'此之謂也。太歲，或言日，或言星。日爲太歲，星爲太陰。一左一右，一陰一陽。右與左應，陰爲陽妃，以成歲功。日星同宿，謂之合辰。歲超一次，龍度天門。四仲、四鉤皆天門也。"

青龍、天一、太陰者，案，《淮南·天文訓》："天神之貴者，莫貴於青龍，或曰天一，或曰太陰。太陰所居，不可背而可鄉。"又《氾論訓》云："夫蟄蟲鵲巢，皆向天一者，至和在焉耳。"

[注] [1]該段引自《淮南子》。[2]静本、愛本作"件"。

甲乙爲幹。幹者，日之神也。寅卯爲枝。枝者，月之靈也。甲剛乙柔，丙剛丁柔，戊剛己柔，庚剛辛柔，壬剛癸柔。

《左氏昭五年傳》："日之數十。"《昭七年傳》："天有十日。"杜注竝云："甲至癸。"《月令》："其日甲乙。"是從甲至癸爲十日。其中雖有五剛五柔，而十日皆爲榦，故曰：榦者，日之神。《左氏傳》云："辰在子卯。"又曰："辰在申。"是從子至亥皆爲辰。十二辰亦有子陽丑陰。其中六陰六陽，以對十日。則爲辰，日榦月枝，猶日君月臣也。甲乙，日之首。丁丑，辰之丑。不言子丑，而言寅卯者，甲乙寅卯皆主木，木生東方。東方者春，萬物莫不始於春也。《爾雅》以甲、癸紀歲陽。《白虎通·姓名篇》："甲乙者，榦也；子丑者，枝也。"

甲、乙、丙、丁、戊、己、庚、辛、壬、癸者，《史記·律書》："甲者，言萬物剖符甲而出也。乙者，言萬物生軋軋也。丙者，言陽氣著明，故曰丙。丁者，言萬物之丁壯也，故曰丁。庚者，言陰氣庚萬物，故曰庚。辛者，言萬物之辛生，故曰辛。壬之爲言任也，言陽氣任養萬物於下也。癸之爲言揆也，萬物可揆度，故曰癸。"

《說文》："甲，位東方之孟，陽[1]氣萌動。從木戴孚甲之象。一曰人頭宜爲甲，甲象人頭。乙，象春艸木冤曲而出，陰氣尚彊，其出乙乙也。與'丨'同意。乙承甲，象人頸。丙，位南方，萬物成，炳然。陰氣初起，陽氣將虧。從一、入、冂。一者，陽也。丙承乙，象人肩。丁，夏時萬物皆丁實。象形。丁承丙，象人心。戊，中宮也。象六甲五龍相拘絞也。戊承丁，象人脅。己，中宮也。象萬物辟藏詘形也。己承戊，象人腹。庚，位西方，象秋時萬物庚庚有實也。庚承己，象人臍。辛，秋時萬物成而孰，金剛，味辛，辛痛即泣出。從一、從辛。辛，辠也。辛承庚，象人股。壬，位北方也。陰極陽生，故《易》曰：'龍戰於野。'戰者，接也。象人裹妊之形。承亥壬以子，生之叙也。與'巫'同意。壬承辛，象人脛。脛，任體也。癸，冬時，水土平，可揆度也。象水從四方流入地中之形。癸承壬，象人足。"

《釋名》："甲，孚也。萬物解孚甲而生也。乙，軋也。自抽軋而出也。丙，炳也。物生炳燃，皆著見也。丁，壯也。物體皆丁壯也。戊，茂也，物皆茂盛也。己，紀也，皆有定形可紀識也。庚，猶更也。庚堅强皃也。辛，新也。物初新，皆收成也。壬，妊也。陰陽交物，懷妊也，至子而萌也。癸，揆也。揆度而生乃出之也。”言剛柔者。《淮南·天文訓》云：“凡日，甲剛乙柔，丙剛丁柔，以至於癸。”

盧學士曰：“《禮記·曲禮》：‘外事以剛日。’鄭注：‘順其出爲陽也。出郊爲外事。’《春秋傳》曰：‘甲午祠[2]兵。’又云：‘内事以柔日’。注云：‘順其居内爲陰。’《正義》云：‘外事，郊外之事也。剛，奇日也。十日，五奇、五偶。甲、丙、戊、庚、壬，五奇陽剛。外事剛義，故用剛日。内事，郊内之事。乙、丁、己、辛、癸，五偶爲柔。’然則郊天是國外之事，應用剛日。而《郊特牲》云：‘郊之用辛。’非剛也。又社稷是郊内，應用柔日。而《郊特牲》云：‘凡社日用甲。’非柔也。所以然者，郊社尊，不敢用外、内之義也。又《月令》：‘孟春，天子乃以元日祈穀於上帝。’鄭注：‘謂以上辛郊祭天也。’又云：‘乃择元辰，躬耕帝籍。’注云：‘元辰，蓋郊后吉亥也。’《正義》云：‘盧植、蔡邕竝云：郊天陽，故用日；耕籍陰，故用辰。’”

[注] [1]静本、愛本衍“陽”字，已删。[2]静本、愛本誤作“詞”。

甲齊、乙東夷、丙楚、丁南夷、戊魏、己韓、庚秦、辛西夷、壬衛、癸北夷[1]。

此本諸《淮南子》，乃《漢書·志》也。《漢志》作：“壬燕、趙，癸北夷。”《淮南》作“癸越”，餘並同。案，此主戰國時言之，衛是小國，不得與數，疑有誤字。當從《漢志》也。《淮南》言“越”，亦“趙”之誤。《史記·天官書》又云：“甲、乙，四海之外，日月不占。丙、丁，江、淮、海、岱也。戊、己，中州、河、濟也。庚、辛，華山以西。壬、癸，恒山以北。”是又一說，故與此異。

[注] [1]静本、愛本誤作“秋”。

子周、丑狄、寅楚、卯鄭、辰晉、巳衛、午秦、未宋、申齊、酉魯、戌趙、亥燕。

子、丑、寅、卯、辰、巳、午、未、申、酉、戌、亥者，《史記·律書》云："子者，滋也，言萬物滋於下也。丑，紐也，言陽氣在上未降，萬物厄紐未敢出。寅者，萬物始生螾然也，故曰寅。卯之言茂也，言萬物之茂也。辰者，言萬物之蜄也。巳者，言陽氣之已盡也。午者，陰陽交，故曰午。未者，言萬物皆成，有滋味也。申者，言陰用事，申賊萬物。酉[1]者，萬物之老也。戌者，言萬物盡滅，故曰戌。亥者，該也，言陽氣藏於下，故該也。"

《說文》："子，十一月。陽氣動，萬物滋，人以爲稱。丑，紐也。十二月。萬物動，用事。象手之形。時加丑，亦舉手時也。寅，髕也。正月。陽氣動，去黄泉，欲上出，陰尚彊。象宀不達，髕寅於下也。卯，冒也。二月。萬物冒地而出。象開門之形，故二月爲天門。辰，震也。三月。陽氣動，雷電振。民農時也，物皆生。從乙、匕，象芒達。厂，聲也。辰，房星，天時也。巳，巳也。四月。陽氣已出，陰氣已藏。萬物見，成文章，故巳爲蛇。象形。午，啎也。五月。陰氣午逆，陽冒地而出。此與'矢'同意。未，味也。六月。滋味也。五行，木老於未，象木重枝葉也。申，神也。七月。陰氣成，體自申束。從臼，自持也。吏以申餔時聽事，申旦政也。酉，就也。八月。黍成，可爲酎酒。古文作'丣'。卯爲春門，萬物已出；丣爲秋門，萬物已入。一，閉門象也。戌，滅也。九月。陽氣微，萬物畢成，陽下入地也。五行，土生於戊，盛於戌。從戊含一。亥，荄也。十月。微陽起，接盛陰。從二。一人男，一人女也。從乙，象褱子咳咳之形。"

《釋名》："子，孳也。陽氣始萌，孳生於下也。於《易》爲'坎'。坎，險也。丑，紐也。寒氣自屈紐也。於《易》爲'艮'。艮，限也。時未可聽，物生限止之也。寅，演也。演生物也。卯，冒也，載冒土而出也。於《易》爲'震'。二月之時，雷始震也。辰，伸也。物皆伸舒而出也。巳，已也。

陽氣畢布已也。於《易》爲巽。巽，散也。物皆生布散也。午，仵也。陰氣從下上，與陽相仵逆也。於《易》爲‘離’。離，麗也。物皆附麗陽氣以茂也。未，昧也。日中則昃，向幽昧也。申，身也。物皆成，其身體各申束之，使備成也。酉，秀也。秀者，物皆成也。於《易》爲‘兑’。兑，悦也，物得備足，皆喜悦也。戌，恤也。物當斂，矜恤之也。亦言脱也，落也。亥，核也。收藏百物，核取其好惡真僞也，言物成，皆堅核也。”

此所分配諸國，本之《淮南子》。若《漢書》則云：“寅趙、辰邯鄲、未中山、戌吴越。”與此不同。

[注] [1]静本、愛本誤作“商”。

角、亢，鄭。氐、房、心，宋。尾、箕，燕。斗、牽牛、須女，吴。虚、危，齊。營室、東壁，衛。奎、婁，魯。胃、昴、畢，趙。觜、參，魏。東井、輿鬼，秦。柳、七星、張，周。翼、軫，楚。

星宿分野，《史記·律書》云：“角者，言萬物皆有枝[1]格如角也。亢者，言萬物亢見也。氐者，言萬物皆至也。房者，言萬物門户也，至於門則出矣。心，言萬物始生有華心也。尾，言萬物始生如尾也。箕者，言萬物根棋，故曰箕。建星者，建諸生也。牽牛者，言陽氣牽引出之也。牛者，冒也，言地雖凍，能冒而生也。牛者，耕種萬物者也。須女，言萬物變動其所，陰陽氣未相離，尚相如胥也。虚者，能實能虚，言陽氣冬則宛藏於虚。危，垝也，言陽氣之垝，故曰危。營室者，至營胎陽氣而産之。東壁，居不周風東，主辟生氣而東之。奎者，主毒螫殺萬物也，奎而藏之。婁者，呼萬物且内之也。胃者，言陽氣就藏，皆胃胃也。留者，言萬物之稽留也，故曰留。濁者，觸也，言萬物皆觸死，故曰濁。罰者，言萬物氣奪可伐也。參，言萬物可參也，故曰參。狼者，言萬物可度量，斷萬物，故曰狼。弧者，言萬物之吴落，且就死也。注者，言萬物之始衰，陽氣下注，故曰注。七星者，陽數成於七，故曰七星。張者，言萬物皆張也。翼者，言萬物皆有羽翼也。軫者，言萬物益大而軫軫然。”

《律書》以箕、房、角、翼、注、狼、參、留、奎、危、須女、建星，分配十二月，故有是言。不云“斗”而云“建星”，不云“觜觿”而云“罰”，不云“井”而云“狼”，不云“輿鬼”而云“弧”，則以度之多寡不均，故舉其適中者名之。又“昴”作“留”，“畢”作“濁”，“柳”作“注”，則古今之稱謂異也。

此篇所釋二十八宿分野，本諸《堪輿》也。《周禮·保章氏》注引《堪輿》云：“寅，析木。燕也。卯，大火。宋也。辰，壽星。鄭也。巳，鶉尾。楚也。午，鶉火。周也。未，鶉首。秦也。申，實沈。晉也。酉，大梁。趙也。戌，降婁。魯也。亥，娵訾。衛也。子，玄枵。齊也。丑，星紀。吴、越也。”皆與此同。惟此言“吴”不言“越”，爲不同耳。

《淮南子·星部》地名，唯“斗、牽牛，越。須女，吴。胃、昴、畢，魏。觜觿、參，趙”，與此小異。餘竝同。

《天官書》云：“角、亢、氐，兖州。房、心，豫州。尾、箕，幽州。斗，江、湖。牽牛、婺女，揚州。虚、危，青州。營室、東壁，并州。奎、婁、胃，徐州。昴、畢，冀州。觜觿、參，益州。東井、輿鬼，雍州。柳、七星、張，三河。翼、軫，荆州。”

《漢書·律曆志》與《史記》同。《地理志》又云：“秦地，於《天官》，東井、輿鬼之分野也。其界自弘農故關以西，京兆、扶風、馮翊、北地、上郡、西河、安定、天水、隴西，南有巴、蜀、廣漢、犍爲、武都，西有金城、武威、張掖、酒泉、敦煌，又西南有牂柯、越嶲、益州，皆宜屬焉。自井十度至柳三度，皆秦之分也。魏地，觜觿、參之分野也。其界自高陵以東，盡河東、河内，南有陳留及汝南之召陵、㶏彊、新汲、西華、長平，潁川之舞陽、郾、許、傿陵，河南之開封、中牟、陽武、酸棗、卷，皆魏分也。周地，柳、七星、張之分野也。今之河南雒陽、穀成、平陰、偃師、鞏、緱氏，是其分也。自柳三度至張十二度，謂之鶉火之次，周之分也。韓地，角、亢、氐之分野也。南陽郡及潁川之父城、定陵、襄城、潁陽、潁陰、長社、陽翟、郟，東接汝南，西接弘農得新安、宜陽，皆韓分也。及《詩·風》陳、鄭之國，與韓同星分焉。今河南新鄭及成皋、滎陽，潁川之崇高、陽城，皆鄭分也。陳國，今淮陽之地。自軫六度至亢六度，謂之壽星之次，鄭之分野，與韓同分。趙地，昴、畢之分野。北有信都、真定、常山、中山，又得涿郡之高陽、鄚、州鄉。東有廣平、鉅鹿、清河、河間，又得渤海郡之東平舒、中邑、文安、束州、成平、章武，河以北也。南至浮水、繁陽、内黄、斥丘。西有太原、定襄、雲中、五原、上黨，皆趙分也。燕地，尾、箕分野也。東有漁陽、右北平、遼西、遼東。西有上谷、代郡、雁門。南得涿郡之易、容城、范陽、北新城、故安、涿縣、良鄉、新昌，及渤海之安次，皆燕分也。樂浪、玄菟，亦宜屬焉。自尾四度至斗六度，謂之析木之次，燕之分也。齊地，虚、危之分野也。東有菑川、東萊、琅邪、高密、膠東，南有泰山、城陽。北有千乘，清河以南，勃海之高樂、高城、重合、陽信，西有濟南、平原，皆齊分也。魯地，奎、婁之分野也。東至東海，南有泗水，至淮，得臨淮之下相、睢陵、僮、取慮，皆魯分也。漢興以來，魯東海多至卿相。東平、須昌、壽良，皆在濟東，屬魯，非宋地也。當考。宋地，房、心之分野也。今之沛、梁、楚、山陽、濟陰、東平及東郡之須昌、壽張，皆宋分野。衛地，營室、東壁之分野也。今之東郡及魏郡黎陽，河内之野王、朝歌，皆衛分也。楚地，翼、軫之分野也。今之南郡、江夏、零陵、桂陽、武陵、長沙及漢中、汝南郡，盡楚分也。吴地，斗分野也。今之會稽、九江、丹陽、豫章、廬江、廣陵、六安、臨淮郡，盡吴分也。粤地，牽牛、婺女之分野也。今之蒼梧、鬱林、合浦、交趾、九真、南海、日南，皆粤分也。”其星部所分與《律曆志》間有抵牾。

《天官書》又云：“二十八舍，主十二州，斗秉兼之。秦之疆[2]也，候在太白，占於狼、弧。吴、楚之疆，候在熒惑，占於鳥、衡。燕、齊之疆，候在辰星，占於虚、危。宋、鄭之疆，候在歲星，占於房、心。晉之疆，亦候在辰星，占於參、罰[3]。”正義曰：“《星經》云：‘角、亢，鄭之分野，兖州。氐、房、心，宋之分野，豫州。尾、箕，燕之分野，幽州。南斗、牽牛，吴、越之分野，揚州。須女，虚，齊之分野，青州。危、營[4]、壁，衛之分野，并州。奎、婁，魯之分野，徐州。胃、昴，趙之分野，冀州。畢、觜、參，魏之分野，益州。東井、輿鬼，秦之分野，雍州。柳、星、張，周之分野，三河。翼、軫，楚之分野，荆州也。’”諸説皆與此不合。

盧學士云：“《周禮》疏云：‘吴、越在南，齊、魯在東。今分星或北或西，不依國地所在者，此古之受封之日，歲星所在之辰，國屬焉故也。吴、越二國同次者，亦謂同年度受封，故同次也。’案，賈氏所説，亦未可信。疇人相傳，要必有所從受，故《晉書·天文志》又載《州郡躔次》云：‘陳卓、范蠡、鬼谷先生、張良、諸葛亮、譙周、京房、張衡並云：角、亢、氐，鄭。兖州：東郡入角一度，東平、任城、山陽入角六度，泰山入角十二度，濟北、陳留入亢五度，濟陰入氐一度，東平入氐七度。房、心，宋。豫州：潁川入房一度，汝南入房二度，沛郡入房四度，梁國入房五度，淮陽入心一度，魯國入心三度，楚國入房四度。尾、箕，燕。幽州：涼州入箕中十度，上谷入尾一度，漁陽入尾三度，右北平入尾七度，西河、上郡、北地、遼西東入尾十度，涿郡入尾十六度，渤海入箕一度，樂浪入箕三度，玄菟入箕六度，廣陽入箕九度。斗、牽牛、須女，吴、越。揚州：九江入斗一度，廬江入斗六度，豫章入斗十度，丹陽入斗十六度，會稽入牛一度，臨淮入牛四度，廣陵入牛八度，泗水入女一度，六安入女六度。虚、危，齊。青州：齊國入虚六度，北海入虚九度，濟南入危一度，樂安入危四度，東萊入危九度，平原入危十一度，菑川入危十四度。營室、東壁，衛。并州：安定入營室一度，天水入營室八度，隴西入營室四度，酒泉入營室十一度，張掖入營室十二度，武都入東壁一度，金城入東壁四度，武威入東壁六度，敦煌入東壁八度。奎、婁、胃，魯。徐州：東海入奎一度，琅邪入奎六度，高密入婁一度，成陽入婁九度，膠東入胃一度。昴、畢，趙。冀州：魏郡入昴一度，鉅鹿入昴三度，常山入昴五度，廣平入昴七度，中山入昴八度，清河入昴九度，信都入畢三度，趙郡入畢八度，安平入畢四度，河間入畢十度，真定入畢十三度。觜、參，魏。益州：廣漢入觜一度，越嶲入觜三度，蜀郡入參一度，犍爲入參三度，牂柯入參五度，巴郡入參八度，漢中入參九度，益州入參七度。東井、輿鬼，秦。雍州：雲中入東井一度，定襄入東井八度，雁門入東井十六度，代郡入東井二十八度，太原入東井二十九度，上黨入輿鬼二度。柳、七星、張，周。三輔：弘農入柳一度，河南入七星三度，河東入張一度，河南入張九度。翼、軫，楚。荆州：南陽入翼六度，南郡入翼十度，江夏入翼十二度，零陵入軫十一度，桂陽入軫六度，武陵入軫十度，長沙入軫十六度。’洪邁《容齋隨筆》亦謂其不可曉，姑以廣異聞耳。予族子塘云：‘湯伐桀，歲星在大火；武王伐紂，歲星在鶉火。則十二次，主十二國。亦其類與！但此是甘石家言，故有三晉國名焉。要之，術當本占驗。’”

[注] [1]静本、愛本誤作“格”。[2]静本、愛本作“彊”。[3]静本、愛本作“伐”。[4]静本、愛本作“室”。

北斗七星，一爲樞，二爲旋，三爲機，四爲權，五爲衡，六爲開陽，七爲摇光。

《史記·天官書》：“北斗七星，所謂旋、璣、玉衡，以齊七政。”

樞、旋、機、權、衡、開陽、摇光者，《索隱》曰：“《春秋運斗樞》云：‘斗，第一天樞，第二旋，第三機，第四權，第五衡，第六開陽，第七摇光。第一至第四爲魁，第五至第七爲杓，合而爲斗。’”《春秋文耀鉤》云：“斗者，天之喉舌。玉衡屬杓，魁爲旋機。”《漢書·天文志》：“斗爲帝車，運於中央，臨制四海。分陰陽，建四時，均五行，移節度，定諸紀，皆繫於斗。”江布衣聲云：“《爾雅·釋天》：‘北極謂之北辰。’”

《論語》："譬如北辰居其所。"是天體運轉，而北辰乃其運轉之中央，常居其所，運而不移者，故謂之極，亦謂之旋機。蓋北極者，天體左旋之機。斗之言主，北斗爲恒星之主，恒星隨之而運二萬五千四百一十一年有餘，而右旋一周天者也。則斗魁爲恒星。右旋之宿，大陰在四鉤，則歲星行二宿。二八十六，三四一十二，故十二歲而行二十八宿。日行十二分度之一，歲行三十度十六分度之七，十二歲而周。高誘曰："仲，中也。四中，謂太陰在卯、酉、子、午四面之中。丑鉤辰、申鉤巳，寅鉤亥，未鉤戌，謂太陰在四角。"

熒惑謂之罰星，或謂之執法火宿也。

《吕氏春秋·制樂篇》云："熒惑者，天罰也。"《天官書》："熒惑，出東行十六舍而止，逆行二舍。六旬，復東行，自所止數十舍。十月而入西方。伏行五月，出東方。東行急，一日行一度半。其行東、西、南、北疾也。"

罰星、執法者，《索隱》曰："《天官占》云：'熒惑，方伯象，司察妖孽。'"《春秋文耀鉤》云："赤帝熛怒之神，爲熒惑，位在南方。禮失[1]則罰出。"《淮南·天文訓》："熒惑，常以十月入大微，受制而出行列宿。出入無常，辨變其色，時見時匿。"《吕氏春秋》云："宋景公[2]有疾。司馬子韋曰：'熒惑守心。心，宋之分野也。君當移於相。'公曰：'相，股肱也。除心腹之疾而置於股肱可乎？'曰：'可移於民。'公曰：'民所以爲國，無民，何以爲君？'曰：'可移於歲。'公曰：'歲所以養民，歲不可登，何以畜民？'是時熒惑乃退三舍，延君命二十一年，視之信。"

[注] [1]静本、愛本誤作"出"。[2]静本、愛本誤作"分"。

鎮星謂之地侯土宿也。

鎮星、地侯者，《天官書》："填星，其一名曰地侯。歲行十二度百十二分度之五，日行二十八分度之一，二十八歲周天。"《索隱》引《春秋文耀鉤》云："鎮，黄帝含樞紐之精。其體琁璣，中宿之分也。"《淮南·天文訓》："鎮星以甲寅元始建斗。歲鎮行一宿，日行二十八分度之一，歲行十三度百一十二分度之五，一十八歲而周。""鎮"、"填"，音義同。

盧學士曰："《太平御覽》引《春秋元命苞》：'蟾蜍陰精，流星織女，立地俟。'宋均注：'地俟，鎮星别名也。'"

機、故[1]、北極、斗魁，皆爲旋機也。斗柄則回轉於天。如稱之衡，故謂之玉衡，言玉者，蓋取其色白而晶瑩也。斗柄所建，可以審時。王者順天時以出政，必察視之。

[注] [1]"故"疑爲"樞"之譌；或前"機"爲衍字，"故"連下讀。徐復本《疏義》校記："行文不順，疑有錯亂，俟後。"

樞爲雍州，旋爲冀州，機爲青、兖州，權爲徐、揚州，衡爲荆州，開陽爲梁州，摇光爲豫州。

七星主九州，《春官·保章氏》疏引《春秋文耀鉤》云："布度定記，分州繫象。華、岐以西，龍門、積石，至三危之野，雍州，屬魁星。太行以東，至碣石、王屋、砥柱，冀州，屬樞星。三河、雷澤，東至海、岱以北，兖州、青州，屬機星。蒙山以東，至南江、會稽、震澤，徐、揚之州，屬權星。大别以東，至雷澤、九江，荆州，屬衡星。荆山西南，至岷山，北距[1]鳥鼠，梁州[2]，屬開星。外方熊耳以東，至泗[3]水、陪尾，豫州，屬摇星。此九州屬北斗。星有七，州有九，但兖、青、徐、揚并屬二州，故七星主九州。"案,《文耀鉤》言："雍屬魁，冀屬樞。"而此篇"雍屬樞，冀屬旋"，不同者，"魁"是第一至第四總名，不得專屬"雍"，疑彼誤也。

[注] [1]静本誤作"岨"。[2]静本、愛本誤作"岐"。[3]静本、愛本作"四"。

歲星謂之重星，或謂之應星木宿也。

歲星、重星、應星者，《天官書》："歲星，一曰攝提，曰重華，曰應星。歲星，出東行十二度，百日而止。反逆行，逆行八度。百日復東行。歲行三十度十六分度之七，率日行十二分度之一，十二歲而周天。"《淮南·天文訓》："大陰在四仲，則歲星行三宿[1]。"

[注] [1]静本、愛本脱"宿"字。

太白謂之長庚，或謂之太囂晨見東方爲啟明，昏見西方爲長庚。案，金星。

太白、長庚、太囂者，《天官書》："太白其庳，近日曰明星，高、遠日曰太囂。"《索隱》曰："《韓詩》云：'太白，晨出東方爲啟明，昏見西方爲長庚。'"孫炎注《爾雅》亦以爲"晨出東方，高三丈，命曰啟明；昏見西方，高三舍，命曰太白"。正義曰："《天官占》云：'太白者，西方金之精，白帝之子，上公、大將軍之象也。一名殷星，一名大正，一名營星，一名官星，一名梁星，一名滅星，一名大囂，一名大衰，一名大爽。徑一百里。'"《淮南·天文訓》："太白元始，以正月甲寅，與熒惑晨出東方。二百四十日而入，入百二十日而夕出西方，二百四十日而入，入三十五日而復出東方。出以辰、戌，入以丑、未。"按，《周禮》疏引《星備》云："太白日行八分度之一，八歲而周天。"

辰星謂之免星，或謂之鉤星。

水星也。京房《易》傳謂之太陰。

辰星、免星、鉤星者，《天官書》云："辰星北方水，太陰之精。免七命，曰小正、辰星、天chan、安周星、細爽、能星、鉤星。"《索隱》曰："謂免星凡有七名。命者，名也。小正一也，辰二也，天chan三也，安周星四也，細爽五也，能星六也，鉤星七也。"又引皇甫謐云："辰星，一名chan

星。或曰鉤星。”正義曰：“《天官占》云：‘辰星，北水之精，黑帝之子，宰相之祥也。一名細極，一名鉤星，一名爨[1]星，一名伺祠。徑一百里也。’”《淮南·天文訓》：“辰星正四時，常以二月春分効奎、婁，以五月夏至効東井、輿鬼，以八月秋分効角、亢，以十一月冬至効斗、牽牛。出以辰、戌，入以丑、未。出二旬而入，晨倏之東方，夕候之西方。”高誘注：“効，見也。”《周禮》疏引《星備》云：“辰星，日行一度，一歲而周天。”舊本“免星”上，尚有“鉤星”二字。案，依上文之例，當云“辰星謂之免星，或謂之鉤星”。且《史記索隱》及李善注《景福殿賦》竝引云：“辰星，或謂之鉤星。”則此“免星”上“鉤星”二字衍文，今訂正。

[注] [1]静本、愛本作“爨”。

大角謂之棟星。

大角者[1]，《天官書》：“大角者，天王帝廷。”《索隱》曰：“《援神契》云：‘大角爲坐倏。’宋均云：‘坐，帝坐也。’”正義曰：“大角一星，在兩攝提間，人君之象也。”

[注] [1]《廣雅疏證》：“《開元占經》引《甘氏》云：‘大角者，棟星也。’又引《詩紀樞》云：‘大角爲天棟，以正紀綱。’”

天宮謂之紫宮。天旗謂之參旗。

天宮謂之**紫宮**者，《天官書》：“東宮蒼龍，南宮朱鳥，西宮咸池，北宮玄武。”皆言宮。又云：“中宮天極星，環之匡衛十二星，藩臣，皆言紫宮。”《淮南·天文訓》：“紫宮者，太一之居也。”此言“天宮”，疑即“中宮”也。《周禮·大宗伯》疏引《元命苞》云：“天生大列，爲中宮太極星。其一明者，太一常居。傍兩星巨辰子位，故爲北辰，以起節度，亦爲紫微宮。紫之言此也，宮之言中也，言天神運動，陰陽開閉，皆在此中也。宋均又以爲‘十二軍，中外位各定，總謂之紫宫也’。”

天旗謂之**參旗**者，《天官書》云：“小三星隅置，曰觜觿。其西有句曲九星。三處羅：一曰天旗，二曰天苑，三曰九游。”正義曰：“參旗九星，在參西，天旗也。指麾遠近以從命者。九游、九星，在玉井西南，天子之兵旗，所以導軍進退，亦領州列邦。”舊本作“天宫謂之參旗、紫宫”，今訂正。

盧學士考定本作“天宫謂之參旗，太一謂之紫宫”。

參、伐謂之大辰。

參、伐、大辰者，《公羊昭十七年傳》：“大火爲大辰，伐爲大辰，北辰亦爲大辰。”注云：“大火與伐，天所以示民時早晚，天下所取正，故謂之大辰。”《天官書》：“參爲白虎。下有三星，兑，曰罰，爲斬艾事。”《集解》曰：“孟康云：‘在參間，上小下大，故曰銳。’”正義曰：“罰，亦作‘伐’。”《春秋運斗樞》云：“參、伐事，主斬艾也。”《鄉飲酒義》云：“參之以三光。”鄭注：“三光，三大辰也。”《後漢書·郎顗傳》：“罰者白虎，其宿主兵，其國趙、魏。”

太微謂之天庭。房謂之明堂。

太微謂之**天庭**者，《淮南·天文訓》：“太微者，太一之庭也。”高誘注：“太微星，名太一。天神。”《天官書》：“太微，三光之廷。”《索隱》曰：“宋均云：‘太微，天帝南宫也。三光、日、月，五星也。’”《春秋合誠圖》云：“太微，主法式。”《文選·月賦》注云：“張泉《觀象賦》：‘寥寥帝庭。’自注云：‘帝庭，謂太微宫也。’《春秋元命苞》云：‘太微，爲天庭。’”又《西都賦》注引《春秋合誠圖》云：“紫宫，大帝室，太一之精也。”

房謂之**明堂**者，《天官書》：“東宫蒼龍，房、心。心爲明堂。”《索隱》曰："《春秋説題辭》云：'房、心爲明堂，天王布政之宫。'"《後漢書·郎顗傳》："房、心者，天帝明堂布政之宫。"《孝經鉤命決》云："歲星守心，年穀豐。"《尚書·洪範》記曰："月行中道，移節應期，德厚受福，重華留之。重華者，謂歲星在心也。"案，《史記》以"心"爲"明堂"，而《説題辭》、郎顗説"明堂"皆兼"房"、"心"言之。予謂"房"指"明堂"，"心"指"天王"，故此言"房"而不言"心"也。舊本作"太微、房謂之明堂"。案，太微在南宫，房、心在東宫，疑此"太微"上下有脱文，今訂正。

須女謂之婺女。

須女、婺女者，《天官書》"婺女"，《索隱》引此文。"須"作"湏"，"婺"作"務"。正義曰："湏女四星，亦名婺女。天少府也。南斗、牽牛、湏女，皆爲星紀。於辰在丑，越之分野；而斗牛爲吴之分野也。湏女，賤妾之稱，婦職之卑者。主布帛、裁製、嫁娶。"

參謂之實沈。

參、實沈者，韋昭注《國語》云："參，伐也。參在實沈之次。自畢十二度至東井十五度曰實沈。"《史記正義》云："參三星，外四星爲實沈。於辰在申、魏之分野。"《左氏昭元年傳》："遷實沈於大夏，主參，唐人是因。"

昴謂之旄頭。

昴、旄頭者，《天官書》："昴曰髦頭。"《漢志》作"旄頭"。《春秋元命苞》云："昴六星。昴之爲言留，言物成就繫留。"

東井謂之鶉首。張謂之鶉尾。軫謂之鳥帑。

鶉首、鶉尾、鳥帑者，南陸三次，曰鶉首、曰鶉火、曰鶉尾，皆取象於鳥形也。自東井十度至柳三度，於辰在未，爲鶉首；自張二度至軫六度，謂之鶉尾。《左氏襄二十八年傳》：“以害鳥帑。”杜注：“鳥尾曰帑。”案，張、翼、軫，皆在鶉尾之次，故軫爲鳥帑。

營室謂之豕韋。

豕韋者，《左氏襄三十年傳》：“歲在陬訾之口。”陬訾，亦謂之豕韋。《昭十一年傳》：“歲在豕韋。”是也。《分野略例》云：“自危十六度至奎四度，於辰在亥，爲諏訾。諏訾，歎息也。十月之時，陰氣始盛，陽氣伏藏，萬物失養育之氣，故哀悲而歎息，嫌於無陽，故曰陬訾。”

北辰謂之大堂。

北辰、大堂者，《楚辭・天問》：“斡維焉繫，天極焉加。”戴震注：“天極，《論語》所謂‘北辰’，《周髀》所謂‘正北極’，步算家所謂‘不動處’，亦曰‘赤道極’，是左旋之極。日、月五步，各有一極。日曰黄道極，《周髀》所謂‘北極’，璿璣環繞正北極者也。月與五步之極，又環繞璿璣者也，是皆爲右旋之極。”《周禮》疏引《爾雅》：“北極謂之北辰。”鄭注：“天皇，北辰耀魄寶。”詹事兄曰：“大堂，當作‘天皇’。”

盧學士本作“大帝”。

天淵謂之紐兹。

盧學士曰：“不應與下‘天淵’，文不相聯屬。疑爲後所妄竄也。”

妃星謂之大當。

妃星、大當者[1]，《太平御覽》引《樂緯・叶圖徵[2]》云：“大當，正妃也。”注云：“大當，鉤陳末大星也。”唐《碧落碑》：“大當叶曜，中闈以睦。”《天官書》：“後句四星，末大星正妃。”《索隱》引《援神契》云：“辰極横，后妃四星從，大妃光明。”舊本“大當”譌爲“天當”，今訂正。

[注] [1]静本、愛本“當”譌“堂”，據《廣雅疏義》改。[2]静本、愛本作“微”。

天淵謂之三淵。

天淵、三淵者，上文已云“天淵謂之紐兹”矣。又云“三淵”，廣異名。

盧學士云：“《天官書》：‘西宫曰咸池，曰天五潢[1]。五潢，五帝車舍。’《漢書·天文志》：‘有星守三淵，天下大水。三淵，蓋五帝之三柱也。’”

[注] [1]静本、愛本誤作“横”。

軒轅謂之路寢。

軒轅者[1]，《天官書》：“軒轅，黄龍體。前大星，女主象；旁小星，御者後宫屬。”《索隱》曰：“《援神契》云：‘軒轅十二星，后宫所居。’《石氏星讚》以‘軒轅龍體，主后妃也’。”《正義》曰：“其大星，女主也；次北星，夫人也；次北一星，妃也；其次諸星，皆次妃之屬；女主南一小星，女御也；左一星，少民，后宗也。”案，《淮南·天文訓》：“軒轅者，帝妃之舍也。”

[注] [1]徐復本《盧注》："軒轅十二星，后宫所居，是爲人君之正寢，故此謂之路寢。"

輿鬼謂之天廟。

輿鬼、天廟者，《天官書》："輿鬼，鬼祠事。"正義曰："輿鬼四星，主祠[1]事，天目[2]也。"

盧學士曰："《國語》：'日月底於天廟。'則營室也，非此天廟。"

[注] [1]静本、愛本誤作"詞"。[2]静本、愛本誤作"田"。

星，題上事也。《説文》："曐，萬物之精，上爲列曐。或作'星'。"《釋名》："星，散也。列位布散也。"《河圖》云："巛德布精，上爲列星。"《春秋説題辭》："星之言精也。陽之榮也。陽精爲日，日分爲星，故其字日、生爲星。"

《廣雅疏義》卷第十八

嘉定錢大昭晦之甫撰

圜丘[1]、大壇，祭天也。

圜丘、大壇者，《春官·大司樂》："凡樂，冬日至於地上之圜丘而奏之，夏日至於澤中之方丘而奏之。祭法，燔柴於泰壇，祭天也。"注："封土爲祭處也。壇之言坦也。坦，明皃。"孔疏："謂積薪於壇上，而取玉及牲置柴上燔之，使氣達於天也。"以至尊言之，則曰大壇，曰大折；以形言之，則曰圜丘，曰方澤。

[注] [1]静本、愛本作"丠"。

方澤、大折，祭地也。

方澤、大折者，方澤，一名方丘也。見上文。《祭法》："瘞埋於泰折，祭地也。用牲犢。"注："折，炤晢也。必爲炤明之名，尊神也。地，陰。用黝牲，與天俱用犢。連言耳。"孔疏："謂瘞繒埋牲，祭神州地祇於北郊也。"舊本"折"訛"坎"，今訂正。

大昭，祭四時也。

大昭者，《祭法》："埋少牢於泰昭，祭時也。"注："昭，明也。亦謂壇也。時，四時也。亦謂陰陽之神也。埋之者，陰陽出入於地中也。"孔疏："謂祭四時、陰陽之神也。泰昭，壇名也。昭，亦取明也。春夏爲陽，秋冬爲陰。若祈陰則埋牲，祈陽則不應埋之。今揔云‘埋’者，以陰陽之氣俱出入於地中而生萬物，故並埋之，以享陰陽爲義也。用少牢者，降於天地也。自此以下及日月至山林，並少牢也。先儒並云：‘不薦孰，唯殺牲埋之也。’”

坎壇，祭寒暑也。

坎壇者，《祭法》：“相近於坎壇，祭寒暑也。”注：“相近，當爲‘禳祈’，聲之誤也。禳猶却也。祈，求也。寒暑不時，則或禳之，或祈之。寒於坎，暑於壇。”孔疏：“禳，却也。寒暑之氣，應退而不退，則祭禳却之，令退也。祈，求也。寒暑之氣，應至而不至，則祭求之，令至也。寒則於坎，寒陰也。暑則於壇，暑陽也。”

王宫，祭日也。

王宫者，《祭法》：“王宫，祭日也。”注：“王宫，日壇。王，君也。日稱君；宫壇，營域也。”孔疏：“王，君也。宫，亦壇也。營域如宫也。日神尊，故其壇曰君宫。”

夜明，祭月也。

夜明者，《祭法》：“夜明，祭月也。”注：“夜明，亦謂月壇也。”孔疏：“夜明者，祭月壇名也。月明於夜，故謂其壇爲夜明也。”

幽禜，祭星也。

幽禜者，《祭法》：“幽宗，祭星也。”注：“宗，當爲‘禜’字之誤也。幽禜，亦謂星壇也。星以昏始見。禜之言營也。”孔疏：“幽宗者，祭星壇名也。幽，闇也。宗，當爲‘禜’。禜，壇域也。星至夜而出，故曰幽也。爲禜域而祭之，故曰幽禜也。”案，惠士奇曰：“《晉志》：‘摯虞奏《肆師職》云：用牲於社宗。《黨正職》云：春秋祭禜亦如之。肆師之宗，與社並列。則‘班’與‘社’同。《黨正》之禜，文不繫社，則‘神’與‘社’異。’愚謂《黨正》祭禜，與州長祭社同時，水旱農祥，春祈秋報，其禮亦與祭社等。《周頌·絲衣》：‘繹，賓尸。’高子曰：‘靈星之尸也。’《漢志》：‘高祖詔御史，令天下立靈星祠。’張晏曰：‘龍星左角曰天田，則農祥也。辰日祀以牛，號曰零星。’《風俗通》云：‘辰之神爲零星，故以辰日祀於東南。’《淮南子》云：‘零星之尸，儼然玄默，而吉祥受福。’古者祭皆有尸。零，與‘靈’通。幽禜，蓋靈星歟?”

雩禜，祭水旱也。

雩禜者，《祭法》：“雩宗，祭水旱也。”注：“宗，當爲禜。雩禜，亦謂水旱壇也。雩之言吁嗟也。”《春秋傳》曰：“日月星辰之神，則雪霜風雨之不時，於是乎禜之。山川之神，則水旱癘疫之不時，於是乎禜之。”孔疏：“禜宗，亦壇名也。雩，吁嗟也。水旱爲人所吁嗟。禜，亦營域也。爲禜域而祭之，故曰雩禜也。”

四坎壇，祭四方也。

四坎壇者，《祭法》：“四坎壇，祭四方也。”注：“四方，即謂山林、川谷、邱陵之神也。祭山林、邱陵於壇，川谷於坎，每方各爲坎、爲壇。”孔疏：“四方，各爲一坎、一壇。壇以祭山林、邱陵，坎以祭川谷、泉澤也。”

廟、祧、壇、場、鬼，祭先祖也。

場，當爲“墠”字之譌也。

廟、祧、壇、墠、鬼者，《祭法》：“設廟、祧、壇、墠而祭之。王立七廟，諸侯立五廟，大夫立三廟，士二廟，官師一廟。遠廟爲祧，去祧爲壇，去壇爲墠，去墠爲鬼。”注：“除地曰墠，封土曰壇[1]。”孔疏：“遠廟爲祧者，遠廟謂文、武廟也。文、武並爲應遷之例，故云遠廟。特爲功德而留，故謂爲祧。祧之言超也，言其超然上去也。去祧爲壇者，謂高祖之父也。若是昭行，寄藏武王祧；若是穆行，即寄藏文王祧。不得四時而祭之，若有四[2]時之祈禱，則出就壇受祭也。去壇爲墠者，謂高祖之祖也，不得在壇。若有祈禱，則出就墠受祭也。高祖之父，既初寄在祧，而不得於祧中受祭，故曰去祧也。高祖之祖，經在壇而今不得祭，故曰去壇也。在壇、墠者，不得享嘗，應有祈禱於壇、墠，乃祭之也。去墠曰鬼者，若又有從壇遷來墠者，則此前在墠者，遷入石函爲鬼。雖然有祈禱，亦不得及。唯禘、祫乃出也。”吴澄《書纂言》云：“古禮，凡於遠祖之無廟者，及宗子去其宗廟而在他國者，及支子雖在本國而於禮不得入廟者，或有禱告，必須墠地爲壇，以棲祖考之神。”

[注] [1]静本、愛本誤作“墠”。[2]静本、愛本脱“四”字。

祀處，《説文》：“祀，祭無已也。或作‘禩’。”《漢書·郊祀志》云：“《洪範》：‘八政，三曰祀。祀者，所以昭孝事祖，通神明也。’”《孝經》疏云：“祀者，似也，謂祀者似將見先人也。”《祭法》：“王爲羣姓立七祀，庶士、庶人一祀。”

此所釋者，合天神、地祇、人鬼而各言其所祀處。

䄍士駕反、**禮**曹音、**祽**七外反、**祱**稅音、**䄛**力侯反、**臘**、**祓**、**禊**乎計反、**餟**知[1]稅反、**祼**古奐反、**軷**步末反、**禜**禜音、**祊**布庚反、**祾**陵音，又力登反、**禖**梅音、**禪**、**祧**他聊反、**醮**子喋反、**禬**古外反、**祡**、**望**、**禨**巨衣反、**祥**、**禫**、**禱**倒音、**禜**、**禳**，**祭也**。

《說文》："祭，祀也。從示，以手持肉。"《祭義篇》："祭者，百順之名也。"又云："霜露既降，君子履之，必有悽愴之心，非其寒之謂也；春雨露既濡，君子履之，必有怵惕之心，如將見之。"《春秋繁露》云："祭者，察也。以善逮鬼神之謂。善乃逮。不可聞見者，故謂之察。"又曰："祭之爲言際也。"《尚書大傳》："祭之爲言察也。察者，至也，言人事至於神也。"《說苑·權謀篇》："孔子曰：'祭之爲言索也。索也者，盡也。乃孝子所以是盡於親也。'"

䄍者，《禮記·禮運》、《釋文》云："蜡，《字林》作'䄍'。"《玉篇》："䄍，報祭也。古之臘曰䄍，亦作'蜡'。"《郊特牲篇》："天子大蜡八，伊耆氏始爲蜡。歲十二月，合聚萬物，而索饗之也。"注："萬物有功加於民者，神使爲之，故祭以報焉。其祭祀之詞曰：'土反其宅，水歸其壑，昆蟲無作，草木歸其澤。'是也。"《春官·籥章》："國祭蜡則歈豳頌。"

禮者，才刀切。《玉篇》："禮，豕祭也。"《廣韻》："祭豕先也。"

祽者，《玉篇》："祽，子内切。祭名。"《廣韻》："子對切。月祭名。"

祱者，始銳切。《玉篇》引《博雅》："祭也。"

盧學士曰："祱，《說文》作：'餟，小餟也。''餟，祭酹[2]也。'《玉篇》：'餟，始銳、力外二切。'又作：'餟，張芮切。又，餽也。亦作'醊'。'《說文》：'吴人謂祭鬼曰餽。'《廣韻》：'餟，郎外切。音酹。門祭。'《集韻》：'餟，小祭也。'"

䄛者，《說文》："膢，楚俗以二月祭飲食也。一曰祈穀食新曰離膢。"《玉篇》："䄛，飲食祭也。冀州八月、楚俗二月，亦作'膢[3]'。"《漢書》："太初二年三月，令天下膢五日，祠門户，比臘。"如淳曰："膢，音樓。"《漢儀》注："立秋貙膢。"伏儼曰："膢，音劉。殺也。"蘇林曰："膢，祭名也。常以立秋日祭獸。王者亦以此日出獵，還以祭宗廟，故有貙膢之祭也。貙，虎屬。"

盧学士云："《風俗通》引《韓子書》：'山居谷汲者，膢臘而遺水。楚俗，常以十二月祭飲食也。'又曰：'嘗，新始殺也。食新曰貙膢。'《續漢書·禮儀志》：'立秋之日，武官肆兵，習戰陣之儀、斬牲之禮，名曰貙劉。祠先虞。'""膢"、"劉"，義各通。

臘者，《說文》："臘，冬至後三戌，臘祭百神。"《左氏僖五年傳》："虞不臘矣！"注："臘，歲終祭衆神之名。"《月令》："孟冬，臘先祖五祀。"注："謂以田獵[4]所得禽祭也。"

祓者，《說文》："祓，除惡祭也。"《玉篇》："祓，除菑求福也。"《春官·女巫》："掌歲時祓除、釁浴。巫祝桃茢。"《大雅·生民》："以弗無子。"箋："弗之言祓也。""弗"、"祓"，字異義同。

禊者，《史記》："漢武帝禊灞上。"徐廣曰："三月上巳，臨水[5]祓除謂之禊也。"張衡《南都賦》："於是莫春之禊，上巳之辰，方軌齊軫，祓於陽瀕。"李善注引《續漢書》云："三月上巳，宫人皆禊於東流水上，祓除宿垢疢也。"

餟者，《說文》："餟，祭酹也。"《玉篇》作"裰"。云："祭名。亦作'醊'。"《史記·褚少孫補〈孝武本紀〉》："其下四方爲餟食。"《索隱》曰："餟，音竹芮反，謂聯續而祭之。《漢志》作'腏[6]'，古字亦通。"《正義》引劉伯莊云："謂繞壇設諸神祭[7]座，相連綴也。"

祼者，《說文》："祼，灌祭也。"《玉篇》："祼，祼鬯告神也。"《大雅·文王》："祼將于京。"傳："祼，灌鬯也。周人尚臭。"《天官·小宰》："贊王祼將之事。"注："謂贊王酌鬱鬯以獻尸謂之祼。祼之言灌也。唯人道宗廟有祼，天地大神至尊不祼。”

軷者，《說文》云：“出將有事於道，必先告其神。立壇四通，樹茅以依神爲軷。既祭軷轢於牲而行。”《大雅·生民》：“取羝以軷。”傳：“軷，道祭也。”《周官·大馭》：“掌馭玉輅，及犯軷，遂驅之。”注：“封土爲山象，以菩芻棘栢爲神主。既祭之，以車轢之而去，喻無險難也。”《聘禮記》曰：“出祖釋軷，祭酒脯，乃飲酒於其側。”注：“祖，始也。既受聘享之，行出國門，止陣車騎，釋酒脯之，奠於軷，爲行始。”

𥜿者，此芮切。《說文》：“𥜿，數祭也。”《玉篇》：“𥜿，重祭也。”案，本書《釋詁》：“𥜿，謝也。”是“𥜿”爲謝之祭也。

𥛱者，《說文》：“鬃，門内祭先祖，所以徬徨。《詩》曰：‘祝祭于鬃。’或作‘祊’。”《禮器篇》：“爲祊乎外。”注：“謂之祊者，於廟門之旁，因名焉。”《爾雅》：“閍謂之門。”李巡云：“祊，故廟中門名也。”孫炎云：“謂廟門。”《郊特牲篇》：“索祭祝於祊。不知之神之所在。於彼乎？於此乎？或諸遠人乎？祭於祊，尚曰‘求諸遠者與’？”“祊之爲言倞也。”注：“倞，猶索也。”

䘳者，《玉篇》：“䘳，祭名。神靈之威福也。”

禖者，《說文》：“禖，祭也。”《玉篇》：“禖，求子祭。”《月令》：“仲春，玄鳥至。至之日，以太牢祀於高禖。天子親往，后妃帥九嬪御，乃禮天子所御，帶以弓韣，授以弓矢，於高禖之前。”注：“玄鳥，燕也。燕以施生時來，巢人堂宇而孚乳，娶嫁之象也。媒氏之官以爲候。高辛之世，玄鳥遺卵，娀簡吞之而生禼。後王以爲媒官嘉祥，而立其祠焉。變‘媒’爲‘禖’，神之也。”《王居明堂禮》曰：“帶以弓韣，禮之禖下，其子必得天材。”高誘注《吕氏春秋·仲春紀》云：“《周禮·媒氏》：‘以仲春之月，合男女於時也。奔則不禁。’因祭其神於郊，謂之郊禖。音與‘高’相近，故或言高[8]禖。王者、后妃以玄鳥至日，祈繼嗣於高禖。”

禪者，《説文》："禪，祭天也。"《白虎通義·封禪篇》："言禪者，明以成功相傳也。"

盧學士曰："《大戴禮·保傅篇》：'封泰山而禪梁甫。'盧辯注：'封謂負土石於泰山之陰，爲壇而祭天也。禪爲除地於梁甫之陰，爲墠以祭地也。'變'墠'爲'禪'，神之也。"

祧者，《玉篇》："祧，遠廟也。"《説文》無"祧"字，古作"濯"。《春官·守祧》注："故書'祧'作'濯'。鄭司農讀'濯'爲'祧'。"

醮者，《説文》："醮，冠娶禮祭。或作'樵'。"宋玉《高堂賦》："醮諸神。"

襘者，《説文》："襘，會福祭也。"引《周禮》曰："襘之祝號。"《春官·大宗伯》："以襘禮哀圍敗。"注："同盟者會合財[9]貨，以更其所喪。《襄三十年》：'冬，會於澶淵。宋災。'故是其類。"又《女祝》："襘、禳之事。"注："除災害曰襘。襘，猶刮去也。"

桊者，《玉篇》："桊，祭名。"《集韻》："餋，古倦切。常山謂祭爲'餋'，或作'桊'。"舊本"桊"訛"奉養"之"養"，今訂正。

望者，山川之祭也。《虞書》："望於山川。"《爾雅》："梁山，晉望也。"《左氏哀六年傳》："三代命祀，祭不越望。江漢睢章，楚之望也。"

禨者，《春官·肆師》："以歲時序其祭祀，及其祈珥。"注："故書'祈'爲'幾'。玄謂'祈'當爲'進禨'之'禨'，'珥'當爲'衈'。禨衈者，釁禮之事。"《説文》作："鐖，以血有所刏，涂祭也。"

盧學士曰："《列子·説符篇》：'楚人鬼而越人禨。'"《吕氏春秋·異寶篇》亦列載之。高誘注："言荆人畏鬼神，越人信吉凶之禨祥。"

祥者，《釋名》："期而小祥，亦祭名也。孝子除首絰，服練冠也。祥，善也，加小善之飾也。"又："期而大祥，亦祭名也。孝子除縗服，服朝服、縞冠，加大善之飾也。"

禫者，徒感切。《説文》："禫，除服祭也。"《釋名》："閒月而禫。亦祭名也。孝子之意，澹然哀思益衰[10]也。"《士虞禮記》："中月而禫。"注："中，猶閒也。禫，祭名也。與大祥間一月。自喪至中，凡二十七月。禫[11]之言澹澹然，平安意也。古文'禫'，或作'導'。"《説文·谷部[12]》之"㐁"，《木部》之"棪"，《穴部》之"突"，皆讀若"三年導服"之"導"。"導服"，即"禫服"也。從古文，故曰"導"。又《喪服記》："禫而内無哭者。"注："禫，或皆作'道'。"

禱者，《説文》："禱，告事求福也。"《春官·大祝》："作六辭以通上下、親疏、遠近。五曰禱。"先鄭云："禱，謂禱於天地、社稷、宗廟，主爲其辭也。"《春秋傳》："鐵之戰。衛太子禱曰：'曾孫蒯聵敢昭告皇祖文王、烈祖康叔、文祖襄公：鄭勝亂從，晉午在難，不能治亂，使鞅討之。蒯聵不敢自佚，備持矛焉。敢告無絶筋，無破骨，無作三祖羞，大命不敢請，佩玉不敢愛。'若此之屬。"後鄭云："禱，慶賀言福胙之辭。晉趙文子成室，晉大夫發言。張老曰：'美哉輪焉，美哉奐焉。歌於斯，哭於斯，聚國族於斯。'文子曰：'武也得歌於斯，哭於斯，聚國族於斯，是全要領以從先大夫於九京也。'北面再拜稽首。君子謂之善頌善禱。是禱之詞。"案，先鄭説是告事之禱，後鄭説是求福之禱也。

禜者，爲命切。《説文》："禜，設緜蕝爲營，以禳風雨、雪霜、水旱、癘疫於日月星辰山川也。一曰禜、衛，使灾不生。"

禳者，汝羊切。《説文》："禳，磔禳祀，除癘疫也。古者燧人禜子所造。"《天官·女祝》："禬、禳之事。"注："却變異曰禳。禳，攘也。"《月令》："季春命國難，九門磔禳，以畢春氣。"注："此難，難陰氣也。陰寒至此不止，害將及人。所以及人者，陰氣右行此月之中，日行歷昴，昴有大陵積尸之氣，氣佚則厲鬼隨而出行。命方相氏帥百隸索室、敺疫以逐之。又磔牲以攘於四方之神，所以畢止其灾也。"《王居明堂禮》："季春，出疫於郊，以攘春氣。”又：“季冬，命有司，大難旁磔。”注：“陰氣右行，此月之中，日歷虚、危，虚有墳墓、四司之氣，爲厲鬼，將隨強陰出害人。旁磔於四方之門。磔，攘也。”“禳”、“攘”，字異義同。

[注] [1]静本、愛本誤作“和”，據《博雅音》改。[2]静本、愛本作“酙”。[3]静本、愛本誤作“褸”。[4]静本、愛本誤作“臘”。[5]静本、愛本脱“水”字。[6]静本、愛本誤作“餟”。[7]静本、愛本誤作“登”。[8]静本、愛本誤作“或”。[9]静本、愛本誤作“則”。[10]静本、愛本作“哀”。[11]静本、愛本誤作“潭”。[12]静本、愛本誤作“步”。

臘，索也。夏曰清祀，殷曰嘉平，周曰大禮，秦曰臘。

清祀、嘉平、大禮、臘者，《月令》：“孟冬，臘門閭及先祖五祀。”《左氏僖五年傳》：“虞不臘矣。”“臘”之見於傳記者，惟此二文而已。案，建丑之月謂之臘月。宗稟《荆楚記》云：“臘節在十二月，故因是謂之臘月也。”《史記·秦本紀》：“惠王十三年始臘。始皇三十一年，更改臘曰嘉平。”《禮運》疏云：“夏曰清祀。清祀者，以清潔祭祀。殷曰嘉平。嘉，善也；平，成也。以歲終萬物善成就而報功。”蔡邕《獨斷》云：“臘者，歲終大祭。縱吏民宴飲，非迎氣，故但送不迎。”應劭《風俗通義》云：“案，《禮》：‘夏曰嘉平，殷曰清祀，周曰大蜡。漢改爲臘。臘者，獵也。田獵取獸，祭先祖也。’”《郊特牲》云：“八蜡以祀四方。四方年不順成，八蜡不通，以謹民財也。”《周禮》疏云：“八蜡者，先嗇一也，司嗇二也，農三也，郵畷四也，貓虎五也，坊六也，水庸七也，昆蟲八也。”

盧學士曰：“蔡邕《獨斷》載‘四代臘之别名’，亦與《風俗通》同。夏與殷之名俱互異。《禮記·月令》正義引《獨斷》、《初學記》引《風俗通》，則與《廣雅》之文無異。《史記·秦始皇本紀·索隱》引《廣雅》‘秦曰臘’，作‘亦曰臘’。是則今本《風俗通》、《獨斷》皆轉録誤。”

天子祭以鬯，諸侯以薰，大夫以茝[1]蘭，士以蕭，庶人以艾。

鬯、薰、茝蘭、蕭、艾者，此本《禮·王度記》也。《周禮》疏引《王度記》無“祭”字，“茝蘭”作“蘭芝”，餘同。《白虎通義·考黜篇》引《王度記》作“大夫芑蘭，士蒹”，餘同。《禮》有“鬱鬯”者，“築鬱金之草而煑之，以和秬黍之酒，使之芬香條鬯，故謂之鬱鬯。”鬯，非草名，而此與“薰”、“茝蘭”、“蕭”、“艾”並列，則以“鬱”爲鬯草，故亦以爲草也。

盧學士曰：“《說文》：‘薰，香草也。’茝蘭，見《内則》、《釋文》。茝，本又作‘芷’，昌改反。韋昭注《漢書》云：‘香草也。昌以反。’又《說文》云：‘虈[2]，齊人謂之茝。’據此，則賈疏云‘芝’，《白虎通》云‘芑’，皆‘芷’字之譌[3]也。《說文》：‘蕭，艾蒿也。’‘蒹，乃雚之未秀者。’則亦‘蕭’之譌[4]也。《詩·王風·采葛》傳云：‘蕭，所以供祭祀。’正義引《爾雅·釋草》云：‘蕭荻[5]。’陸璣云：‘今人所謂荻蒿者，是也。可作燭，有香氣，故祭祀以脂，爇之爲香。許慎以爲艾蒿，非也。’《爾雅》：‘艾冰臺。’郭注：‘今艾蒿。’”

[注] [1]愛本作“苣”，據《博雅音》改。[2]愛本此處空白；下有“也”字，已刪。[3]静本、愛本誤作“為”。[4]静本、愛本誤作“偽”。[5]静本、愛本作“萩”。

王者以四時畋，以奉宗廟，因簡戎事。刈草爲防，毆歎於反**而射之，不題禽，不垝**車羙反**遇，不掟草，越防不追。天**

子取三十焉，一爲乾桓，二爲賔客，三爲充君之庖，其餘以與士。

王者至**戎事**，《夏官·大司馬》：“中春，教振旅，遂以蒐田。中夏，教茇舍，遂以苗田。中秋，教治兵，遂以獮田。中冬，教大閱，遂以狩田。”《左氏隱五年傳》：“春蒐，夏苗，秋獮，冬狩，皆以農隙以講事也。”

刈草至**不追**，此亦未審所出。《小雅·車攻詩》傳云：“田者，大芟草以爲防，或舍其中。褐纏旃以爲門，裘纏質以爲槸，間容握，驅而入轚則得入。左者之左，右者之右，然後焚而射焉。天子發，然後諸侯發。諸侯發，然大夫、士發。天子發抗大綏，諸侯發抗小綏，獻禽於其下，故戰不出頃，田不入防，不逐奔走，古之道也。”《穀梁昭八年傳》：“艾蘭以爲防，以葛覆質爲槸。”范寗注：“蘭，香草也。防，爲田之大限。”

盧學士云：“‘艾’與‘刈’，音義同。不題禽，即《穀梁》所云：‘面傷不獻。’垝，當與‘詭’同。趙岐注《孟子》曰：‘横而射之曰詭遇。’《文選·班固〈東都賦〉》：‘弦不睼禽，轡不詭遇。’李善注引《說文》：‘睼，視者。音遞。’案，《說文》本‘睼，迎視也’。《玉篇》同。段氏云：‘正迎而射之，則面傷矣。射左膘、左髀，皆不正迎也。班作‘睼’，其義正同。李善注脱‘迎’字耳。’郭注《爾雅·釋言》云：‘題，額也。’不捷草，蓋禽之竄於草中，不搜索而盡取之也。《穀梁》又云：‘過防不逐，不從奔之道也。’”

天子至**與士**，《公羊桓四年傳》：“諸侯曷爲必田狩？一曰乾豆，二曰賔客，三曰充君之庖。”何休注：“已有三牲必田狩者，孝子之意，以爲己之所養，不如天地自然之牲逸豫肥美。禽獸多則傷五穀，因習兵事。又不空設，故因以捕禽獸。所以共承宗廟、不忘武備，又因以爲田除害也。”《小雅·車攻詩》傳：“一曰乾豆，二曰賔客，三曰充君之庖，故自左膘而射之，達於右腢，爲上殺；射右耳本，次之；射左髀，達於右䯚，爲下殺。面傷不獻，踐毛不獻，不成禽不獻。禽雖多，擇[1]取三十焉。其餘以與大夫、士，以習射於澤宫。田雖得禽，射不中，不得取禽；田雖不得禽，射中則得取禽。古者以[2]辞讓取，不以勇力取。”箋云：“射右耳本。射當爲達三十者，每禽三十也。”孔疏：“一曰乾豆，謂第一上殺者，乾足以爲豆寔，供廟也。二曰賔客，謂第二殺者，别之以待賔客也。三曰充君之庖，爲第三下殺者，取之以充實君之庖廚也。君尊宗廟，敬賔客，故先人而後己，取其下也。又分别殺之三等，故自左膘而射之，達過於右肩髃，爲上殺。以其貫心，死疾，肉最絜美，故以爲乾豆也。”“射右耳本”箋云：“射，當爲‘達’，亦自左射之，達右耳本而死者爲次，殺以其遠心，死稍遲，肉已微悪，故以爲賔客也。不言自左者，蒙上文可知。射左股髀，而達過於右脅髃，爲下殺。以其脅，死最遲，肉又益悪，充君之庖也。凡射獸者，皆逐後從左廂而射之，達於右髃，獨言射左髀，則上殺達於右髃，當自左脅也。次殺右耳本，當自左肩髃也。不言自左，舉下殺之射左髀，可推而知也。”鄭云：“每禽三十者，以君之獵，不宜諸種止取三十，故以爲每禽焉。則宗廟、賔客、君庖各十也。其餘，以與卿、大夫、士習射澤宫，所謂班餘獲禽也。不言諸侯者，卿、大夫尚得與射，諸侯在射，可知也。”

盧學士曰：“乾梪，《説文》云：‘木豆謂之梪。’漢《韓勑孔子廟碑》‘爵鹿柤豆’，即俎豆。梪，與‘豆’同也。鄭注《禮記·王制》云：‘乾豆，謂腊之以爲祭祀豆實也。’范注《穀梁桓四年傳》云：‘上殺中心，死速，乾之以爲豆實，可以祭祀。次殺射髀髂，死差遲。下殺中腸汙胞，死最遲。先宗廟，次賔客，后庖廚，尊神敬客之義。’”

[注] [1]愛本誤作“澤”。[2]愛本誤作“不”。

肆兵，題上事也。《白虎通義》云：“王者、諸侯所以田獵何？爲苗除害，上以供宗廟，下以簡習士衆也。”是因祭祀而田獵，亦必順天下之時，故以肆兵繫之《釋天》也。

全羽曰旞。

旞者，《說文》：“旞，導車所以載。全羽以爲允。允，進也。或作‘旜’。”《釋名》：“全羽爲旜。旜猶滑也，順滑之皃也。”《春官·司常》：“道車載旞。”注：“道車，象路也。王以朝夕燕出入。”又云：“全羽爲旞。”注：“全羽，五采繫之於旞之上。”

析羽曰旌。

旌者，《說文》：“旌，游車載旌，析羽注於旄首，所以精進士卒。”《釋[1]名》：“析羽爲旌。旌，精也，有精光也。”《春官·司常》：“斿車載旌。”注：“斿車，木路也。”又曰：“析羽爲旌。”注：“析羽，五采，繫之於旌之上。所謂注旄於干首也。”《爾雅》注：“旄首曰旌。李巡曰：‘以犛牛尾着旌首者。’孫炎曰：‘析五采羽注旄上也，其下亦有旒[2]縿。’郭璞曰：‘載旄於竿頭，如今之幢，亦有旒。’”

[注] [1]静本、愛本脱“釋”字。[2]静本、愛本誤作“疏”。

熊虎曰旗。

旗者，《說文》：“旗，熊旗五游，以象罰星，士卒以爲期。”《釋名》：“熊虎爲旗，軍將所建，象其猛如虎，與衆期其下也。”《春官·司常》：“師都建旗。”注：“師都，六鄉、六遂大夫也，謂之師都。都，民所聚也。畫熊虎者，鄉、遂出軍賦，象其守猛，莫敢犯也。”《三禮圖》云：“《輈人》：‘熊旗六斿，以象伐也。’鄭注：‘熊虎爲旗，師都之所建。伐屬白虎宿，與參連體而六星。’故六斿，此王者所建也。其斿與杠長短亦如太常。若臣下則各依命数，然則遂大夫四命、四斿，卿大夫六命，則爲六斿。斿之與杠長短則不得如王者之數。”

天子杠高九仞，諸侯七仞，卿大夫五仞，士三仞。天子十斿至地，諸侯九斿至軫，卿大夫七斿至軹紙音，士五斿至肩。

此釋旌旗之杠及斿之制也。《說文》：“竿，竹挺也。”此云“杠”，其字從[1]“木”，蓋以木爲之斿。《說文》作：“游，旌旗之旒也。”《左氏昭七年傳》：“楚子爲令尹也，爲王旌於田。芋尹無宇斷之，曰：‘一國兩君，其誰堪之？’”杜注：“析羽爲旌。王旌斿至於軫。”孔疏：“杜以楚雖僭號稱王，未必即如天子，故以諸侯解之。然諸侯之旌，短於王旌二刃。大夫之旌，亦短於諸侯之旌二刃。”案，《周禮》：“軫去地四尺，較去軫並五尺五寸。而《禮緯》云：‘諸侯齊軫，大夫齊較，於事爲疑，不可知也。’”故劉向《新序·義勇篇》：“司馬子期獵於雲夢，載旗之長拖地。芋尹文拔劍齊之軫而斷之[2]。司馬子期伏軾而問曰：‘吾有罪於夫子乎？’對曰：‘臣以君旗曳地故也。國君之旗齊於軫，大夫之旗齊於軾。今子，荆國有名大夫，而減三等，文之斷也，不亦可乎？’”《左氏昭七年》、《公羊襄十六年》疏引《禮緯稽命徵》及《含文嘉》皆云：“《禮》：‘天子旗九刃，十二旒，曳地；諸侯七刃，九旒，齊軫；卿大夫五刃，七旒，齊較；士三刃，五旒，齊肩。’”肩，一作“首”。宋均曰：“旗者，旌旗也。所以別尊卑，序貴賤也。軫，車後横木。曰諸侯之旗齊於軫，士齊首。首，頭也。”此所謂釋者，本諸《禮緯》也。《續漢志》云：“天子建太常，十有二斿，九仞，曳地。”又云：“龍旗九斿，七仞，齊軫，以象大火。鳥旟七斿，五仞，齊較，以象鶉火。熊旗六斿，齊肩，以象參、伐。亀旐四斿，四仞，齊首。此諸侯以下所建。漢制也。”鄭康成云：“七尺爲仞，天子之旗六丈三尺。然則諸侯四丈九尺，卿大夫三丈五尺，士二丈一尺歟！”至軹，《廣韻·十八尤》引《廣雅》作“至轂”，誤。金壇段大令玉裁云：“輢内之軨謂之軹。縮輢上者謂之較。‘較’與‘軹’皆自與最高處言之，若‘轂’則與‘軫’高下相等矣。舊本‘大夫’上脱‘卿’字。”盧氏據《爾雅》、《釋文》引補。“五仞”下脱“士三仞”三字，盧氏據《初學記》引補。又“士三斿”，盧本“三”改“五”，今竝從之。

[注] [1]静本、愛本作“以”。[2]静本、愛本誤作“子”。

旗幟，題上事也。《説文》：“旗，士卒以爲期。”《釋名》：“旗，期也。”《月令》云：“以爲旗[1]章，以别貴賤等給[2]之度。”《小雅·六月》：“織文鳥章。”織，即幟也，今通用“幟”。《史記》云：“旗幟皆赤。”馬司貞曰：“幟，或作‘識’，或作‘志’。”

此因祭祀而及田獵，因田獵而及旗幟，故皆附於《釋天》。

[注] [1]静本、愛本作“期”。[2]愛本作“絡”。

釋地第九

《管子·水地篇》：“地者，萬物之本原，諸生之根菀也。”《説文》：“地，元氣所分，輕清陽爲天，重濁陰爲地，萬物所陳列也。籀文作‘墬’。”《釋名》：“地者，底也[1]。其體底下載萬物也。亦言諦也。五土所生，莫不審諦也。《易》謂之坤。坤，順也。上順乾也。”《太平御覽》引《春秋説題辭》云：“地之爲言媲也。承天行其義也。居下以山爲位，道之經也。山陵之大，非地不制，含功以牧生。”《白虎通義》：“地者，易也，言養萬物懷任交易變化也。”《太平御覽》引曰：“地者，元氣之作生，萬物之祖也。地之言施也。諦也。應施變化，審諦不誤，敬始重終，故謂之地也。”又云：“地有三形，高、下、平也。”《地官·大司徒》有“不易之地，一易之地，再易之地”。《遂人》有“上地，中地，下地”。《淮南·地形訓》：“東西爲緯，南北爲經。山爲積德，川爲積形。邱陵爲牡，谿谷爲牝。”

此篇所釋，先言四海、九州之道，次及於汙地，而地所產之珠玉，地所有之異物，並紀焉。足以廣異聞也。《洪範·八政》：“一曰食，謂農殖嘉穀可食之物。”耕種所以盡地之力，足民之食，王政之大要，故亦廣其名而釋之。

[注] [1]静本、愛本誤作“者”。

神農度[1]四海内，東西九十萬里，南北八十一萬里。

《太平御覽》引《春秋命歷序》：“人皇代分九州，有神人，名石[2]耳，蒼色，大眉，玉理。駕六龍，出地輔，號皇神農。始立地形，甄度四海，東西九十萬里，南北八十一萬里。”宋均注：“日月清明有次序，故神應，和氣以生也。玉理猶玉英、玉勝也。所爲如此，其教如神，農殖樹木，使民粒食，故天下號曰皇神農也。甄紀地形遠近，山林川澤所至。”

盧學士曰：“《吕氏春秋·有始覽》云：“凡四極之内，東西五億有九萬七千里，南北亦五億有九萬七千里。”高誘注：“海東西長，南北短，極内等也。”

[注] [1]静本、愛本誤作“廣”。[2]静本、愛本作“左”。

帝堯所治九州，地二千四百三十萬八千二十四頃，其墾[1]者九百一十萬八千二十四頃。

《帝王世紀》云："堯遭洪水，分爲十二州。今《虞書》是也。及禹平水土，還爲九州。今《禹貢》是也。是以其時九州之地，凡二千四百三十萬八千二十四頃，定墾者九百一十萬八千二十四頃，不墾者千五百萬二千頃。"

盧學士曰："《孝經援神契》云：'計校九州之别，土壤[2]、山林之大，川澤所注，萊沛所生，鳥獸所聚，凡九百一十萬八千二十四頃。見《御覽》（三十六）。定墾者九百一十萬八千二十四頃。此句見《路史·後記十三》注。磽確不墾者千五百萬二千頃。《御覽》'五百'訛作'一百'。今據劉昭注《郡國志》正之，《路史志》亦同。'"

[注] [1]静本、愛本誤作"懇"。[2]静本、愛本誤作"懷"。

夏禹所治四海内地，東西二萬八千里，南北二萬六千里，出水者八千里，受水者八千里。

《管子·地數篇》："桓公曰：'地數可得聞乎？'管子對曰：'東西二萬八千里，南北二萬六千里。'"《中山經》、《吕氏春秋·有始覽》、《淮南·地形訓》、《帝王世紀》並與《管子》同。

四海九州，題上事也。《益稷》云："外薄四海。"《禹貢》："東漸於海，西被於流沙，朔南暨聲教，訖於四海。"《爾雅·釋地》："九夷、八狄[1]、七戎，六蠻在南，次四荒。"郭璞注："九夷在東，八狄在北，七戎在西，六蠻在南，次四荒[2]者。"《説文》云："水中可居曰州，周遶其旁，從重、川。昔堯遭洪水，民居水中高土[3]，故曰九州。一曰州，疇也。各疇其土而生之。"《春秋説題辭》云："州之言殊也。"《釋名》："水中可居曰洲。洲，聚也。人及鳥獸所聚息之處也。”

此所釋者，專言神農、堯、禹時所治之地也。

[注] [1]静本、愛本誤作“秋”。[2]静本、愛本誤作“方”。[3]静本、愛本誤作“王”。

湖、藪、陂、塘、都、吭古朗反、阡、澤、埏廷音、衍、皋古豪反、沼，池也。

《陳風·東門之池》箋云：“孔安國云：‘停水曰池。’”古“池”字作“沱”。《禮記》“惡池”，《周禮》作“虖沱”，《史記·蘇秦列傳》作“嘑沱”。《左氏隱三年傳》正義引《風俗通》：“池者，陂池。從水，也聲。”今本無之。鄭注《月令》云：“穿地通水曰池[1]。”《說文》：“沱，江別流也。徐鉉曰：‘“沱沼[2]”之“沱”，通用此字。今別作“池”，非是。’”

湖者，《風俗通·山澤篇》：“湖者，都也，言流瀆四面所隈[3]都也。”《說文》：“湖，大陂也。揚州浸有五湖。浸，川澤所仰以灌溉也。徐鍇曰：‘湖猶都也。五湖一名具區，其派有五，故曰五湖。或曰以其周行五百里，故曰五湖。夫雲夢澤，方五百里，可言五澤乎？或引《國語》：吴、越戰於五湖。直在一湖中戰，故曰大湖。自名五湖，蓋五湖其都數。若言兩京、五都、三秦、百越，但舉南郡，亦可以言五都，豈便謂其揔舉太湖哉？’”

藪者，《說文》：“藪，大澤也。”《周禮》：“藪以才得民。”又《地官·澤虞》鄭注：“水希曰藪。”《左氏昭二十年傳》：“藪之薪烝，虞侯守之。”《周語》云：“藪，物之歸也。”《詩·鄭風》、《釋文》引《韓詩章句》：“禽獸居之曰藪。”《風俗通義》云：“藪者，澤也。藪之言厚也。草木魚鼈，所以厚養人君與百姓也。”

陂者，《詩·彼澤之陂》傳：“陂，澤障也。”《周語》：“澤不陂。”

韋昭注："陂，障也。古不竇澤，故障之。"《說文》："陂，沱也。"《漢書·高祖紀》："嘗息大澤之陂。"顔師古注："蓄水曰陂。"

盧學士曰："《風俗通》按，傳曰：'陂者，繁也，言因下鍾水，以繁利萬物也。今陂皆以溉灌。'案，'繁'有'皮'音。應劭於魯國繁縣，音'皮'。《儀禮·鄉射禮》：'君國中射，則皮樹中。'鄭注：'今文皮樹爲蕃樹。'《詩》：'番維司徒。'《韓詩》作'繁'，《古今人表》作'皮'，故此以'繁'訓'陂'也。《世說·德行篇》：'郭林宗謂黄叔度：汪汪若萬頃之陂，澄之不清，擾之不濁。'"

塘者，解見《釋宫篇》。

都者，古"瀦"字。《夏本紀》："大野既都。"《集解》云："孔安國曰：'水所停曰都。'《禹貢》作'瀦'。馬融曰：'水所甹止，深者曰瀦。'"

盧學士曰："《中山經》：'和山，實惟河之九都。'郭璞注：'九江所潛，故曰九都。'案，潛，藏也。亦鍾聚之義。"

甿者，盧學士曰："甿，當即《說文》之'沆'字。云：'莽沆，大水也。一曰大澤。'《風俗通》謹案，傳曰：'沆者，莽也，言其平望莽莽，無涯際也。沆澤之無水，斥鹵類也。今俗語亦曰沆。'澤，案，《廣韻》：'䀪，鹽澤也。甿，同上。'即《風俗通》後一說也。"

斥者，《禹貢》："海濵廣斥。"《夏本紀》作"廣潟"。徐廣曰："一作'澤'，一作'斥'。"《河渠書》："溉澤鹵之地。"《索隱》曰："澤，一作'舄'。本或作'斥'。"是"斥"與"澤"通，故亦爲池。《說文》："東方謂之㡿，西方謂之鹵。"通作"舄"。《漢書·地理志》："齊地負海舄鹵。"《溝洫志》："終古舄鹵兮生稻粱。"

澤者，鄭注《澤虞》云："水鍾曰澤，水希曰藪。"《風俗通義》云："謹案，《尚書》：'雷夏既澤。'《詩》曰：'彼澤之陂，有蒲與荷。'傳曰：'水艸交錯，名之爲澤。澤者，言其潤澤萬物，以阜民用也。'《春秋左氏傳》云：‘澤之萑[4]蒲，舟鮫[5]守之。’《韓詩傳》：‘雷澤，在濟陽縣北。’”

埏者，疑當爲“堧”。《玉篇》：“堧，隰也。”

衍者，盧學士曰：“《說文》：‘衍，水朝宗於海貌[6]也。’《小爾雅》：‘澤之廣者謂之衍。’《左氏襄五年傳》：‘井衍沃。’杜注：‘衍沃，平美之地。’則如《周禮》：‘以爲井地’。《釋文》引賈逵曰：‘下平曰衍。’”

大昭案，劉向《九歎》云：“巡陸夷之曲衍兮。”王逸注：“衍，澤也。”

皋者，《小雅》：“鶴鳴于九皋。”傳：“皋，澤也。”箋云：“皋，澤中水溢出所爲坎，自外數至九，喻深遠也。”《左氏襄十七年傳》：“澤門之皙。”《詩》疏引作“皋門”。《離騷》云：“步余馬於蘭皋兮。”王逸注：“澤曲曰皋。”《水經注》：“穎[7]水東南，逕澤城北，即古皋亭。”

沼者，《說文》：“沼，池水。”孔安國曰：“方曰沼，圜曰池。”《大雅·靈臺》：“王在靈沼。”傳：“沼，池也。”

[注] [1]静本、愛本誤作“也”。[2]静本、愛本誤作“昭”。[3]静本、愛本作“限”。[4]静本、愛本誤作“佳”。[5]静本、愛本誤作“較”。[6]“海貌”，静本、愛本誤作“朝海”。[7]静本、愛本誤作“潁”。

都野、孟豬、彭蠡、少原源音**、振澤、渚毗**符夷反**、沛**孟妹反**澤、雷澤、幽都。**

都野者，《漢書·地理志》：“武威郡武威縣休屠澤，在東北。古文以爲豬壄澤。”《夏本紀》：“原隰底績，至於都野。”《集解》鄭康成曰：“《地理志》：‘都野在武威，名曰休屠澤。’《正義》曰：‘《括地志》：都野澤，在涼州姑臧縣東北二百八十里。’”

孟豬者，《周官·職方》云：“藪曰望諸。”鄭注：“望諸，明都也。”《禹貢》：“被孟豬。”《夏本紀》作“被明都”。《索隱》曰：“明都，音孟豬。”《爾雅》、《左傳》謂之“孟豬”，惟《周禮》稱“望諸”，皆此地之別名。《漢書·地理志》：“梁國睢陽縣，《禹貢》‘盟諸澤’，在東北。”《元和郡縣志》：“孟諸澤，在宋州虞城縣西十里，周回五十里，俗號‘盟諸澤’。”

彭蠡者，《禹貢》：“彭蠡既豬，陽鳥攸居。”傳：“彭蠡，澤名。”《釋文》引張勃《吴録》云：“彭蠡，今名洞庭湖。”《夏本紀》作“彭蠡既都”。《集解》鄭康成曰：“《地理志》：‘彭蠡澤，在豫章彭澤西。’《正義》曰：‘《括地志》：彭蠡湖，在江州潯陽縣東南五[1]十二里。’”

少原者，《韓詩外傳》：“孔子出游少原之野，有婦人中澤而哭，甚哀。孔子恠之，使弟子問焉。婦人對曰：‘向日刈蓍薪而亡蓍簪，是以哀。’孔子曰：‘刈蓍薪而亡蓍簪，有何愁也？’婦人曰：‘非傷亾簪，吾所以悲者，不忘故也。’”

盧學士曰：“《楚辭·惜誓》：‘乃至少原之野，赤松、王喬皆在旁。’王逸注：‘少原之野，仙人所居。’此非《廣雅》所說。”

振澤者，《夏本紀》：“震澤致定。”《索隱》曰：“震，一作‘振[2]’。《正義》曰：‘澤在蘇州西南四十五里。’”《地理志》：“會稽吴縣，具區在其西。揚州藪，古文以爲震澤。”《越絶書》：“太湖周三萬六千頃。”《太平寰宇記》引虞翻《川瀆記》云：“太湖，東通松江，南通霅溪，西通荆溪，北通滆湖，東連九溪。凡五道，謂之五湖。”

渚毗者，盧學士曰：“即諸毗。《南山經》：‘浮玉之山，北望具區，東望諸毗。’郭璞注：‘水名。’即此所稱者是也。《西山經》：‘不周之山，北望諸毗之山。’《北山經》：‘求如之山，滑[3]水出焉而西流。’注：‘於諸毗之水。’郭注：‘水出諸毗山。’此二者皆非《廣雅》之所指也。”

沛澤者，《左氏昭廿年傳》：“齊侯田於沛。”《公羊僖四年》：“齊桓公循海而東，師大陷於沛澤之中。”何休注：“草棘曰沛，漸洳曰澤。”趙岐《孟子》注：“沛，草木之所生。澤，水也。”

雷澤者，《地理志》："雷澤在濟陰城陽縣西北。"《夏本紀》："雷夏既澤。"正義曰："洪水之時，高原亦水，澤不爲澤。今高地水盡，此復爲澤也。"《括地志》："雷夏澤，在濮州雷澤縣郭外西北。"《海内東經》云："雷澤有雷神，龍首人頭，鼓其腹則雷也。"

幽都者，盧學士曰："《書·堯典》：'申命和叔，宅朔方，曰幽都。'孔傳：'都謂所聚也。'《尚書大[4]傳》：'幽都，宏山祀。'鄭注：'宏山，恒山也。十有一月朔巡守，祀幽都之氣於恒山也。'《海内經》云：'北海之内，有山名曰幽都山，黑水出焉。'案，《廣雅》記此九地，以擬九藪。幽都，蓋即《禹貢》之'大陸'。《漢書·地理志》：'鉅鹿郡鉅鹿縣，《禹貢》大陸澤，在東北。'殆即所謂幽都也。"

[注] [1]静本、愛本衍"五"字，已删。[2]愛本脱"正振"二字。[3]静本、愛本作"胥"。[4]愛本作"太"。

池，題上事也。前所釋者，皆池澤之别名。此確指其澤之地而釋之。

瓊支、瑾瑜、昭華、白珩衡音**、璇**旋音**、璜、弁和、璵璠、垂棘、碧蘆、藍田、琜**来音**瓄**瀆音**、琬琰、璐**路音**、瑭**唐音**、璑、琡**渠慜反**、赤瑕。**

瓊支者，《衛風·木瓜》傳："瓊，玉之美者。"《説文》："瓊，赤玉也。"或作"璚"、"瓗"、"琁"三字。《玉篇》："瓊，渠營切。"引《莊子》云："積石爲樹，名曰瓊枝。其高一百二十仞，大三十圍，以琅玕爲之寶。""支"、"枝"，古字通。《離騷》云："折瓊枝以繼佩。"張衡《思玄賦》："佩夜光與瓊枝。"李賢注："瓊枝、玉樹，以喻賢貞也。"

瑾瑜者，《説文》："瑾瑜，美玉也。"《西山經》："峚山，丹水出焉。

其中多白玉。瑾瑜之玉爲良，堅栗精密，濁澤而有光。五色發作，以和柔剛。天地鬼神，是食是饗，君子服之，以禦不祥。”《左氏宣十五年傳》：“瑾瑜匿瑕。”《聘義》：“瑕不掩瑜，瑜不掩瑕。”《玉藻》：“世子佩瑜玉。”《楚辭·九歎》：“捐赤瑾於中庭。”王逸注：“赤瑾，美玉也。”

昭華者，《尚書大傳》：“堯得舜，推而尊之，贈以昭華之玉。”《淮南·泰族訓》：“乃屬舜以九子，贈以昭華之玉，而傳天下焉。”王逸《九思》云：“抱昭華兮寶璋。”

盧學士曰：“《玉海》引《大傳》：‘舜從天德嗣[1]堯，西王母東獻白玉琯。’《晉書·律志》：‘舜時，西王母獻昭華之琯。’《西京雜記》：‘高祖初入咸陽宮，周行府庫。有玉管，長二尺三寸，六孔，吹之則見車馬山林，隱轔相次，吹息亦不復見。銘曰昭華之琯。’”

白珩，《說文》：“佩上玉也。所以節行止也。”《楚語》：“楚之白珩猶在乎。”韋昭注：“珩，佩上之横者。”《晉語》：“白玉之珩六雙。”注：“珩，佩上飾。”

盧學士曰：“珩，通作‘衡’。《禮記·玉藻》云：‘幽衡葱。’即‘黝珩、惠珩’也。”

璇者，《陶徵士誄》“璿”引《說文》爲證，今本《說文》以“琁”爲“瓊”之或體，與李所見本異矣。

璜者，《左氏定四年傳》：“封魯公以夏后氏之[2]璜。”杜注：“璜，美玉名。”《淮南·精神訓》：“夫有夏后氏之璜者，匣匱而藏之，寶之至也。”《詩》毛傳：“雜佩者，珩璜琚瑀衝牙之類。”

弁和者，與“卞和”同。魯有卞莊子。《古今人表》作“弁嚴子”。《韓非子》云：“楚人和氏得玉璞於楚山中，獻之厲王。王使玉人相之，曰：‘石也。’王以爲誑而刖其左足。厲王薨，武王即位。又獻武王，王使玉人相之，又曰：‘石也。’王又以爲誑而刖其右足。武王薨，文王即位。和乃抱璞而哭於楚山之下，三日三夜淚盡，而繼之以血。王使人問其故，曰：‘吾非悲刖也，悲夫寶玉而題之以石，貞士而名之以誑也。’王乃使玉人理其璞而得寶焉。遂命曰和氏之璧。”桓寬《鹽鐵論》：“和氏之璞，天下之美寶也。待鑑識之工而後明[3]。”高誘注《淮南子・覽冥訓》云：“楚人卞和得美玉璞於荆山之下，獻之武王、文王，俱刖其足。又獻之成王，剖視之，果得美玉。以爲蓋純白夜光也。”

盧學士曰：“《楚世家》無厲王，《韓非》誤也。”

璵璠者，《說文》：“璠，璵璠。魯之寶玉。孔子曰：‘美哉璵璠，遠而望之奐若也，近而視之瑟若也。一則理勝，一則孚勝。”《左氏[4]定五年傳》：“季平子卒，陽虎將以璵璠斂。仲梁懷弗與，曰：‘改玉改步。’”杜注：“璵璠，美玉也。”《鹽鐵論》云：“夫以璠璵之玼[5]而棄其璞，以一人之罪而兼其衆，則天子無美寶信士也。”

垂棘者，《左氏僖二年傳》：“晉荀息請以垂棘之璧，假道於虞。”杜注：“垂棘出美玉。”《玉篇》作“𤨩”。引《埤蒼》云：“垂𤨩，地名。出美玉。”

盧學士曰：“何休注《公羊》云：‘垂棘出良璧。’疏云：‘玉有美惡，出處不同。周有藍田，楚有和氏，宋有結緑，晉有垂棘。’”

碧瀘者，《西山經》：“高山下多青碧。”郭璞注：“亦玉類。今越嶲會無縣東山出碧。”張衡《南都賦》：“緑碧紫英。”李善注引廣注：“碧，有縹[6]碧，有緑碧。”《淮南・氾論訓》：“玉工眩於玉之似碧盧者，唯猗頓[7]不失其情。”盧，與“瀘”同。《韻會》：“碧瀘，碧玉也。”

藍田者，《漢書・地理志》：“京兆藍田山出美玉。”《後漢・〈西都賦〉》注引《范子計然》曰：“玉出藍田。”

盧學士曰：“《元和郡縣志・藍田縣》：‘案，《周禮》：玉之美者曰球，其次爲籃。蓋以縣出美玉，故曰籃田。’《京兆記》又云：‘出玉如籃，故曰籃田。’”

球璜者，《說文》：“瑬，璜玉也。”《玉篇》“璜”下引《史記》云：“崐出璜玉。”

琬琰者，《說文》：“琬，圭有琬者。”“琰，璧上起美色也。”《春官·典瑞》：“琬圭以治德、以結好，琰圭以易行、以除慝。”鄭司農云：“琬圭無鋒芒，故以治德結好；琰生有鋒芒，傷害、征伐、誅討之象，故以易行、除慝。”《攷工記》：“玉人之事，琬圭九寸而繅，以象德。琰圭九寸，判規[8]，以除慝、以易行。”鄭注：“琬猶圜也，王使之瑞節也。諸侯有德，王命之使者執琬圭以致命焉。凡圭琰上寸半，琰圭琰半以上，又半爲瑑餙。”《淮南·說山訓》：“琬琰之玉，在洿泥之中，雖廉者弗釋。”

璐者，《說文》：“璐，玉也。”《玉篇》：“美玉也。”《楚辭·九章》：“被明月兮佩寶璐。”

瑭者，徒郎切。《玉篇》：“瑭，玉也。”本此。

璑[9]者，武扶切。《說文》：“璑，三采玉也。”《夏官·弁師》：“諸侯之繅斿九就，瑉玉三采。”注：“三采，朱、白、蒼，故書‘瑉’作‘璑’。”鄭司農云：“璑，惡玉名。”賈疏：“以其三采，又非璵璠，故云‘惡玉名’也。”

璴者，《玉篇》：“璴，齊玉也。”

盧學士曰：“《水經·穀水》注引《海經》傳：‘山之西有林焉，曰璠冢。穀水出焉，東流注於洛，其中多璴玉。案，今《中山經》作‘珚[10]’，以形近致誤。”

赤瑕者，《說文》：“瑕，玉小赤也。”鄭注《聘義》云：“瑕，玉之病也。”《上林賦》：“赤瑕駁[11]犖，雜臿其間。”張博士彼注云：“赤瑕，赤玉也。”

[注] [1]静本、愛本誤作“詞”。[2]静本、愛本誤作“以”。[3]静本、愛本誤作“淩盟”。[4]愛本誤作“字”。[5]静本、愛本作“玼”。[6]愛本誤作“緑”。[7]静本、愛本作“類”。[8]静本、愛本作“現”。[9]静本、愛本誤作“撫”。[10]静本、愛本誤作“珚”，據徐復本《盧注》改。[11]静本、愛本誤作“較”。

玉，題上事也。《聘義》云：“昔者，君子比德於玉焉。温潤而澤[1]，仁也；縝密以栗，知也；廉而不劌，義也；垂之如隊，禮也；叩之其聲清越以長，其終詘然，樂也；瑕不掩瑜，瑜不掩瑕，忠也；孚尹旁達，信也；氣如白虹，天也；精神見於山川，地也；圭璋特達，德也；天下莫不貴者，道也。《詩》曰：‘言念君子，温其如玉。’故君子貴之也。”《管子·水地篇》：“夫玉之所貴者，九德出焉。温潤以澤，仁也；鄰以理者，知也；堅而不蹙，義也；廉而不劌，行也；鮮而不垢，潔也；折而不撓，勇也；瑕適皆見，精也；茂華光澤，並通而不相陵，容也；叩之，其音清搏徹遠，純而不殺，辭也。是以人主貴之，藏以爲寶，剖以爲符瑞。”《春秋繁露》云：“凡執贄，公侯至玉。玉至清[2]而不蔽其悪。内有瑕穢，必見之於外，故君子不隱其短，不知而問，不能則學，取之玉也。君子比之玉，玉潤而不污，是仁而至清潔也。廉而不殺，是義而不害也。堅而不磬，過而不濡，視之如庸，展之如石，狀如石，搔而不可從繞。潔白如素而不受汙。玉類備者，故公侯以爲贄。”《説文》：“玉，石之美，有五德。潤澤以温，仁之方也；䚡理自外，可以知中，義之方也；其聲舒揚，專以遠聞，知之方也；不撓而折，勇之方也；鋭廉而不忮，絜之方也。象三玉之連。丨，其貫也。”

玉之爲用最廣。自宗廟、祭祀、朝聘、會同，無不需之。要亦地之所産，故附於《釋地》焉。

[注] [1]静本、愛本誤作“釋”。[2]静本、愛本誤作“親”。

水精謂之石英。

水精者，《南山經》：“堂庭之山，多水玉。”郭璞注：“水玉，今水精也。”《上林賦》：“水玉磊[1]砢。”《廣志》：“水精出大秦、黄支國。”

盧學士曰：“水玉，赤松子所服。見《列仙傳》。《後漢書·西南夷傳》：‘哀牢夷出水精。’水精，亦作‘水晶’。裴松之注《魏志》引《魏略·西戎傳》：‘大秦國以水晶作宮柱及器物。’”

[注] [1]静本、愛本誤作“為”。

瑠璃、珊瑚、玫梅音瑰古回反、夜光、隋矦隋矦，見虵傷治之後，虵銜珠以報、虎魄、金精、璣。

瑠璃者，《漢書·西域傳》：“罽賔出珠璣、珊瑚、虎魄、璧流離。”孟康曰：“流離，青色如玉。”顔師古曰：“《魏略》云：‘大秦國出赤、白、黑、黄、青、緑、縹、紺、紅、紫十[1]種流離。’”孟康言：“青色，不博通也。”《後[2]漢書·西南夷傳》“哀牢夷出琉璃。”瑠，與“珋[3]”同。《説文》：“珋，石之有光。碧珋也。出西胡中。”郭璞《江賦》云：“璃珋璿瑰。”劉逵《吴都賦》注：“黄支國多異物，入海市明珠流離。”案，流離，即“瑠璃”也。《集韻》：“瑠璃，火齊珠也。”

珊瑚者，《説文》：“珊瑚，赤色，生於海，或生於山。”《漢書·司马相如傳》：“珊瑚叢生。”郭璞注：“珊瑚，生水底石邉。大者可高三尺餘，枝格交错，無有葉。”曹植《美女篇》“明珠交玉體，珊瑚閒木難。”案，《本草》：“珊瑚，生南海。”唐本注云：“似玉，紅潤，中多有孔，亦有無孔者。”

玫瑰者，《說文》："玫，火齊，玫瑰也。"《史記·司马相如列傳》："其石則赤玉、玫瑰。"《集解》："郭璞曰：'玫瑰，石珠也。'晉灼曰：'玫瑰，火齊珠。'顔師古注《漢書》云：'火齊珠，今南方之出火珠也。'"

夜光者，《淮南·氾論训》："明月之珠，不能無纇。"注云："夜光之珠，有似月光，故曰明月也。"王逸《九思》云："竇彼兮沙礫，捐此兮夜光。"注云："夜光，明珠也。"班固《西都賦》："隋侯明月，错落其間。"又曰："懸黎垂棘，夜光在焉。"李善曰："高誘以隋侯爲明月，許慎以明月爲夜光。班固上云'隋侯明月'，下云'夜光在焉'。然則班以夜光非隋侯明月矣。"《西京賦》云："流懸藜之夜光。"《吴都賦》云："隋侯於是鄙其夜光。"鄒陽云："夜光之璧。"劉琨云："夜光之珠。"《尹文子》云："田父得寳玉，徑尺。置於廡上，其夜明照一室。然則夜光爲通稱，不繫之於珠璧也。"

隋侯者，《莊子·讓王篇》："今且有人於此，以隋矦之珠，弾千仞之雀，世必笑之。是何也？則其所用者重，而所要者輕也。"《韓非·解老篇》："和氏之璧，不餙以五采；隋矦之珠，不餙以银黄。其質至美，物不足以餙之。"《淮南·覽冥訓》："隋侯之珠、和氏之璧，得之而富，失之而貧。"高誘註："隋矦，漢東之國，姬姓諸侯也。隋侯见大虵傷斷，以藥傅而塗之。後虵於江中銜大珠以報之，因曰隋矦之珠。蓋明月珠也。"孫奭《孟子》疏引《韓詩》云："隋矦，姓祝，字元暢。往齊國，見一虵在沙中，頭上出血。隋矦以杖挑[4]於水中而去。後回還到虵處，乃見此虵啣珠来隋矦前，隋矦意不懌。是夜夢脚踏一虵，驚起，乃得雙珠。後人稱爲隋矦珠矣。"二說不同，未知孰是。

虎魄者，《後漢書·王符傳》注云："虎魄，珠也。生地中，其上及旁不生草。深者八九尺，初時如桃膠，凝堅乃成。其方人以爲枕。出罽賔及大秦國。”《本草圖經》云：“舊說，琥珀是千年茯苓所化。一名江珠。張茂先云：‘今益州永昌生琥珀而無茯苓。’又云：‘燒蜂窠所作。’”三說皆不能辨。按，《南蠻地志》云：“林邑多琥珀，云是松脂所化。”“虎”、“琥”，“魄”、“珀”，字異義同。

金精者，盧學士曰：“《文選·郭璞〈江賦〉》：‘金精玉英瑱其裹。’李善注引《穆天子傳》：‘河伯曰：視汝黄金之膏。郭璞曰：金膏，其精汋。汋音綽[5]。’案，《廣雅》以‘金精’爲珠，未能詳也。”

璣者，《說文》“璣，珠不圜也。”《禹貢》：“厥篚玄纁，璣組。”孔引《孝經援神契》曰：“神靈滋，百寳用，則珠母璣镜也。”宋均曰：“事神明得，則大珠有光，可爲镜也。”

[注] [1]静本、愛本誤作“千”。[2]静本、愛本作“淺”。[3]静本、愛本作“琍”。[4]静本、愛本作“扶”。[5]静本、愛本脱“汋”，“綽”誤作“絙”。

珠，題上事也。《說文》：“珠，蚌之陰精。”《淮南·說山訓》：“明月之珠，出於蠬蜄。”《楚語》：“王孫圉對趙簡子曰：‘珠足以禦火灾。’”《管子·侈[1]靡篇》：“珠者，陰之陽也，故勝火。”《文選注》引《禮斗威儀》云：“其君乘金而王，则江海出大貝明珠。”裴松之注《魏志》引《西域舊圖》云：“大秦多明月、夜光珠。”《南方草木狀》云：“珠在蚌左右，曰玤珠。長三寸半，在漲海。”郭璞《珠讃》曰：“萬物變蜕，其理無方。雀雉之化，含珠懷璫。”珠、玉皆珍寳之物，故以珠附於玉之後焉。

[注] [1]静本、愛本誤作“修”。

蜀石、碝而兖反、**玟**忙巾反、**硨**車音**磲**渠音、**碼**馬音**碯**奴道反、**武夫、琨**昆音**珸**吾音、**瑨石、瑊**古咸反，又音咸[1]**玏**勒音、**珂。**

蜀石者，司马相如《上林賦》："蜀石黄碝。"李善引张博[2]士彼注云："蜀石，石次玉者也。"揚雄《蜀都賦》云："於近則有瑕英菌芝、玉石江珠。"章樵注："皆石之比珠玉者。菌芝，石芝也。"

碝者，《說文》："碝，石次玉者。"《中山經》："扶豬之山，其上多礝[3]石。"郭璞注："今雁門山中出碝石。白者如冰，半有赤色者。"司馬相如《子虛賦》："碝石武夫。"張博士彼注云："皆石之次玉者。碝石，白者如冰，半有赤色。"《史記集解》："徐廣云：'石似玉。'"班固《西都賦》："碝磩綵緻。"

玟[4]者，《說文》："玟，石之美者。"《禮記·玉藻》："士佩瓀玫而緼組綬。"鄭注《聘義》云："瑨，或'玟'。"解見下文。

硨磲者，一作"車渠"。"蛤屬。生南海中。大者如箕，背有渠壟，如蚶殻，故以爲器，如白玉。"[5]《書·顧命》："大貝在西房。"孔傳："大貝如車渠。"《尚書大傳》云："散宜生之江淮之浦，取大貝如大車之渠。"鄭康成注："渠，車罔也。"《御覽》引《玄中記》："車渠，出天竺國。"又引魏武帝《車渠椀賦·序》云："車渠，玉屬。多纖理縟文，出於西國，其俗寶之。小以爲繫頸，大以爲器。"《桂海虞衡志》云："車渠，似大蚌。"《嶺外代答》云："南海有蚌屬，曰車渠。形如大蚶，長三尺許，亦有盈一尺以下者。"郭璞《江賦》："紫魧如渠。"即指車渠也。《魏略》云："大秦國多車渠。"《集韻》："車渠，生西國。是玉石之類，形似蚌蛤，有文理。"

碼碯者，木華《海賦》："車渠、馬瑙，全積如山。"《玉篇》："碼碯，石次玉。"《廣志》："碼碯，出西南諸國。"

盧學士曰："《御覽》引《玄中記》云：'馬瑙，出月支。'《古今注》

云：‘魏武帝以瑪瑙石爲勒。’魏文帝賦云：‘序曰：玉屬也。出自西域，文理交錯，有似馬瑙，故其方人因以名之。’”

武夫者，一作“珷玞”。《玉篇》：“珷玞，石似玉。”《南山經》：“會稽之山，下多砆。”郭璞注：“武砆，石似玉。今長沙臨湘縣出之，赤地白文，色蔥蘢不分了也。”《戰國魏策》云：“白骨疑象[6]，碔砆類玉。”《漢書·〈子虛賦〉》音義：“夫出長沙。”《文選》注引張博士彼注云：“碔夫，赤地白采，蔥蘢白黑不分。”

琨珸者，《說文》：“琨，石之美者。”或從“貫”作“瑻”。《書·禹貢》：“瑶琨篠蕩。”王肅注：“瑶琨，美石次玉者也。”馬融本及《漢書·地理志》俱作“瑻”。司馬彪注《子虛賦》云：“琨珸，石之次玉也。”《史記索隱》記云：“按，《河圖》云：‘流州多積石，多昆吾。鍊之成鐵，以作劍，光明昭如水精。’”

碈石者，與“玟”同。一作“珉”。《玉篇》：“珉，靡豳切。”《山海經》：“岐山其陰，多白珉。”《禮記》：“君子貴玉而賤珉。”鄭注：“石似玉，亦作‘瑉’、‘玟’二字。”《史記·司馬相如傳》：“琳瑉昆吾。”《漢書》作“珉”。張博士彼注云：“珉，石次玉者。”

瑊玏者，上，古函切；下，盧則切。《漢書·司馬相如傳》：“瑊玏玄厲。”張博士彼注云：“瑊玏，石之次玉也。”《中山經》：“葛山，其下多瑊石。”郭璞注：“瑊石，勁石似玉也。”《說文》作“玪塾”。云：“石之次玉者。”“瑊”、“玪”，“玏”、“塾”，字異音義同。

珂者，《吴都賦》：“致遠離與珂珹。”劉逵注：“老雕化西海爲珹，已裁割若馬勒者，謂之珂。珹者，珂之本璞也。日南郡出珂珹。”《玉篇》：“珂，石次玉也。亦碼磝絜白如雪者。”

[注] [1]静本、愛本脱“咸”字。[2]静本、愛本作“愽”。[3]静本、愛

本誤作“豬”。[4]静本、愛本誤作“紋”。[5]此暗引《夢溪筆談》。[6]静本、愛本誤作“骨”。

石之次玉，題上事也。“蜀石”等雖不似玉，要是玉之類，故《說文》於“石之次玉”者，曰瑩，曰玤，曰琇，曰玖。“石之似玉”者，曰琱，曰瑀，曰琂，曰琨，曰瑰，曰璅，曰璡，曰璿，曰璁，曰琥，曰璓，曰璗，曰瓔，曰珣，曰瑄，曰璶，曰琟，曰瑦，曰瑂，曰璒，曰玒，曰玗，曰瑎，皆備載於《玉部》也。

東方有魚焉，如鯉，六足，鳥尾，其名曰鮯古合反。**南方有鳥焉，三首，六目，六足，三翼，其名曰鶺**必舌反**鴘**音“付予”之“付”[1]。**西方有獸焉，如鹿，白尾，馬足，人手，四角，其名曰玃**九縛反**如。北方有民焉，九首，虵身，其名曰相繇**由音。**中央有虵焉，人面，豺身，鳥翼，虵行，其名曰化虵。此五方之異物也。**

此皆本《山海經》也。

鮯、鶺鴘、玃如、相繇、化虵者，《東山經》：“跂踵之山，有水焉。廣員四十里，皆涌，其名曰深澤。有魚焉，其狀如鯉而六足，鳥尾，名曰鮯。鮯之魚，其名自叫。”郭注：“音蛤。”又讚云：“東方有魚，其形如鯉。名爲鮯，六足，鳥尾。鱗爲之母，胎育厥子。”《南山經》：“基山有鳥焉，其狀如雞而三首，六目，六足，三翼，其名曰鶺鴘。食之，無卧。”郭注：“鶺鴘，急性。敝孚二音。”《西山經》：“皋塗之山，有獸焉。其狀如鹿而白尾，馬足，人手而四角，名曰玃如。”郭注：“玃如，前兩脚似人手。音‘猳玃’之‘玃’。”又讚云：“玃如之獸，鹿狀，四觡，馬足，人手，其尾則白，貌兼二形，攀木緣石。”《海外北經》：“共工之臣曰相柳氏，九首，以食於九山。相柳之所抵，厥爲澤谿。禹殺相柳，其血腥，不可以樹五穀種。禹厥之，三仞三沮，乃以爲衆帝之臺。在昆侖之北，柔利之東。相柳者。九首，人面，虵身而青。’”郭注：“共工霸九州者，頭各自食一方之物，言貪暴難饜。抵，觸。厥，掘也。”《中山經》：“陽山，其中多化虵，其狀如人面而豺身，鳥翼而虵行，其音如叱呼。見則其邑大水。”舊本“鴧”下音釋有“付予切”三字，當作“音‘付予’之‘付’”，今訂正。

盧學士曰：“‘鮯’下疑尚脫一‘鮯’字。《列子・力命篇》‘憋片滅反憋敷音’，張湛注：‘急速之貌。’《方言》：‘憋妨滅反，惡也。’郭璞注：‘憋忕，急性也。’此鳥命名之義，因其急性也。玃如，郭注：‘音猳玃。’案，今本多誤作‘玃如’，注亦[2]誤作‘猳玃’。近畢中丞沅據《史記索隱》作‘玀如’，而音則作‘猳玃’。案，‘猳玃’見《吕氏春秋・察傳篇》注。《爾雅・釋獸》‘玃父’註作‘貑玃’，則正文定當從《廣雅》作‘玃’爲正。‘相柳’、‘相繇’聲相近。”

[注] [1]《博雅音》作“付於反”。[2]静本、愛本誤作“如”。

八家爲鄰，叁鄰爲朋，三朋爲里，五里爲邑，十邑爲鄉，十鄉爲都，十都爲師，州十有二師焉見《尚書》。

鄰、朋、里、邑、鄉、都、師者，《尚書大傳》云：“古之處師，八家而爲鄰，三鄰而爲朋，三朋而爲里，五里[1]而爲邑，十邑而爲鄉，十鄉而爲都，十都而爲師，州有十二師焉。家不盈三口者不朋，由命士以上不朋。”鄭康成注：“州，凡四十三萬二千家。蓋唐虞之數也。”舊本“朋”作“明”，今訂正。

盧學士曰：“《晉書・地理志》：‘昔在帝堯，叶和萬邦，制八家爲鄰。’‘鄰’云亦與此同。鄭康成注《臯陶謨》云：‘師，長也。九州，州立十二人爲侯，師以佐其牧。堯初制五服，服各五百里。要服之內，方四千里，曰九州。禹九州，州更方七千里。七七四十九，得方千者四十九。其一以爲圻內，餘四十八州，分而各有其六。’《春秋傳》曰：‘禹朝羣臣於會稽，執玉帛者萬國，則九州之內諸侯也。其制，特置牧，以諸侯之賢者爲之師。蓋百國一師，州十有三師，則州千二百國也。八州，凡九千六百國，其餘四百國在圻內。’”

[注] [1]静本、愛本誤作“邑”。

﨟柔音、㬉奴戈反、堅堅音、甄古賢反、埴時讖反、塿樓音、垟息營反、壚來乎反、墳、賦付音、田、地，土也。

《說文》：“土，地之吐生萬物者也。二象地之下、地之中。丨，物出形也。”《釋名》：“土，吐也。能吐生萬物者也。”

﨟者，耳由切。《說文》：“﨟，和田也。”《廣[1]韻》：“﨟，良田。”

㬉者，《說文》：“㬉，城下田也。而緣切。”《玉篇》：“㬉，城外隍內地也。仁緣、奴過二切。”

臤者，即“堅”字。剛土也。曹憲避諱缺[2]筆爾。音釋“堅”字，後人所加。

盧學士曰：“《攷工記·車人》：‘爲耒，堅地欲直庛，柔地欲句庛。’《淮南·地形訓》、《家語·執轡篇》皆云：‘堅土之人剛。’”

甄者，《玉篇》：“甄，陶人作瓦器，謂之甄土也。”《漢書·董[3]仲舒傳》：“泥之在鈞，唯甄者之所爲。”

埴者，《說文》：“埴，黏土也。”《釋名》：“土黃而細密曰埴。埴，膩也。黏膩如脂之膩也。”《禹貢》：“徐州，厥土赤埴墳。”孔傳：“土黏曰埴。”《攷工記》疏引鄭注作“戠”。《攷工記》：“用土爲瓦，謂之搏埴之工，是‘埴’爲黏土。”

塿者，洛侯切。《說文》：“塿，塺土也。”

垟者，《說文》：“垟，赤剛土也。”通作“騂”。《地官·草人》：“凡糞種，騂剛用牛。”注：“騂謂色赤、剛強也。”

壚者，《說文》：“壚，剛土也。”《貢禹》：“豫州下土墳壚。”《釋文》引《說文》：“黑剛土也。”《釋名》：“土黑曰盧。盧然解散也[4]。”《淮南·地形訓》：“壚土之解散也。”《吕氏春秋·辨土篇》：“凡耕之道，必始於壚，爲其寡澤而後枯。”

墳者，《禹貢》：“厥土黑墳。”馬融曰：“有膏肥也。”

阺者，方句切。《說文》：“阺，邱名。”《玉篇》：“阺，小阜。”《集韻》：“罔角切。平原也。”是“阺”爲高之土也。

田者，《說文》：“田，陳也。樹穀曰田。”《釋名》：“已耕者曰田。田，填也。五穀填滿其中也。”《太玄》云：“觸地而田之。”鄭注《禹貢》云：“據人功作力競得而田之，則謂之田。”

地者，解見上文。

[注] [1]静本、愛本作“唐”。[2]愛本誤作“訣”。[3]愛本誤作“薫”。[4]静本、愛本脱“解散也”三字。

耦、𦓾沸音**、𣢾**才心反**、耩**講音**、𦔳**弋音**、䅽**突音**、䅏**側基反**、𦔻**[1]布苗反**、䅐**披音**、𦓸**乎荅反**、䎬**碑音**、䅬**步侯反**、𦔸**局音**、𦔶**漢音**、犂、营、墾、𦓤，耕也。**

《說文》：“耕，犂也。”《玉篇》引《周書》云：“神農之時，天雨粟。神[2]農耕田而種之。”賈誼曰：“一夫不耕，或受之飢。”“凡耕之大方，力者欲柔，柔者欲力；息者欲勞，勞者欲息；棘者欲肥，肥者欲棘；急者欲緩，緩者欲急；濕者欲燥，燥者欲濕。”[3]是因耕之，因地制宜也。

耦者，盧學士曰：“《説文》：‘耦，耒廣五寸爲伐，二伐爲耦。’《攷工記・匠人》：‘爲溝洫，耜廣五寸，二耜爲耦。一耦之伐，廣尺，深尺，謂之甽。’鄭注：‘古者，耜一金，二人併發之。其壟中曰伐。伐之言發也。甽，畎也[4]。’疏云：‘耜謂耒頭金。金廣五寸。耒面謂之庛[5]，庛亦廣五寸。二人各執一耜，若長沮、桀溺耦而耕。二人雖共發一尺之地，未必竝發。’”

粊者，非尾切。《説文》：‘粊，兩壁耕也。一曰覆耕種也。讀若匪。’”

歁者，盧學士曰：“《玉篇》：‘歁，掘地也。又臿屬也。亦作鈂。’《廣韻》：‘又直林切。同。’”

耩者，公項切。《玉篇》：“耩，穮也。”《齊民要術》云：“苗高一尺，鋒之。耩者，非不壅本，苗深，殺草益實。然令地堅硬，乏澤難耕。鋤得五徧已上，不須耩。”

耭者，余力切。《玉篇》：“耭，耕也。”本此。案，“耭”與“椇[6]”同。《吕氏春秋・離俗》云：“晨寤興，務耕疾庸，椇爲煩辱，不敢休矣。”高誘云：“椇，古‘耕’字。”

稅者，徒兀切。《玉篇》：“稅，耕禾閒。”

耤者，《玉篇》：“耤，耕也。”

盧學士曰[7]：“蓋與‘菑’同。《詩・周頌・載芟》：‘有略其耜，俶載南畝。’箋云：‘俶載，當爲‘熾菑’。’正義曰：‘熾然入地，而菑殺其草於南畆之中。’”

穮者，《玉篇》：“穮者，耘也。”《説文》作：“穮，耕禾間也。”《詩》作“麃”。《周頌・載芟》：“緜緜其麃。”傳：“麃，耘也。”《左氏昭元年傳》：“譬如農夫，是穮是蓘。”杜注：“穮，耘也。壅苗曰蓘。”正義：“此言‘穮蓘’，即《詩》之言耘耔也。”

耚者，匹皮切。《玉篇》：“耚，耕也。亦作‘畯’。”

耠者，《玉篇》："耠，耕也。"本此。

䆉者，彼爲切。《説文》："䆉，耜屬。讀若嫣。"

耛者，《玉篇》："耛，耜屬。"

䎃者，渠録切。《玉篇》："耕麥也。"《廣韻》："䎃，耕者。"本此。

䅽者，呼旦切。《玉篇》："䅽，冬耕。"

犂者，《説文》："犂，耕也。"《玉篇》："耕[8]具也。"《釋名》："犂，利也。利其發土，絶艸根也。"古者二耜爲耦，而輓犂以耕。《管子·乘馬篇》："丈夫二犂，童子五尺一犂。"《漢書·匈奴傳》："犂其庭。"顔師古曰："犂，耕也。"《廣韻》："犂，耕田器。亦耕也。"引《海内經》曰："后稷之孫叔均所作。《魏略》曰：'皇甫隆爲燉煌太守，教民作樓犂也。'""𥝩，同上。"

營者，盧學士曰："《詩·小雅·黍苗》傳：'營，治也。'蓋營度其田四圍所至也。漢趙充國屯田西域，後人即謂之營田。"

墾者，《方言》："墾，力也。"郭注："耕墾用力。"《周語》："土不備墾[9]，辟在司寇。"又云："墾田若蓺。"注："發田曰墾。"揚雄《羽獵賦》："是草木不得墾辟。"李善引《倉頡篇》："墾，耕也。"

䄾者，古攜切。《説文》："䄾，冊叉[10]，可以劃麥。河内用之。"《玉篇》："田器也。"

《集韻》："䎂，部巧切。"引《廣雅》："耕也。"今無此文，疑即"𥟖"字之訛。

[注] [1]静本、愛本作"穮"。[2]愛本作"仲"。[3]此暗引《吕氏春秋》。[4]静本、愛本誤作"之"。[5]静本、愛本誤作"庇"。[6]愛本誤作"稬"。[7]愛本誤作"者"。[8]静本、愛本脱"耕"字。[9]静本、愛本脱"墾"字。[10]愛本作"䄾又"，静本作"䄾叉"，據《説文》段注改。

稍所交反、**槾**亾旦反、**稯**叉江反、**穪**他戾反、**稀**一劫反、**積**牀[1]責反、**埶**魚世反、**植**、**樹**、**稽**祇音、**穛**派音、**投**、**蒔**時志反，**種**之用反**也**。

此釋種五穀之名也。《說文》作：“種，埶[2]也。”《玉篇》以“種埶”、“種稑”字彼此互易，失六書之故訓矣。

稍者，《玉篇》：“稍，槾種。山校切。”

槾者，《玉篇》：“槾，不蒔田也。”《廣韻》：“母官切。”案，槾，通作“縵”。《漢書·食貨志》：“一歲[3]之收常過縵田畮一斛以上，善者倍之。”顏師古曰：“縵田，謂不爲畮者也。善爲甽者，又過[4]縵田二斛以上也。縵，音莫幹反。”

稯者，《說文》：“堫，種也。從土。子紅切。”稯，與“堫”同。

穪者，他的切。《玉篇》：“穪，種也。”《廣韻》：“不耕而種也。”

稀者，《玉篇》：“稀，犂種也。”

積者，《玉篇》：“積，灰中種也。仕革切。”

埶者，《說文》：“埶，種也。從坴。丮，持而種之。”引《詩》曰：“我埶黍稷。”

盧學士曰：“亦作‘蓺’。《詩·大雅·生民》：‘蓺之荏菽。’箋云：‘蓺，樹也。’《周語》：‘墾田若蓺。’韋注：‘蓺，猶蒔也。’”

植者，字當作“稙”。《說文》：“稙，早種也。”又與“殖”通。《書》曰：“農殖嘉穀。”《左氏襄卅年傳》：“我有田疇，子産殖之。”

樹者，《說文》：“樹，生植之揔名。籀文作‘尌’。”

稽者，《玉篇》：“稽，種麥。上祇切。”

穛者，《集韻》：“穛，普卦切。”引《廣雅》：“種也。”舊本“穛”訛“漥”，今訂正。

投者，亦下種之意。

蒔者，更別種。《尚書》：“播時百穀。”鄭注：“時，讀蒔。”

[注] [1]静本、愛本誤作“仕”，據《博雅音》改。[2]静本、愛本誤作“執”。[3]愛本作“崴”。[4]静本、愛本作“迵”。

原，端也。

原、端者，《水經注》及《太平御覽》及《春秋說題辭》云：“高平曰原。原，端也，平而有度也。”宋均注：“度，法則也。”

大鹵，太原也。

大鹵者，《春秋昭元年經》：“晉荀吴帥師敗狄於大鹵。”《公羊》、《穀梁》皆作“大原”。《公羊傳》：“大鹵也，曷爲之大原？地、物從[1]中國，邑、人名從主人。”疏云：“案，古史及夷狄之人，皆謂之大鹵。所以今經與師讀，皆言大原者，正以地與諸物之名，皆須從諸夏名之故也。”《穀梁傳》：“中國曰太原。夷狄曰大鹵。”杜預《左氏傳》注云：“大鹵，太原晉陽縣。”

[注] [1]静本、愛本衍“從”字，已删。

釋邱第十

《說文》：“丠，土之高地也，非人所爲也。从北、从一。一，地也。人居在邱南，故从北。中邦之居，在昆崙[1]東南。一曰‘四方高，中央下’爲邱。象形。古文作‘𡊡’。”昆侖，是大邱之名。《風俗通義》云：“謹按，《尚書》：‘民乃降丘[2]度土。堯遭洪水，萬民皆山棲巢居，以避其害。禹決江、疏河，民乃下丘。營度爽塏之場而邑落之，故‘邱’之字，二人立一上。一者，地也。四方高，中央下，象形也。’”案，應說非也。言六書者，當以《説文》爲宗。《賁》："六五：賁於邱園。"虞翻："爲艮爲山，五半山，故稱邱。"楊子《法言》云："邱陵學山而不至於山，半山爲邱。"義亦通也。《御覽》引《春秋説題辭》曰："邱者，基也。"《衛風・氓詩》"邱"與"祈"爲韻，故以"期"訓之。此篇以釋"邱"爲名，而止有"柲邱"一條，疑傳寫有脱漏矣。《文選・謝惠連〈泛湖詩〉》注引《廣雅》："土高四墜曰椒邱。"而今無此文，其明證也。此以邱爲主，而凡阪、險、厓、隈之屬，亦附見焉。

[注] [1]静本、愛本作"嵩"。[2]静本、愛本誤作"土"。

邱上有木爲柲柲音邱。

柲邱者，盧學士曰："柲者，戈戟之柄。柲邱之名，不見他書[1]。"

[注] [1]《廣雅疏證》："蔡邕《郭林宗碑》云：'棲遲泌邱。'又，《周巨勝碑》云：'洋洋泌邱，於以逍遥。'束皙《玄居釋》云：'學既積而身困，夫何爲乎祕邱？''泌'、'祕'並與'柲'通。案,《陳風・衡門篇》：'泌之洋洋，可以樂飢。'毛傳云：'泌，泉水也。'蔡邕、束皙以'泌'爲邱名。《廣雅》云：'邱上有木。'説並與毛異，蓋本於三家也。"

小陵曰邱。

陵、邱者，傳曰："爲[1]高必因邱陵。"是"邱"與"陵"同類。邱，特小於陵耳。

盧學士曰："《爾雅》：'大阜曰陵。'故小陵名曰邱也。"

[注] [1]静本、愛本誤作"必"。此引《孟子》。

無石曰𠂤。

𠂤者，《楚辭·九思》："山𠂤兮峉峉。"𠂤，與"𨸏[1]"同。《說文》："𨸏，大陵，山無石者。象形。"《釋名》："土山曰阜。阜，厚也，言高厚也。"《風俗通義》云："謹案，《詩》云：'如山如阜。'《春秋左氏傳》：'魯公伯禽宅曲阜之地。'阜者，茂也，言平地隆踊，不屬於山陵也。今曲阜在魯城中，委曲長七八里。雒北阪即爲阜也。"

[注] [1]静本、愛本誤作"自"。

四隤大廻反曰陵。

陵者，《詩》、《釋文》引《韓詩章句》："四平曰陵。"《太平御覽》引《春秋說題辭》云："陵之爲言棱也。輔山成其廣，層陵扶推，益厥長也。"

四起曰京。

京者，《說文》："京，人所爲絶高邱也。從高省[1]。丨，象高形。"四起，四面高起。

[注] [1]静本、愛本誤作"者"。

四京曰阿。

阿者，言四方皆如京之高也。《爾雅》："大陵曰阿。"

𠂤，細阜也。

𠂤者，字書無"𠂤"字，疑"𠂤"之訛。《說文》："𠂤，小阜也。象形。徐鉉曰：'今俗作"堆"。'都回切。"

盧學士曰："賈逵注《國語》曰：'小阜曰魁。'見《史記·趙世家》。魁，即'𠂤'也。舊本《廣雅》作'皀，细也'，誤。今據《說文》補正。又'塊阜'，亦邱之小者。《淮南·俶真訓》：'塊阜之山，無文之材。'"

藏謂之壙。

壙者，《說文》："壙，塹穴也。"《周禮·夏官·方相氏》："大喪，先匶，及墓，入壙，以戈擊四隅，歐方良。"鄭注："壙，穿地中也。"《地官·掌蜃》："共闉壙之蜃。"《禮·檀弓篇》："弔於葬者，必執引。若從柩，及壙，皆執紼。"

墳、堬以珠反**、埰**采音**、墦**煩音**、埌**浪音**、壟、培**步苟反**塿**來苟反**、北、陵、墓、封，冢也。**

《說文》："冢，高墳也，從勹，豕聲，知隴切。"《釋名》："冢，腫也。象山頂之高腫起。"《周禮·序官·冢人》注云："冢，封土爲邱壟，象冢而爲之。"

堬、埰者，《方言》："冢，秦、晉之間謂之墳，或謂之培，或謂之堬，或謂之埰，或謂之埌，或謂之壟。自關而東，謂之邱。小者謂之塿，大者謂之邱。凡葬而無墳，謂之墓，所以墓之謂墲。"郭注："墳，取名於大防也。培，音部。堬，音臾。埰，古者卿大夫有采地，死葬之，因名也。埌，音'波浪'之'浪'。壟，有界埒，似耕壟，因名之。塿，培塿。亦堆高之皃。墓，言不封也。墓，猶慕也。墲，謂規度墓地也。《漢[1]書》曰：'初陵[2]之墲。'是也。"

墳者，《說文》："墳，墓也。"《春官·冢人》："以爵等爲邱封之度與其樹數。"注云："王公曰邱，諸臣曰封。《漢律》曰：'列矦墳高四尺，關內矦以下至庶人各有差。'"疏引《春秋緯》云："天子墳高三仞，樹以松；諸侯半之，樹以柏；大夫八尺，樹以藥艸；士四尺，樹以槐；庶人無墳，樹以楊柳。”《漢書·霍光傳》：“將軍墳土未乾。”

墦者，扶員、普安二切。《玉篇》：“墦，冢也。”《孟子》云：“卒之東郭墦間之祭者。”趙岐注：“郭外冢間也。”

埌者，《莊子·應帝王篇》：“游無何有之鄉，以處壙埌之野。”《集韻》：“埌，冢也。一曰‘壙埌，原野迥皃’。”

壠者，《説文》：“壠，邱壠也。”《曲禮》：“適墓不登壠。”鄭注：“壟，冢也。墓，塋域。”《月令》：“孟冬，塋邱壟之大小、高卑。”潘岳《懷舊賦》：“墳壘壘而接壟。”

培塿者，與“部”、“婁”同。《左氏襄廿年傳》：“部婁無松柏。”杜注：“部婁，小阜。”《説文》作“附婁”。云：“小土山也。”周伯琦《六書正譌[3]》云：“附，從𨸏，付聲。俗用‘培塿’，非。”

邱、陵者，《釋名》：“邱，象邱形也。陵，亦然也。”《玉篇》：“陵，冢也。”

墓者，《説文》：“墓，邱也。”《釋名》：“墓，慕也。孝子思慕之處也。”《序官·墓大夫》注：“墓，塚塋之地。孝子所思慕之處。”《檀弓》云：“古也墓而不墳。”注：“墓謂兆域，今時封塋也。古，謂殷時也。土之高者曰墳。”

封者，《檀弓》云：“於是封之，崇四尺。”鄭注：“聚土曰封。”又云：“‘吾見封之若堂者矣，見若覆夏屋者矣，見若斧者矣。’從若斧者焉，‘馬鬣封’之謂也。”《小爾雅》云：“壙謂窆，填謂之封。”

[注] [1]静本、愛本作“夏”。[2]静本、愛本此處空白。[3]静本、愛本誤作“誘”。

宅垗兆音**、塋**營音**域，葬地也。**

此釋葬地之名也。《檀弓篇》："國子高曰：'葬也者，藏也。藏也者，欲人之弗得見也。'"《說文》："葬，藏也。從死在茻中。一其中，所以薦之[1]。"

宅垗者[2]，《孝經·喪親章》云："卜其宅兆，而安厝之。"《北堂書鈔》引鄭注："宅，墓穴也。兆，塋域也。""垗"、"兆"同。《士喪禮》："筮宅，冢人塋之。"鄭注："宅，葬居也。"又"兆[3]南"注云："兆，域也。所葬之處。"

塋域者，《說文》："塋，墓也。"《春官·小宗伯》："兆五帝於四郊。"注云："兆爲壇之營域。"塋，與"營"同。又《冢人》："掌公墓之地，辨其兆域。"

[注] [1]静本、愛本誤作"以"。[2]静本、愛本衍"李"字，已刪。[3]静本、愛本誤作"北"。

隇威音**陕**夷音**、阻、陂陀，險也。**

《說文》："險，阻難也。"《易》曰："天險，不可升也。地險，山川邱陵也。王公設險以守其國。"

隇陕者，《漢書·地理志》引《詩》："周道郁夷。"顔師古曰："《韓詩》作'郁夷'，言使臣乘馬，行於此道。"《文選·潘岳〈西征賦〉》："登崤阪之威夷。"注引《韓詩》："周道威夷。"《薛君章句》："威夷，險也。"漢"郁夷"故城，在今隴州。隴阪在焉。此所釋者，本諸《韓詩》。隇陕，與"威夷"同。

阻者，《說文》："阻，險也。"《繫辭傳》："夫乾，德行恒易以知險；夫坤，德行恒簡以知阻。"

陂陀者，宋玉《招魂》：“侍陂陁些[1]。”王逸注：“陂陁，長陛也。陁，一作‘陀’。”《史記·司馬相如傳》：“登陂陁之長坂兮。”《玉篇》：“陀，大何切。陂陀，險阻也。俗作‘陁’。” 舊本“陀”爲“阤”，今訂正。

[注] [1]“些”，静本、愛本誤作“此二”。“侍”誤作“待”。

岡、嶺、隥多鄧反**、陘**形音**，阪也。**

《説文》：“阪，山脅也。”《爾雅》：“陂者曰坂。”李巡曰：“陂者，謂高峯山陂。”

岡者，《説文》：“岡，山脊也。”《釋名》：“岡，亢也。在上之言也。”《大雅·公劉》云：“迺陟南岡。”

嶺者，《漢書·閩粤傳》：“令諸校留屯豫章梅領待命。”又云：“入白沙、武林、梅領。”是古作“領”也。《玉篇》：“嶺，阪也。”本此。

隥者，《穆天子傳》：“天子東升於三道隥。”郭璞注：“隥，阪也。”班固《西都賦》：“陵隥道而超西墉。”張衡《西京賦》：“隥道麗倚而正東。”

陘者，户經切。《漢書·地理志》：“常山有井陘，中山有苦陘。”《説文》：“陘，山絶坎也。”

隒檢音、又斂音**、澳**於六反**、辱、厈、浦、潯、濆、潨**叢[1]音**、埆、埒**劣音**、氾、墳、漘**脣音**、陴、泮、垠**吴根反**，厓也。**

《説文》：“厓，山邊也。”又云：“崖，高邊也。”《玉篇》：“厓，水邊也。”是山、水邊通稱“厓”。

隒者，魚檢切。《説文》：“隒，崖也。”張衡《西京賦》：“設切厓隒。”

澳者，《說文》：“澳，水隈厓也。其内曰澳，其外曰限。”通“隩”。《周語》：“宅居九隩。”韋昭注：“隩，内也。九州之内皆可宅居。”亦同[2]“奥”。《衛風》：“瞻彼淇奥。”《禮記》引作“澳”。

辱，盧學士曰：“辱之訓厓，於古文未有。今案，乃‘靡’字之譌也。《史記·司馬相如傳》：‘明月珠子，玓瓅江靡。’《集解》引郭璞云：‘靡，崖也。’《索隱》引應劭曰：‘靡，邊也。’又引張博士云：‘靡，涯也。’顔師古注《漢書》云：‘江靡，江邊靡迆之處也。’《晉書·元帝紀[3]》：‘起天旆於江靡。’”

𠩂者，《說文》：“厂，山石之厓巖，人可居。象形。籀文作‘𠩂’。”張衡《西京賦》：“絶阬踰斥。”薛綜注：“斥，澤厓也。”李善音尺。

浦者，《說文》：“浦，濵也。”《詩》曰：“率彼淮浦。”《大雅·常武》、《釋文》：“浦，涯也。”《玉篇》云：“水源枝注[4]江海邊曰浦。”《楚辭·九歌》：“望涔陽兮極浦。”注[5]：“水涯也。”

潯者，《說文》：“潯，旁深也。”《淮南·原道訓》：“故雖游於江潯海裔。”高誘注：“潯，厓也。潯，讀‘葛覃’之‘覃’。”謝莊《宣貴妃誄》云：“散靈魄於天潯。”

濵者，《說文》作“頻”。云：“水厓，人所賓附，頻蹙不前而止。”《小雅·北山》：“率土之濵。”《詩》毛傳及《子虚賦》郭注並云：“濵，厓也。”

潀者，徂紅切。《大雅·鳧鷖》傳：“潀，水會也。”箋：“潀，水外之高者也。”

堳、埒者，《集韻》引作“湄浖”，俱從“水”。《天官·掌舍》注云：“謂王行止宿，平地築壇，又委壝土起堳埒以爲宫。”此言“堳埒”，蓋厓之高起，有似之也。堳，通作“湄”。《秦風·蒹葭》：“在水之湄。”傳：“湄，水隒也。”孔疏云：“《爾雅》：‘重甗隒。’‘隒’是山岸，‘湄’

是水岸，故云‘水隒’。”《爾雅》：“水潦所還埒邱。”郭注：“謂邱邊有界埒，水繞環之。”《淮南·原道訓》：“聰明不損，而知八紘九野之形埒。”

汜[6]者，《楚辭·天問》云：“出自湯谷，次於蒙汜。”王逸注：“汜，水涯也。”

墳者，《爾雅》：“墳，大防。”李巡曰：“墳，謂厓岸狀如墳墓，名大防也。”《地官·大司徒》：“辨其墳衍、原隰之名。”後鄭注：“水涯曰墳。”《說文》作：“濆，水厓也。”引《詩》曰：“敦彼淮濆。”《大雅·常武》傳：“濆，厓也。”

漘者，《說文》：“漘，水厓也。”《王風·葛藟》：“在河之漘。”傳：“漘，水隒也。”正義曰：“‘隒’是山岸，‘漘’水岸，故‘水隒’。”《魏風·伐檀》傳：“漘，厓也。”

陴、洴者，舊本作“陴洋”，且譌爲音釋。攷《集韻》引《廣雅》：“陴洴，厓也。”

盧學士曰：“《說文》：‘陴，城下女墻俾睨也。’此亦有邊竟之誼。洴，疑是‘泮’。《玉篇》：‘泮[7]，亦瀰。’‘深也。盛也。’《漢書·地理志》：‘《邶》又曰：河水洋洋。’今《邶詩》無此句，不知乃‘泮泮’之誤也。‘瀰’既爲水盛，似不當在此。然亦得與‘潯’、‘滌’、‘汎’爲類，或疑是‘汻’字。《說文》：‘汻，水厓也。徐鉉曰：今作滸，非是。’《爾雅》：‘岸上，滸。’注：‘岸上也。’”

段氏玉裁云：“洋，疑‘泮’之誤。《詩·衛風》：‘隰則有泮。’傳：‘泮，坡也。’箋云：‘泮，讀爲畔。畔，涯也。’”大昭案，“洴”之爲“厓”，未見所出。段說近之，其爲正文無疑。

垠者，《說文》：“垠，地垠也。一曰[8]岸也。或作‘圻’。”《史記·賈生列傳》：“坱軋無垠。”《索隱》引《說文》：“垠，圻也。”揚雄《羽獵賦》：“開北垠，受不周之制。”顏師古注：“垠，厓也。”張協《七命》：

“旌拂霄堮，軌[9]出蒼垠。”李善注引許慎《淮南子》注：“垠堮，端厓。”

[注] [1]《博雅音》作“藆”。[2]静本、愛本誤作“何”。[3]静本、愛本衍“綸”字，已删。[4]静本、愛本誤作“江”。[5]静本、愛本脱“注”字。[6]静本、愛本作“圯”。[7]静本、愛本誤作“洋”。[8]静本、愛本誤作“曲”。[9]静本、愛本脱“軌”字。

廋所流反、垸菊音、陬、隅，隈也。

《說文》：“隈，水曲澳也。”《淮南·覽冥訓》：“田者不侵畔，漁者不争隈。”高誘注：“隈，曲深處魚所聚也。”《魏都賦》：“攷之四隈，則八埏之中。”張載注：“隈，猶隅也。”鄒衍曰：“四隅不静。”

廋者，劉向《九歎》云：“步從容於山廋。”王逸注：“廋爲隈。”《玉篇》：“廋，隈也。”本此。

盧學士曰：“本書《釋詁》：‘廋，隱也。’此又訓爲‘隈’者，亦謂可以隱匿之處。《檀弓》所云：‘其高可隱也。’是也。”

垸者，《大雅·公劉》：“芮鞫之即。”箋：“水之内曰隩，水之外曰鞫。”《周禮·職方氏》注引《詩》作“内阮”。《漢書·地志》：“芮陒，雍州水也。”顔注：“陒，與‘鞫’同。”《韓詩》作“芮阮[1]”。是“阮”、“鞫”、“陒”音義同。

盧學士曰：“《爾雅·釋邱》：‘隩，隈。’又云：‘厓[2]内爲隩，外爲隈。’陸氏《釋文》本‘隈’作‘鞫’。云：‘《字林》作垸[3]。’《玉篇》：‘阮，古岸也。’《廣韻》：‘曲岸水外曰阮。’”

陬、隅者，本書《釋言》：“隅陬，角也。”《說文》：“陬，阪隅也。”又云：“隅，陬也。”《楚辭·天問》云：“隈隅多有，孰知其數？”

[注] [1]静本、愛本作“埿”，據徐復本《疏義》改。[2]静本、愛本此處空白。[3]静本、愛本作“陒”，據《四庫》本《釋文》改。

厓隩，題上事也。

釋山第十一

《周語》云：“山，土之聚也。”《管子·形勢篇》：“山者，物之高也。”《春秋繁露》云：“積土成山，無損也；成其大，無虧[1]也。小其上，泰其下，久長安，後世無有去就，儼然獨處，惟山之意。”《說文》：“山，宣也。宣氣散生萬物，有石而高也。”《釋名》：“山，産也。産生物也。”《文選》注引《春秋運斗樞》云：“山者，地基也。”《太平御覽》引《春秋說題辭》云：“《周易》：‘艮爲山，爲小石。’石，陰中之陽，陽中之陰，陰精輔陽，故山含石。石之爲言託也。託，立法也。”《水經注》引《說題辭》云：“陰含陽，故石凝爲山。”《初學記》引《韓詩外傳》云：“夫山，萬人所觀仰，財用生焉，寶藏殖焉，飛禽萃焉，走獸伏焉；育羣物而不倦，有似夫仁人志士，是仁人所以樂山也。”

此篇所釋，先言山嶽之異名，次及天下名山之數，以及昆侖諸山之高遠，無不備焉。

[注] [1]静本、愛本作“虧”。

岱宗謂之泰山。

岱宗、泰山者，《漢書·郊祀志》：“歲二月，東廵狩，至於岱宗。岱宗，泰山也。”《風俗通義·山澤篇》云：“東方泰山。《詩》云：‘泰山巖巖，魯邦所瞻。’尊曰岱宗。岱者，長也。萬物之始，陰陽交代。”《白虎通義》云："岱者，言萬物相代於東方也。"《公羊僖三十一年傳》云："雲觸石而出，膚寸而合，不崇朝而徧雨天下者，其惟泰山乎？故爲五嶽之長。"《漢書·地理志》："泰山郡博縣有泰山廟，岱宗在西北，兖州山。"《道書福地記》："泰山，高二千九百丈二尺。"張守節曰："泰山在兖州博城縣西北三十里。"

天柱謂之霍山。

天柱、霍山者，《漢書·地理志》："廬江郡灊縣，天柱山在南，有祠。"《爾雅》："霍山爲南嶽。"郭注："今在廬江灊縣西，即天柱山。灊水所出也。"《史·封禪書》："上巡南郡，至江陵而東，登禮灊之天柱山。號曰南嶽。"《初學記》引盛宏之《荆州記》云："衡山者，五嶽之南嶽也。其來尚矣！至於軒轅，乃以灊霍之山爲副焉，故《爾雅》曰：'霍山爲南嶽。'蓋因其副焉，至漢武南巡，又以衡山遼遠，道隔江、漢，於是乃徙南嶽之祭於廬江灊山，此亦承軒轅副義也。"《太平御覽》引徐靈期《南嶽記》與《荆州記》同。張博士是漢末人。依漢武所定之五嶽立說，故以"泰、霍、華、恒、嵩"當之别名。岣嶁之衡山不入數也。《爾雅》："大山宫小山，霍。""今天柱山在安慶府潛山縣西北，亦謂之皖公山。皖水出焉。别流曰灊水，合流入於江。"[1]其山中峯小，而四圍有大山以宫繞之，霍之名因此。

[注] [1]此暗引《明史》。

華山謂之太華。

華山、太華者，《禹貢》："西傾、朱圉、鳥鼠，至於太華。"鄭康成曰："《地理志》：'太華山在弘農華陰南。'"《周官》："豫州，其山鎮曰華山。"《西山經》："華山，一名太華之山。削成而四方，其高五千仞，其廣十里。"《漢書·地理志》："京兆華陰縣太華山，在南，有祠。

豫州山。”《風俗通義》云：“西方華山。華者，華也。萬物滋然變華於西方也。”《初學記》引《華山記》云：“山頂有池，生千葉蓮花，服之羽化，因曰華山。”薛綜注《西京賦》云：“華山對河東首陽山，黄河流於二山之間。古語云：‘此本一山，當河，河水過之而曲行。河神巨靈以手劈開其上，以足蹈離其下，中分爲兩，以通[1]河流。今覩手跡於華山上，指掌之形具在；脚跡在首陽山下，亦存焉。’”張守節曰：“《括地志》：‘華山在華州華陰縣界八里。’”

[注] [1]静本、愛本衍“流”字，已删。

常山謂之恒山。

常山、恒山者，《史記·夏本紀》：“常、衛既從。”《索隱》曰：“此文改恒山、恒水，皆作‘常’，避漢文帝諱故也。”《周官》：“并州，其山鎮曰恒山。”《漢書·地理志》：“常山郡上曲陽縣，恒山北谷，在西北，有祠。并州山。”《白虎通義》云：“北山爲恒。恒者，常也。陰終陽始，其通道長久，故又曰常山。”《風俗通義》云：“恒者常，萬物伏藏於北方，有常也。”《初學記》引《五嶽圖》云：“恒山高三千九百丈七尺，上方三十里，周廻三千里，有太玄之泉，神草十九種，服之可度世。”《管子》云：“其山北臨代，南俯趙，東接河、海之間，早生而晚殺，五穀之所蕃熟，四種五穫焉。”

外方謂之嵩。

外方、嵩者，《漢書·地理志》：“潁川郡崈高縣，武帝置，以奉太室山，是爲中岳。有太室、少室山廟。古文以崇高爲外方山也。”顔師古曰：“崈，古‘崇’字。”《史記集解》劉熙《孟子》注云：“益避禹之子，在崈高之北。”《説文·新附》有“嵩”字。云：“中岳，嵩高山也。”韋昭

《國語》注云："古通用'崇'字。"《爾雅》："山大而高，崧。"郭注："今中嶽，嵩高山，蓋依此名。"《釋名》："崧，竦也。亦高稱也。"《風俗[1]通》："中央曰嵩高。嵩者，高[2]也。"《詩》云："嵩高惟嶽，峻極於天。"《白虎通義》："中央之嶽，獨加'高'字何？中央居四方之中而高，故曰嵩高山。"《初學記》引戴延之《西征記》云："其山東謂太室，西謂少太室，相去十七里。嵩，其総名也，謂之室者，以其下各有石室焉[3]。"《史記正義》云："《括地志》：'嵩高山，亦名太室山，亦名外方山，在洛州陽城縣北二十三里。'"舊本"外"下脱"方"字，"嵩"上衍"嵋"字，今訂正。

盧學士曰："'嵩'下當併增'高'字。"

[注] [1]愛本誤作"倘"。[2]静本、愛本此處空白。[3]愛本誤作"石"，静本此處空白。

岣古候反**嶁**力候反**謂之衡山。**

岣嶁、衡山者，郭璞注《中山經·衡山》云："俗謂之岣嶁山。岣音矩，嶁音縷。"《漢書·地理志》："長沙國湘南縣，《禹貢》'衡山'在東南。荆州山。"張守節云："《括地志》：'衡山在衡州湘潭縣西四十一里。'"

蜀山謂之嵋山。

蜀山、嵋山者，《史記·封禪書》："瀆山，蜀之汶山。"《漢書·郊祀志》"汶山"作"岷山"。《地理志》："蜀郡湔氐道，《禹貢》'岷山'在西徼外。江水所出。"《説文》"岷"作"䃉[1]"，義與班固同。《河圖括地象》曰："岷山之精，上[2]爲井絡。帝以會昌，神以建福。漢之湔氐道在唐爲松州，廣德初陷吐蕃，宋以爲吐蕃地。今爲龍安府松潘衛，岷山在衛西北二十里，曰大分水嶺，江水出焉。”“蜀”、“瀆”聲相近，故“瀆山”亦爲“蜀山”也。“嵋”、“岷”、“汶”，字異音義同。

[注] [1]静本、愛本作“谽”。[2]“精上”二字，静本、愛本作“下”。

吴山謂之開山。

吴山、開山者，《夏官·職方氏》：“雍州，其山鎮曰嶽山。”《漢書·地理志》：“右扶風汧縣，吴山在西。古文以爲‘汧山’。雍州山。”《史記正義》云：“《括地志》：‘汧山在隴州汧源縣西六十里。其山東隣汶岫，西接隴，汧水出焉。’”“汧”、“開”聲相轉。

薄落謂之幵牽音頭。

薄落、幵頭者，《漢書·地理志》：“安定郡涇陽縣，幵頭山在西，《禹貢》‘涇水’所出。”《五帝本紀》：“西至於空桐，登雞頭。”《索隱》曰：“山名也。後漢王孟塞雞頭道，在隴西。一曰崆峒山之别名。”《正義》曰：“《括地志》：‘笄頭山，一名崆峒山，在原州平高縣西百里。’”《淮南子》：“涇出落薄之山。”高注：“薄落之山，一名笄頭山。”是“頭”，一名薄落也。“幵”、“笄”、“雞”，字異音義同。音釋讀“笄”爲“牽”，失之矣。

土高有石，山。

山者，鄭注《周禮》云：“積石曰山。”《説文》：“山，有石而高。象形。”

山，産也。石，柘石音也。

石者，《釋名》：“山，産也。産生物也。”“山體曰石。石，格也。堅捍格也。”《初學記》引《春秋說題辭》云：“石之爲言託，立法也。”又引《物理論》云：“土精爲石。石，氣之核也。氣之生石，猶人筋絡之生爪牙也。”

盧學士曰：“《說文》：‘柘，百二十斤。’蓋五權之最重者。石質重，故云柘也。”

冢，腫也。嶽，确學音也。

冢、嶽者，《釋名》：“山頂曰冢。冢，腫也，言腫起也。”《白虎通義》云：“嶽者何？嶽之爲言桷也。桷，功德也。”《風俗通義》云：“嶽，桷也。桷考功德、黜陟也。”“确”、“桷”，古字通。

凡天下名山，五千二百七十。出銅之山，四百六十有七。出鐵之山，三千六百有九。

名山、出銅之山、出鐵之山者，《史記·貨殖傳》：“銅、鐵則千里，往往山出棊置。”《索隱》曰：“言如置棊子，往往有之。”《帝王世紀》云：“名山五千三百五十，經六萬四千五十六里。出銅之山，四百六十七；出鐵之山，三千六百九，以供財用。”《山海經》作：“名山五千三百七十，出鐵之山三千六百九十。”《管子·地數篇》名山之數，与《山海經》同；出銅鐵之山，與《廣雅》同。又曰：“山上有赭者，其下有鐵；上有慈石者，其下有銅。”

崑崙虛有三山：閬風、板桐、玄圃。其高萬[1]一千一百一十里一十四步二尺六寸。

崑崙虛、閬風、板桐、玄圃者，《淮南·地形訓》：“掘崑崙虛以下地，中有增城九重，其高萬一千里百一十四步二尺六寸。玄圃、涼風、樊桐在崑崙、閶闔之中，是其疏圃。”高注：“掘，猶平也。”《水經》云：

“崑崙虚在西北，去嵩高五萬里，地之中也。其高萬一千里。”《十洲記》云：“崑崙有三角，正北曰閬風巔，正西曰玄圃臺，正東曰崑崙宫。”《水經注》引《崑崙説》云：“崑崙之山三級：下曰樊，一名曰板桐；二曰玄圃，一名曰閬風；上曰層城，一名天庭。”

[注] [1]静本、愛本脱“萬”字。

𡿨烏玄反、甽古犬反、嶰乎買反、磎，谷也。

此釋谷之名也。山下出泉，流而不竭，故附《釋山篇》中。

《説文》云：“泉出通川爲谷。從水半見，出於口。”

𡿨者，《説文》：“淵，回水也。或作‘𡿨’。象形。左右，岸也。”李康《運命篇》：“譬如水也[1]，通之斯爲川焉，塞之斯爲淵焉。”

盧學士曰：“《列子・黄帝篇》：‘鯢旋[2]之潘爲淵，止水之潘爲淵，流水之潘爲淵，濫水之潘爲淵，沃水之潘爲淵，氿水之潘爲淵，雍水之潘爲淵，汧水之潘爲淵，肥水之潘爲淵。’”殷敬順《釋[3]文》云：“潘，本爲‘潘’。潘，洄流也。”

甽者，《説文》：“く，水小流也。篆文作‘甽’。”《禹貢》云：“羽甽夏翟。”

嶰者，《説文》作“䜣[4]”。云：“水衡官、谷也。一曰小谿。”馬融《廣成頌》：“窮浚谷，底幽嶰。”通作“解”。《吕氏春秋・古樂篇》：“取竹於嶰谿之谷。”《漢書・律曆志》：“皇帝使泠綸取竹之解谷。”注：“昆侖之北谷名。”

谿者，《爾雅・釋山》云：“山瀆無所通者，谿[5]。”又《釋水》：“水注川曰谿，注谿曰谷。”傳疏引宋均曰：“無水曰谷，有水曰谿。”

[注] [1]静本、愛本誤作“焉”。[2]“鯢旋”，静本、愛本作“輓桓”。

[3]静本、愛本誤作“說”。[4]“嶰”、“懈”，静本、愛本分別作“嶰”、“懈”。[5]静本、愛本衍“說文”二字，已删。

釋水第十二

《洪範》：“五行：一曰水。水曰潤下。”《管子·水地篇》：“水者，地之血氣，如筋脉之通流者也，故曰：‘水，具材也。’夫水，淖弱以清，而好灑人之悪，仁也；視之黑而白，精也；量之不可概，至滿而止，正也；唯無不流，至平而止，義也；人皆赴高，己獨赴下，卑也。”《淮南·原道訓》：“夫水，所以成其至德於天下者，以其淖溺潤滑也。”《釋名》：“水，準也。準平物也。”《說文》：“水，準也。北方之行。象衆水竝流，中有微陽之氣也。”《白虎通義》云：“水，位在北方者。陰氣，在黄泉之下，任養萬物。水之言準也。養物平均，有準則也。”《太平御覽》引《春秋元命苞》云：“水之爲言演也。陰化淖濡，流施潛行也。”《文選》注引《元中記》云：“天下之多者水焉，浮天載地。”

此篇所釋，先言“原、泉”，水所自也。次言“洲、渚”，民所居也。自“川、瀆”以及“坑、淵”，無不備焉。舟楫之利，以濟不通，故“舟”亦附見之。

濆墳音**泉，直泉也。直泉，涌泉也。**

濆泉、直泉、涌泉者，《公羊昭九年經》：“叔弓帥師，敗莒師於濆泉。”傳云：“濆泉者何？直泉也。直泉者何？涌泉也。”徐彦疏：“謂此泉直上而出。”《水經注》：“瀵水出汾陰縣南四十里，西去河三里，平地開源，濆泉上涌，大幾如輪，深則不測。俗呼爲瀵魁。古人壅其流以爲陂水，種稻。東西二百步，南北百餘步。”

盧學士曰：“《爾雅》：‘濫泉正出。正出，涌出也。’”注引《公羊》

作“直出”。云：“直，猶正也。”疏引李巡注云：“水泉從[1]下上出曰涌泉。”《說文》：“涌，滕也。滕水超涌也。”

[注] [1]静本、愛本誤作“徒”。

州，居也。陼，止也。渚，處也。湝直尸反，至也。

州、居者，《釋名》：“水中可居曰洲。”“洲，聚也。人及鳥物所聚息之處也。”《說文》云：“昔堯遭洪水，民居水中高土，故曰九州。一曰‘州，疇也。各疇其土而生之。’”《衆經音義》引孫炎注《爾雅》云：“水有平地可居者也。”

陼、止者，**渚、處**者，“陼”、“渚”，古通用。《釋名》：“小洲曰渚。渚，遮也，體高能遮水，使從旁廻也。小渚曰沚。沚，止也。小可以止息其上也。”《楚辭·九章》：“朝發枉陼兮，夕宿辰陽。”王注：“枉陼，地名。或曰：‘枉，曲也；陼，沚也。’”高誘注《淮南》云：“水中可居者曰渚。”

盧學士曰：“《爾雅·釋水》：‘小州曰陼。小陼曰沚，小沚曰坻[1]。’”邢疏引李巡曰：“四方皆有水，中央獨可居。但大小異其名耳。”《釋文》：“陼，字又作‘渚’。”《詩·召南》“江有渚”傳：“渚，小洲也。水枝成渚。”箋：“江水流而渚流。”《齊語》：“渠弭於有渚。”韋昭注：“渠弭，裨海也。”水中可居者“渚”，然則“渚”即“陼”也。不宜異文而見疑，當作“陼，處也。沚，止也”。於《爾雅》次第不失，而諧聲取義，文亦無複。

湝，至也。湝，與“泜”通用。《說文》：“坻，或從‘水’作‘湝’。”《釋名》：“小沚曰泜。泜，遲也。能遏水使流遲也。”

[注] [1]静本、愛本作“坻”。

海，晦也。江，貢也。河，何也。淮，均也。濟，濟也。津，因也。洛，驛也。灑，理也。澗，間也。漢，達也。渭，偕謂音也。汝，汝也。涇，徑也。

此釋諸水命名之義也。

海、晦者，《說文》："海，天池也。以納百川者。"《釋名》："海，晦也。主承穢濁，其水黑如晦也。"

盧氏云："《禮記》疏引李巡說、《詩》疏引孫炎說，亦皆以'海'爲'晦'。"

江、貢者，《風俗通義・山澤篇》云："江，貢也。所出珍物可貢獻也。"《釋名》："江，公也。諸水流入其中所公共也。"

河、何者，《商頌・玄鳥》："景員維河。"鄭箋："河之言何也。"《釋名》："河，下也。隨地[1]下處而通流也。"《風俗通》："河者，播[2]也。播爲九流，出龍圖也。"案，何，與"荷"通。《水經注》引《春秋說題辭》云："河之言荷也。荷精分布，懷陰引度也。"

淮、均者，《釋名》："淮，圍也。圍繞揚州北界，東至海也。"《風俗通義》云："淮者，均也。均其務也。"《太平御覽》引《春秋說題辭》云："淮出桐柏。淮者，均也。均其勢也。"

濟、濟者，《說文》："沛，沇也。東入於海。"又別出"濟"。云："水出常山房子贊皇山。"今經典相承，混爲一矣。此實當作"沛"也。《釋名》："濟，濟也。源出河北濟河而南也。"《風俗通義》云："濟，齊也。齊其度量也。"《水經注》引《春秋說題辭》云："濟，齊也。齊，度也。員也。"

津、因者，《說文》作："津，水渡也。"鄭注《論語》云："津，濟渡處，因河爲津。"

洛、驛者，此"洛"，是《禹貢》"導洛自熊耳"之"洛"，豫州川也。字或作"雒"。左馮翊褱德亦有洛水，是雍州寖。《初學記》及《太平御覽》引《春秋說題辭》云："洛之爲言繹也。繹其燿也。"宋均注："水光曜也。"案，"驛"、"繹"，古字通。

漽、理者，詹事兄曰："《說文》無'漽'字。《淮南[3]·本經訓》：'禹鬪伊闕[4]，道廛、澗。'二水名讀'裏漽'之'漽'。'廛'從'里'，疑古有'里'音，故轉[5]訓爲'理'耳。"

澗、間者，《釋名》："山夾水曰澗。澗，間[6]也，言在兩山之間也。"

漢、達者，詹事兄曰："'達'疑'遠'之譌。"

渭、偖者，《初學記》引《春秋說題辭》云："渭之爲言偖[7]也。偖偖，流水皃。"

汝、汝者，下"汝"字當作"女"。《太平御覽》引《春秋說題辭》云："汝出猛山。汝之爲言女也。"宋均曰："女取其生孕也。"

涇、徑者，《爾雅·釋水》："直波爲徑。"《釋名》："水直波曰涇。涇，徑也，言如道徑也。"

[注] [1]静本、愛本作"水"。[2]静本、愛本作"潘"。[3][4]静本、愛本此處空白。[5]静本、愛本誤作"韓"。[6]"澗間"二字，静本、愛本作"間門"。[7]《廣雅疏證》："《說文》、《玉篇》、《廣韻》、《集韻》皆無'偖'字，疑是'偦'字之譌。《初學記》引《春秋說題辭》：'渭之爲言渭也。'注云：'渭渭，流行皃。'渭也之渭，渭渭之渭，疑皆'偦'字之譌。"

湍，瀨也。磯機音，**磧**七的反**也。**

湍、瀨者，趙岐《孟子》注："湍者，圜也，謂湍湍瀠水也。"《說文》："湍，疾瀨也。他耑切。"《楚辭·九歌》云："石瀨兮淺淺。"王逸注："瀨，湍也。淺淺，流疾皃。"《淮南·地形訓》："湍水人輕，遲水人重。"注："湍水，行疾也。"又《俶真訓》："湍瀨旋淵。"注："湍瀨，急流也。”《漢書·武帝紀》：“甲爲下瀨將軍。”臣瓚曰：“瀨，湍也。吴、越謂之瀨，中國謂之磧。”《伍子胥書》：“有下瀨船。”《溝洫志》云：“高水湍湻，難以行平。”顔師古曰：“急流曰湍。”

磯、磧者，《説文》：“磧，水陼有石者。”又徐鉉《新附》有“磯”字。云：“大石激水也。”趙岐《孟子》注：“磯者，激也。”《玉篇》：“磯，水中磧也。”“磧，水渚石。水淺石見。”

阦洪音、**洫、甽、㒸**遂音、**涓、埂**古杏反、**溝、渠、川、瀆、谸、窞**徒感反、**科、臽**陷音，**坑也。**

此釋坑之名也。《説文》：“阬，閬也。徐鉉曰：‘今俗别作坑，非是。’”《楚辭·七諫》云：“與麋鹿同坑。”

阦者，《玉篇》：“阦，户公切。阬也。”《廣韻》：“阦，坑也。”本此。

洫者，《説文》：“洫，十里爲成，成間廣八尺，深八尺，謂之洫。”亦作“淢”。《大雅·文王有聲》云：“築城伊淢。”傳：“淢，成溝也。”箋：“方里曰成。淢，其溝也。廣、深各八尺。”

甽、㒸者，《攷工記·匠人》：“爲溝洫，耜廣五寸，二耜爲耦。一耦之伐，廣尺、深尺謂之甽。田首倍之，廣二尺，深二尺，謂之遂。九夫爲井，井間廣四尺，深四尺，謂之溝。”《説文》：“一耦之伐，廣尺、深尺謂之く。倍く謂之遂，倍遂曰溝，倍溝曰洫。古文作‘甽’。”㒸，與“遂”同。

涓者，涓，小流也。古懸切。《家語》：“《金人銘》：‘涓涓不壅，終成江河。’”《集韻》“阴”下引《廣韻》：“阬也。”是本又作“阴”。

埂者，《説文》：“㙈，秦謂‘阬’爲‘埂’。讀若‘井汲綆’。”《玉篇》引《倉頡篇》：“㙈，小坑也。”

溝者，《説文》：“溝，水瀆。廣四尺，深四尺。”《釋名》：“水注谷曰溝。田間之水亦曰溝。溝，構也。縱横相交構也。”

渠者,《說文》:“渠,水所居。”《風俗通》:“秦時韓人鄭國穿渠,以利漕道,官民俱賴其饒焉。”

川者,《說文》:“川,貫穿通流水也。”《釋名》:“川,穿也。穿地而流也。”《攷工記》:“兩山之間,必有川焉。”《管子·度地篇》:“水之出於他水溝,流於大水及海者,命曰川。”《虞書》:“濬畎澮距川。”謂深溝澮之水會爲川也。

瀆者,《爾雅》注:“澮曰瀆。”《說文》:“瀆,溝也。讀若讀。古文作‘𧮯’。”

欿者,與“坎”同。《易·坎卦》京房、劉並作“欿”。《詩·魏風》:“坎坎伐輪兮。”石經《魯詩》殘碑作“欿欿”。《坎彖傳》:“習坎,重險也。”

窞者,《說文》:“窞,坎中小坎也。一曰旁入也。”《坎》:“初六:入於坎窞。”王弼曰:“最處坎底也。”馬融《長笛賦》:“峪窞巖𡫅。”

科者,《孟子》:“盈科而後進。”趙注:“科,坎也。”舊本“科”訛“枅”,今訂正。

臽者,《說文》:“臽,小阱也。從人在臼上。户猎切。”《廣韻》:“臽,小坑也。”

湋、潭,淵。自三仞以上,二億三萬三千五百五十有九。清滌、浮著,水也。

此釋淵水之名及其都目也。

淵者,解見《釋山篇》。

湋者,《說文》:“湋,回也。羽非切。”案,《說文·又部》“𣪠”字注云:“回,淵水也。”是“回”亦“淵”也,故謂之湋。

潭者,《楚辭·九章》云:“泝江潭兮。”王逸注:“潭,淵也。楚人名淵曰潭。”《淮南·地形訓》:“凡鴻水淵藪,自三百仞以上,二億三萬三千五百五十里，有九淵。禹乃以息土填洪水，以爲名山。”

清滌者，《禮記·曲禮》曰：“水曰清滌。”正義云：“古祭用水當酒，謂之玄酒也。而云‘清滌’，言其甚清皎潔也。《樂記》云‘尚玄酒’是也。”

浮著，未詳。

盧學士曰：“此云浮著水，或本有酒在中。而以水加之，使其味淡，若然始得玄酒之名。否則即謂之明水可矣，何必亦稱之爲酒乎？”

陽侯、濤大[1]高反、汰太音，波也。

此釋波之名也。

陽侯者，《戰國策》云：“塞漏舟而輕陽侯。”注[2]：“陽國侯也。溺死於水，其神能爲大波。”《楚辭·九章》云：“淩陽侯之氾濫兮。”王逸注：“陽侯，大波之神。”揚雄《反離騷》云：“陵陽侯之素波兮。”《博物志》：“澹臺子羽渡河，齎千金之璧，河伯欲之，至陽侯波起。”

濤者，高誘注《淮南·人間訓》：“波者涌起，還者爲濤。”《文選》注引《倉頡篇》：“濤，大波也。”

汰者，《楚辭·九章》云：“齊吴榜以擊汰。”王逸注：“汰，水波也。”《廣韻》：“汰，徒蓋切。”

[注] [1]静本、愛本誤作“太”，據《博雅音》改。[2]静本、愛本脱“注”字。

舟、舫、榜，船也。

《方言》：“舟，自關而西謂之船。自關而東謂之舟，或謂之航。”《説文》：“船，舟也。”《釋名》：“船，循也。循水而行也。”《淮南·道應訓》：“至於中流，陽侯之波，兩蛟夾繞其船。”

舟者，《説文》：“舟，船也。古者共鼓、貨狄，刳木爲舟，剡木爲楫，以濟不通。象形。”《釋名》：“舟言周流也。”《吕氏春秋》：“虞姁作舟。”《墨子》云：“工倕作舟。”《山海經》注引宋仲子注《世本》云：“共鼓、貨狄二人並黄帝臣。”《淮南·說山訓》：“見窾木浮而知爲舟。”

舫者，《說文》：“舫，船師也。《明堂月令》曰：‘斿舫人，習水者。’甫妄切。”又云：“方，併船也。”《詩·邶風·谷風》：“方之舟之。”箋：“方，泭也。”《爾雅》：“大夫方舟。”郭注：“併兩船。”《釋文》：“方，音舫。或作‘舫’。又音方。”《玉篇》：“並兩船。”

盧學士曰：“《戰國·楚策》：‘張儀謂：‘方船積粟。’’又云：‘舫船載卒。一舫載五十人。’一言‘方’，一言‘舫’，義亦無别。”

榜者，王逸注《九章》“吴榜”云：“船櫂也。”司馬相如《子虚賦》“榜人歌”、《史記集解》引郭璞注：“榜，船也。”案，《玉篇》：“榜，北孟切。”《廣韻》：“榜人，舟人也。”《集韻》：“榜，補曠切。竝兩船。”《文選》注引張博士說：“榜人，船長也。”

艒彫音、**艬**士巖反、**舸**、**艜**帶音、**艒**目音**艢**夙音、**艄**蒲故反、**舺**甲音，又狎音、**舴**責音**艋**猛音、**艆**力唐反、**艕**壯尤反、**艄**鉤音**艫**鹿音、**艑**步典反、**艖**楚加反，又徂多反、**艇**丁計反**艡**當音、**舽**扶江反**舡**呼江反、**舭**滔音、**舸**古可反[1]、**艭**撥音、**艛**力侯反、**艘**苦計反、**艩**其音**艃**貍音、**艜**零音、**舶**白音、**艀**扶鳩反、**艦**“銜”之上聲、**舼**洪音、**艇**挺音、**艅**餘音**艎**黄音、**艨**蒙音**艟**衝音、**艗**五的反**艏**首音、**舴**側格反**艋**猛音、**艬**禮音，**舟也。**

上釋舟之揔名，此釋舟之散名也。《易》曰：“利涉大川，乘木舟虚也。”《詩》疏引鄭注：“舟謂集板，如今自空大木爲之，曰虚，總名皆曰舟。”

艒者，《釋名》：“船，三百斛曰艒。艒，貂也。貂，短也。江南所名，短而廣，安不傾危者。”《玉篇》：“艒，音彫。”

盧學士曰：“案，《藝文類聚》所云‘艒作刀’、《初學記》作‘舠’、《詩·衛風·河廣》：‘曾不容刀。’箋：‘小船曰刀。’正義云：‘《說文》作：舠，小船也。今《說文》無之。’又引《釋名》亦作‘刀’。是‘刀’、‘舠’、‘舠’並通用。”

艘者，《玉篇》：“艘，大船也。”《廣韻》：“艘，合木船也。”

船者，《玉篇》：“船，徒紅切。船船。”

艕者，《方言》：“艇長而薄者謂之艕[2]。”郭璞音“‘衣帶’之‘帶’”。《玉篇》：“艕，丁大切。艇船也。”

艒縮者，《方言》：“艖謂之艒縮。”郭音“目宿”。《玉篇》：“艒，音‘冒’，又音‘目’。艒縮，船名。縮，思六切。船名。”

艀者，《小爾雅》云：“艇之小者曰艀。”《方言》：“艇，短而深者謂之艀。”郭注：“今江東呼‘艖’音‘步’。”《玉篇》：“艀，艇短而深者。”

舺者，《集韻》：“艀舺，舟也。”是合上“艀”爲一船名。

舴艋者，《玉篇》：“舴，陟格切。舴艋，小舟。艋，莫梗切。”

艆者，《玉篇》：“艆，海船也。”

艄者，《玉篇》：“艄，音鄒。船也。”《集韻》引《埤蒼》云：“艆艄，海中大船也。”則合“艆艄”爲一船。

舸艫者，《玉篇》：“舸，古矦切。舸艫，舟名。艫，力木切。”《北堂書鈔》：“豫章城西有舸艫洲，即吕蒙作舸艫大艑處。”《水經注》作“谷鹿洲”，蓋“舸”、“谷”聲相轉也。

盧學士曰：“舸，又作‘艕’。《吴志·吕蒙傳》：‘蒙盡伏其精兵艕艫。’”

艑者，《玉篇》：“艑，船小也。”

盧氏云：“此蓋指‘扁舟’言，編自有大者，故臧質[3]作《石城樂》云：‘大編載三千，漸水丈五餘。’”

艖者，《方言》：“小舸謂之艖。”郭注：“今江東呼艖小底者也。音‘叉’。”《玉篇》：“艖，小船。”《集韻》合上“艑”爲一船。云：“艑艖，舟名。”

舭艡者，《玉篇》：“舭，舭艡。戰船也。艡，丁浪切。舭艡。”《廣韻》：“舭艡，水載船。出《字林》。”

艂者，《玉篇》：“艂，吴船。”

舡者，《玉篇》：“舡，船也。”

舭者，《玉篇》：“舭，他刀切。”《五音集韻》：“對艞，江中大船。”“舭”、“艞”同。

舸者，《方[4]言》：“南楚、江、湘，凡船大者謂之舸。”左思《吴都賦》：“宏舸建軸。”《玉篇》：“舸，各可切。船也。”

撥者，《玉篇》：“撥，布末切。大船也。”

艛者，《玉篇》：“艛，船名。”案，漢武帝時，南粤叛，修昆明池，治樓船，高十餘丈。楊僕爲樓船將軍，即此矣。“艛”、“樓”，古字通。

艘者，《玉篇》：“艘，舟也。”本此。

艩艃者，《玉篇》：“艩，渠之切。艩艃，舟名。艃，力之切。”《集韻》作“艨艃”。

艫，《玉篇[5]》：“力丁切。亦作‘舲’。小船屋也。”《類篇》：“艫，舟有窻者。”通作“舲”。《楚辭·九章》云：“乘舲船余上沅兮。”王逸注：“舲，舲船之有窻牖者。”《淮南·俶真訓》：“越舲蜀艇，不能無水而浮。”高誘注：“舲，小船也。”

舶者，《衆經音義》引《字林》：“舶，大船也。今江南汎海船謂之舶。崑崙及高麗皆乘之。大者受萬斛也。”《玉篇》：“舶，補格切，大船也。”《廣韻》：“舶，海中大船。”《集韻》：“蠻夷汎海舟曰舶。”

艀者，《玉篇》：“艀，小艄也。亦作‘桴’。”案，“艀”、“艄”，聲相近。

艦者，《釋名》：“船，上下重牀曰艦，四方施板，以禦矢石，其内如牢檻也。”陸機《辯亡[6]論》：“舳艫千里，前驅不過百艦。”《晉書音義》引[7]

《字林》："艦，屋船也。"

舼者，《玉篇》："舼，渠恭切。小船。䑏，同上。"《方言》："艇，小而深者謂之樑。"郭注："謂長舼也。音'邛竹'之'邛'。"是"舼"與"樑"同。

艇者，《小爾雅》云："小船謂之艇。"《方言》："小䑿艒謂之艇。"郭注："艒也。"《釋名》："船，二百斛以下曰艇。其形徑挺，一人二人所行者也。"《玉篇》："艇，音挺。小船。"

艅艎者，吴闔廬舟"艎"，亦作"艎"。經典通用"餘皇"。《左氏昭十七年傳》："楚大敗吴師，獲其乘舟餘皇。"《玉篇》："艅，弋諸切。艅艎，船名。艎音皇。吴舟。"

艨艟者，《釋名》："船，外狹而長曰艨衝。以衝突敵船也。"《玉篇》："艨，莫公切。艨艟，戰船。艟，尺庸反。"

艗艏者，《史記·〈子虛賦〉》："浮文鷁。"《集解》引《漢書音義》云："鷁，水鳥也。畫其象於舟首。"《淮南·本經訓》："龍舟鷁首，浮吹以娱。"高誘注："鷁，大水之鳥也。畫其像著船頭，故曰鷁首。"案，《方言》："首謂之閤閭，或謂之艗艏。"郭注："閤閭，今江東呼船頭屋謂之'飛閭'是也。鷁，鳥名也。今江東貴人船前作青雀，是其像也。音'亦'。"《釋名》云："其上屋曰廬，像廬舍也。上重室曰飛廬。在上，故曰飛也。又在上曰爵室，於中候望之，如鳥雀之警示也。""廬"、"閭"同。《玉篇》："艗，舟頭爲鷁首。艏，尺久切。船名。"案，《抱朴子》："艅艎、艗首，涉川之良器也。""艗"、"鷁"同。

舴艋者，已見上文，此重出。

盧學士曰："'艋'字衍。上名'舴艋'，此名'舴艫'。與'艨艟'、'艗首'已上，皆兩字，不應復間以一字，當刪去。"

艫者，《方言》："東南丹陽、會稽之間，謂艖爲欚。"《説文》："欚，江中大船名。盧啟切。"《玉篇》亦云"大船"。

《集韻》引《廣雅》："舤，舟也。" 今無此文。

[注] [1]静本、愛本誤作"苦音，又可音"，據《博雅音》改。[2]愛本作"艕"。[3]"臧質"，静本、愛本誤作"識"，據徐復本《疏義》改。[4]静本、愛本脱"方"字。[5]静本、愛本脱"玉篇"二字。[6]静本、愛本誤作"忘"。[7]静本、愛本誤作"音"。

䉫薄佳反、**柎**敷音、**潢**横音，**筏**伐音**也。**

此釋筏之名也。

䉫、柎、潢、筏者，《説文》："橃，海中大船。徐鉉曰：'今俗别作筏，非是。'"《方言》："泭謂之䉫，䉫謂之筏。筏，秦、晋之通語也。江、淮家居[1]䉫中謂之薦。方舟謂之潢。"郭注："泭，水中䉫也。揚州人呼渡津舫爲杭，荆州人呼潢。《説文》：'泭，編木以渡也。''潢，以船渡也。''泭，芳無切。潢，户孟切。'《玉篇》：'潢，航也。'《爾雅》：'庶人乘泭。'郭注：'併木以渡。'《周南》：'不可方思。'傳：'方，泭也。'《釋文》：'泭，本亦作'游'，又作'桴'，或作'柎'。'《論語》：'乘桴浮於海。'馬融曰：'桴，編竹木。大者曰栰，小者曰桴。'《楚辭·九章》云：'乘汜泭以下流兮。'王逸注：'編竹木曰泭。楚人曰泭，秦人曰橃。'《三國志·吴書·妃嬪傳》：'宜伐蘆葦以爲泭，佐船渡軍。'"

[注] [1]静本、愛本作"中"。

舥凡音**謂之舷**賢音**。艑謂之桄**光音**。**

舥、舷、艑、桄者，舥，一名舷艑，一名桄。《玉篇》："舥，舷也。""舷，乎田切。船舷。"又云："艑，船也。"《類篇》："桄，舟前木也。"

盧學士曰："《淮南·説林訓》：'客乘舟，中流遺其劍，遽契其舟舥，薄暮而求之。’高誘注：‘契刻舭船弦板。讀如《左傳》襄王出，居鄭地氾之氾[1]。’《楚辭·九歌[2]》：‘桂櫂兮蘭枻。’王逸注：‘枻，船旁板也。’又《漁[3]父篇》：‘漁父鼓枻而去。’注：‘扣船舷也。’是‘舷’亦謂之船旁板。”

[注] [1]静本、愛本此處空白。[2]静本、愛本作“章”。[3]静本作“漁”。

造舟謂之浮梁。

造舟、浮梁者，《方言》文。造，彼作“艁”，古文“造”也。郭注：“即今浮橋。”《爾雅》：“天子造舟。”郭注：“比船爲橋。”《詩》疏引李巡曰：“比其舟而渡曰[1]造舟。”潘岳《閒居賦》：“浮梁黜以徑度。”

盧學士曰：“《爾雅》、《釋文》云：‘造，《廣雅》作艁。音同。’案，今《方言》尚作‘艁’，而《廣雅》作‘造’，疑出後人所改，當正之。據汗簡，則古《爾雅》亦作‘艁’。”

[注] [1]静本、愛本誤作“而”。

崑崙虛，赤水出其東南陬子侯反，又鄒音，河水出其東北陬，洋水出其西北陬，弱水出其西南陬。河水入東海，三水入南海。

赤水、河水、洋水、弱水者，《海内西經》云：“海内崑崙之墟，在西北。帝之下都。赤水出東南隅，以行其東北，西南流注南海厭火東。河水出東北隅，以行其北，西南入渤海，又出海外，即西而北，入[1]禹所導積石山。洋水、黑水出西北隅，以東，東行，又東北，南入海。羽民南。弱水、青水出西南隅，以東，又北，又西南，過畢方鳥東。”《淮南·地形訓》：

“河水出崑崙東北陬，貫渤海，入禹所導積石山。赤水出其東南陬，西南注南海丹澤之東。赤水之東，弱水出自窮石，至於合黎，餘波入於流沙。絶流沙，南至南海，洋水出其西北陬，入於南海羽民之南。凡四水者，帝之神泉，以和百藥，以潤萬物。”

[注] [1]静本、愛本衍“貫”字，已删。

水自渭出爲澩乎角反，又呼篤反，**水自汾**墳音**出爲派。**

澩、派者，盧學士曰：“《爾雅·釋山》：‘夏有水、東無水，澩。’此言水自渭出，未知所本。《説文》：‘澩，從水，學省聲。或不省，作“灣”。’又云：‘汾水，出太原晉陽山，西南入河。派，别水也。’”

《廣雅疏義》卷第十九

嘉定錢大昭晦之甫撰

《廣雅》卷十

釋艸第十三

《說文》：“艸，百卉也。從二‘屮’。”通作“屮”。“屮，艸木初生也。象出形，有枝莖也。古文或以爲‘艸’字。讀若徹。”案，《洪範》：“庶艸蕃廡。”古文《尚書》作“屮”。《荀子·富國篇》：“刺屮殖穀。”楊倞注：“屮，古‘艸’字。”《漢[1]書·禮樂志》：“屮木零落。”《地理志》：“屮繇木條。”《敘傳》：“天造屮昧。”顏師古並云：“屮，古‘艸’字。”《隸釋·高彪碑》：“獄犴坐屮。”亦以“屮”爲“艸”字。《禮記》述殷制“典司六職”者，“司土、司木、司水、司器、司貨”，而外有“司草”，謂之“天子六府”。鄭康成以爲即周之“稻人”。又天子“六工”，其一曰“草工”。鄭注以爲作“萑葦”之屬。《天官》：“九職：一曰三農，生九穀；二曰園圃，毓草木；三曰虞衡，作山澤之材。”九穀者，先鄭謂“黍、稷、秫、稻、麻、大小豆、大小麥”。後鄭說九穀無“秫”、“大麥”，而有“粱”、“果蓏”。《氾勝之書》以“稻、米、黍、麻、秫、小麥、大麥、小豆、大豆”爲九穀。園圃所毓者即“疏材”也。鄭注：“百草根寔可食者、可食之菜，或蓺於圃，或采於野。厥類孔多，通謂之百疏。”《魯語》云：“能殖百穀、百疏。”虞衡所作者，絺綌徵於山農，草貢徵於澤農是也。是山陵川澤、原隰衍沃所出之物。上關國用，下濟羣生，故《洪範》以“庶艸蕃廡”爲五是來備之徵也。

此篇所釋，或以類聚，或以形名，皆切於民生日用之所需，不徒爲學者多識之助也。

[注] [1]静本、愛本誤作“讀”。

羃高音蘸，白蓉高音也。

羃蘸、白蓉者，《南山經》：“侖者之山，有木焉，其狀如穀而赤理，其汁如漆，其味如飴，食者不飢，可以釋勞。其名曰白蓉。可以血玉。”郭璞注云：“或作‘睪蘸’。睪蘸，一名白蓉。音羔。見《廣雅》。”《玉篇》：“羃，功勞切。如葛，白華。”“羃”、“睪”，音義同。

盧學士曰：“《王朗書》：‘萱艸忘憂，皋蘸釋勞。’”

茈藄，蕨也。

茈藄、蕨者，《玉篇》：“藄，紫藄。似蕨，可食。”《魏風》：“彼汾沮洳，言采其莫。”陸璣：“莫，莖大如箸，赤節，節一葉，似柳葉，厚而長，有毛刺。今人繅以取繭緒。其味酢而滑，始生可以爲羹，又可生食。五方通謂之酸迷。冀州人謂之乾絳。河、汾之間謂之莫。”《齊民要術》引《詩》義疏云：“藄，菜也。葉狹，長二尺，食之微苦，即今莫菜也。”李時珍云：“紫藄，似蕨，有花而味苦，謂之迷蕨。初生亦可食。”案，《爾雅·釋草》：“芏夫、王藄、月爾。”陸氏《釋文》引《說文》：“藄，土夫也。”是“土夫”也，“王藄”也，“月爾”也，一物三名。郭璞注《爾雅》乃以“土夫”爲一物。云：“芏，艸生海邊，似莞蘭。今南越人采以爲席。”又以“藄月爾”爲一物，别無可據，遂以《廣雅》“茈藄”當之。此肊說也。

陸氏所見《說文》，是唐初之本。今本《說文》作“綦月爾”者，乃俗儒改《說文》以合《爾雅》耳。“紫綦”是蕨之別種，即所謂“迷蕨”，故亦以蕨名之，非以是爲虌菜也。“茈”與“紫”同。綦，或作“基”，又作“萁”，同。勤之切。

蕺集音，**菩**負音，又部音**也。**

蕺、菩者，盧學士曰：“《玉篇》：‘蕺，疾立切。菩草。菩，防誘切。香草也。’又重出‘菩’字云：‘步亥切，草也。’《廣韻》：‘菩，蕺菩也。’竝本此。案，菩，亦音倍。《說文》云：‘草也。’《易・豐》：‘六二：豐其蔀。’《釋文》：‘鄭、薛作菩。云：小席。’”

王白，萯[1]也。

萯者，詹事兄曰：“王下疑脫‘萯’字或‘菩’字。”《說文》：“萯，王萯也。”《玉篇》：“萯，小豆。四月王萯秀也。”《七月詩》疏引《本草》云：“萯生田中，葉青，刺人，有實。七月采，陰乾。”

盧學士曰：“萯，亦‘菩’，同。《月令》：‘孟夏之月，王瓜生。’鄭注：‘萆挈也。’今《月令》云：‘王萯生。’《釋文》：‘萆，皮八反。挈，起八反。萯，房九反。’案，《吕氏春秋・孟夏紀》作‘王菩生’。菩，即‘萯’字。正與鄭所云今《月令》合。《初學記》：‘王菩生挈也。’案，下別有‘王瓜’，則與‘王萯’非一物。今以‘萆挈’爲‘王萯’正釋，而凡言‘栝[2]樓、苦蔞’者，俱於‘王瓜’條下具釋，此不著。”

[注] [1]静本、愛本衍“韻”字，已删。[2]静本、愛本作“桔”。

葅子乎反，**蕺也。**

葅、蕺者，《説文》："葅，菜也。"《玉篇》："蕺，菜也。狙及切。"馬融《廣成頌》注云："其根似茅根，可食。"左思《蜀都賦》："樊以葅圃。"李善注引《埤蒼》云："葅，蕺也。"《本草》"蕺采"，唐本注云："葉似蕎麥，肥地亦能蔓生，莖紫赤色，多生溼地。江左人好生食之，關中謂之葅采。"《文選·南都賦》："其園圃則有菜蕺蘘荷。"注引周處《風土記》云："蘵，香菜。根似茆根。蜀人所謂葅香。"蘵，與"蕺"同，俗本作"蕊"，誤。《古今注》云："葅，一名蕺。荆、揚人謂葅爲蕺。會稽有蕺山，王羲之采蕺處。"段公路《北户録》云："蘵，秦人謂之葅子。"舊本"葅"訛作"茅藉"之"葅"，今據《説文繫傳》訂正。

盧學士曰："謝靈運《山居[1]賦》：'蓼蕺葼薺。'《吴越春秋》：'越王從嘗糞悪之後，遂病口臭。范蠡乃命左右皆食岑草，以亂其氣。'岑草，即蕺也。《會稽志》：'蕺山，越王嘗采蕺於此。'蕺，一名岑菜。今吾杭食黄魚，必劑之以蕺。俗名魚腥草是也。"

[注] [1]静本、愛本誤作"房"。

藜力今反**蘆，蔥葪**掷甘反**也。**

藜蘆、蔥葪者，《玉篇》："葪，蔥也。"《廣韻》："藜蘆，藥名。""葪，蔥别名。"舊本"蔥"譌"葸"，今據《類篇》所引訂正。《本草》："藜蘆，一名蔥苒。"吴普《本草經[1]》："一名蕊葵，一名山蔥，一名豐蘆，一名蕙葵，一名公苒。"陶隱居注云："藜蘆，根下極似蔥而多毛。"

[注] [1]"經"字，静本、愛本倒入"吴"之前。

蓏嚋音**蒢**除音**，地榆也。**

蓏蒢、地榆者，《玉篇》："蓏，丈牛[1]切。蓏，荼菜。""蒢"與"荼"同。《廣韻》："藸，章魚切。蒣藸，蒠名。"曹音"蓏蒢"爲"嚋除"，下文亦云"蒚藸，蒠也"。枚乘《七發》云："漃漻蒣蓼。"李善注引《字書》："蒣藸，艸也。""蒣藸"與"蓏蒢"，聲相近。而《本草》"地榆"無"蓏蒢"之名。疑此"蓏蒢"與上文"蒠蕼"爲一類。而"地榆"，上下別有脱文也。《本草經》云："地榆，味苦寒，主消酒，生冤句。"陶隱居云："葉似榆而長，初生布地，而花子紫黑色，如豉，故一名玉豉。"《金樓子·志怪篇》語云："寧得一片地榆，不用明月寶珠。地榆，一名玉豉，可煮石，石美如芋，可食。"

[注] [1]"丈牛"，愛本作"文斗"。

莪蒿，𦶐力甚反蒿也。

莪蒿、𦶐蒿者，《說文》："莪，蘿莪。蒿屬。"《爾雅》："莪，蘿。"郭注："今莪蒿也，亦曰𦶐蒿。"《小雅》："蓼蓼者莪，匪莪伊蒿。"又云："匪莪伊蔚。"陸璣疏："莪，蒿也。一名蘿蒿。生澤田漸洳之處，葉似邪蒿而細，科生。三月中，莖可生食，又可蒸，香美，味頗似蔞蒿。"《埤雅》："𦶐之爲言蒿也。一名角蒿。"《字說》曰："莪，以科生而俄。"李時珍謂："莪，抱根叢生。俗謂抱孃蒿。"

蕑，蘭也。

蕑、蘭者，《說文》："蘭，香艸也。"《夏小正》："五月蓄蘭，爲沐浴也。"《鄭風》："方秉蕑兮。"傳："蕑，蘭也。"《陳風·澤陂》傳同。《荀子·宥坐篇》："夫[1]芷蘭生於深林，非以無人而不芳。"陸璣疏：

"'蕑，即蘭。香艸也。'《春秋傳》曰：'刈蘭而卒。'《楚辭》云：'紉秋蘭。'孔子曰：'蘭當爲王者香艸。'皆是也。其莖葉似藥草澤蘭。蘭廣而長節，節中赤，高四、五尺。漢諸池[2]苑及許昌宮中皆種之。可著粉中藏衣，著書中辟白魚。"洪興祖云："蘭艸，生水傍，葉光潤，尖長有歧，陰小紫，花紅白色而香，五、六月盛。"《埤雅》："於文，蘭草爲蘭，蘭闌[3]不祥，故古者爲防刈云也。蘭以闌之，蕑以閒之，其義一也。"

[注] [1]静本、愛本誤作"芷"。[2]静本、愛本作"地"。[3]"蘭闌"，静本、愛本作"蕑蘭"。

藾力對反、**茾**才音，**蔽**苦拜反**也。**

藾、茾、蔽者，《爾雅》："藾，蒿董。"郭注："似蒲而細。"疏云："可爲屩，亦可綯以爲索。"《說文》："董，鼎董。徐鍇謂：'今人以織履[1]者是也。'"《玉篇》："藾，閭遂切。蒿葦似蒲而細也。""茾，疾來切，草名。"《說文》："蔽，艸也。"《左氏成九年傳》："雖有絲麻，無棄菅蒯。"正義引陸璣云："菅，似茅而滑澤無毛。柔肕，宜爲索。'蒯'與'菅'連，亦菅之類。"《玉篇》引作"菅蔽"。云："與'蒯'同。"李登《聲類》云："蔽草，中爲索。"《玉藻》："浴，出杅，履蒯席。"鄭注[2]："澀，便於洗足也。"《史記·孟嘗君列傳》："猶有一劍耳，又蒯緱。"《集解》："蒯，茅之類，可爲繩。"《索隱》曰："草名，音'蒯聵'之'蒯'。"是"藾"，一名茾，一名蒯也。

[注] [1]静本、愛本誤作"屢"。[2]静本、愛本脫"注"字。

廉薑，葰雖音**也。**

廉薑、葰者，《說文》："葰，薑屬。可以香口。息遺切。"《玉篇》："荾，音綏。胡荾，香菜。'葰'、'芟'同。"《儀禮·既夕篇》："加綏澤焉。"鄭注："綏，廉薑也。取其香，且禦溼。""葰"、"綏"，字異音義同。《本草圖經》："葰，一名廉薑。生沙石中，薑類也。其味大辛而香。"

草蒿，青蒿也。

草蒿、青蒿者，《說文》："菣，香蒿也。或作'藍'。去刃切。"《小雅·鹿鳴》："食野之蒿。"傳："蒿，菣也。"本《爾雅》。郭注："今人呼青蒿香中炙啖者爲菣。"陸璣疏："蒿，青蒿也。荆、豫之間，汝南、汝陰皆云菣也。"《埤雅》："蒿，自有兩種，有黄色者，有青色者。《本草》謂之'青蒿'，亦恐有别也。陝西、綏、銀之間有青蒿。在蒿叢之間，時有一兩株，迥然青色，土人謂之香蒿。至深秋餘蒿並黄，此蒿猶青，恐古人所用以此爲勝。"

棈乳，苦杞也。

棈乳、苦杞者，《說文》："杞，枸杞也。"《玉篇》："杞，苟杞也。""棈，苦口切。棈杞也。根爲地骨皮。本作'枸'。"《爾雅》："杞，苟檵。"郭注："今枸杞也。"《姤》："九五：以杞包瓜。"《釋文》引張璠說："苟杞也。"《小雅·四牡》："集于苞杞。"傳："杞，枸檵也。"《左氏昭十二年傳》："我有圃生之杞乎？"杜注："世所謂枸杞也。"《本草》："枸杞，一名杞根，一名地骨，一名杞忌，一名地輔。"吕氏《本草》："一名杞己，一名羊乳。"《名醫别録》："一名却暑，一名仙人杖，一名西王母杖。"《小雅·四牡》："集于苞杞。"[1]陸璣疏："一名苦杞，一名地骨。春生，作羹茹微苦。其莖似苺。子秋熟，正赤。莖、葉及子服之，輕身益氣。”

[注] [1]已見上文，此重出。“四牡”二字，静本、愛本誤作“鴇羽”。

遊冬，苦菜也。

遊冬、苦菜者，《本草》：“苦草，一名荼艸。生益州川谷。”《爾雅》：“荼，苦菜。”《夏小正》：“四月，取荼。荼也者，以爲君薦蔣。”《月令》：“孟夏之月，苦菜秀。”陸德明引《易通卦驗玄圖》：“苦菜，生於寒秋，經冬歷春，得夏乃成。”《名醫别録》云：“一名[1]游冬，生山陵道旁，淩冬不死。”《埤雅》：“此草淩冬不雕，故一名游冬。”

[注] [1]静本、愛本誤作“冬”。

桼姑、艾但、鹿何，澤鞠之舌反也。

桼姑者，《本草》：“蜀羊泉。”唐本注云：“此草一名漆姑。”《名醫别録》：“一名羊泉，一名羊飴，生蜀都。”《玉篇》：“蓁，且栗切。葉似蒴。又名芊萛。藥名。”餘未詳。詹事兄曰：“文但疑即‘羊泉’二字之譌。”

蓫丑六反，羊蹏也。

蓫、羊蹏者，《玉篇》：“蓫，丑力切。一名蒠。似冬藍，食之醋也。又丑六切。”《廣韻》：“蓫，許竹切。羊蹄菜。又，丑六切，與‘蓫’同。”然則此“蓫”非名“蒠”之蓫矣。《小雅》：“我行其野，言采其蓫。”傳：“蓫，惡菜也。”箋：“蓫，牛蘈也。亦仲春時可采也。”《釋文》：“蓫，敕六切。本又作‘蓄’。”陸璣疏：“蓫，今人之羊蹄，似蘆服而莖赤，可瀹爲茹，滑而不美。啖之令人下氣。幽州人謂之蓫。”曹植《七啟》云：“霜蓄露葵。”李善注引《詩》：“言采其蓫。”又云：“‘蓫’與‘蓄’，音義同。”《本草》：“羊蹏，一名東方宿，一名連蟲陸，一名鬼目。”《名醫别録》：“一名蓄。”陶隱居云：“今人呼爲秃菜。”案，此與“蓫薚”、“馬尾”不同。彼是“商陸”，此是“羊蹏”，名同而實異也。

牛莖，牛蔾也。

牛莖、牛蔾者，《本草經》：“牛膝，一名百倍。苗高二三尺。葉尖圓如匙，兩兩相對。有節，似牛膝，節上生花作穗，秋結實。”吴普：“生河内，或臨邛。葉如夏藍，莖本赤。”案，牛，《類篇》作“苹”。莖，舊本訛“茎”。據《御覽》訂正。蔾，《玉篇》作“藤”，同。

豨徒昆反，世人作“豨[1]”字，或“豚”，或“肫[2]”，並[3]失之**耳，馬莧也。**

《本草》：“莧實，一名馬莧，一名莫實。”唐本註云：“即馬齒莧也。”

豨耳、馬莧者，盧學士曰：“《本草》‘馬齒’，别是一種。布地生，寔至微細，俗呼‘馬齒莧’。南北朝人多與‘馬薤’相混，故《顔氏家訓》云：‘江東不識馬薤。講《禮》者乃以爲馬莧，堪爲食，亦名豚耳，俗曰馬齒。江陵嘗有一僧，面形上廣下狹。劉緩幼子民譽，年始數歲，雋晤善體物。見此僧云：面如馬莧。其伯父劉縚因呼爲荔挺法師，縚親講《禮》，名儒。其誤如此。’鮑明《遠葵賦》：‘别有鴨脚肫耳。’”

[注] [1][3]静本、愛本此處空白。[2]静本、愛本誤作“豚”，據《博雅音》改。

卬、昌陽，菖蒲也。

卬、昌陽、菖蒲者，卬，一作“茚”。《説文》：“茚，昌蒲也。益州生。五剛切。”《天官・醢人》：“朝事之豆，有昌本。”鄭注：“昌本，昌蒲根。切之四寸爲菹。”《吕氏春秋》：“冬至後五旬七日，菖生。菖者，百草之先生也。於是始耕。”高誘注：“菖，菖蒲，水草也。”《本草》：“菖蒲，一名昌陽茚。”《别録》云：“生上洛池澤及蜀郡嚴道[1]。一寸九節者良。”吴氏《本草》、《藝文類聚》引：“一名堯韭。”陶隱居云：“菖蒲，葉有脊，一如劍刃。昌陽，亦作‘昌羊’。”《淮南・説林訓》：“昌羊去蚤蝨而來蚙窮。”高誘注：“昌羊，昌蒲。”

[注] [1]“嚴道”二字，静本、愛本空白。

攣夷，芍藥也。

攣夷、芍藥者，《北山經》：“繡山，其草多芍藥。”郭注：“芍藥，一名石攣夷。亦香草屬。”《本草經》：“芍藥。”《名醫别録》云：“一名白术，一名餘容，一名犂食，一名解倉，一名鋌。”《古今注》云：“牛亨問董仲舒曰：‘將離時贈以芍藥者何？’答曰：‘芍藥，一名可離，故將别以[1]贈之。’又一名[2]鋌，一名犂食，一名婪尾春，一名黑牽夷。芍藥有二種，有草芍藥，有木芍藥。木者花大而色深，俗呼爲‘牡丹’，非也。”

盧學士曰：“《鄭風・溱洧》：‘贈之以芍藥。’傳云：‘勺藥，香草[3]。陸璣不識。’云：‘今藥草勺藥無香氣，未審何草？’蓋當時但以勺藥爲藥名，故李善注《子虚賦》引服氏以爲藥名，引晉氏以爲調和。未若今之時，人人能識也。”

[注] [1]静本、愛本誤作“之”。[2]静本、愛本誤作“又”。[3]静本、愛本脱“草”字。

菥析音**蓂**覓音**，馬辛也。**

菥蓂、馬辛者，《説文》：“蓂，析蓂。大薺也。”《本草》：“菥蓂，一名蔑菥，一名大蕺，一名馬辛，一名大薺。生川澤及道旁。”蜀本注云：“菥蓂，似薺而葉細。俗呼爲‘老薺’。”《御覽》引吴氏《本草》云：“一名析目，一名榮冥，一名馬騂。”

蒣舒音**蔀**部音，又步古反**，魚薺**齊底反。憲案，《説文》以此[1]爲“薺，蒺藜”之“薺”字。自資**也。**

蒣蔀、魚薺者，魚薺，亦薺類。《玉篇》：“蒣，升諸切。魚薺也。”曹憲《音釋》云：“案，《説文》以此爲‘薺，蒺藜’之‘薺’字。自資。”

盧學士曰：“‘自資’，當是音‘自資反’。《詩・小雅・楚茨》、《禮記・玉藻》作‘楚薺’。是‘茨’、‘薺’字同，故可讀爲‘自資切’。”

大昭案，《爾雅》：“茨，蒺藜。”《説文》作“薺”。陸氏《釋文》：“茨，或作薋。同。”據此，則曹氏《音釋》當云：“《説文》以‘薺’爲‘茨，蒺藜’之‘茨’字，音‘自資反’。今本傳寫誤也。”

[注] [1]静本、愛本誤作“底”，據《博雅音》改。

狗薺、大室，亭藶歷音**也。**

狗薺、大室、亭藶者，《爾雅》：“蕇，亭歷。”郭注：“實、葉皆似芥。一名狗薺。”《廣雅》云：“《本草》‘葶藶’，一名大室，一名大適。”《别録》云：“一名丁歷，一名蕇蒿。”《名醫别録》云：“生藁城。”陶注云：“今近道亦有。母則狗薺，子細黄，至苦。”《圖經》云：“初春生苗葉，高六、七寸，有似薺。根白，枝莖俱青。三月開花，微黄。結角，子扁小如黍粒，微長，黄色。至夏則枯死。”陸德明云：“今江東呼公薺。”《淮南·繆稱訓》：“亭歷愈張。”《鹽鐵論》云：“葶藶，似菜而其味殊。”顔注《急就篇》云：“亭歷，一名枸薺。”本此。

盧學士曰：“朱震亨云：‘亭歷，性急，善逐水，走泄爲用。’或云：‘有甜、苦二種。甜者即薺與析蓂，不能破氣下水也。’”

舊本無“亭”字，今據《爾雅》、《釋文》所引補正。

薖狄音，**雚**丸音**也。**

薖、雚[1]者，《說文》：“雚，薍也。胡官切。”《玉篇》：“薖，徒歷切。雚也。亦作‘荻’。”陸璣《詩》疏：“薍也，或謂之荻。至秋堅成，則謂之雚。其初生，三[2]月中，其心挺出，其下本大如箸，上鋭而細。揚州人謂之馬尾。”

盧學士曰：“薖，即‘荻’字。亦作‘蔐’。《淮南·說林訓》：‘蔐苗類絮，而不可爲絮。’高誘注：‘蔐苗，荻秀，楚人謂之蔐苗。蔐，讀敵戰之敵。幽、冀之謂荻苕。’”

案，《夏小正》：“七月秀雚、葦。”傳云：“未秀則不爲雚葦，秀然後爲雚葦。”又云：“雚未秀爲菼，葦未秀爲蘆。”《詩》毛傳：“薍爲雚，葭爲葦。”孔穎達云：“此二艸初生爲菼，長大者爲薍，成則爲雚[3]。初生爲葭，長大爲蘆，成則爲葦。”戴吉士震曰：“凡《詩》中曰蒹葭、曰葭菼、曰雚葦，及後人言蘆荻，皆並舉二物言之。”

[注] [1]静本、愛本作“萑”。“萑”爲“雚”之異體。[2]静本作“二”。[3]愛本誤作“葦”。

會及，五味也。

會及、五味者，《爾雅》：“菋，荎藸。”鄭注：“五味也，蔓生，子叢在莖頭。”案，《本草》：“五味子，一名會及，一名玄及。”陶隱居注云：“其核似猪腎。”唐本註云：“五味，皮肉甘酸，核中辛苦，都有鹹味，此則五味具也。其葉似杏而大，蔓生木上，子作房如落葵，大如蘡子。”《圖經》云：“春初生苗，引赤蔓於高木，其長六七尺。葉尖[1]圓，似杏葉。三、四月開黄白花，類小蓮花。七月實成，如豌豆許大，生青熟紅紫。今有數種，大抵相近。”

[注] [1]静本作“小”，爱本作“上”。

山蘄芹音**，當歸也。**

山蘄、當歸者，《本草經》：“當歸，一名乾歸。”郭璞《爾雅》注云：“山蘄，當歸。當歸，今似蘄而麤大。”《釋文》云：“蘄，古‘芹’字。然則當歸，芹類也。在平地者名芹，生山中而粗大者，名當歸也。”蘇恭《本草》注：“當歸苗有二種，一種似大葉芎藭，一種似細葉芎藭。惟莖葉卑下於芎藭也。細葉者名蠶頭當歸，大葉者名馬尾當歸。”

芪祇音**母、兒踵，東根也。**

芪母、兒踵、東根者，《說文》：“蕁，芜藩也。或作‘蕁’。徒含切。”“芪，芪母也，常支切。”《爾雅》：“蕁，莸藩。”郭注：“生山上，葉如韭，曰蝭母。”《本草》：“知母，一名蚳母，一名連母，一名蝭母，一名兒踵，一名東根，一名野蓼，一名地參，一名水參，一名水浚，一名貨母，一名沈藩，一名蕁，一名水須，一名女雷，一名女理，一名兒草，一名鹿列，一名韭逄。”陶注云：“形似菖蒲而柔潤，葉至難死，掘出隨生，須枯燥乃死。堪治熱病，亦主瘧疾。”《圖經》云：“四月開青花，八月結實。”

郄蟬，丹參也。

郄蟬、丹參者，《本草》：“丹參，一名郄蟬草，一名赤參，一名木羊。”陶隱居注云：“莖方，有毛，紫花。時人呼爲逐馬。”《御覽》引吴氏《本草》云：“一名木羊乳，一名郄蟬草。生桐柏，或生太山山陵陰。莖、花小方如荏，毛、根赤。四月花紫，五月採根，隱乾，治心腹痛。”舊本“郄”訛“郝”，“丹”訛“也”，今並據《本草》訂正。

飛廉、屚蘆、伏豬，木禾也。

飛廉、屚蘆、伏豬、木禾者，《本草》：“飛廉，一名漏蘆，一名天薺，一名伏豬，一名飛輕，一名伏兔，一名飛雉，一名木禾。生河内。”陶隱居注：“極似苦芺。惟葉下附莖，輕有皮起，似箭羽。葉又多刻缺，花紫色。”

盧學士曰：“《名醫别録》又别出‘漏蘆，一名野蘭’。陶隱居云：‘俗中取根，名鹿驪。’又云：‘《廣雅》：飛廉，屚蘆。’今既别有‘漏蘆’，則非‘飛廉’之别名。”

屚，或作“漏”，又作“蔼”，同。《玉篇》：“蔼，蔼蘆。藥也。”舊本“屚蘆”下衍“也”字，今據《本草》删正。

貝父，藥實也。

貝父、藥實者，《本草》：“貝母，一名空草，一名藥實，一名苦花，一名苦菜，一名商草，一名勒母。”陸璣《詩》疏：“蝱，貝母也。其葉如栝樓而細小。其子在根下，如芋子，正白，四方，連累相著，有分解。”是也。陶注《本草》云：“出近道，形如聚貝子，故云貝母。”《圖經》云：“二月生苗，莖細，青色，葉亦青，葉隨苗出。七月開花，碧緑色。八月采根。”

盧學士曰："《本草·木部》有'欒寔'。云：'一名連木。'《名醫別録》云：'生蜀郡，採無時。'"

王連，黄連也。

王連、黄連者，《御覽》引《本草經》："黄連，一名王連，生川谷。"《范子計然》云："黄連，出蜀郡。黄肥堅者善。"《圖經》云："葉似甘菊，花黄，實似芹子。"舊本脱"黄連也"三字，今據《本草》及《御覽》所引補正。

蕀苑，遠志也。其上謂之小草。

蕀苑、遠志、小草者，《説文》："葾，棘葾也。"郭注："今遠志也。似麻[1]黄，赤花，葉[2]鋭而黄。其上謂之小草。"疏云："案，《本草》：'遠志，一名細草。其葉名小草。'"陶注云："小草，狀似麻黄而青。"

盧學士曰："今注云'遠志，莖、葉似大青而小'。《圖經》云：'遠志，生泰山及寃句山谷。今河、陝、京西州郡亦有之。根黄色，形如蒿根，苗名小草，似麻黄而青。亦有似大青而小者。三月開花，白色，根長及一尺。泗州出者，花紅[3]，根、葉俱大於他處。商州出者，根又黑色。'《博物志》云：'遠志，苗曰小草，根曰遠志。'顔注《急就篇》云：'遠志，主益智惠而強志，故以爲名。其葉名小草，亦目其細小也。'"

[注] [1]静本、愛本誤作"林"。[2]静本、愛本誤作"華華"。[3]愛本誤作"經"。

黄良，大黄也。

黄良、大黄者，《本草》："大黄，一名黄良。"唐本注云："葉、子、莖并似牛蹄，但麄長而厚。其根細者，亦似宿牛蹄。大者乃如椀。”

盧學士曰：“《御覽》引吴氏《本草》云：‘大黄，一名黄良，一名火参，一名膚如。爲中將軍。或生蜀郡北部，或隴西。二月花，生黄赤葉[1]，四四相當。黄莖，高三尺許。三月華黄，五月實黑。三月採根，根有黄汁，切陰乾。’”

[注] [1]静本、愛本脱“葉”字。

䒜蓿、黄文、内虚，黄芩也。

黄文、内虚、黄芩者，盧學士曰：“《説文》：‘莶，黄莶也。’《御覽》引《本草經》：‘一名腐腸，生川谷。’吴氏《本草》：‘黄芩，一名黄文，一名妬婦，一名虹勝，一名紅[1]芩，一名印頭，一名内虚。二月生赤黄葉，兩兩、四四相值。莖空中，或方圓，高三四尺。四月花紫紅赤，五月寔黑、根黄，二月至九月採。’”

䒜蓿者，案，《玉篇》：“‘䒜，竹亞切。䒜蓿，黄芩。’‘蓿，亡悲切，䒜蓿也。’‘妒婦’即‘䒜蓿’也。詹事兄曰：‘䒜蓿，當作䒜，蕒有妒音，負有婦音，後人又加華。’案，《御覽》所引‘䒜眉’，不加‘艸’。《圖經》云：‘苗長尺餘，莖幹麄如筯，葉從地四面作，叢生，赤黄葉，兩兩相對，又名印頭。’”

[注] [1]静本、愛本誤作“經”。

因塵，馬先[1]也。

因塵、馬先者，盧學士曰：“《御覽》引《廣雅》此文，并引《本草經》云：‘因蒿味苦，治風溼寒熱邪氣，熱結黄疸。久服輕身、益氣、耐[2]

老。生太山。’吴氏《本草》云：‘因塵，神農、岐伯、雷公：苦，無毒；黄帝：辛，無毒。生田中，葉如藍，十一月採。’今《本草》作‘因陳’，别出‘馬先蒿’。云：‘味平，主寒熱鬼注、中風溼痺，女子帶下病，無子。一名馬屎蒿。’《名醫》云：‘生南陽。’據此則‘因塵’、‘馬先’似非一物。然‘因蒿’雖亦有‘塵’之名，而實非‘因陳’，此‘因塵’乃即‘因陳’也。杜詩不云乎：‘因陳春藕香。’‘因蒿’味苦，不堪作茹。《廣雅》所云蓋即‘蔚’也。《詩·小雅·蓼莪》‘伊蔚’，陸璣云：‘蔚，牡菣也。似蒿。三月始生，七月華，華似胡麻花而葉赤。八月爲角，角似小豆角，鋭而長。一名馬新蒿。’案，‘先’與‘新’，聲相近，以此爲即‘因陳’，庶乎不謬。”

舊本“馬先”下脱“也”字，今補正。

[注] [1]静本、愛本衍“生”字，已删。[2]静本、愛本作“能”。

蛇粟、馬床，蛇床也。

蛇粟、馬床、蛇床者，《本草》：“蛇床子，一名蛇米。”《别録》云：“一名蛇粟，一名虺牀，一名思益，一名繩毒，一名棗棘，一名墻蘼。”《爾雅》：“盱，虺牀。”郭注：“蛇牀也。一名馬床。”陶注云：“近道田野墟落閒甚多，花、葉正似蘼蕪。”《圖經》云：“三月生苗，高二三尺，葉青碎，作叢，似蒿枝。每上有花百餘，結同一窠，似馬芹類。四、五月間開白花，又如散米。”《淮南·說林訓》：“蛇牀似麋蕪而不能芳。”高誘注：“蛇牀臭，麋蕪香。”舊本“粟”訛“栗”，據《本草》改正。“馬床”訛“馬麻”，據《爾雅》注改正。

葽，葽也。

葽、葽者，盧學士曰：“《說文》：‘葽，艸也。’《詩·豳風》：‘四月秀葽。’傳：‘不榮而寔曰秀。葽，葽艸也。’箋云：‘《夏小正》：四月，王萯秀葽。其是乎？物成自秀葽始。鄭疑葽或是王萯，其寔非也。’《穆天子傳》：‘珠澤之藪，方三十里，爰有萑葦、莞蒲、茅萯、蒹葽。’言‘萯’，又言‘葽’，非一物，明矣。郭注：‘葽，莠屬。’《夏小正》：‘四月莠幽。’幽，乃‘葽’也。《小正》之文，多以‘秀’为‘莠’，言‘幽’是月方秀，與《豳風》同。戴氏震曰：‘幽、葽，語之轉也。’案，《說文》：‘莠，禾粟下揚生莠。’《戰國·魏策》：‘文侯曰：夫物多相類而非也。幽莠之幼似禾。’鮑彪云：‘莠，禾下生草。幽，言其色茂。’吴師道云：‘《說文》本云：禾粟下傍生草。’《御覽》：‘韋曜問曰：《甫田》維莠，今何草？答曰：今之狗尾也。’案，狗尾草，隨處皆生。《魯語》：‘馬餼不過稂莠。’韋注云：‘莠草似稷而無實。’《左氏襄卅年傳》：‘伯有氏門上生莠。’亦是。《孟子》：‘惡莠，恐其亂苗。’趙岐注：‘莠，莖葉似苗，此則田中尤生也。’”

常蓼、馬尾，蔏商音陸六音也。

常蓼、馬尾、蔏陸者，《說文》：“募，枝枝相值，葉葉相當。”《玉篇》：“募，蓫募，馬尾，蔏陸也。”“蓳，蓳柳。當陸別名。”《爾雅》：“蓫薚，馬尾。”郭注云：“《廣雅》曰：‘馬尾，蔏陸。’”《本草》云：“别名薚。今關西亦呼爲薚，江東爲當陸。”《易·夬》：“九五：莧陸夬夬。”王弼注：“莧陸，草之柔脆者也。”馬鄭云：“莧陸，商陸也。”宋衷以“莧”爲“莧菜”，“陸”乃“商陸”。荀爽云：“陸，取葉柔根堅也。陸，差堅於莧。莧根小，陸根大也。”孔疏引董遇云：“陸，商陸也。今商陸，所在有之，枝葉相對，味酸辛，性有毒，形似人。《易》象取之，以其爲陽中之陰也。”《本草》：“商陸，一名募根，一名夜呼。”《開寶本草》云：“一名白昌，一名當陸。”《蜀本》注云：“葉大如牛舌而厚脆，赤花者根赤，白花者根白。”《爾雅》、《釋文》云：“商陸，如人形者有神。”羅願曰：“今俗名章柳根。”

盧學士曰：“案，今術家取章根作人形，祝之則能隱形，告人以未來事。陸所云‘有神者’謂此。”

大昭案，此云“常蓼”，不見於《本草》，“常”當爲“當”，“蓼”謂爲“陸”。

鬼桃、銚弋，羊桃也。

鬼桃、銚弋、羊桃者，《中山經》：“豐山，多羊桃，狀如桃而方莖。可以爲皮張。”郭璞注：“一名鬼桃，治皮腫起。”《本草》：“羊桃，一名鬼桃，一名羊腸。”《別録》云：“一名萇楚，一名御弋，一名銚弋。”《爾雅》：“萇楚，銚弋。”郭注：“今羊桃也。或曰鬼桃。葉似桃，華白，子如小麥，亦似桃。”《檜風》“隰有萇楚”傳，本《爾雅》。箋云：“銚弋之性，始生正直。及其長大，則其枝猗儺而柔順，不妄蔓草木。”陸璣疏：“萇楚，今羊桃是也。葉長而狹，花紫赤色，其枝、莖弱，過一尺引蔓於草上。今人以爲汲濯，重而善没，不如楊枝也。近下根，刀切其皮，著熱灰中，脱之，可韜筆管。”陶注《本草》云：“山野多有，甚似家桃，而又非山桃。子小細，不堪噉，花甚赤。”

虎蘭，澤蘭也。

虎蘭、澤蘭者，《儀禮·既夕篇》：“實綏澤焉。”鄭注：“澤，澤蘭也。取其香且禦溼。”《本草》：“澤蘭，一名虎蘭，一名龍棗。生汝南，又生大澤旁。”《名醫別録》：“一名虎蒲。”唐本注云：“莖方，節赤色，葉似蘭草而不香。”又吴氏《本草》：“澤蘭，一名水香。生下地水旁，葉如蘭。二月生，香，赤節，四葉相值枝節間。”洪興祖曰：“澤蘭，生水澤中及下溼地。苗高二三尺。葉尖，微有毛，不光潤，方莖，紫節。七月、八月開花，帶紫白色。”

盧學士曰：“此與上‘蕳蘭’别一種。《本草》‘蘭’在上品，此在中品。”

褢，續斷也。

褢、續斷者，《御覽》：“《本草經》：‘續斷，一名龍豆。’”《名醫别録》：“一名接骨，一名南草，一名槐。”唐本注云：“葉似苧而莖方，根如大薊，黄白文。”《桐君藥録》：“續斷，生蔓延，葉細，莖如荏大，根本黄白，有汁。”此云“褢”者，“槐”之異文。《玉篇》：“櫰，户乖切。槐别名。”知古字通也。顔注《急就篇》云：“續斷，即今所呼續骨木也。又有草續斷，其華細而紫色，根亦入藥用。”

盧學士曰：“案，龍須，一名續斷。見下文，與此異。”

地髓，地黄也。

地髓、地黄者，《説文》：“苄，地黄也。”《公食大夫禮》：“鉶芼：牛藿，羊苦，豕薇。”鄭注：“今文‘苦’爲‘苄’。”《爾雅》：“苄，地黄。”郭注：“一名地髓。江東呼苄。”疏云：“《本草》：‘地黄，一名地髓，一名苄，一名芑。’”陶注云：“生渭[1]城者，乃有子實如小麥。”《圖經》云：“二月生葉，似車前。高者及尺餘，低者三四寸。花紅紫色，亦有黄花者。其實作房，如連翹。子甚細而沙褐色。”《淮南·覽冥訓》：“地黄主屬骨。”

[注] [1]静本、愛本作“謂”。

熏草，蕙草也。

熏草、蕙草者，《説文》："薰，香艸也。"《玉篇》："薰，似蘼蕪。香草也。""蕙，香艸。生下溼地。"《西山經》："浮山有艸焉，名曰薰草。麻葉而方莖，赤華而黑實，臭如蘼蕪，佩之可以已癘。"《史記索隱》引司馬彪云："蕙，香艸也。"又引《廣志》云："蕙艸，緑葉，紫莖。魏武帝以爲香燒之。今東下田有草，莖、葉似麻，其華正紫也。"案，《本草》："薰艸，一名蕙草。生下溼地。"陶隱居云："俗人呼鷰草，狀如茅而香，人家頗種。"陳藏器云："按，薰草即蕙根也。葉如麻，兩兩相對。此即零陵香也。生零陵山谷。"

盧學士曰："本書《釋天》云：'諸侯祭以薰。'蓋取其香氣可以交於神明也。蕙草可焚，故得薰名。《文子·上德篇》：'腐鼠在阼，燒薰於堂。'《漢書·兩龔傳》：'薰以香[1]自燒。'《古詩》：'請說銅爐器，崔嵬象南山。朱火然其中，青烟颺其間。香風難久居，空令蕙草殘。'"

[注] [1]静本脱"香"字。

茯神，茯苓也。

茯神、茯苓者，《玉篇》："茯，茯苓。藥也。""苓，茯苓。"《本草》："茯苓，一名茯菟。其有抱根者，名茯神。"《圖經》云："山中古松，久爲人斬伐者，其枯折槎枿，枝葉不復上生者，謂之茯苓，其抱根而輕虛者爲茯神。"

盧學士曰："《史記·龜策傳》：'下有伏靈，上有兔絲。所謂伏靈者，在兔絲之下，狀似飛鳥之形。新雨已，天清静無風，以夜捎兔絲去之，即以篝燭此地，燭之，火滅，即記其處，明即掘取之。入地四尺至七尺，得矣。伏靈者，千歲松根也。食之不死。'《博物志》：'栢松脂淪入地，千年化爲茯苓。’茯，當作‘伏’。《史記》及《淮南·說林訓》俱作‘茯蘦’，與‘苓’、‘靈’並同。”

茈葳、陵苕，蘧麥也。

茈葳、陵苕、蘧麥者，《爾雅》、《釋文》引《廣雅》作：“茈萎、麥句薑，蘧麥也。”與今本異。“大菊，蘧麥。”《爾雅·釋草[1]》文。郭注：“一名麥句薑，即瞿麥。”是郭氏本諸《廣雅》。“麥句薑”之爲“蘧麥”，信而有徵矣。攷《本草》：“紫葳，一名陵苕，一名茇華。”在《木部》。而《草部》云：“瞿麥，一名巨句麥。”《别録》云：“一名大菊，一名大蘭。”陶注云：“今出近道。一莖，生細葉，花紅紫赤色[2]，可愛。子頗似麥，故名瞿麥。”予竊疑“茈葳”與“陵苕”爲一草，“麥句薑”與“蘧麥”又是一草。陸氏《釋文》無“陵苕”者，因此條專釋“大菊”、“蘧麥”，故不備引其文也。今本《廣雅》無“麥句薑”者，脱此三字也。當云：“茈葳，陵苕也。麥句薑，一蘧麥也。”《爾雅》：“苕，陵苕。”郭注：“一名陵時。”《本草》云：“又黄華蔈，白華茇。”注：“苕，華色異，名亦不同。”《小雅·苕之華》傳：“苕，陵苕。”陸璣疏：“一名鼠尾。生下溼水中。七、八月中華紫，似今紫草華，可染皂，煮以沐髮即黑。”《史記·趙世家》云：“顔若苕之華。”《集解》引綦毋邃云：“陵苕之華，其華紫。”邵氏晉涵云：“如陸璣所言，即上文‘葝，鼠尾’，可以染皂者也。鼠尾與陵苕，自爲二物。陸氏特以其華色相似，而混言之。”徐鍇《繫傳》謂：“陵苕，即凌霄是也。”《本草》“紫葳”，唐本注：“謂之凌霄，蔓生，依大木，久延至巔。”鄭箋：“謂陵苕之華，紫赤而繁。”今凌霄以夏秋之間華，厥色紫赤，一枝綴華十餘，誠爲繁矣。華鋭而深青，《詩》所謂“其華青青”也。至云“芸其黄者”，汎言華之黄萎，不指黄華蔈也。《御覽》引吴普《本草》：“紫葳，一名武威，一名瞿麥，一名陵居腹，一名鬼目，一名芨艸華。如麥，根黑。”大昭案，吳氏所云“一名瞿麥”者，疑因讀俗本《廣雅》而誤耳。

[注] [1]“釋草”，静本、愛本誤作“說”。[2]静本、愛本衍“大”字，已删。

女蘿，松蘿也。

女蘿、松蘿者，《小雅·頍弁》：“蔦與女蘿。”傳：“女蘿，菟絲，松蘿也。”陸璣疏：“今菟絲蔓連，草上生，黄赤如金。今合藥，菟絲子是也，非松蘿。松蘿，自蔓松上生，枝正青。與菟絲殊異。”《本草》：“松蘿，一名女蘿。”陸氏見《本草》“菟絲”無“女蘿”之名，而“松蘿”别具一條，故有此說。蓋“女蘿”寄生松上，猶菟絲寄生草上，故《廣雅》亦别釋“菟絲”一條也。

陵澤，甘遂也。

陵澤、甘遂者，《本草》：“甘遂，一名甘藁，一名陵藁，一名陵澤，一名重澤，一名主田。”《圖經》云：“苗似澤漆，莖短小。”《御覽》引吳氏《本草》：“又，一名日澤，一名鬼醜，一名甘澤。”《范子計然》曰：“甘遂，出《三輔》。”

馬唐，馬飯也。

馬唐、馬飯者，《本草》：“蕕，亦名馬唐，一名馬飯，一名羊麻，一名羊粟。馬食之，如唐如飯，故名馬唐、馬飯。生下溼地，莖有節生根。”陳藏器云：“堪飼馬。云馬食如糖，故曰馬糖。”

盧學士曰：“《說文》：‘蕕，水邊艸也。’《爾雅》：‘茜，蔓於。’

郭注：‘多生水中。一名軒於。江東呼莤。音由。’”

山薑，苿也。

山薑、苿者，《爾雅》：“朮，山薊。”郭注：“今朮似薊，而生山中。”《釋文》：“朮，本或作‘苿’。”《本草》：“朮，一名山薊。”《别録》云：“一名山薑，一名山連。”吴普云：“一名山芥，一名天蘇。”陶注云：“朮乃有兩種：白朮，葉大有毛而作椏，根甛而少膏；赤朮，葉細無椏，根小苦而多膏。”

地血、茹藘，蒨也。

蒨，《史記·貨殖傳》作“茜”。廣徐曰：“茜，一名紅藍。其花染繒，赤黄也。”《説文》：“茜，茅蒐也。”“蒐，茅蒐，茹藘。人血所生，可以染絳。”

地血、茹藘者，《爾雅》：“茹藘，茅蒐。”李巡曰：“茅蒐，一名茜。”《鄭風》：“東門之墠，茹藘在阪。”箋：“茅蒐生焉。”陸璣《詩》疏：“茹藘，一名地血。齊人謂之茜，徐州人謂之牛蔓。”《小雅·瞻彼落矣》：“靺韐有奭。”傳：“靺韐者，茅蒐染韋也。”箋云：“靺韐者，茅蒐染也。茅蒐，靺韐聲也。”《儀禮·冠禮》疏：“周公時名蒨艸爲靺艸。以此靺染韋合之爲韐。”《詩》疏引《鄭駁異義》云：“靺，草名。齊、魯之間，言靺韐聲如茅蒐。字當作‘靺’。陳留人謂之蒨。”《名醫别録》云：“一名地血，一名茹藘，一名蒨。茜草生山谷，蔓延草木上。方莖，中空，數寸一節，每節四五葉相對。葉如棗而上鋭，實如椒而小。園圃亦有種之者。”

兔邱，兔絲也。

兔邱、兔絲者，《吕氏春秋·季秋紀》："人或謂兔絲無根。兔絲非無根也，其根不屬也，茯苓是。"《淮南·説山訓》："千歲之松[1]，下有茯苓，上有兔絲。"《説林訓》："茯苓掘，兔絲死。"又云："兔絲無根而生。"《本草》："兔絲，一名菟蘆，一名兔縷，一名唐蒙，一名玉女，一名赤綱，一名菟纍。生朝鮮川澤田野，蔓延草木之上。色黄而細爲赤綱，色淺而大爲菟纍。"《博物志》："女蘿寄生兔絲，兔絲寄生木上，生根不著地。"顔注《急就篇》云："兔盧，即兔絲也。色黄而細者爲兔絲，粗而色淺者爲兔盧。盧，亦縷也。一名兔纍。纍，绳索之意也。"

[注] [1]愛本誤作"山"。

地筋居勤反，枸杞也。

枸杞[1]，即上文"苦杞"，此又釋之，廣異名也。《列仙傳》："陸通食橐盧木實。"《抱朴子》云："枸杞，一名托盧，或名天精，或名却老。"

[注] [1]《廣雅疏證》："地筋，以根得名。猶言地骨也。《神農本草》：'枸杞，一名地骨。'"

地毛，莎蓆也。

地毛、莎蓆者，《夏小正》云："正月緹縞。"傳曰："縞也者，莎蓆也。緹也者，其實也。先言緹而後言縞者，何也？緹先見者也。何以謂之？《小正》以著名也。"《爾雅》："薃，侯莎。其實媞。"《説文》："莎，鎬侯也。"《繫傳》云："莎，一名鎬，一名矦莎。"詹事兄曰："如《説文》當以'薃矦'爲名，徐楚金以'矦莎'連文讀之，非也。"《文選》注引司馬彪云："一名戻莎。"《急就篇》注云："莎，即今青莎草也。"《漢書·〈子虛賦〉》："高燥則生薛莎。"張博士彼注云："莎，鎬矦也。"

盧學士曰："《詩·小雅》：'南山有臺。'傳：'夫須也。'陸璣云：'舊說夫須，莎草也。可爲蓑笠。'《都人士》云：'臺笠緇撮。'傳云：'臺，所以禦雨。''毛'與'須'，義相同，是一物也。《爾雅翼》：'莖、葉似三稜，周匝多毛。今谓之香附子，一名雀頭香。'《江表傳》：'魏文帝遣使於吴，求雀頭香。'其即謂是也。"

"薃"與"蒿"同。

美丹，甘草也。

美丹、甘草者，《說文》："苷，甘草也。"《淮南·覽冥訓》："今夫地黄主屬骨，而甘草主生肉之藥也。"《御覽》引《本草經》云："甘草，一名美草，一名密甘。味甘平。"此"美丹"疑"美草"之訛。《别録》云："一名密草，一名蕗草。"《圖經》云："春生青苗，高一二尺。葉如槐葉。七月開紫花，似柰。冬結實作角，子如蓽豆。根長者三四尺，麄細不定。皮赤，上有横梁，上下皆細根也。"

盧學士曰："《爾雅》：'蘦，大苦。'郭注：'今甘草也。蔓延生。葉似荷，青黄。莖赤，有節，有枝相[1]當。或云，蘦似地黄。'沈括《夢溪筆談》云：'《爾雅》注云云，此乃黄藥，味極苦，故謂之大苦。甘草，枝葉悉如槐。高五六尺。但葉端微尖而糙澀，似有白毛。實作角生，如相思角。作一本生。熟則角坼。子如小扁豆，極堅，齒不破。'案，此與《圖經》所言合。然則'大苦'非甘草也。"

詹事兄曰："古人以大苦爲甘艸，取相反爲義。沈括說不足信。"

[注] [1]静本、愛本誤作"有"。

苦萃，欵凍也。

苦萃、欵凍者，《爾雅》：“菟奚，顆凍。”郭注云：“欵冬也。紫赤華，生水中。”《楚辭·九懷》云：“款冬而生兮，雕彼葉柯。”傅咸《欵冬賦·序》云：“余曾逐禽，登於北山。於時仲冬之月也。冰凌盈谷，積雪被崖，顧見欵冬，煒然敷華艷。”是草於曾冰之中，故謂之款凍，亦名欵冬，一名苦萃。《本草》：“欵冬，一石橐吾，一名顆凍，一名虎鬚，一名菟奚，一名氐冬。”陶注：“形如宿蓴，未舒者佳[1]。其腹裏有絲，其花乃如大菊花。其冬月在冰下生。”唐本注云：“葉似槐葵而大，叢生，花出根下。”《圖經》云：“欵冬有兩種：一種葉似萆薢，而花初出如菊花者；一種葉似荷而紅花。”《急就篇》：“欵東貝母薑狼茅。”顔師古曰：“即欵冬也。以其凌寒叩冰而生，故爲此名也。”《急就》又云：“半夏皂莢艾橐吾。”顔注：“橐吾似欵冬，而腹中有絲。生陰地，華黄色。一名獸須。”是“欵冬”與“橐吾”非一物，紫赤華者乃欵冬耳。

[注] [1]静本、愛本脱“佳”字。

黄精，龍銜也。

黄精、龍銜者，盧學士曰：“《博物志》：‘黄帝問天老曰：天地所生，豈有食之令人不死者乎？天老曰：太陽之草，名曰黄精。餌而食之，可以長生。’《抱朴子》曰：‘黄精，一名鹿竹，一名雞格，一名岳珠。服其葉，勝其實。’《本草》：‘一名黄芝，一名玉芝草，一名戊己，一名菟竹，一名龍銜，一名米餔，一名重樓，一名野生薑，一名救窮艸，一名仙人餘糧。三月生苗，高一二尺。華如竹葉而短，兩兩相對。嫩苗采爲茹，名筆管菜，甚美。莖、梗柔脆，頗似[1]桃枝，本黄末赤。四月開青白花，如小豆華。結子白如黍粒，亦有無子者。根如嫩生薑而黄，色純。得土之沖氣，而秉乎季春之令。久服則輕身延年不飢。’”

[注] [1]静本、愛本脱“似”字。

細條、少辛，細辛也。

細條、少辛、細辛者，《中山經》：“浮戲之山，其東有谷，名曰虵[1]谷。上多少辛。”郭注：“細辛也。”《管子·地員篇》：“沃土之次，曰五位。羣藥安[2]生，小辛、大蒙。”《御覽》引吴氏《本草》：“細辛，一名小辛，一名細草。如葵葉，色黑，一根一葉相連。”

[注] [1]静本、愛本誤作“地”。[2]静本、愛本脱“安”字。

茇拔音挈，狗脊也。

茇挈、狗脊者，《玉篇》：“茇葀，狗脊根也。上，蒲八切；下，苦八切。”《廣韻》：“茇葀，狗脊根。可作飲。”皆本此。吴氏《本草》：“狗脊，一名狗青，一名赤節。如萆薢，莖節如竹，有刺，葉圓而根黄白。亦如竹，根毛有刺。”《岐伯經》云：“莖長節，葉端圓，青赤，皮白有赤脈。”《名醫别録》：“一名强膂，一名扶蓋，名扶筋。”陶注：“今田野處處有。與菝葜相似而小異。”《本草》又有“菝葜”。陶注云：“此是三種，大略根、苗並相類。菝葜莖紫，短小，多細刺。小减萆薢而色深。”唐本注云：“陶説非也。萆薢有刺者，葉粗相類，根不相類。萆薢細長而白。菝葜根作塊結，黄赤色。殊非狗脊之流也。”如《本草》説，則“菝葜”、“狗脊”爲二物矣。

蔆芰、薢古買反，又古埋反**茩**狗音、**茠明，羊角也。**

蔆芰、薢茩者，《說文》："蔆，芰也。楚謂之芰。秦謂之薢茩[1]。"司馬相如說作"遴，芰蔆也"。杜林說作"茤、薢，薢茩也。茩，薢茩也"。《天官·籩人》："加籩之實，蔆芡栗脯。"注："蔆，芰也。"《說文》引《字林》云："楚人謂蔆曰芰。"《楚語》："屈到嗜芰。"韋注："芰，蔆也。"宋玉《招魂》："雜芰荷些。"王逸注："芰，蔆也。秦人謂之薢茩。"案，《本草》謂之芰實。蘇頌注云："蔆，處處有之。葉浮水上，花黃白色。花落而實生，漸向水中乃熟。實有二種：一種四角，一種兩角。而角中又有嫩皮而紫色者，謂之浮蔆。"《武陵記》："四角、三角曰芰，兩角曰蔆。其華紫色，晝合宵炕，隨月移轉，猶葵之向日。"洪興祖補注《離騷》云："芰生水中，葉浮水上，花黃白色。"吴仁傑云："菱花黄白而葉緑。"故《反離騷》云："衿[2]芰加之緑衣。"

茠明、羊角者，一本作"羊明"。《爾雅》："蔆，厥欃。"郭注："蔆，今水中芰。又，薢茩，英光。"郭注："決明也。葉鋭，黄赤花，實如山茱萸。或曰蔆也。關西謂之薢茩。"《釋文》："蔆，字又作'菱'。"《本草經》："石決明，味酸；草決明，味鹹。"吴普《本草》云："決明子，一名草決明，一名羊明。"

盧學士曰："杜子美《秋雨歎詩》：'雨中百草秋爛死，階下決明顔色鮮[3]。著葉滿枝翠雨後，開花無数黄金錢。'注引《本草》：'決明，夏初生苗。七月有花，黄白色。'"

案，"蔆"、"蔆"、"遴"、"菱"，"芰"、"茤"，"茩"、"茩"，"茠"、"決"，字異音義同。舊本"薢茩"下衍"也"字。案，"茠明"與"薢茩"本是一物，下文"羊躑躅"、"英光"方是藥草，今訂正。

[注] [1]静本、愛本誤作"后"。[2]静本、愛本誤作"矜"。[3]静本、

愛本衍“色明”二字，已刪。

苓耳、葹、常枲、胡枲，枲耳也。

苓耳、葹、常枲、胡枲、枲耳者，《説文》：“苓，卷耳也。”“蕂，卷耳也。”是“葈耳”又名“蕂”也。《周南》：“采采卷耳。”傳：“卷耳，苓耳也。”陸璣疏：“葉青白色，似胡荽。白華，細莖，蔓生。可煮爲茹，滑而少味。四月中生子，如婦人耳中璫。今謂之耳璫艸。幽州人謂之爵耳。”《爾雅》：“卷耳，苓耳。”郭注引《廣雅》云：“枲耳也。亦云胡枲耳，一名胡枲，一名地葵，一名葹，一名常思。”陶注云：“一名羊負來。昔中國無此物，言從外國逐羊毛中來也。”《淮南·覽冥訓》：“瞽師、庶女，位賤尚葈。”高誘注：“尚，主也。葈者，葈耳。菜名也。幽、冀謂之檀菜，雒下謂之胡葈。主是官者，至微賤也。瞽師、庶女之位，復賤於主葈之官。”《離騷》：“薋菉葹以盈室。”王逸注：“葹，葈耳也。”逸自爲《九思》云：“葈耳兮充房。”注云：“葈耳，惡草名也。”

雞狗獳奴侯反，哺公也。

雞狗獳、哺公者，《本草》：“蒲公，一名構耨草。”唐本注云：“葉似苦苣，花黃。斷有白汁，人皆噉之。”

盧學士曰：“今人呼爲蒲公英者，是處有也。孫氏《千金方》載其效，作‘鳧公英’。《庚辛玉冊》作‘鵓鴣英’。莖、葉似苦苣。斷之有白汁，堪生噉。花如單菊而大。”

案，“狗”、“構”，“獳”、“耨”，“哺”、“蒲”，字異義同。“雞”，未聞。

羊蹢直戟反**躅**逐音[1]**，英光也。**

英光，一名決明。《說文繫傳》云：“決明，藥菜也。馬蹄者，葉銳下而實。與山茱萸亦良似。華深黄色。”

羊蹢躅者，《古今注》：“羊蹢躅花，黄羊食之，則死。羊見之，則躑躅，故名羊蹢躅。”《名醫别録》曰：“一名玉支，生太行山及淮南。”陶注：“花苗似鹿葱。”案，《爾雅》：“薢茩，英光。”與此名同而實異。“蹢”、“躑”，“躅”、“躅”，字異義同。《爾雅》、《釋文》引作“躑躅”，無“羊”字。

［注］ ［1］《博雅音》作“逐録”。

堇謹音。世人作“堇”字如此，失之，**藋**徒弔反**也。**

堇者，草之名“堇”者有二，一種是烏頭。《爾雅》：“芨，堇艸。”郭注：“即烏頭也。江東呼爲堇。音靳。”《晉語》：“置堇於肉。”《詩》疏引賈逵注：“堇，烏頭也。”又謂之和堇。《淮南·說林訓》：“蝮蛇螫人，傅以和堇則愈。”是也。一種是堇葵。《夏小正》：“二月榮堇。”《爾雅》：“齧，苦堇。”郭注：“今堇葵也。葉似柳，子如米。汋食之，滑。”《說文》：“堇，艸也。根如薺，葉似細栁。蒸食之甘。”蓋堇菜二月生苗，其葉對節，其莖中虚而有稜。其氣苦馨，其味微苦，故名苦堇。《大雅·緜》云：“周原膴膴，堇荼如飴。”正謂此也。蘇恭《本草》云：“堇菜野生，非人所種。葉似蕺菜，花紫色。”是也。

藋者，案，《爾雅》、《釋文》引《本草》：“蒴藋，一名堇艸，一名芨。”此篇以“堇”釋“藋”，疑指烏頭之堇。《說文》：“藋，釐艸也。”“芨，堇也。”“藋”、“芨”二字連文。“堇”、“芨”聲相轉。蓋即《說文》之“芨”矣。

盧學士曰："《詩·大雅·緜》：'堇荼如飴。'傳云：'堇，菜也。'《釋文》引《廣雅》：'堇，藋也。'云：'今《三輔》之言猶然。'《說文》：'堇，艸也。根如薺，葉如細柳，蒸食之甘。''藋，釐艸也。''芨，堇艸也。'案，《說文》'藋'、'芨'二字連文，而郭注《爾雅》以'芨，堇艸'爲'烏頭'，非《廣雅》所云。孔氏釋《詩》'堇荼'乃以烏頭當之，誤甚。《夏小正》：'二月榮堇采蘩。'傳云：'皆豆實也。'言如芹菁之類，皆可登之於豆也。《爾雅》：'拜，蔏藋。'郭注：'蔏藋，亦似藜。'《釋文》云：'《說文》、《廣雅》皆云堇也。'疏云：'此亦似藜而葉大者也。''齧堇，苦堇。'郭注：'今堇葵也。葉似柳，子如米。汋食之，滑。'疏云：'《本草》唐本注云：此草野生，非人所種。俗謂之堇[1]菜。葉似蕺，花紫色者。'《内則》云：'堇荁枌榆。'是也。鄭注《内則》云：'荁，亦堇類也。冬用荁，夏用堇。'正義：'案，《士虞禮記》：夏用葵，冬用荁。鄭注：夏、秋用葵，冬、春用乾荁。'不同者，以經文相對各不同故也。藋，亦作'蓧'。《管子·小匡篇》：'蓬蒿藜藋並興。'又《詩·小雅》：'北山有萊。'陸璣疏：'萊，艸名。其葉可食。今兗州人蒸以爲茹，謂之萊烝。'案，即今之灰藋菜，吾杭讀'藋'如'條'，猶'徒弔'之遺音也。當與'堇'一類，故附著之。"

[注] [1]静本、爱本作"茎"。

葦，藜[1]也。

葦、藜者，古"藜"字作"釐"，又通作"萊"。"萊"、"釐"聲相轉。《說文》："堇，艸也。讀若釐。"又云："萊，蔓華也。"《爾雅》作："釐，蔓華。"《小雅》："北山有萊。"《齊民要術》引《詩》義疏云："萊，藜也。莖、葉皆似菉、王芻。今兗州人蒸以爲茹，謂之萊烝。譙沛人謂雞蘇爲萊。《三[2]倉》云‘萊，茱萸’。此二草異而名同。”《玉篇》：“萊，藜草也。”《廣韻》與《玉篇》同。此云“藜”者，即《說文》之“堇”也。又釋“葟”爲“藜”者。《玉篇》：“芛，華榮也。草木花初生者，古之作‘葟’。”是“葟”爲“芛”之重文，非《廣雅》意也。“葟”是“蕼”字之譌，脱其半耳。蕼，即“堇”之異文。《集韻》：“蕼，董也。”“董”乃“堇”之譌。

盧學士曰：“葟，《說文》作‘芛’，古文作‘葟’。《廣韻》‘芛’與‘聿’同鈕。云：‘草木初生。’今《廣雅》則專指爲‘藜’。‘藜’亦藋之類也。《莊子·徐無鬼篇》：‘藜藋柱乎鼪鼬之逕。’《韓詩外傳》：‘孔子困於陳、蔡之間，藜羹不糁。’《白虎通·諫諍篇》：‘曾子之妻，黎烝不熟。’‘黎’與‘藜’同，其初生可食，故亦名葟。迨其老也，可爲杖，亦可爲帚，皆是物也。”

[注] [1]静本、愛本作“葝”。[2]静本、愛本誤作“山”。

寄屏，寄生也。

寄屏、寄生者，此是寄生艸上者。本書《釋木篇》：“宛童，寄生樢也。”是寄生木上者。《本草》：“寄生，一名寄屏。”

犂如，桔梗也。

犂如、桔梗者，《管子·地員篇》：“五位之土，有蓳與桔梗。”司馬彪注《莊子·徐無鬼篇》：“桔梗治心腹血瘀瘕痹。”《御覽》引吴氏《本草》：“桔梗，一名符扈，一名白藥，一名利如，一名梗草，一名盧如。葉如薺苨，莖如筆管。紫赤，二月生。”《圖經》云：“葉如杏葉而長橢，四葉相對。嫩時可煮食之。花素碧色，似牽牛。其根有心，無心者乃薺苨也。”

《戰國·齊策》："淳于髡曰：'夫求柴胡、桔梗於沮澤，不能得一焉。及之皋黍、梁父之陰，則郄車載耳。"《建康記》："建出桔梗，極精好。""犁"、"利"字通。

白茮往律反。世人作"朮"字如此，失之。朮[1]，古文"秫"字，**牡丹也。**

此是木芍藥。上云"攣夷"是草芍藥。

白茮、牡丹者，盧學士曰："朮有蒼、白二種。上云'山薑，朮也'，不言'白'，則蒼朮也。《本草經》：'朮在上品，而無蒼、白之别。牡丹在中品。云：味辛寒。主寒熱、中氣、瘛瘲、驚癇、邪氣，除癥堅、瘀血、留舍腸胃、安五藏、療癰創。一名鹿韭，一名鼠姑。生山谷。'《御覽》引吴氏《本草》：'葉如蓬相值，黄色，根如栢，黑，中有核。'《范子計然》云：'牡丹，出漢中、河内。赤色者亦善。'案，今之牡丹，本名木芍藥。自唐始貴重耳，花亦以'鹿韭'、'鼠姑'名之。而未有言其即白朮也。與此所言之牡丹，蓋名同而寔異也。但今之白朮，産杭之於潛者最著名。俗名'靈頭朮'，切開有朱沙班者爲最良。與吴普所狀，亦微不合。未能審其詳也。"

[注] [1]静本、愛本脱"朮"字，據《博雅音》改。

龍木，龍須思臾反。案，《説文》"須"從"彡[1]"，世人作"鬚"字如此，失之矣**也。**

龍木、龍須者，《中山經》："賈超之山，其中多龍修。"郭注："龍須也。似莞而細，生山石穴中。莖倒垂。可以爲席。"《本草》："石龍芻，一名龍須，一名草續斷，一名龍珠。生山谷。"吴氏《本草》："一名龍多，一名龍本，一名草毒，一名龍華，一名懸莞。"

盧學士曰："今《廣雅》'龍木[2]'，豈'龍本'之誤歟？"

[注] [1]静本、愛本誤作“多”。[2]愛本誤作“本”。

桼莖，澤桼也。

桼莖、澤桼者，《本草》：“大戟，一名邛鉅。”《名醫别録》：“澤漆，一名漆莖，大戟苗也。”陶注：“生時摘葉，有白汁，故名澤漆。亦能嚙人肉。”“桼”、“漆”同。

盧學士曰：“《爾雅》：‘蕎，邛鉅。’郭注：‘今藥草大戟也。’《淮南·繆稱訓》：‘大戟去水。’”

顛棘，女木也。

顛棘、女木者，《抱朴子》：“天門冬，一名顛棘。”《本草》：“天門冬，一名顛勒。”《爾雅》：“髦，顛棘。”郭注：“細葉，有刺，蔓生。一名商棘。”《廣雅》云：“女木也。”《圖經本草》云：“天門冬，春生。藤蔓大如釵股。高至丈餘。葉如茴香，極尖細而疏滑。有逆刺，亦有澀而無刺者。其葉如緑杉而細散，皆名天門冬。夏生白華，亦有黄色者。秋結黑子，在其根枝傍。入伏後無花，暗結子。其根白，或黄紫色。大如手指。”案，張華《博物志》云：“莖間有刺而葉滑者曰絺休，一名顛棘。根以浣縑素白。越人名爲浣草[1]。似天門冬而非也。”張司空說與《本草》不同。

[注] [1]静本、愛本作“章”。

陵游，龍膽也。

陵游、龍膽者，《本草》：“龍膽，久服益智不忘，輕身耐老。一名陵游。”陶注：“狀如牛膝。味甚苦，故以膽爲名。”

鹿腸，元參也。

鹿腸、元參者，《御覽》：“吴氏《本草》：‘元參，一名鬼藏，一名正馬，一名重臺，一名鹿腸，一名端，一名咸，一名元臺。二月生，葉如梅花，四四相值，似芍藥。黑莖方。高四五尺。華赤，生枝間。四月實黑。”《圖經》云：“葉似脂麻。又如槐柳。細花，青碧色。子黑色。”

地精，人葠所今反**也。**

地精、人葠者，《説文》：“蓡，人蓡。藥草。出上黨。”《玉篇》：“蓡，亦作‘葠[1]’。”

盧學士曰：“《御覽》：‘《春秋運斗樞》曰：摇光星散爲人參。’《本草經》：‘一名人銜，一名鬼。’吴氏《本草》：‘一名土精，一名神草，一名黄參，一名血參，一名人微，一名玉精。生邯鄲。三月生，葉小兑，核黑，莖有毛。三月、九月採根。根有頭、手足、面目，如人。’《名醫别録》曰：‘如人形者有神，生上黨及遼東者爲最善。’”

[注] [1]静本、爱本作“參”。

苦心，沙葠也。

苦心、沙葠者，《御覽》：“《本草經》：‘沙參，一名知母。’吴氏《本草》云：‘沙參，一名苦心，一名識美，一名虎鬚，一名白參，一名志取，一名文虎。生河内川谷，或般陽瀆山。三月生，如葵，葉青，實白如芥，根大，白如蕪菁。五月採。’”陶注：“叢生，葉似枸杞、根白實者佳。”

其蒿，青蓑素禾反**也。飛芝，烏毒也。**

其蒿、青蓑者，盧學士曰："此別一種，不與'沙參'爲同物。但未詳其形狀所出耳。羅願說：'蕨，紫萁。'云：'蕨、其二字，古皆以爲助語互用，物加草爲志耳。'此其蒿蓋偶不加'草'者也。蒿之種類甚多，亦有名邪蒿者，其與'邪'音相近，疑即是也。"

飛芝、烏毒者，盧學士曰："未詳。白樂天詩：'豆苗鹿嚼解烏毒。'注：'箭毒多用烏頭。'則與此烏毒不同。"

楚衡，杜蘅也。

楚衡、杜蘅者，《西山經》："天帝之山，有草焉。其狀如葵，其臭如蘼蕪，名曰杜衡。可以走馬，食之已癭。"郭注："香草也。"《史記索隱》引《博物志》云："一名土杏。味亂細辛。葉似葵，故藥對以爲如細辛也。"案，《爾雅》："杜，土鹵。"郭注："杜衡也。似葵而香。"《離騷》云："雜杜蘅與芳芷。"《爾雅》疏引《本草》唐注云："杜蘅，華似葵。形如馬蹄，故俗云馬蹄香。生山之陰、水澤下濕地。根似細莘、白前等。"《圖經本草》云："江、淮間皆有之。春初，於宿根上生苗。高二三寸。莖如麥蒿。每窠上有五六葉，或八九葉，別無枝蔓。貼地生。紫花。暗結實，如豆，中有碎子。苗、葉俱青。"《本草經》又有："杜若，一名杜蘅。"陶注："葉似薑而有文理。根亦似高良薑而細。氣味辛香。又絶似旋復根，殆欲相亂，葉小異耳。"是別爲一種，非此楚蘅也。案，相如《子虛賦》："衡蘭芷若。"張博士注云："衡，杜蘅也。其狀葵，其臭如蘼蕪。若杜若也。"然則《廣雅》以謂"楚衡"，非杜若也。

葃音昨**菇**音姑**、水芋，烏芋也。**

葃菇、水芋、烏芋者，盧學士曰："此皆指水[1]田中之芋也。葃菇[2]，茨菰也。烏芋，葧臍也。《御覽》引《廣雅》作‘藉姑’。《齊民要術》及《名醫别録》亦作‘藉姑’。陶隱居云：‘今藉姑，生水田中。葉有椏。其根黄似芋子而小，煮之亦可啖。疑其有烏者。’又云：‘有一種三字，段補，根極相似而黑本作“美”，譌。葉乖異，狀如莞本作“莧”，譌“莞”，段改草。呼爲鳧茨。恐此也以上皆隱居説，見《名醫别録》。’案，前一説即‘茨菰’，後一説是‘葧臍’。《政和本草》不分爲二物。段氏云‘二物皆生水田中’，故合爲一類。《廣雅》通例如此。《齊民要術》、《太平御覽》引此，皆在‘芋’條下，非是。‘莋’、‘藉’、‘茨’，三字雙聲。《爾雅》：‘芍，鳧茨。’郭注：‘生下田。苗似龍須而細。根如指頭，黑色，可食。’案，此即所謂‘烏芋’也。《後漢書・劉聖公傳》：‘王莽末，南方飢饉。人庶羣入野澤，掘鳧茨而食之。’李賢注引《續漢書》作‘符訾’。‘鳧’、‘符’，音皆近‘蒲’，與‘勃臍’亦一聲之轉也。”

[注] [1]静本、愛本衍“中”字，已删。[2]静本、愛本誤作“茹”。

龍沙，麻黄也。

龍沙、麻黄者，《本草》：“麻黄，一名龍沙。”吴氏《本草》：“一名卑相，一名卑監。”《名醫别録》作：“卑鹽，生晉地及河東。”《酉陽雜俎》云：“麻黄，莖端開花，花小而黄。子如覆盆子，可食。”

無心，鼠耳也。女腸，女菀也。

無心、鼠耳者，盧學士曰：“《御覽》引此文。又引《廣志》云：‘鼠耳，葉如耳。縹色。’《名醫别録》云：‘鼠耳，一名無心草。生川中下地。’《酉陽雜俎》：‘蚍蜉酒草，鼠耳也。’”

女腸、女莞者，盧學士曰：“《名醫别録》：‘女莞，一名織女苑，一名茆。生漢中。’‘苑’、‘菀’同。”

天豆，雲實也。

天豆、雲實者，《本草》：“雲實，一名員實，一名雲英，一名天豆。”唐本注云：“雲實，大如黍及大麻子等。黃黑如豆，故名天豆。叢生，葉如細槐，亦如苜蓿。枝間微刺。”

盧學士曰：“侯寧極《藥譜》：‘破故[1]紙，亦名天豆。’”

[注] [1]愛本誤作“亦”，據徐復本《疏義》改。

薸婢昭反，蓱也。

薸、蓱者，《夏小正》：“七月，湟潦生苹。”《月令》：“季春之月，萍始生。”《周書·時訓解》云：“穀雨之日，萍始生。萍不生，陰氣憤盈。”《詩·召南·采蘋》傳：“蘋，大蓱也。”《釋文》引《韓詩說》：“沈者曰蘋，浮者曰藻。”陸璣疏云：“今水上浮萍是也。其麤大者謂之蘋，小者曰萍。季春始生。可糝蒸爲茹。又可苦酒淹以就酒。”《爾雅》：“苹，萍。其大者蘋。”郭注云：“水中浮蓱，江東謂之薸。”《玉篇》：“薸[1]，毗招切。或作‘薸’。”

[注] [1]靜本、愛本誤作“藻”。

竺，竹也。其表曰筤民忍反，其裹曰笨步本反。

“竺”與“篤”，古通用。“竺”、“竹”，一聲之轉，故“竹”，一名“竺”。

竹、筤、笨者，《說文》：“竹，冬生草也。象形，下垂者。”“筤，竹膚也。”“笨，竹裹也。”《玉篇》：“筤，竹表。”“笨，竹裹。”本此。

簂篜素但反、**篘**音鉤**篅**，**桃支也。**

簂篜、篘篅、桃支者，《爾雅》：“桃支，四寸有節。”郭注：“今桃枝，節間相去多四寸。”《春官·司几筵》云：“加次席黼純。”鄭注：“次席，桃枝席。有次列成文。”《西山經》：“嶓冢之山，其上多桃枝、鉤端。”郭注：“鉤端，桃枝屬。”又贊云：“嶓冢美竹，厥號桃枝。叢薄幽藹，從容鬱猗。簟以安寢，杖以扶危。”案，桃枝可爲簟，謂之桃笙。《吴都賦》注：“桃笙，桃枝簟也。又可作杖。”《魏都賦》注：“桃枝，竹屬。可爲杖。”《蜀都賦》：“靈壽桃枝。”劉逵注：“桃枝，竹屬也。出墊江縣。”戴凱之《竹譜》：“桃枝，皮滑而黄，可爲席。”

盧學士曰：“《元和郡縣志》：‘合州銅梁山出桃枝竹。’《玉篇》：‘簂，公達切。’‘篜，蘇旱、桑葛二切。’‘簂篜，桃枝竹。’‘篅，丁丸切。竹名。’‘篘，古侯切。篘篅。桃枝。竹屬。’‘篘’、‘鉤’，‘篅’、‘端’，‘支’、‘枝’，字異義同。”

箭、**篃**媚音，**籖**至音**也。**

箭、篃者，《西山經》：“英山，其陽多箭篃。”郭注：“今漢中郡出篃竹。厚裹而長節。根深。筍冬生地中，人掘取食之。”又《中山經》：“暴山，其木多竹、箭、篃、箘。”《玉篇》：“篃，美秘切。”《竹譜》云：“箭竹，高有一丈，節間三尺。堅勁，中爲矢。箟竹謂之箭竿。一尺數節。葉大如扇。可以衣篷。江、漢之間謂之簛。”《廣志》：“箟竹可爲屋椽。”“篃”、“箟”同。

籖字，《玉篇》、《廣韻》俱無，未審所出。

盧學士曰："《爾雅》：'東南之美者，有會稽之竹箭焉。'《夏官・職方氏》：'揚州，其利金、錫、竹箭。'鄭注：'箭，篠也。'故書'箭'爲'晋'。案，《吴越春秋・句踐歸國外傳》：'晋竹十廋，以復封禮。'晋竹，亦箭竹也，謂可以爲箭者，故名箭。"

菌，薰也。其葉謂之蕙。

"薰草，蕙草也。"已見上文，此又廣異名。

菌、薰、蕙者，《離騷》："雜申椒與菌桂。"王逸注[1]："菌，薰也。葉曰蕙，根曰薰。"

盧學士曰："《莊子・齊物論》：'蒸成菌。'蓋菌者，蒸欝之氣所生。香草亦必乘暄暖之氣而後發，故亦名爲菌。'菌'與'薰'，音相近。薰，亦得名於熏蒸也。草木之香者，多盛於南方。天時則炎熇，地氣則蒸濕。此其所以獨盛歟？"

[注] [1]静本誤作"志"。

蕖渠音，芋也。其莖謂之蔌。

蕖、芋、蔌者，《說文》："芋，大葉實根，駭人，故谓之芋也。"又云："莒，齊謂芋爲莒。"案，芋，大也。芋之大者謂之芋蕖，或謂之芋魁。"魁"、"渠"，皆言其大也。《漢書・翟方進傳》："童謡云：'飯我豆食羹芋魁。'"顔師古注："羹芋魁者，以芋魁为羹也。"《史記・貨殖列傳》："吾聞汶山之下沃野，下有蹲鴟，至死不飢。"《集解》引《漢書音義》云："水鄉多蹲鴟。其山下有沃野灌溉。一曰大芋。"正義曰："汶音岷。蹲鴟，芋也，言邛州臨邛縣，其地肥又沃，平野有大芋等也。"《華陽國志》："汶山郡有大芋，如蹲鴟。"《玉篇》："蔌，公幸切。芋莖也。"本此。

盧學士曰："《廣韻》：'芋，一名蹲鴟。'《廣雅》云：'蜀漢以芋爲資。凡十四等，大如斗魁。其車轂、鋸子、旁巨、青烏等四種多子。'案，此非《廣雅》文，《廣韻》誤也。《博物志》：'野芋食之殺人。家芋種之三年不收，後旅生，亦不可食。'《列仙傳》：'梁客爲梁丞，使民益種芋。三年當大饑，卒如其言。梁民不死。"

蘩劣船反，又力眷反**、茆，鳧葵也。**

蘩、茆、鳧葵者，《說文》："蘩，鳧葵也。洛官切。"《魯頌·泮水》："薄采其茆。"傳："鳧葵也。"陸璣疏："鳧葵，與荇菜相似。葉[1]大如手，赤圓，有肥者著手中滑，不得停。莖大如匕柄。葉可以生食。又可鬻，滑美。江南人謂之蓴菜，或謂之水葵。諸陂澤水中皆有。"陸氏《釋文》云："茆音卯，徐邈音柳，韋昭萌藻反。鳧葵也。干寶云：'今之鼆蹏草。堪爲葅。江東有之。'何承天云：'此菜出東海，堪爲葅醬也。'鄭小同云：'江南人名之蓴菜，生陂澤中。'《草木》疏同。一云今之浮菜，即諸蓴也。《本草》有'鳧葵'，陶氏以入有名無用品。解者不同，未詳其正。沈重以小同及《草木》疏所說爲得。"惠氏棟曰："案，《說文》：'茆，鳧葵也。從丣。''丣'古文'酉[2]'字，'茆'即'茜[3]'也。許氏既以'茜'爲'茜酒'字，此'茆'必是'茆'之譌。徐作'柳'音，混'茆'、'茜'爲一，非也。予攷古音，'寅卯'字與'酉'相近，《詩》'朔日辛卯'，與'醜'合類，故雖從'寅卯'之'卯'，而徐邈亦音'柳'。"

盧學士曰："《楚辭·招魂》：'紫莖屏風。'王逸注：'屏風，水葵。'洪興祖《補注》：'《本草》：鳧葵，即莕菜。生水中，俗名水葵。'"

[注] [1]靜本誤作"菜"。[2]靜本、愛本作"卣"。[3]靜本、愛本作"莤"，據徐復本《疏義》改。

菎古本反，**蔠也。**

菎、蔠者，《説文》"菎"作"蘔"。云："草也。"《玉篇》："蔠，子登切。菎蔠草。""蘔，公魂切。香草。亦作'菎'。"《廣韻》："菎，香草也。"

盧學士曰："《招魂》云：'菎蔽象棊。'洪興祖《補注》：'菎，香草也。'本《玉篇》。"

荆葵，荍巨遥反**也。**

荆葵、荍者，《説文》："荍，蚍衃也。"《爾雅》："荍，蚍衃。"郭注："今荆葵也。似葵，紫色。"《陳風·東門之枌》："視爾如荍。"傳："荍，芘芣也。"芘芣，與"蚍衃"同。謝嶠云："小草。多華而少葉，葉又翹起。"陸璣疏："芘芣，一名荆葵。似蕪菁。華紫緑色。可食，微苦。"《古今注》："荆葵，一名戎葵，一名芘芣。華如木槿而光色奪目，有紅，有紫，有青，有白，有黃。莖、葉不殊，但花色有異耳。一名蜀葵。"羅願曰："其説蜀葵、戎葵之狀可也。混'荆葵'、'芘芣'之名於内者，非也。荆葵花似五銖錢大，色粉紅，有紫文縷之。一名錦葵。"

茾卬音，**萁也。**

茾、萁者，《玉篇》："茾，巨凶切。""萁，莢實也。"《廣韻》與《玉篇》同。

盧學士曰："《御覽》引《風俗通》曰：'按，《孝經説》：古太平之時，萁莢生階。其味酸，王者取之以調味。後以醯醢代之。'今《廣雅》但云'萁'，而顧野王何以知其爲'萁，莢實'？殆未可信。"

苞，蒳也。

苞、蒳者，《説文》："苞，草也。南陽以爲麤履。"相如《子虛賦》："其高燥則生葴菥苞荔。"李善引張博士注："苞，藨也。"

盧學士曰："案，《玉篇》：'藨，蒯屬。可爲席。平表切。'《廣韻》：'蒳，圓草褥也。徒口切。'《廣雅》所指，不知是否。案，草木叢生，亦曰苞。亦作'包'。《禹貢》：'徐州，草木漸包。'傳云：'叢生。'因疑'蒳'即'榆'也。《齊民要術》：'言榆一根上，必十數條俱生，只留一根强者，餘悉掐[1]去之。'此非叢生之謂乎？然則此必有脱文，未可知。"

[注] [1]静本、愛本此處空白。

水茵因音，藒習音也。

水茵、藒者，《玉篇》："藒，似入切。藒茵，水草也。"《廣韻》："藒茵，水草。出《埤蒼》。"舊本"茵"訛"苜"，音釋亦訛"目"，今訂正。

屈居，盧茹也。

屈居、盧茹者，《御覽》引吴氏《本草》："閭茹，一名屈居。葉圓黄，高四五尺，葉四四相當。四月葉黄，五月實黑，根黄，有汁，亦同黄。三月、五月採根，黑頭者良。"《建康記》："建康出草盧茹。"陶隱居曰："花黄，二月便生[1]。""居"、"據"，"盧"、"藘"，字異義同。

[注] [1]愛本誤作"月"。

䕮醜音**，茇葀也。**

䕮、茇葀者，《玉篇》："䕮，充受切。茇葀也。""茇，蒲達切。茇葀。瑞草。""葀，古活切。茇葀。"《廣韻》、《類篇》並以"䕮"與"茇葀"爲瑞草。揚雄《甘泉賦》："攢并閭與茇苦兮，紛被麗其亡鄂。"茇苦，與"茇葀"同。《文選》作"茇葀"。李善注："茇葀，草名也。茇，步末切。葀，音括。"案，字書皆以"茇葀"爲一物，今"茇"下"葀"上有"蕟"字，疑"茇"字之譌。曹憲所音也。後人轉寫羼入正文而又添一"綴音"耳，今刪正。

蕎橘音**子，菜也。**

蕎子者，《玉篇》："蕎，草也。九出切。"《廣韻》："居聿切。"

盧學士曰："《廣志》：'子菜。一曰馬芹。'案，凡草木之壯大，異於常等者，率名爲'馬'。疑此亦在芹類，而種獨大者耳。"

山茝、蔚香，藁本也。

山茝、蔚香、藁本者，《荀子·大略篇》："蘭茝藁本，漸於蜜醴，一佩易之。"《淮南·氾[1]論訓》："夫亂人者，若芎藭之與藁本，虵床之與蘪蕪也。此皆相似者也。"《史記索隱》引《桐君藥録》云："藁本，苗似芎藭。"案，《本草》："藁本，一名鬼卿，一名地新。"《名醫别録》："一名微莖。"唐本注云："藁本，莖葉根味與芎藭小别。以其根上苗下似藁根，故曰藁本。"

盧學士曰："樊光注《爾雅》云：'藁本，一名蘪蕪。根名蘄芷。'案，'芷'、'茝'通。又郭璞云：'藁本，藁茇也。見《上林賦》。'注但無言'蔚香'者。《水經注》：'三城水，又經香山。山上悉生藁本，故以名焉。'"

[注] [1]静本、愛本誤作“記”。

貫節，貫衆也。

貫節、貫衆者，《爾雅》：“篇苻、止濼、貫衆。”本一物而别三名也。郭璞注於上三字云“未詳”，下三字云“葉圓鋭，莖毛黑，布地，冬不死。一名貫渠”。《廣雅》云“貫節”。《釋文》：“衆，音終。”《御覽》引孫炎注云：“名貫渠。”案，《本草》：“貫衆，一名貫節，一名貫渠，一名百頭，一名虎卷，一名扁苻，一名伯藥，一名藥藻。所谓草鴟頭也。”陶注：“葉如大蕨。其根形色、毛芒全似老鴟頭，故呼爲草鴟頭。”《證類本草》引吴普云：“葉青黄色，兩兩相對。莖有黑毛，叢生。冬夏不死。”

蘏貫音**、起實，薏**憶音**苡也。**

蘏、起實、薏苡者，《説文》：“蓄，蓄苡。一名蓄英。於力切。”“蘏，草也。一曰蓄苡。古禫切。”《帝王世紀》：“鯀妻修已，吞薏苢而生禹。”《後漢書·馬援傳》：“援在交阯，嘗餌薏苡實。用能輕身、省慾，以勝瘴氣。南土薏苡實大，援欲以爲種。軍還，載之一車。”《本草》：“薏苡仁，一名解蠡。”《名醫别録》：“一名屋菼，一名芑實，一名蘏。生真定平澤及田野。八月采實，采根無時。”蘇頌《本草》云：“薏苡，所在有之。春生苗，莖高三四尺。葉如黍葉。開紅白華，作穗。五六月結實，青白色，形如珠子而稍長。九月、十月采其實。”

女青，烏葛也。

女青、烏葛者，盧學士曰：“《本草經》：‘女青，一名雀瓢。’吴氏《本草》：‘一名霍由祇。’案，《衛詩》：‘芄蘭之支。’陸璣疏：‘一名蘿摩。幽州人謂之雀瓢。’《名醫别録》：‘雀瓢，白汁。主蟲蛇毒，即女青苗汁也。’”

巴赤，巴豆也。

巴赤、巴豆者，《淮南·説林訓》：“魚食巴菽而死，鼠食之而肥。”《列仙傳》：“玄俗，餌巴豆，賣藥都市。七丸一錢，治百病。”《范子計然》曰：“巴菽，出巴郡。”今《本草》：“巴豆，一名巴叔。”陶注：“出巴郡。似大豆。最能瀉人。”唐本注云：“葉似櫻桃葉，頭微赤。”“赤”、“菽”、“叔”同。《御覽》引作“巴菽”。

烏眼，廉[1]也。燕薁奧音**，蘡舌也。**

烏眼，未詳。

燕薁、蘡舌者，《豳風·七月》：“六月食鬱及薁。”傳：“薁，蘡薁也。”正義“薁[2]”與“鬱”皆以木果釋之。“鬱”爲車下李，“薁”爲薁李。

盧學士曰：“李，未若棗之廣益於人。《詩》何屑及此？下云‘亨葵及菽’，則‘鬱薁’當是草實之類。《御覽》引毛《詩》疏綱云：‘葛藟，一名燕薁藤。好生河滸邊，得水潤而長。喻王九族，蒙王恩惠，以育子孫。今王無澤於族人，不如葛藟生河滸邊也。’《宋書·謝靈運〈山居賦〉》：‘野有蔓草，獵涉蘡薁。’更可見‘蘡薁’之爲草類明矣。”

[注] [1]《博雅音》以爲“廉”爲脱去字頭“薟”的讀音。[2]静本、愛本脱“薁”字。

茈莨，茈草也。

茈莨、茈草者，《爾雅》：“藐，茈草。”郭注：“可以染紫。一名茈戾。”《廣雅》云：“《西山經》：‘勞山多茈草。’”郭注：“一名茈戾。中染紫也。”《說文》：“茈，草也。”“藐，茈草也。”“莨，草也。可以染留黄。”鄭注《地官》：“典染草謂之紫茢，染草之屬。”《本草》云：“紫草，一名紫丹，一名紫芙。”《御覽》引作“紫英”。又引《本草》：“一名地血。”吴普云：“紫草，節赤，二月花。”唐本注云：“苗似蘭香，莖赤，節青，花紫白色而實白。”“茈”、“紫”，字異義同。戾，通作“盭”。

葰悦桼反**芡**儉音**，雞頭也。**

葰芡、雞頭者，此《方言》也。《周禮·籩人》：“加籩之實，蔆芡栗脯。”鄭注：“芡，雞頭也。”疏云：“今人或謂之鴈頭。”《莊子·庚桑楚[1]篇》：“雞廱也。”司馬彪云：“雞廱，即雞頭也。名芡。與藕子合爲散，服之延年。”《淮南·說山訓》：“雞頭已瘻。”高誘注：“瘻，頸腫疾。雞頭，水中芡也。幽州謂之鴈頭。”《方言》：“葰芡，雞頭也。北燕謂之葰。青、徐、淮、泗之間，謂之芡。南楚、江、湘之間，謂之雞頭，或謂之雁頭，或謂之烏頭。”郭注：“今江東呼葰。狀似烏頭，故轉以名之。”《本草》：“雞頭，一名芡。”蜀本《圖經》云：“生水中，葉大如荷。皺而有刺。花子若拳大，形似雞頭。實若石榴。皮青黑，肉白，如菱米。”

[注] [1]静本、愛本作“徐無鬼”。

周麻，升麻也。

周麻、升麻者，盧學士曰：“大觀《本草經》：‘升麻，一名周麻。

生山谷。’又云：‘生益州。’《華陽國志·南中志》：‘建寧郡牧麻縣，山出好升麻。’牧麻，本漢牧靡縣。靡，亦音麻。晉始改为牧麻也。《續博物志》：‘牧靡非縣，因草得名。生牧靡，可以解毒，烏多誤食，烏喙口中毒，必急飛往牧靡山，啄牧靡以解毒。’舊本脱‘升麻’二字，今據《御覽》所引及《本草》補正。”

土瓜，芴也。

土瓜、芴者，《爾雅》：“菲，芴。”郭注：“即土瓜。”孫炎曰：“菲，葍類。”又：“菲，蒠菜。”郭注：“菲草，生下溼地，似蕪菁。華紫赤色，可食。”《邶風·谷風》云：“采葑采菲。”傳：“菲，芴也。”箋：“菲，葍類。”陸璣疏：“菲似葍，莖粗，葉厚而長，有毛。三月烝鬻爲茹，滑美，可作羹。幽州人謂之芴，《爾雅》謂之蒠菜，今河内人謂之宿菜。”

盧學士曰：“郭注似是，别釋如陸璣之言，又是一物。某氏注《爾雅》，二處引此詩，即‘菲也，芴也，蒠菜也，土瓜也，宿菜也，五者一物也’。崔寔《四民月令》：‘二月盡，三月可采土瓜根。’”

葵苦圭反菇、瓠古侯反瓤鹿侯反，王瓜也。

葵菇、瓠瓤者，《玉篇》：“蔠，古畦、苦畦二切。鉤，蔠菇也。”“菇，故吴切。蔠菇。”“瓠瓤，王瓜也。”《集韻》引《字林》亦云：“瓠瓤，王瓜也。”案，《爾雅》：“鉤，蔠菇。”郭注：“瓠瓤也，一名王瓜。寔如瓝爪，正赤，味苦。”《本草》：“王瓜，一名土瓜。”陶注：“土瓜，生籬院間。子熟時，赤如弹丸。”唐本注云：“四月生苗延蔓，葉似栝樓葉。但無叉缺，有毛刺。五月開黄花，花下結子，如弹丸。生青熟赤，根似葛而細，多糁。”

盧學士曰：“今亦呼爲瓜蕫。其根即天花粉也。乃說者多與栝樓混而爲一。《爾雅》：‘果臝之實，栝樓。’郭注：‘今齊人呼之爲天瓜。’高誘注《淮南·時則訓》云：‘王瓜，栝樓也。’亦作‘瓡瓠’。《詩·豳風·東山》正義引《本草》云：‘栝樓，葉如瓜葉形，兩兩相值。蔓延，青黑色。六月華，七月實，如瓜瓣。’《說文》：‘苦蔞，果蓏也。’《本草》：‘一名黄瓜。’音同而字異。陶隱居云：‘出近道。藤生，狀如土瓜，而葉[1]有叉，實中。’是與‘瓠瓠’各異也。又案，王萯，亦與‘王瓜’文相涉。今當以‘萆挈’、‘薢挈’、‘菝葜’者，俱歸之王萯，庶不相混。”

“葵”、“蔟”，“菇”、“姑”，“瓠”、“鉤”，字異音義同。

[注] [1]静本、愛本誤作“實”。

玉延、藷市愈反蕻羊恕反，署預也。

玉延、藷蕻、署預者，《北山經》：“景山，北望少澤。其草多藷蕻。”郭注：“根似羊蹄，可食。”“曙豫”二音，今江南人單呼爲“藷”，音“儲”、“諸”，或有輕重耳。《御覽》引吴氏《本草》：“署豫，一名諸署。秦、楚名玉延，齊、越名山芋，鄭、趙名土藷。山芋[1]，一名脩脆，一名兒草。”《圖經》云：“春生苗，蔓延籬落。莖紫，葉青，有三尖角，似牽牛。”

盧學士曰：“案，今人名‘山藥’。‘署豫’下一字避唐代宗諱‘豫’，改爲‘藥’；上一字避宋英宗諱‘曙’，遂改爲‘山藥’，相沿至今也。”

“藷”、“藷”，“薯”、“署”，“蕷”、“預”並同。舊本“玉延”譌爲“王廷”，今據《本草》訂正。

[注] [1]静本、愛本誤作“羊”。

恒山，蜀桼也。

恒山、蜀桼者，《本草》："常山，一名互草。味苦寒。蜀漆，味辛平。"《名醫别録》："蜀漆，常山苗也。"《圖經》云："常山，蜀漆根也。葉似茗而狹長，两两相當。莖圓有節。"蜀本《圖經》云："常山葉名蜀漆也。"恒山，即常山。"桼"古字，"漆"今字也。

藟力水反，藤也。

藟、藤者，《說文》："藟，草也。"《周南·樛木》："葛藟纍之。"正義："藟，與葛異。亦葛之類。"陸璣疏："藟，一名巨苽[1]。似燕薁，亦延蔓生。葉艾白色。其子赤，亦可食。酢而不美。"《爾雅》："諸慮，山櫐。"郭注："今江東呼櫐爲藤，似葛而麤大。"又"欇，虎櫐。"郭注："今虎頭纏蔓林樹而生，莢有毛刺。今江東呼爲欇欇。"《中山經》："卑山，其上多櫐。"郭注："今虎頭、貍豆之屬。"劉向《九歎》："葛藟虆於桂樹兮。"王逸注："葛藟，巨荒也。"《本草》："千歲藟，一名藟蕪。"陶注："作藤生樹如葡萄，葉如鬼桃，蔓延木上，汁白。"

[注] [1]静本、愛本作"荒"。

石髮，石衣也。

石髮、石衣者，《爾雅》："藫，石衣。"郭注："水菭也。一名石髮。江東食之。"《釋文》："菭，徒來反。水青衣也。"《齊民要術》引周處《土記》云："石髮，水苔也。青緑色。生於石。"《御覽》引《風土記》"水苔"作"水衣"。又云："陳鳌，亦名'側理'。可爲紙，名苔紙。其苔水中石上生，如毛，緑色。"《本草圖經》云："石衣，一名石髮，即陟鳌也。色類於苔而麤澀爲異。"

采似醉反、**穗**，**禾也**。

采、穗、禾者，《説文》："禾，嘉穀也。二月始生，八月而熟。得時之中和，故謂之禾。禾，木也。木王而生，金王而死。從木。從𠂹省。𠂹，象其穗。""采，禾成秀也。人所以收。從爪、禾。或作'穗'。""穟，禾采之皃。或作'蓫'。並徐醉切。"《繫傳》以"穟"、"蓫"爲"采"之或體。又云："穗，禾也。司馬相如云[1]：'穗，一莖六穗。'"《王風·黍離》："彼稷之穗。"傳："穗，秀也。"相如《封禪文》："穗一莖六穗於庖。"徐廣曰："穗，瑞禾也。"司馬貞曰："《説文》：'嘉禾，一名穗。'《字林》云：'禾一莖六穗謂之穗。'"李善《文選》注引鄭康成曰："穗，擇也。一莖六穗，謂擇嘉禾之米於庖厨，以供祭祀。"大昭案，《漢書·百官表》少府屬官有"導官"，疑即此"穗"字。舊本"采"譌"采"，"禾"譌"采"，今訂正。

[注] [1]静本、愛本誤作"也"。

秆古旱反、**稈**空音，又苦江反、**稭**古八反，**稾也**。**黍穰謂之㓷**例音。**稻穰謂之稈**。**稷穰謂之䅌**莊于反。

稾者，《説文》："稾，稈也。古老切。"《小爾雅》云："稾謂之稈。稈謂之芻。"《衆經音義》引《倉頡篇》："稾，禾稈也。"

秆者，《説文》："稈，禾莖也。或作'秆'。"《左氏昭二十七年傳》："鄢將師，攻郤氏，且爇之。或取一秉秆焉，國人投之。"《玉篇》："稈，稾也。穰謂之稈。"

稈者，《廣韻》："稈，苦紅切。稻稈。"

稭者，《説文》："稭，禾稾。去其皮，祭天以爲席。"《史記·封禪書》：

“古者封禪，埽地而祭，席用葅稭。”《集解》：“應劭曰：‘稭，禾稾也。去其皮以爲席。’如淳曰：‘稭，讀曰戞。’”《禹貢》：“三百里納秸服。”孔傳：“秸，稾也。”鄭注：“秸，謂禾去其潁，惟稾秸也。”《漢書·地理志》作“戞”，今《尚書·禹貢》、《禮記·郊特牲》、《史記·夏本紀》並作“秸”。《禮器》注：“穗去實曰鞂。”又作“鞂”。《玉篇》：“鞂，祭神席。與‘秸’同。”是“稭”、“戞”、“秸”、“鞂”，字異音義同。

秝者，《說文》：“㴝，黍穰也。良薛切。”又云：“穰，黍㴝已治者。汝羊切。”

稈者，與“秆”同。解見上。

稨者，《玉篇》：“稨，七于切。稷穰也。”本此。

麻黄莖，狗骨也。

麻黄莖、狗骨者，上文已云“龍沙，麻黄也”，此復釋其莖之名。

白芷，其葉謂之葯約音。

白芷、葯者，《西山經》：“號山，其草多葯虈。”郭注：“葯，白芷。别名‘虈’，香草也。”《離騷》云：“扈江離與辟芷兮。”洪興祖《補注》：“白芷，一名白茝。生下澤。春生，葉相對婆娑，紫色。楚人謂之葯。”《楚辭·九歌·湘夫人》：“辛夷楣兮葯房。”王逸注：“葯，白芷。”《說文》“芷”作“茝”。云：“虈也。昌改切。蘺，楚謂之離，晉謂之虈，齊謂之茝。”《玉篇》：“芷，式視切。白芷。藥名。一名茝。”“葯，於略切。白芷。葉即蘺也。”《史記索隱》引《埤蒼》云：“齊曰茝，晉曰虈。”

盧學士曰：“《本草經》：‘白芷，一名芳香。’吴氏《本草》：‘白芷，一名虈，一名澤芬，一名䓍。’《名醫别録》：‘又一名苻離，一名蒚。’孫氏星衍曰：‘按，《名醫》所云，似即《爾雅》：莞，苻離。其上蒚。《說文》

别有：蔬，夫蘺也；蒚，夫蘺上也。是非一草。’舍人云：‘白蒲，一名苻離。楚謂之莞。豈蒲與莞相似，而《名醫》因誤乎？或《說文》：楚謂之蘺，即夫蘺也。未可得詳。’”

公蕡浮沸反，又扶分反**、穰菜**柔音**、薴**乃頂反**、𦵮**轄音**、荏，蘇也。**

荏、蘇者，《爾雅》：“蘇，桂荏。”郭注：“蘇，荏類，故名桂荏。”疏引陶注《本草》云：“葉下紫色而氣甚香。其無紫色、不香、似荏者，名野蘇。生池中者，名水蘇，一名雞蘇，皆荏類也。”《說文繫傳》：“荏，白蘇也。桂荏，紫蘇也。”

公蕡、穰菜、𦵮者，《方言》：“蘇，亦荏也。關之東西，或謂之蘇，或謂之荏。周、鄭之間，謂之公蕡。沅、湘之南，或謂之𦵮。其小者謂之蘾菜。”郭注：“公蕡，蘇荏屬也。音‘翡翠’之‘翡’。今江東人呼荏爲䓊，音魚。今長沙人呼野蘇爲𦵮，音‘東轄’之‘轄’。蘾菜，堇菜也。亦蘇之種類，因名云。”“穰”、“蘾”，字異音義同。

薴者，《中山經》：“熊耳之山，有草焉。其狀似蘇而赤華。名曰葶薴。可以毒魚。”郭音“亭寧”、“耵聹”二音。

秈仙音**，稉也。**

秈、稉者，張衡《南都賦》：“滍皋香秔。”李善注：“滍皋，滍水之澤也。”又引此文作“秔，秈也”。《齊民要術》引《氾勝之書[1]》云：“三月種秔稻。”顏注《漢書·東方朔傳》云：“稻，有芒之穀總稱也。秔，其不黏者也。”羅願曰：“又一種曰秈，比於稉小，而尤其黏。其種甚早。今人號秈爲早稻，稉爲晚稻。”“稉”、“秔”通用。《說文》：“秔，稻屬。或作‘稉’。”《玉篇》：“秈，息延切。秔稻也。”本此。

[注] [1]静本、愛本脱“書”字。

秫述音，**稬**奴卧反**也。**

秫、稬者，《説文》：“秫，稷之黏者。食聿切。”“稬，沛國謂稻曰稬。奴亂切。”《齊民要術》引《字林》：“穤，黏稻也。”此篇以“秫”釋“稬”，或疑其“稻”、“稷”不分。然此“秫”、“穤”與上“秈”、“稉”相對。“秈”與“稉”本非一物，“秫”與“穤”又何必指爲一物？此不過就黏與不黏者别言之耳。秫是稷之黏者，稬是稻之黏者，故亦得爲一類也。程博士瑶田曰：“今之高粱，昔人稱‘蜀黍’。南方呼‘盧穄’。北方呼‘紅粱’，以農家多種赤色者。又呼‘麤粱’，以其米麤硬，不知黍稻粱之美也。其赤色者，黏、不黏二種。黄金色者，黏。純白色，亦有黏者，不黏者多也。北五省處處種之。大河以南，江、淮以北，亦處處種之。通呼‘高粱’，亦通呼‘秫秫’。其稭呼‘秫稭’。今南北、上下，凡五反市井、商賈貿易，輙索其薄券觀之，無不作‘秫’字者。《説文》：‘秫，稷之黏者。’今則無論黏與不黏，皆曰秫。且稱名半海内定之爲稷，良亦非誣。”

䅥口見反，又口殄反**穈**亡皮反、**䄙**旁音**稈**皇音，**穄**祭音**也。**

䅥穈、䄙稈、穄者，《説文》：“穄，穈也。子例切。”“穈，穄也。靡爲切。”“䄙稈，穀名。”《穆天子傳》：“赤烏之人，獻穄百載。”《吕氏春秋·本味篇》：“飯之美者，有陽山之穄。”高誘注：“穄，關西謂之穈。冀州謂之䅥。”《玉篇》：“䅥，穈也。穈穄也。”“穄，似黍，不黏。”“䄙稈，穄[1]名。”程博士瑶田曰：“黍，大名也。黏者得專黍名。其不黏者則曰穈，或曰穄穀。色有黄、白、黑三種。黑者，秬黍也。其皮皆有光澤，黄白者如象牙，黑者如退光漆。不似小米穀皮之枯皺也。今北方呼‘黍子’、‘穈子’、‘穄子’，古今無異稱，惟加‘子’字而已。其米通呼‘黄米’，或又呼‘糜子’爲‘稷米’。蓋唐蘓公輩冐之爲‘稷’，故相沿至今，有稷米之稱也。”“䵚”、“穄”字同。舊本“䵚”作“䵒”，曹憲避隋諱也。又音釋“口殄”訛“口於”，今並訂正。

《集韻》引《廣雅》：“䵚，稃也。疏臻切。”今無“稃”也。

[注] [1]静本、愛本作“祭”。

黂扶云反，**䵖**誅音**也。**

黂者，《說文》：“萉，枲實。或作‘黂’。房未切。”《喪服》傳云：“苴絰者，麻之有蕡者也；牡麻者，枲麻也。”《淮南·齊俗訓》：“胡人見黂，不知其可以爲布也。”高誘注：“黂，麻子也。”又《說林訓》：“黂不類布，而可以爲布。”注：“黂，讀《左傳》‘有蜚不爲災’之‘蜚’。”

䵖字，《類篇》、《集韻》皆“追輸切。穀名”。引此文。

大豆，尗也。

大豆、尗者，《說文》：“尗，豆也。象尗豆生之形。”此古字，經典相承作“菽”。《大雅·生民》：“蓺之荏菽。”傳：“荏菽，戎菽也。”箋：“戎菽，大豆也。”《爾雅》：“戎菽謂之荏菽。”《詩》疏引孫炎曰：“戎菽，大豆也。”樊光、舍人、李巡、郭璞皆以爲“胡豆”。案，《淮南·地形訓》：“水勝火，故菽夏生冬死。”高誘注：“豆，火也。夏，火王而生；冬，水王而死。”《春秋莊三十一年》：“齊侯來獻戎捷。”《穀梁傳》曰：“戎菽也。”《列子·力命篇》：“進其茙菽，有稻粱之味。”

小豆，荅也。

小豆、荅者，《說文》：“荅，小尗也。都合切。”《玉篇》：“荅，小豆也。”《晉書·律志》：“《九章·商功法》：‘程菽、荅、麻、麥，一斛積二千四百三十寸。’”

豍布兮反**豆、豌**烏丸反**豆，䝂**留音**豆也。**

豍豆、豌豆、䝂豆者，《齊民要術》：“崔寔曰：‘正月可種豍豆。’”《玉篇》：“豍，䝂也。”“豌，豆也。”“䝂，豍豆也。”

盧學士曰：“或以爲豍豆即今之藊豆，未知然否。李時珍云：‘豌豆，其苗柔弱宛宛，故得豌名。百穀中最先登者。’案，今北方多産此。煑之以爲餅餡，極恬美。䝂，《集韻》又音‘聊’。《類篇》：‘并州謂豆曰䝂。’”

胡豆，䜶乎江反**䝄**雙音**也。**

胡豆、䜶䝄者，《玉篇》：“䜶，䜶䝄也。”《廣韻》：“䜶䝄，胡豆也。”《齊民要術》引此作：“胡豆，䜶䝄[1]。豆也。”《爾雅翼》引此“䝄”作“雙”字。時珍曰：“䜶䝄，豇江也。此豆紅色居[2]多，莢必雙生，故有‘䜶䝄’之名。”

[注] [1]静本、愛本作“江”。[2]静本、愛本誤作“俱”。

大麥，麰牟音**也。**

《月令》：“仲秋之月，乃勸種麥，毋或失時。其有失時，行罪無疑。”鄭注：“麥者，接絶續乏之穀，尤重之。”《淮南·地形訓》：“火勝金，故麥秋生夏死。”《説文》：“麥，芒穀。秋穜厚薶，故謂之麥。麥，金也。金王而生，火王而死。從來，有穗者；從夂。”高誘注《淮南》及《吕氏春秋》皆言“麥屬金”，而《素問》云：“升明之紀，其類火，其藏心，其穀麥。”鄭氏《月令》注：“麦實有孚甲，屬木。”三説不同者，蓋鄭以形言，《素問》

以功性言，而《吕覽》、《淮南》、《說文》竝以時言也。

大麥、麰者，《說文》：“麰，來麰。麦也。或作‘莩’”《周頌·思文》：“貽我來牟。”傳：“牟，麦。”《釋文》“牟”字，書作“麰”。引《孟子》：“麰，大麥也。”今《孟子》作“麰”。趙岐注：“麰，大麥也。”

小麥，麳來音也。

小麥、麳者，《說文》：“來，周所受瑞麥來麰。一來二縫，象芒朿之形。天所來也，故爲‘行來’之‘來’。”又云：“秾，齊謂麥秾也。”《周頌·思文》疏引《尚書·太誓》云：“惟四月，太子發上祭于畢，下至于孟津之上。升舟，中流，白魚入于王舟，王跪取，出涘以燎之。至于五日，有火自上復于下，至于王屋，流之爲鵰。其色赤，其聲鬼。五至以穀俱來。”《尚書合符后》注云：“五至，猶五來。不知爲一日五來，爲當異日也。”《書說》云：“烏以穀俱來，穀以紀后稷好德。”《尚書旋機鈐》及《合符后》並有其文。注云：“稷好農稼。今烏銜穀，故云紀之。”此即《說文》所謂“周受瑞麥也”。《詩》言“貽我來牟”，與《書·太誓》符合。“牟”是大麥，則“來”爲小麥矣。《漢書·劉向傳》引《詩》作“釐麰”。“釐麰”，麥也。始自天降。惠氏棟曰：“案，郭顯卿《字指》：‘字本作‘齹’古文省，故作‘來’。《廣雅》作‘麳’，俗作之。案，《玉篇》：‘麳[1]，力該切。小麥也。麳，同。’”

[注] [1]静本、愛本誤作“麳”。

蒣斜音、茮私音，茅穗似醉反也。

《王風·黍離》：“彼稷之穗。”傳：“穗，秀也。”

蒣者，《玉篇》：“蒣，穗也。”《類篇》：“音茶。”本此。案，蒣，即

"荼"之異文。《鄭風》："出其東門，有女如荼。"箋："荼，茅秀。物之輕者，飛行無常。"《地官·掌荼》注："荼，茅秀也。"

菰者，《說文》："菰，茅秀也。息夷切。"

蒲穗謂之蓴大丸反。

蓴者，《說文》："蓴，蒲叢也。"《廣韻》："蓴，蒲秀。"竝"常倫切"。

箘簬路音、**簨**真音、**籣**苦拜反、**笴**公但反、**簫**、**籥**衛音，**箭也。**

此釋竹子可爲箭簳者也。《說文》："箭，矢也。"《夏官·職方》："東南曰揚州，其利金、錫、竹、箭。"

箘簬者，《說文》："箘，箘簬也。""簬，箘簬也。古文作'簵'。"《玉篇》："簬，美竹。中箭也。"《禹貢》："荆州，惟箘簬、楛[1]，三邦底貢。"孔傳："箘簵，美竹。出雲夢之澤。"正義："鄭云：'箘簬，聆風也。'竹有二名，或大小異也。箘、簬，是兩種竹也。"

簨者，《玉篇》："簨，之人切。竹箭也。"

籣者，《玉篇》："籣，古怪切。竹箭也。"戴凱之《竹譜》云："江、漢之間，箵竹謂之籣。"

笴者，《玉篇》："簳，各旱切。箭簳。亦作'笴'。"詹事兄曰："《攷工記》：'妢胡之笴。'注云：'故書笴爲筍。'杜子春云：'筍，當爲笴，謂箭槀。'石經'笴'字上半雖缺，下半從'句'不從'可'。《說文》無'笴'字，當以'筍'爲正。'笴'與'筍'，形相似。與'槀'聲尤相近也。"

簫者，盧學士曰："王子淵《洞簫賦》：'原夫簫幹之所生兮，於江南之邱墟。洞條暢而罕節兮，標敷紛以扶踈。'"蓋此竹本名"簫"，而取之爲樂器，亦可爲箭也。

籥者，《玉篇》："籥，于歲切，箭也。"本此。

[注] [1]静本、愛本作"枯"。

蘸捉音**、奚毒，附子也。一歲爲萴子，二歲爲烏喙，三歲爲附子，四歲爲烏頭，五歲爲天雄。**

蘸、奚毒、附子、萴子、烏喙、烏頭、天雄者，《戰國·燕策》："蘇秦爲燕說齊王曰：'人之飢所以不食烏喙者，以爲雖偷充腹，而與死同患也。'"《淮南·主術[1]訓》："天下之物，莫凶於雞毒。然而良醫橐而藏之，有所用也。"高誘注："雞毒，烏頭。"又《繆稱訓》："天雄、烏喙，藥之凶毒也。良醫以活人。"《鹽鐵論》："秦、楚、三晉，號萬乘。不務脩德而負相侵，搆兵争强而卒俱亡。雖以進壤廣地，如食萴之充腸。"《博物志》云："物有同類而異用者，烏頭、天雄、附子一物，春秋冬夏採之各異。"顏注《急就篇》云："烏喙，形似烏之觜也。附子，附大根而旁出也。此與烏頭、側子、天雄，本同一種。但以年歲遠近爲殊。採之有異，功用亦别。"《玉篇》："蘸，莊卓切。蘸，奚毒，即附子也。""萴，萴子。藥名。一歲爲萴子，二歲爲烏喙，三歲爲附子，四歲爲烏頭，五歲爲天雄。"皆本此。《本草經》："附子，冬月採爲附子，春採爲烏頭。"又云："烏頭，一名奚毒，一名即子，一名烏喙。"又云："天雄，一名白幕。"《圖經》云："側子，長二三寸者爲天雄。割削附子傍尖芽角爲側子。附子之絶小者亦名爲側子。元種者，母爲烏頭，其餘大小者皆爲附子。以八角者爲上。烏頭、烏喙，生朗陵山谷。天雄生少室山谷。附子、側子生犍爲山谷。四品都是一種所産。今並出蜀土。種之法：冬至前，先將肥腴[2]陸田耕五六遍，以豬糞糞之。然後布種，逐月耘耔。至次年八月後，方成。苗高三四尺。莖作四稜。葉如艾。花紫碧色。作穗。實小，子黑色，如桑椹。本只種附子一物，至一年便有此五物。而《廣雅》有一、二、三、四、五歲之分，豈今人種蒔之法，用力倍至，故爾繁盛也？”吴普《本草》云：“附子，一名莨，一名千秋，一名毒公，一名卑負，一名耿子。正月始生，葉厚，莖方，中空。葉四四相當。與蒿相似。烏喙形如烏頭。有兩岐相合，似烏之喙，故名曰烏喙也。蘇恭以爲烏喙即烏頭異名。”蘸，《玉篇》作“蘸”，《廣韻》與此同。雞毒，即奚毒。即子，即蕍子。“蕍”、“即”聲相轉，或又作“側”，同。

[注] [1]愛本誤作“食”。[2]静本、愛本作“瘦”。

蘤爲詭反**、葩、菁、蘂，華也。**

《説文》：“雩，艸木華也。或作‘荂’。況于切。”“蕚，榮也。户瓜切。”《方言》：“雩，荂晠也。齊、楚之間，或謂之雩，或謂之荂。”

蘤者，《玉篇》：“蘤，花榮也。”《廣韻》：“蘤，花也。”《類篇》：“蘤，花榮。羽委切。”《後漢書·張衡傳·思玄賦》：“百卉含蘤。”李賢注引張博士《字詁》：“蘤，古‘花’字也。”

葩者，《説文》：“葩，華也。”張衡《西京賦》：“吐葩颺榮。”薛綜曰：“葩，華也。”嵇康《琴賦》：“若衆葩敷榮曜春風。”李善曰：“古本‘葩’字爲‘華皃’。”郭璞曰：“葩，爲古‘花’字。”江淹《擬許徵君詩》：“丹葩曜芳蕤。”

菁者，《説文》：“菁，韭花也。子盈切。”《尚書·虞夏傳》：“菁華已竭，褰裳去之。”宋玉《高唐賦》：“江蘺載菁。”張衡《西京賦》：“麗服颺菁。”李善曰：“菁，華英也。”

蘂者，《廣韻》：“華内曰蕚，外曰蘂。”《離騷》：“貫薜荔之落蘂。”王逸注：“蘂，實也。”洪興祖《補注》：“蘂，花鬚頭點也。花外曰蕚，内曰蘂。”郭璞《江賦》：“翘莖瀵蘂。”花，舊本“蘂”下有“花”字，是“華”之俗字。漢以前未之有也，此是後人闌入。

盧學士曰：“孫貽穀云：‘後人或以花注華字旁，以曉讀者，而誤入正文，今刪。’”

棓步項反、**杜**、**䕧**乎巧反、**茇**撥音、**荄**古來反、**株**，**根也**。

《説文》：“根，木株也。”韋昭注《周語》引氾勝之《農書》云：“孟春，土長冒橛，陳根可拔。”

棓，未詳[1]。

杜者，《豳風·鴟鴞》：“徹彼桑土。”傳：“桑土，桑根也。東齊曰杜，或曰茇。”

䕧者，《玉篇》：“䕧，下校、古鮑二切。江東呼藕根爲䕧。又，與‘茭’同。”《爾雅》：“葯，茭。”郭注：“茭，即茇類。”《釋文》引《廣雅》：“茭，根也。”《廣韻》：“藨蕫根可食者曰茭。”

茇者，《説文》：“茇，草根也。春草根枯，引之而發土爲撥[2]，故謂之茇。”郭注《爾雅》云：“今江東呼藕紹緒如指、空中可啖者爲茇。”

荄者，《説文》：“荄，艸根也。”《太玄·養》“次三”云：“糞以肥邱，育厥根荄。”郭注《方言》云：“今俗名韭根爲荄。”潘岳《懷舊賦》：“陳荄被於堂除。”通作“核”。《漢書·五行志》：“孕毓根核。”顔師古云：“核，亦‘荄’字也。草根曰荄。”

株者，《説文》：“株，木根也。陟輸切。”《漢書·司馬相如傳》：“栝木朽株。”《戰國·秦策》：“削株掘根。”

[注] [1]《廣雅疏證》：“棓、茇，聲之轉。《説文》云：‘栊，棓也。’”
[2]静本、愛本作“撥”。

蒢弋籤[1]反，又素籤反，**蒂也。**

《說文》："蒂，瓜當也。都計切。"《文選·西京賦》注引《聲類》云："蒂，果鼻也。"《玉篇》："蒂，草木綴實。"《廣韻》同。

蒢者，盧學士曰："《爾雅》：'蘛、芛、葟、華，榮。'郭注：'今俗呼艸木華初生者爲芛。音豬豬。'《釋文》：'芛，郭音豬。羊棰反。'疏云：'此別草木榮華之異名也。'案，'蒢'與'芛'音相同，則義亦同。《廣韻》：'蒢，草木葉初出皃。'葉，似當作'華'。今人但知'花朵'之'朵'，不復作'蒢'字矣。"

[注] [1]静本作"箞"。

萌、芽、甾、蕄，櫱也。

此釋草初生之名也。孽，當作"櫱[1]"。《說文》："巘，伐木餘也。"《商書》曰："若顛木之有甹巘。"或作"櫱"，古文作"梓[2]"。或作"枿"者，"梓"之譌。《魯語》："山不槎櫱。"韋昭注："以株生曰櫱。"《淮南·俶真訓》："百事之莖葉條梓。"高誘注："梓，讀作'櫱'。旁生萌芽也。"

萌者，《說文》："萌，草芽也。"《月令》："萌者盡達。"鄭注："芒而直者曰萌。"

芽者，《說文》："芽，萌芽也。"

甾者，盧學士曰："甾，本亦作'菑'。《爾雅》：'木立死，甾。'郭注：'木弊頓。'甾，《字林》作'椔'。《大雅·皇矣》：'作之屏之，其菑其翳。'甾，蓋木已死而復有萌焉者，如肄生之類。"

蕄者，《說文》："蕄，灌渝。讀若萌。莫中切。"孫比部星衍曰："萌者，始生也。'萌'與'蕄'通。灌渝，即權輿。《爾雅·釋詁》：'權輿，始也。'《大戴禮記·誥志》云：'孟春百草權輿。'揚雄《羽獵賦》：'萬物權輿於內，徂落於外。’《釋草》：‘其萌，虇蕍。’萌，當爲‘蕠’。‘虇蕍’，當爲‘灌渝’。郭璞以‘蕍’下屬，非也。”

[注] [1]静本、愛本誤作“蘖”。[2]静本、愛本作“梓”，徐復本《疏義》作“桦”。

蘇、莱力内反、芥、莽、蘆千古反、毛，草也。

蘇者，《方言》：“蘇，芥草也。江、淮、南楚之間曰蘇。自關而西，或曰草，或曰芥。南楚、江、湘之間，謂之莽。”《莊子·天運篇》：“蘇者取而爨之。”《釋文》：“李頤云：‘蘇，草也。’”

莱者，《說文》：“莱，耕多草。從艸、耒[1]。耒亦聲。盧對切。”《玉篇》同。舊本“莱”訛“菜”，今訂正。

芥者，《左氏哀元年傳》：“以民爲土芥。”《孟子》：“君之視臣如土芥。”注並云：“芥，草也。”舊本“芥”譌“芬”，今據《方言》訂正。

莽者，《說文》作：“茻，衆艸也。從四屮。讀與‘冈’同。”《方言》：“卉，莽艸也。東越、揚州之間曰卉。南楚曰莽。”《楚[2]辭》：“夕攬州之宿莽。”王逸注：“艸冬生不死者，楚人名曰宿莽。”

蘆者，《爾雅》：“藘，蘆。”郭注作：“履苴艸。”《說文》：“蘆，艸也。可以束。或作‘藘’。”《釋文》引《字宛》云：“苴，履底。”《玉篇》“蘆”作“履苴”。

毛者，《左氏隱四年傳》：“澗谿沼沚之毛。”又《昭七年傳》：“封畧之内，何非君土？食土之毛，誰非君臣？”杜注並云：“毛，草也。”班固《西都賦》：“華實之毛，則九州之上腴焉。”

盧學士云：“《周禮·地官·載師》：‘宅不毛者，有里布。’先鄭謂：‘不種桑麻也。’《公羊宣十二年傳》：‘錫之不毛之地。’何休注：‘不毛者，墝埆。不生五穀。’是桑、麻、五穀之類亦皆曰毛也。《古今注》：‘地以名山爲輔，石爲之骨，川爲之脉，草木爲之毛。’”

[注] [1]愛本誤作“桒”。[2]愛本脱“楚”字。

草叢生爲薄。

薄者，《楚辭·九章·涉江》云：“露申辛夷，死林薄兮。”王逸注：“草木交錯曰薄。”又《招隱士》：“叢薄深林。”洪興祖《補注》：“深草曰薄。”揚雄《甘泉賦》：“列新雉於林薄。”曹植《七啟》：“搜林索險，探薄窮阻。”束晳《補亡詩》：“白華朱萼，被於幽薄。”李善注引《纂要》云：“艸叢生曰薄。”舊本“藂”爲“聚”，今據《文選·甘泉賦》注訂正。

蓍，耆也。

蓍、耆者，《白虎通義·蓍龜篇》：“乾艸枯骨，衆多非一，獨以蓍龜何？此天地壽考之物，故問之也。龜之爲言久也，蓍之爲言耆也。久，長意也。”《說文》：“蓍，蒿屬。生千歲。三百莖。《易》以爲數。天子蓍九尺，諸侯七尺，大夫五尺，士三尺。”陸璣《詩》疏：“蓍，似[1]藾蕭，青色，科生。”《洪範·五行》傳云：“蓍百年，一本生百莖。”

[注] [1]静本、愛本誤作“以”字。

益母，茺蔚也。

益母、茺蔚者，《爾雅》：“萑，蓷。”郭璞注：“今茺蔚也。”《王風·中谷有蓷》，《釋文》引《韓詩》：“蓷，茺蔚也。”陸璣《詩》疏云：“舊說，及魏博士、周元明皆云‘菴藺’是也。《韓詩》及《三倉說》悉云‘益母’，故曾子見益母而感。”劉歆曰：“蓷，臭穢。”臭，即“茺穢”也。《本草》：“茺蔚子，一名益母，一名益明，一名大札。生池澤。”《名醫别録》：“一名貞蔚。”陶注：“處處有之[1]。生葉如荏，方莖，子細長，三棱，白華，華生節間。”

[注] [1]愛本脱“有之”二字。

菅，茅也。

菅、茅者，《説文》：“菅，茅也。”“茅，菅也。”《玉篇》：“菅，茅屬也。”《小雅》：“白華菅兮，白茅束兮。”傳：“白華，野菅也。已漚爲菅。”箋：“菅柔忍中用，而更取白茅收束之。茅比於白華爲脃。”菅，亦作“葌”。《中山經》：“吴林之山，其中多葌草。”郭注：“亦‘菅’字。”陸璣《詩》疏：“菅似茅而滑澤，無毛。根下五寸中有白粉者柔韌，宜爲索，漚乃尤善矣。”

粢、黍、稻，其采辭醉反謂之禾。

粢、黍、稻、禾者，《説文》：“齋，稷也。從禾，齊聲。或從次，作‘粢’。”“黍，禾屬而黏者也。以大暑而種，故謂之黍。從禾，雨省聲。”“稻，稌也。”“稌，稻也。《周禮》曰：‘牛宜稌。’”案，粢也，黍也，稻也，三者之穗，通呼爲禾。歙程學博瑶田曰：“粢，稷也。稷，今之高粱也。亦通呼爲‘秫秫’。《説文》：‘秫，稷之黏者。’今則無論黏與不黏皆曰秫。黍者，大名也。黏者得專‘黍’名。其不黏者曰穈，或曰穄。其黑者爲秬。黍，今北方通呼。其米爲黄米。稻者，亦大名也。黏者曰糯。不黏者曰秈，曰稉。”

豆角謂之莢，其葉謂之藿。

莢、藿者，《説文》："莢，艸實也。古叶切。""藿，尗之少也。虚郭切。"《玉篇》："莢，豆莢也。""藿，豆葉也。亦作'藿'。"本此。《周禮》："墳衍之地，其植物宜莢。"

盧學士曰："《吕氏春秋·審時篇》：'得時之菽，長莖而短足。其莢，二七以爲族。'"高誘注："二七十四，實也。"《齊民要術》引《氾勝之書》曰："穫豆之法，莢黑而莖蒼，輒收無疑；其實将落，反失之。"《易林·漸之乾》曰："旦種菽豆，暮成藿葉。"《戰國·韓策》："張儀説韓王曰：'韓齊險惡，民之所食，大抵豆飯藿羹。'"

英蒻，葹也。

英蒻、葹者，《玉篇》："葹，乙卓切。英蒻也。"《廣雅》："葹，於角切。英蒻。"似並本《廣雅》。據此，則此文當作"英蒻，葹也"。舊本"葹"譌"葯"，且顛倒其文曰"英葯，蒻也"，今訂正。

《説文》："蒻，蒲子。可以爲平席。"案，《説文·苜部》"莫"下引《周書》："布重莫席，織蒻席也。讀與'蔑'同。"是"莫"即古文"蔑"也。《顧命篇》孔傳於"敷重蔑席"作别解，而於"敷重底席"句釋云："底，蒻苹。"疏云："《禮》注謂'蒲席'爲'蒻苹'，孔以'底席'爲'蒻苹'，當謂蒲蒻之席也。《急就篇》'蒲蒻藺席'謂此也。"宋玉《招魂》："蒻阿[1]拂壁。"王逸注："蒻，蒻席也。"

[注] [1]静本、愛本此處空白。

菡藺，芙蓉也。

菡藺、芙蓉者，《説文》："菡，菡藺也。胡感切。""藺，菡藺。

芙蓉華[1]。未發爲菡藺，已發爲芙蓉。徒感切。”《爾雅》：“荷，芙蕖。”郭注：“别名芙蓉。江東呼荷。”又云：“其華菡萏。”《詩・陳風・澤陂》：“有蒲菡萏。”傳：“菡萏，荷華也。”又《鄭風》：“隰有荷華。”傳：“荷華，芙蕖也。”《今古注》：“芙蓉，一名荷華。生池澤中。實曰蓮。華之最秀異者，一名水芝，一名水花。色有赤、白、红、紫、青、黄。红、白二色差多。華大者，至百葉。”《爾雅翼》引陸璣疏亦云：“其華未發爲菡萏，已發爲芙蕖。”《離騷》云：“製芰荷以爲衣兮，集芙蓉以爲裳。”王逸注：“芙蓉，蓮華也。”《詩》疏云：“今江東人呼荷華爲芙蓉。”舊本“菡”訛“萏”，今訂正。

[注] [1]静本、愛本此處空白。

韭、䪥何[1]戒反、蕎橋音，其華謂之菁。

韭、䪥、蕎、菁者，韭也，䪥也，蕎也，三者之華爲菁。

盧學士曰：“《天官・籩人》：‘朝事之豆，其實韭菹、菁菹。’《廣雅》則以‘䪥’與‘蕎’之華俱謂之‘菁’。”

韭者，《吕氏春秋・孝行覽》：“菜之美者，具區之菁。”高注：“菜名。”張衡《南都賦》：“秋韭冬菁。”《説文》：“菁，韭華也。”又云：“韭，菜名。一穜而久者，故謂之韭。象形。在一之上。一，地也。”《曲禮》：“韭曰豐本。”郭注：“豐，茂也。”《齊民要術》云：“韭性内生，根喜上跳。”

䪥者，《説文》：“䪥，菜也。形似韭。”《玉篇》：“䪥，葷菜也。俗作‘薤’。”《爾雅》：“䪥，鴻薈。”鄭注：“即䪥菜也。”疏云：“《本草》謂之‘菜芝’。”《少儀》：“爲君子擇葱薤，則絶其本末。”

蕎者，《廣韻》：“蕎，巨嬌切。蕎麥。”

盧學士曰："蕎，亦作'穚'。温庭筠詩：'日暮鳥飛散，滿山穚麥花。'又與'荍'音同，借用。蘇子瞻詩：'但見古河東，荍麥如鋪雪。'蚍虾之荍，花紫。此蕎麥之花白也。"

[注] [1]《博雅音》作"胡"。

蘬歸音，葵也。

蘬、葵者，《說文》："蘬，薺實也。""葵，菜也。"《爾雅》："紅，蘢古。其大者蘬。蒫，薺實。"郭注："俗呼紅草爲蘢鼓。語轉耳。薺子味甘。"詹事兄曰："'蘬蒫'之文，上下相承。許祭酒所見《爾雅》，當是'蒫'在'蘬'下，'蘬'爲薺實，則'蒫'爲'蘢古之大者'矣。'蒫'即'差'字。蘢古葉大，下垂，有參差之象。《通卦驗[1]》云：'立冬薺麥生。'《春秋繁露·天地之行篇》云：'薺以冬美。冬，水氣也。薺，甘味也。乘於水氣而美者，甘勝寒也。薺冬生而夏死，其味甘。'《齊民要術》引《廣雅》：'蘬，邱葵也。'今本無'邱'，《字說》誤耳。"

[注] [1]"卦驗"二字，静本、愛本誤作"封騷"。

藋粱，木稷也。

盧學士曰："粱，舊本作'梁'。《御覽》引此在《百穀部·粱類》中，今據改正。

藋粱，當即所謂'糲粱'，乃粗粱也。如'稂，童粱'之類。

木稷，無攷[1]。《禮記·玉藻》：'沐稷而靧粱。'又《喪大記》：'君沐粱，大夫沐稷。'是則粱貴於稷也。粱、稷皆人之所食者，而用以沐，則不惟精，惟其粗。此'木稷'疑當作'沐稷'，取'藋粱'以爲之用，未知於《廣雅》之義有當否。”

[注] [1]《廣雅疏證》：“今之高粱，古之稷也。秦、漢以來，誤以粱爲稷，而高粱遂别名木稷矣。”

蕎文牛反**蕏**直魚反**，蒠也。**

蕎蕏、蒠者，即“抽蒢”也。字體既異，故復釋之。《玉篇》：“蕎蕏，蒠也。”本此。

蒻，薹臺音**也。**

蒻、薹者，《說文繫傳》云：“艸將生華，先抽莖薹。”《玉篇》：“蒚，蒲蒚，謂今蒲頭，有臺，臺上有重臺，中出黄，即蒲黄。”是也。“薹”、“臺”同。

莞，藺吝[1]音**也。**

莞、藺者，《說文》：“莞，艸也。可以作席。”“藺，莞屬。”《玉篇》：“藺，旅進切。似莞而細，可爲席。”“莞，古桓、胡官二切。似藺而圓，可爲席。”《詩・小雅・斯干》：“上莞下簟。”箋：“小蒲之席也。”《釋文》：“莞，草叢生水中，莖圓。江南以爲席。形似小蒲而實非也。”《爾雅》：“莞，苻蘺。”《說文》作“蒚，夫蘺。”郭注：“今西方人呼‘蒲’爲‘莞蒲’。今江東謂之‘苻蘺’。”又“蔍[2]，鼠莞。”郭注：“亦莞屬也。纖細似龍須。可以爲席。蜀中出好者。”舊本“莞”訛“莧[3]”，今訂正。

[注] [1]静本、愛本作“丢”，據《博雅音》改。[2]静本、愛本作

“庳”。[3]“莌”爲“莞”之異體。

菰孤音，**蔣**子良反**也。其米謂之禾。**

菰、蔣、禾者，《天官·冢宰》：“三農，生九穀。”後鄭以“苽”爲九穀之一。疏云：“以下《食醫》云：‘凡膳食之宜，有魚宜苽，故知[1]有苽也。’”案，《說文[2]》：“苽，雕苽。苽，一名蔣。”“蔣，苽蔣也。”《玉篇》：“苽，古胡切。亦作‘菰’。”“蔣，其實，雕胡也。”《淮南·原道訓》：“浸潭菰蔣。”高誘注：“浸潭之潤，以生菰蔣。菰者蔣實，其米曰彫胡。菰，讀‘觚哉’之‘觚’。蔣，讀‘水漿’之‘漿’。”相如《子虛賦》：“埤溼則生雕胡。”張博士注：“雕胡，菰米也。”宋玉諷賦云：“爲臣炊雕胡之飯，烹露葵之羹。”枚乘《七發》：“楚苗之食，安胡之飯，摶之不解，一啜而散。”《西京雜記》云：“顧翱，母好食雕胡飯，常帥子女躬自採擷太湖中。後自生雕胡，無復餘草。”又云：“漢太液池邊，皆是雕胡、紫蘀、緑節、蒲叢之類。菰之有米者，長安人謂爲雕胡。葭蘆之未解葉者，謂之紫蘀。菰之有首者，謂之緑節是也。”

[注] [1]愛本誤作“之”。[2]“說文”二字，愛本倒作“文說”。

葒紅音、**龍**、**蘱**乎結[1]反，**馬蓼也。**

葒、龍、蘱、馬蓼者，《鄭風》：“隰有游龍。”傳：“龍，紅草也。”箋：“紅草放縱枝葉於隰中。”陸璣疏：“一名馬蓼。葉大而赤白色。生水澤中。高丈餘。”《本草》：“紅草，一名鴻蘱。如馬蓼而大。生水傍。”陶注：“馬蓼生下濕地。莖斑。葉大，有黑點。其最大者，名蘢薣。”

[注] [1]静本、愛本誤作“吉”，據《博雅音》改。

蕒麥蟹反。張揖云：“蕒，藘也。”案，白藘與苦蕒大異，恐非，**藘也。**

蕒、藘者，“藘”與“蘧”同。《玉篇》：“蘧，渠與切。今之‘古蘧’，江東呼爲‘苦蕒’。”“蕒，埋解切。苦蕒菜。”《本草》云：“苦蕒冷，無毒。”

盧學士曰：“苦蕒，本亦作‘苦買’，即‘苦苣’也。藘，即虡之[1]或體歟！‘苣’、‘蘧’通用。《說文》：‘蘧，菜也。似蘇者。’《廣韻》：‘苦蘧，江東呼爲苦蕒。’然則《廣雅》並不誤，不知曹憲何以指爲非。其所非者不著。孫貽穀案，袁文《甕牖閒評》引《博雅》云：‘蕒藘，亦別是一種菜。世稱爲銀條菜者，與苦馬絕不相類。’此可以證明曹憲之說然。文弨又案，杜子美《園官送菜詩》云：‘苦苣刺如針。’王象晉云：‘苦苣，一名苦蕒，一名褊苣，一名天香菜。葉似狹而綠，帶壁。莖空，斷之有白汁。花黃，如初綻野菊花。春、夏皆旋開。一花结子一叢，如茼蒿子。花罷則蕚斂。子上有毛茸，茸隨風飄揚，落處即生，處處有之。但在北方者至冬而凋，在南方者冬、夏常青，爲少異耳。李時珍亦以蕒與苣是一物。’案，今北方謂之‘蘧蕒菜’，用醬，生啖之。南方少有食者。以‘蘧蕒’合爲稱，則《廣雅》之說定不誤。”

[注] [1]静本、愛本此處空白。

繁母，蒡葧步没反**也。**

繁母、蒡葧者，《夏小正》：“二月，采蘩。”傳曰：“繁，由胡。由胡者，繁母也。繁母者，旁勃也。”《爾雅》：“繁，皤蒿。”郭注：“白蒿，又繁。”由胡，注“未詳”。陸璣《詩》疏：“凡艾白者爲皤蒿。今白蒿，春始生，及秋香美。可生食，又可蒸。一名游湖。北海人謂之旁勃。”“蒡”、“旁”，“葧”、“勃”同。

菈力合反**遬**沓音，**蘆菔也。蘴**豐音，又嵩音、**蕘**女交反。世人以此爲“芻蕘”之“蕘”，未知孰是，**蕪菁**[1]**也。**

菈遬、蘆菔、蘴、蕘、蕪菁者，《方言》：“豐、蕘，蕪菁也。陳、楚之郊謂之蘴。魯、齊之郊謂之蕘。關之東西，謂之蕪菁。趙、魏之郊，謂之大芥，其小者謂之辛芥，或謂之幽芥，其紫華者謂之蘆菔。東魯謂之菈遬。”郭注：“蘴，舊音蜂。今江東音蒿，字作‘菘’也。蕘，音‘鈴鐃’之‘鐃’。蘆菔，今江東名爲‘温菘’，實如小豆。‘羅匐’二音。菈遬，‘洛答’、‘大合’兩反。”《爾雅》：“葖，蘆葩。”郭注：“葩，宜爲‘菔’。蘆菔，蕪菁之類。紫花，大根。俗呼‘雹葖’。”《説文》：“菔，蘆菔。似蕪菁，實如小尗者。”《繫傳》云：“今之羅匐也。”邵氏晉涵曰：“案，蘆菔有大、小二種。《方言》、《釋文》皆舉小者言之。亦有細而長者，謂之‘支羅服’。《潛夫論・思賢篇》：‘治疾當得人參，反得支羅服。當得麥門冬，反蒸穬[2]麥。已而不識真[3]，合而服之，病以增劇。不自知爲人所欺也。”蘴，通作“葑”。《鄘風》鄭箋云：“葑，蔓菁也。”《坊記》注：“葑，蔓菁也。陳、宋之間謂之葑。”陳藏器《本草》云：“蕪菁，北人名蔓菁。今并、汾、河朔間，燒食其根，呼爲蕪根。”《廣韻》：“菈遬，秦人呼爲‘蘿蔔’。”舊本“菔”訛“蔽”，今訂正。

[注] [1]静本、愛本誤作“精”，據《廣雅疏證》改。[2]静本、愛本此處空白。[3]静本、愛本誤作“其”。

匏，瓠也。

匏、瓠者，《説文》：“瓠，匏也。胡誤切。”《論語》：“吾豈匏瓜也哉！”何晏注：“匏，瓠也。匏瓜。”《史記・世家》作“瓠瓜[1]”。《衛風》：“匏有苦葉。”傳：“匏謂之瓠。”陸璣疏：“匏葉，少時可爲羹，又可淹煑，極美，故《詩》曰：‘幡幡瓠葉，采之亨之。’今河南及揚州人恒食之。八月中，堅強不可食，故曰苦葉。”《古今注》：“匏，瓠也。壺盧，瓠之無柄者也。匏有柄者曰懸瓠。可爲笙，曲沃者尤善。秋乃可用，用則漆其裏。瓠在八音之一。古者笙十三簧，竽三十六簧，皆列管瓠内，施簧管端。”

[注] [1]“瓠瓜”，静本、愛本誤作“瓠辰”。

冬瓜，菰及音也。

菰者，《玉篇》：“菰，渠立切。冬瓜也。”《廣韻》同，本此。

盧學士曰：“此瓜經霜乃熟，十月足收[1]之，故冬瓜爲瓜之羙者。”

[注] [1]静本、愛本作“收”。

水芝，瓜也。其子謂之瓤力占反。

水芝，《齊民要術》引作“土芝”，唐《本草》引作“地芝”。

瓤者，《玉篇》：“瓤，力玷切。瓜[1]子。”《本草》：“白瓜，一名水芝[2]。”《集韻》音“廉”。

[注] [1]静本、愛本作“爪”。[2]静本、愛本重出“玉篇瓤力玷切瓜子”一條，已删。

龍蹏、虎掌、羊骹、兔頭、桂支、密筩、瓞温音瓠徒昆反、貍頭、白瓟步田反、無餘、縑瓜[1]，瓜屬也。

虎掌、羊骹、桂支、密筩、貍頭、白瓟、縑瓜者[2]，《齊民要術》引張載《瓜賦》："羊骹、累錯，䝄子、市江。"《廣志》云："瓜之所出，以遼東、廬江、燉煌之種爲美。有烏瓜，缣瓜、貍頭瓜、蜜筩瓜、女臂瓜、羊髓瓜。瓜州大瓜，大如斛，出涼州。有桂枝瓜，長三尺餘。蜀地温良。"張載《瓜賦》又有"虎掌、羊骹、桂枝、蜜筩"。陸璣《瓜賦》："栝樓、定桃、黄䝄、白傳[3]、金釵、蜜筩、小青、大斑、玄肝、素腕、狸首、虎蹯。東陵出於秦谷，桂髓起於巫山也。"

案，《齊民要術》引此文。"𧿒"作"肝"，"掌"作"蹯"，"支"作"枝"，"蜜"作"密"，"白䝄"作"六狄"，"缣瓜"下又有"瓜"字，餘同。《廣韻》引此文。"𧿒"作"蹄"，"虎"作"獸"，"支"作"髓"，又有"小青"、"大斑"二名。

瓟瓠者，《玉篇》："瓟，於鼋切。瓟瓠。瓜名。"舊本"瓠"訛"㼋"[4]，今訂正。

[注] [1]静本、愛本脱"瓜"字。[2]静本、愛本未釋"龍𧿒、兔頭、無餘"三詞。《廣雅疏義》引《廣志》有"龍𧿒"。[3]徐復本《疏義》作"摶"。[4]"㼋"爲"瓠"之異體。

狗蝨、鉅勝、藤宏，胡麻也。

狗蝨、鉅勝、藤宏、胡麻者，《本草經》："胡麻，一名巨勝。葉名青蘘。"吴氏《本草》："一名方金，一名狗蝨。"《名醫别録》："一名方莖，一名鴻藏。"《圖經》云："今處處有之。苗梗如麻，而葉圓鋭光澤。嫩時可作蔬，道家多食之。"

盧學士曰："《御覽》引《孝經援神契》：'鉅勝，宋均曰：世以鉅勝爲苟杞子。'案，宋説蓋不然之詞也。舊本'鉅'下脱'勝'字。案，《玉篇》：'苣，勤侣切。苣藤，胡麻也。''藤，詩證切。苣藤，胡麻也。'又云：

‘藤弦，胡麻也。’胡麻，又名‘巨勝’。嘉祐《本草》兩引《廣雅》皆云：‘狗蝨、巨勝、藤弦，胡麻也。’今據補正。‘鉅’、‘苣’、‘巨’，‘勝’、‘蕂’、‘藤’並同。”

芥葙，水蘇也。

芥葙、水蘇者，《本草經》：“芥葙。”《名醫別録》：“一名雞蘇，一名勞祖，一名芥苴。”舊本“芥葙”訛爲“芬葙”，今據《本草》及《通志·草木略》訂正。

當道，馬舄也。

當道、馬舄者，《爾雅》：“芣苢，馬舄。馬舄，車前。”郭注：“今車前草，大葉，長穗。好生道邊。江東呼爲蝦蟆衣。”陸璣《詩》疏：“馬舄，一名車前，一名當道。喜在牛跡中生，故曰車前、當道也。今藥中‘車前子’是也。幽州人謂之牛舌草，可鬻作茹，大滑。其子可治婦人産難。”《本草》：“車前，一名當道。”《別録》：“一名芣苢，一名蝦蟆衣，一名牛遺，一名勝舄。久服令人身輕不老。”《圖經》云：“春初生苗，葉布地如匙面。累年者長及尺餘，如鼠尾。花甚細，青色微赤。結實如葶藶，赤黑色。”

蘔菌，蘔生也。

蘔菌、蘔生者，盧學士曰：“蘔，即‘朝’字。《莊子·逍遥游》：‘朝菌不知晦[1]朔。’《釋文》：‘司馬云：大芝也。天陰生糞土上，見日則死。一名日及，故不知月之始終也。崔云：糞上芝，朝生暮死。晦者不及朔，朔者不及晦。簡文云：欻生之芝也。’《爾雅》：‘中馗，菌。’郭注：‘地蕈也。似蓋。今江東名爲土菌，亦曰馗厨。可啖之。’又：‘小者，菌。’

注：‘大小異名。’”

又：“出隧，蘧蔬。”“蘧蔬，似土菌。生菰草中。今江東啖之，甜滑。”案，《說文》：“菌，地蕈也。”“蕈，桑萸。”“萸，木耳也。一曰萮茈。”又云：“宎，菌宎，地蕈。叢生田中。籀文作𧆼。”《繫傳》云：“蕈多生桑楮之上也。”《本草》唐本注云：“菰手，以其似小兒臂也。”蜀本注云：“三年，中心生白臺，如藕狀，曰菰首。其根生小菌者名菰菜。”《列子・湯問篇》：“朽壤之上，有菌芝者。生於朝，死於晦。”《御覽》引《博物志》：“江南諸山郡中，大木杌倒者，經春夏生菌，謂之椹。食之有味，而每[2]有毒殺人，云此物往往自有毒者。或云蛇所著之楓樹生者，啖之令人笑不能止。治之，飲土漿多愈。”《物類相感志》引孫炎云：“此是俗間孫炎，非孫叔然。聞雷即生，俗呼地菌，白如脂，可食，亦名地蕈、北丁、馗厨，江東人今呼土菌。”

[注] [1]静本、愛本誤作“臨”。[2]静本、愛本誤作“忽”字。

徐長丁丈反卿，鬼督郵也。

徐長卿、鬼督郵者，《御覽》引《本草經》：“徐長卿，一名鬼督郵。生太山。”吴氏《本草》云：“一名石下長卿，或生隴西。”唐本注云：“葉似[1]柳，兩葉相當，有光潤。根如細辛，微麤長而有臊氣。”

盧學士曰：“《本草》：‘又别名鬼督郵，一名赤箭，一名離母。’與此名同而實異者也。”

[注] [1]愛本誤作“氏”。

附支，蓪草也。

附支、蓪草者，《御覽》引《本草經》：“通草，一名附支。生山谷。”

吴氏《本草》：“蓪草，又一名丁翁。生石城山谷。葉青，蔓延。”《范子計然》曰：“蓪草，出三輔。”唐本注云：“蓪草，大者徑三寸，每節有二三枝，枝頭有五莖。其子長三四寸。核黑，瓤白，食之甘美。南人謂爲燕覆，或名爲烏覆。”《廣韻》：“蓪草，藥名。中有小孔，通氣。”

盧學士曰：“《中山經》：‘升山，其草多寇脱。’郭注：‘寇脱草，生南方。高丈許。似荷葉而莖中有瓤，正白。零陵人植而日灌之，以爲樹也。’《爾雅》：‘離南，活莌[1]。’郭注與《山海經》同。又‘倚商，活脱。’注：‘即離南也。’案，‘寇脱’、‘活莌’、‘活脱’，皆聲相近，是一物。其狀與蓪草同，今人薄切之以爲紙，可用作書，又染采爲婦人華勝之用。”

[注] [1]静本、愛本誤作“覽”。

鬼箭，神箭也。

鬼箭、神箭者，《本草·木部》：“衛矛，一名鬼箭。生山谷。”吴氏《本草》：“葉如桃如羽，或生野田。”陶注：“莖有三[1]羽，狀如箭羽，俗皆呼爲鬼箭。”

[注] [1]愛本誤作“山”。

蒛盆、陸英，苺也。

蒛盆、陸英、苺者，《爾雅》：“葐，蒛葐。”郭注：“覆盆也。實似苺而小，亦可食。”疏云：“案，《本草》：‘蓬虆，一名覆盆，一名陵虆，一名陰虆。其實，名覆盆子。’今注云：‘蓬虆，是覆盆之苗也。’陶注云：‘即是人所食苺耳。’蘇頌《本草》云：‘蓬虆，是覆盆苗也。後世别其種類。則蓬藥蔓生，有刺，葉類小葵。六、七月之間花，結實纍纍。苗、葉至冬不彫也。其如蓬藥而小。先開白華，四、五月間結實，稀而小。冬月苗彫者謂之覆盆。’”

盧學士曰：“《續博物志》：‘覆盆子是莓子。笮取汁，合成膏，塗髮不白。’《本草》：‘陸英，無別名。’唐本注云：‘此物蒴藋是也。後人不識，浪出蒴藋條。’孫氏星衍[1]云：‘《本草》：陸英，味苦寒，無毒。蒴藋，味酸温，有毒。難謂一種。’文弨案，《爾雅》：‘藨麃。’郭注：‘麃即莓也。今江東呼爲麃莓。子似覆盆而大，赤，酢甜，可啖。’又：‘箭，山莓。’注：‘今之木莓也。實似麃莓而大，亦可食。’”

[注] [1]愛本誤作“術”。

海蘿，海藻也。

海蘿、海藻者，《本草》：“海藻，一名海蘿。生東海中，或生河澤。莖如亂髮。”又：“昆布葉細者，海藻也。”陶注：“生海島上。黑色如亂髮，而大少許。葉大都似藻葉。”《爾雅》：“蕁，海藻。”郭注：“藥草也。一名海蘿。如亂髮，生海中。《本草》云。”《釋文》引《本草》：“一名落首[1]，一名藫。”

盧學士曰：“《爾雅》疏引《本草》：‘一名薄。’薄，與‘蕁’音同。《釋文》‘藫’字，字書不載。疑亦‘蕁[2]’之譌然。《爾雅》別有‘薄，石衣’。注云：‘石髮也。’則二者亦無甚別。鄭樵云：‘海藻形如獘衣，石髮形如亂髮。’海寧周大令春云：‘藻，今石花菜、紫雲菜，即紫荬。麒麟菜，即鹿角菜之類。藻即今海苔、紫菜之類。綸組，即藻之大者。今名海帶。其實一種，不必強分爲二。’”

郭璞《江賦》：“緑苔鬖髿乎研上。”李善注引《南越志》：“海藻，一名海苔。生研石上。”

[注] [1]静本、愛本誤作“骨”。[2]“蕣”、“嫥”，均爲“蕁”之異體。

地葵，地膚也。

地葵、地膚者，《御覽》：“《本草經》：‘地膚，一名地華，一名地脉。’”大觀本作：“地麥，一名地葵。”唐本注云：“葉細，莖赤。多出熟田中。苗極弱，不能勝舉。”孫氏星衍曰：“《列仙傳》：‘文賓服地膚。’鄭樵云：‘地膚曰落帚，亦曰地掃。’《爾雅》：‘荓，馬帚。’即此也。今人亦用爲‘箒’。”

續毒，狼毒也。

續毒、狼毒者，《本草》：“狼毒，味辛平。主欬逆上氣，破積聚飲食、寒熱、水氣。一名續毒。生山谷。”《圖經》云：“苗葉似商陸及大黄。莖、葉上有毛。”

盧學士曰：“《中山經》：‘大騩之山，有艸焉。其狀如蓍而毛，青華而白實，其名曰蒗。服之不夭，可以爲腹病。’郭注：‘蒗，音狼戾之狼。爲，治也。’案，此所治與《本草》同是一物也。《博物志》引《神農經》云：‘藥物有五毒，一曰狼毒。’占斯解也。”

舊本無“續毒”二字，今據《本草》補正。

葱去用反，又去拱反**、苹**平音**，蔄**浪音**蕩**宕音**也。**

葱、苹、蔄蕩者，《本草》：“莨蕩子，一名横唐。”《名醫别録》：“一名行唐。”陶宏景云：“今方家多作‘狼蓎’，或作‘菪’。”《玉篇》：“蔄，力盎切。蔄蕩[1]，藥也。”“蕩，荼盎切。蔄蕩。”又云：“葱，蔄蕩。”本此。

盧學士曰：“案，《説文》無‘蓎’、‘菪’字。《史記·淳于意傳》：‘菑川王美人懷子而不乳，飲以莨礍藥一撮。’《本草圖經》引作‘浪蕩’，是。”

舊本“莨”訛“茛”，今訂正。

[注] [1]静本、愛本誤作“蕩”。

茛古根反，**鉤吻也。**

茛、鉤吻者，《廣韻》：“茛，草名。”《御覽》：“《本草經》：‘鉤吻，一名野葛。’”吴氏《本草》：“秦鉤吻，一名毒根，一名野葛。葉如葛，赤莖，大如箭，方根黄。”陶注：“葉似黄精而莖紫。當心抽花，黄色。或云鉤吻是毛茛也。”

盧學士曰：“《嶺表録異》：‘野葛，毒草也。俗呼胡曼草。誤食之則用羊血漿解之。’《淮南·説林訓》：‘蝮蛇螫人，傅以和堇則愈。’高誘注：‘和堇，野葛。毒藥。’《博物志》：‘鉤吻草，與荇華《御覽》作堇菜相似。’《神農經》云：‘藥物，有大毒，殺人。一曰鉤吻。’盧氏云：‘陰地、黄精不相連，根獨生者是也。’”

昔邪，烏韭也。在屋曰昔邪，在墻曰垣衣。

昔邪、烏韭、垣衣者，陸龜[1]蒙《苔賦》云：“高有瓦松，卑有澤葵。散巖竇者曰石髮，補空田者曰垣衣，在屋曰昔邪，在藥曰陟釐。”《本草》：“垣衣，一名昔邪，一名烏韭，一名垣嬴，一名天韭，一名鼠韭。”唐本注云：“此即古墻青苔衣也。一名石苔，一名石髮。其生石上者名昔邪，一名烏韭。”

盧學士曰：“案，《廣雅》：‘石髮，石衣也。’已見前，此則人家雨後多有之。郭璞注《西山經》‘烏韭’與《廣雅》同。”

[注] [1]静本、愛本作“黾”。

馬䪤，荔也。

馬䪤、荔者，《山海經》：“小華之山，其草有荔，狀如烏韭，而生於石上，亦緣木而生。食之已心痛。”《顔[1]氏家訓·書證篇》云：“《月令》：‘荔挺出。’鄭注：‘荔挺，馬䪤也。’《易通卦驗玄圖》云：‘荔挺不出，則國多火災。’《説文》云：‘荔似蒲而小，根可爲刷。’《通俗文》亦云‘馬藺’。蔡邕、高誘皆云‘荔以挺出’，然則鄭以‘荔挺’爲名，誤矣。河北平澤率生之，江東頗有此物。人或種於階庭，但呼爲‘旱蒲’，故不識‘馬薤’。講《禮》者乃誤以爲‘馬莧’，堪食。”《本草》：“蠡實，一名劇草，一名三堅，一名豕首。”《别録》云：“一名荔實。”唐本注云：“此即馬藺子也。”

盧學士曰：“余在江寧，偶得一草種。種階下，叢生，葉高尺許。與《説文》所云‘似蒲而小’合。秋冬開，每一榦纍纍十數子。始青而後藍，如貫珠狀。豈即所謂‘荔’歟？程氏瑶田謂‘今之北方束其根以刷鍋’，余未之試也。”

[注] [1]静本、愛本誤作“顧”。

水衣，落也。

水衣、落者，《説文》：“落，水衣也。”《玉篇》：“落，徒來切。生水中，緑色。亦作‘苔’。”

盧學士曰：“此名‘水衣’，與前‘石衣’别。落，即‘苔’也。《周禮·醢人》：‘加豆之實，有落菹。’鄭司農云：‘水中魚衣。’是與此同。其字亦當從‘艸’。《釋文》以司農所釋當音‘往[1]來反’。康成則以‘箈’

作‘箭萌’，解其字從‘竹’，與此别。《爾雅》：‘藫，石衣。’疏引陳藏器《本草》云：‘大葉藻也。生深海中及新羅。葉如水藻而大。海人取之，正在深海底。以繩繫腰，因没水下刈[2]得，旋繫繩上。五月以後，當有大魚傷人，不可取也。’案，此乃海苔也，可食。生石上者，不可食也。自是兩種。陳説當繫之此條下得之。”

[注] [1]徐復本作“徒”。[2]静本、愛本作“則”。

茭菜，薻也。

茭菜、薻者，茭，與“菱”同。《説文》：“薻，水艸也。或作‘藻’。”《召南·采蘋》：“于以采藻，于彼行潦。”傳：“藻，聚藻也。”陸璣疏：“藻，水草也。生水底。有二種：其一種，葉如雞蘇，莖大如箸，長四五尺；其一種，莖大如釵股，葉如蓬蒿，謂之聚藻。扶風人謂之藻聚，其發聲也。此二藻皆可食，烹熟，挼去腥氣，米麪糝蒸爲茹，嘉美。揚州飢荒，可以當穀食，飢時蒸而食之。”《埤雅》：“《韓詩》：‘沈者曰蘋，浮者曰藻。藻似槐葉而連生，生道[1]旁淺水中，與萍雜。至秋則紫。今俗謂之馬藻，亦呼紫藻。’陸氏以爲‘葉似蓬蒿’者，乃是《爾雅》所云‘莙，牛藻’，非‘聚藻’也。”

[注] [1]静本、愛本誤作“通”。

蘘荷，蒪普各反苴子魚反也。

蘘荷、蒪苴者，《説文》：“蘘，蘘荷也。一名葍蒩。”《楚辭·大招》：“膾苴蒪只。”王逸注：“苴蒪，蘘荷也。”司馬相如《子虛賦》：“諸柘巴且。”張博士彼註云：“蒪苴，蘘荷也。”文穎曰：“巴且草，一名巴蕉。”顔師古曰：“張説是也。蓴且，自蘘荷耳，非巴且也。”潘岳《閒居賦》：“蘘荷依陰，時藿向陽。”《古今注》：“蘘荷，似蘠苴而白。蘠苴，色紫，花生根中，花未散時可食。久置則銷爛不爲食矣。葉似薑，宜陰翳地種之，常依陰而生也。”《史記正義》云：“蘘荷，柯根旁生笋，若芙蓉。可以爲葅，又治蠱毒也。”《御覽》：“《葛洪方》曰：‘人得蠱[1]，取蘘荷著卧席下，不使知，立呼蠱姓名。’”《急就篇》：“老菁[2]蘘荷冬日藏。”顔師古曰：“蘘荷，一名蓴苴。莖、葉似薑，其根香而脆，可以爲葅，又辟蠱毒。”案，《本草别録》有“白蘘荷”。陶注：“今人乃呼赤者爲蘘荷，白者爲覆葅，葉同一種耳。於人食之，赤者爲勝，藥用白者。”

[注] [1]静本、愛本此處空白。[2] 静本、愛本作“青”。

藨，鹿藿也。

藨、鹿藿者，《説文》：“藨[1]，鹿藿也。读若剽。”“莥，鹿藿之實也。”《爾雅》：“蔨，鹿蘿。其實，莥。”郭注：“今鹿豆也。葉似大豆，根黄而香，蔓延生。”《本草經》：“蘿味苦平，無毒。”唐本注云：“此草所在有之。苗似豌豆，有蔓而長大，人取以爲菜。亦微有豆氣，名爲鹿豆也。”

[注] [1]愛本誤作“蔍”。

鳶悦專反**尾、烏蓮**所夾反**，射干也。**

鳶尾、烏蓮、射干者，荀子《勸學篇》：“西方有木焉，名曰射干。莖長四寸，生於高山之上，而臨萬仞之淵。木莖非能長也，所立者然也。”楊倞注云：“《本草》藥名有‘射干，一名烏扇’。”陶宏景云：“花白，莖長，如射人之執竿。”又引阮公詩云：“‘射干臨層城。’是生於高處也。據《本草》在草部中，又生南陽川谷。此云‘西方有木’，未詳。或曰‘長四寸’，即是‘草云木’誤也。蓋生南陽，亦生西方也。射，音夜。”《玉篇》：“鳶，悦宣切。鳶尾，射干也。”《本草》：“射干，一名烏扇，一名烏蒲，一名烏翣，一名烏吹，一名草薑。”陶注：“其葉是鳶尾，而復有鳶頭。此若相似耳。”“鳶”、“鳶”同。舊本“烏萐”訛“烏蓮”。古“萐”與“翣”通。以《音釋》及《本草》證之，知“蓮”是“萐”之訛也，今訂正。《史記·司馬相如傳》注：“司馬彪曰：‘射干，香草也。’《索隱》引作‘烏蓬’，亦誤。”

木實、酸木，狐桃也。

未聞。

烏麩可與反，**葍**腹音**也。**

烏麩、葍者，《玉篇》：“麩，煮麥也。”此以“葍”爲“烏麩”，猶以“蘥”爲“爵麥”耳。

盧學士曰：“《爾雅》：‘葍，蒚。’郭注：‘大葉，白華，根如指，正白，可啗。’又：‘葍，藑茅。’注：‘葍花有赤者爲藑。藑、葍一種耳。亦猶蔆苕，華黄白，異名。’《説文》：‘藑，藑茅也。一名舜。’‘葍，蒚也。’《詩·小雅》：‘我行其野，言采其葍。’陸璣疏：‘河内、關中謂蒚爲葍。兖、幽州謂之燕蒚。一名雀弁，一名蔓。根正白，可著熱灰中，温噉之。饑荒之歲，可蒸以禦飢。漢祭甘泉或用之。其華有兩種，葉細而行赤者，有臭氣也。’《風土記》曰：‘葍，蔓生，被樹而升，紫黄色。大如牛角，二、三同蔕，長七八尺，甜味如蜜。’”

舊本“麩”訛爲“麧”，不成字，今據《御覽》所引訂正。

白苙、芁，賫也。

白苙、芁、賫者，《玉篇》："苙，閭及切。白止也。""芁，渠周切。白芷也。"《廣韻》："芁，巨鳩切。白芷。""苙，其立切，白芷。"《集韻》引此文無"白"字，"白芷"已見前。

馬帚、屈，馬第也。

馬帚、屈、馬第者，《說文》："荓，馬帚也。""蓾，刷也。"《爾雅》："荓，馬帚。"郭注："似蓍，可以爲埽篲。"《夏小正》："七月荓秀。荓也者，馬帚也。"《玉篇》："蓾，故没切。刷也。""苐，音題。草也。"李時珍云："此即薃草，謂其可爲馬刷，故名馬帚。今河南人謂之鐵掃帚。"

盧學士曰："《御覽》：'《本草經》有屈草，實、根味苦，微寒，生川澤。治胸脇下痛，腹間寒陰痹。久服輕身，補益，能老。'陶隱居云：'方藥不復用，俗無識者。'案，不知即馬帚否。"

苺蒲，莞丸音也。

莞，解見上文。

苺蒲者，《漢書·東方朔傳》："孝文皇帝莞蒲爲席。"顏師古曰："莞，大離也。今謂之苺蒲。以莞及蒲爲席，尚質也。"《御覽》引此云："何承天《纂文》同。"案，《玉篇》："苺，音茂。蒲草也。"舊本"苺"訛"蒠"，今據《玉篇》訂正。

矜，禽也。

未聞。

釋木第十四

《管子·權修篇》："十[1]年之計，莫如樹木。"《說文》："木，冒也。冒地而生。東方之行。從中，下象其根。徐鍇曰：'中者，木始甲坼，萬物皆始於微，故木從中。'"《釋名》："木，冒也。華、葉自覆冒也。"《白虎通義·五行篇》："《尚書》：'三曰木。'木在東方，東方者，陰陽氣始動，萬物始生。木之爲言觸也，陽氣動躍，觸地而生也。"《洪範》："木曰曲直，曲直作酸。"孔疏云："木生子實，其味多酸。五穀之味雖殊，其爲酸一，是木實性然。"《月令》："春，其味酸。"是也。《莊子》，《釋文》引《字林》云："木，衆樹之總名。"

此篇所釋，凡《爾雅》所云"喬者"、"朻者"、"茂者"、"條者"、"莍者"、"核者"、"檄者"、"灌者"，無不備焉。或分其類，或別其名。可以辨土地之所宜，亦以見植物之繁庶焉。

[注] [1]"篇十"，愛本倒作"十篇"。

楚，荆也。

楚、荆者，楚地所出。一名荆，故楚國入春秋稱荆，其後稱楚。而荆州亦以此木得名也。《說文》："楚，叢木。一名荆也。""荆，楚木也。古文作'剏[1]'。"《周南·漢廣》箋："楚，雜薪[2]中，尤翹翹者。"《學記》："夏楚二物，收其威也。"鄭注："楚，荆也。"《史記·廉頗傳》，《索隱》："荆可以爲鞭。"

[注] [1]静本、愛本作"荮"。[2]"薪"字，静本、愛本作"蘸蘸"。

牡荆，曼荆也。

牡荆、曼荆者，盧學士曰：“《爾雅翼》：‘凡木心圓，荆心方。灼龜[1]用荆焞。’《漢書·郊祀志》：‘以牡荆莖爲幡竿。’注：‘如淳曰：牡荆，荆之無子者。’晉灼曰：‘牡，節間不相當也。月暈刻之爲券，以畏病者。’師古取晉説。《廣志》：‘赤荆大[2]實者，名曰牡荆。牡荆，蔓荆也。’孫氏星衍云：‘牡、曼，聲相近。’《本草》：‘蔓荆實，久服輕身，耐老。’舊本‘牡’訛‘壯’，今訂正。”

[注] [1]静本、愛本作“亀”。[2]静本、愛本作“文”，據徐復本《疏義》改。

穀，楮也。

穀、楮者，《説文》：“穀，楮也。從木，𣪊聲。古禄切。”“楮，穀也。或作‘柠’。丑吕切。”《小雅·鶴鳴》：“爰有樹檀，其下惟穀。”傳：“穀，惡木也。”陸璣疏：“幽州謂之穀桑，或曰楮桑。荆、揚、交、廣謂之穀。中州人謂之楮。殷中宗時，桑穀共生是也。今江南人績其皮以爲布。又擣以爲紙，長數丈，謂之穀皮紙。絜白光澤，其裏甚好。其葉初生，可以爲茹。”《御覽》：“吴氏《本草》：‘穀樹皮，治喉閉痹。一名楮。’《南方記》：‘楮子如梅實。’”

栝古末反**，柏也。**

栝、柏者，栝，當作“檜”。《説文》：“檜，柏葉松身。”“樅，松葉柏身。”與《爾雅》同。又云：“桰，矢栝[1]，築弦處也。”“栝，炊竈木也。”二字本與“檜”不相涉，自孔氏《尚書》“杶榦栝柏”誤用“栝”字，學者相承，遂以爲“檜”之别體，其實非也。羅願曰：“檜，今人亦謂之圓柏，以别於側柏。又有一種别名‘檜柏’，不甚長。其枝葉乍檜乍柏，一枝之間屢變。人家庭宇植之以爲玩。”

[注] [1]静本、愛本作“本”。

道梓，松也。

未聞。

楟棗，檡宅音也。

楟棗、檡者，《説文》：“楟，棗也。似柹。以整切。”《玉篇》：“檡，舒亦、徒革二切。楟棗也。”“楟，楟棗。似柿而小。”司馬相如《上林賦》：“楟棗楊梅。”張博士彼注云：“楟，楟棗也。”顏師古曰：“楟，即今之梬棗也。”《史記集解》云：“徐廣曰：‘楟棗似柿。’”《西京雜記》：“初修上林苑，棗七，有楟棗。”舊本“楟”訛“栲”，又，“檡”下脱“也”字，今竝訂正。

栟櫚，椶也。

栟櫚、椶者，《説文》：“栟，栟櫚也。府盈切。”“椶，栟櫚也。可作萆。子紅切。”《玉篇》：“椶，椶櫚也。一名蒲葵。”“櫚，椶櫚。亦曰栟櫚。”《西山經》：“石脆之山，其木多椶柟。”郭注：“椶樹，高三丈許，無枝條，葉大而員。枝生梢頭，實皮相裹。上行一皮爲一節。可以爲繩。一名栟櫚。音‘馬騣’之‘騣’。”陳藏器《本草》云：“栟櫚，子黄白色，作房。一名椶櫚。”張博士《上林賦》曰：“并閭，椶也。皮可以爲索。木高一二丈，傍更無枝。葉大而圓，有如車輪，皆萃於木杪。其下有皮，重疊裹之。每皮一匝爲一節，其花黄白，結實，作房，如魚狀。”

楉榴、石留，柰屬也。

楉榴、石留者，《初學記》引《埤蒼》云："石榴，柰屬也。"《玉篇》："楉，如灼切。楉榴，奈屬。"本此。《廣韻》："楉，楉榴。安石榴也。""榴，石榴。果名。"《博物志》云："張騫使西域迴所得。"《文選·張衡〈南都賦〉》："樗棗若留。"注引《廣雅》曰："若留，石榴也。"《御覽》引此文，與李善同。《御覽》又引陸璣《與弟云[1]書》云："張騫爲漢使外國十八年，得塗林安石榴。"潘岳《安石榴賦·序》云："石榴者，天下之奇樹，九州之名果也。"羅願曰："按，石榴，或曰本生西域，張騫使外國得之。一名丹若。《廣雅》謂之若榴。木不甚高大，枝柯附干息[2]。"舊本作"楉榴，奈也"。案，石榴與柰，本非一種。且"榇"又見下文，今據《玉篇》、《初學記》及《文選》注、《御覽》補正。

[注] [1]静本、愛本此處空白。[2]静本、愛本無"附干息"三字。

栜武盍反，梏也。

栜、梏者，《集韻》、《類篇》"栜"俱音"末"。云："梏也。"《説文》："梏，木也。讀若皓。"《玉篇》："栜，武頼切。""梏，公道切。"並云："木名。"

含桃，櫻桃也。

含桃、櫻桃者，《月令》："仲夏之月，羞以含桃，先薦寢廟。"鄭注："含桃，櫻桃也。"孔疏云："諸月無薦果之文，此獨羞含桃者，以此果先成，異於衆物，故特記之。"高誘注《淮南·時則訓》云："含桃，鶯桃也。"又注《吕氏春秋·仲夏紀》云："鸒鳥所含，故曰含桃。今之朱櫻是也。"《齊民要術》引《廣志》云："櫻桃，大者如彈丸。子有長八分者，有白色者，凡三種。”《集韻》：“梒，梒桃。果名。櫻桃也。”本此。“含”、“梒”，“鶯”、“櫻”並同。

山李、雀其，䴉[1]也。

山李、雀其者，盧學士曰：“崔，當作‘雀’。此《說文》‘爵’字，‘雀’本字也。然此當作‘鬱’。《詩·豳風》：‘六月食鬱[2]及薁。’傳：‘薁，棣屬。薁，櫻薁也。’正義：‘是唐棣，棣屬也。’劉楨《毛詩義問》云：‘其樹高五六尺，其實大如李，正赤，食之甜。’《本草》云：‘鬱，一名雀李，一名車下李，一名棣。生高山、川谷或平田中。五月時實，言一名棣，則與棣相類，故云棣屬。蘡薁，亦是鬱類，而小別爾。’陸璣疏云：‘鬱，其樹高五六尺，其實大如李，色赤，食之甘。’又《唐棣之華》云：‘唐棣，薁李也。一名雀李，亦曰車下李。所在山中皆有，其華，或白或赤。六月中成實，大如李子，可食。’”

[注] [1]静本、愛本此處空白。“崔其”，《博雅音》以爲“崔”爲“雀”之誤，并誤入正文。正文脫去“䴉”字。《廣雅疏證》“䴉其”爲“䴉某”。云：“與‘雀梅’同。《論語》正義：‘唐棣，奥李也。一名雀梅，亦曰車下李。’”[2]静本作“鬱”。

榝考音、榝、欓、越椒，茱萸也。

《說文》：“茱，茱萸。茮屬。市朱切。”“萸，茱萸也。羊朱切。”“茮，茮菉。子寮切。”《繫傳》云：“茮性叢生，如薔薇之屬，非木也，故從‘艸’。”《御覽》引《風土記》：“茱萸，椒也。九月九日成熟，赤色，可採，世俗亦以此日折茱萸。”費長房云：“以插頭髻，云辟惡。”案，《本草》：“吴茱萸，一名藙。”《内則》云：“三牲用藙。”鄭注：“藙，煎茱萸也。《漢律》：‘會稽獻焉。’《爾雅》：‘謂之椴。’”孔疏引賀氏云：“今蜀郡作之。九月九日取茱萸，折其枝，連其實，廣長四五寸，一斗實可和十斗膏，名之藙也。”

梖者，盧學士曰：“《說文》：‘梖，山樗[1]也。’《玉篇》：‘栲，梖同。’《唐風》：‘山有栲。’傳：‘栲，山樗。’本《爾雅》也。陸璣疏：‘栲，葉如櫟木，皮厚數寸。可爲車輻。或謂之栲櫟。’案，《爾雅》：‘櫟，其寔梂。’郭注：‘有梂彚自裹。’疏引孫炎曰：‘櫟，實也。’陸璣疏：‘秦人謂柞爲櫟，河内人謂木蓼[2]爲櫟，椒椴[3]之屬也。其子房生爲梂。璣以爲此秦詩也。宜從其方土之言，柞櫟是也。’”

椴者，《爾雅》：“茦、椴醜，莍。”郭注：“茱萸，子聚生成房貌。椴，似茱萸而小，赤色。”《離騷》：“椴又欲充夫佩幃。”王逸注：“椴，茱萸也。似椒而非椒，喻似賢而非賢也。”

欓者，《玉篇》：“欓，多朗切。茱萸類。”《集韻》：“欓，越朩也。”《類篇》：“欓，越椒也。”陳藏器補《本草》云：“欓子，味辛辣如椒。”

越椒者，盧學士曰：“蜀椒出成都，秦椒出隴西天水。今此越椒，亦必出越中。”

[注] [1]静本、愛本此處空白。[2]静本、愛本此處空白。“内人謂木”，愛本誤作“謂人謂木”。[3]静本、愛本作“椒”。上衍“柞”，已删。

樑丁戈反，株也。

樑，《說文》作：“朶[1]，樹木垂朶朶也。”此與“采”同意。《玉篇》：“樑，都和切。木株也。”《廣韻》：“樑，木樑也。”

株者，《說文》：“株，木根。”

[注] [1]愛本此處空白。

梡綴音，支也。

梡、支者，《説文》："梡，棞。木薪也。""棞，梡。木未析也。"《玉篇》："梡，口管、乎昆二切。束薪支。"《集韻》引作："梡，枝也。""枝"、"支"，古通用。舊本"梡"譌"梲"，唐人石刻"梡[1]"多作"完"，易譌作"皃"，今訂正。

[注] [1]静本、愛本作"完"，謂石刻"完"與"皃"似。

枚、桀，條也。

枚、條者，《説文》："枚[1]，榦也。可爲杖。"引《詩》曰："施于條枚。"見《大雅·旱麓篇》。條，小枝也。《周南·汝墳》："伐其條枚。"傳："枝曰條。榦曰枚。"

桀[2]，未聞。盧學士曰："疑本注'莫杯'二字，爲'枚'字之音，而傳寫致誤，并失其形似耳[3]。"

[注] [1]静本、愛本誤作"株"。[2]"桀"，徐復本《盧注》："字書無攷。"徐復本《拾遺》作"桀"。云："《韻會》：'桀，如戟。'《説文》：'戟，有枝兵也。'《釋名》：'戟，格也。旁有枝格也。'"[3]静本、愛本誤作"阜"，據徐復本《疏義》改。

梢稍[1]交反、校、椒又[2]荀反，柴也。

《説文》："柴，小木散材。徐鉉曰：'師行野，次，豎散木爲區落，名曰柴離。後人語訛，轉入去声。又别作寨字，非是。'"劉向《九歎》："樹枳棘與薪柴。”王逸注：“枯枝爲柴。”

梢者，《爾雅》：“梢，梢櫂。”郭注：“木無枝柯，梢櫂長而殺者。”《釋文》：“梢，郭音朔擢反[3]。”案，《說文》：“梢，木也。”《玉篇》：“梢，小柴也。”《淮南·兵略訓》：“曳梢肆柴。”高誘注：“梢，小柴也。”

校者，盧學士曰：“《說文》：‘校，木囚也。’《漢書·成帝紀》：‘元延二年，大校獵。’顏師古注：‘校謂以木自相貫穿爲闌校耳。’《校人職》云：‘六廐成校。’是則以‘遮闌’爲義也。”

棷者，《說文》：“棷，木薪也。”《玉篇》：“棷，叉垢、側九二切。柴也。”本此。

[注] [1]静本、愛本誤作“朔”，據徐復本《疏義》改。[2]静本、愛本誤作“又”，據徐復本《疏義》改。[3]静本、愛本脱“擢反”二字。

蕉，薪也。

蕉、薪者，盧學士曰：“蕉，即‘樵’也。《南史·隱逸傳》：‘朱百年，以伐蕉採箬[1]爲業。’《說文》：‘樵[2]，散木也。’‘薪，蕘也。’《玉篇》：‘樵，昨焦切。薪也。’本此。《詩·小雅·白華》：‘樵彼桑薪。’正義引《少儀》‘抱樵’注：‘未然曰樵。’案，《禮記》之文，本作‘抱燋[3]’。《釋文》：‘側角反，又子約反，或音在遥反。’是容有作‘樵’者。《左氏桓十二年傳》：‘請無扞采樵者。’杜預注：‘樵，薪也。’《天官·甸師》：‘以薪蒸役外内饔之事。’鄭注：‘木大曰薪，小曰蒸。’《曲禮正義》云：‘大樵曰薪。’《詩》曰：‘析薪如之何？匪斧不克。’是大故用斧也。”

[注] [1]静本、愛本誤作“者”。[2][3]静本、愛本作“樵”。

笳、枳、叉、枝，股也。

股，未詳。桂進士馥曰：“木之枝榦，吾鄉稱股。蓋謂條之旁出者爾。”桂君，山東曲阜人。詹事兄曰：“人之四枝曰股肱，故木枝亦名股。窃意‘股’字當在‘枝’字之上。”

笳者，疑與“椏”同。《玉篇》：“椏，於加切。木椏杈。”《廣韻》引《方言》云：“江東謂樹枝爲椏杈。”段氏玉裁云：“當即‘架’字。如《詩·召南·鵲巢》箋，‘加巢’即‘架巢’。凡作架者，必有三股，故云股也。”

枳者，盧學士曰：“《說文》：‘枳，似橘。’非廣雅義。錢氏塘曰：‘枳，只聲。只，從八，有分出意，故訓爲股，猶股之作肞也。’《釋名》：‘肞，枝也。似木之枝格也。’文弨案，《爾雅·釋地》中有‘軹首蛇’焉。注：‘岐頭蛇也。’《釋文》：‘軹，本或作‘秖’。顧，音居是、諸是二反。郭，巨宜反。孫，音支。’《說文》：‘稜，多小意而止也。從禾、支，只聲。’‘一曰稜椒，木名。徐鍇曰：稜椒，不伸之意。’‘稜，職雉切。’‘椒，俱羽切。’是此‘枳’當作‘稜’。《集韻》：‘音枳，曲枝果也。’疑‘枳’乃曹憲音爾。又《說文》：‘稜椒，未詳何木。’案，宋玉《風賦》有‘枳句來巢’，疑‘稜椒’即‘枳句’也。段氏云：‘古枳與岐音同。枳句，樹杈處，故來巢也。’”

叉者，與“杈”同。《說文》：“杈，枝也。初牙切。”潘岳《西征賦》：“垂餌出入，挺杈來往。”

盧學士曰：“手指相錯爲叉。此即以‘叉’爲‘杈’，蓋樹枝丫叉交錯，亦如人之手指然。”

枝者，《說文》：“枝，木別生條也。”古亦作“支”。《衛風》：“芄蘭之支。”《說文》引作“枝”。《大雅·文王》：“本支百世。”《左氏莊六年》引作“枝”。

柯，莖也。本，榦也。

柯、莖、本、榦者，盧學士曰：“《玉篇》：‘柯，枝也。’《禮器》云：‘禮，其在人也，如竹箭之有筠也，如松柏之有心也，貫四時而不改柯易葉。’《說文》别訓‘柯’爲‘斧柄’，實則‘柯’，‘木樹莖’，取以爲斧之柄，因名斧柄。如射之‘矢’，取‘竹箭’爲之，因即名‘矢’爲‘箭’也。《說文》：‘莖，枝柱。’又：‘木下曰本。從一在其下。古文作楍。’又：‘榦，築墻耑木也。徐鉉曰：今别作幹，非是。’《淮南·主術訓》：‘枝不得大於榦，末不得強於本。’”

舊本“本”譌“夲”，今訂正。

肄，枿也。

肄、枿者，《爾雅》：“烈、枿，餘也。”《方言》：“枿，餘也。陳、鄭之間曰枿。晉、衛之間曰烈。秦、晉之間曰肄，或曰烈。”《周南》：“伐其條肄。”傳：“肄，餘也。斬而復生曰肄。”《左氏襄二十九年傳》：“晉國不恤宗周之闕，而夏肄是屏。”又云：“杞，夏餘也。”“枿”與“櫱”同。《盤庚》“由櫱”，馬融本作“枿”。《長發》：“苞有三櫱。”《漢書·叙傳》作“三枿”。《說文》：“櫱，伐木餘也。或作‘櫱’。古文作‘不’、‘梓’二字。”

橏之善反**、棯、檻，棕也。**

橏、棯、檻、棕者，盧學士曰：“棕，《說文》作：‘柰，果也。’《西京雜記》：‘上林苑柰三，有白柰花白，紫柰花紫，緑柰花緑。’《御覽》引《廣志》：‘柰有白、赤、青三種。西方例多柰，家以爲脯。’《玉篇》：‘橏，木瘤也。’‘棯，猗儉切。棯，柰也。’《集韻》：‘樥，九件切。音蹇。’‘棯，衣儉切。’‘樞，烏侯切。’並引《廣雅》此文。”

蒢蒲[1]莫反、蘀，落也。

《說文》云：“凡草曰零，木曰落。”

蒢者，《玉篇》：“蒢，落也。”《廣韻》：“蘀，蒢也。”“蘀，葉落。”本此。通作“梟”。《說文》：“梟，木葉陊。讀若薄。”

蘀者，《說文》云：“艸木凡皮葉落，陊地爲蘀。”《鄭風·蘀兮》傳：“蘀，槁也。”箋云：“槁，木葉也。木葉槁，待風乃落。”《豳風》：“十月隕蘀。”《小雅·鶴鳴》：“其下惟蘀。”傳並云：“落也。”

[注] [1]《博雅音》作“浦”。

木藂生曰榛。

榛者，《說文》：“榛，木也，一曰菆也。”《字林》：“榛，木叢生也。仕巾反。”《淮[1]南·主術訓》：“藂木爲榛，深艸爲薄。”又《原道訓》：“木處榛巢，水居窟穴。”高注：“聚木曰榛。”

[注] [1]静本、愛本誤作“玉”字。

樝、梈，梨也。

《說文》：“梨，果名。”案，今梨樹高二三丈，葉脫而膩。二月華，色白。結實可噉，亦有蒸食者。

樝者，《說文》：“樝，果似梨而酢。”

梈者，司馬相如《上林賦》：“梈柰厚樸。”左太沖《蜀都賦》：“橙柹榑楟。”李善注並引張博士云：“楟，山梨。”《廣志》云：“上黨楟梨，小而加甘。”《玉篇》：“楟，徒丁切。楟，柰果名。”

亲，栗也。

《夏小正》：“八月，栗零。零也者，降也。零而後取之，故不言剥也。”案，栗之生，極謹密。三顆爲房，其房爲蝟毛。其中顆褊者號爲栗楔，尤益人。

亲者，《說文》：“亲，果實如小栗。側詵切。”通作“榛”。《曲禮》：“婦人之摯，椇、榛、棗、栗。”《左氏莊二十四年傳》：“女摯不過榛、栗。”《說文》引作“亲栗”。《釋文》引《字林》云：“亲，似梓。實如小栗。”陸璣疏：“榛，枝葉似栗樹。其子小，形似杼子，表皮黑，味亦如栗。枝莖可以爲爥。五方皆有栗。周、秦、吴、揚特饒，吴、越被城表裏皆栗。唯漁陽、范陽栗甜美長味，他方者悉不及也。”

橡象音，柔常與反也。

橡、柔者，《說文》：“栩，柔也。其實皁，一名樣。”“柔，栩也。讀若杼。”“樣，栩實。”“草，草斗。櫟實也。一曰象斗子。”《玉篇》：“柔，今爲‘杼’。”“樣，亦作‘橡’。”《詩·唐風·鴇羽》：“集于苞栩。”傳：“栩，杼也。”本《爾雅》。《地官·序官》：“掌染草。”鄭注：“染草，藍蒨、象斗之屬。”杼，芧。《莊子·齊物論》：“狙公賦芧。”又《徐無鬼篇》：“居於深山，拾橡栗而食。”《吕氏春秋·恃君篇》：“冬日則食橡栗。”高誘注：“橡，皁斗也。其狀似栗。”陸璣《詩》疏：“今柞櫟[1]也。徐州人謂櫟爲杼，或謂之爲栩。其子爲皁，或言皁斗。其殼爲汁，可以染皁。今京、洛及河内多言杼斗，或云橡斗，謂櫟爲杼，五方通語也。”“橡”、“象”、“樣”，“柔”、“杼”，字異義同。

[注] [1]愛本誤作“標”，静本作“棵”。

柚，榛七倏反也。

司馬相如《上林賦》：“黄甘橙榛。”郭璞注：“橘之類也。音湊。”張博士[1]彼注云：“榛，小橘也。出武陵。”

柚者，《説文》：“柚，倏也。似橙而酢。”《夏書》曰：“厥包橘柚。”孔傳：“小曰橘，大曰柚。”《爾雅》：“柚，倏。”郭注：“似橙，實酢。生江南。”《釋文》：“柚[2]，羊又反。或作‘櫾’。”“倏，又作‘樤’。”《韓非·外儲説》云：“樹橘柚者，食之則甘，嗅之則香。”《吕氏春秋·本味篇》：“果之美者，雲夢之柚。”《本草》唐本注：“柚皮厚味甘，不如橘皮味辛而苦。其肉亦如橘，有甘有酸。酸者名胡甘。今俗人或謂橙爲柚，非也。”柚，通作“櫾”。《中山經》：“荆山多橘櫾。”郭注：“櫾，似橘而大也。皮厚味酸。”《列子·湯問篇》：“吴、楚之國，有大木焉，其名爲櫾[3]，齊州珍之。渡江而北，而化爲枳焉。”

[注] [1]静本、愛本誤作“云”。[2]静本、愛本誤作“橘”。[3]静本、愛本脱“櫾”字。

而，栗也。

而、栗者，《玉篇》：“栭，如之切。栗也。”案，“而”、“栭”，古通用。“栗”、“列”，聲又相轉。“栗”，即“栵”也。舊本作：“而，樫樍也。”“栭”與“樫樍”非一物，今據《玉篇》補云。《爾雅》云：“栵，栭。”舍人曰：“江、淮之間，呼小栗爲栭栗。”郭璞曰：“樹似槲樕而庳小。子如細栗，可食。今江東亦呼爲栭栗。”《大雅·皇矣》：“其灌其栵。”傳：“栵，栭也。”陸璣疏：“葉如榆也。木理堅韌而赤[1]，可爲車轅。”

[注] [1]静本、愛本誤作“亦”。

檉耻京反，樍子狄反也。

《玉篇》、《廣韻》並云：“樍，檉木别名。”本此。

檉者，《大雅·皇矣》：“其檉其椐。”傳：“檉，河柳也。”本《爾雅》。某氏注《爾雅》云：“河柳謂河旁赤莖小楊。”郭注同。陸璣疏：“生河旁，皮正赤，如絳。一名雨師。枝、葉似松。”羅願曰：“檉葉細如絲，婀娜可愛。天之將雨，檉先起氣以應之，故一名雨師，而字從‘聖’。”

杆苦旦反，柘也。

柘木之葉亦以飼蠶，抽條勁直而長，葉小而厚。《説文》：“柘，桑。”《周禮·攷工[1]記》：“弓人爲弓，凡取榦之道七，柘爲上。”《月令》：“孟春，命野虞毋伐桑柘。”

杆者，盧學士曰：“《玉篇》：‘杆，公旦切。橿木也。’《爾雅》：‘棧木，干木。’郭注：‘殭木也。江東呼木觡。’《釋文》引樊光本作‘杆木’。《字書》云：‘殭，死而不朽。’本或作‘僵’。《説文》云：‘僵，偃也。’或又作‘橿’。案，與此言‘柘’似無涉，唯《類篇》云‘柘也’。本此。”

[注] [1]“攷工”二字，静本、愛本誤作“考攷”。

杜仲[1]，曼榆也。

曼榆，未聞[2]。

杜仲者，杜《本草經》："杜仲，一名思仙。"吴氏《本草》："一名思仲，一名木棉。"陶隱居注："狀如厚朴，析之多白絲爲佳。"

[注] [1]静本、愛本作"冲"，據徐復本《疏義》改。[2]徐復本《補疏》："楰，讀爲'揄'。引也。曼揄者長引，言杜仲之絲可以長引，故名曼揄。"

重皮，厚朴也。

重皮、厚朴者，吴晉《本草》："厚朴，一名厚皮。生交趾。"《名醫别録》："一名赤朴，其樹名榛，其子名逐。"《圖經》云："木高三四丈，徑一二尺。葉如柳葉，四季不彫。紅花而青實。皮極鱗，紫色多潤者佳。"案，《說文》："朴，木皮也。"顔注《相如傳》云："此藥以皮爲用，而皮厚，故呼'厚朴'云。"

木欄，桂欄也。

木欄、桂欄者，《離騷》云："朝搴[1]阰之木蘭兮。"王逸注："木蘭，去皮不死。"顔師古《漢書》注云："木蘭，皮似椒而香。可作面膏藥。"案，《玉篇》："欄，力寒切。木欄也。"《文選》劉逵注《蜀都賦》云："木蘭，大樹也。葉如長生，冬夏榮。常以冬華，其實如小柹，甘美。南人以爲梅，其皮可食。"《本草經》："木蘭，一名林蘭。"《名醫别録》："一名杜蘭。皮似桂而香，狀如楠樹，高数仞。生零陵山谷。"蜀本注云："葉似菌桂葉，有三道縱文。皮如板桂，有縱横文。"《述異記》："木蘭洲[2]，在潯陽江中，多木蘭樹。昔吴王闔閭植木蘭於此，用構宫殿。""欄"、"蘭"同。

[注] [1]静本、愛本誤作“褁”。[2]静本、愛本誤作“川”。

益智，龍眼也。

益智、龍眼者，《本草》：“龍眼，一名益智。”《圖經》云：“龍眼，似荔枝而葉微小，凌冬不彫。”劉逵注《吴都賦》云：“龍眼，如荔枝而小，圓如弹也。味甘，勝荔枝。蒼梧、交趾、南海、合浦，皆獻之，山中人家亦種之。”又，《蜀都賦》：“旁挺龍目。”即龍眼也。案，《後漢書·和帝紀》注引《交州記》云：“龍眼，樹高五六丈，似荔枝而小。”《廣州記》云：“子似荔枝而圓，七月熟。”《御覽》引《嶺表録異》云：“龍眼，樹如荔枝。葉小，殻青黄色，形圓如弹丸。大核，如木槵子而不堅。肉白，帶漿，其甘如蜜。一朶恒三二十顆。荔枝方過，龍眼即熟。南人謂之荔枝奴，以其常隨後也。”案，《廣雅》以“龍眼”釋“益智”，本諸《本草》也。然唐慎微《經史證類備用本草》及《太平御覽》並以“龍眼”、“益智”爲二物。《御覽》引顧微《廣州記》：“益智，葉如蘘荷，莖如竹箭。子從心出，一枝有十子。肉白滑。四破去之，取外皮蜜煮，如奈子味甘。”又《南方草木狀》：“益智，如筆毫。長七八分。二月花，色若蓮，著實。五、六月熟，味辛，雜五味，中芬芳。亦可鹽曝。出交趾、合浦。建安八年，交州刺史張津，嘗以益智粽子餉魏武帝。”又《異物志》：“益智，類薏苡。長寸許，如枳椇子，味辛。”

山榆、毋姑、柘榆，梗榆也。

山榆、毋姑、柘榆、梗榆者，《易·大過[1]》：“九二：枯楊生荑。”《釋文》引鄭注：“枯謂无姑，山榆。荑木更生，謂山榆之實。”《秋官·壺涿氏》謂之“牡橭”。杜子春云：“橭，讀爲枯。枯，榆木名。”《爾雅》：“無姑，其實夷。”郭注：“無姑，姑榆也。生山中，葉圓厚，剥取皮合漬之，其味辛香，所謂蕪荑。”詹事兄曰：“無姑，即牡樟。牡、無，聲相近。說者謂實者無姑，不實者爲杜樟。猶牡蘜之不花者，非也。《說文》：‘梗，山枌。有朿，莢可爲蕪荑者。’即‘梗榆’也。其字從‘更’，即鄭氏《易》注‘木更生’之意。”案，柘榆，疑是“枯榆”。杜子春所謂“枯榆”也。顔注《急就篇》云：“蕪荑，無姑之實。無夷，一名樟榆。”今作“柘”，形相近而訛。舊本“無姑”訛“母估”，今訂正。

[注] [1]“大過”，静本、愛本誤作“頣”。

梔支音子，梢爻音桃也。

梔子、梢桃者，《玉篇》：“梢，下交切。梢桃，梔子也。”本此。梔子，亦作“支子”。《本草》：“支子，一名木丹，一名越桃。葉兩頭尖，如樗蒲。”又曰：“如蘭而黄赤。”

盧学士曰：“《史記·貨殖傳》：‘千畝巵茜。’《索隱》：‘巵，鮮支也。’《文選·上林賦》：‘鮮支黄礫。’注引張博士云：‘皆香草也。’《說文·新附》‘梔’字云：‘木實可染。’则與‘巵茜’之‘巵’同。《圖經》云：‘生南陽川谷，今南方及西蜀州郡皆有之。木高七八尺，葉似李而堅硬，二、三月生白花。夏、秋結實，如訶子狀。生青熟黄，中仁深紅。’《宋書·謝靈運〈山居賦〉》：‘林蘭近雪而揚猗。’自注：‘林蘭，支子[1]。’”

[注] [1]静本、愛本誤作“字”。

宛童、寄生，樢鳥音也。

宛童、寄生、樢者，《說文》：“蔦，寄生也。或作‘樢’。”陸璣

《詩》疏："蔦，一名寄生。葉似當盧。子如覆盆子，赤黑，甜美。"《本草》："桑上寄生，一名寓木，一名宛童，一名蔦。"蜀本註云："是烏鳥食物子，糞落樹上，感氣而生。葉如橘而厚软，莖如槐而肥脆。今處處有。"《廣韻》："葛，葛藟。"引《廣雅》："苑童，寄生，葛也。"案，"葛"與"槝"本非一物，疑彼誤也。

秀龍，巢也。

《說文》："鳥在木上爲巢。"

秀龍，未詳。

木下支謂之椑扶支反**榹**西音。

椑榹者，《玉篇》："椑，椑榹。木下枝也。""榹，斯兮切。椑榹也。"《五音集韻》："椑，邊迷切。椑榹，小樹。""椑"、"椑"，字異義同。舊本無"木"字，據《集韻》所引補。

《廣雅疏義》卷第二十

嘉定錢大昭晦之甫撰

釋蟲第十五

《大戴禮·易本命》云："有羽之蟲，三百六十，而鳳皇爲之長。有毛之蟲，三百六十，而麒麟爲之長。有甲之蟲，三百六十，而神龜爲之長。有鱗之蟲，三百六十，而蛇龍爲之長。倮之蟲，三百六十，而聖人爲之長。此舉萬物之大數言之也。"又云："二九十八，八主風，風主蟲，故蟲八日而化。"《淮南·地形訓》與《大戴禮》同。王充《論衡》云："夫蟲，風氣所生。倉頡知之，故'凡'、'蟲'爲'風'之字，取義於風，故八日而化生。"《說文解字》云："有足謂之蟲，無足謂之豸。"又云："風動蟲生，故蟲八日而化。"是也。蟲之爲類，不可勝紀。

此篇所釋，凡《攷工記》所稱，外骨、内骨、却行、仄行、連行、紆行、以脰鳴者、以注鳴者、以旁鳴者、以翼鳴者、以股鳴者、以胷鳴者，分其類族，廣其異名，俾博物君子有可攷焉。

蚑伎音、**蛣**去結[1]反，**蟬也。闇蜩，蠬**膺音**也。蟧**遼音、**蝒**綿音**馬，蜩也。**

《荀子·大略篇》："飲而不食者，蟬也。不飲不食者，蜉蝣也。"《淮南·說林訓》："蟬飲而不食，三十日而蜕。"《說文》："蟬，以旁鳴者。"《玉篇》："蟬，蜩也。"

蚼、蛣、蟬者，《玉篇》："蚼，巨綺切。蟬也。"又云："蛪，古頡切。蛪蚼。似蟬而小。"疑"蛣"與"蛪"同。《方言》云："蟬，楚謂之蜩。宋、衛之間謂之螗蜩。陳、鄭之間謂之蜋蜩。秦、晉之間謂之蟬。海、岱之間謂之蚼。"郭注："螗蜩，今胡蟬也。似蟬而小，鳴聲清亮。江南呼螗蛦，齊人呼爲巨蚼。"

闇蜩、蠬者，《方言》云："蠬，謂之寒蜩。寒蜩，瘖蜩也。"郭注："案，《爾雅》以'蜺'爲寒蜩。《月令》亦云：'寒蟬鳴。'知寒蟬非瘖者也。"案，郭説非也。《月令》："孟秋之月，寒蟬鳴。"鄭注："寒蟬，寒蜩。"《文選》注引蔡邕章句云："寒蟬應陰而鳴，鳴則天涼，故謂之寒蜩。"蓋此蟬不鳴於夏，因有瘖蜩之名。至立秋，陰氣鼓動，乃應候而鳴也。今池歙間人呼蟬爲"寒蠬子"。"闇"、"瘖"，古通用。

蟧、蝒馬、蜩者，《方言》又云："其大者謂之蟧，或謂之蝒馬。其小者謂之麥蚻。有文者謂之蜻蜻。其雌蜻謂之疒，大而黑者謂之蟪，黑而赤者謂之蜺。"郭注云："《爾雅》：'蝒者，馬蜩。'非别名'蝒馬'也。《方言》誤耳。麥蚻，如蟬而小，青色。今關西呼麥蠽。蜻蜻，即蚻也。《爾雅》云耳。"案，郭説非也。子雲所采，乃異國殊語，必有"蝒馬"之稱，而後載入。《方言》不必盡與《爾雅》相應也。《廣雅》本諸《方言》，故亦相同。且其所進《書表》云："八方殊語，庶物異名，不在《爾雅》者，詳録品覈，以著於篇。"若以"馬蜩"爲句，則"蝒，馬蜩"三字已見《爾雅》，必不然矣。舊本"蝒"誤爲"蝒"，今訂正。

[注] [1]《博雅音》作"吉"。

蛥折音**蚗**穴音**，蜇也。蟪蛄、蛉蛄、蝭**帝音**蟧，蛁**彫音**蟟也。**

此亦蟬之屬也，因《方言》爲二類，故亦别釋之。

蛥蚗、蟪蛄、蛉蛄、蝭蟧、蛁蟟者，《方言》云："蛥蚗，齊謂之螇蠬。楚謂之蟪蛄，或謂之蛉蛄。秦謂之蛥蚗。自關而東，謂之蛁蟧，或謂之蝭蟧，或謂之蜓蚞。西楚與秦通名也。"郭注："蛥音折。蚗，于列反，一音玦。螇蠬，奚、鹿二音。蛁蟧，貂、料二音。江東人呼鳴蟧。"《夏小正》："七月，寒蟬鳴。蟬也者，蝭蠑也。"《爾雅》："蜓蚞，螇蠬。"郭注："即蝭蟧也。一名蟪蛄。齊人呼螇蠬。"《説文》："螇鹿，蛁蟟也。""蛚蚗，蛁蟟也。""蚵，蛚蚗。蟬屬。"是皆"蛁蟟"之别名。桓寬《鹽鐵論》云："諸生獨不見季夏之螇乎？音聲入耳，秋風至而聲無者，生無易由言，不顧其患，患至而後默，晚矣。"《莊子·逍遥游篇》："蟪蛄不知春秋。"《釋文》作"惠姑"。引司馬彪曰："惠姑，寒蜇也，一名蝭蟧。春生夏死，夏生秋死。"崔譔云："蛁蟧也，或曰山蟬。秋鳴者不及春，春鳴者不及秋。"引《廣雅》"蛁蟧"作"蛁蟧"。《楚辭·招隱士》："蟪蛄鳴兮啾啾。"王逸注："秋節將至，悲嘹噍也。"

蜇者，《夏小正》云："四月，鳴札。札也者，寧縣也。鳴而後知之，故先鳴而後札。"《爾雅》："蜇，蜻蜻。"郭注："如蟬而小。""蛥"、"蛚"，"蜇"、"札"，"蟪"、"惠"，"蝭"、"蝭"，"蟧"、"蠑"，"蛁"、"蛁"，音義並同。

蛾五何反**蛘**羊掌反**、玄駒、蚼蟓、蟞**匹結反**蜉**浮音**，螘**五綺反**也。**

蛾蛘、玄駒、蚼蟓、蟞蜉、螘者，《説文》："螘，蚍蜉也。"《爾雅》："蚍蜉，大螘。小者螘。"郭注："大者俗呼爲馬蚍蜉也。齊人呼螘爲蛘。"《釋文》引《字林》云："北燕人謂蚍蜉曰蟻蛘。"《夏小正》云："十有二月，玄駒賁。玄駒也者，螘也。賁者何也？走於地中也。"《學記》云："蛾子時術之。"鄭注："蛾，蚍蜉也。蚍蜉之子，微蟲耳。時術，蚍蜉之所爲，其功乃復成大垤。"《釋文》："蛾，魚起反。本或作'蟻'。"《方言》："蚍蜉，齊、鲁之間，謂之蚼蟓。西南、梁、益之間，謂之玄駒。燕謂之蛾蛘。"郭注："蚍蜉，亦呼蟞蜉。蚼蟓，駒、養二音。玄蚼，《法言》云：'玄駒之步。'是蛾蛘，蟻、養二音。建平人呼蚳音侯。"舊本"駒"下脱"蚼"字，一本有"蚼"字，脱"駒"字，今據《方言》補正。"蚍"、"蟞"，聲相轉。

蛢雞音**，蛾也。**

蛢者，《玉篇》："蛢，古奚切，又古田切。馬蛢，螢火也。蛾也。"

盧學士曰："案，《玉篇》謂'螢火'者以'蛢'，即'蚈'也。此但云'蛾'，不知何者爲所指。《爾雅》：'蛓，羅。'郭注：'蠶蛾。'《說文》："蛓，蠶化飛蟲。或從'虫'。又有'飛蛾'。《古今注》：'飛蛾，善拂燈。一名火花，一名慕光。'又有白蛾、赤蛾、五色蛾各種。"

地膽、虵蛇音**要、青蘕**茅音**，青蠵**攜音**也。**

地膽、虵要、青蘕、青蠵者，《玉篇》："蟕蠵，似瑇瑁而薄，有文。弋規切。"此四名者，似皆"青蠵"矣。然《本草》云："地膽，一名蚖青，一名青蛙[1]。"陶注："狀如大馬蟻，有翼。"據此，似"地膽"。又與上文"蛾"爲一類矣，未知其審。

盧學士曰："《御覽・九百五十一》：'《本草經》：玄青，春食芫葉，故名玄青。秋爲地膽。地膽，黑頭，赤尾，味辛，有毒。秋食葛華，故名之葛上亭長。吴氏《本草》：地膽，又一名杜龍，一名青虹。陶宏景云：又一名青蛙。真者出梁州，狀如大馬蟻，有小翼子。僞者即是班猫所化，狀如大豆。大都治體略同。'"案，"虵要"諸名，不見於他書。

[注] [1]静本、愛本誤作“蛀”。

杜伯、蝱七潰反、蠆丑介反，蠍歇音也。

蠍者，“螫人蟲。許謁切[1]。”

杜伯、蝱、蠆者，《説文》：“蠆，毒蟲也。或作‘蠆’。”《玉篇》：“蠆，螫蟲[2]。或作‘蠆[3]’。”《左氏僖廿六年傳》：“蠭蠆有毒。”《莊子·天運篇》：“蠆蠆之尾。”《釋文》：“蠆，郭象音賴。或云依字當作‘蠆’，下當作‘蠍’。”引《通俗文》：“長尾爲蠆，短尾爲蠍。”《五音集韻》引此文“蠆”作“蠆”。

盧學士曰：“《詩·小雅·都人士》：‘卷髮如蠆。’箋云：‘蠆，螫蟲也。尾末揵然。’陸璣疏：‘蠆，一名杜伯。河内謂之蚊，幽州謂之蠍。’案，‘蚊’字譌。此書‘蝱’字，或亦可作‘蝀’。《爾雅》：‘蟔，蛅蟴。’郭注：‘蛓屬也。今青州人呼蛓爲蛅蟴。孫叔然云八角螫蟲，失之。’案，如孫説，‘蝀’亦可通‘蛓’，亦蠍屬類也。以‘蚊’形近而致誤也。葛洪曰：‘蠍，中國屋中多有，江東即無也。’《酉陽雜俎》：‘江南舊無蠍，開元初，有主簿以竹筒盛蠍過江，至今往往有之，故俗稱爲主簿蟲。’案，《一切經音義》引作‘蠆他達、蛪勒達、蚔巨宜、蚩，蠍也。’今本不同，或後人改易之歟？《説文》：‘蚩，蠆也。’‘蚔，蚩也。’”

[注] [1]此暗引《玉篇》。[2]静本、愛本脱“蟲”字。[3]静本、愛本作“蠆”。

景天、螢火，粦力刃反也。

粦者，古用“粦”。《説文》：“粦，兵死及牛馬之血爲粦。粦，鬼火也。”《列子》曰：“馬血之爲轉粦也，人血之爲野火也。”《淮南·説林訓》："抽簪招燐，有何爲驚？"高誘注："燐，血精。似野火，招之，應聲而至。血灑汙人。以簪招之，則不至，故曰何驚也。"徐鍇《繫傳》云："案，《博物志》：'戰鬬死亡之處，有人馬血，積年爲粦，著地入草木，如霜露不可见。有觸者，著身體便有光，拂拭即散無數。又有吒聲如鬻豆。舛者，人足也，言光行著人。'"

螢火者，予案，"燐"是鬼火然。"螢火"亦謂之燐。《豳風·東山》："熠燿宵行。"傳："熠燿，燐也。燐，螢火也。"《月令》："季夏之月，腐艸爲螢。"《逸周書·時訓解》："大暑之日，腐艸化爲螢。"《爾雅》："熒火即炤。"舍人曰："夜飛有火蟲也。"郭注："夜飛，腹下有火。"《本草》云："螢火，一名夜光，一名熠燿。"

景天者，此一名"景天"者，亦言其光燿也。《詩》疏引陳思王《熒火論》云："《詩》云：'熠燿宵行。'章句以爲'鬼火'，或謂之'燐'，未爲得也。天陰沈，數雨，在於秋日。熒火夜飛之時也，故曰宵行。然腐草木得溼而光，亦有明驗。衆說並爲螢火，近得實矣。"《古今注》："螢火，一名燿夜，一名景天，一名熠燿，一名丹良，一名燐，一名丹鳥，一名夜光，一名宵燭。腐草爲之，食蚊蚋。"案，《夏小正》："八月，丹鳥羞白鳥。"傳曰："丹鳥也者，丹良也。白鳥也者，謂閩蚋也。其謂之鳥，何也？重其養也。有翼者爲鳥。羞也者，進也。不盡食也。"崔豹所謂"一名丹鳥，一名丹良"，本此。《玉篇》："蟒，螢火也。"本此。"螢"、"熒"，"蟒"、"燐"，音義同。

蛭貿音**蛒**胡格反、**蛬**眷音**蝺**、**地蠶**雜含反。世人作"蠶"字，或"蝅"[1]，或"蚕"，如此或失之矣、**蠹**妬音、**蟦**浮沸反，又肥音，**蠀**疾資反**螬**曹音**也。**

蠀螬，《說文》作"齏[2]蠤"。云："齏，齏蠤也。""蠤，齏蠤也。"

蛭蛒、蛬蝺、地蠶、蠹、蟦者，《說文》："蠹[3]，木中蟲。或從[4]

木作‘蝨[5]’，象蟲在木中。譚長說。”《方言》：“蠀螬謂之蟦。自關而東，謂之蝤蠀，或謂之蛬蠾，或謂之蝖毂。梁、益之間謂之蛒，或謂之蝎，或謂之蛭蛒。秦、晉之間謂之蠹，或謂之天螻。四方異語而通者也。”郭注：“蟦音‘翡翠’之‘翡’。蝤蠀，酋餈二音。蛬音‘書卷’之‘卷’。蝖毂，亦呼當齊，或呼地蠶，或呼蟦蝖。蝖毂[6]，喧斛二音。蛒音格。”案，蠀，又作“蠐”。《衛風・碩人》：“領如蝤蠐。”蝎蟲也。《爾雅》：“蟦，蠐螬。”郭注：“在糞土中。”又云：“蝤蠐，蝎。”孫炎云：“蠐螬謂之蟦蠐。關東謂之蝤蠐，梁、益之間謂之蝎。”郭注：“在木中。今雖通名爲蝎，所在異。”舊本“螬”下脫“也”字，今補正。

[注] [1]“蠶字或蚕”四字，静本、愛本作“蚕字如蠆”，據《博雅音》改。[2][3][4][5][6]静本、愛本此處空白。

蝪腸音**蠡**力支反、**蚭**女六反**蚭**尼音、**蛈**鬼音**蚪**紆音，**蚰**由音**蜒**延音**也。**

蝪蠡、蚭蚭、蛈蚪、蚰蜒者，《方言》：“蚰蜒，自關而東謂之螾蜇，或謂之入耳，或謂之蝪蠡。趙、魏之間或謂之蛈蚪。北燕謂之蚭蚭。”郭注：“蚰蜒，由、延二音。螾蜇，引、演二音。蠡音麗。蛈蚪，扶、于二音。蚭，奴六反。蚭音尼，江東又呼蛩。”案，鄭注《攷工記》云：“却行，螾衍之屬。”《淮南・說林訓》：“昌羊去蚤蝨而來蛉窮。”高誘注：“昌羊、昌蒲。蛉窮、蝨蜒，入耳之蟲也。”是“蚰蜒”，又名“蛉窮”也。《玉篇》：“蚭，蚭蚭。班蝥。”陸德明以爲“此蟲能兩頭行，故爲却行”也。陳藏器曰：“蚰蜒，色正黄，不班。大者如釵股，其足無数，好脂油香，能入耳，及諸竅[1]中，以驢乳灌之，化爲水。”

[注] [1]愛本作“竅”。

蛛蝥牟音**、冈**[1]**工、蠾**燭音**蜈**臾音**，蝳**毒音**蜍**餘音**也。**

蛛蝥、冈工、蠾蜈、蝳蜍者，《方言》："鼅鼄，鼄蝥也。自關而西，秦、晉之間，謂之鼄蝥。自關而東，趙、魏之郊，謂之鼅鼄，或謂之蠾蝓。蠾蝓者，'侏儒'語之轉也。北燕、朝鮮、洌水之間，或謂之蝳蜍。"郭注："鼅鼄，知、朱二音。蝥音無。今江東呼蝃蝥。蝳蜍，齊人[2]又呼社公，亦言罔工。音毒餘。"《玉篇》："蝳蜍，肥大蜘蛛。""蝱，蠿[3]蝱。燕曰蝳蜍。齊曰松公。"蝱，或作"蝵[4]"。

[注] [1][2][3]静本、愛本此處空白。[4]愛本誤作"蝱"。

蛺夾音**蜨**山頰反**，蟞蚨**替音**也。**

蛺蜨、蟞蚨者，《説文》："蛺，蜨也。""蜨，蛺蜨也。徐鉉曰：'今俗作蝶，非是。'"《莊子·逍遥游》："莊周夢爲胡蝶。"《釋文》："蛺蝶也。"又《至樂篇》云："烏足之根爲蠐螬，其葉爲胡蝶。"《釋文》引司馬彪云："烏足，草名。生水邊。蠐螬，蝎也。胡蝶，蛺蝶也。草化爲蟲，蟲化爲草，未始有極。""蜨"、"蝶"同。《列子·天瑞篇》同。《古今注》："蛺蝶，一名野蛾，一名風蝶。江東呼爲撻末。色白背青者是也。其有大如蝙蝠者，或黑色，或青斑，名曰鳳子，一名鳳車，一名鬼車。生江南柑橘園中。"《本草》："蛺蝶輕薄，夾翅而飛。"《玉篇》："蜨，蛺蝶也。""蛺，古協切。蛺蝶。"

蛬恭勇反**、趗**促音**織、虹孫，蜻**精音**蛚也。**

蛬、趗織、虹孫、蜻蛚者，《吕氏春秋·季夏紀》："蟋蟀居宇。"高誘注："蟋蟀、蜻蛚。陰氣應，故居宇，鳴以促織。"李善注《古詩十九首》引《春秋考異郵》云："立秋，趣織鳴。宋均注：'趣織，蟋蟀也。立秋，女功急，故趣之。'"《攷工記》："以注鳴者。"鄭注云："精列。"《爾雅》："蟋蟀，蛬。"孫炎曰："蜻蛚也。梁國謂之蛬。"郭璞曰："今促織也，亦名精蛚。"《易通卦驗》云："立秋，蜻蛚鳴。"鄭注："蜻蛚，蟋蟀之名也。"《方言》云："蜻蛚，楚謂之蟋蟀，或謂之蛬。南楚之間謂之虹孫。"郭注："蜻蛚，即趨織。精、列二音。蛬，梁國呼蛬音鞏。"陸璣[1]《詩》疏云："蟋蟀，似蝗而小，正黑，有光澤如漆，有角翅。一名蛬，一名蜻蛚。楚人謂之王孫。幽州人謂之趨織。里語：'趨織鳴，嬾婦驚。'""趗"、"促"，"趨"、"趣"，"虹"、"王"，"蜻"、"精"，"蛚"、"列"並同。

[注] [1]愛本誤作"機"。

炙鼠、津姑、螻樓音蛄古麥反、蟓蛉、蛞螻，螻姑也。

螻蛄，"穴地而生，立夏後夜鳴，聲如蚯蚓[1]。"王逸《九思》云："螻蛄兮鳴東。"是也。一名"螜"。《夏小正》云："三月，螜則鳴。螜，天螻。"《爾雅》："螜，天螻。"郭注："螻蛄也[2]。"《說文》："螻，螻蛄也。一曰：'螜，天螻。'""蛄，螻蛄也。"又云："蠹[3]，螻蛄也。"

《爾雅》："蝚，蛖螻。"郭注："蛖螻，螻蛄類。"子嘗疑"蛭蝚"、"至掌"與"螻蛄"不相涉，蓋古本《爾雅》必有作□[4]字者，形相似而譌爲"蝚"耳。自來釋雅訓者，亦不能舉正也。

此云**炙鼠**者，崔豹《古今注》云："螻蛄，一名石鼠。""炙"、"石"，聲相近矣。

津姑，未見所出。

螻蜮、蟓蛉、蛞螻者，"蛄"、"蜮"，一聲之轉。《方言》云：

“姑詣謂之杜蛒。螻螲謂之螻蛄，或謂之蟓蛉。南楚謂之杜狗，或謂之蛞螻。”郭注：“蟓蛉，象、鈴二音。”

［注］ [1]此暗引邵氏《爾雅正義》。[2]静本、愛本衍“又名”二字，已刪。[3]静本、愛本此處空白。[4]此處各本空白，不知何字。

蛆子魚反蝶渠音、馬蠾逐音，馬蚿弦音也。

蛆蝶、馬蠾、馬蚿者，《莊子·秋水篇》云：“夔憐蚿，蚿憐蛇。”《釋文》引司馬彪云：“馬蚿，蟲也。夔，一足；蚿，多足；蛇，無足。”《爾雅》：“蛝，馬䗃。”郭注：“馬蠲蚐，俗呼馬蠾。”《玉篇》：“蚿，乎由切。馬蚿也。”“蠾，直六切。馬蚿也。”《廣韻》：“馬蚿，蟲。一名百足。”《方言》云：“馬蚿，北燕謂之蛆渠。其大者謂之馬蚰。”郭注：“蛆渠，音‘蝍蛆’之‘蛆’，‘馬蚰’之‘蚰’。今關西云。”案，馬蚿，又名“商蚷”。《莊子》又云：“使商蚷馳河，必不勝任矣。”司馬彪云：“商蚷，蟲名。北燕謂之馬蚿[1]。”《吕氏春秋·季夏紀》：“腐草化爲螢蚈。”高誘曰：“蚈，馬蚿也。蚈，讀如‘蹊徑’之‘蹊’。幽州謂之秦渠。”“蝶”、“渠”，“蠾”、“蚰”，字異義同。

［注］ [1]静本作“蚷”。

蠓蒙音螉翁音，蜂也。蟋一結反，螠意音也。

《説文》：“𧖟，飛蟲螫人者也。”今省作“蜂”，同。

蠓螉者，《方言》以爲燕、趙語，詳見下文。《玉篇》：“螉，小蜂也。”

蟋，蟋螉。或作“蠮”。

螠，於力切，小蜂也。舊本“螠”譌“蟋”，今據《玉篇》訂正。

尺蠖，蠀即音**蝛**酒六反**也。**

尺蠖、蠀蝛者，《繫辭傳》：“尺蠖之詘，以求信也。”惠棟曰：“尺蠖先詘而後信，故云尺蠖之詘。復時剛反。震在上，巽在下，故詘遘時，巽在上，故信也。巽爲進退，似尺蠖之詘信也。”《攷工記·弓人》：“麋筋斥蠖灂。”鄭注：“斥蠖，屈蟲也。”《爾雅》：“蠖，蚇蠖。”郭注：“今蝍蝛。”《衆經音義》引舍人曰：“宋地曰尋桑也。”又引《纂文》云：“吴人以步屈名桑闔，一名蝍蝛。”案，《說文》：“蠖，尺蠖。屈伸蟲也。”《方言》：“蠀蝛謂之蚇蠖。”郭注：“蠀蝛，即、蹴二音。蠖，烏郭反，又呼步屈。”《御覽》引郭注云：“有呼步屈，其色青而細小，或在草木葉上。今蜾蠃所負爲子者。”“尺”、“蚇”、“斥”，“蠀”、“蝍”，字異義同。《玉篇》：“蝍蝛，尺蠖也。”舊本誤爲“尺蠀，蠖蝛”，今訂正。

蚴幽音**蜕**悦音**、土蜂，蠮**烏結反**螉**翁音**也。**

蚴蜕、土蜂、蠮螉者，《方言》：“蠭，燕、趙之間，謂之蠓螉。其小者謂之蠮螉，或謂之蚴蜕。其大而蜜謂之壺蠭。”郭注：“蠓[1]螉，蒙、翁二音。蠮螉，小細腰蠭也。音‘哽噎’之‘噎’。蚴蜕，幽、悦二音。壺蠭，今黑蠭。穿竹木作孔，亦有蜜者，或呼笛師。”案，《爾雅》“土蠭”郭注：“今江東大蠭，在地中作房者，爲土蠭。啖其子即馬蠭。今荆、巴間呼爲蟺。”又云：“果蠃，蒲盧。”郭注：“即細腰蠭也，俗呼爲蠮螉。”又云：“螟蛉，桑蟲。”注：“俗謂之桑蟃，亦呼爲女戎。”《小雅·小宛》云：“螟蛉有子，果蠃負之。”鄭箋：“蒲盧取桑蟲之子，負持而去，煦嫗養之，以成其子。”《說文》云：“蠣蠃，蒲盧，細腎土蠭也。天地之性，細腰，純雄，無子。”《法言·學行篇》：“螟蛉之子殪而逢蜾蠃，祝之曰：‘類我類我。’久則肖之矣。”案，土蠭之小者，一名“蠰蠮”。《五音集韻》："蠏，古奚切。蠰蠏，土螽。似蝗而小。"

[注] [1]愛本作"蠓"。

芈芈[1]、齕痕之反朧，螗蜋也。

芈芈、齕朧、螗蜋者，《説文》："蟷[2]，蟷蠰，不過也。""蠰，蟷蠰也。""蜋，堂蜋也。""蛸，蟲蛸。堂蜋子。一名蚚父。"《莊子·人間世》云："女不知螳蜋乎？怒其臂以當車轍，不知不勝任也。"《淮南·人間訓》："齊莊公出獵，有一蟲舉足將搏其輪。問其御者曰：'此何蟲也？'對曰：'此所謂螳蜋者也。其爲蟲也，知進而不知却，不量力而輕[3]敵。'莊公曰：'此爲人，而必天下勇武矣。'廻車而避之。"高誘注《淮南·時則訓》云："螳蜋，世謂之天馬，一名齕朧。兖州謂之拒斧。"其注《吕氏春秋》亦同。《方言》云："螳螂謂之髦，或謂之虰，或謂之蝆蝆[4]。"郭注："有斧蟲也。江東呼爲石蜋，又名齕朧。"《月令》："仲夏之月，螳蜋生。"鄭注："螳螂，螵蛸母也。"《藝文類聚》引《鄭志》云："王瓚問：'《爾雅》莫貈、螳蜋，同類物也。今沛、魯以南，謂之蟷蠰。三河之域，謂之螳蜋。燕、趙之際，謂之食朧。齊、濟以東，謂之馬穀。然名其子則同云螵蛸。是以注云：螳蜋，螵蛸母也。'"芈[5]，或作"蝆[6]"，同。"食朧"，猶"齕朧"。"螗"、"螳"同，舊本"朧"譌"眬"，今訂正。

[注] [1]愛本作"芊"，静本作"芊"，據《博雅音》改。[2]静本、愛本作"黨"。[3]静本作"軽"。[4]静本、愛本作"蛘蛘"。[5]静本、愛本作"羊"。[6]静本、愛本作"蛘"。

蚾博音**蟭**焦音、**烏洟**他帝反、**冒焦**，**螵**婢消反**蛸也。**

蚾蟭、烏洟、冒焦、螵蛸者，《說文》：“蛸，蟲蛸，堂蜋子。”《爾雅》：“不過，蟷蠰。其子蜱蛸。”郭注：“螳蠰，螗蜋別名。蜱蛸，一名蚾蟭。蟷蠰卵也。”《本草經[1]》：“桑蜱蛸，一名蝕肬。生桑枝上，採，蒸之。”陶[2]注《本草》云：“螳蜋，逢樹便生，產以桑上者爲好。”《證類本草》云：“螵蛸，在處有之，螳蜋卵也。多在小桑樹上，叢荊棘間。三、四月中，一枝出數百枚。”《御覽》引吴氏《本草》：“桑蛸條，一名蝕肬，一名害焦，一名致。”《玉篇》：“蚾，布莫切。”“蟭，子饒切。”“蜱”同“螵”。

[注] [1]静本作“経”。[2]静本、愛本作“陶”。

蟅柘音**蛨**猛音，**蟘**他則反**也。**

蟅蛨、蟘者，《小雅·大田》：“去其螟螣。”傳：“食葉曰螣。”《釋文》：“螣，字亦作‘蟘’。徒得反。”《月令》：“仲夏行冬令，百螣時起。”鄭注：“螣，蝗之屬，言百者，明衆類並爲害。”《爾雅》：“食葉，蟘。”《釋文》：“字又作‘蟦’，又作‘蟘’，同。”《說文》：“蟦，蟲食苗葉者。吏乞貸則生蟦。”漢《唐公房碑》云：“去則螟蟦。”從“貣”。《詩》、《釋文》云：“《說文[1]》作‘蟦’。”此唐本《說文》也，與漢碑合。《方言》云：“蛨，宋、魏之間，謂之蟘。南楚之外，謂之蟅蛨，或謂之蛨，或謂之螣。”郭注：“蛨，即蝗也。莫鯁反。蟘，音貣。蟅蛨。蟅，音近‘詐’。亦呼‘吒陌’。螣，音滕。”《玉篇》：“虴，竹百切。虴蛨，蟅蛨，蟲也。”“蛨，亾百切。”“蟘”、“蟘”、“蟦”、“螣”，音義並同。

盧學士曰：“《說文·新附》有‘虴蜢’字，此‘蟅蛨’，即虴蜢也。《爾雅》：‘土螽，蠰谿。’郭注：‘似蝗而小。今謂之土蝶。’《釋文》：‘蝶，字又作虴。虴蜢也。善跳。’疏云：‘江南呼虴蛨，又名蚱蜢。’予案，《説文》：‘蟅，蟲也。’許氏之例，字以類從。今‘蟅’字在‘蜙’、‘蝑’之下，‘蝗’字之上，‘虴蜢’之言最爲近理。”

[注] [1]静本、愛本脱“文”字。

蚣粟容反**蝑**胥音，又思吕反，**蝽**春音**蜲**黍音**也。**

蚣蝑、蝽蜲者，《爾雅》：“蜇螽，蜙[1]蝑。”郭注：“蜙，蜙也。俗呼舂黍。”《釋文》：“蜇，本又作‘蟴’。《詩》作‘斯’，同。”《説文》：“蜙蝑，以股鳴者。或作‘蚣’。”《攷工記》：“以股鳴者。”鄭注：“謂蚣蝑，動股屬。”《周南》：“螽斯羽詵詵兮。”傳：“螽斯，蚣蝑也。”《豳風》：“五月斯螽動股。”傳：“斯螽，蚣蝑也。”《方言》云：“舂黍謂之𧒂蝑。”郭注：“𧒂，音藂。蝑，音墻沮反。又名蚣𧒂。江東呼‘虴蜢’。”陸璣《詩》疏云：“幽州人謂之舂箕。舂箕，即舂黍，蝗類也。長而青，長角，長股，股鳴者也。或謂似蝗而小，斑黑，其股似瑇瑁。又五月以兩股相切作聲，聞數十步是也。”“舂”、“蝽[2]”，“黍”、“蜲”，同。

[注] [1]静本、愛本脱“蜙”字。[2]静本、愛本作“蠢”。

蝍即音**蛆**子餘反，**吴公也。**

蝍蛆、吴公者，《爾雅》：“蒺蔾，蝍蛆。”郭注：“似蝗而大腹，長角，能食蛇腦。”《關尹子·三極篇》：“蝍蛆食蛇，蛇食蛙，蛙食蝍蛆，互相食也。”《莊子·齊物論》云：“蝍蛆甘帶。”《釋文》：“李云：‘蝍蛆，蟲名。’”引《廣雅》：“蜈公也。”司馬彪云：“帶，小蛇也。蝍蛆好食其眼。”《淮南·説林訓》：“騰蛇游霧，而殆於蝍蛆。”高誘注：“蝍蛆，蟋蟀。《爾雅》謂[1]之‘蜻蛚’。上蛇，蛇不敢動。”《御覽》引《淮南》此文注云：“蝍蛆，蓋吴公。”疑是許慎注。《御覽》又引《春秋考異郵》云：“土勝水，故蝍蛆搏蛇。”宋均注云：“蝍蛆生於土，蛇藏物，屬於坎，坎爲水，爲隱伏。”《本草》“蜈蚣”，陶注：“一名蝍蛆。”《衆經音義》引《字林》云：“蝍蛆，蜈蚣也。”《玉篇》：“蒺藜，蝍蛆。能食蛇。一名蜈蚣。”《廣韻》同。

盧學士曰：“高誘以‘蝍蛆’爲蟋蟀，郭璞又以爲似蝗，此别自一種。亦能制蛇，不可即以爲非。但非《廣雅》義耳。吴公，即蜈蚣。”

[注] [1]愛本誤作“爾”。

馬蠽士板反，蠽節音蛆也。

此即“馬蚿”也。解見上。

馬蠽、蠽蛆者，《玉篇》：“蠽，馬蠽也。”《爾雅》：“蛝，馬蠽。”郭注：“馬蠲蚼，俗呼‘馬蠾’。”

盧學士曰：“蠽蛆，即上文之‘蝍蛆’。以其皆多足之蟲，故名同。舊本‘蠽’訛‘踐’，今據《玉篇》訂正。”

蜻蛉、蝍[1]蛉，倉螘也。

蜻蛉、蝍蛉、倉螘者，《淮南·齊俗訓》云：“水蠆爲蟌莣。”高誘注：“青蛉也。”又《説林訓》：“水蠆爲蟌。”注：“水蠆化爲蟌。蟌，青蛉也。”《方言》云：“蜻蛉謂之蝍蛉。”郭注：“六足四翼蟲也。音靈。江東名爲狐黎。淮南人呼蟟蚜。康、尹二音。”案，《爾雅》：“虰蛵，負勞。”郭注云：“或曰即蜻蛉也。江東呼狐黎，所未聞。”《釋文》引《字林》云："蜻蜓，一名桑根。"《列子·天瑞篇》："厥昭生乎溼。"殷敬順《釋文》引《曾子》曰："狐蔾，一名厥昭。恒翔繞其木，不能離之。"《師說》云："狐蔾，蜻蛉，蟲也。"

盧學士曰："此云'倉螘，未聞'，即'蝷蚈'聲之轉也。"

[注] [1]静本、愛本作"蜸"。

蛷求音**螋**所留反，**蝥**霧音**蛷**求音**也。**

蛷螋、蝥蛷者，《說文》："蝨，多足蟲也。或作'蛪'。"《玉篇》："蛪，巨由切。蛪螋。亦作'蛷'。"《秋官·赤犮氏》："凡隙屋，除其貍蟲。"注："䗪[1]，肌蛷之屬。"《釋文》："蛷，劉音俱。"《博物志》云："蛷螋溺人景，隨所在生瘡。"

盧氏曰："塗以雞腸草。段氏曰：'治以莎衣結。'《淮南·說林訓》：'曹[2]氏之裂布，蛷者貴之。'高誘曰：'曹布燒以傅蛷蛷瘡則愈。'蛷蛷，即'肌蛷'也。《本草》：'蛷，多足蟲。似小蜈蚣，青黑色，足在腹前，尾有歧，能夾人物。俗名搜夾子。其溺射人影，瘡如熱沸。'案，蛷螋，《酉陽雜俎》作'蠼螋'。'蠼'、'蛷'，'蛷'、'肌'，聲相近，其文異、其色同也。《玉篇》：'蝥，音務。亦作蝥。'"

[注] [1]静本、愛本脫上"注"字。"䗪"，静本、愛本作"塵"，據徐復本《疏義》改。[2]静本、愛本作"曺"。

蠠女陟反、**䖡**乃德反，**蝱**盲音**也。**

蠠、䖡、蝱者，《說文》："蝱，齧人飛蟲。"《莊子·天運篇》："蚊虻噆膚，則通昔不寐。"《釋文》："虻，字亦作'蝱'。"《玉篇》："蠠，小蟲也。女乙切。”“䘅，乃北、乃代二切。似蟲而小，斑色，齧人蟲。”“䖟，莫唐切。蝱，䖟也。俗作‘虻’。”

螱錫音，又七亦反**蜆**[1]覓音，**蜚**肥音**也。**

螱蜆、蜚者，《玉篇》：“蜚，父非切。蠦蜚，即負盤，臭蟲。”“蛷，先狄切，螅蛩也。”《廣韻》：“蛷蜆。”是“蜚”即負盤，一名“蛷蜆”也。“螱”、“蛷”同。《爾雅》：“蜚，蠦蜚。”郭注：“蜚，即負盤，臭蟲。”《釋文》：“盤，字又作‘蟠’。蒲安反。”孔穎達疏云：“《本草》：‘蜚，厲蟲也。’《春秋》經、傳皆云‘有蜚’，則此蟲一名‘蠦蜚’。而舍人、李巡皆云：‘蜚蠦，一名蜚。’非也。此蟲一名‘負盤’。《漢書》及《左傳》注多作‘負蠜’者，以此下有‘草蟲，負蠜’，故相涉誤耳。”今案，《說文》：“蜚，臭蟲，負蠜也。從蟲。或作‘蜚’，從虫。”又云：“蜚，盧盤也。”《廣雅》雖單釋“蜚”[2]字，即是“盧蜚”。《爾雅》舊注以“蜚蠦”爲句，實不可從。

[注] [1]静本、愛本作“蜆”字。[2]“釋蜚”二字，静本、愛本誤作“盤”。

朝蜏秀音，**孳**兹[1]音**母也。**

朝蜏、孳母者，《淮南·道應訓》：“朝菌不知晦朔。”高誘曰：“朝菌，朝生暮死之蟲也。生水上，狀如蠶蛾。一名孳母。”

盧學士曰：“《御覽·九百十九》引《淮南》作‘朝秀’，注同。今本作‘朝菌’，乃因《莊子》文，相涉致誤。《玉篇》：‘蜏，思又、弋久二切。一名孳母。’”

[注] [1]静本、愛本誤作“慈”字，據《博雅音》改。

孑孓，蜎烏泫反也。

孑孓、蜎者，《說文》：“孑，無右臂。”“孓，無左臂。”徐氏云：“居桀、居月二切。”《爾雅》“蜎蠉”，郭注：“井中小蛣蟩，赤蟲，一名孑孓。”案，《淮南·說林訓》：“孑孓爲䖟。”高誘注：“結蟨，水上致[1]跂蟲。”“孑孓”與“蛣蟩”，音義同。蓋此是井赤蟲，無足，似人，無左右臂，故有此名。蜎，一名馯。《莊子·秋水篇》：“還馯蟹[2]與科斗。”《釋文》：“馯，音寒。井中赤蟲也。一名蜎。”或說“孑孓”，即今雨水中蟲。黑色，能化䖟，其形較井中赤蟲加短。

[注] [1]静本、愛本作“到”。[2]静本、愛本作“蠏”。

螽之戎反，蝗皇音，又華孟反也。

螽、蝗者，《說文》：“蝗，螽也。”“螽，蝗也。或作‘蝝’。”《玉篇》：“螽，蜙蝑屬也。”螽類甚多。《爾雅》“蛗螽、蠜、草螽、負蠜、蜇螽、蜙蝑、蟿螽、螇蚸、土螽、蠰谿”是也。《詩》疏引犍爲文學云：“螟、螣、蛑、賊，皆蝗也。草蟲。”《詩》疏引陸璣云：“今人謂蝗子爲螽子。兗州人謂之螣。”蔡邕云：“螽，蝗也。”劉昭注《續五行志》引《春秋考異郵》云：“貪擾生蝗。”舊本“蝗”下無“也”字，今補正。

蚯邱音蚓引音、蜿宛音蟺時涵反，引無也。

蚯蚓、蜿蟺、引無者，《說文》：“螼，螾也。”“螾，側行者。或作‘蚓’。”《淮南·地形訓》：“食土者，無心而慧。”注：“如蚯蚓之屬。”《爾雅》：“螼蚓，豎[1]蠶。”郭注：“即蛩蟺也。江東呼‘寒蚓’。”

《月令》："孟夏之月，蚯蚓出。仲冬之月，蚯蚓結。"《荀子·勸學篇》："螾無爪牙之利[2]、筋骨之彊，上食埃土，下飲黄泉，用心一也。"注："螾，與'蚓'同。蚯蚓也。"崔豹《古今注》："蚯蚓，一名蜿蟺，一名曲蟺。善長吟於地中。江東謂之歌女，或謂之鳴砌。"蜿蟺，《爾雅》、《釋文》引作"蛩蟺"。《集韻》引此文。"蛩蟺"，上有"蝴"字，即崔豹所云"一名曲蟺"也。今吴中謂之"蛐蟮"。"蝴"與"曲"同。或古本有"蝴蟺"二字，今脱之耳。蚯蚓，吴普《本草》謂之"附蚓"。此云"引無"，或"無引"之譌與？

[注] [1]静本、愛本作"堅"。[2]静本、愛本脱"利"字。

負蠜煩音，**蟅**之夜反**也。飛蟅，飛蠊**[1]廉音**也。**

此即上文"蜚蝱"也。

負蠜、蟅、飛蟅、飛蠊者，《爾雅》："蜚，蠦蜰。"郭注："蜚，即負盤，臭蟲。"《漢書·五行志》云："蜚，劉歆以爲'負蠜'也。性不食穀，食穀爲災，介蟲之孽。"《玉篇》："蠊，力占切。飛蠊也。"負蠜，即負盤也。"蠜"、"盤"，聲相轉。

盧學士曰："《本草經》：'䗪蟲，一名地鼈。生川[2]澤。'吴氏《本草》：'一名土鼈。'《本草經》又云：'蜚廉，生川澤。'《名醫别録》：'生晉陽及人家屋間，立秋採。'陶隱居云：'形亦似蟅蟲，而輕小能飛。'唐本注：'漢中人食之，下氣，名曰石薑。一名盧蜰，一名負盤。'"

[注] [1]静本、愛本作"蠊"。[2]静本、愛本誤作"州"字。

虎王，蝟謂音**也。**

虎王、蝟者，《說文》："彙，蟲似豪豬者。或作'蝟'。于貴切。"

《爾雅》："彙，毛刺。"郭注："今蝟。狀似鼠。"《釋文》："彙，本又作'蝟'。"《史記·龜策[1]傳》云："蝟辱於鵲。"《集解》引郭璞曰："蝟能制虎，見鵲仰地。"蓋謂之"虎王"者，以此。

盧學士曰："《續博物志》：'蝟能跳入虎耳中，見鵲便自仰腹受啄。'《易林·豫》云：'此虎飢欲食，見蝟而伏。'又《比之豐》：'李耳彙鵲，更相恐怯，偃爾以腹，不能距格。'李耳，虎也。彙與虎、鵲三物相遇，如蛇與吴公、蝦蟇之互相制然，故更相恐怯也。"

[注] [1]愛本誤作"筞"。

沙蝨，蝡便音蝶旋音也。

沙蝨、蝡蝶者，《廣志》云："沙蝨[1]，色赤，大過蟣。在水中，入人皮中殺人。"《舊唐書》："粤中山川，鴆鳥之地，必有犀牛，有沙虱、水弩，必生可療之草。"《淮南萬畢術》："沙虱，一名蓬活，一名地脾。"《本草經》："沙虱，一名石蠶。"《葛洪方》曰："辟沙虱，用麝香、大蒜合羊脂搗，著小筒中帶之，良。"以上皆見《御覽》。《玉篇》："蝡，婢沿切。蝡蝶。沙蝨。""蝬，似緣切。蝡蝬。亦作'蝶'。"本此。

[注] [1]静本、愛本此處空白。

天社，蜣蜋也。

天社、蜣蜋者，《說文》："蝌，渠蝌，一曰天社。"《玉篇》："蜣，邱良切。蜣蜋。啖糞蟲也。蝌，同上。"《爾雅》："蛣蜣，蜣蜋。"郭注："黑甲蟲，噉糞土。"《古今注》云："蜣蜋，能以土包糞，轉而成丸。莊周所謂'蜣蜋之智，在於轉丸'。"戴侗云："甲蟲之巨者。黑甲，甲下有翅，飛鳴洪洪然。好轉牛矢爲丸，俗亦謂之矢丸。”舊本“社”訛“杜”，“蜣”訛“蜣”，今並訂正。

白魚，蛃步幸反魚也。

白魚、蛃魚者，《爾雅》：“蟫，白魚。”郭注：“衣、書中蟲。一名蛃魚。”鄭注《秋官·翦氏》又謂之“蠹魚”。陸璣《詩》疏云：“蘭香草，可著粉中，藏衣著書中，可辟白魚。”即此也。

土蛹勇音，蠁許兩反蟲也。

土蛹、蠁蟲者，《說文》：“蠁，知聲蟲也。司馬相如說作‘蚼’。”《玉篇》：“蠁，禹蟲也。”《爾雅》：“國貉，蟲蠁。”郭注：“今呼蛹蟲爲蠁。”

樗鳩，樗雞也。

樗鳩、樗雞者，《爾雅》：“螒[1]，天雞。”郭注：“小蟲，黑身，赤頭。一名莎雞，又曰樗雞。”疏引李巡云：“一名酸雞。”《豳風·七月》云：“六月莎雞振羽。”傳：“莎雞羽成而振訊之。”陸璣疏：“莎雞，如蝗而斑色，毛翅數重，其翅正赤。或謂之天雞。六月中，飛而振羽，索索作聲。幽州人謂之蒲錯。”《御覽》引《廣志》云：“莎雞，似蠶蛾而五色，赤白犨雞。”是也。《名醫别録》云：“生河内樗樹上。”

[注] [1]静本、愛本作“翰”。

盤班音蝥茅音，旻青也。

盤蝥、旻青者，《說文》：“盤蝥，毒蟲也。”《玉篇》：“盤，布姦切。”“蝥，莫交切。”《本草》：“班貓，一名龍尾。”陶注：“豆花時取之。甲上黄黑班色，如巴豆大。”吴普《本草》云：“一名斑蚝，一名龍蚝，一名斑苗，一名膍髪，一名盤蛩，一名晏青。生河内川谷，或生水石。”

蝮扶福反**蜟**育音，**蛻**始悅反，又始芮反**也。**

蝮蜟、蛻者，《説文》：“蛻，蛇、蟬所解皮也。”《玉篇》：“蜟，余六切。蝮蜟，蟬皮也。”“蛻，蛇皮也。”

盧學士曰：“《本草》‘復育’，《論衡·奇怪篇》：‘蟬之生於腹育也，闓背而出。’《酉陽雜俎》：‘蟬未脱時，復育，言蛣蜣所化。韋翾嘗冬中掘樹根，見復育附於朽處。剖一視之，腹中猶實爛木。’《史記·屈原傳》：‘蟬蛻於濁穢。’正義：‘蛻，去皮也。’”

《淮南·説林訓》：“蟬飲而不食，三十日而蛻。”

蟱無音**蝺**牛俱反、**魚伯，青蚨**付[1]于反**也。**

蟱蝺、魚伯、青蚨者，《説文》：“蚨，青蚨，水蟲。可還錢。”《本草》：“青蚨，生南海，狀如蟬。其子著木，取以塗錢，歸本處。一名蟱蝸。”《淮南萬畢術》：“青蚨還錢。青蚨，一名魚伯，或曰蒲。以其子母各等，置瓮[2]中，埋東行陰垣下，三日後開之，即相從。以母血塗八十一錢，亦以子血塗八十一錢，以其錢更互[3]市，置子用母，置母用子，皆自還也。”《搜神記》：“南方有蟲，名蟞蝺。形如蟬大，味辛美，可食。其子著草葉，如蠶種。”是“蟱蝺”，亦作“蟞蝺”。《玉篇》：“蟞，他敦切。蟞蝺，一名青蚨。”案，《本草》“蟱蝸”即“蟱蝺”，形相似而訛也。

[注] [1]《博雅音》作“附”。[2]静本、愛本誤作“公瓦”。[3]静本、愛本作“牙”。

蚲平音、**蠪**羊悖反、**蠚**[1]古臈反、**蝔**大臈反，**蛘**羊掌反**也。**

蚲、蠪、蠚、蝔、蛘者，《説文》："蛘，搔蛘也。"《玉篇》："蚲，皮兵切。蚲蠪也。""蠪，蛘也。蚲也。""蠚，公盍切。"引《廣雅》云："羊，蠚蝔。""蝔，徒合切。蠚蝔。"

盧學士曰："《楚語》：'申無宇謂靈王曰：牛馬，處暑之既至，蝱蠪之既多，而不能掉其尾。'是'蛘'之形狀，亦蝱類。"

案，《集韻》引《廣雅》："蠒，蠶也。"當在《釋蟲》，今無此文。

[注] [1]静本、愛本作"螥"。

釋魚第十六

上古聖人作，結繩而爲罔罟，以田以魚。中古烝民未粒，奏庶艱食。《禹貢》："青州，海物惟錯。徐州，蠙珠暨[1]魚。揚州，厥篚織貝。"魚鹽之利。國以富彊[2]。然取之也有時，"春獻鼈蜃，秋獻龜魚"是也。其用之也有節，"數罟不入，鯤鮞有禁"是也。其藏之也有名，"南方之魿，北方之鱶"是也。以奉宗廟，則"春薦王鮪"。以宴賓客，則"南有嘉魚"。澤國之用既饒，水族之名宜辨。

此篇所釋，或爲飲食之常供，或爲藥餌之必備，别其方名，區其倫類。庶稽古之士，有可攷焉。

[注] [1]静本、愛本作"塈"。[2]静本、愛本誤作"疆"。

鯸[1]侯音**鮔**頤音[2]、**鯸**齒之反、**魧**航音**鱅**唐音，**魠**託音**也。**

鯸鮔、鯸、魧鱅、魠者，《北山經》："敦薨之山，敦薨之水出焉。

其中多赤鮭。”郭注：“今名‘鯸鮐’爲‘鮭魚’，音圭。”《論衡·言毒篇》：“毒螫渥者，在魚則爲鮭與鮗鯫，故人食鮭肝而死。”左思《吴都賦》：“王鮪鯸鮐。”劉逵注：“鯸鮐魚，狀如科斗。大者尺餘，腹下白，背有青黑，有黄文。性有毒，雖小，獺及大魚，不敢餤之。蒸煮餤之，肥美。豫章人珍之。”《玉篇》：“鯸，鯸鮔，魺也。食其肝殺人。”“魺”、“䰳”並云魚名。孟詵《食療本草》云：“鯸鮐魚，行水之次，觸物即怒，氣脹，浮於水上。”陳藏器《本草拾遺篇》云：“鯢魚，一名鶘夷魚。以物觸之即嗔，腹如氣毬。”日華子《諸家本草》云：“河豘，有毒。又云鶘夷魚，又云鰗魚。”《六書故》云：“鯸鮐，人謂之鯢，又謂之烏狼，又謂之探魚。”案，鶘夷，即鯸鮐。“矦”、“胡”聲相近，“夷”、“臣”、“台”音相同，“鮭”、“鯢”音亦相符，“烏狼”與“魧鰽”聲相近，“探”、“鰽”聲亦相轉。“䰳”當作“魨”，“魨”與“豘”同。《玉篇》音“豚”。今人猶言“河豚”也。曹憲不能是正而輒音爲“託”，誤矣。

[注] [1]静本、愛本作“鯸”。[2]静本、愛本此處正文有“河”字。《博雅音》以爲“河”爲“魺”之音，愛本脱“魺”字。徐復本《補疏》：“‘河䰳’與‘鯸鮐’、‘鶘夷’皆聲近字。宋時《廣雅》當有一本作‘河’、一本作‘魺’者，故《集韻》兩引之。”

鮷啼音、**鯷**締[1]音，**鮎**那鎌反**也。**

鮷、鯷、鮎者，《説文》：“鮎，鰋也。”“鯷，大鮎也。”郭注《爾雅》云：“鮎，别名鯷。江東通呼鮎爲鮧。”羅願云：“鮧魚，偃額，兩目上陳，頭大，尾小，身滑，無鱗，謂之鮎魚，一名鯷魚。善登竹，以口銜葉而躍於竹上。大抵能登高，其有水偃處，輒自下騰上，愈高遠而未止。諺曰：‘鮎魚上竹。’謂是[2]故也。”案，鯷，亦作“鮷”。《北山經》：“龍矦之山，决决之水出焉。其中多人魚，其狀如鯑魚。”“鯑”即“鯷”也。

[注] [1]静本、愛本作“啼”，前字音作“締”，據《博雅音》改。[2]愛本作“自”。

鱺離音，又力兮反、**鰑**陽音，**鮦**重音**也。**

鱺、鰑、鮦者，《説文》：“鱺，魚名。”“鮦，魚名。一曰鱸也。讀若絝[1]襱。直隴切。”“鱸，鮦也。盧啟切。”《玉篇》：“鱺，魚似蛇，無鱗甲，其氣辟蠹蟲也。”“鰑，與章切。赤鱺[2]也。”《爾雅》“鱧”，郭注：“鮦也”。《釋文》：“鱧，字或作‘鱺’，又作‘鮤’，同。”孫云：“鱧，今鱴魚也。”《詩》：“魚麗于罶，魴鱧。”是也。《爾雅》又云：“鰹，大鮦。小者，鮵。”郭注：“今青州呼小鱺爲鮵。”《詩·魚麗》傳：“鱧，鮦也。”陸璣疏：“鮦，似鱧，狹而厚。”《本草》：“蠡魚，一名鮦魚。”陶注：“今皆作‘鱧’字。舊言是公蠆蛇所變，然亦有相生者。”

[注] [1]静本、愛本此處空白。[2]愛本作“驪”。

鰿積音，**鮒**附音**也。**

鰿、鮒者，《易·井》：“九二：井谷射鮒。”王肅注：“鮒，小魚也。”劉逵《吴都賦》注引鄭注：“山下有井，必因谷水。所生無大魚，但多鮒魚耳，言微小也。”《儀儃·士昏禮記》：“魚用鮒。”《莊子·外物篇》：“車轍中，有鮒魚焉。”《釋文》引《廣雅》云：“鰿也。”又云：“揭竿累，趣灌瀆，守鯢鮒，其於得大魚難矣。”《楚辭·大招》云：“煎鰿脽雀。”王逸注：“鰿，鮒也。”《説文》“鰿”、“鮒”，皆云魚名。《玉篇》：“鰿，子亦切。鮒也。或作‘鯽’。鯽，並同。”“鮒，扶句切。鰿魚。”

《本草》唐本云："鯽魚，一名鮒魚。"蜀本注云："形亦似鯉，色黑而體促，肚大而脊隆。所在池澤皆有之。"

鰱力延反，**鱮**與音**也。**

鰱、鱮者，《說文》"鰱"、"鱮"，皆云魚名。《詩·齊風·敝笱》："其魚魴鱮。"箋："鱮，似魴而弱鱗。"陸璣疏："鱮似魴，厚而大頭，魚之不美者，故里語曰：'網魚得鱮，不如啖茹。'其頭尤大而肥者，徐州人謂之鰱，或謂之鱅。幽州人謂之鴞鶚，或謂之胡鱅。"

鮏居蒙[1]反，**鯤也。**

鮏、鯤者，《爾雅》："鯤，魚子。"注："凡魚之子，總名鯤。"《魯語》："魚禁鯤鮞。"韋昭注："鯤，魚子也。""鮞，未成魚也。"《本草》"鮏魚"注云："鯤，子也。魚子可爲醬。"《内則》云："濡魚，卵醬，實蓼。"鄭注："卵爲鯤。鯤，魚子。"

[注] [1]《博雅音》作"冢"。

鮊白音，**鱎**奇兆反**也。**

鮊、鱎者，此"鮊"是白魚，非海魚之"鮊"也。《說苑·政理篇》："宓子賤爲單父宰，曰：'釣道奈何？'陽晝曰：'有釣道二焉，請以送子。夫投綸錯餌，迎而吸之者，陽橋也，其爲魚，薄而不美。若在若亡，若食若不食，魴也，其爲魚也，博而厚味。'子賤曰：'善。'"案，陽橋也，即鱎也。《玉篇》："鱎，白魚也。"《廣韻》："鱎，白魚別名。"

鮜平豆反**，鰈**乎寡反**也。大鰈謂之鮁**虔音**。**

鮜、鰈、鮁者，《説文》：“鰈，鱧也。”“鱧，鱯也。”是“鰈”即“鱯”也。一名“鮜”，其大者名“鮁”。《北山經》：“洧水注於河，其中有鱯、黽。”郭注：“鱯，似鮎而大，色白。”《本草》陶注云：“鱯，似鯷而大。”陳藏器《本草》云：“鱯即鮠魚，生海中，大如石首，作膾如雪。”

鱄普姑反**鯆**副周反**，鯏**菊音**也。**

鱄鯆、鯏者，《説文》：“鯏，魚。出樂浪潘國。一名鯏魚，出江東。有兩乳。”《繫傳》本“兩乳”下有“一曰溥浮”四字。《玉篇》：“鱄，鱄鯆，魚。一名江豚。欲風則踊。”《本草》：“鱄，亦作‘鯆’。”云：“江豚。”《文選・江賦》注引《南越志》云：“江豚似豬。”《北山經》：“少咸之山，敦水出焉。其中多鯆鯆之魚。”郭璞注：“未詳。或作‘鯆’。”案，“鯆”、“鯆”，聲相近，即此“鯏”也。《説文》：“鯆，魚名。出樂浪潘國。”《廣韻》：“鯆，亦作‘鯆’。”《玉篇》：“鯏[1]，又作‘鞠[2]’。”案，“鱄”、“溥”、“鯆”、“鯆”、“浮”，“鯆[3]”、“鞠”、“鯏”，字異義同。

[注] [1]静本、愛本誤作“鮪”。[2]静本作“鞠”。[3]愛本作“鯆”。

石首，鯼子公反**也。**

石首、鯼者，郭璞《江賦》：“鯼鮆順時而往還。”李善注引《字林》云：“鯼魚出南海。頭中有石，一名石首。”《初學記》引《吴地志》云：“石首魚，至秋化爲冠鳧。冠鳧頭中猶有石也。”《臨海異物志》：“石首，小者名口水，其次名春來。石首異種，又有石頭，長七八寸，與石首同。”《玉篇》：“鯼，石首魚。”本此。

魶那臈反，**鯢**五兮反**也。**

魶、鯢者，盧學士曰："此即人魚也。段氏玉裁云：'《爾雅》：鯢，大者謂之鰕。郭注：今鯢魚似鮎，四脚。前似獮猴，後似狗。聲如小兒啼。大者長八九尺。別名鰕。'《史記·秦始皇本紀》：'以人魚膏爲燭。'徐廣曰：'人魚似鮎，四脚。'《正義》注引《廣志》云：'鯢魚，聲如小兒啼，有四足，形如鱧。可以治牛。出伊水。'《異物志》云：'人魚似人形，長尺餘，不堪食。皮利於鮫魚，鋸材木句。項上有小穿，氣從中出之。出東海中。今台州有之。'《司馬相如傳·〈上林賦〉》：'禺禺鱸[1]魶。'徐廣曰：'魶，音納。一作鰨。'裴駰引《漢書音義》曰：'魶，鯷魚也。'案，《漢書·相如傳》'魶'作'鰨'。如淳音'奴榻反'。是與'魶'同。鯷，從'是'聲，與'兒'聲同部。鯷魚，即鯢魚也。鯢魚，即兒魚，謂聲如小兒也。王應麟注《周書·王會解》'穢人前兒'云：'前兒，即鯢魚也。'其說皆合。《玉篇》始誤以'鯨'釋'魶'。《御覽》又誤以《廣志》所云之'鯢'入鯨鯢類中。今案，鯢凡六名：曰鯢，曰魶，曰鰨，曰鰕，曰人魚，曰鯷魚。"

[注] [1]静本作"鱸"。

竹頭，鯖側耕反**也。**

竹頭、鯖者，盧學士曰："《玉篇》：'鯖，魚名。'《異魚圖贊》：'滇池所饒。亦名竹丁。'"

鰝來的反、**鯛**魚恭反、**鯙**亭音，**魞**於八反**也。**

鰝、鯛、鯙、魞者，《玉篇》："鰝，魚名，又作'鱺'。"《說文》："鯛，魚名。皮有文，出樂浪東暆。神爵四年初，捕收輸考工。周成王時，揚州獻鰅。”《史記·司馬相如〈上林賦〉》：“禺禺鱋鳎。”徐廣曰：“禺禺，魚牛也。”《漢書》注云：“郭璞曰：‘禺禺，皮有毛，黄地，黑文。’師古曰：‘禺，音隅，又音顒。’”案，《東山經》：“樕螽之山，食水出焉。而東北流注於海。其中多鳙鳙之魚。其狀如犂牛，其音如彘鳴。”是“禺禺”即“鳙鳙”，字異音同也。《玉篇》“鯙”、“魟”皆魚名。《本草》：“黄頰魚，一名鉠魟。無鱗。”

黑鯉謂之鯙步佳反。

黑鯉、鯙者，《玉篇》：“鯙，黑鯉也。”本此。《廣韻》亦引此文。

鰌秋音、**鰗**要音、**鱮**奥音，**鰌也**。

鰌、鰗、鱮、鰌者，鰌，即古“蝤”字。一名鰗，一名鱮。《莊子·庚桑楚》云：“尋常之溝，巨魚無所還其體，而鯢鰌爲之制。”《東山經》：“旄山無草木，蒼體之水出焉。而西流注於展水。其中多鰌魚，其狀如鯉而大首。食者不疣。”郭注：“蝦蝤字，亦或作‘鰌’。秋音。”《集韻》：“鰌，雌由切。”《說文》：“鰗，魚名。讀若幽。”《玉篇》：“鱮，於報切。小鰌。”舊本“蝤也”二字，誤入音釋中，今補正。

鯪陵音，**鯉也**。

鯪、鯉者，《玉篇》：“鯪，鯉也。有四足。”《廣韻》引《臨海風土記》云：“鯪魚，腹背皆刺，如三角菱也。”沈懷遠《南越志》：“鯪魚，鯉也。形如蛇而四足，腹圍五六寸，頸似蜥蜴，鱗如鎧甲。《異物志》謂之鯪鯉。”《楚辭·天問》云：“鯪魚何所？”王逸注：“鯪魚，鯉也。一云‘鯪魚，鯪鯉也。有四足，出南方。’”鯪，一作“陵”。洪興祖《補注》引《海内北經》：“近列姑射山，有陵魚。人面手足，魚身，見則風濤起。”

《天對》云："鯪魚人貌，邇列姑射。"是也。陶隱居云："鯪魚，形似鼉而短小，又似鯉魚，有四足矣。"左思《吴都賦》："陵魚若獸。"劉逵注："陵鯉，有四足，狀如獺，鱗甲似鯉，居土穴中。"

蛤解、蠦力乎反蝘𧍘音、蚵何音蠪龍音，蜤析音蜴也。

蛤解、蠦蝘、蚵蠪、蜤蜴者，《説文》："蜥，蜥易也。在壁曰蝘蜓，在草曰蜥易。"《爾雅》："蠑螈，蜥蜴。蜥蜴，蝘蜓。蝘蜓，守宫也。"《小雅·正月》："胡爲虺蜴。"傳："蜴，螈也。"箋："虺蜴之性，見人則走。"《攷工記》："以胷鳴者。"注："胷鳴，榮原屬。"賈疏云："此記本不同。馬融以爲'胃鳴'，干寶本以爲'骨鳴'。胃在六府之内，其鳴又未可，以骨爲狀亦難信，皆不如作'胷鳴'也。"案，《説文》："榮蚖，蛇醫。以注鳴者。"則又與鄭注不同。《方言》云："守宫，秦、晉、西夏謂之守宫，或謂之蠦蝘，或謂之蜥易。其在澤中者，謂之易蜥。南楚謂之蛇醫，或謂之蠑螈。東齊、海、岱之間，謂之螔蜈[1]。北燕謂之祝蜓。桂林之中，守宫大者而能鳴，謂之蛤解。"郭注云："蠦蝘，盧、廛二音。南陽人又呼'蝘蜓'。螔蜈，似蜥易，大而有鱗。今所在通言'蛇醫'耳。斯、侯兩音。蛤解，似蛇醫而短身，有鱗采。江東人呼爲'蛤蚧'，音頜、頷。汝潁人直名爲'蛤解'，音懈，誤聲也。"《漢書·東方朔傳》："臣以爲龍又無角，謂之爲蛇又有足，跂跂脈脈[2]，善緣壁。是非守宫即蜥蜴。"師古曰："守宫，蟲名也。術家云：'以器養之，食以丹砂，滿七斤，擣治萬杵，以點女人體，終身不滅，若有房室之事，則滅矣。'言可以防閑淫逸，故謂之守宫也。今俗呼爲辟宫。辟，亦禦扞之義耳。"《玉篇》："蚵，胡多切。蚵蠪。蜥蜴。"舊本"解"上脱"蛤"字，今據《方言》補正。

[注] [1]静本、愛本作"蝧"。[2]静本、愛本作"脈"。

虺，蝰口圭反**也。**

虺、蝰者，虺，即[1]“蜰”字，《顔氏家訓》云：“吾初讀《莊子》‘蜰二首’，《韓非子》云：‘虫有蜰者，一身兩口，争食相齕，遂相殺也。’案，《爾雅》諸書，‘蠶蛹’名‘蜰’，又非二首、兩口、貪害之物。後見《古今字詁》，此亦古之‘虺’字，積疑頓解。”如顔氏説，是“蜰”、“虺”古字通。今《字詁》即張博士之所撰，故此亦用古“蜰”字耳。《爾雅》“蜰，蛹。”郭注：“蠶蛹。”《説文》：“蜰，蛹也。讀若潰。”“蛹，繭蟲也。”《玉篇》：“蛹，老蠶也。”“蜰，蠶蛹也。”“蝰，口奚切。蜰也。”《廣韻》：“蝰，蛹也。”《荀子·蠶賦》：“蛹以爲母，蛾以爲父。”案，此條不應在《釋魚篇》，後人亂之也。

[注] [1]愛本誤作“與”，據徐復本《疏義》改。

有鱗曰蛟龍，有翼曰應龍，有角曰虯巨彪反**龍，無角曰䶬**恥支反**龍。**

此别龍之類也。《文選·景福殿賦》注及《初學記》引此文，“虯”作“虬”，“䶬”作“螭”。《淮南·覽冥訓》：“赤螭、青虬之游冀州也。”注云：“皆龍屬。”

有鱗曰**蛟龍**。《説文》：“蛟，龍之屬。池魚滿三千六百，蛟來爲之長，能率魚飛。置笱水中，即蛟去。”《漢書·武帝紀》：“元封五[1]年，自尋陽浮江，親射蛟江中，獲之。”《中山經》：“翼望之山，貺水出焉。東流注於漢。其中多蛟。”郭璞曰：“似蛇而四脚，小頭，細頸，頸有白癭，大者十數圍。卵如一、二石瓮，能吞人。”《管子·形勢解》：“蛟龍，水蟲之神者也。乘於水中則神立，失於水則神廢[2]。”蛟，亦作“交”。《漢書·賈山傳》：“交龍襄首奮翼。”《文選》作“蛟”。

有翼曰**應龍**。《大荒東經》云："應龍處南極，殺蚩尤與夸父，不得復上，故下數旱。旱而爲應龍之狀，乃得大雨。"《楚辭·天問》云："河海應龍，何盡何歷？"王逸注："有鱗曰蛟龍，有翼曰應龍。"《淮南·覽冥訓》："女媧服駕應龍，驂青虬。"高誘注："駕應德之龍。應龍，有翼之龍也。"張衡《思玄賦》："擾應龍以服輅。"

有角曰**䖦龍**。《說文》："虯[3]，龍子有角者。"《離騷》云："駟玉虬以乘鷖兮。"王逸曰："有角曰龍，無[4]角曰虬。"虬，即"虯"也。《相如賦》："六玉虯，謂駕六馬，以玉飾其鑣勒，有似玉虯也。"高誘注《覽冥訓》云："有角爲龍，無角爲虬。"王逸亦以"虯"爲無角，與《說文》、《廣雅》不同，此異說也。

無角曰**䵍龍**。《說文》："螭，若龍而黃，北方謂之地螻。或云'無角曰螭'。"《吕氏春秋·舉難篇》："龍食乎清而游乎清，螭食乎濁而游乎濁。""蛟"、"交"，"䖦"、"虯"、"虬"，"䵍"、"螭"，字異音義同。《玉篇》："䵍，今作'螭'。"

[注] [1]静本、愛本誤作"元"。[2]静本作"糜"。[3]愛本作"蚪"。[4]愛本誤作"有"。

龍能高能下，能小能巨，能幽能明，能短能長，淵深是藏，敷和其光。

龍者，《左氏昭廿九年傳》："蔡墨曰：'龍，水物也。'"《管子·水地篇》："伏闇能存而能亡者，蓍龜與龍是也。龜生於水，發之於火，於是爲萬物先，爲禍福正。龍生於水，被五色而游，故神。欲小則化如蠶蠋，欲大則藏於天下，欲尚則淩於雲氣，欲下則入於深泉。變化無日，上下[1]無時，謂之神。"《魯語》："水之怪，龍、罔象。"韋昭注："龍，獸也。非常見，故曰恠。”《說苑・辨物篇》：“神龍能爲高，能爲下，能爲大，能爲小，能爲幽，能爲明，能爲短，能爲長。昭乎其高也，淵乎其下也，薄乎天光，高乎其著也。一有一亡，忽微哉，斐然成章。虚無則精以和，動作則靈以化。”《說文》：“龍，鳞蟲之長，能幽能明，能細能巨，能短能長。春分而登天，秋分而潛淵。從肉，飛之形，童省聲。”《宋書・符瑞志》引此文，“小”作“細”，“巨”作“大”。

[注] [1]愛本誤作“上”。

介，龜也。

介、龜者，《月令》：“孟冬之月，其蟲介。”注：“介，甲也。”高誘《淮南・時則訓》曰：“介，甲也。象冬閉固[1]，皮漫胡也。甲蟲[2]，龜爲之長，明屬水也。”《吕氏春秋・孟秋紀》：“行冬令，介蟲敗穀。”注：“介蟲，龜屬。龜爲介蟲之長，故以龜爲介。”《大戴禮・易本命篇》：“有甲之蟲三百六十，而神龜爲之長。”舊本“介”訛“爪”，今訂[3]正。《春官・卜師》：“凡卜，辨龜之上下、左右、陰陽，以授命龜者。”《龜人》：“掌六龜之屬，各有名物。天龜曰靈屬，地龜曰繹屬，東龜曰果屬，西龜曰靁屬，南龜曰獵屬，北龜曰若屬。各以其方之色與其體辨之。”《損》：“六五：或益之，十朋之龜。”虞翻注：“謂神靈攝寳文、筮山澤水火之龜也。”《白虎通》引《禮三正記》云：“天子龜長一尺二寸，諸侯一尺，大夫八寸，士六寸。龜陰，故數偶也。”《說苑・辨物篇》：“靈龜[4]文五色，似玉似金，背陰向陽。上隆象天，下平法地，槃衍象山，四趾轉運應四時。又著象二十八宿，蛇頭龍翅，左精象日，右精象月，千歲之化，下氣上通，能知吉凶、存亡之變。寧則信信如也，動則著矣。”《說文》：“龜，舊也。外骨内肉[5]者也。從它，龜頭與它頭同。天地之性，廣肩無雄。龜鼈之類，以它爲雄。

象足、甲、尾之形。古文作‘𠕒[6]’。”

[注] [1]静本、愛本誤作“門”。[2]静本、愛本誤作“長”。[3]愛本誤作“詋”。[4]静本作“龟”。[5]静本、愛本脱“肉”字。[6]静本、愛本此處空白。

鼃獲叉反**、蟈**古獲反**、長股、去蚥**甫音**、苦蠪、胡蜢**孟音**、鼃，蝦**霞音**蟆**麻音**也。**

《説文》：“鼃，蝦蟇也。”《玉篇》：“蟈，螻蟈。”

蝦蟇、長股者，《本草》：“鼃，一名長股。”《圖經》云：“似蝦蟇而背青緑色，俗謂之青蛙。亦有背作黄文者，人謂之金線鼃。”《秋官·蟈氏》：“掌去鼃、黽。焚牡鞠，以灰洒之則死。”

蟈者，鄭司農“蟈”讀爲“蜮”。“蜮，蝦蟇也。鼃黽，蝦蟇屬。”康成謂：“蟈，今御所食蛙也。字從虫，國聲也。‘蜮’乃短狐與？”又云：“齊、魯之間，謂鼃爲蟈。黽，耿黽也。蟈與耿黽尤怒鳴，爲聒人耳，去之。”《月令》：“孟夏之月，螻蟈鳴。”鄭注：“螻蟈，蛙也。”《釋文》：“蔡云：‘螻，螻蛄。蟈，蛙也。’”即蝦蟇也。

鼃，亦作“鼁”。《漢書·東方朔傳》：“水多鼁魚。”師古曰：“鼁，即‘蛙’字也。似蝦蟇而小，長脚。蓋人亦取食之。”《攷工記》：“以脰鳴者。”注云：“脰鳴，鼃黽之屬。”陶注《本草》云：“蝦蟆，是腹大、皮多痱[1]磊者也。”又云：“大而青脊者，俗名土鴨。其鳴甚壯，即此黽也。”又云：“一種小形、善鳴唤，名爲鼃，即郭云‘青蛙’者也。”

去蚥、苦蠪者，《爾雅·釋蟲》：“鼈[2]，蟆。”郭注：“蛙類。”又《釋魚》：“科斗，活東。”注：“蝦蟆子。”又：“鼁䵷，蟾諸。”注：“似蝦蟆，居陸地。淮南謂之去蚥。”又：“在水者，黽。”注：“耿黽。似青蛙，大腹，一名土鴨。”《説文》：“鼀，圥鼀，詹諸也。其鳴詹諸，其皮鼀鼀，其行圥圥。”或作“䵶鼀”。“䵶鼀，詹諸也。”《詩》曰：“得此䵶鼀。”又云：“蝌，蝌鼀，詹諸。以脰鳴者。”《名醫别録》云：“蝦蟆，一名蟾蜍，一名䵶，一名去甫，一名苦蠪。生江湖池澤，五月五日取。”《圖經》云：“腹大形小，皮上多黑斑點，能跳接百蟲，食之。時作呷呷聲。”

胡蜢者，《廣韻》：“鼆，莫辛切。蛙屬。”胡蜢，即鼆也。舊本“蚑”上脱“去”字，今據《本草》補正。“蚑”、“蚺”，“蜢”、“鼆”並同。“胡蜢”下重出“鼁”字，疑“黽”之譌。

[注] [1]静本、愛本誤作“庫”。[2]“蟲螌”二字，静本、愛本脱前字，后字空白。

蚺甫音、蟹乎買反，蛫古彼[1]反也。其雄曰鯙郎音鱧下哀反，其雌曰博帶。

此釋蟹之名也。

蚺、蟹、蛫、鯙鱧、博帶者，《攷工記·梓人》：“爲筍虡。仄行。”注：“仄行，蟹[2]屬。”《淮南·覽冥訓》：“蟹之敗漆。”注云：“以蟹置漆中，則敗壞不燥，不任用也。”《説文》：“蠏，有二敖、八足，旁行，非蛇鱓之穴無所庇。或作‘鮮’，從‘魚’。”“蛫，蠏也。過委切。”《玉篇》云：“蚺，方武切。蚺蝑，蟹。”“鯙，力當切。鯙鱧，雄蟹。”《荀子·勸學篇》云：“蟹六跪而二螯，非蛇蟺之穴無可寄託者，用心燥也。”楊倞注：“跪，足也。”《太玄·銳》：“初六：蟹之郭索，後蚓黃泉。測曰：‘蟹之郭索，心不一也。’”范望注：“言用心之不一，雖有郭索多足蟹，不及無足之蚓也。”

[注] [1]静本、愛本誤作“皮”字，據《博雅音》改。[2]静本、愛本作“蟹”。

蛙陛音**、𧉫**閤音**，蒲盧也。**

蛙、𧉫、蒲盧者，《夏小正》云：“玄雉入於淮，爲蜃。蜃者，蒲盧也。”《爾雅》：“蛙，蠯。”《釋文》：“蛙，《字林》云：‘小蛤也。’”郭注：“今江東呼蚌長而狹者爲蠯。”《説文》：“𧉫，蜃屬。有三，皆生於海。千歲化爲𧉫。秦謂之牡厲。又云：‘百歲燕所生。魁𧉫，一名復累。老服翼所化。’”“蠯，蛙也。脩爲蠯，圜爲蠇。”《玉篇》：“蛙，蚌長者。”《天官・鼈人》云：“祭祀，共蠯、蠃、蚳，以授醢人。”鄭司農曰：“蠯，蛤也。”杜子春云：“蠯，蜯也。”案，“𧉫”是蜃屬，故名“蒲盧”，一聲之轉。“蛙”、“陛”古今字。“𧉫”與“蛤”同。

蠡力兮反**、蠃**洛戈反**、蝸**爪音**牛，螔**移音**蝓**瑜音**也。**

蠡、蠃、蝸牛、螔蝓者，《説文》：“蝓，虒蝓也。”“蠃，虒蝓。”“蝸，蝸蠃也。”《天官・鼈人》：“祭祀，共蠯、蠃、蚳[1]。”鄭注：“蠃，螔蝓。”《士冠禮》：“葵菹、蠃醢。”鄭注：“蠃醢，螔蝓醢。今文‘蠃’爲‘蝸’。”《既夕禮》：“東方之饌，蠃醢。”鄭注同《爾雅》。“蚹蠃，螔蝓。”郭注：“即蝸牛也。”又云：“蠃小者，蜬。”注：“螺大者如斗，出日南漲海中。可以爲酒杯。”《釋文》：“蠃，力禾反。注作‘螺’字，亦同。”“蝸，工花反，或工禾反。”《莊子・則陽篇》：“有所謂蝸者。”《釋文》引李頤云：“蝸蟲有兩角，俗謂之蝸牛。”《三蒼》云：“小牛螺也，俗名黄犢。”《中山經》：“青要之山，是多僕纍、蒲盧。”郭注：“僕纍，蝸牛也。”《本草》：“一名陵蠡，一名蠡牛，一名土蝸，一名蚹蝸。”陶注：“生陰地石垣下。似蛞[2]蝓，但背負殼耳。海邊又一種，正相似。一以炙殼便走出。食之益顏色。名寄居，亦可作醢。”

[注] [1]静本誤作“坻”。[2]静本、愛本作“蛣”，據徐復本《疏義》改。

䱆子律[1]反，**鰷**條音**也。**

䱆、鰷者，《荀子·榮辱篇》：“鰷鉢[2]者，浮陽之魚[3]也。胠於沙而思水，則無逮矣。挂於患而欲謹，則無益矣。”楊倞注：“鰷鉢，魚名。浮陽，謂此魚好浮於水上而就陽也。”《莊子·秋水篇》：“與惠子游於濠梁之上。莊子曰：‘鰷魚出游從容，是魚樂也。’”《釋文》：“鰷魚，徐音‘條’，《説文》‘直留反’，李音‘由’，白魚也。”《淮南·覽冥訓》：“不得其道，若觀鰷魚。”高注：“鰷魚，小魚也。在水中可觀見，見而不可得，道亦如之。”《玉篇》、《集韻》：“䱆，鰷也。”本此。《集韻》：“䱆，即律切，音卒。”

盧學士曰：“鰷，即《詩·周頌·潛[4]》云‘鰷’也。傳：‘鰷，白鰷也。’《爾雅》：‘鮂，黑鰦。’郭注：‘即白鰷魚。江東呼爲鮂。’羅願曰：‘其形纖細而白，故曰白鰷。’”

[注] [1]静本、愛本誤作“力”字，據《博雅音》改。[2]静本、愛本誤作“鉢”。[3]静本、愛本誤作“水”。[4]静本、愛本此處空白。

射工、短狐，蜮域音**也。**

射工、短狐、蜮者，《春秋經》有“蜮”。《穀梁傳》：“蜮，射人者也。”杜注《左傳》云：“蜮，短狐也。蓋以含沙射人爲災。”《釋文》：“蜮，本作‘蜮’。音或。《本草》謂之‘射工’。”《小雅·何人斯》：“爲鬼爲蜮。”傳：“短狐也。”疏引《洪範·五行傳》：“蜮如鼈，三足，生於南越。南越婦人多淫，故其地多蜮。淫女惑亂之氣所生也。”《漢書·五行志》：“嚴公十八年秋，有蜮。”劉向以爲“蜮生南越。越地多婦人，男女同川，亂氣所生，故聖人名之曰蜮。蜮，猶惑也。在水傍，能射人。射人有處，甚者至死。南方謂之短狐”。劉歆以爲“蜮，盛暑所生，非自來越也”。顔師古曰：“即射工也，亦呼水弩。”案，《説文》：“蜮，短狐也。似鼈，三足，以氣射害人。或作‘蟈’”。陸璣《詩》疏：“一名射影。江、淮水皆有之。人在岸上，影見水中，投人影則殺之，故曰射影。南人將[1]入水，先以瓦石投水中，令濁，然後入。或曰‘含沙射人，入[2]肌，其瘡如疥’是也。”

[注] [1]静本、愛本作“将”。[2]静本、愛本作“皮”。

釋鳥第十七

《左氏昭十七年傳》：“少皞摯之立也，鳳鳥適至，故紀於鳥，爲鳥師而鳥名。祝鳩氏，司徒也；雎鳩氏，司馬也；鳲鳩氏，司空也；爽鳩氏，司寇也；鶻鳩氏，司事也；鳳鳥氏，歷正也；玄鳥氏，司分也；丹鳥氏，司閉也；伯趙氏，司至也。又有九扈，爲九農正；五雉，爲五工正。”皆取義於鳥，以名其官。言天文者，南宫則取名朱鳥，井至柳爲鶉首，柳至張爲鶉火，張至軫爲鶉尾。司於官者，職之大羅、掌畜；適於用者，備於庖人、膳夫。器皿則取瑶爵，衣服則資華蟲。逮於後世，紀年則云神雀、五鳳，成室則云鳳閣、鸞臺。所用既廣，命名亦殊，所宜詳加分辨也。《説文》：“鳥，長尾禽總名也。象形。”“雀，鳥之短尾總名也。象形。”

此篇所釋，凡足蹼者，踵企者，掌縮以及飛之翪者、翔者、翬者，無不備録之，以著於篇。

玄鳥、朱鳥，燕也。

玄鳥、朱鳥、燕者，《夏小正》：“二月，來降燕，乃睇室。”傳曰：“燕，乙也。降者，下也。言‘來’者何也？莫能見其始出也。言‘乃睇’何也？睇者，眄也。眄者，視可爲室者也。百鳥皆曰‘巢’。‘突穴’又謂之室，何也？操泥而就家，入人内也。”“九月，陟玄鳥蟄。”傳曰：“陟，升也。玄鳥者，燕也。先言‘陟’而後言‘蟄’者，何也？陟而後蟄也。”《商頌·天命·玄鳥》傳：“玄鳥，鳦也。”《左氏昭十七年傳》：“玄鳥氏，司分者也。”《爾雅》：“巂周，燕。燕，鳦。”舍人曰：“巂周名燕，燕又名鳦。”孫炎曰：“別三名。”《說文》亦云：“巂周，燕也。從隹。中，象其冠也。”郭璞乃以“巂周”爲“子巂鳥”，而於“燕燕，鳦”下注云：“《詩》云：‘燕燕于飛。’一名玄鳥。齊人呼‘鳦’，此異說也。”《說文》云：“燕，玄鳥也。籋口，布翄，枝尾。象形。”“乙，玄鳥也。齊、魯謂之乙。取其名自呼。象形。或作‘鳦’。”“乙，請子之候鳥也。乙至而得子，嘉美之也。”《明堂·月令》：“玄鳥至之日，祠於高禖以請子。請子必以乙至之日者，乙春分來秋分去，開生之候鳥，帝少昊司分之官也。”《法言·問明篇》：“朱鳥翾[1]翾，歸其肆矣。或曰：‘奚取於朱鳥哉？’曰：‘時來則來，時往則往。能來能往者，朱鳥之謂也。’”李軌注：“朱鳥，燕別名也。”案，燕，一名鷾鴯。《莊子·山木篇》云：“鳥莫知於鷾鴯。”司馬彪云：“鷾鴯，燕也。”

[注] [1]静本、愛本作“翾”。

鶗弟音，又啼音**鴂**古惠反，又古二反、**鷶**買音**鶬**古彼反，**子鳺**[1]規音**也。**

鶗鴂、鷶鶬、子鳺者，子鳺，即子規也。亦作“子巂”。《說文》云：“蜀王望帝婬其相妻，慙亡去，化子巂鳥，故蜀人聞子巂鳴，皆起云‘望帝’。”《史記·曆書》云：“於時冰泮發蟄，百草奮興，秭鳺先滜。”徐廣曰：“音姊規。一名鶗鴂。”《索隱》言：“子規鳥，春氣發動，則先出野澤而鳴也。”《楚辭·離騷》：“恐鷤鴂之先鳴兮，使夫百草爲之不芳。”王逸注：“鵜鴂，一名買鶬。常以春分鳴也。鵜，一作‘鶗’。”五臣注《文選》云：“鶗鴂，秋分前鳴，則草木凋落。”揚雄《反離騷》云：“徒恐鶗鴂之將鳴兮，顧先百草爲不芳。”顏師古曰：“鴂，鳺字也。鶗鳺，鳥名。一名買鶬，一名子規，一名杜鵑。常以立夏鳴，鳴則衆芳皆歇。鶗，音大[2]系反。或作‘鷤’。鳺，又音決。鶬音詭。”宋景文《筆記》引蕭該《漢書音義》云：“蘇林：‘鶗鴂，音殄絹。’”案，《玉篇》以“鷶鶬”爲“子巂”，“鵑”爲“鶗鴂”，又名“杜鵑”，皆是也。其云“巂”即布穀。鶗，布穀。鶬，布穀。誤合下文“擊穀”爲一篇，皆非也。《後漢書·張衡傳》：“鷤鳺鳴而不芳兮。”章懷太子注引《廣雅》：“鶗鴂，布穀也。”亦誤以二鳥爲一。

[注] [1]静本、愛本作“規”。[2]静本、愛本作“夫”。

擊穀、鴶古八反，又居一反**鵴**[1]菊音，**布穀也。**

擊穀、鴶鵴、布穀者，《召南》：“維鵲有巢，維鳩居之。”傳：“鳩，尸鳩也。尸鳩，秸鞠也。尸鳩不自爲巢，居鵲之成巢。”《曹風》：“鳲鳩在桑，其子七兮。”傳：“鳲鳩，秸鞠也。鳲鳩之養其子，朝從上下，暮從下上，平均如一。”《左氏昭十七年傳》：“鳲鳩氏，司空也。”杜注：“鳲鳩，鴶鵴也。鳲鳩平均，故爲司空，平水土。”《夏小正》云：“正月，鷹則爲鳩。五月，鳩爲鷹。”傳云：“鷹也者，其殺之時也。鳩也者，非其殺之時也。善變而之仁也，故其言之也。曰‘則’，盡其辭也。鳩爲鷹變，而之不仁也，故不盡其辭也。”《月令》：“仲冬之月，鷹化爲鳩。”注：“鳩，搏穀也。”高誘注《吕氏春秋》云：“鷹化爲鳩，喙正直，不鷙擊也。鳩，蓋布穀鳥。”案，《爾雅》：“鳲鳩，鴶鵴。”郭注：“今之布穀也。江東呼爲穫穀。”《方言》云：“布穀，自關東西，梁、楚之間，謂之結誥。周、魏之間，謂之擊穀。自關而西，或謂之布穀。”《說文》：“鷄，桔鷄，尸鳩[2]。”陸璣云：“一名擊穀。今宋、梁之間，謂布穀爲鴶鵴，一名桑鳩。”“鴶鷄”、“秸鵴”、“鴶鵴”、“桔鷄”同。“擊穀”、“結誥”，一聲之轉。“布穀”、“搏穀”同。“獲穀”亦聲之轉。

[注] [1]静本、愛本作“鵴”。[2]静本、愛本誤作“鳲”。

鷻團音、**鶚**五各反、**鸄**慙音、**鷲**就音，**雕**彫音**也。**

《穆天子傳》：“青雕執犬、羊，食豕、鹿。”郭注：“今之鵰亦能食獐鹿。”

鷻、鶚者，《說文》：“雕，鷻也。籀文作‘鵰’。”“鷻，雕也。《詩》曰：‘匪鷻匪蔦。’”“蔦，鷙鳥也。從鳥、屰聲。徐鉉曰：‘今俗別作‘鳶’，非是。’”《玉篇》：“雕，鷲也。能食草。”《埤雅》：“雕，似鷹而大，黑，俗呼皂雕。其飛上薄雲漢，其相亦有上下。”案，今《小雅·四月詩》“鷻”作“鶉”，“蔦”作“鳶”，非古字也。毛傳：“鶉，鵰也。雕鳶，貪殘之鳥也。”孔疏云：“《說文》‘鶉’，從‘敦’而爲聲，字異於‘鶉’也。雕之大者，又名鶚。”《南山經》：“鐘山大鶚，其狀如雕而黑文、白首，赤喙而虎爪，其音如晨鵠。”郭璞注：“鶚，雕屬也。”《漢書·鄒陽傳》：“鷙鳥累百，不如一鶚。”孟康云：“鶚，大鵰也。”《御覽》

引《倉頡解詁》云："鶚，金喙鳥也。"《爾雅》："鵙鳩，王雎。"郭注："鵰類。今江東呼之爲鶚。好在江渚山邊食魚。"《左氏昭十七年傳》："雎鳩氏，司馬也。"杜注："王鳩也。鷙而有別，故爲司馬，主法制。"《史記正義》云："王雎，金口鶚[1]也。"

鷙者，《玉篇》："鷙，才三[2]切。雕也。"《廣韻》："鷙，鶚別名。一曰'似雕而班白'。"

鷲者，字亦作"就"。《中山經》："暴山，其獸多麋鹿麢就。"郭璞注："就，雕也。見《廣雅》。"陸璣《詩》疏云："雎鳩，大小如鴟，深目，目上露骨。幽州人謂之鷲。"

[注] [1]静本、愛本作"鶚"，爲"鶚"之異體。[2]静本、愛本衍"才"字，已刪。

肥鵂休音、鴟齒之反鵂，恠鴟也。盧休、鶜茅音鴟、鵋莫謀反、鵩閑音鴟，老鵵兔音也。

此釋妖鳥之名也。《秋官·哲蔟氏》："掌覆夭鳥之巢。"《庭氏》："掌射國中之夭鳥。若不見其鳥獸，則以救日之弓與救月之矢射之。"郭注："夭鳥，惡聲之鳥。若鴞鵩。"又云："不見鳥獸，謂夜來鳴呼爲恠者。"

肥鵂、鴟鵂、怪鴟者，"肥鵂"至"鴟也"。《海外南經》："湯山，爰有鴟久。"郭注："鴟久，鵂鶹之屬。"案，鴟久，即"鴟舊"，一名鵂鶹也。《説文》："舊，鴟舊，舊留也。或作'鵂'。徐鉉曰：'今借爲新舊字。'"《繫傳》云："恠鴟也。"《爾雅》"恠鴟"郭注："即鴟鵂也。今江東通呼此屬爲恠鳥。"《莊子·秋水篇》："鴟鵂夜撮蚤，察毫末；晝則瞋目而不見丘山。"《釋文》引司馬彪云："鴟，鵂鶹。夜取蚤食之。李頤云：'鵂鶹，夜聚人爪於巢。'"案，《淮南·主術訓》："鴟夜撮蚤蚊，察秋毫；晝日顛越，不能見邱山。形性詭也。”許慎注：“鴟，夜聚食蚤蝨，不失也。”高誘注：“鴟，鴟鵂也，謂之老菟，夜鳴人屋上也。夜則目明，合聚人爪以著其巢中。”《爾雅》：“鵅，鵋鶀。”郭注：“今江東呼‘鵂鶹’爲‘鵋鶀’，亦謂之‘鴝鵅’。”《御覽》引《纂文》曰：“鵂鶹，一名忌欺。夜能撮蚤蝨也。”《玉篇》：“鵁，鳥青黄色，即鵂鶹也。”皆“恠鴟”之異名也。

盧休、鶜鴟、鸏、鵩鴟、老鵵者，“慮休”至“鵵也”。《爾雅》：“萑，老鵵。”郭注：“木兔也，似鴟鵂而小，兔頭有角，毛脚，夜飛。好食雞。”《說文》：“萑，鴟屬。從隹、從𦫳。有毛脚，所鳴，其民有旤。讀若和。”《御覽》引《淮南萬畢術》曰：“鵄鵂致鳥。取鵄鵂，折其大羽，絆其兩足，以爲媒，張羅其旁，鳥聚矣。”《爾雅》又云：“狂茅鴟。”《御覽》：“孫炎曰：‘茅鴟，大目鵂鶹也。’”郭注：“今鸏鴟也。似鷹而白。”《釋文》：“茅，本或作‘鶜’。鸏，字又作‘䳟’。亡項反，又亡江反。《字林》云：‘鴟也。亡董反。’”《廣韻》：“鸏，鸏鴟鳥。”《說文》：“鵩，鴟也。”

背竃、皁帔，雚雀也。

背竃、皁帔、雚雀者，《說文》：“雚，小爵也。”“小”當作“水”。《豳風·東山》云：“鸛鳴于垤。”傳：“垤，蟻冢也。將陰雨則穴處，先知之矣。鸛好水，長鳴而喜也。”箋：“鸛，水鳥也。”《釋文》：“鸛，本又作‘雚’。古玩反。將陰雨則鳴。”陸璣疏：“鸛，鸛雀也。似鴻[1]而大，長頸，赤喙，白身，黑尾翅。樹上作巢，大如車輪。卵如三升杯。望見人，按其子令伏，徑舍去。一名負釜，一名黑尻，一名背竃，一名皂裙。又泥其巢一傍爲池，含水滿之。取魚置池中，稍稍以食其雛。若殺其子，一村致旱灾。”“竈”與“竃”同。《說文》：“竈，從穴，鼀省声。或作

‘竈’，不省。”皂帔，與“皂裙”同義。

盧學士曰：“鸛，又作‘冠’。《後漢書·楊震傳》：‘冠雀銜三鱣魚。’注：‘冠音貫，即鸛雀也。’又作‘觀雀’，見《莊子·寓言篇》。”

[注] [1]静本、愛本作“鴾”。

䳒末音、**鴄**匹音、**鸗**龍音、**鳧**、**鶩**，**䳼**於甲反，亦有“鴨”字如此**也**。

此釋“䳼”之名也。《淮南·地形訓》：“食水者善游能寒。”高誘曰：“魚鼈鷖鶩之屬。”《玉篇》：“鴨，水鳥。亦作‘䳼’。”今人養以供饌也。

䳒者，《玉篇》：“䳒，莫括切。鴨也。”本此。

鴄者，舊本作“鴪”，字書所無，疑“鴄”之譌，今訂正。《玉篇》：“鴄，鴨也。”《集韻》引此文：“鴄，䳼也。”古作“匹”。《孟子》：“力不能勝一匹雛。”《曲禮》云：“庶人之摯匹。”鄭注云：“舊說‘匹’讀爲‘鶩’”

鸗者，《玉篇》：“鸗，力公切。梟也。”“梟”是“鳧”之訛。

盧學士曰：“《史記·楚世家》：‘小臣之好射鶀雁、羅鸗。’徐廣引吕静曰：‘鸗，野鳥也。音聾。’《索隱》：‘鄒音盧動反。小鳥。’案，‘羅鸗’，雙聲字。《史記》下文云：‘青首也，羅鸗也。’可證。據《廣雅》別是‘野鳧’，非‘野鳥’。”

鳧、**鶩**者，《爾雅》：“舒鳧，鶩。”舍人、李巡並云：“鳧，家鴨名也。鶩，野鴨名也。”某氏云：“在野舒飛遠者爲鳧。”郭璞云：“鴨也。”《大宗伯》：“以禽作六摯，庶人執鶩。”鄭注：“鶩，取其不飛遷，象庶人安土重遷也。”

䳋加音**鵞、倉䳋，鳫**五諫反。案，“雁”字亦如此，又“鳫”字**也。**

䳋鵞、倉䳋、鳫者，此説鳫之名也。《説文》：“鳫，鵝也。”與“鴻雁”字從“隹”者不同。《爾雅》：“舒鳫，鵝。”郭注云：“《禮記》曰：‘出如舒鳫。’今江東呼爲䳋。”《禮記》疏引李巡云：“野曰鳫，家曰鵝。”孫炎曰：“在野舒翼飛遠者爲鵝。”《方言》云：“鳫，自關而東，謂之䭆䳣。南楚之外，謂之䳣，或謂之倉䭆。”郭注：“䭆，音加。今江東通呼爲䭆。”案，“䭆”與“䳋”同，亦作“駕”。《漢書·司馬相如傳》：“弋白鵠，連駕鵞。”《揚雄傳》：“鵞之能捷。”

隼，鶉也。鴐加音，**鶕**烏含反**也。**

蝦蟇化者爲“鶉”，田鼠化者爲“鶕”。《説文》：“雗，鶕屬。”“䧿，鶉屬。籒文作‘鶕’。”本二物也。今俗呼“鶕鶉”爲一物，誤矣。《廣韻》：“鶕，鶕鶉。”《字林》：“䧿雜。”

隼、鶉者，《説文》云：“鵻，祝鳩也。或從隹、從一，作‘隼’。”竊意從“一”者，“一”與“壹”通。毛公所謂“一宿之鳥”，康成所謂“壹意於其所宿之木”，造字之恉，或出於此，後人遂借爲“鷹隼”字矣。《説文》又云：“隼，一曰‘鶉’字。”蓋又以“隼”为“鶉”之異文。張博士恐人不知“隼”字之用，故以“鶉”釋之，未必竟以“鶉”爲“祝鳩鳥”也。舊本“隼”譌爲“隹”，“隹”是“鳥之短尾總名”，非也。此義戴侗《六書故》引唐本説：“鵻，從鳥、從隼。隼，從隹，卂省。李陽冰：‘隼，卂省聲。’”案，少温多臆説，不[1]敢信也。《鄘風》：“鶉之奔奔，鵲之彊彊。”鄭箋：“奔奔、彊彊，言其居有常匹，飛則相隨之貌。”《禮記·表記》、《吕氏春秋》俱有“鶉之賁賁”。鄭注《表記》以“賁賁”爲“争鬬惡皃”，高注《吕覽》以“賁賁”爲“其色不純”。鄭以鳥性言，高就“賁”字生義，故不同。今鶉鳥善鬬而毛有斑色，高、鄭所言皆得其實也。《淮南·齊俗訓》

云："蝦蟇爲鶉。"《爾雅》："鶉，鶉。其雄鶛，牝痺。"《詩》疏引李巡云："鶉，一名鶉。"是"鶉"亦"鶉"之別名。

鴽、鴾者，《夏小正》云："三月，田鼠化爲鴽；八月[2]，鴽爲鼠。"傳曰："鴽，鶉也。變而之善，故盡其辭也。鴽爲鼠，變而之不[3]善，故不盡其辭也。"高注《吕覽·季春紀》云："鴽，鴾也。青州謂之鴾。鴾，周雒謂之鴽。幽州謂鴾。"案，"鴾"字，予族子坫以爲"鴾"之誤也，予謂"鴾"疑"鴾"之訛。

[注] [1]静本、愛本脱"不"字，據徐復本《疏義》改。[2]静本誤作"八"。[3]"之不"，静本倒作"不之"。

鵖郎音**鷎**高音，**鳩也。鶻**滑音，又骨音**鵃**鵰音，又竹交反，**鳻**瓫音**鳩也。鴓**役音**鳩、𪃸**葵音**鳩、鵬鷎、鵥**浮音**鳩，鵴**菊音**鳩也。**

此釋鳩之名，皆《方言》也。

鵖鷎、鳩、鶻鵃、鳻鳩、鴓鳩、𪃸鳩、鵬鷎、鵥鳩、鵴鳩者，《方言》："鳩，自關而東，周、鄭之郊，漢、魏之都，謂之鵖鷎。其鴓鳩，謂之鵬鷎。自關而西，秦、漢之間，謂之鵴鳩。其大者謂之鳻鳩，其小者謂之鴓鳩，或謂之𪃸鳩，或謂之鵥鳩，或謂之鶻鳩。梁、宋之間謂之鷦。"郭注："鵖鷎，音郎皋。鵴，音'菊花'之'菊'。鳻音斑。鴓鳩，今荆鳩也。𪃸音葵。鵥音浮。"案，"鳻"與"鳻"同。"鵥"音"鵥"，同。《小雅·四牡》："翩翩者鵻。"傳："鵻，夫不也。"箋："夫不，鳥之慤謹者。人皆愛之。"陸璣疏："今小鳩也。一名浮鳩。幽州人或謂之鷎鵖。梁、宋之間謂之鵻，揚州人亦然。"鷎鵖，即"鵖鷎"之譌。《左氏昭十七年傳》："祝鳩氏，司徒也。"杜注："祝鳩，鷦鳩也。鷦鳩孝，故爲司徒，主教民。"《爾雅》："鵻其，鳺鴀。"舍人云："鵻名其'夫不'。"李巡云："夫不，一名鵻，今楚鳩。"樊光引《春秋》："祝鳩氏司徒。祝鳩，即鵻其、夫不。孝，故爲司徒。"郭璞曰："今鵓鳩。"《說文》："鵻，祝鳩也。從鳥，隹聲。或作'隼'，從隹、一。"戴侗引唐本《說文》："鶽，從鳥，從隼。隼，似隹，從卂省。李陽冰：'隼，卂省聲。'"郭本《爾雅》作"隹"，乃"隼"字之譌。"鵻"音思允切。隹，鳥之短尾總名。音職追反。陸氏《釋文》云："隹，如字，旁或加'鳥'，非也。"陸謂"如字"者，"隼"字也。又謂"或加'鳥'，非者"，"鶽"字也。其於鷹隼醜。《釋文[1]》云："隼，西尹切。本或作'鶽'。"案，"隼"即鳥也，無勞更加。今《釋文》亦誤作"隹，即鳥也"。又案，《爾雅》："鶌鳩，鶻鵃。"舍人云："鶌鳩，一名鶻鵃。今之班鳩也。"《小雅·小宛》："宛彼鳴鳩。"傳："宛，小貌。鳴鳩，鶻鵰。"《釋文》引《字林》云："鶻鵃，小種鳩也。"《毛詩草木疏》云："班鳩也。杜陽人謂之班隹。"案，古"舟"與"周"通。從"鳥"之字，亦或從"隹"。鶻鵰，即"鶻鵃"。舍人《爾雅》注、陸璣《詩》疏，並以"鶻鵃"爲"班鳩"，皆本《方言》。

[注] [1]静本、愛本脱"文"字。

鶙弟音，又啼音**鶘**、**鷸**述音**子**、**籠脱**，**鷂**筵照反**也**。

《說文》："鷂，鷙鳥也。弋笑切。"

鶙鶘、鷸子、籠脱者，《爾雅》："鷣，負雀。"郭注："鷣，鷂也。江東呼之爲鷣。善捉雀，因名云。"《月令》："季冬之月，征鳥厲疾。"注："征鳥，題肩也。齊人謂之擊征，或名曰鷹。"《小雅·采芑》："鴥彼飛隼，其飛戾天。"陸璣云："隼，鷂屬也。齊人謂之擊征，或謂之題肩，或謂之雀鷹。春分化爲布穀者是也。"《御覽》引《春秋考異郵》云："陰陽氣貪，故題肩擊[1]。"宋均注："題肩，有爪芒。爲陽中陰，故擊殺也。"

又引《廣志》："鷂子，大如胡燕[2]，色似燕鷂，食雀。籠脱，擊鳩、鵲。"《禽經》云："一名鷂子，一名籠脱。"《玉篇》："鷂，鷹鷂。""鶺，鶬鶺。鷂屬。""鶗，鶗鶺[3]。應仲春化爲鳩。鶬，同上。"

[注] [1]静本、愛本作"多"。[2]静本、愛本此處空白。[3]愛本脱"鶺"，據徐復本《疏義》改。

戴鵀、戴紝、鶝福音鶔不尤反、澤虞、鵀鶝、尸鳩，戴勝也。

此皆本《方言》也。《月令》："季春，戴勝降於桑。"注："戴勝，織紝之鳥。是時恒在桑，言降者，若時始天來重之也。"《吕氏春秋》作"戴任"。高誘注："戴任，戴勝也。《爾雅》曰'鵖鴔'，即生於桑。是月其子彊飛，從桑空中來下，故曰'戴任降於桑'也。"《淮南·時則訓》作"戴鵟"。高誘注："戴鵟，戴勝也。"

戴鵀、戴紝、鶝鶔、澤虞、鵀鶝、尸鳩者，《方言》云："鳲鳩，燕之東北，朝鮮、洌水之間，謂之鶝鶔。自關而東，謂之戴鵟。東齊、海岱之間，謂之戴南。南，猶鵟也。或謂之鵖鶝，或謂之戴鵀，或謂之戴勝。東齊、吴、揚之間謂之鵟。自關而西，謂之服鶝，或謂之鶝鶝。燕之東北，朝鮮、洌水之間，謂之鵀。"《爾雅》："鵖鴔，戴鵟。"郭注："鵟，即頭上勝。今亦呼爲戴勝。鵖鴔，猶鶝鶝，語聲轉耳。"《爾雅》又云："鶭，澤虞。"《太平御覽》引孫炎云："鳲鳩，或謂'紡'。澤虞，其别名也。常在澤中，見人報鳴不去，有象主守之官，因名。"《方言》以"鳲鳩"、"紡澤"與"戴勝"爲一鳥，故孫叔然因之，亦與《廣雅》同也。

鷦焦音鷯弭沼反、鸋乃定反鴂決音、果贏力果反、桑飛、女鴎匠音，工雀也。

鷦鷯、鸋鴂、果贏、桑飛、女鴎、工雀者，《方言》云："桑飛，自關而東，謂之工爵，或謂之果贏，或謂之女匠。自關而東，謂之鸋鴂。自關而西，謂之桑飛，或謂之懱爵。”郭注：“桑飛，即鷦鷯也。贏音螺。女匠，今亦名爲巧婦。江東呼‘布母’。鸋鴂，寗、玦兩音。懱爵，言懱截也。”《周頌·小毖》：“肇允彼桃蟲。”傳：“桃蟲，鷦也。”《爾雅》：“桃蟲，鷦。”郭注：“鷦䳤[1]，桃雀也。俗呼爲巧婦。”《莊子·逍遥游》：“鷦鷯，巢於深林，不過一枝。”《釋文》引李頤云：“鷦鷯，小鳥也。”《文選》注引《韓詩傳》云：“《鴟鴞》：‘既取我子，無毀我室。’鴟鴞，寧鴂，鳥名也。鴟鴞，所以愛養其子者，適所以病之也。愛養其子者，謂堅固其窠巢。病之者，不知托於大樹茂枝，反敷之葦蕳。風至[2]，蕳折巢覆，有子則死，有卵則破，是其病也。”案，《方言》以“鸋鴂”爲“桑飛”，本諸《韓詩》。《荀子·勸學篇》云：“南方有鳥焉，名曰蒙鳩。以羽爲巢，而編之以髮，繫之葦苕。風至苕折，卵破子死。巢非不完也，繫之者然也。”楊倞注：“蒙鳩，即鷦鷯也。”引《說苑》：“客謂孟嘗君曰：‘鷦鷯巢於葦苕，著[3]之以髮，可謂完固矣。大風至，則苕折卵破者，何也？所託者然也。今巧婦鳥之巢至精密，多繫於葦竹之上是也。’”蒙，當爲“蔑”。案，《荀子》所云“蒙鳩”，即“懱爵”也。“蒙”、“蔑”，聲相近。陸璣《詩》疏：“鴟鴞，似黄雀而小，其喙尖如錐，取茅秀爲巢，以麻紩之，如刺韈然。縣著樹枝，或一房，或二房。幽州人謂之鸋鴂，或曰巧婦，或曰女匠。關東謂之工雀，或謂之過贏。關西謂之桑飛，或謂之韈雀，或曰巧女。”“果”、“過”，“鴟”、“匠”並同。

[注] [1]“䳤”字，静本、愛本誤作“少鳭”，據《四庫》本《爾雅》改。[2]愛本誤作“之”。[3]静本誤作“箸”。

城旦、倒縣、鶡曷音**鴠**旦音**、定甲、獨舂，鶡**苦汗反**鴠**旦音**也。**

城旦、倒縣、鶡鴠、定甲、獨舂、鶡鴠者，鶡鴠，《說文》作“渴鴠”。《月令》：“仲冬之月，曷旦不鳴。”注：“曷旦，求旦之鳥。”《釋文》：“曷，本亦作‘鶡’。”《坊記》引《詩》云：“相彼盍旦，尚猶患之。”注：“盍旦，夜鳴求旦之鳥也。求不可得也。人猶惡其反晝夜而亂晦明。”《釋文》：“盍，音渴。”《方言》云：“鶡鴠，周、魏、齊、宋之間，謂之定甲，或謂之獨舂。自關而東，謂之城旦，或謂之倒縣，或謂之鶡鴠。自關而西，秦、隴之内，謂之鶡鴠。”郭注：“鶡鴠，似雞，五色，冬無毛，赤倮。晝夜鳴。侃、旦兩音。獨舂，好自低昂。城旦，言其辛苦，有似於辜謫者。倒縣，好自縣於樹也。”“鶡”、“渴”、“盍”，音義同，“鶡”聲之轉也。舊本“舂”訛爲“春”，今訂正。

碣石音**鳥、精列、雝**[1]邕音**鶏**渠音**，鴈**邱[2]莖反**也。**

碣鳥、精列、雝鶏、鴈者，《說文》：“鴈，石鳥。一名雝鰈，一曰精列。”案，精列，即“脊令”，一聲之轉。《小雅·常棣》：“脊令在原。”傳：“脊令，雝渠也。”箋：“雝渠，水鳥。而今在原，失其常處，則飛則鳴，求其類，天性也。”《小苑》：“題彼脊令，載飛載鳴。”箋：“則飛則鳴，翼也，口也，無有止息時。”《爾雅》：“鵬鴒，雝渠。”郭注：“雀屬也。飛則鳴，行則摇。”陸璣疏：“大如鷃雀，長脚，長尾，尖喙，背上青灰色，腹下白，頸下黑如連錢，故杜陽人謂之連錢。”“碣”、“石”，“鸍”、“雝”，“鶏”、“鰈”、“渠”、“脊”，“鴒”、“令”並同。

[注] [1]静本作“鸍”。[2]静本、愛本作“五”，據《博雅音》改。

慈烏，烏也。

《説文》："烏，孝烏也。象形。孔子曰：'烏，盱呼。'取其助氣，故以爲'烏呼'。古文作'於[1]'。"

慈烏者，《小爾雅》云："純黑而反哺者，謂之烏。小而腹下白，不反哺者，謂之鵶烏。"《禽經》："慈烏，亦名孝烏。比他烏微小，大觜，烏脣。"

[注] [1]静本、愛本作"紟"。

𪂹子幽反子、鶩務音、鷇苦侯反，雛也。

此釋"雛"之名也。《説文》："雛，雞子也。鶵[1]，籀文。"《淮南·泰族訓》："卯之化爲雛，非慈雌嘔煖覆伏，累日積久，則不[2]能爲雛。"《漢書·東方朔傳》注引項昭曰："凡鳥哺子而活者爲鷇，生而自啄曰雛。"

𪂹子者，《方言》云："雞雛，徐、魯之間謂之𪂹子。"《玉篇》、《廣韻》並云："𪂹，雞雛。"

鶩者，《玉篇》："鶩，亡付切。雀子。"案，《吕氏春秋》："天子以雛嘗黍。"高注："雛，春鶵也。"郭注《爾雅》云："今呼少雞爲鶵。""敄"、"翏"，聲相近。鶵，即"鶩"之異文者。

鷇者，舊本誤爲"鸖"，以曹音證之，是"鸖"字也。然從"隹"，又從"鳥"，俗字當爲"鷇"，今訂正。《説文》："鷇，鳥子生哺者。"《爾雅》："生哺，鷇。"鄭注："鳥子湏母食之。"《釋文》云："鷇，鳥子湏哺而食者，燕雀之屬是也。"《魯語》："鳥翼鷇卵。"韋注："生哺曰鷇。"《史記·趙世家》："探爵鷇而食之。"《集解》引綦毋邃云："鷇，爵子也。"《索隱》曰："生受哺者謂之鷇。"

[注] [1]静本、愛本誤作“𪆁”。[2]静本、愛本脱“不”字。

鳱鵠古篤反，鵲也。

鳱鵠、鵲者，《說文》：“舄[1]，誰也。雒，篆文。”“舄者，知太歲之所在。作巢避戊己。”《詩》鄭箋云：“鵲之作巢，冬至架之，至春乃成。”孔疏云：“《推災》曰：‘鵲以復至之月，始作室家。鳲鳩因成事，天性如此也。’復於消息十一月卦，故知冬至之加功也。《月令》：‘十二月，鵲始巢。’則季冬猶未成，故云‘至春乃成’。”《淮南·人間訓》：“鵲先識歲之多風也。去高木而翔扶枝。大人過之則探鷇，嬰兒過之則挑其卵。知備遠難而忘近患。”《氾論訓》云：“乾鵠知來而不知往。”高誘注：“乾鵠，鵲也。人將有來[2]事、憂喜之徵則鳴，此知來也。知歲多風，多巢於下枝。人皆探其卵，故曰不知往也。”“乾”讀“乾燥”之“乾”，“鵠”讀“告退”之“告”。《說文》：“鷽，雗鷽，山鵲。知來事鳥也。或作‘𨿅’，從隹。”“雗，雗鷽也。”案，鳱鵠，即“雗鷽”，字異音義同。《爾雅》：“鷽，山鵲。”郭注：“似鵲而有文彩，長尾，觜脚赤。”

[注] [1]静本、愛本此處空白。[2]静本、愛本誤作“事”。

野雞，雉也。

野雞、雉者，《史記·封禪書》：“野雞夜雊。”《集解》引如淳曰：“野雞，雉也。”《漢書·郊祀志》云：“文公獲若石云，於陳倉北阪城祠之。其神，常以夜，光輝若流星，從東方來，集於祠城，若雄雞，其聲殷殷云，野雞夜鳴。以一牢祠之，名曰陳寶。”顔師古曰：“野雞，亦雉也。避吕后諱，故曰野雞。”顧氏云：“《五行志》：‘天水冀南山，大石鳴聲隆隆如雷。有頃止，壄雞皆鳴。’師古曰：‘雉也。竊謂野雞者，野中之雞耳。

注拘於荀悦云，諱雉之字，曰野雞。’此文本《史記·封禪書》，其上文有‘雉登鼎耳雊’，其下文‘公孫卿言，見僊人跡緱氏城上，有物如雉，往來城上’，並無所諱也。”

伏翼、飛鼠、仙鼠，蟙尸墨反蠌墨音也。

伏翼、飛鼠、仙鼠、蟙蠌者，《方言》：“蝙蝠，自關而東，謂之服翼，或謂之飛鼠，或謂之老鼠，或謂之僊鼠。自關而西，秦、隴之間，謂之蝙蝠。北燕[1]謂之蠘蠌。”《爾雅》：“蝙蝠，服翼。”郭注：“齊人呼爲蠘蠌，或謂之仙鼠。”“伏”、“服”，“仙”、“僊”，“蟙”、“蠘”並同。

[注] [1]静本、愛本誤作“墨”。

鶹留音鵂仲音，飛鸓力追反也。

鶹鵂、飛鸓者，盧學士曰：“《說文》：‘鸓，鼠形，飛走且乳之鳥也。力軌切。’《本草》：‘鸓，主墮胎，令人産易。生平谷。’陶宏景云：‘是鼯鼠。一名飛生。見《爾雅》。’案，《爾雅》：‘鼯鼠，夷由。’郭注：‘狀如小狐，似蝙蝠云云。’《文選·上林賦》：‘蜼玃飛蠝。’注引張博士彼注云：‘飛蠝，鼠也。其狀如兔而鼠首，以其髯飛。’郭璞曰：‘蠝，鼯鼠也。音誄。’案，《西山經》：‘翠山，其鳥多鸓。其狀如鵲，赤黑而兩首，四足，可以禦火。’《玉篇》謂之‘鸓’也，音壘，其形狀與[1]‘鸓’不相似，非一物也。案，《玉篇》：‘鶹，力周切。鶹鵂，飛鸓。’本此。”“鶹”、“鷚”，“鸓”、“鸓”並同。

[注] [1]静本、愛本此處空白，據徐復本《疏義》改。

鸊布獲反，又步覓反**鷉**梯音，**鶻鷉也。**

鸊鷉、鶻鷉者，《爾雅》："鷉，須鸁[1]。"郭注："鷉，鷿鷉。似鳧而小，膏中瑩刀。"《方言》云："野鳧，其小而好没水[2]中者，南楚之外，謂之鷿鷉。大者謂之鶻蹏。"郭注："鷿音指辟。鷉，他奚反。鶻鷉，滑蹄兩音。"《後漢書·馬融傳》："鷺、雁、鷿鷉。"注："膏可以瑩刀劍。"張衡《南都賦》："鸊鵁鸊鶙。"案，鸊鷉，《說文》作"䴙鷈"。"鸊"、"鷿"、"䴙"，"鷉"、"鷈"、"鶙"、"蹏"並同。舊本"鶻"譌"鵲"，今據《方言》訂正。

[注] [1]静本、愛本此處空白。[2]"没水"，静本、愛本倒作"水没"。

鴆"沈"之去聲**鳥，其雄謂之運日，其雌謂之陰諧。**

鴆鳥、運日、陰諧者，《說文》："鴆，毒鳥也。一名運日。"《中山經》："女几之山，其鳥多鴆。"郭注："鴆，大如鵰，紫緑色，長頸，赤喙，食蝮蛇頭。雄名運日，雌名陰諧也。"《淮南·繆稱訓》："暉日知晏，陰諧知雨。"高誘注："暉日，鴆鳥也。晏，無雲也。天將晏静，暉日先鳴。陰諧，暉日雌也。天將陰雨則鳴。""運"、"暉"，字異音義同。《春秋莊三十二年傳》疏引《廣志》云："鴆鳥，形似鷹，大如鶚，毛黑，喙長七八寸，黄赤如金。食蛇及橡實。居常高山巔。晉諸公讚云：'鴆鳥食蝮，以羽翮櫟酒水中，飲之則殺人。'舊說'鴆不得渡江，有重法'。石崇爲南中郎，得鴆，以與王愷養之。大如鵝，喙長尺餘，純食蛇虺。司隸傅祗於愷家，得此鳥，奏之。宣示百官，燒於都街。"

鳳皇：雞頭、燕頷、蛇頸、鴻身、魚尾、骿翼。五色，首文曰[1]德，翼文曰順，背文曰義，腹文曰信，膺文曰仁。

雄鳴曰即即，雌鳴曰足足；昏鳴曰固常，晨鳴曰發明[2]，晝鳴曰保長；舉鳴曰[3]上翔，集鳴曰歸昌。

鳳皇者，《南山經》：“丹穴之山，有鳥焉。其狀如雞，五采而文，名曰鳳皇。首文曰德，翼文曰義，背文曰禮，膺文曰仁，腹文曰信。是鳥也，飲食自然，自歌自舞，見則天下安寧。”郭璞曰：“漢時鳳鳥數出，高五六尺，五采。又賛曰：‘鳳皇靈鳥，實冠羽羣。八象其體，五德其文。羽翼來儀，應我聖君。’”《韓詩外傳》云：“黄帝召天姥而問之曰：‘鳳象何如？’天姥對曰：‘夫鳳，象鴻前麐後，蛇頭而魚尾，龍文而龜身，燕頸而雞喙。戴德而負仁，抱忠挾義。小音金，大音鼓，延頸奮翼，五采備明。舉動八雨，氣應時雨。食有質，飲有儀。往有文始，來即嘉成。惟鳳爲能通天祉，應地靈，律五音，覽九德。天下有道，得鳳象之一，則鳳過之。得鳳象之二，則鳳翔之。得鳳象之三，則鳳集之。得鳳象之四，則鳳春秋下之。得鳳象之五，則鳳没身居之。’”《爾雅》：“鶠，鳳。其雌皇。”案，《史記·司馬相如傳》：“相如飲於卓氏。卓氏女文君好音，相如以琴心挑之。”《索隱》録其詩曰：“鳳兮鳳兮歸故鄉，游敖四海求其皇。”云云。則“鳳”是雄者，“皇”乃其雌也。《春秋運斗樞》云：“天樞德見，則鳳皇翔。”《中侯握河紀》云：“堯即位七十年，鳳皇止庭。伯禹拜曰：‘昔帝軒提象，鳳巢阿閣。’”《大雅·卷阿》及《左氏昭十七年傳》疏並引《白虎通》云：“黄帝之時，鳳皇蔽日而至，止於東園。食常竹實，常梧桐，終身不去。”今本《白虎通》云無此文。《説文》云：“鳳，神鳥也。出於東方君子之國，翱翔四海之外。過崑崙，飲砥柱，濯羽弱水，莫宿風穴，見則天下大安寧。朋[4]，古文‘鳳’。象形。鳳飛，羣鳥從以萬數，故以爲‘朋黨’字。鵬，亦古文字‘鳳’。”郭注《山海經》引此文，有“龜背”，無“鴻身駢翼”。《宋書·符瑞志》“即即”作“節節”，“晝”作“夜”，“舉”作“晝”，“集”作“夕”。舊本“首”誤爲“以”，今訂正。

“集鳴曰歸昌”者，張協《七命》：“采奇律於歸昌。”是也。

[注] [1]静本、愛本誤作“白”，據《博雅音》改。[2]静本、愛本脱“明”字，據《博雅音》補。[3]静本、愛本脱“曰”字。[4]“朋”與下文“鵬”，作爲“鳳”的古文，據《説文》當隸定爲“㒳”和“䳍”。

翳鳥、鸞鳥、鷫鷞、鸑鷟[1]、鴰古活反䳇動音、鵕鸃、廣昌、鷦明，鳳皇屬也。

《説文》云：“五方神鳥，東方發明，南方焦明，西方鷫鷞，北方幽昌，中央鳳皇。”《樂叶圖徵》云：“五鳳皆五色，爲瑞者一，爲蠥者四。其四皆似鳳，並爲妖。一曰鷫鷞，鳩喙[2]、圓目。身義，戴信，嬰禮，膺仁，負智。至則役之感也。二曰發明，鳥喙、大頸。身仁，戴智，嬰義，膺信，負禮。至則衺之感也。三曰焦明，長喙、疏翼，圓尾。身義，戴信，嬰仁，膺智，負禮。至則水之感也。四曰幽昌，兑目、小頭、大身、細足。身智，戴信，負禮，膺仁。至則旱之感也。”

翳鳥者，《海内經》云：“北海之内，有蛇山者。有五采之鳥，飛蔽一鄉，名曰鷖鳥。”郭注：“鳳屬也。《離騷》云：‘駟玉虬而乘鷖。’漢宣帝元康元年，五色鳥以萬數過蜀都，即此鳥也。”

盧學士曰：“《説文》：‘翳，華蓋也。’此翳鳥之色如華蓋然，故以名焉。孫侍御曰：‘翳，當做鷖。’《思玄賦》注引云：‘鷖，鳳屬也。’不必傅會華蓋之説。”

鸞鳥者，《西山經》：“女牀之山，有鳥焉。其狀如翟，而五采文，名曰鸞鳥。見則天下安寧。”又《大荒西經》：“有沃之野，鸞鳥自歌，鳳鳥自舞。”《逸周書·王會解》云：“氐羌以鸞鳥。”注云：“鸞大於鳳，亦歸於仁義者也。”《説文》：“鸞，亦神靈之精也。赤色、五采、雞形，鳴中五音，頌聲作則至。”孫氏《瑞應圖》曰：“鸞鳥，赤神之精，鳳皇之佐。鳴中五音，肅肅雍雍。喜則鳴舞，人君步行有容，進退有度。祭祀、宰人，咸有敬讓節禮，親有序則至。一曰‘心識鍾律，律調則至，鳴舞以和之’。”又《決録》注：“辛繕，隱居華陰，光武徵不至者。有大鳥，高五尺，雞首、燕頷、蛇頭、魚尾，五采備舉而青。棲繕槐樹，旬時不去。宏農太守以聞，詔問百僚，咸以爲鳳。太史令蔡衡對曰：‘凡象鳳者有五，多赤色者鳳，多黄色者鵷鶵，多青者鸞，紫者鸑鷟，白者鵔鸃。今五色多青，乃鸞也。’”

鸕鷞者，《説文》：“鸕，鸕鷞也。司馬相如説作‘䎗’。”《玉篇》：“鸕鷞，西方神鳥。”《淮南·原道訓》：“釣射鸕鷞之謂樂乎？”高誘注：“鸕鷞，長頸、緑身，其形似雁。一曰鳳皇之别類也。”

盧學士曰：“雁之類名鸕鷞者，其毛羽可用爲裘。與此名同而實異也。”

鸑鷟者，《説文》：“鸑鷟，鳳屬。神鳥也。江中有鸑鷟，似鳧而大，赤目。”《周語》云：“周之興也，鸑鷟鳴於岐山。”韋昭注：“鸑鷟，鳳之别名也。”《後漢書·賈逵傳》：“武王終父之業，鸑鷟在岐。”劉逵注《吴都賦》：“鸑鷟，鳳鶵也。”

鴰鶬，未聞。案，五方神鳥，鳳皇而外，所載者止有西方之“鸕鷞”，南方之“鷦明”。其北方之“幽昌”，疑即“廣昌”也。不應獨闕東方之“發明”。然則“鴰鶬”者，其“發明”之異名歟？

鵔鸃者，《説文》作“駿鸃”。云：“駿鸃，鷩也。秦、漢之初，侍中冠駿鸃冠。駿，私閏切。鸃，魚羈切。”《水經》“浪[3]水”注云：“《南越志》云：‘縣多鵔鸃。’鵔鸃，山雞也。光色鮮明，五色眩耀，利距善鬭。世以家雞鬭之，則可擒也。”李彤曰：“鵔鸃，神鳥，飛光竟天。”《玉篇》：“駿，鳥狀如鴟，赤足、直喙、黄文，見則天下大旱。”

廣昌者[4]，其北方之“幽昌”，疑即“廣昌”也。

鷦明者，《史記·上林賦》：“掩焦明。”《索隱》引《樂叶圖徵》云：

“鷫明，狀如鳳皇。”宋衷曰：“水鳥也。”劉向《九歎》：“從玄鶴與鷫明。”王逸注：“俊鳥也。”《法言·問明篇》：“鷫明遴集，食其絜者矣。”

[注] [1]静本、愛本作“鶩”，據《博雅音》改。[2]静本、愛本誤作“啄”。[3]静本、愛本作“佷”。[4]“廣昌”條原缺，據上文補。

鶈妻音鸎、鵷餘占反離、延居、頸雀，恠鳥屬也。

此說恠異之鳥，人所罕見者也。《南山經》：“旄山之尾，其南有谷，曰育遺，多恠鳥。”郭注引《廣雅》：“鵷離、鷫朋、爰居、鵄雀，皆恠鳥屬也。”有“鷫朋”而無“鶈鸎”。余謂“鶈”、“鷫”，形相涉。古本“鸎”字，或單用“朋”，亦形相近而致譌也。

鶈鸎，《玉篇》：“鶈，千兮切。鶈鸎，東夷鳥名。”

鵷離者，《玉篇》：“鵷，鵷鸝。鳥自爲牝牡。”“鸝，力支切。鵷鸝。”案，“離”、“鸝”同。

延居者，郭注《南山經》引作“爰居”。“延”、“爰”，聲相轉也。《爾雅》：“爰居，雜縣。”郭注：“漢元[1]帝時，琅邪有大鳥，如馬駒，時人謂之爰居。”《釋文》引李巡曰：“爰居，海鳥也。樊光云：‘似鳳皇。’”《急就篇》謂之“乘風”。《魯語》：“海鳥曰爰居，止於魯東門之外三日。臧文仲使國人祭之。”《莊子·至樂篇》云：“海鳥止於魯郊。魯侯御而祭之於廟，奏九韶以爲樂，具太牢以爲膳。鳥乃眩視憂悲，三日而死。”《釋文》引司馬彪云：“爰居，舉頭高八尺。”

頸雀，未聞。郭注《南山經》引作“鵄雀”。

盧學士曰：“《爾雅》說‘鵄’之種類，‘狂，茅鵄’，‘恠鵄，梟鵄’，蓋亦其類。”

[注] [1]静本、愛本誤作“先”。

鴶，禽也。車搞隔音，鴶杔也。

鴶、車搞、鴶杔者[1]，盧學士曰：“鴶鵴，已釋於上。此所云者，未詳上也。字亦疑衍。焦氏循曰：‘按，《御覽·九百廿八》引：鴶杔，雒禮。《淮南·說林訓》：鳥力勝日，而服於雒禮。禮，或作“礼”。與杔字形近而譌也。’”

[注] [1]“車搞”，徐復本《補疏》：“《荆楚歲時記》云：‘春分有鳥如烏，先雞而鳴。聲如加格加格，民候此鳥鳴則入田，以爲催人駕犁格也。’加格，與‘車搞’同音字。此鳥黑身、長尾。‘車搞’即其自呼之聲。”

鷩敏音。人多作“煩音”，非也鳥，鴞也。

鷩鳥、鴞者，陸璣《詩》疏：“鴞，大如班鳩，緑色。惡聲之鳥也。入人家，凶。賈誼所賦‘鵩鳥’是也。其肉甚美，可爲羹臛，又可爲炙。漢供御物，各隨其時。唯鴞，冬、夏常施之，以其美故也。”《史記·賈誼傳》：“有鴞飛入賈生舍，止於坐隅。楚人命鴞曰服。”《索隱》：“案，鄧展云：‘似鵲大。’而晉灼曰：‘《巴蜀異物志》云：有鳥小如雞，體有文色，土俗因名之曰鵩。不能遠飛，行不出域。《荆州記》云：巫縣有鳥，如雌雞[1]，其名爲鴞。楚人謂之服。《吴録》云：服，黑色，鳴自呼。’”江都焦氏曰：“屈原賦《天問》云：‘繁鳥萃棘。’”王逸章句云：“解居父聘吴，過陳之墓門，見婦人負其子，欲與之淫泆[2]，肆其情欲。婦人則引《詩》刺之，曰：‘墓門有棘，有鴞萃止。’故云‘繁鳥萃棘也’。”是鴞，一名“繁鳥”。鷩[3]，即“繁”之訛。繁，其“服”之轉音歟？焦說是。

[注] [1]静本、愛本脱“雞”字。[2]静本、愛本誤作“俟”。[3]静本、愛本誤作“繁”，據徐復本《疏義》改。

伯趙，鶪也。

伯趙、鶪者，《説文》：“鶪，伯勞也。或從隹，作‘雎’。”《左氏昭十七年傳》：“伯趙氏，司至者也。”疏引樊光曰：“伯趙氏，司至。伯趙，鶪也。以夏至來，冬至往。”又引蔡邕《月令章句》云：“鶪，伯勞也，一曰伯趙。應時而鳴，爲陰候也。”通作“鴂”。《夏小正》：“五月，鴂則鳴。鴂者，百鷯也。鳴者，相命也。”《月令》：“仲夏之月，鶪始鳴。”鄭注：“鶪，搏勞也。”高誘《吕氏春秋》注云：“鶪，伯勞也。是月，陰作於下，陽發於上。伯勞夏至後，應陰而殺蛇，磔之於棘，而鳴其上。”《藝文類聚》引《易通卦驗》云：“伯勞，性好單棲。其飛𩙪，其鳴嗅嗅。夏至，應陰而鳴。冬至而止。”《玉篇》：“鶪鷯，伯勞也。”《爾雅》、《釋文》引《字林》云：“鶪鷯，似伯勞而小。”

釋獸第十八

“獸”之言“狩”也。古文“獸”與“狩”通。《小雅·車攻》：“搏獸于敖。”《水經注》引作“薄狩”，《初學記》引作“搏獸”。何休《公羊傳》注：“狩，猶獸也。”《夏官·大司馬》：“中春，教振旅，遂以蒐田；中夏，教茇舍，遂以苗田；中秋，教治兵，遂以獮田；中冬，教大閲，遂以狩田。”何休《公羊傳》注亦云：“苗，毛也。明當見物，取未懷任者。蒐，簡擇幼稺，取其大者。冬時，禽獸長大，遭獸可取。”蓋四時之田，所以獵取衆獸者，一爲乾豆，二爲賔豆，三爲充君之庖也。其皮革、齒牙、骨角、毛羽，可以供器，故《周官》“獸人”掌之，所爲辨其名物也。

此篇所釋，別其牝牡，辨其等倫。鄭司農注："《庖人》'六獸'，以'麋、鹿、熊、麢、野豕、兔'當之。是豕雖常畜，而野豕不常畜，故繫之獸屬。鼠雖微物，亦四足而毛，故並附見焉。

於烏音**䖘**塗音**、李耳，虎也。**

《管子·形勢篇》解："虎豹，獸之猛者也。居深林廣澤之中，則人畏其威而載之。"《淮南·地[1]形訓》："三九二十七，七主星，星主虎，故虎七月而生。"《說文》："虎，山獸之君。"

於䖘、李耳者，於䖘，即"於菟"。《左氏昭宣四年傳》："楚人謂乳'穀'，謂虎'於菟'。"《方言》云："虎，陳、魏、宋、楚之間，或謂之李父。江、淮、南楚之間，謂之李耳，或謂之於䖘。自關東西，或謂之伯都。"郭注："李耳，虎食物，值耳即止，以觸其諱故。於音烏。今江南山夷呼虎爲䖘，音'狗竇'之'竇'。俗曰伯都。事見神虎說。"案，《左傳》、《釋文》："於菟，音徒。"《漢書·叙傳》作"於檡"。顔師古曰："檡，字或作'菟'，並音塗。而郭讀若'狗竇'者，語有輕重，聲相轉耳。"

[注] [1]静本、愛本脱"地"字。

貔毗音**、貍，貓也。貊**丕音**，貍也。**

貔、貍、貓、貊者，《淮南·主術訓》："譬猶貍之不可使搏牛，虎之不可使搏鼠也。"《說文》："貍，伏獸。似貙。"又《新附》"貓"字云："貍屬。皮可以爲裘。"顔師古注《急就篇》云："貍，一名貊。亦謂之貔。"《左氏定九年傳》稱齊大夫東郭書"衣貍製"，服虔曰："貍製，貍裘也。"《方言》云："貔，陳、楚、江、淮之間，謂之貅。北燕、朝鮮之間，謂之貊。關西謂之狸。"郭注："貔，貍別名也。貅音來。貊，今江南呼爲貔貍，音丕狸。此通名耳。貔，未聞語所出。”案，“貍”、“貍”，聲之轉，古字通。貊貍，猶不來也。《大射儀》云：“奏《貍首》。”鄭注：“貍之言不來也。”《史記·封禪書》云：“設射貍首。”徐廣曰：“貍，一名不來。”《漢書·郊祀志》作“設射不來”，是也。郭氏既以“貔”爲“狸”別名，又云“貔，未聞語所出”者，蓋“貔”之見於《尚書·牧誓》、《大雅·韓奕》、《禮記·曲禮》、《爾雅·釋獸》及《史記·五帝本紀》者，並以爲猛獸之稱，故仍疑而未定也。貔，或是“貍”字之譌歟？江都焦氏循曰：“《澠水燕談》云：‘契丹國產毗貍，形類大鼠而足短。’《續墨客揮犀》云：‘毗貍如鼠而大。’《齊東野語》云‘毗貍’，即竹䶉。《家世舊聞》云：‘農師使外國，得貔，至京師，狀如大鼠而極肥腯。’《小說》云：‘貔甚多美。’即《方言》、《廣雅》之所謂‘貔’與？”

貒湍音，**貛**歡音**也。**

貒、貛者，《說文》：“貒，獸也。讀若湍。”“貛，野豕也。”《爾雅》：“貒子，貗。”郭注：“貒，豚也。一名貛。”《釋文》引《字林》：“貒獸似豕而肥。”《方言》云：“貛，關西謂之貒。”郭注：“貛，豚也。音歡。貒，音‘波湍’之‘湍’。”

猱、狙七餘反，**獮猴也。**

猱，《說文》作：“夒，母猴也。”《管子·形勢解》：“墜岸之三仞，人之所大難也。而猿猱飲焉。”《西山經》：“羭次之山，有獸。其狀如禺而長臂，善投，其名曰囂。”郭注：“亦在畏獸畫中，似獮猴投擲也。”案，“囂”、“猱”，聲相轉，形又相似，即此獸矣。《小雅·角弓》云：“無教猱升木。”傳：“猱，猿屬。”箋：“猱之性，善登木也。”陸璣疏：“猱，獮猴也。楚人謂之沐猴。老者爲玃，長臂者爲猿。猿之白腰者爲獑胡。獑胡駿捷於獼猴。”

狙者，《說文》：“狙，玃屬。”《東山經》：“北號之山，有獸焉。狀如狼，赤首、鼠目。其音如豚，名曰‘猲狙’。”《莊子·齊物論》：“狙公賦芧，曰：‘朝三而暮四。’衆狙皆怒。曰：‘然則朝四而暮三。’衆狙皆悅。”又云：“猿猵狙以爲雌。”《釋文》引司馬彪云：“狙，一名獦牂。似猿而狗頭，喜與雌猿交也。”

獼猴者，《說文》：“猴，夒也。”《史記·項羽本紀》：“人言楚人沐猴而冠耳。”《集解》引張晏曰：“沐猴，獼也。”案，“獼”、“沐”，聲相轉。

貏山吏反，**貁也。臭**決音，**貁**烏郎反**也。**

貏、貁、臭、貁者，《說文》：“臭，獸也。似狌狌。從㲋，夬聲。古穴切。”《玉篇》：“貏，山吏切。貁貏也。或作‘臭’。”“貁，與呪切。猨屬。”“臭，古穴切。獸似貍。”“貁，乙郎切。”案，《爾雅》：“豹子，貆。”郭注：“今江東呼貉爲貁貏。”《釋文》引《字林》云：“貁謂之貏。”是“貏”、“貁”、“臭”、“貁”，皆貉之別名也。

豨、狙才胡反、**豭、彘，豕也。豯**奚音、**豮**瞑音，**豘**[1]屯音**也。**

《方言》：“豬，北燕、朝鮮之間，謂之豭。關東西，或謂之彘，或謂之豕。南楚謂之豨。其子，或謂之豚，或謂之豯。吴、揚之間，謂之豬子。”

豨、豠、豭、彘、豕者，“豨”、“豠”，至“豕”也。《說文》：“豕，彘也。竭其尾，故謂之豕。象毛足而後有尾。讀與‘豨’同。”“豨，豕走豨豨。古有‘封豨’、‘脩虵’之害。”“豠，豕屬。”“豭，牡豕也。”“彘，豕也。後蹏廢謂之彘。”郭注《爾雅》云：“今亦曰彘，江東呼豨，皆通名。”《漢書》注引鄧展云：“東海人名豬曰豨[2]。”《初學記》

引何承天《纂文》云："梁州以豕爲豬。河南謂之彘。吴、楚謂之豨。"

豯、猽、豚者，《文選》注引應劭《風俗通》云："按，《方言》：'豚，豬子也。'今人相罵曰'孤豚之子'是也。"《説文》："𧰼[3]，小豕也。從彖省。從又持肉，以給祠祀。篆文作'豚'。""豯，生三月豚。腹豯豯皃也。"《玉篇》："猽，莫丁切。小豚也。"

[注] [1]静本、愛本此處空白。[2]静本、愛本作"豬"。[3]静本、愛本此處空白。

狖柚音，**蜼**誄音**也。**

狖、蜼者，《淮南·齊俗訓》："深谿峭岸，峻木尋枝，猨狖之所樂也。"《文選·西都賦》注引《倉頡篇》："狖似狸。"《説文》："蜼，如母猴，卬鼻、長尾。"《玉篇》："狖，黑猨也。"《中山經》："鬲山多猨蜼。"郭注："似蜼，似獮猴而大。"狖，亦作"貁"。揚雄《反離騷》云："蝯貁擬而不敢下。"顔師古曰："貁，似猴。卬鼻而長尾。"《後漢書》注云："蜼，零陵南康人呼之音'餘'。建平人呼之音'相贈遺'之'遺'，又音'余救反'，皆土俗語，輕重之不同耳。"案，狖，當爲"狁[1]"，從"冘散"之"冘"，非堀穴也。《説文》音"余救切"。《鼠部》"鼨，音而[2]隴切。"此古音，"東"、"尤"相涉之音也。

[注] [1]静本、愛本作"貁"。[2]静本、愛本此處空白，據徐復本《疏義》補。

豰乎谷反、**豥**艾音，**豭牡也。䝐**山甲反、**豯**仕禹反，**豕牝也。**

豰、豥、䝐、豯者，《説文》："豰，小豚也。"是小豚之牡者。《左氏定十四年傳》：“既定爾婁豬，盍歸我艾豭。”案，豭之爲豕，已見上文，此復言“豭豭”者，別豕之牝、牡也。舊本無“牡”字，然與“牝”者對舉。且以下文“雄也”、“雌也”例之，亦當有“牡”字也，今補正。《玉篇》：“豵，老母豕。”“豯，士俱切。小母豬。”並本此。

橧䲤音，**圈**奇勉反**也。**

橧、圈者，《說文》：“圈，養畜之閑也。”《秋官》：“貉隸掌役服不氏而養獸。”注云：“不言阜藩者，猛獸不可服。又不生乳於圈檻也。”曹植《求自試表》：“非徒圈牢之養物。”《爾雅》：“所寢，橧。”舍人云：“豕所寢草名爲橧。”李巡云：“豬卧處名橧。”某氏云：“臨淮之間，謂野豬所寢爲橧。”郭璞云：“橧，其所卧蓐。”《方言》云：“其檻及蓐曰橧。”

麇，麐也。

麇、麐者，《西山經》：“西皇之山，其獸名麇。”郭注：“麇，大如小牛。鹿屬也。”《淮南·地形訓》：“四九三十六，六主律，律主麇鹿，故麇鹿六月而生。”《月令》：“仲冬之月，麇角解。”《說文》：“麇，鹿屬。冬至解其角。”“麐，麇屬。”

盧學士曰：“《廣雅》之‘麇’，似是‘麇’字之誤，下當從‘禾’。《說文》‘麇，麐也。從鹿，囷省聲。居筠切。籀文作麕，不省。’其‘麐’字下云‘麇屬’，亦必‘麇屬’之譌。《玉篇》‘麐’又作‘獐’。《左氏哀十四年傳》‘介麇’，《釋文》：‘本[1]或作麇。云獐也。’《詩·召南》：‘野有死麏。’《釋文》唐本：‘亦作麕，又作麇，俱倫反。獸名也。’《草木疏》云：‘麏，麐也。青州人謂之麏。’《周禮·攷工記》：‘畫繪之事，山以章。’鄭注：‘章，讀爲獐。獐，山物也。齊人謂麇爲獐。’《爾雅》、《釋文》引《字林》：‘麇，麞也。九文切。’”

[注] [1]静本、愛本此處空白。

麛迷音，**麢**奴矦反**也。**

麛、麢者，《說文》：“麛，鹿子也。”《地官・迹人》云：“禁麛卵者。”《王制》云：“不麛不卵。”注：“重傷未成物也。”麢，當作“麢”。《玉篇》、《廣韻》無“麢”字。《說文》：“麇，鹿麛也。從耎。讀若‘偄弱’之‘偄’。”《玉篇》：“奴亂切。”

盧學士曰：“麛，與‘麑’同。《禮記・玉藻》‘麛裘’，《論語》作‘麑裘’，皆謂鹿子皮，以爲[1]裘也。《淮南・主術訓》：‘不取麛夭。’高誘注：‘鹿子曰麛，麋子曰夭。’”

[注] [1]静本、愛本誤作“謂”。

逸五丸反、**娩**匹萬反、**䨲**乃矦反，**兔子也。**

《說文》：“兔，獸名。象踞後其尾形。”《玉篇》：“兔，毛可爲筆。”

逸者，《玉篇》：“逸，兔子。”本此。

娩者，《說文・兔部》義也。

䨲者，《爾雅》：“兔子，嬎。”郭注：“俗呼曰䨲。”《釋文》引《字林》云：“䨲，兔子也。乃俱、乃侯二反。”

狦所姦反，**狼也。**

狦、狼者，《說文》：“狦，惡健犬也。”“狼，似犬，鋭頭，白頰，高前廣後。”《天官・獸人》：“冬獻狼。”鄭注：“狼膏[1]聚，聚則温也。”

陸璣《詩》疏：“狼鳴能小能大，善爲小兒啼聲以誘人。去數十步，其猛健者，雖善用兵者不能克也。其膏可煎和，其皮可爲裘，故《禮記》曰：‘狼臅膏。’又曰：‘君之右虎裘，厥左狼裘。’是也。”

[注] [1]“膏”，爱本誤作“性柔”。

猵頻音，**獺**勑轄反，又闥音**也。**

猵、獺者，《說文》：“獺，如小狗也。水居，食魚。”“猵，獺屬。或作‘獱’。”《月令》：“孟春之月，獺祭魚。”高誘注《吕氏春秋》云：“獺猵，水禽也。取鯉魚置水邊，四面陳之，世謂之祭魚。”《淮南·說林訓》：“愛獺而飲之酒，雖欲養之，非其道。”又《兵略訓》：“夫畜池魚者，必去猵獺。”高注：“食魚者也。”《文選·江賦》注引郭璞《三倉解詁》云：“猵，似青狐，居水中，食魚。”《埤雅》：“獺獸，西方白虎之屬。似狐而小，青黑色，膚如伏翼，水居，食魚。”

蹏啼音、**蹢**的音、**蹻**鄒音、**蹯**[1]**，足也。**

此釋獸足名也。《說文》：“足，人之足也。在下。”案，《爾雅》：“麔父，麠足。豺，狗足。”又云：“田獵，齊足。”是獸亦可云足也。

蹏者，《說文》：“蹏，足也。”《釋名》：“蹄，底也。”《玉篇》：“蹏，亦作‘蹄’。”今經典相承作“蹄”。《易·說卦》：“巽爲薄蹄。”《儀禮·士喪禮》：“其實特豚：四鬄，去蹄。”《穀梁昭八年傳》：“馬候蹄。”范甯解：“發足相應也。”《史記·貨殖傳》：“陸地牧馬二百蹄，牛蹄角千。”是也。

蹢者，《說文》：“蹢，住足也。或曰蹢躅。”賈侍中說：“足垢也。”《小雅·漸漸之石》云：“有豕白蹢。”傳：“蹢，蹄也。”《爾雅》：“四蹢皆白。”孫炎曰：“蹢，蹄也。”

蹓者，《玉篇》：“蹓，阻流切。獸足。”本此。

蹯者，《說文》：“番，獸足謂之番。從采，田象其掌。或作‘蹞’，從足、煩。古文作‘𤴭[2]’。”《玉篇》：“蹯，熊掌也。”今經典相承作“蹯”。《左氏文元年傳》：“王請食熊蹯。”杜注：“熊掌難熟。”或云熊好舐其掌，故熊掌爲珍膳。《戰國策》：“魏魁謂建信君曰：‘人有置係蹄者而得虎。虎怒，跌蹯而去。虎之情非不愛其蹯也，然而不以環寸之蹯害七尺之軀者，權也。’”

[注] [1]愛本脫“蹯”字。[2]静本、愛本此處空白。

騭、牡、犕狄音、特、羝、豭加音、犃部音，雄也。牸舍音、牸、牝，雌也。

此釋獸之雌雄也。《說文》：“雄，鳥父也。”“雌，鳥母也。”《急就篇》云：“雌雄牝牡相隨趨。”顏師古注：“飛曰雌雄，走曰牝牡。”《詩》曰：“雄狐綏綏。”《書》稱“牝雞無晨”。亦互言之無所滯也。

“騭”、“牡”，至“雄也”。

騭者，《說文》：“騭，牡馬也。讀若郅。”《爾雅》：“馬屬牡曰騭。”郭注：“今江東呼駁馬爲騭。”

牡者，《說文》：“牡，畜父也。”《列子·說符[1]篇》：“有九方皋，穆公使行求馬。三月而反，報曰：‘已得之矣，牝而黄。’使人往取之，牡而驪。穆公不悅，曰：‘物色、牝牡，尚弗能知，又何馬之能知也？’伯樂曰：‘皋之所觀，天機也。’”

犕者，《玉篇》：“犕，徒的切。特牛。”

特者，《說文》：“特，朴特，牛父也。”案，“朴”與“樸”同。《玉篇》：“樸，普[2]角切。特牛也。”

羝者，《說文》：“羝，牡羊也。”《逸周書·王會解》：“周頭煇羝。煇羝者，羊也。”《漢書·蘇武傳》：“乃徙武北海上無人處，使牧羝，羝乳乃得歸。”師古曰：“羝不當産乳，故設此言，示絶其事。”

豭者，《說文》：“豭，牡豕也。”《左氏定十四年傳》：“盍歸我豭豭。”

犃者，《玉篇》：“犃，步后切。雄也。短頭牛。”是皆獸之雄者也。

“犃”、“牸”，至“雌也”。

犃者，《爾雅》：“馬屬，牝曰騇。”郭注：“草馬名。”《玉篇》：“犃，式夜切。亦作‘騇’。”《匡謬正俗》云：“問：‘牝馬謂之草馬，何也？’答曰：‘本以牡馬壯健，堪駕乘及軍戎者，皆伏皁櫪，芻而養之。其牝馬惟充番字，不暇服役，常牧於草，故稱草馬。’”

牸者，《玉篇》：“牸，疾利切。母牛。”

盧學士曰：“《史記·平準書》：‘衆庶街巷有馬，阡陌之間成羣，而乘字牝者擯而不得聚會。’《集解》引《漢書音義》曰：‘皆乘父馬，有牝馬間其間則相踶齧，故斥不得出會同。’《漢書·食貨志》‘牝’作‘牸牝。’師古注：‘言時富饒，故耻乘牸牝。’《孔叢子·陳士義篇》：‘猗頓，魯之窮士也。聞陶朱富，往而問術焉。朱公曰：子欲速富，當畜五牸。’《魏志》：‘教民畜牸牛、牝[3]馬。’見《杜畿傳》。”

牝者，《說文》：“牝，畜母也。”《易》曰：“畜牝牛，吉。”是皆獸之雌者也。

[注] [1]静本、愛本誤作“笄”。[2]静本誤作“音”。[3]静本、愛本此處空白。

騬酬陵反，又似陵反、**犗**、**羯**、**羠**、**豶**墳音、**猗**於宜反、**劅**又進反、**攻**，**犍**居言反**也。**

此釋獸去勢之名也。

騬、犗、羯、羠、猗者，“犍”與“劇”同。顔注《急就篇》云：“羯謂劇[1]之也。”《説文》：“騬，犗馬也。”“犗，騬牛也。”“羯，羊羖犗也。”“羠，騬羊也。”“豶，羠豕也。”“猗，犗犬也。”皆以“騬”、“犗”、“羠”三字轉輾相訓。舊本“羠”訛“羢”，曹音鉢。然《玉篇》無此字。《廣韻》雖有，義不同。又：“猗，倚也[2]。”今並據《説文》訂正。

攻者，《夏官・校人》：“夏祭先牧，頒馬，攻特。”鄭注：“夏通淫之後，攻其特，爲其蹄齧，不可乘用。”鄭司農云：“攻特謂騬之。”

豶者，《吴都賦》：“钀[3]鯨輩中於群犗。”又《畜》“六五”爻詞：“豶豕之牙。”劉瓛云：“豕去勢曰豶。”《墨子・非儒篇》：“賁彘起。”賁，即“豶”也。

劅者，《廣韻》：“劅，以槌去牛勢。”

犍者，《玉篇》：“犍，犗也。亦作‘犍’。”《廣韻》：“劇，居言切。以刀去牛勢。”舊本“犍”訛“犗”，今據曹音訂正。

[注] [1]愛本作“劇”。[2]静本、愛本脱“也”字。[3]静本、愛本作“黴”，爲“钀”之異體。

麒麟，狼題，肉角。含仁懷義，音中律吕，行步中規，折還中榘。游必擇土，翔必後處。不履生蟲，不折生草。不羣居，不旅行。不入穽陷，不羅罘罔。文章彬彬，故呼

爲大角之獸。

麒麐者，《說文》：“麒，仁獸也。麇身，牛尾，一角。”“麐，牝麒也。”“麟，大牝鹿也。”經典相承以“大牝鹿”之“麟”爲“麒麐”字，假借用也。《周南·麟之趾》傳：“麟信而應禮，以足至者也。麟角，所以表德也。”箋：“麟角之末有肉，示有武而不用。”《爾雅》：“麐，麕身，牛尾，一角。”李巡云：“麐，瑞應獸名。”孫炎云：“靈獸也。”《禮運》云：“麟以爲畜，則獸不狘。”《大戴禮·易本命》云：“有毛之蟲三百六十，而麒麟爲之長。”《逸周書·王會解》云：“規規以麟。麟者，仁獸也。”《說苑·辨物篇》：“麒麟，麕身，牛尾，圓頂一角。合仁懷義，音中律吕，行步中矩，折旋中規。擇土而後踐，位平然後處。不羣居，不旅行。斌兮其質文也，幽間則循循如也。”《初學記》引蔡邕《月令章句》：“天宫五獸，中有大角、軒轅、麒麟之信。凡麟，生於火，游於土，故脩其母，致其子，五行之精也。”又引《春秋感精符》云：“麟，一角，明海内共一主也。王者不刳胎，不剖卵，則出於郊。”《禮記》疏引京房《易傳》：“麟，麕身，牛尾，馬蹄，有五彩，高丈二。”又引服虔《左傳》注：“麟，中央土獸，土爲信，信禮之子，脩其母，致其子。視明禮脩而麟至。”《史記·孝武本紀》云：“郊雍，獲一角獸，若麃。然有司曰：‘陛下肅祗郊祀，上帝報享，錫一角獸，蓋麟云。’”《太平御覽》引西涼武昭王《麒麟頌》云：“一角圓蹄，行必中矩，游必擇地。翔而後處，不入陷穽，不罹網罟。無德而至，爲之折股。” 舊本作“文彰彬也”，《初學記》作“文章彬彬”，《禮記·禮運》疏引“文章斌斌”，又多“故乎爲大角之獸”七字。案，“大角云云”與《月令章句》相合，是今本有脱誤也，今據補正。

鼬隹音**鼠。**

鼬者，《方言》云：“宛、野謂鼠爲鼬。”郭注：“宛、新[1]野。今皆在南陽。音錐。”《玉篇》：“南陽謂鼠爲䧳。”舊本“䧳”下注云：“隹鼠。”案，“鼠”是正文，“隹”是音釋，今訂正。

[注] [1]静本、愛本作“合”。

鼩爵音鼠。

鼩者，《說文》：“鼩，胡地風鼠。之若切。”郭注《爾雅》云：“鼫鼠，形大如鼠，頭似兔，尾有毛，青黄色。好在田中食粟豆。關西呼爲鼩鼠。見《廣雅》。音雀。”陸璣《詩》疏：“今河東有大鼠，能人立，交前兩脚於頸上，號舞善鳴。食人禾苗，人逐則走入樹空中。亦有五技，或謂之雀鼠是也。”舊本“鼩”下注“爵鼠”二字。案，“鼠”是正文，“爵”是音釋，非以爲“爵鼠”也。郭注：“鼩，音雀。”“爵”與“雀”同，今訂正。

鼦鼠。

鼦者，《說文》：“貂，鼠屬。大而黄黑，出胡丁零國。”《玉篇》：“鼦，古文‘貂’字。鼠也。毛可爲裘。”《類篇》：“鼦，鼠屬。”義與《說文》同。《管子·立政篇》：“百工商賈，不得服長鬈貂。”《太玄·視》：“次八：狐鼦之毛，躬之賊。”《魏志·烏丸傳》：“挹婁國出貂。”今所謂“挹婁貂”是也。

鼹鼠，鼢墳音鼠。

鼹鼠、鼢鼠者，别二名也。《莊子·逍遥游》云：“偃鼠飲河，不過滿腹。”郭注《爾雅》：“鼢鼠，地中行者。”《說文》：“地行鼠，伯勞所作也。一曰偃鼠。或作‘蚡’。”《本草》：“鼹鼠，一名隱鼠。形如鼠而無尾，黑色，長鼻。”陶注：“鼹鼠，一名鼢鼠。”《爾雅》、《釋文》：“鼢鼠，

《廣雅》云：‘鼹，鼠也。’字或作‘鼸’，同。《方言》謂之‘犂鼠’。”郭注：“蚡鼠也。”“鼹”、“偃”同。“隱”、“偃”，聲相轉。

鼠狼，鼬由音，又溜音。

鼠狼，一名“鼬”。鼬能食鼠，故謂之“鼠狼”。《説文》：“鼬，如鼠。赤黄而大。食鼠者。全救切。”《玉篇》：“鼬，鼠名。”引郭注《爾雅》云：“今鼬似貂，赤黄色，大尾，啖鼠。江東呼爲鼪。”案，今鼬鼠所在有之，形狀具如郭説，善盜人家雞食之。俗謂之“黄鼠狼”，亦曰“黄狼”。

鼶鼠。

鼶者，《玉篇》：“鼶，音惕。鼠也。”舊本“鼶”訛“陽”，今據《玉篇》訂正。

鼨如勇反**鼠，鼮**瓶音**鼠。**

鼨鼠、鼮鼠者，别二名。《説文》：“鼨，鼠屬。”“鼮，鼮令鼠。”一曰鼠子。《玉篇》：“鼨，鼮鼠也。”“鼮，步丁切。鼮鼢鼠。”

鼶於革反**鼠。**

鼶者，《説文》：“鼶，鼠屬。或作‘貖’。”

鼸讖音**鼩**乎音。

鼸鼩，《説文》作“斬鼩”。 云：“鼩，斬鼩鼠。黑身，白胥，若帶。手有白毛，似握版之狀。類蝯蜼之屬。”《玉篇》：“鼸，任緘切。鼩，户吾切。鼸鼩鼠，黑身，白胥。”《上林賦》：“獑胡豰蛫。”張博士彼注云：“獑胡似獼猴。頭上有毛，要以後黑。”揚雄《蜀都賦》：“獑胡雖玃。”“鼸”、

“獑”、“斬”、“獑”，“鶘”、“胡”，並同。

鼱博音**鼱**唐音。

鼱䶂者，《玉篇》：“鼱，補各切。”“䶂，徒當[1]切。鼱䶂，鼠名。”《類篇》：“鼱䶂，鼠屬。一名易腸鼠，謂一月三易腸。”

[注] [1]静本、愛本誤作“字”。

鼨古熒反**鼢**零音。

鼨鼢者，《玉篇》：“鼨，公熒切。班鼠也。”“鼢，力丁切。鼨鼠。”《廣韻》：“鼢，郎丁切。鼨鼢。班鼠。”舊本“鼨”訛從“同”，今訂正。

白鼶煩音。

鼶者，《說文》：“鼶，鼠也。讀若樊。或曰鼠婦。”《玉篇》：“鼶，父元切。”

鼠鼵谷音。

鼵者，《玉篇》：“鼵，公禄切。鼬鼠也。”

鼸卜音**鼭**支音。

鼸鼭者，《玉篇》：“鼸，補木切。”“鼭，普木切。”竝云：“鼠名。”《廣韻》：“鼭，鼸鼭。鼠名。”《類篇》：“鼸鼭，鼠屬。”舊本“鼭”誤從“支”，音釋亦訛爲“支”，今訂正。

鼨俊音**鼠。**

鼨者，《玉篇》："鼨，子徇切。鼫鼠也。"案，《說文》："鼫，五技鼠也。能飛，不能過屋；能緣，不能窮木；能游，不能渡谷；能穴，不能掩身；能走，不能先人。"《晉》："九四：晉[1]如，鼫鼠。"子夏傳作"碩鼠"。

[注] [1]静本、愛本脱"晉"字。

䶊耳音**。**

䶊者，《玉篇》："䶊，人市切。鼠名。"《類篇》云："一說鼠形如獸。"

盧學士曰："《北山經》：'丹薰之山，有獸焉。其状如鼠，而菟首、麇身。其音如獆犬。以其尾飛，名曰耳鼠。食之不脎，又可以禦百毒。'郭注：'脎，大腹也。見《埤蒼》。音采。'"

鼲古門反**鼠。**

鼲者，《說文》："鼲鼠，出丁零胡。皮可爲裘。"《玉篇》："鼲，胡昆、古魂二切。鼠名。可以爲裘也。"《後漢書·鮮卑傳》云："禽獸異於中國者，有貂、豽、鼲子。皮毛柔蝡，故天下以爲名裘。"注云："貂、鼲，並鼠屬。"

鼢胡貪反**鼠。**

鼢者，《玉篇》："齡，胡貪、公含二切。蜥蜴也。鼢，同上。"與此義不合。

鼦柳音**鼠。**

鼦者，《說文》："鼦，竹鼠也。如犬。從鼠[1]，留省聲。力求切。"《玉篇》:“似鼠而大,力久切。”

[注] [1]静本、愛本脱“鼠”字。

鼠屬,題上事也。《説文》:“鼠,穴蟲之總名也。象形。”此專指“鼸鼠”以下言之。自“麒麟”以前諸獸,《爾雅》所謂“寓屬”也。此不言“寓”者。“寓”,寄也,謂寄託於木上。此篇如“豕”、“豚”、“猵”、“獺”之類,非“寓”所能該。且世人共知之物,故不爲别立名也。

獸一歲爲豵,二歲爲豝,三歲爲肩,四歲爲特。

豵、豝、肩、特者,鄭司農注《大司馬》云:“一歲爲豵,二歲爲豝,三歲爲特,四歲爲肩,五歲爲慎。”《説文》云:“豵,生六月豚。一曰一歲豵,尚叢聚也。”“豝,牝豕也。一曰二歲,能相杷拏。”“豜,三歲豕,肩相及者。”《小爾雅》:“豕之大者謂之豜,小者謂之豵。”《召南·彼茁者葭》云:“一發五豵。”《豳風·七月》:“言私其豵。”傳並云:“一歲曰豵。”《齊風·還》:“並驅從兩肩兮。”《豳風·七月》:“獻豜于公。”傳並云:“三歲曰豜。”“肩”與“豜”同。《還詩》作“肩”。《説文》引作“豜也”。《後漢書》注引《詩·齊風》、《薛君傳》:“獸三歲曰肩。”是《韓詩》與毛公同。而《魏風·伐檀》傳又云:“獸三歲曰特。”故孔疏謂:“鄭司農説與毛或異或同,不知所據。”

盧學士曰:“案,‘三’當本是‘四’字,古三、四皆積畫爲之,故易致訛,毛已‘三歲曰豜’,則此定當云‘四歲曰特’。《廣雅》之文,必本於此明矣。”

釋嘼第十九

嘼，即畜也。《爾雅》有《釋畜》。《釋文》云：“畜，本又作‘嘼’，音同。《字林》云：‘嘼，産也。’”是古本《爾雅》有作“釋嘼”者，故《廣雅》與之同也。《說文》：“嘼，犍也。”“犍，畜牲也。”以其蓄於家者，故謂之畜；在野者，則謂之獸矣。《列子》謂：“今東方介氏之國，其國人數數解六畜之語者，蓋偏知之所得也。”攷《祭義》云：“古者天子、諸侯必有養獸之官，犧牷祭牲，必於是取之。”鄭注《天官・獸醫》云：“獸，牛馬之類。是對文言之，則在野爲獸，在家爲畜。散文言之，則四足而毛，通謂之獸也。”《天官・庖人》：“辨六畜之名物。”《鄭志》：“六畜，六牲也。始養之曰畜，將用之曰牲。”《周禮・牧人職》：“掌牧六牲，而阜藩其物。”鄭注：“六牲谓牛、马、羊、豕、雞、犬。”孔疏[1]：“是六畜皆牧人所養，而又有牛人、羊人、犬人、雞人。馬爲國之駕用，特立牧師、圉人，以別掌之。獨無豕人之官，鄭氏謂豕屬司空。《冬官》亾，故不見。”案，《羊人職》云：“若牧人無牲，則受布於司馬，買牲而供之。”然則牧人專主放牧之事，而牛人、羊人、犬人、雞人之屬，各掌其事，以供官之所需也。《爾雅・釋畜》專及馬、牛、羊、犬、雞，而不及豕，此則六畜全備焉。

[注] [1]静本、愛本脫“孔疏”二字。

白馬黑脊，驙大安反，又知連反。

驙者，《玉篇》：“驙，知連切。白馬黑脊也。”《廣韻》：“又，徒千切。”義同。本此。

白馬朱鬛，駱。

駱者，《小雅·四牡》："我馬維駱。"《月令》："秋駕白駱。"鄭康成、高誘並云："白馬黑鬛。"本《爾雅》也。《說文》亦云："駱，馬白、黑鬛尾也。"《詩》、《釋文》云："樊、孫《爾雅》並作'白馬黑髦'。"則與郭本不同，此云"白馬朱鬛"者。

盧學士曰："段氏以爲當作'駁'。《說文》：'駁，馬赤鬛、縞身，目若黃金。名曰䮍。吉皇之乘。周文王時，犬戎獻之。《春秋傳》曰：䮍馬百駟，畫馬也。西伯獻之，以全其身。'《尚書大傳》：'散宜生之犬戎，取美馬。駮身、朱鬛、雞目者，取五、六焉，獻之紂。'然則古之馬，有朱鬛者，後世畫以象之。《左氏定十年傳》：'宋公子地有白馬四。公嬖向魋，魋欲之，公取而朱其尾鬛以與之。'亦此類也。駁馬，又名'吉黃'。互见後。孫侍御云：'《埤雅》駱類引此文，亦作駱與！《爾雅》異說，不必改駁。'"

飛黃，騊吾，吉良，朱駁，飛兔，金喙，騕褭，走狐，駃決音**騠**啼音**，飛鴻，野麋，腹丹，騏驥，騄駬，驊騮，駣騹**力兮反**，汗血，驒**顛音**騱，巨虛，騀鹿。**

上文以毛色別馬，此專釋駿馬之名也。

飛黃，《淮南·覽冥訓》："黃帝治天下，青龍進駕，飛黃伏皁。"高誘注："飛黃，乘黃也。出西方，狀如狐，背上有角，壽千歲。"顏延之《赭白馬賦》："昔帝軒陟位，飛黃服皁。"

盧學士曰："《海外西經》：'白民之國，有乘黃。其狀如狐，其背上有角。乘之，壽二千歲。'郭璞贊曰：'飛黃、奇駿，乘之難老。'又注引《周書》云：'白民乘黃，似狐，背上有兩角，即飛黃也。'案，今《周書·王會解》'似狐'作'似騅'。《管子·小匡篇》：'地出乘黃。'注：'乘黃，神馬也。若漢之渥洼[1]，神馬之比。'"

騶吾，《海内北經》："林氏國，有珍獸，大如虎，五采畢具，尾長於身。名曰騶吾。乘之，日行千里。"郭注引《六韜[2]》云："紂囚文王，閎夭之徒詣林氏國，求得此獸，獻之。紂大悦，乃釋之。"《周書》曰："夾林酋耳，酋耳若虎，尾参於身。食虎豹。《大傳》謂之怪獸。吾，亦作'虞'也。"《淮南·道應訓》："散宜生乃以千金求天下之珍恠，得騶虞、雞斯之乘。"《詩·召南》傳："騶虞，義獸也。白虎黑文，不食生物。有至性之德則應之。"孔疏引《鄭志》："張逸問：'傳曰白虎文，又《禮記》曰樂官備，何謂？'答曰：'白虎黑文。'《周史·王會傳》：'云備者，取其一發五豝，言多賢也。'"陸璣疏："騶虞，白虎黑文，尾長於軀，不食生物，不履生草。應信而至者也。"

吉量，《海外北經》："犬戎國，有文馬，縞身朱鬣，目若黄金，名曰吉量。乘之壽千歲。"《逸周書·王會解》："犬戎文馬。文馬，赤鬣縞身。"《初學記》亦引作"古黄"。《史記·周本紀》："紂囚西伯於羑里，閎夭之徒求驪戎之文馬獻之，紂大悦。"《説文》作"駁馬"。吉量，又作"吉皇"，皆一物而異其名。

朱駮，《説文》："駮，獸如馬，倨牙，食虎豹。"與《爾雅》同。《管子·小問篇》："桓公乘馬，虎望見之而伏。桓公問管仲曰：'今者寡人乘馬，虎望見寡人而不敢行，其故何也？'管仲對曰：'意者君乘駮馬而洀桓，迎日而馳乎？'公曰：'然。'管仲對曰：'此駮象也。駮食虎、豹，故虎疑焉。'"《説苑·辨物篇》："晉平公出畋，見乳虎伏而不動。顧謂師曠曰：'吾聞之也，霸王之主出，則猛獸伏不敢起。今者寡人出，見虎伏而不動，此其猛獸乎？'師曠曰：'鵲食猬，猬食鵔鸃，鵔鸃食豹，豹食駮，駮食虎。夫駮之狀，有似駮馬。今者君之出，必驂駮馬而出畋乎？'"《西山經》："中曲之山，有獸焉。其狀如馬，而白身黑尾。一角，虎牙爪，音如鼓音，其名曰駮。是食虎豹。"謝莊《舞馬賦》："方疊熔[3]於丹縞，亦聯規於朱駮。"

飛兔，《吕氏春秋·離俗覽》云："飛兔、要裹，古之駿馬也。"高誘注：

“飛兔、要褭，皆馬名也。日行萬里，馳若兔之飛，因以爲名也。‘褭’字，讀如‘曲橈’之‘橈’也。”《文選》注引劉劭《趙都賦》云：“良馬則飛兔、奚斯、常驪、紫燕。”《御覽》引孫氏《瑞應圖》云：“飛兔者，日行三萬里。禹治水平，勤勞歷年，救民之害，天應其德則至。”

金喙，司馬相如《上林賦》“騕[4]褭”，李善引張博士彼注云：“騕褭，馬金喙赤色，一日行萬里者。”此亦云“金喙”，亦“腰褭”之類歟！

腰褭，《淮南・原道訓》云：“馳要褭。”高誘注：“要褭，馬名，日行萬里。”又《齊俗訓》云：“夫待騕褭、飛兔而駕之，則世莫乘車。”注：“騕褭，良馬。飛兔，其子。褭、兔走，蓋一日萬里也。”《史記集解》引郭璞曰：“騕褭，神馬。”應劭《漢書音義》：“古有駿馬，名騕褭。赤喙黑身，一日行萬五千里。”《藝文類聚》引孫氏《瑞應圖》云：“騕褭者，神馬也。與飛兔同，明君有德則至。”

走狐，未聞。

駃騠，《說文》：“駃，駃騠。馬父贏子也。”李斯《上秦始皇書》：“駿馬駃騠，不實外廄。”《史記・匈奴傳・索隱》引《發蒙記》：“駃騠，刳其母腹而生。”《漢書・鄒陽傳》云：“蘇秦相燕，人惡之燕王。燕王按劍而怒，食以駃騠。”孟康曰：“駃騠，良馬也。生七日而超其母。”

飛鴻，盧學士曰：“《御覽》：‘《東方朔傳》：驃騎難諸博士朔曰：騏驎、綠耳、蜚鴻、驊騮，天下良馬也。’‘蜚’與‘飛’同。《藝文類聚》作‘騏驥[5]，綠耳、飛鴻’。”

野麋，盧學士曰：“野麋，見郗昂《八馬坊碑頌・序》。其名則‘蒲梢’、‘啟服’，‘野麋’、‘騀鹿’。‘騀’，一作‘娥’。詹事兄曰：‘郗昂，唐人，即用《廣韻》爲故事耳。’”

腹丹，未聞。

騏驥，《說文》：“騏，青驪。文如博棊也。”“驥，千里馬也。孫陽所相者。”“騏驥[6]驊騮，一日而馳千里。”《史記·刺客列傳》注云：“騏驥盛壯之時，一日而馳千里。”郭璞《穆天子傳》注云：“赤驥，世所謂騏驥。”案，《淮南》注云：“絆騏驥而求千里。”《荀子·性惡篇》：“驊騮、騹驥、纖離、緑耳，此皆古之良馬也。然而前必有銜轡之制，後有策鞭之威加之，以造父之御，然後一日而致千里也。”楊倞注：“皆周穆王八駿名。騹，讀爲‘騏’，謂青驪，文博綦。”《列子》作“赤駿”，與此不同。

騄駬，《穆天子傳》云：“丙寅，天子屬官效器。乃命正公效父，受敕憲，用伸八駿之乘。以飲於枝涛之中，積石之南河。天子之駿：赤驥、盗驪、白義、踰輪、山子、渠黄、驊騮、騄耳。”又云：“天子命駕八駿之乘。右服盗驪，而左騄耳。右驂赤驥，而左白義。天子主車，造父爲御。”又云：“次車之乘，右服渠黄，而左踰輪。右驂驊騮，而左山子。”郭注云：“《紀年》曰：‘北唐之君來見以一驪馬，是生緑耳。魏時鮮卑獻千里馬，白色而兩耳黄，因名之黄耳，即此類也。’”《淮南·主術訓》：“雖有騏驥、騄駬之良，臧獲御之。則馬反自恣，而人弗能制矣。”王逸《九思》云：“赴崑山兮馽騄。”注云：“騄，駿馬名。”

驊騮，《説文》：“騮，赤馬黑毛尾也。”《淮南·主術訓》：“夫華騮、騄耳，一日而至千里。然其使之搏兔，不如豺狼，伎能殊也。”揚雄《反離騷》云：“騁驊騮以曲艱兮。”顔師古曰：“驊騮，駿馬名也。其色赤而華。”郭注《穆天子傳》云：“色如華而赤。今名馬縹[7]赤者爲棗騮。棗騮，赤也。”

駣騨，“駣騨”與“驪”，聲相近，即“盗驪”之異文。《史記》：“造父爲穆王得盗驪、華騮、緑耳之馬，御以西廵游，見西王母，樂而忘歸。”郭璞注：“《穆天子傳》云：‘盗驪，爲馬細頸。驪，黑色也。’”《玉篇》：“騨，駣騨馬。”本此。案，是馬亦名“纖離”。楊倞《荀子·性惡[8]篇》注云：“纖離，即是《列子》‘盗驪’也。”

汗血，《史記·大宛傳》：“有馬汗血，其先，天馬子也。”《集解》：

"《漢書音義》云：'大宛國有高山，其上有馬，不可得，因取五色母馬置其下，與交，生駒汗血，因號曰天馬子。'傳又云：'初，天子得烏孫馬好，名曰天馬。及得大宛汗血馬，益壯，更名烏孫馬曰西極，名大宛曰天馬云。'"《漢書·禮樂志》云："太一況，天馬下。霑赤汗，沫流赭。"應劭曰："大宛馬，汗血霑滯也。流沫如赭也。"

驒騱，《説文》："驒騱，野馬也。一曰青驪白鱗，文如鼉鱼。"《史記·匈奴傳》："其奇畜則槖駞、驢、贏、駃騠、騊駼[9]、驒騱。"《集解[10]》："徐廣曰：'驒音顛騱，巨虚之屬。'"《索隱》："本作'驒奚'。"云："鄒誕本'奚'字作'騱'。"《鹽鐵論》云："驒騱騵馬，盡爲我畜。"

巨虚，案，"邛邛"、"岠虚"，本一獸。見《爾雅》。攷司馬相如《子虚賦》："蹵蛩蛩，轔岠虚。"則又爲二獸。張博士彼注云："蛩蛩，青獸。狀如馬。距虚，似贏而小。"巨，或作"距"、"岠"，並同。

駮鹿，盧學士曰："《韓非·外儲說》：'馬似鹿者，千金。''駮鹿'之名，或以此。"

[注] [1]静本、愛本誤作"注"。[2]愛本此處空白。[3]静本、愛本此處空白。[4]静本誤作"羉"。[5]静本、愛本脱"驥"字。[6]静本、愛本脱"騏驥"二字。此句暗引《莊子》。[7]静本、愛本作"標"。[8]"性惡"，愛本誤作"急就"。"惡"，静本誤作"急"。[9]"騊駼"原缺，據《史記》補。[10]静本、愛本誤作"韻"。

馬屬，題上事也。《莊子·馬蹄篇》："馬，蹄可以踐霜雪，毛可以禦風寒。齕草飲水，翹足而陸，此馬之真性也。"《説文》："馬，怒也。武也。象馬頭、髦尾、四足之形。"《漢書·石奮傳》："書'馬'者與尾而五，今迺四，不足一，獲譴死矣。"服虔曰："作'馬'字下曲者五，建時上書誤作四。”《初學記》引《春秋説題辭》云：“地精爲馬，十二月而生，應陰紀陽以合功，故人駕馬，任重致遠利天下。月度疾，故善走。”《淮南・地形訓》：“天一，地二，人三。三三而九，八九七十二。二主偶，偶以承奇。奇主辰，辰主月。月生馬，馬故十二月而生。”《詩》鄭箋云：“國馬之制，天子十有二閑，馬六種，三千四百五十六匹。邦國六閑，馬四種，千二百九十六匹。”《輈人》注云：“國馬謂種、戎、齊、道，高八尺，田馬高七尺，駑馬高六尺。”《説文》：“馬，一歲曰馬[1]，二歲曰駒，八歲曰馴。”《周官・牧人職》：“掌牧六牲。”鄭注：“謂牛、馬、羊、豕、犬、雞。”又《大司馬》：“喪祭奉詔馬牲。”是古馬亦牲也。《穆天子傳》：“獻食馬三百。”是古者有乘馬，又有食馬。

此篇所釋，驢騾之屬，皆經典之詁訓也。馬取其良，則能升高達遠，故凡天馬、神馬、野馬，及遠方絶域所貢獻者，皆備録之。

[注] [1]静本、愛本此處空白。

郭枓，丁犖。

郭枓、丁犖者，《藝文類聚》引桓譚《新論》云：“夫畜生，賤也。然有尤善者，皆見記識，故馬稱驊騮、驥騄，牛譽郭椒、丁櫟。”羅願《爾雅翼》亦引之。蓋牛之佳者，郭氏名“椒”，丁氏名“櫟”。猶言韓盧、宋促也。“櫟”、“犖”，聲相轉，“犖”即“櫟”也。“枓”字，未見所出。曹亦無音。《集韻》：“犐，苦禾切。”引《廣雅》：“郭蝌，牛屬。”案，“犐”字，《玉篇》：“苦戈切。無角牛也。”疑非此義。字當從“斗”。“枓”音爲“椒”。舊本郭作“鄣”，因寫古“郭”字而訛也，今訂正。

牛屬，題上事也。賈誼《新書・胎教篇》：“牛者，中央之牲也。”高誘注《吕氏春秋·季夏紀》云："牛屬土。"《史記·律書》："牛者，冒也，言地雖凍，能冒而生也。牛者，耕種萬物者也。"《說文》："牛，大牲也。"蔡邕《月令章句》："十二辰之禽，五時所食者，家人所畜丑牛、未羊、戌犬、酉雞、亥豕而已。春木勝土，故春食未羊；夏火勝金，故夏食酉雞；季夏土生水，當食豕而食牛者，四時之牲無足以配土德，故季夏食牛；秋金勝木而虎屬寅，冬水勝火而馬屬午[1]，虎非可食，而禮不以馬爲牲，犬、豕無角，皆其類也。"案，蔡説非也。古者馬亦爲牲，説於上。此篇舉"郭椒"、"丁犖"二者以釋之。

［注］［1］静本、愛本誤作"羊"。

吴羊牡，一歲曰牡䍬，三歲曰羝。其牝，一歲曰牸䍬，三歲曰牂。

此別吴羊之牝牡也。

䍬者，《說文》："䍬，羊未卒歲也。"故一歲之牡者曰牡䍬。牝者曰牸䍬。

牸，本母牛之名。羊之牝者，亦以名之也。

羝、牂者，《說文》："羝，牡羊也。""牂，牡羊也。""牂"本牝羊，傳寫之訛。《初學記》、《集韻》、《古今韻會》引《說文》並作"牝羊"。《小雅·苕之華》："牂羊墳首。"傳："牂羊，牝羊也。"舊本"牡䍬"譌[1]爲"牡翔"，今據《太平御覽》及《埤雅》所引訂正。

［注］［1］静本、愛本誤作"僞"。

吴羊犗古輵反**曰羘**博音**。羖**古音**羊犗曰羯。**

犗、羘、羖、羯者，盧學士曰："《説文》：'羯，羊羯犗也。''犗，騬牛也。'無'羠'字。《初學記》所引亦是'犗'。似犍羊，亦可云'犗'。《玉篇》并《羊部》亦不出'羠'字，漏也。《集韻[1]》云：'羠，居轄切。音傄。騬羊也。''羘，伯各切。'引此文。《玉篇》：'羯，居謁、巨謁二切。''羖，犗羊也。羯，同上。'《史記·貨殖傳》：'其民羯羠不均。'徐廣曰：'羯、羠，皆犍羊名。'"

[注] [1]静本、愛本脱"韻"字。

羍撻音**、䍪**務音**、羜、䍿[1]**辛兗反**，羔也。**

此釋羔之名。《説文》："羔，羊子也。"《後漢書·王渙傳》注引《韓詩章句》："小者曰羔，大者曰羊。"《春秋繁露·執贄篇》云："羔有角而不任，設備而不用，類好仁者。食於其母，必跪而受之，類知禮者，故卿以爲贄。"《白虎通義》："卿以羔者，取其羣而不黨。卿職在盡忠率下，不阿黨也。"

羍者，《説文》："羍，小羊也。讀若達。或作'羍'。"《初學》引《説文》作"七月生羔也"。《大雅·生民》："先生如達。""達"即"羍"也。《詩》疏引薛綜答韋昭云："羊子初生曰達。小名羔[2]，未成羊曰羜，大曰羊。長幼之異名。"

䍪者，《説文》："䍪，六月生羔也。讀若霧。"

羜者，《爾雅》："未成羊，羜。"郭注："俗呼五月羔爲羜。"《小雅·伐木》："既有肥羜。"傳："羜，未成羊也。"《説文》："羜，五月生羔也。讀若煮。"

䍿者，《玉篇》、《廣韻》並云："羊也。""羊"疑"羔"之譌。《匡謬正俗》引《字林》："羠，音選。未晬羊也。"舊本"羔"譌"美"，今據《說文》、《御覽》及《埤雅》訂正。

[注] [1]愛本作"羺"。[2]静本、愛本誤作"羊"。

美皮、泠零音角。

美皮者，美，疑當作"羔"。《天官·司裘》："掌爲大裘，以共王祀天之服。"鄭司農云："大裘，黑羔裘。服以祀天，示質。"《詩·周南》："羔羊之皮。"《檜風》："羔裘如膏。"皆卿大夫朝祭之服，則羔裘皮尚焉。

泠角者，泠，當作"羚"。《玉篇》、《廣韻》並云："羚，羊子也。"案，"羚"與"麢"同。《爾雅》："麢，大羊。"郭注："麢羊，似羊而大，角圓鋭，好在山崖間。"《本草》："麢羊角，味鹹寒。主目明，益氣起陰，去惡血注下，安心氣。"《埤雅》："羚羊，似羊而大角，有圓繞蹙文。夜懸角木上，以防患。"羔之皮、羚之角皆用於世，故又併及之。

羊屬，是上事也。高誘注《吕氏春秋·孟春紀》云："羊屬土。"鄭司農注《周禮》云："羊屬司馬火也。火爲視，羊亦視，故屬火。"二說不同。《說文》："羊，祥也。"《春秋繁露》云："羊之爲言猶祥與！"羊在六畜，主給膳，故"美"、"善"、"養"皆從"羊"。

盧學士曰："《莊子·徐無鬼篇》：'未嘗爲牧而牂生於奥。'《釋文》：'奥，西南隅未地。'是古以羊配未也。"

頓邱、梁獵之涉反、重顱盧音、豲原音。

此釋豕之名也。

頓邱，未聞。

盧學士曰："《詩·衛風》：'送子涉淇，至于頓邱。'則衛之地也。《漢書·地理志》：'頓邱縣，在東郡，即《爾雅》之敦邱。'《詩》正義引郭璞曰：'敦，盂也。音頓。'蓋此地出豬，因即其地以名之也。"

梁貑，《玉篇》："貑，良豬。"《廣韻》："貑，梁之良豕。"《太平御覽》引何承天《纂文》云："梁州以豕爲貑。"

重顱，《廣韻》："嚧，落胡切。呼豬聲也。""重顱"者，疑若今吴人呼豬曰"顱顱"矣。

盧學士曰："蓋謂豕之首大者。'彘顱'見《淮南·說林訓》。"

貙，《北山經》："乾山有獸焉。其狀如牛而三足，其名曰貙。"《逸周書·周祝解》云："故狐有牙而不敢以噬，貙有蚤而不敢以擨。""蚤"即"爪"假借字。《玉篇》："貙，豕屬。"

盧學士曰："顔師古注《漢書·揚雄傳》云：'豪豬，一名帚貙也。自爲牝牡者也。'"

豕屬，題上事也。《淮南·地形訓》："六九五十四，四主時，時主彘，彘故四月而生。"又《氾論訓》："夫饗大高而彘爲上牲者，非彘能賢於野獸麋鹿也。而神明獨饗之，何也？以爲彘者，家人所常畜而易得之物也，故因其便以尊之。"高誘注《吕氏春秋·孟冬紀》云："彘，屬水也。"鄧展《漢書》注云："東海人名豬曰豨。"

殷虞、晉獒、楚黄楚有犬名如黄、**韓盧、宋猩**七勺反、**檕瓠、狂**瞿音、**獚。**

此釋犬之名也。

殷虞，未聞。

盧學士曰："《尚書大傳·西伯戡耆》：'散宜生之徒，於陵氏取怪獸。大不辟虎狼閒，尾倍其身，名曰虞，獻之紂。'鄭注：'閒，大也。虞，蓋騶虞也。'案，此豈即所謂'騶虞'歟？"

晉獒，《說文》："獒，犬知人心可使者。"《爾雅》："狗四尺爲獒。"《左氏宣公二年傳》："公嗾夫獒焉。"杜注："獒，猛犬也。"《釋文》："獒，《尚書傳》曰：'大犬也。'"《公羊宣公六年傳》："靈公有周狗謂之獒。呼獒而屬之。"何注："周狗，可以比周之狗，所指如意。"疏云："今呼犬謂之屬，義出於此。"

盧學士曰："案，《周書》有《旅獒篇》，乃後出古文，故此但云'晉獒'，不云'周獒'也。"

楚黄，《吕氏春秋·直諫篇》云："荆文王得如黄之狗。"《新序·正諫篇》："荆文王得如黄之狗、箘簬之矰，以畋於雲夢，三月不反。"

韓獹，《戰國·策齊》："齊欲伐魏。淳于髡謂齊王曰：'韓國盧，天下之駿犬也。東郭逡，海内之狡兔。韓盧逐東郭，遶山三，越岡五。兔極於前，犬疲於後。俱爲田父之所獲。'"高誘注："韓國之盧犬，古之名狗也。"《新序·善說篇》云："臣聞周氏之嚳、韓氏之盧，天下疾狗也。見兔而指屬，則無失兔矣。"

宋猉，《博物志》："宋有駿犬曰鵲。"《少儀》云："守犬、田犬，則授擯者，既受，乃問犬名。"鄭注："畜養者當呼之名，謂若盧。韓盧，宋鵲之屬。"疏引桓譚《新論》云："夫畜生賤也。然其尤善者，皆見記識，故犬道韓盧、宋猉。"又魏文帝《說諸方物》亦云："拘於古，則韓盧、宋鵲。"是"猉"、"鵲"字異音同。《玉篇》："猉，宋良犬。"

盧學士曰："《宋書·樂志·孟冬篇》云：'韓盧、宋鵲，呈才騁足。'《御覽》引《三國典略》曰：'徐之才嘗與朝士出游，望羣犬竝走，諸人令目之。之才應聲曰：爲是宋鵲，爲是韓盧，爲逐李斯東走，爲負帝女南徂。’”

槃瓠，《後漢書·南蠻傳》：“昔高辛氏有犬戎之寇。訪募天下，有能得犬戎之將吴將軍頭者，購黄金千鎰、邑萬家，又妻以少女。時帝有畜狗，其毛五采，名曰槃瓠。下令之後，槃瓠遂銜人頭，造闕下。羣臣恠而診之，乃吴將軍首也。帝大喜，而計槃瓠不可妻之以女，又無封爵之道。女聞之，以爲帝王下令，不可違信，固請行。帝不得已，以女配槃瓠。槃瓠得女，負而走入南山，止石室中。經三年，生子十二人。”注引《魏略》云：“高辛氏有老婦，居王室。得耳疾，挑之，乃得之物大如繭。婦人盛瓠中，覆之以盤，俄頃化爲犬。其文五采，因名槃瓠。”舊本“槃瓠”作“狼狐”。

盧學士曰：“狼、狐二獸，犬之形有與相似者。《説文》：‘狼，似犬。’段氏玉裁云：‘《禮記·玉藻》：青豻褎。鄭注：豻，胡犬。正義熊氏亦解此。胡，作狐字，謂狐、犬雜然。則犬之似狼者，亦得狼犬也。’”

大昭案，段説亦似皮傅，究以“槃瓠”爲正。

狌，《説文》：“狌，黄犬黑頭也。讀若注。”

獖，《御覽》引何承天《纂文》云：“守犬爲獖。”《集韻》引此。“犬屬。亦作‘豮’。父吻切。”

犬屬，題上事也。《説文》：“犬，狗之有縣蹏者也。象形。孔子曰：‘視犬之字如畫狗也。’”《淮南·地形訓》：“七九六十三，三主斗，斗主犬，故三月而生。”高誘注《吕氏春秋·孟秋紀》云：“犬，金畜也。”《説卦傳》：“艮爲狗。”《九家易》云：“艮止，主守禦也。”《曲禮》疏云：“通而言之，狗、犬通名。若分而言之，大者爲犬，小者爲狗。”故《月令》皆爲“犬”，而《周禮》有“犬人”之職，無“狗人職”也。

辟避音**雎**渠夷反，**雞也。**

此釋“雞”之名也。

辟雎者，雞也。《方言》：“雞，陳、楚、宋、魏間，謂之鷝䳬。桂林之中謂之割雞，或曰䳤。”郭注：“避、祇兩音。”案，“辟”、“鷝”，“雎”、“䳬”並同。

杜艾，季蜀。

杜艾者，《莊子·庚桑楚》云：“越雞不能伏鵠卵，魯雞能之矣。”向秀注：“魯雞，大雞。今蜀雞也。”《爾雅》：“雞大者蜀。蜀子雉[1]。”郭注：“今蜀雞。”此云“杜艾”、“季蜀”，蓋雞種之佳者。杜氏名艾，季氏名蜀。

[注] [1]静本、愛本此處空白。

雞屬，題上事也。《説文》：“雞，知時畜也。籀文作‘鷄’。”《説卦傳》：“巽爲雞。”《九家易》云：“應八風也。二九十八，八[1]主風。”《淮南·時則訓》：“大寒之日，雞始乳。”雞雖六畜之最小者，而其始乳，古者亦以紀候焉。《新序·雜事篇》：“田饒謂魯哀公曰：‘君獨不見夫雞乎？頭戴冠者，文也；足傅距者，武也；敵在前敢鬭者，勇也；見食相呼，仁也；守夜不失時，信也。’”

[注] [1]静本脱“八”字。

拼音檢字表

C

R

筆畫檢字表

四畫

〔一〕

六畫

〔一〕

七畫

〔一〕

八畫

〔一〕

〔丶〕

九畫

〔一〕

十畫
（一）

十一畫

〔一〕

〔丶〕

十二畫

〔一〕

〔丶〕

十三畫
〔一〕

十四畫

〔一〕

十五畫

〔一〕

十六畫

〔一〕

〔乛〕

十七畫

〔一〕

〔丨〕

十八畫

〔一〕

〔乛〕

十九畫

〔一〕

二十畫

〔一〕

二十二畫

〔一〕

二十三畫

〔一〕

二十四畫

二十五畫

〔一〕

〔丨〕

〔丿〕

〔丶〕

〔乛〕

二十六畫

〔一〕

〔丨〕

〔丿〕

二十七畫

〔一〕

〔丨〕

〔丿〕

〔丶〕

〔乛〕

二十八畫

〔丨〕

〔丿〕

〔丶〕

二十九畫

〔一〕

〔丶〕

三十畫以上

〔一〕

〔丿〕

〔丶〕

凡　例

1.字　形

本書條目所用漢字形體基本以愛本、静本爲標准，參照徐復本。在成書過程中，對無區別意義的字形進行了統一；參照第 6 版《現代漢語詞典》統一了部分舊字形，例如：黄—黃；横—橫。（詳見表 1）

表 1：

統一字形	其他字形	統一字形	其他字形	統一字形	其他字形
隱	隐、隠	吴	吳	欹	欹
乘	乗	微	㣲	帶	帯
達	逹	柳	栁	莊	荘
往	徃	遠	逺	絶	絕
襄	㐮	蓋	葢、盖	緑	綠
毀	毁	得	淂	回	囬
户	戶	别	別	解	觧
爲	為	内	內	曹	曺
静	靜	没	沒	起	起
顔	顏	墻	牆、墙	琦	琦
兔	兎	虚	虛	轂	轂
歲	歳、嵗	高	髙	黄	黃
衡	衡	戰	戦	面	靣
吕	呂	迫	廹	拔	抜
晉	晋、晋	宜	宐	僞	偽
游	斿、遊	産	產	并	幷
劍	劒、劔	娱	娛	宫	宮
横	橫	奇	竒	據	据
奥	奧	倚	倚	篇	萹
關	関、闗	婁	娄	絲	絲
密	宻	綺	綺	選	選

2. 專有名詞

本書涉及大量經典古籍，爲方便讀者閱讀，將書中專有名詞（人名、地名、書名）統一。（詳見表 2、3、4）

表 2：

統一寫法	其他寫法	統一寫法	其他寫法	統一寫法	其他寫法
张協	张恊	荀爽	荀爽	盜跖	盜跖
范甯	范寗	扶蘇	扶蘓	晁錯	鼂錯
周群	周羣	荀悦	荀悦	戴凱之	戴凱之
盤庚	般庚	服虔	服虔	淳于意	淳於意
趙岐	趙歧	楊倞	揚倞	史游	史㳺
枚皋	枚臯	庖犧	包犧	顏監	顏监
陶潛	陶潜	李巡	李廵	倉頡	蒼頡
荆轲	荊轲	冒頓單于	冒頓單於		
徐鍇	徐锴	淳于髡	淳於髡		

表 3：

統一寫法	其他寫法
荆州	荊州
凉州	涼州

表 4：

通行書名	其他寫法	通行書名	其他寫法
《平準書》	《平准書》	《論衡·奇怪篇》	《論衡·奇恠篇》
《容齋隨筆》	《容齋随筆》	《吊屈原賦》	《弔屈原賦》

續表 1

通行書名	其他寫法	通行書名	其他寫法
《攷工記》	《考工記》	《繫辭傳》	《繫詞傳》
《蘇秦列傳》	《蘓秦列傳》	《答賓戲》	《答賔戲》
《咏懷詩》	《詠懷詩》	《九辯》	《九辨》
《作雒解》	《作雒解》	《爾雅》	《爾疋》
《玉藻》	《玉蒤》	《修務訓》	《脩務訓》
《圍棋賦》	《圍棊賦》	《大略篇》	《大畧篇》
《太平御覽》	《太平御覧》	《震·象辭》	《震·象詞》
《范子計然》	《范子記然》	《九歎》	《九嘆》
《孝經緯鉤命決》	《孝經鉤命訣》	《滱水篇》	《滱水萹》
《淮陰侯列傳》	《淮陰矦列傳》	《琴賦》	《琹賦》
《少牢饋食禮》	《少牢餽食禮》	《邶風》	《邸風》
《彊國篇》	《強國篇》	《辯亡論》	《辯亾論》
《尚書旋機鈐》	《尚書璇璣钤》	《淮南·覽冥訓》	《淮南·覧冥訓》
《司勛》	《司勳》	《臯陶謨》	《臯陶謨》
《節南山》	《莭南山》	《鹽鐵論》	《塩鐵論》
《古今律曆考》	《古今律歷考》	《禮記·問喪篇》	《禮記·問丧篇》
《匈奴傳》	《匃奴傳》	《答蘇武書》	《荅蘇武書》
《春秋元命苞》	《春秋元命包》	《吕氏春秋·孝行覽》	《吕氏春秋·孝行覧》
《歸去來辭》	《歸去來詞》	《劇秦美新》	《剧秦羙新》
《叙傳》	《敘傳》	《七發》	《七發》
《招魂》	《招寬》	《小雅·賓之初筵》	《小雅·賔之初筵》
《楚辭》	《楚詞》	《尚書考靈曜》	《尚書攷靈耀》

續表 2

通行書名	其他寫法
《群經音辨》	《羣經音辨》
《吕覽》	《吕覧》
《喪服》	《䘮服》
《蜀志・周群傳》	《蜀志・周羣傳》
《喪大記》	《䘮大記》
《大雅》	《大疋》
《吕氏春秋・慎大覽》	《吕氏春秋・慎大覧》
《荀子・修身篇》	《荀子・脩身篇》
《蓋勛傳》	《蓋勳傳》
《春秋說題辭》	《春秋說題詞》
《達旨篇》	《達㫖篇》
《補亡詩》	《補亾詩》

通行書名	其他寫法
《本草》	《本艸》
《戰國策》	《戦國策》
《淮南・兵略訓》	《淮南・兵畧訓》
《學省愁卧詩》	《學省愁臥詩》
《周官・大司寇》	《周官・大司冦》
《埤蒼》	《埤倉》
《墻有茨》	《墻有茨》
《籀文》	《籒文》
《漢竹邑侯相張壽碑》	《漢竹邑矦相張壽碑》
《莊子・列禦寇》	《莊子・列禦冦》
《五君咏》	《五君詠》